Mordecai Naor

Eretz Israel

Das 20. Jahrhundert

KÖNEMANN

Copyright © 1996
Am Oved Publishers Ltd., Tel Aviv
M.O.D. Publishing House, Israel

Design: Dorit Sharfstein
Production managers: Ya'akov Brumstein, Arik Ben-Shalom

Copyright © 1998 für die deutsche Ausgabe
Könemann Verlagsgesellschaft mbH
Bonner Str. 126, D-50968 Köln

Übersetzung aus dem Hebräischen: Miriam Magall
Redaktion und Lektorat: Stefan Siebers
Lektoratsassistenz: Alex Morkramer
Satz: Thomas Heider
Herstellungsleiter: Detlev Schaper
Montage: Reproservice Werner Pees
Druck und Bindung: Kossuth Nyomda Printing
Printed in Hungary
ISBN 3-89508-594-4

10 9 8 7 6 5 4 3 2 1

ABBILDUNGEN BUCHUMSCHLAG:
(In der Mitte oben rechts beginnend und dann weiter im Uhrzeigersinn)

Männer des Shomer; israelische Fallschirmspringer an der Klagemauer, 1967; ein Mitglied der „Schwarzen Panther"; Kinder im Luftschutzkeller bei einem feindlichen Angriff im Jordantal, 1970; Dizengoff, Bograshov und Mossinson in osmanischer Kleidung, 1915; Golfkrieg, 1991; Itzhak Sadeh, Moshe Dayan und Yig'al Alon in Chanita; Golda Me'ir und Moshe Sharett; Vergeltungsschlag in Nuqeib, 1962; die Schauspielerin Hanna Rovina in dem Film „Sabre", 1932; die Klagemauer; eine Soldatin erklärt den Gebrauch einer Gasmaske während des Golfkriegs; Jeschiwa-Studenten in Auseinandersetzung mit der Polizei, 1995; Schlagzeilen während des Golfkriegs: Die U.S.A. bombardieren gegen Israel gerichtete Rakentenabschußrampen im Irak; nach dem Attentat in Ma'alot, 1974; das Pagoda House in Tel Aviv; Überschwemmung in einem Durchgangslager, 1951; Friedensschluß zwischen Israel und Jordanien, 1994; ein alter Mann und sein Enkel lesen in der Bibel, Jerusalem/Altstadt.

INHALT

VORWORT VON DR. MORDECAI NAOR 7

DAS ERSTE JAHRZEHNT, 1900-1909 8
Die Vormundschaft des Baron endet 13 ● Ein Neues Siedlungsgebiet 16 ● Der jüdische Nationalfonds 18 ● Der Bau der »Talbahn« 20 ● Die Zweite Alija beginnt 24 ● Uganda contra Eretz Israel 28 ● Das Herzlija-Gymnasium wird gegründet 30 ● Vitkins Appell 31 ● Die Geburtsstunde von Tel Aviv 34 ● »Bar-Giora« und das Kollektiv von Sedschera 37 ● Die ersten Arbeiterzeitungen 38 ● Gründung des Palästina-Büros 40 ● Revolution in Istanbul 41 ● Eine historische Woche 45 ● Achusat-Bajit – Das erste Jahr 47

DAS ZWEITE JAHRZEHNT, 1910-1919 48
Der erste Kibbutz 52 ● Der erste Zeltpflock in der Jesre'el-Ebene 55 ● Javne'eli, Botschafter im Jemen 56 ● Die Brenner-Affäre 57 ● Landgüter für Juden in der Diaspora 60 ● Die Kooperative in Merhavia 61 ● Die Mission der Rabbiner 64 ● Sprachenkrieg: Deutsch gegen Hebräisch 65 ● »Der Schwarze Donnerstag« 68 ● Der Erste Weltkrieg bricht aus 69 ● Wie im Alten Ägypten: Eine biblische Plage 71 ● Amerika hilft dem Jischuw 72 ● Maultierbrigade für Palästina 73 ● Franzosen und Briten teilen Palästina 76 ● Die Briten erobern Palästina 78 ● Tel Aviv evakuiert 80 ● Ein Spionagering fliegt auf 81 ● Das Ende des Ersten Weltkriegs 83 ● Die hebräischen Brigaden 84 ● Delegiertenausschuß und Provisorischer Ausschuß 85 ● Die Mayflower Israels 88 ● Die dritte Alija 89

DIE ZWANZIGER JAHRE, 1920-1929 90
Die Schlacht um Tel Hai 94 ● Unruhen in Jerusalem 96 ● Fünf Siedlungen in Hundert Tagen 115 ● Die Unruhen im Jahre 1921 116 ● Churchills Weißbuch 120 ● Die dritte Alija 122 ● Stärkung der Histadrut 124 ● Krisenstimmung 126 ● Die Arbeitsbrigade spaltet sich 127 ● Eine neue Einwanderungswelle 130 ● Mord in Jerusalem 131 ● Die erste Universität 134 ● Streit über die Zukunft der Siedlungen 135 ● Tel Aviv boomt 136 ● Neue Impulse für die Jesre'el-Ebene 140 ● Von der Blüte zum Niedergang 142 ● Die Erde bebt 145 ● Eine Währung für Palästina 146 ● Überfälle während der Erntezeit 147 ● Die Krise auf ihrem Höhepunkt 148 ● Streit an der Klagemauer 151 ● Die Arbeiter sind zornig – Bericht der Agency-Kommission 152 ● Die Unruhen von 1929 156 ● Die Jewish Agency entsteht 159

DIE DREISSIGER JAHRE, 1930-1939 160
London distanziert sich vom Zionismus 164 ● Mit vereinten Kräften: Eine neue Partei entsteht 166 ● Der Kongress und das »Endgültige Ziel« 169 ● Die Macht der Arbeiter wächst 170 ● Ein zentrales Kommando für die »Haganna« 172 ● Ein Hoffnungsschimmer: Die Krise geht zu Ende 175 ● Dramatischer Anstieg der Einwanderung 178 ● Wieder ein Politmord 179 ● Am Rande eines Bruderkriegs 180 ● Der Arlozorov-Mordprozeß 183 ● Immer mehr Juden kommen illegal ins Land 185 ● Ben-Gurion und Jabotinsky einigen sich 186 ● Machtwechsel in der Zionistischen Exekutive 188 ● Die Bankenkrise 190 ● Ursachen des Aufstands von 1936 195 ● So fing es an: Der Aufstand von 1936 196 ● Juden auf der Flucht 197 ● Die neue Methode: Turm und Mauer 198 ● Die Peel-Kommission will Palästina teilen 200 ● Ein Jahr lang schweigen die Waffen 201 ● Der Teilungskongress 202 ● Das schlimmste Jahr 206 ● Wingate und die Night Squads 207 ● Die Feldkompanie 208 ● Immer mehr Illegale wollen nach Palästina 210 ● Das Weißbuch von 1939 212 ● Turm und Mauer gegen die Engländer 213

DIE VIERZIGER JAHRE, 1940-1949 215
Der Krieg rückt näher 218 ● Die »Patria«-Affäre 220 ● Kommen die Deutschen? 223 ● Die ersten sind immer wir 225 ● Mit oder ohne Uniform 227 ● Die »Struma«-Affäre 229 ● Der »Plan Nord« 230 ● Der Jischuw und der Holocaust 231 ● Haft für illegalen Waffeneinsatz 234 ● Die Presse streikt 235 ● Zwei Urnengänge in einer Woche 237 ● Die jüdische Kampfbrigade 238 ● »Jagdsaison« im Jischuw 239 ● Ein trauriger Sieg 243 ● Neue Blüte der Illegalen Alija 244 ● Der hebräische Aufstand 248 ● Die Amerikaner greifen ein 250 ● Im Schatten von Kampf und Terror 253 ● Die »Exodus« 255 ● Die UN-Sonderkommission 256 ● Die Fünf Etappen des Krieges 262 ● Staatsgründung – Ja oder Nein? 264 ● Invasion 265 ● Die Waffen schweigen 269 ● Die Knesset entsteht 270 ● Einwanderungsrekord 272

DIE FÜNFZIGER JAHRE, 1950-1959 290
Die Durchgangslager 295 ● Kampf dem Schwarzmarkt 296 ● Schwierige Integration 302 ● Neuwahlen 303 ● Spannungen an den Grenzen 304 ● Ein neuer Staatspräsident 308 ● Entschädigung von den Deutschen – Ja oder Nein? 310 ● Unsichere Grenzen 313 ● Ben-Gurion: Rückzug in die Wüste 314 ● Sharett wird Regierungschef 319 ● »Die unglückselige Affäre« 320 ● Skandal am Suez-Kanal 321 ● Der Kestner-Prozess 325 ● Die Anfänge im Bezirk Lachisch 326 ● Golda Meir wird Außenministerin 330 ● Die Franzosen helfen Israel 331 ● Das Unternehmen »Kadesch« 333 ● Rückzug aus dem Sinai 338 ● Wieder viele Einwanderer 340 ● Israel wird zehn Jahre alt 342 ● Das Ende der Ära Dayan in der Armee 344 ● Mapai auf dem Gipfel der Macht 346 ● Aufstand in Wadi Salib 348

DIE SECHZIGER JAHRE, 1960-1969 350
Eichmann sitzt in der Falle 354 ● Die Affäre Lavon wird wieder aufgerollt 355 ● Der Eichmann-Prozess 359 ● Die Wahlen zur fünften Knesset 360 ● Ein unruhiges Jahr 361 ● Spannungen an der syrischen Grenze 363 ● Die neue Wirtschaftspolitik 364 ● Ben-Gurion tritt endgültig ab 367 ●

Der Papst in Israel 371 ● Die Landeswasserleitung 372 ● Mapai spaltet sich 376 ● Der Kampf ums Wasser 377 ● Die Grenzen werden unsicher 381 ● Gebremstes Wachstum 383 ● Der Sieg 391 ● Ein Schock für die Araber 393 ● Die Gründung der Arbeitspartei 395 ● Offene Brücken über den Jordan 396 ● Der Palästinensische Terror nimmt zu 397 ● Zermürbungskrieg 402 ● Führungswechsel in Israel 403

DIE SIEBZIGER JAHRE, 1970-1979　　406

Vom Zermürbungskrieg zum Waffenstillstand 411 ● Konfrontation im Osten 412 ● Trauer um eine große Schriftstellerin 413 ● Politische Aktivität 417 ● Rekord-Einwanderung 421 ● Die Blut-Olympiade 422 ● Israel schlägt im Ausland zurück 424 ● »Die Kriegsgefahr ist minimal« 425 ● Der Jom-Kippur-Krieg 426 ● Die Agranat-Kommission 450 ● Die Regierung stürzt nach 80 Tagen 452 ● Zermürbungskrieg im Süden und Norden 453 ● Beziehungskrise mit den USA – Interimabkommen mit Ägypten 456 ● Das Unternehmen Jonathan 459 ● Der Gute Zaun 460 ● Die Wende: Begin triumphiert 463 ● Sadat besucht Jerusalem 466 ● Das Unternehmen Litani 468 ● Die Camp-David-Konferenz 470 ● Das Friedensabkommen wird unterzeichnet 472

DIE ACHTZIGER JAHRE, 1980-1989　　476

Ein schwieriges Jahr 481 ● Bomben auf Atommeiler 487 ● Die Wahlen zur zehnten Knesset 488 ● Die Räumung des Sinai – das Ende von Jammit 493 ● Vor dem Libanon-Krieg 494 ● Das Ende der Ära Begin 500 ● Was geschah in Sabra und Schatilla 501 ● Der Bankaktien-Skandal 502 ● Große Koalition und »Rotation« 506 ● Der jüdische Untergrund 507 ● Der Auszug aus dem Libanon 511 ● Eine Bremse für die Inflation 512 ● Das Unternehmen Moses 513 ● Der Einwandererstrom ist fast versiegt 517 ● Die Rotation 518 ● Die Intifada beginnt 521 ● Rechtsruck bei der Knesset-Wahl 526 ● Israel wird vierzig 528 ● Palästinensischer Terror 531

DIE NEUNZIGER JAHRE, 1990-1997　　534

200000 in einem Jahr 539 ● Noch ein Krieg? 540 ● Der Golfkrieg 544 ● Das Unternehmen Salomon 546 ● Problematische Integration 546 ● Die Konferenz von Madrid 547 ● Erneute Wende 550 ● Das historische Abkommen: Israel – PLO 555 ● Der Palästinensische Terror nimmt dennoch zu 556 ● Gaza – das Ende 579 ● Stürmisches Jahr an der Börse 580 ● Frieden mit Jordanien 581 ● Israel erneut am Wendepunkt 595

FARBTEIL

Eretz Israel am Ende des 19. Jahrhunderts 97-98 ● Palästina oder Amerika? 99-101 ● Der Erste Weltkrieg 102-104 ● Ansichten aus den Zwanziger Jahren ● Die Dreißiger Jahre 110-111 ● Der Zweite Weltkrieg in Palästina 273-275 ● Der Kampf gegen die Engländer 276-277 ● Der Unabhängigkeitskrieg, 1948 278-279 ● 1949 – das erste Jahr der Unabhängigkeit 280 ● Die fünfziger Jahre 281-288 ● Die Sechziger Jahre 433-435 ● Der Sechs-Tage-Krieg 436-437 ● Der siebte Tag 438-440 ● Die siebziger Jahre 441-442 ● Der Jom-Kippur-Krieg 443-446 ● Präsidentenbesuch 447-448 ● Die achtziger Jahre 561-563 ● Proteste und Demonstrationen 564-565 ● Einwanderungsboom 566 ● Der Golfkrieg 1991 567 ● Auf dem Weg zu einem Abkommen 568-569 ● Überschwemmungen 1992 570 ● Alte und neue Politiker 571 ● Frieden, Frieden! 572-576

KARTEN

Palästina um 1900 13 ● Die jüdischen Siedlungen, 1914 67 ● Das Sykes-Picot-Abkommen von 1916 76 ● Die zionistischen Forderungen bei der Friedenskonferenz in Versailles, 1919 89 ● Die Nordgrenze Palästinas, 1923 127 ● Der Teilungsplan der Peel-Kommission, 1937 200 ● Die drei Vorschläge der Woodhead-Kommission, 1938 206 ● Der Plan Nord, 1942 230 ● Der Morrison-Grady-Plan, 1946 250 ● Der UN-Teilungsplan, 1947 256 ● Der Plan nach dem Waffenstillstand, 1949 269 ● Das Unternehmen »Kadesch«, 1956 333 ● Die Landeswasserleitung 372 ● Arabischer Plan zur Umleitung der Jordan-Quellflüsse, 1964 377 ● Die wichtigsten Etappen im Sinai und im Gazastreifen, 1967 389 ● Die wichtigsten Schlachten gegen Jordan, 1967 390 ● Die wichtigsten Schlachten an der Front auf den Golanhöhen, 1967 391 ● Israelische Bombenangriffe auf Ägypten, 1970 411 ● Karte der Kämpfe auf den Golanhöhen, 1973 427 ● Die Südfront, Oktober 1973 430 ● Die Einteilung Israels in sechs Zonen während des Golfkrieges, 1991 543

GLOSSAR　　601

INDEX　　604

VORWORT

Im Jahre 1907 schreibt ein junger Chemiker aus Manchester, der spätere Präsident der Zionistischen Weltorganisation Dr. Chaim Weizmann: »Ich verschließe meine Augen nicht vor den gewaltigen Schwierigkeiten, den Hindernissen und dem entbehrungsreichen Leben, das uns erwartet, trotzdem bin ich der festen, unerschütterlichen Meinung: Wenn wir Juden es nur wollen, werden wir alles bekommen.«

Weizmann meint die Rückkehr der Juden nach Eretz Israel, Palästina, und wiederholt damit, was Theodor Herzl fünf Jahre zuvor in seinem Buch »Altneuland« so ausdrückte: »Wenn ihr wollt, ist es kein Märchen.« Doch wird Weizmann bald darauf feststellen, daß nicht alles erreichbar ist, und sich – genau wie die Mehrheit der jüdischen Bevölkerung und die zionistische Bewegung – mit weniger zufriedengeben, aber auch dieses Wenige bedeutet schon einen gewaltigen Fortschritt.

Im 20. Jahrhundert kommt es auf der ganzen Welt zu großen Veränderungen, die auch an Palästina nicht spurlos vorübergehen, zum Teil sogar von dort ausgehen.

Zu Beginn des Jahrhunderts – bis 1917/18 – beherrschen die Osmanen den Nahen Osten. In den dreißig Jahren danach sind die Engländer auf Grund des Mandats, das ihnen der Völkerbund, der Vorläufer der Vereinten Nationen, erteilte, die Herren in Palästina. Um die Mitte des Jahrhunderts, von 1947 bis 1949, befinden sich die Juden in Eretz Israel und die im Land ansässigen Araber (die Palästinenser) im Krieg miteinander. Aus dem Konflikt, in den schließlich fünf arabische Staaten eingreifen, geht der Staat Israel hervor. Die Palästinenser haben den Plan der Vereinten Nationen aus dem Jahre 1947, der ihnen einen eigenen Staat in einem Teil des Landes neben Israel zubilligte, abgelehnt. Das ihnen zugedachte Territorium wird nun zwischen Jordanien und Ägypten aufgeteilt. Von 1949 bis 1967 ist der größere Teil Palästinas in israelischer Hand, über den Rest herrschen Jordanien (in Westbank und Ostjerusalem) und Ägypten (im Gazastreifen).

Im Juni 1967 erlebt das Land eine weitere gewaltige Erschütterung: Der Sechstagekrieg bricht aus. Mit dem Sieg der israelischen Armee verändert sich die Landkarte völlig. Bis auf den späteren Rückzug der Israelis von der Sinai-Halbinsel bleiben die neuen Grenzlinien bis in die Mitte der neunziger Jahre bestehen. Israel herrscht in Westbank, Ostjerusalem und Gaza über rund zwei Millionen Palästinenser (diese Zahl gilt für den Anfang der neunziger Jahre).

Die zu Beginn des Jahrhunderts einsetzende Feindschaft gegenüber den Juden hält sich hartnäckig, und es sieht ganz danach aus, als bestünden keinerlei Aussichten auf eine Verbesserung des Verhältnisses zwischen Juden und Arabern. Und doch tritt 1977 ein Wandel ein: Der ägyptische Staatspräsident Anwar As-Sadat besucht Jerusalem, und es beginnt die langwierige Suche nach einem Frieden mit allen Gegnern des jüdischen Staates. Schließlich wird ein zweites Friedensabkommen unterzeichnet, diesmal mit Jordanien, und man einigt sich mit den Palästinensern über Gaza und Jericho; später werden auch Judäa und Samaria in den Vertrag mit den Palästinensern einbezogen werden. Der arabische Boykott gegen Israel bröckelt, und wenngleich der Weg bis zu einem vollständigen Frieden zwischen Israel und der arabischen Welt noch lang ist, wurden doch bereits einige entscheidende Etappen zurückgelegt.

Das vorliegende Werk, »Eretz Israel – Das 20. Jahrhundert«, stellt all diese dramatischen Ereignisse vor, ebenso wie viele Entwicklungen im gesellschaftlichen, wirtschaftlichen und kulturellen Bereich, in Unterhaltung, Sport und Alltagsleben. Von seinem Umfang her ist das Buch das erste seiner Art: Für jedes Jahr des Jahrhunderts gibt es einen eigenen Eintrag. Jedes einzelne Jahr wird ausführlich, Monat für Monat, vorgestellt. Kurze Texte erklären die wichtigsten Geschehnisse, und das Ganze ist mit zahlreichen Fotos und Dokumenten illustriert. Das Buch enthält rund 2000 zum Teil überaus seltene Aufnahmen, Schwarzweiß oder in Farbe, ergänzt durch Illustrationen, Karikaturen, Landkarten und Pläne. Wie ein Mosaik setzen sich die einzelnen Jahre zu einem vollständigen Bild zusammen: zum Bild des 20. Jahrhunderts in Eretz Israel.

Das Buch behandelt fast zehn Jahrzehnte bis 1997.

Die Geschichte Palästinas ist ein hochsensibles Thema, und vermutlich wird so mancher Leser mit dem einen oder anderen Eintrag nicht einverstanden sein oder Details vermissen. An einem darf jedoch kein Zweifel bestehen: Obwohl der Autor sich nach Kräften um eine allgemeingültige Darstellung bemüht hat, ist das Buch aus der Sicht eines Israeli geschrieben.

Viele Personen haben beim Sammeln des Materials, seiner Sichtung und Prüfung geholfen. Besonders erwähnt seien hier Bilha Guttermann, Ya'el Naro, Ofra Tamarkin, Nava Porat und Dana Stiftel; sie waren vor allem für das Sammeln des Materials zuständig. Dr. Dan Gil'adi, Dr. Ran Aaronsen, Shlomo Nakdimon und Abraham Tirosh haben das Manuskript durchgesehen und wichtige Anmerkungen dazu gemacht. Das vorliegende Buch geht auf die Initiative von Chaim Bar und Nira Har'el vom Verlag Am Oved zurück; sie haben die Entstehung des Werkes von Anfang an begleitet. Die Mitarbeiter des Verlages Am Oved und des Verlages des israelischen Verteidigungsministeriums haben bei der Vorbereitung des Buches wertvolle Hilfe geleistet. Dorit Sharfstein hat ihm Gestalt gegeben und einen weit über ihr berufliches Interesse als Grafikerin hinausgehenden Beitrag geleistet. Mitarbeiter in Archiven und Bibliotheken in ganz Israel ebenso wie Fotografen und viele andere hilfsbereite Menschen haben dem Autor Aufnahmen und Dokumente zur Verfügung gestellt. Ihnen allen sei herzlich gedankt. Vielleicht fehlt in dieser Liste von Helfern und Spendern der eine oder andere Name. Sie sollen, soweit möglich, in künftigen Neuauflagen des vorliegenden Buches berücksichtigt werden.

Dr. Mordecai Naor, 1997

Das erste Jahrzehnt: 1900–1909

Palästina zu Beginn des Jahrhunderts: eine einsame Sykomore in den Dünen nördlich von Jaffa. Ungefähr zehn Jahre später entsteht hier Achusat-Bajit, die spätere Metropole Tel Aviv.

Kennzeichnend für die Situation im Land und seine kleine jüdische Bevölkerung, den Jischuw, im ersten Jahrzehnt des 20. Jahrhunderts ist ein ständiges Auf und Ab, dessen Ursachen teils in Palästina selbst, teils außerhalb des Landes zu suchen sind.

Die türkische Herrschaft bröckelt schon seit geraumer Zeit und die ausländischen Konsuln, die Vertreter der Großmächte, verfügen über immer größere Macht. Die »Revolution der Jungtürken« gegen Ende des Jahrzehnts verspricht zwar einen gründlichen Wandel, tatsächlich jedoch ändert sich kaum etwas – binnen kurzer Zeit kehrt alles ins alte Gleis zurück.

Dagegen erlebt der Jischuw einen grundlegenden Wandel. Zunächst verheißt das neue Jahrzehnt nichts Gutes: An seinem ersten Tag stellt Baron Rothschild seine massive Hilfe für die jüdischen Siedlungen ein. Er überträgt ihre Betreuung der Jewish Colonization Association (J.C.A.), die die Siedler jedoch als ihnen feindlich gesinnt empfinden.

Das Vorgehen der J.C.A in den ersten Jahren des Jahrzehnts scheint zu beweisen, daß das Mißtrauen der Siedler begründet ist. Die J.C.A besteht auf wirtschaftlicher Effizienz: Sie legt unrentable Betriebe still und schreckt auch vor Entlassungen nicht zurück. Ja, sie hilft sogar den durch ihre Maßnahmen arbeitslos gewordenen Menschen, das Land wieder zu verlassen. Dies alles wird von den meisten Zeitgenossen als antizionistisch verurteilt. Praktisch unbekannt bleibt dagegen die Tatsache, daß die J.C.A. bereits 1901 Grund und Boden in Untergaliläa kauft, um das jüdische Siedlungsgebiet zu erweitern. Auch spätere Generationen haben die J.C.A. oft zu Unrecht verurteilt. In Wirklichkeit hat die Organisation, unterstützt von Baron Rothschild, viel zur Konsolidierung der jüdischen Dörfer beigetragen. Statt, wie der Baron, Befehle zu erteilen, räumt sie den Bauern bei der Verwaltung ihrer Dörfer größtmögliche Autonomie ein. Und in der zweiten Hälfte des Jahrzehnts wird sich die Situation der jüdischen Dörfer langsam verbessern.

Gleich zu Beginn des Jahrhunderts macht der Jischuw jedoch eine schwere wirtschaftliche und gesellschaftliche Krise durch. Diese wird durch eine weitere Krise verschärft, deren Ursprung außerhalb Palästinas, in der jungen Zionistischen Weltorganisation, zu suchen ist. Gemeint ist die Uganda-Affäre. Seit 1897 war in der von Theodor Herzl geführten zionistischen Bewegung stets von Palästina als Land der Juden die Rede. 1903 ändert sich das: Angesichts der Not der Juden in Osteuropa sucht Herzl territoriale Lösungen außerhalb der Grenzen von Eretz Israel. Er empfiehlt die Ansiedlung in Gebieten, die von Palästina nicht weit entfernt sind (Sinai-Halbinsel, Zypern). Nach dem Pogrom in Kischinew und der verstärkten Auswanderung von Juden aus Osteuropa macht sich Herzl schließlich den britischen Vorschlag zu eigen, den notleidenden Juden eine »provisorische Zuflucht« im ostafrikanischen Uganda anzubieten, und zwar so lange, bis eine Charta über Palästina zustande kommt.

Seit dem sechsten Zionistischen Kongreß im August 1903 in Basel herrscht in der zionistischen Bewegung offener Streit zwischen den Befürwortern des Uganda-Plans mit Herzl an der Spitze und seinen Gegnern, zu denen Menachem Ussischkin und die meisten führenden Zionisten aus Rußland zählen. Die Kontroverse, deretwegen sich die Bewegung fast spaltet, wird auch in Palästina selbst mit allem Nachdruck geführt. Nicht wenige unterstützen Herzl und den Uganda-Plan, darunter Eli'eser Ben-Jehuda und viele Bauern in den jüdischen Dörfern. Ihre Gegner, die »Zionisten Zions«, kommen aus den Städten wie den Dörfern. Die Konfrontation im Land hätte zweifellos gefährlich werden können, hätte das Thema nach Herzls Tod nicht an Aktualität verloren und sich die Zionistische Weltorganisation vom Uganda-Plan distanziert.

In den ersten Jahren des Jahrhunderts ist die Zahl der Einwanderer äußerst gering, erst Ende 1903 ändert sich das. Jetzt kommen fast ausnahmslos ledige, junge Leute nach Palästina, die Vorhut der zweiten Alija. Einige sind überzeugte Zionisten, andere kommen aus Angst vor Pogromen und Antisemitismus.

Nach 1905 treffen auch ältere Einwanderer ein: Männer mit Frau und Kindern, die obendrein Geld ins Land bringen. Von der großen jüdischen Auswanderungswelle aus Osteuropa nach Amerika (ungefähr 1,5 Millionen zwischen 1900 und 1914) fließt ein dünner Strom auch nach Eretz Israel. Seit der ersten Alija zählte die jüdische Bevölkerung nicht mehr als 50000 Seelen, jetzt wächst sie langsam, aber kontinuierlich an.

In diese Jahre fällt auch die Geburt der jüdischen Arbeiterbewegung in Palästina. Viele junge Einwanderer verbinden zionistische und sozialistische Ideale, anderen kommt es aber vor allem auf die zionistische Idee an. Beiden Gruppen gemeinsam ist, daß sie Parteien und Organisationen gründen, Zeitungen herausgeben sowie die Gründung des »Schomer«-Verbandes initiieren. Sie legen damit das Fundament für das jüdische politische System im Land. Von den Bauern in den Dörfern fordern sie Arbeit, und als sie ihnen vorenthalten wird, weil billige arabische Arbeiter bevorzugt werden, kämpfen sie für die »Eroberung der Arbeit«.

Wie schon erwähnt, strebt die zionistische Bewegung zu Herzls Zeit eine politische Übereinkunft für die Gründung eines jüdischen Staates in Palästina an. Dabei legt sie jedoch – zumindest anfangs – nur wenig Wert auf jüdische Siedlungstätigkeit. Nach Herzls Tod sehen sich die eher praktisch orientierten Zionisten gestärkt und fordern eine vermehrte Ansiedlung von Juden in Palästina. In der zweiten Hälfte des Jahrzehnts entwickelt sich dann mit dem »synthetischen« Zionismus eine neue Politik, die sowohl die praktische Siedlungstätigkeit unterstützt, als auch die politische Arbeit vorantreibt.

1908 eröffnet die Zionistische Weltorganisation in Jaffa ein Büro. Leiter wird Dr. Arthur Ruppin, der fortan das Geschehen im Land prägt. Nicht umsonst nennt man ihn »den Vater der zionistischen Siedlungsbewegung«. Bis zum Ende des Jahrzehnts legt Ruppin drei Musterfarmen zur Ausbildung von Arbeitern an, hilft bei der Gründung der Siedlung Achusat-Bajit, aus der sich bald darauf Tel Aviv entwickelt, schafft eine Organisation, in der die Mitglieder des Jischuw alles über Grunderwerb lernen, und hat praktisch bei allen zionistischen Unternehmungen die Hand im Spiel. Die Arbeiter, die jungen Menschen der zweiten Alija, sind seine »Soldaten«. Sie vernachlässigen die »Eroberung der Arbeit« zugunsten der »Eroberung des Landes«. So entstehen immer neue genossenschaftlich organisierte Dörfer.

1900

Januar

1 Baron Rothschild stellt die Hilfe für die jüdischen Dörfer in Palästina ein und überträgt ihre Betreuung der Jewish Colonization Association (J.C.A.). Bei den Juden Palästinas herrscht tiefe Betroffenheit. In den seit 1878 gegründeten landwirtschaftlichen Siedlungen, 28 an der Zahl, leben ca. 5000 Menschen. Ihre Plantagen nehmen eine Fläche von 38000 Dunam ein, zwei Drittel sind mit Weinreben bepflanzt.

Hoher Besuch: Der angesehene Schriftsteller und Redakteur Achad Ha'am (Ascher Ginsberg) kommt Ende November 1899 für einen längeren Aufenthalt ins Land und bleibt bis April 1900. Im Anschluß veröffentlicht er den vielbeachteten Artikel »Der Jischuw und sein Vormund« (1902). Ihm zufolge können die jüdischen Dörfer nur überleben, wenn sie sich aus ihrer Abhängigkeit von Rothschild, seinen Beamten und der J.C.A. befreien.

Ein weiterer Gast trifft ein: Die schwedische Schriftstellerin Selma Lagerlöf hält sich mehrere Monate vor allem in Jerusalem auf. Später schreibt sie ihr berühmtes Buch »Jerusalem«, für das sie den Nobelpreis erhält.

Eli'eser Ben-Jehudas Wochenschrift »Ha-Zvi« kommt jetzt zweimal wöchentlich, dienstags und freitags, heraus. Das Konkurrenzblatt »Chavatzelet« erscheint weiterhin wöchentlich.

Februar

3 Auf einer Arbeiterversammlung wird eine offizielle Zählung beschlossen. Danach sind in den Dörfern der ersten Alija 524 jüdische Arbeiter beschäftigt.

März

30 In Jaffa findet die Gründungsversammlung des Arbeiterverbandes in Eretz Israel statt. Ehrengast ist Achad Ha'am. Jedoch hat die Vereinigung nur kurze Zeit Bestand.

Aus Galiläa kommt die Nachricht, daß die Türken den Bau einer Brücke über das Wadi Ammud fertiggestellt haben, so daß man fortan mühelos von Tiberias in den Norden gelangt.

April

Die J.C.A. teilt mit, sie werde die Bauern nicht länger unterstützen, unrentable Betriebe würden geschlossen und »überschüssige« Bauern müßten die Dörfer verlassen. Die J.C.A. entläßt alle Beamten Rothschilds.

Wegen der Arbeitslosigkeit verlassen zahlreiche Juden das Land.

Die J.C.A. ernennt Chaim Klovrisky-Margalit zum Leiter der Sedschera-Farm, die als Musterfarm für die »jüdische Ansiedlung in Untergaliläa« gilt.

Mai

Die Türken planen eine Eisenbahnlinie von Damaskus nach Mekka und Medina. Später soll eine Nebenlinie von Haifa nach Dar'a hinzukommen.

Juni

Die Zeitung »Ha-Zvi« erscheint aus wirtschaftlichen Gründen nur noch einmal wöchentlich.

Gründung des Künstler- und Handwerker-Vereins Pe'ula in Jaffa. Seine Aufgabe: die Wirtschaftslage der Handwerker zu verbessern und eine Beschäftigung für arbeitslose Vereinsmitglieder zu finden.

Juli

Die Türken bauen eine neue Stadt in der Negev-Wüste: Be'ersheva.

September

12 Angriff von Beduinen auf Hadera. Vorausgegangen ist ein Streit mit einem als Wächter beschäftigten Beduinen. Die Herde des Dorfes wird geraubt. Ruhe kehrt erst nach dem Eingreifen junger Leute aus Sichron Ya'akov und türkischer Soldaten ein.

30 Eine vierköpfige Delegation jüdischer Arbeiter aus Palästina fährt zur J.C.A.-Generalversammlung in Paris und bittet die Organisation, bei der Gründung von Arbeitersiedlungen zu helfen. Die J.C.A. lehnt ab. Die Delegation sucht um ein Treffen mit Baron Rothschild nach, doch auch diese Bitte hat keinen Erfolg.

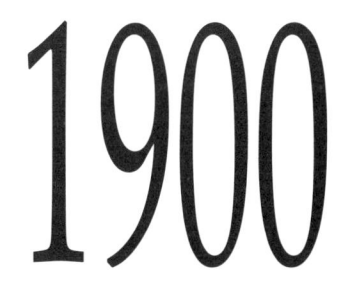

Oktober

Angesichts der verschlechterten Wirtschaftslage wandern immer mehr Juden aus Palästina aus. Die J.C.A. zahlt den erwerbslosen Arbeitern die Reise nach Europa.

November

27 Der Ausschuß der Dörfer im »Süden« (gemeint ist Judäa) tritt in Rischon le-Zion zusammen und beschließt, sich gegen die von der J.C.A. ergriffenen Maßnahmen zur Wehr zu setzen.

Dezember

11 Der Ausschuß der Dörfer in Judäa beschließt die Entsendung einer Delegation nach Odessa, um dem »Odessa-Komitee« die Forderungen der Dörfer zu unterbreiten, die von Baron Rothschild an die J.C.A. »weitergeleitet« wurden.

12 Der Arbeiterausschuß veröffentlicht einen Aufruf mit der Überschrift »Ein Seufzer«. Darin beklagt er die starke Abwanderung aus dem Land. Eine Woche später folgt ein zweiter, diesmal schärferer Aufruf mit der Überschrift »Zweiter Seufzer«. Im Text heißt es: »Wie groß ist die Vision, wie groß der Schmerz!«

19 Gründung des Verbandes »Pardess«, einer Vertriebsgesellschaft für Zitrusfrüchte in Petach Tikva, der ersten Genossenschaft im Land.

Bilder aus Palästina, um 1900: Beduinenfrauen unterwegs zum Brunnen. Damals wie heute ist Wasser knapp.

▷ Palästina hat 400 000 bis 500 000 Einwohner. Ein Großteil der Bevölkerung lebt in Dörfern in Lehmhäusern. Die Bewohner sind überwiegend muslimische Araber, darüber hinaus gibt es eine christliche Minderheit. Die Juden stellen 10 % der Bevölkerung, die meisten leben seit Generationen im Land. Nur ein Zehntel der jüdischen Bevölkerung sind Einwanderer. Sie leben in Jaffa, Haifa und Jerusalem.

◁ Die deutschen Templer sind eine kleine, aber rührige Minderheit. Sie gründen mehrere blühende Agrarkolonien (Scharona, heute Ha-Kirja in Tel Aviv; hier im Bild) sowie diverse Stadtviertel in Haifa, Jerusalem und Jaffa.

▽ Die Juden haben mehrere heilige Stätten, etwa die Klagemauer in Jerusalem und Rachels Grab bei Bethlehem (im Bild).

1900

▽ Zu Beginn des 20. Jahrhunderts umfaßt Palästina Gebiete zu beiden Seiten des Jordans: Der unabhängige Bezirk Jerusalems untersteht direkt dem Gouverneur. Der Bezirk (Wilajet) Beirut, westlich des Jordans, erstreckt sich von Beirut südwärts bis nach Akko und Nablus. Die Landesteile östlich umschließen auch Damaskus.

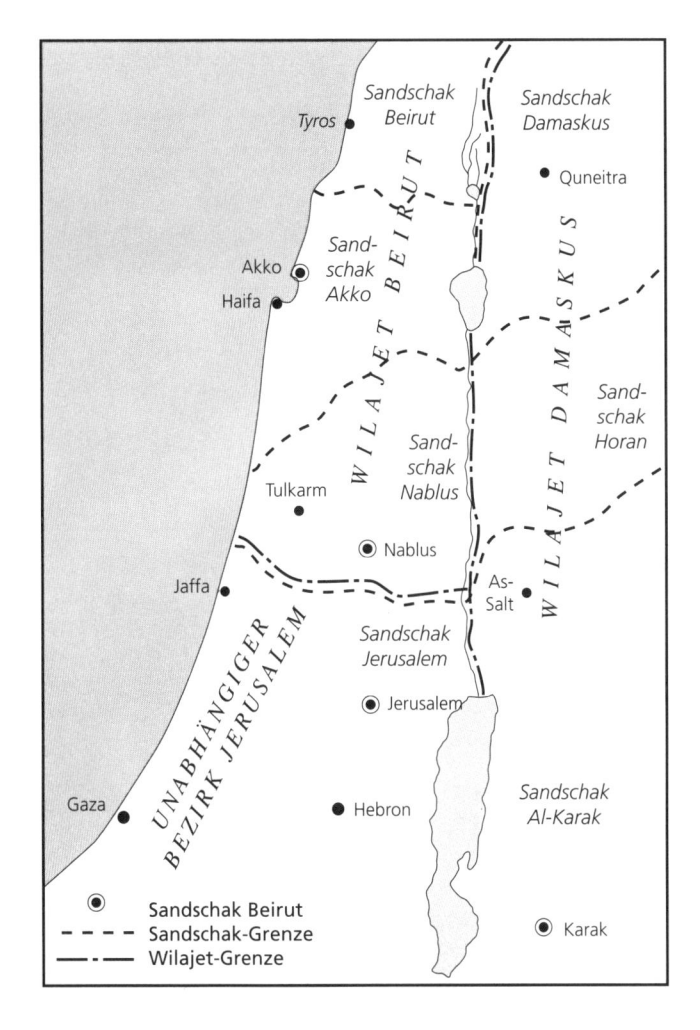

DIE VORMUNDSCHAFT DES BARONS ENDET

Die Jewish Colonization Association (J.C.A.) wird 1891 von Baron Moritz Hirsch gegründet. Ihr Ziel ist, jüdischen Emigranten aus Europa und Asien zu helfen, sich als Bauern in Nord- und Südamerika niederzulassen. In Argentinien bildet die Organisation 21 Agrarkolonien.

Im Januar 1900 überträgt Baron Rothschild der J.C.A. die Verantwortung für seine Dörfer in Palästina. Damit geht die Zeit seiner direkten Vormundschaft über die Siedlungen zu Ende. Rothschild ist über die schleppende Entwicklung der Kolonisation ebenso enttäuscht wie über die unaufhörliche Kritik an ihm. Seine schlechte Gesundheit und die Sorge um die Zukunft der Dörfer veranlassen ihn, eine Lösung zu suchen, die es dem Jischuw ermöglicht, zu überleben. Der Franzose Rothschild entscheidet sich für die J.C.A., weil sie ein französisches Unternehmen ist und schon weltweit Erfahrung in Sachen jüdischer Ansiedlung gesammelt hat. Er einigt sich mit der J.C.A. über seine weitere Beteiligung am Kolonisierungsprozeß in Palästina. Die J.C.A. richtet eine besondere Abteilung, das Komitee für Eretz Israel, ein, das für alle mit der Siedlungstätigkeit in Palästina verbundenen Aktivitäten des Unternehmens zuständig ist.

Die Menschen in den Dörfern sind über die J.C.A. verbittert. Sie halten sie für antizionistisch und glauben, nun sei das Aus für die Kolonisierung des Landes gekommen. Das Komitee für Eretz Israel indes führt eine neue Politik ein: Es löst die komplizierte Beamtenstruktur Rothschilds auf, senkt die Subventionen für Weinbau, schließt verlustreiche Betriebe und gewährt den Dörfern mehr Autonomie.

Im Rückblick betrachtet, war die Übernahme durch die J.C.A. ein Erfolg. Das Unternehmen schafft ein zusätzliches jüdisches Siedlungsgebiet, in Untergaliläa, und zeigt den Bewohnern, wie man rentabel wirtschaftet. Nach einer schweren Zeit des Übergangs müssen die meisten einräumen, daß die J.C.A. einen großen Beitrag für den Fortschritt im Jischuw geleistet hat.

⊙ Sandschak Beirut
--- Sandschak-Grenze
—·— Wilajet-Grenze

△ Die Türken müssen den europäischen Mächten Privilegien einräumen. Man spricht von der »Kapitulation« des Osmanischen Reiches. So gibt es neben der türkischen Post je eine österreichische (im Bild), deutsche, italienische und russische Post.

△ Eine zu Beginn des 20. Jahrhunderts gegründete Siedlung: die Farm Sedschera in Untergaliläa. Hier entwickelt sich innerhalb weniger Jahre – den ersten des Jahrhunderts – ein neues jüdisches Siedlungsgebiet.

△ Im Jahre 1900. Oben: »Alliance«-Schüler in Jerusalem in ihrer hochgeknöpften türkischen Uniform; rechts: Schüler in Mikve Israel, in etwas lockerer orientalischer Tracht.

▷ Brot für Jerusalem: Das Kamel ist das wichtigste Lasttier. Eine Kamelkarawane bringt Getreide, das zunächst per Schiff über den Jordan ans Nordufer des Toten Meeres transportiert wird.

△ Jüdische Landarbeiter in Rehovot.

◁ Zwei Beduinen am Jordan-Ufer. Zu Beginn des 20. Jahrhunderts gilt Palästina als Einöde, die meisten seiner Einwohner sind Nomaden.

1901

Januar
Streik in den Weinkellern in Rischon le-Zion, nachdem die J.C.A. die Entlassung einer Reihe von Arbeitern verkündet hat. Schließlich muß der J.C.A.-Beamte Freynte den Entlassenen einen ganzen Jahreslohn als Abfindung zahlen.

Februar
Delegationen mehrerer jüdischer Siedlungen, darunter Sichron Ya'akov, Petach Tikva und Rosch Pina, reisen quer durch Europa in dem Bemühen um eine Unterredung mit Baron Rothschild und der J.C.A.-Führung. Alle Verständigungsversuche scheitern jedoch. Auch gelingt es den Delegationen nicht, Einfluß auf die Zionistische Weltorganisation zu gewinnen. Herzl sagt, er könne gegen die J.C.A. nichts ausrichten.

26–27 Vollversammlung der Chovevei-Zion (Vorgängerin des »Odessa-Komitees«). Es geht um die jüdischen Siedlungen in Palästina. An der Versammlung nehmen auch Vertreter der Arbeiterschaft teil. Sie fordern die Chovevei-Zion auf, sie bei ihrem bevorstehenden Kampf in Paris zu unterstützen. U. a. wird beschlossen, eine 20köpfige Delegation mit Vertretern der Juden Palästinas und der Chovevei-Zion nach Paris zu schicken. Eine Zusammenarbeit zwischen der Chovevei-Zion und den politischen Zionisten unter Führung Herzls zeichnet sich ab.

März
In den jüdischen Siedlungen herrscht Niedergeschlagenheit. Eli'eser Ben-Jehuda schreibt Anfang des Monats in seiner Zeitung »Ha-Zvi«: »Die Stimmung in allen Dörfern ist gedrückt. Die Leute sind traurig – überall nichts als Kummer und Verzweiflung.«

20 Die jüdischen Dorfkomitees wählen ihre Vertreter für die Pariser Delegation: fünf Bauern und zwei Arbeiter. Ihre Hauptforderung: Die jüdischen Siedlungen sollen ohne jede Bevormundung auf eigenen Füßen stehen.

Mai
Die Vertreter der jüdischen Siedlungen und der Chovevei-Zion fordern in einer Unterredung mit Baron Rothschild in Paris, die Siedlungen der Verantwortung der Bauern zu unterstellen. Der Baron weist die Forderung zurück.

Ende April 1901 – Bilanz der Regenzeit: In den meisten Landesteilen herrscht Dürre. In Jerusalem sind nicht einmal 300 Millimeter Niederschlag pro Quadratmeter gefallen. Die Folge ist großer Wassermangel.

Juni
Ein neuer Gouverneur in Jerusalem: Muhammad Dschuad Bey löst Tufik Pascha ab.

27 Gründung des Verbandes Kibbuz Achim, dessen Ziel es ist, die Neuankömmlinge der ersten Alija bei der Suche nach Arbeit und Unterkunft zu unterstützen.

Spannungen zwischen den Siedlern und dem J.C.A.-Beamten Freynte. In Metulla kommt es zum Eklat: Als Freynte den Ort besucht, wird er im Verwaltungshaus »verhaftet«. Die Räder seiner Droschke werden abmontiert und bleiben so lange verschwunden, bis er auf die Forderungen der Bauern eingeht.

Metulla: Schauplatz der Auseinandersetzung mit der J.C.A.

Kfar Tabor (Mescha), dahinter der Berg Tabor.

September
Ernennung von Chaim Klovrisky-Margalit zum neuen J.C.A.-Direktor für Untergaliläa. Er verleiht der jüdischen Siedlungsbewegung neuen Schwung.

Oktober
Am 7. 10. Gründung der ersten Siedlung in Untergaliläa: Javne'el, das zunächst noch Jemma genannt wird. Am 25. 10. wird die zweite Siedlung gegründet: Kfar Tabor (Mescha).

November
29 Pünktlich zum Geburtstag von Sultan Abd ül-Hamid II. vollenden die türkischen Behörden die Reparatur der 16 Kilometer langen Wasserleitung von »Salomos Teichen« nach Jerusalem. Das bedeutet eine große Erleichterung für die Bewohner der Stadt, die oft nur unzureichend mit Wasser versorgt waren.

Dezember
29 Der fünfte Zionistische Kongreß in Basel beschließt die Gründung des Jüdischen Nationalfonds als Instrument zum Grunderwerb in Palästina.

Zum Sommeranfang 1901 öffnet eine öffentliche Bibliothek, Midrasch Abravanel, in Jerusalem ihre Tore. Aus ihr entwickelt sich später die Staats- und Universitätsbibliothek. Fortschritte beim Zitrusanbau in Petach Tikva: Ende 1901 gibt es schon 30 Zitrushaine. Auch der Tabakanbau wird ausprobiert.

Eine jüdische Bauernfamilie: Jehuda Reb, die Söhne Baruch, der Älteste und Eli'eser, Tochter Esther und die Mutter, Lea.

▷ Obwohl Baron Edmond de Rothschild jede Verbindung zu den Dörfern abzubrechen scheint, ist er auch später noch über alle Ereignisse dort bestens im Bilde.

▽ Zeilen der 1901 den Vertretern der jüdischen Bevölkerung ausgehändigten »Vollmacht«. Baron Rothschild wird ersucht, die jüdischen Dörfer nicht der J.C.A. zu unterstellen, sondern ihnen zu gestatten, »auf eigenen Beinen zu stehen...«

EIN NEUES SIEDLUNGSGEBIET

Als die J.C.A. im Jahre 1900 die Betreuung von Baron Rothschilds Dörfern übernimmt, genießt das Unternehmen keinerlei Sympathie im Jischuw, da es scheinbar keinen Wert auf eine Ausweitung des jüdischen Siedlungsgebietes legt.

In Wirklichkeit führt die J.C.A. die Arbeit Baron Rothschilds und seiner Leute fort. Davon zeugt die Tatsache, daß die J.C.A. Ländereien erwirbt und darauf Dörfer errichtet. Ausgerechnet in den mageren Jahren zu Beginn des Jahrhunderts, als der Jischuw eine tiefe Krise erlebt, beweist die J.C.A., daß ihr an einer Ausweitung des jüdischen Gebietes durchaus gelegen ist. Schon Ende des 19. Jahrhunderts legt sie im untergaliläischen Sedschera eine Musterfarm an, in der Arbeiter für landwirtschaftliche Tätigkeiten angelernt werden.

Die Ausdehnung des Jischuw auf Untergaliläa unterliegt der Aufsicht von Chaim Klovrisky-Margalit, der im Gegensatz zu den meisten J.C.A.-Beamten ein erklärter Zionist ist. Ende 1901 entstehen zwei Dörfer in Untergaliläa: Javne'el (Jemma) und Kfar Tabor. Klovrisky sucht sich seine Bauern sehr sorgfältig aus, zum Teil zählen sie schon zur zweiten Generation der Bewohner der ersten Siedlungen. Danach entstehen bis 1904 noch drei weitere Siedlungen: Beit-Gan bei Javne'el, Milchemija (das spätere Menachemija) und Ilanija unweit der Musterfarm Sedschera.

Für den Jischuw bedeutet die Tatsache, daß zu den 20 bis zur Jahrhundertwende gegründeten Siedlungen binnen weniger Jahre eine Musterfarm und fünf weitere Dörfer in Galiläa hinzukommen, einen wichtigen Fortschritt. Gleichzeitig entstehen in anderen Landesteilen Atlit, Giv'at-Ada und Kfar Saba. Und noch im selben Jahrzehnt kommen in Untergaliläa Kinneret und Mizpe hinzu.

△ Javne'el, die »Mutter aller Siedlungen in Untergaliläa«, wird Ende 1901 in einem neuen Siedlungsgebiet gegründet, in dem zwei Jahre zuvor die Musterfarm Sedschera entstanden ist. Die Siedler stammen aus Metulla, den Dörfern des Barons in Horan und einigen schon länger bestehenden Niederlassungen. Nach Javne'el entsteht in Untergaliläa noch eine Reihe weiterer jüdischer Dörfer.

1901

△ Be'ersheva, die neue Stadt, die die Türken im Negev erbaut haben. Hier die Einweihungsfeier.

▽ Unter den Gästen der Gouverneur von Jerusalem. Seine Prachtkutsche im Vordergrund.

▷ Der Herrscher des Osmanischen Reiches und Palästinas Abd ül-Hamid.

▽ Herzl hofft, der Sultan werde ihm Palästina zusprechen. Die zionistische Wochenschrift »Die Welt« berichtet in einer Sonderausgabe über das Treffen der beiden im Mai.

Extra-Ausgabe.

Die Welt

Erscheint jeden Freitag.

Constantinopel, 17. Mai 1901.

Doctor Theodor Herzl, Präsident des zionistischen Actions-Comités, wurde heute von Sr. Majestät dem Sultan in längerer Audienz empfangen.

△ Chaim Klovrisky-Margalit, Schlüsselfigur der Siedlungstätigkeit zu Beginn des Jahrhunderts.

◁ In den Weinkellereien in Rischon le-Zion findet ein langer Streik wegen der von der J.C.A. geplanten Entlassungen statt.

DER JÜDISCHE NATIONALFONDS

Schon auf dem ersten Zionistischen Kongreß in Basel schlug Professor Zwi Hermann Schapira die Schaffung eines Organs vor, das der Zionistischen Weltorganisation angegliedert sein und Grund und Boden in Palästina erwerben sollte. Doch erst auf dem fünften Zionistischen Kongreß Ende 1901 findet diese Idee allgemeine Zustimmung.

Der Jüdische Nationalfonds, der nun ins Leben gerufen wird, hat die Aufgabe, »mit Spenden des jüdischen Volkes Land für das Volk zu erwerben«. Dahinter steht der Gedanke, daß aller so erworbener Boden für immer Besitz des jüdischen Volkes bleibt. Er kann nicht veräußert, sondern lediglich für die Dauer von 49 Jahren verpachtet werden. Die ersten Ländereien ersteht der Nationalfonds im Jordan-Tal mit Hilfe von Spenden (viele jüdische Familien haben eine »blaue Sammelbüchse« des Nationalfonds im Haus) und des Verkaufs von Marken des Nationalfonds.

▷ Ein Flugblatt des Malers Lilein für den fünften Zionistischen Kongreß in Basel, auf dem der Jüdische Nationalfonds ins Leben gerufen wird.

▽ Der Jewish Colonial Trust ist die Kreditanstalt – d. h. Bank – der Zionistischen Weltorganisation. Zuerst hatte Theodor Herzl Mühe, Mittel aufzutreiben, doch bis Ende 1901 kommt eine viertel Million Pfund Sterling zusammen. Damit kann die Bank gegründet werden. Im Bild: eine Aktie im Wert von 100 Pfund Sterling.

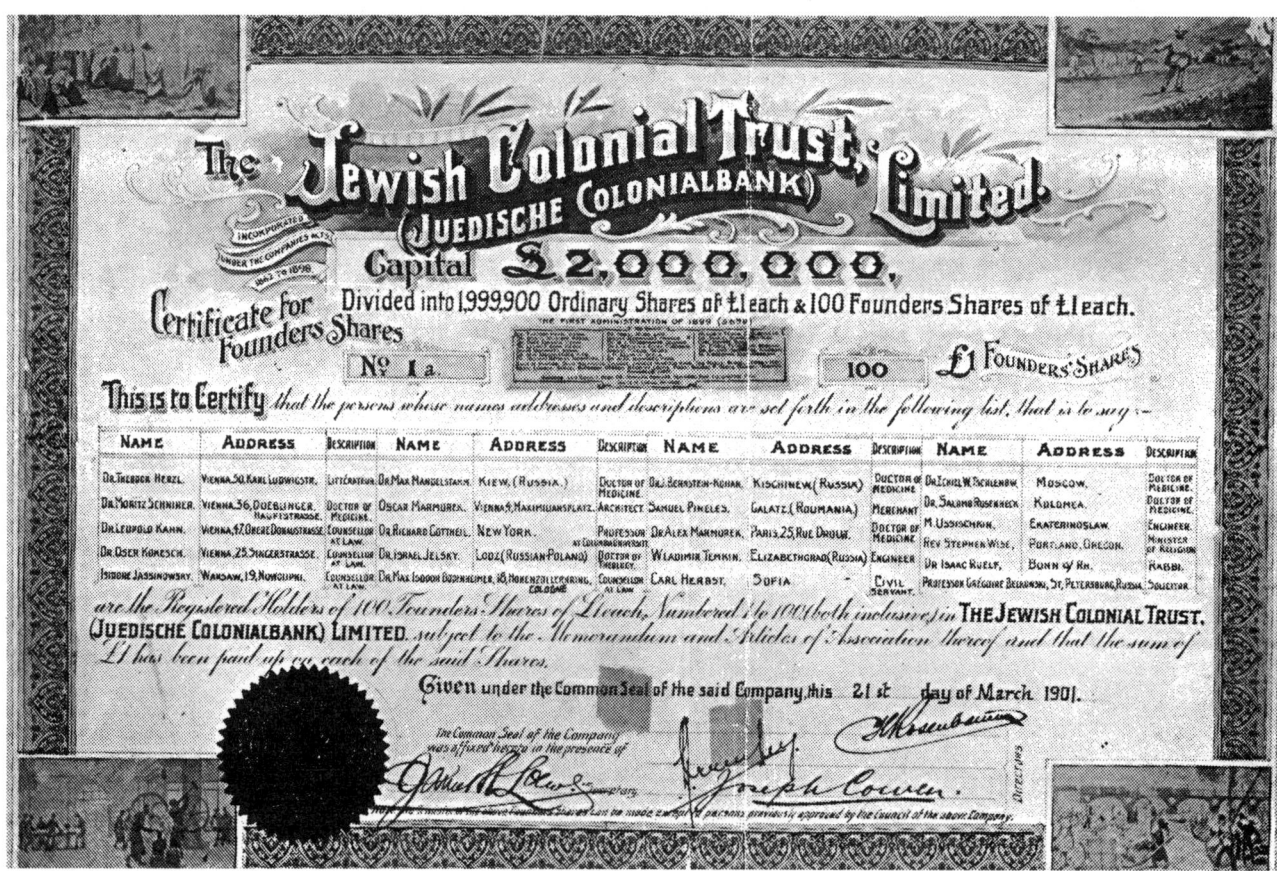

1902

Januar
Einführung des »roten Zettels«: Die türkischen Behörden stellen Juden, wenn sie ihren Paß bei der Ankunft in Palästina hinterlegen, eine dreimonatige Aufenthaltsgenehmigung aus.

28 Eröffnung des Krankenhauses Scha'arei-Zeddek in Jerusalem unter der Leitung von Dr. Moses Wallach. Das Hospital liegt am Ende der Jaffa-Straße, weit von der Altstadt entfernt.

Das Krankenhaus »Scha'arei-Zeddek« in Jerusalem, Einweihung des neuen Gebäudes.

Februar
Ablösung des Gouverneurs von Jerusalem: Auf Muhammad Dschuad Bey folgt Osman Kasim Bey.

26 In London wird die Anglo-Palestine Bank gegründet, die Kreditanstalt der Zionistischen Weltorganisation.

März
5 In Wilna entsteht der Misrachi, eine religiöse Bewegung unter der Führung von Rabbi Ya'akov Reines.

21 In Rischon le-Zion Gründung des »Komitees der zionistischen Verbände in Eretz Israel«, in Anwesenheit von Vertretern aus Jaffa und den umliegenden Dörfern. Das Komitee wird zu Herzl geschickt.

Mai
14 Herzl antwortet dem »Komitee der zionistischen Verbände«, dessen Gründung sei zu diesem Zeitpunkt aus »politischen Gründen« nicht opportun. Sie könnte den Zorn der Türken wecken.

26 Zusammenschluß der Drucker zu einem eigenen Berufsverband in Jerusalem, nachdem ein erster Versuch dazu 1896 mißlungen war.

Gleichzeitig wird eine »Beeidigung« vorbereitet, in der sich jeder Arbeiter dazu verpflichtet, an jedem vom Verband ausgerufenen Streik teilzunehmen. Eine Forderung der Arbeiter: Verkürzung der Arbeitszeit auf 10 Stunden täglich.

Juni
Ein Gesandter der Chovevei-Zion, der Agronom Ya'akov Akiva Ettinger, prüft den Zustand der jüdischen Siedlungen. Er bereist das Land mehrere Wochen und zieht ein optimistisches Fazit.

19 Tod des Rabbi Naftali Herz Halevy, des Rabbiners von Jaffa.

Juli
Herzl ist bereit, gegen ein Nutzungsrecht für »Haifa und Umgebung« Staatsschulden der Türkei zu bezahlen.

Generalstreik der Drucker in Jerusalem. Sie verlangen bessere Arbeitsbedingungen und eine Anhebung des Lohns. Der Streik dauert drei Wochen. Am Ende sind die Arbeiter gezwungen, ihre gewerkschaftliche Tätigkeit einzustellen – ein weiterer Grund für die verstärkte Abwanderung aus Palästina.

Oktober
Veröffentlichung von Herzls utopischem Roman »Altneuland« in Wien. Darin beschreibt der Vater des Zionismus, wie er sich einen künftigen jüdischen Staat vorstellt. Fast zur gleichen Zeit erscheint das Buch in der von Nachum Sokolov angefertigten hebräischen Übersetzung. Der Titel lautet »Tel Aviv«.

Cholera im ganzen Land: Jaffa steht unter Quarantäne. Die Schulen in Jerusalem sind geschlossen, der Eisenbahnverkehr in die Stadt wird eingestellt. Auch in Hebron und Tiberias ist die Lage bedrohlich.

Die J.C.A. legt den Grundstein für ein neues Dorf in Untergaliläa: Sedschera (Ilanija). Zehn von einer Nachbarfarm stammende Pächter erhalten je 250 Dunam Land.

November
Nach einem Bericht Dr. Hillel Jaffes, eines Arztes aus Jaffa, sind in Gaza 3000 der 15000 bis 20000 Bewohner gestorben, in Lod 700 von 4000 Bewohnern und in einigen Dörfern sogar fast die Hälfte der Bevölkerung. In Jaffa selbst seien 300 Personen, fast alles Araber, an der Seuche zugrunde gegangen. Unter den Juden seien 22 erkrankt und acht gestorben. Zu den Schwerkranken im Norden zählt auch Chaim Klovrisky-Margalit, der J.C.A.-Verwalter in Untergaliläa. Sein Schwager Dr. Jaffe eilt zu ihm und rettet sein Leben.

10 Einweihung eines neuen jüdischen Friedhofes in Jaffa für die Opfer der Cholera. Die Begräbnisstätte liegt weit entfernt, mitten in den Sanddünen im Norden der Stadt (die heutige Trumpeldor-Straße in Tel Aviv).

Heinrich Meissner, der »Vater der Talbahn«.

Dezember
Die J.C.A. gründet ein neues Dorf, Menachemija (anfangs heißt es Milchemija); es ist die erste jüdische Siedlung im Jordan-Tal.

Der deutsche Ingenieur Heinrich August Meissner baut im Auftrag des Osmanischen Reichs eine Eisenbahn. Beginn der Nebenlinie von Dar'a nach Haifa (die Talbahn).

»Zion« und »Magen David«: Die Einnahmen aus dem Verkauf der Marken dienen in den kommenden Jahren dem Grunderwerb und der Wiederaufforstung in Eretz Israel. Gleichzeitig wird die blaue Sammelbüchse des Jüdischen Nationalfonds kreiert, die sich zu einem der bekanntesten Symbole der zionistischen Wiedergeburt entwickeln wird.

Das erste Grab auf dem neuen Friedhof der Gemeinde Jaffa wird 1902 ausgehoben. Die Tote, Manischke Bramberg, starb im »schrecklichen Jahr 1902«.

◁ Das Dorfkomitee fertigt einen zweisprachigen Stempel, auf hebräisch und französisch, an. Er besagt, daß das Dorf bei Tiberias liegt.

▽ Die J.C.A. gewinnt an Schwung, und gegen Jahresende entsteht ein neues Dorf, Milchemija, die erste jüdische Siedlung im Jordan-Tal.

▽ Eine Neugründung in Galiläa: Sedschera. Der Ort entsteht in der Nähe der gleichnamigen Farm, die einige Jahre zuvor gegründet wurde, und die Keimzelle des jüdischen Siedlungsgebietes in der Region ist. Zehn Bauern erhalten je 250 Dunam Land, sie leben hauptsächlich vom Ackerbau. Obwohl die J.C.A. bis heute oft äußerst kritisch beurteilt wird, trägt das Unternehmen zu Beginn des 20. Jahrhunderts wesentlich zur jüdischen Ansiedlung bei.

DER BAU DER »TALBAHN«

Im Jahre 1900 beginnt der deutsche Ingenieur Heinrich August Meissner, »Meissner Pascha« genannt, mit der Realisierung eines ehrgeizigen Eisenbahnprojekts: Damaskus soll mit den heiligen muslimischen Stätten auf der Arabischen Halbinsel verbunden werden. Die geplante Strecke ist 1500 Kilometer lang. Meissner handelt im Auftrag des türkischen Sultans Abd ül-Hamid II.

Beim Bau der Eisenbahnlinie kommt Meissner Pascha eine Idee: Über eine Nebenlinie will er die »Hedschas-Bahn« bis zur Mittelmeerküste Palästinas führen. So will er die Abhängigkeit der Türkei von der Strecke Damaskus–Beirut und vom Hafen Beiruts, der unter französischer Oberhoheit steht, beenden. Ende 1902 nimmt Meissner die Planung der 160 Kilometer langen Nebenstrecke von Haifa im Westen nach Dar'a, seinerseits an der »Hedschas-Bahn« im Osten gelegen, auf.

Die Strecke soll durch die Jesre'el-Ebene verlaufen, dann hinunter in die Jordan-Senke und von dort am Jarmuk entlang bis nach Dar'a. Meissner baut die tiefst gelegene Eisenbahntrasse der Welt: 173 Meter unter dem Meeresspiegel. Anfang 1904 beginnen die Bauarbeiten. Ende 1905 werden sie abgeschlossen, der Zugverkehr vom Mittelmeer mit Anschluß an die »Hedschas-Bahn« sowie nach Damaskus wird aufgenommen.

Die Strecke durch das westliche Palästina, vor allem den Abschnitt, der durch die Jesre'el-Ebene führt, nennen die Juden schon bald »Talbahn«.

1902

△ In Jerusalem hat die Bibliothek »Midrasch Abravanel« ein neues Gebäude bezogen. Später wird daraus die Staatsbibliothek. Die Jerusalemer, alt und jung, sind häufige Besucher, denn hier gibt es Bücher und Zeitungen aus dem Ausland.

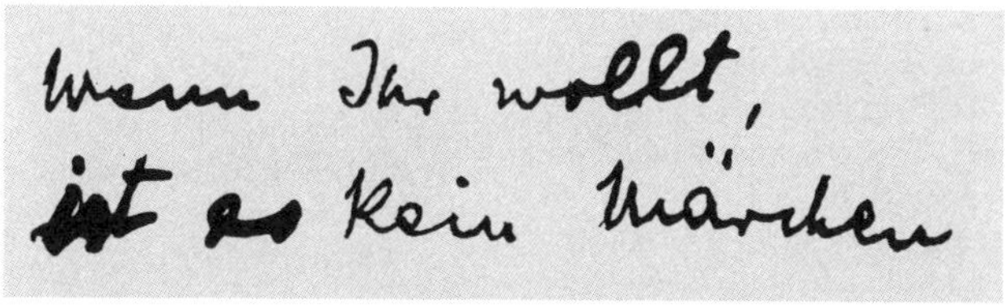

△ Mikve Israel hat 1902 21 Absolventen; sie sind der 30. Jahrgang.

▷ Herzl sorgt 1902 für eine Überraschung: mit der Veröffentlichung seines utopischen Romans »Altneuland«. In der Einleitung schreibt er (oben): »Wenn ihr wollt, ist es kein Märchen.« Noch im gleichen Jahr kommt das Buch auf hebräisch auf den Markt. Der Titel: »Tel Aviv« (Abbildung rechts).

△ Die erste Marke des Jüdischen Nationalfonds erscheint. Später folgt die Publikation weiterer Marken.

1903

Januar
Ende der Cholera-Epidemie. Die Quarantäne über Jaffa wird aufgehoben, und nach einer Unterbrechung von dreieinhalb Monaten führt der erste Zug nach Jerusalem.

März
In Herzls Auftrag bricht eine Expedition in den Sinai auf. Sie soll die Möglichkeit einer jüdischen Siedlungstätigkeit großen Stils auf der Halbinsel überprüfen (»Al-Arisch-Plan«). Mit von der Partie sind Dr. Hillel Jaffe, Vorsitzender von Chovevei-Zion in Jaffa, und Oberst Oliver Goldsmith aus England. Ihr Gutachten fällt positiv aus, dennoch wird der Plan ad acta gelegt – wegen des Einspruchs der Briten, die damals in Ägypten herrschten.

Eli'eser Ben-Jehuda und der Jerusalemer Verleger Shlomo Israel Shirisly begründen eine Partnerschaft. Der Verleger ist für alles, was den Vertrieb und die Finanzierung der Wochenschrift »Haschkafa« betrifft, zuständig.

30 Ein heftiges Erdbeben erschüttert Jerusalem. Nachrichten über mögliche Verletzte sind allerdings nicht überliefert. Wegen der Cholera-Epidemie kommen, im Gegensatz zu früheren Jahren, fast keine Touristen zum Pessach-Fest in die Stadt.

April
19 Pogrom in Kischinew: Dutzende von Juden werden erschlagen, Hunderte verletzt, und an jüdischem Besitz entsteht großer Schaden. Daraufhin verfaßt Chaim Nachman Bialik sein bekanntes »In der Stadt des Tötens«. Das Pogrom löst in der jüdischen Welt einen Schock aus und verstärkt die Auswanderung von Juden aus Rußland. Ein Teil von ihnen gelangt nach Palästina.

Der Jüdische Nationalfonds erwirbt sein erstes Grundstück. Der bekannte Wohltäter Yitzhak Leib Goldberg aus dem russischen Wilna schenkt dem neuen Nationalfonds eine 200 Dunan große Parzelle in Hadera.

Mai
3 Jüdische Einwanderer aus dem Jemen gründen in Jaffa die Vereinigung »Pe'ula Sachir«, mit dem Ziel, sich eine eigene Agrarkolonie zu schaffen. Das Projekt mißlingt zwar, aber die Mitglieder finden Arbeit auf den Farmen anderer Siedlungen.

Juli
26 Eröffnung der ersten Filiale der jüdischen Anglo-Palestine Bank. Ihr Direktor ist Salman David Levontin, einer der Gründer von Rischon le-Zion. Nach der Gründung Rischons war Levontin nach Rußland zurückgegangen, im Juni 1903 ist er dann jedoch wieder nach Palästina gekommen.

August
4 Einweihung des neuen Gebäudes der Lemmel-Schule in Jerusalem in Anwesenheit von Bürgermeistern und jüdischen Honoratioren, Vertretern der verschiedenen Glaubensgemeinschaften sowie der Konsuln von Österreich, Deutschland und England. Auf dem Lehrplan stehen Gesang, Zeichnen und Sport.

23 Eröffnung des sechsten Zionistischen Kongresses in Basel: sogenannter Uganda-Kongreß. Dabei kommt es zu schweren Auseinandersetzungen zwischen Herzl und seinen Anhängern und den Zionisten Zions. Diese lehnen alle Siedlungspläne in Uganda kategorisch ab.

Einberufung der »ersten Knessia«, der ersten Versammlung aller Vertreter des Jischuw, in Sichron Ya'akov. 67 Delegierte nehmen teil. Der herausragendste Vertreter, der große Zionist Menachem Ussischkin, setzt die Ablehnung des Uganda-Plans durch. Gründung einer Vereinigung aller im Land ansässigen Juden.

26–28 Im Anschluß an die »erste Knessia« tritt der Gründungsausschuß des Lehrerverbandes in Sichron Ya'akov zusammen. Dieser ist der erste jüdische Berufsverband in Palästina.

September
11 Unruhen in der weißrussischen Stadt Homel (Gomel). Zum ersten Mal stellt sich den Angreifern eine jüdische Miliz entgegen.

Oktober
Die wenige Tage zuvor geschaffene Vereinigung der Juden Palästinas wird aufgelöst – wegen Herzls ablehnender Haltung.

14 Ein neues Dorf südlich von Sichron Ya'akov: Giv'at-Ada. Die Bewohner stammen aus den umliegenden Siedlungen.

November
11 Erster wichtiger Grunderwerb des Jüdischen Nationalfonds: die brachliegenden Felder von Umm Dschuni im Jordan-Tal.

23 Einwanderung der »Kwutza aus Homel«, darunter führende jüdische Männer der Stadt. Beginn der zweiten Alija.

Dezember
Israel Belkind bringt 37 durch das Kischinew-Pogrom verwaiste Kinder ins Land. Er schlägt vor, sie zur Erholung in eine noch zu gründende Einrichtung mit dem Namen Kirjat-Sefer zu verschicken. Der geplante Standort: Umm Dschuni im Jordan-Tal. Doch aus dem Vorhaben wird nichts. Daher werden die Kinder erst in Schafija und dann in Beit-Arif untergebracht.

Beduinenscheichs im Negev schlagen Herzl einen Bund zwischen Juden und Beduinen vor, um den Türken Palästina zu entreißen.

Der »Talbahn«-Bau schreitet voran. Beginn jüdischer Siedlungstätigkeit in Atlit.

Dr. Hillel Jaffe, Mitglied des Expeditionstrupps im Wadi Al-Arisch.

Karikatur Herzls, des »Riesen«.

Die Al-Arisch-Expedition auf ihrem Weg durch die Wüste.

1903

▷ Die Mitglieder der Untersuchungsexpedition auf der Sinai-Halbinsel. V. l. n. r.: Oliver Goldsmith, Oberst der britischen Armee; Selig Susskin, Agronom; Leopold Kessler, Bergwerksingenieur und Expeditionsleiter; Henry Stephens, Ingenieur für Hoch- und Tiefbau; Dr. Hillel Jaffe, Arzt.

▽ Die deutschsprachige zionistische Wochenschrift »Die Welt« bringt die Stellungnahme der englischen Regierung zu einem Territorium für Juden in Ostafrika (Uganda-Plan).

△ Dr. Joseph Levy hält die Verbindung zu den Beduinen aufrecht.

▽ Gründung des Templerdorfs Wilhelma, 1903.

DIE ZWEITE ALIJA BEGINNT

Meist wird der Beginn der zweiten Alija auf das Jahr 1904, ihr Ende auf 1914 datiert. Diese Zeiteinteilung ist jedoch nicht exakt, denn die Einwanderungswelle setzt schon in den letzten Monaten des Jahres 1903 ein.

Nach dem Pogrom in Kischinew im Frühjahr 1903, dem sechsten Zionistischen Kongreß im August desselben Jahres und den Ausschreitungen in der Stadt Gomel im September gärt es in den großen jüdischen Zentren Osteuropas. Die Not der Juden vor Ort sowie der Protest gegen den »Verrat« an Eretz Israel durch Dr. Herzl, der Uganda vorzieht, weckt bei jungen Juden den Wunsch, die in den vorherigen Jahren ununterbrochene Alija zu erneuern. Moshe Smilansky, der als Schriftsteller und Bauer in Rehovot lebt, schreibt im November 1903 in der in Warschau erscheinenden Zeitung »Ha-Zofe«: »In letzter Zeit sehe ich neue Gesichter. Junge Menschen sind gekommen und suchen Arbeit in Eretz Israel, um davon ihren Lebensunterhalt zu bestreiten. In den vergangenen Jahren waren wir nur an ‚Gäste' gewöhnt, an Menschen, die kamen und wieder gingen. Jetzt kommen – nach einer langen Pause – wieder Menschen zu uns, die Bürger sein wollen.«

Als Vorhut der zweiten Alija gelten die Juden aus der Stadt Gomel, darunter Mitglieder der »jüdischen Miliz«. Sie treffen Ende 1903 ein, 1904 verstärkt sich die Zuwanderung.

▽ Das Präsidium der »ersten Knessia«. In der Mitte der Zionist Menachem Ussischkin, der am sechsten Zionistischen Kongreß (»Uganda-Kongreß«) nicht teilnimmt. Er ruft das Volk auf, sich dem Plan zu widersetzen.

▷ Die »erste Knessia« versammelt sich im August 1903 in Sichron Ya'akov. Es nehmen 67 Delegierte aus dem Jischuw teil. Aus Metulla sind zwei Vertreter gekommen, ebenso wie aus Sedschera; aus Haifa dagegen nur einer.

△ Das J.C.A.-Verwaltungsgebäude in Sichron Ya'akov. Hier tritt die »erste Knessia« zusammen.

1903

△ Neu im Land: eine »zionistische« Bank, die Anglo-Palestine Bank (später Bank Leumi le-Israel). Hier die erste, 1903 eröffnete Zweigstelle in Jaffa.

▷ Im Anschluß an das Pogrom in Kischinew finden im ganzen Land Versammlungen statt (rechts eine Einladung).

△ Salman David Levontin, einer der herausragenden Männer der ersten Alija, kehrt 1903 ins Land zurück und gründet die Anglo-Palestine Bank. Er leitet sie bis 1924.

▷ Im Dezember 1903 bringt Israel Belkind, ein Bilu-Siedler, 37 Waisen aus Kischinew ins Land. Sie tragen die üblichen orientalischen Gewänder, in den Händen halten sie Keulen. Belkind baut ihnen in Schafija und Beit-Arif ein Jugenddorf.

25

1904

Januar
Ein neues Dorf in Untergaliläa: Beit-Gan bei Javne'el. Die Bewohner sind zum Judentum konvertierte Arbeiter aus Rußland.

14 Meissner Pascha beendet den Bau der Eisenbahnstrecke von Haifa nach Beit-Sche'an.

Februar
7 Eine erste Abordnung der Zionistischen Weltorganisation bereist zu Forschungszwecken Palästina und Transjordanien. An ihrer Spitze steht der deutsche Geologe Blankenhorn, ihm zur Seite der junge Agronom Aaron Aaronson. Ihnen folgen in den Jahren danach weitere Forschergruppen.

27 Aaron David Gordon, einer der bekanntesten Einwanderer der zweiten Alija, kommt ins Land. Er ist älter als die meisten Immigranten (48).

März
Israel Shochat wandert als 17jähriger ein. Später legt er die Grundlagen für das Entstehen der Organisationen »Bar-Giora« und »Schomer«.

April
Die Zionistische Exekutive (Vorsitz Herzl) genehmigt den Antrag der »Kommission aus Eretz Israel«, in der Diaspora Mittel für Ölbäume in Palästina zu sammeln.

Zusammenstoß zwischen dem Händler Moritz Scheinberg und dem Chovevei-Zion-Vorsitzenden Dr. Hillel Jaffe in Jaffa. Die beiden werden handgreiflich, Jaffe trägt eine Verletzung im Gesicht davon. Alle jüdischen Einrichtungen in Jaffa rufen zum Boykott Scheinbergs auf.

Mai
13 Ankunft eines neuen Rabbiners in Jaffa: Abraham Yitzhak Hacohen Kook. Der neue Oberrabbiner von Jaffa und Umgebung läßt sich in Neve Zeddek nieder. Er tritt an die Stelle des 1902 verstorbenen Rabbi Halevy.

27 Die Trasse der »Talbahn« reicht schon bis zum heutigen Gescher am Jordan.

Juni
21 Abkommen zwischen der J.C.A. und Petach Tikva über den Boden von Kfar Saba. Das Datum zeigt an, wann Kfar Saba als eigenständiges Dorf anzusehen ist.

Die türkische Regierung verbietet den Verkauf von Boden an Ausländer, besonders an Juden. In der Praxis wird das Verbot mit Bakschisch umgangen.

Juli
3 In Wien stirbt Theodor Herzl, der große Führer der Zionisten, im Alter von 44 Jahren. Tiefe Trauer bei den Juden in der Diaspora und im kleinen Jischuw in Eretz Israel.

August
Ein neuer Gouverneur in Jerusalem: Ahmad Raschid Bey löst Osman Kasim Bey ab.

8 Die Anglo-Palestine Bank eröffnet eine zweite Filiale, diesmal in Jerusalem. An der Eröffnungszeremonie nehmen die Honoratioren der Stadt teil. An der Gebäudefassade flattern zwei Flaggen: die türkische und die englische.

Gründung des Unternehmens »Ge'ula« in Warschau. Sein Ziel sind Bodenkäufe in Palästina.

Gegen Monatsende nimmt das Unternehmen »Tabor« in Jerusalem seine Tätigkeit auf: Es handelt sich um ein hebräisches Zentrum für Transporte im In- und Ausland. Die Gründer sind die Herren Amdorsky und Greibsky. Das Unternehmen will sich um ein- und ausreisende Touristen, das Ein- und Ausschiffen und ähnliches kümmern.

Oktober
Die Einwohner Rischon le-Zions zürnen über einen Beitrag in »Ha-Zfira«, in dem das Leben in Rischon und hier besonders das örtliche Orchester kritisiert werden. Nach Ansicht des Verfassers tritt das Orchester so häufig auf, weil »die jungen Menschen keine andere Arbeit und nichts Besseres zu tun haben, als ,Konzerte' zu geben«.

Verschärfung des Konflikts in Eretz Israel zwischen den Zionisten Zions und den Uganda-Zionisten. Die Letztgenannten sind bereit, das Land zu verlassen und den angestrebten jüdischen Staat in Ostafrika zu gründen. An ihrer Spitze steht Eli'eser Ben-Jehuda.

Das große – und traurigste – Ereignis des Jahres ist der Tod Dr. Theodor Herzls. Das fällt besonders in Palästina ins Auge. Eli'eser Ben-Jehudas Zeitung »Haschkafa« drückt es in einer Vielzahl von Ausgaben aus. Die Zeitung nennt Herzl übrigens nie bei seinem richtigen Vornamen, sondern verwendet Mattitjahu, denn Theodor bedeutet wie dieser hebräische Name: »Gott hat gegeben.« Die ganze Zeitung mit schwarzem Trauerrand.

האותיות	פרוש האותיות
10	קָשֶׁלֶם
9	מְצֻיָּן
8	טוֹב מְאֹד
7	טוֹב
6	בֵּינוֹנִי
5	לֹא־רַע
4	לֹא־טוֹב
3	רַע
2	רַע מְאֹד
1	בּוּשָׁה וְחֶרְפָּה
0	לָמָּה מָן הַבִּקֹּרֶת

Schulnoten: von »vollkommen« (10) über »ausgezeichnet« (9), »gut« (7) bis »nicht beurteilbar« (0). Links das Zeugnis eines Schülers.

1904

▷ 1904 treffen einige der bekanntesten Männer der zweiten Alija ein, darunter Aaron David Gordon (unten) und Israel Shochat. Schon bald macht sich der Einfluß dieser »Neuen« im Land bemerkbar.

△ Auch er wandert 1904 ein: der 44jährige Rabbi Kook.

▽ Die Bekanntgabe der Ankunft Rabbi Kooks in Jaffa.

▷ Die Anglo-Palestine Bank eröffnet 1904 eine weitere Filiale, diesmal in Jerusalem. Ihr Standort: das Gebäude des österreichischen Konsulats.

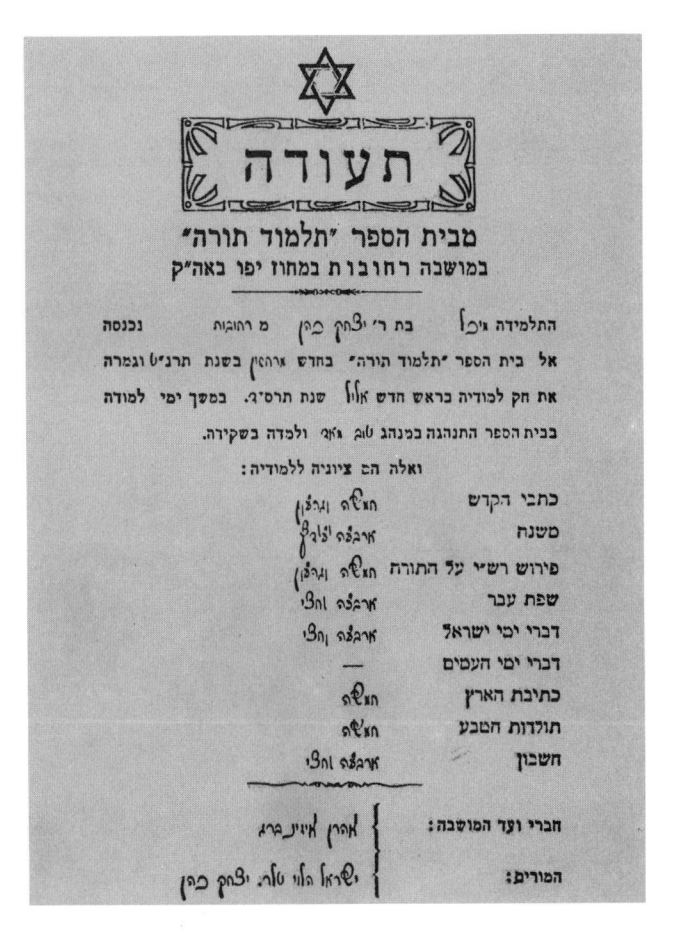

UGANDA KONTRA ERETZ ISRAEL

Als Herzl im Sommer 1903 einsehen muß, daß keine Aussichten auf eine Palästina-Vereinbarung mit der Türkei bestehen, und es gleichzeitig zum Pogrom in Kischinew und einer Auswanderungswelle aus Osteuropa kommt, schlägt er auf dem sechsten Zionistischen Kongreß vor, sich wenigstens vorübergehend mit Uganda zu begnügen. Die zionistische Bewegung steht vor der Spaltung. Ein Teil unterstützt Herzl, sowohl aus Respekt vor seiner Persönlichkeit als auch angesichts der miserablen Lage der Juden in Europa, deretwegen jede politische Lösung, selbst ein jüdischer Staat in Afrika, in Frage komme. Die anderen lehnen jede Lösung, die nicht auf Palästina ausgerichtet ist, kategorisch ab.

Auch im Jischuw erregen sich die Gemüter. Die Mehrheit folgt Herzl und ist bereit, das Land zu verlassen und nach Uganda zu gehen. Eine Minderheit – sie nennt sich die »Zionisten Zions« – verurteilt die im Land grassierende Idee vom Exil in Uganda. Der bekannteste Befürworter des Uganda-Planes ist Eli'eser Ben-Jehuda. In seiner Zeitung »Haschkafa« schreibt er: »Ich glaube daran, daß in unserem Volk noch eine hebräische Seele wohnt, und sie ist stark genug, um Eretz Israel auf jedem Fleckchen Erde zu erschaffen.« Und: »Es kommt auf das Volk an, nicht auf das Land. Wenn doch beides möglich wäre: das Volk und das Land! Da es aber gegenwärtig unmöglich ist, entscheide ich mich jetzt für das Volk ohne das Land.«

Zu guter Letzt wird es still um den Uganda-Plan: Herzl stirbt, und auf dem siebten Zionistischen Kongreß wird das Thema von der Tagesordnung gestrichen (das anvisierte Gebiet liegt übrigens nicht im heutigen Uganda, sondern in Kenia). Und selbst Ben-Jehuda zieht seine Unterstützung für die afrikanische Option zurück, nachdem sich herausgestellt hat, daß das anvisierte Territorium für eine jüdische Besiedlung ungeeignet ist.

△ Der wichtigste Anwalt des Uganda-Plans: Eli'eser Ben-Jehuda, Redakteur von »Haschkafa«.

▽ Aufruf Hemda Ben-Jehudas an die jüdischen Frauen: Sie sollen wegen Herzls Tod Trauer tragen.

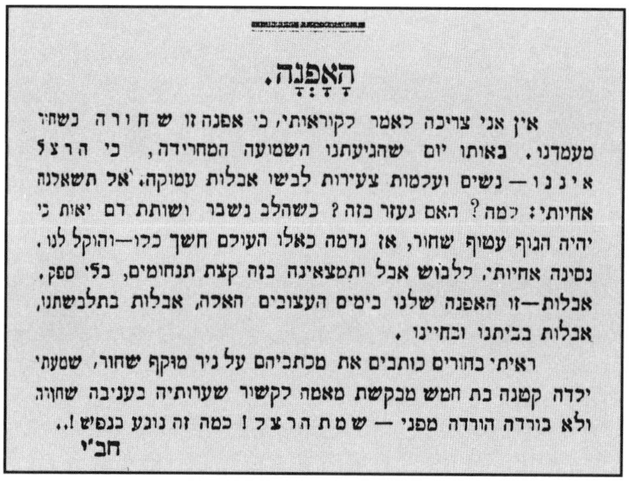

△ Bei seinem Tod 1904 ist Theodor Herzl erst 44 Jahre alt.

▷ An Herzls Beisetzung in Wien nehmen Tausende von Juden teil.

1905

Januar
Die erste russische Revolution. Sie löst eine Welle von Ausschreitungen gegen die Juden aus.

März
Der »Aufruf« Joseph Vitkins. Er fordert die jungen Juden Osteuropas zur Auswanderung nach Palästina auf. Sein Appell gilt als einer der Auslöser für die verstärkte Zuwanderung junger Menschen.

22 Eine Gruppe von Laienschauspielern führt das Schauspiel »Uriel Da Costa« in Jaffa auf. Zu den Akteuren zählt auch Menachem Genssin, der später am »Habima«-Theater tätig sein wird. Die Aufführung findet in einem arabischen Café vor 600 Zuschauern statt.

August
Auf dem siebten Zionistischen Kongreß in Basel wird der Uganda-Plan endgültig verworfen. Die Vollversammlung nimmt unter Beifall den Vorschlag Otto Warburgs an, ein Gelände mit künstlich angelegten Olivenbäumen in Palästina Herzl-Wald zu nennen.

September
Me'ir Dizengoff kehrt heim. Er wohnte und arbeitete schon zu Beginn der neunziger Jahre des 19. Jahrhunderts im Land. Jetzt kümmert er sich als Direktor von »Ge'ula« darum, daß weitere Bodenkäufe zustande kommen.

Joseph Vitkin, der Verfasser des berühmten »Aufruf«.

Oktober
15 Gründung des sozialistischen Ha-Po'el Ha-Tza'ir in Petach Tikva. Damit entsteht die erste politische Partei im Land.

21 Auf der Eisenbahnlinie von Haifa nach Dar'a wird der Betrieb aufgenommen. Die Hedschas-Bahn verlegt ihren Verwaltungssitz nach Haifa. Damit wird die Entwicklung der bis dahin noch relativ unbedeutenden Stadt angekurbelt.

22 Die Anfänge höherer Schulbildung in Palästina: Eröffnung des hebräischen Gymnasiums unter der Leitung von Dr. Jehuda Matmann-Cohen. Einige Jahre später erfolgt die

1905 tritt Dr. Chaim Hissin das Amt des Chovevei-Zion-Botschafters Palästinas an.

Umbenennung in Herzlija-Gymnasium.

31 Am 18. Oktober nach dem alten russischen Kalender: »Oktoberrevolution« in Rußland: über tausend erschlagene Juden in Dutzenden von Städten und Dörfern. Jüdische Milizen leisten Widerstand. Die Unruhen treiben die Zahl der jüdischen Auswanderer aus Rußland in die Höhe, viele gehen nach Palästina.

November
Gründung einer zweiten Arbeiterpartei, Poalei-Zion, mit Büros im ganzen Land.

Im Jischuw herrscht große Erregung angesichts der Nachrichten aus Rußland. In fast 100 Städten und Dörfern soll es zu Pogromen gekommen sein. In den meisten jüdischen Siedlungen Palästinas finden Gedenkfeiern für die Opfer statt.

Dezember
25 Unter der Überschrift »Denn aus Zion kommt Schönheit und Kunst aus Jerusalem« berichtet die Zeitung »Haschkafa« über die bevorstehende Gründung der Kunsthochschule Bezalel, die von Professor Boris Schatz geleitet werden soll.

1905 wird der Hafen von Haifa ausgebaut, vor allem um Güter für den Bau der Bahnstrecke von Haifa nach Dar'a einführen zu können.

Die zweite Alija. Anfangs kommen nur einzelne Juden, aber schon 1905 ist klar: Der Zustrom wird stark anwachsen. Die einwandernden Arbeiter zieht es vor allem zur »Mutter der jüdischen Siedlungen«, nach Petach Tikva. Dort finden sie eine Aufgabe in der Landwirtschaft. Für diese Arbeiter wird die erste Gemeinschaftsküche (»Haus der Speisen«) eröffnet.

Das erste Arbeiterhaus in Petach Tikva. Hier wie in anderen Dörfern leben Hunderte von Pionieren, Männer wie Frauen.

DAS HERZLIJA-GYMNASIUM WIRD GEGRÜNDET

In Jaffa wird im Oktober 1905 die erste hebräische Oberschule der Welt gegründet. Anfangs heißt sie »Hebräisches Gymnasium Jaffa«, später »Herzlija-Gymnasium«. Im ersten Jahr zählt sie 17 Schüler. Ihr Gründer und erster Direktor ist Dr. Jehuda Leib Matmann-Cohen, ihm zur Seite steht seine Frau Fania. An die Wände der Häuser in Jaffa wird am Vorabend des Laubhüttenfestes (13. Oktober 1905) ein Aufruf geklebt: Alle sollen ihre Kinder auf das Gymnasium schicken. Die Anfänge sind bescheiden, und einige glauben, die Schule werde sich nicht behaupten können. Doch die Startschwierigkeiten sind bald vergessen: Gute Pädagogen wie Dr. Chaim Bograschow und Dr. Ben-Zion Mossinson werden eingestellt. In kurzer Zeit erlangt die Lehranstalt einen hervorragenden Ruf. 1909 beschließt das Aufsichtsgremium den Bau eines festen Gebäudes in dem gerade nördlich von Jaffa entstehenden Viertel Achusat-Bajit. Diesem Beschluß hat das neue Viertel, die Keimzelle Tel Avivs, viel zu verdanken. Aber auch für das Gymnasium selbst erweist es sich als vorteilhaft, denn nun wird es mit der neuen Metropole identifiziert.

◁ Der Lehrer Jehuda Leib Matmann-Cohen versucht, das erste hebräische Gymnasium in Rischon le-Zion anzusiedeln (hier Schüler im Jahre 1905). Als ihm das mißlingt, geht er nach Jaffa.

◁ Das Emblem von »Ge'ula«.

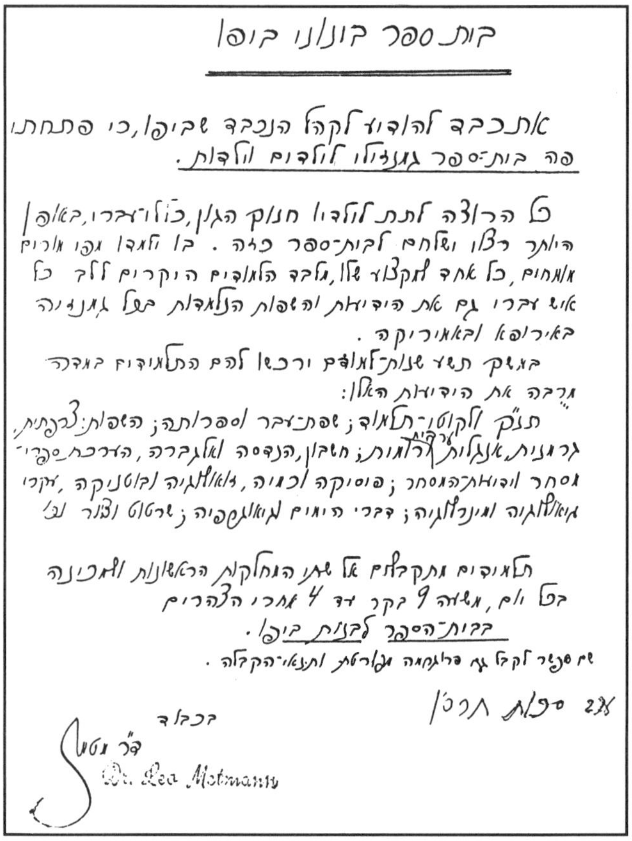

◁ In Jerusalem wird in Anwesenheit Matmann-Cohens (vorne, Mitte), seiner Frau Fania (links von ihm) und S. D. Levontins (vierter von rechts) die Gründung eines Gymnasiums beschlossen.

1905

▽ Detailaufnahme des Denkmals. Die Dampflokomotive vom Typ 2-4-0 ist das damals gängige Modell.

▷ 1905 ist ein wichtiges Jahr für die Geschichte der israelischen Eisenbahn: Die Strecke von Haifa über Zemach nach Dar'a geht in Betrieb. Noch heute erinnert in Haifa ein Denkmal an die Eröffnung.

▽ Die Lokomotive in Fule, dem heutigen Afulla. Für die osmanischen Behörden stellt der Bau der »Talbahn« als Nebenlinie der Hedschas-Bahn eine große Herausforderung dar. Damit wollen sie beweisen, daß nicht nur die Großmächte England, Frankreich und Deutschland in der Lage sind, im Osmanischen Reich Eisenbahnen zu bauen.

VITKINS APPELL

Joseph Vitkin wurde 1876 in Rußland geboren, 1897 wandert er in Palästina ein, wo er als Lehrer und Ausbilder für Landarbeiter tätig wird. Anfang 1905 ist sein Name in aller Munde.

Seine Bekanntheit sowohl im Jischuw als auch in der Diaspora verdankt er einem Aufruf, in dem er die jüdische Jugend auffordert, »ihrem Herzen zu folgen, das sich nach ihrem Volk und Zion sehnt«. Diese Worte finden große Resonanz, die zweite Alija beginnt.

In seinem Appell wendet sich Vitkin an junge Juden in der Diaspora. Sie mögen nach Palästina kommen, um das bisherige Siedlungswerk vor dem Niedergang zu retten, es sei in eine schwere Krise geraten. Vitkin zeigt die große Herausforderung auf, die mit dem Leben in Palästina verbunden ist, und fordert, sich mit diesen Problemen, mit Krankheiten und Gefahren zu messen und sich selbst zu beweisen, daß man es schaffen kann. Nicht jeder, erklärt Vitkin, sei dazu geeignet: »Unter den Begabten werden wir die besten Soldaten des Volkes auswählen...« Diese sollen sich zusammentun und sich gemeinsam auf den Weg nach Eretz Israel begeben, hier arbeiten, neue Siedlungen gründen, und das ganz auf sich gestellt, ohne fremde Hilfe. Er schließt mit den bewegenden Worten: »Eilt und kommt, Helden Israels, erneuert die Zeit der Bilu-Siedler mit noch größerem Eifer, sonst sind wird schon bald verloren.«

Die Arbeiterbewegung in Palästina wird Vitkin später zu einem ihrer Idole erheben.

1906

Januar
Professor Boris Schatz und die Maler Lilein und Rothschild kommen zur Eröffnung der Kunstakademie Bezalel nach Jerusalem.

Februar
1 Gründung des Genossenschaftsverbandes der Weinbauern. Baron Rothschild übergibt ihm die Weinkellereien von Rischon le-Zion und Sichron Ya'akov.
12 Die Bauern in Petach Tikva rufen einen Boykott gegen die jüdischen Arbeiter aus und zwingen sie, das Dorf zu verlassen.
25 Professor Boris Schatz nimmt persönlich die Immatrikulation der ersten Studenten der Bezalel-Kunstakademie vor.

Der Gouverneur von Jerusalem, Sa'adat Pascha, plant, Pferderennen in der Stadt zu veranstalten.

Nachum Willbusch eröffnet in Chadid (dem späteren Ben-Schemen) eine Fabrik zur Ölherstellung aus Olivenabfällen.

März
1 Eröffnung von Bezalel. Anfangs besteht die Akademie aus zwei Abteilungen: eine ist der Kunst, die zweite dem Kunsthandwerk gewidmet. Wegen der verstärkten Einwanderung von Juden klettern die Mieten in Jaffa von Monat zu Monat. Innerhalb eines Jahres steigen sie um 50 %.

April
Die letzten noch in Petach Tikva verbliebenen Arbeiter verlassen »demonstrativ« das Dorf.

Mai
Eröffnung einer dritten Abteilung in Bezalel: Hier wird die Kunst des Teppichwebens unterrichtet.
25 Aus der Steinschen Metallfabrik in Jaffa wird eine Aktiengesellschaft. Ihr neuer Name: L. Stein & Partner – Industriegesellschaft.

Juli
5 Auf einer Versammlung der jüdischen Einwohner Jaffas im »Jeschurun«-Klub wird der Verband »Achusat-Bajit« gegründet. Sein Ziel ist es, außerhalb des bebauten Gebietes von Jaffa ein jüdisches Viertel zu errichten.
21 In Jerusalem stirbt der sephardische Oberrabbiner Ya'akov Schaul Elischer, der auch den Ehrentitel »Rischon le-Zion« (Haupt Zions) trug. Beginn des Kampfes um seine Nachfolge. Das sephardische Oberrabbinat ist in türkischer Zeit das höchste offizielle Amt der jüdischen Gemeinde in Palästina.

August
7 Der Gouverneur von Jerusalem, Raschid Pascha, ernennt Rabbi Suleiman Mani bis zur endgültigen Wahl eines neuen Kandidaten zum geschäftsführenden Oberrabbiner.

Eine von Israel Shochat geführte Gruppe übernimmt die Bewachung eines Teiles der Weinberge von Sichron Ya'akov: Durchbruch für das Entstehen eines eigenen jüdischen Bewachungswesens. Die jüdischen Arbeiter kehren nach Petach Tikva zurück.

Eröffnung einer dritten Filiale der Anglo-Palestine Bank in Beirut.

September
1 Auch in Palästina wird die 30jährige Regierungszeit von Sultan Abd ül-Hamid II. gefeiert.
7 Der 20jährige Immigrant David Grün trifft in Jaffa ein. Später wird er sich David Ben-Gurion nennen. Noch am Tag seiner Ankunft begibt er sich zu Fuß nach Petach Tikva.
10 Wahlen für das Amt des sephardischen Oberrabbiners in Jerusalem. Der 80köpfige Ausschuß entscheidet sich mit 71 Pro- und vier Kontra-Stimmen für Rabbi Ya'akov Me'ir. Die feierliche Amtseinführung erfolgt zwei Wochen später (am 25. September) in der Synagoge Ben-Sakkai im jüdischen Viertel der Jerusalemer Altstadt.

Oktober
1 Nach Monaten der Spannungen und äußerster Kriegsgefahr Unterzeichnung eines Abkommens zwischen Ägypten und der Türkei über den Grenzverlauf zwischen Rafah bei Gaza und Taba am Golf von Aqaba.
4–6 »Ideologischer Kongreß« der Partei der Poalei-Zion, dessen 70 Teilnehmer beschließen, einen zehnköpfigen Ausschuß mit der Formulierung des Parteiprogrammes zu beauftragen. Vorsitzender ist David Grün (Ben-Gurion).
4–10 Auf dem Helsingfors-(Helsinki)-Kongreß beschließen die russischen Zionisten, neben dem Streben nach Zion auch die »Realität«, d. h. die Existenz der jüdischen Diaspora, anzuerkennen. Heftige Kritik seitens der übrigen Zionisten.
8 Der »programmatische Ausschuß« der Poalei-Zion geht in einer jüdischen Herberge in Ramla in Klausur, um das neue Parteiprogramm ungestört zu diskutieren. Am Ende wird das sogenannte Ramla-Programm formuliert: Die ideologischen Grundlagen der Partei bildet ein Sozialismus in zionistischem Gewand.

Aufruhr in Jerusalem angesichts des Einspruchs eines Teils der sephardischen Führungsschicht gegen die Wahl von Ya'akov Me'ir zum Oberrabbiner. Eingabe bei der türkischen Regierung in Istanbul und beim Oberrabbiner der Türkei, Rabbi Moses Lefy: Die Ernennung soll für ungültig erklärt werden. Der Eingabe wird stattgegeben, und Rabbi Me'ir erhält den Befehl, seinen Platz zu räumen.

Ein neuer Exportartikel: Verkauf von Jordan-Wasser aus dem Heiligen Land an Christen in Amerika. Das Wasser wird in großen Fässern zum Hafen von Jaffa befördert.

November
Der Verein der »Liebhaber des Dramas« führt in Jaffa das Stück »Die Juden« von A. Chirikow auf. In den Hauptrollen Menachem Genssin, der außerdem der Regisseur ist, und Rivka Pfeffer. Das Stück wird auch in Jerusalem aufgeführt, wo es jedoch die Rabbiner boykottieren.

Dezember
Amtswechsel in Jerusalem: Ali Ahram Bey wird Gouverneur. Er gilt als Freund der Juden.

Eröffnung einer zweiten Ölfabrik, »Atid«, in Haifa durch Nachum Willbusch. Nicht weit vom Strand entsteht später die Fabrik »Schemen«.

Erste Vollversammlung des Winzerverbandes. Ermutigende Berichte über ansehnliche Profite.

Ankunft von Einwanderern aus dem asiatischen Teil Rußlands, die »Bergjuden«.

Wegen Unruhen in Rußland verstärkt sich 1906 die Einwanderung nach Palästina. Unter den Neuankömmlingen sind auch Juden, die bereits mit der ersten Alija immigriert, dann aber nach Osteuropa zurückgekehrt waren.

In Jaffa nimmt das Auskunftsbüro der Chovevei-Zion seine Tätigkeit auf. Es soll einwanderungswillige Juden informieren und Neuankömmlinge betreuen.

Titelseite des Firmenprospektes.

Menachem Schenkin

1906

△ 1906 öffnet in Jerusalem Bezalel seine Tore, eine in Palästina zu Beginn des 20. Jahrhunderts einzigartige Kunstlehranstalt. Für die Studierenden ist jede Zeichenstunde ein Erlebnis.

▽ Professor Boris Schatz, Bezalel-Gründer und -Direktor, mit seinen Auszeichnungen.

△ Bezalel bekommt eine neue Abteilung: Zwölfjährigen Mädchen wird die Teilnahme am Stickunterricht angeboten.

△ Mit der zweiten Alija vergrößert sich nicht nur die jüdische Bevölkerung Palästinas, sondern es kommen auch Juden aus Dutzenden von Ländern nach Jerusalem. Im Bild vier Kinder, die 1906 aus Buchara einwandern.

DIE GEBURTSSTUNDE VON TEL AVIV

»Am 5. Juli 1906 ging ich mit meinem Nachbarn, David Smilansky, zu einer öffentlichen Versammlung im ‚Jeschurun'-Klub. Auf dieser Veranstaltung regte ich vor 120 Anwesenden den Bau einer hebräischen Stadt an. Für den Anfang schlug ich die Errichtung von 40 bis 50 Häusern vor.« So heißt es in Memoiren des aus der polnischen Stadt Lodz stammenden Uhrmachers Akiva Arie Weiss, der 1904 zu einem Besuch nach Eretz Israel kommt und sich am 5. Juli 1906 dort niederläßt. Noch am gleichen Abend nimmt er an einer Versammlung jüdischer Einwohner Jaffas teil, auf der er die Errichtung eines modernen jüdischen Viertels außerhalb der Stadt vorschlägt: Achusat-Bajit.

Dutzende von Einwohnern Jaffas schließen sich Weiss an und leisten auf ihre Parzelle im neuzugründenden Viertel eine Anzahlung bei der Anglo-Palestine Bank. Bis zur Verwirklichung des Bauprojektes vergehen mehrere Jahre, weil die Initiatoren sehr viel mehr als das von ihnen zunächst investierte Geld benötigen. Ihnen zu Hilfe kommen Dr. Arthur Ruppin und der Jüdische Nationalfonds. Dieser weicht von seinem Grundsatz, nur beim Erwerb von landwirtschaftlich unnutzbarem Boden zu helfen, ab und stellt den Interessenten einen großen Kredit zu günstigen Bedingungen zur Verfügung.

Später beanspruchen nicht wenige für sich, den Bau des neuen jüdischen Viertels außerhalb Jaffas vorgeschlagen zu haben. Auch Me'ir Dizengoff und David Smilansky gehören dazu. Doch so weit es sich heute noch zurückverfolgen läßt, hat allein Akiva Arie Weiss Anspruch auf die Urheberschaft. Er ist die treibende Kraft, die dem Vorhaben Achusat-Bajit am Anfang Leben einhaucht.

▷ Der »Jeschurun«-Klub befindet sich im dritten Stock des abgebildeten Hauses unweit des Bahnhofes von Jaffa. Heute gibt es das Gebäude nicht mehr. Hier wird 1906 der Beschluß über den Bau von Achusat-Bajit gefaßt.

◁ Der Initiator von Achusat-Bajit, Akiva Arie Weiss. (Das Bild stammt aus späterer Zeit)

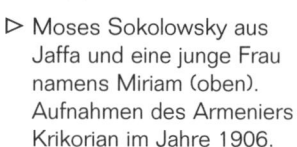

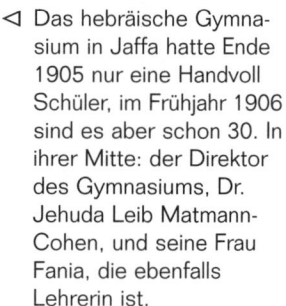

▷ Moses Sokolowsky aus Jaffa und eine junge Frau namens Miriam (oben). Aufnahmen des Armeniers Krikorian im Jahre 1906.

◁ Das hebräische Gymnasium in Jaffa hatte Ende 1905 nur eine Handvoll Schüler, im Frühjahr 1906 sind es aber schon 30. In ihrer Mitte: der Direktor des Gymnasiums, Dr. Jehuda Leib Matmann-Cohen, und seine Frau Fania, die ebenfalls Lehrerin ist.

1906

▽ 1906: Der Export von Jordan-Wasser verspricht Gewinne. Rechts unten: das Befüllen von Wasserfässern bei Jericho. Links: Die Riesenfässer werden von Jericho nach Jerusalem befördert, auf den Zug geladen und dann nach Jaffa gebracht. Von dort geht es weiter in die USA.

▷ Gerade angekommen: David Grün, der spätere Ben-Gurion. Vor seiner Einwanderung läßt er sich mit einem Freund fotografieren. Bei seiner Ankunft schickt er dem Vater in Plonsk eine Postkarte: »Hurra! Heute bin ich zur siebenten Stunde in Jaffa an Land gegangen.«

◁ Auch ein Theaterleben gibt es 1906 schon. In Jaffa ist der Verein der »Liebhaber des Dramas« aktiv. Als erstes führt er das Stück »Die Juden« von Chirikow auf, das ganz aktuell ist. Es handelt von der Verfolgung der Juden in Rußland. Regisseur ist Dr. Chaim Harari, sein Star der später bekannte Schauspieler und Regisseur Menachem Genssin (links außen). Das Stück ist sehr erfolgreich und wird auch in Jerusalem dargeboten. Die Rabbiner lassen die Aufführung jedoch verbieten; türkische Gendarmen kommen auf die Bühne und brechen die Veranstaltung ab.

1907

Januar

5–10 Versammlung der Poalei-Zion-Partei in Jaffa. Sie ratifiziert das »Ramla-Programm«.

10 Zu Gast in Palästina: David Wolffson, der Präsident der Zionistischen Weltorganisation.

Februar

Mitteilung der Geschäftsführung der Fabrik Stein in Jaffa: Die Bilanz für 1906 weist für die Aktionäre einen Gewinn von 25% aus. Das Unternehmen beschäftigt über 60 jüdische Arbeiter.

Nach Wolffsons Besuch wird der »Rat für Eretz Israel« gegründet, eine Art offizielle Vertretung des jungen Jischuw. Sein Vorsitzender ist Dr. Chaim Hissin.

März

Wegen der Entlassung von sechs Arbeitern: Streik der Arbeiter in den Weinkellereien in Rischon le-Zion. Unter den Organisatoren der Arbeitsniederlegung befindet sich David Grün (Ben-Gurion).

24 Rabbi Moses Levy aus Istanbul ernennt Rabbi Elijahu Moses Panijel zum vorläufigen sephardischen Oberrabbiner in Jerusalem. Doch die Kontroverse um die Ernennung des Oberrabbiners flaut nicht ab: Rabbi Panijel schiebt die endgültige Wahl eines neuen Oberrabbiners immer wieder hinaus.

Eine neue Zeitschrift erscheint: »Ha-Omer« ist die erste Publikation dieser Art in Jaffa; ihr Chefredakteur ist S. Ben-Zion.

April

Einwanderung von Yitzhak Ben-Zvi.

15 Schon zum dritten Mal gründet sich ein Verband der Druckarbeiter. Die Initiative geht auf sechs Arbeiter aus fünf Druckereien zurück.

Die britische Regierung genehmigt die Statuten des Jüdischen Nationalfonds.

Mai

2 Erstausgabe des »Ha-Po'el Ha-Tza'ir«, der ersten Arbeiterzeitung im Land. Wegen des Verbotes der Publikation durch die türkischen Behörden wird Kairo als Erscheinungsort angeführt.

7 Erste Sitzung des Direktoriums des Jüdischen Nationalfonds. Unter anderem beschließt es, den Herzl-Wald schleunigst durch zusätzliche Anpflanzung zu erweitern.

30 Zu Gast in Jaffa: der 31jährige Dr. Arthur Ruppin, deutsch-jüdischer Jurist und Soziologe. Er kommt im Auftrag der Zionistischen Exekutive und des Jüdischen Nationalfonds.

Juni

23 Das Achusat-Bajit-Komitee wendet sich an die Direktion des Jüdischen Nationalfonds in Köln, mit der Bitte um eine Anleihe von 300 000 Mark zum Bau von 60 Häusern.

27 Erstausgabe von »Der Anfang«, dem Organ der Poalei-Zion-Partei, das in Jerusalem in jiddischer Sprache erscheint.

Juli

16 Dank des Zuspruchs Dr. Arthur Ruppins, genehmigt der Jüdische Nationalfonds die Anleihe für Achusat-Bajit.

25 Unter großer Anteilnahme feiert Rischon le-Zion sein 25jähriges Bestehen.

August

Achter Zionistischer Kongreß in Den Haag. Beschluß über die Einrichtung einer ständigen Vertretung der Zionistischen Weltorganisation in Palästina mit dem offiziellen Namen »Palästina-Büro«. Zum ersten Mal nehmen am Kongreß auch Vertreter der Arbeiterparteien aus Palästina teil. Auf dem Kongreß verpflichtet sich der Philanthrop Jacob Moser aus England zu einer Spende von 90 000 Mark für den Ausbau des Herzlija-Gymnasiums und als Unterstützung für die Bezalel-Kunsthochschule.

September

Zu Gast in Palästina: der junge Zionistenführer Dr. Chaim Weizmann. Er reist in Begleitung von Josua Hankin drei Wochen durch das Land und staunt über die jüdischen Siedlungserfolge. Ein neuer Erlaß aus Istanbul untersagt fortan den Verkauf von Boden an Juden, selbst wenn diese osmanische Staatsbürger sind. Das Verbot bleibt bis zur Revolution der Jungtürken im Jahre 1908 in Kraft.

29 Gründung des Geheimbundes »Bar-Giora«; sein Ziel sind jüdische Sicherheitskräfte für die jüdische Bevölkerung Palästinas. Zu den Initiatoren zählen Israel Shochat, Yitzhak Ben-Zvi und Alexander Seid. Anderthalb Jahre später rufen sie den »Schomer« ins Leben.

Oktober

Schaffung des »Kollektivs« in Sedschera: Eine Gruppe von Mitgliedern der Poalei-Zion und »Bar-Giora« übernimmt die Bestellung der Felder der Farm. Sedschera ist die Keimzelle des »Schomer«.

Dezember

3 Gründung der Siedlung Be'er Ya'akov (Bir-Selim) zwischen Rischon le-Zion und Ramla.

Nach mehreren Fällen von Bankrott in der Jerusalemer Geschäftswelt kursiert das Gerücht, die Filiale der Anglo-Palestine Bank stecke in Schwierigkeiten. Die Menschen strömen zu dem Kreditinstitut, um ihr Geld abzuheben. Die Bank kommt allen Auszahlungswünschen nach. Im Laufe des Jahres wird eine neue Filiale in Hebron eröffnet.

Ein hoher Gelehrter läßt sich in Jerusalem nieder: Die Freude ist groß, hält aber nur kurze Zeit. Denn auch Rabbi Panijel hält sich nicht lange im Amt des sephardischen Oberrabbiners.

Ein Gast: Dr. Arthur Ruppin.

Hoher Besuch: der Präsident der Zionistischen Weltorganisation, David Wolffson, mit Arbeitern der Fabrik Stein in Jaffa. Vorne links sitzt Leo Stein.

1907

△ Be'er Ya'akov, bei Rischon le-Zion gelegen, ist das einzige jüdische Dorf, das 1907 gegründet wird.

▽ Festschrift zum 25jährigen Bestehen Rischon le-Zions. In der Mitte Chaim Amsleg, stellvertretender britischer Konsul in Jaffa.

△ In der zweiten Hälfte des Jahrzehnts erstarken die Arbeiterparteien und ihre Unterorganisationen zusehends. Das bezeugen die Streiks, etwa der Druckereiarbeiter in Jerusalem, und die anhaltenden Arbeitsniederlegungen in den Weinkellereien in Rischon le-Zion.

»BAR-GIORA« UND DAS KOLLEKTIV VON SEDSCHERA

Am 28. 9. 1907 versammeln sich im Zimmer von Yitzhak Ben-Zvi in Jaffa sieben junge Männer, die allesamt mit der zweiten Alija ins Land gekommen sind: der Zimmerbewohner selbst, Israel Shochat, Israel Gil'adi, Alexander Seid, Jecheskel Hankin, Jecheskel Nissenov und Zvi Becker. Sie beschließen die Gründung eines Geheimbundes, dessen Ziel der Schutz der jüdischen Siedlungen ist. Ihre Parole lautet: »In Blut und Feuer ist Juda untergegangen, und in Blut und Feuer wird Juda auferstehen«, ein Vers aus Ya'akov Cohens Gedicht »Die Kanaanäer«. Die Gruppe nennt sich »Bar-Giora«, nach einem der Anführer des jüdischen Aufstandes gegen die Römer.

Um praktische Erfahrungen im Schutz der jüdischen Bevölkerung zu sammeln und diese Aufgabe eines Tages ganz von den »Fremden« zu übernehmen, treten einige »Bar-Giora«-Mitglieder dem »Kollektiv« bei, das gerade auf der J.C.A-Farm Sedschera in Galiläa gegründet wird und die erste produzierende Arbeitergemeinschaft ist. »Bar-Giora« wird die Bewachung übertragen, oberster Wächter ist Zvi Becker. Im Frühjahr 1909 beschließen Shochat und seine Freunde, ihre Reihen zu erweitern und mit Genehmigung der türkischen Behörden eine Wachgesellschaft zu betreiben. So entsteht der »Schomer«.

DIE ERSTEN ARBEITERZEITUNGEN

Ein Novum in Palästina: 1907 erscheinen die ersten Arbeiterzeitungen. Die beiden Arbeiterparteien, Ha-Po'el Ha-Tza'ir und Poalei-Zion, haben zwar nur wenige hundert Mitglieder, doch gilt die Herausgabe eigener Publikationen als wichtiges Ziel. So überrascht es nicht, daß sich beide Parteien große Mühe geben, Anhängern und Mitgliedern gleichermaßen ihre Anliegen und Ideen zu verdeutlichen.

Den Anfang macht Ha-Po'el Ha-Tza'ir. Auf der dritten Vollversammlung der Partei zum Pessachfest 1907 in Jaffa wird die Herausgabe einer Zeitung beschlossen, die den Namen der Partei tragen soll. Joseph Aaronowitz wird Chefredakteur. Die erste Ausgabe erscheint einen Monat später, die zweite folgt im Sommer. »Ha-Po'el Ha-Tza'ir« wird anfangs als Monatsschrift in Jerusalem publiziert. Da jedoch die Herausgeber keine behördliche Genehmigung besitzen, steht unter dem Namen der Zeitung »Aus Kairo«, so, als würde sie in Ägypten gedruckt. Nach der Revolution der Jungtürken ist der Erscheinungsort der Zeitung dann Jaffa. Zunächst kommt sie alle zwei Wochen, später wöchentlich heraus. Sie hat ein hohes Niveau und druckt auch zahlreiche literarische Werke ab.

Wenige Wochen nach der Erstausgabe von »Ha-Po'el Ha-Tza'ir« kommt »Der Anfang« von Poalei-Zion heraus, auf jiddisch. Teile der Bevölkerung, darunter die Anhänger von Poalei-Zion, kritisieren, daß sich die Zeitungsmacher einer Diaspora-Sprache bedienen, und bereits nach zwei Ausgaben wird sie eingestellt. 1910 kommt die neue Zeitung von Poalei-Zion, »Ha-Achdut« auf den Markt, auf hebräisch.

◁ Im Jahre 1906 leidet das hebräische Gymnasium unter Schülermangel – ein Jahr danach, 1907, platzt es hingegen aus allen Nähten.

▽ 1907 gibt S. Ben-Zion in Jaffa die Zeitung »Ha-Omer« heraus.

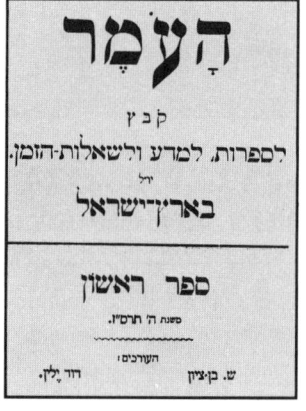

▽ Dichter, Denker und Künstler treffen im Land ein und arbeiten dort. Im Bild der Schriftsteller Simcha Gottman (S. Ben-Zion) und der Bildhauer und Direktor der Kunsthochschule Bezalel in Jerusalem, Boris Schatz.

△ Schon 1907 erscheinen die beiden ersten Arbeiterzeitungen. Erscheinungsort von »Ha-Po'el Ha-Tza'ir« ist anfangs Jerusalem und später Jaffa. »Der Anfang« von Poalei-Zion wird aber in Jerusalem publiziert. Zunächst sind die Beiträge auf jiddisch, kurz darauf aber auch auf hebräisch.

1908

Januar
Ein Meilenstein in der Geschichte der jüdischen Selbstverteidigung: Zvi Becker, Mitglied von »Bar-Giora« und des »Kollektivs« in Sedschera, löst den tscherkessischen Wächter der Farm ab.

Aufruf der Partei Ha-Po'el Ha-Tza'ir zur Auswanderung nach Palästina.

Februar
Die letzte Delegation der Zionistischen Weltorganisation bricht zur Erforschung der Gegend um das Tote Meer und Transjordaniens auf. Ihre prominentesten Mitglieder sind Blankenhorn, Aaronson und der Zoologe Aaroni.

März
Ein blutiger Zwischenfall zwischen jungen Juden und Arabern in Jaffa, nachdem Araber jüdische Einwanderer überfallen haben. Auf beiden Seiten gibt es Verletzte. So weit bekannt, ist es der erste Zwischenfall zwischen Juden und Arabern im Stadtgebiet.

Das erste Auto im Land: Sein Fahrer ist Charles Glydon aus Boston, der mit seinem Gefährt Dutzende von Ländern auf der ganzen Welt bereist.

April
1 Eröffnung des »Palästina-Büros«, der offiziellen Vertretung der Zionistischen Weltorganisation. An seine Spitze tritt Dr. Arthur Ruppin, der gerade erst aus Deutschland eingewandert ist.

Service am Toten Meer: Ein Dampfschiff fährt täglich von einem Ufer zum anderen.

Diese Arbeiter haben die gerade gepflanzten Setzlinge aus der Erde geholt (siehe unter: Mai).

Die Metallfabrik L. Stein & Partner in Jaffa veröffentlicht ihre Bilanz für das Jahr 1907: Die Einnahmen belaufen sich auf 2,83 Millionen Franken. Der Umsatz ist im Vorjahr beträchtlich gestiegen, genau wie die Zahl der Arbeiter, von denen das Unternehmen jetzt 125 zählt. Die Anteilhalter bekommen 27 % Dividende. Stein ist das größte jüdische Unternehmen Palästinas.

Die Bezalel-Kunsthochschule bezieht neue Gebäude, die mit Hilfe des Jüdischen Nationalfonds erworben wurden.

19 Neu in Rehovot: ein Sportfest zu Pessach. Alle Teilnehmer kommen aus dem Ort selbst und den umliegenden Siedlungen.

Mai
19 Unter großer Anteilnahme werden in Jerusalem die neuen Gebäude von Bezalel eingeweiht. Unter den Gästen befinden sich der Stellvertreter des Paschas, der Bürgermeister und die Konsuln von England, Deutschland und Rußland.

הצבי

HAZEWI

עתון יומי

»Ha-Zvi« erscheint erstmals als Tageszeitung.

Shmu'el Joseph Czaczkes, der sich später Agnon nennen wird, wandert in Palästina ein.

Im Herzl-Wald in Ben-Schemen werden die ersten Bäume gepflanzt. Jüdische Arbeiter protestieren dagegen, daß das »Palästina-Büro« zum Pflanzen der Ölbäume arabische Arbeiter beschäftigt. Schließlich lösen jüdische Arbeiter die Araber ab. Sie graben die von den Arabern gepflanzten Bäume demonstrativ aus und pflanzen sie anschließend erneut ein. Später wird ein zweiter Wald in Hulda angelegt.

Juni
4 Tod des Ausschußvorsitzenden Josua Stampfer in Petach Tikva. Er gehört zu den Gründern des Ortes und war einer der ersten jüdischen Plantagenbesitzer. Stampfer wurde nur 56 Jahre alt.

7 Das »Palästina-Büro« gründet die Farm Kinneret, wo neueingewanderte jüdische Arbeiter auf ihre Aufgaben im Jischuw vorbereitet werden.

In den folgenden Jahren wird die Farm ein für das Siedlungswerk überaus wichtiges gesellschaftliches Zentrum der zweiten Alija.

21 Gründung des ersten Arbeitermoschaws im Land: Ein Ganim bei Petach Tikva.

Juli
24 Die Revolution der Jungtürken: Für das Osmanische Reich beginnt eine neue Ära, die für Palästina mehr Freiheit bedeutet.

Die Straußenzucht – ein neuer Wirtschaftszweig im Land.

August
15 Israel Shochat unterzeichnet ein Abkommen, daß die hebräische Sprache in Kfar Tabor beibehalten wird. »Bar-Giora« stellt die Schutztruppe in dem Ort.

In Jaffa wie im ganzen Jischuw herrscht Bestürzung, als bekannt wird, daß die Fabrik Stein in einer tiefen Krise steckt, daß ihre Bilanzen in der Vergangenheit gefälscht worden sind und ihr Gewinn niedriger ist als angegeben war. Leo Stein wird aus der Unternehmensleitung entfernt. Der Geschäftsmann und Schriftsteller Mordechai Ben-Hillel Ha-Cohen löst ihn ab.

September
Infolge der Revolution der Jungtürken wird Ali Ahram Bey, der den Juden und ihren zionistischen Bestrebungen feindselig gegenüberstand, seines Amtes als Gouverneur von Jerusalem enthoben. Sein Nachfolger ist Subchi Bey.

9 Eine Folge der Revolution der Jungtürken ist: Ben-Jehuda beschließt, seine Zeitung »Haschkafa« mehrmals wöchentlich und schließlich sogar täglich erscheinen zu lassen.

30 Die erste hebräische Tageszeitung in Palästina: Herausgeber ist Eli'eser Ben-Jehuda. Da der Verleger Shlomo Israel Shirisly sich die Rechte am Namen der Zeitung »Haschkafa« vorbehält, verwendet Ben-Eli'eser fortan den ursprünglichen Namen der Zeitung, »Ha-Zvi«.

Oktober
Der 26jährige Ben-Avi, aus Berlin zurückgekehrt, übernimmt die Chefredaktion von »Ha-Zvi«. In Jaffa kommt die zweite Ausgabe von »Ha-Omer« heraus, Chefredakteur ist S. Ben-Zion. Der 20jährige S. J. Agnon, später einer der größten Schriftsteller hebräischer Sprache, veröffentlicht seine Erzählung »Agunot«.

25 Erneut Aufruhr unter den Druckern in Jerusalem. Der Arbeitskampf in der Druckerei G. Lowey & Partner weitet sich zu einem Generalstreik aus, der zwei Monate dauern wird. Dann müssen die Arbeiter ihre Tätigkeit wieder aufnehmen und den von ihnen gegründeten Berufsverband auflösen.

Ein aufregendes Kino in Jerusalem: das »Olympia«. Jeden Abend sind hier »lebende Bilder« zu sehen.

Der Dichter Sha'ul Tschernichowsky, ausgebildeter Mediziner, bemüht sich vergeblich um eine Anstellung als Arzt in einem der Dörfer Untergaliläas.

November
Nach seiner Ernennung zum Oberrabbiner in Istanbul setzt Rabbi Chaim Nachum Rabbi Panijel, den kommissarisch tätigen Oberrabbiner in Jerusalem, ab und ernennt, wiederum provisorisch, Rabbi Heskia Schabtai Machlev, einen Anhänger Rabbi Ya'akov Me'irs.

Der Direktor des deutschen »Hilfsvereins«, Paul Nathan, bereist Palästina, um einen geeigneten Ort für eine technische Hochschule zu finden. Jerusalem bemüht sich um die Einrichtung, doch bevorzugt Nathan Haifa. Das »Technion« entsteht.

GRÜNDUNG DES PALÄSTINA-BÜROS

Im Winter 1908 wird in Jaffa das »Palästina-Büro« eröffnet. Es vertritt die Zionistische Weltorganisation in Palästina und ist für die praktische Durchführung der Ansiedlung von Juden zuständig. Die Leitung des Büros übernimmt Dr. Arthur Ruppin, ihm zur Seite steht Ya'akov Tachun.

Dr. Ruppin, der aus Deutschland stammt, ist von Haus aus Jurist und Sozialwissenschaftler. Er schafft die Infrastruktur für eine umfassende Kolonisierung der städtischen wie der ländlichen Regionen. Seiner Ansicht nach muß die Siedlungsbewegung einen neuen Anstoß bekommen und sich von Grund auf erneuern. Das könne mit Hilfe der jungen Arbeiter und der Arbeitslosen geschehen. Ruppin beschließt, Fabrik- zu Landarbeitern umzuschulen. Zu diesem Zweck gründet er Farmen in Kinneret, Ben-Schemen und Hulda sowie Institutionen, die weitere Bodenkäufe finanzieren und für die gewinnbringende Bewirtschaftung der erworbenen Flächen sorgen sollen. Darüber hinaus versucht Ruppin, kapitalkräftige Unternehmer zu Investitionen im Land und zum Erwerb von Privatland anzuregen.

Nach dem Ersten Weltkrieg wird sich das Büro mit dem Abgeordnetenausschuß zusammenschließen.

◁ Eine der ersten Handlungen des Palästina-Büros ist die Gründung der Farm Kinneret bei Zemach. Zu den Gründern gehören »Rabbi Benjamin« (Josua Radler, im Bild mit Fez), der der Sekretär der neuen Farm wird, und Hanna Meisel (links).

△ Der Leiter des Palästina-Büros, Dr. Arthur Ruppin (links), und sein Stellvertreter, Ya'akov Tachun.

◁ Die Häuser der Farm sind im Hintergrund zu sehen. Unweit davon wird 1909 das Dorf Kinneret gegründet. Die Farm dient jahrelang als »Versuchslabor« für verschiedenste Siedlungsformen. Die späteren Führungspersönlichkeiten des Jischuw und der Arbeiterbewegung sind hier tätig. Hier werden viele Pläne geschmiedet.

1908

▽ Eli'eser Ben-Jehuda, Schöpfer der neuhebräischen Sprache, bringt sein großes Wörterbuch heraus. Sein Sohn Itamar (darunter) ist Redakteur von »Ha-Zvi«.

◁ Vertreter der Jerusalemer Intelligentsia im Jahre 1908: in der Mitte, stehend, »Bezalel«-Direktor Boris Schatz; oben links, sitzend, Yitzhak Ben-Zvi, der spätere zweite Staatspräsident Israels; und links unten, ebenfalls sitzend, die Malerin Ira Jenn.

▽ Unter großer Anteilnahme wird am 19. Mai 1908 das neue »Bezalel«-Gebäude eingeweiht.

REVOLUTION IN ISTANBUL

1908 bricht in mehreren Regionen des Osmanischen Reiches unter der Führung von Offizieren, die der Vereinigung der Jungtürken angehören, ein Aufstand aus. Nach der Abdankung des Sultans 1909 bilden die Jungtürken eine zentralistische Militärregierung und versuchen, den Völkern in ihrem Herrschaftsgebiet die türkische Kultur aufzuzwingen.

In Palästina wird die Revolution anfangs begeistert begrüßt, aber je mehr Zeit verstreicht, desto stärker fallen die Schwachpunkte der neuen Regierung ins Auge. Als die Araber, die gerade eine nationale Renaissance erleben, ihre auf die neuen Machthaber in Istanbul gesetzten Hoffnungen enttäuscht sehen, beschließen sie, für ihre Autonomie zu kämpfen und einen arabischen Staat zu gründen, der auch Palästina umfassen soll. Es gelingt ihnen, einen Vertreter als Abgeordneten von Jerusalem ins Istanbuler Parlament zu schicken. Dort geben sich die arabischen Abgeordneten größte Mühe, die zionistische Bewegung anzuschwärzen: Die Zionisten übten sich im Gebrauch von Waffen, hißten ihre eigene Nationalflagge und druckten eigene Briefmarken. Auch die arabischen Zeitungen in Palästina »Al-Karmel« und »Filastin« betreiben antizionistische Stimmungsmache, die immer öfter zu Gewalttätigkeiten gegenüber Juden und zu Problemen beim Landkauf führt.

◁ Bis zum Sommer 1908 ist die türkische Regierung monarchistisch-autokratisch. Die Karikatur trägt dieser Tatsache Rechnung: Sie zeigt Menachem Ussischkin als türkischen Pascha.

▽ Zelte einer zionistischen Forschergruppe in der Judäischen Wüste, 1908.

△ Das erste Auto in Palästina trifft im März 1908 ein und erregt großes Aufsehen. Der Fahrer ist Charles Glydon aus Boston, der mit dem neuen Gefährt viele Länder bereist, darunter das Heilige Land. Im Bild ist der Wagen auf der Bustros-Straße in Jaffa zu sehen. Im weiteren Verlauf seiner Reise gelangt Glydon nach Jerusalem: Auch dort herrscht Aufregung um das »von allein fahrende Fahrzeug«.

▽ Nachricht aus Jaffa: Die Metallfabrik L. Stein & Partner, größtes Unternehmen im Land, das in der Vergangenheit stets ansehnliche Gewinne erzielte, steckt in einer Krise. Im August 1908 wird Leo Stein aus der Geschäftsführung entfernt. Trotzdem macht die Fabrik kurze Zeit später Pleite, die meisten Aktieninhaber gehen leer aus.

1909

Januar
9 Die Mitglieder des Verbandes Achusat-Bajit versammeln sich mit Familien und Freunden in der Dünenlandschaft nördlich von Jaffa, wo nach ihrem Plan ein neues jüdisches Viertel entstehen soll.

Die Krise in der Metallfabrik Stein ist weiterhin ungelöst. Stein wird auf den Posten des Direktors zurückgerufen.

Februar
6 Der Verein der »Liebhaber der hebräischen Bühne« in Jaffa, der aus dem Verein der »Liebhaber des Dramas« hervorgegangen ist, bietet das Schauspiel »Verstreut und versprengt« von Schalom Aleichem dar.

»Neujahr der Bäume«: Hunderte von Menschen aus Jaffa kommen auf das Gelände von Achusat-Bajit im Norden der Stadt. Den ganzen Tag über lauschen sie Vorträgen und schauen sich eine Gymnastikaufführung an. Da Sabbat ist, werden die Bäume erst am Tag darauf gepflanzt.

Oberrabbiner Rabbi Heskija Schabtai verläßt Jerusalem. Zuvor ernennt er noch Rabbi Nachman Batito zu seinem vorläufigen Stellvertreter und bestimmt einen Verantwortlichen, der die Wahlen für seine Nachfolge durchführen soll. Doch werden diese immer wieder verschoben.

Der berühmte Dichter J. Ch. Brenner wandert nach Palästina ein. Er benutzt zunächst einen anderen Namen, seine wahre Identität wird aber schon nach wenigen Tagen aufgedeckt.

März
29 Bei seinem Besuch in Palästina wird der Dichter Chaim Nachman Bialik überall begeistert begrüßt. Bialik bleibt zwei Monate.

April
Zum zweiten Mal »Rehovot-Spiele« zu Pessach.

Das Emblem der neuen Jerusalemer Zeitung »Ha-Cherut«.

Mitglieder des Druckerverbandes in Jerusalem 1909.

11 Verlosung der Grundstücke in Achusat-Bajit. Der Tag gilt als Gründungstag Tel Avivs.

17 Gründung des »Schomer«, der Wachgesellschaft unter der Leitung von Israel Shochat, in Kfar Tabor. Am selben Tag werden in Sedschera ein Bauer und ein Arbeiter getötet. Im Süden des Landes verwüsten Beduinen die Felder der jüdischen Siedlungen. Sie reißen Bäume aus und verprügeln die Bauern.

In Jaffa gründet sich eine weitere Organisation, die ebenfalls ein neues Viertel außerhalb der Stadt anlegen will, und zwar im Anschluß an das Gelände von Achusat-Bajit. Sein Name soll Nachlat Benjamin sein.

Mai
In Jerusalem kommt eine neue Wochenschrift, »Ha-Cherut«, heraus, die später täglich erscheinen wird.

Die Redakteure und der Herausgeber sind nationalzionistisch gesinnte junge Menschen aus der sephardischen Gemeinde.

30 Nach mehreren Verzögerungen Beginn des Baues des ersten Hauses in Achusat-Bajit (an der späteren Jehuda-Halevy-Straße 25 gelegen).

Juni
1 Laut »Ha-Cherut« belaufen sich die Ausfuhren aus Palästina auf 12 Millionen Schweizer Franken jährlich. Ein Drittel entfällt auf Zitrusfrüchte.

Juli
Generationskonflikte in Petach Tikva. Die jungen Menschen organisieren sich und beschließen die Absetzung des Dorfausschusses, der für sie zum alten Eisen gehört. Eine Zeitlang bestehen zwei Ausschüsse nebeneinander.

28 Grundsteinlegung des Herzlija-Gymnasiums in Achusat-Bajit, das seinen Sitz von Jaffa in das neue Viertel verlegt.

August
6-7 Aus dem Gefängnis von Akko brechen mehrere Häftlinge aus. Sie seilen sich vom Dach des Gebäudes ab. Die Polizei fängt die meisten Flüchtlinge wieder ein, doch bleiben acht unauffindbar.

16 Im Alter von 94 Jahren stirbt Rabbi Shmu'el Salent, der erste aschkenasische Oberrabbiner in Jerusalem. Er galt als einer der Führer des Jischuw.

Zuspitzung des Konflikts in Petach Tikva: Die Jungen schlagen den Arzt des Ortes, Dr. Ya'akov Bernstein-Cohen, als neuen Dorfvorsitzenden vor. Der alte Dorfausschuß erklärt seinen Rücktritt.

Als die Masseurin auch Hebamme war: Anzeige aus dem Jahre 1909.

September
Jetzt kehrt wieder Ruhe in Petach Tikva ein. Wahl eines generationsübergreifenden Ausschusses bestehend aus Vertretern beider Gruppen und einer neutralen Person an der Spitze. Bernstein-Cohen muß zurücktreten.

Berl Katznelson kommt als Neueinwohner ins Land.

27 Jüdische und arabische Arbeiter streiten sich in Achusat-Bajit um Arbeit. Dabei werden einige Juden verletzt.

November
Umzug der ersten Familien aus Jaffa in das neue Viertel Achusat-Bajit.

Dezember
Nasi Bey löst Subchi Bey als Gouverneur von Jerusalem ab.

Gründung der »Arbeitersparkasse« durch Poalei-Zion.

Die Einwohner Rehovots beschließen, den Dichter und Arzt Dr. Sha'ul Tschernichowsky in den Ort zu holen. Der Plan wird fallengelassen, als sich herausstellt, daß er mit einer Christin verheiratet ist.

Neunter Zionistischer Kongreß in Hamburg. Einer der dort gefaßten Beschlüsse geht auf Prof. Oppenheimer zurück. Er sieht die Förderung genossenschaftlicher Siedlungen in Palästina vor.

Gründung eines zweiten jüdischen Gymnasiums, diesmal in Jerusalem. Der Direktor ist Salomon Schiller; zu den ersten Lehrern zählen Yitzhak Ben-Zvi und Rahel Janait.

Die österreichische Post gestattet dem Ort Petach Tikva die Herausgabe einer eigenen Briefmarke.

Bildung eines »Hebräischen Amtsgerichts«, einer gerichtlichen Instanz für Rechtsstreitigkeiten unter Juden. In der Jury sitzen führende Männer des Jischuw, Intellektuelle und Aktivisten.

◁ In dieser Baracke wohnt 1909 der Neueinwanderer Joseph Chaim Brenner. Sie befindet sich im Arbeiter-Moschaw Ein Ganim bei Petach Tikva.

▽ Im Frühjahr 1909 Gründung des Verbandes »Schomer«, als Nachfolger des Geheimbundes »Bar-Giora«. Im Bild: fünf erste Mitglieder, deren Kleidung, wie damals üblich, viele orientalische Accessoires aufweist.

▽ Wichtigster Gast ist 1909 der jüdische Nationaldichter Chaim Nachman Bialik, der das Land zum ersten Mal besucht. Während des zweimonatigen Aufenthalts besichtigt er Städte, Dörfer und Agrarkolonien und spricht mit Dichtern, Lehrern und dem einfachen Volk. Hier beim Besuch der Mädchenschule in Jaffa: Bialik in der Mitte, mit Stock. Rechts von ihm sein Freund J. H. Rawnitzky. Ganz links der Dichter S. Ben-Zion.

EINE HISTORISCHE WOCHE

Im Laufe der Geschichte kommt es bisweilen zu eigenartigen Verknüpfungen. Zeiten und Ereignisse, zwischen denen normalerweise keine Verbindung besteht, fallen zusammen. So auch am Sonntag und Montag der zweiten Aprilwoche 1909. Am Sonntag ist der fünfte Feiertag des Pessach-Festes, am Tag darauf der letzte. Heutzutage wird solch ein Tag zu Ausflügen und Vergnügungen genutzt, früher hatten die Menschen Wichtigeres vor. In Jaffa oder, um genau zu sein, rund drei Kilometer nördlich der Stadt, versammeln sich in der öden Dünenlandschaft 150 bis 200 Männer, Frauen und Kinder, die Gründer des neuen Viertels Achusat-Bajit und ihre Familien. Denn an diesem Tag findet die Verlosung der Grundstücke statt. Sie wird vom Sekretär des Komitees, Akiva Arie Weiss, durchgeführt. Auf 60 am selben Morgen am Strand gesammelte Muscheln schreibt er mit schwarzer Tinte die Namen der Mitglieder des Verbandes und auf weitere 60 Muscheln die Parzellennummern. Während der Verlosungszeremonie ziehen ein Junge und ein Mädchen gleichzeitig je eine Muschel mit einer Nummer und eine mit einem Namen. So entscheidet sich, wer welches Grundstück erhält. Dieser Tag, der 11. April 1909, gilt als Entstehungstag Tel Avivs.

Am Tag darauf kommt es weit entfernt in Untergaliläa zu einer weiteren Gründung. Nur wird dort kein Stadtviertel gegründet, sondern ein Verband, der »Schomer«. Mehrere Dutzend junge Menschen, mit Revolvern und Gewehren bewaffnet und in orientalische Gewänder gekleidet, versammeln sich in Kfar Tabor und beschließen die Gründung »einer jüdischen Wachgesellschaft für alle anfallenden Aufgaben«.

Damit wurden zwei Fundamente des späteren Staates Israel geschaffen: die Metropole am Mittelmeer und der »Schomer«, aus dem später die »Haganna« und schließlich das israelische Heer hervorgehen.

△ In der Tageszeitung »Ha-Zvi« titelt Chefredakteur Itamar Ben-Avi: »1200«. Gemeint ist die für die damalige Zeit beachtliche Auflagenhöhe.

◁ 1909 gelangt der Dichter Shmu'el Joseph Czaczkes zu Ruhm, nachdem Ende 1908 sein erstes Buch »Agunot« erschienen ist. Vom Buchtitel leitet er seinen künftigen hebräischen Namen ab: Agnon.

△ Die Bilu-Siedlung Gedera feiert 1909 ihr 25jähriges Bestehen.

▽ Zum Pessach-Fest erscheint in Jerusalem eine satirische Zeitung.

△ Das bekannteste Bild aus dem Jahre 1909, vielleicht sogar des ganzen ersten Jahrzehnts unseres Jahrhunderts im jüdischen Palästina: die Verlosung der Parzellen in Achusat-Bajit.

▷ Der erste Plan von Achusat-Bajit, nachdem die Parzellen verlost sind. An der Verlosung beteiligten sich 60 Familien und Einzelpersonen. Später kommen noch weitere sechs dazu, so daß sich die Zahl der »Gründerväter« Tel Avivs auf insgesamt 66 beläuft.

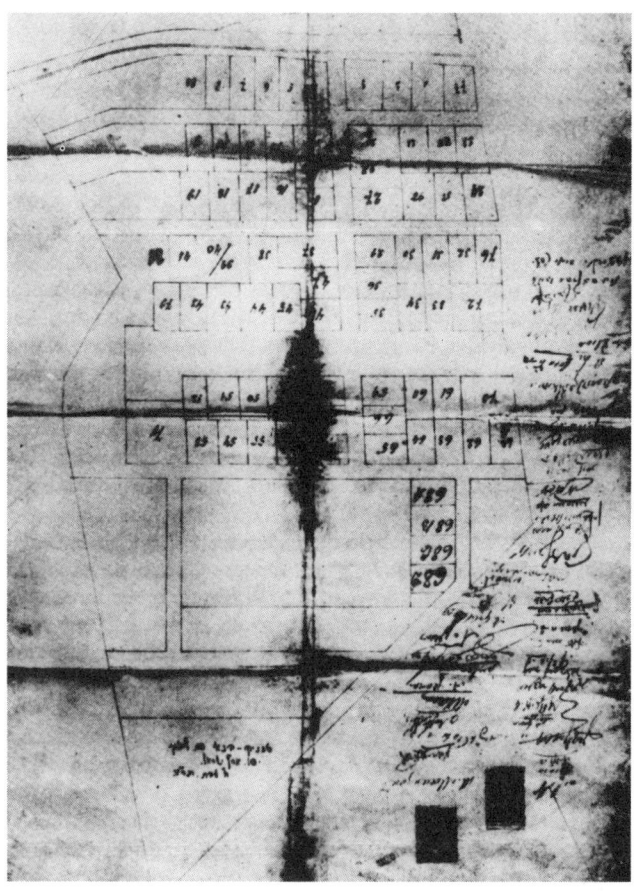

▷ Das noch im Bau befindliche Herzlija-Gymnasium in der zweiten Hälfte des Jahres 1909. Der Plan für das Gebäude stammt von dem Architekten Joseph Barsky. »Bezalel«-Direktor Professor Boris Schatz hat seine Unterschrift daruntergesetzt.

1909

> »Nicht alle sind der gleichen Meinung. Die einen spotten, die andern freuen sich. Diese empören sich und fragen, die andern bauen und antworten. Dieser Ort, der leer und öde war, wird sich mit großen und guten Häusern und Zierbäumen füllen, und mitten im Viertel wird ein großer Park angelegt, und um den Park werden wir eine Synagoge bauen und eine Bibliothek und ein Haus und weitere Schulen, und alle Straßen werden sich mit Kindern füllen, kleinen Jungen und kleinen Mädchen. Schon beginnt das Herzlija-Gymnasium mit dem Bau seines Hauses in unserem Viertel, und wer immer seinen Söhnen und Töchtern eine hebräische Erziehung und eine gute Allgemeinbildung geben möchte, wird seine Söhne und Töchter zu uns schicken, und mit ihnen kommt auch ihre Mutter, und danach wird er selbst kommen.«
>
> Der Dichter Sh. A. Agnon in »Gestern, Vorgestern« über die Gründung von Tel Aviv, 1909.

△ Ein Bild vom entstehenden Tel Aviv: Männer mit Schubkarren tragen eine Düne ab.

▽ Der Bauunternehmer Joseph Elijahu Schalosch errichtet viele Häuser in Achusat-Bajit. Unten eine Mitteilung, mit der er Arbeiter anwirbt. Die Löhne stehen ganz unten: bis 22 Grusch pro Tag.

ACHUSAT-BAJIT – DAS ERSTE JAHR

Nach der Verlosung im April 1909 werden die Parzellen genau vermessen. Ihren neuen Besitzern werden Baupläne eines renommierten jüdischen Architekten aus Wien unterbreitet, die den »Geist der hebräischen Nation« widerspiegeln sollen. Unmittelbar nach den Gründungsfeierlichkeiten bricht Streit aus. Er dreht sich um die Zahl der künftigen Einwohner, die Lage der Hauptstraße und der übrigen Straßen sowie um deren Breite, denn sie sollen nicht zuviel Boden von den Parzellen fortnehmen. Auch die Notwendigkeit, Platz für einen öffentlichen Park zu schaffen, wird heftig diskutiert. Darüber hinaus geht es um grundsätzliche Fragen, etwa darum, ob beim Ausheben des Brunnens jüdische Arbeiter beschäftigt werden, die im Vergleich zu arabischen Arbeitern höhere Kosten verursachen. Ein weiteres wichtiges Problem: Soll es in einem sauberen, ruhigen Vorort auch Geschäfte geben?

Als erster nimmt Re'uven Segal den Bau seines Hauses in Angriff, die anderen folgen ihm. Am Ende der Straße entsteht das hohe Gebäude des Herzlija-Gymnasiums.

Als die Häuser im November 1909 bezogen werden sollen, stellt sich heraus, daß die Zufahrt zu dem neuen Viertel beschwerlich ist: Die Wagen versinken im Sand. Trotzdem lassen sich innerhalb von zwei Monaten 150 Menschen im Viertel nieder, die fortan 50 Häuser in sechs Straßen bewohnen.

Das zweite Jahrzehnt: 1910–1919

1914 bricht der Erste Weltkrieg aus. Die Türken ziehen in und um Palästina Heereseinheiten zusammen, darunter diese Kompanie von Kamelreitern.

Das zweite Jahrzehnt des 20. Jahrhunderts gliedert sich für die Juden in Palästina in drei Zeitabschnitte, von denen der erste und der zweite mehr oder weniger gleich lang – über vier Jahre – dauern, während der dritte sehr viel kürzer, nur anderthalb Jahre, währt. Der erste Zeitabschnitt, von Anfang 1910 bis Mitte 1914, umfaßt noch die Zeit der zweiten Alija. Der zweite Abschnitt – er beginnt im Sommer 1914 und endet im Herbst 1918 – fällt mit dem Ersten Weltkrieg in Europa zusammen, der auch auf Palästina übergreift. Der dritte Abschnitt, vom Kriegsende bis Ende 1919, ist eine Übergangszeit: Mit dem Krieg endet auch die Herrschaft der Türken, kurz darauf werden die Engländer die neuen Herren in Palästina.

Die letzten Jahre der zweiten Alija sind sowohl aus zeitgenössischer Sicht, als auch in den Augen von Forschern nachfolgender Generationen eine gute Zeit. Obwohl sich das Gebaren der türkischen Machthaber auch nach der Revolution der Jungtürken 1908 nicht wesentlich ändert, sind auf dem wirtschaftlichen, technischen und sogar politischen Sektor in Palästina doch Fortschritte feststellbar. Zum ersten Mal werden – wenngleich ausschließlich arabische – Abgeordnete ins türkische Parlament entsandt. Junge Juden wie David Ben-Gurion und Yitzhak Ben-Zvi studieren unterdessen Jura an der Universität Istanbul, um zu gegebener Zeit als Vertreter ihres Landes politisch aktiv werden zu können. Andere junge Juden, vor allem aus den Dörfern, steigen im türkischen Heer zu Offizieren auf.

Der Jischuw kommt zu Beginn des Jahrzehnts um einige bedeutungsvolle Schritte voran: In diesen Jahren wird aus Achusat-Bajit die Stadt Tel Aviv. Eine Gruppe von Pionieren legt den Grundstein für Degania, den ersten Kibbuz. Der »Schomer« baut seine Position aus und wird als erste jüdische Schutztruppe seit Jahrhunderten zum Mythos, nicht nur im Jischuw, sondern in der ganzen jüdischen Welt. In Haifa nimmt die erste Hochschule, das Technion, ihre Lehrtätigkeit auf, und die zionistische Bewegung erwägt mit Unterstützung Baron Rothschilds die Gründung einer hebräischen Universität in Jerusalem. Ebenso werden jetzt die Grundlagen für Organe und Einrichtungen im öffentlichen Bereich (Arbeiterverbände), im Gesundheitswesen (Krankenkasse) sowie auf kulturellem und sozialem Gebiet geschaffen. Die Dörfer bilden nach wie vor das Rückgrat der neuen jüdischen Bevölkerung, und die J.C.A. treibt ihre Tätigkeiten weiter voran.

In diesen Jahren nimmt auch die Einwanderung zu. Zwar hören die Pogrome in Rußland auf, nicht aber der Antisemitismus. Ein kleiner Teil des Emigrantenstroms wendet sich nach Palästina. Außerdem gelangen in dieser Zeitspanne Juden aus Ländern östlich des Mittelmeeres, insbesondere aus dem Jemen, ins Land. Die meisten lassen sich in bestehenden Ortschaften wie Rehovot, Petach Tikva und Hadera nieder. Ihre Eingliederung jedoch fällt nicht leicht.

Das Palästina-Büro unter der Leitung von Dr. Arthur Ruppin kann seine Position festigen und wird zu einem wichtigen Hebel für die Entwicklung des Landes. Baron Rothschild – er hat Palästina seit dem Ende des 19. Jahrhunderts nicht mehr betreten – erscheint 1914 zu einem erneuten Besuch und ist tief beeindruckt von dem positiven Wandel, der überall sichtbar ist. Danach verstärkt er seine Zusammenarbeit mit den zionistischen Institutionen.

1914 zählt die jüdische Bevölkerung 85 000 Personen, bei einer Gesamtbevölkerung von 500 000 bis 600 000 Menschen. In allen Bereichen geht es stetig voran – dann aber bricht der Erste Weltkrieg aus.

Dieser wirft Palästina und den Jischuw in ihrer Entwicklung weit zurück. Zwar liegt das Land zunächst fernab vom Kriegsgeschehen, und die beiden Feldzüge der Türken im Sinai, mit denen sie erfolglos versuchen, den Engländern den Suezkanal streitig zu machen, haben kaum einen Einfluß auf die Situation vor Ort. Trotzdem werden die Lebensbedingungen im Laufe der Zeit immer schwerer und bedrückender und bringen manche Gefahr mit sich. Die Regierung wird Militärs übertragen. Auflagen, Schikanen und die Beschlagnahmungen von Nahrungsmitteln und anderer Güter mehren sich. Zudem haben die Türken bei Ausbruch des Krieges alle Juden mit ausländischer Staatsbürgerschaft aufgefordert, entweder das Land zu verlassen oder aber osmanische Untertanen zu werden.

Aufgrund der dadurch bedingten Massenausweisungen sowie mangelhafter Versorgung mit Lebensmitteln und Medikamenten geht die jüdische Bevölkerung rasch zurück. Die Zahl der Juden im Land sinkt von 85 000 auf 56 000, und mitunter scheint es, als habe die letzte Stunde des kleinen Jischuw geschlagen. Trotzdem behaupten sich die Juden – dank der übermenschlichen Anstrengungen ihrer Führer und der Hilfe aus dem Ausland. Am meisten Unterstützung erhält der Jischuw übrigens von den Juden in den Vereinigten Staaten.

Die Gemeinde in Amerika ist in den beiden zurückliegenden Jahrzehnten aufgeblüht und übernimmt nun den Schutz der zahlenmäßig geringen jüdischen Bevölkerung in Palästina. Dabei macht sie sich die Tatsache zunutze, daß die USA bis zum Frühjahr 1917 neutral sind. Die amerikanischen Juden schicken Geld und Lebensmittel, die auf Befehl der US-Regierung mit amerikanischen Kriegsschiffen ins Land gebracht werden – sehr zum Verdruß der Türken. Die Juden in Deutschland, das mit der Türkei verbündet ist, schicken ebenfalls Spenden, und auch in Palästina selbst helfen deutsche und österreichische Offiziere, die als Ausbilder, Ärzte und Piloten des türkischen Heeres hierhergeschickt wurden, den Juden.

1916 tritt auf dem Sinai eine Wende ein. Die Engländer gehen in die Offensive. 1917/18 nehmen sie Palästina ein und ziehen weiter in den Norden. Schließlich versetzen sie dem Osmanischen Reich den Todesstoß. Damit enden 400 Jahre osmanischer Herrschaft in Eretz Israel.

1918/19 tritt eine allmähliche Erholung ein. Jetzt herrscht die britische Militärregierung im Land. Nachdem die alliierten Großmächte den Nahen Osten besetzt haben, nehmen England und Frankreich Verhandlungen auf, um über die Aufteilung des Gebietes zu entscheiden. Am 2. November 1917 wird die Balfour-Erklärung abgegeben. Dies läßt die Juden glauben, der Tag, an dem die »nationale Heimstätte« in Eretz Israel unter britischer Schirmherrschaft entstehen würde, sei nicht mehr fern. Obwohl die jüdische Bevölkerung ausgedünnt und mancherorts völlig verschwunden ist und die britische Militärregierung keine Einwanderung gestattet, herrscht im Jischuw Hochstimmung.

1910

Januar
26 Die erste »Vollversammlung« der Einwohner Achusat-Bajits. Von 60 kommen gerade mal 36.

Februar
25 Aus der »Ha-Zvi«-Zeitung von der Familie Ben-Jehuda herausgegeben, wird »Ha-Or«.

April
Im Rahmen der alljährlich zu Pessach stattfindenden »Rehovot-Feier« gibt es eine Ausstellung über die Leistungen des Jischuw. Es ist die erste dieser Art.

In Jerusalem nimmt die orthodoxe Wochenschrift »Morija« ihr Erscheinen auf.

Mai
21 Auf der Vollversammlung der Einwohner Achusat-Bajits wird vorgeschlagen, einen neuen Namen für das Viertel zu suchen. Unter den Vorschlägen: Neu-Jaffa, Jaffefija (die Schöne), Neve Jaffa (Aue Jaffas), Aviva (die Frühlingshafte), Ivrija (die Hebräische), Tel Aviv (Frühlingshügel). Man entschließt sich für Tel Aviv.

Juni
Zu Gast in Palästina: Rabbi Chaim Nachum aus Istanbul, der Oberrabbiner der Türkei. Er schlichtet den Konflikt in der sephardischen Gemeinschaft in Jerusalem und schlägt die Wahl Rabbi Ya'akov Me'irs zum Oberrabbiner und Rabbi Panijels zu seinem Stellvertreter vor.
27 Zwischenfall während Rabbi Nachums Besuch in Petach Tikva: Die zionistische Flagge, von der Jugend des Dorfes und Arbeitern gehißt, wird von den Bauern gewaltsam heruntergeholt. Das löst einen Sturm der Entrüstung aus, besonders bei den Einwanderern der zweiten Alija.

Erscheinen der Erstausgabe von »Ha-Achdut«, einer Poalei-Zion-Zeitung. Die ersten drei Ausgaben sind Monatsschriften, danach kommt »Ha-Achdut« wöchentlich auf den Markt.

Juli
2 Die Vollversammlung der Einwohner Tel Avivs lehnt den Vorschlag ab, hier entgegen den Statuten der Siedlung Geschäfte eröffnen zu dürfen.

August
6 Araber aus Kalkilja überfallen das kleine Dorf Kfar Saba und zerstören es. Raub der Viehherde des Dorfes Javne'el. Bauern und Wächtern gelingt es, die Tiere zurückzuholen.

Die Stadtverwaltung von Jerusalem verabschiedet eine Reihe von Maßnahmen zur Entwicklung der Stadt, u. a. den Betrieb von Straßenbahnen, das Verlegen von Wasserleitungen und Kanalisationsrohren und ein städtisches Fernsprechnetz.

Die Zahl der Arbeiter steigt, in jedem Dorf gibt es ein »Haus der Arbeiter«. Hier in Petach Tikva.

Zu Beginn des zweiten Jahrzehnts des 19. Jahrhunderts haben sich die jüdischen Siedlungen weitgehend konsolidiert. Hier eine Straße in Javne'el.

Oktober
26 Zu Beginn des Schuljahres Umzug des Herzlija-Gymnasiums in sein neues Gebäude in Tel Aviv.
28 Geburtsstunde der Kibbuz-Bewegung: Die »Kommune von Hadera« übernimmt die in Umm Dschuni liegende Siedlung und gründet hier eine Genossenschaftssiedlung, die später Degania heißen wird.

Der »Schomer« verläßt zum ersten Mal sein Stammgebiet in Untergaliläa und übernimmt die Bewachung Haderas.

Die Unruhe um die Nachfolge im sephardischen Oberrabbinat in Jerusalem geht weiter. Zwar hat sich Rabbi Ya'akov Me'ir bereit erklärt, das Amt zu übernehmen, aber seine Gemeinde in Saloniki bestürmt ihn, sie nicht zu verlassen. Und so teilt er mit, er werde nicht nach Jerusalem kommen.

November
24 Der Schriftsteller Joseph Chaim Brenner veröffentlicht in der Zeitung »Ha-Po'el Ha-Tza'ir« einen Artikel über den Übertritt europäischer Juden zum Christentum. Der sich darum entfachende Streit geht als »Brenner-Affäre« in die Annalen ein. Als Reaktion darauf beschließt das »Odessa-Komitee«, jegliche Unterstützung für die Zeitung einzustellen, wenn sie nicht ihre Redaktion auswechsele. Aufregung im ganzen Land.

Dezember
11 Die Vollversammlung der Einwohner Tel Avivs beschließt die Aufhebung des Verbandes Achusat-Bajit. Wahl eines neuen Komitees mit einem neuen Vorsitzenden: Me'ir Dizengoff.

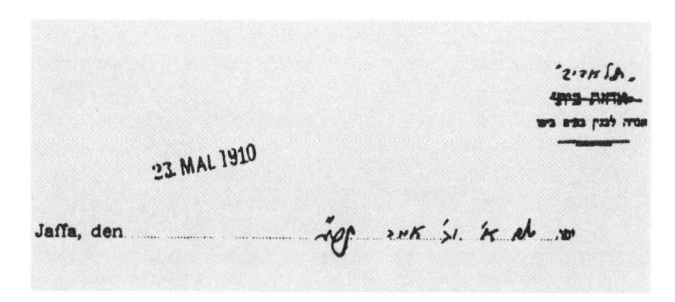

Geschichte im Alltag: Nach der Neubenennung des Viertels korrigiert der Schreiber des Briefes oben rechts: Tel Aviv statt Achusat-Bajit.

24 In einem Brief an Baron Rothschild in Paris bittet das Tel-Aviv-Komitee um seine Genehmigung, einen Boulevard nach ihm zu benennen.

Die von der Zionistischen Organisation abhängige »Gesellschaft für die Ausbildung junger Siedler« erwirbt 1910 größere Ländereien in der Jesre'el-Ebene, das Gebiet des späteren Merhavia.

Rabbi Chaim Nachum

DER ERSTE KIBBUZ

Die Pioniere der zweiten Alija führen eine wichtige Neuerung ein: Sie erfinden den Kibbuz.

Viele Neueinwanderer finden in den bestehenden Dörfern keine Beschäftigung als Landarbeiter. Doch sie haben Glück: Zu jener Zeit nimmt sich die Zionistische Weltorganisation des Siedlungswerkes an und eröffnet das Palästina-Büro, das von Dr. Arthur Ruppin geleitet wird. Dieser Mann hat die Idee, auf dem Boden des Jüdischen Nationalfonds volkseigene Farmen anzulegen, auf denen die jungen Pioniere im Ackerbau ausgebildet werden.

1909 streiken die Arbeiter der dem Büro unterstehenden Farm Kinneret. Ursache der Arbeitsniederlegung ist ein Konflikt mit dem Leiter der Farm Berman. Ruppin schlägt vor, einer Gruppe erfahrener Arbeiter, allesamt Mitglieder der zweiten Alija, die Verantwortung für die Bewirtschaftung eines Teiles des Farmlandes auf ein Jahr zu übertragen.

Aus dem Vorschlag zur Lösung eines lokalen Problems wird ein kühnes soziales Experiment, aus dem schließlich die Kibbuz-Bewegung hervorgeht: Am Ende des Probejahres erweist sich, daß die Gruppe mit ihrer Arbeit guten Gewinn erzielt hat. Deshalb bietet Ruppin ihr eine weitere Aufgabe an: Sie soll ihren Erfolg in Umm Dschuni wiederholen.

Wieder sind die Männer und Frauen erfolgreich, und sie beschließen, am Ort zu bleiben und eine feste Ansiedlung zu schaffen: Degania, das erste von einem Kollektiv verwaltete Dorf in Palästina. Joseph Bossl ist die treibende Kraft des jungen Kibbuz. Er überzeugt die Mitglieder davon, daß der Kibbuz nicht nur ein Platz für Ledige sei, sondern ebenso für Familien, und daß Kindererziehung eine Aufgabe des Kollektivs sei. Bis zum Ende des Jahrzehnts entstehen weitere Kibbuzim, darunter Kinneret (1913), Kfar Gil'adi (1916) und Ajellet ha-Schachar (1918).

◁ Das Foto zeigt die Mitglieder von Degania neben der ersten Baracke.

▽ In dieser Lehmhütte in Umm Dschuni wohnen die ersten Mitglieder des späteren Kibbuz Degania.

△ Die zweite Generation der Bewohner der ältesten Siedlung, Petach Tikva, mit einigen Veteranen (1910). Die Jungen lehnen sich gegen die Älteren auf. Da bleiben Konflikte nicht aus. So tun sie sich auch mit den ihren Eltern verhaßten Arbeitern zusammen. Zum Beispiel stimmen sie der Aufführung eines Arbeiterstückes im Dorf zu.

1910

△ Drei führende Arbeitervertreter. 1910 übernehmen sie (zusammen mit Rachel Jannait) die Redaktion der Wochenschrift »Ha-Achdut«: David Ben-Gurion, Yitzhak Ben-Zvi und Ya'akov Serubbavel (von links nach rechts).

◁ Die Erstausgabe von »Ha-Achdut«, 1910.

▽ Mitte 1910 besteht Tel Aviv seit ungefähr einem Jahr. Die ersten 60 Häuser sind gebaut, das Gymnasium steht. Viele jüdische Familien aus Jaffa wollen in dem neuen Viertel leben.

1911

Januar
24 Mit Unterstützung des »Schomer« Gründung von Merhavia, der ersten jüdischen Siedlung in der Jesre'el-Ebene.

Tel Aviv hat mittlerweile schon 70 Häuser. In unmittelbarer Nähe wollen Juden aus Jaffa zwei weitere Stadtviertel bauen.

Februar
11 Intellektuelle aus dem ganzen Land treffen in Jaffa zusammen, um gegen die Einmischung des »Odessa-Komitees« in die freie Meinungsäußerung in Eretz Israel zu protestieren. Ihre Kundgebung richtet sich ebenso gegen die Einstellung der Finanzhilfe für die Zeitung »Ha-Po'el Ha-Tza'ir« als Folge des Artikels von Brenner (siehe oben, am 24.11.1910).

März
Wirtschaftskrise, vor allem in Jerusalem, wegen des Krieges zwischen der Türkei und Italien in Libyen. Der Geldstrom aus Europa versiegt, und mehrere Jeschiwot (orthodoxe Religionsschulen) stehen vor dem Bankrott. Man fürchtet, daß viele Alte und Bedürftige die Notzeit nicht überstehen.

Abonnenten der in Warschau ansässigen jiddischen Zeitung »Heynt« treffen ein: Sie haben bei einem Preisausschreiben eine Reise nach Palästina gewonnen. Mit von der Partie: der Schriftsteller David Frischman.

April
13–14 Erste Tagung des Landarbeiterverbandes in Umm Dschuni in Galiläa. Auch die ersten Mitglieder des Kollektivs aus Merhavia nehmen teil.

Eröffnung eines »Gehöfts für junge Frauen« auf der Kinneret-Farm: das erste Zentrum für die Ausbildung junger Frauen für Land- und Hausarbeit. Leiterin ist Hanna Meisel.

Mai
25 Zusammenstoß zwischen Juden und Arabern auf den Feldern von Merhavia. Der Wächter Mordechai Yig'al wird angegriffen, beim sich anschließenden Handgemenge tötet er einen Araber. Daraufhin umzingeln Hunderte von Arabern den Ort und dringen, unterstützt von der türkischen Polizei, in Merhavia ein. Zwölf Siedler werden verhaftet und verbringen rund ein Jahr im Gefängnis von Akko. Im türkischen Parlament findet eine stürmische Debatte über das »Palästinaproblem«, die jüdische Ansiedlung in Eretz Israel, statt. Die arabischen Abgeordneten verurteilen sie, andere Abgeordnete äußern sich zustimmend.

Vertreter der Dörfer Rehovot, Rischon le-Zion und Petach Tikva treffen mit Ra'uf Bey, dem Kaimakam von Jaffa, zusammen und fordern ihn auf, für die Einstellung der arabischen Hetze gegen die Juden zu sorgen. Sie laden ihn zu einem Besuch der Dörfer ein, damit er sich selbst von ihrem Beitrag zur Entwicklung des Landes, von der auch die arabischen Fellachen profitieren, ein Bild machen könne.

Juni
1–2 Erste Tagung des Landarbeiterverbandes in Ein Ganim in Judäa.

Juli
Eine Untersuchung in Rischon le-Zion ergibt, daß im Dorf 76 Wächter beschäftigt sind, von denen jedoch nur vier Juden sind.

August
9–15 Der zehnte Zionistische Kongreß in Basel. Auf der Tagesordnung stehen Beratungen über die praktische Arbeit in Palästina und den Konflikt mit den Arabern.

September
25 Der Schriftsteller Achad Ha'am bereist Palästina und sieht – vielleicht zum ersten Mal – deutliche Fortschritte in der Entwicklung des Siedlungswerkes. Er bleibt sieben Wochen.

November
Der »Schomer« übernimmt die Bewachung in Rehovot.

Die Affäre um die Ernennung des Oberrabbiners in Jerusalem: Der Oberrabbiner von Istanbul, Chaim Nachum, setzt den stellvertretenden sephardischen Rabbiner in Jerusalem, Nachman Batito, ab und bestimmt Rabbi Moses Jehuda Franko aus Rhodos zu dessen Nachfolger.

Dezember
18 Auf der Tagung des Arbeiterverbandes in Judäa wird die Einrichtung einer Arbeiterkrankenkasse beschlossen, aus der sich später die allgemeine Krankenkasse entwickelt.

Shmu'el Warschavsky (Javne'eli) geht in den Jemen, um die Juden dort zur Auswanderung nach Eretz Israel zu bewegen. Dank seiner Mission lassen sich in den folgenden Jahren ungefähr 2000 jemenitische Juden in Palästina nieder.

Der Bau eines neuen Viertels gleich neben Tel Aviv, Nachlat Benjamin, ist in vollem Gange. Mehr als 20 Häuser befinden sich in verschiedenen Stadien der Fertigstellung.

1911 entstehen die ersten Häuser des Viertels Hadar ha-Karmel in Haifa.

Erscheinen des ersten Buches, das die Leistungen der Pioniere und ihrer Schutztrupps würdigt: »Yiskor«.

Auf dem Pferd: Achad Ha'am bei seinem Palästina-Besuch im Herbst 1911.

Der Schriftsteller Joseph Chaim Brenner löst eine heftige, öffentlich geführte Kontroverse aus: Zum Primfest 1911 publiziert er in einer satirischen Zeitung spöttische Mitteilungen, die als Anzeigen daherkommen. Einer seiner Pseudonyme ist J. Hever.

מרים מגדלינה.
י. חבר.
מאורשים
יפו
נצרת

Eine »Verlobungsanzeige«:

Wir wünschen unserer Freundin Maria Magdalena und unserem Freund J. Hever alles Gute zu ihrer Verlobung. Der Preis des Telegramms geht als Spende an die Druckereikasse unserer Delegation.

Bethlehem   Die Mitglieder des Verbandes

1911

DER ERSTE ZELTPFLOCK IN DER JESRE'EL-EBENE

Die ausgedehnte Jesre'el-Ebene im Norden Palästinas zieht schon früh die Aufmerksamkeit jüdischer Pioniere auf sich, obwohl sie Ödland darstellt und teilweise sogar versumpft ist. Der Boden befindet sich größtenteils im Besitz des reichen arabischen Efendi Surkuss in Beirut. Schon Ende des 19. Jahrhunderts versucht der junge Josua Hankin, in der Ebene Land für jüdische Siedlungen zu erwerben – doch zunächst ohne Erfolg. Zu Beginn des 20. Jahrhunderts bemüht sich die zionistische Bewegung, das Nutzrecht für das Land zu ergattern, und Hankin, der jetzt im Dienste der J.C.A. tätig ist, strebt erneut den Erwerb der Ländereien an. 1910 bietet sich Hankin endlich eine Gelegenheit zum Kauf eines 10000 Dunam großen Gebietes. Als Arthur Ruppin, der Leiter des Palästina-Büros, davon erfährt, schlägt er Hankin vor, den Erwerb für ihn statt für die J.C.A. vorzunehmen. Hankin willigt ein und arbeitet fortan für das Siedlungswerk der zionistischen Bewegung.

Der Jüdische Nationalfonds erwirbt ein Drittel des Geländes, um darauf eine Kollektivsiedlung zu errichten. Den Rest hoffen Ruppin und Hankin, an Privatleute zu verkaufen. Die Überschreibung des Bodens auf jüdische Käufer stößt wegen des Widerstandes des Gouverneurs in Nazareth auf erhebliche Schwierigkeiten. Die Sache kann nur unter größten Mühen – und unter Einsatz nicht eben geringer Summen Bakschisch – geregelt werden. 1911 entsteht die erste Siedlung, Merhavia.

△ Die Jesre'el-Ebene, wie sie früher aussah: 1911 beginnt die jüdische Ansiedlung in der Region.

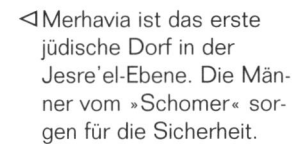

◁ Merhavia ist das erste jüdische Dorf in der Jesre'el-Ebene. Die Männer vom »Schomer« sorgen für die Sicherheit.

△ Soldaten: eine Gruppe jüdischer Wächter 1911 in Kfar Saba. Dank des »Schomer« sind die Bewacher der Siedlungen immer öfter Juden.

▷ Eine arabische Karikatur von 1911: Hankin »schüttet Geld« in eine anonyme Hand in der Jesre'el-Ebene. Salah al-Din (Saladdin) warnt ihn, er solle sich von der »Feste Fule« fernhalten.

◁ Im Jordan-Tal: Auf der Farm Kinneret nimmt das »Gehöft für junge Frauen« seine Tätigkeit auf.

▽ Die Hauptstraße von Tel Aviv: das Herzlija-Gymnasium.

◁ Vom Pionier zum ersten Alija-Emissär: Shmu'el Javne'eli als Pionier (im linken Bild rechts) und als Rabbiner im Jemen (in der Mitte).

JAVNE'ELI, BOTSCHAFTER IM JEMEN

Shmu'el Javne'eli wird zur Zeit der zweiten Alija als Emissär in den Jemen geschickt. Seine Reise ist vor dem Hintergrund einer Kontroverse zu sehen, die zwischen den »idealistischen« und den »echten« Arbeitern unterscheidet. Die Männer und Frauen der zweiten Alija betrachten sich als Arbeiter aus Überzeugung, doch stellen sie rasch fest, daß Idealisten wie sie beim Vergleich etwa mit den arabischen Arbeitern auf den Farmen der Bauern fast immer den kürzeren ziehen. Dort werden »Arbeiter« gebraucht, die die schwere physische Belastung und die drückenden Lebensbedingungen aushalten. Auf ihrer Suche nach solch leistungsfähigen Arbeitskräften entdecken die Männer und Frauen der zweiten Alija die fleißigen jeminitischen Juden, von denen einige schon zur Zeit der ersten Alija ins Land gekommen sind. Sie planen, Arbeitskräfte aus dem Jemen nach Palästina zu holen.

So wird Ende 1911 Shmu'el Javne'eli, einer der herausragenden Persönlichkeiten der zweiten Alija, in den Jemen gesandt. Er reist als sephardischer Rabbiner verkleidet, der die Menschen für die Idee der Auswanderung empfänglich machen soll.

Infolge Javne'elis Mission kommen 2000 Neueinwanderer nach Palästina. Sie bauen neue Viertel und arbeiten unter großem Einsatz zu niedrigem Lohn auf den Feldern der Bauern. Die Jemeniten sind geduldige Arbeiter, die sich über die harten Lebensumstände nur selten beklagen. Denn sie glauben, daß man nur dann würdig sei, in Eretz Israel zu leben, wenn man es sich »durch Mühsal erwirbt«.

1911

△ Das Tel Aviv-Komitee, Foto von Abraham Susskin, 1911. Die Aufnahme entsteht auf dem Balkon von Dizengoffs Haus am Rothschild-Boulevard. Vor ihnen stehen vier Bewacher des Viertels.

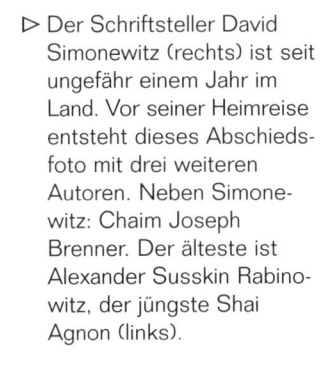

▷ Der Schriftsteller David Simonewitz (rechts) ist seit ungefähr einem Jahr im Land. Vor seiner Heimreise entsteht dieses Abschiedsfoto mit drei weiteren Autoren. Neben Simonewitz: Chaim Joseph Brenner. Der älteste ist Alexander Susskin Rabinowitz, der jüngste Shai Agnon (links).

DIE BRENNER-AFFÄRE

Die Brenner-Affäre, die Ende 1910 ihren Anfang nimmt, und 1911 ihren Höhepunkt erreicht, beschäftigt bis 1913 nicht nur die öffentliche Meinung in Eretz Israel, sondern die Juden auf der ganzen Welt, vor allem in Osteuropa.

Die Affäre beginnt mit einem kurzen Artikel, den der Schriftsteller Joseph Chaim Brenner in der Arbeiterwochenschrift »Ha-Po'el Ha-Tza'ir« veröffentlicht. Darin bezieht sich Brenner auf den Übertritt zahlreicher Juden in Europa zum Christentum und betont, man müsse vor dieser Erscheinung nicht erschrecken, das Volk Israel sei dadurch in seiner Existenz nicht bedroht. Darüber hinaus behauptet er, die Bibel sei weder das »Buch der Bücher« noch die »Heilige Schrift« oder gar das »Ewige Buch«.

Damit löst er einen Sturm der Entrüstung aus. Das Komitee der Chovevei-Zion in Odessa tobt. Es teilt mit, daß es die Unterstützung der Zeitung einstellen werde. Auch Achad Ha'am und die meisten führenden jüdischen Literaten in Osteuropa sind empört, und in der jüdischen Bevölkerung finden heftige Debatten über Brenners Artikel statt. Manche rechtfertigen Brenner, andere kritisieren ihn, aber fast alle Denker und schöpferischen Geister in Eretz Israel empören sich über die grobe Einmischung des Komitees der Chovevei-Zion. Sie sind der Ansicht, in Israel müsse Meinungsfreiheit herrschen.

Aus der heftigen Diskussion geht Palästina als mit der zweiten Alija aufblühendes kulturelles und literarisches Zentrum des Judentums gestärkt hervor. »Ha-Po'el Ha-Tza'ir« mausert sich zu einer angesehenen politisch-literarischen Zeitung.

57

1912

Januar
23 Tod des Lehrers und Erziehers Joseph Vitkin im Alter von 36 Jahren. Er ist der Verfasser des berühmten »Aufrufes« aus dem Jahre 1905, mit dem junge Juden im Ausland zur Auswanderung nach Palästina angeregt wurden. Er gilt als einer der Väter der Arbeiterbewegung und Initiatoren der zweiten Alija.

Der Bauunternehmer Shmu'el Wilson aus den USA.

März
3 Auf Initiative von Henrietta Szold gründet sich in New York eine karitative Organisation. Da dies zum Purimfest geschieht, wird sie nach Königin Esther, deren zweiter Name Hadassa ist, benannt.

April
11 Offizieller Baubeginn der Gebäude des Technion in Haifa, ein Meilenstein in der Entwicklung des Hochschulwesens in Palästina und des jüdischen Haifa.

Das alljährlich zu Pessach veranstaltete »Rehovot-Fest« wird zu einer Art Nationalfeiertag der jüdischen Bevölkerung. Im Rahmen der Feierlichkeiten finden Sportkämpfe sowie eine Ausstellung über die Leistungen des Jischuw statt.

Mai
12 Das Jerusalemer Blatt »Ha-Cherut« kommt von jetzt an täglich heraus.
28 Im damals noch deutschen Kattowitz Gründung von Agudat-Israel, einem weltweiten Verband orthodoxer Juden, der den Zionismus ablehnt.

Juni
Die sephardische und die aschkenasische Gemeinde in Haifa geben ihre Vereinigung bekannt.

Juli
Das Palästina-Büro zieht Bilanz: In der ersten Hälfte

»Ha-Cherut« aus Jerusalem: 1912 wird das Wochenblatt in eine Tageszeitung umgewandelt.

des Jahres 1912 sind 1200 jeminitische Juden eingewandert.

August
1 Eine Neuerung im Erziehungswesen: Fortbildungskurse für über 100 Lehrer in Sichron Ya'akov. Die Kurse sollen künftig in jedem Sommer stattfinden.

Zwei Mitglieder des „Schomer". 1912 erreicht der Einfluß der Organisation ihren Höhepunkt.

September
Die Beziehungen zwischen Juden und Arabern verschlechtern sich: Zusammenstöße und Überfälle in mehreren Orten, unter anderem in Merhavia, Sedschera und Gedera. Ende August berichtet die Zeitung »Ha-Achdut«, die Hohe Pforte in Istanbul empfehle den Gouverneuren und Kaimakams Palästinas dringend, die Sicherheit und die öffentliche Ordnung wiederherzustellen.

Oktober
1 Die seit 1906 aktiven Makkabi-Vereine in Haifa, Jerusalem und Petach Tikva schließen sich in Ness Ziona zu einem landesweiten Sportverband zusammen. Auch er heißt Makkabi.

»Schomer« übernimmt die Bewachung in Rischon le-Zion.
23 Im Alter von 74 Jahren stirbt Yo'el Moses Salomon, einer der Väter der jüdischen Presse in Palästina, Mitbegründer von Petach Tikva und führende Persönlichkeit unter den Juden in Jerusalem.

November
16 Der Leiter des »Schomer«-Verbandes, Israel Shochat, schickt der Zionistischen Exekutive eine Denkschrift, in der er zum ersten Mal ein umfassendes Konzept für die Verteidigung der jüdischen Bevölkerung darlegt.

Dezember
5 Gründung von Ruchama im Nord-Negev. Es ist der südlichste von Juden bewohnte Punkt in Eretz Israel.

Shai Agnons erstes Werk mit dem hebräischen Titel »Vehaja ha-Akov le-Mishor« (Und was krumm war, wurde gerade) kommt heraus.

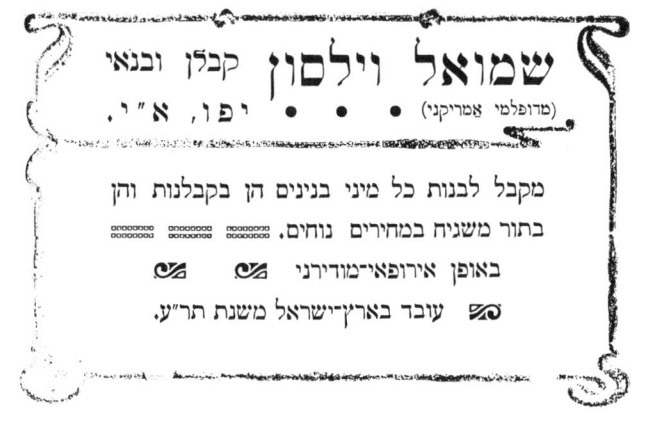

Die Wirtschaft in Palästina entwickelt sich prächtig: eine Werbeanzeige Wilsons.

Gründung des Landgutes Porija.

Kühnes Vorgehen des »Schomer« in Hadera gegen den Beduinenstamm Dema'eira, mit dem es immer wieder zu Auseinandersetzungen kam. Die Strafexpedition gilt als die erste jüdische Vergeltungsaktion »nach zweitausend Jahren«.

Neueinwanderer 1912. Oben, zweiter von links: Joseph Trumpeldor.

▷ 1912 beginnt die »Javne'eli-Alija«: Neueinwanderer aus dem Jemen.

▽ Gerade eingewandert: ein jemenitischer Wächter auf der Farm Ben-Schemen.

▽ Das Rehovot-Fest zu Pessach im Jahre 1912. Es gilt als das bis dahin gelungenste. Auch das renommierte Orchester von Rischon le-Zion tritt auf.

1912

LANDGÜTER FÜR JUDEN IN DER DIASPORA

Das Palästina-Büro unter der Leitung Arthur Ruppins sucht ständig nach Wegen, Privatkapital ins Land zu holen. So entsteht die Idee, »Landgüter« zu gründen. Solche Plantagenfarmen sind als Investitionsmöglichkeit für mittelständische Juden aus der Diaspora gedacht, die an eine Auswanderung nach Eretz Israel denken, um sich hier niederzulassen.

Das Prinzip: Der Investor zahlt regelmäßig in die Kasse einer Plantagenfarm ein, während er noch im Ausland lebt. Bis er einwandert, entwickelt sich die Farm zu einem lukrativen Unternehmen. Dabei wird davon ausgegangen, daß der Besitzer sich erst rund zehn Jahre später auf dem bis dahin für ihn geführten Gut niederläßt, wo ihm dann ein florierender Zitrushain oder Weingarten ein Auskommen bietet.

Zwischen 1910 und 1914 bilden sich in Rußland, England und den USA sechzig Investorengruppen für die Einrichtung solcher Landgüter, aber nur fünf werden tatsächlich aktiv. Das erste Gut ist Porija in Untergaliläa, das zweite Ruchama im Süden. Zwar entspricht der begrenzte Erfolg der Gründungsinitiative nicht den Erwartungen seiner Initiatoren, doch trägt die neue Idee zur Erweiterung des jüdischen Grunderwerbs und zur Investition jüdischen Geldes im Land bei und sorgt außerdem für neue Arbeitsplätze.

Mit dem Ausbruch des Ersten Weltkriegs 1914 kommt die Initiative, die darauf abzielte, zwischen den Juden in der Diaspora und in Eretz Israel eine feste, dauerhafte Verbindung herzustellen, zu einem jähen Ende.

◁ Die Arbeiter der zweiten Alija kämpfen mit den Bauern darum, in der Landwirtschaft beschäftigt zu werden. Im Bild: zwei Arbeiter auf den Feldern von Rehovot.

▽ Das wohl bekannteste Foto aus der Zeit der zweiten Alija stammt aus dem Jahre 1912 aus Degania. Die Gründer der neuen Siedlung – sie haben die Kibbuz-Bewegung mit ins Leben gerufen – sind auf der und rings um die zweistöckige Baracke zu sehen.

▽ Krankenzimmer für Arbeiter der zweiten Alija im Jahre 1912. Aus diesen Einrichtungen entwickelt sich später die staatliche israelische Krankenkasse.

▷ 1912 erfindet das satirische Blatt »Le-Jehudim« einen neuen Ausdruck für »Verfassung«: »Befugnisminimierung für Regierende«.

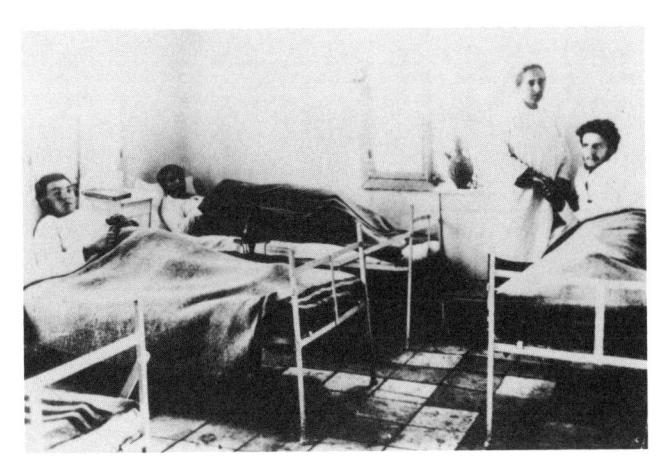

> Wir besitzen in Palästina kleine Flecken, und sicher wird sich ihre Zahl noch vermehren... Diese Flecken sind unser Eretz Israel, in ihnen findet unser Volk tiefe Befriedigung und Heilung seiner Gebrechen... Hier entsteht eine Volksgemeinschaft, derengleichen es an keinem anderen Ort der Welt gibt.«
>
> Der Schriftsteller Achad Ha'am, 1912.

▽ Recht auf einen Sitzplatz: 1912 bitten die Juden, Bänke vor der Klagemauer aufstellen zu dürfen. Der muslimische Wakf lehnt das ab, so daß sich der Oberrabbiner der türkischen Juden gezwungen sieht einzugreifen.

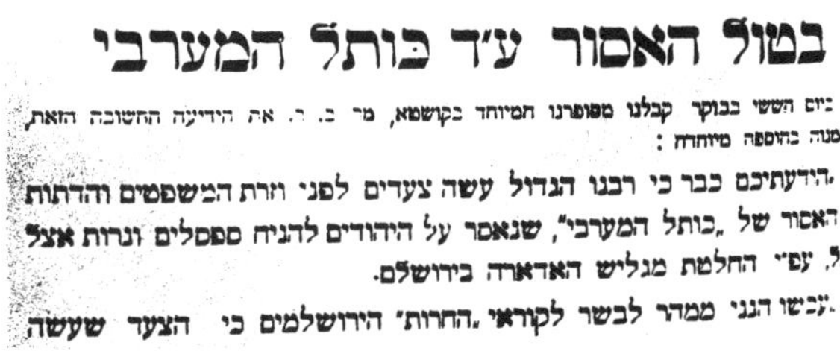

DIE KOOPERATIVE IN MERHAVIA

Die Kooperative in Merhavia ist der Versuch, genossenschaftlich organisierte Dörfer entsprechend den Vorstellungen Professor Franz Oppenheimers, eines deutsch-jüdischen Experten für landwirtschaftliches Genossenschaftswesen, zu errichten. Schon Herzl betrachtete Oppenheimers Konzept als eine Siedlungsform, die der Idee zionistischer Ansiedlung besonders nahekommt.

In der ersten Phase wird eine große Farm unter der Leitung eines Agronomen errichtet. Die Arbeiter erhalten Lohn und Gewinnbeteiligung entsprechend ihrer persönlichen Leistung. In der zweiten Phase, wenn genügend Erfahrung gesammelt und Kapital angehäuft ist, wird den Arbeitern die Verantwortung für die Leitung der Farm übertragen. In der dritten Phase wird schließlich ein Kollektiv gebildet. Dabei entscheidet jeder Arbeiter selbst über den von ihm gewünschten Lebensrahmen: ob er dem Kollektiv angehören oder selbständig eine Farm leiten will.

Im Falle Merhavias sind jedoch noch nicht alle für die Arbeitsbeziehungen zur Zeit der zweiten Alija typischen Probleme gelöst. Was passiert zum Beispiel bei einem Streit zwischen den organisierten Arbeitern und dem Projektleiter? Die finanziellen Verluste mehren sich und das Konfliktpotential wächst ständig.

Die Probleme, die der Erste Weltkrieg mit sich bringt, begraben das Kooperativenprojekt endgültig, die genossenschaftliche Siedlung in Merhavia wird aufgelöst.

1913

Januar
15 Grundsteinlegung für den zweiten Arbeiter-Moschaw im Land: Nachlat-Jehuda nahe Rischon le-Zion.

März
15 Tod von Jechi'el Michel Piness. Er war eine der herausragenden Persönlichkeiten der Epoche der ersten Alija und einer der ersten religiösen Zionisten. Er half den Bilu-Siedlern bei der Errichtung Gederas.

Der »Schomer« zieht sich aus Hadera zurück.

April
30 Nahe Tel Aviv wird der Grundstein für ein drittes jüdisches Stadtviertel nördlich von Jaffa gelegt: Chevra Chadascha (heute die Gegend um die Allenby-Straße in Tel Aviv).

Blick auf Rischon le-Zion, 1913.

Juli
23 Die Bewohner des arabischen Dorfes Sarnuga greifen das jüdische Nachbardorf Rehovot an.

August
13 Der erste Jahrgang des Herzlija-Gymnasiums in Tel Aviv beendet seine schulische Laufbahn. Der Sprecher der Abiturienten gelobt im Namen seiner Mitschüler, daß sie ihr ganzes Leben in den Dienst der Arbeit für Eretz Israel stellen werden.

September
2–9 Elfter Zionistischer Kongreß in Wien. Die Teilnehmer beraten über das jüdische Siedlungswerk in Palästina. Dr. Chaim Weizmann hält einen Vortrag über die Pläne zur Gründung einer Universität in Jerusalem.

Oktober
Der »Schomer« verläßt Rehovot, jetzt schlägt er seine Zelte in Tel Adasch in der Jesre'el-Ebene auf. Tel Adasch ist die zweite jüdische Siedlung der Region.

Gründung des Verbandes der »Gidoniter«. Die Organisation bildet Bauern zur Selbstverteidigung und zur Fortentwicklung ihrer Dörfer aus.

23 Kurz vor der Eröffnung des Technion in Haifa verschärft sich die Kontroverse über die Entscheidung des Kuratoriums des Technion in Berlin, Unterrichtssprache für die wissenschaftlichen Fächer müsse Deutsch sein. Beginn des »Sprachenkriegs« in Eretz Israel.

November
2–3 Erstes Flugzeug am Himmel Palästinas. Es wird von zwei türkischen Piloten geflogen.

19 Beginn der fast einmonatigen »Rundreise« von fünf Rabbinern unter der Leitung von Rabbi Kook. Ihr Anliegen ist es, die neuen Siedlungen denen des alten Jischuw näherzubringen.

22–24 Der Mord an zwei Juden durch Araber im Jordan-Tal schockiert den Jischuw. Das erste Opfer ist Moshe Barski; er wird am 22. November bei Degania getötet. Zwei Tage später wird Joseph Salzman in der Nähe des Dorfes Kinneret ermordet. Als Dvora und Shmu'el Dayan im Mai 1915 ein Kind geboren wird, nennen sie es Moshe – nach Moshe Barski.

Dezember
14 Der »Sprachenkrieg« befindet sich auf seinem Höhepunkt: Gründung eines hebräischen Lehrerseminars in Jerusalem, das das bestreikte Seminar des deutschen Hilfsvereins ersetzen soll. Lehrer und Schüler der meisten Schulen des deutschen Hilfsvereins verlassen dessen Lehranstalten und gründen hebräische Schulen.

Beginn der Verhandlungen über den Erwerb des Landgutes von Lord Gray-Hill auf dem Skopus-Berg in Jerusalem, auf dem die Hebräische Universität entstehen soll.

Lehrer für Jerusalem: der erste Jahrgang am Lehrerseminar in Jerusalem, 1913. In der ersten Reihe, dritter von rechts: A. L. Sukenik, der sich später als Archäologe einen Namen macht.

Grundsteinlegung für ein neues Stadtviertel bei Tel Aviv: Chevra Chadascha.

1913

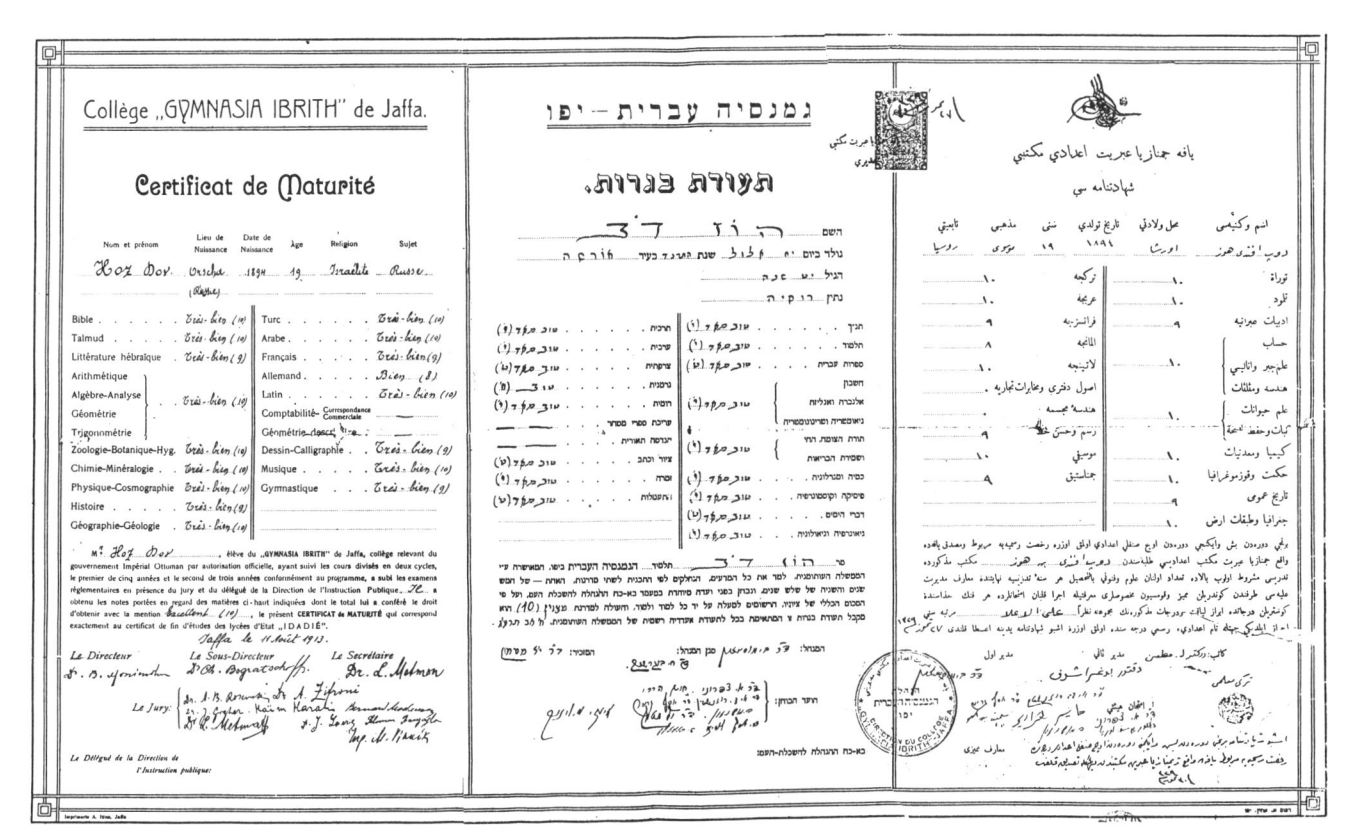

△ Das Abiturzeugnis eines hervorragenden Schülers: Dov Hoz.

▷ Der erste Jahrgang des Herzlija-Gymnasiums, 1913.

△ Jugendliche 1913: die Brüder Keysari. Links Uri, der später ein bekannter Journalist wird.

▷ Jugendliche 1913: links Avschalom Feinberg.

△ Fahrt der Rabbiner in den Norden des Landes. In ihrer Mitte: Rabbi Kook.

▽ Pflügen in dem 1913 gegründeten Dorf Nachlat-Jehuda.

▷ Zwischen Tel Aviv und Jaffa fährt eine Kutsche, die sogenannte Diligence, auch am Sabbat, an dem Juden nach dem Religionsgesetz nicht reisen dürfen.

DIE MISSION DER RABBINER

Ende 1913 hat Rabbi Abraham Yitzhak Hacohen Kook aus Jaffa das Gefühl, daß die in den dreißig zurückliegenden Jahren entstandene Kluft zwischen dem neuen und dem alten Jischuw immer tiefer wird. Seiner Meinung nach ist Handeln dringend angezeigt. Nötig seien Besuche in den alten wie in den neuen Siedlungen und in den von den Pionieren der zweiten Alija gegründeten Agrarkolonien, um eine Brücke zwischen den Siedlergruppen zu schlagen.

Kook ruft vier weitere Rabbiner aus Jerusalem zu Hilfe. Joseph Chaim Sonnenfeld, einen der Führer der ungarischen Gemeinde, der später an der Spitze der Orthodoxie in der Stadt stehen wird; Ben-Zion Yadler; Ya'akov Moses Charlap und Jonathan Benjamin Horwitz. Gemeinsam brechen sie zu einer fast einmonatigen Rundreise auf. Den größten Teil des Weges legen sie mit einem Wagen zurück, manchmal bewegen sie sich auch mit dem Pferd voran, nehmen den Zug oder, wenn nötig, sogar das Schiff.

Allen Dörfern, die sich nach Ansicht der Rabbiner von der Religion zu weit entfernt haben, soll ihr Besuch eine »Erleuchtung« bringen. Aber der Erfolg der Rabbiner ist mäßig. In den meisten Ortschaften treten ihnen die ortsansässigen Lehrer entgegen, die eine Rückkehr zu Religionsschule und Talmud- und Torastudium nicht zulassen wollen.

Die Siedler – selbst diejenigen, die noch der Tradition verhaftet sind – schlagen sich auf die Seite ihrer Lehrer.

Auch in den folgenden Jahren bemüht sich Rabbi Kook, mit den Menschen in den neuen Siedlungen in Kontakt zu bleiben. Die meisten anderen Rabbiner kritisieren sie jedoch immer wieder, so daß sich der alte, an traditionellen Werten orientierte Jischuw und die neuen Siedlungen einander von Jahr zu Jahr weiter entfremden.

1913

▽ Männer aus Eretz Israel, die an der Universität von Istanbul Jura studiert haben. Zweiter von links (sitzend): Yitzhak Ben-Zvi, der spätere zweite Staatspräsident Israels.

△ Merhavia, eine Kooperative, die gemäß dem Plan des deutsch-jüdischen Professors Franz Oppenheimer gegründet wurde.

△ Eine Anzeige in der Jerusalemer Presse 1913: Dieses Pulver soll das Leben verlängern. Der hebräische Text zählt alle Krankheiten und Beschwerden auf, die es angeblich heilen soll, zusätzlich zu Einzelheiten über seinen Erfinder und einer Genehmigung der Akademie für Medizin in Wien.

▽ In den jüdischen Dörfern wächst die erste Generation von »Sabres« heran (in Eretz Israel geborene Juden): junge Menschen, mutig, körperlich gesund und bereit, sich jeder Herausforderung zu stellen. Oben: Sabres aus Rehovot.

SPRACHENKRIEG: DEUTSCH GEGEN HEBRÄISCH

Seit Beginn der jüdischen Siedlungstätigkeit in Palästina muß sich das Hebräische gegen andere Sprachen verteidigen, vor allem im Unterrichtswesen. Journalisten, Schriftsteller und Erzieher, darunter der Hebraist Eli'eser Ben-Jehuda, setzen alles daran, um dem Hebräischen Vorrang zu verschaffen, und im zweiten Jahrzehnt des 20. Jahrhunderts deutet alles darauf hin, daß der Kampf zugunsten des Hebräischen entschieden sei. Aber wie sich herausstellt, ist dies ein Irrtum.

Der Sprachenstreit flammt Ende 1913 neu auf, als sich das Kuratorium des in Haifa entstehenden Technion für Deutsch als Unterrichtssprache entscheidet. Als die Entscheidung des Kuratoriums in Eretz Israel bekannt wird, erhebt sich ein Sturm der Empörung. An die Spitze des Kampfes für das Hebräische stellen sich die Schüler des Seminars und der Schule des deutschen Hilfsvereins in Jerusalem, der zum deutsch-jüdischen Schulnetz gehört, auf dessen Initiative hin das Technion gegründet wurde. Alle Erziehungseinrichtungen des deutschen Hilfsvereins werden bestreikt, sogar ein Teil des Lehrkörpers nimmt am Streik teil.

Die Auseinandersetzungen dauern mehrere Monate. Schließlich gründen Befürworter des Hebräischen alternative Erziehungseinrichtungen in Jerusalem, Jaffa und Haifa, die sich der Unterstützung des Lehrerverbandes und der Zionistischen Weltorganisation erfreuen. Auch die Sprachwahl für das Technion wird revidiert: Fortan sollen die meisten Fächer auf hebräisch unterrichtet werden. Dieser Beschluß wird aber zunächst nicht verwirklicht, weil 1914 der Erste Weltkrieg ausbricht und sich die Eröffnung des Technion auf 1925 verschiebt. Als es den Lehrbetrieb aufnimmt, ist es eine in jeder Hinsicht hebräische Einrichtung.

אבקה לאריכות החיים.

של דריר וילהולם אייכלר.

מאושרת ע"י האקדמיה לרפואת בוינה.

Poudre de Longue Vie

du Dr. W. EICHLER.

Approuvée à l'Académie de Medécine

Mention Honorable à VIENNE.

נבשר להקהל הנכבד וביחוד להקהל הארצי
ישראלי בכלל כי הוצאה תרופה למחלות שונות
כמו מחלת האצטומכא, הכבד והטיעים והיא
המצאת חריר וילהולם אייכלר "אבקת החיים"
שנתאשרה ע"י האקדמיה לרפואה בוינה—לרפ"י

1914

85 000 Juden leben im Land. 30 Jahre zuvor waren es nur 25 000. Es gibt insgesamt 48 Agrarkolonien. Die Plantagen bedecken eine Fläche von 71 000 Dunam, von denen fast 50% auf Mandelbäume entfallen, rund 20% auf Wein, 15% auf Oliven und 13% auf Zitrushaine.

Februar

15 Baron Rothschild kommt nach 15jähriger Abwesenheit zum viertenmal auf einen Besuch ins Land. Er wird überall sehr herzlich empfangen. Unter anderem schreitet er den fünf Jahre alten Rothschild-Boulevard in Tel Aviv ab, dessen Bäume ihm bereits bis an die Hüfte reichen.

März

11 Ein türkisches Flugzeug verunglückt am Strand von Tel Aviv. Die beiden Piloten kommen um. Die Juden von Jaffa geben bekannt, daß sie für die türkische Luftflotte Geld für den Erwerb eines neuen Flugzeuges sammeln wollen.

April

Grundsteinlegung für ein Krankenhaus in Tel Aviv. Tatsächlich wird das Krankenhaus erst nach dem Ersten Weltkrieg gebaut.

Mai

10 Tod Israel Dov Frumkins, einer herausragenden Persönlichkeit in Jerusalem, die 40 Jahre Redakteur der Zeitung »Chavatzelet« war. Er setzte sich in der orthodoxen Gemeinde für die Modernisierung des jüdischen Jischuw ein.

Juni

Für den Beginn des folgenden Monats wird eine jüdisch-arabische Tagung in Brumena bei Beirut geplant, auf der die Differenzen zwischen beiden Parteien beigelegt werden sollen. Jede Seite soll mit zehn Teilnehmern vertreten sein, Nachum Sokolov die jüdische Delegation anführen. Doch kommt die Begegnung letztlich nicht zustande.

Juli

Mitte 1914 erreicht die Zahl der jüdischen Einwohner Palästinas einen Höchststand: **28** Ausbruch des Ersten Weltkriegs.

August

Wirtschaftskrise in Palästina. Die Türken stellen den Schiffsverkehr ein, so daß das Land von Europa abgeschnitten ist. Veröffentlichung eines Moratoriums, wonach alle Schulden gestundet und die Wirtschaftstätigkeit eingefroren wird.

7 In Jaffa Gründung eines »Provisorischen Komitees zur Linderung der Krise« unter Leitung des Vorsitzenden des Tel-Aviv-Komitees, Me'ir Dizengoff.

September

8 Die Türken heben die bis dahin gültige Kapitulationsregelung auf, die ihnen die Europäer aufgezwungen haben. Damit können sich die Juden nicht mehr auf die Hilfe ausländischer Konsulate verlassen. Die Angehörigen der gegen die Türkei kämpfenden Staaten haben die Wahl, das Land zu verlassen oder die osmanische Staatsbürgerschaft anzunehmen. Viele Juden entscheiden sich für letzteres.

30 Die Türkei tritt in den Krieg und kämpft an der Seite Deutschlands und Österreichs. Somit wird Palästina als Teil des Osmanischen Reiches kriegsführende Partei.

November

10 Die Türken durchsuchen die jüdischen Ortschaften nach Waffen.

Mitglieder der Zionistischen Arbeiterpartei und des »Schomer« wollen den Behörden ihre Treue beweisen. Sie gründen deshalb eine jüdische Miliz, die an der Seite der Türken kämpfen soll. Mit von der Partie sind Israel Shochat, David Ben-Gurion und Yitzhak Ben-Zvi.

Dezember

7 Dizengoff überreicht dem Gouverneur von Jerusalem 10 000 Franken, die die Juden von Jaffa für den Kauf eines neuen Flugzeuges gesammelt haben.

Dr. Chaim Weizmann nimmt Gespräche mit der britischen Regierung über die Zukunft Palästinas auf.

17 Der »schwarze Donnerstag« in Jaffa und in Tel Aviv: Die Türken verweisen Hunderte von Juden des Landes.

18 Dizengoff und Ruppin, die führenden Männer des Jischuw, schicken Eiltelegramme an die Botschafter Deutschlands und der USA in Istanbul und bitten sie, sich für die jüdische Bevölkerung zu verwenden.

23 Baha ad-Din, der Gouverneur von Jaffa, wird wegen seiner Rolle bei der Ausweisung von Juden seines Amtes enthoben.

24 Der amerikanische Kreuzer »Tennessee« läuft in Jaffa ein. Er evakuiert Juden, die russische Staatsangehörige sind, nach Ägypten.

Ende Dezember verbieten die Türken alle jüdischen Zeitungen. Nur »Ha-Cherut« in Jerusalem erscheint weiter.

28 Dr. Chaim Weizmann trifft mit Baron Rothschild in Paris zusammen und hört zum ersten Mal ausdrücklich, daß man seit dem Eintritt der Türkei in den Krieg in Eretz Israel nicht mehr im geheimen handeln könne und daß man die Gründung anstreben solle.

1914 Eröffnung des ersten Kinos, »Eden«, in Tel Aviv.

Die amerikanische Gesellschaft »Standard Oil« erhält von der türkischen Regierung eine Konzession für die Ölsuche in Palästina. Sie führt erste Probebohrungen im Negev durch.

30jähriges Bestehen von Gedera im Jahre 1914: Die ersten Bilu-Siedler haben sich für ein Gruppenfoto versammelt. In der ersten Reihe, v. l. n. r.: Menasche Meirowitz, Israel Belkind, Salman David Levontin, Fania Feinberg-Belkind, Fania und Chaim Chissin, Chassia Zlalichin-Benson, Jehuda Zlalichin und Dov Leibowitz. In der zweiten Reihe: Mark Stein, Simson Belkin, Zvi Horwitz, Yo'el Drobin, Shlomo Salman Zuckerman, Benjamin Fuchs, Elijahu Sverdlov, Abraham Solomiak und Ya'akov Shlomo Chasnov.

1914

△ Hoher Besuch: Baron Edmond de Rothschild. Im Bild festgehalten ist sein Besuch in Javne'el in Galiläa.

▷ Der US-Botschafter in Istanbul, Henry Morgentau, auf Palästina-Besuch. Die jemenitischen Einwanderer in Sichron Ya'akov haben ihn eingeladen.

△ Prachtbau in Tel Aviv, kurz vor Ausbruch des Ersten Weltkriegs. Jeder, der den Jischuw besucht, wird auch nach Tel Aviv gebracht, um das neue Stadtviertel Jaffas zu bewundern.

▽ Die Karte des Jischuw im Jahre 1914. Die jüdischen Siedlungen konzentrieren sich in drei Regionen: Judäa (im Süden), Samaria (südlich des Karmelgebirges) und Galiläa.

▽ David Ben-Gurion, Israels erster Ministerpräsident, als Jurastudent am Ende seines vierten Semesters an der Universität von Istanbul.

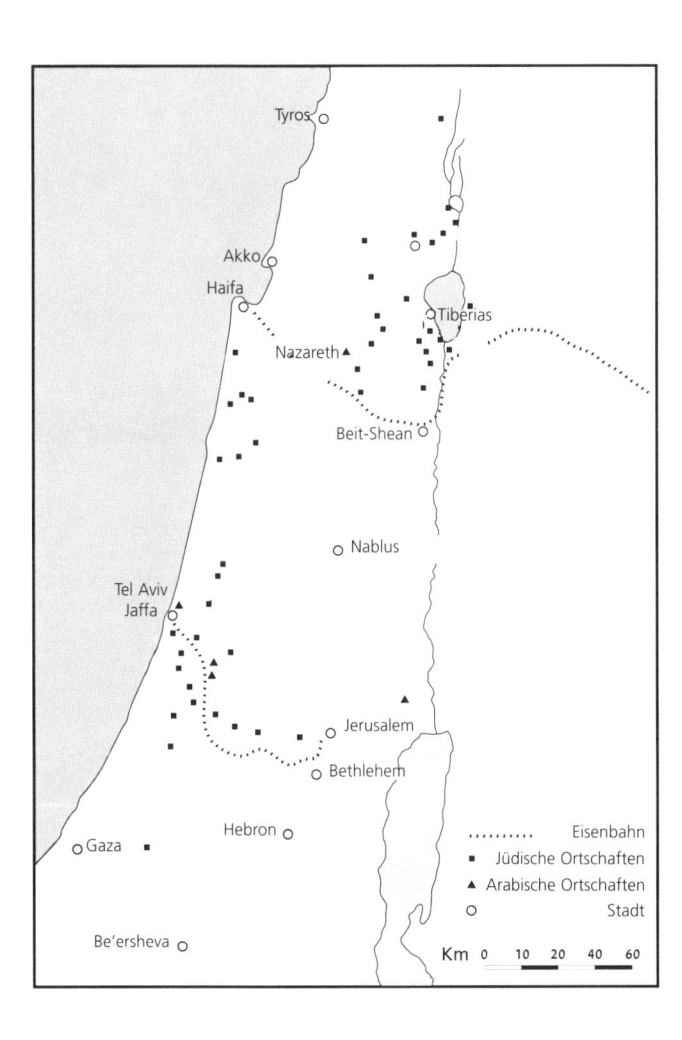

67

▽ Dieser Einwanderer, der 1914 ins Land kommt, ist in der ganzen jüdischen Welt bekannt: der in Rußland des »Ritualmordes« angeklagte Mendel Beiliss.

»DER SCHWARZE DONNERSTAG«

Am 17. Dezember 1914 beschließen die türkischen Behörden, all jene aus dem Land auszuweisen, die nicht die osmanische Staatsbürgerschaft annehmen wollen. Zur Mittagszeit kommen türkische Soldaten und Polizisten in die jüdischen Stadtviertel und schleppen alle Juden, die keinen türkischen Paß besitzen, zum Hafen. Dabei werden auch viele Juden, die durchaus osmanische Staatsbürger sind, festgenommen. Kinder auf der Straße werden von ihren Eltern getrennt, Frauen von ihren Männern, Hunderte bringt man auf ein italienisches Schiff und deportiert sie nach Ägypten. Die Schreie der Ausgewiesenen und ihrer Angehörigen zerreißen jedem, der dem Drama beiwohnt, das Herz – nur die Türken lassen sich davon nicht beeindrucken.

Infolge der Deportationen wandern viele Juden freiwillig aus – aus Furcht vor Schikanen. Zunächst sind es Hunderte, dann Tausende, die sich entschließen, Übergriffen vorzubeugen und Palästina den Rücken zu kehren. In wenigen Monaten geht die Zahl der jüdischen Bevölkerung deutlich zurück. Aber genau das dürfte der Gouverneur Dschamal Pascha bezweckt haben.

▷ Vier Vertreter der zweiten Alija, die 1914 endet. Von oben: Zvi Nissenov vom »Schomer«, Mania Shochat, die Dichterin Rachel und Moshe Shertok vom ersten Jahrgang des Herzlija-Gymnasiums.

△ Stellenanzeige: Selbst die deutsche Siedlung Scharona bei Jaffa sucht einen jüdischen Wächter.

◁ In Tel Aviv wird das erste Kino eröffnet, das »Eden«. Die Reklame verspricht »schöne Bilder« und »niveauvolle Darbietungen«.

△ Man reist mit der »Diligence«. Der junge Zeichner Arthur Schick hat die »Diligence« von Rehovot 1914 verewigt.

1914

DER ERSTE WELTKRIEG BRICHT AUS

Am 1. August 1914 bricht der Erste Weltkrieg aus, der sich von Anfang an wie ein dunkler Schatten über Palästina legt, obgleich er zunächst lediglich in weit entfernten Ländern wütet. Die Verbindung zu Europa bricht fast völlig ab. Die jüdische Bevölkerung, vor allem die orthodoxe, leidet unter dem Ausbleiben der finanziellen Hilfe von dort. Agrarprodukte können nicht mehr ausgeführt, Lebensmittel und Brennstoff nicht länger eingeführt werden. Die Türken verkünden, daß alle Schulden gestundet werden. Die Banken schließen, und der Wert des türkischen Pfundes fällt rapide, während die Preise in die Höhe schießen. Der alte Jischuw steht noch unter Schock, da werden die neuen Siedlungen bereits aktiv, und schon am 7. 8. 1914 wird das »Provisorische Komitee zur Linderung der Krise« gebildet.

Anfangs bleibt die Türkei neutral, doch im Herbst 1914 ändert sie ihre Politik. Als erstes kündigt sie die Kapitulationsvereinbarungen, die ihr die europäischen Mächte aufgezwungen haben, und schafft damit die für Ausländer geltenden Privilegien ab – etwa das Recht, »sich im Falle einer Anklage nur vor dem Konsul des eigenen Landes, statt vor einem osmanischen Gericht verantworten zu müssen. Da die meisten Juden im Land ihre frühere Staatsangehörigkeit behalten haben, bedeutet der türkische Beschluß für viele große Gefahr, sind sie doch plötzlich der Willkür der türkischen Behörden ausgesetzt. Ihr Besitz kann beschlagnahmt und sie selbst können ins türkische Heer eingezogen werden.

Im Oktober 1914 schließt sich die Türkei den Mittelmächten Deutschland und Österreich-Ungarn an und erklärt den Alliierten, Rußland, Frankreich und Großbritannien, den Krieg. Staatsbürger dieser Länder müssen sich zwischen dem sofortigen Verlassen des Landes und der Annahme der osmanischen Staatsbürgerschaft entscheiden. Beides ist für die Juden im Land nachteilhaft.

Zu Beginn des Winters 1914/15 verschlimmert sich die Lage drastisch. Eine Hungersnot droht, und die Schikanen der Behörden mehren sich. Kein Wunder, daß Tausende Juden das Land verlassen.

△ Mit der Aufkündigung der Kapitulationsvereinbarungen geht auch die Macht der türkischen Konsulatsdiener zurück.

▽ Eine provisorische Banknote, von der Anglo-Palestine-Bank zu Kriegsbeginn ausgegeben.

▷ Familienszenario anno 1914: Sara Aaronson (Mitte) heiratet Chaim Abraham (links von ihr). Ganz rechts: Saras Vater, Fischl. Links im Bild: ihre Geschwister Rivka, Alexander, Shmu'el und Aaron (von links nach rechts).

1915

Januar

Die Botschafter der USA und Deutschlands in Istanbul, Morgentau und von Wagenheim, eilen der jüdischen Bevölkerung zu Hilfe.

Zu denen, die das Land aus Angst vor Verhaftung oder Schikanen durch die Türken verlassen, gehört auch die Familie Eli'eser Ben-Jehudas. Sie schifft sich nach Ägypten ein und reist von dort weiter in die USA. 1919 kehrt sie nach Jerusalem zurück.

14 Baha ad-Din wird politischer Berater von Dschamal Pascha, dem Befehlshaber der türkischen Einheiten in Palästina. Er untersagt den Gebrauch jedes zionistischen Zeichens oder Emblems, hebräische Aufschriften und das Sammeln von Marken des Jüdischen Nationalfonds.

18 Die Türken verhaften Israel Shochat und Josua Hankin. Später werden beide für die Dauer des Krieges in die Türkei ausgewiesen.

Dschamal Pascha befiehlt 30 führenden Männern des Jischuw zu sich nach Jerusalem und droht, sie in die Türkei auszuweisen. Dann lenkt er jedoch ein: Nur die Hälfte wird »in die Verbannung geschickt«. Sie sind gezwungen, sich zwei Wochen in Tiberias aufzuhalten.

Februar

3 Schauplatz Suez-Kanal: Die britische Armee wirft die große türkische Offensive zurück.

9 In Jerusalem verhaften die Türken David Ben-Gurion und Yitzhak Ben-Zvi.

Der türkische Polizeioffizier Hossni Bey kommt ins Land, um eine Untersuchung gegen führende jüdische Persönlichkeiten zu leiten. Verdacht: »zionistische Umtriebe«.

Der Gouverneur von Jaffa, Hassan Bek, geht brutal gegen die jüdischen Bewohner von Jaffa und Tel Aviv vor.

28 Dschamal Pascha besucht Jaffa und Tel Aviv. Er ist von dem neuen Stadtviertel und speziell vom Herzlija-Gymnasium tief beeindruckt.

März

10 Heuschreckenschwärme in Palästina. In den folgenden drei Monaten kommen sie in immer neuen Wellen über das Land und richten auf den Feldern ungeheuren Schaden an. Dschamal Pascha ernennt den Agronomen Aaron Aaronson zum Verantwortlichen für die Heuschreckenbekämpfung.

17 Die Türken weisen David Ben-Gurion und Yitzhak Ben-Zvi nach Ägypten aus. Von dort gehen sie in die USA.

Unter den vielen Emigranten befindet sich Dr. Ben-Zion Mossinson, der Direktor des Herzlija-Gymnasiums.

April

1 In Alexandria melden sich Freiwillige zum Dienst in der zionistischen Maultierbrigade des britischen Heeres. Die meisten sind Juden, die die Türken aus Palästina ausgewiesen haben. Mitte des Monats wird die Brigade an die Front nach Gallipoli in der Türkei geschickt.

Die Untergrundbewegung Nilli nimmt ihre Tätigkeit auf: Aaron Aaronson und Avschalom Feinberg beschließen, mit den Engländern in Ägypten in Kontakt zu treten.

19 Dschamal Pascha stattet Rischon le-Zion einen Besuch ab und schenkt dem Ort das westlich gelegene Dünenareal.

Die Türken beschlagnahmen Brunnenmotoren und Wasserleitungen in den jüdischen Dörfern.

21 Das mit Lebensmittel beladene amerikanische Schiff »Vulcan« läuft in Jaffa ein. Die Türken beanspruchen einen Großteil der Ladung für sich, doch der amerikanische Konsul lehnt ihre Forderung ab.

In London tritt die De-Bonson-Kommission zusammen, der Vertreter verschiedener Ministerien angehören. Das Gremium berät über Pläne zur Aufteilung des Osmanischen Reiches.

Mai

Die Lage in Palästina ist bedrückend: Hunger, türkische Schikanen und Krankheiten bestimmen den Alltag. Besonders der alte Jischuw hat es schwer, der überwiegend von europäischen Spenden lebt, die nun nicht mehr ins Land gelangen.

Das amerikanische Schiff »Vulcan« bringt große Mengen Lebensmittel, die amerikanische Juden gesammelt und finanziert haben. Nach einer jüngst mit den Türken getroffenen Vereinbarung sind solche Hilfssendungen jetzt möglich, weil rund die Hälfte

Joseph Trumpeldor in der Uniform der Maultierbrigade.

der Güter den nichtjüdischen Einwohnern und Regierungsbeamten zugute kommen.

Nach der »Vulcan« treffen weitere Schiffe ein, deren Ladung dem Jischuw über die Kriegszeit hinweghilft.

Juli

14 Der britische Hochkommissar in Ägypten, Sir Henry MacMahon, nimmt seine Korrespondenz mit dem Herrscher des Hedschas, dem Scherifen Hussein, auf. In mehreren Briefen verspricht er Hussein im Namen der britischen Regierung die Unabhängigkeit der arabischen Nation. Die Gebiete des Libanon und Palästinas, in denen Christen leben, sollen jedoch nicht zum künftigen arabischen Staat gehören.

August

15 In Damaskus richten die Türken elf wichtige Persönlichkeiten durch den Strang hin. Dschamal Pascha beschuldigt sie der Verschwörung mit ausländischen Mächten.

September

Weitere amerikanische Schiffe legen in den Häfen Palästinas an. Sie bringen Lebensmittel und nehmen im Gegenzug Juden an Bord, die aus dem Land ausgewiesen wurden oder es freiwillig verlassen wollen. Innerhalb weniger Monate verringert sich die Zahl der jüdischen Bevölkerung um mehrere Tausende Menschen (ungefähr 12%).

16 Das Komitee von Rischon le-Zion wendet sich an den Pascha von Jerusalem mit der Bitte, endlich das von Dschamal Pascha versprochene Nutzrecht für das Dünenareal westlich der Siedlung zu erteilen. Der Eingabe wird stattgegeben.

November

8 Das amerikanische Schiff »De Moyne« bringt das von den Juden Amerikas für den Unterhalt des Jischuw gestiftete Geld. Die Türkei verlangt einen Teil der Fracht für sich. Der Zwischenfall löst große Spannungen zwischen Türken und Amerikanern aus. Vorläufig bleibt das Geld an Bord.

12 Der US-Botschafter in Istanbul befiehlt dem Kapitän der »De Moyne«, den Türken kein Geld auszuhändigen, wenn sie sich weiter weigern, die Spenden an die rechtmäßigen Empfänger zu verteilen.

15 Nach einem Kompromiß wird das Geld ausgeladen. Die Kisten werden dem Konsul Glazebrook übergeben, die Liste der Empfänger dem Gouverneur Jaffas, Hassan Bek.

Ne'eman Belkind aus Palästina ist Soldat der türkischen Armee.

▽ Die achte biblische Plage sucht Palästina heim: Mehrere Monate wüten Heuschrecken im Land. Die Insekten fressen alles kahl, sogar die Kakteen. Tausende Bewohner kämpfen vergeblich gegen die Tiere an: Sie schwenken Fahnen und trommeln auf Blechkanistern.

△ Dschamal Pascha bei seinem Besuch in Rischon le-Zion im April 1915.

▷ Der »starke Mann« in Palästina und der gesamten Region: Dschamal Pascha.

WIE IM ALTEN ÄGYPTEN: EINE BIBLISCHE PLAGE

Im ersten Kriegsjahr, als es ohnehin schon jede Menge Probleme gibt und die türkischen Behörden dem Jischuw immer wieder zusetzen, sucht ein weiterer Feind Eretz Israel heim: Heuschrecken, eine der Plagen aus dem alten Ägypten. Als an einem Tag zwischen Purim- und Pessach-Fest ein erstickender heißer Wind aus der Wüste weht, tauchen aus dem Osten plötzlich ganze Schwärme auf und fallen über jedes bewachsene Fleckchen Erde her. Wie damals üblich, versuchen die Bauern, sie mit Lärm zu verjagen. Unvergeßlich bleibt der Anblick der Menschen, die mitten in der Landschaft stehen und auf leeren Dosen und Töpfen trommeln. Allerdings lassen sich die Heuschrecken davon nicht stören: Ihr Überfall dauert zwölf Tage. Erst als kein grünes Blatt mehr an den Bäumen, kein Halm auf den Feldern ist, steigen die Schwärme auf und fliegen in den Westen davon.

Doch kaum scheint die Plage vorüber, treffen neue Heuschreckenschwärme ein. Farmen, Dörfer und Städte verschwinden unter einer dichten Wolke, der auch der Lärm der Trommler nichts anhaben kann. Am Ende des Pessach-Festes kommt die dritte Welle der Plagegeister: Die Heuschrecken aus den abgelegten Eiern schlüpfen aus. Zwar gelingt es den Bauern in den jüdischen Siedlungen, die Schädlinge durch Gräben, die sie um ihre Felder ziehen und in die sie kochendes Wasser oder Öl füllen, vorübergehend aufzuhalten. Doch selbst Aaron Aaronson, der von den türkischen Behörden zu Hilfe gerufene berühmte Agronom, hat keine Lösung für das Problem.

Das türkische Heer kommandiert Einheiten zur Bekämpfung der Heuschrecken ab, der Notstand wird ausgerufen. Der Unterricht an den Schulen wird eingestellt, und die Türken verlangen von allen Einwohnern, je Person 20 Kilogramm Heuschrecken täglich einzusammeln.

Kurz vor dem Laubhüttenfest erfolgt die vierte und letzte Heimsuchung. Diesmal fallen sogar Baumstämme und Äste dem Heißhunger der Insekten zum Opfer. Niemand glaubt, daß der entstandene Schaden jemals wieder gutzumachen sei. Doch schon nach wenigen Monaten erholen sich die meisten Pflanzen, an den Bäumen sprießen Blätter, und die Ernte, die schließlich eingefahren wird, ist zufriedenstellend.

AMERIKA HILFT DEM JISCHUW

Zu Beginn des Ersten Weltkriegs sieht es für die jüdische Bevölkerung Palästinas denkbar schlecht aus. Die Verbindung zu Europa ist unterbrochen, die Türken beschlagnahmen Ausrüstungsgegenstände, Arbeitstiere und Futtermittel, der Export kommt zum Erliegen, und die Nahrungsmittel werden immer knapper.

Die Führung des Jischuw schaut sich in jeder möglichen Richtung nach Hilfe um. Dabei wendet sie sich auch an den US-Botschafter in Istanbul, Henry Morgentau, und die Juden in den USA. Innerhalb kurzer Zeit organisieren jüdische Organe in Amerika Geld- und Lebensmittellieferungen. Da wegen des Krieges die zivile Schiffahrt ruht, stellt die US-Regierung Platz auf ihren Kriegsschiffen zur Verfügung, die in Richtung Mittelmeer auslaufen.

So trifft schon im Oktober 1914 das erste Schiff, die »North Carolina«, in Palästina ein. Ihr folgen weitere mit Lebensmitteln beladene Schiffe. Die Türken versuchen, sich eines Teils der Lieferungen zu bemächtigen, vor allem der Lebensmittel, denn auch sie leiden Hunger. Wegen der von den Türken verursachten Schwierigkeiten dauert das Löschen der Ladung oft mehrere Wochen. Bis Anfang 1916 erhält das Land Geld, Lebensmittel und weitere Hilfsgüter im Wert von insgesamt 700 000 US-Dollar, für jene Zeit ein Riesenbetrag.

Die Bedeutung der Hilfsaktion besteht nicht nur in der Bereitschaft der US-Juden, den Brüdern im Nahen Osten beizustehen, sondern auch in der Tatsache, daß die Regierung Präsident Wilsons daran beteiligt ist. Ohne ihre Zustimmung wäre es unmöglich gewesen, Proviant nach Palästina zu befördern.

▷ Das »Hilfskomitee« in Jerusalem setzt sich aus Vertretern verschiedener Gemeinden und Organisationen zusammen. Dazu gehört Konsul Allen Austin Glazebrook (sitzend, vierter von links), ein protestantischer Kleriker und Freund des US-Präsidenten.
Ohne die Hilfe der Juden in Amerika und der Regierung von Präsident Wilson hätte die jüdische Bevölkerung Palästinas und die in Jerusalem kaum überlebt.

> Oft bin ich völlig verzweifelt. Vielleicht sind wir wirklich zu schwach, als daß wir dieses von uns in Angriff genommene gewaltige Unternehmen vollenden könnten. Werden wir diesen Sturm überstehen können, der heute die Institutionen unseres Landes erschüttert?«
>
> Der führende Zionist Dr. Arthur Ruppin, 1915.

△ Quittung über den Erhalt von 2 Unzen Zucker vom »Lebensmittelausschuß« des Schiffes »Vulcan« (siehe oben). Einer Unze entsprechen 250 Gramm.

◁ Aus Eretz Israel ausgewiesene Juden gehen im Hafen von Jaffa an Bord des amerikanischen Schiffes »Tennessee«, um nach Ägypten zu gelangen.

1915

◁ Die Türken wollen den Engländern den Suez-Kanal streitig machen. Deshalb stellen sie im Negev und auf der Sinai-Halbinsel ein logistisches Netz auf die Beine und verlängern eine Eisenbahnlinie aus dem Norden bis dorthin. 1913 trifft der erste Zug in Be'ersheva ein. Türkische und deutsche Offiziere sowie einheimische Honoratioren feiern das Ereignis. Vierter von links: Meissner Pascha, der Projektleiter.

▽ Osmanischer Staatsbürger werden: Auf dem Bild drei »Osmanen« in Tel Aviv. V. l. n. r.: Chaim Bograshov, Me'ir Dizengoff, Ben-Zion Mossinson.

MAULTIERBRIGADE FÜR PALÄSTINA

Als die Türkei in den Krieg eintritt, werden viele Juden aus Palästina nach Ägypten ausgewiesen, weil sie aufgrund der Umstände Angehörige feindlicher Staaten geworden sind. Unter der Führung von Se'ev Jabotinsky und Joseph Trumpeldor bildet ein Teil der Ausgewiesenen ein Aktionskomitee. Es setzt sich dafür ein, jüdische Kampfeinheiten zu bilden, die mit der britischen Armee Palästina von den Türken befreien sollen. Jabotinsky und Trumpeldor scharen circa 200 junge Männer um sich, doch die Engländer lehnen ihren Einsatz im Kampf um Palästina ab. Sie sind lediglich bereit, eine Maultierbrigade aus Freiwilligen zusammenzustellen, die allerdings auch außerhalb Palästinas zum Einsatz kommen könne. Jabotinsky lehnt dieses Angebot ab, Trumpeldor dagegen befürwortet es. Er will, daß sich Juden aus Eretz Israel am Kriegsgeschehen beteiligen.

Ergebnis der Diskussion ist die Bildung der »Zionistischen Maultierbrigade« mit dem irischen Oberstleutnant Patterson als Befehlshaber und Trumpeldor als seinem Stellvertreter. Die Engländer betrachten die Maultierbrigade nur als Hilfstruppe. Dementsprechend spärlich wird sie ausgerüstet, und die Ausbildung ist kurz und dürftig.

Teile der Brigade landen im Frühjahr 1915 mit den britischen Truppen auf der türkischen Halbinsel Gallipoli, erst nach rund einem dreiviertel Jahr werden sie als letzte von dort abgezogen. Die Soldaten haben eine gefährliche Aufgabe: Sie müssen Proviant und Munition zu den Kämpfern an die Front bringen. Dabei erleidet die Brigade Verluste: Acht Tote und 52 Verletzte werden beklagt.

Trotz der Wertschätzung, die sie beim britischen Kommando genießt, wird die Einheit im Juni 1916 aufgelöst. 120 Mitglieder gelangen nach London, wo sie bereits ein Jahr später den Kern der 38. Königlichen Scharfschützen bilden. Auch die Schaffung dieses neuen Bataillons geht auf die Initiative Se'ev Jabotinskys zurück.

◁ Das Emblem der jüdischen Maultierbrigade, die im Dienst der Engländer steht. Ihre Mitglieder beteiligen sich an der britischen Invasion auf der Halbinsel Gallipoli in der Türkei, die mit einer vernichtenden Niederlage der Eindringlinge endet.

1916

Januar
Die schwere Lage hält an. In vielen Orten herrscht Hungersnot.

9 Zwei französische Kriegsschiffe beschießen Ziele in der Umgebung des Hafens von Haifa. Beim Beschuß Jaffas wird die Metallfabrik des Deutschen Wegner getroffen.

Februar
Erneuter Einfall von Heuschreckenschwärmen.

März
Der Wert des türkischen Papiergeldes sinkt täglich, die meisten Händler akzeptieren nur noch Münzen und Gold.

17 Trotz der Krise erleben die kulturellen Aktivitäten am Herzlija-Gymnasium einen neuen Höhepunkt: Zur Feier des 25jährigen Schaffens des Dichters Chaim Nachman Bialik findet eine große Ausstellung statt.

April
14 In Jerusalem stirbt Moshe Asri'el an Typhus. Asri'el war der Verleger von »Ha-Cherut«, der einzigen jüdischen Zeitung im Land, die noch erscheinen darf.

19 Das türkische Heer beginnt, jüdische Abiturienten zu rekrutieren. Einige von ihnen werden sofort nach ihrer Einberufung verhaftet und kommen erst auf Fürsprache ihrer Familien frei.

Mai
6 Wieder werden in Damaskus und Beirut Menschen durch den Strang hingerichtet: Diesmal sind es 21 des Landesverrates verdächtige Honoratioren.

16 Unterzeichnung des Sykes-Picot-Abkommens zwischen Großbritannien und Frankreich über die Festlegung ihrer Einflußsphären im Nahen Osten einschließlich Palästinas für die Zeit nach dem Krieg.

18 Die Türken ziehen alle 18jährigen ein, darunter auch Gymnasiasten, die die Schule noch nicht beendet haben.

19 Hassan Bek, der Kommandeur von Jaffa, ein notorischer Judenhasser, wird seines Amtes enthoben. Sein Nachfolger ist Ahmad Schukri, der ehemalige Kommandeur von Haifa.

26 Auflösung der »Maultierbrigade« nach ihrer Teilnahme an den verlustreichen Kämpfen auf der Halbinsel Gallipoli.

Juni
10 Beginn des von Großbritannien angestifteten »arabischen Aufstandes« gegen die Türken in der Arabischen Wüste.

Immer mehr Soldaten desertieren von der türkischen Armee und versuchen unterzutauchen. Die Behörden bestrafen die Fahnenflüchtigen mit aller Härte. Ende Mai hängen sie in Jerusalem auf dem Vorplatz des Jaffa-Tores fünf Deserteure, darunter zwei Juden.

Juli
15 Nilli-Anführer Aaron Aaronson verläßt das Land und begibt sich über Dänemark in die USA. Als das Schiff unterwegs in einem britischen Hafen anlegt, führen ihn die dortigen Behörden zum Verhör ab. Die Türken sollen nicht dahinterkommen, daß er zu den Engländern übergelaufen ist. Indessen übernimmt Aarons Schwester Sara die Führung von Nilli, ihr zur Seite stehen Avschalom Feinberg und Joseph Lischansky.

August
Auch der zweite Versuch der Türken, den Suez-Kanal zu erobern, mißlingt. Die Briten gehen zur Gegenoffensive auf dem Sinai über, nehmen Rumani und dringen langsam, aber sicher in östlicher Richtung nach Palästina vor.

Der Wert des türkischen Pfundes fällt weiter. Zum Jahresbeginn war ein Pfund noch 43 Bischlik wert, jetzt sind es nur noch 20 Bischlik.

27 Große Furcht bei den Eltern: Die Türken verkünden, daß sie ab sofort auch 17jährige einziehen werden.

September
Der türkische Gouverneur Dschamal Pascha verweist Arthur Ruppin des Landes. Ruppin geht nach Istanbul.

Avschalom Feinberg, einer der Anführer des Spionageringes Nilli.

Oktober
21 Die Gruppe um Israel Gil'adi, alle Mitglieder des »Schomer«, geht nach Galiläa und setzt sich in Hamara fest. Hier gründet sie Kfar Bar-Giora, aus dem später Kfar Gil'adi wird.

25 Ebenfalls ausgewiesen: Albert Entebi, einer der führenden jüdischen Lobbyisten in Jerusalem, der bis zuletzt ein persönlicher Freund Dschamal Paschas war.

November
Der Aufstand auf der Arabischen Halbinsel weckt das Mißtrauen der Türken. Sie verdächtigen führende arabische Persönlichkeiten Palästinas der Zusammenarbeit mit den Rebellen. Aus Jaffa werden mehrere Araber nach Anatolien deportiert.

Dezember
12 Aaron Aaronson trifft in Ägypten ein und baut die Tätigkeit von Nilli aus.

21 Die britische Armee nimmt Al-Arisch auf der Sinai-Halbinsel ein.

Die britische Armee dringt auf dem Sinai in Richtung Palästina vor. Im Bild: ein Soldat im Schottenrock.

»Tachschiva«, die Holzbaracke: das erste Gebäude in der neuen Siedlung Kfar Bar-Giora (Kfar Gil'adi), Herbst 1916.

1916

△ Dr. Arthur Ruppin, Leiter des Palästina-Büros, wird im Rahmen von Dschamal Paschas Bemühungen, sich »feindlicher Elemente« zu entledigen, im September 1916 des Landes verwiesen.

◁ Galgen in Jerusalem, 1916. Immer wieder läßt die türkische Obrigkeit Männer wegen Spionage oder Fahnenflucht hinrichten.

△ 1916: Die amerikanischen Hilfsaktionen gehen auch zu Pessach weiter. Oben: drei Unzen Matzen.

▷ Tausende Jerusalemer holen sich Essen aus der öffentlichen Garküche.

FRANZOSEN UND BRITEN TEILEN PALÄSTINA

Im Mai 1916 unterzeichnen England und Frankreich ein Geheimabkommen über die Zukunft der Territorien des zerbrechenden Osmanischen Reiches. Auch das zaristische Rußland ist in die Übereinkunft eingeweiht, die den Namen der beiden Unterzeichner, des Briten Mark Sykes und des Franzosen George Picot, trägt. Hinsichtlich Palästinas ist folgendes vorgesehen: Galiläa nördlich der Linie Akko-Tabgha soll als Teil des Libanon französischer Verwaltung unterstehen.

Die Bucht von Haifa, einschließlich der Städte Haifa und Akko und ihrer Häfen, kommt unter britische Verwaltung. Das Zentrum des Landes von der Linie Akko-Tabgha aus südlich bis zu einer Linie, die von Gaza zum Toten Meer verläuft, wollen England, Frankreich und Rußland gemeinsam verwalten.

Der Negev und Transjordanien sollen einem arabischen Staat angehören, der unter britischem Protektorat steht. Der Golan, Syrien und Nordirak gehen an die Franzosen. Doch ist die im Sykes-Picot-Abkommen enthaltene Landkarte nicht präzise, was schon bald zu Streitigkeiten über den genauen Verlauf der Teilungslinien führen wird.

Die Zionisten haben für die Zeit nach dem Krieg andere Pläne: Sie wollen ein jüdisches Eretz Israel und unternehmen alles, was in ihrer Macht steht, um der Schirmherrschaft nur einer Großmacht, nämlich Großbritanniens, unterstellt zu werden. Auch die britische Regierung ist mit dem Abkommen unzufrieden, und die Gespräche mit den Zionisten bahnen den Weg für die im November 1916 veröffentlichte Balfour-Erklärung. Das Sykes-Picot-Abkommen wird schließlich nicht verwirklicht, denn bei Kriegsende ist Frankreich zu sehr auf Europa konzentriert und das Zarenregime geht unter. So nimmt Großbritannien Palästina allein in Besitz.

△ Jüdische Bewohner Palästinas dienen im türkischen Heer und steigen sogar in den Offiziersrang auf, so auch Moshe Shertok (im Bild mit seiner Schwester Rivka).

▷ Die Landkarte nach dem Sykes-Picot-Abkommen von 1916.

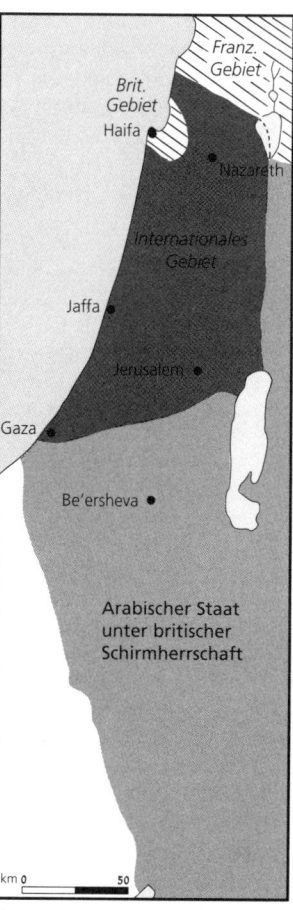

◁ Vordringen der britischen Armee auf dem Sinai Ende 1916 und Einnahme von Al-Arisch.

1917

Januar
Vom Sinai her dringt die britische Armee bis auf das Gebiet Palästinas vor und nimmt Rafah und Chan Junus. Weitere Verschlechterung der Lage in Jerusalem: Monatlich sterben 300 Juden an Hunger und Krankheiten. Auch in der arabischen Bevölkerung ist die Sterblichkeitsrate hoch.

20 Avschalom Feinberg und Joseph Lischansky vom Spionagering Nilli versuchen, sich zur britischen Front durchzuschlagen. Bei einer Auseinandersetzung mit Beduinen bei Rafah kommt Feinberg um, Lischansky, der verwundet wird, schlägt sich zu den britischen Linien durch. Aaron Aaronson und Lischansky beschließen, Feinbergs Tod geheimzuhalten.

Februar
20 Das Schiff »Managemme« ankert erstmals vor Atlit. In den folgenden Monaten stellt es die Hauptverbindung zwischen dem Spionagering Nilli und den Engländern in Ägypten dar.

März
11 »Schomer« bewacht erneut Rehovot.
25–28 Die erste Schlacht um Gaza: Die Türken werfen die britische Offensive zurück.
28 Da die Front näher rückt, ruft der Gouverneur von Jaffa die Vertreter der Bewohnerschaft seiner Stadt zu sich und ordnet die Evakuierung an. Das »Exil Tel Avivs« beginnt.

April
Die Vertreter des Jischuw telegrafieren nach Istanbul, Berlin und New York, um die Nachricht von der »Ausweisung« aus Jaffa-Tel Aviv zu verbreiten. So entsteht weltweit der Eindruck, die Türken metzelten die Juden nieder.

Me'ir Dizengoff wird Leiter einer neugegründeten Organisation: das Zentrale Auswanderungskomitee. Deshalb nennen ihn viele das »Oberhaupt der Diaspora«.

Das Herzlija-Gymnasium siedelt nach Schafija über.

17–20 Zweite Schlacht um Gaza: Auch diesmal gelingt es den Engländern nicht, die türkischen Verteidigungslinien zu durchbrechen. Deutsche Offiziere stehen den Türken zur Seite.

Mai
Die aus Jaffa und Tel Aviv ausgewiesenen Juden bemühen sich, Unterschlupf in den Dörfern zu finden, vor allem in Kfar Saba, Sichron Ya'akov, Haifa und Untergaliläa.

Als sich die USA im April 1917 den Alliierten anschließen, befehlen die Türken allen amerikanischen Staatsbürgern, das Land zu verlassen.

Juni
28 Führungswechsel bei den britischen Streitkräften in Palästina: General Allenby löst General Maray ab.

Juli
Die Lage der jüdischen Siedlungen verschlechtert sich. Die Türken beschlagnahmen alles, was sie bekommen können, vor allem Arbeits- und Reittiere sowie Lebensmittel und Viehfutter. Im Land tummeln sich Tausende Fahnenflüchtige, die Türken haben große Mühe, sie zu fassen.

Dank des Drucks aus dem Ausland mäßigt Dschamal Pascha seine Haltung und gibt Anordnung, den aus Jaffa und Tel Aviv ausgewiesenen Juden zu helfen: Er stellt für ihre Unterstützung ein Sonderbudget bereit und überantwortet es Me'ir Dizengoff. Außerdem liefert er Lebensmittel und gestattet eine bessere medizinische Versorgung.

August
23 Dank der Initiative Se'ev Jabotinskys Bildung einer hebräischen Brigade bei den Königlichen Scharfschützen in London. Auch Jabotinsky meldet sich zum Dienst in der neuen Einheit.

September
Der Spionagering Nilli fliegt auf: Die Türken nehmen Ne'eman Belkind gefangen und zwingen ihn, Einzelheiten über den Ring preiszugeben.

Oktober
1 Die türkische Armee umzingelt Sichron Ya'akov und verhaftet die Nilli-Mitglieder. Panik im Jischuw, Furcht vor türkischen Repressalien.

> Foreign Office,
> November 2nd, 1917.
>
> Dear Lord Rothschild,
>
> I have much pleasure in conveying to you, on behalf of His Majesty's Government, the following declaration of sympathy with Jewish Zionist aspirations which has been submitted to, and approved by, the Cabinet
>
> "His Majesty's Government view with favour the establishment in Palestine of a national home for the Jewish people, and will use their best endeavours to facilitate the achievement of this object, it being clearly understood that nothing shall be done which may prejudice the civil and religious rights of existing non-Jewish communities in Palestine, or the rights and political status enjoyed by Jews in any other country"
>
> I should be grateful if you would bring this declaration to the knowledge of the Zionist Federation.

20 Nilli-Mitglied Joseph Lischansky versucht, sich zu den britischen Linien im Süden des Landes durchzuschlagen, wird aber bei Navi Rubin gefaßt.
31 Beginn der großen englischen Offensive im Süden Palästinas. Die Briten erobern Be'ersheva.

November
2 Die englische Regierung veröffentlicht die Balfour-Erklärung, in der sie sich für die Gründung einer jüdischen »Heimstätte« in Palästina ausspricht.
7 Die Engländer nehmen Gaza. Ihre Offensive im Süden geht mit vollem Schwung weiter.
16 Jaffa und die Gartenvorstadt Tel Aviv fallen in die Hände des britischen Heeres.

Schaffung einer weiteren hebräischen Einheit – in den USA. Die 38. Königliche Scharfschützenbrigade gehört zu ihren Initiatoren. Als erste Freiwillige melden sich David Ben-Gurion und Yitzhak Ben-Zvi.

18 Erste Versammlung der Jischuw-Vertreter nach der britischen Eroberung in Petach Tikva. Wahl eines provisorischen Ordnungsausschusses.
30 Nach der Einnahme Tel Avivs durch die Engländer Rückkehr der Evakuierten.

Dezember
9 Nachdem die Türken die Stadt verlassen haben, bemächtigen sich die Engländer Jerusalems; das Ende der 400jährigen türkischen Herrschaft.
11 Die siegreiche britische Armee unter General Allenby zieht in Jerusalem ein.
16 Joseph Lischansky und Ne'eman Belkind werden in Damaskus von den Türken hingerichtet.
20 Die jungen Männer des Jischuw werden aufgefordert, die weitere Einnahme des Landes zu unterstützen.

General Allenby am 22. Dezember 1917 beim Einzug in Jerusalem.

DIE BRITEN EROBERN PALÄSTINA

Das »Ägyptische Expeditionsheer«, wie die britischen Einheiten seit Beginn der Offensive im Jahre 1916 genannt werden, muß sich im Frühjahr 1917 einer ersten schweren Prüfung unterziehen. Umfangreiche britische Verbände greifen Gaza an – und werden zurückgeworfen. Kurz danach versuchen sie, vom Sinai in den Süden Palästinas einzubrechen – wieder erleben sie ein Debakel. Sie erleiden hohe Verluste. Daraufhin wechseln die Engländer ihre Befehlshaber aus. An die Stelle von General Maray tritt General Allenby, ein erfahrener Kavallerieoffizier. Er reorganisiert seine Einheiten und plant eine weitere Offensive.

Am 31. Oktober 1917 greifen die Engländer nach einer ganzen Serie von kleineren Ablenkungsmanövern Be'ersheva an. Bald nach Beginn der Kämpfe ziehen sich die Türken zurück. Die Engländer bleiben ihnen auf den Fersen und folgen ihnen bis nach Gaza, das am 7. November fällt. Danach dringen ihre Streitkräfte nordwärts vor. Nach mehreren Gefechten in der Küstenebene erreichen sie Jaffa und nehmen die Stadt am 16. November ein. Knapp einen Monat später erobern die Engländer auch Jerusalem – am 9. Dezember 1917. Anfang 1918 sind alle Gebiete südlich einer Linie zwischen dem Fluß Jarkon im Westen und dem Audscha, der nördlich von Jericho in den Jordan mündet, in ihrem Besitz.

◁ Der Preis des Krieges: britische Soldaten am Grab eines gefallenen Türken, 1917.

▽ Die Hitze setzt den britischen Soldaten zu. Die Karikatur von 1917 zeigt Soldaten bei 120 Grad Fahrenheit im Schatten.

▽ Ein türkischer Soldat vor der Ortschaft Audscha al-Hafir, einem wichtigen logistischen Stützpunkt der Türken an der Grenze zwischen Negev und Sinai. Im Laufe des Jahres 1917 dringen die Briten bis Jaffa und Jerusalem vor.

1917

◁ Österreichische Soldaten unterstützen die Türken. Hier treffen sie in Jerusalem ein.

△ Auf der türkischen Seite: eine Feldküche auf dem Weg zur Front in Gaza im Winter 1917.

▽ Freundliche Eroberer: ein australischer Soldat mit einem kleinen Mädchen in Rehovot im November 1917.

▷ Auf der britischen Seite: Kamele des britischen Expeditionskorps durchqueren das vom Suchrir überschwemmte Gelände nahe Ischud.

△ Britische Soldaten der von General Shay befehligten Division, die im Dezember 1917 u. a. Jerusalem erobert. Die Engländer schicken unzählige Soldaten an die Front in Palästina, etwa aus Indien, Australien und Neuseeland.

TEL AVIV EVAKUIERT

Kurz vor Pessach 1917 verfügen die türkischen Behörden die Ausweisung der Einwohner von Jaffa-Tel Aviv und Umgebung. Als Begründung führen sie an, daß das britische Heer von Süden her vordringe und vermutlich versuchen werde, Jaffa vom Meer aus zu überfallen.

Die Ausweisung gilt für Juden wie Araber gleichermaßen, die arabischen Bauern dürfen bleiben. Jedoch entziehen sich viele Araber der türkischen Order, indem sie sich in den Zitrushainen verstecken.

Die Tel Aviver bilden ein Komitee, das sich um alle mit der Evakuierung verbundenen Fragen befassen soll. Das Komitee wendet sich an die Vertreter der Ortschaften im Norden des Landes mit der Bitte um Unterstützung. Am 1. April teilen die Türken mit, die Stadt müsse innerhalb von acht Tagen geräumt sein. Dschamal Pascha begibt sich persönlich nach Tel Aviv, wo er bekräftigt, die militärische Lage erzwinge die Evakuierung, sofern man die Bewohner vor möglichen Gewalttaten bewahren wolle. Dennoch erklärt er sich bereit, die Aktion bis nach Pessach aufzuschieben. Unterdessen stellen die jüdischen Ortschaften Galiläas Wagen für den Transport zur Verfügung. Am 6. April 1917, dem Vorabend von Pessach, leeren sich die Häuser und Straßen Tel Avivs fast völlig von ihren Bewohnern. Auch diejenigen, die zunächst noch in der Stadt ausharrten, ziehen im Laufe des einwöchigen Fests ab. Schließlich bleibt nur eine Gruppe junger Leute zur Bewachung zurück. Die Ortschaften in Galiläa nehmen viele Tausende Menschen auf. Weltweit findet die Ausweisung aus Tel Aviv ein starkes Echo, und infolge des Druckes, den die öffentliche Meinung im Ausland auf die Mittelmächte ausübt, nehmen die Türken von der Evakuierung weiterer Orte Abstand. Jene Evakuierten, die in Petach Tikva untergekommen sind, können schon im November 1917 nach Hause zurückkehren. Zu diesem Zeitpunkt haben die Briten die südliche Hälfte Palästinas bereits unter ihre Kontrolle gebracht. Alle anderen müssen fast anderthalb Jahre warten, bis sie endlich – nach der Niederlage der Türken im September 1918 – heimkehren dürfen.

△ Aus Tel Aviv ausgewiesene Juden in Kfar Saba im April 1917. Im Bild sind sie gleich nach der Ankunft mit ihrer persönlichen Habe zu sehen. Kfar Saba ist zu klein, um eine große Zahl Evakuierter aufnehmen zu können.

△ Die Evakuierung Tel Avivs aus der Sicht des Malers Nachum Gutman, der sich zum Ausharren entschließt, um die leerstehenden Häuser zu schützen. Gutman scheint sich auf dem Bild selbst darzustellen: in der verwaisten Stadt, nur von Eidechsen und Vögeln umgeben, die die Straßen und Plätze ganz für sich beanspruchen.

▷ Die Ausgewiesenen machen in Rosch Ha-Ajin halt. Die Tel Aviver haben soviel wie möglich mitgenommen. Zugunsten der Türken sei erwähnt, daß von dem, was zurückblieb, nichts angetastet wird.

1917

▷ Der Spionagering Nilli unterstützt die Engländer. An der Spitze der Organisation stehen Sara Aaronson und Joseph Lischansky.

◁ Auch Se'ev Jabotinsky kollaboriert mit den Briten: Die Schaffung einer hebräischen Brigade in London ist ihm zu verdanken.

▽ Trotz des Krieges geht das Leben weiter: Rischon le-Zion, 1917.

EIN SPIONAGERING FLIEGT AUF

Zu Beginn des Ersten Weltkrieges sind die meisten Juden Palästinas protürkisch eingestellt. Aber das unnachgiebige Auftreten, ja, die Feindseligkeit der Behörden gegenüber der jüdischen Bevölkerung führt im Jischuw zu großer Enttäuschung. Es verbünden sich junge Menschen, die die Türken hassen. Sie glauben, es könne der Verwirklichung des Plans einer für die Juden bestimmten nationalen Heimstätte nur förderlich sein, wenn Palästina Großbritannien in die Hände falle. Diese Gruppe junger Juden bildet einen Spionagering, der Kontakt mit den Engländern in Ägypten aufnimmt und sie fortan mit Informationen versorgt. Die Gruppe wählt als Namen die Anfangsbuchstaben der Wörter eines hebräischen Verses aus dem 1. Buch Samuel: »Der lügt nicht, der Israels Ruhm ist – Nilli. Zu den Mitgliedern der ersten Stunde gehören der Agronom Aaron Aaronson und Avschalom Feinberg aus Hadera. Ebenfalls dabei sind junge Leute aus Samaria sowie Angehörige Aaronsons und Ne'eman und Eitan Belkind aus Rischon le-Zion und Joseph Lischansky.

Von 1915 bis Herbst 1917 üben die Mitglieder von Nilli vielfältige Spionagetätigkeiten aus, die von den Engländern finanziert werden. Im Jischuw verfolgt man Nillis Tätigkeit mit großer Sorge: Diejenigen, die über die Existenz der Gruppe Bescheid wissen, befürchten, im Falle einer Enttarnung könnten die Türken die Juden auf die gleiche grausame Weise verfolgen wie die Armenier. Dennoch wollen die Nilli-Mitglieder ihre Tätigkeit fortsetzen. Sie sind davon überzeugt, daß es falsch sei, in der Abhängigkeit von den Türken zu verharren. Die Haltung des Jischuw zu Nilli ist allerdings nicht nur negativ, weil dank der Vermittlung des Spionagerings den hungernden Juden Palästinas Hilfsgelder zufließen.

Eine Reihe von Mißgeschicken führt schließlich zur Enttarnung. Auf dem Weg von Sichron Ya'akov nach Ägypten läßt sich eine Brieftaube mit wichtigen Informationen im Hof der Polizei von Cäsarea nieder und wird von den Beamten eingefangen. Darüber hinaus wird Nilli-Mitglied Ne'eman Belkind im Negev verhaftet, und es gelingt den Türken, ihm Auskunft über die Gruppe zu entlocken. Außerdem geben sich die Nilli-Mitglieder kaum Mühe, ihr illegales Tun geheimzuhalten. Am 1. Oktober 1917 erscheinen die Türken in Sichron Ya'akov und nehmen Dutzende von ihnen fest. Sara Aaronson wird gefoltert, doch sie verrät nichts und begeht Selbstmord. Lischansky entkommt, wird aber versehentlich durch Schüsse des »Schomer« verwundet und schließlich im Süden des Landes von den Türken wieder gefaßt. Einige Wochen später richten die Türken Belkind und Lischansky in Damaskus hin. Zahlreiche weitere Mitglieder der Gruppe werden ebenfalls verhaftet und gefoltert. Aaron Aaronson gelingt es, aus Palästina zu entkommen. Von da an leitet er den Ring von Ägypten aus, wo er vor dem Zugriff der Türken sicher ist, als Nilli einige Zeit später endgültig zerschlagen wird. Noch Monate nach dem Ende des Spionageringes haben die Juden Angst vor türkischen Repressalien.

Später jedoch wird man vor allem Wagemut und Weitblick der Nilli-Leute loben – gehörten sie doch zu den ersten, die auf die Engländer setzten.

1918

Januar

2–3 42 jüdische Vertreter aus dem von den Engländern eroberten Gebiet versammeln sich auf Initiative des Palästina-Büros in Jaffa. Sie beraten über aktuelle Fragen, etwa den Aufruf, die Juden Palästinas sollten sich freiwillig zur hebräischen Brigade melden. Darüber hinaus wählen sie eine Exekutive: den sogenannten provisorischen Ausschuß.
5 Ernennung von Ronald Stores zum Gouverneur von Jerusalem.

Februar

15–16 In Tel Aviv finden sich Hunderte von Freiwilligen zusammen, um sich zum Dienst in der hebräischen Brigade zu melden.

März

1 Die 39. Brigade trifft in Ägypten ein und bereitet sich auf ihren Fronteinsatz vor.

April

1 Der Delegiertenausschuß, das höchste zionistische Gremium, trifft in Palästina ein. Angeführt wird er von Dr. Chaim Weizmann. Im Lauf des Monats besucht der Ausschuß Jerusalem, Tel Aviv und die Ortschaften im Süden des Landes.
4 Die Kommandantur der britischen Armee gibt eine neue hebräische Wochenschrift, »The Palestine News«, heraus.
15 Gemeinsame Sitzung des Delegiertenausschusses und des Provisorischen Ausschusses. Die Vertreter des Jischuw fordern ihre Aufnahme in den Delegiertenausschuß.
27 Der Gouverneur von Jerusalem, Stores, empfängt Dr. Chaim Weizmann und führende Persönlichkeiten der verschiedenen Gemeinden der Stadt. Weizmann legt ihm die zionistischen Bestrebungen dar. Der Mufti von Jerusalem äußert sich kompromißbereit.

Mai

Dr. Weizmann hat eine Reihe von Terminen in Jerusalem: mit den zerstrittenen Fraktionen innerhalb der jüdischen Gemeinde, mit aschkenasischen und sephardischen Rabbinern und mit zionistischen Aktivisten. Die orthodoxen Rabbiner fordert er auf, ihre Zurückhaltung dem Zionismus gegenüber abzulegen und in den Jeschiwot das Hebräische als Unterrichtssprache einzuführen.
15 In einer feierlichen Zeremonie, an der auch Dr. Weizmann teilnimmt, werden die bei der Evakuierung Tel Avivs in Sicherheit gebrachten Torarollen in die Stadt rückgeführt.
16 Am Vorabend des Wochenfestes ordnet das britische Kommando die Räumung Petach Tikvas an, wegen seiner Nähe zur Front. Weizmann erhebt vergeblich bei General Allenby dagegen Einspruch.
23 Räumung Petach Tikvas. Die meisten Evakuierten gehen nach Tel Aviv.

Degania in einer Luftaufnahme von 1918.

Juni

4 Treffen Weizmanns mit Emir Feisal, dem Anführer der arabischen Erhebung, in dessen Lager im südlichen Transjordanien. Sie beraten über eine Kooperation der jüdischen und arabischen Nationalbewegung.
9 Die 38. Brigade bezieht Stellung an der Front im Samarischen Bergland.
17–19 Die zweite Versammlung des Jischuw tritt in Jaffa unter Teilnahme Dr. Chaim Weizmanns zusammen. Am heftigsten wird das Thema des allgemeinen Wahlrechts diskutiert: Die orthodoxen Juden lehnen das Stimmrecht für Frauen ab. Breite Zustimmung dagegen zur freiwilligen Meldung zur hebräischen Brigade.
18 Die Engländer gestatten die Bildung einer zweiten hebräischen Brigade, die aus jüdischen Freiwilligen aus Palästina bestehen soll. Hunderte melden sich. Lebhafte Kontroverse zwischen Befürwortern und Gegnern der Rekrutierung, vor allem aus Sorge um die jüdischen Bewohner im Norden, der noch in türkischer Hand ist. Die Befürworter behalten jedoch die Oberhand. Das Mobilisierungskomitee wird von Major James de Rothschild, dem Sohn des bekannten Wohltäters, geleitet.
27 Ein weiteres Treffen Weizmanns mit führenden Rabbinern in Jerusalem.
30 Ajellet ha-Schachar wird als zweiter Kibbuz in Galiläa gegründet.

Juli

3 Die Freiwilligen der »40. Brigade« brechen nach Ägypten auf. Die Einwohner Tel Avivs verabschieden sie mit einer Feier. Am 11. des Monats Beginn der Ausbildung.
5 Die literarische Beilage, »Schai schel Sifrut«, der hebräischen Wochenschrift »The Palestine News«, kommt zum ersten Mal heraus. Ihr Redakteur ist der Schriftsteller S. Ben-Zion. 20 Ausgaben werden erscheinen.
24 Auf dem Skopus-Berg in Jerusalem Grundsteinlegung für die Hebräische Universität unter Teilnahme von Dr. Chaim Weizmann und General Allenby.

August

18 Wahl des jüdischen Stadtkomitees in Jaffa.
20 Ankunft einer Delegation der amerikanischen Hadassa-Organisation, die Dutzende von Ärzten und Krankenschwestern sowie Verwaltungspersonal umfaßt. Ihr Ziel ist es, dem vom Krieg schwer getroffenen Jischuw zu helfen.
Die 39. »amerikanische« Brigade trifft in Ägypten ein.

September

An den ersten zehn Tagen des Monats finden zahlreiche Veranstaltungen und Feiern zum Abschluß von Dr. Weizmanns Besuch statt.
19 Beginn einer groß angelegten britischen Offensive, durch die die Türken aus dem Norden des Landes und Syrien verdrängt werden sollen. Die 38. und ein Teil der 39. Brigade nehmen an den Kämpfen teil.
20 Die Engländer erobern Sichron Ya'akov, die Jesre'el-Ebene und Nazareth.
22 Eine Einheit der 38. Brigade nimmt die Jordan-Furten bei Umm Surt ein. Einheiten der 39. Brigade beteiligen sich an der Eroberung des Ortes As-Salt in Transjordanien.
23 Die Briten besetzen Haifa.
25 Einnahme von Zemach und Tiberias. Binnen weniger Tage wird Galiläa besetzt.

Oktober

1 Damaskus in britischer Hand.
Petach Tikva: Die letzten Evakuierten kehren in ihre Häuser zurück.
6 Beirut in britischer Hand.
26 Das britische Heer erreicht Haleb in Nordsyrien.
31 Die Türkei ergibt sich. Kriegsende im Nahen Osten.

November

2 Der Jischuw feiert den 1. Jahrestag der Balfour-Erklärung. Unruhe bei den Arabern.
11 Ende des Ersten Weltkriegs in Europa.

Dezember

18–22 Dritte Versammlung in Jaffa, auch »Rat von Eretz Israel« genannt, weil diesmal Vertreter der Ortschaften aus allen Landesteilen, die Bevollmächtigten vieler Institutionen sowie Vertreter der hebräischen Brigaden teilnehmen. Der Rat wählt Dr. Chaim Weizmann und Nachum Sokolov als Vertreter Palästinas bei der in Versailles geplanten Friedenskonferenz.
Auf der Tagesordnung stehen ferner Stichpunkte für das Vorhaben der Schaffung einer provisorischen Regierung in Eretz Israel. Außerdem wählt der Rat einen neuen provisorischen Ausschuß.

1918 werden in Galiläa zwei Dörfer gegründet: Tel Hai und Ajellet ha-Schachar.

Nach längerem Streit mit den Engländern erhalten die Franzosen Syrien, einschließlich des Libanon und eines Teils von Obergaliläa.

Ya'akov Ben-Dov dreht den ersten hebräischen Film: »Das befreite Juda«.

1918

DAS ENDE DES ERSTEN WELTKRIEGS

Nach dem Überqueren des Jarkon und der Einnahme Jerusalems Ende 1917 flauen die Kämpfe in Palästina vorübergehend ab. General Allenby bereitet eine neue, groß angelegte Offensive vor. Er verstärkt die aus dem Jordan-Tal und dem Ephraim-Gebirge in die Küstenebene am Mittelmeer zurückgezogenen Einheiten. Das soll die Türken zu der Annahme verleiten, er beabsichtige das Jordan-Tal anzugreifen.

Am 19. September 1918 eröffnen die Engländer das Feuer. Die englische Kavallerie durchbricht die feindlichen Linien im Scharon und dringt nach Norden vor. Noch am gleichen Tag erreichen britische Einheiten Wadi Ara und Wadi Qilt in der Judäischen Wüste. Am 20. des Monats ziehen die Briten in der Jesre'el-Ebene ein. Sie stoßen dort auf deutsche Truppen, die jedoch vernichtend geschlagen werden. Danach überfallen die Briten die deutsch-türkische Kommandantur in Nazareth und nehmen am Abend des selben Tages Beth-Sche'an und die Jordan-Brücken ein. So ist der Rückzug der Türken blockiert.

In den folgenden Tagen werden die türkischen Einheiten in Samaria geschlagen, britische Truppen, darunter Soldaten der beiden hebräischen Brigaden, überqueren den Jordan, nehmen As-Salt und sogar Amman. Anschließend drängen die Engländer die Türken in Richtung Damaskus ab und besetzen nacheinander alle Ortschaften und strategisch wichtigen Punkte zu beiden Seiten des Jordan.

Am 1. Oktober 1918 ergibt sich Damaskus. Damit ist die mehr als 400 Jahre währende osmanische Herrschaft in Palästina beendet.

△ Jerusalem feiert: Grundsteinlegung für die Hebräische Universität im Juli 1918 unter Teilnahme Dr. Chaim Weizmanns und General Allenbys.

▷ Rivka, eine junge Jüdin aus Merhavia, fotografiert von einem deutschen Piloten kurz vor der Niederlage der Türken.

▽ November 1918: Im Regierungshaus (»Saraya«) wird der Waffenstillstand verkündet.

DIE HEBRÄISCHEN BRIGADEN

Se'ev Jabotinsky gibt sich mit der 1915 gebildeten Maultierbrigade nicht zufrieden. Unterstützt von Chaim Weizmann setzt er seine Bemühungen fort, eine größere jüdische Streitmacht zu schaffen. 1917 lassen sich die Engländer zur Bildung jüdischer Brigaden überreden. Als erste kommt die 38. Königliche Scharfschützenbrigade zustande, die Jabotinsky in England zusammenstellt. Die meisten seiner Soldaten sind nach England eingewanderte russische Juden.

Die zweite jüdische Brigade, die 39. Königlichen Scharfschützen, wird in den USA von David Ben-Gurion und Yitzhak Ben-Zvi gegründet. Die dritte Einheit schließlich, die 40. Brigade, setzt sich ausschließlich aus jungen Männern aus dem Jischuw zusammen.

Im Juni 1918 bezieht die 38. Brigade nördlich von Jerusalem Stellung. Sie nimmt an den Gefechten um die Jordan-Brücke teil, wobei sie von Männern der 39. Brigade Unterstützung erhält. Danach beteiligt sie sich an der Vertreibung der türkischen Armee aus Transjordanien. Die 40. Brigade kommt dagegen nicht mehr zum Einsatz.

Bei Kriegsende hoffen die jüdischen Soldaten, daß die Engländer mit ihnen gemeinsam eine Garnison in Palästina bilden. Das geschieht jedoch nicht. 1919 werden die meisten aus dem Kriegsdienst entlassen, und die drei Einheiten zu einer einzigen zusammengelegt. Ihr neuer Name: »The First Judeans«. Die britischen Militärs hegen aber keine Sympathie für die jüdischen Truppen, die in ihren Glanzzeiten über 5000 Soldaten und Offiziere umfaßten. Im Mai 1921 werden »The First Judeans« aufgelöst.

△ Zwei Freiwillige der hebräischen Brigade im Jahre 1918: David Ben-Gurion (links) und Yitzhak Ben-Zvi.

◁ Freiwillige der hebräischen Brigade verlassen Jaffa.

△ Ein Freiwilliger aus Eretz Israel: der Schriftsteller Moshe Smilansky.

◁ »The Palestine News«, eine vom britischen Heer herausgegebene hebräische Wochenschrift. Anfangs kommt die Zeitung in Jerusalem heraus, danach rund ein Jahr lang in Kairo.

1918

▽ Chaim Weizmann trifft im April 1918 mit der Eisenbahn in Palästina ein. Der zweite Offizier rechts ist James de Rothschild, der Sohn des berühmten Wohltäters.

▷ 1918 kehrt das Leben in Tel Aviv, der Gartenvorstadt von Jaffa, allmählich ins alte Gleis zurück. Unter großer Beteiligung wird ein Blumenfest gefeiert.

▷ Der Delegiertenausschuß bereist das Land und trifft dabei mit führenden Persönlichkeiten zusammen. Hier ist er bei einem Empfang in Rischon le-Zion zu sehen. Weizmann hält sich den Sommer 1918 in Palästina auf, danach kehrt er nach England zurück. Ihm und seinen Begleitern begegnet man überall im Land, als seien sie offiziell die jüdische Regierung. Während seines Aufenthalts im Nahen Osten bemüht sich Weizmann um die Förderung der Interessen des Jischuw im Sinne der Balfour-Erklärung.

DELEGIERTENAUSSCHUSS UND PROVISORISCHER AUSSCHUSS

In der ersten Hälfte von 1918, als der Erste Weltkrieg noch nicht beendet ist, bemühen sich die führenden Zionisten und die Repräsentanten des Jischuw in Eretz Israel um die Bildung von Einrichtungen und Organen, die dazu befähigt sind, entsprechend der Balfour-Erklärung für die Schaffung einer nationalen Heimstätte tätig zu werden.

Am 2. Januar findet in Tel Aviv die erste richtunggebende Versammlung statt, an der ein Teil der Jischuw-Vertreter teilnimmt. Sie wählt den sogenannten Provisorischen Ausschuß und beauftragt ihn, eine Gründungsversammlung für die Vorbereitung demokratischer Wahlen einzuberufen. Doch geht alles sehr langsam voran, so daß im Juli 1918 eine zweite richtunggebende Versammlung zusammentritt. Auch Chaim Weizmann gehört zu ihren Teilnehmern. Er ist im April 1918 an der Spitze einer zionistischen Delegation, des sogenannten Delegiertenausschusses, der bereits seit drei Jahren aktiv ist, im Nahen Osten eingetroffen. Er koordiniert alle Tätigkeiten der Zionistischen Weltorganisation in Palästina und bezieht auch das Palästina-Büro ein, das schon seit 1908 eine wichtige Rolle spielt.

Der Provisorische Ausschuß besteht bis 1929, dem Jahr, in dem die ersten Wahlen zu der geplanten Abgeordnetenversammlung stattfinden.

1919

Januar
Erstausgabe von »Ha-Esrach«, dem Blatt der gleichnamigen Partei, die sich als Vertreterin der politischen Mitte versteht. Am 12. des Monats treffen 24 Vertreter verschiedener Ortschaften unter der Leitung von Me'ir Dizengoff aus Tel Aviv und David Jellin aus Jerusalem in Jaffa zusammen. Sie beschließen, die neue Partei »Ha-Esrach«, politischer Volksverband zu nennen.

3 Historisches Treffen zwischen Dr. Chaim Weizmann und Emir Feisal, die eine Übereinkunft ihrer beiden Nationalbewegungen unterzeichnen. Die Araber akzeptieren die Balfour-Erklärung, während die Juden beim Aufbau eines arabischen Staates helfen wollen.

Februar
Emsige Tätigkeit in den Arbeiterverbänden und -parteien. Poalei-Zion und die »Parteilosen« schließen sich zusammen. Nur die Partei Ha-Po'el Ha-Tza'ir hält sich abseits.

16 Auf einer Tagung beschließen die Arbeitervertreter die Bildung einer politischen Bewegung, die die Einheit der Arbeiterschaft garantieren soll. Dennoch tritt Ha-Po'el Ha-Tza'ir der neuen Vereinigung nicht bei, sondern erhält seine eigenen öffentlichen und wirtschaftlichen Organe aufrecht.

April
19 Gründung der hebräischen Pfadfinderorganisation in Eretz Israel. Israel und Fania Shochat – beide sind Führer des »Schomer« – kehren nach langem Türkei-Aufenthalt nach Palästina zurück.

Mai
1–5 Versammlung der Rabbiner Palästinas. Die orthodoxen Rabbiner bleiben der Veranstaltung fern. Rabbi Abraham Yitzhak Hacohen Kook wird gebeten, dennoch zu erscheinen und das Amt des Oberrabbiners anzunehmen.

15 Der bekannte Agronom und Nilli-Anführer Aaron Aaronson kommt bei einem Flugzeugunglück über dem Ärmelkanal ums Leben. Er wurde 43 Jahre alt.

Juni
Eine Untersuchungskommission kommt ins Land: der King-Crane-Ausschuß. Die Amerikaner King und Crane wurden von US-Präsident Wilson geschickt, um die Lage in der Region zu untersuchen und Vorschläge für die künftige Politik zu unterbreiten. Sie beziehen eine antizionistische Haltung und schlagen die Annexion Palästinas durch Syrien vor.

18 Erscheinen von »Chadaschot ha-Aretz«, der ersten in Jerusalem herausgegebenen Tageszeitung nach dem Ersten Weltkrieg. Von Dezember 1919 an heißt sie »Ha-Aretz« und entwickelt sich zur bis auf den heutigen Tag angesehensten Zeitung Israels.

25–26 Landestagung der Misrachi-Partei. Auch Vertreter des »Ha-Tza'ir ha-Eretz-Israeli«, eine Art der Partei zugehörigen junge Garde, nehmen teil.

Juli
9 Ein angesehener Mann trifft ein: Louis D. Brandeis, Mitglied des Obersten Gerichtshofes der USA und führender amerikanischer Zionist.

August
8 Eine zweite Tageszeitung erscheint in Jerusalem: »Doar ha-Jom«, Chefredakteur ist Itamar Ben-Avi.

29 Rabbi Kook trifft in Jerusalem ein.

September
10–11 Der Provisorische Ausschuß beschließt, die geplante Gründungssitzung in »Abgeordnetensitzung« umzubenennen, und legt Wahlen für den 26. Oktober fest. Widerstand orthodoxer und religiöser Kreise, vor allem wegen des Stimmrechtes der Frauen.

Aaron Aaronson

Oktober
6 Der führende Zionist Menachem Ussischkin wandert ein und wird daraufhin zum Vorsitzenden des Abgeordnetenausschusses, der höchsten zionistischen Vertretung im Land, gewählt.

Joseph Trumpeldor kehrt zurück. Er will die Aufnahme der Mitglieder der aus Rußland stammenden »Pionier«-Bewegung vorbereiten, an deren Spitze er steht.

November
15 Araber stehlen im Kibbuz Kfar Gil'adi Arbeitstiere, Waffen und Geld.

Dezember
Die Lage im Norden verschlimmert sich: Die Muslime erheben sich gegen die französische Herrschaft. Sie beschuldigen die Bewohner der vier jüdischen Siedlungen Galiläas (Metulla, Kfar Gil'adi, Tel Hai und Hamara), mit den Franzosen zu kollaborieren. Die Juden hingegen behaupten, sie verhielten sich neutral.

9 Aus den Überresten der drei hebräischen Brigaden wird eine neue Einheit gebildet, »The First Judeans«. Ihr Befehlshaber ist Eli'eser Margolin, ihre Fahne zeigt den siebenarmigen Leuchter, unter dem auf hebräisch »Vorwärts« steht.

12 Bei einem bewaffneten Überfall auf Tel Hai wird ein Mitglied der Siedlung, Schneor Sheftschnik (Schfoschnik), getötet.

18 Im Hafen von Jaffa läuft das aus Odessa kommende Schiff »Russlan« ein. An Bord befinden sich 671 Heimkehrer und Neueinwanderer. Ihre Ankunft gilt als Auftakt für die dritte Alija.

In der Wochenschrift »Ha-Po'el Ha-Tza'ir« veröffentlicht Trumpeldor seinen an die Arbeiterbewegung in Palästina gerichteten Aufruf, mit vereinten Kräften die Masseneinwanderung aus Rußland vorzubereiten.

Wegen der Zuspitzung der Lage in Galiläa werden Frauen und Kinder aus Kfar Gil'adi und Tel Hai evakuiert.

27 Auf die Bitte des »Schomer«-Führers Israel Shochat hin begibt sich Joseph Trumpeldor nach Tel Hai. Er erhält das Kommando über den Ort.

Langwierige Verhandlungen zwischen Großbritannien und Frankreich über den Grenzverlauf im Norden Palästinas. Schließlich bleibt nur ein kleiner Teil Galiläas in französischer Hand. Yessod Ha-Ma'ale, die nördlichste jüdische Siedlung, liegt noch auf britischem Gebiet.

Ankündigung der ersten Ausgabe von »Chadaschot ha-Aretz« am 17. Juni

1919

△ Soldaten der hebräischen Brigade (»The First Judeans«) und ihr Emblem, 1919.

◁ Glückwunschkarte der Brigade zum jüdischen Neujahrsfest. Mit der Einheit sind große Hoffnungen verknüpft, u. a., daß die Engländer sie dauerhaft in Palästina stationieren.

△ Se'ev Jabotinsky und die Freiwilligen aus Palästina in der hebräischen Brigade. In der oberen Reihe sind Elijahu Golomb, der spätere »Haganna«-Befehlshaber (zweiter von links) und Dov Hoz (dritter von links) zu sehen.

◁ Historisches Treffen in Aqaba, Januar 1919: Araberführer Emir Feisal (in der Mitte) und Dr. Chaim Weizmann (mit einer Kaffija, links), einigen sich über eine Zusammenarbeit der jüdischen und der arabischen Nationalbewegung.

▽ 1919 ist ein schweres Jahr. Der Jischuw erholt sich nur langsam von der Last des Krieges, den türkischen Schikanen und Ausweisungen. Er verliert einige herausragende Persönlichkeiten der ersten Alija, etwa Michael Halperin (Bildmitte).

»Die Frage um Eretz Israel hängt von den übrigen Ländern und der alten Türkei ab, und es wird noch Zeit vergehen, bis sie gelöst ist. Deshalb müssen wir geduldig auf diesen Tag warten… Niemand soll sein Haus und sein Geschäft auflösen, bevor er weiß, daß er sich wirklich im Land niederlassen kann. Eine ungeordnete und unvorbereitete Masseneinwanderung ist das größte Unglück für die Einwanderer und unser wiedererstehendes Land.«

Aus einem Aufruf der Zionistischen Exekutive, 1919.

▷ Joseph Bossl, Initiator der Kibbuz-Gründung in Degania (im Bild mit seiner Frau), ertrinkt 1919 im See Genezareth.

▽ Das einzige erhaltene Foto der »Russlan«, die auch »Mayflower« genannt wird. Sie erreicht im Dezember 1919 die Küstengewässer vor Jaffa.

DIE MAYFLOWER ISRAELS

Jedes Volk benötigt Symbole, die seine Errungenschaften dem öffentlichen Bewußtsein einprägen. Ähnlich der amerikanischen »Mayflower« stellt die »Russlan« einen besonderen Lichtpunkt in der Geschichte der jüdischen Einwanderung nach Palästina dar. Auf Initiative der zionistischen Bewegung wird Ende 1919 im südrussischen Odessa ein Schiff für die Überfahrt gerüstet. Es soll von den Türken ausgewiesenen Juden die Heimkehr nach Palästina ermöglichen. Die Nachricht vom bevorstehenden Auslaufen des Schiffs verbreitet sich in Windeseile, und zahlreiche weitere Personen, die vorgeben, nach Palästina geflohen zu sein, wollen mitfahren. Sie müssen sich jedoch zunächst einer Prüfung unterziehen und aufgrund ihrer Landeskenntnis ihre palästinensische Herkunft beweisen. (So gelingt es später auch, die Briten davon zu überzeugen, daß es sich tatsächlich um Flüchtlinge aus Palästina handelt.) Nach vielen Verzögerungen läuft die »Russlan« am 14. November in Odessa aus. Die Überfahrt dauert mehr als einen Monat und ist für die Mitreisenden überaus strapaziös. Nur die Begeisterung über ihr künftiges Leben in Palästina hilft ihnen über die Mühsal der Reise hinweg.

Am 19. Dezember läuft das Schiff im Hafen von Jaffa ein, man bereitet den 671 Passagieren einen festlichen Empfang. Auf den Straßen drängen sich die Menschen, so daß die Polizei für Ordnung sorgen muß. Angesichts des Tumults legt der Kapitän wieder ab, noch ehe alle Passagiere von Bord sind. Doch läßt er sich schließlich erweichen, noch einmal umzukehren.

Überall im Land wird die erneute Ankunft der »Russlan« gefeiert, mit der »offiziell« die dritte Alija eröffnet ist. Im Jischuw hofft man, daß die Linie Odessa-Jaffa nun regelmäßig bedient wird. Die Neueinwanderer werden zu zahlreichen Empfängen geladen, und der Vorsitzende des Abgeordnetenausschusses, Menachem Ussischkin, stellt sogar 1000 ägyptische Pfund für die Begrüßungsfeierlichkeiten zur Verfügung.

1919

DIE DRITTE ALIJA

Die zionistische Bewegung betrachtet die Balfour-Erklärung vom 2. November 1917 als eine ihrer größten Errungenschaften. Die Errichtung eines jüdischen Staates oder wenigstens einer »nationalen Heimstätte« scheint zum Greifen nah. Gleich nach Kriegsende kommt es in Polen und Rußland zu einer Welle antijüdischer Ausschreitungen, so daß die Juden dort für die zionistische Idee sehr empfänglich werden. Auch die kommunistische Revolution in Rußland und die Enttäuschung, die diese für viele, zunächst revolutionär gesinnte junge Juden bedeutet, trägt zur Attraktivität Palästinas bei. Trotzdem versucht die zionistische Führung anfangs, die sich abzeichnende Masseneinwanderung zu bremsen, denn sie kennt die Lage im Nahen Osten allzugut: Palästina untersteht seit Ende 1917 einer britischen Militärregierung, deren Ziel die Bewahrung des Status quo ist, und die deshalb jede Einwanderung verbietet. Wegen der vom Krieg verursachten Zerstörungen liegt die Wirtschaft im Lande danieder.

Aber die Einwanderer, anfangs vor allem Ledige, lassen sich nicht abschrecken – weder von den britischen Beschränkungen noch von der Zurückhaltung der zionistischen Führung. Die dritte Alija beginnt.

▽ Nach der britischen Eroberung Palästinas und der Balfour-Erklärung: trotz aller gegenwärtigen Probleme. Die Bevölkerung hegt große Hoffnungen. Alles bekommt einen nationalen »Anstrich« – so auch das Passagierschiff auf dem See Genezareth, die »Nordau«, benannt nach dem berühmten Zionisten, Herzls rechter Hand.

△ Ende 1919 kehrt Trumpeldor nach Palästina zurück: Nach seinem Appell, die Arbeiterbewegung müsse fest zusammenstehen, wird er nach Galiläa geschickt.

△ In Galiläa: Pflügen in Hamara südlich von Metulla.

▷ Die zionistischen Forderungen werden 1919 der Friedenskonferenz in Versailles unterbreitet: Das Gebiet von Eretz Israel umfaßt Teile des Libanon, Syriens, Transjordaniens und des Sinai.

◁ Einige Wochen nach dem ersten Erscheinen von »Chadaschot ha-Aretz« kommt in Jerusalem eine weitere Tageszeitung, »Doar ha-Jom«, heraus.

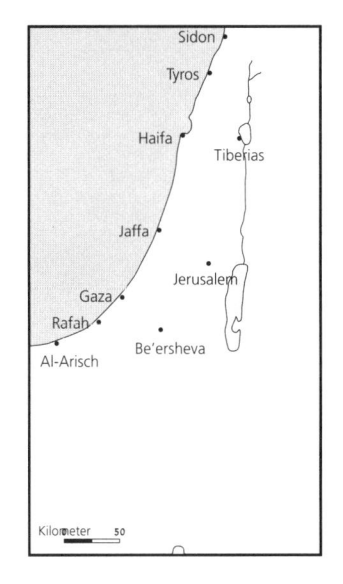

Die zwanziger Jahre:
1920–1929

Afulla, die große Hoffnung der zwanziger Jahre. Die Pläne sehen eine Stadt mit einem breiten Angebot an landwirtschaftlichem, Handwerks- und Dienstleistungsgewerbe inmitten der Jesre'el-Ebene vor.

Das Jahr 1920 bedeutet die Konsolidierung der britischen Herrschaft in Palästina. Im Frühjahr bestätigt der Oberste Rat der Alliierten in San Remo die Übernahme des Palästina-Mandats durch Großbritannien. Zwei Monate später wird die Ende 1917 installierte Militärregierung durch eine Zivilregierung mit einem Hochkommissar an der Spitze ersetzt. Für den Jischuw wie für die Zionistische Weltorganisation ist damit eine Entwicklung vollzogen, die mit der Balfour-Erklärung vom 2. November 1917 begann. Die Engländer, die die Schaffung einer jüdischen »Heimstätte« versprochen haben, erhalten jetzt das Mandat, dieses Vorhaben zu verwirklichen.

Der erste britische Hochkommissar, Samuel, ist selbst Jude, und er ist für seine Sympathien den zionistischen Bestrebungen gegenüber bekannt. Deshalb begrüßt ihn die jüdische Bevölkerung begeistert, die Araber hingegen mißtrauen ihm. Allerdings verkehrt sich während seiner fünfjährigen Amtszeit die Einstellung der Bevölkerungsgruppen ins Gegenteil: Die Juden sind enttäuscht, weil er eine neutrale Politik betreibt und die Einwanderung beschränkt, und die Araber erkennen, daß er trotz seiner Herkunft und seines zionistischen Hintergrunds bemüht ist, auch ihre Seite zu verstehen. Auf Samuel folgt Feldmarschall Palmer, der das Land mit fester Hand führt und der einzige Hochkommissar ist, in dessen Amtszeit keine Unruhen auftreten. Der dritte Hochkommissar schließlich, Chancellor, der sein Amt 1928 antritt, ist als Persönlichkeit eher blaß und konturlos. Jeder der drei Hochkommissare – unterstützt von der britischen Verwaltung – investiert zum Wohl aller Bewohner viel Geld und Mühe in die Entwicklung des Landes, das nach jahrhundertelanger osmanischer Herrschaft und den Zerstörungen im Ersten Weltkrieg daniederliegt. Die Engländer bauen Straßen, vergrößern das Eisenbahnnetz, helfen beim Trockenlegen der Sümpfe, machen Jerusalem zur Hauptstadt und führen eine eigene Währung ein.

Die jüdische Bevölkerung befindet sich zu Beginn des Jahrzehnts in einer schwierigen Lage. Noch hat sie sich von den Kriegswirren nicht erholt: Die erste Volkszählung Ende 1922 beziffert sie auf gerade einmal 83 000 Seelen – das sind 11 Prozent der Gesamtbevölkerung von »Palästina-Eretz Israel«, wie das Land nun offiziell heißt. Erst 1924 verstärkt sich der Zustrom von Neueinwanderern. Innerhalb von zwei Jahren kommen 60 000 Menschen ins Land (die vierte Alija). Doch setzt bereits Mitte 1926 eine schwere wirtschaftliche und gesellschaftliche Krise ein, die sich in einem erneuten drastischen Rückgang der Einwanderung ausdrückt, die nun fast völlig versiegt – bei gleichzeitig wachsender Auswanderungstendenz.

Die Krise der vierten Alija endet erst nach knapp drei Jahren, aber ihre Auswirkungen bleiben noch bis in die 30er Jahre hinein spürbar.

Die Feindschaft der Araber dem Ausbau des Jischuw gegenüber macht sich gleich zu Beginn der zwanziger Jahre bemerkbar. Anfang 1920 sind gewalttätige Ausschreitungen gegen Juden in Galiläa und Jerusalem zu verzeichnen. Dabei kommen mehrere Juden ums Leben, es entsteht hoher Sachschaden, und ganze Dörfer müssen evakuiert werden. Viele hoffen, daß es sich bei den Unruhen um eine einmalige Erscheinung handelt. Aber schon ein Jahr später, im Frühjahr 1921, entlädt sich der Zorn der Araber abermals. Diesmal sind die Ausbrüche sogar noch heftiger, zudem finden sie an vier Orten gleichzeitig statt – in Jaffa, Petach Tikva, Hadera und Rehovot. Auch die Zahl der Opfer ist wesentlich höher: 47 Tote. Ein halbes Jahr später, am 2. November 1921, eskaliert die Situation von neuem, jedoch nur für kurze Zeit. In den sieben Jahren danach, bis Ende 1928, bleibt es ruhig, und wenigstens der jüdischen Bevölkerung und der zionistischen Bewegung will es scheinen, als gewöhnten sich die Araber an eine dauerhafte, sich verstärkende jüdische Präsenz.

Aber das ist ein Trugschluß. Bei erneuten Gewalttätigkeiten im Jahre 1929 beklagt der Jischuw 133 Tote und Hunderte von Verletzten; mehrere Ortschaften werden dem Erdboden gleichgemacht. Die Spannungen zwischen Juden und Arabern haben sich seit September 1928 ständig vergrößert; vordergründig ging es vor allem um das Klagemauerareal in Jerusalem. Der Mufti von Jerusalem, Hadsch Amin al Husseini, festigte seine Stellung als Führer der palästinensischen Araber insbesondere dadurch, daß er die Juden zum Feindbild aufbaute. Dabei reicherte er seine Propaganda geschickt mit religiösen Parolen an.

Trotzdem kann die jüdische Bevölkerung in den zwanziger Jahren eine Reihe nicht unbeträchtlicher Errungenschaften vorweisen: Die Zahl der Juden im Land steigt auf 160 000, und die Anzahl der Agrarkolonien erhöht sich um 80 Prozent von 55 auf 100. Die in jüdischem Besitz befindlichen Ländereien vergrößern sich deutlich, und es entsteht ein großes, fast nur von Juden bevölkertes Agrargebiet: in der Jesre'el-Ebene, die bereits mehr als 20 Siedlungen aufweist. Auch Tel Aviv entwickelt sich erfreulich. Aus dem Vorort von Jaffa mit anfangs 2000 Seelen wird eine Stadt mit 45 000 Einwohnern, und alle sind Juden. In der Diaspora ebenso wie im Jischuw spricht man voller Begeisterung von der »ersten hebräischen Stadt«. Auch die jüdischen Viertel Haifas wachsen zusehends. Die Juden behaupten sich also auch im städtischen Sektor. Jerusalem ist zu diesem Zeitpunkt immer noch die größte Stadt im Land. Die Mehrheit der Einwohner sind Juden, dennoch bestehen die Engländer darauf, daß das Bürgermeisteramt von einem Araber bekleidet wird.

In den Bereichen jüdische Verwaltung, Religion, Erziehung, Kultur und Kunst werden viele Einrichtungen gegründet bzw. ausgebaut. Die Abgeordnetenversammlung und der Nationalrat nehmen ihre Tätigkeit auf, die nun neben der zionistischen Führung einen weiteren Mittelpunkt der jüdischen Verwaltung darstellen. Gegen Ende des Jahrzehnts wird zusätzlich die Jewish Agency aktiv, danach wird das Oberrabbinat reformiert. Das Erziehungswesen blüht auf – zwei Hochschulen öffnen ihre Tore, das Technion in Haifa und die Hebräische Universität in Jerusalem. Auch Theater, Oper, Zeitungen und Verlage sind sehr produktiv – eine große Leistung, wenn man die immer noch relativ geringe Zahl der Juden im Land bedenkt: 100 000 bis 150 000. Trotzdem entspricht der Entwicklungsstand des Jischuw am Ende des Jahrzehnts längst nicht den Erwartungen. Es hat sich gezeigt, daß die Schaffung einer nationalen Heimstätte trotz der Versprechungen Großbritanniens nicht verwirklicht werden kann und daß der Weg zu einer jüdischen Bevölkerungsmehrheit und zu einem eigenen Staat lang und steinig ist.

1920

Januar
1 Hamara in Galiläa wird von Beduinen angegriffen und von den Einwohnern aufgegeben.
3–5 Die Spannungen in Metulla nehmen zu. Zusammenstoß der französischen Armee mit Beduinen und Arabern. Mehr als 100 Einwohner verlassen Metulla und fliehen nach Sidon.
30 Zu Gast im Land: Herbert Samuel. Der englisch-jüdische Politiker hat am Zustandekommen der Balfour-Erklärung mitgewirkt.

Februar
6 Aaron Sar stirbt beim Angriff der Araber auf Tel Hai.
8–9 Arabischer Überfall auf Metulla. Die nach den Ereignissen im Januar noch verbliebenen Einwohner ziehen fort, nach Sidon und Kfar Gil'adi.
13 Der Befehlshaber von Tel Hai, Joseph Trumpeldor, fordert Verstärkung für die Siedlungen in Galiläa an.
23–25 Der Provisorische Ausschuß tritt zusammen. Auf der Tagesordnung stehen Wahlen zur Abgeordnetenversammlung und der Schutz der Siedlungen in Galiläa. Die Vertreter der Arbeiterparteien, Ben-Gurion, Berl Katznelson, Yitzhak Tabenkin und andere, verlangen Verstärkung für die Ortschaften im Norden. Se'ev Jabotinsky tritt für die Rückführung der abgewanderten Einwohner aus dem französischen Territorium ein. Es wird beschlossen, die bedrohten Siedlungen nicht aufzugeben. Ein Sonderausschuß soll in den Norden reisen.
25 Die Männer von Tel Hai mit Trumpeldor an der Spitze nehmen Metulla.

März
1 Kampf um Tel Hai. Joseph Trumpeldor und weitere fünf Verteidiger fallen. Am selben Abend wird der Ort aufgegeben und in Brand gesteckt. Die Bewohner ziehen ins nahegelegene Kfar Gil'adi.
3 Kfar Gil'adi wird aufgegeben – aus Furcht vor einem arabischen Angriff. Die Bewohner, auch die Flüchtlinge aus Tel Hai, werden nach Sidon und Ajellet ha-Schachar evakuiert.
8 In Jerusalem demonstrieren Araber gegen den Zionismus und gegen die Juden.
16 Dr. Chaim Weizmann besucht Palästina.

April
4–6 Unruhen in Jerusalem. Arabischer Angriff auf jüdische Stadtviertel: sechs Tote und rund 200 Verletzte. Die Engländer verhaften den Befehlshaber der jüdischen Verteidiger, Se'ev Jabotinsky, und 19 seiner Kampfgenossen.
17–26 Arabische Angriffe auf Dörfer im Jordan-Tal und in Galiläa, darunter Ajellet ha-Schachar und Degania Beth. Die Angreifer werden zurückgeschlagen.
19 Jabotinsky wird zu 15 Jahren Freiheitsstrafe mit Zwangsarbeit verurteilt, seine Genossen zu drei Jahren Gefängnis mit Zwangsarbeit. In den Tagen darauf kommt es zu Protestdemonstrationen und Streiks im gesamten Jischuw.
Wahlen zur ersten Abgeordnetenversammlung. In Jerusalem finden die Wahlen wegen der angespannten Lage erst Anfang Mai statt.
24 Beschluß des Obersten Rates der Alliierten, das Mandat für Palästina Großbritannien zu überantworten. Die englische Regierung trägt Herbert Samuel das Amt des ersten zivilen Hochkommissars an. Samuel akzeptiert.

Mai
18 Der Rat des »Schomer« beschließt die Auflösung des Verbandes.
20 Der Provisorische Ausschuß verkündet die Gründung eines Aktionsfonds für den Wiederaufbau des Landes. Es werden Spenden in Bargeld, Schmuck etc. gesammelt.

Juni
13–15 Die Partei Achdut Owedet tagt in Kinneret. U. a. wird beschlossen, die Verantwortung für die Sicherheit der Bevölkerung vom »Schomer« auf den neu zu bildenden Verband »Hagann« zu übertragen.
30 Samuel geht in Jaffa an Land und wird mit militärischen Ehren empfangen.

Juli
1 Ende der britischen Militärregierung. Herbert Samuel tritt sein Amt als erster ziviler Hochkommissar an.
7 Samuel begnadigt Jabotinsky und seine Freunde, parallel dazu aber auch Rädelsführer der arabischen Unruhen.
7–24 Tagung der zionistischen Bewegung in London: Die erste große Versammlung nach dem Ende des Ersten Weltkriegs beschließt, einen Jüdischen Nationalfonds zu schaffen, als Instrument zur Finanzierung des zionistischen Unternehmens in Eretz Israel.
25 Die französischen Behörden weisen König Feisal aus Damaskus aus.

August
15 Die englische Verwaltung teilt das Land in sieben Bezirke auf: Jerusalem, Jaffa, Haifa, Gaza, Be'erscheva, Samaria und Galiläa.
20 Der östliche Teil von Transjordanien wird dem britischen Mandatsgebiet »Palästina-Eretz Israel« angegliedert.
25 Ein halbes Jahr nach dem Kampf um Tel Hai Gründung der Arbeits- und Schutzbrigade Joseph Trumpeldor.
26 Die Mandatsregierung legt zum ersten Mal eine Quote für die jüdische Einwanderung fest: 16 500 Visa für das folgende Jahr. Tatsächlich liegt die Zahl der Einwanderer vier- bis fünfmal höher, da jedes Visum für eine Familie gilt. Allerdings ist der Zustrom von Einwanderern gering.

September
19–20 Pioniere der dritten Alija treten in Haifa zusammen und fordern die Bildung eines starken Arbeiterverbandes.

Oktober
5 Die Bewohner von Kfar Gil'adi kehren nach Galiläa zurück und bauen ihr Dorf wieder auf. Die Einwohner von Tel Hai und Metulla folgen ihrem Beispiel.
7–11 In Jerusalem tritt die erste Abgeordnetenversammlung zusammen und wählt den Nationalrat als Exekutive. An ihrer Spitze steht David Jellin.

November
10 Erste Vorstellung des »Hebräischen Theaters in Eretz Israel«: ein Abend mit mehreren Einaktern. Das Theater existiert nur ein Jahr.
Emir Abdullah, der zweite Sohn des Scherifen Hussein von Hedschas, schickt sich an, mit 1200 Männern den Jordan zu überqueren. Er will die Franzosen angreifen, als Vergeltung für die Vertreibung seines Bruders Feisal aus Damaskus.

Dezember
5–9 Gründungstagung des neuen Arbeiterverbandes in Haifa. Damit werden die Fundamente für alle später entstehenden Einrichtungen der Arbeiterparteien gelegt. Der Verband übernimmt die Verantwortung für die »Hagann«.
13–18 Die palästinensischen Araber tagen in Haifa. Sie fordern die Engländer auf, ihre Rechte anzuerkennen, und lehnen die Balfour-Erklärung sowie die zionistischen Forderungen kategorisch ab.
1920 treffen 8223 jüdische Einwanderer ein.

General Balls quittiert die Übergabe Palästinas (»vollständig und unversehrt«) an den ersten Hochkommissar, Herbert Samuel.

DIE SCHLACHT UM TEL HAI

Nach der Besetzung Palästinas kamen Engländer und Franzosen überein, daß der Nordzipfel Galiläas in das französisch kontrollierte Syrien eingegliedert wird. Somit liegt er außerhalb der Grenzen der geplanten nationalen Heimstätte der Juden. Zu diesem Zeitpunkt existieren vier jüdische Ortschaften in der Region: Metulla, Kfar Gil'adi, Tel Hai und Hamara. Ende 1919 und in den ersten Wochen des Jahres 1920 herrscht in der Gegend Anarchie: Araber und Beduinen lehnen die französische Herrschaft ab. Fast täglich kommt es zu Zusammenstößen zwischen ihnen und Einheiten des französischen Heeres. Die jüdischen Siedlungen werden in den Konflikt hineingezogen. Zwar erklären sie sich für neutral, doch beschuldigen die Araber sie, mit den Franzosen zu kollaborieren.

In den ersten Tagen des Jahres 1920 wird Hamara aufgegeben, und auch aus Metulla werden die meisten Einwohner evakuiert. Kfar Gil'adi und Tel Hai können sich dagegen auf einige wenige Kämpfer stützen. So wird Joseph Trumpeldor, der in der russischen und britischen Armee Kampferfahrung gesammelt hat, nach Galiläa geschickt. Er übernimmt das Kommando in Tel Hai und ganz Galiläa. Seiner Forderung, Männer, Waffen und Proviant zur Verstärkung zu schicken, wird jedoch nur teilweise nachgekommen. Schuld daran ist der Streit innerhalb der Führung des Jischuw, ob die Aufrechterhaltung von Dörfern »jenseits der Grenze« sinnvoll sei. Die Arbeiterführung verlangt, die Siedlungen um jeden Preis zu verteidigen. Jabotinsky ist dagegen und appelliert an die Bewohner des Nordens: »Kehrt zurück von dort und baut hier am Bestehenden weiter!«

Am Morgen des 1. März greifen die Araber Tel Hai an. Der Versuch, das Dorf zu stürmen, mißlingt. Trotzdem bestehen die Araber darauf, zu klären, ob sich in Tel Hai Franzosen aufhalten. Trumpeldor akzeptiert das Ehrenwort des arabischen Befehlshabers und läßt eine Gruppe Araber in den Ort. Kurz darauf löst sich versehentlich eine Kugel aus einem Revolver, und es entbrennt ein Kampf, bei dem fünf jüdische Verteidiger ums Leben kommen und mehrere verletzt werden, darunter auch Trumpeldor. Gegen Abend beschließen die Verteidiger, sich nach Kfar Gil'adi zurückzuziehen. Auf dem Weg dorthin erliegt Trumpeldor seinen Verletzungen. Ehe er stirbt, sagt er: »Es ist gut, für unser Land zu sterben.«

▷ Der erste Bericht über den Kampf und die Zahl der Opfer. Einige Tage später erscheint in der Wochenschrift »Kontress« ein Nachruf aus der Feder von Berl Katznelson.

▽ Der Schauplatz des Kampfes um Tel Hai am 1. März 1920. Zu diesem Zeitpunkt existieren noch drei der vier Siedlungen im Nordzipfel Galiläas.

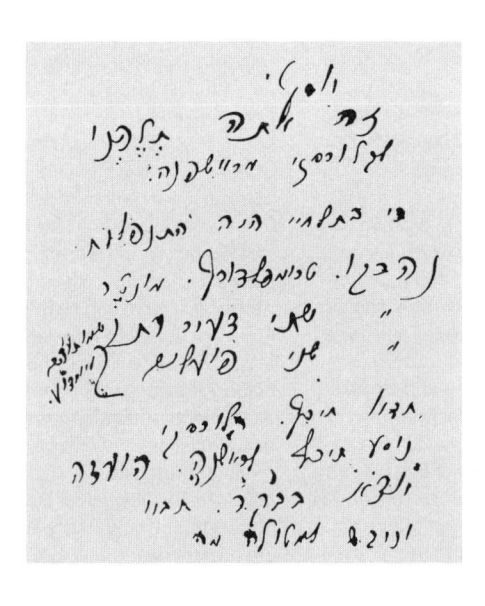

1920

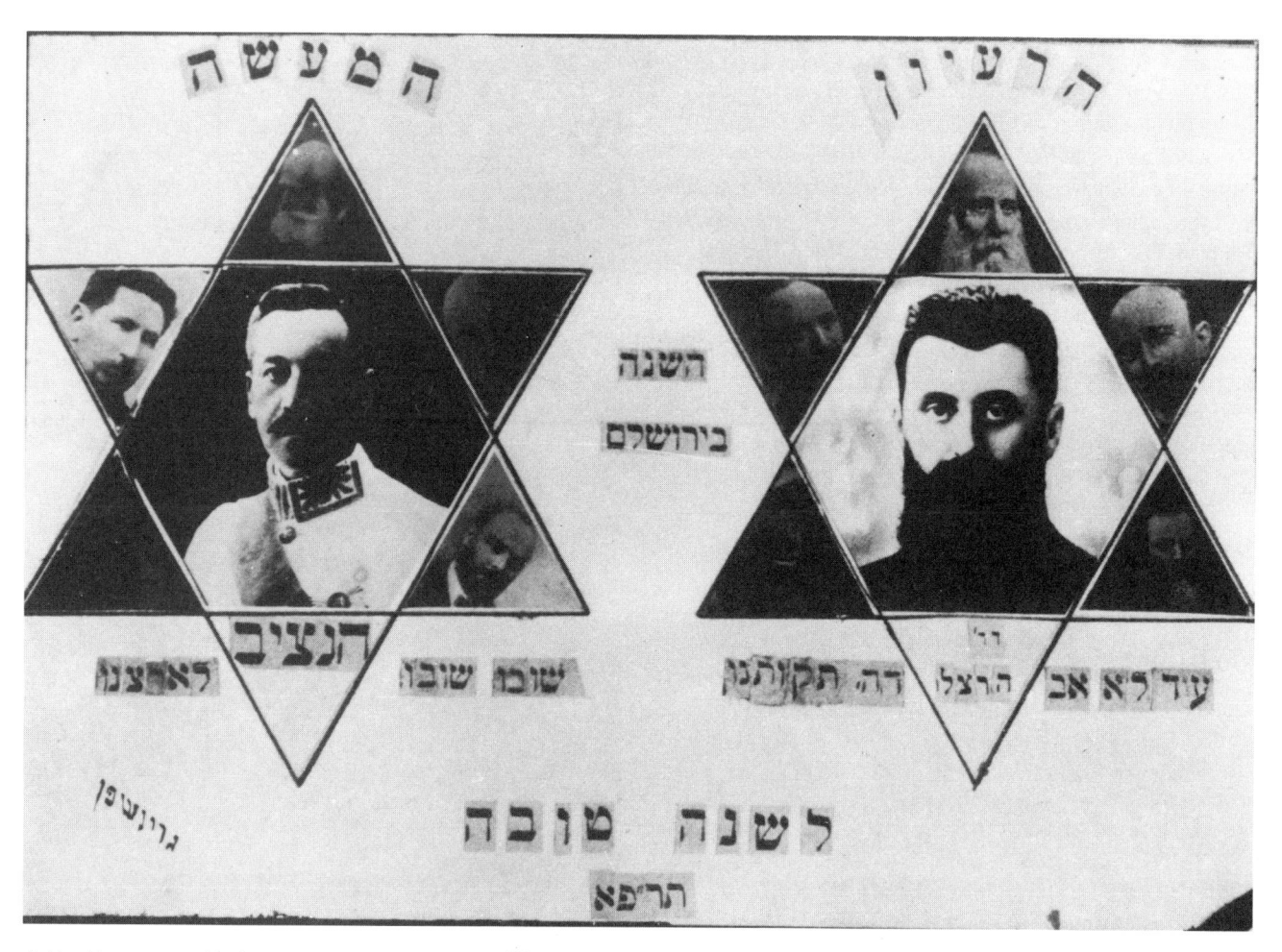

△ Hochkommissar Herbert Samuel wird von der jüdischen Bevölkerung begeistert empfangen. Ein Beispiel dafür sind die Neujahrskarten, die noch Monate nach seiner Ankunft in Jerusalem angeboten werden. Er gilt als ein Nachfolger Herzls und als Verwirklicher der zionistischen Idee.

◁ Palästina hat seit Ende 1917 eine britische Militärregierung. Am 1. Juli 1920 löst eine Zivilregierung sie ab; das britische Wappen wird zum offiziellen Emblem.

△ Der Sohn von Hochkommissar Samuel, Edwin, heiratet im Dezember 1920 Hadassa Garsovsky, die Tochter des bekannten Lexikologen.

▷ Abraham Schapira wird mit seiner mutigen jungen Truppe aus Petach Tikva herbeigerufen. Sie sollen Samuel bei seinen ersten Schritten im Land schützen.

UNRUHEN IN JERUSALEM

Am Pessach im April 1920 ereignen sich zum ersten Mal gewalttätige arabische Unruhen in Jerusalem. Ursachen sind das Erwachen eines nationalen Bewußtseins unter den Arabern seit Ende des Ersten Weltkriegs und die Hetze extremer Kräfte gegen die Umsetzung der Balfour-Erklärung. So nutzen die arabischen Extremisten das Nabi-Mussa-Fest, um das Volk gegen die Juden aufzuwiegeln. Die erregten Massen ziehen in das jüdische Viertel der Altstadt, wo, anders als in den Siedlungen auf dem Land, keine Vorkehrungen zur Verteidigung getroffen wurden, weil die alteingesessene Bewohnerschaft auf die positiven Erfahrungen des jahrhundertelangen Zusammenlebens mit den Arabern setzt. Doch wird sie bitter enttäuscht: Sechs Juden werden getötet und Hunderte verletzt. Viele Häuser werden geplündert.

◁ Se'ev Jabotinsky (erster von rechts, sitzend) und seine Gefährten im Gefängnis von Akko. Wochen später werden sie mit mehreren arabischen Gefangenen entlassen.

△ Tausende von aufgehetzten Arabern demonstrieren in Jerusalem anläßlich des Nabi-Mussa-Festes. Die Kundgebung geht rasch in Ausschreitungen über.

▷ Im Sommer 1920 gegründet: die Arbeitsbrigade Joseph Trumpeldor. Eine ihrer ersten Aufgaben ist der Bau einer Straße von Tiberias nach Zemach. Ihr dreieckiger Stempel ist damals im ganzen Land bekannt.

ERETZ ISRAEL AM ENDE DES 19. JAHRHUNDERTS

▷ Eine Straße in Jaffa, um das Jahr 1890. Zeichnung von Bauernfeind.

▽ Jerusalem mit Felsendom, Klagemauer und Teilen der Stadtmauer.

▷ Ein einsamer Jude an der Klagemauer, um 1880. Zeichnung von Jérôme.

△ Sephardischer Jude in Jerusalem.

▷ Der »rote Schein«: die türkische Besuchserlaubnis für Palästina, Anfang des 20. Jahrhunderts.

PALÄSTINA ODER AMERIKA?

△ Der Kurs des türkischen Pfundes ist nicht besonders hoch. Wer Geld braucht, nimmt lieber Gold- oder Silbermünzen.

▷ Neujahrsgruß aus Amerika, Anfang des 20. Jahrhunderts. Die meisten jüdischen Emigranten ziehen westwärts, nur ein kleiner Teil wandert in Palästina ein.

▽ Neujahrsgruß aus Rischon le-Zion, Anfang des 20. Jahrhunderts. Der Absender ist Se'ev Glusskin, ein Vorstandsmitglied des Winzerverbandes.

△ Die große Synagoge in Rischon le-Zion. Auf einer Anhöhe liegend, ist sie schon aus der Ferne sichtbar.

▷ Eli'eser und Hemda Ben-Jehuda, führende Persönlichkeiten des neuen Jischuw in Jerusalem.

▽ Die »Saraya« (französisch «sérail»), das Regierungsgebäude in Jaffa, das Ende des 19. Jahrhunderts eingeweiht wurde.

△ Ein »Potpourri« neuer jüdischer Gründungen auf einer Ansichtskarte.

▽ Mikve Israel: Schüler in ihrer Freizeit im und um das Wasserbecken.

DER ERSTE WELTKRIEG

▷ Bei Kriegsausbruch untersagt die türkische Regierung den Gebrauch zionistischer Symbole wie diese Marken des Jüdischen Nationalfonds.

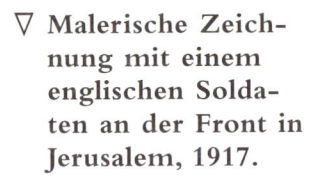

▽ Malerische Zeichnung mit einem englischen Soldaten an der Front in Jerusalem, 1917.

▷ Anemonen, Anemonen... ein australischer Soldat ist entzückt von einem blühenden Feld im Süden des Landes.

▽ Nicht nur die Türken setzen im Krieg auf dem Sinai und in Palästina Kamele ein. Auch das britische Heer verfügt über Einheiten mit Kamelreitern.

▷ General Allenby erobert Palästina 1917/18.

▷ Jerusalem ergibt sich den Briten am 9. Dezember 1917. Vierter von links, auf einen Stock gestützt: Bürgermeister Hussein al-Husseini.

▽ Die Postkarte verherrlicht die jüdischen Einheiten, die an der Befreiung Palästinas von den Türken beteiligt waren.

ANSICHTEN AUS DEN ZWANZIGER JAHREN

▷ In den zwanziger Jahren gilt das Hauptaugenmerk der zionistischen Bemühungen der Jesre'el-Ebene. Im Bild Moschaw Nahalal, eine Zeichnung von Josua Brandstätter.

▽ Zwei Fonds, mit deren Hilfe Grundstücke erworben und neue Agrarkolonien geschaffen werden: der Jüdische Nationalfonds und »Keren Ha-Yessod«. Spendenaufrufe aus den zwanziger Jahren.

△ Zwei der ersten Briefmarken aus Palästina, 1921.

▷ Der Rothschild-Boulevard in Tel Aviv, Zeichnung von Ziona Tadscher.

▽ Das Gelände zwischen Tel Aviv und Ramat-Gan, Zeichnung von Arie Lubin.

△ Wappen der Stadt Tel Aviv, in den zwanziger Jahren entworfen. Zeichnung von Nachum Gutman.

▷ Tel Aviv, Stadt der Kioske, Zeichnung aus den zwanziger Jahren von Abba Elchanani.

Zwei Beispiele für die Förderung des Palästina-Tourismus in den zwanziger Jahren.

109

DIE DREISSIGER JAHRE

Der brüllende Löwe von Tel Hai, von Abraham Melnikov wird 1934 eingeweiht.

Der brüllende Löwe von Tel Hai, von Abraham Melnikov wird 1934 eingeweiht.

▷ Das Elektrizitäts-
werk in Naharajim,
1932 eingeweiht,
auf einer israeli-
schen Briefmarke
von 1991.

▷ Ansichten aus den dreißiger Jahren: Turm
und Mauer. Hier in Maos Chaim. Eine
Zeichnung von Ziona Tadscher.

▽ Ansichten aus den dreißiger Jahren: die
neue Synagoge, Allenby-Straße in Tel Aviv.

▷ In den dreißiger Jahren geht der Stern eines jungen Schriftstellers auf: Natan Altermann, hier auf einer Zeichnung von Elijahu Sigerd. Altermann verfaßt Prosa, Chansons und aktualitätsbezogene Gedichte. 1943 hat er in »Davar« eine wöchentliche Kolumne.

▽ Zwei Plakate aus den dreißiger Jahren nehmen Bezug auf brennende Probleme der Zeit: unten rechts die Aufforderung, ausländische Produkte zu boykottieren, um die Wirtschaft des Jischuw zu stützen; links: Rekrutenwerbung »zur Verteidigung von Volk und Heimat«.

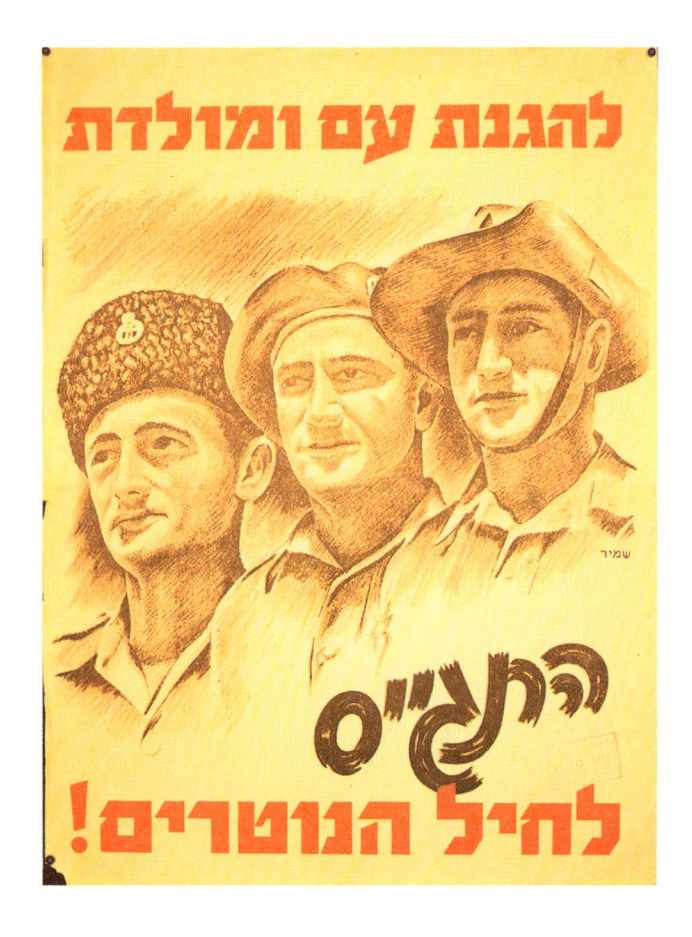

1920

▷ Gründung der »Histadrut«, des allgemeinen Verbandes jüdischer Arbeiter in Palästina. 4433 Arbeiter haben 87 Delegierte entsandt, und nach fünftägiger Diskussion entsteht die neue Organisation. Unter den Teilnehmern sind einige führende Männer des Jischuw und des künftigen Staates Israel, wie Berl Katznelson (erste Reihe sitzend, dritter von rechts) und Joseph Sprintzak (erste Reihe, erster von links). Joseph Beretz aus Degania eröffnet den Kongreß; nach ihm kommen Dutzende von Delegierten zu Wort und legen ihre Ansichten dar.

◁ Der Maler Nachum Gutman hat einige Abgeordnete festgehalten, darunter Shmu'el Dayan (rechts) und Berl Katznelson (Mitte) sowie Joseph Chaim Brenner. Brenner mischt sich immer wieder in die Debatte ein. Als man ihn darauf hinweist, daß er kein »Rederecht« habe, erwidert er: »Aber das Recht zu rufen habe ich doch wohl.«

▽ Die Arbeiterpartei Ha-Tnua le Achdut ha-Awoda ruft die Wähler dazu auf, für Jabotinsky zu stimmen.

△ Das Schild besagt, daß es für religiöse Wählerinnen gesonderte Wahlkabinen gibt. Die streng orthodoxen Juden wählen dennoch für ihre Frauen mit.

◁ Die Abgeordnetenversammlung tritt zum ersten Mal im Oktober 1920 zusammen und wählt eine Exekutive, den Nationalrat. Zum ersten Vorsitzenden wird David Jellin gewählt, ein zionistischer Aktivist noch aus türkischer Zeit.

1921

Januar
Arbeitslosigkeit in Tel Aviv. Über tausend Personen sind betroffen.

7 Eine Regierungskommission unter dem Vorsitz von Norman Bentwich empfiehlt die Schaffung eines gemeinsamen sephardisch-aschkenasischen Oberrabbinats. Das separate, noch aus türkischer Zeit stammende Amt des sephardischen Oberrabbiners soll aufgehoben werden.

25 Für die Wahl der Oberrabbiner und die Gründung des gemeinsamen Oberrabbinats wird eine Kommission gebildet.

Gründung des Verbandes »Bnei-Benjamin«, einer Organisation junger Bauernsöhne aus den alteingesessenen jüdischen Dörfern. Vorsitzender ist Alexander Aaronson.

Februar
22 Bildung des neuen Oberrabbinates, bestehend aus Rabbi Abraham Yitzhak Hacohen Kook und Rabbi Ya'akov Me'ir.

März
24 Ankunft des britischen Kolonialministers Winston Churchill. In den folgenden Tagen trifft er zu Gesprächen mit der britischen Verwaltungsspitze sowie führenden Persönlichkeiten der Araber – sie beklagen sich über die prozionistische Politik der Mandatsregierung – und Juden zusammen.

27 Emir Abdullah wird zu einem Treffen mit Churchill, Samuel und Oberst Laurence nach Jerusalem gebeten. Diese bieten ihm die Herrschaft über Transjordanien an, das jedoch weiter unter englischem Protektorat stehen soll.

28 In Haifa fordern arabische Demonstranten einen Einwanderungsstopp für Juden und die Aufhebung der Balfour-Erklärung. Die Polizei eröffnet das Feuer, zwei Araber werden getötet. Auch mehrere jüdische Passanten werden verletzt.

29 Begeisterter Empfang Churchills in Tel Aviv.

April
4 Die Engländer bilden eine palästinensische Streitmacht. Sie setzt sich aus einer jüdischen Legion, die aus den noch im Dienst des britischen Heeres stehenden Soldaten der hebräischen Brigaden besteht, und einer arabischen Legion zusammen.

27 Gründungstagung des jüdischen Schriftstellerverbandes in Tel Aviv mit 70 Autoren.

Mai
1–6 Blutige Zusammenstöße im ganzen Land. Bei arabischen Angriffen werden 47 Juden getötet und 116 verletzt.

Die Mandatsregierung setzt eine Untersuchungskommission unter dem Vorsitz von Sir Thomas Haycraft, Richter am Obersten Gerichtshof, ein. Sie soll den Ursachen der Unruhen nachgehen.

Die hebräische Brigade wird aufgelöst, weil ihre Männer am 1. Mai ohne Zustimmung des britischen Befehlshabers dem angegriffenen Tel Aviv zu Hilfe eilten.

8 Hochkommissar Samuel ernennt den nationalistischen Araberführer Hadsch Amin al-Husseini zum Mufti von Jerusalem und Vorsitzenden des Obersten Muslimischen Rates. Die Proteste der jüdischen Führung gegen Husseinis Ernennung werden zurückgewiesen.

11 Beschluß der britischen Regierung, Tel Aviv aus der Abhängigkeit von Jaffa zu lösen. Bisher war es ein Stadtteil Jaffas, jetzt erhält es einen eigenen Stadtrat.

Bekanntgabe der Entscheidung erfolgt am 1. Juni.

14 Die Engländer verkünden einen Einwanderungsstopp. Als Begründung dienen die Spannungen im Land. Heftige jüdische Proteste.

Juni
3 Wichtige Ansprache von Hochkommissar Samuel, der erklärt, künftig werde über die Einwanderung von Juden nach wirtschaftlichen Kriterien entschieden.

23 Die Mandatsregierung gibt ihren Plan zur Bildung eines Abgeordnetenrates bekannt.

August
1 Die Engländer veröffentlichen neue Einwanderungsvorschriften; damit wird die Einreise von Juden eingeschränkt.

In der ersten Augustwoche finden Wahlen zum 12. Zionistischen Kongreß in Karlsbad/Tschechoslowakei statt. Die 20 palästinensischen Delegierten sind Vertreter der Arbeiterparteien (9), der Allgemeinen Zionisten (7) und des religiösen Misrachi (4).

September
1–14 Der 12. Zionistische Kongreß in Karlsbad berät Entwicklungsmöglichkeiten für den Jischuw. Ferner werden die Unruhen im Mai und die britischen Einwanderungsbeschränkungen beklagt. Der Kongreß genehmigt weitere Bodenkäufe und die Gründung von Ortschaften in der Jesre'el-Ebene.

11 Gründung des ersten Arbeiter-Moschaws: Nahalal in der Jesre'el-Ebene.

22 Bildung der Arbeitsbrigade Ma'ajan Harod in der östlichen Jesre'el-Ebene, aus der die Siedlung Ein Harod entsteht. Erster Lehrgang für »Haganna«-Befehlshaber in Tel Aviv und Kfar Gil'adi.

Oktober
19 Bildung eines Industriellen- und Arbeitgeberverbandes in Tel Aviv.

Veröffentlichung des Berichtes der Haycraft-Kommission über die Untersuchung der Ursachen der blutigen Unruhen im Mai.

Die Kommission stellt fest, daß sich die Araber »aus Unzufriedenheit und aufgrund ihres Hasses gegenüber den Juden« erhoben haben, und »die Unruhen politische und wirtschaftliche Gründe haben, die mit der jüdischen Einwanderung zusammenhängen«.

November
2 Arabische Ausschreitungen in Jerusalem anläßlich des 4. Jahrestages der Balfour-Erklärung. Fünf Juden werden getötet und Dutzende verletzt. Eine »Haganna«-Einheit schlägt den Angriff auf das jüdische Viertel in der Altstadt zurück. Drei der Verteidiger werden verhaftet und am 25. November zu sechs bis elf Jahren Freiheitsstrafe mit Zwangsarbeit verurteilt. Am 26. 1. 1922 wird der Oberste Gerichtshof das Urteil aufheben.

Jüdische Organe protestieren beim Hochkommissar über das Verhalten des Gouverneurs von Jerusalem, Stores.

7 Amtseinführung der Zionistischen Exekutive. Das neue Organ löst den seit 1918 tätigen Abgeordnetenausschuß, die bisherige zionistische Vertretung im Land, ab.

Der Rat der Histadrut beschließt, mit der Exekutive und sämtlichen Histadrut-Gremien nach Jerusalem umzuziehen und eine Mitgliederzählung durchzuführen.

30 Gründung der Bank ha-Poalim, des finanziellen Armes der Histadrut.

Dezember
13 Mitglieder der Arbeitsbrigade errichten einen zweiten Kibbuz in der östlichen Jesre'el-Ebene, Tel Joseph.

17 Zwei weitere Orte im Ostteil der Ebene: Ein Tivon und Geva.

David Ben-Gurion wird Sekretär der Histadrut.

Überfall auf Petach Tikva, 1921, Zeichnung von Nachum Gutman.

1921

FÜNF SIEDLUNGEN IN HUNDERT TAGEN

Im September 1921 beginnt die umfassende Kolonisierung der Jesre'el-Ebene. Am Ende des Jahrzehnts wird es dort 23 Ortschaften geben, die über die Hälfte des gesamten Jischuw darstellen. Die ersten fünf Orte entstehen in den letzten Monaten des Jahres 1921. Der erste, Nahalal, wird am 11. September im malariaverseuchten westlichen Teil der Ebene gegründet. Man warnt die Siedler vor dem ungesunden Klima, doch sie lassen sich nicht beirren. Unermüdlich entwässern sie die Sümpfe und legen sie trocken. Innerhalb weniger Jahre verwandelt sich die Gegend zu einer der fruchtbarsten Regionen Palästinas.

Elf Tage nach der Gründung Nahalals errichten Mitglieder der Arbeitsbrigade Ein Harod den ersten größeren Kibbuz. Die Arbeitsbrigade beansprucht den gesamten Boden im Ostteil der Ebene für sich, doch die für das Siedlungswerk verantwortlichen Gremien und die Histadrut weisen diesen Anspruch zurück. Noch bevor die Gründung weiterer Siedlungen beschlossen ist, bilden Mitglieder der Arbeitsbrigade noch einen Kibbuz, Tel Joseph, rund vier Kilometer von Ein Harod entfernt. In beiden Kibbuzim zusammen leben 300 Menschen, allesamt Mitglieder der Arbeitsbrigade.

Bereits am 18. Dezember entstehen westlich von Ein Harod zwei weitere Orte: der Moschaw Ein Tivon, der später Kfar Jecheskel heißen wird, und Geva, ein kleinerer Kibbuz von den Ausmaßen Deganias.

So verfügt die Jesre'el-Ebene binnen 100 Tagen über fünf neue Siedlungen. In den Jahren zuvor wurden nur ein bis zwei Orte jährlich gegründet.

△ Die Gegend um Nahalal ist zu jener Zeit sumpfig. Die Siedler bekämpfen die Malaria durch Entwässerung und Trockenlegung.

▽ Der erste Moschaw, der im Rahmen des neuen Siedlungsprojekts für die Jesre'el-Ebene entsteht, ist Nahalal. Architekt Richard Kaufmann hat ihn als kreisrunde Anlage geplant.

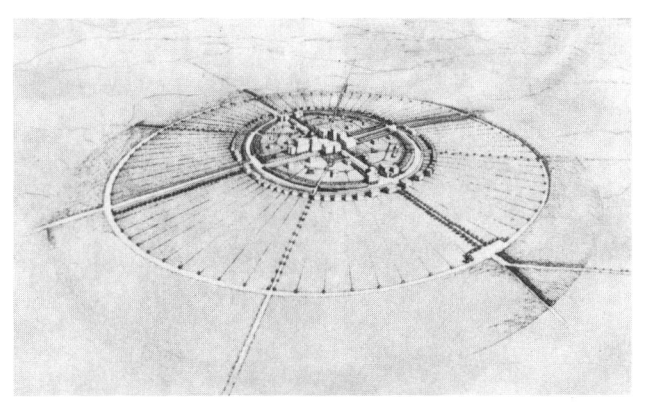

△ Als zweiter Ort der Ebene entsteht im September 1921 Ein Harod, ein Kibbuz der Arbeitsbrigade, die ihre Zelte bei Ma'ajan Harod aufgeschlagen hat. Kurze Zeit darauf folgt die Gründung eines weiteren Kibbuz: Tel Joseph.

▷ Josua Hankin, im Bild mit seiner Frau Olga, erwirbt Land in der Jesre'el-Ebene. Zu Beginn der zwanziger Jahre kauft er rund 50 000 Dunam, später kommen mehrere Hunderttausend Dunam hinzu.

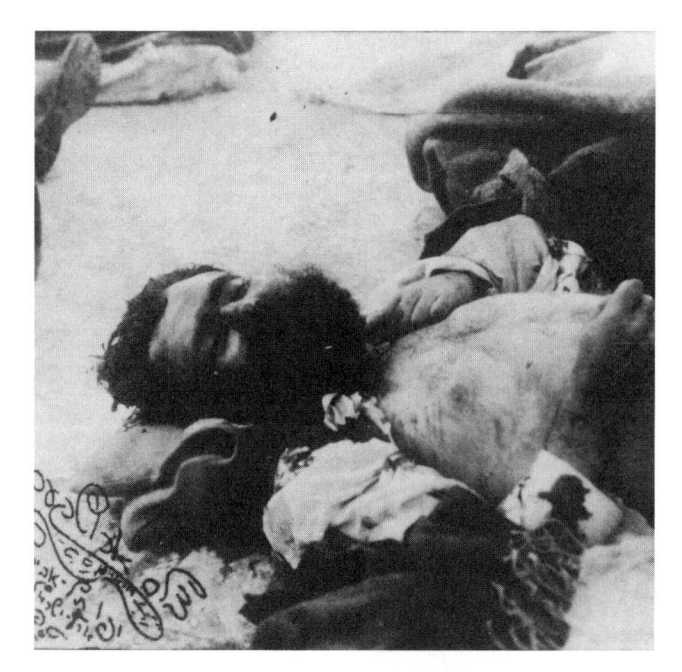

DIE UNRUHEN IM JAHRE 1921

Im Frühjahr 1921, kurz nach dem Besuch des britischen Kolonialministers Winston Churchill, brechen Unruhen aus. Araber greifen Juden in Jaffa, Tel Aviv und weiteren Ortschaften an. Allein in Jaffa werden am 1. und 2. Mai mehr als 40 Menschen umgebracht. Unter den Opfern sind die Schriftsteller Joseph Chaim Brenner und Zvi Schatz. Mehr als 100 Juden werden verletzt.

Auch Petach Tikva wird von Arabern aus den umliegenden Dörfern attackiert. Mit taktischem Geschick und dank der Unterstützung des britischen Heeres, das ein Flugzeug und gepanzerte Fahrzeuge einsetzt, werden die Angreifer abgewehrt. Rehovot, Hadera und Kfar Saba sind ebenfalls von Ausschreitungen betroffen – Kfar Saba muß evakuiert werden. Die Engländer reagieren entschlossen: Sie nehmen Verhaftungen vor und erlegen den an den Angriffen beteiligten arabischen Dörfern eine Geldstrafe auf.

Anschließend herrscht, abgesehen von wenigen Zwischenfällen, sieben Jahre Ruhe im Land.

△ Ein Opfer der Ausschreitungen: der Schriftsteller J. Ch. Brenner wird in Abu Kabir ermordet.

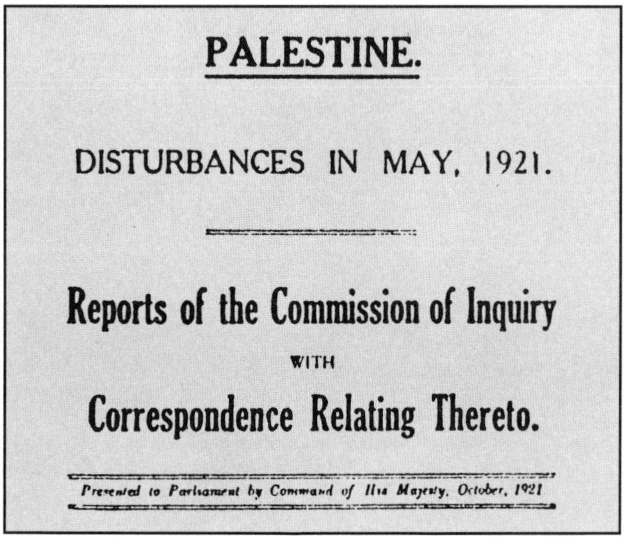

△ Ansichten von der Zerstörung, hier in Hadera. Links: Hadsch Amin al-Husseini, Führer der arabischen Nationalisten.

▷ Abraham Schapira stellt sich an die Spitze der Verteidiger von Petach Tikva.

◁ Nach den Unruhen setzen die Engländer eine Untersuchungskommission unter dem Vorsitz Haycrafts ein. Sie kommt zu dem Schluß, daß die Unruhen ausgebrochen sind, weil die Araber über die jüdische Einwanderung verbittert seien.

1921

◁ Weniger als ein Jahr nach ihrer Gründung im Sommer 1920 muß sich die »Haganna« ersten Herausforderungen stellen. 1921 findet auch ein erster Lehrgang für Befehlshaber statt, der in Tel Aviv beginnt und in Kfar Gil'adi fortgesetzt wird. Wegen der vielen Drillübungen nennen die Bewohner Kfar Gil'adis die Teilnehmer verächtlich »Kommandantschniks«. Das Bild zeigt die Teilnehmer des ersten Lehrgangs. In der Mitte: Befehlshaber Elimelech Slikowitz (Avner), links von ihm Yitzhak Landoberg (Sadeh).

△ Auszug aus den ersten »Gelben Seiten« für Jerusalem, 1921. Sie enthalten Informationen über die Stadt, ihre Bevölkerung, die hier ansässigen Einrichtungen und Unternehmen und gibt Auskunft über den Telefondienst. Vom Jahr 1920 an dürfen auch Zivilpersonen das Telefon benutzen. Die monatlichen Gebühren betragen 10 Ägyptische Pfund, Ortsgespräche sind kostenlos.

△ Tel Aviv wächst, an der Allenby-Straße sind Parzellen günstig zu erwerben.

▽ Der Schriftsteller und Redakteur Joseph Aaronowitz wird 1921 Direktor der von der Histadrut gegründeten Bank ha-Poalim.

△ Zu Gast in Tel Aviv: Kolonialminister Winston Churchill. An seiner Seite Me'ir Dizengoff.

▽ Aufruf orthodoxer Juden in Jerusalem, anläßlich des »historischen Besuches« Winston Churchills ein Gebet zu sprechen.

▽ Karikatur gegen die Ämterhäufung führender Persönlichkeiten des Jischuw. Auf Stelzen: David Jellin.

△ Engländer und Araber 1921. In ihrer Mitte Laurence »von Arabien« (links) mit Emir Abdullah.

Gebet für das Wohl des Königreichs

zum Gedenken an den historischen Besuch des englischen Kolonialministers Winston Churchill in Eretz Israel und zum Gedenken an den großen Tag, 19 Adar II, den Tag der öffentlichen Deklaration zugunsten unserer nationalen Heimstätte in Eretz Israel. Es obliegt unseren Brüdern in Eretz Israel, nach der Thoralesung in allen Synagogen für das Wohl Seiner Majestät des britischen Königs

Georgs des Fünften

zu beten und den Segen für das Wohl Seiner Exzellenz unseres Hochkommissars Elieser, Sohn des Menahem, Sir

Herbert Samuel

zu sprechen.

1922

Januar
9 Der Neueinwanderer Achad Ha'am (Ascher Ginsberg), einer der Führer des Zionismus, läßt sich in Tel Aviv nieder.

Februar
6 Tagung der orthodoxen Mitglieder der Abgeordnetenversammlung. Sie beschließen, die Beratungen der Versammlung so lange zu boykottieren, bis das Stimmrecht der Frauen aufgehoben wird.
7 Die Jerusalemer Juden sind empört über ein antizionistisches Memorandum, das Vertreter der Orthodoxie dem im Land weilenden Lord Northcliff überreicht haben.

Teile der jüdischen Bevölkerung sind mit dem Vorgehen von Abgeordnetenausschuß und Nationalrat unzufrieden – so die sephardischen Juden, die Bauern und vor allem die Orthodoxen. Wegen Zwischenrufen und Störungen wird die Sitzung der Abgeordnetenversammlung mehrmals vertagt.
22 Tod Aaron David Gordons, einer der Väter der Arbeiterbewegung. Er wurde 66 Jahre alt.

März
1 Das Präsidium des Nationalrates schlägt Religiösen und Orthodoxen einen Kompromiß vor: Die gerade getroffenen Entscheidungen der Abgeordnetenversammlung sollen nur für die laufende Amtsperiode gelten. Eine Volksbefragung, an der nur die Männer teilnehmen dürfen, soll über das Stimmrecht der Frauen entscheiden.
6–9 Zweite Störung der Abgeordnetenversammlung. Die Vertreter der Orthodoxie bleiben ihr fern. Ebenso fehlt ein Teil der Sepharden. Die Frage des Frauenwahlrechts wird diskutiert, aber nicht entschieden. Darüber hinaus erhebt die Versammlung Protest gegen die Einschränkung der jüdischen Einwanderung durch die Briten.
11 Streit vor der Klagemauer: Es geht um die Bänke, die die Juden dort aufgestellt haben. Die Araber demonstrieren dagegen, die Polizei ordnet die Entfernung der Bänke an.

Ein neues Ensemble in Tel Aviv: das »Dramatische Theater«. Regisseurin ist Miriam Bernstein-Cohen. Die erste Aufführung: »Die Gespenster« von Ibsen.

April
16 Gründung des Misrachi-Arbeiterverbandes, dessen ideologische Richtung zionistisch-religiös ist.
17 Grundsteinlegung für das Viertel Borochov, ein Arbeiterquartier im Osten Tel Avivs. Später wird es zu Tel Avivs Nachbarstadt Giv'atajim gehören.

Mai
18 Gründung von Ra'anana, einer Agrarkolonie nördlich von Tel Aviv.

Juni
2 Drei jüdische Siedlungen erhalten einen Gemeinderat: Petach Tikva, Rischon le-Zion und Rehovot.

Juli
3 Die englische Regierung veröffentlicht das Weißbuch W. Churchills zur künftigen Regierungspolitik in Palästina. Die wichtigsten Punkte: Abtrennung Transjordaniens von Palästina; Festhalten an der Balfour-Erklärung und Errichtung einer nationalen Heimstätte für die Juden, deren Einwanderung jedoch von den wirtschaftlichen Kapazitäten des Landes abhängig gemacht werden müsse; Bildung eines Gesetzgebenden Rates mit Vertretern aller Einwohner des Landes.
24 Bestätigung des britischen Palästina-Mandats durch den Völkerbund.

August
22–24 Fünfter arabischer Kongreß in Nablus. Verhärtung der Haltung gegenüber dem Jischuw und dem Zionismus. Es wird beschlossen, mit Juden keinen Handel mehr zu treiben und kein Land mehr an sie zu veräußern.

September
1 Inkrafttreten der neuen Verfassung Palästinas. Am 18. Februar 1923 sollen die Wahlen für den Gesetzgebenden Rat stattfinden. Ihnen soll eine Volkszählung vorausgehen.
10 Die Histadrut führt eine erste Zählung jüdischer Arbeiter im Land durch. Es werden 16 600 Arbeiter und Arbeiterinnen gezählt. Mehr als die Hälfte sind Histadrut-Mitglieder.
11 Ausrufung des britischen Mandates und Beeidigung Herbert Samuels als Hochkommissar und Obersten Befehlshabers des britischen Heeres. Die Araber protestieren gegen die neue Mandatsmacht wegen der Balfour-Erklärung.
16 Der Völkerbund befürwortet den englischen Vorschlag, Transjordanien aus dem Mandatsgebiet herauszulösen.

Die zionistische Führung distanziert sich, initiiert aber keine Protestaktionen.

Oktober
22–28 Erste Volkszählung in Palästina: Die Gesamtzahl der Einwohner beträgt 757 000. Nur 83 000 (11%) sind Juden.

November
4 Gründung von Beit Alpha; dem ersten Kibbuz des Ha-Schomer Ha-Tza'ir.

Dezember
16 Im Alter von 64 Jahren stirbt Eli'eser Ben-Jehuda in Jerusalem, der die hebräische Sprache zu neuem Leben erweckt hat.
30 Gründung des Kibbuz Jagur am Fuße des Karmel. Im Laufe des Jahres entstehen auch Ginnegar und Binjamina.

1922 wandern 8685 Juden nach Palästina ein.

Zum ersten Mal finden Fußball-Pokalspiele statt. Sieger ist eine englische Mannschaft.

Auf Initiative der Gesellschaft »Für Jerusalem«: Abbruch des Uhrturmes nahe dem Jaffa-Tor. Im Bild: das Jaffa-Tor vor und nach dem Eingriff.

CHURCHILLS WEISSBUCH

Das »White Paper«, Weißbuch, ist eines von zahlreichen offiziellen britischen Dokumenten über Palästina.

Es wird am 3. Juli von Kolonialminister Churchill veröffentlicht und gibt erste Hinweise darauf, daß sich die Engländer von der ursprünglichen Interpretation der Balfour-Erklärung entfernen. Anscheinend hat der Hochkommissar Palästinas, Herbert Samuel, den Text des Weißbuches maßgeblich beeinflußt.

Es beginnt mit den Worten, die Balfour-Erklärung bedeute nicht, daß das gesamte Palästina die jüdische Heimstätte darstellt, vielmehr solle diese »in« Palästina entstehen. Das östliche Transjordanien wird von Palästina abgetrennt und ein transjordanisches Emirat unter Emir Abdullah offiziell genehmigt. Daraus entsteht 1946 ein unabhängiges Königreich.

Trotzdem betonen die Engländer im Weißbuch, daß die Balfour-Erklärung noch immer in Kraft sei und daß sich die Juden mit vollem Recht in Palästina aufhielten und nicht nur aus Mitleid oder Großzügigkeit dort geduldet würden.

Der zionistischen Führung fällt es schwer, diesen Wandel in der britischen Politik zu akzeptieren, doch bleibt ihr letztlich nichts anderes übrig. Weizmann und seine Gefährten müssen sich entscheiden: Entweder streben sie mit Unterstützung der Engländer eine nationale Heimstätte kleineren Umfangs an, oder sie suchen die Konfrontation mit den einzigen möglichen Verbündeten.

△ Im Januar 1922 läßt sich Achad Ha'am in Tel Aviv nieder.

◁ Eine Büffelherde badet im Harod.

▽ Im September 1922 wird Hochkommissar Samuel offiziell vereidigt.

1922

△ Überall Zelte der Arbeitsbrigade. An dieser Stelle entsteht Rechavia, ein neuer Stadtteil Jerusalems.

▽ Im Februar 1922 stirbt Aaron David Gordon, eines der großen Vorbilder der Arbeiterbewegung.

△ Ab 1922 werden die Sümpfe in der Jesre'el-Ebene trockengelegt. Die Wasserbüffel müssen jüdischen Siedlungen weichen: Die Ortschaften Ein Harod, Tel Joseph, Geva, Kfar Jecheskel und Beit Alpha entstehen.

DIE DRITTE ALIJA

Am Ende des Ersten Weltkriegs erhält die Einwanderung nach Palästina neue Impulse. Bei einem ansehnlichen Teil der Neuankömmlinge handelt es sich um junge, gutausgebildete Pioniere. Unter dem Einfluß der Russischen Revolution meinen sie, müsse es möglich sein, in Eretz Israel eine neue, zionistisch-sozialistische Gesellschaft zu schaffen, in der Herzls Vision zusammen mit dem Ideal von Gleichheit und Brüderlichkeit verwirklicht würde. Viele Einwanderer sind im Straßenbau beschäftigt. Außerdem tragen sie zur Bildung neuer Gremien und Siedlungsformen bei, etwa des Arbeiterverbandes Histadrut, des Kibbuz und Moschaws und der Arbeitsbrigade.

Die dritte Alija hält vier Jahre an: Zwischen 1919 und 1923 immigrieren 35 000 Juden. In dieser Zeit nimmt auch die Stadt Tel Aviv einen raschen Aufschwung.

△ »Unsere Gemeinde«: eine philosophische Sammlung über die ersten Männer des »Schomer Ha-Tza'ir«, erschienen im Jahre 1922.

◁ Polizistenausbildung in Sichron Ya'akov. Juden melden sich zur britischen Polizei – aber nicht genug, meinen viele im Jischuw.

▷ Einwanderer aus den USA: das Ehepaar Pansk in Tel Aviv. Sie errichten das erste Handels- und Handwerkszentrum der Stadt.

Britische Zeitungen veröffentlichen am 7.5.1922 antizionistische Karikaturen: Pinchas Ruthenberg als russischer Kapitalist. Ruthenberg bemühte sich um eine Konzession für den Aufbau eines Stromnetzes in Palästina.

1923

Januar
1 Die seit Juni 1919 in Jerusalem erscheinende Zeitung »Ha-Aretz« zieht nach Tel Aviv.
17 Anschlag auf den Polizei-Offizier von Jaffa, Tufik Bey. Die Täter sind Mitglieder des Geheimbundes »Ha-Kibbuz«, der der Arbeitsbrigade angeschlossen ist. Das Attentat ist die Vergeltung für Tufik Beys Mitschuld an der Ermordung von Juden bei den Unruhen von 1921.

Der jüdisch-englische Oberstleutnant Frederick Kish tritt sein Amt in der politischen Abteilung der Zionistischen Exekutive in Jerusalem an, in dem er bis 1931 tätig ist.

Se'ev Jabotinsky legt sein Amt in der Zionistischen Exekutive aus Protest dagegen nieder, daß man britischem Druck nachgibt, vor allem, was die Ablösung des östlichen Transjordaniens von Palästina betrifft.

Februar
7–20 Der zweite Kongreß der Histadrut in Tel Aviv. Die Partei Ha-Tnua le-Achdut ha-Awoda hält die absolute Mehrheit, sie stellt 69 von 127 Delegierten.

Professor Albert Einstein besucht Palästina. Er wird mit Ehrerbietung empfangen.
14 Für seine Teilnahme an den Wahlen zum Gesetzgebenden Rat stellt der Nationalrat der Mandatsregierung die Bedingung, die Autonomie der jüdischen Gemeinden zu bestätigen.
16 Der Hochkommissar verspricht den Jischuw-Vertretern, sich für die Erfüllung dieser Forderung einzusetzen.
18 Wahlen zum Gesetzgebenden Rat: Die Juden beteiligen sich, die meisten Araber boykottieren sie.

Februar–April
Langer Streik in der Tischlerei Krinitzi-Goralski in Jaffa. Die Angestellten fordern bessere Arbeitsbedingungen und lehnen Lohnbeschränkungen ab. Die Polizei greift ein, als die Besitzer versuchen, Waren abzutransportieren.

Der Tabakanbau nimmt in der jüdischen Wirtschaft einen immer wichtigeren Platz ein. Die Anbaufläche beträgt bereits mehrere Tausend Dunam.

März
29 Gründung der Elektrizitätsgesellschaft unter der Leitung von Pinchas Ruthenberg.

April–Juni
Gespannte Atmosphäre bei den Beratungen über die Durchführung von Stadtratswahlen in Tel Aviv. Streitpunkte sind der Wahlmodus und die Sabbat-Ruhe. Die Viertel Neve Zeddek und Neve Schalom fordern strenge Sabbat-Vorschriften für das gesamte Tel Aviver Stadtgebiet. Andernfalls wollen sie lieber wieder zu Jaffa gehören.

Mai
19–22 In Degania Alef versammeln sich Vertreter der Kibbuz-Bewegung zu Beratungen über gemeinsame Probleme.
25 Die Engländer verkünden die Einsetzung einer Regierung in Transjordanien. Von nun an herrscht dort Emir Abdullah.
29 Der Hochkommissar teilt mit, wegen des arabischen Widerstands werde die Schaffung des Gesetzgebenden Rates fallengelassen.

Statt dessen soll ein Beratender Ausschuß zusammentreten, in dem acht Muslime, zwei Christen, zwei Juden und zehn Repräsentanten der britischen Verwaltung vertreten sind. Die Araber lehnen auch dieses Organ ab.

Juni
10 Das Elektrizitätswerk in Tel Aviv nimmt seinen Betrieb auf: Wie ein Funkeln liegt das Licht über der Stadt.

Juli
15 Bitterer Streit zwischen Histadrut und Po'el Misrachi über die Verteilung der Arbeit bei einem Neubauprojekt in Tel Aviv, an dem zunächst nur religiöse Arbeiter beteiligt sind. Es kommt zu Schlägereien, und die Arbeiten müssen unterbrochen werden. Schließlich greift die britische Polizei ein. Ein Ausschuß der Jischuw-Gremien legt fest, daß 75% der Arbeitsplätze auf den Baustellen religiösen Arbeitern vorbehalten sind, die Histadrut erhält die übrigen.
16–19 Erster Kongreß der jüdischen Bauern in Petach Tikva.
26 Oper in Tel Aviv: »La Traviata« in hebräischem Gewand. Es dirigiert der Operngründer Moshe Golinkin.

Spaltung des Kibbuz Ein Harod. Die Anhänger der Arbeitsbrigade ziehen in den benachbarten Kibbuz Tel Joseph. Die Histadrut unterstützt dagegen Ein Harod. Der Streit ist Anlaß für die Gründung des Verbandes »Kibbuz artzi«.

Schwere Wirtschaftskrise, weil die Mandatsregierung alle öffentlichen Arbeiten, etwa im Straßenbau, eingestellt hat.

August
4 Histadrut-Sekretär David Ben-Gurion bricht zu einem längeren Besuch in die USA auf, wo er die Histadrut auf einer internationalen Landwirtschaftsausstellung vertritt. Rückkehr nach fünf Monaten.

Die Histadrut bereitet die Gründung von Schulen vor, wo die Kinder im Geiste der Arbeiterbewegung erzogen werden.
6–15 13. Zionistischer Kongreß in Karlsbad / Tschechoslowakei. Eines der zentralen Themen: die Gründung einer Jewish Agency.
29 Neuer aschkenasischer Oberrabbiner in Tel Aviv wird Rabbi Salomon Aaronson, der früher in Kiew und Berlin lebte. Sein sephardisches Pendant ist Rabbi Ben-Zion Chai Usi'el.

Oktober
4 Während sich die zionistischen Parteien und Gremien noch über die Gründung einer erweiterten Jewish Agency streiten, schlagen die Engländer den Arabern die Gründung einer Arab Agency vor. Die Araber lehnen den Vorschlag jedoch ab.

Eine neue Agrarkolonie nahe Tel Aviv: Ir Schalom. Daraus wird später Ramat-ha-Scharon.

November
6–7 Der Nationalrat lehnt die Schaffung einer Arab Agency ab. Er betrachtet den Plan als eine Verletzung der Rechte des hebräischen Volkes, die im Mandatspapier, einem »international verbindlichen Dokument«, festgelegt seien. Gleichzeitig empört er sich darüber, daß der Plan vor den Juden geheimgehalten wurde.
11 Erster »Städterat« der »Haganna«, bei dem die örtlichen Spitzenvertreter der Selbstschutzorganisation zusammentreffen.
26 Angesichts der zunehmenden Arbeitslosigkeit tritt der Nationalrat zusammen, um tageweise Arbeit zuzuteilen.

Dezember
31 Ein Tel Aviver Bürger dringt in das Büro von Bürgermeister Me'ir Dizengoff ein und schlägt ihn. Grund ist ein Streit zwischen ihm und der Stadtverwaltung.

In der zweiten Hälfte des Jahres herrscht große Arbeitslosigkeit, die Zahl der Auswanderer ist gestiegen.

Es sind nur drei neue Orte entstanden: Kfar Gid'on, Mesra und Ramat-ha-Scharon.

Die Zahl der Neueinwanderer: 8175 Personen. In den letzten Monaten des Jahres versiegte die Einwanderung sogar völlig. Ende der dritten Alija.

»La Traviata« in Tel Avivs Oper. Das Ensemble tritt auch in Jerusalem auf.

STÄRKUNG DER HISTADRUT

Ende 1920 wird die Histadrut, der Allgemeine Verband der Arbeiter in Eretz Israel, gegründet. In der Anfangszeit ist die Führung der Histadrut noch recht orientierungslos, doch als David Ben-Gurion Ende 1921 zu ihrem Sekretär bestellt wird, hat der Arbeiterverband seinen Weg gefunden. Innerhalb kurzer Zeit zieht Ben-Gurion zahlreiche Kompetenzen an sich.

1923 ist ein entscheidendes Jahr für die Entwicklung des Verbandes. Zu Jahresbeginn findet seine zweite Tagung statt, auf der die Statuten von Chevrat-Owdim verabschiedet werden.

Chevrat-Owdim wird als »Wirtschaftskorporation unter Aufsicht und Anleitung der Allgemeinheit« definiert und ist Inhaber aller mit Finanzangelegenheiten befaßten Institutionen der Histadrut. Beispielsweise übernimmt sie die Gründungsaktien der Bank ha-Poalim.

Schon 1923 gilt die Histadrut als mächtiges Organ im Jischuw. Sie wird von den Gremien der Zionistischen Weltorganisation als Bevollmächtigte der jüdischen Arbeiter und Pioniere anerkannt, und ihr werden zahlreiche Budgets zur Verfügung gestellt. Selbst Teile des Jischuw, denen sie ideologisch fremd ist, etwa die politische Mitte, bringen der Histadrut Sympathie entgegen: Sie wird als zentrales Organ beim Aufbau der angestrebten nationalen Heimstätte verstanden.

△ Seit dem 1. Januar 1923 erscheint die Zeitung »Ha-Aretz« in Tel Aviv, ein Hinweis auf die zentrale Bedeutung, die die Stadt allmählich erlangt.
Dr. Moshe Glicksson (im Bild) wird zum Chefredakteur ernannt.

▽ Das Rathaus von Tel Aviv am Rothschild-Boulevard.

△ Ein von britischen Soldaten errichtetes Denkmal erinnert an die 1917 bei der Eroberung Jerusalems gefallenen Kameraden.

▷ Im Januar 1923 wird Frederick Kish Leiter der politischen Abteilung der Zionistischen Exekutive in Jerusalem.

1923

△ Skandal am Silvestertag: Der Bürgermeister von Tel Aviv, Me'ir Dizengoff, wird von einem Mitbürger tätlich angegriffen.

▽ 1923 besucht Albert Einstein Dizengoff. Die Tel Aviver begrüßen den Gast voller Begeisterung, die Honoratioren der Stadt lassen sich mit ihm fotografieren.

▷ Emir Abdullah übernimmt im Mai 1923 die Herrschaft im östlichen Transjordanien. Abdullah, der Sohn Husseins, des Scherifen von Hedschas, errichtet in dem weitgehend unfruchtbaren Land ein Emirat, aus dem 1946 ein unabhängiger Staat hervorgeht. Auch nach 1923 regiert der Hochkommissar Palästinas in Transjordanien formal weiter.

△ Skandal um ein Denkmal für Joseph Trumpeldor. Der Bildhauer J. D. Gordon, ein Einwanderer aus den USA, hat in Tel Aviv ein verkleinertes Modell des geplanten Monuments vorgestellt. Es zeigt Trumpeldor mit Löwe, Adler und zwei Kindern. Die Öffentlichkeit ist begeistert, doch findet sich keine Körperschaft zur Finanzierung des Denkmals. Gordon zerstört sein Werk und verläßt das Land.

DIE DRITTE ALIJA

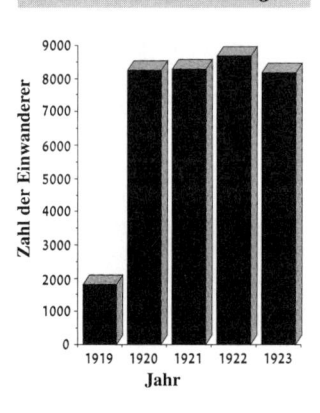

▷ Die Arbeiter erhalten kein Geld für ihre Arbeit, sondern Coupons für die Genossenschaftsläden.

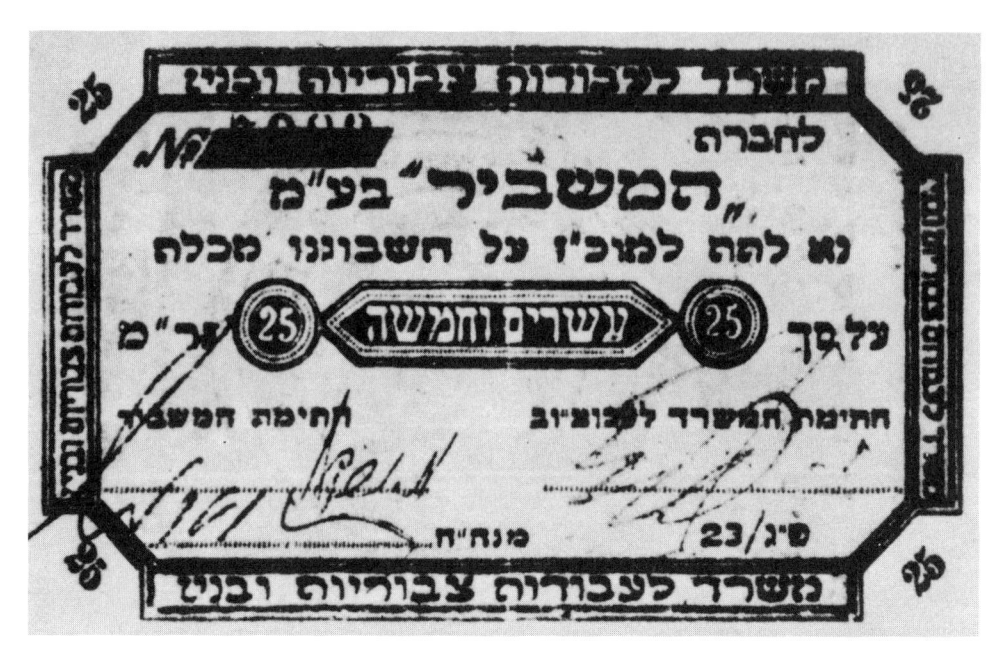

▽ Wohnungsnot in Tel Aviv: Hunderte hausen in Zelten am Strand.

△ Ein neuer, vielversprechender Gewerbezweig: Die an den Tabakanbau geknüpften Hoffnungen sind himmelhoch.

KRISENSTIMMUNG

Nach den Jahren üppiger Blüte setzt 1923 eine Wende zum Schlechteren ein. Überall im Jischuw sind Zeichen des wirtschaftlichen Niedergangs erkennbar: Die Zahl der Arbeitslosen steigt, und immer mehr Juden kehren Palästina den Rücken. Verantwortlich für die Krise sind die Unterbrechung der von den Engländern finanzierten öffentlichen Arbeiten, der verminderte Zufluß von privatem Kapital und die Unfähigkeit der jüdischen Wirtschaft, die vielen Einwanderer ohne private und öffentliche Förderung zu integrieren.

Schlimmer noch als die ökonomische ist die moralische Not, die aus dieser hervorgeht: Die Menschen müssen ihre hochgesteckten Erwartungen auf ein alltägliches Maß herabschrauben. Frustration breitet sich aus, weil die nationale Heimstätte noch immer nicht realisiert ist.

Manch einer glaubt, die Krise sei von den Neueinwanderern verursacht worden. Nicht alle seien Pioniere (Chalutzim) und deshalb nicht zu höchsten Anstrengungen bereit.

1923

DIE ARBEITSBRIGADE SPALTET SICH

Die dritte Alija beschert dem Jischuw auch die Arbeitsbrigade. Diese entwickelt sich zur fortschrittlichsten Kraft in der jüdischen Arbeiterbewegung Palästinas und zum Brennpunkt revolutionärer Ideen. Die Gruppe bildet sich am 25. August 1920, auf den Tag genau ein halbes Jahr nach dem Kampf um Tel Hai. Von diesem dramatischen Ereignis inspiriert ist auch ihr Name: »Brigade für Arbeit und Verteidigung Joseph Trumpeldor«. Später wird aus politischen Erwägungen »Verteidigung« aus dem Namen gestrichen. Die Brigade konzentriert ihre Aktivität auf den Straßenbau und erwirbt sich in kürzester Zeit hohes Ansehen. Die Arbeitsbrigade ist eine Art Kommune, die das gemeinschaftliche Leben pflegt und deren Ideale Opferbereitschaft und der absolute Wille, eine neue, nach dem Gleichheitsprinzip aufgebaute Gesellschaft zu schaffen, sind.

Bei ihrer Gründung umfaßt die Brigade 100 Angehörige. Doch zieht sie rasch viele Pioniere der dritten Alija an, so daß sie schon bald 600 bis 700 Mitglieder zählt. Diese sind sich selbst für Schwerstarbeit nicht zu schade: weder für das Aushauen und Entfernen von Steinen noch für Bauarbeiten in den Städten und Dörfern, Arbeiten im Hafen oder das Verlegen von Eisenbahnschienen.

Ein Teil der Mitglieder, die von Männern der zweiten Alija angeführt werden, setzt sich für die Gründung großer, als Kollektiv organisierter Siedlungen ein. Ende 1921 gründen sie die Kibbuzim Ein Harod und Tel Joseph. Die feste Ansiedlung führt zu Spannungen innerhalb der Arbeitsbrigade. 1923 erreichen die Unstimmigkeiten ihren Höhepunkt, als sich ein Teil der Mitglieder, insbesondere in Ein Harod, von der Brigade abspaltet. Die übrigen Anhänger der Brigade verlassen Ein Harod und ziehen in das nahegelegene Tel Joseph.

In den Jahren danach folgen weitere Abspaltungen. Die Brigade löst sich Ende der zwanziger Jahre auf, und ihre Kibbuzim schließen sich dem Verband Kibbuz me'uchad an.

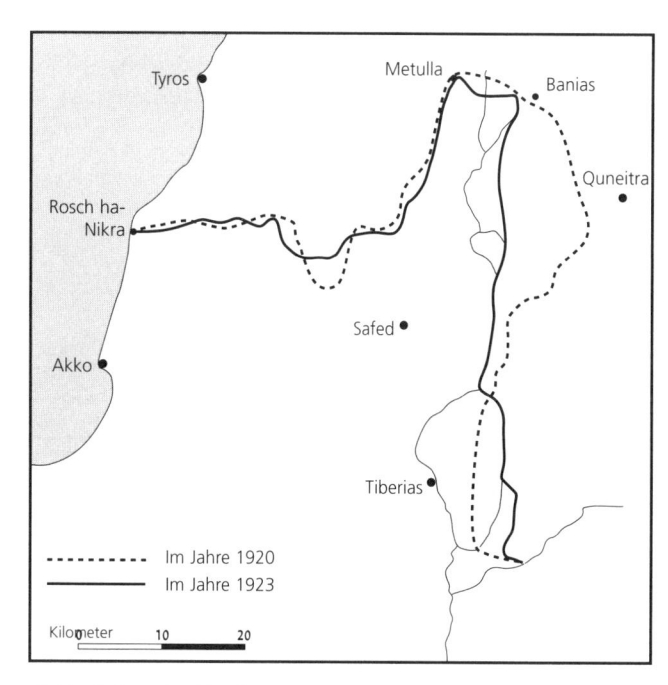

△ Nachdem die Nordgrenze Palästinas drei Jahre lang immer wieder verändert wurde, kristallisiert sich jetzt ihr endgültiger Verlauf heraus. Bis 1923 gehörte ein Teil der Golanhöhen noch zu Palästina.

△ Im Sommer 1923 Einweihung des ersten Kraftwerks in Tel Aviv, das später auf einer Briefmarke verewigt wird.

◁ Nach der Inbetriebnahme des Kraftwerks versammeln sich alle an der Errichtung Beteiligten für ein Erinnerungsfoto. Unten: mit Krawatte und Brille, der Direktor, Pinchas Ruthenberg.

1924

Januar

Ein Spitzenverein des europäischen Fußballes »Ha-Koach Wien«, trifft zu mehreren Freundschaftsspielen in Palästina ein. Es ist der erste Besuch eines Vereins von internationalem Rang. Er siegt mit einer hohen Zahl von Toren.

11 Das Bezirksgericht von Jaffa verurteilt Sha'ul Levy für seinen Angriff auf Me'ir Dizengoff zu einer Geldstrafe von 50 Ägyptischen Pfund oder einem Monat Gefängnis.

13 Me'ir Dizengoff ist davon überzeugt, daß die seinem Angreifer auferlegte Strafe zu gering ist, und gibt seinen Rücktritt bekannt. Erst auf das Drängen zahlreicher Anhänger hin widerruft er ihn.

20 Die ersten Wahlen für den Stadtrat von Tel Aviv. 4202 Wähler stimmen über 41 Kandidaten ab.

27 Historische Begegnung zwischen Vertretern des Jischuw und dem König des Hedschas, Hussein, als dieser bei seinem Sohn Abdullah in Amman weilt. Auf jüdischer Seite sind der Vorsitzende des Nationalrats David Jellin, Frederick Kish als Vertreter der Zionistischen Exekutive und der sephardische Oberrabbiner Ya'akov Me'ir anwesend. Sie legen dem König die zionistischen Pläne dar und betonen, daß sie freundschaftliche Beziehungen zu den Arabern wünschen.

31 Der Stadtrat von Tel Aviv wählt eine Exekutive; Bürgermeister wird wieder Me'ir Dizengoff.

März

Die PICA (Palestine-Jewish Colonisation Association), Nachfolgeorganisation der J.C.A., nimmt ihre Tätigkeit auf. An ihrer Spitze steht James de Rothschild.

26 Der Dichter Chaim Nachman Bialik wandert mit seiner Frau Mania nach Palästina ein. Sie lassen sich in Tel Aviv nieder.

April

8 Großbritannien und Frankreich beenden ihre Differenzen über den Grenzverlauf im Norden. Metulla und Umgebung werden endgültig den Briten zugeschlagen.

Erstausgabe der Zeitschrift »Kirjat-Sefer«, des Organs der Nationalbibliothek, das noch heute erscheint.

Mai

Vermehrte Einwanderung: die vierte Alija.

Die Zeitung »Doar ha-Jom« wirft Arthur Ruppin Verschwendung und Korruption vor.

11–14 Der erste Rat der Allgemeinen Zionisten tritt in Jerusalem zusammen. Beschluß zur Bildung eines »allgemeinen zionistischen Bundes« aller Kräfte der politischen Mitte.

12–20 Tagung der Ha-Tnua le-Achdut ha-Awoda in Ein Harod, auf der beschlossen wird, die Gründung großer Kibbuzim und die Bildung eines »Hebräisch-arabischen Arbeiterbundes« zu unterstützen.

14 Zwischen Ramat-Gan und Petach Tikva entsteht eine Agrarkolonie orthodoxer Juden: Bnei-Brak.

Juni

1–2 Die Histadrut beschließt die Herausgabe einer eigenen Tageszeitung, ihr Chefredakteur ist Berl Katznelson. Außerdem sollen bei Tel Aviv und Haifa Arbeiterviertel gebaut werden.

10 Die juristische Fakultät in Jerusalem verleiht 45 Absolventen, die meisten davon sind Juden, ein Abschlußdiplom.

30 In Jerusalem wird Ya'akov Israel de Haan, führendes Agudat-Israel-Mitglied und erklärter Antizionist, erschossen.

Juli

Das Oberrabbinat berät über den Antrag des galiläischen Beduinenstamms Arab as-Simali, der sich zum Judentum bekehren will.

Die Einwanderungstätigkeit hält an. Die meisten Neuankömmlinge stammen aus Polen. Sie emigrieren wegen der ihnen dort auferlegten Wirtschaftssanktionen. Nach dem für die Sanktionen verantwortlichen polnischen Finanzminister W. Grawski bürgert sich für diese Alija auch der Name Grawski-Alija ein.

August

8 Die »Brigade der Verteidiger der hebräischen Sprache« verurteilt die Alliance-Schule in Tel Aviv, weil sie an Französisch als Unterrichtssprache festhält. Sie ruft die Alliance-Schüler auf, auf eine hebräische Schule zu wechseln.

Oktober

8 Das »Eretz-Israel«-Theater in Berlin entsteht. Die Gründer sind der Regisseur und Leiter der Truppe Menachem Genssin, Miriam Bernstein-Cohen, Michael Gur, Ari Kottai, Joseph Ochsenberg und Menachem Benjamini.

17 Gründung des »Verband der arbeitenden Jugend.«

18 Tagung des zweiten Städterats der Haganna. Erstmals werden Statuten für die Organisation aufgestellt.

25 Die jüdischen Autoren in Palästina schließen sich in einem Schriftstellerverband zusammen.

November

3 Menachem Schenkin, einer der führenden Persönlichkeiten Tel Avivs, kommt bei einem Verkehrsunfall in Chicago ums Leben.

23 Gründung von Herzlija, eines neuen Orts in der Nähe von Tel Aviv.

24 Zusammenstöße in Afulla: Jüdische Handwerker werden von Arabern provoziert. In dem anschließenden Handgemenge wird ein Araber getötet.

Dezember

8 Geburtsstunde des Viertels Bajit ve-Gan im Süden von Jaffa, des heutigen Bat-Jam.

22 Eröffnung des Instituts für Judaistik an der Hebräischen Universität in Jerusalem, die ihren Lehrbetrieb offiziell noch nicht aufgenommen hat.

1924 sind ungefähr 14 000 Juden eingewandert, 70% mehr als im Jahr zuvor.

Moderne Kunst: Re'uven Rubin stellt 1924 im David-Turm in der Jerusalemer Altstadt aus.

1924

▽ Ein Zweig der Landwirtschaft spielt eine immer wichtigere Rolle: die Zitrusplantagen. Im Bild: Familie Reb in ihrem Zitrushain.

▷ »Schafft Steine herbei, keine Minute Zeit dabei verschwendet sei!« singen die Bauarbeiter in Tel Aviv. Von 1924 an ähnelt die ehemalige Gartenstadt zunehmend einer Großstadt.

▽ Ha-Koach Wien, der legendäre jüdische Fußballverein, trifft im Januar 1924 in Palästina ein. Es ist der erste Besuch einer europäischen Spitzenmannschaft. Die Schulen schließen, damit die Kinder die Gäste begrüßen können. Sogar eine Straße wird nach dem mehrmaligen österreichischen Meister benannt. Obwohl Ha-Koach die jüdischen Mannschaften Palästinas haushoch schlägt, steigert er das Ansehen der Juden bei Engländern und Arabern. Obendrein lösen seine beeindruckenden Leistungen eine Welle der Fußballbegeisterung im Lande aus. Rechts ein Willkommensgruß für die Gäste.

EINE NEUE EINWANDERUNGSWELLE

Nach einer Zeit stagnierender Immigration und hoher Arbeitslosigkeit kommt es 1924 zu einer neuen Einwanderungswelle. Diese rührt von der verzwickten Lage der Juden in Polen her, die unter der Politik von Finanzminister Grawski leiden, wegen verschärften Einwanderungsbestimmungen der USA jedoch nicht nach Amerika emigrieren können. Der daraufhin einsetzende Massenzuzug nach Palästina bewirkt hier einen spürbaren Wandel, insbesondere in Tel Aviv, wo sich die meisten Neuankömmlinge niederlassen. Die Einwanderer gehören überwiegend der unteren Mittelschicht an, sind verheiratet und haben Kinder. Die meisten haben keinen zionistisch-ideologischen Hintergrund. Mit der vierten Alija beginnt eine Zeit verstärkter Bautätigkeit, und viele kleine Geschäfte und Handelsbetriebe entstehen.

Doch lassen sich die Neuankömmlinge nicht nur in den Städten nieder. Sie gründen auch Agrarkolonien: Bnei Brak, Herzlija, Ramatajim, Magdi'el und Kfar Chassidim. Afulla, die »Stadt in der Ebene«, entsteht ebenfalls in dieser Zeit.

Aber nicht alle Einwanderer gehören dem Kleinbürgertum an. Unter den 60 000 Neubürgern befinden sich auch Tausende von Arbeitern und Pionieren, die ebenfalls viel zum Aufbau von Tel Aviv beitragen und außerdem Sumpfgebiete urbar machen, Straßen asphaltieren und neue Siedlungen anlegen.

▷ Bei der vierten Alija denkt man vor allem an Tel Aviv, das rapide wächst. In weniger als zwei Jahren verdoppelt sich die Einwohnerzahl der Stadt, die sich hauptsächlich in nördlicher Richtung ausdehnt. Inmitten von Wanderdünen werden erste Häuser des Viertels Tel Nordau errichtet, und um die heutige Ben-Jehuda- und Mendele-Straße. Wichtigstes Transportmittel ist das Kamel.

△ Mitte Mai 1924 entsteht ein neuer Ort zwischen Ramat-Gan und Petach Tikva: Bnei-Brak. Seine Gründer sind orthodoxe Juden aus Polen.

▷ Mit der vierten Alija erleben auch Industrie und Handwerk einen großen Aufschwung. Im Bild eine neue Fabrik für Omnibusersatzteile, die im wachsenden Tel Aviv unverzichtbar geworden sind.

▽ Eines der aufwühlendsten Ereignisse des Jahres ist die Ermordung Dr. Israel de Haans in Jerusalem. De Haan, einer der führenden Männer des alten Jischuw und ein Zionisten-Hasser, wird erschossen. Für sachdienliche Hinweise zur Ergreifung des Täters verspricht die Mandatsregierung eine Belohnung in Höhe von 200 Pfund.

MORD IN JERUSALEM

Dr. Jacob Israel de Haan aus Holland läßt sich 1919 in Jerusalem nieder, wo er bald zur Führung des alten Jischuw gehört. Als junger Mann in Europa zählte er zu den assimilierten Juden und war obendrein Sozialist und Zionist. Doch bekehrte er sich zur Orthodoxie, wurde Mitglied der Agudat-Israel und erklärter Gegner des Zionismus. De Haan ist eine äußerst schillernde Persönlichkeit: Er ist Journalist und Dichter und zudem ein Mann von großem politischen Einfluß. Er tritt als Sprecher der orthodoxen Gemeinde auf, wann immer sie mit der britischen Regierung zu tun hat. Ferner wirbt er um Verständnis für die Anliegen der Araber, was später oft mit seinen homosexuellen Beziehungen zu Arabern erklärt wird.

De Haan erhält wiederholt Drohbriefe. Dennoch setzt er seine verbalen Angriffe auf die Zionisten fort, trifft sich weiter mit führenden Repräsentanten der arabischen Bevölkerung und hält Distanz zu den Organen des Jischuw. Daraufhin beschließt eine kleine Gruppe von Männern der Haganna – ob mit oder ohne Erlaubnis ihrer Vorgesetzten, ist ungeklärt–, seinen Tätigkeiten ein Ende zu setzen. Als de Haan am 30. Juni 1924 die Synagoge verläßt, wird er von unbekannten Tätern erschossen. Dieses Attentat ist der erste politische Mord in der Geschichte des Jischuw. Nach seinem gewaltsamen Tod machen die orthodoxen Juden aus de Haan einen Märtyrer.

△ Grundsteinlegung des Gebäudes der Histadrut in Jerusalem 1924. Auf dem Podium: der 38jährige David Ben-Gurion, der die Histadrut zu einer der wichtigsten und größten Organisationen des Jischuw gemacht hat.

> Unsere Geschichte besteht aus einer ununterbrochenen Folge von Widersprüchen, und jetzt stehen wir vor einem äußerst furchterregenden Widerspruch: Je größer unser Erfolg in Eretz Israel, um so gewalttätiger wird der Widerstand, auf den wir stoßen.
>
> Der Politiker Dr. Chaim Weizmann, 1924

△ Nach langen Auseinandersetzungen zwischen Kfar Gil'adi und Tel Hai werden die Särge Joseph Trumpeldors und seiner Kameraden 1924 von Kfar Gil'adi an einem Ort zwischen beiden Kibbuzim beigesetzt.

▽ Der Verlauf der Grenze im Norden steht endlich fest. Metulla (im Bild der Grenzübergang) liegt endgültig auf dem Gebiet Palästinas.

△ Oscar S. Strauss, ehemaliger amerikanischer Botschafter in Istanbul, schenkt der Nationalbibliothek im Jahre 1924 Hunderte seiner Bücher. Alle tragen diesen Vermerk.

1925

Januar
Die Einwanderungswelle hält unvermindert an. Im Januar treffen 2000 Menschen ein.

Die vielgerühmte Fußballmannschaft »Ha-Koach Wien« kommt zu weiteren Spielen ins Land. Diesmal besiegt sie die englische Auswahl in Jerusalem mit 4:2 und die jüdische in Tel Aviv mit 11:2 Toren.

3 Sämtliche Bauunternehmer Tel Avivs sperren ihre Arbeiter aus – eine Antwort auf die häufigen Streiks.

9 Eröffnung des Technion in Haifa, der ersten akademischen Einrichtung im Land.

17 Der Nationalrat bemüht sich um eine Verlängerung der Amtszeit Herbert Samuels um weitere fünf Jahre.

19 Der Nationalrat bildet die »Kommission der 15«, bestehend aus fünf Arbeiter- und fünf Arbeitgebervertretern sowie fünf Repräsentanten des Nationalrats und der Zionistischen Exekutive. Die Kommission soll die Arbeitsstatuten neu definieren. Ein festgelegter Mindestlohn, ein Vermittlungsverfahren für Arbeitskonflikte und weitere Maßnahmen sollen die Streiks verringern.

März
3 Das »Eretz-Israel«-Theater gastiert in Palästina und führt das in Berlin sehr erfolgreiche Stück »Belsazar« auf.

31 Gründung der Stadt Afulla in der Jesre'el-Ebene.

April
Lord Arthur Balfour, ehemaliger englischer Außenminister und »Vater« der gleichnamigen Erklärung, besucht Palästina. Er nimmt an der Eröffnungszeremonie der Hebräischen Universität in Jerusalem teil.

1 Eröffnungszeremonie der Hebräischen Universität auf dem Skopus-Berg in Jerusalem.

30 Gründung der revisionistischen Bewegung unter dem Vorsitz von Se'ev Jabotinsky in Paris.

Mai
3 Wahlen in Tel Aviv. Die Arbeiterliste erhält 14 der 41 Sitze im Stadtrat und ist damit die stärkste Gruppierung. Sie koaliert mit mehreren kleineren Parteien.

18 Me'ir Dizengoff wird zum zweiten Mal Bürgermeister von Tel Aviv.

21 Ernennung des neuen Hochkommissars für Palästina in London: Feldmarschall Lord Plumer ist 68 Jahre alt.

Juni
1 Erstausgabe der neuen Tageszeitung »Davar«, die das Organ der Histadrut darstellt; Berl Katznelson ist Chefredakteur.

15 Die Mandatsregierung erläßt neue Einwanderungsbestimmungen.

15–16 Dritte Tagung der Abgeordnetenversammlung: Mit einer Mehrheit von 103 gegen 53 Stimmen lehnt sie den zwischen der Zionistischen Exekutive und den Orthodoxen geschlossenen Kompromiß über das Frauenwahlrecht ab. Aus Protest verlassen die Vertreter der Orthodoxen, des Misrachi, die Jemeniten und ein Teil der Sepharden den Saal. Daraufhin löst sich die Abgeordnetenversammlung auf und beschließt Neuwahlen.

16 Die Vertreter der Fraktionen, die den Saal verlassen haben, plädieren für die Auflösung der Abgeordnetenversammlung in ihrer gegenwärtigen Zusammensetzung und für die Schaffung eines neuen Gremiums, in dem die Gruppierungen des Jischuw besser repräsentiert sein sollen.

Einwanderung und Bautätigkeit in Tel Aviv erreichen einen neuen Höhepunkt: Im Juni 1925 treffen 4200 Menschen in Palästina ein; das ist mehr als die Hälfte der gesamten Einwandererzahl des Jahres 1923. Baugenehmigung für 300 Häuser in Tel Aviv.

Juli
2 Im Hinblick auf die Wahlen zur Abgeordnetenversammlung bilden die Parteien der Mitte einen gemeinsamen Block. An der Spitze steht der Bilu-Siedler Menasche Meirowitz.

Abschied in Jaffa: Hochkommissar Herbert Samuel verläßt das Land nach fünf Jahren.

13 Ablehnung des Vorschlages des Misrachi, eine Volksbefragung über die Teilnahme von Frauen an den Wahlen zur Abgeordnetenversammlung durchzuführen. Der Wahltermin wird von Anfang Juli auf den 8. November verschoben.

August
1 Auf einer Tagung der Vertreter verschiedener Sportvereine in Afulla wird die Bildung einer landesweiten Organisation mit dem Namen »Ha-Po'el« beschlossen. Zahlreiche israelische Sportvereine heißen noch heute so.

18–28 14. Zionistischer Kongreß in Wien. In seinem Verlauf entbrennt ein heftiger Streit zwischen den Anhängern kollektiver Ansiedlungsformen und den Befürwortern der Privatinitiative, die auf die Erfolge der größtenteils privatwirtschaftlich orientierten vierten Alija verweisen.

25 Der neue Hochkommissar Lord Plumer trifft in Palästina ein.

September
16 Veröffentlichung eines neuen Regierungserlasses zum Thema Einbürgerung.

Oktober
12 Die Araber unterbreiten dem neuen Hochkommissar ihre Forderungen in bezug auf ihre Stellung im Land.

14 Der Nationalrat akzeptiert die Forderung der Orthodoxen nach einer Volksbefragung über das Frauenwahlrecht. Die Arbeiterabgeordneten enthalten sich der Stimme.

30 Zahlreiche Rabbiner rufen zum Boykott der Volksbefragung auf.

30–31 Versammlung aller für den Ausbau der Siedlungen zuständigen Vertreter von Arbeiterkollektiven und -organisationen in Nahalal. Sie fordern, einen Teil der neuen Siedlungen zusätzlich zu sichern.

November
2 Während die Rabbiner die Teilnahme an der Volksbefragung ablehnen, äußert sich die Leitung von Misrachi und Ha-Po'el ha-Misrachi zustimmend.

7 Erste Tagung der Organisation der Kibbuzim. 101 Teilnehmer vertreten über 2600 Mitglieder.

8 Der Nationalrat sagt die Volksbefragung ab und setzt Wahlen zur zweiten Abgeordnetenversammlung an.

Die Fußballmannschaft des Makkabi Tel Aviv macht Schlagzeilen: Sie besiegt die »Lancers«, das Team des britischen Heeres, mit 12 : 0 Toren.

Dezember
Nach zwei erfolgreichen Jahren: erste Anzeichen eines wirtschaftlichen Abschwungs.

9 Wahlen zur zweiten Abgeordnetenversammlung. 36 767 Wahlberechtigte nehmen teil (Wahlbeteiligung 56,7%) und vergeben 201 Abgeordnetenmandate. Großer Erfolg der Arbeiterparteien, die mit 84 Sitzen mehr als 40% der Mandate erhalten.

Die Orthodoxen sind den Wahlen ferngeblieben. Dagegen sind alle 26 Gruppierungen, die teilgenommen haben, in der neuen Abgeordnetenversammlung vertreten.

15 Der Rat der Arbeitsbrigade entscheidet, Kommunisten auszuschließen.

17 Die Flagge der Hebräischen Brigade wird der Gemeinde der Hurva-Synagoge in der Altstadt Jerusalems zur Aufbewahrung übergeben. Unruhe unter den Arabern.

24 Krise in Tel Aviv: Nach der Annahme des Vorschlags der Arbeiterfraktionen, die Gebühren für den Kindergarten- und Schulbesuch abzuschaffen, gibt Me'ir Dizengoff seinen Rücktritt als Bürgermeister bekannt. Trotz aller Vermittlungsversuche lehnt er es ab, ins Amt zurückzukehren. David Bloch-Blumenfeld wird zu seinem Nachfolger bestellt.

Im abgelaufenen Jahr hat die Einwanderung einen Höchstpunkt erreicht: 34 386 Personen kamen ins Land; das entspricht der Gesamtzahl der Einwanderer der dritten Alija (1919 bis 1923).

Die Gremien der Histadrut-Exekutive sind 1925 von Jerusalem zurück nach Tel Aviv gezogen.

DIE ERSTE UNIVERSITÄT

Die Eröffnung der Hebräischen Universität auf dem Skopus-Berg in Jerusalem am 1. April 1925 ist für den Jischuw ein Ereignis von nationaler Tragweite. Sie bedeutet einen Höhepunkt seiner kulturellen Entwicklung. Die neue Universität ist als Forschungszentrum konzipiert. Sie soll namhafte Wissenschaftler anziehen und zu einem geistigen Mittelpunkt werden. Gleichzeitig ist sie aber auch als Lehranstalt für jüdische Studenten aus aller Welt gedacht. Für den Kultur-Zionisten Achad Ha'am ist die Gründung der Universität die bedeutendste Leistung des Zionismus.

Den feierlichen Aufmarsch anläßlich der Eröffnung der Hochschule führen angesehene Persönlichkeiten des Jischuw und der zionistischen Bewegung an, gefolgt von namhaften Politikern und Professoren, darunter auch ein Vertreter der Universität Kairo. Dutzende von ausländischen Journalisten berichten über das Ereignis.

Ehrengast ist Lord Balfour, der »Vater« der berühmten Balfour-Erklärung. Er hält die Eröffnungsrede. Nach ihm sprechen Allenby, Hochkommissar Herbert Samuel, der Dichter Chaim Nachman Bialik, Dr. Chaim Weizmann und Rabbi Kook.

△ Die jüdische Bevölkerung bereitet Lord Balfour einen ehrenvollen Empfang. Dagegen hissen die Araber anläßlich seines Besuchs 1925 schwarze Fahnen.

▷ Balfour hält bei der Einweihungszeremonie der Hebräischen Universität am 1. April die Eröffnungsrede.

▽ Außerdem nimmt er an weiteren Zeremonien und Grundsteinlegungen teil.

△ »Wie lange noch?« fragt diese Karikatur aus dem Jahre 1925. Gemeint sind die vielen Streiks, vor allem in Tel Aviv.

Die Beziehungen zwischen Arbeitgebern und Arbeitnehmern sind äußerst gespannt. Die Arbeitgeber reagieren auf Streiks mit Aussperrungen.

△ Am 1. Juni 1925 erscheint eine neue Tageszeitung, die dritte des Jischuw: »Davar«, das neue Organ der Histadrut, konkurriert mit »Ha-Aretz« und »Doar ha-Jom«. Chefredakteur ist Berl Katznelson. Schnell steigt »Davar« zur meistgelesenen Zeitung im Land auf. Ihre Vormachtstellung kann sie jahrelang behaupten.

◁ Immer mehr Juden strömen ins Land, manche kommen sogar zu Fuß. Diese sechs Pioniere haben sich unterwegs fotografieren lassen: bei einem Abstecher zum 14. Zionistischen Kongreß in Wien.

STREIT ÜBER DIE ZUKUNFT DER SIEDLUNGEN

Auf dem 14. Zionistischen Kongreß, der im August 1925 in Wien stattfindet, bricht angesichts der Positionskämpfe und starken Spannungen im Jischuw heftiger Streit aus. Wie soll es in Eretz Israel weitergehen, welche Grundlinie sollen die Zionisten verfolgen? Die Vertreter des Mittelstandes lehnen den sozialistisch geprägten Dirigismus ab und verweisen stolz auf den Sieg des »kleinbürgerlichen Zionismus«, dem der Jischuw seit Beginn der vierten Alija eine nennenswerte Blüte zu verdanken habe. Sie greifen die Arbeiterbewegung mit dem Argument an, deren kollektivistische Siedlungsformen seien zum Scheitern verurteilt. Die Arbeiter äßen das »Gnadenbrot« der Gesellschaft.

Aus Protest gegen diese Polemik tritt Dr. Arthur Ruppin von seinem Amt als Leiter der für das Siedlungswerk verantwortlichen Abteilung zurück. Chaim Weizmann, Präsident der Zionistischen Weltorganisation, beeilt sich zu schlichten. Er lobt die Pioniere und Arbeiter: Schließlich investierten sie ihre ganze Kraft in ein Leben voller Mühsal, um ein verödetes Land wieder fruchtbar zu machen.

Trotz der stürmischen Auseinandersetzungen geht der Kongreß mit einer erneuten Bestätigung der traditionellen Haltung der Zionistischen Weltorganisation zu Ende: volle Unterstützung für die kollektiven Siedlungsformen.

TEL AVIV BOOMT

Mit der vierten Alija wächst Tel Aviv schneller denn je zuvor. Jeden Monat lassen sich in der Stadt Tausende von Neueinwanderern nieder. Sie erwerben Grund, bauen neue Wohnhäuser und kurbeln mit ihrem Konsum die Wirtschaft an. Ganze Stadtviertel werden aus dem Boden gestampft, und die Grundstückspreise steigen in schwindelerregendem Tempo. Die Stadt wächst in nördlicher Richtung, die Sanddünen weichen und machen »einem Kleid aus Beton und Mörtel« Platz. Auch das Geschäftsleben blüht auf. In der Stadt werden kleine Hotels, Läden, Restaurants und viele Kioske eröffnet.

Die Entscheidung, keine mehrstöckigen Häuser in der Stadt zu bauen, wird bald revidiert. Anstelle der einstigen Gartenvorstadt von Jaffa entwickelt sich eine Großstadt.

Ende 1925 leben 40000 Menschen in Tel Aviv, doppelt so viele wie Anfang 1924.

△ Häuser in Tel Aviv aus der Zeit der vierten Alija: die »Pagode«.

▷ Der 1. Preis in der Lotterie der Schokoladenfabrik Ra'anan ist 1/2 Morgen Land.

▽ Hoher Besuch in Tel Aviv: Baron Rothschild auf dem Balkon des Rathauses.

1925

◁ In Tel Aviv blüht die Kultur. Einer der herausragenden Geister ist der junge Dichter Abraham Schlonsky. Hier auf einer Zeichnung von Ziona Tadscher.

▽ Die Achse der Zukunft: Afulla, nach dem Entwurf Richard Kaufmanns. Die jiddische Überschrift besagt: »Afulla, die größte Stadt in Eretz Israel«.

עפולה—"די גרעסטע שטאָט אין ארץ ישראל"

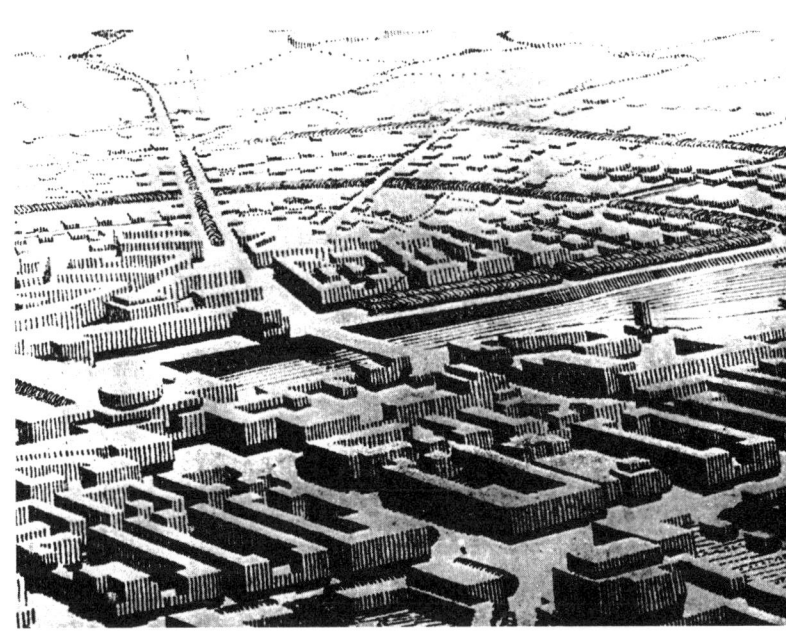

◁ Auch die Agrarkolonien profitieren von dem Aufschwung, den die vierte Alija verursacht hat. Irene Lanzett mit ihren Kindern gehört zu den ersten Einwohnern Herzlijas. Die Tochter Batia (links) wird später Theaterschauspielerin.

△ Ein weiterer Ort, der nun schnell expandiert: Ra'anana. Im Bild Mitglieder der Familie Parsol. Sie gehörten zu den ersten Einwohnern des Ortes – hier mit dem Familienfahrzeug.

137

1926

Januar
12–15 Die erste Sitzung der neugewählten Abgeordnetenversammlung. Wahl eines 38köpfigen Nationalrates.
25 Der Nationalrat lehnt die Verlegung des Sitzungsortes von Jerusalem nach Tel Aviv ab.

Februar
14 Die Mandatsregierung strukturiert Sicherheitskräfte um. Die Polizei, in der auch Juden zu finden sind, wird aufgelöst. An ihre Stelle tritt das Grenzkorps von Transjordanien, dem keine Juden angehören. Organe des Jischuw protestieren gegen den Ausschluß der Juden aus den Sicherheitskräften.
25 Das »Eretz Israel«-Theater gastiert mit »Der Dybbuk« von Ansky. Die Reaktionen sind gemischt, meist aber negativ.
25–27 Auf der Tagung der jüdischen Schriftsteller in Palästina wird die Einrichtung eines Fonds für die Förderung der hebräischen Literatur und die Gründung eines Verlages beschlossen.
27–28 Das Purim-Fest wird in Tel Aviv mit einem Umzug begangen.

Im Herbst 1926 verschärft sich die Arbeitslosigkeit in der jüdischen Wirtschaft, besonders in Tel Aviv. Die Blütezeit (1924–1925) ist vorbei.

März
5 Hochkommissar Plumer gestattet der Elektrizitätsgesellschaft, Flußwasser zur Stromerzeugung zu nutzen.
24 Eröffnung der Frühjahrsmesse in Tel Aviv. Aussteller sind Unternehmen aus Palästina und Nachbarländern.
25 Künstler stellen im David-Turm in Jerusalem aus. Der Erlös der verkauften Werke ist für den Jüdischen Nationalfonds bestimmt.

Erste Schritte zur Schaffung eines Verbandes, der zur jüdisch-arabischen Verständigung beitragen soll. Sein Name: Brit Schalom (»Friedensbund«). Zu den Gründern zählen Dr. Arthur Ruppin, Chaim Klovrisky-Margalit und Jehuda Leib Magnes.

April
Überall im Land finden Protestkundgebungen wegen der Diskriminierung der Juden in den Sicherheitskräften der Mandatsregierung statt.

Lehreraustausch zwischen Palästina und Ägypten: Jüdische Lehrer besuchen Ägypten, und ägpytische kommen nach Eretz Israel.

Verschärfung der Wirtschaftskrise, Zunahme der Arbeitslosigkeit.
1 »Tag des hebräischen Buches« in Tel Aviv mit Verkaufsständen auf den Straßen und einem abwechslungsreichen Begleitprogramm.
2 Gründung der »Sozialistischen Jugend«. Sie hängt mit der Linkspartei Ha-Tnua le-Achdut ha-Awoda zusammen.
19 Demonstration von Arbeitslosen vor dem Tel Aviver Rathaus. Es kommt zu Zusammenstößen mit der Polizei.

Mai
4 Tausende begleiten die sterblichen Überreste Max Nordaus, des bekannten Zionistenführers und frühen Weggefährten Herzls, auf seinem letzten Weg zum Friedhof von Tel Aviv. Der Jischuw trauert.
26 Der Nationalrat beschließt, einen Fonds zur Linderung der Wirtschaftskrise einzurichten.
29 Die Streitigkeiten in der Arbeitsbrigade nehmen zu: Der Rat der Brigade tritt zusammen. Im Brennpunkt: der Linksruck eines Teils der Mitglieder, die die gegenwärtige Entwicklung des Zionismus ablehnen.

Juni
7 Drei polnische Neueinwanderer stürmen die »Ha-Aretz«-Redaktion und verprügeln Chefredakteur Moshe Glicksson. Sie behaupten, einige seiner Artikel hätten die Alija aus Polen beleidigt. Aufruhr im Jischuw. Zwei Angreifer erhalten eine kurze Freiheitsstrafe.
30 Erbitterter Streit zwischen den Kibbuzim Kfar Gil'adi und Tel Hai, weil die Einwohner von Tel Hai aus der Arbeitsbrigade austreten wollen. Kfar Gil'adi fordert die Vereinigung beider Kibbuzim. Die Histadrut-Exekutive stellt sich auf die Seite Tel Hais, das seine Unabhängigkeit bewahren will.

Juli
2 Der Oberste Gerichtshof in Jerusalem berät über eine Klage der Hausbesitzervereinigung in Tel Aviv. Diese fordert die Aufhebung aller Befugnisse des »linken« Tel Aviver Stadtrates, weil er nicht rechtmäßig gewählt worden sei. Empörung in der Stadt.
11 Einweihung der Landstraße von Akko nach Safed, die eine erhebliche Abkürzung darstellt. Zuvor wurde der Verkehr über Tiberias und Rosch Pina geleitet.
23 Erstausgabe von »Ktuwim«, dem Organ des Schriftstellerverbandes. Chefredakteur ist Eli'eser Steinman.
29 Die Spannungen zwischen der »Rechten« (Hausbesitzervereinigung) und der politischen Mitte und Linken in Tel Aviv nehmen zu: Der Oberste Gerichtshof hat zugunsten der Hausbesitzer entschieden. Nur wer Steuern zahlt, darf an den Wahlen zum Stadtrat teilnehmen.

August
Kfar Gil'adi schließt all jene Kibbuz-Mitglieder aus, die für die Vereinigung mit Tel Hai sind.

Der Konflikt in der Arbeitsbrigade verschärft sich.

Wegen der Wirtschaftskrise wandern immer mehr Juden aus. Hunderte verlassen jeden Monat das Land.
31 Die Histadrut-Exekutive berät über die Tätigkeit von »Ha-Kibbuz«, einem illegalen Verteidigungsorgan der Arbeitsbrigade.

September
»Plan der Tausend«: Die Arbeiterbewegung schlägt vor, tausend Arbeiter in neuen Orten anzusiedeln und so dem Kolonisationswerk neuen Schwung zu geben. Der Erfinder des Plans ist der spätere israelische Premierminister Levy.

Oktober
11 Der Nationalrat fordert von der Mandatsregierung die Aufnahme einer jüdischen Einheit in das Grenzkorps. Neues Gesetz über die Teilnahme an Gemeindewahlen: Wer wählen oder gewählt werden will, muß auch Steuerzahler sein. Zudem sollen die Wahlen für Juden, Muslime und Christen getrennt durchgeführt werden. Die Jischuw-Gremien verlangen Änderungen, um Juden die Teilnahme zu erleichtern. Allerdings gilt das neue Wahlgesetz nicht für Tel Aviv, das über eigene Bestimmungen verfügt.
30 Der Rat der Arbeitsbrigade berät über die Zukunft der »Linken« in der Brigade.

November
5 Erste Tagung der Revisionisten unter dem Vorsitz von Se'ev Jabotinsky.
10 Me'ir Dizengoff, ehemaliger Bürgermeister von Tel Aviv, wird Leiter der Abteilung für Handel und Industrie in der Zionistischen Exekutive.

Dezember
5 Wahlen zum dritten Stadtrat von Tel Aviv. Die Liste der Histadrut erhält 15 der 41 Sitze und nimmt Koalitionsverhandlungen auf.
13 Die Tel Aviver protestieren, weil ihnen das Recht auf Wahlbeteiligung in Jaffa genommen wird.
15–17 Spaltung der Arbeitsbrigade. Der linke Flügel wird ausgeschlossen.
19 Der Stadtrat von Tel Aviv schließt sich den Protesten gegen die Aufhebung des Wahlrechts der Tel Aviver bei den Gemeindewahlen in Jaffa an.
26 Wahlen zum dritten Histadrut-Kongreß. Die Ha-Tnua le-Achdut ha-Awoda erzielt die absolute Mehrheit (53,2%). Die zweitstärkste Partei, Ha-Po'el Ha-Tza'ir, bekommt dagegen nur halb so viele Stimmen wie die Rivalin: 26,7%.

Während des zurückliegenden Jahres hat die Siedlungsbewegung in der Jesre'el-Ebene neuen Aufschwung erhalten, vor allem im Westteil der Region. Zahlreiche Kibbuzim und ein Moschaw wurden gegründet.

1926 sind 14 000 Personen eingewandert, zugleich haben aber Tausende das Land verlassen – wegen der Wirtschaftskrise.

1926

▷ Der Jahresbeginn steht noch ganz im Zeichen des Aufschwungs. Symbol dafür ist der Bau des ersten Luxushotels in Tel Aviv: das »Platin«. Es heißt, der Hotelbau wachse genauso schnell wie die Stadt. Und wenn er fertiggestellt sei, werde er sogar einen Aufzug besitzen. Das Hotel wird noch 1926 eröffnet (rechts), doch hat zu diesem Zeitpunkt bereits die große Krise begonnen, die mehrere Jahre anhalten wird.

Palestine Railways

Daily Trains between PALESTINE and EGYPT

affording through communication with SYRIA, TRANSJORDANIA and BAGHDAD

Frequent freight train services to all parts at lowest goods rates

ADVERTISING SPACES TO LET

Valuable sites for commercial and industrial development available throughout the system

Full particulars on application to the Superintendent of the Line, Haifa Station

R. B. W. Holmes,
General Manager.

◁ Die Eisenbahn befördert Reisende innerhalb Palästinas und ins Ausland.

▽ Am 1. April 1926 findet in Tel Aviv der erste »Tag des Buches« statt. Vorläufer der heutigen israelischen Buchmesse.

NEUE IMPULSE FÜR DIE JESRE'EL-EBENE

Als die vierte Alija zu Ende geht, leidet darunter hauptsächlich der urbane Sektor, der dank der massiven Einwanderung aufgeblüht ist. Den Agrarbereich berührt die einsetzende Krise nur in geringem Maße.

Im Winter 1926/27, als sich die Situation in den Städten verschärft, nimmt die Zionistische Exekutive ein umfassendes nationales Siedlungsprojekt in Angriff und sorgt somit für den Bau acht zusätzlicher Ortschaften, überwiegend Kibbuzim und Moschawim, in der westlichen Jesre'el-Ebene. Man hat aus früheren Siedlungsgründungen gelernt, so daß Planung und Ausführung diesmal sehr viel effizienter sind. Im Rahmen dieses Unternehmens, auf das der Jischuw und die Zionistische Bewegung noch Jahre später stolz zurückblicken werden, wird es in der Ebene 23 Ortschaften geben, rund ein Viertel aller Agrarkolonien Palästinas.

◁ Ein Neuling in der Jesre'el-Ebene: Alexander Seid aus Tel Hai läßt sich in Scheich Avrik nieder.

▽ Die Schule in Nahalal ist in einer Baracke untergebracht. Zum Lagern der Ernte baut man dagegen feste Speicher aus Beton.

△ Ein neuer Ort in der westlichen Jesre'el-Ebene: Mischmar ha-Emek. Gleichzeitig entstehen sieben weitere Siedlungen.

1926

◁ Auch in Herzlija wird ein Sumpfgebiet trockengelegt. Die Besucher stehen vor der Öffnung eines Tunnels, durch den das Sumpfwasser ins Meer abfließt.

▽ 1926 geht das Trockenlegen der Sümpfe mit vollem Tempo voran. Hier entwässert eine Gruppe von Arbeitern ein Sumpfgebiet in der Sevulon-Ebene.

◁ Grunderwerb und Ansiedlung in der Jesre'el-Ebene haben für die Zionisten weiterhin Priorität. Der Aufruf in Hebräisch, Jiddisch und Polnisch fordert die Juden in Polen auf: »Kommt und erlöst die Ebene!« In der Region entstehen in den zwanziger Jahren Dutzende Ortschaften.

△ Das »Zahnvehikel«, eines der Wunder jener Zeit: Dr. Yitzhak Rosenbaum hat sich in einem Wagen eine fahrbare Zahnarztpraxis eingerichtet. Damit begibt sich der Zahnarzt von Ort zu Ort und behandelt seine Patienten. Man beachte die junge Frau in der Bildmitte: Anscheinend hat der Arzt ihr gerade einen Zahn gezogen. Auch für den Patienten auf dem Stuhl ist die Behandlung kein Vergnügen. Der Kutscher auf dem Maultier wartet.

141

▽ 1926: Wegen der ständig wachsenden Arbeitslosigkeit – aber auch aus national motivierten Erwägungen – verlangen die Juden, zum Dienst in Polizei und Grenzkorps zugelassen zu werden. Im Bild eine Demonstration von »jungen Bergjuden«. Sie klagen darüber, daß die Tscherkessen eingezogen, sie selbst dagegen abgewiesen werden.

> Gewiß waren wir froh über diese Einwanderungswelle, denn sie ließ die jüdische Bevölkerung in Palästina weiter wachsen. Die ungesunden Begleitumstände der Einwanderung aber lehnten wir ab. Uns mißfiel das Wohlstandsdenken, um deretwillen ein Jude, der einige tausend Pfund mitbrachte, es nicht als nötig erachtete, eine Farm oder eine Fabrik aufzubauen, sondern sein Kapital zum Spekulieren mit Immobilien nutzte.
>
> Berl Katznelson, 1926.

VON DER BLÜTE ZUM NIEDERGANG

Die Wirtschaftsblüte in den ersten Jahren der vierten Alija rührt insbesondere von der Einfuhr von Privatkapital her. Dafür verantwortlich sind vorwiegend Angehörige des Mittelstandes, die im übrigen davon überzeugt sind, daß die zionistischen Institutionen auch Privatinitiative unterstützen sollten, statt stets die Arbeiter zu begünstigen. Die Arbeiterparteien ihrerseits beobachten die mittelständischen Einwanderer mit Skepsis. Sie fürchten, der Charakter des Jischuw könne sich zu sehr verändern und die sozialistisch-zionistischen Werte würden verlorengehen.

Als sich der Zufluß jüdischen Kapitals aus Polen verringert und die Landeswährung an Wert verliert, stolpert die Wirtschaft des Jischuw in eine Krise, die zur Verarmung zahlreicher Angehöriger der vierten Alija führt. Sie verlieren viel Geld, und zahlreiche Unternehmen geraten in Schwierigkeiten und machen Bankrott. Das dadurch entstehende Chaos und Gefühl der Unsicherheit treibt die negative Entwicklung weiter voran. Die Banken geben weniger Kredite, was die Wirtschaftstätigkeit zusätzlich drosselt. Die Folge sind Entlassungen und eine steigende Arbeitslosenzahl.

Der jüdischen Wirtschaft fällt die Eingliederung so vieler Neueinwanderer in derart kurzer Zeit schwer. Noch existieren im Jischuw nicht genügend Erwerbsmöglichkeiten.

▽ Hohe Arbeitslosigkeit: Für Arbeiter wird das Eintrittsgeld ins Bezalel-Museum von zwei ägyptischen Groschen auf einen gesenkt.

△ 1926 endet die Amtszeit von Symes R. Stores als Gouverneur Jerusalems. Hier mit Rabbi Katroni aus Petach Tikva beim Schach.

1926

△ Ideologische Konflikte überschatten das Leben in den jüdischen Ortschaften Obergaliläas. Der Kibbuz Kfar Gil'adi (im Bild) will sich mit dem benachbarten Kibbuz Tel Hai vereinigen, doch dessen Mitglieder wehren sich dagegen und erhalten Unterstützung von der Histadrut. Als die Leute aus Kfar Gil'adi die Orte gewaltsam vereinigen wollen, schließt die Histadrut sie aus ihren Reihen aus und kündigt ihre ärztliche Betreuung auf. Schließlich einigt man sich auf einen Kompromiß.

▽ Im Hause des Volkes in Tel Aviv wird ein Kino eröffnet. Der Eintritt kostet zwei Groschen.

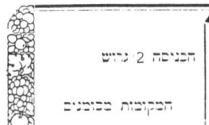

▽ 1926 läßt die Einwanderung aus Polen nach. Grund ist die dortige Wirtschaftskrise. Abraham Stern läßt sich trotzdem in Palästina nieder.

▷ Einweihung des »Roten Hauses«, des Gebäudes des Arbeiterrates am Strand von Tel Aviv. Heute steht hier das »Sheraton«-Hotel.

1927

Januar

2 Tod des Schriftstellers und Publizisten Achad ha'am.
9 Die Mitglieder des Kibbuz Kfar Gil'adi werden wieder in die Histadrut aufgenommen.
16 Gründung des Jugenddorfes Ben-Schemen östlich von Lod.
17 Unterzeichnung eines Abkommens zwischen Dr. Chaim Weizmann und Louis Marshal, einem der führenden Männer der nichtzionistischen Juden in den USA, über die Gründung einer Jewish Agency. Entsendung einer Expertendelegation nach Palästina: die Agency-Kommission.
26 David Block-Blumenfeld, Kandidat auf der Histadrut-Liste und bis dahin stellvertretender Bürgermeister von Tel Aviv, wird an die Spitze der Stadt gewählt. Histadrut-Liste und die vereinigten Zentrumsparteien koalieren. Israel Rokeach und Abraham Lerner werden stellvertretende Bürgermeister.
Verschärfung der Krise in der Arbeitsbrigade. Die Histadrut erklärt, sie erkenne lediglich die Mehrheit innerhalb der Brigade an. Die Mitglieder der kommunistischen Fraktion werden ausgeschlossen.

Februar

8 Vertreter der politischen Rechten, darunter die Hausbesitzer- und die Bauernvereinigung, treten in Tel Aviv zusammen, um eine Dachorganisation mit dem Namen Nationale Bürgervereinigung zu gründen.
16 Streik in der Streichholzfabrik in Akko. Jüdische wie arabische Arbeiter nehmen daran teil. Während der viermonatigen Arbeitsniederlegung ereignen sich Zusammenstöße zwischen Streikenden und der Polizei.

März

10 Hunderte von erwerbslosen Arbeitern demonstrieren vor den Büros der Zionistischen Exekutive in Jerusalem. Es kommt zu Handgreiflichkeiten und Schlägereien.
17 Zur Wirtschafts- und Gesellschaftskrise im Jischuw bemerkt die arabische Zeitung »Filastin«: »Jetzt besteht kein Zweifel mehr am Bankrott des zionistischen Unternehmens, dem einst so leuchtenden Stern am Firmament der jüdischen Welt.«

April

1 Die Kibbuzim des Schomer Ha-Tza'ir mit ihren Schulungsgruppen gründen in Haifa eine landesweite Organisation mit dem Namen »Kibbuz artzi«.
5 Wahlen zum Jerusalemer Stadtrat. Obwohl die Juden die Mehrheit der Bevölkerung der Stadt stellen, billigt das Wahlgesetz ihnen nur vier, den Arabern dagegen acht Vertreter zu. Zum Bürgermeister wird Radschib Naschaschibin gewählt. Seine Stellvertreter werden Chaim Salomon und Jacob Faradsch, ein Christ.
11 Der Nationalrat beschließt, die Formulierung von Arbeitsstatuten zu beschleunigen, um die zahlreichen Arbeitskonflikte im Jischuw zu lösen.
21 Die Brigade der Verteidiger der hebräischen Sprache tagt in Tel Aviv. Vorträge über die Gefährdung des Hebräischen durch fremde Sprachen, vor allem durch das Englische und Jiddische.
24 Gründung der revisionistischen Bewegung »Betar«.
25 In Jerusalem zeigen sich erste Anzeichen, daß die Krise zu Ende geht. Große Bauprojekte werden in Angriff genommen, etwa die Errichtung der Nationalbibliothek auf dem Skopus-Berg und die Verbesserung der Infrastruktur in den Geschäftsgegenden.

Mai

1 In Tel Aviv Eröffnung von »Kumkum«, dem ersten satirischen Theater des Jischuw.
5 Die Brigade der Verteidiger der hebräischen Sprache protestiert gegen den Gebrauch des Jiddischen beim Palästina-Besuch der bekannten Schriftsteller Peretz Hirschbein und Schalom Asch.
27 Zwei jüdische Kandidaten werden in den Stadtrat gewählt: Me'ir Dizengoff und Chaim Mutro.
31 In Magdi'el bei Tel Aviv wird die Organisation nationaler Landwirte gegründet. Sie ruft die Bauern auf, nur jüdische Arbeiter zu beschäftigen.

Juni

Das Bauunternehmen der Histadrut, Solel Boneh, geht pleite. Wieder verlieren viele Arbeiter ihre Existenzgrundlage.

Juli

5–22 Dritte Tagung der Histadrut in Tel Aviv. Sie steht im Zeichen der Krise der vierten Alija. Arbeitslosigkeit und Auswanderung sind die zentralen Themen. Trotz der Befürchtungen vieler nimmt die Tagung ein harmonisches Ende.
11 Ein starkes Erdbeben erschüttert Palästina: 200 Tote und circa 1000 Verletzte. Große Zerstörungen in arabischen Städten und Dörfern, insbesondere in den Gebirgsgegenden.

August

1 Wahlen zum 15. Zionistischen Kongreß. Die Arbeiterparteien erringen die absolute Mehrheit.
Baubeginn des Wasserkraftwerks in Naharajim.
5 Die Bewegung »Kibbuz Ein Harod« und weitere Kibbuzim gründen eine neue Körperschaft: »Ha-Kibbuz ha-me'uchad«.
8 Einweihung eines Saales für das »Eretz Israel«- Theater in Tel Aviv.

September

1–11 Der 15. Zionistische Kongreß tritt in Basel zusammen. Er steht ganz im Zeichen der schweren Krise des Jischuw. Bildung einer verkleinerten Zionistischen Exekutive in Jerusalem, bestehend aus Frederick Kish, Harry Sacher und Henrietta Szold.
20 Eröffnung einer großen, von der Mandatsregierung veranstalteten Landwirtschaftsschau in Haifa. Vorgestellt werden Produkte aus den jüdischen Siedlungen.
Mehrere Dutzend Mitglieder des linken Flügels der Arbeitsbrigade wandern in die UdSSR aus.

November

1 Freudentag: Palästina bekommt eine eigene Währung.
12–13 Der Rat der Ha-Tnua le-Achdut ha-Awoda wählt eine Kommission, die mit dem Ha-Po'el Ha-Tza'ir über einen Zusammenschluß beider Parteien verhandeln soll. Zwei Jahre später münden die Gespräche in die Gründung der »Mapai«-Partei.
25 Der Rat der Arbeitsbrigade beschließt die Durchführung einer Mitgliederbefragung über einen Beitritt zum »Kibbuz ha me'uchad«.

Dezember

15–16 Schlimmer Zwischenfall in Petach Tikva: Die Arbeiter fordern, nur Juden sollten bei der Ernte beschäftigt werden. Sie blockieren den Zugang zu den Plantagen und Feldern. Daraufhin rufen die Bauern die Polizei. Bei den anschließenden Handgreiflichkeiten werden viele Arbeiter verletzt, andere verhaftet. Proteste im ganzen Jischuw und Verurteilung der Bauern.
28 Die in Petach Tikva Verhafteten werden zu Freiheitsstrafen zwischen zwölf Tagen und einem Monat verurteilt.
1927 ist die Einwanderung rapide zurückgegangen: nur 2700 Juden kamen ins Land, 5000 wanderten aus.

Eine »Allgemeine Landwirtschaftsschau« unter der Schirmherrschaft des britischen Hochkommissars findet im September 1927 in Haifa statt.

DIE ERDE BEBT

Am 11. Juli 1927 erzittert das Land. Ein schweres Erdbeben, das nur sieben Sekunden dauert, tötet zahlreiche Menschen und richtet schweren Schaden an. An diesem Tag weht ein heißer Wüstenwind, und die von Panik ergriffenen Menschen stürzen aus ihren wankenden Häusern. In Windeseile verbreiten sich Gerüchte über eine entsetzliche Katastrophe mit Hunderten von Verletzten und Toten. Augenzeugen berichten von schwankenden Wassertürmen, vom Einsturz mehrstöckiger Häuser und von einem gewaltigen Aufbrausen des Toten Meeres.

Am Ende des Tages zählt man 192 Tote und 923 Verletzte. Die heftigsten Schäden sind in den Bergen zu verzeichnen, wo überwiegend Araber wohnen. In Nablus ist über ein Drittel der Häuser zerstört, in Lod und Ramla sind ganze Straßenzüge verwüstet.

Eine Woche später erschüttern Nachbeben die Region, die jedoch keinen weiteren Schaden verursachen.

Bei den Rettungs- und Aufbauarbeiten leistet die jüdische Bevölkerung den Arabern aktive Hilfe. Tel Aviv erklärt sich zur Partnerstadt von Nablus und stellt Rettungsmannschaften und Hilfsgüter zur Verfügung. Me'ir Dizengoff begibt sich persönlich in die zerstörte Stadt, und der amerikanisch-jüdische Philanthrop Nathan Stuart schickt eine Sonderspende in bar. Die Unterstützung der jüdischen Bevölkerung kommt für die Araber so überraschend, daß eine der arabischen Zeitungen erklärt, zum Zeichen des Dankes werde sie an diesem Tag kein kritisches Wort über Juden verlieren. Dagegen wird die Schwäche und Gleichgültigkeit der arabischen Staaten heftig kritisiert.

▽ Unter den beschädigten Gebäuden: die große Kirche auf dem Ölberg. Auch das Augusta-Victoria-Gebäude, der Sitz von Hochkommissar Plumer, ist betroffen.

△ Das Erdbeben, das Palästina im Juli 1927 heimsucht, trifft vor allem die von Arabern bewohnten Bergregionen. Die Altstadt von Jerusalem erleidet schwere Schäden.

EINE WÄHRUNG FÜR PALÄSTINA

Viele Generationen haben in Palästina ohne eigene Währung gelebt. Die Eroberer kamen und gingen, und jeder brachte die Münzen und Geldscheine seines Landes mit.

Das ändert sich erst mit den Engländern, doch erst 1917. Bis dahin ist ägyptisches Geld das gültige Zahlungsmittel.

Im Herbst 1927 gibt Hochkommissar Lord Plumer die Einführung des palästinensischen Pfundes bekannt. Ein Pfund ist in 1000 Mil unterteilt. Es werden Münzen im Wert von 1 beziehungsweise 2 Mil aus Kupfer geprägt, 5-, 10- und 20-Mil-Münzen aus einer Nickel-Kupfer-Legierung und 50- und 100-Mil-Münzen aus einer Silberlegierung.

Außerdem gibt es Geldscheine, der kleinste im Wert von einem halben Pfund. Alle Münzen und Geldscheine sind in den drei offiziellen Landessprachen beschriftet: Englisch, Arabisch und Hebräisch. Am 30. Oktober schließen alle Banken für zwei Tage, und als sie am 1. November wieder öffnen, tauschen sie ägyptisches Geld in die neue Währung um.

Die Mandatswährung wird noch über die 1948 stattfindende Gründung des Staates Israel hinaus gültig bleiben, nämlich so lange, bis die israelische Regierung eine eigene Währung schafft.

▷ Rechts: Pinchas Ruthenberg spendet den ersten 50-Pfund-Schein dem Jüdischen Nationalfonds, laut Notiz auf der Banknote.

▽ Unten: 1 Groschen (10 Mil).

▽ Im Mai 1927 eröffnet das erste satirische Theater, »Kumkum« (Kaffeekanne).

▷ Am 2. Januar stirbt Achad Ha'am. Hier ein Porträt des Dichters.

1927

△ Vom Auto aus eröffnen sich der jüdischen Jugend völlig neue Perspektiven. Hier eine Gruppe von Schülern des Herzlija-Gymnasiums auf einem Ausflug nach Obergaliläa im Sommer 1927. Der Hermon und Tel Hai gehören stets zum Ausflugsprogramm.

▷ Mitte der zwanziger Jahre können sich einige wohlhabende Araber, Juden und Engländer Palästinas schon ein Auto leisten. Als einer der ersten Anbieter verspricht Renault seinen Kunden in Zeitungsanzeigen »größten Komfort«.

◁ Von der Wirtschaftskrise, die sich 1927 zuspitzt, bleiben größere Siedlungen meist verschont. Sie leben weiterhin vom Ertrag ihrer Zitrushaine. Die wichtigsten Zitrusplantagen befinden sich in Petach Tikva, dem größten jüdischen Ort mit Landwirtschaft. Skizzen von Nachum Gutman.

ÜBERFÄLLE WÄHREND DER ERNTEZEIT

Zwischen 1924 und 1927 wächst die jüdische Bevölkerung Palästinas kontinuierlich, und die Zahl der Histadrut-Mitglieder verdoppelt sich. Die Histadrut-Führung nimmt in der Auseinandersetzung mit den privaten Arbeitgebern eine äußerst kämpferische Haltung ein. Ende 1927 artet der Arbeitskampf sogar in gewalttätige Konfrontationen aus. Zur Erntezeit kommt es im Dezember 1927 in Petach Tikva zu Reibereien zwischen erwerbslosen jüdischen Arbeitern und Bauern, die lieber Araber beschäftigen. Als die Arbeiter auch das Haus des Landwirtschaftsverbandes angreifen, tritt die britische Polizei auf den Plan. Viele jüdische Arbeiter werden verprügelt; manchen wird der Prozeß gemacht, und sie werden zu mehrwöchigen Freiheitsstrafen verurteilt. Im gesamten Jischuw stehen die Zeichen auf Sturm. Der Konflikt endet schließlich mit dem Sieg der Arbeiter, denn die Öffentlichkeit steht auf ihrer Seite.

▷ In den ausgedehnten Zitrushainen von Petach Tikva sind in der Hauptsaison, zur Erntezeit, Hunderte von Arbeitern beschäftigt. Die Bauern stellen am liebsten Araber ein. Die jüdischen Arbeiter protestieren und geraten mit der Polizei aneinander. Viele werden verletzt (wie hier der Arbeiter), Dutzenden wird der Prozeß gemacht.

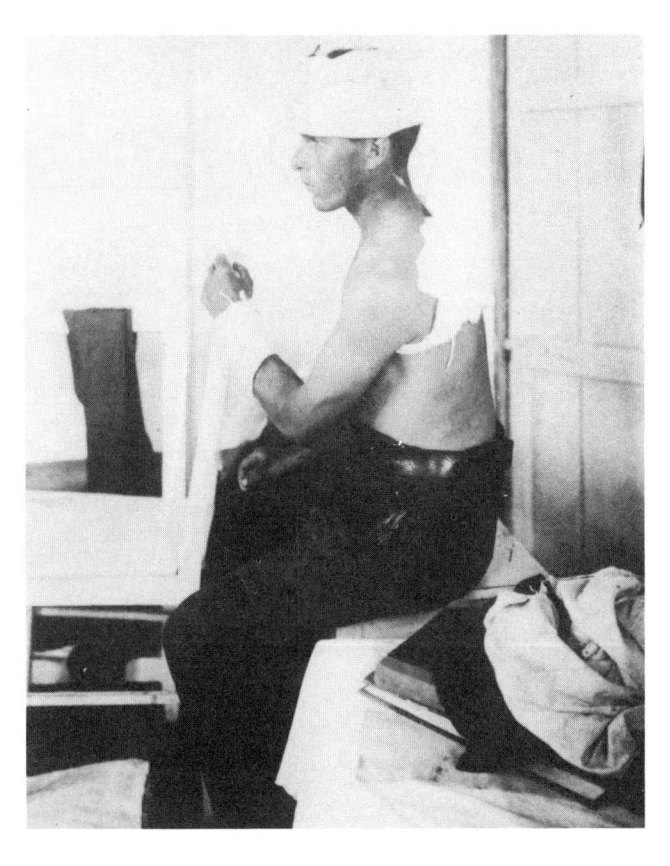

DIE KRISE AUF IHREM HÖHEPUNKT

Die Krise der vierten Alija setzt Ende 1925 ein und erreicht 1927 ihren Höhepunkt. Besonders in Tel Aviv nimmt sie erschreckende Ausmaße an. Beim Arbeitsamt sind mehr als 8000 Erwerbslose registriert, nur wenige haben das Glück, hin und wieder für ein paar Tage Arbeit zu finden. Zuverlässigen Schätzungen zufolge ist über ein Drittel der Arbeitskräfte ständig oder zeitweise ohne Beschäftigung.

Die Arbeitslosen leben von der bescheidenen Unterstützung, die sie von der Histadrut und der Zionistischen Exekutive erhalten, sowie von den Hilfsgütern, die die festangestellten Arbeiter spenden.

Vor allem Unternehmen der Baubranche, die fast völlig daniederliegt, machen Bankrott. Auch viele kleine Betriebe, wie Restaurants und Kioske, schließen. Schätzungen zufolge existiert die Hälfte aller in den Jahren 1924/25 eröffneten Geschäfte zwei Jahre später bereits nicht mehr.

Der Höhepunkt der Krise ist Mitte 1927 erreicht, als das Histadrut-eigene Bauunternehmen Solel Boneh seine Tätigkeit einstellen muß. Auch Hamaschbir, eine Kooperative, die Arbeiter und Siedler mit Nahrungsmitteln und Gebrauchsgütern versorgt, steht kurz vor dem Ruin.

Erst gegen Ende des Jahrzehnds erholt sich die Wirtschaft. Die Rettung aus der Misere – manche sagen, es sei die schwerste, die der Jischuw je durchgemacht hat – bringen umfassende Erschließungsarbeiten, etwa der Bau des Kraftwerks in Naharajim, die Kaliwerke am Toten Meer, große Bauvorhaben in Jerusalem und die beschleunigte Entwicklung des Ausbaus und Handels mit Zitrusfrüchten.

▽ Reklame aus der Krisenzeit: Wer Zigaretten raucht, gibt den Arbeitern Brot. Genießt die erlesene Mischung aus Rosch-Pina- und Kfar-Tabor-Tabak.

▷ In Tel Aviv mehren sich die Firmenpleiten. Eine Karikatur von 1927.

◁ Das Unternehmen Solel Boneh stellt seine Tätigkeit ein. Hunderte von Arbeitern stehen somit auf der Straße.

△ Dutzende Mitglieder der Arbeitsbrigade wandern in die UdSSR aus. An ihrer Spitze: Menachem Elkind mit seiner Familie.

1928

Januar
1 Inkrafttreten der Verfassung der »Knesset Israel«, der offiziellen Vertretung der Juden Palästinas unter britischem Mandat.
10 Trotz Vorbehalte ratifiziert der Nationalrat die Verfassung der »Knesset Israel«.
30 Der Vorsitzende der Agency-Kommission Alfred Mond, der spätere Lord Melchet, trifft zu einem längeren Besuch in Palästina ein.
31 Grundsteinlegung des »Hauses der Gesundheit« in Tel Aviv, das dank einer Spende des amerikanisch-jüdischen Philanthropen Nathan Strauss entstanden ist.

Februar
Die Gemüter der Tel Aviver erregen sich über die Regelung der Sabbat-Ruhe: Das Bezirksgericht hat die Verurteilung eines Einwohners der Stadt aufgehoben, der nicht den Sabbat einhielt. Begründung: das Urteil widerspreche dem Mandatsvertrag, der Religionsfreiheit zusichere.
25 Begegnung von zwei Tel Aviver Fußballmannschaften: Makkabi besiegt Po'el Allenby mit 3 : 0.

März
15–20 Generalstreik der Hausmeister aller jüdischer Schulen.
27 Theaterfestival: Das »Habima«-Ensemble besucht erstmals das Land. Am 31. spielt es das Stück »Der Golem« von H. Livik.

April
Die Histadrut und die Zionistische Exekutive vereinbaren, umfassende Erschließungsprojekte für die jüdische Wirtschaft zu initiieren. Zu diesem Zweck werden die für den Unterhalt Arbeitsloser bestimmten Gelder verwendet.
18 Nach der Spaltung des »Kumkum«-Ensembles entsteht in Tel Aviv ein neues satirisches Theater mit dem Namen »Mattate« (Der Besen).

Mai
8 Nach längerem Zögern beschließt die Mandatsregierung, Haifa anstelle von Jaffa zum größten Hafen des Landes auszubauen.
27 Empörung im ganzen Jischuw, als bekannt wird, daß die britischen Einwanderungsbehörden die Ausweisung von sechs jüdischen Familien, die illegal eingereist sind, angeordnet haben. An mehreren Orten finden Demonstrationen statt.
31 Hochkommissar Lord Plumer teilt mit, zwei der Familien dürften im Land bleiben. Der Jischuw protestiert gegen die Ausweisung der anderen.

Juni
2 Fußball: Erstmals kommen zwei jüdische Mannschaften in die Pokal-Endrunde. Po'el Allenby Tel Aviv besiegt Makkabi Jerusalem mit 2 : 0.
18 Veröffentlichung des Resümees der Agency-Kommission in London. Es löst im Jischuw wie in der Zionistischen Weltorganisation große Empörung aus.
20–23 Der siebte Arabische Kongreß in Jerusalem ruft die Mandatsregierung auf, so bald wie möglich den versprochenen Gesetzgebenden Rat zu bilden. Ferner solle die Konzession für die »jüdischen« Kaliwerke am Toten Meer aufgehoben werden.
28 Der Nationalrat erklärt sich bereit, den Forderungen der sephardischen Juden nachzukommen und nach den nächsten Wahlen die Zahl ihrer Repräsentanten in der Abgeordnetenversammlung zu erhöhen.

Juli
Überall im Land finden Versammlungen statt, auf denen der Bericht der Agency-Kommission angegriffen wird. Die Linke verurteilt ihn, die Rechte hingegen äußert sich positiv.
6 Die englische Regierung ernennt einen neuen Hochkommissar für Palästina: Sir John Robert Chancellor.
27 Der Streit im Jischuw zwischen den Befürwortern der Verfassung von »Knesset Israel« und ihren, vor allem im orthodoxen Lager angesiedelten Gegnern, steigert sich beim Abschiedstreffen mit Hochkommissar Plumer. Den Gegnern schließt sich der sephardische Oberrabbiner Me'ir an.
31 Hochkommissar Plumer scheidet aus seinem Amt aus und verläßt das Land.

August
14 Gründung des palästinensischen Fußballbundes durch Vertreter von Makkabi und Po'el sowie einer arabischen Mannschaft aus Jerusalem.
27 Festtag für die Araber Jerusalems: Einweihung der neuen Silberkuppel der Al-Aksa-Moschee.

September
24 »Jom-Kippur-Zwischenfall« an der Klagemauer: Britische Polizisten entfernen gewaltsam die Scheidewand, die Männer und Frauen trennt. Entsetzen in der jüdischen Öffentlichkeit.
25–27 Überall im Land Versammlungen und Proteste wegen des Jom-Kippur-Zwischenfalls. Führende Vertreter des Jischuw, darunter die Oberrabbiner, sprechen beim stellvertretenden Hochkommissar, Obersekretär H. Lock, vor und rügen das Verhalten der Polizei.

Die Mandatsregierung teilt mit, die Juden hätten kein Recht gehabt, die Trennwand aufzustellen.

Oktober
5 Zwischenfall in Tel Aviv: Mitglieder des Betar und der Brigade der Verteidiger der hebräischen Sprache lassen ein Fest, das die Poalei-Zion für die jiddische Sprache veranstalten, »platzen«. Mehrere Personen werden verletzt.
12–14 Die Affäre um den Jom-Kippur-Zwischenfall ist noch nicht beendet: Die Zionistische Exekutive wendet sich an die Mandatskommission des Völkerbundes und verlangt ihr Eingreifen. Vertreter der zionistischen Gremien protestieren beim Gouverneur von Jerusalem gegen die Veränderung des Status quo an der Klagemauer durch die Araber. Diese haben auf dem Tempel-Berg oberhalb der Klagemauer eine Mauer errichtet.
16 Das Amtsblatt veröffentlicht das neue Wahlgesetz für die Stadt Tel Aviv. Es senkt die Zahl der Stadtratsmitglieder von 41 auf 10 bis 15 und schränkt die Befugnisse der Stadt ein. Heftige Kritik am neuen Gesetz.
20 Weiterer Zwischenfall an der Klagemauer. Araber fallen über betende Juden her.
21 Wenn sich die Wirtschaftslage verbessert, bestehen Aussichten auf einen neuen Einwandererstrom. Die Mandatsregierung erklärt sich bereit, den jüdischen Institutionen für das nächste halbe Jahr 600 Visa zur Verfügung zu stellen.

November
1 Muslimische Tagung über die Verteidigung der heiligen Stätten in Jerusalem. Der Streit um die Klagemauer ist immer noch nicht beigelegt.
20 Der Jüdische Nationalfonds gibt den Erwerb von 22000 Dunam Land in der Sevulon-Ebene bekannt.
28 Die englische Regierung veröffentlicht ein Weißbuch über den Zwischenfall an der Klagemauer. Darin werden beide Parteien, Juden wie Muslime, aufgerufen, sich gütlich zu einigen.
30 Hochkommissar Chancellor trifft im Land ein.

Dezember
17 Wieder ein Zwischenfall beim Kampf um »jüdische Arbeit« in den Zitrusplantagen Petach Tikvas.
18 Geburtstag der Stadt Netanja. Die Gründung erfolgt als Agrarkolonie der Organisation Bnei-Benjamin, der Söhne der »alten« Dörfer.
31 Wahl des Stadtrats von Tel Aviv: Das Ergebnis ist revolutionär. Die Mitte- und Rechtsparteien erhalten 9 Sitze, die Arbeiter 5 und die Religiösen 1. Nach dreijähriger Abwesenheit, während der er auch in der Zionistischen Exekutive tätig war, wird Me'ir Dizengoff wieder in den Stadtrat gewählt.

1928 sind 2178 Juden ein- und 2186 ausgewandert. Die jüdische Siedlungstätigkeit befindet sich an einem Tiefpunkt: Neu gegründet wurden nur Giv'at Brenner, Kfar Brandeis und Naharajim. Trotzdem »Licht am Ende des Tunnels«: Erstes Anzeichen für die Überwindung der Krise war die Lockerung der Einwanderungspolitik der Mandatsregierung.

„הבימה" מגיעה לחוף יפו באניה „שמפוליון" ביום השלישי 27 לחדש מרץ ▪ הצגת הפתיחה בבית-התא"י במוצ"ש 31 למרץ ▪ בתל-אביב תערכנה רק 13 הצגות לפי התכנית שנתפרסמה ▪ הכרטיסים שנשארו נמכרים במשרדו של מר סופר, רח' אחד העם 24

▷ Die Menschen drängen sich um Eintrittskarten (oben). Die Aufführung von »Der Schatz« wird ein großer Erfolg.
Links: Eine Szene aus dem Stück.

△ Vorfreude angesichts des ersten Palästina-Besuchs des zehn Jahre zuvor in Rußland gegründeten Theaters »Habima«. Das Plakat nennt die Ankunftszeit.

◁ Auf dem Höhepunkt der Purim-Feiern wird in Tel Aviv eine »Königin Esther« gewählt.

△ Dieses Purim-Kostüm erinnert an die Konflikte zur Erntezeit in Petach Tikva wenige Monate zuvor.

1928

STREIT AN DER KLAGEMAUER

Die Nähe der Klagemauer zu den beiden Moscheen auf dem Tempel-Berg führt oft zu Spannungen. Der Platz vor der Klagemauer befindet sich im Besitz des muslimischen Wakf, doch gilt schon seit Generationen, daß Juden hier beten dürfen. In letzter Zeit beschuldigen die arabischen Nationalisten, allen voran der Mufti von Jerusalem, Hadsch Amin al-Husseini, die Juden immer öfter, sie wollten sich weiter Teile des Areals bemächtigen, vor allem auch der Moscheen auf dem Tempel-Berg.

Am 24. September 1928, dem Jom Kippur, stellen Juden eine Scheidewand vor der Klagemauer auf, um die betenden Männer und Frauen räumlich zu trennen. Daraufhin rufen die Araber britische Polizisten herbei. Diese unterbrechen die Andacht auf dem Platz und entfernen die Trennwand mit der Behauptung, es handle sich um eine Verletzung des Status quo. Die Betenden protestieren, und in kürzester Zeit brodelt es in der Stadt.

Auch hinter dem Protest gegen die Trennwand steht al-Husseini. Da er sich aber auf die Reaktion der Briten allein nicht verlassen wollte, hat er weitere Provokationen ausgeheckt, um den Konflikt mit den Juden zu schüren. So schlagen seine Helfershelfer eine Bresche in eine Wand nahe der Klagemauer, dadurch wird der Betplatz der Juden zu einem Durchgang für Menschen und Vieh. Husseini hat begriffen, daß religiös motivierte Zusammenstöße dem Kampf der arabischen Nationalbewegung ein muslimisches Gewand verleihen, das ihm sowohl in Palästina als auch in anderen muslimischen Ländern eine breite Unterstützung sichert.

▽ Wie meistens in solchen Fällen, lassen die Engländer die Vorkommnisse erst einmal von einer Kommission untersuchen.

△ Der Zorn des Jischuw richtet sich gegen die Briten, wie diese zeitgenössische Karikatur beweist.

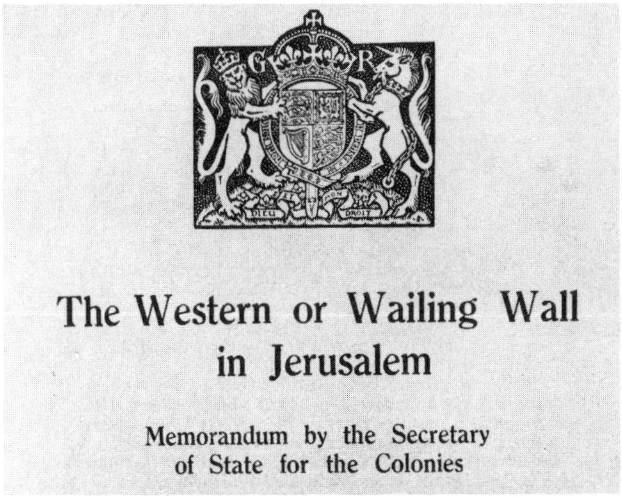

△ Seit den Ereignissen des Jom Kippur 1928 beschäftigt die Klagemauer die öffentliche Meinung im Jischuw, wie in der ganzen jüdischen Welt, fast täglich. Die Aufregung hält noch mehrere Monate an.

The Western or Wailing Wall in Jerusalem

Memorandum by the Secretary of State for the Colonies

DIE ARBEITER SIND ZORNIG – BERICHT DER AGENCY-KOMMISSION

Die Beziehungen zwischen der Führung der Zionistischen Weltorganisation und der Jüdischen Arbeiterbewegung in Palästina weisen Höhen und Tiefen auf. Schon 1925 haben die führenden Arbeitervertreter erkannt, daß der Zionismus eine neue Richtung eingeschlagen hat, seit er der Privatinitiative und der urbanen Ansiedlung den Vorrang gibt. Viele Zionisten scheinen zu glauben, etwas stimme nicht mit den landwirtschaftlichen Siedlungen, da ihnen die wirtschaftliche Expansion offenbar nicht glücken will. Zur Überprüfung der Lage werden drei Expertenkommissionen gebildet. Die letzte, die in den Jahren 1927/28 tätig ist, erregt Zorn und Verbitterung im Arbeiterlager. Schließlich führt sie aber auch zur Legitimation seiner Ideologie.

Die Repräsentanten nichtzionistischer Kreise machen die Bildung einer Jewish Agency von der Entsendung einer Expertenkommission abhängig. Diese soll den Zustand des Siedlungswerkes in Palästina unter die Lupe nehmen. Tatsächlich werden zwei Kommissionen ins Leben gerufen: eine Kommission der Jewish Agency unter der Leitung des Industriellen Alfred Mond, des späteren Lord Melchett, und eine weitere, in der internationale Experten aus den Bereichen Landwirtschaft, Industrie und Genossenschaftswesen vertreten sind.

Diese bereisen das Land in einer schwierigen Zeit, während der Krise der vierten Alija, und ihr Bericht fällt entsprechend kritisch aus. Er empfiehlt, »alle gesellschaftlichen Experimente einzustellen«. Die Agency-Kommission übernimmt die Empfehlungen der Fachleute.

Das schafft Unruhe im Jischuw. Das Arbeiterlager übt heftige Kritik, während die politische Rechte den Bericht begrüßt. Im Juli 1928 findet auf der Sitzung der Zionistischen Exekutive in Berlin eine scharfe Auseinandersetzung statt, die jedoch versöhnlich endet. Man nimmt einen Antrag an, der sich von den Empfehlungen distanziert. Begründung: Sie hätten die besonderen Bedingungen im Land nicht berücksichtigt.

△ Feldarbeit und kollektiven Siedlungsformen messen weite Kreise im Jischuw eine überragende Bedeutung bei. Dagegen empfiehlt die »Agency-Kommission« im Sommer 1928, die »gesellschaftlichen Experimente« (zum Beispiel die Kibbuz-Siedlungen) einzustellen. Die Empörung, die die Kommission auslöst, führt schließlich dazu, daß der Bericht der Kommission verurteilt und das Prinzip der kollektiven Ansiedlung bestätigt wird.

1928

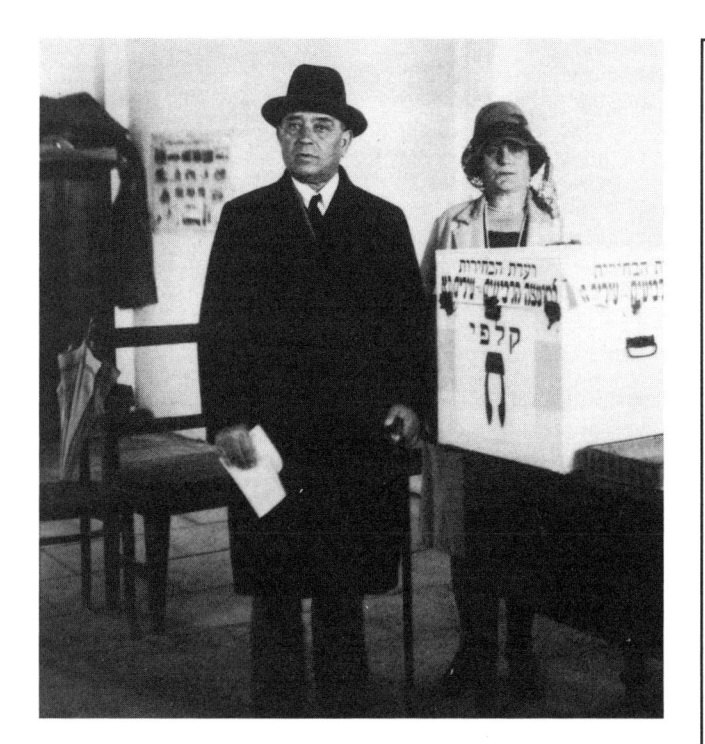

△ Me'ir Dizengoff und seine Frau Sina bei der Stadtratswahl am 31. Dezember 1928. Kurze Zeit danach kehrt Dizengoff in das Amt des Bürgermeisters zurück.

▷ Der Bericht der Joint Survey Commission von 1928 löst Empörung in der zionistischen Bewegung aus.

REPORT
of the
JOINT PALESTINE SURVEY COMMISSION

Commissioners:
THE RT. HON. LORD MELCHETT, P.C., L.L.D.
LEE K. FRANKEL, PH.D., L.H.D.
FELIX M. WARBURG.
OSCAR WASSERMANN.

Secretariat:
MAURICE B. HEXTER, PH.D.
MICHAEL NAAMANI, M.A. (CANTAB.)

LONDON
June 18th, 1928
PRICE 2s. 6d. ($0·50)

△ Zum ersten Mal in der Geschichte des Fußballs in Palästina gewinnt eine jüdische Mannschaft den Pokal: Po'el Tel Aviv.

▷ Chefredakteur der Tageszeitung »Doar ha-Jom« war seit 1919 Itamar Ben-Avi. Jetzt übernimmt Se'ev Jabotinsky seine Funktion.

1929

Januar
Schwerer Streit in Hadera: Beduinen wollen das Land nicht räumen, das jüdische Bauern gepachtet hatten.
6 Nach dreijähriger Pause wird Me'ir Dizengoff wieder zum Bürgermeister von Tel Aviv gewählt.
Arbeitslosigkeit in Tel Aviv.
22 Die Hebräische Universität gibt die Entdeckung der antiken Synagoge in Beit-Alpha bekannt.
Erstmals kommen wieder Pioniere ins Land: fünfte Alija.

Februar
21 Zusammenstöße erwerbsloser Arbeiter in Tel Aviv.
26 Erneutes Aufflammen des Konflikts um die Klagemauer.

März
13 Erstausgabe der Literaturzeitschrift »Mosnajim«.
24 Der Nationalrat veröffentlicht die Anzahl der in der Liste von Knesset registrierten Personen: 89 985. 4657 haben sich streichen lassen.
26 Ein deutscher Zeppelin fliegt über das Land.
27 Purim: Besucher aus dem ganzen Land strömen zum Festumzug nach Tel Aviv.
31 Grundsteinlegung des staatlichen Rockefeller-Museums für Archäologie in Jerusalem.

April
Keine Lösung in Sicht: In Hadera streiten die Bauern mit den Beduinen um Land.
19–20 In Tel Aviv treten die Führungsgremien der Arbeiterparteien Ha-Tnua le-Achdut ha-Awoda und Ha-Po'el Ha-Tza'ir zusammen und beraten über einen Zusammenschluß.
26 Grundsteinlegung für das Gebäude des Jüdischen Nationalfonds im Jerusalemer Stadtviertel Rechavia, wo noch weitere »nationale Institutionen« angesiedelt werden sollen.

Mai
3 Übergriffe auf betende Juden an der Klagemauer.
8 London erteilt den Kaliwerken am Toten Meer die Konzession für den Abbau.
10 In einer gemeinsamen, an die Mandatsregierung gerichteten Denkschrift fordern Oberrabbiner, Nationalrat und Agudat-Israel die Einstellung aller Bauarbeiten der Muslime in der Nähe der Klagemauer.
13 Die Mandatsregierung gibt eine Quote von 2400 Einwanderungsvisa für das zweite und dritte Quartal des Jahres bekannt. Positive Reaktionen im Jischuw.
23 Unterzeichnung des Fusionsabkommens der Parteien Ha-Tnua le-Achdut ha-Awoda und Ha-Po'el Ha-Tza'ir. Vor seiner Ratifizierung wollen beide Parteien eine Umfrage unter ihren Mitgliedern durchführen.
28 Zwischenfall am Grab von Rabbi Simon in Jerusalem: Polizei-Offizier Douglas Duff schlägt einen jüdischen Studenten. Wegen der Proteste der jüdischen Bevölkerung wird Duff in den Gefängnisdienst versetzt.
Gründung der religiösen Jugendbewegung Bnei-Akiva.

Juni
13–18 Juden wie Araber beklagen sich bei Hochkommissar John Chancellor über Diskriminierung. Die Juden verlangen mehr Beteiligung an der Arbeit der Mandatsregierung einschließlich Polizei und Grenzkorps. Die Araber fordern, möglichst bald den geplanten Gesetzgebenden Rat zu bilden.

Juli
Im ganzen Land werden die Mitglieder der Arbeiterparteien über die beabsichtigte Vereinigung befragt. Bei Ha-Po'el Ha-Tza'ir stimmen 85% für den Zusammenschluß, bei Ha-Tnua le-Achdut ha-Awoda 82%.
1 Wahlen zum 16. Zionistischen Kongreß. Überwältigender Sieg der Arbeiterliste aus Eretz Israel: Sie stellt 17 von 28 Delegierten.
5 Der zweite Sabbat-Abend, an dem Araber die Andacht an der Klagemauer stören.
6 Die internationale Fußballvereinigung FIFA erkennt den palästinensischen Fußballverband an.
19 Die Araber setzen die Bauarbeiten in unmittelbarer Nähe der Klagemauer fort. Oberrabbiner Kook und Vertreter jüdischer Institutionen protestieren.
24 Tagung von Vertretern der orientalischen Gemeinden in Jerusalem. Sie klagen über Diskriminierung und die Mißachtung ihrer Forderungen durch die Institutionen des Jischuw.
25 Die Arbeiterparteien Ha-Tnua le-Achdut ha-Awoda und Ha-Po'el Ha-Tza'ir geben ihre Vereinigung bekannt.
27 Eröffnung des 16. Zionistischen Kongresses in Zürich.
Rückgang der Präsenz der Allgemeinen Zionisten und Stärkung des Arbeiterflügels, der ein Drittel aller Delegierten stellt.
30 Der Konflikt um die Klagemauer spitzt sich zu. Die Oberrabbiner haben eine Unterredung mit dem stellvertretenden Hochkommissar, Harry Lock, der ihnen erklärt, er sei nicht befugt, die Bauarbeiten der Araber zu unterbinden.

August
1 In einem gemeinsamen Brief fordern die Zionistische Exekutive, die Oberrabbiner und die Leitung von Agudat-Israel von der englischen Regierung, in das Geschehen an der Klagemauer einzugreifen und die Bauarbeiten zu stoppen.
3 Erneuter Zwischenfall an der Klagemauer während des Sabbat-Gebetes: Araber dringen auf den Betplatz vor und stören die Gläubigen.
4 Eine Delegation von Vertretern des Jischuw fährt nach London, um dort das Geschehen an der Klagemauer anzuprangern.
11 Gründung der Jewish Agency in Zürich unter Beteiligung führender jüdischer Repräsentanten aus aller Welt, darunter Albert Einstein, Léon Blum und Lord Melchett. Die Exekutive der neuen Organisation besteht aus 40 Mitgliedern: 20 zionistischen und 20 nichtzionistischen.
13 Tausende arabische Demonstranten ziehen vom Tempel-Berg zur Klagemauer hinunter und vertreiben die Betenden. Mehrere Tora-Rollen werden verbrannt.
15 Demonstration des Betar und der Nationalen Jugend an der Klagemauer: Hunderte junge Leute nehmen teil.
17 In Jerusalem wird ein junger Jude bei einem Handgemenge mit Arabern erstochen.
22 Die Führung des Jischuw und die Zionistische Exekutive, die Oberrabbiner und die Rabbiner von Agudat-Israel appellieren an die jüdische Bevölkerung, Ruhe zu bewahren, und fordern von der Mandatsregierung, die arabischen Gewalttäter zu bestrafen. Während einer Unterredung mit dem stellvertretenden Hochkommissar bringen Vertreter des Jischuw ihre tiefe Sorge über die arabischen Übergriffe zur Sprache. Der britische Beamte beruhigt sie, die Mandatsregierung habe alles fest in der Hand.
23–29 Blutige Unruhen: 133 Juden werden getötet und über 300 verletzt. Mehr als 8000 Juden (5% des gesamten Jischuw) sind auf der Flucht.
Tiefe Erschütterung im Jischuw und in der Diaspora. Die Engländer schließen alle Zeitungsverlage und unterbrechen die Telefon- und Telegrafenverbindungen ins Ausland.
29 Der Hochkommissar kehrt aus seinem Urlaub in London zurück und läßt verlautbaren, daß er die arabischen Übergriffe verurteile und daß die Schuldigen mit aller Härte bestraft würden.

September
4 Zweite Verlautbarung des Hochkommissars: Sie ist wesentlich diplomatischer formuliert. Den Schuldigen beider Völker werde der Prozeß gemacht, heißt es in dem Dokument.
12 Manifest der Redaktion von »Doar ha-Jom«, in dem das Verhalten der Mandatsregierung während der Unruhen verurteilt wird. Die Zeitung darf erst im Oktober wieder erscheinen.
13 Die englische Regierung setzt eine Untersuchungskommission unter dem Vorsitz des Juristen Sir Walter Shaw ein, die den Ursachen der Unruhen nachgehen soll.
24 Der Nationalrat beschließt, die Zahl seiner Mitglieder aufzustocken. Pinchas Ruthenberg, Me'ir Dizengoff und Zvi Botkovsky werden in das

1929

Gremium aufgenommen. Später wird Ruthenberg zum Vorsitzenden des Nationalrates ernannt werden – ein Amt, das es vorläufig noch nicht gibt.

28 Die Araber protestieren gegen die schlechte Behandlung, die ihnen seit den Ausschreitungen zuteil wird. Sie wenden sich an die Mandatsregierung, die Regierung in London und den Völkerbund. Die arabische Exekutive beschließt einen Generalstreik.

Tod Israel Belkinds, des Leiters der ersten Kooperative der Bilu-Siedler (1882 gegründet), bekannten Pädagogen und Verfassers von Schulbüchern. Er wird 67 Jahre alt.

Die Haganna entsendet Dutzende ihrer Mitglieder nach Galiläa, um die dortigen Siedlungen, insbesondere Safed, zu schützen. Diese Maßnahme bedeutet eine entscheidende Neuerung. Bislang mußte jeder Ort sich und seine Umgebung selbst verteidigen.

Oktober

5 Der Rat der Arbeitsbrigade tritt in Tel Joseph zusammen und beschließt die Vereinigung der Brigade (oder dessen, was davon noch übrig ist) mit dem Kibbuz ha-me'uchad.

13 Am Vorabend von Jom Kippur untersagt die britische Mandatsregierung das Schofarblasen an der Klagemauer.

16 Der Oberste Muslimische Rat ruft den Generalstreik aus.

18–21 Des Mordes an Juden für schuldig befundene Araber werden zum Tode oder zu langen Freiheitsstrafen verurteilt.

24 Die Shaw-Kommission trifft in Palästina ein und vernimmt Zeugen.

November

In der ersten Monatshälfte nimmt die Gewalt gegen Juden in den Regionen Jerusalem und Hadera zu. Am 12. November attackieren Araber den Jerusalemer Arzt Abraham Ticho mit einem Messer.

3 In London erfolgt die offizielle Gründung der palästinensischen Kaliwerke mit einem Kapital von 400 000 palästinensischen Pfund.

13 Der Nationalrat berät mit Vertretern der Zionistischen Exekutive über die Lage in Palästina.

18 Heftige Turbulenzen zu Beginn des Studienjahres an der Hebräischen Universität: Zornige Studenten lassen den Präsidenten der Universität, Dr. J. L. Magnes, nicht zu Wort kommen. Magnes ist ein Befürworter einer jüdisch-arabischen Verständigung.

20 Joseph Arfeli wird wegen Ermordung zweier Araber zum Tode verurteilt.

24 Ein Araber verübt einen Anschlag auf einen jüdisch-arabischen Berater der Mandatsregierung, Dr. Norman Bentwich. Dieser erleidet mittelschwere Verletzungen.

Dezember

3 In Galiläa greifen Araber einen mit Juden besetzten Wagen an. Der Arzt von Jessod ha-Ma'ale wird verletzt.

Vereinigung der Arbeiterparteien Ha-Tnua le-Achdut ha-Awoda und Ha-Po'el Ha-Tza'ir.

△ Die Schauspielerin Hanna Rovina in dem Stück »Die Davidskrone«, einer Aufführung des »Habima«-Theaters. 1929 verläßt das Theater das Land und kehrt 1931 zurück.

△ Eine Plakatwand in Tel Aviv Anfang 1929 zeugt von dem großen kulturellen Angebot in der Stadt.

▷ Die Palestinian Railways (P. R.) bemühen sich im Laufe des Jahrzehnts sehr, ihren Dienst zu verbessern. So erwirbt die Eisenbahngesellschaft gegen Ende des Jahrzehnts vier Triebwagen. Im Bild ein Triebwagen im Bahnhof von Kfar Baruch in der Jesre'el-Ebene.

△ Nach dem Blutbad in Hebron: eine jüdische Familie im Krankenhaus in Jerusalem.

▷ Kein Jude Hebrons bleibt von den Ausschreitungen unberührt. Dutzende werden getötet, viele verletzt, und die gesamte Gemeinde, 600 Personen, wird nach Jerusalem evakuiert.

Seite 157. Oben: Beim Ausbruch der Feindseligkeiten fliehen Hunderte Bewohner des Jüdischen Viertels der Jerusalemer Altstadt aus ihren Häusern und bringen sich in der Neustadt in Sicherheit. Unten: Karikatur in einer jüdischen Zeitung.

DIE UNRUHEN VON 1929

Im August 1929 entlädt sich die Spannung im Land von neuem. Am Freitag, dem 23. August, eilen mit Keulen und Messern bewaffnete Araber in die Jerusalemer Altstadt und dringen in die jüdischen Stadtviertel ein. Hochkommissar Chancellor hält sich zu diesem Zeitpunkt in England auf, und die Polizei ist nicht darauf vorbereitet, den Angreifern Einhalt zu gebieten. Die Gewalttätigkeiten dauern sechs Tage, bis die britische Ordnungsmacht endlich Verstärkung aus Ägypten erhält. Weil in der Altstadt von Jerusalem sowie an einigen anderen Orten keine Haganna-Truppen präsent sind – die alteingesessene, nichtzionistische jüdische Bevölkerung lehnt ihre Anwesenheit ab –, werden allein in Hebron über 60 Juden niedergemetzelt. Das jüdische Viertel Safed geht in Flammen auf. Ramat-Rachel Moza, Hartuv, Kfar Urije, Be'er Tuvia und Hulda werden vom arabischen Mob zerstört. In Tel Aviv und Haifa hingegen kann die Haganna die Angreifer zurückschlagen.

Anders als bei den früheren Ausschreitungen, die auf einen Ort oder einige wenige Orte beschränkt waren, breiteten sich die Gewalttätigkeiten diesmal wie ein Flächenbrand über das ganze Land aus.

1929

עַל חוֹמוֹתַיִךְ יְרוּשָׁלַיִם הִפְקַדְתִּי שׁוֹמְרִים

△ Der Prophet Elias und der Messias bitten um Schutz. Der Gouverneur von Jerusalem: «Ihr müßt draußen bleiben. Ich bin verantwortlich für den Status Quo in der Stadt.»

▷ Während der Ausschreitungen von 1929 schicken die Engländer Soldaten von Malta nach Palästina. Sir Shaw, Vorsitzender des Untersuchungsausschusses.

◁ Die Briten haben die Juden in Safed nicht sehr wirksam verteidigt: Die Karikatur von Nachum Gutman wird verboten.

▽ An die Haganna-Mitglieder in Tel Aviv werden Keulen verteilt. Die Haganna kann die Angreifer bremsen.

△ Ein britisches Militärfahrzeug in Jerusalem. Die Briten raffen sich erst nach mehreren Tagen schwerer Ausschreitungen zum Handeln auf.

▷ Nach dem arabischen Angriff auf Ramat-Rachel südlich von Jerusalem. Viele Orte wurden zerstört.

1929

DIE JEWISH AGENCY ENTSTEHT

In den zwanziger Jahren treibt Chaim Weizmann die Gründung der Jewish Agency voran, so wie sie im Mandatsvertrag vorgesehen ist. Neben Vertretern der Zionistischen Weltorganisation soll sie auch solche nichtzionistischen Gruppen, kapitalkräftige Juden und Inhaber öffentlicher Ämter umfassen, die dazu bereit sind, sich trotz der ablehnenden Haltung weiter Kreise der Diaspora für das zionistische Unternehmen einzusetzen. Weizmann ist von dem begrenzten Erfolg der Zionistischen Weltorganisation, Gelder aufzutreiben, enttäuscht und hofft nun, auf diese Weise Mittel für den Aufbau eines jüdischen Eretz Israel flüssigzumachen.

Nach Abschluß des 16. Zionistischen Kongresses im Sommer 1929 tritt in der Schweiz eine Reihe prominenter Juden zusammen – unter ihnen sind Albert Einstein und Léon Blum – und gründet die Jewish Agency.

Die neue Organisation erhält die Befugnis, das jüdische Volk gegenüber der englischen Regierung zu vertreten, ebenso wie die Aufgabe, Mittel für den Ausbau des Jischuw zu mobilisieren. Diese Ziele lassen sich jedoch nicht so schnell erreichen, wie die Befürworter der Jewish Agency hofften, weil wenige Wochen nach der Gründung die Weltwirtschaftskrise ausbricht.

Trotz allem spielt die Jewish Agency in den Jahren bis zur Staatsgründung und darüber hinaus eine zentrale Rolle in den Bereichen Einwanderung, Ansiedlung, Sicherheit und politische Beziehungen.

◁ Noch gehört der Arbeiterbewegung U. Z. Grünberg (Zeichnung von Ziona Tadscher) an. Davon zeugt ein Brief Ben-Gurions, worin dieser ihn zum 25. Jahrestag des Beginns der zweiten Alija einlädt.

▽ Pinchas Ruthenberg, Direktor des Kraftwerkes, wird nach den arabischen Unruhen Präsident des Nationalrates.

△ Die Wirtschaftskrise ist noch nicht vorüber. »Kehilijat-Zion«, eines der größten für Grunderwerb und Ansiedlung zuständigen Unternehmen kommt seinen finanziellen Verpflichtungen nicht nach, und einer der Gläubiger fordert im Mai 1929 seine Auflösung. So wird in einer öffentlichen Versteigerung »eine ganze Ortschaft, als Herzlija bekannt«, zum Verkauf angeboten.

Die dreißiger Jahre: 1930–1939

Tage der Wachsamkeit und der Bereitschaft: typische Ansicht aus einer jüdischen Siedlung in den Jahren des arabischen Aufstands in der zweiten Hälfte des Jahrzehnts.

In den dreißiger Jahren erlebt Palästina weitreichende Veränderungen. Am markantesten ist der deutliche Bevölkerungsanstieg. Gab es zu Beginn des Jahrzehnts ungefähr 1 Million Menschen im Land, so steigt ihre Zahl bis 1940 auf 1,5 Millionen an. Fast ein Drittel sind Juden und zwei Drittel Araber. Das Wachstum des Jischuw ist noch beeindruckender: Die jüdische Bevölkerung verdreifacht sich beinahe.

Das Jahrzehnt steht im Zeichen zweier wesentlicher Prozesse, die Palästina bis in die Zeit nach 1940 prägen. In seiner ersten Hälfte beginnt, nach einer Periode der Stagnation, ein für das Land bis dahin beispielloser Wirtschaftsboom. Zwischen 1933 und 1935 strömen ungefähr 150 000 jüdische Einwanderer nach Palästina, mehr als in den gesamten 15 Jahren zuvor. Die Immigranten bringen große Mengen Geld ins Land, das sie in verschiedene Wirtschaftszweige investieren. Die Folge ist eine eindrucksvolle ökonomische Blüte, von der alle Einwohner, nicht allein die Juden, profitieren.

Ganz anders sieht es unterdessen im Ausland aus. Die Weltwirtschaft steckt in einer tiefen Krise, ausgelöst vom New Yorker Börsenkrach im Oktober 1929. In den USA herrschen genau wie in Westeuropa Arbeitslosigkeit und wirtschaftliche Instabilität; die Erträge gehen überall zurück. In Deutschland begünstigt die Wirtschaftskrise den Aufstieg des Nationalsozialismus, und auch in anderen Ländern bahnen sich Umwälzungen an. Dagegen bietet sich das kleine Palästina als eine Insel des Wirtschaftsglückes dar, und es steht außer Zweifel, daß wenigstens ein Teil der zahlreichen Investitionen ins Land fließt, weil seine wirtschaftliche Zukunft außer Frage zu stehen scheint.

Der zweite Prozeß, der Palästina auf lange Zeit prägen wird, hängt mit dem wachsenden arabischen Widerstand gegen den Anstieg der jüdischen Einwohnerzahl zusammen. In der ersten Hälfte des Jahrzehnts handelt es sich noch weitgehend um versteckten Widerstand, und abgesehen von wenigen Terror- und Mordanschlägen sowie kurzfristigen antibritischen Ausschreitungen im Oktober 1933 herrscht Ruhe im Land. Das Gegenteil trifft auf die Jahre 1938 bis 1939 zu: In diesem Zeitraum steigern sich die arabischen Übergriffe zu einem nationalen Aufstand.

Als Herrscher im Land versuchen die Briten zunächst, sowohl die Araber als auch die Juden zu beschwichtigen. Zu Beginn des Jahrzehnts verfolgen sie, noch unter dem Eindruck der Unruhen von 1929, eine Politik der Ausgewogenheit. Dabei versuchen sie, ihre Verpflichtungen gegenüber der zionistischen Bewegung und der jüdischen Bevölkerung, wie sie in der Balfour-Erklärung von 1917 und dem Mandatsvertrag von 1922 zum Ausdruck kommt, abzuschwächen. Die Araber freuen sich – die Juden protestieren dagegen. Später jedoch nehmen die Engländer eine Haltung ein, die durchaus als prozionistisch bezeichnet werden kann.

Die englische Palästina-Politik wird in London und Jerusalem festgelegt. In der Hauptstadt Palästinas ist der Hochkommissar für ihre Verwirklichung zuständig. Von seiner Persönlichkeit und seinen Ansichten hängt viel ab. Das wird während des Großteils der dreißiger Jahre sichtbar. Bis 1931 residiert John Chancellor im Palast des Hochkommissars in Jerusalem. Seine Einstellung zum Zionismus ist gleichgültig bis feindselig. Sein Nachfolger, Arthur Wauchope, von Ende 1931 bis Anfang 1938 im Amt, hat mehr Sympathien für die jüdische Bevölkerung und ihre Bedürfnisse. Er setzt die Einwanderungsquote herauf.

Nach dem Ausbruch des arabischen Aufstandes 1936 wird Wauchope durch Harold MacMichael ersetzt. Dieser bekleidet das Amt des Hochkommissars länger als jeder andere, sechseinhalb Jahre. Seine Haltung ist derjenigen, die Wauchope in seinen Anfangsjahren einnahm, genau entgegengesetzt. Er gilt als der proarabischste aller Hochkommissare, und während seiner Amtszeit wird auch die Londoner Palästina-Politik eindeutig araberfreundlich. Das wird im Weißbuch vom Mai 1939 deutlich.

Bis 1936 unternimmt Wauchope große Anstrengungen, die Anfang der zwanziger Jahre entstandene Idee von einem Gesetzgebenden Rat wiederzubeleben. Zwar lehnten die Araber das Vorhaben zunächst ab, weil sie im Rat ein Organ sahen, das seine Daseinsberechtigung von der Balfour-Erklärung und dem Mandatsauftrag herleitet. Doch in den 30er Jahren wandelt sich ihre Meinung. Neuerdings sind sie überzeugt, solch ein repräsentatives Gremium verleihe ihnen mehr Einfluß, so daß sie das schnelle Anwachsen der jüdischen Bevölkerung bremsen können. Jetzt opponieren allerdings die Juden gegen das Vorhaben, und je länger sich die Diskussion hinzieht, desto größer wird der Zorn der Araber, der sich letztlich in gewalttätigen Ausschreitungen entlädt.

Der Aufstand dauert drei Jahre und stürzt das ganze Land in einen Wirbel des Schreckens. Die Engländer sind von der Heftigkeit der arabischen Ausbrüche ebenso überrascht wie die jüdische Bevölkerung, aber jede der beiden Gruppen handelt nach eigenen Gesetzmäßigkeiten. Erst nach anfänglichem Zögern setzen die Briten größere Verbände ein, um den Aufstand niederzuschlagen. Zugleich kommen sie aber zu dem Schluß, daß es aus innen- wie außenpolitischen Gründen (Verschlechterung der Lage in Europa infolge des erstarkenden Faschismus sowie wachsende Macht der arabischen Staaten) wünschenswert sei, eine proarabische Politik zu verfolgen – und die geht zwangsläufig auf Kosten der Juden.

Die arabischen Übergriffe und der britische »Verrat« haben jedoch auch eine positive Seite: Sie einen den Jischuw. Ausgerechnet in den Jahren der brutalen Zusammenstöße wächst die Zahl jüdischer Orte beträchtlich. Mit britischer Erlaubnis werden Wacheinheiten gebildet, die mehrere Tausende Juden umfassen. David Ben-Gurion, inzwischen an der Spitze des Jischuw stehend, kann 1939 erklären, die Zeit des »politischen Zionismus« sei vorbei, jetzt beginne die Zeit des »kämpfenden Zionismus«.

Gegen Ende des Jahrzehnts scheinen die Araber die Schlacht verloren zu haben: Ihr Aufstand ist gescheitert. Dennoch erzielen die Araber auf politischer Ebene einen beachtlichen Erfolg: 1939 veröffentlicht die englische Regierung ihr Weißbuch, das die jüdische Einwanderung beschränkt und die Bodenkäufe der Juden ganz unterbindet. Ferner soll innerhalb von zehn Jahren eine Regierung gebildet werden, die alle Landesbewohner vertritt. Mit anderen Worten: Die arabische Mehrheit soll über eine jüdische Minderheit herrschen.

1930

Januar
1 Offizielle Gründung der Palästinensischen Kaliwerke GmbH zum Abbau der Bodenschätze im Toten Meer.
6 Bildung der »Partei der Arbeiter in Eretz Israel«, Mapai.
23 Das Jerusalemer Bezirksgericht spricht die zwölf Araber frei, die des Mordes an der Familie Makleff in Moza angeklagt waren.
27 Auf Bitten der Mandatsregierung wird der Befehlshaber der Polizei in Ceylon, Herbert Dowbegin, nach Palästina abkommandiert. Nach den Unruhen von 1929 soll er die Sicherheitslage prüfen.

Februar
5 Prozeß gegen den Polizisten Simcha Chinkis, weil er bei einer Verfolgungsjagd während der Unruhen von 1929 einen Araber getötet hat. Er wird zum Tode verurteilt. Proteste seitens der Juden.
13 Eröffnung des »Mograbi«-Kinos in Tel Aviv.

März
11 Der Oberste Gerichtshof nimmt die Berufung des zum Tode verurteilten Polizisten Simcha Chinkis an. Die Todesstrafe wird in einen 15jährigen Gefängnisaufenthalt umgewandelt.
15 Im Hafen von Haifa werden drei Eisenkisten entdeckt, in deren Seitenwänden Waffen für die Haganna versteckt sind. Die Briten beschlagnahmen 148 Gewehre und 60 000 Schuß Munition.
21 Eine arabische Delegation reist nach London, um der englischen Regierung ihre Forderungen zu unterbreiten.
31 Veröffentlichung des Berichtes der Shaw-Kommission: die Araber seien die Verursacher der Zusammenstöße, doch rührten die Ausschreitungen von ihrer Verbitterung über die jüdische Einwanderung, das Wachstum des Jischuw und den Erwerb arabischen Bodens durch Juden her, der viele Fellachen ihrer Heimat beraubt habe. Daher sei die jüdische Ansiedlung einzuschränken.

April
1 Auf einer Pressekonferenz in London erklärt der Präsident der Zionistischen Weltorganisation, Dr. Chaim Weizmann, er sei tief enttäuscht vom Bericht der Shaw-Kommission.
3 Der Einspruch Joseph Misrachi Orfalis gegen sein Todesurteil wird abgewiesen. Er legt ein zweites Mal Berufung ein.
9 Einweihung der Großen Synagoge in Tel Aviv.
Gründungstagung der »Bewegung der lernenden Juden«.
15 Die National- und Universitätsbibliothek auf dem Skopus-Berg in Jerusalem wird eingeweiht.
25 Das Berufungsgericht weist den Antrag Joseph M. Orfalis ein zweites Mal zurück und bestätigt das Todesurteil.
29 Bei Afulla wird das zentrale Krankenhaus der Allgemeinen Krankenkasse für die Jesre'el-Ebene eröffnet.

Im Lauf des Monats finden überall Protestversammlungen wegen des Berichtes der Shaw-Kommission statt.

Mai
Arbeitskonflikt in Kfar Saba zwischen den in der Histadrut organisierten Arbeitern und jenen des Betar. Es kommt zu schweren Zwischenfällen.
13 In London enden die Gespräche zwischen leitenden Beamten des Kolonialministeriums und der arabischen Delegation aus Palästina. Die Briten gehen auf die arabische Forderung eines Wachstumsstopps für den Jischuw nicht ein. Enttäuschung im arabischen Lager.
14 Aufruhr im Jischuw: Der Hauptsekretär setzt Oberst Kish, den Leiter der politischen Abteilung der Zionistischen Exekutive, davon in Kenntnis, daß für das kommende halbe Jahr keine Einwanderungsvisa vergeben würden. Der in Kürze eintreffende John Hope-Simpson, ein hoher britischer Beamter, müsse erst prüfen, wie sich der Bericht der Shaw-Kommission am besten umsetzen lasse.
20 Hope-Simpson trifft in Palästina ein und nimmt seine Untersuchungen auf.
22 Streik der gesamten jüdischen Bevölkerung aus Protest gegen den Einwanderungsstopp.
31 22 der 25 zum Tode verurteilten Araber, die an den antijüdischen Ausschreitungen teilgenommen hatten, werden begnadigt.

Juni
7 »Magen David adom« (Roter Davidsstern): Gründung des jüdischen Pendants zum Roten Kreuz.
15 Arabischer Generalstreik: Die Araber fordern, auch die drei übrigen Verurteilten zu begnadigen.
16 Eine britische Kommission kommt nach Palästina, um Zeugenaussagen zum Konflikt um die Klagemauer zu sammeln.
17 Die drei zum Tode verurteilten Araber werden hingerichtet. Die Stimmung im arabischen Lager ist äußerst gespannt.

Juli
19 Die Klagemauer-Kommission beendet ihre Untersuchung und reist ab.
31 Der Konflikt um die Ländereien bei Hadera ist beendet: Das Gericht erkennt die Bauern von Hadera als rechtmäßige Besitzer des Bodens an und weist die Behauptung der Beduinen zurück, derzufolge er ihnen gehöre.

August
7 Joseph M. Orfali wird begnadigt: Das Todesurteil wird in eine zehnjährige Freiheitsstrafe verwandelt. Seine Zelle teilt er mit Chinkis, dem ehemaligen Polizisten.
22 Veröffentlichung des Berichts Hope-Simpsons: Er folgt der Shaw-Kommission und lehnt jede weitere jüdische Siedlungstätigkeit ab. Weiter empfiehlt er, die Einwanderung zu unterbinden und sie erst dann wieder zu gestatten, wenn umfassende Erschließungsvorhaben verwirklicht sind. Enttäuschung im jüdisch-zionistischen Lager.
23 Erster Jahrestag des Ausbruchs der Unruhen von 1929: Gedenkfeier im Jischuw, Generalstreik der Araber.

September
10 Aus Sorge vor Störungen durch die Araber findet der erste Spatenstich in der Hefer-Ebene (Wadi Hauarit) statt.
25 Gründung von Ha-Maschbir, der zentralen Konsumgenossenschaft der Histadrut, in Afulla.

Oktober
2 Ende des Jom Kippur: Trotz des britischen Verbotes bläst Moshe Segal vom »Bund der starken Männer« das Schofar. Die Engländer nehmen ihn sofort in Haft.
20 Veröffentlichung des Weißbuches des britischen Kolonialministers Lord Passfield. Er schließt sich den Folgerungen Hope-Simpsons an. Der Präsident der Zionistischen Weltorganisation, Chaim Weizmann, gibt aus Protest seinen Rücktritt bekannt. Proteste im ganzen Jischuw und der Diaspora.

November
14 Die englische Regierung versucht, die zionistische Führung versöhnlich zu stimmen.

Dezember
8 Gewalttätiger Zwischenfall in Ness Ziona: Während einer Demonstration erwerbsloser Arbeiter werden Häuser der Bauern beschädigt. Auch in den Siedlungen des Scharon und Samarias kommt es zu Konflikten.
16 Nationalrat und Jewish Agency rufen die Öffentlichkeit »und besonders die organisierten Arbeiter« auf, die Gewalt mit Nachdruck zu verurteilen. In einem weiteren Appell beider Gremien werden die Parteien aufgefordert, eine Lösung für den Arbeitskonflikt zu suchen.
19 Zwischenfälle in Petach Tikva: Es geht um den Kampf um »hebräische Arbeit« im Zitrushain eines Bauern. Arbeiter blockieren die Plantage und werden verhaftet. Daraufhin greifen andere Arbeiter das Haus des Bauern an. Auch sie werden verhaftet und zu einem Monat Freiheitsstrafe verurteilt.
27 In Jerusalem wird das nobelste Hotel im Land, das »King David«, eröffnet.

◁ Lord Passfield, der Urheber des Weißbuches von 1930, hier mit seiner Frau Beatrice. Ben-Gurion schlägt vor, England »den Krieg zu erklären«.

▽ Kurskorrektur: England schränkt die jüdische Einwanderung ein. Das Plakat lädt zu einer Protestversammlung ein.

▽ Schlagzeile in »Davar« am 24. Oktober 1930 nach der Veröffentlichung des neuen Weißbuches. Die Menschen im Jischuw und in der Diaspora sind aufgebracht, Chaim Weizmann tritt aus Protest zurück.

LONDON DISTANZIERT SICH VOM ZIONISMUS

1930 ist ein schlechtes Jahr für die jüdisch-englischen Beziehungen. Ihr Niedergang beginnt mit der Shaw-Kommission, die die Ursachen der Unruhen von 1929 untersucht. Die Kommission stellt fest, Hauptgrund der Ausschreitungen sei die Befürchtung der Araber gewesen, die Einwanderung und der Ausbau der jüdischen Siedlungen schade ihnen. Deshalb wird der Regierung empfohlen, keine größere jüdische Einwanderung mehr zuzulassen.

Als nächstes wird ein hoher englischer Beamter, Sir John Hope-Simpson, ins Land geschickt, um Empfehlungen für die Umsetzung des Berichtes auszuarbeiten. Hope-Simpson vertritt die extreme Ansicht, die jüdische Einwanderung müsse völlig aufhören und es dürfe keine weiteren Siedlungen geben. Andererseits sei es wünschenswert, die Lebensbedingungen der arabischen Fellachen zu verbessern. Hope-Simpson wird der Ausspruch zugeschrieben, das Land sei zu klein, arm und bis an den Rand voll. Es sei nicht einmal Platz für eine weitere Katze.

Die englische Regierung macht sich Shaws und Hope-Simpsons Empfehlungen zu eigen und veröffentlicht im Oktober 1930 das sogenannte Weißbuch. Es erwähnt die Balfour-Erklärung nicht ein einziges Mal und betont statt dessen, Großbritannien sei beiden Konfliktparteien verpflichtet. Im Land gebe es nicht genug Boden für zusätzliche jüdische Siedlungen, die jüdische Einwanderung müsse eingeschränkt werden. Zudem müsse man auf eine angemessene Vertretung aller Bewohner achten, und daher sei es wünschenswert, so bald wie möglich einen Gesetzgebenden Rat zu bilden.

Weder die Führung der zionistischen Bewegung noch die jüdische Bevölkerung in Palästina verbergen ihre Enttäuschung. Ben-Gurion geht sogar so weit, vorzuschlagen, England »den Krieg zu erklären«. Er ruft aus: »Hüte dich, britisches Reich!«

Die Londoner Regierung erschrickt zwar, jedoch nicht angesichts Ben-Gurions Drohungen. Vielmehr regt sich in England selbst Kritik an ihrer Palästina-Politik. Schließlich sucht sie nach einer Lösung des innenpolitischen Dilemmas, in das sie gerät, und so richtet der Premierminister Anfang 1931 ein Schreiben an Weizmann, den sogenannten Mac Donald-Brief, in dem er versichert, die Regierung werde zu ihrer früheren, prozionistischen Linie zurückkehren.

1930

◁ Nach den Ereignissen von 1929 mehren sich Tagungen und Beratungen der Araber über ihre Belange. In der Mitte: Hadsch Amin al-Husseini (mit weißem Hut), rechts von ihm Mussa Kassem al-Husseini.

▽ Der Polizist Simcha Chinkis wird zum Tode verurteilt. Der Jischuw ist über das Urteil empört.

▽ Zigarettenreklame: Marx behaupte, es herrsche Klassenkampf. Doch in Eretz-Israel seien alle gleich: Alle rauchen »Maspiro«.

▷ Eröffnung des King-David-Hotels in Jerusalem. Der Prospekt verspricht den Gästen besonderen Komfort. Vollpensionen gibt es nur bei einem Aufenthalt von mindestens drei Tagen.

▽ Die Massen strömen zur Einweihung der Großen Synagoge in Tel Aviv. Ihr Bau hat über acht Jahre gedauert: Der Bau der Kuppel war äußerst problematisch.

MIT VEREINTEN KRÄFTEN: EINE NEUE PARTEI ENTSTEHT

Seit den zwanziger Jahren ist die politische Rechte und Mitte stark zersplittert. Dagegen nimmt sich die Linke relativ einheitlich aus: Sie besteht im wesentlichen aus zwei großen Parteien, Ha-Tnua le-Achdut ha-Awoda und Ha-Po'el Tza'ir, sowie einigen kleineren Gruppierungen. In der zweiten Hälfte der zwanziger Jahre kommt es vor allem wegen der wirtschaftlichen und gesellschaftlichen Krise im Gefolge der vierten Alija zu einer Annäherung zwischen Ha-Tnua le-Achdut ha-Awoda, der größten Partei mit sozialistischer Weltanschauung, und Ha-Po'el Ha-Tza'ir. Letztere nimmt eine gemäßigtere Position sowohl politisch als auch hinsichtlich des Zionismus ein.

Die beiden Parteien vereinbaren ihren Zusammenschluß. Trotz ihrer Größe stimmt Ha-Tnua le-Achdut ha-Awoda der völligen Gleichstellung von Ha-Po'el Ha-Tza'ir in der Führungsspitze der vereinten Partei zu.

Anfang 1930 tritt jede der beiden Parteien zu einer Abschlußsitzung über die Vereinigung zusammen. Der gemeinsame Kongreß, auf dem die Vereinigung erfolgt, findet in Tel Aviv statt: Am 6. Februar wird die »Partei der Arbeiter in Eretz Israel« ins Leben gerufen (hebr. Kürzel: »Mapai«). Ha-Tnua le-Achdut ha-Awoda bringen herausragende Persönlichkeiten in die Organisation ein, u.a. David Ben-Gurion und Berl Katznelson. Bei Ha-Po'el Ha-Tza'ir stechen Joseph Sprintzak, Eli'eser Kaplan und Dr. Chaim Arlozorov hervor.

△ Venedig 1930: Auswanderer auf ihrem Weg nach Eretz Israel. In diesem Jahr lassen sich nur wenige Juden in Palästina nieder.

△ Tel Aviv, im Januar 1930: Gründungssitzung von Mapai. Die Vereinigung der beiden Arbeiterparteien erweist sich im Rückblick als ein Schritt in die richtige Richtung. Mapai wird fast 50 Jahre regieren, bis zur Machtübernahme Menachem Begins im Mai 1977.

1930

▽ Das neue Gebäude in seiner ganzen Pracht: Einweihung der Nationalbibliothek auf dem Skopus-Berg in Jerusalem. Die Bücher wurden auf Eseln hinauftransportiert. Öffnungszeit: von 6 bis 21 Uhr.

▽ Die Shemen-Fabrik in Haifa: ein typisches Beispiel für die großen Unternehmen, die jetzt entstehen.

"Shemen" Ltd.
HAIFA
OIL- and SOAP-FACTORY

LARGEST AND MOST UP TO DATE FACTORY IN THE NEAR EAST

OILS
for Table and Kitchen

SOAPS
for Toilet and Laundry

OIL CAKES
for Cattle Feeding

Special Items for Export: FINEST OLIVE OIL, CASTILE SOAP (100% OLIVE OIL), LUXURY TOILET SOAP

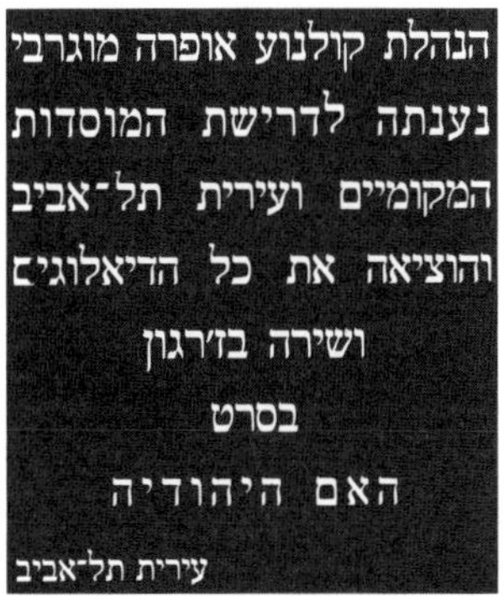

△ Sprachenkampf: Die Mitteilung besagt, daß das Kino Mograbi alle jiddischen Ausdrücke aus dem Film »Jiddische Mamme« gelöscht hat.

▷ Tel Aviv anno 1930: der Dichter Ch. N. Bialik mit einem Schuhputzer. Zeichnung von Frenkel.

1931

Januar

5 Wahlen für die dritte Abgeordnetenversammlung. Großer Erfolg für Mapai: Die Partei vereint mehr als 40% der Stimmen auf sich. Die Revisionisten bilden die zweitgrößte Liste.

Februar

9–12 Erste Sitzung der dritten Abgeordnetenversammlung in Jerusalem. U. a. wird beschlossen: Die Verantwortung für Erziehung und Gesundheit geht von der Zionistischen Exekutive an den Nationalrat der Knesset Israel über.

Der Nationalrat umfaßt 23 Mitglieder: 11 Mapai-Abgeordnete, 4 Sepharden, je 3 Vertreter von Misrachi und allgemeinen Zionisten, 1 Vertreterin der Frauenvereinigung und 1 Jemeniten. Die Revisionisten sitzen in der Opposition. Yitzhak Ben-Zvi wird zum Vorsitzenden des Nationalrates gewählt.

10 Das »Habima«-Ensemble trifft in Palästina ein, diesmal bleibt es für immer. Die erste Aufführung: »Die zwölfte Nacht« von Shakespeare.

13 Überschwemmungen durch den Jordan und den Jarmuk verursachen schwere Schäden am im Bau befindlichen Kraftwerk in Naharajim. Transformatoren werden fortgespült, und Risse am Boden des künstlichen Sees verzögern die Inbetriebnahme erheblich.

Veröffentlichung des »MacDonald-Briefes« in London: Mit ihm wird das Rad der Geschichte zurückgedreht, die Briten bekräftigen, daß sie ihre prozionistische Politik wieder aufnehmen wollen. Das Weißbuch Lord Passfields ist Makulatur.

15 Die Araber protestieren gegen den »MacDonald-Brief«.

März

15 Zu Gast in Eretz Israel: der Maler Marc Chagall.

26 Erste Kraftprobe für Mapai bei der Wahl des Landarbeiterverbandes. Die Partei erhält 79%, Ha-Schomer Ha-Tza'ir 13% und Poalei-Zion 7% der Stimmen.

April

5 Der erste ernsthafte Zwischenfall seit den Ausschreitungen von 1929: Drei Bewohner von Jagur werden auf dem Heimweg in ihren Kibbuz von der Bande Scheich al-Kassems ermordet.

Pferderennen am Strand von Tel Aviv. Sieger wird ein Reiter aus Ness Ziona.

Spaltung der »Haganna« in Jerusalem: Eine Gruppe von Befehlshabern, an ihrer Spitze Avraham Tehomi, gründet die »Nationale Haganna«, aus der später die Untergrundorganisation »Etzel« wird.

16 Tod der Dichterin Rachel im Alter von 41 Jahren.

Die Mandatsregierung kündigt eine Volkszählung an, die erste fand Ende 1922 statt. Sorge im Jischuw, die Ergebnisse könnten die Bildung des Gesetzgebenden Rates beschleunigen, in dem die Juden in der Minderheit wären.

Erscheinen der revisionistischen Zeitung »Ha-Am«. Sie behauptet sich nur vier Monate.

Mai

25 Wahlen zum 17. Zionistischen Kongreß, der im Sommer in der Schweiz stattfinden soll. Der Jischuw entsendet 36 Delegierte: Mapai und Ha-Schomer Ha-Tza'ir 24, Revisionisten 7, Misrachi 2, Ha-Po'el Ha-Misrachi 2, Jemeniten 1.

29–31 Kongreß der Organisation der Eisenbahn-, Post- und Telegrafenarbeiter in Tel Aviv. Juden und Araber nehmen daran teil. Alle Gremien bis hin zum Vorstand sind paritätisch besetzt.

Juni

6 Zusammenstöße orthodoxer und weltlicher Juden auf dem Makkabi-Sportplatz in Jerusalem: Die Orthodoxen sind gegen Fußballspiele am Sabbat. Daraufhin schlägt der Nationalrat vor, die Spiele auf den Freitag zu verlegen.

Juli

Bis zum 17. Juli 17. Zionistischer Kongreß in Basel. Kennzeichnend ist der heftige Streit, den die Revisionisten unter Se'ev Jabotinsky mit Weizmann und den Arbeitervertretern über das »endgültige Ziel« des Zionismus führen.

Zwei junge Männer, Salia Sohar und Jochanan Stall, sind zu einem Ausflug in die verlassene Gegend im Norden von Tel Aviv aufgebrochen und gelten seither als vermißt.

13 Die englische Regierung gibt die Ernennung von Sir Arthur Wauchope zum neuen Hochkommissar bekannt. Als Zeichen für verbesserte Beziehungen zu den Zionisten erfolgte die Ernennung nach Konsultationen mit Dr. Weizmann.

31 Arabischer Kongreß in Nablus: Aufruf zum bewaffneten Kampf gegen die Juden und Protest gegen das Verteilen von mit Waffen gefüllten Kisten an die jüdischen Siedlungen.

August

Die Affäre um die versiegelten Waffenkisten, die nur im Notfall geöffnet werden dürfen, empört die Öffentlichkeit weiterhin, vor allem die arabische. Die Mandatsregierung warnt arabische wie jüdische Zeitungsredakteure davor, die Situation weiter anzuheizen.

1 Ein Erlaß des neuen Hochkommissars ermöglicht es jedem illegal Eingewanderten, seinen Aufenthalt legalisieren zu lassen. Dies geschieht im Hinblick auf die für das Jahresende geplante Volkszählung.

23 Arabischer Generalstreik wegen der Verteilung von Waffen an die Juden.

Sommer 1931: Nach langen Beratungen Beschluß über die Bildung einer landesweiten Haganna-Kommandantur unter der Schirmherrschaft verschiedener zionistischer Institutionen.

September

2 Hochkommissar Chancellor verläßt Palästina. Seine Amtszeit ist abgelaufen.

20 Der Kongreß der Araber in Nablus beschließt, den Kontakt zu den Briten abzubrechen, solange diese nicht bereit sind, den Arabern die politische Selbständigkeit zuzusichern.

Oktober

Je näher der Termin der Volkszählung rückt, um so heftiger opponieren die Revisionisten dagegen. Sie rufen alle jüdischen Einwohner Palästinas auf, die Zählung zu boykottieren.

November

2 Erstausgabe der extrem revisionistischen Zeitung »Chasit ha-Am«. Ihre Redakteure: Uri Zvi Grünberg, Abba Achime'ir und J. H. Javin.

13 Nach intensiver Suche werden unweit von Herzlija die Leichen von Salia Sohar und Jochanan Stall gefunden. Beide waren seit Juli vermißt. Drei Beduinen werden des Mordes beschuldigt.

18 Die zweite von den Engländern durchgeführte Volkszählung ergibt, daß das Land 1 035 154 Einwohner hat. Davon sind 759 952 Muslime, 175 006 Juden und 90 607 Christen.

20 Ankunft des neuen Hochkommissars, Sir Arthur Wauchope.

Dezember

6–17 Internationale Islamkonferenz in Jerusalem mit Teilnehmern aus mehreren muslimischen Ländern. Beschlossen werden die Befreiung Palästinas von den Zionisten, die Bewahrung der heiligen Stätten und Gründung einer muslimischen Universität in Jerusalem. Die Juden protestieren beim neuen Hochkommissar gegen die Hetzparolen der Konferenz.

Die Kaliwerke am Nordrand des Toten Meeres nehmen ihre Tätigkeit auf.

Schlagzeile vom 15. 11. 1931: Beduinen haben zwei Juden ermordet.

1931

◁ Anfang des Jahres finden Wahlen zur Abgeordnetenversammlung statt. Auch eine »Frauenvereinigung« bewirbt sich. Zeitgenössische Karikatur.

◁ Der Dichter Bialik als Delegierter auf dem 17. Zionistischen Kongreß. Er faßt seine Eindrücke in ein bitteres Gedicht.

△ Der neue Hochkommissar, Sir Arthur Wauchope, in seiner Dienstuniform im November 1931.

DER KONGRESS UND DAS »ENDGÜLTIGE ZIEL«

Der 17. Zionistische Kongreß findet im Sommer 1931 in Basel statt. Er gehört mit zu den turbulentesten Tagungen in der Geschichte der Zionistischen Weltorganisation. Ihr Präsident, Dr. Chaim Weizmann, verliert sein Amt und tritt für vier Jahre in den Hintergrund. An seiner Stelle wird Nachum Sokolov gewählt.

Bislang stellten die Allgemeinen Zionisten stets die meisten Delegierten. Jetzt verlieren sie weiter an Einfluß, nachdem sie schon auf den letzten Kongressen einen Teil ihrer Macht eingebüßt haben. 1931 verfügen sie über nicht mehr als ein Drittel aller Mandate. Dagegen erringt die Arbeiterfraktion bei den Wahlen zum Kongreß mit 30 Prozent einen beachtlichen Erfolg. Einen Sprung nach vorn macht auch die revisionistische Bewegung: Sie verdreifacht ihren Anteil von 7 auf 21 Prozent. Die Debatte wird vor allem zwischen Arbeitern und Revisionisten geführt. Die Position Weizmanns, der bis dahin allmächtig war, ist durch das Weißbuch Lord Passfields und den Hope-Simpson-Bericht geschwächt, daran ändert auch der kürzlich veröffentlichte »MacDonald-Brief« nichts mehr. Allgemein herrscht das Gefühl vor, die Zeit eines Führungswechsels sei gekommen. Es geht nur noch um die Frage, wer das Zepter übernehmen soll: die Führung der Arbeiterbewegung unter Ben-Gurion oder der Revisionistenführer Se'ev Jabotinsky.

Jabotinsky und seine Partei entfachen eine heftige Kontroverse. Sie fordern, der Kongreß solle unmißverständlich festlegen, daß der Zionismus als endgültiges Ziel die Errichtung eines jüdischen Staates anstrebe. Nach Ansicht nicht nur der Arbeiterfraktion ist es für eine solche Erklärung jedoch noch zu früh. Weizmann hat sich kurz vor dem Kongreß in einem Zeitungsinterview in Schwierigkeiten gebracht, als er sagte, er bestehe nicht auf einer jüdischen Mehrheit in Eretz Israel. Um die von Jabotinsky gestellte Forderung zu beantworten, beschließt der Kongreß, kompetente Persönlichkeiten Palästinas zu dem Thema zu befragen. Elijahu Golomb und Sa'adia Schoschanni, beide in der »Haganna«-Führung, äußern sich in ihrem Antwortschreiben zurückhaltend: Zionistische Maximalforderungen zu diesem Zeitpunkt könnten erneut blutige Unruhen auslösen. Dieser Meinung schließt sich auch der Nationalrat in Jerusalem an.

Die Arbeiterfraktion stellt den Antrag, über Jabotinskys Anliegen nicht zu beraten – der Antrag wird angenommen. Erzürnt zerreißt Jabotinsky seinen Delegiertenausweis und stürmt aus dem Saal. Der neu gewählte Vorstand umfaßt erstmals Delegierte der Arbeiterbewegung. Der 32jährige Dr. Chaim Arlozorov wird zum Leiter der politischen Abteilung ernannt.

▽ Er geht: Oberst Frederich Kish beendet seine achtjährige Amtszeit als Vorsitzender der politischen Abteilung in Jerusalem. Kish ist ein in Indien geborener englischer Jude.

△ Er kommt: Dr. Chaim Arlozorov, ein junger Mann von 32 Jahren, löst Kish ab.

△ Ein Zeppelin über Jerusalem, 1931. Alle ein oder zwei Jahre fliegt ein »Luftschiff« über das Land hinweg und verursacht großes Aufsehen.

▷ »Sabbat-Krieg« auf dem Fußballplatz: 1931 erregen sich die Gemüter, vor allem in Jerusalem, über die Forderung religiöser Juden, Fußballspiele am Sabbat zu untersagen. Der Nationalrat bittet die Mannschaften, an einem Werktag zu spielen. Im Juni ereignet sich ein schwerer Zwischenfall: Bei einem Streit zwischen weltlichen und orthodoxen Juden auf dem Fußballplatz von Jerusalem muß die Polizei eingreifen.

DIE MACHT DER ARBEITER WÄCHST

Herausragendes Ereignis im Jahre 1931 innerhalb der zionistischen Bewegung und im Jischuw ist der kontinuierliche Machtgewinn der Arbeiterbewegung. Schon in den zwanziger Jahren stellte sie einen ernstzunehmenden Faktor dar und machte gegen Ende des Jahrzehnts die »Eroberung« des Zionismus zu ihrem erklärten Ziel. Seither will sie ihn an ihre gesellschaftlich-politische Weltanschauung konsequent anpassen.

In diesen Jahren tritt der äußerst energische Histadrut-Sekretär und Kopf von Ha-Tnua le-Achdut ha-Awoda, David Ben-Gurion, in den Vordergrund. Er erklärt immer wieder, Ziel der Arbeiterbewegung müsse eine Ablösung der traditionellen Führung der zionistischen Bewegung sein. Die herrschende Koalition aus Allgemeinen Zionisten, Religiösen und zeitweise auch dem gemäßigten Flügel der Arbeiterbewegung selbst (Ha-Po'el Ha-Tza'ir) solle von jungen, dynamischen Leuten abgelöst werden, die größtenteils aus dem Arbeiterlager stammen sollten. Doch gleichzeitig wächst auch die Macht der Revisionisten unter Se'ev Jabotinsky, und es wird deutlich, daß eine Konfrontation der beiden jungen Bewegungen unvermeidbar ist. Welche wird die Führung in der zionistischen Bewegung übernehmen?

1931 erringt die Arbeiterbewegung die Spitzenposition, gleich bei zwei Gelegenheiten setzt sie sich gegen die Revisionisten durch. Bei den Wahlen zur dritten Abgeordnetenversammlung erhält Mapai, ein Zusammenschluß der Arbeiterparteien Ha-Tnua le-Achdut ha-Awoda und Ha-Po'el Ha-Tza'ir, mehr als 40 Prozent der Stimmen. Die Revisionisten erzielen dagegen nur 20 Prozent. Und auch der 17. Zionistische Kongreß in Basel folgt der Linie Weizmanns und der Arbeiterbewegung, während der militante Kurs der Revisionisten abgelehnt wird. Somit beginnt 1931 die Herrschaft von Mapai, die bis 1977 dauern wird.

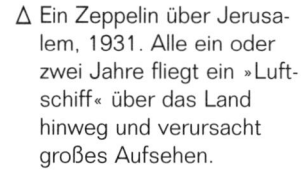

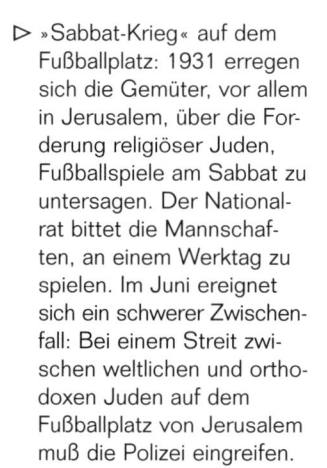

1931

△ Großfeuer in Tel Aviv: Eine Werkstatt geht in Flammen auf. »Doar ha-Jom« berichtet: »4 Stunden des Schreckens: 36 Fahrzeuge ausgebrannt, 30 000 Pfund Schaden.«

התבערה היותר גדולה בקורות ארצנו
תחנית שלמה עלתה באש — סכנה רחפה על כל הרבע
4 שעות של חרדה — 36 מכוניות נשרפו כליל — 30 אלף לא״י נזוקים — אראלות הסכנים
(ע״י השח-רחוק מאת משרדנו בת״א)

△ Anfang der dreißiger Jahre erobert sich das Motorrad einen Platz im Herzen der jungen Männer des Jischuw. Viele begeben sich auf mehrwöchige Reisen in die Nachbarländer und durch die Türkei nach Europa.

▷ Im Frühjahr 1931 stirbt die Dichterin Rachel, die mit der zweiten Alija ins Land kam, in der Jesre'el-Ebene ausgebildet wurde und arbeitete. In den zwanziger Jahren schrieb sie dort ihre ersten Gedichte. Später erkrankte sie an Tuberkulose.

171

▷ Kurz vor Jahresende findet eine Volkszählung statt. Der maximalistische Flügel der Revisionisten ruft zum Boykott auf. Einer der Hauptaktivisten ist Abba Achime'ir, hier vor dem Graffiti »Laßt Euch nicht zählen!«

▽ In Jerusalem findet im Dezember 1931 eine internationale Islamkonferenz statt, die antizionistische Beschlüsse faßt. Im Bild die Teilnehmer vor dem »Palace«-Hotel, das rechtzeitig zum Beginn der Konferenz fertiggestellt wurde. Hinter der Konferenz steht der Mufti von Jerusalem, Hadsch Amin al-Husseini.

EIN ZENTRALES KOMMANDO FÜR DIE »HAGANNA«

Die »Haganna« ist in den ersten Jahren nach ihrer Gründung 1920 der Histadrut unterstellt. Dafür gibt es zwei Gründe: Die meisten Mitglieder sind gleichzeitig Angehörige der Arbeiterbewegung. Zudem will keine andere Institution des Jischuw die Verantwortung für die Verteidigungsorganisation übernehmen.

Nach den arabischen Unruhen von 1929 ist jedoch allen klar, daß die »Haganna« neuer Strukturen bedarf. Ihre Unfähigkeit, den Erfordernissen des Augenblicks entsprechend zu handeln, hat bewiesen, daß eine landesweite Organisation nötig ist, die alle »nationalen« Institutionen unterstützen. Im Sommer 1930 beschließt der Sicherheitsausschuß des Nationalrates, die Verantwortung für die Haganna den beiden Hauptstützen des Jischuw zu übertragen: der Linken um Histadrut und Arbeiterbewegung und der Rechten, deren wichtigste Repräsentanten die Bauernvereinigung und die bürgerlichen Kreise vor allem Tel Avivs und der größeren Ortschaften sind. Im Sommer 1931 wird zum ersten Mal eine landesweite Kommandantur eingerichtet. Ihr gehören sechs Mitglieder an: drei Linke und drei Rechte. Zwar behindert diese politisch bedingte Zusammenstellung die Schlagkraft der Haganna erheblich, doch das Gleichgewicht zwischen links und rechts gestattet ihr als einziges Organ, den gesamten Jischuw zu vertreten.

△ Zu Pessach wird am Strand von Tel Aviv ein Pferderennen veranstaltet. Unter den Zuschauern: der Maler Marc Chagall (zweiter von links), der Dichter Chaim Nachman Bialik (Mitte) und der Oberrabbiner von Tel Aviv, Ben-Zion Chai Usi'el (rechts).

◁ Segen oder Fluch? Mit dem Fortschritt kommt auch der Pkw ins Land. Und je mehr Pkws unterwegs sind, um so mehr Verkehrsunfälle ereignen sich. Der Zeitungsbericht ruft dazu auf, dem »Pkw-Skandal« ein Ende zu setzen.

1932

Januar
14 Weil sie kein Gehalt bekommen, rufen die Lehrer einen Generalstreik aus, der fast vier Wochen dauert.
16 Die Bande von Scheich al-Kassem erschießt Joseph Borstein in seinem Haus, im Moschaw Balfourija.
25 Erstmals wird in Jerusalem 13 Absolventen der Universität der Magistergrad verliehen.

Februar
10 Zwischenfall an der Hebräischen Universität: Revisionistische Studenten stören den Vortrag, den Norman Bentwich anläßlich der Einweihung des Lehrstuhles für internationalen Frieden hält, und werfen eine Stinkbombe. Einige rechtsgerichtete Studierende werden auf längere Zeit vom Studium ausgeschlossen.
29 Zweite Tagung der dritten Abgeordnetenversammlung (bis zum 4. März). Die behandelten Themen: die Einwanderungsproblematik, das Aufbauwerk, die jüdische Beteiligung an von den Engländern angeordneten öffentlichen Arbeiten, der Widerstand gegen den Gesetzgebenden Rat und Ausweitung der Sabbat-Gesetze auf die jüdischen Siedlungen.

Erste Kalilieferung aus jüdischer Produktion an England.

März
5 Shmu'el Gutterman aus Kfar Chassidim wird von Scheich al-Kassems »Bande der schwarzen Hand« ermordet.
10 Zwischenfall beim Pflügen auf dem Gelände von Kuskus-Tivon: Auf beiden Seiten, bei Juden wie Arabern, gibt es Verletzte. Die Arbeit wird eingestellt.
14 Der Leiter der politischen Abteilung der Jewish Agency, Dr. Chaim Arlozorov, und der Sekretär der Abteilung, Moshe Shertok, besuchen Emir Abdullah, den Herrscher von Transjordanien.
27 Im Alter von 83 Jahren stirbt in Jerusalem Rabbi Sonnenfeld, eine der führenden Persönlichkeiten der Orthodoxie und des alten Jischuw.
28 Eröffnung der ersten »Makkabia«, der jüdischen Olympischen Spiele. Sportler aus 21 Ländern nehmen teil.

Vorbereitungen für den 50. Jahrestag der ersten Alija, von Chibbat-Zion und Bilu.

April
2 Eröffnung des Tel-Aviv-Museums, es trägt den Namen der verstorbenen Sina Dizengoff.
7 Eröffnung der »Levant Fair« auf dem Ausstellungsgelände in Nord-Tel Aviv. Zu dieser erstmals stattfindenden Messe reisen Teilnehmer aus 24 Ländern an.

Mai
Die jüdische Einwanderung verstärkt sich. Ein Teil der Immigranten sind Sportler mit ihren Begleitern sowie Touristen. Sie sind zur »Makkabia« eingereist, bleiben aber danach im Land – einige ohne Visum. Zugleich beginnt sich die Wirtschaftslage zu bessern.

Juni
6 Bei der Wahl des Stadtrates von Tel Aviv siegen die Vertreter der Mitte und der Rechten.

Von den beiden Beduinen, die des Mordes an Salia Sohar und Jochanan Stall angeklagt sind, wird einer zu 15 Jahren Freiheitsentzug verurteilt, der andere hingegen mangels Beweisen freigesprochen.
9 Einweihung des Wasserkraftwerks von Naharajim in Anwesenheit von Pinchas Ruthenberg, Emir Abdullah, auf dessen Hoheitsgebiet das Kraftwerk steht, und Hochkommissar Wauchope. Bei den Juden herrscht Verbitterung, weil von den führenden Persönlichkeiten des Jischuw niemand geladen ist.
19 Wiederwahl Me'ir Dizengoffs zum Bürgermeister von Tel Aviv. Israel Rokeach wird sein Stellvertreter.

Juli
5 Die Allgemeine Krankenkasse schließt ihr einziges Krankenhaus in der Region Afulla wegen finanzieller Schwierigkeiten. Es bleibt zwei Monate lang geschlossen.
13–14 Tagung der Allgemeinen Zionisten in Tel Aviv. Ihre Beschlüsse: Recht auf ein weltanschaulich und politisch unabhängiges Arbeitsamt; Nichtausschließung der Revisionisten aus der Zionistischen Weltorganisation.
21 Abraham Seid, der legendäre Verteidiger von Scheich Avrik, und sein Sohn werden bei einem arabischen Angriff verletzt.

September
Erneuter Konflikt um die Einhaltung des Sabbats in den jüdischen Ortschaften. Die Oberrabbiner verhandeln mit dem Hochkommissar. Tel Aviv legt die obligatorische Einhaltung der Sabbat-Ruhe in der Stadt per Erlaß fest.

Oktober
7 Streik in der Keksfabrik Frumin in Jerusalem, beispielhaft für die sozialen Spannungen im Land. Der Streik dauert vier Monate. Im Mittelpunkt steht die Konfrontation zwischen der Histadrut einerseits und Fabrikbesitzern und revisionistischen Arbeitern andererseits. Es kommt zu Handgreiflichkeiten und Verhaftungen durch die Polizei. Gefängnisstrafen werden verhängt.
12 Die Mandatsregierung stellt eine größere Anzahl von Einwanderungsvisas als in den vorhergehenden Jahren aus: 4500 für ein halbes Jahr.
20 Einweihung eines internationalen Flughafens für Wasserflugzeuge der Strecke London–Indien auf dem See Genezareth bei Tiberias. Dauer des Flugs von London nach Tiberias: viereinhalb Tage.

November
9 Die jüdischen Wirtschaftsverbände schließen sich zusammen, um die Einführung der Einkommensteuer zum Scheitern zu bringen.
13 Hochkommissar Wauchope erklärt vor der Mandatskommission in Genf, er sei nach wie vor entschlossen, in Palästina einen Gesetzgebenden Rat zu bilden.

Dezember
1 In Jerusalem erscheint eine neue Tageszeitung: die englischsprachige »Palestine Post«. Trotz des Namens handelt es sich nicht um ein britisches, sondern um ein der Jewish Agency nahestehendes Blatt.
2 Unterzeichnung eines Abkommens, mit dem die Verantwortung für das jüdische Erziehungssystem von der Jewish Agency auf den Nationalrat übertragen wird.
22 Die »Bande der schwarzen Hand« dringt in das Haus der Familie Ya'akobi im Moschaw Nahalal ein und tötet Joseph Ya'akobi und seinen Sohn David.

Bei den Wahlen zum vierten Histadrut-Kongreß vereint Mapai über 80% der Stimmen auf sich. Poalei-Zion und Ha-Schomer Ha-Tza'ir bekommen dagegen jeweils weniger als 10%.
25 Uraufführung des ersten hebräischen Spielfilms in Tel Aviv: »Oded ha-noded«.

Auch das geschah 1932: erste Vorbereitungen, um jüdische Kinder aus Deutschland nach Eretz Israel zu bringen.
29 Die »Jugend-Alija« beginnt. Ihre Organisatorin ist Recha Freier aus Berlin.

»Ansiedlung der Tausend«: Gründung von Ortschaften in der jüdischen Küstenebene und im Scharon bei Tel Aviv.

Im Lauf des Jahres Gründung von 15 neuen Agrarkolonien, ein Rekord seit Beginn der Kolonisierung. Einige der neuen Siedlungen: Avichail, Even Jehuda, Afikim, Ramat-ha-Kowesch und Ramat-Jochanan.

Aufruf zur Tel-Hai-Gedenkfahrt (vgl. 1920)

△ 1932 begeht der Jischuw, insbesondere die Bevölkerung von Rischon le-Zion, den 50. Jahrestag des Beginns der ersten Alija. Der Jischuw blickt bereits auf eine reichhaltige Geschichte zurück.

◁ »Von Tiberias nach London in viereinhalb Tagen«, verkündet die Anzeige der »Imperial Airways«. Die Wasserflugzeuge machen auf der längsten Strecke der Fluggesellschaft eine Zwischenlandung auf dem Wasserflughafen von Tiberias, der im Oktober 1932 eingeweiht wurde.

◁ »Das fliegende Kamel« ist Anfang 1932 sehr beliebt. Es ist das Emblem der ersten »Levant Fair«, die am 7. April beginnt und an der Aussteller aus 24 Ländern teilnehmen. Seine Entstehung verdankt es, so sagt man, den Worten des Bürgermeisters von Jaffa. Dieser bezweifelte nämlich, daß das kleine Tel Aviv in der Lage sei, eine internationale Messe auszurichten. Wörtlich soll er gesagt haben: »In Tel Aviv gibt es erst eine Messe, wenn die Kamele das Fliegen lernen.«

LEVANT FAIR
7-30 APRIL 1932 TEL-AVIV

COMFORT **SPEED**

IMPERIAL AIRWAYS

Tiberias-Cairo   in 3 hours
Tiberias-London   in 4½ days
Tiberias-Baghdad in 5 hours

1932

EIN HOFFNUNGSSCHIMMER: DIE KRISE GEHT ZU ENDE

Seit Mitte 1926 steckt der Jischuw in einer wirtschaftlichen Krise. Monate, ja sogar Jahre verstreichen, ohne daß sich ein Ende der bedrückenden Periode abzeichnet. 1929 scheinen weitere Schwierigkeiten hinzuzukommen. Zum einen überschatten die blutigen Unruhen vom August 1929 für lange Zeit das Leben der Bevölkerung, zum anderen macht sich die Weltwirtschaftskrise, die mit dem Börsenkrach in New York beginnt, bereits in Europa bemerkbar – und bis sie sich auch auf Palästina auswirkt, sei nur eine Frage der Zeit. So sehen es zumindest die Volkswirtschaftler.

Genau das aber tritt nicht ein. Zwar deutet zu Beginn der dreißiger Jahre noch nichts darauf hin, daß die Rezession bald überwunden ist. Doch die Krise verschärft sich auch nicht wie in den USA und Europa, wo Millionen Menschen auf der Straße liegen, Unternehmen schließen und das politische System immer labiler wird.

Für Palästina ist 1932 der Anfangspunkt einer Phase der Erholung. Große entwicklungsfähige Unternehmen wie das Kraftwerk in Naharajim und die Kaliwerke am nördlichen Ufer des Toten Meeres produzieren mit Volldampf. Die Stadt Tel Aviv befand sich seit Mitte der zwanziger Jahre in einem Dornröschenschlaf, jetzt aber nimmt sie ihr Schicksal in die Hand und organisiert in den Frühlingsmonaten zwei große Veranstaltungen: die internationale »Levant Fair« auf einem neu erschlossenen Gelände nördlich der Stadt und die erste jüdische Olympiade, die »Makkabia«. Tausende Besucher aus dem In- und Ausland strömen herbei, um sich die ausgestellten Waren anzusehen und bei den Sportkämpfen dabei zu sein.

Die Verschlechterung der Lage im Ausland erweckt auch die Alija zu neuem Leben. 1932 kommen 9500 Einwanderer nach Palästina, außerdem bleiben 3000 jüdische Touristen für immer da. Die meisten Immigranten stammen aus Polen, doch wandert auch eine große Anzahl Deutscher ein. Sogar aus den USA treffen rund tausend Neueinwanderer ein, wegen der schlimmen Wirtschaftskrise, die Nordamerika lähmt.

Mit der Zunahme der Einwanderung, dem Aufschwung des Tourismus und dem Aufbau neuer Wirtschaftsunternehmen bessert sich die Stimmung im Land. Die Frage ist nur, ob der Aufwärtstrend anhalten wird.

△ Das Kraftwerk von Naharajim liegt in Transjordanien, es wird im Juni 1932 eingeweiht.

▽ Ein Knopfdruck genügt: Emir Abdullah von Transjordanien setzt die Turbinen in Gang.

△ Das zweite große Ereignis 1932 in Tel Aviv: die erste »Makkabia«. Zu dieser »jüdischen Olympiade« kommen Hunderte von Sportlern aus 21 Ländern und Tausende von jüdischen Touristen. Viele bleiben als illegale Einwanderer im Land.

◁ Neuen Streit um die Sabbat-Ruhe gibt es 1932. Die Stadt Tel Aviv verabschiedet eine Durchführungsverordnung: Der Beginn der Sabbat-Ruhe wird von einem Trompeter verkündet, der durch die Straßen der Stadt fährt.

▽ Neu: 1932 wird der erste hebräische Spielfilm, »Oded ha-noded«, gedreht.

◁ Noch eine Neuigkeit aus der Welt des Kinos: Der polnische Regisseur Alexander Ford dreht in Palästina den Film »Tzabar«. Sein Star ist die im In- und Ausland gefeierte »Habima«-Schauspielerin Hanna Rovina.

▽ In Jerusalem erscheint die erste englischsprachige Tageszeitung: »Palestine Post«. Trotz des Namens und der Sprache ist es eine jüdische Zeitung (heute: »Jerusalem Post«).

▷ 1932 zerstreiten sich die Freunde und Partner Abraham Schlonsky (links) und Israel Zmora, und jeder geht fortan seinen eigenen Weg. Eine Karikatur von Arie Navon.

1933

Januar

1 Vier Gruppen von Fuhrunternehmern, »Ha-Mahir«, »Hegge«, »Kadima« und die »Fahrvereinigung«, schließen sich zu einer Genossenschaft zusammen. »Egged«, die bis heute tätige Busgesellschaft, entsteht.
30 Hitlers Machtergreifung in Deutschland: Reichspräsident Hindenburg ernennt ihn zum Regierungschef. Schwere Auflagen für die Juden. Die schon in den Monaten zuvor einsetzende Alija aus Deutschland nimmt zu.

Offizielle Gründung des Unternehmens »Jugend-Alija«, das Kinder und Jugendliche ohne ihre Eltern nach Eretz Israel bringt – anfangs nur aus Deutschland, später auch aus anderen Ländern.

Februar

Die Spannung unter den Arabern steigt. Am 22. kommt es zu einem Zwischenfall: Beduinen und pflügende Juden geraten in der Hefer-Ebene aneinander. Ein jüdischer Wächter wird getötet. Zwei Tage später versammeln sich zahlreiche Araber in Jerusalem und fordern die Mandatsregierung auf, die Einwanderung und den Verkauf von Boden an Juden zu verbieten.

März

Große Aufregung im Jischuw angesichts der sich überschlagenden Ereignisse in Deutschland. Auf vielen Großveranstaltungen in den Ortschaften des Jischuw ertönt der Ruf, den in Deutschland verfolgten Juden zu helfen.

April

1 Die deutsche Regierung ruft zum Boykott jüdischer Handwerker, Geschäfte und Ärzte auf.
7 Einweihung einer internationalen Telefonverbindung zwischen Palästina und England sowie weiteren europäischen Ländern.
8 Historisches Treffen führender Zionisten und Vertreter des Jischuw mit Honoratioren aus Transjordanien im King-David-Hotel in Jerusalem. Auf jüdischer Seite anwesend: Dr. Chaim Weizmann, Dr. Chaim Arlozorov, Yitzhak Ben-Zvi und Abraham Schapira.
11–19 Der englische Kolonialminister, Sir Canliff-Leicester, ist in Palästina zu Besuch. In Begleitung Weizmanns und Arlozorovs besichtigt er mehrere jüdische Siedlungen. Die Araber verurteilen den Besuch.
12 Grundsteinlegung für das Daniel-Siv-Institut in Rehovot, das spätere Weizmann-Institut.
17 Gewalttätiger Zwischenfall in den Straßen Tel Avivs: Teilnehmer eines Betar-Aufmarschs geraten mit Mitgliedern des Arbeiterlagers aneinander. Die Spannung zwischen Revisionisten und Arbeitern steigt.

Mai

2 Gründung des Sonderausschusses für die Ansiedlung deutscher Juden. Er übernimmt es, Einwanderern aus Deutschland zu helfen, sich in Palästina niederzulassen.

In Palästina, wie in der Diaspora verstärken sich die Aktivitäten, um den deutschen Juden zu helfen. Zionistische und nichtzionistische Kreise beteiligen sich. Die revisionistische Bewegung ruft zum Boykott deutscher Waren auf. Die Jewish Agency bemüht sich, jüdischen Besitz aus Deutschland zu bekommen.
31 Zusammenstoß zwischen Betar- und Ha-Po'el-Mitgliedern bei einem Betar-Aufmarsch in Haifa. Betar wirft den Kontrahenten vor, sie angegriffen zu haben. Die Polizei verhaftet Verdächtige beider Parteien.

Juni

7 Eröffnung einer Ausstellung in London über die Leistungen des Jischuw: die »Anglo-Palestine Exhibition«.
16 Am Strand von Tel Aviv werden Schüsse auf den Vorsitzenden der politischen Abteilung der Jewish Agency, Dr. Chaim Arlozorov, abgegeben. Er stirbt an seinen Verletzungen. Erschütterung im Jischuw.
23 Verhaftung von Mitgliedern des »Bundes der starken Männer«, des maximalistischen Flügels, innerhalb der revisionistischen Bewegung.

Ende des Konflikts mit den Beduinen, die sich weigern, das Hefer-Tal (Wadi Hauarit) zu räumen. In allen Instanzen haben die Gerichte zugunsten der Juden befunden: Schließlich hätten sie für die Grundstücke bezahlt.

Juli

17 Bei der Wahl zum 18. Zionistischen Kongreß erringt Mapai (auf einer Liste mit Ha-Schomer Ha-Tza'ir) einen großen Sieg: Die beiden Parteien stellen 34 von 50 Delegierten. Die Revisionisten entsenden nur fünf Delegierte.

August

21 Der 18. Zionistische Kongreß in Prag (bis zum 4. 9.) stellt einen Wendepunkt dar: Die Arbeiterbewegung mit Mapai an der Spitze vereint 45% der Delegiertenstimmen auf sich und wird, unterstützt von Koalitionspartnern, führende Kraft in der Zionistischen Weltorganisation. Die Revisionisten unter Se'ev Jabotinsky bekommen weniger als 20%. U. a. beschließt der Kongreß die Entsendung einer Delegation nach Palästina, die die Aktivitäten der extremen revisionistischen Gruppen untersuchen soll. Sokolov wird erneut zum Präsidenten der Zionistischen Weltorganisation gewählt und Moshe Shertok zum Vorsitzenden der politischen Abteilung in Jerusalem. Ben-Gurion wird kein Amt übertragen, doch soll er Shertok bei seiner politischen Arbeit zur Seite stehen.

September

1 Inkrafttreten des »Transfer«-Abkommens: Mit Zustimmung der Nazi-Regierung ist der Transfer jüdischen Besitzes nach Palästina möglich.

Oktober

3 Sieben verhaftete Mitglieder des »Bundes der starken Männer« (siehe 23. 6. 1933) werden vor Gericht gestellt. Darunter: Abba Achime'ir und Dr. J. H. Javin.

Die jüdische Einwanderung verstärkt sich. Im Jischuw herrscht eine optimistische Stimmung, die Wirtschaftslage entspannt sich.
13 Arabischer Generalstreik aus Protest gegen die jüdische Zuwanderung.
27 Große arabische Demonstration in Jaffa, arabischer Generalstreik im ganzen Land. In einigen Orten dauert er länger als eine Woche. In seinem Verlauf kommt es zu Zusammenstößen mit der Polizei. Dabei werden 24 Araber getötet und mehr als 200 verletzt. Die Juden sind an den Zusammenstößen nicht beteiligt.
31 Einweihung des neuen Hafens von Haifa; es ist der erste Tiefseehafen in Palästina.

November

Um die Araber zu besänftigen, versprechen die Briten Maßnahmen, die verhindern sollen, daß jüdische Touristen nach Ablauf ihres Besuchervisums im Land bleiben. So haben sich bislang Hunderte, wenn nicht Tausende Juden in Palästina niedergelassen.
17 In Tel Aviv kommt »Deror« heraus, eine hebräische Wochenschrift in lateinischen Buchstaben. Kühle Reaktion bei den Lesern und den jüdischen Intellektuellen.
22 Eine Delegation führender Männer des Jischuw protestiert gegen die Entscheidung der Mandatsregierung, die Einwanderung zu beschränken und den jüdischen Tourismus zu behindern. Die Polizei verschärft die »Touristenjagd«, die Suche nach illegal im Land gebliebenen Personen.

Dezember

Die Spannung hält an: Die Araber drohen mit einem Boykott der britischen Mandatsregierung und erneutem Streik.
9 Zwischenfall auf einer gegen die Beschränkung der Zuwanderung gerichteten Demonstration der Revisionisten in Tel Aviv: Schlagabtausch zwischen Polizei und Demonstranten. Es gibt 18 Verletzte, darunter auch Polizisten.

Höchstleistung: In einem Jahr wurden 21 neue Siedlungen angelegt.

Höchstwert auch in der Einwanderung: über 37 000 Neuankömmlinge. Seit 1925 waren nicht mehr so viele Juden in nur einem Jahr eingetroffen.

DRAMATISCHER ANSTIEG DER EINWANDERUNG

In der zweiten Hälfte der zwanziger Jahre ist die Alija an einem Tiefpunkt angelangt. Von 1927 an wandern jedes Jahr nur wenige tausend Juden ein. 1927 und 1928 sind es nicht mehr als 3000, obendrein hebt die große Zahl von Auswanderern diesen Zuwachs wieder auf. Von 1929 bis 1931 steigt die Zahl der Einwanderer auf 4000 bis 5000 jährlich. Erst 1932 zeichnet sich ein allmählicher Wandel ab. Als Folge des Antisemitismus in Deutschland und der verbesserten Wirtschaftslage in Palästina erhöht sich die Zahl der Einwanderer. Insbesondere steigt zum ersten Mal seit Jahren die Zahl derer, die ansehnliche Geldbeträge zwischen 500 und 1000 Pfund Sterling und bisweilen sogar mehr mitbringen. Diese Einwanderer benötigen keine Einreiseerlaubnis von den Briten.

1933, vor allem nach Hitlers Machtübernahme, verstärkt sich die positive Tendenz: Zu den ungefähr 190 000 Juden in Eretz Israel gesellen sich über 37 000 Neuankömmlinge, das entspricht einem Bevölkerungszuwachs von fast 20 Prozent in einem einzigen Jahr. Die meisten Einwanderer stammen aus Osteuropa, ein Fünftel von ihnen aus Deutschland. Trotzdem herrscht generell das Gefühl vor, daß die fünfte Alija überwiegend aus Deutschland komme. Deshalb wird sie oft auch als »deutsche Alija« oder »Alija der Jeckes« bezeichnet. Seit der ersten Alija Ende des 19. Jahrhunderts treffen nur in einem einzigen Jahr, 1925, mehr als 30 000 Einwanderer ein.

△ Unter den Einwanderern ist auch ein Mädchen, das später eine berühmte Schauspielerin wird: Hanna Mayertschik (Meron).

▽ Die Ankömmlinge aus Deutschland werden umgeschult: Aus Akademikern werden Fensterputzer, wie hier in Tel Aviv.

»Davar« berichtet über den Mord an Arlozorov.

WIEDER EIN POLITMORD

Chaim Arlozorov ist einer der emporstrebenden Talente in der zionistischen Führung und der Mapai-Partei. Mit 32 Jahren wird er auf dem 17. Zionistischen Kongreß zum Leiter der politischen Abteilung der Zionistischen Exekutive und der Jewish Agency gewählt. Als die Nazis in Deutschland die Macht an sich reißen, setzt er sich mit anderen führenden Persönlichkeiten der Arbeiterbewegung für eine verstärkte Emigration deutscher Juden nach Palästina ein, wobei diese ihr Geld mitnehmen dürfen (das »Transfer«-Abkommen).

Wegen der Rivalität zwischen Linken und Rechten im Jischuw, besonders aber wegen seiner Kontakte zu Deutschland, macht sich Arlozorov dem extremen Flügel der revisionistischen Partei verhaßt. Dessen Sprachrohr, die Zeitung »Chasit ha-Am«, greift Arlozorov immer wieder an.

Mitte Juni 1933 kehrt Arlozorov von einer Europa-Reise zurück. Am 16. Juni, einem Freitagabend, unternimmt er mit seiner Frau Sima einen kurzen Spaziergang am Strand von Tel Aviv. Im Dunkeln geben zwei Unbekannte zwei Schüsse auf ihn ab und laufen davon. Arlozorov wird ins Hadessa-Krankenhaus gebracht, wo er zwei Stunden später stirbt. Im Jischuw herrscht daraufhin tiefe Trauer. Viele, vor allem aus der Arbeiterbewegung, sind davon überzeugt, daß es sich um einen politischen Mord handelt. Schuld seien die Revisionisten. Am Mordtag hatte ein Artikel in »Chasit ha-Am« Arlozorovs Kontakte mit der Nazi-Bewegung kritisiert und zugleich gelobt, das jüdische Volk werde »am hellichten Tag und vor aller Welt gegen dieses Aas vorgehen«.

Die Engländer verhaften drei revisionistische Aktivisten: Abraham Stavsky, Abba Achime'ir und Zvi Rosenblatt.

Trotz des Prozesses, der 1934 stattfindet, bleibt die Frage offen: Wer hat Arlozorov ermordet? Erst fünfzig Jahre später, 1983, bildet die israelische Regierung unter Menachem Begin eine staatliche Untersuchungskommission, um eine Antwort zu finden. Aber auch diese Kommission gelangt zu keinem endgültigen Schluß.

AM RANDE EINES BRUDERKRIEGS

Seit Beginn der dreißiger Jahre verstärkt sich die Polarisierung zwischen Linken und Rechten. Die Linke, das ist die Arbeiterbewegung mit Histadrut und Mapai an der Spitze; die Rechte bilden die Revisionisten unter der Führung Se'ev Jabotinskys. Beide Parteien greifen einander ununterbrochen an. Besonders aktiv ist der maximalistische Flügel der Revisionisten und dort speziell der »Bund der starken Männer«. Die Zeitung des Bundes, »Chasit ha-Am«, schreibt ungemein aggressiv gegen die Arbeiterführung an, attackiert und beschimpft sie. Die Linken stehen den Revisionisten allerdings in nichts nach. In den verschiedensten Bereichen geraten sie mit ihnen aneinander: So versuchen sie, ihnen Jobs vorzuenthalten, mit dem Argument, sie gehörten nicht der Gewerkschaft an, stören revisionistische Versammlungen und werden zuweilen auch handgreiflich. Die Revisionisten wiederum betätigen sich als Streikbrecher und rufen dazu auf, »die rote Regierung« aus Histadrut und Mapai zu stürzen.

Nach Arlozorovs Ermordung droht eine Eskalation im Land. Da die Revisionisten Arlozorov wegen seiner Bemühungen, mit den deutschen Behörden eine Einigung über den Transfer jüdischen Besitzes zu erzielen, scharf angegriffen haben, werden sie jetzt von den meisten Arbeitern und von deren Führung der Bluttat verdächtigt. Ben-Gurion sagt: »Wir werden nicht ruhen, ehe die zionistische Bewegung und der Jischuw von ihnen gesäubert sind.«

Nie zuvor war der Jischuw einem Bruderkrieg so nahe.

▽ Se'ev Jabotinsky beschließt, die zionistische Bewegung zu verlassen.

▷ Rechts im Bild: David Ben-Gurion, 1933.

◁ Im Herbst protestieren die Araber gegen die Einwanderung von Juden und planen Demonstrationen. Die Briten verbieten diese, trotzdem gehen die Araber auf die Straße. Daraufhin schießt die Polizei in Jaffa auf die Demonstranten: bis zum 5. 11. werden 24 Araber getötet, 204 verletzt. Unruhe unter den Arabern.

Seite gegenüber: Jüdisch-arabische Annäherung im April 1933. Scheichs aus Transjordanien bei einem Treffen mit der Führung des Jischuw. In der Mitte: Chaim Arlozorov und Chaim Weizmann. Hintere Reihe, zweiter und dritter von links: Moshe Shertok und Yitzhak Ben-Zvi. Erster von links, sitzend: der Wächter Abraham Schapira.

△ 1933 begeht der Jischuw den 60. Geburtstag des jüdischen Nationaldichters Chaim Nachman Bialik.

▷ Dutzende von Delegationen, darunter viele Kinder, gratulieren ihm. Die Zeichnung stammt von Nachum Gutman, der auch einige Bücher Bialiks mit Illustrationen versehen hat.

◁ In Tel Aviv bewirkt Journalist Itamar Ben-Avi mit seiner in lateinischen Buchstaben geschriebenen hebräischen Zeitung eine kleine Sensation. Wegen der heftigen Kritik in der Bevölkerung muß die Zeitung ihr Erscheinen jedoch einstellen.

1934

Januar

1 Die revisionistische Bewegung startet eine Petitionskampagne: Juden aus aller Welt appellieren an die britische Führung, die freie Einwanderung und eine Ausweitung des Jischuw zu gestatten. Die Zionistische Weltorganisation lehnt das eigenmächtige Vorgehen der Revisionisten ab.
12 Tel Aviv feiert: Mit Inkrafttreten einer neuen Städteverordnung wird ihm offiziell der Status einer Stadt verliehen. Obwohl es längst einen eigenen Stadtrat besitzt, gehörte es formal immer noch zu Jaffa.
Die Zwischenfälle häufen sich: Handgreiflichkeiten zwischen Betar-Mitgliedern sowie revisionistischen Arbeitern und Anhängern der Histadrut.
30–31 Auf der Tagung der Bauernvereinigung ergeht der Aufruf, im Kampf um »hebräische Arbeit« auch an die Bedürfnisse der Bauern zu denken.

Februar

17 Obwohl Chaim Weizmann in der Zionistischen Exekutive kein offizielles Amt mehr bekleidet, tritt er weiter als Sprecher auf. In Italien hat er eine Unterredung mit Mussolini.
19 Die erste Gruppe der deutschen »Jugend-Alija« geht in Haifa an Land und wird von dort zur Ausbildung in den Kibbuz Ein Harod gebracht.
22 Unter großer Anteilnahme feierliche Einweihung des Denkmals des brüllenden Löwen in Tel Hai. Seit der Schlacht um den Ort sind 14 Jahre vergangen.
27 Die Beziehungen zwischen Revisionisten und zionistischer Bewegung verschlechtern sich. Weil Revisionisten bei der Vergabe von Einwanderungsvisa diskriminiert werden, empfiehlt der Betar seinen Mitgliedern, ihrerseits die zionistischen Institutionen zu

Eröffnung der »Levant Fair« unter Teilnahme des Hochkommissars am 26. April.

boykottieren (der sogenannte Befehl Nr. 60).

März

Weitere Zwischenfälle und Provokationen im Verhältnis von Betar und Histadrut. Je näher die Ernte in den Zitrushainen rückt, um so häufiger sind die Auseinandersetzungen zwischen den Arbeitern und jenen jüdischen Bauern, die Araber beschäftigen. Die Bauern behaupten, es gebe nicht genug einsatzfähige Juden. Daraufhin versuchen die zionistischen Gremien, Gymnasiasten und Studenten zum Ernteeinsatz zu bewegen.
13 Der Nationalrat ist bemüht, zu vermitteln: zwischen Rechten und Linken und zwischen Arbeitern und Bauern.
25 Zum ersten Mal in ihrer Geschichte tritt die Exekutive der Zionistischen Weltorganisation in Jerusalem zusammen (bis zum 5. April).

April

3 Eröffnung des Siv-Forschungszentrums in Rehovot. 1949 wird es im Weizmann-Institut aufgehen.
4 Größerer Zwischenfall in Kfar Saba: Jüdische Arbeiter protestieren gegen die Beschäftigung von Arabern auf den Feldern jüdischer Bauern und stellen Mahnwachen auf. Die britische Polizei greift ein und verhaftet mehrere Arbeiter.
9 Gründung des Nationalen Arbeiterbundes in Jerusalem. Er steht der revisionistischen Bewegung nahe und lehnt den Sozialismus ab.
13 Der Polizei gelingt es, den berüchtigten arabischen Räuber Ahmad Hamad al-Muhammad, auch Abu Dschilda genannt, zu fassen.
23 Beginn des Prozesses Stavsky, Rosenblatt und Achime'ir, die des Mordes von Chaim Arlozorov angeklagt sind. Der Prozeß spaltet den Jischuw.
Eine neue Tageszeitung, »Ha-Jarden«, erscheint. Herausgeber ist die revisionistische Bewegung.
26 Eröffnung der »Levant Fair« auf dem Ausstellungsgelände in Nord-Tel Aviv. Zu der sechswöchigen Messe reisen Aussteller aus 30 Ländern an.

Mai

1 Die Kaliwerke eröffnen eine zweite Fabrik in Sdom (Sodom). Die Verbindung zum Mutterwerk am Nordufer des Toten Meeres erfolgt per Schiff.
2 Tel Aviv feiert sein 25jähriges Bestehen. Tausende Bürger und Touristen drängen sich auf den Straßen. Unter den Gästen: der Präsident der Zionistischen Weltorganisation Nachum Sokolov und Sir Herbert Samuel, der erste Hochkommissar.
4 Niedergeschlagenheit im Jischuw wegen der wenigen Einwanderungsvisa für das kommende halbe Jahr: 5600 statt der von der Jewish Agency erbetenen 20000.
14 Naturkatastrophe in Tiberias: Ein Wolkenbruch verursacht Überschwemmungen, bei Erdrutschen gleiten ganze Häuser und Felsbrocken in den See Genezareth. Dutzende von Toten und Verletzten, Hunderte werden obdachlos.
16 Im Mordprozeß Arlozorov spricht das Gericht Abba Achime'ir aus Mangel an Beweisen frei.
23 Ausrufung eines Streiktages im gesamten Jischuw, Protestversammlungen gegen die Einwanderungsbegrenzung.
Während des ganzen Monats Mahnwachen in den Zitrusplantagen von Kfar Saba. Zu den streikenden Arbeitern gesellen sich Schriftsteller und Künstler wie Sha'ul Tschernichowsky und Dr. Moshe Glickson, der Chefredakteur von »Ha-Aretz«.

Juni

8 Ende des Mordprozesses Arlozorov: Abraham Stavsky wird zum Tode verurteilt, Freispruch für Zvi Rosenblatt. Stavsky legt Berufung ein.
12–19 Prozeß gegen die Angeklagten vom »Bund der starken Männer«. Abba Achime'ir wird zu 21 Monaten Gefängnis verurteilt, die anderen zu drei bis fünfzehn Monaten. Einer der Anklagepunkte lautete: Anstiftung zu kriminellen Handlungen.
20 Eröffnung der jüdischen Landwirtschaftsschule Kaduri am Berg Tabor. Die Schule entsteht dank der Spende eines jüdischen Philanthropen aus Hongkong. Eine ähnliche Einrichtung, jedoch viel größer, wurde kurz zuvor für arabische Jugendliche in Tulkarm eingeweiht.
26 Todesurteil für Räuber Abu Dschilda und seinen Komplizen Salah al-Armit.

Juli

4 Tod des Dichters Chaim Nachman Bialik bei einer Operation in Wien. Tiefe Trauer in der Diaspora und im Jischuw.

Hochwasser in Tiberias, Mitte Mai 1934.

1934

△ Ansichten aus Jerusalem, 1934: Der Geldwechsler wirbt für sich in drei Sprachen – Hebräisch, Jiddisch und Arabisch.

DER ARLOZOROV-MORDPROZESS

Nach der Ermordung Arlozorovs im Juni 1933, der Verhaftung dreier revisionistischer Aktivisten und ihrem Prozeß im Frühjahr und Sommer 1934 stehen sich zwei Lager gegenüber, zwischen denen ein Abgrund klafft: jene, für die die Verdächtigen des Mordes schuldig sind, und jene, die diese Behauptung kategorisch ablehnen, weil es ihnen unvorstellbar scheint, daß Juden einen Juden ermorden.

Nach ihrer Gefangennahme werden die Verdächtigen, Abba Achime'ir, Abraham Stavsky und Zvi Rosenblatt, lange verhört. Im April 1934 beginnt schließlich ihr Prozeß vor dem Bezirksgericht in Jerusalem. Nach einmonatiger Verhandlung wird Achime'ir mangels Beweisen freigesprochen. Am 8. Juni geht der Prozeß zu Ende: auch Rosenblatt wird aus Mangel an Beweisen aus der Haft entlassen, wie Achime'ir, Stavsky hingegen wird zum Tode verurteilt. Er legt vor dem Obersten Gerichtshof Berufung ein. Zwar halten die Richter ihn für schuldig, doch setzen sie ihn auf freien Fuß. Sie wollen eine Verurteilung nicht auf eine einzige Zeugenaussage gründen, derjenigen der Frau des Ermordeten, Sima Arlozorov.

Der Prozeß, Stavskys Verurteilung und schließlich seine Freisetzung sorgen lange Zeit für Aufregung im Jischuw. Die meisten Mitglieder der Arbeitsbewegung sind sich sicher, daß die Revisionisten bei dem Mord die Hand im Spiel hatten. Ihnen stellen sich Kreise der Mitte und der Rechten entgegen. Oberrabbiner Kook gehört zu den Persönlichkeiten, die von Stavskys Unschuld überzeugt sind.

16 Beisetzung von Ch. N. Bialik in Tel Aviv.
20 Das Berufungsgericht hebt das gegen Stavsky verhängte Todesurteil aus Mangel an Beweisen auf: Außer der Aussage der Frau des Ermordeten, Sima Arlozorov, gibt es keinerlei Hinweis auf die Schuld Stavskys.
21 Zwischenfall in der Großen Synagoge in Tel Aviv, als Abraham Stavsky zur Tora-Lesung aufgerufen wird und ein Dankgebet für seine Errettung spricht. Mitglieder der »Arbeitergruppen« und Stavsky-Anhänger liefern sich ein Handgemenge.
29–30 Ben-Gurion hat eine längere Unterredung mit Hochkommissar Wauchope in Jerusalem. U. a. beraten sie über die jüdische Einwanderung, den Gesetzgebenden Rat und Transjordanien.
31 Das Schiff »Velos« eröffnet die Epoche der systematischen illegalen Einwanderung. Es schmuggelt 350 Juden nach Palästina.

August
21 Die Räuber Abu Dschilda und al-Armit werden hingerichtet. Die Araber protestieren.
25 Ein zweites Schiff, die der revisionistischen Bewegung gehörende »Onion«, bringt illegale Einwanderer.

September
Erstes landesweites Kommunikationsmanöver der Haganna: Nachts werden per Lichtsignal Nachrichten von Be'er Tuvia nach Metulla übermittelt. Dabei dienen Giv'at Brenner, Rischon le-Zion, Tel Aviv, Herzlija, Sichron Ya'akov, Haifa, Kfar ha-Choresch und der Kanan-Berg als »Relaisstationen«. Dauer der Übermittlung: dreieinviertel Stunden.
26 Wahl des Stadtrates von Jerusalem. Obwohl die Juden die Mehrheit der Einwohner stellen, haben sie nicht die Möglichkeit, einen Bürgermeister aus ihrer Mitte zu wählen. Es siegt der arabische Kandidat Hussein al-Chaldi.
Die »Velos« taucht vor der Küste Palästinas auf. Nur 50 illegalen Einwanderern gelingt es, an Land zu gehen.

Oktober
16 Grundsteinlegung für das Hadassa-Krankenhaus auf dem Jerusalemer Skopus-Berg.
18 Der Konflikt zwischen Revisionisten und Histadrut-Mitgliedern spitzt sich zu. Auf einer Versammlung der Revisionisten in Haifa kommt es zu Handgreiflichkeiten, als Mitglieder der »Arbeitergruppen« die Veranstaltung zu sprengen versuchen.
26 Unterzeichnung einer Vereinbarung zwischen Ben-Gurion und Jabotinsky in London. Wichtigster Punkt ist die Beendigung des Konflikts der Arbeiterbewegung und Zionistischen Weltorganisation mit den Revisionisten. Danach kehrt Ruhe ein.
Jeden Monat kommen mehr Einwanderer. Im Oktober wandern 6000 Juden ein.

November
2 Tod von Edmond de Rothschild. Er wurde 89 Jahre alt.
28 Die Mandatsregierung erteilt der der Jewish Agency verbundenen Gesellschaft für die Erschließung des Landes das Nutzungsrecht für das Hule-Tal.

Dezember
9 Das Postministerium der Mandatsregierung genehmigt den Gebrauch der hebräischen Schrift bei der Aufgabe von Telegrammen: ein großer Sieg für Israel Amikam aus Haifa, der seit Beginn der britischen Herrschaft dafür kämpft.
15 Ähnlich der Vereinbarung Ben-Gurions und Jabotinskys gibt es nun auch eine Übereinkunft zwischen der Zionischen Exekutive und der revisionistischen Bewegung. Der »Befehl Nr. 60« wird aufgehoben, die Zionistische Exekutive teilt ab sofort auch Revisionisten britische Einwanderungsvisa zu.

Auch das passierte 1934: Erstmals fand ein langer Lehrgang für Haganna-Befehlshaber statt. Er dauerte zehn Wochen und wurde von September bis November in Gevat tachtit abgehalten.

Die Einwandererzahl bricht alle Rekorde: 1934 kamen 45 000 Juden ins Land, monatlich rund 4000. Viele Neulinge stammen aus Deutschland.

Tel Aviv steigt zur größten Stadt Palästinas auf. Es hat jetzt 100 000 Einwohner.

▽ Die größte Stadt im Land: Tel Aviv 1934 in einer Luftaufnahme.

△ 1934 nimmt die Stadt Tel Aviv die Planung des zentralen Dizengoff-Platzes auf. Der Preis für den besten Entwurf: 90 palästinensische Pfund.

1934

IMMER MEHR JUDEN KOMMEN ILLEGAL INS LAND

In der ersten Hälfte der dreißiger Jahre, ausgerechnet in einer Zeit, in der die Briten relativ viele Einwanderungsvisa ausgeben, verstärkt sich die illegale Einwanderung. Dieser scheinbare Widerspruch rührt hauptsächlich vom zusehends steigenden Leidensdruck der europäischen Juden her. Mitte 1934 drängt vor allem die Pionierbewegung in Polen auf eine rasche Emigration in den Nahen Osten.
So brechen auf Initiative der Haganna-Führung mehrere Emissäre des Kibbuz ha-me'uchad auf, um ein Schiff für illegale Einwanderer zu organisieren. In Griechenland stoßen sie auf die »Velos«, die ihnen geeignet scheint. Der Besitzer erklärt sich gegen einen ansehnlichen Betrag bereit, sie für eine »Studienreise« zur Verfügung zu stellen. Daraufhin reisen 350 Mitglieder der Pionierbewegung von Polen nach Athen, und werden nach mehrtägiger Überfahrt auf der »Velos« von Haganna-Mitgliedern in Palästina an Land gebracht. Das Schiff kehrt nach Europa zurück, um anderthalb Monate später weiteren 350 »Illegalen« die Emigration zu ermöglichen. Diesmal jedoch verhindert die britische Marine, daß sich das Schiff der Küste nähert. So können nur 50 Einwanderer an Land gebracht werden. Danach muß die »Velos« nach Europa zurückkehren.
Zwischen der ersten und zweiten Reise der »Velos« taucht die »Onion« vor Palästina auf, das erste von Revisionisten gecharterte Schiff, das illegale Einwanderer an Bord hat. Als diese an Land gehen, tauchen plötzlich die Briten auf und bekommen 17 der 118 Immigranten sowie mehrere ihrer Begleiter zu fassen. Wegen der Schwierigkeiten, die sich bei den ersten illegalen Immigrationsversuchen ergaben, werden diese eingestellt – bis 1937.

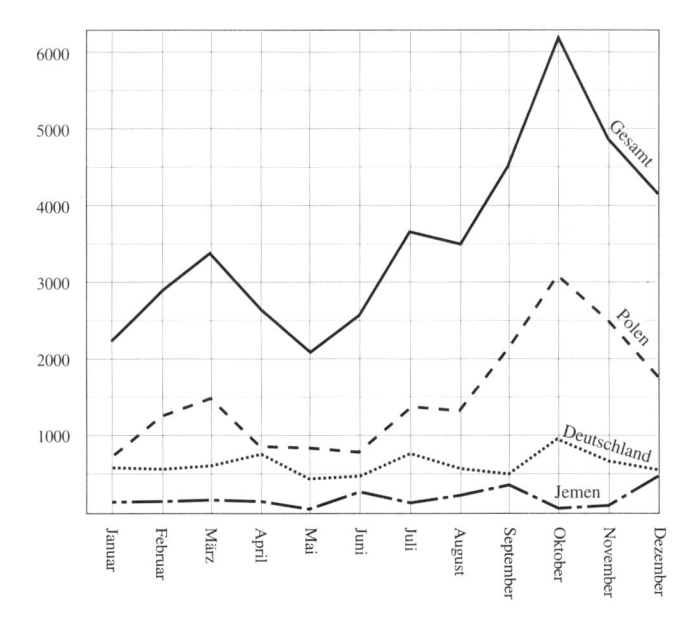

△ Im Laufe des Jahres 1934 verstärkt sich die Einwanderung, durchschnittlich 2000 Menschen treffen pro Monat ein. Im Oktober werden alle Rekorde gebrochen: In einem einzigen Monat kommen 6000 Juden an. Die meisten Einwanderer stammen aus Polen.

△ Trotz des Massenandrangs teilt die Mandatsregierung im Mai eine verhältnismäßig geringe Zahl Visa aus. Daraufhin kommt es im ganzen Land zu Protestversammlungen.

▷ In Tel Hai wird die Statue des brüllenden Löwen enthüllt, ein Werk von Abraham Melnikov. Die Schlacht um Tel Hai liegt bereits 14 Jahre zurück.

△ Tausende Juden nehmen an der Beisetzung des Dichters Chaim Nachman Bialik teil. Er ist bei einer Operation am 3. 7. 1934 in Wien gestorben. Die Hauptstraßen Tel Avivs sind stundenlang verstopft. In der ersten Reihe hinter dem Wagen mit dem Sarg: David Ben-Gurion und der Schriftsteller A. S. Rabinowitz.

> Anzeichen der Krankheit haben sich in letzter Zeit gezeigt, vor allem im Hinblick auf unsere Brüder, die verfolgten Flüchtlinge und das Unglück in Deutschland und anderen Ländern. Statt für sie zu sorgen, ihnen eine Ecke und Schatten, ein Dach über dem Kopf zu bereiten, selbst wenn es nur eine Baracke wäre, haben wir ihr Unglück genutzt, um zu Unrecht Gewinn daraus zu schlagen… Wir haben die Mieten erhöht und ihnen ihr letztes Geld genommen. Das zweite Anzeichen für unsere Krankheit ist unser verächtliches Spekulantentum, das jetzt an uns zehrt… Wir prahlen mit unserem Aufschwung und unserer Blüte, statt daß wir uns über die Spekulation beunruhigen. Ein Dunam Land geht durch Dutzend Hände, und jedesmal steigt sein Preis, und das halten wir für Zuwachs und Aufschwung…«

Der Dichter Chaim Nachman Bialik, 1934.

BEN-GURION UND JABOTINSKY EINIGEN SICH

Im Oktober 1934, als Zusammenstöße zwischen Revisionisten und Histadrut-Mitgliedern nahezu an der Tagesordnung sind, platzt eine »Bombe«. Die Führung der beiden gegnerischen Bewegungen, Ben-Gurion und Jabotinsky, schließen einen Burgfrieden. Bis dahin hat Ben-Gurion Jabotinsky und die Revisionisten scharf angegriffen, 1934 jedoch kommt er zu dem Schluß, daß es Zeit für eine Veränderung sei. Anlaß für diesen Sinneswandel scheint die Sorge um die Juden Europas sowie der Wunsch zu sein, so schnell wie möglich eine feste jüdische Basis im Land zu schaffen.

Ben-Gurion und Jabotinsky treffen in London zusammen, wo sie mehrere intensive Gespräche führen. Sie unterzeichnen eine Vereinbarung, die folgende Hauptpunkte enthält: 1. Einstellung des Kampfes zwischen beiden Lagern; 2. gerechte Verteilung der Arbeit unter den Mitgliedern beider Bewegungen; 3. Wiedereingliederung der Revisionisten in die Zionistische Weltorganisation.

Jabotinsky kann sich dank seiner Autorität auf die Zustimmung seiner Anhänger verlassen. Im Arbeiterlager schließt sich dagegen nur ein Teil der älteren Führung unter Berl Katznelson Ben-Gurion an, viele andere widersetzen sich. Ben-Gurion gibt sich die größte Mühe, die Gegner auf seine Seite zu ziehen – ohne Erfolg. Als die Histadrut im März 1935 eine Mitgliederbefragung durchführt, lehnen 15 000 die Vereinbarung ab, während nur 10 000 dafür sind. So findet die geplante Versöhnung nicht statt.

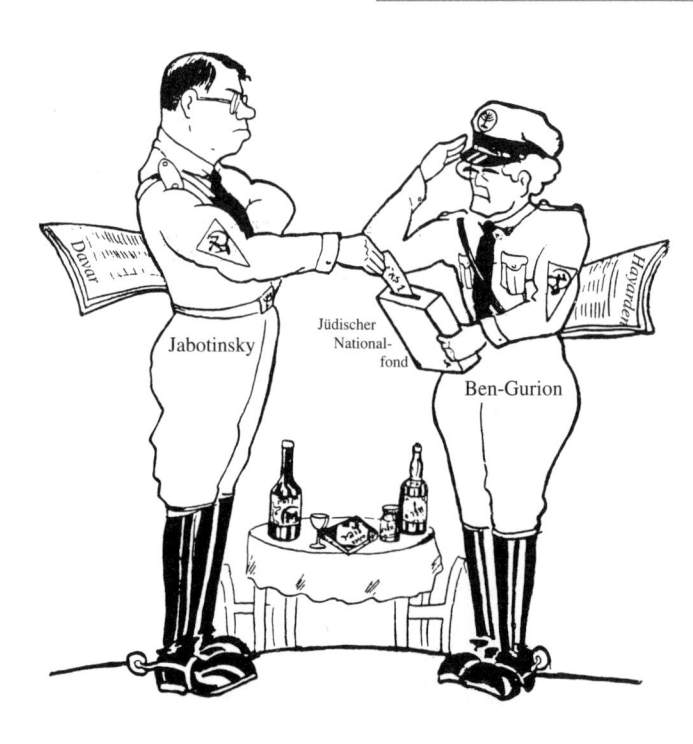

△ Die große Überraschung des Jahres ist zweifellos die Vereinbarung zwischen Ben-Gurion und Jabotinsky, die die beiden Kontrahenten im Herbst 1934 unterzeichnen. Die zeitgenössische Karikatur zeigt die ehemaligen Erzfeinde bei ihrem überraschenden Rollenwechsel.

1935

Januar
11 Gründung der Organisation »Kibbuz dati« durch mehrere religiöse Schulungsgruppen. Ihr Kibbuz, Tirat-Zvi, entsteht 1937.
18 Veröffentlichung der Zusammensetzung des Stadtrates von Jerusalem. Der Bürgermeister ist Dr. Al-Chaldi, ein Muslim. Seine Stellvertreter sind der Jude Daniel Oster und der Christ Jakub Faradsch.
22 Einweihung der Öl-Pipeline vom Nordirak nach Haifa.

Februar
12 Das Bialik-Institut nimmt seine Tätigkeit auf, ein von der Jewish Agency gegründeter Verlag.

Erfolgreicher Hungerstreik von rund hundert jüdischen Einwanderern, die ohne Visum ins Land kamen und schon seit Monaten von den Engländern im Gefängnis von Akko festgehalten werden. Es findet sich eine Regelung, wonach sie im Land bleiben dürfen.
23 Uraufführung des ersten Tonfilms aus Palästina, »Das ist das Land«.
25 Das Schiff »Tel Aviv« der Palestine Shipping Company Ltd. eröffnet die Linie Haifa–Triest.

März
13–16 Mitgliederzählung der größten Partei im Land, Mapai. Resultat: 10 217 Mitglieder.
21 Ein Neueinwanderer aus Griechenland, Leon Recanati, eröffnet in Tel Aviv ein neues Kreditinstitut: die Bank Diskont, aus der später eine der größten Banken Israels wird.
24 In einer Mitgliederbefragung lehnt die Histadrut die Vereinbarung zwischen Ben-Gurion und Jabotinsky mit großer Mehrheit ab: 15 227 sind dagegen, 10 187 dafür. Ein herber Schlag für Ben-Gurion.
25 Tod des Oberrabbiners von Tel Aviv, Rabbi Shlomo Aaronson.
27 Nach der Ablehnung der Vereinbarung zwischen Ben-Gurion und Jabotinsky wendet sich die Exekutive der Histadrut an den revisionistisch ausgerichteten Nationalen Arbeiterbund und schlägt die Aufnahme von Verhandlungen vor.
31 Im März 1935 treffen 6800 jüdische Einwanderer im Land ein, die höchste Zahl, die je in einem einzigen Monat erreicht wurde. Hinzu kommen 277 Touristen, die ein Aufenthaltsvisum beantragt haben.

April
2 Eröffnung der zweiten »Makkabia« in Tel Aviv: Sportler aus 27 Ländern sind angereist.
25–27 Erster Kongreß deutscher Einwanderer. Man berät über aktuelle Fragen, vor allem aber über die Eingliederung der Deutschen.

Juni
3 Hochkommissar Wauchope gibt die Begnadigung der wegen der Unruhen von 1929 Verurteilten bekannt. Darunter sind auch zwei zu lebenslänglicher Haft verurteilte Juden, Chinkis und Orfali. Grund der Begnadigung ist die »verbesserte Stimmung und Sicherheitslage«, so der Wortlaut der offiziellen Mitteilung.
20 Das »Habima-Theater« bekommt ein eigenes Haus: Grundsteinlegung in Tel Aviv in Anwesenheit des Hochkommissars.

Juli
11 Treffen Moshe Shertoks, des Leiters der politischen Abteilung der Jewish Agency, mit Emir Abdullah in Amman.
24 Wahlen im Jischuw zum 19. Zionistischen Kongreß, der im August in Luzern stattfinden soll. Von 90 Delegierten gehören 61 der Liste der Arbeiter (Mapai und Ha-Schomer Ha-Tza'ir) an, 12 der religiösen, 11 den beiden Listen der Allgemeinen Zionisten und der Rest verschiedenen kleinen Parteien.

Dank der großen jüdischen Einwanderung und des unaufhörlichen Zustroms von Kapital herrscht eine bis dahin beispiellose Prosperität im Land.

August
10 19. Zionistischer Kongreß in Luzern (bis 3. September). Die Revisionisten nehmen nicht teil. David Ben-Gurion wird zum Vorsitzenden der Exekutive der Jewish Agency gewählt. Er bildet eine Koalition mit der größeren der beiden allgemein-zionistischen Listen und dem Misrachi. Erneute Wahl Weizmanns zum Präsidenten der Zionistischen Weltorganisation.

September
1 Tod des Oberrabbiners von Eretz Israel, Abraham Yitzhak Hacohen Kook, im Alter von 70 Jahren.

In der ersten Septemberwoche erschüttert eine schwere Krise das Bankwesen in Palästina. Tausende stürmen die Geldinstitute, um ihre Einlagen abzuheben. Man fürchtet einen Krieg zwischen Italien und Äthiopien.
12 Die revisionistische Bewegung verläßt die Zionistische Weltorganisation und gründet in Wien die »Neue Zionistische Organisation« mit Se'ev Jabotinsky an der Spitze.

Oktober
3 Italien fällt in Äthiopien ein und erobert es. Der Krieg hinterläßt Spuren auch in Nordafrika und im Nahen Osten. Es folgt eine weitere Runde der Bankenkrise.
18 Mehrere für Juden bestimmte Fässer Zement brechen beim Löschen im Hafen von Jaffa auseinander. Unter dem Baustoff werden Revolver und Munition entdeckt. Den Briten gelingt es nicht, den Empfänger der Sendung ausfindig zu machen. Es ist die Haganna.
26 Arabischer Generalstreik wegen des Waffenfundes in Jaffa.

Beginn einer Wirtschaftskrise, ausgelöst durch den plötzlichen Abzug des bei den Banken angelegten Geldes. Mehrere Tel Aviver Bauunternehmer geraten in Schwierigkeiten: Zeichen dafür, daß die Wirtschaftsblüte zu Ende ist.
31 Wegen der vielen Ärzte unter den Immigranten aus Deutschland schränkt die Mandatsregierung die Einwanderung von Medizinern ein. Dank des vorzeitigen Bekanntwerdens der neuen Vorschrift, wandern noch rund 500 Ärzte schnell nach Palästina ein. Die meisten kommen wiederum aus Deutschland.

November
3 Neuer Oberrabbiner Tel Avivs ist Rabbi Moshe Ami'el.
6 Die Al-Kassem-Bande schlägt wieder zu: Das Opfer ist der Polizeimeister Moshe Rosenfeld, der auf dem Berg Gilboa erschossen wird.
20 Den Briten gelingt es, Scheich Al-Kassems »Bande der schwarzen Hand« auszuschalten. Der Anführer kommt beim Schußwechsel mit der Polizei nahe bei dem Dorf Ya'aved im Bezirk Dschenin um. Die Araber verklären ihn zum Märtyrer.
25 Führende Araber unterbreiten dem Hochkommissar eine Reihe von Forderungen: Stopp der jüdischen Einwanderung; Verbot, Land an Juden zu verkaufen; eine unabhängige Regierung für die arabische Mehrheit.

Dezember
11 Gründung eines Zentrums für einheimische Produkte. Daran beteiligt sind Interessenten aus allen Kreisen des Jischuw. Das Zentrum übernimmt die Vermarktung jüdischer Produkte und den Ausbau der jüdischen Produktion.
15 Wahlen für den Stadtrat von Tel Aviv: Die Arbeiterfraktion stellt sechs Abgeordnete, die übrigen neun Parteien und Fraktionen nur je einen.
21 Hochkommissar Wauchope gibt seine Absicht bekannt, einen Gesetzgebenden Rat zu bilden. Er soll 28 Mitglieder haben: sieben Juden, vierzehn Araber, fünf Briten und zwei Bevollmächtigte aus Handelskreisen. Die Juden lehnen den Plan ab.
22 Premiere im »Ohel«-Theater: »Der brave Soldat Schwejk« von Jaroslav Hasek. In der Hauptrolle: Me'ir Margalit. Eines der erfolgreichsten Stücke des jüdischen Theaters in Palästina.

Einwanderungsrekord. 1935 sind 65 000 Juden immigriert. Es wurden zehn neue Orte gegründet, darunter Beit-ha-Schita, Gan Chaim und Chawatzellet ha-Scharon.

▽ Die Karikatur zeigt das Ende der Übereinkunft Ben-Gurions und Jabotinskys. Kurz vor Purim 1935 lehnen die Histadrut-Mitglieder die Vereinbarung ab, nachdem weite Kreise des Jischuw sich dagegen ausgesprochen haben.

△ Das berühmteste Bild nicht nur aus dem Jahr 1935, sondern aus der gesamten Entstehungsphase des Staates Israel stammt von Zoltan Kluger: Pioniere eines Kibbuz kehren vom Tagwerk heim.

MACHTWECHSEL IN DER ZIONISTISCHEN EXEKUTIVE

Zwischen 1933 und 1935 vollzieht sich ein Machtwechsel in der zionistischen Führung, der in drei Phasen abläuft: 1. Erstmals übernimmt die Arbeiterbewegung unter David Ben-Gurion das Ruder im Jischuw. 1933 wird Ben-Gurion in die Zionistische Exekutive gewählt und 1935 zu ihrem Vorsitzenden. 2. Weizmann verliert an Boden. 1931 muß er sein Amt im Präsidium der Zionistischen Weltorganisation abgeben. Und selbst als er 1935 wiedergewählt wird, ist seine Stellung nicht die gleiche wie vorher – jetzt spielt Ben-Gurion die erste Geige. 3. Der Schwerpunkt der Palästina-Politik verlagert sich von London nach Jerusalem.

Gründe für den Wandel sind der Machtzuwachs der Arbeiterfraktion in Palästina und der Diaspora, besonders in Osteuropa, sowie die Schwächung der Revisionisten. Eine weitere Voraussetzung für den Machtwechsel ist eine Vereinbarung zwischen Mapai und den religiösen Fraktionen Misrachi und Ha-Po'el Ha-Misrachi, die bis 1977 ihre Gültigkeit behalten wird.

Von 1935 bis über die Staatsgründung hinaus begegnen uns in der zionistischen Führungsriege immer wieder dieselben Namen, mit wenigen Ausnahmen. Die Spitzenleute sind Ben-Gurion und Weizmann, außerdem Moshe Shertok als Leiter der politischen Abteilung und Eli'eser Kaplan, als Schatzmeister und Leiter der Siedlungsabteilung.

1935

◁ Die Einwanderung erreicht 1935 einen neuen Höhepunkt: ca. 5000 Neuankömmlinge treffen monatlich ein. Arabische Stauer löschen die Ladung der Einwandererschiffe.

▽ Die wirtschaftliche Situation verbessert sich zwar von Monat zu Monat, aber die Kluft zwischen Import und Export ist ungünstig, wie die Tabelle zeigt.

»PROSPERITY«

In den Jahren 1933 bis 1935 ist »Prosperity« das Schlüsselwort in Palästina. Die jüdische Bevölkerung wächst von Monat zu Monat, dank einer bis dahin beispiellosen Einwanderungswelle, und mit den Immigranten strömen auch gewaltige Geldmengen ins Land. So beläuft sich das jüdische Kapital, das 1935 eingeführt wird, auf 10 Millionen palästinensische Pfund. Dagegen betragen die Einnahmen der Mandatsregierung nur 5,4 Millionen Pfund. Das viele Geld wird in den Aufbau von Tel Aviv gesteckt, das sich zur größten Stadt Palästinas entwickelt, aber ebenso in die Landwirtschaft, hier vor allem in Zitrusplantagen, in die Industrie, den Dienstleistungssektor und das Bankwesen. Auch die Agrarkolonien vermehren sich: von 107 Ende 1931 auf 159 Ende 1935 – ein Zuwachs von 50 Prozent. Doch viele Zeitgenossen sind besorgt. Der Direktor der »Kupat-Am« erklärt auf der Vollversammlung seiner Bank: »Der Zustrom von Geld ist zu stark, das Tempo zu ungewöhnlich.«

Im gleichen Sinn äußert sich der junge Dichter Natan Altermann in einem Lied, das er für das »Mattate«-Theater verfaßt: »Prosperity, Wachstum, Käufertum, Händlertum, das ganze Land jubelt vor Freude, die Zitrushaine vollbringen Wunder, das Geld fliegt einem von allein in die Taschen, man sammelt Geld mit der Harke. Die Bevölkerung Palästinas, Juden, Araber und Briten, betrachten den schwindelerregenden Aufschwung mit Besorgnis: Wie lange wird er anhalten?

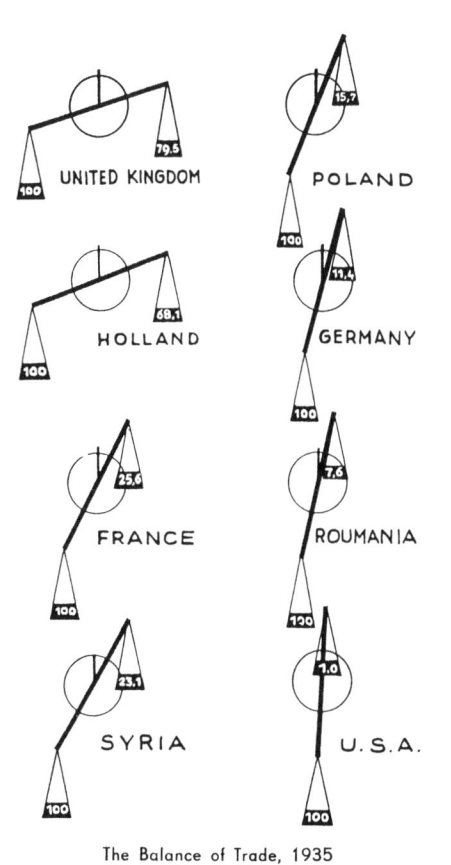

The Balance of Trade, 1935
Imports into Palestine (= 100) are shown on the left-hand scale while the percentage value of corresponding exports is indicated on the right-hand scale

In Tel Aviv mit seinen 100 000 Bewohnern gibt es 50 verschiedene Banken, darunter auch Mini-Institute, von denen hier fünf vorgestellt werden. Sie alle werden durch die Bankenkrise schwer erschüttert.

DIE BANKENKRISE

Mitten in einer Phase allgemeiner Prosperität bricht plötzlich die Bankenkrise über das Land herein. Im Sommer 1935 droht Italien, in Äthiopien einzufallen. Das ruft internationale Spannungen hervor, besonders am östlichen Mittelmeerraum. Die Menschen fürchten, ein Krieg werde ausbrechen, vielleicht sogar ein Weltkrieg. Diese Vorstellung löst Panik aus, zuerst in Syrien und im Libanon, von wo die Unruhe auf den Norden Palästinas und dann auch auf das wichtigste Wirtschafts- und Geschäftszentrum des Landes übergreift, auf Tel Aviv.

Anfang September 1935 stürmen Tausende Menschen die Banken und heben ihr Geld ab. Zu jener Zeit gibt es noch keine Zentralbank in Palästina, allein Tel Aviv zählt mehr als 50 Geldinstitute, darunter winzige Mini-Banken. Am schwersten trifft die Krise die »Bank Aschrai«, ein privates Kreditinstitut, das zweitgrößte nach der Anglo-Palestine-Bank, die heute Bank Le'umi le-Israel heißt. Die Bank Aschrai ist bis dahin für ihre großen Transaktionen und die Schnelligkeit, mit der sie diese durchführt, bekannt – insbesondere im Immobilienbereich. Auch sie wird von ihren Kunden gestürmt, die sich sämtliche Einlagen auszahlen lassen. Die Panik hält mehrere Tage an. Die britische Mandatsregierung übt Zurückhaltung, transferiert jedoch große Mengen Bargeld von London ins Land. Allmählich ebbt der Run auf die Banken ab.

Einen Monat später, als die Italiener tatsächlich in Äthiopien einmarschieren, gerät die Öffentlichkeit erneut in Unruhe. Wieder strömen die Menschen – wenn auch in geringerem Umfang als zuvor – zu den Banken.

Obgleich sich am Ende herausstellt, daß die meisten Geldinstitute keinen Schaden genommen haben, hinterläßt die »Bankenkrise« doch einen bitteren Nachgeschmack. Das Bankwesen im Jischuw ist zu schnell und ohne genügende Aufsicht gewachsen, die kurze Krise war gleichsam ein Warnsignal. Die Bank Aschrai allerdings hat sich von dem Schlag nie mehr erholt, einige Jahre später schließt sie.

1935

▷ Die Araber sind wegen der jüdischen Einwanderung besorgt und halten Versammlungen ab, hier am Felsendom.

▽ Im November schalten die Engländer die »Bande der schwarzen Hand« aus. Der Anführer wird erschossen.

▷ Wasserverkauf, ein Anblick, der wohl der Vergangenheit angehört: Das glauben wenigstens die Jerusalemer, als 1935 eine Wasserleitung von Rosch ha-Ajin in die Hauptstadt verlegt wird.

▽ Weite Gebiete Palästinas sind öd und leer. So sieht es am Golf von Aqaba Mitte der dreißiger Jahre aus.

◁ Dieses Lastschiff strandet Anfang 1935 bei Tel Aviv. Es lockt die Menschen zu Hunderten an: Sie plündern die Ladung Äpfel, die es an Bord hat. Darüber schreibt der Dichter Natan Altermann in seiner Kolumne in »Ha-Aretz«: »In Seeland bin ich nie gewesen, auch nach Korea hat kein Schiff mich gebracht. Eine Tochter Tahitis hat mich nicht verzaubert, noch haben ihre Eltern mich verschlungen.« Auch habe er zuvor keine Wilden gesehen, die über ein gestrandetes Schiff herfallen. »Doch auch mich hat der Wind getragen, an einem Sabbat kam ich an dieser Küste an… und dann…«

▷ Oberrabbiner Kook stirbt am 1. September 1935 in Jerusalem.

▽ Im Winter 1935 wird das Land von ungewöhnlich schweren Überschwemmungen heimgesucht. Die jiddische Zeitung »Radie« (Radio) in Warschau berichtet von »großer Zerstörung in Eretz Israel« und teilt mit, daß »Netanja von der Außenwelt abgeschnitten sei«.

1936

Januar
2 Rabbi Zvi Pessach Frank wird von den Jerusalemer Rabbinern zum aschkenasischen Oberrabbiner gewählt. Der Nationalrat macht seine Wahl von seinem Beitritt zur Knesset Israels abhängig. Rabbi Frank weigert sich.
20 Im Alter von 70 Jahren stirbt König Georg V.

Februar
4 Generalstreik der palästinensischen Araber zur Unterstützung der Syrer in ihrem Kampf gegen die französischen Kolonialherren. Bereits seit Anfang Januar lähmt ein Generalstreik Syrien.

März
10 Ein jüdischer Reisender wird erschossen, als sein Bus an der arabischen Ortschaft Tulkarm vorbeifährt.
12 Zusammenlegung der Schulen der Arbeiterbewegung und der Knesset Israel.
30 Die Rundfunkanstalt der Mandatsregierung geht auf Sendung: in drei Sprachen, auf Englisch, Arabisch und Hebräisch. Der hebräische Name des Senders: »Kol Jeruschalajim« (Stimme Jerusalems). Die Worte »Eretz Israel« dürfen im Namen nicht vorkommen.

April
3 Die englische Regierung lädt eine palästinensisch-arabische Delegation zu Beratungen über ihre Pläne für den Gesetzgebenden Rat ein. Die Araber nehmen die Einladung an, doch der Besuch kommt nicht zustande – wegen Unruhen (siehe unten).
15 Schwerer Zwischenfall bei Tulkarm: Bewaffnete Araber halten jüdische Fahrzeuge an und schießen auf die Passagiere. Einer wird getötet, zwei verletzt. Einer der Verletzten stirbt fünf Tage später.
16 Männer der »zweiten Organisation«, der sogenannten Nationalen Haganna, töten zwei Araber bei Petach Tikva.
17 In Tel Aviv verwandelt sich der Trauerzug zu Ehren Israel Chasans, der bei Tulkarm getötet wurde, zu einer großen Demonstration.
19 Ausbruch blutiger Unruhen, die drei Jahre anhalten werden. In Jaffa werden neun Juden getötet.
20 Zweiter Mordtag in Jaffa: Weitere sieben Juden kommen um, Tausende fliehen aus der Stadt und aus den angrenzenden Vierteln Tel Avivs.

Die Araber rufen einen Generalstreik aus, der so lange dauern soll, bis ihre Forderungen erfüllt werden: Einstellung der jüdischen Einwanderung und der Bodenverkäufe an Juden sowie Übertragung der Regierungsgewalt an die Araber.
23 Die Unruhen breiten sich aus: Verwüstung jüdischer Plantagen in der Jesre'el-Ebene; Schüsse auf Ramat-ha-Kowesch. Egged-Busse fahren nur in Konvois nach Jerusalem.
25 Auf einer Tagung aller arabischen Parteien in Nablus wird beschlossen, eine Art Volksvertretung zu bilden: das Arabische Hohe Komitee. An seiner Spitze steht Hadsch Amin al-Husseini, der Mufti von Jerusalem.

Brandstiftungen überall im Land.
26 Jüdische Wirtschaftskreise verlangen von der Mandatsregierung, einen Hafen in Tel Aviv zu bauen.
29 Erster arabischer Überfall auf jüdische Reisende: Auf der Landstraße Tel Aviv–Haifa werden bei Dschenin Fahrzeuge angegriffen. Die Straße verläuft damals noch durch die arabischen Orte Kalkilja, Sebaste und Dschenin.
30 Trotz der Unruhen wird in Tel Aviv die »Levant Fair« eröffnet. Aussteller aus 16 Ländern nehmen teil.

Mai
Jeden Tag kommt es zu blutigen Unruhen: Angriffe auf Straßen und Wegen, Schüsse aus dem Hinterhalt, Felder werden angezündet, Plantagen und Wälder abgeholzt.

Einzelne jüdische Persönlichkeiten bemühen sich, die Gemüter zu beruhigen. Die »Fünfergruppe«, bestehend aus Dr. J. L. Magnes, Pinchas Ruthenberg, Moshe Novomeisky, Moshe Smilansky und Gad Frumkin, versucht zwischen Juden und Arabern zu vermitteln – ohne Erfolg.
11 Die Engländer bringen Verstärkung ins Land – aus Malta und Ägypten. Der Hochkommissar sagt im hebräischen Rundfunk, die Mandatsregierung werde die Ausschreitungen stoppen und alle begangenen Verbrechen bestrafen. Tatsächlich aber unternimmt die Mandatsregierung, zumindest nach Ansicht des Jischuw, wenig.
13 Araber ermorden zwei Juden in der Altstadt Jerusalems.
16 Eine von Arabern gelegte Bombe tötet drei Juden, die das »Edison-Kino« in Jerusalem verlassen.
18 Die englische Regierung gibt die Bildung einer königlichen Untersuchungskommission bekannt. Diese soll die Ursachen der Unruhen ergründen. Allerdings werde die Kommission ihre Arbeit erst dann aufnehmen, wenn Ruhe ins Land einkehrt.
19 Einweihung des Hafens von Tel Aviv. Damit kommt die Mandatsregierung den Forderungen des Jischuw nach, der durch den Streik der arabischen Hafenarbeiter in Jaffa großen Schaden erlitten hat.
25 »Aktion Hilfspolizei«: mit britischer Genehmigung Rekrutierung von Hunderten, später Tausenden jüdischer Hilfspolizisten. Beginn einer umfassenden Mobilmachung, von der unzählige Menschen im Jischuw betroffen sind und die de facto zur Bildung eines legalen Armes der Haganna führt.

Juni
1 Auf der Strecke von Jerusalem nach Tel Aviv wird ein jüdischer Fahrer bei einem Angriff auf seinen Wagen getötet.
2 Auf einer Tagung englischer Zionisten kommentiert David Ben-Gurion die Ereignisse so: »Ein seit Tausenden von Jahren von Bluttaten und Terror geprüftes Volk fürchtet sich nicht.«
7 Angriff auf einen Konvoy bei Moza: ein Schwerverletzter.
8 Erster Einsatz der »Noddedet«, einer mobilen Einheit unter dem Befehl von Yitzhak Landoberg und Elijahu Cohen im Jerusalemer Bergland. Der Durchbruch der Reihen der arabischen Belagerer steht bevor.
9 Angriffe auf jüdische Ortschaften in der Jesre'el-Ebene.
12 In Jerusalem verüben Araber ein Attentat auf einen britischen Offizier.
13 »Die Todesstrafe oder lebenslänglicher Freiheitsentzug droht jedem, der auf einen Sicherheitsbeamten der Mandatsregierung schießt«, heißt es in einer von den Briten erlassenen Notvorschrift.
15 Der Hochkommissar ist bemüht, die Araber zu besänftigen: Er schlägt ihnen vor, Beratungen über die künftigen Beziehungen zwischen den verschiedenen ethnischen Gruppen im Land und der britischen Regierung aufzunehmen.
17 Ein Hilfsverein des Nationalrates soll sich um die etwa 10 000 jüdischen Flüchtlinge kümmern, die aus Orten mit einer gemischten Bevölkerung stammen und ihre Häuser verlassen mußten.
26 Die Araber lehnen den Vorschlag des Hochkommis-

Dr. Chaim Weizmann und Arturo Toscanini in Tel Aviv, Dezember 1936.

▽ Werbeplakat der Busgesellschaft Egged unter dem Motto: »Damals und heute«.

△ Zu Jahresbeginn sieht alles noch gut aus. Die Mandatsregierung lädt Touristen nach Palästina ein.

sars vom 15. des Monats ab. Sie bestehen auf der Erfüllung all ihrer Forderungen.

Juli
Die arabischen Angriffe dauern den ganzen Monat an. Es kommt zu Hunderten von Zwischenfällen.

Rege Tätigkeit des Zentrums für einheimische Produkte, das den arabischen Streik nutzt, um jüdische Erzeugnisse abzusetzen.

21 In London wird die Zusammensetzung der königlichen Kommission bekanntgegeben, die den Unruhen in Palästina auf den Grund gehen soll. An ihrer Spitze steht Lord Peel.

27 Der 100. Tag des arabischen Generalstreikes.

Gefecht bei Nablus. Britische Sicherheitskräfte töten sechs Araber. Auch ein Brite kommt ums Leben.

August
6 Vereinbarung über die Rückkehr der »zweiten Organisation« in die Haganna, die allerdings erst im Frühjahr 1937 Wirklichkeit wird.

12 Immer öfter greifen die Araber Briten an. Eine Bande überfällt badende Soldaten in Sachne. Ein Soldat wird getötet, drei werden verletzt. Ein Maschinengewehr wird gestohlen.

13 Schwerer Zwischenfall in Safed: Ermordung des Tora-Schreibers Alter Unger und seiner drei Kinder.

21 Fausi Kaufkadschi, ein Offizier irakischer Abstammung kommt nach Palästina, um die arabischen Kräfte für den Kampf gegen die Juden zu organisieren.

Ein Monat voller Greueltaten: Auf den Landstraßen und in den Dörfern und Städten mit gemischter Bevölkerung werden 30 Juden getötet.

September
7 Nach monatelangen Beratungen beschließen die Engländer, den arabischen Aufstand mit gebündelten Kräften niederzuschlagen.

24–29 Eine britische Aktion gegen arabische Banden im Bergland von Samaria endet erfolgreich.

29 Tod Me'ir Dizengoffs, des Bürgermeisters von Tel Aviv, im Alter von 75 Jahren.

30 Wauchope ruft den Kriegszustand aus.

Oktober
12 Ende des arabischen Generalstreiks.

20 Moshe Shalosh wird zum Bürgermeister von Tel Aviv gewählt. Das Amt des stellvertretenden Bürgermeisters hat Israel Rokeach inne.

30 Die Mandatsregierung setzt Israel Rokeach als Bürgermeister von Tel Aviv ein. Protest gegen die britische Einmischung.

31 Da sich die Lage nach dem Ende des arabischen Streiks beruhigt hat, stellt die »Noddedet«-Einheit im Jerusalemer Bergland ihre Tätigkeit ein.

November
7 Die Peel-Kommission ist auf dem Weg nach Palästina. Das Arabische Hohe Komitee verkündet, daß es jede Zusammenarbeit verweigert, weil die jüdische Einwanderung weitergehe.

11 Die Peel-Kommission trifft im Land ein.

12 Die Kommission nimmt ihre Untersuchungen auf. Sie werden bis Mitte Januar 1937 andauern.

25 Dr. Chaim Weizmann, der Präsident der Zionistischen Weltorganisation, wird als erster Zeuge der jüdischen Seite vernommen. Die Araber boykottieren die Kommission weiterhin.

Dezember
26 Erstes Konzert der palästinensischen Philharmonie in Tel Aviv, die ihr Entstehen dem Violinisten Bronislav Huberman verdankt. Arturo Toscanini dirigiert.

1936 ist die Einwanderung im Vergleich zu den Vorjahren zurückgegangen, weniger als 30 000 Juden sind immigriert. Zum erstenmal haben die Briten jedoch den Zuzug von Juden trotz der angespannten Lage nicht ganz verboten, sondern nur eingeschränkt.

Der internationale Flughafen östlich von Lod hat den Betrieb aufgenommen.

Die jüdische Bevölkerung hat eine eigene Luftfahrtgesellschaft: »Aviron«. Die Jewish Agency und die Histadrut finanzieren sie.

1936

URSACHEN DES AUFSTANDS VON 1936

Mit wachsendem Entsetzen verfolgen die Araber in der ersten Hälfte der dreißiger Jahre das rasante Wachstum der jüdischen Bevölkerung: In vier Jahren verdoppelt sie sich und erreicht fast die Hälfte des Umfangs der arabischen Bevölkerung Palästinas. Aus der Sicht der Araber geht die Bedrohung jedoch nicht nur von den demographischen Tatsachen, sondern auch von wirtschaftlichen und politischen Faktoren aus. Noch ein paar Jahre verstärkten jüdischen Zuzugs, und Palästina würde wirklich eine »Heimstätte« für eine jüdische Mehrheit sein. Ein weiterer Faktor, der das Verhalten beeinflußt, ist die aggressive Außenpolitik Nazi-Deutschlands und des faschistischen Italien. Beide Mächte unterstützen die Araber und rufen sie zum Aufstand gegen das britische Empire auf. Auch die Schwäche Englands und Frankreichs zur Zeit der Äthiopien-Krise 1935 sowie die zögerliche Politik beider Länder angesichts Hitlers und Mussolinis Expansionsgelüsten in Europa beziehungsweise Afrika machen den Bewohnern der gesamten arabischen Welt, besonders aber der arabischen Bevölkerung Palästinas, neuen Mut. Der anhaltende Generalstreik der Syrer gegen die französischen Kolonialherren ist für die palestinensischen Araber ebenfalls wegweisend und lädt zur Nachahmung ein.

So überrascht es nicht, daß, als alle diese Faktoren im Frühjahr 1936 zusammenkommen, die Unruhe im Land eskaliert. Anfangs richten sich die Ausschreitungen nur gegen Juden, später auch gegen Briten.

△ Zu Beginn der Unruhen verfügen die Briten nur über eine kleine Streitmacht. Dazu gehören auch schottische Soldaten, die mit Keulen ausgerüstet sind.

▽ Unmittelbar nach Beginn des Aufstandes bilden die Araber Palästinas eine landesweite militante Körperschaft, das Arabische Hohe Komitee. Herausragende Gestalt in diesem Organ ist der Mufti von Jerusalem, Hadsch Amin al-Husseini (erste Reihe, zweiter von links).

△ 1936 trifft Faussi al-Kaukadschi, ein ehemaliger irakischer Offizier, mit 200 irakischen und syrischen Freiwilligen sowie Beduinen in Palästina ein. Er läßt sich in Samaria nieder und wird »Oberster Befehlshaber des arabischen Aufstands«.

> Nein! Niemand darf unser Blut umsonst vergießen!
> Das Blut ist heilig
> Und heilig das Leben des Menschen.
> Und doch: Unser Leben opfern wir.
> Wer immer hinter einer Mauer auf uns lauert, muß wissen:
> Niemand bekommt unser Blut umsonst.
>
> David Shim'onovitz (Shim'oni) an dem Tag, als die Unruhen von 1936 beginnen.

▷ Gegen auf die Straßen gestreute Nägel helfen Besen, die vor die Reifen montiert sind.

▽ Erst Wochen nach dem Ausbruch der Unruhen gestatten die Briten, Einheiten jüdischer Hilfspolizisten zum Schutz von Ortschaften und Zugangsstraßen zu bilden. In den kommenden Jahren dienen Tausende in diesen Einheiten.

△ Anfangs ist die jüdische Bevölkerung von dem arabischen Terror überrascht, doch in kürzester Zeit organisiert sie sich. Trotz aller Gefahren, trotz Brandstiftung und Schießereien geht die Feldarbeit weiter. Der Traktorfahrer im Bild nimmt den Inhalt eines später entstandenen israelischen Liedes vorweg: »Ohne Waffe pflügt man nicht tief.«

SO FING ES AN: DER AUFSTAND VON 1936

Am 19. April 1936 bricht der arabische Aufstand aus. Anfangs sind nur die Juden Jaffas Ziel der Aggressoren, innerhalb weniger Tage greifen die Unruhen jedoch auf das ganze Land über. Gleichzeitig rufen die Araber einen unbegrenzten Generalstreik aus. Am 25. April wird in Nablus das Arabische Hohe Komitee unter der Leitung des Mufti von Jerusalem, Al-Husseini, gebildet. Das Komitee will die Bevölkerung so lange streiken lassen, bis drei Hauptforderungen erfüllt sind: die völlige Einstellung der jüdischen Einwanderung, ein Verbot des Bodenverkaufs an Juden und außerdem die Bildung einer arabischen Regierung.

Die Araber hoffen, die jüdische Bevölkerung schwer zu treffen, indem sie die Versorgung mit Lebensmitteln behindern und die gesamte Wirtschaft lahmlegen. Aber es kommt anders: Der Streik ruft bei den Juden eine völlig andere Wirkung hervor. Die jüdische Wirtschaft richtet sich sehr schnell auf die neue Lage ein und findet Alternativen, denen sie schließlich sogar ihre Stärkung und Unabhängigkeit verdanken wird. Am 19. Mai beginnen die Arbeiten am Hafen von Tel Aviv – als Ersatz für den bestreikten Hafen von Jaffa.

In den ersten sechs Monaten des Aufstandes werden 91 Juden getötet und 369 verletzt. Die Anschläge der Araber gelten vor allem dem jüdischen Überlandverkehr, außerdem zünden sie Getreidefelder an und reißen Obstbäume aus. Die Juden organisieren sich, um die Angriffe abzuwehren. Anfangs versuchen sie lediglich, ihre Siedlungen zu verteidigen, aber schon im Sommer 1936 beginnen sie, den Übeltätern bis in ihre Dörfer nachzustellen. Überall im Land werden schlagkräftige mobile Einheiten, die sogenannten Noddedet, gebildet. Die bekannteste steht unter dem Befehl von Yitzhak Sadeh und Elijahu Ben-Hur und ist in der Gegend von Jerusalem tätig.

Die Briten handeln anfangs nur sehr zögerlich. Später bringen sie zusätzliche Streitkräfte ins Land und beschließen die Entsendung einer Untersuchungskommission (die Peel-Kommission). Außerdem unterstützen sie die Bildung einer jüdischen Hilfspolizei.

1936

JUDEN AUF DER FLUCHT

In den ersten Wochen des arabischen Aufstands von 1936 müssen ungefähr 10000 Juden aus jüdisch-arabisch gemischten Städten und Dörfern ihre Häuser verlassen. Die meisten Flüchtlinge stammen aus Jaffa, Jerusalem und Haifa, viele jedoch auch aus Hebron, Beth-Sche'an, Nablus und Akko. Vor allem die jüdischen Einrichtungen kümmern sich um die Obdachlosen, so die Stadtverwaltung von Tel Aviv und die Wohlfahrtsabteilung des Nationalrates. Die Mandatsregierung hingegen übernimmt einen Großteil der Kosten.

Die benötigten Mittel sind aber um vieles höher als das den Betreuern zur Verfügung gestellte Budget, so daß der Nationalrat Mitte Juni 1936 beschließt, die Öffentlichkeit um Spenden für die Flüchtlinge zu bitten. Der gebildete Hilfsverein setzt sich zunächst das Ziel, 100 000 palästinensische Pfund zu sammeln, aber wegen der seit Mitte 1936 herrschenden Wirtschaftskrise kommt nur die Hälfte des angestrebten Betrages zusammen. Dennoch können die Flüchtlinge damit in 85 über das Land verstreuten Lagern untergebracht werden. Später finden zunächst die Familien in den Siedlungen und Städten eine Unterkunft. Bis November 1936 hat man für fast alle Flüchtlinge eine Bleibe organisiert.

Übrigens hat der Hilfsverein die Landkarte Palästinas nachhaltig geprägt: Mehrere Dutzend aus Jaffa Evakuierte werden nach Rischon le-Zion gebracht. Dort errichten sie in den Dünen ein Viertel, das den Namen des Hilfsvereins trägt: Esra u-Vitzaron.

△ Das Leben geht weiter: Trotz der Unruhen wird alles für die Eröffnung des zentralen Flughafens in Lod vorbereitet.

△ Juden auf der Flucht, erstes Bild: beim Verlassen der Altstadt Jerusalems.

▽ Juden auf der Flucht, zweites Bild: Gegenstände, die den Flüchtlingen aus Jaffa gehören.

DIE NEUE METHODE: TURM UND MAUER

In den ersten Monaten der arabischen Unruhen werden wegen der Attentate, der Verwüstungen und der überall lauernden Gefahr kaum neue jüdische Orte gegründet. Man will das Leben der potentiellen Siedler nicht aufs Spiel setzen. Dabei geht man von der Annahme aus, daß eine junge Siedlung Mühe hat, sich selbst zu verteidigen. Deshalb entstehen in der ersten Jahreshälfte neue Niederlassungen nur an einigen Orten, die als verhältnismäßig sicher gelten.

Zu denen, die unter dem Siedlungsstopp zu leiden haben, zählen die Mitglieder des ersten Kibbuz von Ha-Schomer Ha-Tza'ir. Sie wurden in Beit-Alpha geschult und sollten eigentlich in Tel Amal im nahen Beit-Sche'an-Tal eine neue Agrarkolonie gründen. Weil die Kibbuz-Mitglieder auf ihr »Recht auf Ortsgründung« aber nicht verzichten wollen, suchen sie nach einer Möglichkeit, trotz allem ihr Dorf zu errichten. Sie entwerfen einen Plan für ein befestigtes, knapp einen Dunam großes Lager, das innerhalb von einem Tag angelegt werden kann. Es umfaßt vier Baracken, einen Wachturm, eine mit grobem Sand gefüllte Befestigungsmauer und einen der Mauer vorgelagerten Stacheldrahtzaun.

Die Bestandteile der Siedlung werden im voraus aus Holz gefertigt und die einzelnen Teile markiert, so daß man sie an ihren Bestimmungsort befördern und dort problemlos zusammenbauen kann. Jetzt muß nur noch von der Führung des Jischuw und der Haganna-Kommandantur die Genehmigung für das Bauprojekt eingeholt werden. Beide Institutionen geben sie eher zögerlich, aus Sorge, daß die geplante Siedlung gleich am ersten Tag, während sie noch völlig hilflos ist, angegriffen wird.

Am 10. Dezember brechen die Siedler auf. Sie haben die Fertigteile und alles, was zur Errichtung und Verteidigung ihrer künftigen Siedlung nötig ist, bei sich. Das Bauvorhaben wird erfolgreich ausgeführt, so daß das Lager schon am Abend bezugsfertig ist. Die Araber sind von der Schnelligkeit der Siedler überrascht, und die neue Ortschaft wird weder an diesem Tag noch später angegriffen.

So wurde eine neue Bauweise erfunden, »Turm und Mauer« genannt. Sie geht auf die Privatinitiative der Mitglieder des Kibbuz Tel Amal zurück, doch wird sie schon bald Allgemeingut.

▷ Die erste nach der Turm- und-Mauer-Methode errichtete Siedlung: Tel Amal im Beth-Sche'an-Tal im Dezember 1936.

▽ Wachdienst vor dem Stacheldrahtzaun von Tel Amal.

▷ »Hier bauen wir einen Hafen«, heißt ein populäres Lied aus der Zeit nach der Eröffnung des Hafens von Tel Aviv im Mai 1936. Dieser entsteht, weil der Hafen von Jaffa durch den arabischen Generalstreik lahmgelegt ist. Anfangs erregt jedes Beladen und Löschen Aufmerksamkeit.

1937

Januar

5 Zweite Ortsgründung nach der Turm-und-Mauer-Methode: Ha-Sadeh im Beth-Sche'an-Tal, später umbenannt in Sde-Nachum.
7–8 David Ben-Gurion und Chaim Weizmann vor der Peel-Kommission.
12 Jetzt sagen auch arabische Zeugen vor der Peel-Kommission aus.
18 Die Peel-Kommission stoppt ihre Arbeit in Palästina.
22 Araber versuchen einen Anschlag auf den Bürgermeister von Haifa, Hassan Schukri. Er hat sich nicht am Generalstreik beteiligt.

Februar

11 Auf Befehl der Engländer darf Se'ev Jabotinsky nicht nach Palästina einreisen. Deshalb sagt er in London vor der Peel-Kommission aus.
15 Gründung des Unternehmens Mekorot, das fortan für die Wasserversorgung zuständig ist. Die Gründer sind die Jewish Agency, Keren Ha-Yessod, der Jüdische Nationalfonds und die Histadrut. Ihre erste Wasserleitung wird vom Fuß des Karmel in die westliche Jesre'el-Ebene verlegt.
23 Ein weiterer Turm-und-Mauer-Kibbuz entsteht: Ginossar.
26 Ermordung des Arztes Dr. Joseph Lehr, des einzigen Juden in Beth-Sche'an. Er hat es auf englischen Befehl verlassen, wurde aber von den arabischen Bewohnern gebeten zurückzukommen.

März

Es kommt zu vielen Zwischenfällen, bei denen Juden – trotz des von den Arabern erklärten Waffenstillstandes – getötet oder verletzt werden.
2 Eine Zählung aller jüdischer Arbeiter im Land ergibt, daß ihre Zahl über 100 000 liegt, viermal mehr als 1930.
21 Die Turm-und-Mauer-Methode findet Nachahmer. An einem Tag werden so zwei Orte gegründet: Massada und Scha'ar ha-Golan.
25 Es erscheint die erste Nummer einer von der Histadrut herausgegebenen arabischen Wochenschrift mit dem Titel »Chakikat-al-Amar« (Wahre Worte).

Petach Tikva wird in den Rang einer Stadt erhoben.

April

9 Im Beth-Sche'an-Tal wird der erste Moschaw nach der Turm-und-Mauer-Methode gegründet: Beth-Joseph.
13 Beginn des Unternehmens »Af-al-pi« (Trotzdem), der revisionistischen illegalen Einwanderung. Moshe Krivoschein (Galili) steuert heimlich ein Schiff mit 15 illegalen Einwanderern nach Haifa. Später wird man die gesamte revisionistische Einwanderung als »Trotzdem-Alija« bezeichnen.
26 Spaltung der Nationalen Haganna: Rund die Hälfte der Mitglieder kehrt mit ihrem Anführer Abraham Tehomi in die Haganna zurück. Die anderen gründen die militante Untergrundorganisation »Etzel«.

Mai

9 Die Histadrut und der revisionistisch ausgerichtete Nationale Arbeiterbund unterzeichnen eine Vereinbarung über die Einrichtung gemeinsamer Arbeitsämter.
20 Einwanderer aus Deutschland gründen eine neue Grenzsiedlung: Kfar Schmarjahu.

Juni

13 Mißlungener arabischer Anschlag auf das Leben eines der Köpfe der britischen Polizei in Palästina.
29 Etzel veranstaltet einen großen Aufmarsch in Tel Aviv.
30 Gründung des ersten religiösen Kibbuz im Beth-Sche'an-Tal, Tirat-Zvi, nach der Turm-und-Mauer-Methode.

Juli

4–6 Fieberhafte Siedlungstätigkeit, ehe der Bericht der Peel-Kommission veröffentlicht wird. Ziel ist es, vollendete Tatsachen zu schaffen. In drei Tagen werden vier Orte nach der Turm-und-Mauer-Methode gegründet: Moleddet, Ein ha-Schofet, Maos Chaim und Ein Gev.
7 Veröffentlichung des Peel-Berichtes: Die Kommission schlägt die Gründung eines jüdischen Kleinstaates in Galiläa und der Küstenebene vor, einen arabischen Staat im größten Teil des restlichen Palästinas und in der Mitte einen britischen Korridor, der von Jaffa bis Jerusalem reicht.

Bei den Wahlen zum 20. Zionistischen Kongreß, der im August in Zürich stattfindet, erringt die Liste der Arbeiter (Mapai und Ha-Schomer Ha-Tza'ir) 85 Mandate (68 Prozent der Stimmen), Ha-Po'el Ha-Misrachi bekommt 20, und die drei Fraktionen der Allgemeinen Zionisten bringen es auf 18 Mandate.

August

3 Eröffnung des 20. Zionistischen Kongresses in Zürich. Hauptthema ist der Teilungsplan aus dem Bericht der Peel-Kommission.
29–30 Erneute Feindseligkeiten im Norden des Landes. Araber greifen Juden an, diese schlagen zurück.

September

26 Arabische Attentäter töten den Gouverneur des Bezirkes Galiläa, Louis Andrews, nach einem Gottesdienst in Nazareth.
30 Einweihung der neuen Landstraße Tel Aviv–Haifa via Hadera. Bislang mußten die Fahrzeuge durch Samaria und die Jesre'el-Ebene fahren.

Oktober

1 Wegen der neuerlichen Gewalttaten greift die Mandatsregierung hart gegen die Araber durch. Sie löst das Arabische Hohe Komitee und die übrigen nationalen Gremien der Araber auf, entfernt Hadsch Amin al-Husseini aus dem Amt des Muftis von Jerusalem und verbannt mehrere führende arabische Persönlichkeiten auf die Seychellen. Al-Husseini gilt nach seiner Amtsenthebung als verschwunden. Wie sich herausstellen wird, fand er Unterschlupf im Felsendom.
14 Als Frau verkleidet flieht Al-Husseini nach Beirut.

Neues Aufflammen des arabischen Aufstands. Die Anschläge richten sich gegen Juden und Briten.
21 In Jerusalem schießen Araber den Hauptinspektor aller jüdischen Schulen Avinoam Jellin an. Er stirbt an seinen Verletzungen.
24 Die Mandatsregierung überträgt Sir Charles Turget aus Indien die Terrorbekämpfung in Palästina.

November

9 Fünf jüdische Arbeiter werden bei Kirjat-Anavim in einen Hinterhalt gelockt und ermordet. Der 1938 gegründete Kibbuz Ma'ale ha-Chamischa ist nach ihnen benannt.

Die Engländer bilden Kriegsgerichte, die befugt sind, jeden zum Tode zu verurteilen, der ohne Genehmigung eine Waffe mit sich führt.
14 »Der schwarze Sonntag«: Etzel greift Araber in Jerusalem und Haifa an. Der Terrorakt löst im Jischuw erneut die Diskussion aus, ob man sich offensiv oder defensiv verhalten solle. Die Untergrundorganisation Etzel jedenfalls gibt die Politik der Zurückhaltung auf. Die Führung des Jischuw warnt davor, Vergeltungsmaßnahmen gegen Araber zu ergreifen.
22 Scheich as-Sa'adi, ein Komplize Scheich al-Kassems, wird durch den Strang hingerichtet.

Dezember

Der arabische Terror in Jerusalem nimmt zu.
23–25 Gefechte zwischen dem britischen Heer und arabischen Banden in Galiläa.
27 Die Haganna-Zentrale beschließt die Gründung der Sade-Kompanie, die unter dem Befehl Yitzhak Landobergs (Sade) steht.
31 Seit Beginn der neuerlichen Unruhen im Herbst wurden 19 Juden getötet.

1937 beträgt die Zahl der jüdischen Einwanderer 10 629 und ist damit die niedrigste seit 1931. Hauptgrund des Rückganges: Die Engländer haben die Einwanderungsquote gesenkt.

Das Land macht eine Wirtschaftskrise durch. Im Jischuw sind Tausende arbeitslos.

1937 wurden 16 Ortschaften gegründet, 13 davon nach der Turm-und-Mauer-Methode.

DIE PEEL-KOMMISSION WILL PALÄSTINA TEILEN

Die arabischen Übergriffe ebben ab, als die Peel-Kommission ihre Arbeit aufnimmt. Sie trifft am 11. November 1936 ein und bleibt über zwei Monate in Palästina. Sie bereist das Land und trifft mit Mitgliedern der britischen Mandatsregierung sowie mit führenden Juden und Arabern zusammen. Anfangs boykottiert die arabische Führung die Kommission. Erst als diese ihre Untersuchungen nahezu abgeschlossen hat, erklärt sie sich zum Dialog bereit.

Am 7. Juli veröffentlicht die Kommission ihre Schlußfolgerungen. Sie empfiehlt die Teilung des Landes. Für die Juden sind Galiläa und die Küstenebene bis Be'er Tuvia vorgesehen. Die Araber sollen die Berggegenden in der Landesmitte und den Negev erhalten – dabei hat man eine spätere Vereinigung mit Transjordanien im Sinn. Die Engländer würden weiterhin in Jerusalem und Umgebung herrschen sowie in einem Korridor zwischen Jaffa und Jerusalem. Städte mit einer jüdisch-arabisch gemischten Bevölkerung sollen einen Sonderstatus erhalten.

Der geplante jüdische Staat umfaßt weniger als ein Viertel von ganz Palästina. Die Reaktion der Juden ist zwiespältig: Die meisten weisen die Idee eines jüdischen Kleinstaates zurück. Andere, etwa die Führung des Jischuw und die zionistische Bewegung mit Weizmann und Ben-Gurion an der Spitze, sehen die Chancen, die der Plan bietet: Zum ersten Mal wird den Juden ein Staat angeboten. Bei den Arabern herrscht dagegen einhellige Ablehnung, und so nehmen sie 1937 den bewaffneten Kampf wieder auf. Die Engländer sind ratlos: Die Regierung in London ist gespalten, das Kolonialministerium unterstützt die Teilung, und das Außenministerium hält nichts davon.

1938 ernennt das englische Kabinett eine neue Kommission, die Woodhead-Kommission. Sie soll untersuchen, inwieweit sich der Peel-Plan verwirklichen läßt.

△ Der Teilungsplan der Peel-Kommission, Juli 1937. Der ohnehin kleine jüdische Staat wird im Süden durch einen britischen Korridor geteilt. Der arabische Staat soll später mit Transjordanien vereint werden und so unter die Herrschaft von Emir Abdullah kommen.

▷ »Turm und Mauer«, 1937: Beit-Joseph im Beth-Sche'an-Tal. Im Laufe des Jahres entstehen 13 Ortschaften nach der Turm-und-Mauer-Methode. Die bekanntesten: Ein Gev, Tirat-Zvi, Ginossar, Massada, Scha'ar ha-Golan und Ein ha-Schofet.

△ Die Beziehungen zwischen den Bewohnern der Turm- und-Mauer-Siedlungen und ihren arabischen Nachbarn sind nicht immer schlecht. Das Foto wurde im Juli 1937 in Ein Gev aufgenommen.

EIN JAHR LANG SCHWEIGEN DIE WAFFEN

Von Oktober 1936 bis September 1937 herrscht in Palästina ein fragiler Waffenstillstand. Der im April 1936 ausgebrochene arabische Terror hat deutlich nachgelassen, nur hin und wieder kommt es noch zu arabischen Übergriffen auf Juden und Engländer sowie auf oppositionelle Araber.

Acht Monate haben alle in relativer Friedfertigkeit auf den Bericht der Peel-Kommission gewartet. Als er am 7. Juli 1937 veröffentlicht wird, lebt die Unruhe unter den Arabern wieder auf. Sie drückt sich in einem Anstieg der Übergriffe im Laufe des Sommers aus. Die Ermordung des Gouverneurs von Nordpalästina, Louis Andrews, am 26. September bedeutet das Ende des einjährigen Burgfriedens.

In der Ruhepause hat der Jischuw neue Kraft geschöpft. Die jüdische Hilfspolizei ist erweitert worden. Es gibt viele neue Siedlungen, und mit der Feldkompanie wurden die Grundlagen für eine landesweite Streitmacht gelegt.

▷ Die Engländer verfeinern ihre Verteidigungs- und Durchsuchungsmethoden, um weitere Angriffe zu verhindern. Mit der für sie typischen Neutralität durchsuchen sie Araber und Juden gleichermaßen.

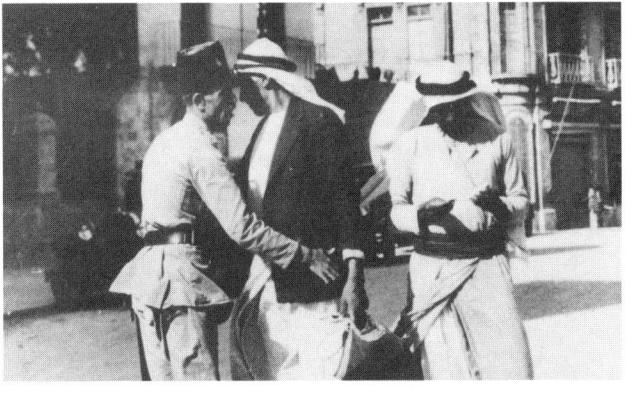

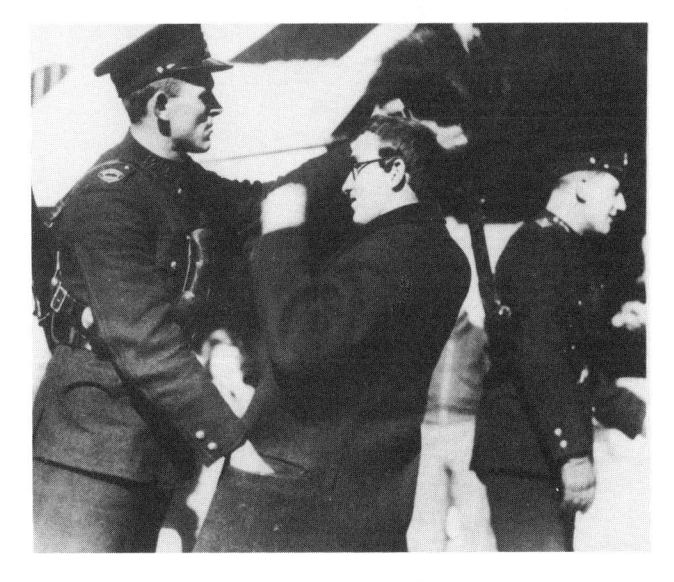

DER TEILUNGSKONGRESS

Der 20. Zionistische Kongreß im August 1937 berät über die Vorschläge der Peel-Kommission. In Palästina hat gleich nach der Veröffentlichung des Kommissionsberichts eine heftige Debatte eingesetzt, ob man die Vorschläge annehmen solle oder nicht. Auf dem Kongreß wird das Thema noch leidenschaftlicher diskutiert. Die Befürworter des Peel-Planes betonen, angesichts der Nazi-Gefahr in Europa müsse man die Errichtung eines kleinen jüdischen Staates akzeptieren. Immerhin könne er die gefährdeten Juden aufnehmen. Die Gegner glauben nicht, daß ein Miniaturstaat die Juden in der Diaspora aus ihrer Not retten könne, und befürchten eine zu starke Abhängigkeit von Großbritannien sowie eine zu mächtige Position des arabisch-palästinensischen Staates.

Nach langwierigen Diskussionen, die mehrmals fast zum Abbruch des Kongresses führen, wird mit einer Mehrheit von 299 zu 160 Stimmen ein Vorschlag Ben-Gurions angenommen: Der Kongreß trifft bezüglich des Teilungsplans keine Entscheidung, sondern beschließt, Verhandlungen mit Großbritannien aufzunehmen. Damit hat die Zionistische Weltorganisation eine Zerreißprobe überstanden. Kurze Zeit später wird sich herausstellen, daß auch die Briten dazu neigen, den Teilungsvorschlag zu verwerfen. 1938 wird die Woodhead-Kommission nach Palästina entsandt. Ihr geheimer Auftrag ist es, den Peel-Plan »zu begraben«.

△ Die Einwanderung hält an, wenn auch in geringerem Umfang als zuvor. Die in die Landwirtschaft übernommenen Juden aus Deutschland haben neue Gewerbe entwickelt: im Bild die Hühnerzucht in Ramat-ha-Schawim.

△ Fiat stellt 1937 seinen »Topolino« vor. Er kostet 130 bis 140 palästinensische Pfund, das sind rund 16 Monatsgehälter.

▷ Der Vorsitzende des Nationalrates, Yitzhak Ben-Zvi, vertritt den Jischuw bei der Krönung von König Georg VI. in London im Mai 1937.

1937

△ Obwohl die Waffen 1937 fast überall schweigen, werden Vorsichtsmaßnahmen im Sicherheitsbereich aufrecht erhalten: Jüdische Hilfspolizisten bewachen Eisenbahnlinien und Bahnhöfe (im Bild); ebenso Flugfelder, Regierungseinrichtungen und Ortschaften.

△ 1937: Einweihung eines Denkmals für die Verteidiger von Hulda im Jahre 1929. (Das Werk stammt von Batia Lischansky.) Auch hier fehlen die Hilfspolizisten nicht.

▷ Hilfspolizisten und Männer der Feldkompanie in Dschuera: ein typisches Bild aus der Zeit der Unruhen 1936/39.

1938

Januar

4 Die Engländer setzen ein Gremium ein, das Vorschläge für die Verwirklichung des Peel-Berichtes machen soll. Es heißt nach dem Vorsitzenden »Woodhead-Kommission«.
12 Die »Poseidon«, die illegale Einwanderer an Bord hat, trifft in Palästina ein. Die Reise wurde von Haganna-Leuten und Pionieren organisiert und gilt als Auftakt zu einer neuen illegalen Immigrationswelle.
13 Eröffnung des Rockefeller-Museums für Archäologie in Jerusalem.

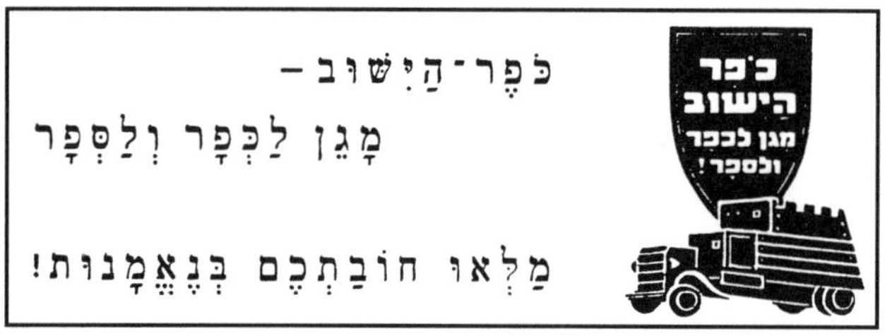

1938: die Jischuw-Kasse.

Februar

28 Ein arabischer Angriff auf Tirat-Zvi wird zurückgeschlagen.

März

1 Hochkommissar Wauchope beendet seine Amtszeit und verläßt das Land.
3 Der neue Hochkommissar, Harold MacMichael, trifft ein.
21 Gründung von Chanita, einer der bekanntesten Turm-und-Mauer-Siedlungen.

April

17 Etzel-Leute greifen ein arabisches Café in Haifa an.
21 Die Engländer verhaften drei aus Rosch Pina stammende Etzel-Mitglieder, die einen arabischen Omnibus beschossen haben.

Mai

24 Beginn des Prozesses gegen die drei Etzel-Mitglieder aus Rosch Pina.
29 Baubeginn für einen Zaun entlang der Grenze zu Syrien und dem Libanon.

Juni

Orde Charles Wingate bildet die »Night Squads«.

Im Lauf des Monats treffen drei Schiffe mit insgesamt 400 illegalen Einwanderern ein. Sie wurden von Etzel und Betar gechartert (die »Trotzdem-Alija«).
3 Die Etzel-Mitglieder aus Rosch Pina, Shlomo Ben-Joseph und Abraham Schein, werden wegen unerlaubten Waffenbesitzes und des Attentates auf einen Omnibus zum Tode verurteilt.
24 Die Strafe A. Scheins wird in lebenslänglichen Freiheitsentzug umgewandelt. Die Bitte verschiedener Prominenter und Organisationen, Shlomo Ben-Joseph zu begnadigen, wird abgewiesen.
29 Die Engländer richten Shlomo Ben-Joseph hin. Für die Juden wird er zum ersten von der Mandatsregierung getöteten Märtyrer.

Juli

In der ersten Juliwoche mehren sich die Übergriffe: Landesweit werden 20 Juden durch Terroranschläge getötet. Daraufhin läßt Etzel auf arabischen Märkten Bomben hochgehen.
1 Bildung einer Einheit jüdischer Hilfspolizisten zum Schutz der Eisenbahn.
10 In der Nähe seines Hauses in Scheich Avrik wird Alexander Seid aus dem Hinterhalt ermordet. Er ist einer der verdientesten Pioniere und eines der ersten Mitglieder von »Bar Giora« und »Schomer«.
27 Eine Jischuw-Kasse wird eingerichtet. Sie dient vor allem der Finanzierung der Haganna-Aktivitäten.

Ein neues Amt in der Haganna: Landesbefehlshaber. Bis dahin war die Kommandantur paritätisch besetzt, es gab keine obersten Befehlshaber. Erster Haganna-Chef wird Jochanan Rattner, Professor für Archäologie vom Technion.

August

Schwere Verluste der jüdischen Sicherheitskräfte im Kampf gegen den Terror. So kommen bei Ramat-ha-Kowesch acht Personen durch eine Mine um (4. 8.) und zehn auf dem Weg in den Karmel-Wald (15. 8.).

September

Fortsetzung der arabischen Anschläge in ganz Palästina.
15 Chaim Storman, einer der Pioniere in der Jesre'el-Ebene und Mitglied von Schomer und Haganna, wird getötet, als sein Fahrzeug auf eine Mine fährt. Mit ihm sterben Aaron Aktin und Dr. David Mossinson.

Oktober

Die Araber bemächtigen sich der gesamten Altstadt von Jerusalem, mit Ausnahme des jüdischen Viertels. Das britische Heer greift ein und gewinnt die Kontrolle über die Stadt zurück (18. 10.).
2 »Die Nacht von Tiberias«: Arabische Banden dringen in das Viertel Kirjat-Shmu'el ein und töten 19 Juden, darunter viele Kinder.
27 Der jüdische Bürgermeister von Tiberias, Sachi Alchadif, wird von Arabern ermordet.

November

9 Nach der Reichspogromnacht flüchten immer mehr Juden aus Deutschland, viele gehen nach Palästina.

Die Woodhead-Kommission legt einen überarbeiteten Teilungsplan vor, der einen jüdischen Kleinstaat in der Küstenebene vorsieht.
30 Das von der Haganna gecharterte Schiff »Attarato« setzt 300 illegale Einwanderer bei Herzlija ab. Bis Mai 1939 wird es noch sechsmal Emigranten ins Land bringen.

Im Laufe des Jahres wurden 244 Juden von Arabern getötet.

Die Tendenz, Siedlungen nach strategischen Gesichtspunkten zu gründen, hält an. 1938 entstanden 17 Orte, u. a. Chanita, Ajallon, Kfar Ruppin und Ge'ulin.

Heftige Diskussionen um die »Politik der Zurückhaltung«: Die Organe des Jischuw und die Haganna befürworten sie, Etzel lehnt sie ab.

1938 kamen 15 000 Einwanderer mit Visum ins Land. Zugleich hat die illegale Einwanderung zugenommen: 14 Schiffe mit insgesamt 3250 Personen – gegenüber nur zwei Schiffen mit 69 Personen im Vorjahr.

Hochkommissar Wauchope beendet seine Amtszeit und verläßt das Land.

Yitzhak Sadeh, Moshe Dayan und Yig'al Allon bei der Gründung Chanitas.

1938

▷ Vier der Gründer von Chanita im März 1939. Bei allen drückt sich die gleiche Entschlossenheit in Gesicht und Haltung aus.

▽ Mitte 1938 bauen über tausend Juden, Arbeiter wie Sicherheitsleute, einen Grenzzaun vom See Genezareth bis Rosch ha-Nikra.

▽ Bei der Gründung von Chanita: Hilfspolizisten und Arbeiter mit Schutzvorkehrungen und Stacheldraht. Die Haganna mobilisiert an diesem Tag 600 Mitglieder für die bis dahin größte Siedlungsaktion.

DAS SCHLIMMSTE JAHR

Seit der Wiederaufnahme der arabischen Attacken im Herbst 1937 verschlimmert sich die Lage monatlich. 1938 ist das Jahr der dramatischsten Übergriffe: In den ersten Monaten des Jahres fordern die Anschläge pro Monat zwischen einem und zwölf Menschenleben. Im Juli steigt die Zahl der Opfer bereits auf 17, und in der zweiten Jahreshälfte erleidet der Jischuw die höchsten Verluste: 60 Ermordete im Juli, 49 im August, 53 im September, 49 im Oktober und 32 in den Monaten November und Dezember. Insgesamt werden in diesem Zeitraum rund 250 Juden getötet, mehr als die Hälfte aller Opfer, die in den seit drei Jahren andauernden Unruhen zu beklagen sind.

Doch erleidet die arabische Bevölkerung noch weitaus höhere Verluste, einschließlich der 500 Toten, die bei innerarabischen Kämpfen umkommen. Den Arabern gelingt es, die Altstadt Jerusalems und weitere arabische Städte unter ihre Kontrolle zu bringen und die britische Regierung, Polizisten und Beamten von dort zu vertreiben. Erst mit Hilfe zusätzlicher Truppen gewinnt die Mandatsregierung die Macht zurück, woraufhin sich die Lage allmählich entspannt.

1938 erreicht die Zusammenarbeit zwischen britischen Regierungskräften und der Haganna einen Höhepunkt. In diesem Jahr wird auch der Zaun entlang der Grenze zu Syrien und dem Libanon gebaut. Zahlreiche Turm-und-Mauer-Siedlungen entstehen, und es werden jüdische Sicherheitseinrichtungen geschaffen, etwa die Feldkompanie, die »Night Squads« und die Hilfspolizei. Zudem scheinen die Engländer nun dazu bereit, gegen arabische Ausschreitungen mit eiserner Hand vorzugehen.

▷ Die im Frühjahr 1938 eingereiste Woodhead-Kommission unterbreitet drei Vorschläge zur Verwirklichung des Peel-Planes vom Juli 1937. Auffallend ist das geschrumpfte jüdische Gebiet und das erweiterte Territorium der Briten. Auf Karte C ist das Gebiet des jüdischen Staates auf ein Mindestmaß reduziert: Er soll ausschließlich in der Küstenebene zwischen Sichron Ya'akov und Rehovot entstehen und von einer britischen Enklave südlich Tel Avivs geteilt sein. Mit diesen Vorschlägen »begräbt« die Kommission den Peel-Bericht. Sie werden am 9. 11. 1938 veröffentlicht. In dieser Nacht findet in Deutschland die Reichspogromnacht statt.

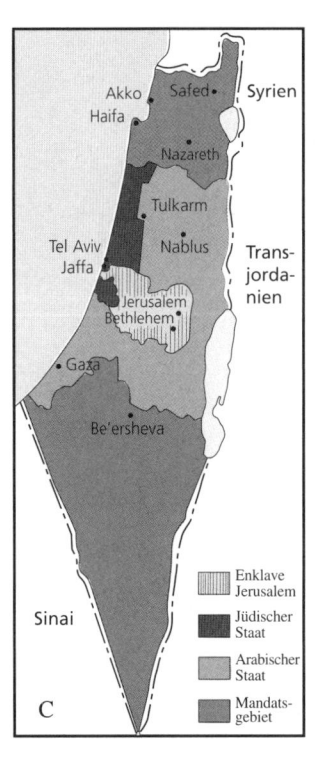

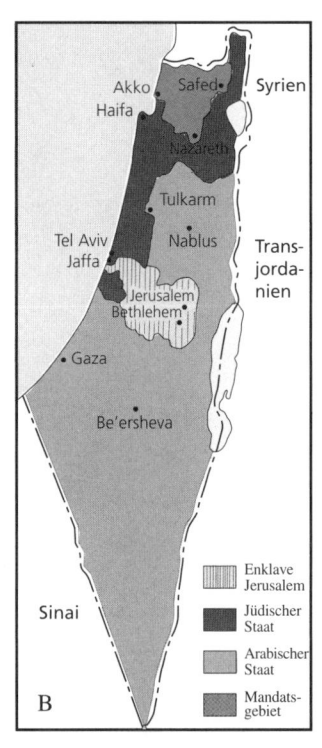

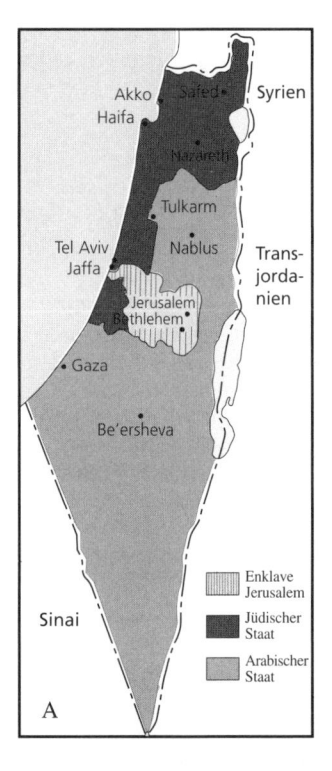

△ Das Verbrechen: Ein Zug fährt bei einem arabischen Dorf auf eine Mine.

▷ Die Strafe: Männer aus dem Dorf werden auf einen Wagen vor die Lokomotive gespannt.

1938

WINGATE UND DIE NIGHT SQUADS

Die Initiative zur Bildung kleiner, wagemutiger Kämpfertrupps, der sogenannten Night Squads, geht auf Ode Charles Wingate zurück, einen schottischen Offizier, der dem Zionismus viel Sympathie entgegenbringt. Die Trupps sollen die arabischen Banden bekämpfen, die immer wieder Terrorakte verüben und die Ölleitung vom Irak nach Haifa beschädigen. Die Squads bestehen aus Angehörigen der Haganna (Feldkompanie, Hilfspolizei und Männer aus den Siedlungen) und aus britischen Freiwilligen. Sie erweisen sich als überaus schlagkräftig, denn Wingate macht sie mit besonderen Kampftaktiken bekannt, die später den Kämpfern der Haganna und selbst noch der israelischen Armee als Vorbild dienen.

Wingate führt seine Männer in die Technik des Nahkampfes ein. Außerdem bringt er ihnen bei, wie sich Informationen über die Zusammensetzung gegnerischer Truppen ausnutzen lassen und wie wichtig Überraschungseffekte sind.

Seine bedingungslose Sympathie für das zionistische Unternehmen veranlaßt seine Vorgesetzten, ihn 1939 zu versetzen. Nach seiner Abreise werden die von ihm geschaffenen Einheiten aufgelöst.

◁ Orde Charles Wingate gründet die Night Squads (rechts), in denen Haganna-Leute und Briten dienen.

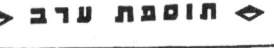

◁ In einer Sonderausgabe verkündet die Zeitung Davar: Shlomo Ben-Joseph, Etzel-Mitglied aus Rosch Pina, wurde wegen des Attentats auf einen arabischen Bus zum Tode verurteilt.

△ Im Sommer 1938 besucht Moshe Shertok, der Leiter der politischen Abteilung der Jewish Agency, das arabische Dorf Ein Sinija bei Ramallah. Hier hat er seine Jugend verbracht.

DIE FELDKOMPANIE

Ende 1937 entsteht die Feldkompanie, auch »Neue Truppen« genannt. Diese sind als »mobile Einsatzkommandos zur Verteidigung und zum Schutz der Ortschaften im Falle eines Angriffs« konzipiert. »Sie sollen dem Feind entgegentreten, ihn verfolgen und bekämpfen. Letzteres soll jedoch stets außerhalb geschlossener Ortschaften geschehen. Darüber hinaus sollen die Kommandos bei Sonderaktionen zum Einsatz kommen.« Die Feldkompanie kommt dem Schutzbedürfnis der Siedler überall im Land entgegen und stützt sich auf eine von den Jischuw-Institutionen und der Haganna vereinbarten überregionalen Strategie.

Zum ersten Mal dienen die Männer der Haganna in einem Rahmen, der sich nicht bloß von einer örtlichen oder regionalen Befugnis herleitet. Ihre Befehlshaber, Yitzhak Sadeh (der sich nach der Feldkompanie, hebräisch Plugot Sadeh, benennt) und Elijahu Cohen (Ben Hur), waren auch – und das ist kein Zufall – die Initiatoren der Noddedet, der mobilen Kampfeinheit, im Jerusalemer Bergland zu Beginn der arabischen Unruhen.

Bereits nach wenigen Monaten umfaßt die Kompanie ungefähr 1 000 Männer, die in Schnellkursen ausgebildet werden. Sie kommen aus den Reihen der Hilfspolizei und verwenden deren Waffen. Die Männer der »Neue Truppen« helfen bei Turm-und-Mauer-Gründungen, sichern besonders exponierte Orte und nehmen an Aktionen gegen Araber teil. Als die arabischen Übergriffe 1939 zurückgehen, werden die Truppen aufgelöst.

△ Die Sicherheitsfrage avanciert zum nationalen Anliegen. Im Bild: Schießübungen der Haganna in Tiberias.

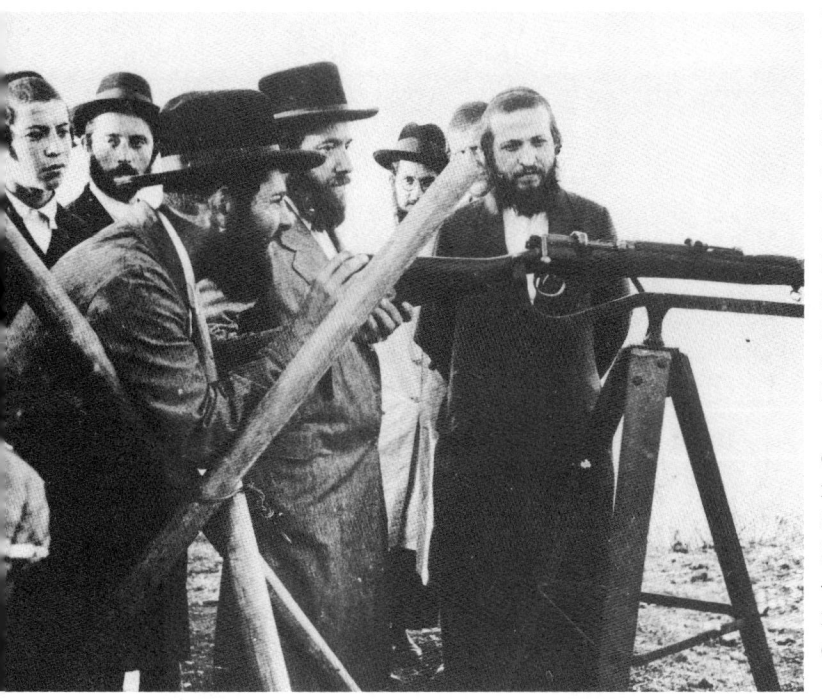

▽ Einweihung des Sina-Dizengoff-Platzes, der sofort als neuer Mittelpunkt der »ersten hebräischen Stadt« gilt.

1939

Januar
1 Bildung einer Schutzpolizei für die hebräischen Ortschaften. Sie bildet den Kern der Hilfspolizei der Mandatsregierung, die ihrerseits als ein Arm der illegalen Hagana fungiert.

Februar
7 Eröffnung der St.-James-Konferenz: britischer Versuch, führende Juden und Araber, darunter auch solche aus den arabischen Nachbarstaaten, zusammenzubringen, um eine Einigung über das Palästina-Problem zu erzielen. Die Konferenz heißt nach dem Ort, an dem das Treffen stattfindet.
26 Im ganzen Land gehen die Araber auf die Straße, nachdem die Nachricht verbreitet wurde, die Engländer hätten beschlossen, dem Land die Unabhängigkeit zu gewähren. In Haifa kommt es zu Zwischenfällen. Drei Juden werden getötet.

Etzel legt Bomben an von Arabern frequentierten Orten: viele Tote und Verletzte.
27 Araber dringen in ein Haus im Moschaw Gibbaton bei Rehovot ein und töten eine Frau und ihre beiden Söhne.

März
17 Die St.-James-Konferenz geht ergebnislos zu Ende. Die Engländer entschließen sich erneut zu einer pro-arabischen Palästina-Politik. Sorge im Jischuw.

April
Die illegale Einwanderung nimmt zu. Fünf Schiffe nehmen Kurs auf Palästina. Eins sinkt vor Kreta. Die Engländer schicken die von ihnen aufgebrachten Schiffe wieder aufs Meer zurück. Sie teilen mit, sie würden die Zahl der gefaßten illegalen Einwanderer von der vorgesehenen Zahl der zu vergebenden Visa abziehen.

Parallel zur Verbesserung der Beziehungen zwischen Engländern und Arabern klingt der arabische Aufstand nach drei Jahren des Aufruhrs und der Sabotagetätigkeit ab.
21 Auf dem Flughafen Lod wird der erste Pilotenlehrgang abgeschlossen. Hochkommissar MacMichael überreicht sechs Absolventen die Fluglizenz. Die Untergrundorganisation Etzel hat den Lehrgang organisiert.

Mai
9 Eröffnung der Universitätsklinik Hadassa auf dem Skopus-Berg in Jerusalem.
17 Veröffentlichung eines neuen Weißbuchs. Das von Kolonialminister Malcolm MacDonald verfaßte Dokument stellt einen schweren Rückschlag für die zionistischen Bestrebungen dar.
18 »Tag des Befehls«: Massenproteste der Juden gegen das Weißbuch. Viele melden sich zum Dienst in den Streitkräften des Jischuw.
21 Die Engländer verhaften Etzel-Befehlshaber David Rasi'el und alle anderen im Etzel-Hauptquartier Anwesenden.
23 Eine beispiellose Siedlungsaktion: In einer Nacht werden sieben Orte gegründet, fünf nach der Turm-und-Mauer-Methode. Im Gegensatz zu früher sind die Engländer diesmal nicht eingeweiht.
26 Tod Rabbi Ya'akov Me'irs, des sephardischen Oberrabbiners.
28 Das Hagana-Schiff »Attarato«, das illegale Einwanderer an Bord hat, wird auf seiner siebten Fahrt aufgebracht.

Juni
Hagana und Jischuw-Institutionen bilden »Sondereinheiten«. Sie sollen zunächst nur gegen arabische Unruhestifter eingesetzt werden. Bald darauf gehen sie aber auch gegen die Engländer vor. Etzel sabotiert britische Einrichtungen.
27 Rabbi Ben-Zion Chai Usi'el wird zum sephardischen Oberrabbiner gewählt.

Juli
Im Jischuw kommen erneut Diskussionen über eine Politik der Zurückhaltung auf. Unter den Befürwortern von Aktionen gegen Araber und Briten gehören die Oberrabbiner.

Verstärkte Kampagne für den Konsum jüdischer Produkte.
30 Wahlen zum 21. Zionistischen Kongreß. Mapai vereint zwei Drittel aller Stimmen auf sich, die beiden Gruppen der Allgemeinen Zionisten bekommen 11%, die Religiösen 10%. Der Rest geht an eine Vielzahl kleiner Gruppen.

Zehn Absolventen eines Fliegerlehrgangs der Firma Aviron, hinter dem tatsächlich die Hagana steht, beenden ihre Ausbildung in Afikim.

August
Die antibritischen Ressentiments im Jischuw wachsen.
2 Anschlag von Etzel auf die Rundfunkanstalt der Mandatsregierung in Jerusalem. Zwei Tote. Der Sendebetrieb wird kurz danach von Ramallah aus wiederaufgenommen.
9 Die Hagana versenkt die »Sindbad 2«, ein Boot der Küstenwache, das Jagd auf Schiffe mit illegalen Einwanderern machte.
16 Die Engländer geben bekannt, die gefaßten illegalen Einwanderer würden im Lager Atilit interniert. Dieses Lager wird neun Jahre lang als Gefangenenlager für illegale Einwanderer dienen.

Eröffnung des 21. Zionistischen Kongresses in Genf. Düstere Aussichten für die Juden in Europa.

Die Zeitung »Davar« darf wegen eines Artikels über das Vorgehen der Mandatsregierung gegen illegale Einwanderer zwei Wochen nicht erscheinen.
25 Die »Parita« läuft vor der Küste von Tel Aviv absichtlich auf Grund. Hunderte illegale Einwanderer tauchen in den in Meeresnähe gelegenen Häusern unter.

September
1 Ausbruch des Zweiten Weltkriegs.
2 Auch die »Tiger Hill«, die ebenfalls illegale Einwanderer an Bord hat, »strandet« vor der Küste von Tel Aviv.
6 Zum erstenmal bildet die Hagana einen Generalstab. Zu seinem Chef wird Ya'akov Dostrovsky ernannt.
12 Der Vorsitzende der Jewish Agency, David Ben-Gurion, definiert die Politik von Jischuw und zionistischer Bewegung nach dem Kriegsausbruch wie folgt: »Wir müssen den Engländern im Krieg helfen, so, als gäbe es kein Weißbuch, und wir müssen uns gegen das Weißbuch wehren, als gäbe es keinen Krieg.«

Landesweit rekrutieren Institutionen des Jischuw und die Hagana Freiwillige für den »Dienst am Vaterland«. 86000 Männer und 50000 Frauen melden sich, die bereit sind, den Jischuw zu schützen und die Engländer im Krieg zu unterstützen.

Die ersten jüdischen Freiwilligen werden ins britische Heer eingezogen.

Oktober
5 43 Absolventen eines Hagana-Lehrgangs für Offiziere werden von den Engländern verhaftet.
17 Wegen des Notstandes wird die Exekutive des Nationalrats erweitert. An seiner Spitze: Pinchas Ruthenberg.
30 Die 43 Offiziersanwärter werden zu Freiheitsstrafen verurteilt: einer zu lebenslänglicher Haft, die übrigen zu zehn Jahren Gefängnis, Entsetzen im Jischuw.

November
18 38 Etzel-Mitglieder werden in Mischmar ha-Jarden verhaftet.

Jochanan Rattner tritt als Landesbefehlshaber der Hagana zurück, an seine Stelle tritt Ya'akov Reiser.

Dezember
11 Erste Mobilmachung der Engländer. Die Organe des Jischuw boykottieren sie, weil die eingezogenen Juden nur als Hilfskräfte, vor allem als Sappeure, eingesetzt werden.

Eine neue Tageszeitung, »Jedi'ot Acharonot«, erscheint zweimal täglich.
20 Freiheitsstrafen zwischen fünf und zehn Jahren für die in Mischmar ha-Jarden verhafteten Etzel-Mitglieder.

1939 trafen vor der Küste Palästinas 34 Schiffe mit illegalen Einwanderern ein. Einem Teil gelang es, die Passagiere an Land zu bringen, andere illegale Einwanderer werden kurzfristig inhaftiert.

Arabische Anschläge kosteten 100 Juden das Leben.

17 neue Orte wurden gegründet.

IMMER MEHR ILLEGALE WOLLEN NACH PALÄSTINA

Der wachsende Antisemitismus nicht nur der Nazis, sondern auch in den meisten anderen mitteleuropäischen Ländern löst eine Fluchtwelle unter den Juden aus. Praktisch alle Staaten der freien Welt sind diesen Flüchtlingen verschlossen, und auch nach Palästina darf auf englischen Befehl nur eine begrenzte Zahl einwandern. Eines der Ergebnisse der restriktiven britischen Politik ist die Zunahme der Immigranten, die illegal ins Land kommen.

Die illegale Einwanderung mit Schiffen, die sich dem Zugriff der britischen Küstenwache zu entziehen suchen, gewinnt 1939 an Umfang. Trafen von 1934 bis 1938 insgesamt 19 solcher Schiffe ein, so sind es allein 1939 schon 34! Bislang fand die illegale Einwanderung ohne Mithilfe der Jischuw-Institutionen und der zionistischen Führung statt. 1939 aber wird das »Zweite Alija-Büro« gegründet, als weiterer Arm der Haganna, den auch die Jewish Agency unterstützt.

Verantwortlich für die illegale Einwanderung und das Chartern von Schiffen sind die revisionistische Bewegung, private Instanzen und auch die neue »Institution«. Der Zustrom der Illegalen verstärkt sich, je näher der Weltkrieg rückt.

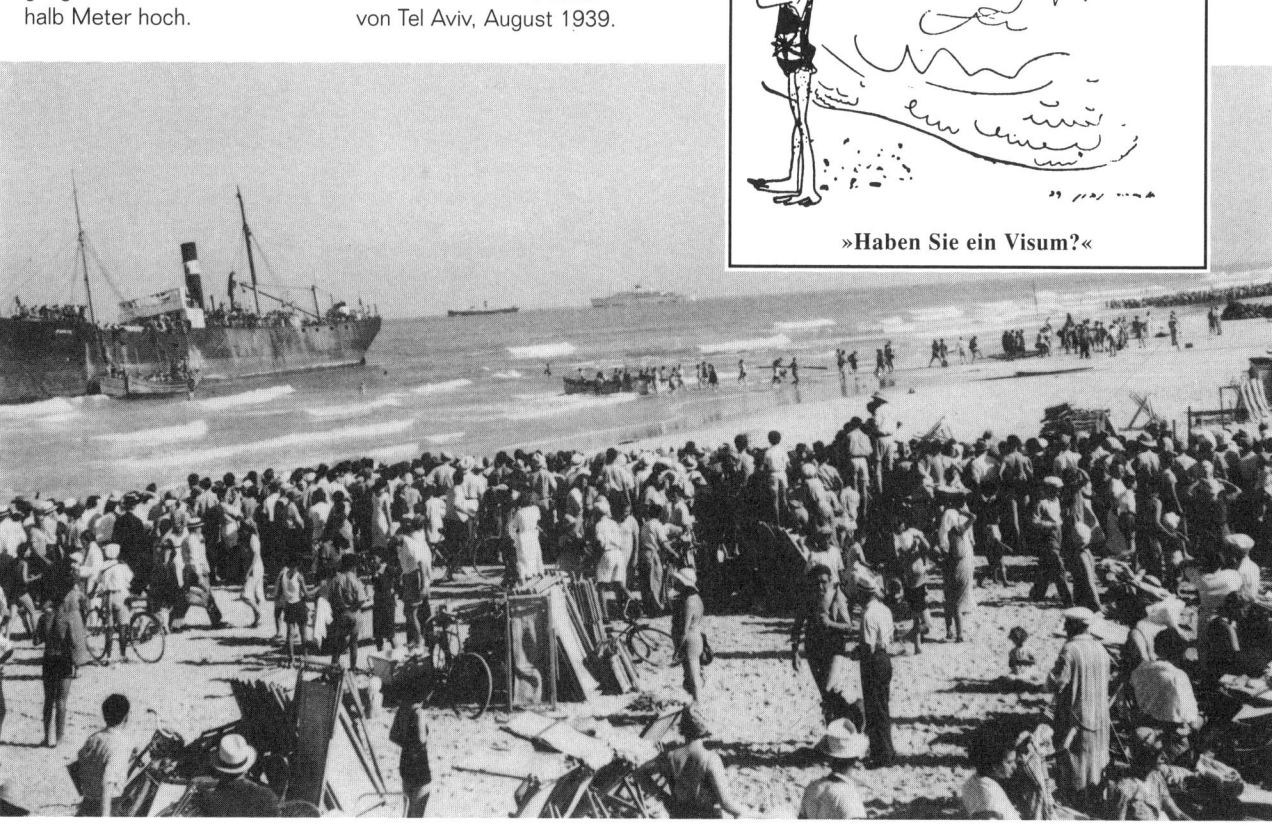

△ Das jüdische Eretz Israel stellt sich 1939 auf einer internationalen Ausstellung in New York vor. Der Pavillon des Jischuw zieht unzählige Besucher an. Der Bildhauer Moshe Zipper hat das Standbild des unbekannten Pioniers geschaffen, das am Eingang steht. Es ist zweieinhalb Meter hoch.

▷ Die Engländer und die jüdische Einwanderung, eine Karikatur von Arie Navon, vom April 1939.

▽ Die »Parita« mit illegalen Einwanderern am Strand von Tel Aviv, August 1939.

»Haben Sie ein Visum?«

1939

▷ Zum Jahresbeginn veranstalten die Engländer in London eine große Konferenz, die die Probleme in Palästina lösen soll. An den Beratungen – die ergebnislos enden – beteiligen sich Vertreter der palästinensischen Araber und arabische Staatsoberhäupter. Die Araber lehnen es ab, mit den Juden direkt zusammenzutreffen, deshalb eröffnen die Engländer die Konferenz zweimal: beim ersten Mal mit den Arabern (rechts) und kurz darauf mit den Juden (unten), die von Dr. Chaim Weizmann, David Ben-Gurion und Moshe Shertok angeführt werden.

▽ Ein jüdischer Schutzmann geht zur Arbeit. Die blutigen Unruhen, die im Frühjahr 1936 ihren Anfang nahmen, lassen im Frühjahr 1939 allmählich nach.

◁ Zionistenkongreß im August 1939 in Genf: Die Gesichter der Delegierten sprechen von der Sorge über einen bevorstehenden Krieg.

211

Eine Axt schwebt über der Hoffnung der Menschen: über der einen Hoffnung, in der Heimat Erlösung zu finden. Aber die Heimat ist anders als die Diaspora. Hier sind wir nicht machtlos, dies ist der einzige Ort auf der Welt, auf dem wir Juden stehenbleiben und kämpfen. Hier kämpfen wir, und hier werden wir gewinnen. Wir kämpfen um unser Land und für die Ehre unseres Volkes.

David Ben-Gurions Reaktion auf das Weißbuch von 1939

▽ Demonstration in Tel Aviv: in der ersten Reihe Eshkol, Golda Meir, Sprintzak, Eran und Ya'ari (von rechts).

△ Demonstration im Scharon gegen das Weißbuch von 1939: Es wird symbolisch »begraben«.

DAS WEISSBUCH VON 1939

Die englische Regierung veröffentlicht sogenannte Weißbücher (»White Papers«) zur Bekanntgabe öffentlicher Angelegenheiten, etwa der Arbeitsergebnisse von Untersuchungskommissionen. Das Weißbuch von 1939 befaßt sich mit der Zukunft Palästinas. Die englische Regierung erklärt darin, sie sei ihren in der Balfour-Erklärung abgegebenen Verpflichtungen nachgekommen, so daß es nun an der Zeit sei, »einen palästinensischen Staat zu gründen, in dem beide Völker, Araber und Juden, gemeinsam die Regierung ausüben, um die wesentlichen Interessen jedes einzelnen zu sichern«.

Das aber bedeutet, daß der geplante Staat eine arabische Bevölkerungsmehrheit und somit auch eine arabische Regierung hätte. Die Beschränkung der Zahl jüdischer Einwanderer auf 75 000 in den kommenden fünf Jahren würde die arabische Mehrheit sichern, und jede spätere Zuwanderung hinge von der Zustimmung der Araber ab. Auch der Verkauf von Boden an Juden unterläge strikten Beschränkungen.

Die Juden betrachten das Weißbuch als einen Verrat des englischen Versprechens und erheben heftigen Protest. Ihr antibritischer Kampf beruht künftig auf der kategorischen Ablehnung der Anweisungen des Weißbuches. So verwundert es nicht, daß der provisorische israelische Staatsrat unmittelbar nach der Unabhängigkeitserklärung 1949 verkündet: »Die Bestimmungen, die vom Weißbuch aus dem Jahre 1939 herrühren, sind hiermit aufgehoben.«

1939

△ Im September 1939 bricht der Zweite Weltkrieg aus. Die Engländer heben auch in Palästina Truppen aus.

▷ Auch 1939 gibt es Turm-und-Mauer-Gründungen – nach Erscheinen des Weißbuches auch ohne britische Zustimmung. Zum Beispiel entsteht im Juli 1939 im Süden Palästinas der Kibbuz Negba.

TURM UND MAUER GEGEN DIE ENGLÄNDER

Die meisten Turm-und-Mauer-Gründungen fanden in Absprache mit der britischen Mandatsregierung statt. Diese befürwortete die Anlage neuer Ortschaften in entlegenen Landesteilen und in Grenznähe, da sie sie als ein Abschreckungsmittel gegen den arabischen Terror betrachtete.

Im Frühjahr 1939 tritt ein Wandel ein. Der arabische Aufstand ist beinahe abgeklungen, gleichzeitig nehmen die Engländer eine antizionistische Position ein, die im Weißbuch vom Mai 1939 definiert ist. Die Zusammenarbeit mit dem Jischuw, seinen Institutionen und Schutztruppen wird drastisch eingeschränkt. Auch unterstützen die Engländer von nun an die Turm-und-Mauer-Gründungen nicht mehr.

Trotzdem verhindert der Wandel in der englischen Politik nicht, daß das Siedlungswerk fortgesetzt wird. Im Gegenteil, die Haltung der Briten löst sogar eine neue Welle von Siedlungsgründungen aus. Die Siedler brechen in den Abendstunden von einem bestehenden Ort auf und schlagen eine Richtung ein, die sie dann im letzten Moment ändern. Auf diese Weise gelingt es ihnen, die Engländer, die die Neuansiedlung verhindern wollen, zu verwirren. So entstehen eine Woche nach der Veröffentlichung des Weißbuches in einer Nacht sieben neue Ortschaften, davon fünf nach der Turm-und-Mauer-Methode. Bis Ende 1939 kommen neun weitere Orte hinzu.

▽ Anfangs fahren die jüdischen Hilfspolizisten in offenen Lastwagen. Später erhalten sie gepanzerte Fahrzeuge.

△ Die neue Tageszeitung, »Jedi'ot Acharonot«, ist für 2 Mil zu haben.

213

Die vierziger Jahre: 1940–1949

Am 14. Mai 1948 ruft David Ben-Gurion die Gründung des Staates Israel aus.

Die vierziger Jahre teilen sich in drei Zeitabschnitte, deren erster sich über mehr als fünf Jahre erstreckt. Die beiden folgenden sind zwar kürzer, doch im Hinblick auf das Schicksal Palästinas und seiner Bewohner um so bedeutsamer.

Der erste Zeitabschnitt, die Jahre 1940–1945, fällt mit dem Zweiten Weltkrieg zusammen. Palästina leidet kaum unter dem Krieg, außer in den ersten Jahren der Feindseligkeiten. Der Schaden, der vor allem durch Bombardements angerichtet wird, ist relativ gering. Weitaus stärker – aber auch das nur in den ersten Jahren – trifft der Krieg die Wirtschaft: Ein- und Ausfuhr erliegen fast völlig, und die Arbeitslosigkeit nimmt zu. 1942 tritt allerdings eine Wende ein, das Land erlebt einen beispiellosen Wirtschaftsaufschwung. In kurzer Zeit wird Palästina für den gesamten Nahen Osten zum logistischen Zentrum des britischen Heeres. Stützpunkte werden errichtet, Straßen und Flughäfen gebaut, Industrie und Landwirtschaft produzieren für den Krieg. Statt Arbeitslosigkeit gibt es nun Vollbeschäftigung. Die rapide Entwicklung hebt sich deutlich von der Situation in Europa ab. Hier leiden die Menschen in fast allen Ländern. Und: Während Millionen Juden durch die Hölle gehen und ermordet werden, herrscht in Palästina nahezu »business as usual«.

Der zweite Zeitabschnitt, vom Sommer 1945 bis zum Herbst 1947, ist einerseits durch eine Verschlechterung der Beziehungen zwischen den Engländern und der jüdischen Bevölkerung gekennzeichnet, andererseits durch die anhaltende Wirtschaftsblüte. Ebenfalls charakteristisch ist die Passivität der arabischen Bevölkerung und ihrer Führer. Sie mischen sich kaum in die fortwährenden Konfrontationen zwischen Engländern und Juden ein. Haganna, Etzel und Lechi gehen gleichzeitig gegen die britische Mandatsmacht vor. Eine Zeitlang arbeiten sie sogar im Rahmen der »Bewegung des hebräischen Aufstands« zusammen. Die Haganna, der militärische Arm der Jischuw-Führung, legt den Nachdruck auf die illegale Einwanderung und darauf, die jüdische Anwesenheit mit Hilfe neuer Siedlungen so weit wie möglich auszubauen. Zum Teil kämpft sie aber auch aktiv gegen die Engländer. Vom Frühjahr 1947 an bereitet sich die Haganna zusätzlich auf eine Auseinandersetzung mit den Heeren arabischer Staaten vor. Etzel und Lechi hingegen konzentrieren sich auf Anschläge auf die Engländer. Diese schlagen zurück und richten die Mitglieder beider Organisationen, derer sie habhaft werden, hin.

Die Beziehungen zwischen Jischuw und Engländern kühlen sich weiter ab. Die Engländer führen sich wie ein Feind auf: Sie verhaften, verbieten, belegen Städte und Dörfer mit Ausgangssperren, durchsuchen sie nach Waffen und bekämpfen die illegale jüdische Einwanderung. Auch fehlt es nicht an antisemitischen Äußerungen seitens britischer Regierungsbeamter und Soldaten. Der englische Außenminister Ernest Bevin wird aufgrund seiner Worte und Taten vom Jischuw als erklärter Gegner Israels gesehen.

Anfang 1947 beschließt die englische Regierung, das Palästina-Problem den jüngst entstandenen Vereinten Nationen zu unterbreiten. Für diesen Schritt gibt es zwei mögliche Erklärungen: Entweder hofft die Regierung in London, daß die UNO über die Angelegenheit beraten und den Briten erneut die Herrschaft über Palästina anvertrauen werde.

Oder die Engländer haben von den ständigen Unruhen in Palästina genug und beschließen deshalb, das Problem an andere weiterzureichen. Wie dem auch sei, die UNO beruft im Frühjahr 1947 eine Sondersitzung ein, die beschließt, einen Untersuchungsausschuß mit Vertretern von elf Ländern in den Nahen Osten zu schicken, die UNSCOP-Kommission. Diese bereist während mehrerer Wochen das Land, trifft mit Vertretern aller Konfliktparteien zusammen und empfiehlt schließlich, in Palästina zwei Staaten zu schaffen, einen jüdischen und einen arabischen. Jerusalem soll einen internationalen Status unter UN-Aufsicht erhalten.

Der dritte Abschnitt der vierziger Jahre beginnt unmittelbar nach dem UN-Beschluß. Die Juden freuen sich, trotz der geringen Größe und der »verzerrten« Form des ihnen vorgeschlagenen Staats; die Araber lehnen den Plan dagegen ab und begeben sich sofort daran, ihn mit Waffengewalt zunichte zu machen. Wieder kommt es zu Ausschreitungen, die diesmal in kürzester Zeit in einen Krieg münden: den Israelischen Unabhängigkeitskrieg von 1948.

Der Krieg dauert mehr als anderthalb Jahre, von Ende November 1947 bis zum 20. Juli 1949, als das vierte und letzte Waffenstillstandsabkommen, mit Syrien, unterzeichnet ist. Während dieser Zeit richtet sich der Jischuw darauf ein, Angriffe abzuwehren, startet selbst große Gegenoffensiven und ruft Mitte Mai 1948, sofort nach dem Ende des britischen Mandats, den Staat Israel aus. Die Araber Palästinas versuchen, die Gründung des jüdischen Staates gewaltsam zu verhindern, letztlich müssen sie jedoch harte Schläge hinnehmen. Hunderttausende verlassen im Verlauf der Kämpfe ihre Häuser und werden Flüchtlinge.

Die arabischen Staaten versuchen indessen umsonst, das Rad der Geschichte zurückzudrehen. Die Armeen Ägyptens, Transjordaniens, Syriens, des Libanon und des Irak fallen unmittelbar nach Auslaufen des britischen Palästina-Mandats in das Land ein und versuchen, mit einem Streich das »zionistische Gebilde« zu vernichten. Dem jungen Staat gelingt es, die arabischen Armeen aufzuhalten und nach kurzer Zeit selbst in die Offensive zu gehen. Er wirft die eingedrungenen Truppen an den meisten Fronten zurück, so daß hier arabische Staaten noch in der ersten Hälfte von 1949 ein Waffenstillstandsabkommen mit Israel unterzeichnen. Der militärische Erfolg Israels mit seinen damals 650 000 Bewohnern überrascht internationale Beobachter: Politiker wie Wehrexperten haben dem jungen Staat kaum eine Überlebenschance eingeräumt.

Noch mit einem ganz anderen Problem muß Israel während und nach dem Krieg fertigwerden: die gewaltige Aufgabe der Eingliederung von Hunderttausenden von Einwanderern, von denen die meisten völlig mittellos sind. Ein Staat, der gerade einen schweren militärischen Konflikt hinter sich hat, keine natürlichen Ressourcen besitzt und dessen Wirtschaft kaum entwickelt ist, schickt sich an, innerhalb weniger Jahre seine Bevölkerung zu verdoppeln. Auch hier wird ihm Mißlingen prophezeit, ein Zusammenbruch sei nur eine Frage der Zeit. Aber wie schon auf dem Schlachtfeld gilt auch für die Integration der Einwanderer: Die düsteren Prognosen bewahrheiten sich nicht.

1940

Januar
6 In Javne'el suchen – und finden – die Engländer Waffen der Haganna.
22 Auch im Jugenddorf Ben-Schemen entdecken die Engländer Waffen und Munition der Haganna. Elf Personen werden verhaftet, darunter der Leiter des Dorfes, Dr. Lehmann.
23 Die Engländer halten das Schiff »Hilda« auf, das viele illegale Einwanderer an Bord hat.

Februar
13 Die »Saccaria«, das größte Schiff mit illegalen Einwanderern – 2300 Personen – wird von den Briten gestoppt. Die Passagiere kommen in Gefangenenlager.
28 Veröffentlichung eines neuen Bodengesetzes gemäß den Vorschlägen des Weißbuches vom Mai 1939. Proteste im Jischuw.

Sappeure aus Palästina – die meisten sind Juden – werden an die französische Front geschickt. Die Rekrutierung von Sappeuren im Land hält an, trotz der Kritik der Einrichtungen des Jischuw, daß Juden nur als Hilfskräfte eingesetzt werden.

März
13 Die illegale Rundfunkstation der Haganna, »Kol Israel« (Stimme Israels), beginnt zu senden.

April
22 Freiheitsstrafen zwischen drei und sieben Jahren für die in Ben-Schemen Verhafteten. Mehr als 100 000 Angehörige des Jischuw unterschreiben ein Manifest für ihre Freilassung.
27 In Tel Aviv besiegt die Fußballmannschaft von Palästina den Libanon mit 5 : 1.

Mai–Juni
Der Krieg rückt näher. Nachdem Frankreich sich Deutschland ergeben (am 22. 6.) und Italien sich Nazi-Deutschland angeschlossen hat, wächst auch die Bedrohung für Palästina. In Syrien und im Libanon herrschen dem Vichy-Regime ergebene, pronazistische Kräfte. Der Ministerpräsident von Großbritannien, Neville Chamberlain, räumt seinen Platz. Winston Churchill löst ihn ab.
15 General Jefford, Befehlshaber des britischen Heeres in Palästina, fordert die Haganna auf, ihre Waffen den Behörden auszuhändigen. Die Jischuw-Führung weist das zurück.
29 Erste landesweite Tagung im Kampf gegen Fremdsprachiges: Fremde Namen werden hebräisiert.

Juni
Im ganzen Land wird Verdunkelung angeordnet.
11 Die Führung des Jischuw versichert dem Hochkommissar ihre Loyalität und bietet ihm ihre Hilfe an.
18 Die Engländer lassen die Etzel-Befehlshaber frei.
26 Gründung der Untergrundorganisation Lechi unter der Führung von Abraham Stern. Die Gruppe hat Etzel verlassen, weil ihre Mitglieder nicht bereit sind, die Engländer im Krieg zu unterstützen. Spannungen zwischen beiden Organisationen.

Immer mehr Einberufungen zum Dienst im britischen Heer. Die jüdischen Institutionen in Palästina helfen bei der Mobilmachung von Fachkräften, verlangen aber von den Engländern, die neuen Soldaten auch in die Infanterie einzubeziehen.

Juli
3 Wahlen in Petach Tikva. Wegen eines Patts zwischen Linken und Rechten ernennen die Engländer den Vertreter des Bürgerblocks Joseph Sapir zum Bürgermeister.
5 Die Engländer nehmen ihre Forderung, die Haganna möge ihre Waffen abgeben, zurück.
15 Italienische Flugzeuge bombardieren Haifa.
24 Weiterer Bombenterror gegen Haifa: 50 Tote.
29 Der Konflikt zwischen Linken und Rechten in der Haganna-Führung wird beigelegt. Bildung eines Obersten Sicherheitsrates des Jischuw, bestehend aus 18 Mitgliedern.

August
4 Tod Se'ev Jabotinskys, des Spitzenmannes der revisionistischen Bewegung, in New York. Er wird 60 Jahre alt.
18 Zusammenstoß zwischen Angehörigen von Haganna und Etzel in Herzlija. Ein Etzel-Mitglied wird tödlich verletzt.
27 Pinchas Ruthenberg tritt von seinem Amt als Präsident des Nationalrates zurück.

September
9 Italienische Flugzeuge bombardieren Tel Aviv: schwere Schäden, über 200 Tote und viele Verletzte.
13 Das italienische Heer fällt von Libyen kommend in Ägypten ein.
14 Zum ersten Mal gestatten die Engländer Juden aus Eretz Israel, sich zur Infanterie zu melden. Die Rekrutierung erfolgt sowohl durch die britische Armee als auch durch Institutionen des Jischuw.
16 Lechi raubt die Anglo-Palestine Bank in Tel Aviv aus – die Beute: Tausende von Palästinensischen Pfund.
21 Italienische Flugzeuge bombardieren abermals Haifa: 39 Tote im arabischen Viertel.

Bildung von Schai, dem Nachrichtendienst der Haganna. Seit dem Sommer haben sich 3000 jüdische Freiwillige zum Dienst im britischen Heer gemeldet.

November
In den ersten Tagen des Monats treffen in Haifa zwei Schiffe mit illegalen Einwanderern ein, die »Pacific« und die »Milos«. Die 1800 Juden an Bord sind aus Europa geflohen.
10 Gründung des »Ausschusses für den Soldaten«, der sich um das Wohlergehen aus Palästina stammender jüdischer Soldaten im britischen Heer kümmert.
20 Die Engländer geben ihre Absicht bekannt, die zu Monatsbeginn eingetroffenen illegalen Einwanderer auf die Insel Mauritius im Indischen Ozean auszuweisen. Landesweite Demonstrationen.
24 Die »Atlantic«, ein weiteres Schiff mit illegalen Einwanderern, wird aufgebracht und in den Hafen von Haifa geschleppt.
25 Wegen Sabotage sinkt die »Patria« im Hafen von Haifa mit 1 700 illegalen Einwanderern an Bord, die von den Engländern ausgewiesen werden sollten. Mehr als 200 Menschen ertrinken. Entsetzen im Jischuw. Die Geretteten werden ins Lager Atlit gesperrt. Infolge heftiger Proteste teilen die Engländer mit, sie würden nicht ausgewiesen.

Dezember
4 Eine Neuerung: Wegen der steigenden Preise wird erstmals zwischen Histadrut und Industriellenverband eine Vereinbarung über eine Teuerungszulage unterzeichnet.
9 Die illegalen Einwanderer von der »Atlantic« werden auf die Insel Mauritius ausgewiesen. Dort sitzen sie bis August 1945 fest.
14 Ein weiteres Unglück auf dem Meer: Die »Salvador« geht mit 180 illegalen Einwanderern vor der Küste der Türkei unter. 103 Passagiere ertrinken, die übrigen werden an die türkische Küste gebracht.
29 Schweres Unglück auf einer Straße nahe Tel Aviv. Dov Hoz, einer der führenden Männer von Arbeiterbewegung und Haganna, Förderer der hebräischen Flieger und stellvertretender Bürgermeister von Tel Aviv, kommt gemeinsam mit seiner Frau, seiner Tochter, zwei Verwandten und einem Mann aus Degania bei einem Verkehrsunfall um.

Weitere Nachrichten aus dem Jahre 1940: Der Krieg und die Abtrennung Palästinas von seinen Überseemärkten führen zur Wirtschaftskrise.

Weitere Schiffe mit illegalen Einwanderern: Sieben treffen ein, eines sinkt.

10 600 Einwanderer reisen ein, über die Hälfte illegal.

Sieben neue Orte entstehen, vier in Galiläa. Bis Ende 1941 melden sich ca. 9 000 Bewohner Palästinas zum britischen Heer, 72% Juden.

Der illegale Haganna-Sender wirbt für sich: »Kurzwelle 42 m ab 19.30: Das einzige unzensierte Radio.«

△ Juden bei der Rekrutierung für das britische Heer: der »Fahneneid«.

▽ Die arabischen Freiwilligen schwören auf den Koran.

DER KRIEG RÜCKT NÄHER

Im Laufe des Jahres 1940 begreifen die Einwohner Palästinas, daß der Zweite Weltkrieg, der bis dahin so weit entfernt schien, immer näher rückt. Nach dem Fall Frankreichs im Juni 1940 schließt sich Italien Nazi-Deutschland an. Das italienische Heer befindet sich bereits in Libyen und macht aus seinen Angriffsplänen bezüglich Ägypten keinen Hehl. Von der Grenze Palästinas sind die Italiener also nur noch einige hundert Kilometer entfernt. Auch in Rhodos sind italienische Streitkräfte, Flugzeuge und Kriegsschiffe präsent.

Aus dem Norden kommen ebenfalls keine guten Nachrichten: In Syrien und im Libanon regieren die Franzosen, beide Länder geraten unter die Herrschaft des Vichy-Regimes. Das heißt, an der Nordgrenze Palästinas stehen pronazistische Soldaten.

Und als bedeutete das nicht bereits genug Gefahr, kommt es noch zu zahlreichen Angriffen aus der Luft. Von Juli an bombardieren in Rhodos stationierte italienische Flugzeuge wiederholt Haifa und Tel Aviv. In Haifa versuchen sie vor allem, den Hafen und die großen Erdölraffinerien zu treffen, die an die Pipeline aus dem Nord-Irak angeschlossen sind. In ihren offiziellen Verlautbarungen nennen die Italiener Tel Aviv einen wichtigen Brückenkopf des britischen Imperialismus.

Einige Bombardements verursachen hohe Verluste. So werden am 9. September 1940 in Tel Aviv 117 Menschen getötet und 400 verletzt. Volltreffer landen die feindlichen Flieger in Nordija, im Zentrum Tel Avis und in dem arabischen Dorf Sumail (die heutige Kreuzung der Straßen Ibn Gabirol und Arlozorov).

▽ Ununterbrochen werden im gesamten Jischuw Freiwillige für den Dienst in der britischen Armee angeworben. Anfangs stecken die Engländer die jüdischen Rekruten nur in ihr Hilfskorps, aber im Laufe des Jahres 1940 beginnen sie, sie auch der Infanterie zuzuteilen.

△ Wegen der Gefahr eines deutschen Gasangriffs müssen auch alle Soldaten in Palästina spezielle Übungen absolvieren.

1940

△ Tel Aviv: Im Herbst 1940 säen italienische Flugzeuge Zerstörung und Tod.

▽ Tausende von jüdischen Freiwilligen füllen die Heereslager. Sie tragen Tropenuniform und werden an der Waffe ausgebildet. Das Foto entstand in einem zentralen britischen Ausbildungslager in Sarafand.

EGYPT WATCHES ITALY
TAKING FINAL PRECAUTIONS

CAIRO, Tuesday (R). — While the world press seems of the opinion that Italy will enter the war shortly, Egyptian opinion on Italian inten-

BLACK-OUT CONTINUES
PEDESTRIANS URGED TO WEAR WHITE

It was notified yesterday that the black-out arrangements as practiced on Monday night are to be maintain-

JEWS' OFFER OF ARMY UNIT
MR. SHERTOK REVEALS AGENCY PLAN TO BRITAIN

That the Jewish Agency had made a definite offer to the British Government, before the outbreak of war, to raise a Jewish fighting unit for service in Palestine and elsewhere, in the persent war, was revealed by Mr. M. Shertok, head of the Political Department of the Jewish Agency Executive, in answer to a question at a press conference held in the Agency's offices in Jerusalem yesterday afternoon.

△ Die »Patria« kentert in Haifa.

▽ Zwei Minuten später geht das Schiff bereits unter.

△ Trotz der schweren Zeiten führt das satirische Theater »Mattate« in Tel Aviv das Stück »Licht im Dunkeln« auf. Thema ist die Verdunkelung der Stadt wegen der italienischen Luftangriffe. Im Titel des Stücks verbirgt sich ein Anflug von Optimismus.

DIE »PATRIA«-AFFÄRE

Trotz der Kriegsschrecken und der schwierigen Überfahrt steuern immer wieder Schiffe mit illegalen Einwanderern Palästina an. Die Engländer unternehmen alles, um dies zu unterbinden. Zum Jahresende beschließen sie, gegen die Illegalen hart vorzugehen: Bislang wurden sie im Land selbst inhaftiert, bis sie auf legalem Weg ein Einwanderungsvisum bekommen konnten. Nach den Bestimmungen des neuen Weißbuches ist die Einwanderungsquote aber so gering angesetzt, daß illegale Neuankömmlinge nun in anderen Ländern interniert werden. Das soll jene, die künftig ohne Visum einreisen wollen, von vornherein abschrecken.

Im November 1940 treffen nacheinander drei Schiffe mit mehr als 3500 Juden ein: die »Pacific«, die »Milos« und die »Atlantic«. Die Engländer chartern ein französisches Schiff mit dem in diesem Zusammenhang mehr als ironischen Namen »Patria« (Heimatland), das die Illegalen auf die Insel Mauritius im Indischen Ozean deportieren soll. Zwar wehren sich die bei ihrer Ankunft inhaftierten Emigranten gegen die Deportation, doch nichts hilft, die Engländer bringen sie auf die »Patria«. Daraufhin geben die Jischuw-Institutionen der Haganna den Befehl, das Schiff durch Sabotage am Auslaufen zu hindern. Sprengstoff wird an Bord geschmuggelt und an einer Seitenwand befestigt. Die Menge ist angeblich so berechnet, daß sie die 1700 illegalen Einwanderer nicht gefährdet.

Doch am 25. November kommt es zu einer heftigen Detonation. Das Schiff kentert und sinkt in wenigen Minuten. Bei einer späteren Untersuchung stellt sich heraus, daß es in einem sehr viel schlechteren Zustand war als angenommen, und der Sprengstoff ein um ein Vielfaches größeres Loch als geplant verursacht hat. Mehr als 200 Passagiere ertrinken, der Rest wird gerettet und ins Gefangenenlager Atlit abtransportiert. Erst nach weiteren Protesten erklären sich die Engländer bereit, sie nicht nach Mauritius weiterzuleiten. Mit den Passagieren der »Atlantic«, die sich während des Sabotageakts noch nicht auf der »Patria« befanden, gehen die Engländer weniger vorsichtig um: Sie werden nach Mauritius geschickt und dort fast fünf Jahre festgehalten.

1940

▷ Ende 1940 stirbt Dov Hoz, einer der führenden Köpfe des Jischuw und der Haganna, bei einem Verkehrsunfall. Dov Hoz bekleidete auch das Amt des stellvertretenden Bürgermeisters von Tel Aviv.

▽ 1940 fährt David Ben-Gurion, Vorsitzender der Jewish Agency (mit Frau Paula und Sohn Amos, rechts), nach Eilat, um zu prüfen, ob dort gesiedelt werden könne.

△ Die Ansiedlung schreitet voran: In einem neuen Kibbuz, Beit-ha-Arava, wird Salz aus dem Boden gespült.

▽ Das Jahr 1940 verbringen 43 inhaftierte Haganna-Angehörige im Gefängnis von Akko. Erster von rechts ist Moshe Dayan.

1941

Januar
11 Uraufführung eines biblischen Stoffes am »Habima«-Theater: »Michal, Tochter des Saul« von Aaron Asman.

Die Briten greifen die Italiener in Libyen, Eritrea und Äthiopien an.

Februar
17 Die Engländer lassen zahlreiche Haganna-Häftlinge frei, darunter die 43 in Akko Inhaftierten und einige Männer aus Ben-Schemen. Auch mehrere Etzel-Häftlinge kommen auf freien Fuß.
23 Weitere palästinensische Einheiten werden gebildet. Unter den Rekruten sind viele Ingenieure, Fahrer und Männer anderer Berufe.

März
Das Schiff »Daryan 2« mit 700 illegalen Einwanderern an Bord läuft im Hafen von Haifa ein. Eigentlich wollten die Engländer es gleich wieder zurück aufs Meer schicken, aber aus Furcht vor einer erneuten Patria-Affäre bringen sie die illegalen Einwanderer an Land. Sie werden dort anderthalb Jahre im Lager Atlit festgehalten.
13 Pronazistisches Regime im Irak unter Raschid Ali al-Gailani. Große Besorgnis unter den Juden im Irak.

April
Die Haganna arbeitet einen ersten Generalplan für die Verteidigung des Jischuw aus.
1 Deutsche Offensive in Libyen unter dem Befehl von General Rommel. Seine Truppen rücken in Richtung Ägypten vor und bedrohen auch Palästina.
5 Britische und äthiopische Streitkräfte erobern Addis Abeba von den Italienern zurück.
6 Die deutsche Wehrmacht beginnt ihre Balkan-Offensive. Sie erobert Jugoslawien innerhalb weniger Tage und greift danach Griechenland an.
27 Die Deutschen besetzen Griechenland. Unzählige britische Soldaten geraten in Gefangenschaft, unter ihnen 1500 Juden aus Palästina. Der Jischuw sorgt sich um ihr Schicksal.

Mai
2 Erste Generalmobilmachung der Juden in Palästina durch die zionistischen Institutionen: Zunächst werden Ledige im Alter von 20 bis 30 Jahren eingezogen.
15 Die Landeskommandantur der Haganna beschließt ein stehendes Heer zu bilden, die sogenannten »Plugot Machatz« (Sturmtruppen), abgekürzt »Palmach«. Am gleichen Tag Veröffentlichung der »Haganna-Grundsätze« mit einer Liste aller Rechte und Pflichten der Mitglieder der Organisation.
18 Im Auftrag der Engländer brechen 23 Haganna-Angehörige und ein britischer Offizier mit einem kleinen Boot in den Libanon auf, um die dortigen Öl-Raffinerien zu zerstören.
20 Ebenfalls im Auftrag der Briten bricht Etzel-Befehlshaber David Rasi'el in den Irak auf. Er stirbt bei einem deutschen Bombenangriff.
29 Rommels Truppen stehen an der ägyptischen Grenze.
30 Mit Hilfe der Arabischen Legion aus Transjordanien unterdrücken die Engländer einen pronazistischen Aufstand im Irak.

Juni
1–2 Judenpogrom in Bagdad: schwerer Sachschaden und über 140 Tote.
8 Das britische Heer dringt von Palästina aus in Syrien und den Libanon ein, um die Streitkräfte des pronazistischen Vichy-Regimes zu vertreiben. Dabei helfen ihnen die Haganna und eine Palmach-Gruppe als Späher – darunter Moshe Dayan, Yig'al Allon und Yitzhak Rabin.

Bildung einer syrischen Abteilung im Palmach.
10 Nächtlicher Bombenangriff auf Haifa, keine Verletzten.
12 Bombenangriffe auf Tel Aviv und Haifa. In Tel Aviv gibt es 12 Tote, die meisten sind Insassen eines Altersheims.

Aus Angst vor weiteren Bombardements ziehen Tausende Tel Aviver und Haifaer aufs Land und nach Jerusalem.
22 Deutschland fällt in die Sowjetunion ein. Damit beginnt eine neue Phase des Weltkriegs.

Juli
1 Eine neue Landeskommandantur für die Haganna, nachdem sich die politischen Fraktionen innerhalb der Verteidigungsorganisation verständigt haben. Moshe Kleinboim (später Sneh) ist nun Oberbefehlshaber anstelle von Ya'akov Reiser.
3 Abschuß eines italienischen Flugzeugs, das Haifa bombardiert. Der Pilot, der sich per Fallschirm rettet, wird von jüdischen Hilfspolizisten gefangengenommen.
31 Die Engländer weisen ungefähr tausend Deutsche als »feindliche Staatsangehörige« nach Australien aus. Ihre Begleiter sind jüdische Hilfspolizisten aus Eretz Israel.

August
7 Die Engländer durchsuchen Ein Harod nach Waffen. In einer Zeit verhältnismäßig guter Beziehungen zwischen Engländern und Jischuw erstaunt die Aktion, zumal die Engländer auf die Juden angewiesen sind.
24 Erstausgabe von »Eschnav«, einer Untergrundzeitung der Haganna.

September
1 Erstmals tritt in Palästina ein Gesetz über Einkommensteuer in Kraft.

Oktober
3 Tod des führenden Zionisten und Vorsitzenden des Jüdischen Nationalfonds Menachem Ussischkin, im Alter von 78 Jahren. Jischuw-Institutionen und Haganna bemühen sich um weitere Freiwillige für das britische Heer.

November
9 Dr. Chaim Weizmann gibt das Scheitern der Gespräche über die Bildung einer jüdischen Division innerhalb des britischen Heeres bekannt.
30–1.12. Wahlen zum fünften Histadrut-Kongreß. Mapai erhält 70%, Ha-Schomer Ha-Tza'ir und die Sozialistische Liga über 19%. Das bedeutet einen Rückgang für Mapai und einen Zuwachs für die weiter links stehenden Kräfte.

Dezember
7 Japanischer Angriff auf die amerikanische Flotte in Pearl Harbour, Kriegseintritt der USA.
12 Angriff der Briten in Libyen. Wegen der Kriegswirren und der rigiden Haltung der Briten befindet sich die Einwanderung an einem Tiefpunkt. Nur 4600 Juden kamen 1941 ins Land. Auch die illegale Einwanderung ist fast völlig versiegt.

1941 sind fünf neue Orte entstanden, darunter die erste jüdische Siedlung in der Negev-Wüste, Dorot.

Der Bialik-Literatur-Preis ging an Sha'ul Tschernichowsky für sein Buch »Re'i Adama«.

Außerdem: anhaltende Wirtschaftskrise. Zum Jahresende zeichnet sich aber eine Besserung ab, weil das britische Heer jetzt zusätzliche Aufträge erteilt und beschleunigt Heerlager und Flughäfen baut.

Emblem des 1941 gegründeten Palmach: Ähren und ein Schwert.

Menachem Ussischkin, Vorsitzender des Jüdischen Nationalfonds, stirbt im Oktober 1941. Ussischkin war ein Zionist der ersten Stunde und hat das Siedlungswerk in Palästina mitgeprägt.

1941

▷ Aus dem Norden droht Unheil: Seit Sommer 1940 hat das britische Mandatsgebiet Palästina eine gemeinsame Grenze mit Territorien, in denen ein pronazistisches Regime herrscht. Gemeint sind Syrien und der Libanon, wo jetzt Vichy-Frankreich regiert. Man ist besorgt, daß die Deutschen und ihre Parteigänger von Norden her nach Palästina einfallen könnten.

▽ Im Juni 1941 dringen britische Streitkräfte in Syrien und den Libanon ein. Die Schlagzeile in der Zeitung berichtet vom Siegeszug »unseres Heeres«.

KOMMEN DIE DEUTSCHEN?

Im Frühjahr 1941 erringt die deutsche Wehrmacht Sieg um Sieg, und es scheint, als könne sie nichts aufhalten: In Libyen dringt das Afrikakorps unter General Rommel vor, die Engländer werden nach Ägypten abgedrängt. In einer Blitzkampagne nehmen die Deutschen die Balkanländer Jugoslawien und Griechenland ein. Die Engländer, die den Griechen helfen wollen, erleiden eine schwere Niederlage, und unzählige britische Soldaten geraten in Kriegsgefangenschaft, einschließlich 1500 Juden aus Palästina. Zudem herrscht in den arabischen Staaten eine antibritische Stimmung. Die Bevölkerung und ihre Führer warten ungeduldig auf die Ankunft der deutschen Wehrmacht. Syrien und der Libanon werden bereits vom pronazistischen Vichy-Regime regiert. Der Irak erhebt sich gegen Großbritannien, und sein Regierungschef, Raschid Ali al-Gailani, der dem Mufti von Jerusalem, Hadsch Amin al-Husseini, nahesteht, gibt sich offen als Nazi-Anhänger zu erkennen. Zudem sieht es ganz danach aus, als ob die palästinensischen Araber, die erst zwei Jahre zuvor ihren Aufstand beendet haben, erneut losschlagen würden und die Juden in Eretz Israel die ersten Opfer wären, wenn die Deutschen auch hier einmarschierten.

In Palästina verbreiten sich Gerüchte, daß die Briten nach Indien abziehen wollen. Man munkelt auch über die bevorstehende Abreise führender Persönlichkeiten des Jischuw und ihrer Angehörigen.

Jedoch tritt Ende Mai eine Wende ein. Die Engländer schlagen den Aufstand im Irak nieder und dringen in Syrien und im Libanon ein. Am 22. Juni beginnen die Deutschen ihre große Offensive gegen die Sowjetunion, so daß ihr Druck auf den Nahen Osten nachläßt.

△ Metulla im Norden Palästinas: australische Soldaten, die an der Invasion des Libanon teilnehmen, und einheimische Kinder, Juni 1941. Tagelang ist Metulla Frontstadt. Die meisten Bewohner werden evakuiert, denn die deutschfreundlichen französischen Streitkräfte nehmen den Ort unter Beschuß. Kurze Zeit sorgt man sich um die jüdischen Ortschaften in Grenznähe. Schließlich wird der Feind aber ausgeschaltet, die Engländer nehmen Syrien und den Libanon ein.

223

△ Tausende von jüdischen Soldaten aus Eretz Israel leisten Militärdienst in der Infanterie der British Army of Palestine (B.A.P.). Hier der Appell der 6. Gruppe.

△ Die Mobilmachung wird fortgesetzt. Der Jischuw ruft die jungen Männer auf, sich zum britischen Heer zu melden, um beim Kampf gegen die Deutschen zu helfen. 10 000 sind schon eingezogen. »Komm und mach den Anfang für die nächsten 10 000!«

▽ Der Kampf gegen die Engländer geht weiter, doch nimmt er andere Formen an. Nur Lechi setzt seine bewaffneten Angriffe fort, wobei Haganna und Etzel Schützenhilfe leisten. Eine der Mapai nahestehende Gruppe in der Haganna übernimmt 1941 die Redaktion von »Eschnav«, einer Untergrundzeitung, die noch bis 1947 erscheint.

◁ Jüdische Soldaten aus Eretz Israel kommen überall herum. Hier eine Gruppe von Polizisten in Sydney, die rund 1000 Deutsche, vor allem Angehörige des Templer-Ordens, nach Australien begleitet haben. Die Deutschen wurden als Angehörige einer feindlichen Nation für die Dauer des Krieges ausgewiesen.

1941

DIE ERSTEN SIND IMMER WIR

Der Mitte Mai 1941 gegründete Palmach ist gleichsam das stehende Heer der Haganna. Die Männer leisten einen mindestens zweijährigen Militärdienst in Kampf- und Spezialeinheiten. So unterscheiden sie sich von den übrigen Haganna-Angehörigen, die bis auf einen kleineren Stab alle Zivilisten sind, die nur im Bedarfsfall einberufen werden.

Der Palmach wird im Frühjahr 1941 gebildet, als Palästina eine deutsche Invasion droht. Anfangs helfen ihm die Engländer. Sie bringen den Männern bei, wie man Sabotageakte durchführt und ein Kommunikationsnetz im Untergrund aufbaut. Die ersten sechs Einheiten entstehen im Sommer 1941. Die Männer erhalten eine kurze Ausbildung und die Auflage, zu Hause zu bleiben, damit sie im Bedarfsfall abrufbar sind. Einige begleiten die Engländer beim Einfall in Syrien und den Libanon im Juni und Juli 1941. Der erste Oberbefehlshaber des Palmach ist Yitzhak Sadeh; zu den Befehlshabern der ersten Einheiten zählen Yig'al Allon und Moshe Dayan, der nicht zum Führer des gesamten Palmach ernannt werden kann, weil er beim Einfall in den Libanon verletzt wird (er verliert ein Auge). Die Männer des Palmach betrachten sich als die »Sturmtruppen« der Haganna, wie schon ihr hebräischer Name besagt. Die von Serubbavel Gil'ad komponierte Palmach-Hymne betont: »Immer sind wir die ersten, am hellichten Tag und im Dunkeln, ständig kampfbereit, wir, die Männer des Palmach.«

▷ Einerseits: englische Hilfe für den Jischuw, zum Beispiel als der Palmach gebildet wird. Andererseits: Gewalt gegen Juden wie hier in Ein Harod, August 1941. Britische Polizisten suchen im Kibbuz nach Waffen und richten dabei schlimme Zerstörungen an.

▽ Die britische Mandatsregierung unter Hochkommissar Lord MacMichael bereitet das Land auf den Kriegsfall vor. Gleichzeitig sollte das Leben aber weitergehen: 1941 feiert die amerikanische Kolonie in Jerusalem ihr 60jähriges Bestehen. An den Feiern nimmt auch MacMichael teil (in der Mitte).

1942

Januar

3 Tod Pinchas Ruthenbergs, des Gründers und Direktors der Elektrizitätsgesellschaft, sowie Präsidenten des Nationalrats 1929 und 1939. Er ist 62 Jahre alt.

9 Versuchter Raubüberfall der Lechi auf eine Bank in Tel Aviv. Bei der anschließenden Verfolgungsjagd werden zwei Juden getötet.

15 Rationierung der Lebensmittel.

18 Beginn der Rekrutierung junger Jüdinnen aus Eretz Israel für das Frauenhilfskorps (A.T.S.). Bis Kriegsende werden 4000 Frauen eingezogen.

20 Drei Polizei-Offiziere, darunter zwei Juden namens Schiff und Goldmanns, werden von einer Sprengstoffladung der Lechi getötet. Zorn im Jischuw.

27 Die britische Polizei stürmt eine Wohnung in Tel Aviv und tötet zwei Lechi-Mitglieder. Zwei weitere werden verletzt in Haft genommen.

Deutsche Truppen unter dem Befehl von General Rommel greifen in Libyen die Briten an.

Februar

12 Der Anführer der Untergrundorganisation Lechi, Abraham Stern, wird von den Briten in einer Wohnung in Süd-Tel Aviv gestellt und erschossen. Er ist 34 Jahre alt.

24 Die »Struma« geht mit 770 illegalen Einwanderern im Schwarzen Meer bei Istanbul unter, nachdem sie von einem Torpedo eines sowjetischen Unterseebootes getroffen wurde. Nur ein Passagier wird gerettet.

Beginn der illegalen Einwanderung auf dem Landweg über die Grenze im Norden. Organisiert wird sie vom »Zweiten Alija-Büro« und durchgeführt vom Palmach.

März

27 Zweiter Einberufungsbefehl der zionistischen Behörden: Diesmal gilt er für verheiratete Männer im Alter von 20 bis 30 Jahren, die kinderlos sind.

April

3 Unglück in Ein Geddi: Durch ein Lagerfeuer explodiert eine liegengebliebene Handgranate. Dabei kommen sieben Ausflügler der Bewegung Ha-Schomer Ha-Tza'ir ums Leben, 14 werden verletzt.

26 Beginn eines ersten Palmach-Lehrgangs für Sprengstoffachleute unter britischer Anleitung.

In geheimen Zusammenkünften erläutern die Briten ihre Evakuierungspläne für den Fall, daß die Deutschen von Ägypten aus nach Palästina vordringen.

Der Jischuw soll sich im Karmel-Gebirge verschanzen (»Plan Nord«).

Lechi verübt eine Reihe von Anschlägen auf die Briten.

Mai

9 Auf einem Zionistischen Kongreß im Hotel Biltmore in New York wird das Biltmore-Programm verabschiedet. Hauptforderung ist die Errichtung eines jüdischen Staates in Palästina. Zu den Initiatoren des Kongresses gehören David Ben-Gurion und Chaim Weizmann.

Bildung einer »deutschen Abteilung« beim Palmach – sie soll hinter den Linien aktiv werden, falls der Feind das Land erobert. Palmach-Einheiten werden in den Wäldern von Mischmar ha-Emek zu Übungen zusammengezogen.

Juni

Die deutsche Wehrmacht in Libyen schlägt die Briten und drängt sie in östlicher Richtung ab.

21 Angesichts der Verschlechterung der politischen wie der militärischen Lage lassen die Institutionen des Jischuw einen »Befehl zur allgemeinen Mobilmachung« ergehen.

Juli

Die Gefahr rückt immer näher. Rommels Truppen überschreiten die ägyptische Grenze und setzen sich in Al-Alamein, 100 Kilometer vor Alexandria, fest. Die deutsche Wehrmacht feiert auch an der russischen Front Siege, während die Japaner im Fernen Osten vordringen. Die Politik der Achsenmächte scheint ein großer Erfolg. Palmach-Einheiten werden in den Süden Palästinas und in Orte am Mittelmeer geschickt; dort sollen sie helfen, eindringende Streitkräfte zu stoppen.

August

8 Die Briten geben die Bildung jüdischer Regimenter im Rahmen der British Army of Palestine (B.A.P.) bekannt.

11 Gründung der Organisation Ichud, die eine jüdisch-arabische Annäherung anstrebt. Sie ist die Erbin des Brit-Schalom.

25 Gründung der »Liga V«, die der Sowjetunion beim Kampf gegen die Nazis beistehen soll.

Im Sommer 1942 beschleunigt sich die Mobilmachung. Allein von Juni bis August melden sich 4000 jüdische Freiwillige.

Aus ihrer Sorge um den möglichen Einfall der Deutschen, arbeitet die Hagana mit den Briten einen »Plan für Eretz Israel« aus. Er sieht den Partisanenkampf hinter feindlichen Linien vor. Dem Palmach werden die meisten Aufgaben anvertraut.

September

Der Kibbuz ha me'uchad beschließt, sich die Methode »Training und Arbeit« des Palmach anzueignen, das heißt, Palmach-Mitglieder trainieren und arbeiten in den Kibbuzim. Der Kibbuz Artzi folgt dem Beispiel. Damit wird die Verbundenheit zwischen dem Palmach und den Siedlungen gestärkt.

Oktober

4 Zuspitzung der Krise in der Tel Aviver Mapai-Zweigstelle. Die führenden Männer der »zweiten Fraktion« lehnen die herrschende Führung ab und werden zur Rechenschaft gezogen.

23 In Nordafrika tritt eine Wende ein. Die siebte britische Armee eröffnet bei Al-Alamein in Ägypten die Offensive gegen Rommels Truppen.

25 Mapai-Tagung in Kfar-Vitkin, die von parteiinternen Spannungen überschattet wird. Die »zweite Fraktion« ruft einen »Schweigestreik« aus. Gefahr einer Spaltung.

30 Gründung einer neuen Partei: Alija chadascha (Neue Alija). Ihre Gründer sind größtenteils Einwanderer aus Deutschland.

November

8 Unternehmen »Torch«: Amerikanische Streitkräfte landen in Marokko. Amerikanische und britische Angriffe auch in Algerien. Vorgesehen ist, Verbindung zu den in Libyen vordringenden britischen Truppen aufzunehmen. Rommels Kolonnen befinden sich auf dem Rückzug. Am 12. 11. werden sie aus Ägypten vertrieben. Amerikanische Erfolge auch beim Kampf um Guadalcanal im Fernen Osten und der Russen in Stalingrad.

30 Die Jischuw-Institutionen rufen drei »Tage des Alarms« aus, als glaubhafte Nachrichten über die Ermordung von Juden in Europa eintreffen.

Weitere Verschlimmerung der Krise im Mapai.

Dezember

6 Vierter Einberufungsbefehl der zionistischen Behörden. Bis zum Jahresende melden sich rund 30 000 Männer und Frauen, davon zwei Drittel für das britische Heer, die übrigen als Hilfspolizisten, Wächter und zum Dienst im Palmach.

17 Die zionistischen Behörden verkünden eine 30tägige Trauerzeit wegen der Katastrophe, die über die Juden Europas hereingebrochen ist.

Abraham Stern (»Ya'ir«).

MIT ODER OHNE UNIFORM

Während der gesamten Kriegsjahre, besonders aber 1942, als die Gefahr einer deutschen Invasion wächst, findet im Jischuw eine heftig geführte Diskussion statt: Was ist sinnvoller – der freiwillige Dienst im britischen Heer oder aber in der Hilfspolizei, oder beim Palmach beziehungsweise weiteren Haganna-Einheiten?

Viele sind gegen den Dienst in der britischen Armee, weil sie den Engländern keine zu große Unterstützung zukommen lassen wollen und zudem befürchten, daß die Rekruten nicht in Palästina selbst eingesetzt würden. Bis zum Juni 1941 vertreten linke Kreise die Position, es handele sich um einen »imperialistischen Krieg« zwischen Deutschland und Großbritannien, in den sich der Jischuw nicht einzumischen habe. Diese Haltung ändert sich erst nach dem Kriegseintritt der Sowjetunion. Auch die extreme Rechte ist gegen eine Mobilmachung zugunsten der Briten, während andere Kreise glauben, der Jischuw müsse selbst mobilmachen und dürfe den Briten nur bedingt helfen.

Die Führung von Jischuw und Haganna ist anderer Meinung. Hier einige Zitate über die Notwendigkeit, die Mobilmachung in beide Richtungen zu lenken. David Ben-Gurion: »Unter den gegebenen Umständen werden wir nicht alle unsere Kräfte ballen können, wenn wir eine der beiden Möglichkeiten vernachlässigen.« Israel Galili: »Unsere Männer im britischen Heer und unsere eigenen unabhängigen Truppen nähren und stützen einander.« Elijahu Golomb: »Ich halte den Standpunkt für falsch, die Army und Haganna als Gegner zu betrachten. Beides sind unsere Kräfte…«

▽ 1942 beginnt die Rekrutierung für das Frauenhilfskorps, A.T.S.

△ Jüdische Soldaten bei einer Parade in den Straßen Tel Avivs.

1942

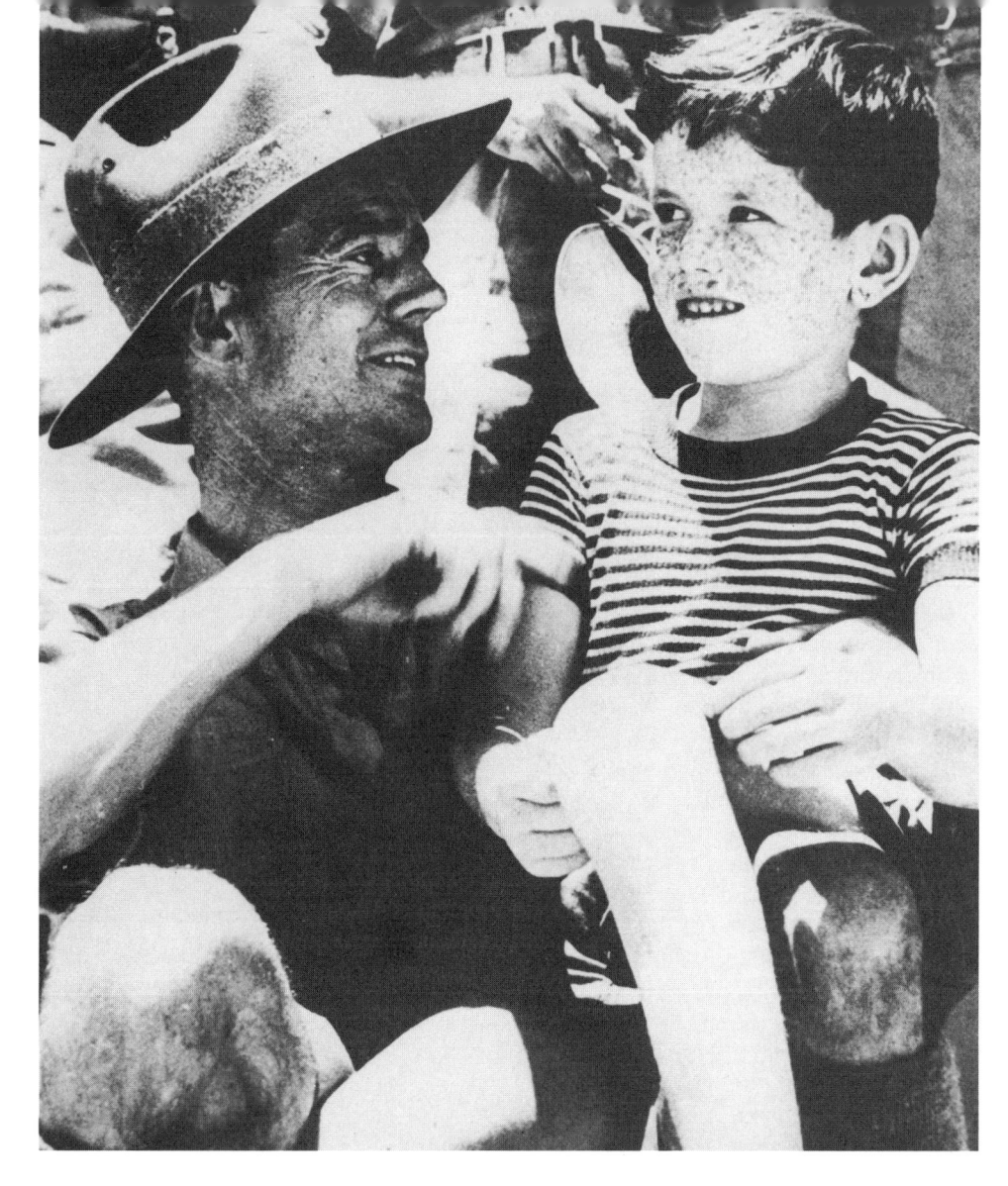

◁ 1942 wimmelt es im Land von alliierten Soldaten. Beliebt sind vor allem die Australier, die unter den Kindern viele Freunde finden.

△ Plakat in Tel Aviv, 1942: Auch die Soldaten des Ersten Weltkriegs werden zu den Fahnen gerufen.

△ Aufforderung zum freiwilligen Kriegsdienst, gerichtet an die hebräische Jugend. Die freiwillige Rekrutierung wird als Dienst am Vaterland und Volk verstanden.

▷ Die jüdischen Soldaten wollen in allen Einheiten dienen, die Engländer erlauben es nicht. So dürfen die Juden zwar zur Artillerie, nicht aber zu den Panzereinheiten.

1942

DIE »STRUMA«-AFFÄRE

Die »Struma«, ein von Privatleuten angemietetes Schiff, läuft im Dezember 1941 mit illegalen Einwanderern von Rumänien aus. Auf Druck der Engländer lassen die Türken sie nicht die Dardanellen passieren, so daß sie zwei Monate in Istanbul festliegt. Die jüdischen Institutionen bitten darum, das Schiff nach Palästina weiterreisen zu lassen. Die offizielle Einwanderungsquote solle um die Zahl der an Bord befindlichen Juden reduziert werden. Die Engländer lehnen dies ab. Am 23. Februar 1942 schleppen die Türken das Schiff, dessen Motoren ausgefallen sind, auf das Schwarze Meer hinaus und überlassen es dort seinem Schicksal. Mehrere Stunden später ereignet sich an Bord eine heftige Explosion, und das Schiff sinkt. Nur ein Passagier überlebt das Unglück.

Jahrelang war man davon überzeugt, daß ein deutsches Unterseeboot die »Struma« versenkt habe oder sie auf eine Seemine aufgelaufen sei. Heute weiß man, daß ein sowjetisches U-Boot an ihrem Untergang schuld war, dessen Besatzung die Identität des Schiffes nicht kannte.

Der Untergang der »Struma« ist das größte Unglück, das die illegale Einwanderungsbewegung erlebte. In seiner Folge ist die Wut der Juden Palästinas auf die Engländer Anfang 1942 grenzenlos. Man sagt alle Purim-Feiern ab, und an die Häuserwände wird ein fingierter Haftbefehl geklebt, in dem Hochkommissar Harold MacMichael des Mordes an den verunglückten Einwanderern beschuldigt wird.

△ Die Engländer bekämpfen die Untergrundorganisation Lechi: ein Suchbefehl von Anfang 1942. Auf den Kopf Abraham Sterns (obere Reihe, erster von rechts) sind 1000 Palästinensische Pfund ausgesetzt.

▷ Dieser fingierte Haftbefehl wird nach dem Untergang des Schiffs »Struma« im Schwarzen Meer an die Häuserwände geklebt. Er beschuldigt Hochkommissar MacMichael des Mordes an illegalen Einwanderern.

△ Nach der Tötung von Lechi-Befehlshaber Stern im Februar 1942 bezeichnet ihn der bürgerliche »Ha-Bokker« als »verwirrte Seele«.

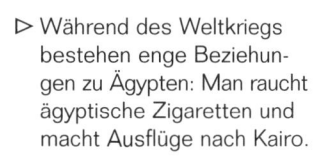

▷ Während des Weltkriegs bestehen enge Beziehungen zu Ägypten: Man raucht ägyptische Zigaretten und macht Ausflüge nach Kairo.

DER »PLAN NORD«

Die Bedrohung Palästinas durch die Deutschen wird zum ersten Mal 1941 spürbar. Zu diesem Zeitpunkt scheint es, als müsse die britische Armee in Nordafrika den aufmarschierenden Deutschen über kurz oder lang weichen. Der Generalstab der Haganna wird von den Institutionen des Jischuw aufgefordert, für einen derartigen Fall einen Rekrutierungs- und Verteidigungsplan auszuarbeiten.

Der Haganna-Stab entwirft einen Plan, der verschiedentlich als »Plan Nord«, »Haifa-Plan« und sogar als »Plan Karmelfestung« bezeichnet wird. Danach würde die jüdische Bevölkerung im Norden Palästinas in den Karmel-Bergen und ihrer unmittelbaren Umgebung zusammengezogen. Der Hafen von Haifa soll sie mit Lebensmitteln und Munition versorgen.

Yitzhak Sadeh und Jochanan Rattner sind die Urheber dieses Konzepts, das darauf abzielt, ein jüdisches Widerstandszentrum zu schaffen, das sich auch im Belagerungsfall längere Zeit behaupten kann, bis die Engländer sich erholt haben und Hilfe schicken. Man denkt daran, Dutzende von Haganna-Einheiten auszuheben und auch die jüdischen Soldaten des britischen Heeres einzubeziehen.

Doch wird die deutsche Wehrmacht im Herbst 1942 bei Al-Alamein von General Montgomery geschlagen. Die Kriegsgefahr ist vorüber, und der »Plan Nord« wird zu den Akten gelegt.

△ Die Haganna-Führung 1942: Golomb, Sneh, Sadeh, Galili und Dori.

▽ Die »deutsche Abteilung« des Palmach beim Training.

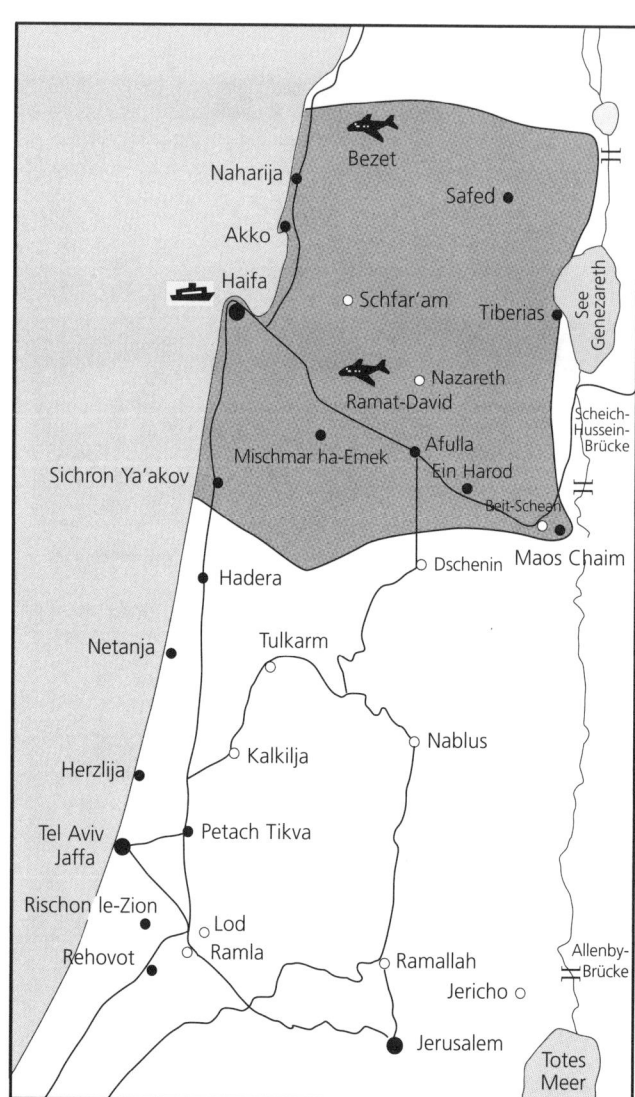

△ Der »Karmel-Plan« sieht eine bewaffnete jüdische Enklave im Norden vor. Der Plan wird wegen der Rückschläge, die die Deutschen seit Oktober 1942 in Ägypten erleiden, nie verwirklicht.

▽ Die »syrische Abteilung« des Palmach soll gegen die Deutschen vorgehen, falls sie Palästina und die Nachbarländer erobern. Die jungen Männer sind fast alle orientalischer Abstammung.

1942

DER JISCHUW UND DER HOLOCAUST

Seit Beginn des Zweiten Weltkriegs gelangen immer wieder Nachrichten von Vertreibungen, Greueltaten und Massenmorden, die die Deutschen an den Juden in den besetzten Gebieten in Europa verüben, nach Palästina. 1942, im dritten Kriegsjahr, mehren sich die Hiobsbotschaften, doch weder die Öffentlichkeit noch die Presse befaßt sich kontinuierlich mit dem schmerzlichen Thema – so wie man es rückblickend von ihnen erwarten würde. Für diesen Umstand gibt es mindestens drei Gründe: 1. Die Meldungen werden mit Vorbehalt aufgenommen, man hält sie für übertrieben. 2. Man kann sich nicht vorstellen, daß die Nazis tatsächlich »Todeslager« bauen. Vielmehr hofft man, daß das Volk Israel, das schon so viele Plagen überstanden hat, auch diesmal gerettet wird. 3. Die jüdische Bevölkerung in Palästina hat bis Ende 1942 selbst mit existentiellen Fragen zu kämpfen: Die Angst vor einer deutschen Invasion lähmt den Jischuw.

Im November 1942 tritt eine Wende ein: Rommels Truppen, die das Land von Süden her bedrohen, werden zurückgeworfen. Zur gleichen Zeit kommen aus Europa und der Sowjetunion glaubhafte Aussagen über die Existenz von Todeslagern und darüber, daß schon Millionen Juden ermordet seien. Eine düstere Stimmung breitet sich im Jischuw aus, Tausende junger Menschen unterstützen die britische Armee in ihrem Kampf gegen die Nazis. Fortan konzentrieren sich die Anstrengungen zunehmend darauf, Grundlagen für einen jüdischen Staat zu schaffen. Noch wird die Hoffnung nicht aufgegeben, daß von Millionen Juden, die den Nazis in die Falle gegangen sind, ein großer Teil überlebt und nach dem Krieg nach Palästina gelangt.

SLAUGHTER OF EUROPE'S JEWS
EXECUTION OF HITLER'S DESIGN | ANNIHILATION OF ENTIRE COMMUNITIES

△ Die Titelseite der Palestine Post nach dem Bekanntwerden zuverlässiger Aussagen über den Holocaust.

▽ Auch in schweren Zeiten wird weitergespielt: Das »Habima«-Theater führt »Dieser Boden« von Aharon Asman auf, zur Feier des 50jährigen Bestehens von Hadera. Das Stück beschreibt die Anfänge der Siedlung und den Kampf gegen die Malaria. Es wird ein Riesenerfolg. In der Mitte, sitzend, der Hauptdarsteller Aharon Meskin.

1943

Januar
1 Tod Dr. Arthur Ruppins, des »Vaters des zionistischen Siedlungswerks«, im Alter von 66 Jahren.
8 Schlager der Saison: »König Shlomo und Schuster Shlomi« im »Ohel«-Theater.
21 Erste Marineübung des Palmach bei Cäsarea.
31 Ein weiterer Meilenstein im Kampf gegen Deutschland: endgültiger Sieg der Sowjets in der Schlacht um Stalingrad.

Februar
18 Ankunft der »Teheran-Kinder«: Mehr als 700 vor dem Holocaust gerettete Kinder und Jugendliche gelangen über Teheran nach Palästina.

März
Ende der Zusammenarbeit zwischen Palmach und britischem Heer. Die Engländer konfiszieren in Mischmar ha-Emek Waffen, von denen der Palmach behauptet, daß sie ihm gehören. Am 28. 3. dringt der Palmach in ein britisches Waffenlager in Haifa ein und entwendet 22 Maschinengewehre und 277 Gewehre.
23 Der Hochkommissar gibt die Vorbereitung eines umfassenden Wirtschaftsplanes für die Zeit nach dem Krieg bekannt. Im Jischuw herrscht Enttäuschung darüber, daß der Plan den Grundlinien des Weißbuches folgt. Die zionistischen Organe in Palästina teilen mit, daß sie die Zusammenarbeit mit der Mandatsregierung in dieser Frage verweigern.

April
11 Der höchste britische Offizier in Palästina, Brigadegeneral Frederic Kish, fährt bei seinem Einsatz als Offizier eines Pionierkorps in Tunesien auf eine Mine und wird getötet.
19 Aufstand im Warschauer Getto.
28 Gründung des Kibbuz Kfar Etzion auf dem Hebron-Berg.
29 Die Briten durchsuchen das Rekrutierungsbüro der Jewish Agency in Tel Aviv. Die Beziehungen zwischen Jischuw und Engländern werden immer gespannter. Die Jewish Agency weigert sich, weitere Rekruten zu werben.
Ein erster Konvoi von Krankenwagen fährt in den Iran: ein Geschenk des Jischuw an die Rote Armee in ihrem Kampf gegen die Nazis. Die Russen nehmen die Fahrzeuge dankbar entgegen.

Mai
1 140 Soldaten des Jischuw verlieren ihr Leben, als das Schiff, mit dem sie von Ägypten nach Malta unterwegs sind, bei einem deutschen Bombenangriff untergeht.
12 Das deutsch-italienische Expeditionskorps in Tunesien ergibt sich. Endgültiger Sieg der Alliierten in Nordafrika.
Ein neues Kapitel in der Siedlungsgeschichte: Gründung von Gwulot, einem ersten »Spähposten«, im Negev.
22 Der erste Fallschirmspringer des Jischuw, Peretz Rosenberg aus dem Moschaw Beit-Schearim, landet in Jugoslawien. Erneute Durchsuchung des Rekrutierungsbüros der Jewish Agency.

Juni
15 Generalstreik im Jischuw, weil die Alliierten nichts zur Rettung der Juden in Europa unternehmen.

Juli
Unmut im Jischuw. Die Engländer geben ihre Absicht bekannt, die jüdischen Infanteristen aus Palästina abzuziehen. Die zionistischen Institutionen im Land betrachten den Vorgang mit Sorge, beschließen aber, nicht zu reagieren. Am 6. Juli wird bereits die zweite Gruppe jüdischer Soldaten nach Libyen versetzt, kurz darauf eine erste Gruppe nach Ägypten.
9 Invasion der Alliierten Gruppe auf Sizilien.
22 Es gibt eine neue Radiowochenschrift, »Ha-Galgal«.
28 Gründung eines zweiten Ausgucks im Negev, Revivim.
30 Eine neue Tageszeitung erscheint, »Mischmar« (»Wache«). 1948 wird der Name in »Al Ha-Mischmar« (»Auf der Wacht«) abgeändert.

August
9 Ein dritter Ausguck im Negev: Beit-Eschel bei Be'ersheva.
12 Beginn des Sirkin-Reichlin-Prozesses. Die Engländer klagen sie des Waffenschmuggels zugunsten der Haganna an.

September
27 Nach 60 Gerichtssitzungen lange Freiheitsstrafen für Sirkin und Reichlin: Sirkin bekommt zehn Jahre, Reichlin sieben.

Oktober
Protest der jüdischen Soldaten aus Palästina in Libyen. Sie verlangen, die weißblaue Fahne hissen zu dürfen. Die Engländer lehnen das ab. Die Affäre endet mit einem Kompromiß.
1 Fallschirmjäger aus Palästina springen über Rumänien ab.
2 Die Engländer gehen gegen die Haganna vor: Sie durchsuchen Hulda nach Waffen.
5 Jecheskel Sacharov, Chaim Weizmanns Leibwächter und Mitglied der Haganna, wird zu sieben Jahren Freiheitsstrafe verurteilt, nachdem bei ihm eine Gewehrkugel gefunden wurde.
14 Tod des Dichters Sha'ul Tschernichowsky im Alter von 68 Jahren.
Gründung von »Am lochem«. Diese relativ kleine Organisation, die Etzel nahesteht, versucht, die verschiedenen jüdischen Untergrundverbände in ihrem Kampf gegen die Engländer zu vereinen. Die Haganna verbietet ihren Mitgliedern die Zusammenarbeit. Deshalb stellt »Am lochem« nach kurzer Zeit seine Tätigkeit ein.

November
1 20 Etzel-Mitglieder entkommen durch einen selbstgegrabenen Tunnel aus dem Lager Latrun. Kurze Zeit später verüben sie erneut Anschläge auf die Engländer.
16 Waffensuche in Ramat-ha-Kowesch: schwere Zusammenstöße zwischen den Briten und den Kibbuz-Angehörigen. Ein Toter und Dutzende von Verletzten, zahlreiche Verhaftungen.
18 Alle jüdischen Tageszeitungen bringen die gleiche Schlagzeile: »Mißhandlung der hebräischen Bevölkerung: Überfall der britischen Polizei auf Ramat-ha-Kowesch.«
19 »Wegen Nichterfüllung der Zensurvorschriften« schließen die Engländer die Zeitungen »Davar« und »Ha-Bokker« für zwei Wochen. Aus Protest erscheinen auch die übrigen jüdischen Zeitungen nicht. Ihr »Streik« dauert elf Tage.

Dezember
1 Neuer Etzel-Befehlshaber: Menachem Begin löst Ya'akov Meridor ab.
17 Sieben des illegalen Waffenbesitzes angeklagte Mitglieder des Kibbuz Hulda werden zu Freiheitsstrafen zwischen zwei und sechs Jahren verurteilt. Gründung der Marineabteilung des Palmach.

△ Simcha Zachubal (l.) und Chaja Sharon in dem Stück »König Shlomo und Schuster Shlomi« im »Ohel«-Theater.

1943

△ Eine Gruppe von »Teheran-Kindern«. Diese aus Europa stammenden Kinder und Jugendlichen treffen 1943 in Palästina ein, nach einem Umweg über den Iran und Indien.

△ Das Emblem des Palästina-Regimes im britischen Heer aus dem Jahre 1943. Es ähnelt einem englischen Schilling.

▷ Beit-Eschel, der dritte »Spähposten« im Negev.

△ Ankündigung eines Fußballspieles zwischen dem arabischen Verein Schabab al-Arab und Ha-Po'el Haifa.

◁ Jüdische Soldaten und eine hebräische Zeitung in Kairo, 1943.

▽ 1943 schickt die in Palästina gegründete »Liga V«, die der Sowjetunion im Kampf gegen Deutschland hilft, Krankenwagen an die Rote Armee. An deren Türen eine Aufschrift auf Hebräisch, Jiddisch und Russisch.

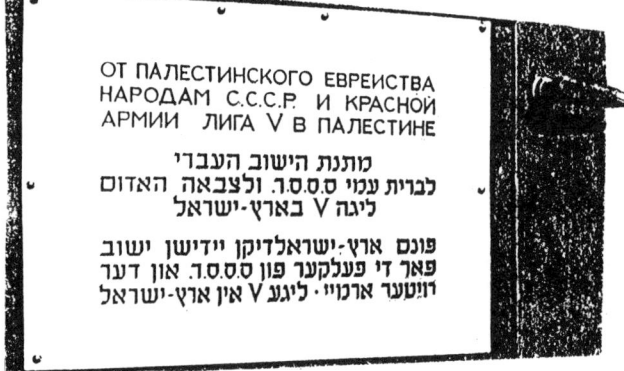

HAFT FÜR ILLEGALEN WAFFENBESITZ

Sobald die Briten im Kampf gegen die Deutschen die Oberhand gewonnen haben, wenden sie in Palästina wieder die Grundsätze des Weißbuches an. Unter anderem werden die aus dem Jischuw rekrutierten Truppen reduziert.

Darüber hinaus erkunden die Engländer die Kanäle, über die sich die Haganna Waffen beschafft. Sie konfiszieren mehrere Lieferungen und verurteilen Haganna-Mitglieder und britische Soldaten, die diese unterstützt haben, zu langen Haftstrafen. Im August 1943 veranstalten sie zwei Schauprozesse, den ersten gegen zwei britische Deserteure und den zweiten gegen die Juden Arie Sirkin und Abraham Reichlin.

Sirkin erhält eine Freiheitsstrafe von zehn Jahren, Reichlin wird zu sieben Jahren Haft verurteilt. Ein weiteres Haganna-Mitglied bekommt ebenfalls sieben Jahre – weil es eine Gewehrkugel bei sich trug.

Im Oktober und November 1943 herrscht große Aufregung unter den Juden Palästinas: Die Engländer haben zwei Kibbuzim, Hulda und Ramat-ha-Kowesch, nach Waffen durchsucht. Dabei sind sie äußerst brutal vorgegangen, haben Dutzende Personen verhaftet und machen ihnen nun den Prozeß. Die Durchsuchung Ramat-ha-Koweschs sprengt den vorgeschriebenen Rahmen: zwischen der Mandatsregierung und der Führung des Jischuw kommt es zum Eklat.

△ Die Führung des Jischuw verabschiedet sich von den jüdischen Fallschirmspringern. Sie gehen nach Europa, um den Juden in den von den Nazis eroberten Gebieten zu helfen. Auf dem Bild sind unter anderem Ben-Gurion, Golomb, Sneh und Galili zu sehen.

1943

DIE PRESSE STREIKT

Am 16. November 1943 erscheint ein großes Aufgebot von Engländern in Ramat-ha-Kowesch und durchsucht den Ort. Der Grund: In dem Kibbuz sollen sich Fahnenflüchtige einer damals im Land stationierten Einheit aufhalten. Außerdem seien dort illegale Haganna-Waffen versteckt. Die Kibbuz-Mitglieder widersetzen sich der Durchsuchung, und die Engländer wenden Gewalt an. Dutzende Kibbuz-Mitglieder werden verletzt – einer stirbt sogar an seinen Verletzungen.

Anschließend veröffentlichen die Engländer eine offizielle Mitteilung: »Die Ansiedler haben mit Gewalt versucht, die Polizei daran zu hindern, ihren gesetzlichen Pflichten nachzugehen... Ein Mann wurde leicht verletzt...«

Die hebräische Presse weigert sich, die britische Version der Geschehnisse abzudrucken. Alle Zeitungen erscheinen am 18. November mit derselben Titelschlagzeile und einem ausführlichen Bericht der Ereignisse. Der Wortlaut wurde vorher nicht der Zensur unterbreitet. Daraufhin schließen die Engländer zwei Zeitungen für die Dauer von 14 Tagen und drohen, gegen die übrigen Zeitungen ebenso vorzugehen, falls sie weiter gegen die Zensurbestimmungen verstießen. Daraufhin teilt ein Komitee der jüdischen Zeitungsredakteure mit, auch alle anderen Zeitungen würden nicht mehr herausgegeben. Die gesamte jüdische Presse stellt ihr Erscheinen ein.

Der Pressestreik dauert elf Tage. Die Engländer versuchen, das Vakuum mit einem hebräischsprachigen Regierungsblatt zu füllen, aber die Juden weigern sich, es zu lesen. Als die Engländer begreifen, daß die Redakteure auf ihrem Standpunkt beharren, nehmen sie ihre Drohung zurück, woraufhin die Zeitungen wieder regelmäßig herauskommen.

▷ Von der britischen Polizei angerichtete Schäden in Ramat-ha-Kowesch: hier das Palmach-Lager des Kibbuzes. Der Kibbuz, die Haganna und Organe des Jischuw beschließen, den Vorfall nicht schweigend hinzunehmen.

▽ Alle Zeitungen bringen den gleichen Titel. Sie berichten ausführlich über den Vorfall in Ramat-ha-Kowesch, ohne daß der Text vorher der britischen Zensur vorgelegt wurde. Die Folge: Die Engländer schließen zwei Zeitungen vorübergehend, andere Redakteure treten in einen Streik. Die Engländer versuchen, den Streik zu brechen, indem sie eine eigene hebräische Tageszeitung herausgeben.

NO HEBREW PAPERS APPEARING

No Hebrew papers appeared on Friday folowing a decision taken by all nine dailies to show solidarity with the two papers which had been suspended by Government order.

The afternoon newspaper "Yedioth Achronoth" was suspended until further notice, as had been the morning daily "Haboker."

The first number of a Hebrew bulletin issued by the Public Information Office, printed on one side, in small format and containing telegrams and the official communique on the Ramat Hakovesh search was published on Friday. It is called the "Daily News."

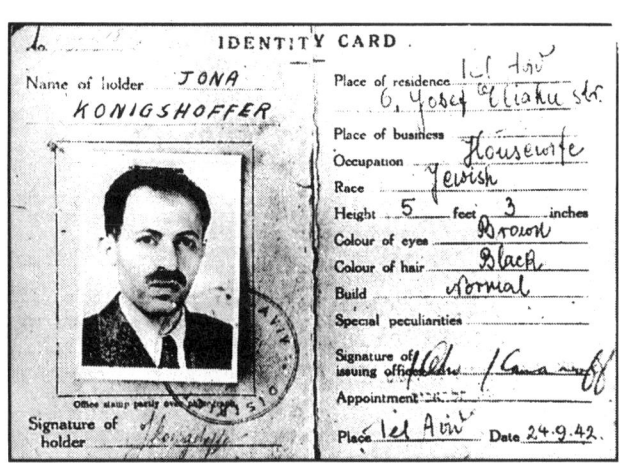

△ Ein gefälschter Personalausweis der Mandatsregierung für Menachem Begin: ausgestellt auf den Namen Jona Konigshoffer. Begin wird aus der polnischen Armee entlassen und im Dezember 1943 zum neuen Etzel-Befehlshaber gewählt.

1944

Januar
5 Der Mapai-Rat diskutiert das Biltmore-Programm. Meinungsverschiedenheiten zwischen der Parteimehrheit und einer Minderheit, der »zweiten Fraktion«.
12 Die Abgeordnetenversammlung tritt zu einer Sondersitzung zum Thema »Rettung der Juden in Europa« zusammen. Die Juden Palästinas werden aufgerufen, sich noch zahlreicher zu den Waffen zu melden und das Rettungsprojekt zu unterstützen.
14 Ratsversammlung des Kibbuz ha-me'uchad: erschütternde Aussagen von drei Überlebenden des Holocaust.

Februar
1 Die Etzel-Befehlshaber rufen zum Aufstand gegen die Engländer auf. Sie fordern die Übergabe der Herrschaft an eine hebräische Regierung.
Über 750 Neueinwanderer treffen mit dem Schiff »Niassa« aus Portugal ein.
12 Angriff der Etzel auf Einwanderungsbüros in den drei großen Städten Palästinas.
24 Drei Offiziere der britischen Polizei werden in Haifa von einem von Lechi gelegten Sprengsatz verletzt.
27 Etzel verübt ein Attentat auf die Einkommensteuerbüros in den drei großen Städten.

März
5 Verschärfung der Krise in der Mapai-Partei: Die »zweite Fraktion« tritt gegen den Willen der Parteimehrheit dafür ein, eine Histadrut-Delegation zum Gewerkschaftskongreß zu schicken.
23 Etzel greift die Zentralen der britischen Geheimpolizei in Jerusalem, Jaffa und Haifa an und sprengt sie in die Luft.

April
6 Wegen der Krise in der Mapai-Partei beschließt die Histadrut, in Kürze Neuwahlen anzusetzen.
Die Einrichtungen des Jischuw bemühen sich, die »Abweichler« zu isolieren. Gemeint sind Etzel und Lechi. Sie drohen ihnen an, gegen sie einzuschreiten, wenn sie ihre Terrortätigkeit nicht einstellen.
Weitere Fallschirmspringer aus Eretz Israel brechen nach Jugoslawien, Rumänien und Ungarn auf.
Die zionistischen Einrichtungen Palästinas veröffentlichen einen neuen Einberufungsbefehl: Alle Abiturienten sollen sich zur britischen Armee, zur Hilfspolizei oder zum Palmach melden.

Mai
17 Etzel-Attentat auf den Rundfunksender der Mandatsregierung in Ramallah.
20 Mapai spaltet sich. Die »zweite Fraktion« scheidet aus und gründet eine neue Partei, Ha-Tnua le-Achdut ha-Awoda. Diese meldet ihre Kandidatur bei den Wahlen zum Histadrut-Kongreß und zur Abgeordnetenversammlung an.
24 Solel Boneh expandiert in den industriellen Bereich: Der Ableger der Baugesellschaft Koor wird später eine der größten Körperschaften im Land.
31 Die Spaltung von Mapai ist endgültig. Der Parteirat beschließt den Ausschluß der »zweiten Fraktion«.

Juni
5 Der Jischuw begeht einen weiteren »Tag des Alarms«. Es finden Versammlungen statt, auf denen erörtert wird, wie die Überlebenden in Europa gerettet werden können. Arbeit und Handel ruhen. Theatervorstellungen fallen aus.
6 Die Alliierten landen in der Normandie: Der Zweite Weltkrieg geht dem Ende zu.

Juli
14 Nach der Abspaltung der »zweiten Fraktion« kämpft Mapai um seine Vorrangstellung. Die Partei lädt Tausende von Sympathisanten, die nicht Parteimitglied sind, zu einer Versammlung ein.
19 Ernennung von Feldmarschall Lord Gurret zum neuen Hochkommissar. Die locker organisierten Einheiten des Palmach schließen sich zu Regimentern zusammen.

August
1 Nach dreieinhalb Jahren finden wieder Wahlen zur Abgeordnetenversammlung statt: insgesamt 60% für das zersplitterte Arbeiterlager.
3 Die »Mafkora« mit 400 illegalen Einwanderern an Bord wird von den Deutschen im Schwarzen Meer versenkt. Nur fünf Passagiere können sich retten.
6–7 Wahlen zum 6. Histadrut-Kongreß. Mapai bewahrt sich eine knappe Mehrheit.
8 Der ausscheidende Hochkommissar Harold MacMichael wird bei einem Anschlag des Lechi leicht verletzt. Jewish Agency und Nationalrat verurteilen das Attentat öffentlich.
13 Tod Berl Katznelsons, »Davar«-Redakteur und geistiger Vater der Arbeiterbewegung in Palästina, im Alter von 57 Jahren.
15 In Untergaliläa entsteht eine neue Siedlungsform: ein Wehrdorf des Palmach.
22 Etzel-Attacke auf das Gebäude der britischen Geheimpolizei in Jaffa und auf Polizeiwachen im Raum Tel Aviv.

September
12 Die neugewählte Abgeordnetenversammlung tritt zusammen. Wahl des Nationalrats.
14 Eine Gruppe von Fallschirmspringern aus Eretz Israel springt über der Slowakei ab.
20 Die britische Mandatsregierung gibt die Bildung einer vergrößerten jüdischen Brigade bekannt. Sie soll vor allem aus den drei Gruppen des Palmach-Regiments, der Infanteriegruppe und weiteren Einheiten bestehen. Ende des Mandats werden die Einheiten in Burg al-Arab in Ägypten zusammengeführt.
27–28 Etzel überfällt Polizeigebäude im ganzen Land.

Oktober
8 Der Landesbefehlshaber der Haganna, Moshe Sneh, fordert Etzel-Befehlshaber Menachem Begin auf, alle Aktionen gegen die Briten bis Kriegsende einzustellen. Begin weist die Forderung zurück.
19 Die Engländer verbannen 251 Gefangene, alles Etzel- und Lechi-Mitglieder, nach Eritrea. Später werden sie in den Sudan und danach nach Kenia verlegt. Der Nationalrat protestiert. Auch die Organe des Jischuw fordern Etzel und Lechi auf, ihre Aktionen gegen die Engländer bis zum Kriegsende einzustellen. Die Haganna schickt sich an, die Tätigkeit beider Organisationen zu unterbinden.
24 Ein neues Theater wird eingeweiht: das »Kameri«-Theater in Tel Aviv.
31 Der neue Hochkommissar Lord Gurret tritt sein Amt an. Er löst Lord MacMichael ab, der dieses Amt über sechseinhalb Jahre bekleidet hat.
Die »jüdische Kampfbrigade« schifft sich von Ägypten aus nach Süditalien ein. Dort soll sie gegen die Deutschen kämpfen. »Historische« Vereinbarung zwischen der »Bewegung junger Pioniere« und dem Palmach: Fortan werden alle Absolventen und Absolventinnen von Schulungskursen dem Palmach zugewiesen.

November
6 Lechi-Mitglieder ermorden in Kairo den britischen Kolonialminister Lord Moyne. Jewish Agency und Nationalrat rufen dazu auf, »die wachsende Bedrohung durch die noch immer im Land tätige Terroristengruppe« auszuräumen.
7 Die jüdische Fallschirmspringerin Hanna Sennesch wird im Gefängnis in Budapest hingerichtet.
13 Veränderungen im Nationalrat: Yitzhak Ben-Zvi wird Präsident, David Remez Vorsitzender des Gremiums.
21 Mit Hilfe von Palmach-Freiwilligen will die Haganna dem Etzel-Terror ein Ende bereiten. Etzel-Befehlshaber Begin erteilt seinen Männern die Order, keinen Widerstand zu leisten. Lechi hat seine Aktionen freiwillig eingestellt.

Dezember
12 Die englische Labour Party verabschiedet auf ihrem Kongreß ein neues Parteiprogramm. Es befürwortet die Errichtung eines jüdischen Staates und den Transfer palästinensischer Araber in neue Länder, sofern diese freiwillig auswandern wollen.
22 Verurteilung des Palmach-Mitgliedes Abraham Eisenberg zu zehn Jahren Freiheitsstrafe wegen des illegalen Besitzes einer Handgranate.

1944

▽ Für eine Überraschung sorgt eine der kleineren Parteien, die 11% der Stimmen bekommt: Alija chadascha. Ihren harten Kern bilden Juden aus Deutschland, denen sich nun anscheinend weitere Einwanderer anschließen, die selbst keine »Jeckes« sind.

▷ Vor den Wahlen zur vierten Abgeordnetenversammlung am 1. August 1944 herrscht große Unruhe im Land. Debatten in der Linken haben vor allem die Spaltung von Mapai ausgelöst. Wer dagegen auf den Niedergang von Mapai hoffte, sieht sich nach dem Urnengang enttäuscht.

ZWEI URNENGÄNGE IN EINER WOCHE

Im Sommer 1944 spaltet sich Mapai, die größte jüdische Partei, die über Jahre hinweg »Regierungspartei« war. Ihr linker Flügel, die »zweite Fraktion« – er stützt sich auf eine Mehrheit im Kibbuz ha me'uchad und auf die Arbeiter in den Städten – scheidet aus der Partei aus und bildet ein neues politisches Organ: Ha-Tnua le-Achdut ha-Awoda. Mapai reagiert darauf mit einer großangelegten Kampagne, um potentielle Mapai-Wähler für sich zu mobilisieren.

In der ersten Augustwoche wird zweimal gewählt: Am 1. des Monats soll die jüdische Bevölkerung nach wiederholtem Aufschub der Wahl – die letzte fand Anfang 1931 statt – über die Zusammensetzung einer neuen Abgeordnetenversammlung bestimmen. Die größten Konkurrenten sind hier die Arbeiterparteien untereinander. Die Parteien der Mitte hingegen sind stark zersplittert, und die meisten Rechten boykottieren die Wahl, ebenso die Sepharden. Mapai erringt mit 36,5 Prozent der Stimmen einen ansehnlichen Sieg. Die von ihr abgespaltene Tnua le-Achdut ha-Awoda kommt auf 9 Prozent und die linke Front um Ha-Schomer Ha-Tza'ir auf 12 Prozent. Die Überraschung der Wahlen ist die Partei »Alija chadascha«, deren Rückgrat vor allem deutsche Einwanderer bilden. Sie erhält 11 Prozent. Einen vergleichbaren Erfolg verbuchen die religiösen Parteien.

Beim zweiten Urnengang, den Wahlen zum sechsten Histadrut-Kongreß am 6. und 7. August, behält Mapai die Mehrheit (53 Prozent). Die übrigen Parteien der Linken, Ha-Schomer Ha-Tza'ir und Tnua le-Achdut ha-Awoda, erzielen rund 38 Prozent. Somit ist die von allen Seiten angegriffene Mapai weiterhin die wichtigste Partei der jüdischen Bevölkerung.

◁ Eine der 22 Wahllisten: der dem Mapai nahestehende »Religiöse Arbeiter«. Ihre Nummer eins ist der berühmte Naturwissenschaftler und Philosoph Dr. Jeschajahu Leibowitz.

▽ Der Vorsitzende der Jewish Agency, David Ben-Gurion, auf einem Empfang des neuen Hochkommissars Lord Gurret. Hinter Ben-Gurion: seine Frau Paula.

DIE JÜDISCHE KAMPFBRIGADE

Der englischen Entscheidung zur Bildung einer jüdischen Kampfbrigade gehen lange, teils frustrierende Verhandlungen voraus. Bis Ende 1944 kommen alle jüdischen Rekruten aus Palästina zur Infanterie, zum Frauen-, Transport- oder Pionierkorps, in die Kommunikationsabteilung, zur Luftwaffe oder Marine. Diese sind jedoch keine rein jüdischen, sondern britische Einheiten.

Seit Kriegsbeginn verlangen die Organe des Jischuw und die zionistische Bewegung die Bildung wenigstens einer jüdischen Division, bestehend aus Freiwilligen aus Eretz Israel. Diese Forderung lehnen die Engländer immer wieder ab. Erst im September 1944 ändern sie ihre Meinung und befürworten nun die Bildung einer jüdischen Kampfbrigade (hebräisch »Chail«). Sie soll aus drei Infanterieregimentern, einem Regiment Artilleristen, einer Transporteinheit und verschiedenen Hilfstruppen bestehen. Zu ihrem Befehlshaber wird der jüdisch-englische Brigadegeneral Benjamin ernannt. Die Brigade umfaßt insgesamt 5000 Soldaten, die im November 1944 nach Italien auslaufen. Dort nehmen sie in den folgenden Monaten an Manövern teil, in denen sie auf den Kampf gegen die deutsche Wehrmacht vorbereitet werden. Im Winter 1945 wird die Brigade an die Front geschickt.

Im Zweiten Weltkrieg haben ungefähr anderthalb Millionen Juden in den Heeren der Alliierten als Soldaten gedient, davon 30 000 Juden aus Palästina. Doch ein eigenes Emblem und eine Flagge besitzt nur die von 1944 bis 1946 aktive jüdische Brigade.

△ Sechs Fallschirmspringer aus dem Jischuw vor ihrem Aufbruch nach Europa. Sitzend von links nach rechts: Chaviva Reik, Arie Pichman (Orani) Sorika Braverman. Stehend: Abba Braditschew, Zadok Doron (Dorogur) und Re'uven Dafni.

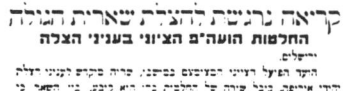

△ Alle Wege führen nach Rom: Tausende jüdischer Soldaten aus Palästina leisten von 1943 bis 1946 Militärdienst in Italien. Ihren Fahrzeugen begegnet man auf allen Straßen.

◁ Im September 1944 wird die Bildung der jüdischen Kampfbrigade genehmigt. In kürzester Zeit wird auch sie nach Italien verlegt.

1944

▽ 1944: Die Schlagzeile in der Zeitung verkündet, daß die Mandatsregierung die Rationierung von Lebensmitteln lockert. Restaurantgäste bekommen jetzt ohne Marken eine Mahlzeit.

ה-1 בספטמבר
ביטול "נקודות"
במסעדות

◁ Am 1. Februar 1944 beginnt der Etzel-Terror gegen die Engländer: Anschläge auf Regierungsgebäude sowie auf dieses Haus der Geheimpolizei in Jerusalem.

▽ Etzel ruft seine Mitglieder auf, sich still zu verhalten.

»JAGDSAISON« IM JISCHUW

Als Menachem Begin Ende 1943 Etzel-Befehlshaber wird, ändert sich die Politik der Organisation. Nach mehrjähriger Pause beginnt Anfang 1944 ihr Terror gegen die Engländer. Vom 1. Februar 1944 an greift Etzel Installationen und Gebäude der Mandatsregierung an. Nach einer Zeit der Stagnation, verursacht durch den Gefängnisaufenthalt der meisten Mitglieder, verstärkt nun auch Lechi seine Tätigkeit.

Die Führung des Jischuw lehnt den antibritischen Terror von Etzel und Lechi zu diesem Zeitpunkt jedoch ab. Schließlich befinde man sich mitten in einem Weltkrieg und müsse vor allem gegen den Nazismus kämpfen. Die Haganna trifft mit Etzel- und Lechi-Befehlshabern zusammen, um von ihnen die Einstellung aller Aktionen bis zum Kriegsende zu verlangen. Dennoch verüben zwei Lechi-Mitglieder am 6. November einen Anschlag auf Lord Moyne, den britischen Kolonialminister für den Nahen Osten, der seinen Sitz in Kairo hat. Daraufhin beschließt die Jischuw-Führung durchzugreifen. Die beiden »Abweichler«-Gruppen werden aufgefordert, ihre Tätigkeit gegen die Engländer umgehend einzustellen. Lechi ist einverstanden, jedoch ohne dies öffentlich zu verkünden. Etzel hingegen weigert sich, deshalb soll die Organisation gewaltsam an weiteren Aktionen gehindert werden. Haganna-Freiwillige verhaften Etzel-Mitglieder, und die Terrorakte hören auf. Begin gibt seinen Leuten den Befehl stillzuhalten.

Die Zeit des Vorgehens gegen Etzel wird als »die Saison« bezeichnet. Aus Sicht der Haganna beschreibt der Name den zeitlich fest umrissenen, begrenzten Charakter der Aufgabe, während Etzel darunter die »Jagdsaison« versteht, in der seine Mitglieder zum Abschuß freigegeben sind.

Die Zusammenarbeit mit den Engländern löst in der Haganna Streit und Kritik aus, die Mehrheit jedoch betrachtet sie als unumgänglich, wenn man die Errungenschaften des Jischuw nicht aufs Spiel setzen will.

▽ Eine Palmach-Patrouille, unterwegs im Negev. Obwohl es ihm von den Engländern untersagt ist, patrouilliert der Palmach im ganzen Land, vor allem in abgelegenen Gegenden. Oft werden Mitglieder verhaftet und zu Freiheitsstrafen von mehreren Monaten, manchmal sogar Jahren verurteilt.

▷ Auch 1944 ist Palästina ein Zentrum militärischer Ausbildung und Logistik und sogar Ausgangspunkt mehrerer Einsätze. Im Bild: zwei Soldaten der amerikanischen Luftwaffe vor einer Litfaßsäule in Tel Aviv. Von den Flughäfen des Landes brechen amerikanische Bomber zu Angriffen auf die Deutschen im Mittelmeerraum, auf dem Balkan und in Rumänien auf.

אנא, עלה!

△ Die Engländer halten an der Beschränkung der Einwanderung fest. Arie Navon zeigt, wie verbittert man im Jischuw darüber ist.

▽ Im Mai 1944 findet in den Wäldern von Mischmar ha-Emek die erste Versammlung des Palmach, des stehenden Heeres der Haganna, statt.

1945

Januar
30 Die Oberrabbiner Herzog und Usi'el werden auf weitere fünf Jahre gewählt.

Februar
13 Tod von Henrietta Szold, einer der führenden weiblichen Persönlichkeiten im Nationalrat und in der »Jugend-Alija«, im Alter von 85 Jahren.
27 Die jüdische Brigade trifft an der Front in Oberitalien ein. Fast bis zum Kriegsende wird sie an den Kämpfen gegen die Deutschen teilnehmen.

März
14 Fünf Palmach-Mitglieder aus Beit-ha-Arava werden inhaftiert und wegen illegalen Waffenbesitzes zu Freiheitsstrafen zwischen fünf und sieben Jahren verurteilt. Trauertag im ganzen Land zum Gedenken der Holocaust-Opfer.
15 Wegen eines Streiks in der Zementfabrik Nesher haben landesweit Hunderte Bauarbeiter keine Arbeit.
22 Die beiden Lechi-Mitglieder Elijahu Hakum und Elijahu Beit-Zuri, die am 6. 11. 1944 Lord Moyne getötet haben, werden in Kairo hingerichtet. Krise in Jerusalem: Seit dem Tod des arabischen Bürgermeisters ist die Stadt führungslos. Der Hochkommissar schlägt vor, das Amt abwechselnd von einem Juden, einem Christen und einem Moslem ausüben zu lassen. Die Juden stimmen dem Ansinnen zu, die Araber lehnen es ab.

April
4 Die jüdische Brigade in Italien hißt offiziell die blauweiße Fahne. Schaffung einer Marineeinheit des Palmach.

Mai
7 Sieg der Alliierten in Europa: Deutschland kapituliert.
22 Auf ihrem Parteitag verabschiedet die britische Labour Party erneut ein prozionistisches Programm.
Ende des Streiks bei Nesher nach 70 Tagen. Es gibt Zugeständnisse an die Streikenden.
Etzel nimmt den Terror gegen die Engländer wieder auf. Es erfolgen Anschläge auf Polizeiwachen, Telefonleitungen, die Öl-Pipeline nach Haifa und andere Ziele.
Die Soldaten der jüdischen Brigade und anderer Einheiten des britischen Heeres helfen den Überlebenden des Holocaust, ins »normale« Leben zurückzufinden und nach Palästina zu gelangen.

Juni
7 Jewish Agency und Histadrut gründen eine nationale Schiffahrtsgesellschaft, Zim.
8 400 Kriegsgefangene aus Palästina kehren heim.
11 Tod des Haganna-Befehlshabers Elijahu Golomb.

Juli
11 Auflösung des Stadtrates von Jerusalem durch die Mandatsregierung, nachdem das vorgeschlagene Rotationsprinzip abgelehnt wurde. Fortan leitet ein britischer Beamtenrat die Geschicke der Stadt.
20 In Ma'ajan Harod findet die zweite Palmach-Zusammenkunft statt. Die Fahne der Brigade wird aufgerollt: zwei Ähren und ein Schwert.
23 Etzel und Lechi sprengen die Eisenbahnbrücke bei Javne.
26 Überwältigender Sieg der Labour Party bei den britischen Unterhauswahlen. Im Jischuw herrscht große Freude. Man hofft, daß das Weißbuch nun für null und nichtig erklärt wird.
Verstärkter Zustrom jüdischer Flüchtlinge von Ost- nach Mittel- und Südeuropa. Sie erhalten Unterstützung von jüdischen Soldaten der britischen Armee, besonders von der jüdischen Brigade.

August
1 Eröffnung eines großen Zionistischen Kongresses in London, des ersten seit Kriegsende. Er fordert von den Engländern die sofortige Ausstellung von 100 000 Einwanderungsvisen für die Überlebenden des Holocaust.
14 Japan kapituliert nach dem Abwurf zweier US-Atombomben.
16 Die Engländer verhaften 20 Etzel-Mitglieder, größtenteils junge Mädchen und Burschen, bei geheimen Manövern südlich von Sichron Ya'akov.
27 Die nach Mauritius Verbannten kehren nach Palästina heim.
28 Beginn der letzten – und wichtigsten – Phase der illegalen Einwanderung.
Von Italien aus: Das Schiff »Dullin« setzt heimlich 35 Juden am Strand von Cäsarea ab. Auf der Rückfahrt nach Europa nimmt es Dutzende von Alija-Emissären sowie Hilfsgüter für die Überlebenden des Holocaust mit.

31 US-Präsident Harry S. Truman verlangt von den Engländern, 100 000 Überlebenden des Holocaust die Einwanderung nach Palästina zu gestatten.

September
Bei der zionistischen Führung

Aufruf in Hebräisch an die Soldaten der jüdischen Brigade in Italien.

verstärkt sich das Gefühl, daß die neue Regierung in London beabsichtigt, an der Politik des Weißbuches festzuhalten.
Etzel und Lechi versuchen immer öfter, ihre Aktionen aus Banküberfällen zu finanzieren.
8 989 Einwanderer treffen an Bord eines amerikanischen Kriegsschiffes in Haifa ein. Das Oberrabbinat erlaubt ihnen, trotz des Feiertages (Neujahr) an Land zu gehen.
20–27 Streik der Arbeiter in den britischen Heerlagern. Juden und Araber nehmen gleichermaßen teil.
30 Einweihung des neuen »Habima«-Gebäudes in Tel Aviv – zehn Jahre nach der Grundsteinlegung.

Oktober
4 Die Haganna strahlt wieder illegale Rundfunksendungen

»Was für Schützen!«
»Wie haben sie es nur geschafft, so kleine Ziele zu treffen?«

Die Karikatur der Zeitung »Davar« zeigt die Auswirkungen der gewalttätigen britischen Unterdrückung vom 14. November. Wegen ihrer Veröffentlichung wird die Zeitung verboten.

△ Die 1945 eintreffenden Einwanderer berichten von den Schrecken des Holocaust.

▽ Die Palästinensische Volksoper inszeniert eine einheimische Oper über das Leben jüdischer Pioniere und Wachleute. Sie hat großen Erfolg.

aus: »Kol Israel« (»Stimme Israels«).

8 Blutiger Zusammenstoß in Kfar Gil'adi. Das transjordanische Grenzkorps eröffnet das Feuer auf die Helfer illegaler jüdischer Einwanderer arabischer Herkunft, die zu Fuß bis an die syrische Grenze gekommen sind. Es gibt Tote und Verletzte. Ein Teil der Illegalen wird gefangengenommen und sofort abtransportiert.

9–10 Überfall des Palmach auf das Gefangenenlager Atlit und Befreiung von 208 illegalen Einwanderern, darunter die in Kfar Gil'adi verhafteten, die sonst wahrscheinlich des Landes verwiesen würden.

11 Britische Truppen umstellen das Stadtviertel Montefiore in Tel Aviv. Die Bewohner wehren sich gegen die Durchsuchung.

16 Die verhafteten Etzel-Mitglieder (siehe 16.8.) werden zu drei bis sieben Jahren Gefängnis verurteilt.

19 Gründung einer neuen Jugendbewegung: Ha-Tnua ha-me'uchedet. Sie steht der Mapai-Partei nahe.

Gründung der »Bewegung des hebräischen Aufstandes«: Haganna, Etzel und Lechi wollen gemeinsam gegen die Engländer vorgehen.

November

1 »Die Nacht der Züge«, eine breit angelegte Sabotageaktion gegen die Engländer: Der Palmach beschädigt das Eisenbahnnetz Palästinas an 153 Stellen und jagt außerdem drei Boote der Küstenwache in Haifa in die Luft, die Schiffe mit illegalen Einwanderern verfolgt haben. Angriffe von Etzel und Lechi auf den Bahnhof in Lod.

2 Hochkommissar Gurret tritt aus Gesundheitsgründen von seinem Amt zurück.

Am 28. Jahrestag der Balfour-Erklärung entstehen vier neue Siedlungen: Misgav Am und Lahavot ha-Baschan in Obergaliläa und Ha-Ma'apil und Ge'ulim bei Tel Aviv.

8 Ernennung von General Sir Alan Cunningham zum neuen Hochkommissar.

13 Antizionistische Erklärung des englischen Außenministers Bevin. Er begrenzt die Einwanderungsquote auf 1500 Personen im Monat.

14 Demonstration in Tel Aviv gegen Bevins Erklärung: sechs Tote und Dutzende von Verletzten.

23 Die »Berl Katznelson«, die illegale Einwanderer befördert, wird vor der Küste aufgebracht. Die meisten Passagiere konnten allerdings schon an Land gehen.

25 Bei Herzlija und Hadera sprengen Palmach-Einheiten eine Polizeistation und einen Spähposten, die nach Schiffen mit illegalen Einwanderern Ausschau halten.

26 Schwere Zusammenstöße mit den Briten, die mit einem großen Polizei- und Armeeaufgebot nach den für die Attentate Verantwortlichen fahnden: neun tote Juden, Dutzende Verletzter und Hunderte Verhafteter.

Dezember

1 Bildung der Bus-Kooperative Dan aus Transportbetrieben in Tel Aviv, Ramat-Gan, Bnei-Brak und Petach Tikva.

3 Die Arabische Liga verkündet den Boykott aller Waren der jüdischen Wirtschaft Palästinas.

10 In London und Washington Bekanntgabe der Bildung eines anglo-amerikanischen Untersuchungsausschusses mit zwölf Mitgliedern, sechs aus jedem Land.

20 Die Briten verbannen weitere 55 Häftlinge, die Etzel und Lechi zugehören, nach Eritrea.

25 Das Schiff »Hanna Sennesch« läßt illegale Einwanderer mitten in der Nacht am Strand von Naharija an Land gehen.

27 Angriff von Etzel und Lechi auf die Polizeiwachen in Jerusalem und Jaffa. Die Engländer verhängen eine Ausgangssperre über Jerusalem und Tel Aviv, nehmen Durchsuchungen vor und verhaften mehrere hundert Personen.

Nach Schätzungen der Jewish Agency beträgt die Zahl der Juden in Palästina jetzt 592 000, das entspricht 32% der Gesamtbevölkerung.

Nach Kriegsende richtet sich der Jischuw auf die Eingliederung einer großen Zahl Überlebender des Holocaust ein. Man geht davon aus, daß die Briten ihre Einwanderung gestatten werden.

1945

△ Der Sieg über die Deutschen wird auch im Jischuw gefeiert. In Jerusalem drängen sich unzählige Menschen vor den Gebäuden der jüdischen Institutionen. Die Zeitungen bringen Sonderausgaben heraus.

▽ In den letzten Kriegsmonaten ist die jüdische Brigade maßgeblich an der Niederlage der Deutschen in Italien beteiligt. Einer ihrer Offiziere ist der spätere Generalstabschef Chaim Laskow.

EIN TRAURIGER SIEG

Am 8. Mai 1945 geht in Europa der Zweite Weltkrieg zu Ende. Millionen Menschen jubeln und feiern. In die Freude der Juden mischt sich dagegen große Trauer. Zu diesem Zeitpunkt ist schon bekannt, daß Millionen Juden von den Nazis ermordet wurden.

Auch im Jischuw herrscht nur gedämpfte Freude. David Ben-Gurion schreibt am 8. Mai in sein Tagebuch: »Der Tag des Sieges ist ein trauriger Tag, ein sehr trauriger.« Die Juden Palästinas erhoffen sich nun von Großbritannien eine Politik, die sich von der des Weißbuches deutlich unterscheidet, und daß es den Beitrag, den der Jischuw im Krieg gegen die Deutschen leistete, gebührend berücksichtigt. Denn der Jischuw schickt sich an, ganz alleine die Überlebenden des Holocaust aufzunehmen. Kein anderes Land will sie einwandern lassen.

NEUE BLÜTE DER ILLEGALEN ALIJA

Im Sommer 1945, nach dem Ende des Zweiten Weltkriegs, wird die illegale jüdische Einwanderung in großem Umfang wieder aufgenommen. Inzwischen ist dafür nur noch ein einziges Organ zuständig, »das Zweite Alija-Büro«, eine Abteilung der Haganna. Die Erneuerung der illegalen Immigration erfolgt, weil sich die Führung des Jischuw zunehmend der Tatsache bewußt wird, daß Großbritannien die im Weißbuch von 1939 festgelegte Einwanderungsbeschränkung nicht aufheben wird – und das, obwohl eine bislang prozionistisch orientierte Partei, die Labour Party, im Juli 1945 die Regierung übernommen hat.

Von August bis Dezember laufen acht kleine Schiffe mit illegalen Einwanderern von Italien und Griechenland aus. Allen gelingt es, die britische Seeblockade vor Palästina zu durchbrechen. Daraufhin verstärken die Engländer ihre Patrouillen, und von Januar 1946 an gelingt es ihnen, die meisten Schiffe zu entern.

Ende 1945 unterstützt auch die »Bewegung des hebräischen Aufstandes« die illegale Einwanderung. Der gesamte Jischuw sowie weite Kreise der internationalen Öffentlichkeit befürworten sie.

▷ Auf allen Wegen und Straßen Europas sind Juden anzutreffen. Sie wollen nur eins: den Kontinent des Todes verlassen. Zehntausende füllen die Flüchtlingslager in Mittel- und Südeuropa. Die meisten zieht es nach Palästina, aber die Engländer, die hier herrschen, lassen sie nicht herein. Von 1945 an sind der Jischuw und die Diaspora ständig mit Fragen der illegalen Einwanderung beschäftigt.

△ Nach dem Ende des Krieges wird die jüdische Ansiedlung forciert. Mit einer freiwilligen Sicherheitssteuer wird die Befestigung von Siedlungen finanziert.

◁ Die wenigen Einwanderer werden mit DDT besprüht, sobald sie an Land gehen.

1945

△ Eine Gruppe der Arbeiterjugend und des Palmach unternimmt eine riskante Reise nach Eilat. Auf dem Kamel: Shim'on Peres, Sekretär der Arbeiterjugend.

▷ Ankunft des neuen Hochkommissars im November 1945: General Alan Cunningham. Er ist der letzte auf diesem Posten.

PALESTINE'S BIGGEST CITY BESIEGED
TEL AVIV'S 200,000
BEING CHECKED BY
TWO DIVISIONS

△ Die Schlagzeile in der Palestine Post von 1946 bezieht sich auf das viertägige Ausgehverbot, mit dem die Engländer Tel Aviv Ende Juli bis Anfang August belegen. Täglich kommt es zu Konfrontationen zwischen der jüdischen Bevölkerung und Briten.

▷ Im Sommer 1945 bringen die Engländer 1500 illegale Einwanderer, die 1940 von Haifa aus auf die Insel Mauritius im Indischen Ozean deportiert worden waren, nach Palästina zurück. Die Haftbedingungen auf Mauritius waren sehr schwer, viele der dort Internierten sind tropischen Krankheiten erlegen. Hier eine der größten Gruppen, die in den ersten Monaten nach dem Krieg heimkehrt und die Hoffnung weckt, daß die »legale« Einwanderungsquote bald angehoben wird.

1946

Januar

17 Die »Enzo Sereni« mit 900 illegalen Einwanderern an Bord wird von den Engländern aufgebracht.
20 Erneute Sprengung der Polizeiwache in Giv'at Olga bei Hadera durch den Palmach.
28 Die Mandatsregierung erläßt Notstandsgesetze. Angriffe von Etzel auf den britischen Luftwaffenstützpunkt in Tel Nof.

Vermehrte Durchsuchung jüdischer Ortschaften durch die Briten.
31 Verhaftung von elf Palmach-Mitgliedern in Galiläa, die für die illegale Einwanderung auf dem Landweg zuständig waren.

Februar

6 Der Versuch, die elf Palmach-Mitglieder aus der Polizeiwache in Safed zu befreien, mißlingt.

Angriff von Lechi auf ein britisches Lager bei Holon. Daraufhin laufen Soldaten des Lagers in den Straßen Holons Amok und schießen auf unbeteiligte Passanten: drei Tote und viele Verletzte.
10 Bei einer Umfrage unter jüdischen Flüchtlingen in einem Lager für »displaced persons« in Deutschland erklärten 97%, sie möchten nach Palästina auswandern.
18 Die Engländer enttarnen das Lechi-Büro in Tel Aviv. Unter den Verhafteten: die Rundfunkansagerin Ge'ula Cohen, die später eine der führenden rechtsgerichteten Politikerinnen wird.
20 Der Palmach sprengt eine britische Radaranlage in Haifa.
22 Haganna-Einheiten greifen Lager der P.M.P. (im Ausland stationierte britische Polizei) in Schfar'am an.

Ha-Schomer Ha-Tza'ir wird eine politische Partei.
26 Angriff von Etzel und Lechi auf britische Militärflughäfen in Kastina, Kfar Sirkin und Lod. Viele Flugzeuge werden zerstört.
28 Die Engländer verhaften alle Bewohner von Birija bei Safed, nachdem sie dort Waffen entdeckt haben.

März

5 Stationierung britischer Truppen in Birija.
6 Die anglo-amerikanische Untersuchungskommission trifft in Jerusalem ein. Der Führungsstab der »Aufstandsbewegung« teilt mit, er werde seine Militäraktionen während der Beratungen einstellen.
14 Tausende von Jugendlichen und Haganna-Mitgliedern strömen nach Birija und bauen eine neue Siedlung.
23 Angriff von Etzel auf die Polizeiwache in Ramat-Gan.
27 Die »Wingate-Nacht«: Zusammenstöße zwischen Truppen der Haganna und Einheiten der britischen Armee sowie der Polizei in Tel Aviv.

Ankunft von zwei Schiffen mit insgesamt 1000 illegalen Einwanderern.

April

3 Angriff kleiner Etzel- und Lechi-Einheiten auf das Eisenbahnnetz: 31 Etzel-Mitglieder werden gefaßt.
5 1014 jüdische Flüchtlinge werden beim Einschiffen im Hafen von La Spezia von der britischen Polizei verhaftet. Sie treten in einen Hungerstreik. Nach 84 Stunden stellen die Engländer ihnen Einwanderungsvisa aus.
23–25 Angriffe von Etzel und Lechi auf britische Ziele in Palästina.

Mai

1 Veröffentlichung des Berichts der anglo-amerikanischen Kommission. Ihre Empfehlung: Einwanderungsvisa für 100 000 Holocaust-Überlebende und teilweise Aufhebung der Bestimmungen des Weißbuches. Der britische Ministerpräsident Clement Attlee gibt bekannt, seine Regierung werde die Empfehlungen der Kommission erst akzeptieren, wenn sämtliche »Privatarmeen« in Palästina aufgelöst seien. Dagegen äußert sich US-Präsident Truman zufrieden über den Kommissionsbericht.
13 Die Einwanderer aus La Spezia treffen in Palästina ein.
14 1666 illegale Einwanderer an Bord der »Max Nordau« werden gefaßt und ins Lager Atlit gebracht.

Juni

Die »Aufstandsbewegung« nimmt ihre Aktionen wieder auf.
3 Grundsteinlegung für das Weizmann-Forschungsinstitut in Rehovot.

Eine englisch-amerikanische Expertengruppe, die Morrison-Grady-Kommission, berät über die Verwirklichung der Empfehlungen der anglo-amerikanischen Untersuchungskommission.
10–11 Erneute Anschläge von Etzel und Lechi auf das Eisenbahnnetz.
12 Der britische Außenminister Ernest Bevin äußert sich in einem heftigen Ausbruch abfällig über die Juden und den Zionismus.
13 Die Engländer verurteilen die Etzel-Mitglieder Joseph Simchon und Michael Esbal zum Tode wegen Beteiligung an einem Angriff auf einen Militärstützpunkt.
16–17 »Die Nacht der Brücken«: Palmach-Truppen zerstören zehn Brücken, die Palästina mit den Nachbarländern verbinden. Bei der Sprengung der Brücke bei Kafr as-Sib kommen 14 Palmach-Mitglieder ums Leben.
18 Angriff von Lechi auf die Eisenbahnwerkstatt in der Bucht von Haifa. Die Angreifer erleiden hohe Verluste: elf Tote, 22 Verhaftungen.

Wegen der Verurteilung von Esbal und Simchon nimmt Etzel fünf britische Offiziere als Geiseln. Die »Aufstandsbewegung« befiehlt, die Engländer freizulassen. Ausgangssperre in Tel Aviv und Jerusalem. Etzel läßt zwei Entführte frei, ein dritter entkommt.
29 »Der schwarze Sabbat«: Die Engländer gehen massiv gegen den Jischuw vor. Massenverhaftungen. Suche nach Waffen und eine allgemeine Ausgangssperre. Tausende werden in die Gefangenenlager Latrun und Rafah geschickt. Die Jischuw-Führung wird in Latrun festgehalten.

Juli

1 Der Nationalrat beschließt, alle Kontakte zur Mandatsregierung abzubrechen, bis sämtliche Verhaftete wieder auf freiem Fuß sind, alle Beschränkungen aufgehoben wurden und die Einwanderung von 100 000 Holocaust-Überlebenden genehmigt ist.
3 Der Hochkommissar begnadigt Esbal und Simchon. Etzel läßt die beiden letzten Geiseln frei.
22 Etzel sprengt den Südflügel des King-David-Hotels, der Sitz der Mandatsregierung und Befehlszentrale des britischen Heeres ist: 91 Tote, Hunderte von Verletzten. Entsetzen im Jischuw, die »Aufstandsbewegung« stellt ihre Tätigkeit ein.
24 Die Engländer beschuldigen die Jewish Agency, die Sabotagetätigkeit der Haganna zu lenken.
30 Ausgangssperre in Tel Aviv bis zum 2. August. Die Engländer durchsuchen alle Häuser nach jüdischen Terroristen.
30 Veröffentlichung des Morrison-Grady-Planes, der eine Teilautonomie von Juden und Arabern empfiehlt. Die Engländer sollen in Palästina weiter regieren.

Der Befehlshaber der britischen Truppen in Palästina, General Barker, fordert seine Soldaten auf, sich nicht mit Juden zu verbrüdern. »Das Portemonnaie ist die empfindlichste Stelle der jüdischen Rasse«, behauptet Barker.

Im Lauf des Monats: Ankunft von über 4000 illegalen Einwanderern auf drei Schiffen. Die britischen Internierungslager quellen über.

August

5 Auf ihrer Sitzung in Paris beschließt die Jewish Agency, auf den bewaffneten Kampf zu verzichten und sich statt dessen auf die illegale Einwanderung, das Siedlungswerk und politische Maßnahmen zu konzentrieren. Sie gibt heimlich ihre Zustimmung zur Teilung des Landes und zur Errichtung eines »lebensfähigen« jüdischen Staates.
8 Die englische Regierung hebt den Befehl von General Barker auf.
13 Die Engländer deportieren alle illegalen Einwanderer, die sie fassen, nach Zypern. Gewalttätige Demonstrationen in Haifa: drei Tote.

1946

▽ »Schwarzer Sabbat«: Die Gebäude der zionistischen Einrichtungen in Jerusalem werden von Engländern besetzt und durchsucht. Trotzdem bleibt das Waffenversteck unentdeckt. Die Briten beschlagnahmen lediglich Dokumente.

△ Der »Schwarze Sabbat«: Am 29. Juni 1946 holen die Engländer zu einer umfassenden Aktion gegen den Jischuw aus. Nur im Kibbuz Jagur werden große Mengen Waffen und Munition der Haganna entdeckt.

13 18 der beim Angriff auf eine Eisenbahnwerkstatt gefaßten Lechi-Mitglieder werden zum Tode verurteilt.
18 Eine Palmach-Einheit verübt im Hafen von Haifa einen Anschlag auf das britische Schiff »Empire Hoyad«, das bei der Ausweisung illegaler Einwanderer eingesetzt wurde.
22 Weiterer Anschlag des Palmach auf ein bei Ausweisungen benutztes Schiff, die »Empire Rival«.
26 Ausgangssperre in Sdot-Jam: Tausende britische Soldaten durchkämmen den Kibbuz. Sie suchen Spuren der Sprengstoffattentäter von Haifa. 83 Kibbuz-Mitglieder werden abgeführt.
28 Fünf Tage lang durchsuchen die Engländer die Kibbuzim Dorot und Ruchama.

Die Todesstrafe der 18 Lechi-Mitglieder wird in lebenslängliche Haft umgewandelt.

Höhepunkt der illegalen Einwanderung: Im August nähern sich fünf Schiffe mit rund 3000 Immigranten der Küste Palästinas. Eins, die »Amiram Shochat«, durchbricht die britische Blockade und setzt die illegalen Einwanderer am Strand von Cäsarea ab.

Ben-Gurion auf dem 22. Zionistischen Kongreß in Basel, 1946.

September
9 Die britische Regierung lädt alle beteiligten Parteien zu einer Konferenz über das Palästina-Problem ein. Die Vertreter der palästinensischen Juden und Araber erscheinen nicht.

Landesweit Anschläge von Etzel und Lechi auf Eisenbahneinrichtungen, Büros der Geheimpolizei und der Mandatsregierung und Öl-Pipeline.

Im September treffen zwei Schiffe mit 1600 illegalen Einwanderern ein.

Oktober
4 In seinem Glückwunschtelegramm zum Jom Kippur gibt der amerikanische Präsident seine Unterstützung des Teilungsplanes und der Gründung eines jüdischen Staates bekannt.
5–6 Innerhalb einer Nacht elf neue Siedlungen im Negev: die größte je durchgeführte Gründungsaktion.
17 Ein britischer Offizier namens Bross, der Häftlinge folterte, indem er sie anschoß, wird von einer Palmach-Einheit in Jerusalem getötet.
22 Das einzige Schiff mit illegalen Einwanderern in diesem Monat wird aufgebracht. Die Passagiere werden nach Zypern ausgewiesen.
28 Wahlen zum 22. Zionistischen Kongreß: Mapai erhält 35% der Stimmen: Revisionisten, Ha-Schomer Ha-Tza'ir und Tnua le-Achdut ha-Awoda kommen auf je 12 bis 14%.

November
3 Die Engländer entlassen die Jischuw-Führung aus dem Lager Latrun. In den Tagen danach werden auch die letzten am »Schwarzen Sabbat« Verhafteten auf freien Fuß gesetzt, ebenso weitere Haganna-Leute aus den Lagern Latrun und Rafah.

Etzel und Lechi setzen ihre Sabotageakte fort.

Zwei Schiffe bringen mehr als 5100 illegale Einwanderer ins Land. Diese werden sofort nach Zypern ausgewiesen.

Dezember
7 Die »Rafah« geht vor der Insel Syrna im Ägäischen Meer unter. Acht der 800 Passagiere – fast alle illegale Einwanderer – ertrinken. Die Engländer bringen die Überlebenden nach Zypern.
9–24 Der »Kampf-Kongreß«: zweiter Zionistischer Kongreß in Basel. Weizmann, Repräsentant des gemäßigten Lagers, tritt zurück und wird nicht wieder zum Präsidenten der Zionistischen Weltorganisation gewählt. Ben-Gurion wird der Geschäftsbereich Sicherheit anvertraut.

Gründung von 25 jüdischen Dörfern.

22 Schiffe mit über 20 000 Personen treffen ein. Die meisten werden verhaftet, aber nach kurzer Zeit freigelassen.

DER HEBRÄISCHE AUFSTAND

Die »Bewegung des hebräischen Aufstands« wird Ende 1945 gegründet und ist bis Juli 1946 aktiv. Dabei handelt es sich um einen von den Jischuw-Einrichtungen gebildeten militärischen Dachverband unter Leitung der Haganna, dem sich auch Etzel und Lechi anschließen. Jede Untergrundorganisation handelt weiterhin eigenständig, stimmt aber ihre Aktionen mit der als »Kommission X« bezeichneten übergeordneten Stelle ab. Die meisten Haganna-Aktionen werden von ihrer stehenden Truppe, dem Palmach, ausgeführt: Sprengstoffattentate auf die Küstenwache, Angriffe auf mobile Einheiten der britischen Polizei und britische Radareinrichtungen auf dem Karmel-Berg.

Die Zusammenarbeit wird nach dem 29. Juni 1946, der als »Schwarzer Sabbat« in die Geschichte des Jischuw eingeht, in Frage gestellt. Auf Druck Chaim Weizmanns beschließt die »Kommission X«, den bewaffneten Kampf zu unterbrechen. Etzel und Lechi teilen jedoch mit, sie würden den Kampf mit allen Mitteln fortsetzen.

Mit der Sprengung des King-David-Hotels in Jerusalem am 22. Juli durch Etzel spaltet sich die Aufstandsbewegung. Von diesem Zeitpunkt an handelt jede Untergrundorganisation wieder für sich und nach eigenem Gutdünken.

Die Haganna legt von nun an den Nachdruck auf die Unterstützung der illegalen Einwanderung und des Siedlungsprojekts. Mitunter greift sie auch die Engländer an, sofern diese sie bei ihren Unternehmungen stören. Bei Etzel und Lechi steht hingegen die antibritische Sabotage im Vordergrund.

▷ Eine von zehn: die Eisenbahnbrücke in Al-Hamma. In der »Nacht der Brücken« sprengt der Palmach diese und neun weitere Brücken in die Luft.

△ Waffensuche im Kibbuz Sdot-Jam im August 1946. Solch einen Hund hat der Dichter Natan Altermann in seinem Gedicht (unten) zum Helden gemacht.

▷ Birija wird nicht fallen. Bei Birija, einer Siedlung, die die Briten besetzt haben, bauen Tausende von jungen Leuten unter der Anleitung der Haganna ein Lager auf.

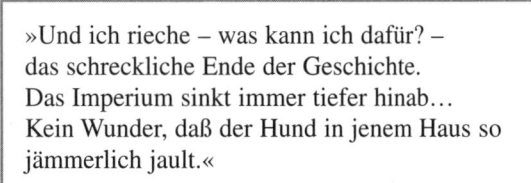

> »Und ich rieche – was kann ich dafür? –
> das schreckliche Ende der Geschichte.
> Das Imperium sinkt immer tiefer hinab…
> Kein Wunder, daß der Hund in jenem Haus so jämmerlich jault.«
>
> Der Dichter Natan Altermann in der Zeitung »Davar«, 30.8.1946 (»Mit den Augen eines Hundes gesehen«)

1946

◁ Das King-David-Hotel in Jerusalem: Im Südflügel sind der Generalstab des britischen Heeres und die Büros des Ersten Sekretärs der Mandatsregierung (das zweitwichtigste Amt nach dem Hochkommissar) untergebracht.

▽ Das Hotel nach dem Etzel-Anschlag vom 22. Juli 1946: Der Südflügel ist völlig zerstört. Nach der Räumung der Trümmer werden 91 Tote gezählt, Engländer, Juden und Araber. Das grausame Attentat erschüttert den Jischuw zutiefst und ist eine der wichtigsten Ursachen für das Scheitern der Zusammenarbeit von Haganna, Etzel und Lechi.

▽ Die Vereinigung »Unsere Gefangenen« kümmert sich um die von den Engländern im In- oder Ausland inhaftierten Mitglieder des jüdischen Untergrunds.

◁ 1946 nimmt die Einwanderung ständig zu, insgesamt kommen 22 Schiffe. Anfangs internieren die Engländer alle illegalen Einwanderer, die sie zu fassen bekommen, in Atlit und lassen sie erst frei, wenn die im Abstand von mehreren Monaten neu festgelegte Einwanderungsquote die Vergabe weiterer Visa ermöglicht. Vom August an verbannen sie die Verhafteten jedoch nach Zypern. Die Deportierten protestieren: im Bild ein Spruchband, das die Feinde des jüdischen Volkes aufzählt. »Und jetzt auch England?«

DIE AMERIKANER GREIFEN EIN

Nach Ende des Zweiten Weltkriegs strömen Zehntausende von Holocaust-Überlebenden in die Lager für »displaced persons« in Deutschland. Um sich ein Bild von ihrer Situation zu machen, schickt US-Präsident Truman seinen Vertreter, Earl Harrison, nach Deutschland. Nach seinem Besuch in den Lagern veröffentlicht Harrison eine Reihe von Empfehlungen: Er akzeptiert die zionistische Auffassung, der richtige Ort für die Flüchtlinge sei Palästina, und schlägt vor, so rasch wie möglich 100 000 Personen dorthin einwandern zu lassen.

Die Engländer schäumen vor Wut und schlagen den USA vor, gemeinsam eine Lösung für Palästina und das Flüchtlingsproblem zu suchen. So wird eine Kommission gebildet, die aus sechs Amerikanern und sechs Briten besteht. Diese besucht Anfang 1946 die Lager der »displaced persons« und trifft im März im Nahen Osten ein. Hier spricht sie mit Vertretern der Juden, Araber und Engländer und veröffentlicht Ende April ihren Abschlußbericht mit der von allen zwölf Kommissionsmitgliedern getragenen Empfehlung, die Einwanderung von 100 000 Flüchtlingen zu gestatten und die Bestimmungen des Weißbuches von 1939 aufzuheben. Allerdings fordert die Kommission nicht die Gründung eines jüdischen Staates.

Obwohl die Engländer zugesichert haben, die Empfehlungen der Kommission zu befolgen, sofern diese einstimmig zustande kommen, machen sie nun die Erfüllung ihres Versprechens von der Auflösung aller illegalen »jüdischen wie arabischen« Kampfeinheiten in Palästina abhängig. Diese Forderung macht die Empfehlungen der Kommission hinfällig. Die »Bewegung des hebräischen Aufstandes« nimmt den bewaffneten Kampf, den sie während des Palästina-Aufenthalts der Kommission eingefroren hatte, wieder auf.

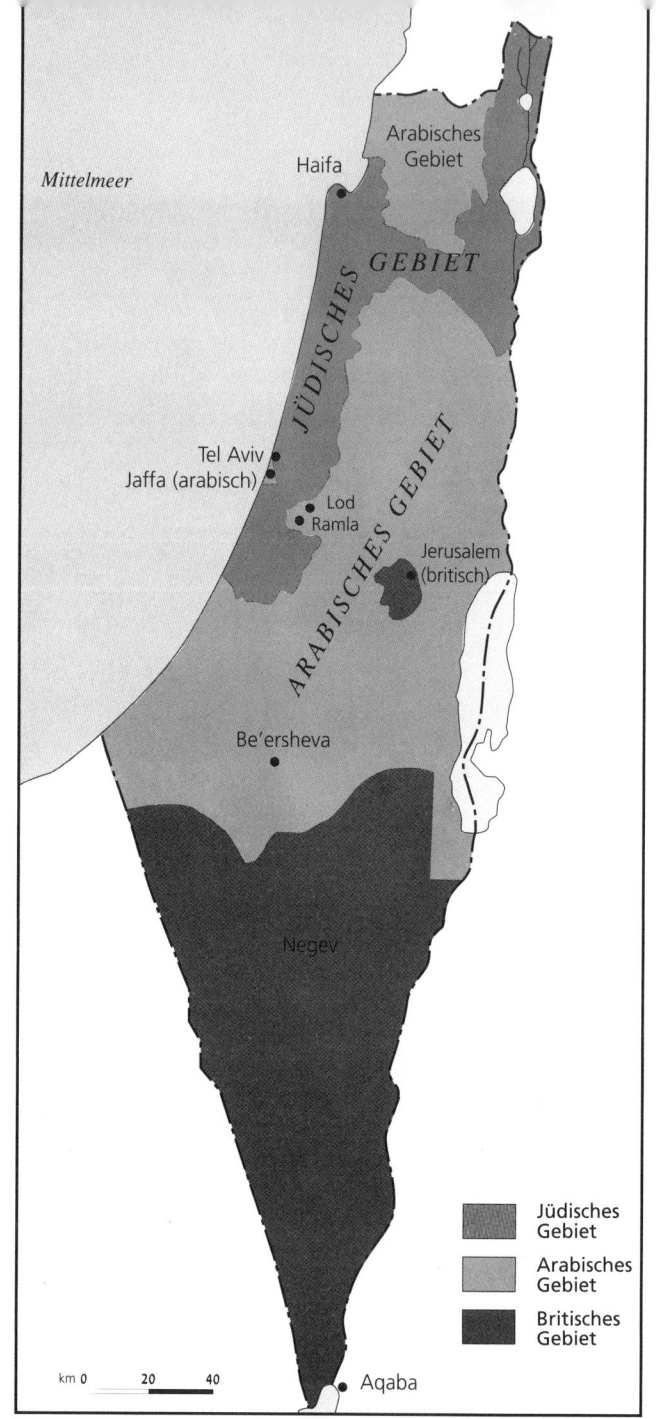

△ Die im Sommer 1946 vorgeschlagene »Teilautonomie« (Morrison-Grady-Plan).

▽ Chatzerim im Negev wurde zusammen mit elf weiteren Siedlungen am Jom Kippur 1946 gegründet.

△ Eine neue Siedlung in Westgaliläa: Jechi'am. Der Kibbuz Evron wird über die Gründung per Heliograph informiert.

1947

Januar
1 Die Firma Mekorot verlegt eine Wasserleitung in neue Siedlungen im Negev.

Etzel-Mitglied Dov Gruner, der beim Angriff auf die Polizeiwache in Ramat-Gan gefaßt wurde, wird zum Tode verurteilt.

Eskalation der Terroranschläge von Etzel und Lechi.

31 Die Engländer geben die Schaffung von »Sicherheitszonen« bekannt und verordnen die Ausreise britischer Frauen und Kinder.

Februar
2 Die Engländer fordern die Jischuw-Führung auf, sie im Kampf gegen den Terror zu unterstützen. Jewish Agency und Nationalrat lehnen ab.

10 Drei Etzel-Mitglieder werden zum Tode verurteilt.

13 Palmach-Sprengstoffexperten jagen vier gegen die illegale Einwanderung eingesetzte britische Wasserfahrzeuge in die Luft.

18 Der englische Außenminister Bevin gesteht das Scheitern der Gespräche über die Zukunft Palästinas ein. Weiter teilt er mit, die Regierung von Großbritannien werde das Problem der UNO vortragen.

22 Die »Chaim Arlozorov« mit illegalen Einwanderern an Bord gelangt bis an den Strand von Haifa. Dort nehmen die Engländer die 1350 Passagiere gefangen und deportieren sie nach Zypern.

März
1 Etzel-Anschlag auf den Offiziersklub in Jerusalem: zwölf Tote und mehr als 20 Verletzte. Im Laufe des Monats verüben Etzel und Lechi noch viele weitere Attentate, unter anderem auf Militärlager und Ölinstallationen.

2 Die Engländer rufen in Tel Aviv und in Teilen von Jerusalem für 15 Tage den Kriegszustand aus.

12 Die »Shabtai Lusinsky« durchbricht die Seeblockade und setzt illegale Einwanderer am Strand von Nizanim ab.

17 Etzel-Mitglied Moshe Barasani wird wegen Besitzes einer Handgranate zum Tode verurteilt.

29 Die Engländer bringen die »Moleddet« mit 1560 illegalen Einwanderern auf.

31 Lechi verübt einen Anschlag auf die Raffinerien in der Bucht von Haifa: großer Sachschaden.

April
3 Palmach-Sprengstoffexperten verüben in Zypern ein Attentat auf die »Ocean Vigor« und einen weiteren Anschlag auf die »Empire Rival«, die auf dem Weg nach Port Said ist. Beide Schiffe wurden zuvor bei Deportationen eingesetzt.

Zwei Etzel-Mitglieder, Me'ir Feinstein und Daniel Usi'eli, werden wegen Teilnahme am Anschlag auf den Bahnhof von Jerusalem zum Tode verurteilt. Usi'elis Strafe wird später in eine lebenslängliche Haftstrafe umgewandelt.

13 Der Zustrom illegaler Einwanderer hält an: Die »Theodor Herzl« mit 2640 Personen an Bord wird von den Engländern gestoppt.

16 Die Engländer richten vier Etzel-Mitglieder durch den Strang hin.

21 Me'ir Feinstein (Etzel) und Moshe Barasani (Lechi), von den Engländern zum Tode verurteilt, begehen im Gefängnis von Jerusalem Selbstmord.

25 Eine dramatische Woche: Angriffe von Etzel und Lechi auf britische Ziele, darunter Militärlager, Polizeigebäude und Eisenbahnen.

28 Sondersitzung der UN-Vollversammlung in New York zum Thema Palästina.

Mai
4 Etzel dringt in das Gefängnis von Akko ein und befreit Dutzende seiner Mitglieder.

14 Die UN-Vollversammlung beschließt die Entsendung einer internationalen Untersuchungskommission nach Palästina. Andrej Gromyko, der sowjetische Außenminister, bejaht das Recht des jüdischen Volkes auf Unabhängigkeit in Palästina.

31 Ankunft der »Jehuda Halevy« mit illegalen Einwanderern aus Nordafrika.

Juni
Die aus elf Mitgliedern verschiedener Staaten bestehende UN-Kommission trifft in Palästina ein. Sie bereist das Land mehrere Wochen.

16 Drei Etzel-Mitglieder, die nach ihrer Teilnahme am Einbruch in das Gefängnis von Akko gefaßt wurden, werden von einem britischen Militärgericht zum Tode verurteilt.

Juli
Etzel und Lechi setzen ihre Angriffe auf die Engländer fort.

12 Etzel nimmt in Netanja zwei britische Feldwebel als Geiseln, um mit ihnen die drei zum Tode verurteilten Etzel-Angehörigen freizupressen. Die Engländer verhängen eine Ausgangssperre über Netanja.

18 Die Engländer bringen das Schiff »Exodus 47« auf und schleppen es in den Hafen von Haifa. Die illegalen Passagiere werden auf drei Schiffe verteilt, die in westlicher Richtung auslaufen. Ihr Ziel ist jedoch nicht Zypern.

21 Palmach-Sprengstofffachleute verüben einen Anschlag auf ein weiteres bei Ausweisungen eingesetztes Schiff, die »Empire Lifeguard«.

29 Die drei britischen Schiffe mit den illegalen Passagieren der »Exodus« laufen im französischen Port-de-Bouc ein. Die illegalen Einwanderer erhalten die Erlaubnis, an Land zu gehen. Sie weigern sich.

Die Engländer richten drei Etzel-Mitglieder, Avschalom Chaviv, Ya'akov Weiss und Me'ir Nekker, hin.

30 Daraufhin tötet Etzel die entführten britischen Feldwebel.

31 Britische Soldaten laufen in Tel Aviv Amok: fünf Juden werden getötet, über 20 verletzt.

August
Etzel und Lechi setzen ihre Anschläge fort.

Die Forderung der Passagiere der »Exodus«, von Frankreich nach Palästina zurückgebracht zu werden, weckt weltweite Anteilnahme.

5 In ihrem Kampf gegen den Terror verhaften die Engländer drei jüdische Bürgermeister, Israel Rokeach aus Tel Aviv, Abraham Krinitzi aus Ramat-Gan und Oved Ben-Ami aus Netanja, außerdem Rechtsanwälte, Journalisten und Aktivisten der revisionistischen Bewegung.

10 Araber überfallen das Café Gan Havai am Jarkon-Ufer: fünf Tote und sieben Verletzte. Unter den Toten ist der Schauspieler Me'ir Teomi.

14 Zwischenfall an der Stadtgrenze zwischen Jaffa und Tel Aviv: drei tote Juden und viele Verletzte. Ein arabisches Attentat auf die Jewish Agency wird von der Haganna abgewehrt.

21 Die Engländer kündigen an, die drei Schiffe mit den »Exodus«-Passagieren würden von Südfrankreich nach Hamburg auslaufen. Sturm der Entrüstung in der gesamten jüdischen Welt.

September
1 Veröffentlichung des Berichtes der UNO-Kommission (UNSCOP). Sie empfiehlt die Beendigung des britischen

Ein Junge geht in Gefangenschaft: Er wird von Haifa nach Zypern deportiert.

Mandats, die Teilung Palästinas in einen jüdischen und einen arabischen Staat und einen internationalen Status für Jerusalem.

8 Die »Exodus«-Passagiere werden vor Hunderten von Journalisten und Fotografen in Hamburg an Land gebracht.

26 Der englische Außenminister Critch-Johns teilt die Bereitschaft seines Landes mit, das Palästina-Mandat niederzulegen.

27 Das erste Schiff mit illegalen Einwanderern seit Beginn der »Exodus«-Affäre. Sein Name: »Af al pi« (»Trotzdem«).

29 Etzel sprengt die Polizeizentrale von Haifa.

Oktober

Die illegale Einwanderung kehrt zu ihrem früheren Umfang zurück: Im Verlauf des Monats treffen zwei Schiffe mit mehr als 4000 Juden ein, die allesamt nach Zypern ausgewiesen werden.

21 Spannungen in Nordgaliläa: Eine syrische Einheit dringt auf das Gebiet Palästinas vor. Die Haganna versetzt ein Palmach-Regiment in Alarmbereitschaft und sichert die jüdischen Ortschaften. Schließlich werden die Syrer von den Briten vertrieben.

Es kommt zu Konfrontationen zwischen Haganna und den extremistischen Organisationen Etzel und Lechi: Die Haganna versucht, illegale Aufrufe, Übergriffe und Entführungen zu verhindern.

November

Die UN-Vollversammlung berät über den UNSCOP-Bericht. Das jüdisch-zionistische Lager unternimmt große Anstrengungen, um eine Zweidrittelmehrheit für den Teilungsplan zu erhalten. Die Sowjetunion ist dafür, die USA zögern noch.

11 Bei einem Zwischenfall in Ra'anana tötet ein britischer Wachtposten fünf Lechi-Mitglieder: einen jungen Mann, drei junge Frauen und ihren Anführer.

15 Jewish Agency und Nationalrat gründen die »Befehlszentrale für den Dienst am Volk«, die von nun an für die Mobilmachung in Notzeiten zuständig sein soll.

16 Das Schiff »Alija« durchbricht die Seeblockade und setzt 180 illegale Einwanderer am Strand von Naharija ab.

29 Die UN-Vollversammlung bestätigt mit 33 gegen 13 Stimmen bei 10 Enthaltungen den Teilungsplan für Palästina. Er zieht die Gründung eines jüdischen Staates auf 55% des Gebietes des Landes vor. Freudentaumel auf den Straßen der jüdischen Ortschaften und in den jüdischen Gemeinden der Diaspora. Die arabische Öffentlichkeit reagiert wütend.

30 Zwischen Petach Tikva und Lod arabischer Angriff auf zwei Busse, die nach Jerusalem unterwegs sind: sechs Tote und viele Verletzte. Diese Attentate gelten als Auftakt zum israelischen Unabhängigkeitskrieg.

Dezember

1 Protest gegen das UN-Votum: Das Arabische Hohe Komitee beschließt einen dreitägigen Generalstreik.

2 Araber stecken das jüdische Geschäftszentrum Jerusalems in Brand. Vermehrt Anschläge auf offener Straße.

8 Haganna-Truppen wehren einen arabischen Angriff auf das Tel Aviver Stadtviertel Ha-Tikva ab.

10 Anschlag auf einen Wachtposten an der in den Negev führenden Wasserleitung. Ihm folgen weitere Übergriffe.

11 Erste Vergeltungsaktion der Haganna in Ramla: für die Anschläge auf Autobusse und Wagen.

Arabischer Angriff auf einen Konvoi nach Gush Etzion: zehn Tote.

14 Angriff auf einen Konvoi nach Ben-Schemen: 14 Tote.

15 Die Engländer räumen die Gegend um Tel Aviv.

30 Araber greifen jüdische Arbeiter in den Haifaer Ölraffinerien an: 39 Tote.

31 Vergeltungsaktion der Haganna im arabischen Dorf Balad asch-Scheich: Antwort auf das Massaker in den Ölraffinerien.

Das berühmteste Foto von 1947: Die Menschen in Tel Aviv freuen sich über das UN-Votum, am 29. November abends.

1947

▽ Sicherheitszone im Herzen Jerusalems: Eine Straße wurde abgesperrt. Ähnliche Maßnahmen ergreifen die Briten auch in mehreren anderen Städten.

▷ General Barker, Befehlshaber der britischen Armee in Palästina, verläßt das Land. Untergrundorganisationen drohen mit Attentaten.

△ Die Antwort der Briten: Nach Anschlägen wird der gesamte jüdische Verkehr verboten. Im Bild eine Straße in Tel Aviv: Ein Kranken- und ein Leichenwagen dürfen sie noch passieren.

IM SCHATTEN VON KAMPF UND TERROR

1947 wird das Leben in Palästina immer schwieriger. Es ist ein Jahr des Kampfes gegen die Mandatsmacht und der britischen Restriktionen. Im Dezember, nach dem UN-Votum zugunsten der Gründung eines jüdischen und eines arabischen Staates, entbrennen zusätzlich neue arabisch-jüdische Kämpfe, die 1948 in einen landesweiten Krieg münden.

1947 schwindet der Wille der Briten, Palästina weiterhin zu regieren. Schließlich überantworten sie die Zukunft des Landes den Vereinten Nationen, bemühen sich jedoch gleichzeitig, jegliche antibritische Opposition der Juden mit allen Mitteln zu unterdrücken. Die Ereignisse überschlagen sich: jüdische Angriffe auf britische Einrichtungen und Sicherheitskräfte; Rückzug der Engländer in eine »Sicherheitszone«; eine wachsende illegale Einwanderung, die in der »Exodus«-Affäre gipfelt; ein Besuch der UN-Untersuchungskommission; Hinrichtungen von Etzel- und Lechi-Mitgliedern.

Unterdessen stehen die Araber noch abseits. Sie scheinen sich noch nicht völlig von den internen Konflikten, die den arabischen Aufstand gegen die Juden begleiteten, erholt zu haben. Ihre Führung ist seither geschwächt.

Rückblickend betrachtet, wirkt jene Zeit finster und dramatisch. Doch darf nicht außer acht gelassen werden, daß die Wirtschaftsblüte, die im Zweiten Weltkrieg einsetzte, weiter anhält. Die unzähligen Soldaten, von den Engländern ins Land gebracht, um den jüdischen Aufstand zu ersticken, stellen eine nicht unerhebliche Kaufkraft dar. Und diese trägt wesentlich zum Erfolg des Jischuw in seinem Kampf um Unabhängigkeit bei.

Kein Staat wird auf einem Silbertablett dargereicht, und der Teilungsplan gibt den Juden nur eine Chance... Wenn wir diese Gelegenheit, die uns geboten wird, (einen Staat zu gründen) nicht nutzen, verpassen wir unser Rendez-vous mit der Geschichte.

Dr. Hayim Weizmann, aus einer Rede vor der U.J.A.-Konferenz in Atlantic City, 13. 12. 1947.

◁ Dr. Weizmanns Bemerkung bildet die Grundlage für Natan Altermans berühmtes Gedicht »Das Silbertablett«, das sechs Tage später in seiner wöchentlichen Rubrik in »Davar« veröffentlicht wird.

△ 1947 kauft Professor Eli'eser Sukenik die erste der antiken jüdischen Schriftrollen, die kurz zuvor in Qumram in der hebräischen Wüste entdeckt wurden.

△ Im Mai dringen Etzel-Truppen in das Gefängnis von Akko ein und befreien Dutzende der dort festgehaltenen Mitglieder des jüdischen Untergrunds.

◁ 1947 mehren sich die Aktionen des jüdischen Untergrunds gegen die Engländer. Landesweit sind Soldaten mit Maschinengewehren, Stacheldrahtzäune und Panzer zu sehen. Über die jüdischen Ortschaften werden Ausgangssperren verhängt, in den Großstädten wird der »Kriegszustand« ausgerufen.

△ Anfang 1947 gerät der Palästina-Dialog in London in eine Sackgasse: David Ben-Gurion, der Vorsitzende der Jewish Agency, verläßt das Büro des britischen Kolonialministers mit ernstem Gesicht. Die englische Regierung beschließt, das Palästina-Problem der UNO zu unterbreiten.

1947

DIE »EXODUS«

Die Affäre um das Flüchtlingsschiff »Exodus« macht das Problem der jüdischen »displaced persons« in Europa und den Kampf der Juden um Palästina zu einem weltweit diskutierten Thema. Das Schiff läuft am 11. Juli 1947 mit 4500 illegalen Einwanderern, darunter Hunderten von Kindern, aus dem Hafen von Sète in Südfrankreich aus. Gleich nachdem es die französischen Gewässer verlassen hat, wird es von britischen Kriegsschiffen umzingelt. Noch bevor die »Exodus« die Territorialgewässer des britischen Mandatsgebietes erreicht, entern britische Marinetruppen sie am 18. Juli. Die Einwanderer wehren sich heftig. Zwei von ihnen sowie ein jüdisch-amerikanischer Begleiter kommen ums Leben, viele werden verletzt. Die Briten schleppen die »Exodus« in den Hafen von Haifa und bringen die Passagiere auf britische Schiffe. Diese laufen kurz danach in westlicher Richtung aus, steuern jedoch im Gegensatz zu früheren Deportationen nicht Zypern an, sondern Frankreich. Drei Wochen lang ankern die britischen Schiffe im Hafen von Port-de-Bouc, weil sich die illegalen Einwanderer weigern, von Bord zu gehen. Daraufhin beschließen die Briten, sie in das Land zu deportieren, aus dem sie ursprünglich kamen – nach Deutschland. Die Schiffe nehmen Kurs auf Hamburg, wo die Reisenden gewaltsam an Land gebracht werden.

Im Sommer 1947 besteht kaum noch ein Zweifel daran, daß die »Exodus«-Affäre das Ende der britischen Mandatszeit beschleunigen werde. So begibt sich ein Teil der gerade im Land weilenden UN-Untersuchungskommission in den Hafen von Haifa, als die illegalen Einwanderer auf die britischen Schiffe gezwungen werden. In ihrem Abschlußbericht empfiehlt die Kommission: »Die jüdische Einwanderung ist heute eines der zentralen Probleme in Palästina… Die Schaffung eines jüdischen Staates nach dem Teilungsplan bietet die einzige Hoffnung, es zu lösen.«

▽ Die »Exodus« im Hafen von Haifa, Juli 1947. Die illegalen Einwanderer werden auf drei britische Schiffe gebracht und nach Europa deportiert.

△ Flüchtlingsströme in Europa: Unzählige Juden werden an die Küsten von Mittelmeer und Schwarzem Meer gebracht, von wo die Schiffe nach Palästina auslaufen.

▷ Auch per Flugzeug kommen illegale Einwanderer: Eine von einem amerikanischen Piloten geflogene Maschine bringt auf drei Flügen 100 Juden aus dem Irak und 50 aus Italien nach Palästina.

▷ Die Schiffe mit den illegalen Einwanderern tragen hebräische Namen. Außerdem wird darauf hingewiesen, daß sie zur Haganna gehören wie das Schiff »Unafraid«, das im Dezember 1947 eintrifft.

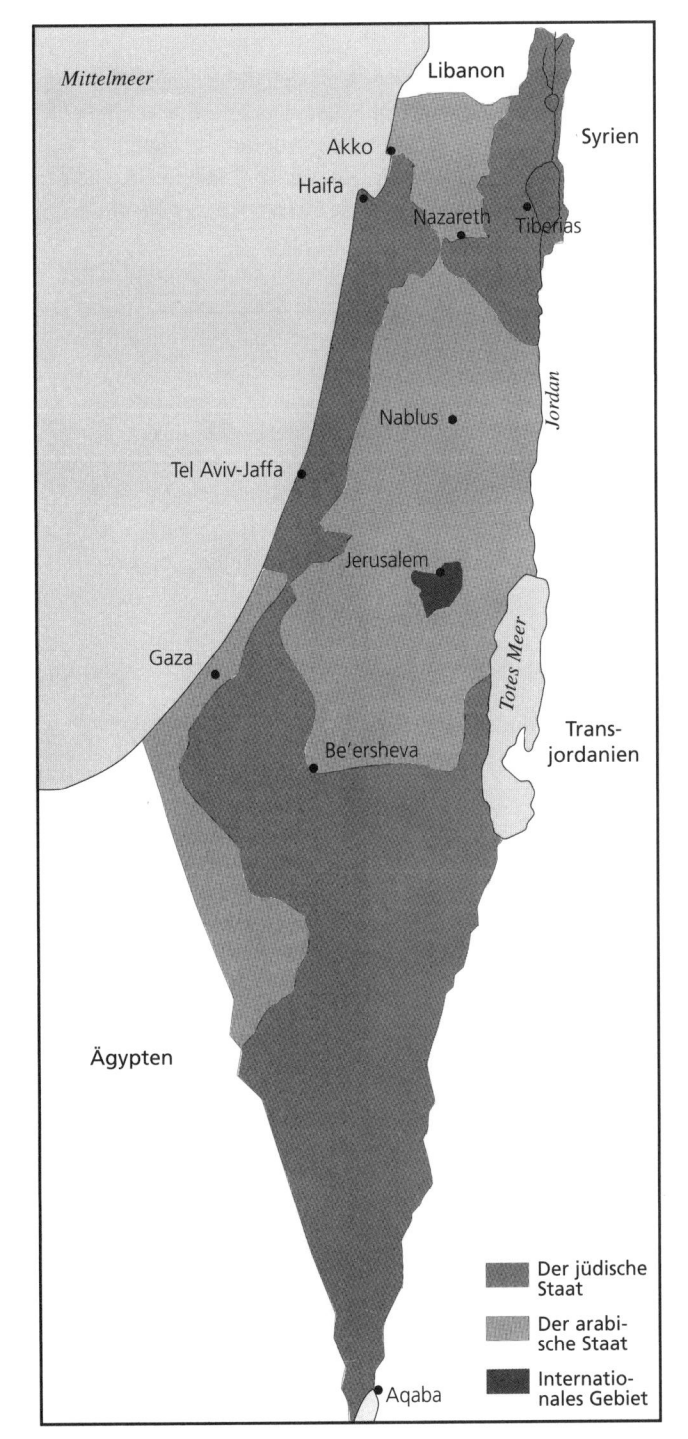

DIE UN-SONDERKOMMISSION

Auf einer im Frühjahr 1947 stattfindenden Sondersitzung berät die UNO auf Antrag Großbritanniens über das Palästina-Problem und beschließt die Entsendung einer elfköpfigen Sonderkommission (UNSCOP), deren Mitglieder aus Schweden, Holland, Polen, Jugoslawien, Kanada, Australien, Indien, dem Iran, Uruguay, Guatemala und Peru kommen. Die Kommission bricht im Juni desselben Jahres nach Palästina auf. Während ihres mehrwöchigen Aufenthaltes im Nahen Osten führt sie auch Gespräche im Libanon und in Transjordanien. Außerdem besichtigt sie jüdische Flüchtlingslager in Mitteleuropa.

Nach anfänglichem Zögern arbeiten die Juden mit der Kommission zusammen. Die Araber hingegen boykottieren sie weitgehend, während sich die Engländer gleichgültig verhalten. Die Mitglieder der Kommission sprechen mit führenden Vertretern der drei betroffenen Parteien sowie mit zahlreichen Experten. Die meisten Kommissionsmitglieder verbergen nicht, wie sehr die Leistungen des zionistischen Unternehmens sie beeindrucken.

Ende August veröffentlicht die Kommission ihre Schlußfolgerungen. Alle Mitglieder stimmen darin überein, daß das britische Mandat so schnell wie möglich beendet werden müsse. Eine Mehrheit von sieben Mitgliedern empfiehlt außerdem die Teilung des Landes und die Schaffung zweier Staaten, eines jüdischen und eines arabischen. Die Juden sollen Ostgaliläa, die Täler im äußersten Norden, den größten Teil der Küstenebene und fast den gesamten Negev erhalten, die Araber Westgaliläa, die Bergregionen, den Gazastreifen und ein Stück vom Negev. Beide Staaten sollen eine Wirtschaftsunion eingehen. Jerusalem soll internationaler Kontrolle unterstehen.

Am 29. November 1947 nimmt die UN-Vollversammlung den von der Mehrheit der Kommission empfohlenen Teilungsplan an. Allerdings wird das Gebiet des jüdischen Staates geringfügig verkleinert.

◁ UN-Teilungsplan: der jüdische Staat, der arabische Staat und das internationale Gebiet um Jerusalem.

△ In großen Lettern verkünden alle Zeitungen am 30. 11. 1947 das historische Abstimmungsergebnis der UNO.

Die Teilung des Landes wird nicht erwähnt, der Nachdruck liegt auf der Gründung eines eigenen Staates.

▷ Der Dirigent Leonard Bernstein bei einem Besuch in Ein Gev.

1947

▽ Am Morgen danach: In Jerusalem feiern Juden und mit ihnen die britische Militärpolizei auf einem Jeep der Luftwaffe.

▷ Ein alter Jude freut sich über das Votum, denn es bedeutet die Gründung eines hebräischen Staates.

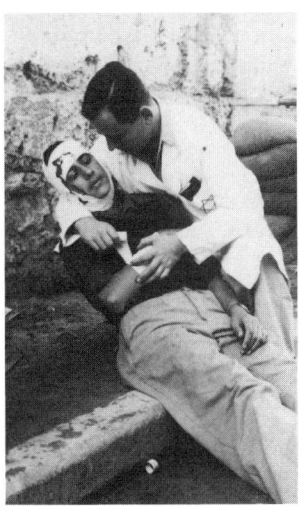

△ Die Freude währt nur kurz. Kurze Zeit später setzen die arabischen Übergriffe erneut ein und entwickeln sich zu einem längeren Krieg. Tel Aviv wird von Jaffa her angegriffen. Den Verletzten im Bild hat ein arabischer Heckenschütze getroffen.

▷ Die Front verläuft mitten durch den Karmel-Markt an der Grenze zwischen Tel Aviv und Jaffa. Auf dem Warnschild steht: »Der Feind sieht dich.«

1948

Januar

1 Die beiden größten Schiffe mit mehr als 15 000 illegalen Einwanderern werden nach Zypern gebracht.

4 Etzel sprengt »Soraja«, die arabische Kommandozentrale, im Zentrum von Jaffa in die Luft: 14 Tote, 100 Verletzte.

10 Araber versuchen erstmals, eine Ortschaft anzugreifen: Kfar Szold. Die Verteidiger schlagen die Angreifer, die »Befreiungsarmee«, in die Flucht.

14 Die Verteidiger von Gush Etzion wehren einen großen arabischen Angriff ab.

16 Ein Trupp von 35 Kämpfern versucht, zu Fuß nach Gush Etzion zu gelangen. Alle fallen im Kampf.

23 Gründung von Mapam, ein Zusammenschluß der Parteien Ha-Schomer Ha-Tza'ir und Tnua le-Achdut ha-Awoda/Poalei-Zion.

Angriffe auf jüdische Fahrzeuge in ganz Palästina. Die Wagen fahren nun in Konvois, sie werden zudem gepanzert.

Zahlreiche Zwischenfälle an der Stadtgrenze zwischen Jaffa und Tel Aviv sowie in Jerusalem und Haifa.

Februar

1 Ein Wagen mit einem Sprengsatz geht vor dem Gebäude der englischsprachigen jüdischen Zeitung »Palestine Post« in Jerusalem hoch: neun Verletzte und schwerer Sachschaden.

14–15 Zwei neue Abendzeitungen erscheinen: »Ma'ariv«, gegründet von früheren Redakteuren des Blattes »Jedi'ot Achronot«, und »Jom-Jom«, herausgegeben von »Ha-Aretz«.

22 Drei von britischen Deserteuren eingeschmuggelte Fahrzeuge, die mit Sprengsätzen ausgerüstet sind, explodieren auf der Ben-Jehuda-Straße in Jerusalem: mehr als 50 Tote, viele Verletzte und Sachschaden in Millionenhöhe.

März

10 Die Haganna-Kommandantur genehmigt den »Plan 4«: die Eroberung des von der UNO vorgesehenen jüdischen Staatsgebietes und aller von Juden besiedelten Gebiete.

11 Explosion eines Fahrzeuges im Hof des Gebäudekomplexes der zionistischen Institutionen in Jerusalem: zehn Tote und viele Verletzte.

Gründung der israelischen Marine.

19 Die USA geben im UN-Sicherheitsrat bekannt, sie nähmen Abstand von ihrer Unterstützung des Teilungsplanes. Statt dessen schlagen sie eine Treuhänderschaft für das Land vor. Tiefe Enttäuschung im Jischuw.

27 Ein Autokonvoi wird südlich von Bethlehem gestoppt. Es kommt zu schweren Kämpfen, viele Personen werden verletzt. Dann evakuieren die Briten die Angegriffenen aus ihren Fahrzeugen. Waffen und gepanzerte Fahrzeuge fallen den Arabern in die Hände.

28 In Westgaliläa versperren arabische Truppen einem Konvoi, der zum belagerten Kibbuz Jechi'am unterwegs ist, den Weg: 47 Tote.

31 Ein Konvoi, der nach Jerusalem unterwegs ist, wird von Arabern aufgehalten. Die Stadt ist von der Außenwelt abgeschnitten.

Heimliche Landung eines Flugzeugs aus der Tschechoslowakei, das Waffen für die Juden an Bord hat.

Poststempel aus dem Jahre 1948, vor der Staatsgründung.

April

3–15 Das »Unternehmen Nachschon« soll den Zugang nach Jerusalem öffnen.

4–12 Der Angriff der arabischen »Befreiungsarmee« auf den Kibbuz Mischmar ha-Emek wird abgewehrt.

5 Das Schiff »Nora« schmuggelt große Mengen Waffen und Munition an den englischen Sicherheitskräften vorbei in den Hafen von Tel Aviv ein.

8–9 Schwere Kämpfe am Kastel-Berg, der mehrmals den Besitzer wechselt. Dabei wird der arabische Befehlshaber der Region Jerusalem, Abd al-Kader al-Husseini, getötet.

9 Angriff von Etzel und Lechi auf das arabische Dorf Deir Jassin: Mehr als 200 Dorfbewohner werden ermordet.

10–12 Der Rat der Arabischen Liga genehmigt die Invasion Palästinas durch die Armeen arabischer Staaten, sobald das britische Mandat endet.

12 Die Zionistische Exekutive tritt in Tel Aviv zusammen und beschließt die Bildung einer provisorischen Regierung.

12–16 Kämpfe in Ramat-Jochanan: Ein drusisches Regiment der arabischen »Befreiungsarmee« versucht den Durchbruch, wird dabei aber zurückgeschlagen. Schließlich unterzeichnen Haganna und Drusen einen Nichtangriffspakt.

15–20 Das Unternehmen »Har-El« schafft den Durchbruch nach Jerusalem. Lange Konvois bringen Ausrüstungsgüter und Proviant in die Hauptstadt.

18 Das arabische Tiberias wird von der Haganna genommen.

20 Palmach-Truppen, die schon für den freien Zugang nach Jerusalem gekämpft haben, werden erneut um Hilfe gerufen. Die Straße ist wieder blockiert.

21–22 Kampf um Haifa: Haganna-Truppen nehmen den arabischen Teil Haifas ein.

28 Etzel-Truppen greifen Jaffa an. Gleichzeitig startet die Haganna das »Unternehmen Chemmetz«: Umzingelung Jaffas und Einnahme arabischer Dörfer in der Umgebung.

30 Großer Erfolg der Haganna in Jerusalem: Einnahme des Viertels Katamon.

Mai

1–12 Das »Unternehmen Jiftach«: Die Haganna nimmt Teile Galiläas ein.

8–18 Das »Unternehmen Makkabi«: Der Haganna gelingt es nicht, die Blockade Jerusalems aufzuheben.

10 Der Kampf um Safed endet mit der Flucht aller arabischen Einwohner der Stadt.

12 Die Juden besetzen Beit-Schean.

12–13 Arabische Einheiten nehmen mit Hilfe der Arabischen Legion Kfar Etzion ein.

13 Jaffa ergibt sich den Haganna-Truppen.

14 Die übrigen jüdischen Siedlungen der Region Gush Etzion, Messuat-Yitzhak, Ein Zurim und Revadim, ergeben sich.

Großbritannien gibt Jerusalem auf. Jüdische Truppen bemächtigen sich der meisten zuvor von den Engländern gehaltenen Stadtviertel.

Gründung des Staates Israel. Die Vereinigten Staaten erkennen Israel an.

15 Die Heere fünf arabischer Staaten dringen auf das Gebiet Israels vor: Syrien, Libanon, der Irak, Transjordanien und Ägypten. Ägyptische Flugzeuge bombardieren Tel Aviv.

17 Anerkennung Israels durch die Sowjetunion. Viele andere Staaten folgen ihrem Beispiel.

Impression von 1948: nach einem ägyptischen Luftangriff auf Tel Aviv.

1948

Ein Autobus auf der neuen Straße nach Jerusalem, Juli 1948.

18 Das arabische Akko ergibt sich: Ganz Westgaliläa befindet sich in der Hand von Haganna-Truppen.

Seit der Staatsgründung müssen sich die jüdischen Truppen an allen Fronten der Angriffe der arabischen Armeen erwehren, fast überall gehen sie aus den Kämpfen erfolgreich hervor. Fortgesetzte Bombenangriffe ägyptischer Flugzeuge auf Tel Aviv und Ortschaften im Süden. Jerusalem ist abgeschnitten und steht ununterbrochen unter Beschuß der arabischen Legion.

21 Die UNO ernennt den schwedischen Grafen Bernadotte zum Vermittler im Palästina-Konflikt.

23 Ägyptische Truppen dringen bis nach Ramat-Rachel, südlich von Jerusalem, vor und versuchen, in die Heilige Stadt einzudringen. Am 26. 5. werden sie zurückgeschlagen.

25 Der israelische Angriff auf Latrun, der den Zugang nach Jerusalem freimachen soll, scheitert.

28 Die Kämpfer im jüdischen Viertel der Jerusalemer Altstadt ergeben sich.

Lechi schließt sich der israelischen Armee an.

31 Veröffentlichung des Tagesbefehls über die Bildung der »Israelischen Verteidigungsarmee« (Zahal), deren Grundlage die Haganna bildet. Erster Generalstabschef wird der Landesbefehlshaber der Haganna Ya'akov Dori (ehemals Dostrovsky).

Im »Kameri«-Theater wird »Er ging durch die Felder« von Moshe Shamir aufgeführt.

Juni

1 Vereinbarung mit Etzel über die Eingliederung der Organisation in die israelische Armee.

Unter Umgehung von Latrun wird in den ersten Tagen des Monats eine provisorische Straße durch die Berge nach Jerusalem angelegt: die sogenannte Burmastraße. Damit bekommt das jüdische Jerusalem wieder eine Verbindung zur Außenwelt.

11 Die UNO verkündet einen vierwöchigen Waffenstillstand. Beide Kriegsparteien befolgen ihn.

20 Die »Altalena«, ein Schiff mit Waffen für Etzel, geht bei Kfar Vitkin vor Anker. Ein Teil der Ladung wird gelöscht und der israelischen Armee übergeben. Auf Befehl von Etzel wird das Abladen dann jedoch eingestellt, und das Schiff läuft nach Tel Aviv aus.

22 Die »Altalena« geht im Hafen von Tel Aviv in Flammen auf, nachdem die israelische Armee sie beschossen hat. Grund: Etzel weigerte sich, der israelischen Armee die Waffen auszuhändigen.

Juli

9–18 Israelische Offensive im Zentrum des Landes und in Untergaliläa: Einnahme von Ramla, Lod, Nazareth und vielen arabischen Dörfern.

17 Finanzminister Eli'eser Kaplan gibt die Schaffung einer israelischen Währung bekannt. 1 israelisches Pfund entspricht 4 US-Dollar.

19 Zweiter Waffenstillstand.

27 Offizielle Vereidigung der israelischen Soldaten. Zum ersten Mal werden Rangabzeichen verliehen.

Aufschwung bei der Einwanderung: Von Mitte Mai bis Ende Juli sind über 25000 Menschen eingetroffen.

August

9 Ankunft des sowjetischen Gesandten P. Jirschow.

12 Ankunft des amerikanischen Gesandten J. MacDonald.

17 Die neuen Geldscheine der Anglo-Palestine Bank werden in Umlauf gebracht.

29 Golda Myerson (später Meir) reist nach Moskau ab. Sie wird israelische Gesandte in der Sowjetunion.

September

13 Einweihung des Obersten Gerichtshofes des Staates Israel in Jerusalem.

17 UN-Vermittler Graf Folke Bernadotte wird in Jerusalem von Lechi-Mitgliedern ermordet. Die Regierung verbietet Lechi.

Oktober

15 Beginn des »Unternehmens Joav«, auch »Die zehn Plagen« genannt, bei dem die Ägypter aus dem Negev verdrängt werden sollen. Große Erfolge für die Israelis.

20 Die Ägypter räumen das besetzte Gebiet um Aschdod.

100 Mil: Aus Mangel an Münzgeld gibt der Staat als Ersatz Coupons heraus.

21 Die Israelis nehmen Be'ersheva ein.

27 Die israelische Armee stößt nach Nizanim vor, das die Ägypter am 7. Juni erobert haben.

29–31 Großeinsatz in Galiläa: Innerhalb von 60 Stunden nehmen die Israelis das gesamte Gebiet, bis zur internationalen Grenze, ein, daß die arabische »Befreiungsarmee« besetzt hielt. Darüber hinaus erobern sie 14 Dörfer im Südlibanon.

November

Der amtierende UN-Vermittler Ralf Bunche fordert Israel auf, seine Truppen im Negev auf die Positionen zurückzuziehen, auf denen sie sich am 14. Oktober befunden haben.

4 Der Stabschef der UN-Beobachter in Palästina, der amerikanische General Reilly, ergreift für Israel Partei. Vor der UN-Vollversammlung erklärt er, die im Negev geschaffenen Fakten könnten nicht rückgängig gemacht werden. Zwar fordert der Sicherheitsrat den israelischen Rückzug, droht aber für den Fall, daß die Forderung nicht erfüllt wird, nicht mit Sanktionen.

5 Israelische Truppen nehmen die arabische Kleinstadt Madschdal (heute: Aschkelon).

7 Tiefgreifende Veränderungen in der israelischen Armee: Auf Befehl von Verteidigungsminister David Ben-Gurion stellt der Palmach-Führungsstab seine Tätigkeit ein.

8 Volkszählung: Eine siebenstündige Ausgangssperre wird verhängt, während der die Volkszähler von Haus zu Haus gehen. Ergebnis: rund 782000 Einwohner, davon 713000 Juden und 69000 Araber.

16 Der UN-Sicherheitsrat fordert die kriegführenden Parteien auf, Verhandlungen über einen Waffenstillstand aufzunehmen. Israel kommt der Forderung nach und teilt der UNO mit, seine an den Kämpfen beteiligten Truppen würden in ihre Stützpunkte zurückkehren, im Negev bleibe nur eine beschränkte Anzahl von Truppen.

24–25 Das »Unternehmen Lot«: Einnahme von Teilen des westlichen Negev und des Nordens der Arava.

30 Nach mehrwöchiger Verletzung des Waffenstillstands in Jerusalem vereinbaren Vertreter Israels und der jordanischen Legion einen neuen Waffenstillstand.

Dezember

25 »Unternehmen Chorev«: Bis zum 7. Januar 1949 werden die Ägypter aus dem gesamten Negev, mit Ausnahme des Gazastreifens, verdrängt.

29 Israels Truppen dringen auf den Sinai vor und ziehen an Al-Arisch vorbei.

Seit der Staatsgründung Mitte Mai sind 102000 Juden eingewandert, so viele wie in der gesamten Zeitspanne von 1940 bis 1947.

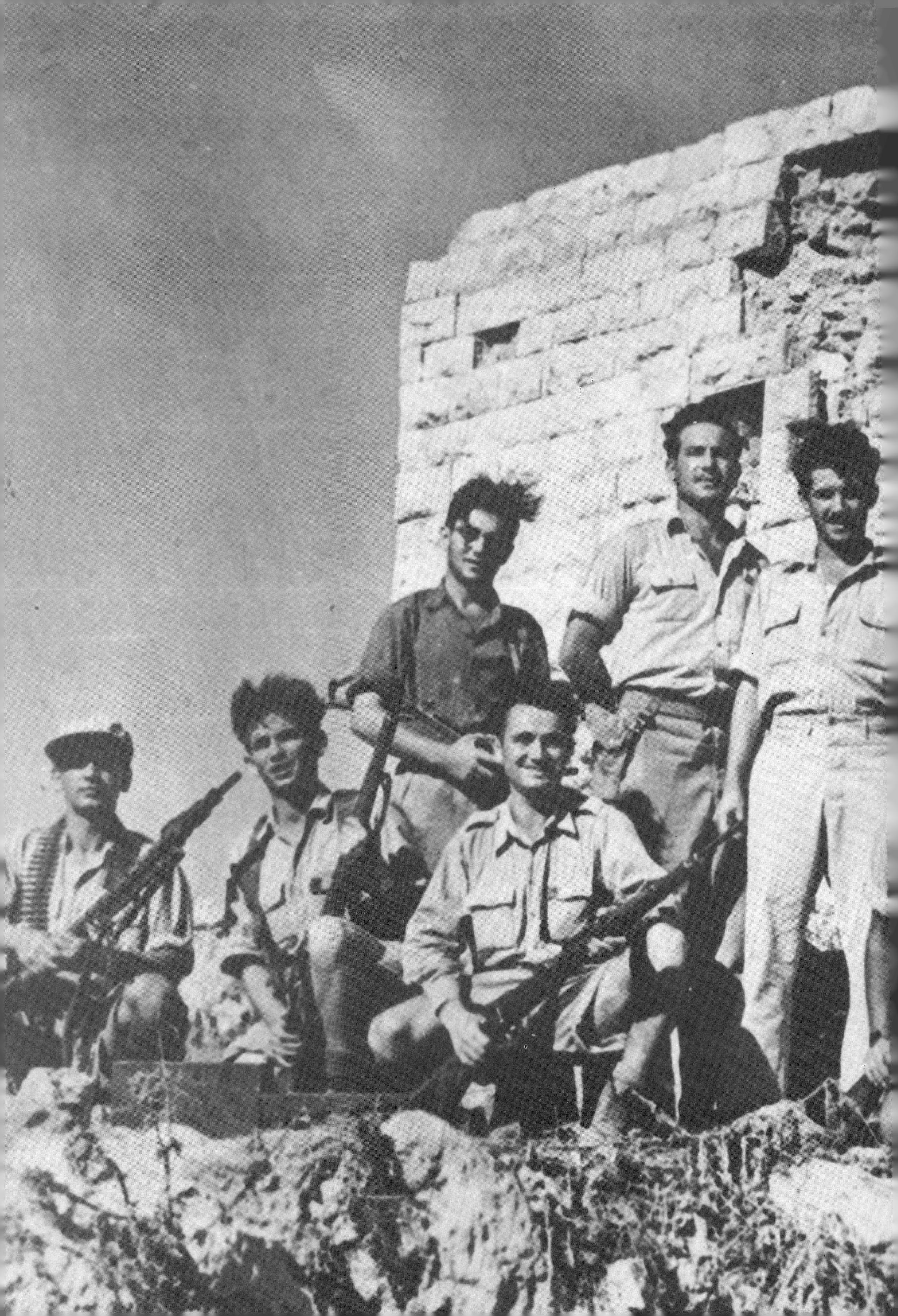

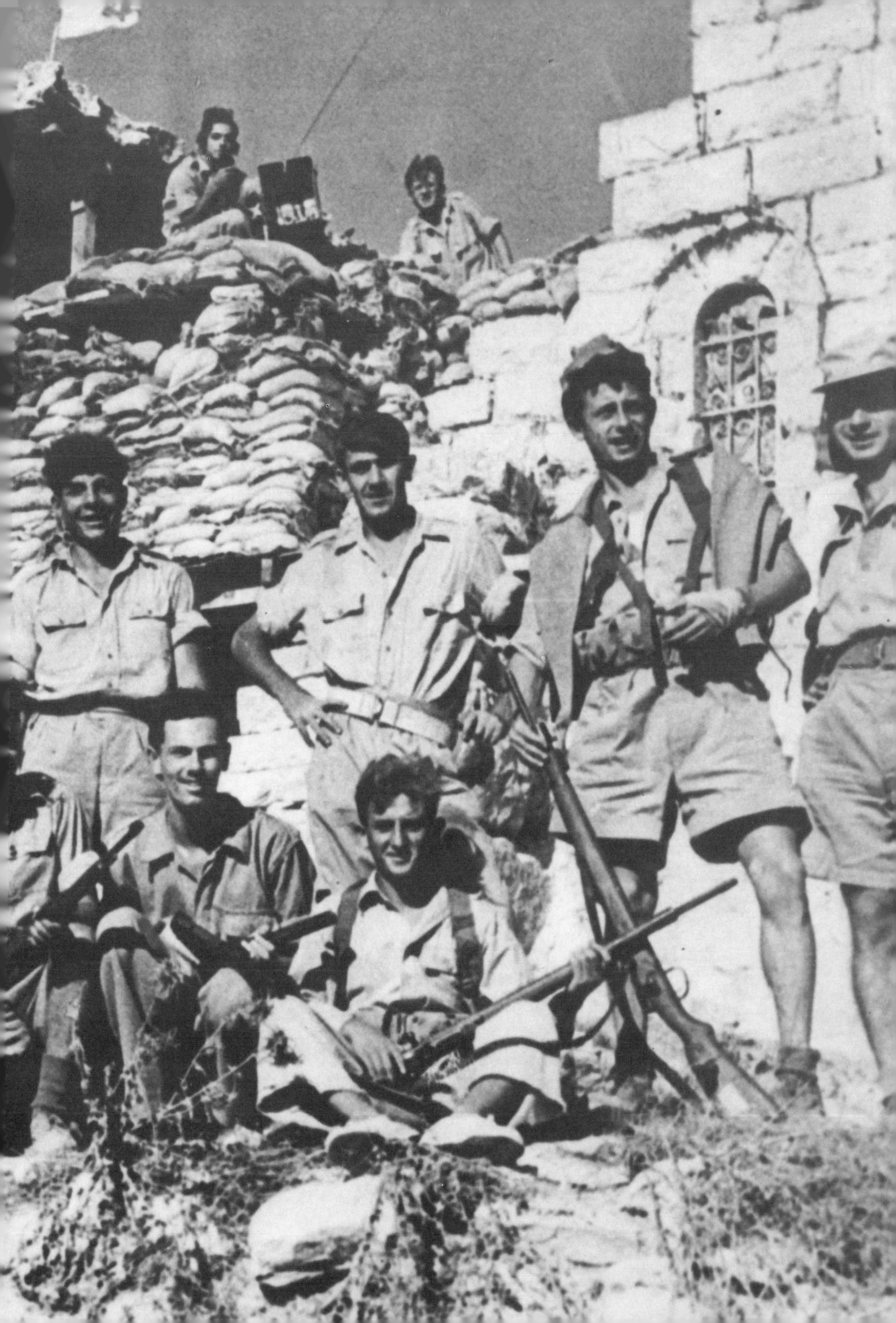

DIE FÜNF ETAPPEN DES KRIEGES

Der Unabhängigkeitskrieg dauert über anderthalb Jahre, vom 30. November 1947 bis zum 20. Juli 1949, aber die wichtigste Phase fällt in das Jahr 1948.

Der Krieg gliedert sich in fünf Etappen:

1. Der jüdische Verteidigungskrieg von Dezember 1947 bis März 1948: Die Araber greifen an, die Juden verteidigen sich. In dieser Phase geht es hauptsächlich um die Herrschaft über Straßen und Wege, vor allem um die freie Zufahrt nach Jerusalem.

2. Die erste jüdische Offensive, von April bis Mitte Mai 1948: Die jüdischen Truppen gehen zum Angriff über, schlagen die palästinensischen Araber und bemächtigen sich des größten Teils des jüdischen Staatsgebietes. In dieser Phase erobern die Juden Städte mit einer gemischten Bevölkerung wie Haifa, Tiberias und Safed sowie die rein arabischen Städte Jaffa, Akko und Beth-She'an.

3. Invasion der arabischen Armeen von Mitte Mai bis zum 11. Juni 1948.

4. Die großen israelischen Offensiven, vom 9. Juli 1948 bis zum 7. Januar 1949: nach einer vierwöchigen Ruhepause, vom 11. Juni bis zum 8. Juli, Wiederaufnahme der Kämpfe. Jetzt ergreift die kurz davor gegründete israelische Armee die Initiative.

5. Unterzeichnung der Waffenstillstandsabkommen, Januar bis Juli 1949: Die Kämpfe werden eingestellt; Israel unterzeichnet eine Vereinbarung mit Ägypten, dem Libanon, Transjordanien und Syrien. Der Irak verweigert die Unterschrift.

Auf den vorhergehenden Seiten: »Jeder junge Mann ist für die Waffe gut, junger Mann, sei auf der Hut!« sagt ein Palmach-Lied. Der Palmach ist an allen Kriegsfronten vertreten. Im Bild: die Einnahme Kastels.

▽ Arabischer Angriff auf einen jüdischen Konvoi, Winter 1948: Die Araber verfügen zwar über viel mehr Leute, sind aber schlecht organisiert. Dennoch erzielen sie bis März 1948 einige Erfolge: Viele Angriffe konzentrieren sich auf den jüdischen Verkehr auf der Straße Jerusalem–Tel Aviv. Dann tritt eine Wende ein, so daß auch die Invasion der arabischen Armeen im Mai 1948 die Gründung des jüdischen Staates nicht mehr verhindern kann.

△ Der Jischuw organisiert sich schnell: Zehntausende werden in die Haganna eingezogen, der späteren israelischen Armee. Überall in den Städten fordern Spruchbänder zum Waffendienst auf.

△ Eine Soldatin im Jahr 1948: Auch Frauen beteiligen sich an den Kämpfen.

△ Ein Palmach-Soldat im Jahr 1948: der Prototyp des kämpfenden »Sabre«.

1948

▽ Aus eigener Produktion: Diese Fahrzeuge bilden 1948 das Panzerkorps der Haganna. Sie schützen vor allem Fahrzeugkolonnen.

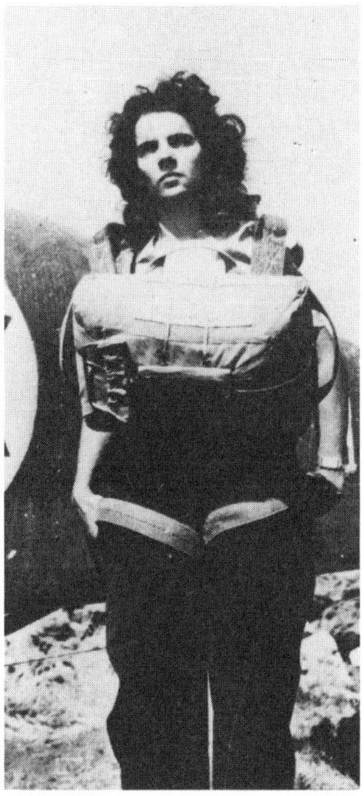

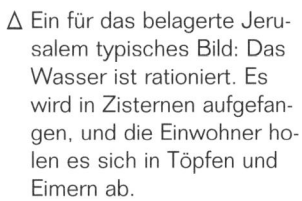

△ Ein für das belagerte Jerusalem typisches Bild: Das Wasser ist rationiert. Es wird in Zisternen aufgefangen, und die Einwohner holen es sich in Töpfen und Eimern ab.

◁ Pilotin Sahara Levitov.

▷ Soldaten im Süden des Landes versuchen, ein ägyptisches Kampfflugzeug abzuschießen.

▽ Nacheinander fallen den Israelis viele rein arabische Städte und solche mit gemischter Bevölkerung in die Hände. Nach Lod und Ramla ergibt sich im Sommer auch Nazareth. Hier die offizielle Kapitulation.

263

▷ Den Höhepunkt des Jahres stellt zweifellos die Staatsgründung am 14. Mai 1948 in Tel Aviv dar, acht Stunden vor Erlöschen des britischen Mandats. Wegen des bevorstehenden Sabbats wird die Zeremonie vorgezogen. Das provisorische Regierungsoberhaupt, David Ben-Gurion, verliest die Unabhängigkeitserklärung.

▽ Nachdem Ben-Gurion die Erklärung verlesen hat, unterschreiben alle Mitglieder des provisorischen Staatsrates. Ben-Gurion und Außenminister Moshe Shertok schauen zu, während der Minister für Handel und Industrie, Peretz Bernstein, unterzeichnet.

▽ Die ersten israelischen Geldscheine stammen von der Anglo-Palestine Bank (heute: Bank Le'umi le-Israel). Sie werden in New York gedruckt, als der Name des neuen Staates noch nicht feststeht. Die Geldscheine werden im August 1948 ausgegeben und sind dann vier Jahre lang im Umlauf.

STAATSGRÜNDUNG – JA ODER NEIN?

In der letzten Woche vor Auslaufen des britischen Mandats toben fast überall in Palästina Kämpfe zwischen Juden und Arabern. Zwar behalten die Juden die Oberhand, doch droht die Invasion der Armeen arabischer Nachbarstaaten, falls die Juden einen eigenen Staat gründen.

Die Führung des Jischuw tritt zu langen Beratungen zusammen. Die entscheidende Frage lautet: Soll die Staatsgründung sofort vorgenommen oder eine gewisse Zeit verschoben werden? Moshe Shertok berichtet der »Volksverwaltung« (so heißt die Regierung vor der Staatsgründung) von der Position der USA. Diese üben Druck aus, die Unabhängigkeitserklärung zurückzustellen, und fordern Juden und Araber auf, einem dreimonatigen Waffenstillstand zuzustimmen. Golda Myerson (später Meir) berichtet von ihrem Treffen mit König Abdallah, das nicht gut verlaufen sei. Der König von Transjordanien habe deutlich zu verstehen gegeben, daß er seine Armee zusammen mit den Truppen der anderen arabischen Staaten in den Kampf schicken werde. Israel Galili und Yig'al Yadin, von der Haganna-Führung, erläutern dagegen die Chancen und Risiken auf dem Schlachtfeld, falls es zur Invasion der arabischen Armeen kommt. Ihre Einschätzung fällt überwiegend pessimistisch aus.

Viele Ratsmitglieder sind aufgrund der Erläuterungen besorgt. Doch am 12. Mai fällt die Entscheidung: Mit einer Mehrheit von sechs gegen vier Stimmen und in Abwesenheit von drei Mitgliedern schließt sich die Volksverwaltung der Position David Ben-Gurions an. Der »erste Mann« im Jischuw verficht den Standpunkt: »Jetzt oder nie.«

Am 14. Mai 1948 um 16 Uhr treten die Mitglieder des »Volksrates« im Tel-Aviv-Museum zusammen und verfolgen tief bewegt die Ansprache Ben-Gurions, der die Unabhängigkeitserklärung des Staates Israel verliest. 20 Minuten später ist die Ansprache beendet, und er unterzeichnet die Erklärung. Alle übrigen Ratsmitglieder tun es ihm gleich. Die Zeremonie dauert 32 Minuten, der Staat Israel ist geboren.

1948

INVASION

Rund acht Stunden nach der Verlesung der Unabhängigkeitserklärung durch David Ben-Gurion dringen in der Nacht vom 14. auf den 15. Mai 1948 um 0 Uhr die Armeen fünf arabischer Staaten in Palästina ein. Ihr Ziel ist es, »das zionistische Gebilde« innerhalb von zehn Tagen von der Landkarte zu löschen. Die Truppen Syriens, des Libanon, des Irak und Jordaniens sollen bis in die Jesre'el-Ebene und von dort weiter nach Haifa vorstoßen und den gerade entstandenen Staat liquidieren. Die ägyptische Armee soll in Richtung Tel Aviv marschieren, um die Aufgabe vom Süden her zu vollenden.

Aus zwei Gründen ist das Vorhaben der Araber erfolglos: 1. Die unbeugsame Haltung des jungen Staates und seiner Streitkräfte: Der Angriff der arabischen Armeen wird von Hunderttausenden Rekruten der Kampfbrigaden, kleiner Hilfseinheiten, der Luftwaffe und der Marine sowie von den Menschen in den jüdischen Siedlungen gestoppt, so daß das junge israelische Heer bald zu einer ersten Offensive ausholen kann. 2. Die fehlende Koordination zwischen den arabischen Armeen stiftet Verwirrung: Schuld ist vor allem König Abdallah von Transjordanien. Er schickt sein Heer nicht, wie vereinbart, in den Norden, sondern marschiert direkt nach Jerusalem. Daraufhin ändern auch die anderen arabischen Armeen ihre Stoßrichtung, so daß ihre Offensive im Chaos endet. Zwei Wochen später haben sich die Grenzen des jüdischen Staates konsolidiert, es wurden nur wenige Ortschaften aufgegeben bzw. hinzugewonnen.

Trotz aller negativen Voraussagen hat Israel sich behauptet, und vom 11. Juni 1948 an, nach einer vierwöchigen Ruhepause, wagt es den ersten Gegenangriff, auf den weitere Offensiven folgen. Innerhalb weniger Monate bringen diese an den meisten Fronten den Sieg.

Aus politischer und militärischer Sicht endet die Invasion der arabischen Armeen in einer demütigenden Niederlage, die die arabischen Staaten jahrelang nicht verwinden werden. Es wundert nicht, daß in den arabischen Staaten der Ruf nach Vergeltung laut wird.

◁ Invasion: ein gepanzertes Fahrzeug der Arabischen Legion. Es wird bei dem Versuch außer Gefecht gesetzt, in den jüdischen Teil Jerusalems einzudringen. Jordanier und Iraker marschieren von Osten her ein. Syrer und Libanesen nähern sich aus dem Norden.

◁ Bombenterror: Nach Beginn der Invasion bombardieren ägyptische Flugzeuge Tel Aviv und große Ortschaften in der Umgebung der Stadt. Im Bild: Nach einem Angriff werden die Verletzten abtransportiert. Fast täglich gibt es Tote und Verletzte.

△ Schlagzeilen in der letzten Woche des Britischen Mandats in Palästina werfen Licht auf die Kämpfe in allen Regionen, die Erfolge der jüdischen Streitkräfte und die Anteilnahme der Großmächte an der Entwicklung in Palästina.

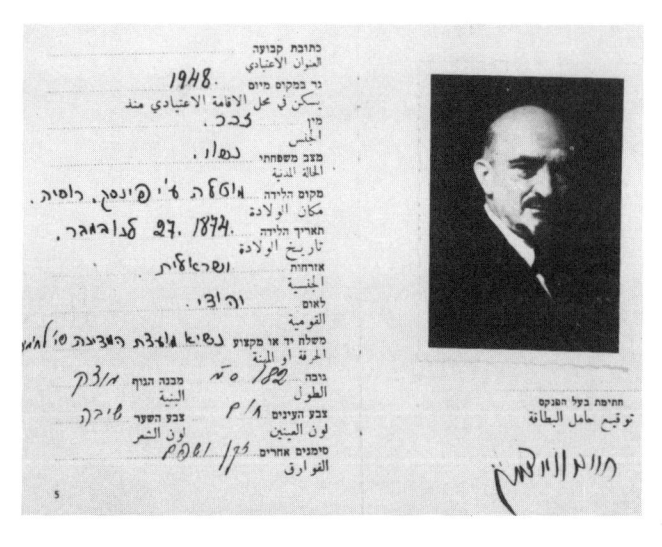

△ Der erste Mann im Staat: Am 8. November 1948 wird – noch vor dem Ende der Kämpfe – eine Volkszählung durchgeführt. Zu diesem Zeitpunkt ist Chaim Weizmann Präsident des Staatsrates.

▷ Krise im Juni: Das Schiff »Altalena« bringt Waffen für Etzel ins Land. Am Strand von Tel Aviv wird es von der israelischen Armee beschossen, weil sich die Etzel weigert, ihr die Waffen auszuhändigen.

STATE OF ISRAEL IS BORN

◁ Die Schlagzeile des Jahres, hier in der Palestine Post (die heutige Jerusalem Post) vom 16. Mai 1948.

▷ Auf der Flucht: 1948 verlassen Hunderttausende palästinensische Araber ihre Heimat und flüchten in die Nachbarländer oder in die Gegenden Palästinas, die sich unter arabischer Kontrolle befinden, nach Judäa, Samaria und Gaza. Über die Ursache des arabischen Flüchtlingsproblems gehen die Meinungen weit auseinander. Eine Interpretation: Sie fliehen aus Angst vor den Juden und in dem von arabischen Medien genährten Glauben, daß sie alle heimkehren könnten, sobald der Staat Israel von den Arabern vernichtend geschlagen sei.

◁ Trotz der Kämpfe pulsiert das Kulturleben: Theaterstücke werden aufgeführt, Bücher und Gedichte verfaßt. Im Bild der junge Schriftsteller Matti Megged mit General Yitzhak Sadeh.

266

1949

Januar

6 UN-Vermittler Bunche teilt mit, Ägypten sei zu Gesprächen über einen Waffenstillstand bereit.

7 Wegen des Drucks Englands und der USA Ende des »Unternehmens Chorev«: Israel zieht seine Truppen aus dem Sinai ab.

Zwischenfall an der israelisch-ägyptischen Grenze: Israelische Kampfflugzeuge schießen fünf britische Spitfires ab, die auf israelisches Gebiet eingedrungen sind, um zu prüfen, ob Israel seine Truppen wirklich aus dem Sinai abzieht.

13 Unter UN-Schirmherrschaft: Beginn der Gespräche zwischen Israel und Ägypten auf Rhodos.

19 Die USA gewähren Israel eine Anleihe in Höhe von 100 Millionen Dollar.

23 Die Rhodos-Gespräche stagnieren: Ägypten verlangt von Israel den Rückzug auf die Positionen vom 14. Oktober 1948.

25 Allgemeine Wahlen zu der 120 Mitglieder umfassenden Abgeordnetenversammlung: rund 500 000 Stimmberechtigte. 25 Parteien stellen sich zur Wahl, aber nur zwölf sind schließlich vertreten: Mapai an erster Stelle (35%), gefolgt von Mapam (14,7%), der Nationalen Religiösen Front (12,3%) und Cherut (11,5%).

29–30 Nach den Wahlen erkennen weitere Staaten Israel an, allen voran Großbritannien.

31 Auch die USA erkennen Israel nun »de jure« an.

Februar

10 Die Lager auf Zypern werden aufgelöst. Die letzten dort gefangengehaltenen Einwanderer kommen nach Israel.

Das »Habima«-Theater zeigt »Be-Arevot ha-Negev« – ein großer Erfolg. Es wird aber auch Kritik laut, wegen Anspielungen auf das Verhalten der Siedler und der Armee.

Der provisorische Staatsrat entscheidet über das Staatswappen: Es zeigt siebenarmige Leuchter mit zwei Ölzweigen und dem Wort »Israel«.

14 Konstituierende Sitzung des Parlaments (»Knesset«) in Jerusalem. Nach mehreren Sitzungen in Jerusalem zieht die Knesset nach Tel Aviv um.

16 Die Knesset wählt Chaim Weizmann zum ersten Staatspräsidenten.

17 Die provisorische Regierung reicht ihren Rücktritt beim Staatspräsidenten ein, der am 24. 2. David Ben-Gurion mit der Bildung einer neuen Regierung beauftragt.

24 Unterzeichnung eines Waffenstillstandsabkommens mit Ägypten auf Rhodos.

März

3 Ende des Gefangenenaustausches zwischen Transjordanien und Israel.

4 Der Sicherheitsrat der Vereinten Nationen stimmt mit 9 Ja-Stimmen, 1 Gegenstimme (Ägypten) und 1 Enthaltung (Großbritannien) für die Aufnahme Israels in die UNO.

5–10 Das »Unternehmen Uvda«: Zwei israelische Regimenter nehmen den Süd-Negev und den Golf von Aqaba ein.

7 Beginn des Gefangenenaustauschs zwischen Israel und Ägypten.

8 David Ben-Gurion stellt der Knesset sein Kabinett vor, gebildet aus Vertretern von Mapai, Religiösen, Progressiven und Sepharden. Mapam, Cherut und Allgemeine Zionisten gehen in die Opposition. Die Knesset spricht der zwölfköpfigen Regierung mit einer Mehrheit von 73 zu 45 Stimmen ihr Vertrauen aus. Die Sitzung findet in einem ehemaligen Kino am Strand von Tel Aviv statt.

10 Hissen der israelischen Flagge in Eilat.

23 Unterzeichnung des Waffenstillstandsabkommens mit dem Libanon in Rosch ha-Nikra.

Neuer Höhepunkt in der Einwanderung: In diesem Monat sind mehr als 30 000 Menschen immigriert.

April

3 Unterzeichnung des Waffenstillstandsabkommens mit Transjordanien auf Rhodos.

Zehntausende Neueinwanderer drängen sich in den Übergangslagern, von denen die meisten zuvor britische Militärlager waren.

26 Regierungschef Ben-Gurion gibt in der Knesset die Einführung von strengen Sparmaßnahmen bekannt und nimmt den Kampf gegen den Anstieg der Lebenshaltungskosten auf. Zuständig für die Umsetzung der neuen Politik ist Versorgungs- und Finanzierungsminister Dov Joseph.

Mai

4 Ganz Israel feiert den ersten Unabhängigkeitstag. Seit der Staatsgründung sind 200 000 Einwanderer eingetroffen. Festliche Paraden und Aufmärsche in Jerusalem und Tel Aviv.

11 Aufnahme Israels in die UNO. 37 Staaten stimmen dafür, 12 dagegen und 9 enthalten sich der Stimme. Israel ist das 59. Mitglied in der Organisation.

Juni

Der euphorischen Stimmung der vergangenen Monate weicht Besorgnis und Verbitterung. Die Gründe: Probleme bei der Eingliederung der Neueinwanderer und Mangelwirtschaft mit strengen Sparmaßnahmen und Schwarzmarkt.

Juli

12 In einer feierlichen Zeremonie anläßlich des »Tages der Armee« werden zwölf Teilnehmer des Unabhängigkeitskrieges mit einem Orden als »Helden Israels« ausgezeichnet.

20 In einem Zelt bei Machanajim Unterzeichnung des Waffenstillstandsabkommens mit Syrien. Damit endet der Unabhängigkeitskrieg auch offiziell.

August

7 Nach über einem Jahr nimmt die israelische Eisenbahn wieder den Betrieb nach Jerusalem auf, nachdem Jordanien im Waffenstillstandsabkommen auf Gebiete, durch die die Strecke führt, verzichtet hat.

17 Die sterblichen Überreste Theodor Herzls, des geistigen Vaters des Judenstaates, werden von Wien nach Israel überführt und im Rahmen eines Staatsaktes auf dem Herzl-Berg in Jerusalem beigesetzt.

29 Die Lausanne-Konferenz, auf der Vertreter Israels mit arabischen Staaten zusammenkommen, um eine Lösung für den Konflikt zu finden, endet mit einem Mißerfolg.

Über das Staatswappen wird Anfang 1949 entschieden. Oben und links: einige der verworfenen Entwürfe.

△ Die »Tintenflagge« am Strand von Eilat, März 1949: Als die ersten Palmach-Soldaten in Eilat eintreffen, stellen sie eine improvisierte Flagge her, mit Tinte und einem Laken.

▽ Präsident und Botschafter: Im Januar 1949 wird Chaim Weizmann zum ersten Präsidenten Israels gewählt. Hier im Gespräch mit dem amerikanischen Botschafter James MacDonald.

31 Nach über zweimonatigen Beratungen genehmigt die Knesset den ersten Haushalt des Staates Israel. Er beläuft sich auf 40 Millionen israelische Pfund.

September

8 Verabschiedung des Gesetzes über den Militärdienst, das den regulären Wehr- und Reservedienst für alle Staatsbürger und -bürgerinnen zur Pflicht macht. Dem Dienst beim »Nachal« und der landwirtschaftlichen Schulung der Soldaten wird Vorrang eingeräumt.
13 Einrichtung des staatlichen Rechnungshofes. Der erste staatliche Rechnungsprüfer ist Dr. Siegfried Moses.
Der UN-Versöhnungsausschuß schlägt die Teilung von Jerusalem in zwei entmilitarisierte Zonen, eine jüdische und eine arabische, unter UN-Verwaltung vor. Israel lehnt den Plan ab.
18 Nach Großbritannien wertet auch Israel seine Währung ab (1 US-$ = 0,35 IL).
19 Eine neue Institution: der Ulpan, an dem Erwachsene Hebräisch lernen. Eröffnung des Ulpan Etzion in Jerusalem.
27 Eröffnung der dritten Makkabia, der ersten seit der Staatsgründung.

Oktober

Der Regierung gelingt es, die Teuerung zu bremsen. Seit Jahresbeginn ist die Teuerungsrate auf 14% gesunken. Volkswirtschaftler warnen, die Inflation weiter zu drücken. Mapam lehnt eine Lohnsenkung entschieden ab.
16 Oberstleutnant Isser Be'eri kommt wegen der Hinrichtung Me'ir Tubianskys im Jahre 1948 vor Gericht. Am 22. 11. wird er schuldig gesprochen und erhält eine symbolische Strafe, einen Tag Haft.

November

2 Einweihung des Weizmann-Institutes für Wissenschaft in Rehovot.
Die Bewohner des im Juni 1948 von den Syrern eingenommenen und wieder geräumten Mischmar ha-Jarden kehren zurück. Der Ort ist völlig zerstört.
8 Beginn der Einwanderung per Flugzeug: Mit dem Unternehmen »Fliegender Teppich« werden in rund 400 Flügen 40 000 Juden aus dem Jemen nach Israel gebracht.
9 Wechsel an der Armeespitze: Yig'al Yadin wird anstelle von Ya'akov Dori zum Generalstabschef ernannt.
20 Die Zahl der Juden im Land: eine Million.
21 Bei einem Flugzeugunglück in Norwegen kommen 29 jüdische Kinder aus Tunesien ums Leben. Sie wurden vor ihrer Einwanderung zur Erholung nach Skandinavien geschickt.
24 Offizieller Gründungstag des Nachal. Als Regiment der »Gadna« besteht er schon seit über einem Jahr.

Dezember

5 Angesichts der Jerusalem-Debatte der UN-Vollversammlung, erklärt Ministerpräsident Ben-Gurion die Stadt zu einem untrennbaren Teil des Staates Israel.
9 Mit einer Mehrheit von 38 zu 14 Stimmen bei 7 Enthaltungen beschließt die UN-Vollversammlung die Durchführung ihrer Entschließung vom 29. 11. 47. Danach wird Jerusalem unter internationale Verwaltung gestellt.
20 Der UN-Treuhänderrat fordert Israel auf, die eingeleiteten Schritte zur »Verlegung der zentralen Regierungseinrichtungen nach Jerusalem« rückgängig zu machen.
30 Die Regierung Israels weist den Aufruf des UN-Treuhänderrats mit Nachdruck zurück.
31 Ein Rekordjahr in Sachen Einwanderung geht zu Ende: 239 000 Neubürger kamen nach Israel.

Die erste israelische Münze, 1949. Die Pruta (1 IL = 1000 Prutot) löst den Mil ab.

1949

DIE WAFFEN SCHWEIGEN

Am 16. November 1948 ruft der UN-Sicherheitsrat die kriegsführenden Parteien auf, Gespräche über einen Waffenstillstand aufzunehmen. Danach dauert es noch zwei Monate, in denen die israelische Armee zu einer großen Offensive (»Unternehmen Chorev«) im Negev ausholt, bis die ersten Verhandlungen zwischen Israel und Ägypten beginnen.

Die Gespräche unter UN-Schirmherrschaft finden auf Rhodos statt, vom 13. 1. bis zum 24. 2. 1949. Beide Kriegsparteien, vor allem aber die Ägypter, stellen weitreichende Forderungen. Schließlich einigt man sich über die meisten strittigen Punkte: Die Ägypter bleiben im Gazastreifen, der gesamte übrige Negev fällt an Israel. Die Gegend um Nizana wird auf beiden Seiten der internationalen Grenze entmilitarisiert.

Danach finden in Rosch ha-Nikra vom 1. bis 23. 3. Verhandlungen mit dem Libanon statt. Vereinbart wird, daß die internationale Grenze auch Waffenstillstandslinie sein soll. Israel muß außerdem seine Gruppen aus einigen Dörfern im Südlibanon abziehen. Doch gelingt es ihm nicht, damit den Rückzug der Syrer von israelischem Boden durchzusetzen.

Das dritte Abkommen wird mit Transjordanien geschlossen. Verhandelt wird wiederum auf Rhodos, vom 4. 3. bis 3. 4. Es ist das komplizierteste Abkommen und umfaßt Punkte wie die Festlegung des Grenzverlaufes nördlich von Tel Aviv und im Wadi Ara sowie den Verlauf der Eisenbahnstrecke nach Jerusalem und den Zugang zum Skopus-Berg.

Die Gespräche mit Syrien sind die längsten und mühsamsten. Sie finden im Niemandsland zwischen Rosch Pina und Mischmar ha-Jarden (damals in syrischer Hand) statt und dauern dreieinhalb Monate, vom 5. 4. bis 20. 7. Beschlossen werden unter anderem der syrische Rückzug aus Mischmar ha-Jarden und die Einrichtung zahlreicher entmilitarisierter Zonen entlang der Waffenstillstandslinie.

Der ebenfalls am Krieg beteiligte Irak lehnt die Unterzeichnung jeglicher Vereinbarung mit Israel ab.

Am 20. Juli 1949 ist der Unabhängigkeitskrieg offiziell beendet. Damals glaubt man noch, daß der Tag, an dem Frieden zwischen den Kriegsparteien herrschen wird, nicht mehr fern sei.

▽ Der spätere Präsident von Ägypten: Gamal Abd al-Nasser (links) als Offizier im ägyptischen Nachrichtenkorps.

△ Israelische Offiziere bei den Rhodos-Gesprächen. Von l. n. r.: Arie Simon, Yig'al Yadin, Yitzhak Rabin, Jehoschafat Harkabi.

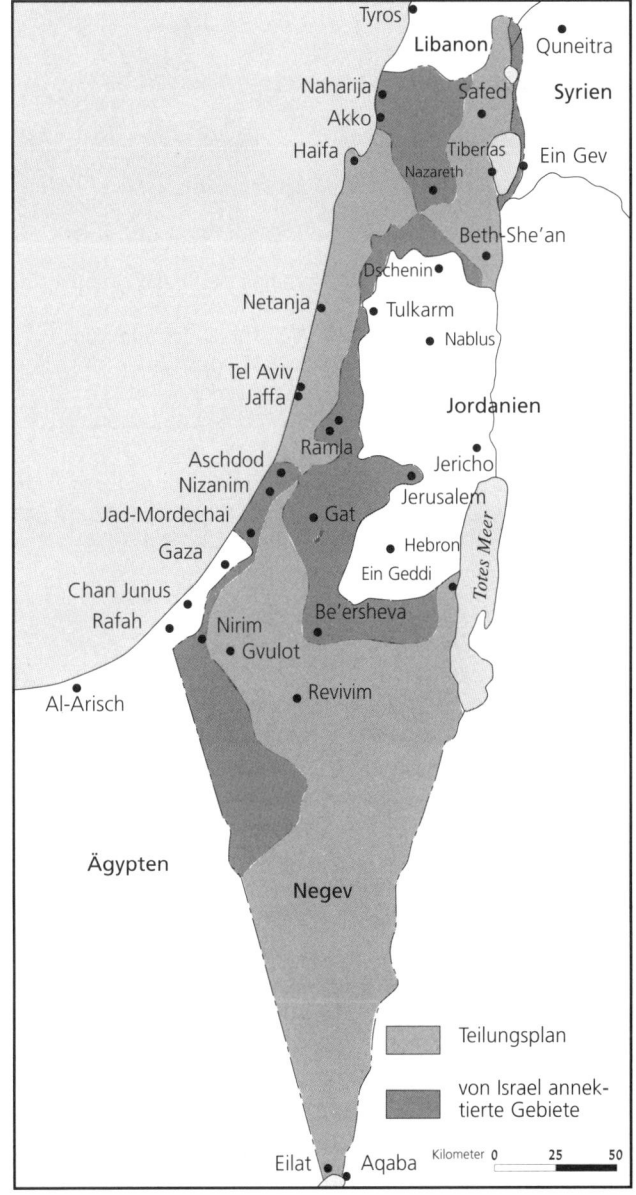

DIE KNESSET ENTSTEHT

Am 25. Januar 1949 finden die Wahlen zur sogenannten Gründungsversammlung statt. 25 Parteien beteiligen sich, zwölf werden gewählt. Mapai, die größte Partei, erhält 46 Sitze, Mapam 19, die Vereinigte Religiöse Front 15, Cherut 14, die Allgemeinen Zionisten sieben und die Progressiven fünf Sitze.

Die Gründungsversammlung tritt am 14. Februar 1949 unter dem Vorsitz des Präsidenten des provisorischen Staatsrates, Chaim Weizmann, in Jerusalem zusammen. Zwei Tage später, am 16. Februar, verabschiedet die Gründungsversammlung ein Übergangsgesetz, in dem der Name für das israelische Abgeordnetenhaus festgelegt wird: »Knesset«. Am Tag darauf, am 17. Februar, wird Weizmann als erster Staatspräsident Israels vereidigt. Die provisorische Regierung tritt zurück, und der Präsident nimmt seine Beratungen mit den Vertretern der Parteien über die Bildung der ersten offiziellen israelischen Regierung auf. Am 24. Februar beauftragt der Präsident David Ben-Gurion (Mapai) mit der Regierungsbildung. Nach weniger als zwei Wochen stellt Ben-Gurion am 8. März 1949 der Knesset sein Kabinett vor. Das Amt des Premiers sowie die wichtigsten Ministerien (Sicherheit, Auswärtiges und Finanzen), ferner die Amtsbereiche Arbeit, Verkehr, Erziehung, Bildung sowie Versorgung und Haushalt, sind Mapai-Politikern vorbehalten. Die zweitgrößte Koalitionspartei, die Vereinigte Religiöse Front, erhält die Ressorts Inneres, Einwanderung, Religion und Wohlfahrt. Die beiden kleinen Koalitionsparteien, Progressive und Sepharden, stellen je einen Minister. Insgesamt hat Ben-Gurions Regierung zwölf Minister. Mapam, die rechtsgerichtete Cherut, die Allgemeinen Zionisten und Maki, die Kommunisten, bilden die Opposition. Damals prägt Ben-Gurion das geflügelte Wort, alle Parteien dürften in eine Regierungskoalition, »außer Cherut und Maki«.

△ Der Buchstabe »Alef« steht für Mapai, »Zade« für Allgemeine Zionisten, »Chet« für Cherut, »Mem« für Mapam, »Beth« für die Religiöse Front. Die Wahlkampagne für die Gründungsversammlung im Januar 1949 verläuft stürmisch. Viele Häuserwände und alle Plakatflächen sind von Parteiwerbung bedeckt.

◁ Winter 1949: Der junge Staat hat schon ein Abgeordnetenhaus (Knesset), ein Staatswappen und eine Regierung mit zwölf Ministern. David Ben-Gurion ist Ministerpräsident und Verteidigungsminister. Golda Meir übernimmt das Arbeitsministerium.

1949

◁ Ein Teil der Paradierenden schlägt einen neuen Weg ein. Hier die ersten Nachal-Mitglieder mit ihren Heugabeln.

△ »Der Aufmarsch, der nicht marschiert«: Tel Aviv am 4. Mai 1949. So viele Menschen sind zusammengeströmt, daß die Armeeparade nicht durchkommt.

▽ 1949 beginnt eine Zeit strenger Sparmaßnahmen: An alle Bewohner Israels werden Lebensmittelkarten verteilt.

▷ Israel wird in die UNO aufgenommen und hißt seine Flagge in New York. Von links: Außenminister Moshe Sharett, Abba Eban, David Hacohen.

EINWANDERUNGSREKORD

Die Einwanderung in den jungen Staat Israel, nach dessen Unabhängigkeit sogleich der Krieg beginnt, erreicht in der Zeit vom 15. Mai bis 31. Dezember 1948 Rekordhöhe: 100000 Menschen strömen ins Land.

Und auch 1949 hält die Einwanderung unvermindert an. In diesem Jahr kommen sogar 239000 Einwanderer. In Spitzenmonaten bis zu 30000! Der Monatsdurchschnitt beträgt 20000 Immigranten. Der Staat bricht unter dieser Last nahezu zusammen, dennoch sind die Israelis euphorisch, und außer einigen Stimmen, die fordern, die Einwanderung zu verlangsamen, bejahen alle, politische Führung, Presse und öffentliche Meinung, den unbegrenzten Zuzug ausländischer Juden.

Im Dezember 1949 feiert Israel das »Fest der Million«: Jetzt leben eine Million Juden im Land, 350000 sind seit der Staatsgründung, die weniger als anderthalb Jahre zurückliegt, eingewandert. Das Anwachsen der Einwohnerzahl um über 50 Prozent in weniger als zwei Jahren darf durchaus als Weltrekord bezeichnet werden.

△ 1949 treffen jeden Monat unzählige Einwanderer ein. Sie werden in Heerlagern und Zelten untergebracht.

▷ Im Einwanderungslager in Pardess Hanna: Ein Neuankömmling blickt suchend um sich. Die Schilder sind auf hebräisch und in zusätzlichen Sprachen, etwa Jiddisch, beschriftet.

▽ Im März lädt Ben-Gurion Schriftsteller und Intellektuelle zu einem Gespräch. Vorne rechts: Professor Martin Buber. Der Redner ist S. H. Bergmann. Schriftsteller: Altermann, Schlonsky, Goldberg und Guri.

DER ZWEITE WELTKRIEG IN PALÄSTINA

▷ 4000 jüdische Frauen aus Palästina melden sich zum Frauenkorps des britischen Heeres. 26 000 jüdische Männer dienen in Hunderten von Einheiten.

▽ Unten, von links nach rechts, die Abzeichen der Fallschirmspringer, der Infanterie und der königlichen Luftwaffe. Darüber das Zeichen der jüdischen Brigade.

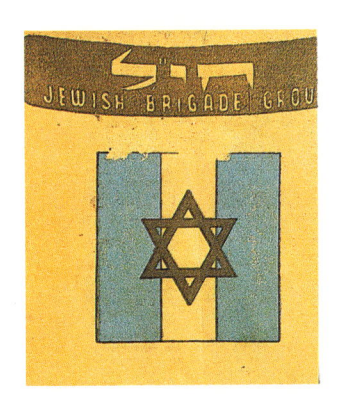

274

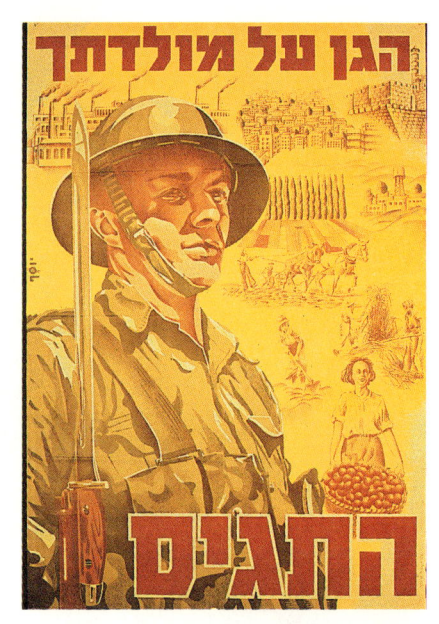

◁ *Aufrufe aus der Zeit des Zweiten Weltkriegs: Rekrutierung und Hilfe für die Rote Armee in ihrem Kampf gegen die Nazis.*

▷ *Palästina dient als Stützpunkt für Hunderttausende britischer Soldaten. So stellt sich ein Zeichner das Strandleben vor.*

▽ *Während des Krieges blüht in Palästina die Wirtschaft. In Form von »Konzentrationsspielen« setzen sich auch die Kinder mit ihr auseinander: hier das Spiel »Monopol«.*

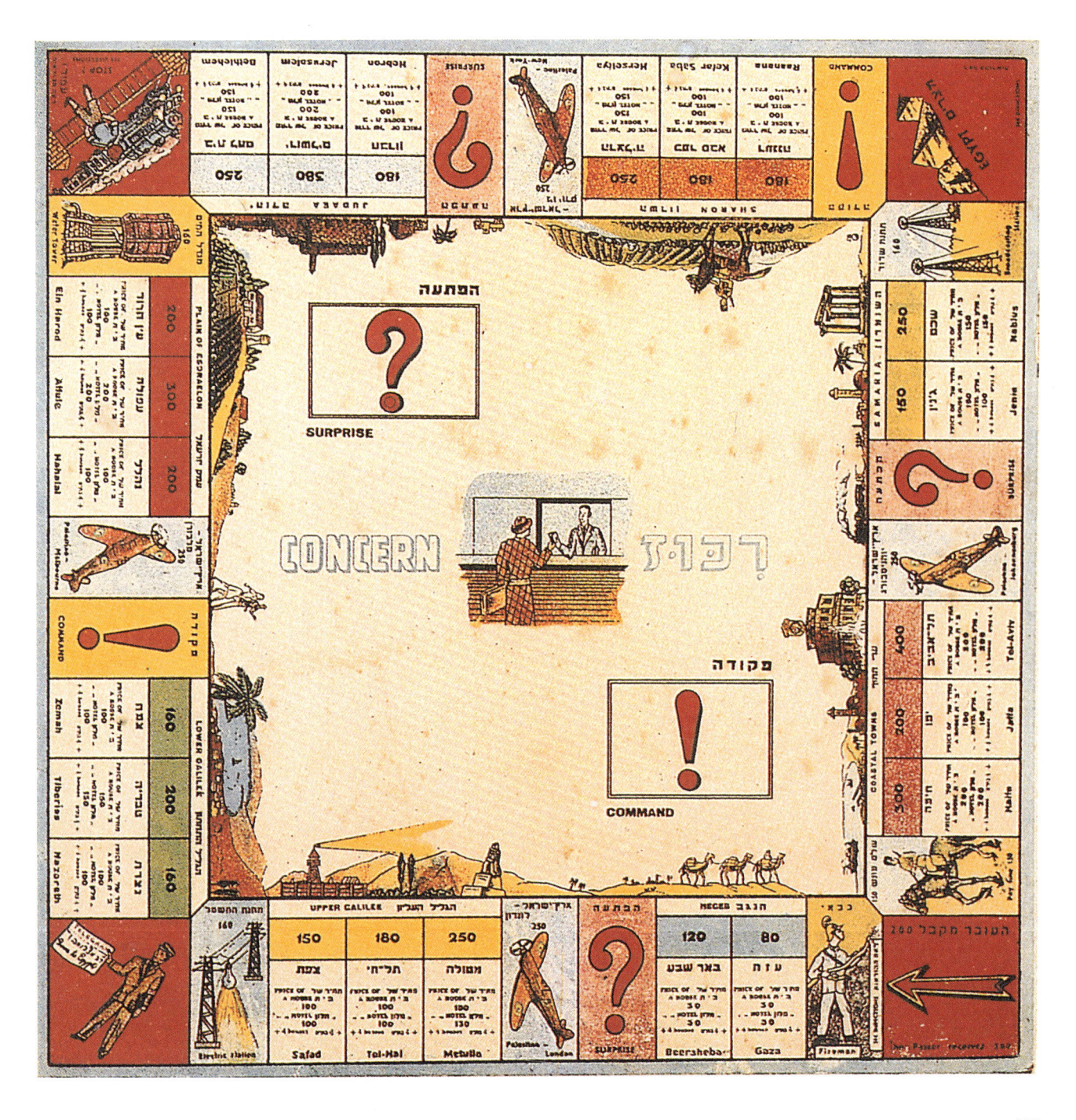

DER KAMPF GEGEN DIE ENGLÄNDER

▽ Am 29. Juni 1946, dem »Schwarzen Sabbat«, werden 2700 Juden verhaftet, darunter auch der Mapai angehörende Mitglieder der Jewish-Agency-Führung. Später nutzt die Partei die Verhaftung ihrer Mitglieder für die Eigenwerbung anläßlich der Wahlen zum 22. Zionistischen Kongreß.

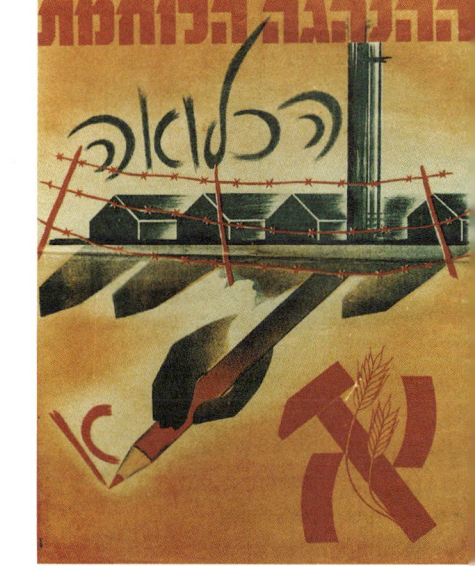

△ Der Kampf gegen die Briten von 1945 bis 1947 hat viele Gesichter. Die Haltung des Jischuw zum britischen Weißbuch gibt dieses Propagandaplakat von 1944 wieder.

◁ Gegenüber: Immer wieder treffen Schiffe mit illegalen Einwanderern ein. Eines ist die »Elijahu Golomb«. Der Maler Salvador Dalí hat es verewigt.

DER UNABHÄNGIGKEITSKRIEG, 1948

▷ *1948 kommen die ersten Briefmarken des unabhängigen Staates Israel heraus. Als sie gedruckt werden, steht der Name des Staates noch nicht fest, deshalb tragen sie die Aufschrift »Hebräische Post«.*

▽ *Der letzte Generalstab der illegalen Haganna ist auch der erste der regulären israelischen Armee. In der Mitte Verteidigungsminister David Ben-Gurion.*

△ *Kämpferin mit Maschinengewehr, 1948. Bild von Arie Elwail.*

◁ *Fünf Palmach-Kämpfer im Krieg von 1948, gezeichnet vom Jerusalemer Künstler Ludwig Blum bei seiner Ankunft in Be'ersheva, kurz nach der Einnahme der Stadt im Oktober.*

▷ *»Ein Skelett aus Eisen, stumm wie ein Spiegel«, schreibt Chaim Guri in seinem Gedicht »Bab al-Wad«. Das Gerippe des Panzers von 1948 liegt bis heute an der Straße nach Jerusalem.*

1949 – DAS ERSTE JAHR DER UNABHÄNGIGKEIT

▷ 1949 finden zum ersten Mal Knesset-Wahlen statt. Ins Parlament kommen u. a. Mapai, Mapam, Cherut, die Vereinigte Religiöse Front, die Allgemeinen Zionisten und Maki. Auch eine Frauenliste, »Wizo«, ergattert einen Sitz.

▽ Jeden Monat strömen Zehntausende Neueinwanderer ins Land. Der Maler Jossl Bergner schifft sich 1949 von Australien nach Europa ein. Im Hafen von Aden geht er an Land. Dort zeigt ihm ein Taxifahrer »ein großes Wunder«: Tausende jeminitische Juden auf dem Weg nach Palästina.

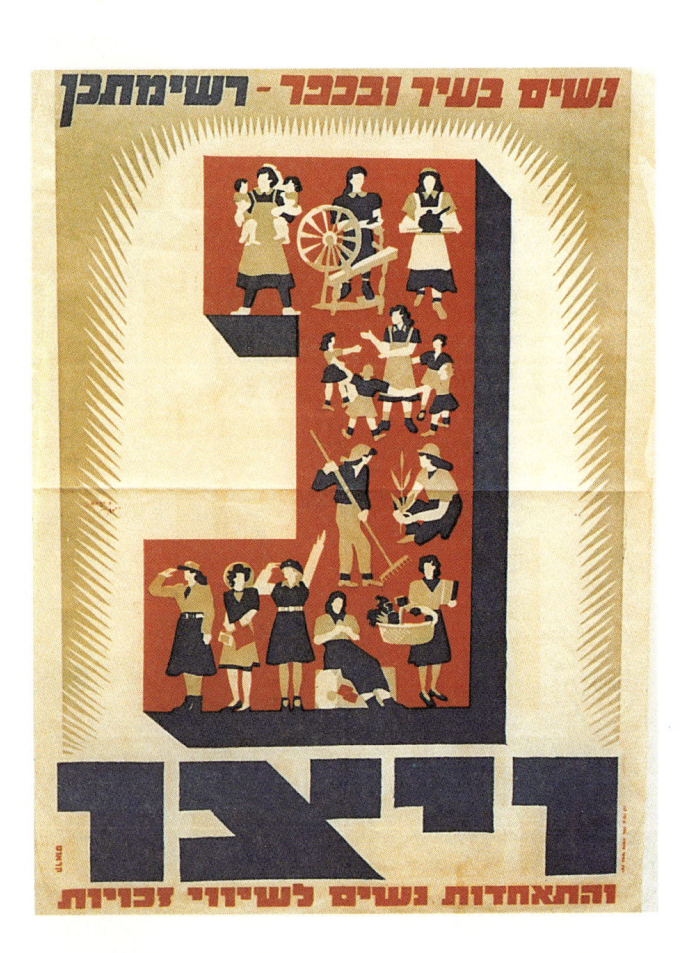

DIE FÜNFZIGER JAHRE

▷ Zu Beginn der fünfziger Jahre: Überschwemmungen in den Durchgangslagern und Siedlungen für Neueinwanderer.

▽ Der Schwarzmarkt, eine Folge der Sparmaßnahmen, ist »Feind« und »Katastrophe«.

△ Eine Zeit strikter Sparpolitik und Rationierung: Das Plakat zeigt ein Heft mit Lebensmittelmarken.

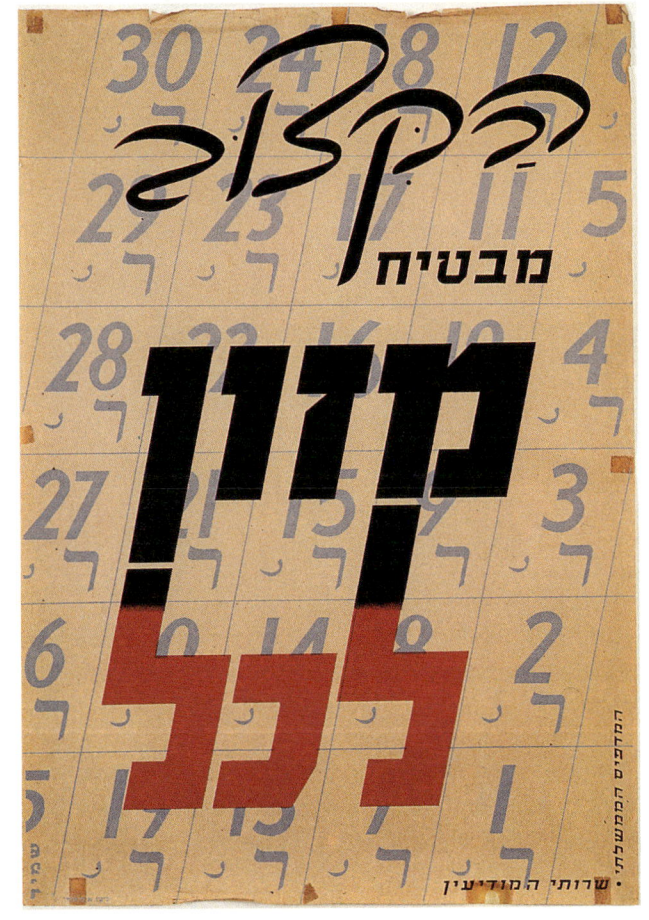

Von 1950 an bestimmen Durchgangslager für lange Zeit das Erscheinungsbild Israels. Insgesamt 139 Lager entstehen, von Kirjat-Schmona im Norden bis Jerucham im Negev. Die Öffentlichkeit beschäftigt sich viel mit dem Thema, Künstler ebenso: Naftali Bezem (oben) und Marcel Janke (rechts).

▷ So löst man Nahrungsmittelprobleme in den fünfziger Jahren: Anbau von Gemüse vor dem Haus.

▷ *Die fünfziger Jahre, stürmische Zeiten in der israelischen Politik: Im Kampf um die höchsten Ämter in Tel Aviv besinnt sich Cherut sogar des Krieges von 1948.*

▽ *Mapai baut auf das große Ansehen von Ministerpräsident David Ben-Gurion: »Sag ja zum Alten!«*

▷ *Viele Vergeltungsaktionen wegen des Eindringens feindlicher Soldaten. Nicht immer kehren die Kämpfer unversehrt zurück, wie dieses Bild von Mordechai Ovadjahu bezeugt.*

▽ *Nach dem »Unternehmen Kadesch« 1956 staunen die Israelis über die unendliche Weite und die Berggipfel des Sinai, seine Strände am Roten Meer und seine Bewohner, die Beduinen. Bild von Nachum Gutman.*

סיני · שמואל כץ

Ein Blick auf den Süd-Sinai, diesmal in einer Zeichnung von Shmu'el Katz.

▷ Nach Eilat gelangen die Reisenden mit GMC-Omnibussen. Arkia fliegt mit Dakota-Maschinen nach Eilat.

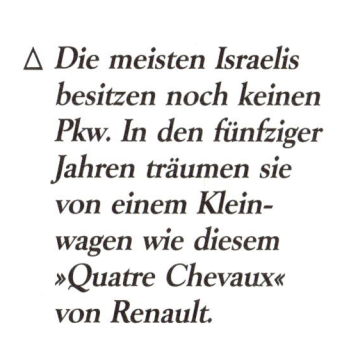

△ Die meisten Israelis besitzen noch keinen Pkw. In den fünfziger Jahren träumen sie von einem Kleinwagen wie diesem »Quatre Chevaux« von Renault.

▷ Dorf und Grenzsiedlung stehen im Mittelpunkt des nationalen Mythos. Regierung, Histadrut und die verschiedenen staatlichen Einrichtungen rufen die Bewohner auf, die Städte zu verlassen und in die Dörfer zu ziehen.

△ *Noch ist der Staat jung: Sein Alter wird auf den zum Unabhängigkeitstag herausgegebenen Briefmarken dargestellt: fünf Blumen, sieben Kerzen, die Fahne in Form einer Acht, ein Düsenflugzeug, das die Zahl 9 zeichnet, zehn Blätter.*

▷ *Die Presse steht noch ganz im Dienste des Staates – mit Ausnahme dieser Wochenschrift.*

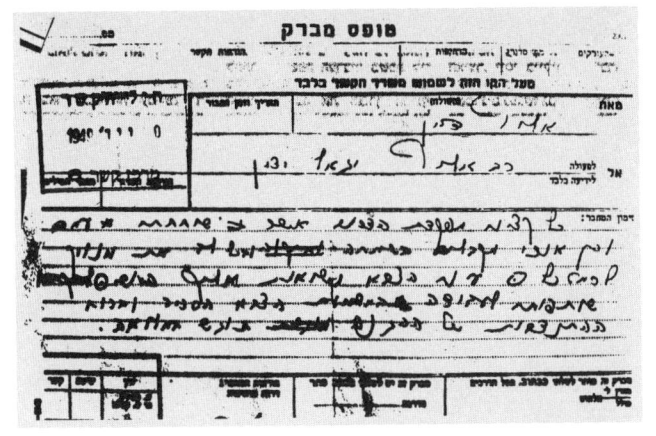

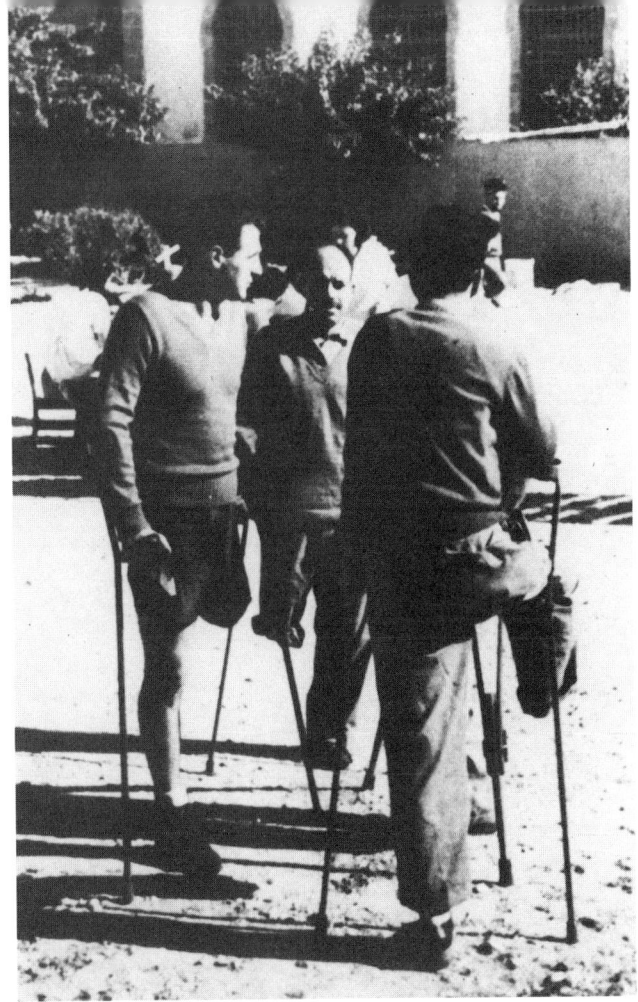

1949

△ Ende 1949, erster Wechsel in der Armee: Yig'al Yadin (im Bild oben links), tritt an die Stelle des ersten Generalstabschefs Ya'akov Dori. Der Befehlshaber Süd, General Moshe Dayan, schickt dem neuen Generalstabschef einen Brief, in dem er ihm seine Unterstützung versichert.

▽ Die von David Ben-Gurion befohlene Auflösung des Palmach löst einen Sturm der Empörung aus. Graffiti zum Thema, 1949: „Trotz allem – Palmach."

△ 6000 Tote, 1% der Bevölkerung, und Abertausende Verletzte – das ist der Preis, den der junge Staat und seine Bevölkerung zahlen müssen. Im Bild Schwerverletzte in einem Rehabilitationszentrum.

▽ Dutzende Ortschaften wurden im Krieg verwüstet. Manche sind völlig zerstört, in manchen sind umfassende Reparaturen erforderlich. Im Bild der beschädigte Wasserturm des Kibbuz Be'erot Yitzhak.

△ Das Theaterereignis des Jahres: »Be-Arevot ha-Negev«. Die besten Schauspieler, etwa Aaron Meskin (Mitte, sitzend) und Hanna Rovina (rechts), treten auf. Die Aufführung wird von den Feuilletonisten gelobt. Doch gibt es auch scharfe Kritik, besonders seitens der Armee, weil in dem Theaterstück die Militärbefehlshaber die Räumung von Dörfern und den Rückzug befürworten.

Die fünfziger Jahre: 1950–1959

Auf ins Durchgangslager: ein Neueinwanderer mit Koffer und Matratze.

Die fünfziger Jahre, das erste Lebensjahrzehnt des Staates Israel, stehen noch ganz im Zeichen der Staatsgründung und der beginnenden Konsolidierung. Es ist ein Jahrzehnt voller Widersprüche: Zwar muß der junge Staat eine Vielzahl komplizierter, teils nahezu unlösbar scheinender Aufgaben bewältigen. Doch gelingt ihm dies meist mit großem Erfolg.

Das vorrangige Problem sind die Masseneinwanderung und die Eingliederung der Neuankömmlinge. Die Einwandererflut setzt unmittelbar nach der Staatsgründung ein und hält bis 1952 unvermindert an. In den Jahren 1950 und 1951 treffen 350 000 Menschen im Land ein. Sie gesellen sich zu einer ähnlich großen Zahl von Immigranten, die in den beiden Jahren zuvor ankamen. Jetzt aber ist das Integrationsproblem weit größer – für jeden muß eine Unterkunft und eine Beschäftigung gefunden werden –, weil die Bevölkerung zu schnell wächst. 1950 werden die ersten Durchgangslager errichtet: provisorische Wohnorte für Neueinwanderer. Bedauerlicherweise werden diese länger als geplant benötigt. Bis Ende 1951 entstehen 139 solcher Barackenstädte, in denen eine Viertelmillion Menschen lebt. Danach müssen keine weiteren Lager mehr gebaut werden, weil sich die Einwanderung verlangsamt. Sie geht auf 10 000 bis 20 000 Neubürger jährlich zurück und steigt erst Mitte der fünfziger Jahre wieder allmählich an. Eine Ausnahme bildet das Jahr 1957. Infolge politischer Umwälzungen in Osteuropa und des Sinai-Krieges strömen erneut zahlreiche Juden ins Land: diesmal aus Polen, Ungarn und Ägypten. Die Anstrengungen der israelischen Institutionen gelten jetzt der Eingliederung: Bau von Wohnungen für die Menschen in den Durchgangslagern (Gründung von Entwicklungsstädten) und Schaffung einer industriellen Infrastruktur, um Arbeitsplätze für die Einwanderer und die im Land Geborenen zu schaffen.

Ein zweites Problem ist die Sicherheit. Zu Beginn der fünfziger Jahre glauben noch viele in Israel, daß die Waffenstillstandsabkommen mit den arabischen Ländern innerhalb kurzer Zeit zu Friedensverträgen führen. Die Lage an den Grenzen widerlegt jedoch diese Hoffnungen. Immer öfter dringen arabische Elemente auf israelisches Gebiet vor, 1951 entwickelt sich dieses Phänomen zu einer wahren »Landplage«. An der Süd- und der Ostgrenze folgen den Eindringlingen Terroristen, die sich »Fedajin« nennen und die die Situation weiter aufheizen. Im Norden ist Syrien für die Infiltration direkt verantwortlich, die Israel an jeglichen Erschließungsmaßnahmen, etwa am Trockenlegen des Hule-Tals und der Begradigung des Jordans, hindern soll.

Von 1953 bis 1956 werden hunderte solcher Übergriffe gezählt. Die israelische Armee reagiert mit einer Reihe von Vergeltungsaktionen: anfangs gegen die Zentren der Fedajin, später auch gegen Militärstützpunkte in Ägypten, Jordanien und Syrien. Dabei wird von der Annahme ausgegangen, daß derartige Schläge die Regierungen der drei Staaten dazu veranlassen würden, den Terror zu bremsen. Doch die Lage verschlechtert sich von Monat zu Monat. Deshalb drängt Generalstabschef Moshe Dayan von 1955 an auf einen groß angelegten Feldzug gegen Ägypten, um die von den Ägyptern verhängte Seeblockade gegen den Hafen Eilat zu durchbrechen und die Terrorstützpunkte im Gazastreifen zu eliminieren.

Mitte der fünfziger Jahre befindet sich der Staat Israel sowohl auf politischer Ebene als auch im Bereich Sicherheit in einer schwierigen Position. Der Präsident von Ägypten, Nasser, knüpft enge Beziehungen zur Sowjetunion und kommt in den Genuß großzügiger Waffenlieferungen, mit denen er Israel bedroht. Die USA liefern keine Waffen in die Staaten der Region, und Großbritannien ist nur zu begrenzten Waffenverkäufen bereit. Frankreich hingegen kommt Israel aus eigennützigen Erwägungen zu Hilfe und wird ein treuer Verbündeter (es führt in Algerien selbst einen Krieg gegen die Araber). Paris stellt Israel große Mengen Waffen, moderne Flugzeuge, Panzer und Munition zur Verfügung.

Mit dem »Unternehmen Kadesch«, dem Sinai-Krieg Ende 1956, verwandelt sich Israel schlagartig in eine regionale Großmacht. In enger politischer wie strategischer Koordination mit Großbritannien und Frankreich – beide haben mit den Ägyptern unter Nasser eine Rechnung zu begleichen – schlägt Israel innerhalb weniger Tage das ägyptische Heer und erobert die Sinai-Halbinsel und den Gazastreifen. Zwar zieht sich die israelische Armee später aufgrund des Druckes der UNO und der Großmächte aus diesen Gebieten wieder zurück, doch herrscht für die nächsten zehn Jahre Ruhe im Süden: In Scharm asch-Scheich und entlang der ägyptischen Grenze werden UN-Truppen stationiert. Auch an der jordanischen Grenze ist es in den Jahren nach dem Krieg wieder fast völlig ruhig, und nur an der syrischen Grenze kommt es noch zu Spannungen.

Die Wirtschaft ist das dritte Problem Israels in jener Zeit. Die ökonomische Entwicklung geht sehr langsam vonstatten. Der Unabhängigkeitskrieg und die Eingliederung Hunderttausender Neueinwanderer verschlingen Unsummen. Der Staat gerät in finanzielle Not. Er hat keine Devisen für den Kauf von Nahrungsmitteln und Brennstoff und ergreift deshalb strikte Sparmaßnahmen und führt Rationierungen ein. Trotzdem vergehen viele Jahre, bis sich die Wirtschaft konsolidiert und die Bedürfnisse der Bevölkerung wenigstens teilweise gedeckt werden können. Spenden von den Juden aus der ganzen Welt, amerikanische Kredite und Entschädigungszahlungen aus Deutschland tragen zur Lösung der Krise bei.

Nun entwickelt sich die israelische Wirtschaft zusehends: Die landwirtschaftliche Nutzfläche vergrößert sich um ein Vielfaches, die neugeschaffene Industrie bietet den meisten Arbeitsplätze, und die großen Erschließungsvorhaben versprechen Gutes für die Zukunft. Symbolisch für die verbesserte Lage ist die Aufhebung der Rationierung der Grundnahrungsmittel im Jahre 1959.

In den fünfziger Jahren steht der Staat Israel weitgehend in der Kontinuität des Jischuw. Die Führung bilden noch dieselben Personen, die den Kampf um die Unabhängigkeit geleitet haben. Die Älteren sind mit der zweiten oder dritten Alija, das heißt bereits vor 40 oder 50 Jahren ins Land eingewandert. Und auch die Werte sind nahezu unverändert: Das Ideal ist eine Gesellschaft gleichberechtigter Bürger, ein Wohlfahrtsstaat, in dem die zionistische Idee verwirklicht wird. Landwirtschaft und Siedlungswerk stehen im Mittelpunkt.

1950

Januar
23 Die Knesset erklärt Jerusalem zur Hauptstadt Israels.

Höhepunkt der Sparpolitik: Es fehlt an Nahrungsmitteln und Brennstoff. Spekulations- und Schwarzmarktgeschäfte.

Februar
5–6 Schnee in ganz Israel.
11 Großbritannien gibt 15 Millionen Pfund Sterling frei: Gelder, die Israel gehören, bislang jedoch von den Briten zurückgehalten wurden.
24 Ein großer Streifen Niemandsland nördlich von Gaza wird zwischen Israel und Ägypten aufgeteilt.
24–25 Ägyptische Heereseinheiten bemächtigen sich der Inseln Tiran und Sanafir am Eingang zum Golf von Aqaba.
28 Eröffnung des Flughafens von Eilat. Die Kleinstadt im Süden wird überwiegend von Soldaten bewohnt.

Regierungskrise wegen Meinungsverschiedenheiten über die Erziehung der Kinder in den Durchgangslagern für Einwanderer. Die drei religiösen Minister bleiben den Kabinettssitzungen fern. Gegen

»La-kol« (Für alle): Markierung auf Waren zu Zeiten der Sparpolitik.

Monatsende wird ein Kompromiß erzielt.

März
11 Einweihung des Rundfunksenders »Kol Zion la-Galut« (Stimme Zions für die Diaspora). Zunächst strahlt er nur Sendungen auf Jiddisch, Englisch und Französisch aus.
13 Die Knesset kehrt nach Jerusalem zurück und tritt in einem Haus in der jüdischen Neustadt zusammen.

Erneute Meinungsverschiedenheiten über die Erziehung der Kinder in den Einwandererlagern. Die Vereinigte Religiöse Front droht, die Regierungskoalition zu verlassen, falls weiterhin nichtreligiöse Lehrer die Kinder unterrichten. Wieder mißlingt es Mapai, Mapam zum Beitritt zur Koalition zu bewegen. Die Gespräche mit den Allgemeinen Zionisten werden fortgesetzt.

April
16 Großes Unglück in Jaffa: Ein Gebäude stürzt ein. Zehn Tote und viele Verletzte.
23 Unabhängigkeitstag: Israel begeht sein zweijähriges Bestehen mit einer Parade in Jerusalem.
24 Jordanien annektiert offiziell die von ihm besetzten Territorien Palästinas westlich des Jordans, die »Westbank«.
27 Volle Anerkennung Israels durch Großbritannien. Gleichzeitig akzeptieren die Briten aber auch die jordanischen Annexionen.

100 000 Neueinwanderer leben in Lagern.

Mai
1 Ein politisches Zerwürfnis kündigt sich an: Der Aufmarsch am 1. Mai in Tel Aviv wird abgesagt, weil Mapai und Mapam sich nicht über die Spruchbänder einigen können.
18 »Unternehmen Esra und Nechemia«: Die jemenitischen Juden werden per Flugzeug nach Israel geholt.

Die Einwanderung aus Osteuropa und Nordafrika geht weiter. Regierung und Jewish Agency beschließen die Errichtung von Durchgangslagern. Das erste Durchgangslager ist Kessalon im judäischen Bergland.

Weitere Sparmaßnahmen der Regierung finden in der Knesset keine Mehrheit.
25 Die Vereinigten Staaten, Großbritannien und Frankreich garantieren die Grenzen der Staaten im Nahen Osten und die Waffenstillstandslinien.

Die Gespräche mit den Allgemeinen Zionisten über ihren Beitritt zur Koalition geraten in eine Sackgasse.

Juni
21 Im Hafen von Eilat kommt ein Schiff aus Aden an, das Tora-Rollen und Kultgeräte der Juden aus dem Jemen nach Israel bringt.
29 Verspätete Annahme des Staatshaushalts 1950/51 durch die Knesset. Sein Volumen: 60 Millionen IL. Das bedeutet einen Anstieg von 30% gegenüber dem Vorjahr.

Juli
Verabschiedung des »Rückkehrgesetzes« durch die Knesset: Jeder Jude hat das Recht, in Israel zu leben.
31 Verschärfung der Sparmaßnahmen in Israel. Von jetzt an werden auch Kleidung und Schuhe rationiert.

August
1 Verabschiedung des »Gesetzes über das Richten und Urteilen über Nazis und ihre Helfer«. Höchststrafe ist der Tod.
1–14 Die Händler streiken gegen die Rationierungspolitik. Am 7. des Monats findet ein Generalstreik statt.
8 Mißtrauensvotum der Opposition wegen Sparpolitik der Regierung. Der Antrag wird mit einer Mehrheit von 57 zu 36 Stimmen abgelehnt.

September
3 »Kongreß der Milliarden« in Jerusalem: Jüdische Kapitaleigner und Unternehmer aus der ganzen Welt werden aufgerufen, Israel finanziell zu unterstützen.
6 Erste Entwicklungskredite aus den USA sollen Israel bei der Schaffung einer wirtschaftlichen Infrastruktur und der Eingliederung der Einwanderermassen helfen.

Das »eroberte« Judäa – das »befreite« Judäa. Zeichnung: Arie Navon.

24 Start des Militärsenders »Galei-Zahal«.

Ende des Unternehmens »Fliegender Teppich«: 50 000 jemenitische Juden wurden nach Israel ausgeflogen.
27 Eröffnung der 3. Makkabia in Tel Aviv, erste jüdische Olympiade nach 15 Jahren.
30 Die Regierung verkündet ein neues Wirtschaftsprogramm: Importerleichterungen, Förderung der Ausfuhren, Inflationsstopp und Aufnahme einer Anleihe im Land selbst.

Oktober
3 Ministerpräsident Ben-Gurion stellt sich an die Spitze der Kampagne gegen die Schwarzmarkthändler. Er ruft dazu auf, den Schwarzmarkt zu boykottieren.
15 Regierungskrise: Ministerpräsident Ben-Gurion schlägt eine Kabinettsumbildung vor, u. a. auch die Abschaffung des Ministeriums für Versorgung und Rationierung und die Ernennung eines Wirtschaftsexperten zum Minister für Handel und Industrie. Einspruch der Religiösen Front. Ben-Gurion reicht seinen und den Rücktritt der Regierung ein.

Schuld an der Krise sind auch die Spannungen mit den Religiösen über die Erziehung in den Einwandererlagern. Der Präsident beauftragt Ben-Gurion mit der Bildung einer neuen Regierung.
17 Ben-Gurion bildet eine Minderheitsregierung mit den sieben Ministern der eigenen Partei, Mapai, und einem Vertreter der Sepharden. Die Knesset verweigert dem neuen Kabinett das Vertrauen.
19 Präsident Weizmann beauftragt Pinchas Rosen von den Progressiven mit der Regierungsbildung, einen Mann also, der keiner der großen Parteien angehört. Zehn Tage später teilt Rosen mit, seine

△ Überall Zelte. Im Bild eins der größten Durchgangslager, in Beit-Lid bei Tel Aviv. Auch in und um Tiberias entstehen Durchgangslager für Hunderte oder gar Tausende Neubürger. Darüber berichtet die Schlagzeile in »Ha-Bokker« von 1950.

△ Kinder von Siedlern, die sich erst kurz zuvor im Einwanderer-Moschaw Zalfon bei Jerusalem niedergelassen haben. In den ersten Jahren nach Entstehen des Staates gründen Neueinwanderer landesweit Hunderte Moschawim, so auch in abgelegenen Gegenden mit geringer jüdischer Bevölkerung, etwa in Mittelgaliläa und in dem nach Jerusalem führenden Korridor. Die meisten Siedler, die aus Dutzenden von Ländern kommen, haben keinerlei Erfahrung in der Landwirtschaft.

Bemühungen seien fehlgeschlagen.

November
1 Bildung einer neuen Regierung unter Ben-Gurion: Umbesetzungen, Abschaffung des Ministeriums für Versorgung und Rationierung sowie zum ersten Mal ein Minister, der nicht Knesset-Mitglied ist: Ya'akov Gari wird Minister für Handel und Industrie. Der ehemalige Verkehrsminister David Remez wird anstelle des ausscheidenden Salman Shazar zum Minister für Erziehung und Bildung ernannt. 69 Knesset-Mitglieder unterstützen die Regierung, 42 sprechen sich gegen sie aus, und zwei enthalten sich der Stimme.

Druck der Vereinigten Staaten auf Israel, den arabischen Flüchtlingen Entschädigung zu zahlen.

6 Beginn des Unternehmens »Ein Dach über dem Kopf«. Es ist dazu bestimmt, in den Wintermonaten Tausende von Kindern aus den Durchgangslagern in den Häusern alteingesessener Bürger unterzubringen.

14 Überraschung bei den ersten Kommunalwahlen: große Verluste für Mapai und Gewinne für die Allgemeinen

1950 liegt im ganzen Land Schnee. Hier die Ben-Jehuda-Straße in Tel Aviv.

Zionisten, die ein Viertel der Stimmen erhalten.

29 Kilometer 78: Die Jordanier sperren die Straße nach Eilat mit der Begründung, sie führe durch ihr Gebiet.

Aufflammen des Streits zwischen Mapai und den Religiösen über die ideologische Ausrichtung der Lehrer in den Durchgangslagern.

Dezember
2 Eine israelische Panzertruppe verjagt die Jordanier und macht den Weg nach Eilat frei. In den folgenden Wochen verweigern die Jordanier ihre Teilnahme an den Sitzungen des Waffenstillstandsausschusses.

16 Die UNO weist den belgischen Vorschlag zurück, die heiligen Stätten einer internationalen Aufsicht zu unterstellen.

1950 sind fast 170000 Juden eingewandert, es wurden 62 Durchgangslager errichtet. In weiteren provisorischen Lagern leben 40000 Menschen.

1950

▷ Die »Riesenkanone« ist ein Betonmischer. Diesem Modell begegnet man auf allen großen Baustellen, etwa in Be'ersheva, Holon und Kirjat-Jam. An einem Arbeitstag werden damit ein bis zwei Häuser gegossen. In zwei bis drei Wochen entsteht so ein ganzes Wohnviertel für Einwanderer.

▽ Impression aus Jaffa: Tausende Einwanderer richten sich in von Arabern verlassenen Häusern ein. 1950 wird Jaffa mit Tel Aviv vereinigt. Seither heißt die Stadt offiziell »Tel Aviv-Jaffa«.

DIE DURCHGANGSLAGER

In den ersten beiden Jahren seines Bestehens wandern 400 000 Menschen nach Israel ein. Sie werden in allen zur Verfügung stehenden Gebäuden untergebracht: in freien Wohnungen, bei Verwandten, in ehemaligen britischen Heerlagern, in verlassenen Städten und Dörfern, in Zeltlagern, Einwanderer-Moschawim und Siedlungen. Aber der Strom von Zuwanderern schwillt monatlich weiter an, so daß es kaum noch Unterbringungsmöglichkeiten gibt.

Anfang 1950 leben bereits rund 100 000 Neueinwanderer mehr schlecht als recht in einfachen Zeltlagern. Sie haben keine Arbeit, und die Jewish Agency und die Regierung kommen für ihren Lebensunterhalt auf. Der Leiter der Siedlungsabteilung und Schatzmeister der Jewish Agency Levi Eshkol entwickelt den Plan, die Neubürger in provisorischen Ortschaften unterzubringen, unweit von bereits bestehenden Dörfern und Städten. Per Arbeitsbeschaffungsmaßnahmen will er ihnen eine Beschäftigung geben, und sie so zu Mitgliedern der Gesellschaft machen, die nicht länger auf öffentliche Zuwendungen angewiesen sind. Die provisorischen Ortschaften sollen nur während einer Übergangszeit bestehen, bis genügend feste Häuser vorhanden sind. Sie werden »Durchgangslager« genannt.

Bis Ende 1951 entstehen 140 solcher Lager mit über 200 000 Bewohnern. Die Lebensbedingungen in den Lagern sind schwer, und alle sind sich darüber im klaren, daß die Provisorien so schnell wie möglich wieder abgeschafft werden müssen. Das jedoch erweist sich als problematisch: Ein Teil der Durchgangslager wird schließlich zehn Jahre und mehr genutzt werden. Das Lagerleben, die Reibereien zwischen Einwanderern unterschiedlicher Herkunft und die Arbeitslosigkeit haben Tausende Immigranten der fünfziger Jahre dauerhaft geprägt.

▷ Inspektoren im Kampf gegen Schwarzmarkthändler. Ihr Fund diesmal: ein Huhn im Kofferraum.

▽ Die Israelis gewöhnen sich an die Sparmaßnahmen und Rationierungsvorschriften, zum Beispiel an den richtigen Umgang mit den Lebensmittelmarken. Jeder Bürger erhält ein Heft mit Buchstaben und Zahlen, die für unterschiedliche Nahrungsmittel stehen.

KAMPF DEM SCHWARZMARKT

Wegen Sparmaßnahmen und Rationierungspolitik floriert der Schwarzmarkt. Die Regierung gibt sich größte Mühe, die illegalen Geschäfte zu unterdrücken: Tausende Beamte und Inspektoren des Ministeriums für Versorgung und Rationierung versuchen, das Problem in den Griff zu bekommen; auch die Polizei hilft dabei. Trotzdem kommen nur relativ wenige Schwarzmarkthändler vor Gericht.

Im Sommer 1950 verschärft sich die Lage, als auch Bekleidung und Schuhe von den Sparmaßnahmen betroffen sind. Die Kaufleute klagen, sie hätten keine Möglichkeit mehr, ihre Geschäfte zu führen, und treten deshalb in einen Streik. Im Herbst 1950 bildet die Regierung einen »Stab zur Bekämpfung des Schwarzmarktes«.

Doch trotz angedrohter Geld- und Gefängnisstrafen sowie Kontrollen durch spezielle Inspektoren und die Polizei läßt sich der illegale Handel nicht völlig unterbinden.

Erst als in späteren Jahren die Rationierung von Waren und Lebensmitteln aufgehoben wird, verliert der Schwarzmarkt an Bedeutung.

△ Seit September 1950 gibt es neben »Kol Israel« eine weitere Radiostation, den Armeesender »Galei-Zahal«. Im Bild die erste Ansagerin, Rahel Levison.

▷ Meist unterliegen die israelischen Fußballmannschaften bei internationalen Begegnungen. Diesmal überrascht die Nationalmannschaft mit einem 5:1-Sieg gegen die Türkei.

1950

◁ Staatspräsident Dr. Chaim Weizmann empfängt die im Oktober 1950 gebildete neue Regierung. Die neuen Minister: Ya'akov Gari (zweiter von links) und Pinchas Lavon (vierter von links).

▽ Ein seltener Anblick: David Ben-Gurion hoch zu Roß. Der Ministerpräsident bricht zu einem Rundritt durch Galiläa auf, der ihn auch an Orte führt, die noch nicht ans Straßennetz angebunden sind. Im Jahre 1950 ist Ben-Gurion auf dem Höhepunkt seiner Popularität, obwohl er in mehrere Regierungskrisen verwickelt ist.

△ Der Winter 1950 ist einer der kältesten, den das Land seit vielen Jahren erlebt hat. In der ersten Februarwoche bedeckt eine dicke Schneedecke fast alle Landesteile, selbst den Norden der Negev-Wüste. Der Schnee, der von den meisten freudig begrüßt wird, verursacht jedoch auch zahlreiche Schäden, vor allem in den Einwandererlagern.

▷ Die Knesset im Frumin-Haus in Jerusalem. Von 1950 bis 1966 tritt sie in diesem grauen Gebäude in der Neustadt zusammen. Tagt das Parlament, wird die Straße gesperrt.

◁ Meer, Berge sowie nur wenige Menschen und Häuser: 1950 liegt Eilat noch »am Ende der Welt«. Omnibusse gelangen nur alle paar Tage auf einer Schotterpiste dorthin. Doch nach der Gründung der Fluggesellschaft »Arkia« ist die zukünftige Stadt auch per Flugzeug mit dem Norden verbunden.

▽ Gäste im entlegenen Eilat: Ministerpräsident David Ben-Gurion, Finanzminister Eli'eser Kaplan (links) und Generalstabschef Yig'al Yadin. Ben-Gurion hält eine Koralle aus dem Roten Meer in der Hand. Damals sind Korallen aus Eilat noch ein beliebtes Souvenir.

▽ »Gipfeltreffen« unter dem wohlwollenden Blick Präsident Weizmanns. Die Großmächte USA und Sowjetunion sind miteinander zerstritten, sie befinden sich im kalten Krieg. Beim Empfang am Unabhängigkeitstag schmilzt das Eis, und die Botschafter der beiden Staaten, James MacDonald (links) und Pawel Jirschow, lächeln.

◁ Brennpunkt Kilometerstein 78: Am Jahresende kommt es zu einer Konfrontation mit den Jordaniern an der Straße nach Eilat. Mit Hilfe von UN-Beobachtern werden sich beide Parteien einige Wochen später einigen.

1951

Januar

4 Religionsminister Rabbi Fishman-Maimon tritt wegen des Streits um die Erziehung der Kinder in den Durchgangslagern von seinem Amt zurück.

7 Abreise der israelischen Philharmonie zu einer Konzerttour durch die USA.

9 Gründung der Einwandererstadt Jerucham.

In einem Brief fordert die Regierung die vier Besatzungsmächte in Deutschland auf, die Deutschen nach Wiedererlangung ihrer Souveränität dazu anzuhalten, das jüdische Volk und den Staat Israel für den jüdischen Besitz, den sie sich zur Nazizeit angeeignet haben, zu entschädigen.

20 Beginn der Trockenlegung des Hule-Tals.

29 Krise in der Cherut-Bewegung: Drei ihrer 14 Knesset-Mitglieder scheiden aus ihrem Amt aus.

Februar

3 Die Arabische Liga beschließt, die arabischen Flüchtlinge aus Palästina in arabischen Ländern anzusiedeln, ohne jedoch auf deren Rückkehrrecht zu verzichten.

5 Erziehungsminister David Remez unterbreitet der Knesset Vorschläge zum Thema Einschulung. Die religiöse Fraktion lehnt alle ab.

7 Israelischer Vergeltungsschlag gegen das Dorf Scharafat bei Bethlehem nach der Tötung dreier Israelis bei Jerusalem. Die Jordanier melden zwölf Tote und 18 Verletzte.

14 Kilometer 78: Eine Übereinkunft mit Jordanien setzt einen Schlußstrich unter die Affäre um die Straße nach Eilat. Die Vertreter der Generalstabschefs beider Staaten vereinbaren außerdem, Infiltrationen und Attentate zu verhindern. Eine ähnliche Vereinbarung wird auch mit Ägypten getroffen.

Zuspitzung der Krise im Erziehungswesen: Die Knesset lehnt die Vorschläge des Erziehungsministers ab. Ministerpräsident Ben-Gurion teilt mit, die Regierung betrachte die Abstimmung als Mißtrauensvotum, deshalb trete sie zurück.

27 Die Krise verschärft sich wegen des Verbotes des Oberrabbinates, junge Frauen zum Militärdienst einzuziehen.

Eine neue Stadt im Süden: Aschkelon. Sie entsteht neben der arabischen Kleinstadt Madschdal, in der sich nach dem Unabhängigkeitskrieg Neueinwanderer niederließen und die seither »Migdal Gad« heißt.

März

4 Landwirtschaftsminister Pinchas Lavon beruhigt die Öffentlichkeit: Die Regierung verfügt über Nahrungsmittelvorräte für ein halbes Jahr.

5 Staatspräsident Chaim Weizmann teilt dem Knesset-Vorsitzenden mit, nach seinen Beratungen mit den Fraktionen habe sich gezeigt, daß keine lebensfähige neue Regierung gebildet werden könne. Deshalb seien Neuwahlen nötig. Die zurückgetretene Regierung bleibt als Übergangsregierung im Amt.

12 Israel unterbreitet den Großmächten USA, UdSSR, Frankreich und England eine Entschädigungsforderung: Deutschland soll 1,5 Milliarden Dollar zahlen.

In den letzten Märztagen wächst die Spannung im Norden. Die Syrer stören die Trockenlegungsarbeiten im Hule-Tal durch Beschuß.

Der Winter 1951 ist der regenärmste der letzten 30 Jahre.

April

4 Schwerer Zwischenfall in Al-Hamma: Die Syrer dringen in die entmilitarisierte Zone ein und töten sieben israelische Polizisten.

5 Bei einem israelischen Vergeltungsschlag werden die Polizeiwache von Al-Hamma, ein Bunker und ein syrisches Zeltlager bombardiert.

12 Die Knesset setzt Neuwahlen für den 30. Juli 1951 an.

24 Gründung von Or Akiva, einer Einwandererstadt nördlich von Hadera.

27 Zu Gast im Land: UN-Generalsekretär Trygve Lie.

Im Verlauf des Monats kommt es wegen internationaler Verwicklungen (der Koreakrieg und seine Auswirkungen) und fehlender ausländischer Devisen zu Problemen bei der Nahrungsmittelversorgung in Israel. Die Israelis erhalten die ihnen zugeteilten Rationen mit Verspätung und müssen für den Erwerb von Nahrungsmitteln, Eisblöcken und Busfahrkarten Schlange stehen. (Wegen fehlender Ersatzteile verringert sich die Zahl der fahrtüchtigen Omnibusse.)

Care-Pakete aus dem Ausland, vor allem aus den USA.

Mai

2–6 Kämpfe bei Tel Mutilla nördlich vom See Genezareth. Syrische Einheiten überqueren den Jordan und besetzen mehrere Anhöhen. Nach anfänglichen Schwierigkeiten gelingt es der israelischen Armee, sie zu vertreiben: 40 Tote auf israelischer Seite und mehr als 70 Verletzte.

2 Ministerpräsident und Verteidigungsminister Ben-Gurion reist zu einem USA-Besuch ab. Mit ihm treffen zwei Schiffe der israelischen Marine in New York ein.

3 Begegnung Ben-Gurions mit Präsident Truman.

8 Die Zwischenfälle in der entmilitarisierten Zone im Norden gehen weiter. Der Sicherheitsrat ordnet eine Feuereinstellung an.

11 Gespräche zwischen Israel und Syrien.

15 Die Polizei nimmt viele Mitglieder des »Bundes der Zeloten«, einer Vereinigung religiöser junger Menschen, fest. Sie planten einen Anschlag auf die Knesset während der Beratungen über das Gesetz über die Wehrpflicht der Frauen.

19 Der Sicherheitsrat fordert, daß Israel die Umleitung des Jordans in der entmilitarisierten Zone im Norden einstelle. Der Antrag wurde von den USA, Großbritannien, Frankreich und der Türkei eingebracht. Enttäuschung bei den Israelis.

30 Der Mapam-Kongreß steht im Zeichen der Auseinandersetzung zwischen der aus dem Schomer Ha-Tza'ir hervorgegangenen Minderheit und der aus Tnua le-Achdut ha-Awoda stammenden Mehrheit.

Juni

1 Zusammenschluß der Mapai nahestehenden Kibbuzim innerhalb von Kibbuz me'uchad.

11 Israel nimmt die Arbeiten im Hule-Tal wieder auf, ausgenommen sind die Ländereien, die Arabern gehören.

14 Eröffnung eines Unternehmens für die Montage amerikanischer Autos der Firma Keyser-Frazer.

25 Die Knesset verabschiedet ein Gesetz über die Immunität ihrer Mitglieder.

29 General Reilly, Befehlshaber der UN-Truppen, fordert Israel auf, die aus der entmilitarisierten Zone an der syrischen Grenze evakuierten Araber in ihre Häuser zurückkehren zu lassen. Sparmaßnahmen, Rationierung und Versorgungsengpässe machen sich bemerkbar: Es fehlt an landwirtschaftlichen Erzeugnissen, der Stromverbrauch wird gedrosselt, und der Bau neuer Wohnungen verlangsamt sich.

Freude über die Unabhängigkeit: Zeichnung von Abba Fanichel.

Es mangelt nahezu an allem. Hier wird Kerosin ausgeteilt.

Juli
12 Israel bringt das Problem des Suez-Kanals, den die Ägypter für israelische Schiffe gesperrt haben, vor den Weltsicherheitsrat der UN.
17 Gesetz über die Gleichberechtigung der Frau.
20 Ermordung König Abdallahs von Jordanien, als er nach dem Gebet die Al-Aksa-Moschee in Jerusalem verläßt. Sein Erbe, Kronprinz Talal, wird in der Schweiz in ein Sanatorium für psychisch Kranke eingewiesen.
25 Gründung des ersten Nachal-Wehrdorfs: Nachla'im.
30 Wahlen zur zweiten Knesset: Mapai bleibt gleich stark, die Allgemeinen Zionisten verdreifachen die Zahl ihrer Sitze nahezu (von 7 auf 20), Cherut fällt von 14 auf 8 zurück, Mapam von 19 auf 15, und die religiöse Fraktion spaltet sich in 4 Fraktionen auf, bewahrt aber die Zahl ihrer Sitze.

August
3 Bericht der »Dschelmi-Kommission«, die eingesetzt wurde, um den Beschwerden der Mitte Mai verhafteten Mitglieder des »Bundes der Zeloten« nachzugehen. Er bestätigt die Beschwerden über Mißhandlungen und Beleidigungen.
11 Die UN-Versöhnungskommission lädt Israel und die arabischen Staaten zu einer Konferenz nach Paris ein.
14 Eröffnung des 23. Zionistischen Kongresses in Jerusalem, dem ersten, der im Staat Israel stattfindet.
20 Die zweite Knesset nimmt ihre Beratungen auf. Joseph Sprintzak wird zum Vorsitzenden gewählt.

Steigende Spannung an den Grenzen: General Reilly, Stabschef der UN-Beobachter, wirft Israel vor, nicht die UN-Entschließungen über die entmilitarisierte Zone im Norden zu befolgen. Vermehrte Infiltration feindlicher Elemente und Zunahme der Zusammenstöße mit diesen, vor allem im Süden.

September
1 Suez-Kanal: Der UN-Sicherheitsrat fordert Ägypten auf, alle für israelische Schiffe eingeführten Einschränkungen aufzuheben. Ägypten teilt mit, es werde die Entschließung nicht befolgen.
13 Beginn der Versöhnungskonferenz mit Vertretern Israels und der arabischen Staaten in Paris.
21 Israel schlägt auf der Konferenz einen Nichtangriffspakt mit den arabischen Staaten vor.
24 Die Versöhnungskommission schlägt die Rückkehr arabischer Flüchtlinge nach Israel, Abänderung des Waffenstillstandsabkommen und Aufnahme von Wirtschaftsbeziehungen zwischen Israel und seinen Nachbarn vor.

Großes Manöver der israelischen Armee.

Ende des Unternehmens »Esra und Nechemia«: Etwa 115000 Juden wurden aus dem Irak nach Israel ausgeflogen.

Wegen fehlender ausländischer Devisen ist die Versorgung mit Lebensmitteln für die bevorstehenden Feiertage gefährdet. Der Landwirtschaftsminister teilt mit, sein Ministerium verfüge über keine Mittel, um die Bürgschaft zu zahlen, die benötigt wird, um die Waren aus den Lagern in den Häfen auszulösen.
27 Konrad Adenauer gibt die Bereitschaft seiner Regierung bekannt, dem jüdischen Volk Entschädigung anzubieten.

Oktober
4 Die Vertreter der arabischen Staaten erklären auf der Versöhnungskonferenz in Paris, sie würden die Existenz Israels nicht anerkennen.
7 Nach über zweimonatigen Verhandlungen stellt David Ben-Gurion seine neue Regierung in der Knesset vor. Im Kabinett vertreten sind Mapai, Ha-Po'el ha-Misrachi, Misrachi und Agudat-Israel.
8 Die Knesset spricht der neuen Regierung ihr Vertrauen aus: 56 Ja-Stimmen, 40 Nein-Stimmen und 4 Enthaltungen.
16 Erste Ziehung der israelischen Staatslotterie, einer Gründung von Regierung und Kommunalbehörden, die dazu dienen soll, Mittel für Erziehungs- und Gesundheitseinrichtungen flüssig zu machen.

Brotmangel in Tel Aviv.
21 Linderung der schweren Versorgungskrise: Die USA gewähren eine Finanzhilfe von 65 Millionen Dollar.

Gründung der »Kwutzot-und Kibbuz-Vereinigung«. Sie umfaßt alle Kibbuzim der »Kwutzot-Organisation« und jenen Teil der dem Kibbuz ha-me'uchad angeschlossenen Siedlungen, in denen Mapai eine Mehrheit hat.

November
1 Die Transportunternehmen »Egged« (1933 gegründet), »Drom-Jehuda« (1931) und »Schachar« (1948), schließen sich zu einer Kooperative zusammen. Sie heißt zunächst Esched und später Egged.

Verschärfung des Konflikts in Ein Harod zwischen Mapai-Mitgliedern – sie verfügen über eine knappe Mehrheit – und Mapam-Mitgliedern, die eine Spaltung fordern: Reibereien und Zusammenstöße, in die die Polizei eingreifen muß.
12 Arbeitskampf bei der Handelsflotte: Die Seeleute halten sich nicht an die Anweisungen des Arbeiterrates in Haifa, sondern verweigern die Arbeit. Als sie durch ausländische Seeleute ersetzt werden, blockieren sie die Schiffe. Es kommt zu Rangeleien, die Polizei greift ein und entfernt die aufrührerischen Seeleute gewaltsam. Regierung und Histadrut kritisieren das Verhalten der Seeleute. Der Arbeitskampf dauert über einen Monat.
19 Dr. Chaim Weizmann wird zum zweiten Mal zum Staatspräsidenten gewählt. Diesmal ist er der einzige Kandidat.

Dezember
Das Land erlebt einen schweren Winter. Besonders hart betroffen sind die Durchgangslager, von denen einige fortgespült werden. Tausende von Einwanderern werden in Schulen untergebracht. Die Armee hilft ihnen.
11 Der Knesset-Vorsitzende Joseph Sprintzak amtiert wegen einer schweren Erkrankung von Präsident Weizmann als dessen Stellvertreter.
12 Die UN-Versöhnungskommission gibt das Scheitern der Pariser Konferenz bekannt. Sie beschuldigt Israel und die arabischen Staaten gleichermaßen, starrsinnig zu sein.
24 Ende des Streikes der Seeleute.

1951 sind 175000 Einwanderer eingetroffen.

Nach dreijähriger Pause wurden die Spiele der Fußballiga wieder aufgenommen. Meister wird Makkabi Tel Aviv.

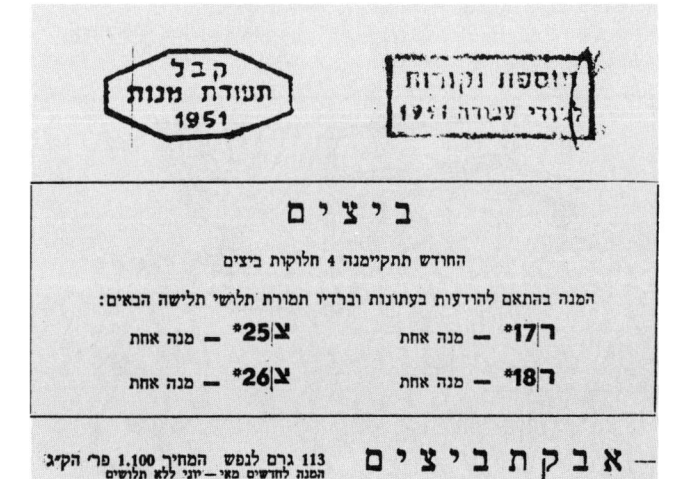

Die Sparpolitik bestimmt das Leben: Es gibt vier Kategorien, für die mit unterschiedlich vielen »Punkten« bezahlt wird.

1951

▽ Als »Notarbeiten« werden die damaligen von Regierung, Jüdischem Nationalfonds und weiteren Institutionen initiierten Arbeitsbeschaffungsmaßnahmen bezeichnet. Hier pflanzt eine Gruppe von Neueinwanderern Zittergras in den Sanddünen.

△ In den Einwandererlagern entwickelt sich ein neues Lebensgefühl: Hier leben Menschen aus vielen Ländern zusammen. Wegen der äußeren Umstände und den Kulturunterschieden kommt es auch zu Spannungen, doch ergeben sich auch interessante Begegnungen.

SCHWIERIGE INTEGRATION

1951 ist die Einwanderung noch in vollem Schwung: 175000 Personen kommen nach Israel – ein Rekord, der erst 1990 gebrochen wird. Aber das Ende der Immigrationsflut ist absehbar. Dafür existieren mehrere Gründe: 1. In vielen Ländern gibt es keine Juden mehr, weil schon alle nach Israel ausgewandert sind. Zum Beispiel im Irak: Die Zuwanderung aus dem arabischen Land ist 1951 beendet, 115000 Iraker leben bereits in Israel. 2. Die schwierige Wirtschaftslage und die Eingliederungsprobleme (Wohnungsnot, Hunderttausende sind in Durchgangslagern untergebracht; Arbeitslosigkeit; zu wenige Betten in den Krankenhäusern): Ein Teil der potentiellen Einwanderer verschiebt seine Ankunft. 3. Die Einführung von Quoten in der zweiten Jahreshälfte: Junge, arbeitsfähige Einwanderer werden bevorzugt ins Land gelassen, die Einwanderung von älteren, kranken Juden, noch dazu ohne Beruf, wird gebremst.

Zunächst befürworten die Israelis in ihrer Mehrheit eine möglichst große Zahl von Neuankömmlingen, doch bald mehren sich Stimmen, die einen Stopp fordern. Im November 1951 schreibt die Zeitung »Ha-Bokker«: »In letzter Zeit sind viele vom Schicksal Benachteiligte, Alte und Greise, Erschöpfte, chronisch Kranke, Behinderte und andere Sozialfälle eingetroffen. Ihre Ankunft hat den Staat nicht gestärkt, der Bevölkerung keinen Nutzen gebracht und auch keine Hoffnung auf eine bessere Zukunft entstehen lassen...«

Die Folge der schließlich beschlossenen Beschränkung: 1952 kommen nur noch 24000 Neubürger ins Land.

▷ Die Einwanderer kommen aus allen Winkeln der Erde: Angehörige verschiedenster Kulturen, Junge, Erwachsene, Alte und Kinder. Unter den Tausenden, die Monat für Monat aus dem Irak eingeflogen werden, befinden sich Juden aus den Großstädten Bagdad und Basra, aber auch Dörfler aus entlegenen Berggegenden in Kurdistan (im Bild). Bei ihrer Ankunft werden die meisten Neulinge ins Lager Scha'ar ha-Alija bei Haifa geschickt, nach einer ersten Registrierung kommen sie dann in die Durchgangslager, von Kirjat-Schmona im Norden bis Jerucham im Negev.

◁ 1951, Wellblechhütten: erdrückende Hitze im Sommer und eisige Kälte im Winter.

△ Eine Baracke aus Zeltstoff. Wie das Bild zeigt, stellt die Erweiterung des »Hauses« für seine Bewohner kein Problem dar.

1951

◁ Der Lebensstandard im erst drei Jahre alten Israel ist nicht hoch. Elektrische Kühlschränke gibt es nur in wenigen Häusern, die meisten Familien kühlen ihre Lebensmittel in einfachen Kühltruhen mit Eisblöcken.

▽ Im Sommer 1951 finden die Wahlen zur zweiten Knesset statt, und die Wände sind vollgeklebt mit Parteiwerbung. Daneben Plakate, die über das vielfältige Kulturleben Auskunft geben: Kinofilme, Aufführung von »Mama Kraus« im »Habima«-Theater, »Samson und Delila« in der Oper, eine Aufführung auf Jiddisch und vieles mehr.

▽ Im Zeichen von Sparmaßnahmen und Rationierung bringt das Theater »Li-la-lo« Sketche und Lieder, in denen die Rede vom traurigen Schicksal von Ei und Huhn unter dem strengen Regime Dov Josephs (links) ist.

NEUWAHLEN

Die im Januar 1949 gewählte erste Knesset wird vorzeitig aufgelöst. Nach etwas mehr als zwei Jahren lehnt die Mehrheit der Abgeordneten im Februar 1951 einen Gesetzesentwurf des Erziehungsministers hinsichtlich der Schulpflicht der Kinder in den Einwandererorten ab. Daraufhin teilt der Ministerpräsident mit, die Regierung betrachte die Abstimmung als Mißtrauensvotum, deshalb trete sie zurück. Der Versuch, eine neue Regierung zu bilden, dauert mehrere Wochen, bleibt jedoch ergebnislos. Am 12. April 1951 setzt die erste Knesset Neuwahlen für den 30. Juli an.

Der Wahlkampf verläuft stürmisch. Mapai, die wichtigste Kraft in der zurückgetretenen Regierung, hat vor allem drei Widersacher: Mapam, die in der Außenpolitik sowie in wirtschaftlichen und gesellschaftlichen Fragen weit links steht; die religiösen Parteien, die eine andere Erziehungspolitik fordern, und Cherut und die Allgemeinen Zionisten, mit denen man hauptsächlich über Wirtschaftsfragen streitet. Die Allgemeinen Zionisten werfen Mapai ein Scheitern ihrer Sparpolitik vor, ihre Parole lautet: »Laßt uns leben!« Bei den Kommunalwahlen Ende 1950 haben die Allgemeinen Zionisten bereits Erfolge erzielt, nun gehen sie als Hauptsieger aus den Knesset-Wahlen hervor. Sie verdreifachen fast die Zahl ihrer Sitze: von 7 auf 20. Hingegen bleibt Mapai nahezu gleich stark: 45 Sitze (in der ersten Knesset 46). Mapam fällt von 19 auf 15 zurück, während die Cherut-Bewegung noch größere Verluste hinnehmen muß – die Zahl ihrer Abgeordneten sinkt von 14 auf 8. Die Vereinigte Religiöse Front, die mit 15 Vertretern in der ersten Knesset vertreten war, spaltet sich in 4 Fraktionen; alle 4 zusammen erringen wieder 15 Mandate. Die israelische Kommunistische Partei, Maki, vermehrt ihren Stimmenanteil, so daß sie nun 5 statt 4 Sitze hat. Trotz des herausragenden Erfolgs der Allgemeinen Zionisten ändert sich nichts an der Machtverteilung: Die Arbeiterparteien zusammen verfügen über mehr als die Hälfte aller Mandate.

SPANNUNGEN AN DEN GRENZEN

Auch nach dem Ende des Unabhängigkeitskrieges tritt an den Grenzen keine Ruhe ein. Anfangs wollen die Araber, die immer wieder auf israelisches Gebiet vordringen, lediglich Gegenstände aus den von ihnen verlassenen Dörfern holen, oder sie gehen auf Diebestour. Später mehrt sich die Zahl der Eindringlinge, die Anschläge verüben und morden.

1951 verschlimmert sich die Lage zusehends. An der nordöstlichen Grenze reagieren die Syrer mit Beschuß auf die Trockenlegungsarbeiten der Israelis im Hule-Tal. Im Frühjahr unternehmen sie gezielte Aktionen gegen Israel und dringen auf israelisches Gebiet ein. Zum ersten Mal lauern die Syrer im April einer israelischen Patrouille in der Umgebung von Al-Hamma auf, töten sieben Männer und bringen die Gegend unter ihre Kontrolle. Trotz der Vergeltungsaktionen der israelischen Luftwaffe bleibt die Lage unverändert. Im Mai macht sich eine syrische Einheit auf dem Gebiet von Korasim breit, und Israel gelingt es erst nach viertägigem Kampf, sie zu vertreiben.

Auch an der jordanischen und der ägyptischen Grenze, insbesondere im Gazastreifen, mehren sich die Zwischenfälle.

△ Die Armee verteidigt nicht nur die Staatsgrenzen, sondern bringt auch den Einwanderern die Landessprache bei. Hunderte junger Soldatinnen kommen in die Einwandererstätten und Durchgangslager und unterrichten Erwachsene und Kinder. Das Tragen eines Militärbaretts gilt als große Ehre. Andere Soldaten helfen in den vom Regen überschwemmten Lagern.

▽ Im Mai 1951 reist Ministerpräsident Ben-Gurion in die USA und wird dort begeistert empfangen. Er trifft Präsident Truman und die führenden Nachwuchspolitiker der beiden großen Parteien, darunter Kongreßmitglied John F. Kennedy (34 Jahre alt), der spätere amerikanische Präsident. In der Mitte, sitzend, F. D. Roosevelt der Zweite.

1951

◁ Das Unternehmen, in das amerikanisches Kapital investiert wurde, macht Werbung in der Presse. Das Modell heißt »Henry J.«.

▽ Ganz Israel nimmt Anteil, als »Keyser-Frazer« in Haifa mit der Produktion von Fahrzeugen beginnt.

△ Die zweite große Überschwemmung: Die Straßen von Tel Aviv haben sich in reißende Ströme verwandelt. Auch der einzige zweistöckige Omnibus Israels steht unter Wasser. Bis dahin war er eine Attraktion für Kinder.

▷ Überschwemmungskatastrophe im Dezember 1951: eine Kältewelle, begleitet von heftigen Regenfällen, bei denen als erste die provisorischen Durchgangslager im Schlamm versinken. Hier retten Eltern gerade ihren Säugling.

1952

Januar

7 Große Demonstration der Cherut-Bewegung: Protest gegen Entschädigungszahlungen aus Deutschland. Menachem Begin droht mit Blutvergießen, wenn die Knesset die Aufnahme von Verhandlungen mit Deutschland genehmigt. Demonstranten und Polizei liefern sich eine Straßenschlacht.

Die Fenster der Knesset werden mit Steinen eingeworfen. Die Polizei setzt Tränengas ein.

9 Die Knesset stimmt der Aufnahme von Verhandlungen mit Westdeutschland mit 61 zu 50 Stimmen zu.

15 Menachem Begin wird für drei Monate aus der Knesset ausgeschlossen, weil er dem hohen Haus mit Gewalttaten drohte.

16 Beginn des Unternehmens »Kyros«: Einwanderung der Juden aus dem Iran.

Sintflutartige Regenfälle: Der Ajalon überschwemmt das Stadtviertel Montefiore in Tel Aviv. Große Not auch in den Durchgangslagern.

Februar

3 Mordechai Oren von der Mapam-Führung verschwindet spurlos in der Tschechoslowakei. Er war auf dem Rückweg von Deutschland nach Israel. Dann kommt die Mitteilung, er sei am 31. 12. 1951 verhaftet worden.

13 Neue Wirtschaftspolitik. Drei unterschiedliche Wechselkurse für den Dollar: 2,80 $ = 1 IL, 1,40 $ = 1 IL und 1 $ = 1 IL. Ministerpräsident Ben-Gurion verspricht, die Produktion zu fördern, die Inflation zu bremsen, den Regierungsapparat zu verkleinern und gegen den Schwarzmarkt vorzugehen.

21 Spaltung in Mapam: Die Knesset-Mitglieder Hanna Lamdan und David Livschitz verlassen die Partei und bilden eine eigene Fraktion.

28 Die israelische Regierung interveniert wegen der Verhaftung Mordechai Orens bei der Tschechoslowakei.

März

6 Die Knesset stimmt mit einer Mehrheit von 62 zu 28 Stimmen dem Gesetzesentwurf von Verteidigungsminister Ben-Gurion über die Militärpflicht von Frauen zu. Auch religiöse Frauen sollen eingezogen werden.

16 Auflösung des seit der Staatsgründung bestehenden Einwanderungsministeriums. Seine Befugnisse werden auf andere Ministerien verteilt.

20 Aufnahme der Verhandlungen über Entschädigungszahlungen mit Vertretern Westdeutschlands.

Die Gespräche geraten schnell in eine Krise.

23 Prag bestätigt Orens Verhaftung und teilt mit, er habe »Straftaten« gegen den Staat begangen.

26 Die Anführer der Untergrundgruppe der »Zeloten« werden zu kurzen Freiheitsstrafen verurteilt: zwischen sechs Monaten und einem Jahr.

April

1 Verabschiedung des Gesetzes über die Staatsbürgerschaft durch die Knesset.

Gründung der israelischen Wasserplanungs-Gesellschaft, Tahal.

5 Der Ärztebund warnt vor Gefahren, die die mangelhafte Ernährung für die Gesundheit der Bevölkerung bedeutet.

Auf den Feldern werden Heuschrecken entdeckt: Das Landwirtschaftsministerium richtet sich auf ihre Bekämpfung ein. Nur wenig Schaden.

30 Israel feiert seinen vierten Unabhängigkeitstag mit einer Militärparade in Tel Aviv.

Die Einwanderung tendiert gegen null. Die Regierung konzentriert sich auf den Bau von Wohnungen für die Bewohner der Durchgangslager.

Mai

4 Die Regierung beschließt, das Außenministerium nach Jerusalem zu verlegen. Bisher ist es in Tel Aviv.

13 Der erste Mediziner-Jahrgang beendet sein Studium an der Hebräischen Universität in Jerusalem.

Der viele Regen im Winter war gut für die Landwirtschaft, große Mengen Obst und Gemüse kommen auf den Markt.

Juni

2 Wegen des reichlichen Angebots an landwirtschaftlichen Erzeugnissen gibt die Regierung für die meisten Gemüsearten die Aufhebung der staatlichen Aufsicht bekannt.

5 Grundsteinlegung für die neuen Gebäude des Hadassa-Universitätskrankenhauses in Ein-Kerem, einem Vorort von Westjerusalem. Es soll die Aufgaben des geschlossenen medizinischen Zentrums auf dem Skopus-Berg, einer israelischen Exklave im arabischen Ostteil der Stadt, übernehmen.

25 Umbesetzung in der Regierung. Finanzminister Eli'eser Kaplan tritt aus gesundheitlichen Gründen zurück und wird zum stellvertretenden Ministerpräsidenten ernannt. Sein Nachfolger wird der bisherige Landwirtschaftsminister Levi Eshkol, der wiederum von Peretz Naftali abgelöst wird. Der Rechtsberater Chaim Cohen wird Justizminister.

30 Der »Daily Express« in London berichtet, in Netanja werde ein amerikanischer Stützpunkt für Atombomber entstehen. Dementi der israelischen Armee.

Juli

13 Im Alter von 62 Jahren stirbt Eli'eser Kaplan, Mapai-Spitzenmann, erster Finanzminister und Schatzmeister der Jewish Agency seit 1933.

14 Arabische Eindringlinge ermorden fünf israelische Wachleute in der Gegend von Timna im Süd-Negev.

19 Eröffnung der 15. Olympischen Spiele in Helsinki. Israel nimmt zum ersten Mal teil. Es ist mit 26 Sportlern vertreten.

23 Revolution in Ägypten: König Faruk wird abgesetzt, die Regierung übernehmen die »Jungen Offiziere«. An ihrer Spitze steht General Ali Muhammad Nagib, aber der eigentliche starke Mann ist Oberst Gamal Abd al-Nasser.

Erstmals nimmt Israel an einer Olympiade teil. Der Sprinter David Tabak, Helsinki 1952.

August

6 Eröffnung des ersten Sängerfestes in Jerusalem. Es nehmen Dutzende von Chören aus dem In- und Ausland teil.

11 Das jordanische Parlament beschließt die Absetzung des geisteskranken Königs Talal. Sein 17jähriger Sohn Hussein wird als neuer Herrscher eingesetzt, aber erst mit 18 Jahren, am 2. 5. 1953, werden ihm alle Befugnisse übertragen.

14 Tod von David Zvi Pinkas, Verkehrsminister und führender Mann von Misrachi.

15 Der syrische Herrscher Adib Schischakli droht Israel.

18 Ministerpräsident Ben-Gurion bietet Ägypten den Frieden an und warnt Syrien davor, Israel zu provozieren.

21 Tod von Yitzhak Sadeh, Armeegeneral und erster Palmach-Befehlshaber, im Alter von 62 Jahren.

Hinrichtung vieler jüdischer Intellektueller in der Sowjetunion. Erschütterung in Israel und der Diaspora.

September

10 Unterzeichnung des Entschädigungsabkommens: Westdeutschland verpflichtet sich zur Zahlung von 3 Milliarden Mark an Israel und weiterer 450 Millionen Mark an jüdische Organisationen in der ganzen Welt. Für Deutschland unterschreibt Bundeskanzler Konrad Adenauer, für Israel Außenminister Moshe Sharett und für die jüdischen Organisationen Nachum Goldmann.

18 Ben-Gurion bietet Ägypten noch einmal den Frieden an. Keine Antwort aus Ägypten.

19 Wieder eine Regierungskrise wegen religiöser Fragen. Diesmal geht es um die Wehrpflicht der Frauen.

23 Wohlfahrtsminister Rabbi Y. M. Levin von der Agudat-Israel tritt zurück.

Die Fraktionen Agudat-Israel und Poalei-Agudat-Israel verlassen die Koalition. Nur

1952

▽ Der neue Staatspräsident Yitzhak Ben-Zvi tritt sein Amt im Dezember 1952 an. Er wird danach noch zweimal zum Präsidenten gewählt, 1957 und 1962, und bleibt bis 1963 im Amt.

△ Der erste Staatspräsident Dr. Chaim Weizmann stirbt im November 1952 nach fast vierjähriger Amtszeit. Das Relief stammt von Bildhauer Moshe Zipper.

△ Der zweite und der dritte Generalstabschef: Ende 1952 löst Mordechai Makleff (rechts) Yig'al Yadin ab. Yig'al Yadin tritt nach dreijähriger Amtszeit wegen Meinungsverschiedenheiten mit Verteidigungsminister David Ben-Gurion über Größe und Haushalt der Armee zurück.

noch 60 Knesset-Abgeordnete unterstützen die Regierung.

24 Großbritannien und Frankreich erheben ihre Vertretungen in Israel in den Rang von Botschaften. Israel folgt ihrem Beispiel.

Oktober

5 Der Versuch, aus Protest gegen das »Wiedergutmachungsabkommen« im Außenministerium in Tel Aviv eine Bombe zu legen, wird vereitelt. Zwei junge Männer werden verhaftet: Ya'akov Cheruti und Dov Schilansky.

13 Weitere Lockerung der Sparmaßnahmen: Handels- und Industrieminister Dov Joseph gibt die Aufhebung der staatlichen Aufsicht über Haushaltsgegenstände und Putzmittel bekannt.

November

3 Knesset-Mitglied Mordechai Nurok von Misrachi kommt als Postminister in die Regierung.

9 Tod von Dr. Chaim Weizmann, des ersten Präsidenten des Staates Israel.

18 Professor Albert Einstein lehnt Ben-Gurions Angebot ab, Präsident Israels zu werden.

20 Aufsehenerregender Schauprozeß in Prag: Mehrere führende Mitglieder der Kommunistischen Partei sind des Verrates und der Spionage angeklagt. Unter den Zeugen: der Israeli Mordechai Oren, der als »international agierender Spion« bezeichnet wird.

24 Verabschiedung des Gesetzes über die Stellung der Zionistischen Weltorganisation. Damit werden ihre Beziehungen zu Israel geregelt.

30 Die ersten Familien lassen sich in der Einwandererstadt Migdal ha-Emek nieder.

Dezember

1 Der israelische UN-Botschafter Abba Eban schlägt den arabischen Staaten direkte Verhandlungen vor. Die Araber lehnen sein Angebot ab.

6 Die Regierung der Tschechoslowakei erklärt den israelischen Botschafter Dr. Arie Kubovi zur »persona non grata«. Er sei in die Spionagetätigkeit führender kommunistischer Politiker verwickelt gewesen.

7 Die Armee bekommt einen neuen Generalstabschef: Mordechai Makleff löst den wegen Meinungsverschiedenheiten mit Verteidigungsminister Ben-Gurion zurückgetretenen Yig'al Yadin ab.

7–12 Streik der Grundschullehrer wegen Nichtauszahlung der Gehälter. Grund: Die Staatskasse ist leer.

10 Israel hat einen neuen Staatspräsidenten: Yitzhak Ben-Zvi, früher Präsident des Nationalrates. Er war zuletzt als Forscher tätig. Sein Fachgebiet: die verschiedenen ethnischen Gruppierungen unter den Juden in Israel sowie die Samaritaner.

Erst jetzt wird bekannt, daß der israelische Kapitän Edan Gertz auf offener See einen Nervenzusammenbruch erlitten hat. Er befehligt das Schiff »Abraham Gertz«, das seit vier Tagen auf dem Atlantik treibt, bis die Mannschaft ihn überwältigen kann. Edan Gertz forderte die Ernennung seines Vaters zum Verkehrsminister, andernfalls wollte er das Schiff in »eine zweite Altalena« verwandeln.

14 Verurteilung von Dov Schilansky zu einer Freiheitsstrafe von 21 Monaten, weil er im Außenministerium eine Bombe deponierte.

19 Ben-Gurion erklärt seinen Rücktritt. Das bedeutet auch den Rücktritt seiner Regierung.

21 Der Präsident beauftragt Ben-Gurion mit der Bildung einer neuen Regierung.

22 Ben-Gurion stellt der Knesset sein neues Kabinett vor, in dem er vier Vertreter der Allgemeinen Zionisten aufgenommen hat: Peretz Bernstein, Israel Rokeach, Joseph Sapir und Joseph Serlin. Die Progressiven kehren in die Regierung zurück und kurze Zeit später die Religiösen.

23 Die neue Regierung gewinnt das Vertrauen der Knesset: 63 Abgeordnete stimmen für sie, 24 gegen sie.

25 Gründung der Kleinstadt Hazor in Galiläa. Sie entsteht an der Stelle eines Durchgangslagers für Einwanderer.

Auch das geschah 1952: Rückgang der Einwanderung von 175 000 Personen im Vorjahr auf 24 000.

Die Teuerungsrate ist unaufhörlich geklettert: von 113 auf 178 Punkte (um 57,5 %). Der Lebensstandard ist hingegen gesunken.

307

EIN NEUER STAATSPRÄSIDENT

Durch den Tod von Chaim Weizmann im November 1952 ist das höchste Amt im Staat verwaist. Nach der Trauerwoche werden die Parteien aktiv, um einen passenden Kandidaten zu finden. Wie es seine Art ist, sorgt Ministerpräsident Ben-Gurion für eine Überraschung: Er schlägt Albert Einstein vor, von dem er sagt: »Er ist nicht nur einer der Großen unserer Generation, sondern auch der kommenden Generationen, ein großer Mann für die ganze Menschheit.« Aber Einstein lehnt ab, und so muß sich Israel mit einer lokalen Größe bescheiden.

Am 8. 12. 1952 tritt die Knesset zusammen, um den zweiten Staatspräsidenten Israels zu wählen. Mapai-Kandidat ist Yitzhak Ben-Zvi, der in seiner Partei den Knesset-Vorsitzenden Joseph Sprintzak als Konkurrenten ausgeschaltet hat. Die Allgemeinen Zionisten schicken Peretz Bernstein ins Rennen, Mapam Yitzhak Grünbaum und die religiöse Fraktion Rabbi Mordechai Nurok. Bei der ersten Abstimmung erhält Ben-Zvi 48 Stimmen, Bernstein 18, Grünbaum 17 und Nurok 15. 10 Stimmen sind ungültig. In der zweiten Runde tritt nur eine kleine Änderung ein: Diesmal erhält Grünbaum 18 Stimmen. Im dritten Anlauf stimmen auch die meisten Mapam-Abgeordneten für Ben-Zvi, so daß er mit insgesamt 62 Stimmen siegt. Er bekleidet das Präsidentenamt bis zu seinem Tod im April 1963.

▷ Mitteilungen am schwarzen Brett in der Knesset schreibt man 1952 noch mit Kreide. Am 9. Dezember findet die dritte Runde der Wahl des Staatspräsidenten statt. Yitzhak Ben-Zvi wird mit einer Mehrheit von 62 Stimmen gewählt.

△ 1952 ist die Wirtschaftslage schlecht. Die Regierung bemüht sich, sie u. a. durch Arbeitsbeschaffungsmaßnahmen zu verbessern. Überall drängen sich die Erwerbslosen vor den Arbeitsämtern, hier in Be'ersheva. Zu Jahresbeginn verspricht Ben-Gurion, die Produktion zu fördern und die Inflation zu bremsen.

◁ Ehrengast bei der Vereidigung des zweiten Staatspräsidenten in der Knesset ist sein 90jähriger Vater Zvi Schimschelewitz.

1952

▽ Unabhängigkeitstag: Wie jedes Jahr paradiert die Armee vor Hunderttausenden Zuschauern.

▷ 1952 verliert Israel einen seiner herausragenden Soldaten: Yitzhak Sadeh.

▷ Mitte des Jahres werden neue Geldscheine ausgegeben. Sie tragen die Aufschrift »Bank Le'umi le-Israel« anstelle von »Anglo-Palestine Bank«. Gleichzeitig dekretiert die Regierung eine zehnprozentige Pflichtanleihe. Beim Umtausch erhalten die Bürger für ihr altes Geld nur 90% seines Wertes in neuen Geldscheinen. Diese Art der Pflichtanleihe wird später nicht wiederholt.

◁ In den letzten Tagen des Jahres kann David Ben-Gurion seine Regierung auf ein breiteres Fundament stellen. Diese Aufgabe beschäftigte ihn seit den Wahlen zur zweiten Knesset im Sommer 1951. Nach fast vier Jahren in der Opposition schließen sich nun die Allgemeinen Zionisten, damals zweitgrößte Partei, der Koalition an. Vier ihrer Mitglieder werden Minister. Im Bild sitzend, v. l. n. r.: Ben-Zion Dinor, Ministerpräsident Ben-Gurion, Präsident Ben-Zvi, und Dov Joseph.
Stehend: Peretz Naftali, Levi Eshkol, Pinchas Lavon, Joseph Serlin, Golda Meir, Pinchas Rosen, Moshe Sharett, Israel Rokeach, und Peretz Bernstein.

◁ Der Konflikt zwischen Mapai (linker Arm) und Mapam (rechter Arm) führt in Dutzenden von Kibbuzim des Kibbuz ha me'uchad zur Spaltung.

▽ Ein Anblick, auf den die Israelis 1952 stolz sind: der Bau fester Häuser aus Ziegelsteinen, die aus heimischer Erde hergestellt wurden. Im Bild: Eilat.

◁ Hoher Besuch: Die Witwe des früheren US-Präsidenten Roosevelt fährt in den Negev und trifft dort Scheich al-Husail in seinem Zelt beim Kibbuz Schuval.

ENTSCHÄDIGUNG VON DEN DEUTSCHEN – JA ODER NEIN?

Seit dem Ende des Zweiten Weltkriegs forderte die jüdische Führung Entschädigung von Deutschland für den materiellen Schaden, den das Nazi-Regime den Juden zugefügt hatte: mehrere Milliarden Dollar. Anfang 1951 verlangt der israelische Außenminister Moshe Sharett außerdem anderthalb Milliarden Dollar für die Eingliederung einer halben Million Juden, die von den Nazis verfolgt wurden.

Im September 1951 erklärt die westdeutsche Regierung sich zu Entschädigungszahlungen bereit. Ein Thema, über das in Israel hitzige Debatten stattfinden. Jene, die die Zahlungen ablehnen, sagen, man könne Deutschland nicht verzeihen und für die sechs Millionen Ermordeten kein Geld entgegennehmen. Die Befürworter behaupten dagegen, es dürfe den Mördern nicht erlaubt sein, sich den Besitz ihrer Opfer anzueignen. Am 7. Januar 1952 bringt Ministerpräsident Ben-Gurion das Thema in der Knesset zur Sprache. Dabei betont er, die Entschädigung werde für die Eingliederung von Hunderttausenden von Überlebenden des Holocaust in Israel benötigt. Die Opposition, allen voran Oppositionsführer Menachem Begin, spricht sich mit aller Schärfe gegen jede Entschädigung aus.

Auf Widerstand gegen die Entschädigung trifft man im gesamten politischen Spektrum, zu ihren Gegnern zählen sowohl Abgeordnete der Linken, als auch der Rechten und des religiösen Flügels. Dennoch beschließt die Knesset mit einer Mehrheit von 61 zu 50 Stimmen, Verhandlungen mit Deutschland aufzunehmen. Sie beginnen im März 1952 in Den Haag und dauern bis September. Auf jüdischer Seite beteiligen sich die Regierung Israels und der »Jüdische Weltkongreß«. Am 10. September 1952 unterschreiben Konrad Adenauer, der israelische Außenminister und der Vorsitzende des Weltkongresses Nachum Goldmann ein Abkommen. Darin verpflichtet sich Deutschland, innerhalb von zwölf bis vierzehn Jahren drei Milliarden Mark an Israel und eine halbe Milliarde Mark an den Weltkongreß zu zahlen.

Die aus Deutschland eintreffenden Mittel werden in die Entwicklung der Wirtschaft investiert: Es werden Eisenbahnen und Schiffe gekauft sowie die Industrie, die Landwirtschaft und das Stromnetz ausgebaut. 1956 verabschiedet Westdeutschland ein Gesetz über die Zahlung persönlicher Entschädigung an die Nazi-Verfolgten. Von da an beziehen viele Israelis monatliche Zuwendungen aus Deutschland. Die kollektive und persönliche Entschädigung bilden einen wesentlichen Faktor im Wirtschaftsleben Israels in den fünfziger und sechziger Jahren.

1953

Januar

13 Erschütterung in Israel und der jüdischen Welt über die Verfolgung jüdischer Ärzte in der Sowjetunion. Ihnen wird vorgeworfen, sie hätten versucht, die Führung der Sowjetunion zu vergiften.

25–29 Wegen der Eskalation der Lage an der jordanischen Grenze greift Israel wiederholt Dörfer in Samaria und bei Hebron an. Doch alle Unternehmen mißlingen, bei den Israelis gibt es Tote und Verletzte. Auch an der Grenze zum Gazastreifen heizt sich die Stimmung auf.

Die Spannungen zwischen den israelischen Parteien spitzen sich zu. Im Kibbuz Ein Harod kommt es zweimal zu gewalttätigen Auseinandersetzungen zwischen Mapai- und Mapam-Mitgliedern. Im Büro des Mapam-Vorsitzenden Me'ir Ya'ari in Tel Aviv wird ein Abhörgerät entdeckt. Mapam beschuldigt Mapai, es dort angebracht zu haben. Beschluß des Mapam-Rates über die Ausschließung der Sneh-Gruppe wegen ihrer zu starken Linksausrichtung. Sneh bildet eine eigene Partei.

Februar

9 Explosion im sowjetischen Botschaftsgebäude in Tel Aviv.

12 Wegen der Explosion bricht die Sowjetunion ihre diplomatischen Beziehungen zu Israel ab.

Zunahme der Spannungen an der jordanischen Grenze.

26 Gründung eines Wehrdorfes in Ein Geddi, einer Gegend in der Nähe des Toten Meeres ohne Zufahrtsstraße.

März

5 Tod von Sowjetführer Stalin. Weltweit Trauer in linken Kreisen, auch in Israel.

Kampagne der Histadrut: »Von der Stadt aufs Dorf«.

April

1 Aufhebung der Mordanklage gegen die jüdischen Ärzte in Rußland. Alle werden freigelassen.

9 Treffen von Außenminister Moshe Sharett mit Präsident Eisenhower in Washington. Israel bittet um Militärhilfe.

17 Versuchter Anschlag auf den Violonisten Jascha Heifetz nach einem Konzert in Jerusalem: Er spielte ein Stück des deutschen Komponisten Richard Strauss.

22 Schlimmer Zwischenfall in Jerusalem: Israelische Soldaten und auf der Mauer der Altstadt postierte jordanische Soldaten beschießen sich.

Ein bis dahin nicht dagewesener Tiefpunkt in der Einwanderung: Im April kommen weniger als 500 Einwanderer ins Land. Zugleich wandern 1200 Israelis aus.

Mai

2 Zweifacher Krönungstag: Die Cousins Hussein und Feisal werden Könige von Jordanien und vom Irak. Beide sind 18 Jahre alt.

10 Die Regierung hebt die Rationierung von Schuhen und Kleidung auf.

13 Der amerikanische Außenminister John Foster Dulles besucht Israel.

17–21 Israel greift wiederholt Ziele jenseits der Grünen Grenze an: seine Antwort auf Infiltrationen, Terror- und Mordanschläge von jordanischem Gebiet aus.

25 Regierungskrise: Am 1. Mai wurden in manchen Schulen rote Fahnen gehißt und die »Internationale« gesungen. Die Allgemeinen Zionisten verlassen das Kabinett.

31 Gewalttätiger Zwischenfall im Kibbuz Jiftach, verursacht durch die Spaltung im Kibbuz ha me'uchad. Die Polizei wird gerufen, um Hunderte von jungen Mapam-Mitgliedern zu entfernen, die gekommen sind, um ihren hier in der Minderheit befindlichen Freunden beizustehen.

Juni

1 Eindringlinge aus dem Libanon schießen auf einen Lastwagen voller Kinder. Ein Junge wird getötet.

3 Ende der Koalitionskrise: Die vier Minister der Allgemeinen Zionisten kehren in die Regierung zurück.

6–11 Schwere Zwischenfälle entlang der jordanischen Grenze: Im Katamon-Viertel in Jerusalem wird ein Mann ermordet, seine Freundin verletzt. Eine von einem jordanischen Soldaten geworfene Granate verletzt zwei Israelis in Südjerusalem. Ermordung eines Mannes im Moschaw Tirat-Jehuda. Sprengung eines Hauses im Moschaw Mischmar Ajalon. Im Moschaw Kfar Hess werden Handgranaten auf ein Haus geworfen – eine Frau wird getötet, ihr Mann leicht verletzt.

8 Mit UN-Hilfe Versuch, die Gemüter zu beruhigen. Israel und Jordanien unterzeichnen eine neue Vereinbarung, die der Verhinderung von Infiltration dienen soll.

9 Der Rechtsberater der Regierung, Chaim Cohen, gibt bekannt, die Polizei habe eine Untergrundorganisation enttarnt, die die israelische Regierung gewaltsam stürzen wollte.

18 Der dänische General Bennicke löst den amerikanischen General Reilly als Stabschef der UN-Beobachter in Israel ab.

Juli

1 Einweihung des neuen Histadrut-Gebäudes in Tel Aviv.

9 Beginn des Prozesses gegen die 15 Angehörigen der enttarnten Untergrundorganisation.

Ermordung zweier Wächter im Moschaw Even Sapir nahe der jordanischen Grenze.

20 Die Sowjetunion will die diplomatischen Beziehungen zu Israel wieder aufnehmen.

22 Massenprotest orthodoxer Juden in Jerusalem während der Beratungen der Knesset über das Gesetz zur Wehrpflicht.

26 Ende der Affäre um die »Finali-Kinder«: Zwei Brüder, beide Holocaust-Überlebende, wurden lange Zeit von der katholischen Kirche festgehalten. Schließlich treffen sie in Israel ein und kommen zu ihrer Tante nach Gedera.

Das Außenministerium ist nach Jerusalem umgezogen.

August

9 Ermordung dreier israelischer Soldaten bei Beit-Guvrin durch die Jordanier.

11 Auf ein Kinderheim in Kirjat-Jearim werden Handgranaten geworfen. Die Spuren führen zur jordanischen Grenze.

12 Gesetz über das Erziehungswesen. Es legt zwei Richtungen fest: eine staatliche und eine religiös-staatliche. Das seit 30 Jahren bestehende Erziehungssystem der Arbeiterbewegung wird damit abgeschafft.

12–13 Israelische Truppen greifen jordanische Ziele westlich des Jordans an: Vergeltung für die Terroranschläge an der jordanischen Grenze. Die meisten Aktionen enden ohne Erfolg.

25 Ein Militärgericht verhängt schwere Strafen für die angeklagten »Zeloten«.

28 Die Jordanier teilen mit, fünf Israelis seien auf dem Weg nach Petra, das auf jordanischem Gebiet liegt, bei einem Schußwechsel getötet worden.

Bildung einer Geheimeinheit der Armee für Einsätze

Sharett schickt sich an, »B.G.« abzulösen. Eine Karikatur von Dosh.

jenseits der Grenzen. Sie hat die Nummer 101. Ihr Befehlshaber ist Feldwebel Ari'el Sharon.

September

2 Erneuter Konflikt zwischen Israel und Syrien, diesmal wegen der Grabungsarbeiten für den Jordan-Kanal.

4 Tod von Rabbi Ben-Zion Chai Usi'el im Alter von 73 Jahren. Er war seit 1939 sephardischer Oberrabbiner.

7 Eindringlinge aus Jordanien töten zwei junge Männer auf dem Weg von Lod zum Moschaw Achi'eser.

9 Eine neue Tageszeitung, »Smanim«, erscheint. Herausgeber ist die Progressive Partei.

20 Eröffnung der vierten Makkabia im Stadion von Ramat-Gan.

21 Der Stabschef der UN-Beobachter, der Däne Bennicke, unterstützt die syrische Position im Konflikt um die Grabungsarbeiten für den Jordan-Kanal.

22 Eröffnung der Ausstellung »Eroberung der Wüste« in Jerusalem, die die israelischen Leistungen im Bereich Urbarmachung der Landstriche vorstellt.

29 Ein weiterer Konflikt: diesmal in der entmilitarisierten Zone von Nizana, in der gegen ägyptischen Widerstand ein israelischer Ort entsteht.

Oktober

2 Der ägyptisch-israelische Waffenstillstandsausschuß weist die ägyptischen Proteste über die Gründung eines israelischen Ortes in der entmilitarisierten Zone von Nizana zurück.

13 Eindringlinge aus Jordanien töten eine Frau und ihre beiden Kinder in Jahud.

15 Antwort auf die jordanischen Übergriffe in den zurückliegenden Monaten: israelische Vergeltungsaktion in Qibija. Dutzende Tote. Verurteilung Israels in der ganzen Welt.

19 Die USA geben ihre Entscheidung bekannt, wegen des Jordan-Kanals die Unterstützung Israels auszusetzen. Nicht zufällig erfolgt die Veröffentlichung nach dem Qibija-Einsatz. Empörte Proteste in weiten Kreisen der jüdischen Gemeinschaft in den USA.

27 Ankunft des amerikanischen »Wasserbotschafters« Arik Johnston. Er bemüht sich, den Konflikt zwischen Israel und Syrien zu bereinigen.

Beratungen im UN-Sicherheitsrat über den Konflikt um den Jordan-Kanal. Die allgemeine Stimmung ist gegen Israel.

28 Israel teilt dem Sicherheitsrat die vorübergehende Einstellung aller Arbeiten am Jordan-Kanal mit. Präsident Eisenhower verfügt die Wiederaufnahme der Wirtschaftshilfe.

30 Zwei Israelis, die in Prag vor Gericht standen, wurden zu langen Freiheitsstrafen verurteilt: Mordechai Oren zu 15 Jahren und Shim'on Orenstein zu lebenslänglicher Haft. Die Urteile wurden schon vor Monaten verhängt, werden aber erst jetzt bekanntgegeben.

November

5 Veröffentlichung des Briefes von Ministerpräsident Ben-Gurion an Mapai-Sekretär Me'ir Argov. Darin bringt er seinen Wunsch zum Ausdruck, sich auf »ein oder zwei Jahre« von den Regierungsgeschäften zurückzuziehen. Überraschung in der ganzen Welt.

11 Die Mapai-Zentrale bemüht sich, Ben-Gurion zu überreden, von seinem Amt nicht zurückzutreten. Ben-Gurion beharrt auf seinem Vorsatz. Als Nachfolger schlägt er Levi Eshkol vor.

23 Mapai bestimmt Außenminister Moshe Sharett als Kandidaten für das Amt des Ministerpräsidenten.

24 Der UN-Sicherheitsrat verurteilt die israelische Aktion in Qibija.

Dezember

6 Wechsel an der Armeespitze: Moshe Dayan wird Generalstabschef.

16 Zwischenfall in der Gegend von Beit-Guvrin: Zwei israelische Soldaten werden getötet.

1953 kamen nur 11 000 Einwanderer nach Israel.

△ In einigen Gegenden von Tel Aviv, der größten Stadt Israels, ist die Erinnerung an die landwirtschaftliche Vergangenheit noch präsent. Am Stadtrand stehen neben mehrgeschossigen Häusern noch große Kuhställe. Sie dienen der Versorgung der Großstadt.

1953

△ 1953 mehren sich die Terroranschläge. Ein mit Kohl beladener Lastwagen ist unweit von Jerusalem auf eine Mine gefahren.

▷ Ein weiterer Anschlag: Beim Kibbuz Ejal ist ein Zug entgleist, Oktober 1953.

◁ Im September kommt eine neue Tageszeitung heraus: »Smanim«.

UNSICHERE GRENZEN

1953 spitzt sich die Lage an den Grenzen zu. Ursache des Konflikts an der syrischen Grenze ist die Umleitung des Jordans durch die Israelis. Hingegen sickern von Jordanien aus immer wieder Terror- und Mordbanden nach Israel ein. Im Laufe des Jahres werden Dutzende von Anschlägen verzeichnet. Meist reagiert die israelische Armee, indem sie Truppen über die Grenze schickt und gegen Dörfer und Stützpunkte der Eindringlinge einsetzt. Doch weil die Mehrheit dieser Aktionen keinen Erfolg zeitigt, wird im Sommer 1953 eine Geheimeinheit gebildet, die »Gruppe 101«. Ihr Befehlshaber ist Feldwebel Ari'el Sharon. Sie wird zu Einsätzen jenseits der Grenzen geschickt, um die feindlichen Stützpunkte auszuschalten. Ihr bekanntester Einsatz findet in der Nacht vom 14. auf den 15. Oktober gegen das Dorf Qibija in Samaria statt. Die Männer der »Gruppe 101« erobern das Dorf. Die meisten Bewohner flüchten, und die Israelis bringen in den Häusern Sprengsätze an, in der Annahme, daß alle Gebäude verlassen seien. Bei der Explosion sterben 70 Dorfbewohner, die sich noch in ihren Häusern versteckt hielten.

Die Tötung der Dorfbewohner bringt Israel scharfe Kritik ein. Ben-Gurion erklärt, nicht reguläre Armeeeinheiten hätten die Aktion durchgeführt, sondern Bewohner der israelischen Grenzdörfer, die angesichts der vielen arabischen Überfälle die Geduld verloren hätten. Die Armee zieht aus der Affäre Konsequenzen: Die Angriffe auf zivile Ziele werden vorläufig eingestellt, und die »Gruppe 101« wird mit den Fallschirmspringern zusammengelegt, um ihre Kampftechnik zu verbessern.

BEN-GURION: RÜCKZUG IN DIE WÜSTE

Im Sommer 1953 verbreitet sich in Israel die Kunde, daß David Ben-Gurion, Ministerpräsident und Verteidigungsminister, beabsichtige, von seinem Amt zurückzutreten. Unbestätigten Informationen zufolge will er sich sogar in einem jungen Kibbuz mitten im Negev niederlassen, in Sde-Bokker. Freunde wie Gegner versuchen, ihn umzustimmen.

Im Oktober bekräftigt Ben-Gurion jedoch seine Rücktrittsabsicht. Die Parteizentrale ist bemüht, ihn vom Ausscheiden aus der Politik abzubringen – vergeblich. Ben-Gurion wünscht sich, daß Finanzminister Levi Eshkol an seine Stelle tritt. Eshkol lehnt ab, und der politische Ausschuß von Mapai wählt Außenminister Moshe Sharett zu seinem Nachfolger. Es beginnen langwierige Verhandlungen mit den Koalitionspartnern, in denen diese neue Bedingungen stellen. Ben-Gurion wartet die Ergebnisse der Verhandlungen nicht ab, sondern reicht am 7. Dezember beim Staatspräsidenten seinen Rücktritt ein.

Wochenlang ist Ben-Gurions Rücktritt Thema Nummer eins. Da er selbst von einem Rückzug für »ein oder zwei Jahre« spricht, hofft die Mehrheit der Bevölkerung auf seine Rückkehr. Nur wenige glauben, daß er sich wirklich in Sde-Bokker niederlassen werde, aber Ben-Gurion bleibt bei seinem Vorhaben: Kurz darauf ist der 67jährige Politiker das älteste Mitglied in dem jungen Kibbuz.

◁ Dezember 1953, politisch wie militärisch ein turbulenter Monat: David Ben-Gurion gibt seinen Rücktritt bekannt. Zuvor ernennt er noch Moshe Dayan zum neuen Generalstabschef und Nachfolger von Mordechai Makleff.

▽ Als Ben-Gurion Ende 1953 nach Sde-Bokker geht, sind die Israelis wie betäubt. In Hunderten von Artikeln und Kommentaren wird versucht, den außergewöhnlichen Schritt des ersten Mannes Israels zu deuten. Auch die Karikaturisten behandeln das Thema. In der Karikatur des berühmten Dosh steht der kleine »Israelik« verlegen da, nachdem Ben-Gurion den Hut mit ihm getauscht hat.

◁ Im Februar 1953 explodiert eine Bombe im sowjetischen Botschaftsgebäude am Rothschild-Boulevard in Tel Aviv: Sachschaden und Verletzte. Daraufhin bricht die Sowjetunion die Beziehungen zu Israel sofort ab, nimmt sie aber fünf Monate später wieder auf.

1953

◁ Anfang der fünfziger Jahre steht die Histadrut auf dem Höhepunkt ihrer Macht. Ihr zentrales Gebäude entsteht auf einem Gelände im Norden Tel Avivs und wird im Sommer 1953 eingeweiht. Kritik verschiedener Parteien über die Größe des Baus, vor allem aber über seine luxuriöse Ausstattung, wird laut. Er ist mit Marmorfußböden und hochmodernen Aufzügen ausgestattet. Die Histadrut-Führung weist die Kritik zurück und betont, als größtes Organ im Staat Israel neben der Regierung benötige sie eine eigene Zentrale. Außerdem hätten so viele Bürger Arbeit.

Soviets Surprise World by Releasing Doctors; Malenkov Move Welcomed as Step to Peace

U.S.S.R. Renews Diplomatic Link With Israel After 5-Month Break

◁ Siedlungen sollen die Grenzen sichern: Im Winter errichtet Nachal sein fünftes Wehrdorf in Ein Geddi am Toten Meer.

▽ März 1953: tiefe Trauer bei der israelischen Linken über den Tod Stalins. Für Mapam war er ein »großer Führer und gepriesener Visionär«.

△ Berichte aus der UdSSR über eine »Verschwörung jüdischer Ärzte« sorgen bei den Juden in der ganzen Welt für Aufregung. Die israelische Presse befaßt sich ausgiebig mit dem Thema. Dazu Schlagzeilen aus der Jerusalem Post.

△ Im September 1953 stirbt Ben-Zion Chai Usi'el, der sephardische Oberrabbiner; im Bild rechts zusammen mit seinem Kollegen, dem aschkenasischen Oberrabbiner Herzog.

▷ Wer von Verwandten in den USA Devisen erhält, kommt während der anhaltenden Rationierung gut über die Runden. Seine Versorgung mit Nahrungsmitteln ist gesichert.

THE ORIGINAL SCRIP COMPANY
FOUNDED IN 1950 BY BARTLY C. CRUM

SCRIP TO ISRAEL inc.

250 WEST 57th STREET
NEW YORK 19, NEW YORK, U.S.A.

IRVING A. JAFFE President
GERALD MAIMED Executive Director in Israel

△ 1953 ist der Film »Ein Herz und eine Krone« von William Weiler, mit Audrey Hepburn in der Hauptrolle, ein großer Erfolgsschlager. Sogar Israel kommt vor: Kurz vor dem Ende tritt die Prinzessin (Hepburn) vor die ausländischen Journalisten in Rom, darunter ein »Mister Gross von Davar, Tel Aviv«. Gross ist tatsächlich »Davar«-Korrespondent in Rom, und »Davar ha-Schavua« berichtet über seine Begegnung mit Regisseur Weiler.

MODERN COURTIOUS SHOPS
IN TEL AVIV, JERUSALEM & HAIFA

1954

Januar
23 Veto der Sowjetunion gegen die Entschließung der Westmächte im Konflikt um den Jordan-Kanal. Es ist das erste sowjetische Veto gegen Israel.
26 Nach dem Rücktritt Ben-Gurions Vorstellung des neuen Kabinetts in der Knesset. Darin bekleidet Moshe Sharett das Amt des Ministerpräsidenten und Außenministers. Pinchas Lavon wird Verteidigungsminister.
27 Israel reicht beim UN-Sicherheitsrat eine Klage über die Sperrung des Suez-Kanals für die israelische Schiffahrt ein.

Februar
Bildung israelischer Panzereinheiten.
16 Aufhebung der Todesstrafe in Israel – außer für Nazis und ihre Helfershelfer.
18 Eine Streikwelle überrollt den Staat: Ärzte, Studenten, Arbeitslose und sogar Schüler treten in den Ausstand.
25 Gamal Abd al-Nasser erklärt den ägyptischen Präsidenten Nagib für abgesetzt. Flucht des syrischen Präsidenten Adib Schischakli, an seine Stelle tritt Haschem al-Atassi.

März
17 Mordanschlag in Ma'ale Akrabim: Elf Fahrgäste in einem »Egged«-Bus werden auf der Rückkehr von den Feiern zum fünften Jahrestag der Befreiung von Eilat von Eindringlingen aus Jordanien umgebracht.
23 Israel verläßt den israelisch-jordanischen Waffenstillstandsausschuß. Grund: Der von der UNO bestellte Ausschußvorsitzende, der Amerikaner Hutchinson, weigert sich, das Attentat von Ma'ale Akrabim zu verurteilen.
28 Der ägyptische Präsident Nagib wird gezwungen, offiziell auf sein Amt zu verzichten und die Herrschaft einer Militärjunta abzutreten.
28/29 Israelischer Vergeltungsschlag gegen das Dorf Nachlin bei Bethlehem wegen der Ermordung eines jüdischen Wächters in Kesalon im Jerusalemer Korridor. Außerdem soll die Aktion die Jordanier abschrecken, weitere Attentate wie in Ma'ale Akrabim zu begehen. Die Jordanier zählen 10 Tote und 19 Verletzte, die israelischen Truppen haben keine Verluste zu beklagen.
29 Sowjetisches Veto gegen die Forderung des Weltsicherheitsrates, Ägypten solle den Suez-Kanal für israelische Schiffe freigeben.

April
1 Die staatliche Sozialversicherung beginnt ihre Tätigkeit.
6 In einer Staatszeremonie werden Baron Edmond de Rothschild und seine Frau Adélaïde südlich von Sichron Ya'akov bestattet.

Mai
4–6 Gute Leistung der israelischen Sportler bei den asiatischen Meisterschaften in Manila: Aviva Krauss wird erste im Hochsprung, und Yoav Ra'anan siegt beim Turmspringen.
6 Neuerung bei der Armeeparade am Unabhängigkeitstag: Sie findet diesmal in der Einwandererstadt Ramla statt.
18–20 Generalstreik der Ärzte.
31 Eröffnung einer Militärakademie für Generäle und Offiziere.

Weitere Zwischenfälle an der jordanischen Grenze.

In Israel herrscht Unmut über zwei Reden, in denen der stellvertretende amerikanische Außenminister Henry Beyrod Position gegen Israel bezog. Er forderte Israel auf, sich aller Vergeltungsmaßnahmen zu enthalten und sich nicht als »Eroberer« zu gebärden. Ferner sollte es alles tun, »um den Arabern die Angst vor einer Masseneinwanderung zu nehmen«.

Ministerpräsident Sharett und die Knesset verurteilen Beyrods Äußerungen.

Juni
10 Dramatischer Auftritt David Ben-Gurions. In einem improvisierten Stadion in Scheich Munis in Nord-Tel Aviv spricht er zu 8000 Jugendlichen. Er ruft sie dazu auf, entsprechend dem Ideal der Pioniere zu leben und verurteilt das Karrierestreben in den Städten. Sein Motto: »Karriere oder Mission.«
18 Arik Johnston, der »Wasserbotschafter« des amerikanischen Präsidenten, trifft in Israel ein, um Beratungen über die Wasservorhaben in der Region zu führen.
19 Eindringlinge aus Jordanien töten drei Bewohner des Ortes Mevo Betar.
24 Beschluß der Stadt Tel Aviv-Jaffa, eine eigene Universität zu gründen, in die später zwei schon existierende Einrichtungen eingegliedert werden sollen: Das Institut für Naturwissenschaften und die Hochschule für Jura und Volkswirtschaft.
29/30 Als ein alter Bauer in Ra'anana ermordet wird, dringt eine kleine Gruppe israelischer Fallschirmspringer in das Lager der jordanischen Legion östlich von Eson in Samaria ein. Ein Israeli, Yitzhak Dschibli, wird dabei verletzt. Die Jordanier nehmen ihn gefangen und foltern ihn.
30 Schweres Feuergefecht mit den Jordaniern in Jerusalem. Die Schießereien dauern insgesamt drei Tage. Dabei werden vier Israelis getötet.

Juli
1 Schwerer Zwischenfall auf dem See Genezareth. Die Syrer greifen ein Schiff der israelischen Grenzwache an.
2–23 Mehrere Anschläge eines israelischen Spionageringes in Alexandria und Kairo. Später werden die Aktionen als »die unglückselige Affäre« bezeichnet. Der Spionagering fliegt auf.
7 »Wasserbotschafter« Johnston gibt bekannt, er habe die Zustimmung aller Staaten der Region zur Aufteilung des Jordan-Wassers erhalten. Israel behauptet: »Aber nicht unsere.«
29 Schweres Unglück im Kibbuz Ma'agan: Bei einer Gedenkfeier für einen aus dem Kibbuz stammenden Fallschirmspringer, der im Zweiten Weltkrieg in Europa gefallen ist, stürzt ein Flugzeug mitten in die Menschenmenge: 17 Tote, darunter vier Fallschirmspringer aus dem Kibbuz und Persönlichkeiten des öffentlichen Lebens sowie viele Verletzte.

Einweihung der Holocaust-Gedenkstätte Yad va-Shem in Jerusalem.

August
1 Ein neuer Präsident für den Obersten Gerichtshof: Yitzhak Olshin tritt an die Stelle des verstorbenen Moshe Zmora.
3 Führungswechsel bei den UN-Beobachtern in Israel: Der kanadische General Barnes löst den Dänen Bennicke ab.
15 Spaltung bei Mapam: Tnua le-Achdut ha-Awoda, 1948 mit Ha-Schomer Ha-Tza'ir vereint, bildet jetzt eine eigene Partei.

Mehrere Wochen lang sind Fallschirmeinheiten im Einsatz, um jordanische Geiseln zu nehmen, die gegen Yitzhak Dschibli eingetauscht werden sollen.

September
1 Unternehmen »Gil«: Als ein Soldat und ein Wächter bei Jerusalem ermordet werden, greifen israelische Fallschirmspringertruppen nahe Latrun fünf Punkte auf jordanischem Territorium an. Drei jordanische Soldaten werden gefangengenommen. Die

Die Titelseite von »Ma'ariv« am Tag nach dem Unglück in Ma'agan, 29. 7. 1954.

△ Ein amerikanischer Fachmann und ein Arbeiter jemenitischen Ursprungs im Hule-Tal: Die Trockenlegungsarbeiten schreiten 1954 gut voran.

▷ 1954 jährt sich der 50. Todestag Theodor Herzls. Eine Sonderbriefmarke erscheint.

▽ David und Paula Ben-Gurion vor der Eröffnung der Versammlung in Scheich Munis, Juni 1954.

heftigsten Gefechte spielen sich im Dorf Beit-Liqja ab. Die USA und Großbritannien verurteilen den israelischen Einfall, auch General Barnes schließt sich der Kritik an.

8 Vermehrte Übergriffe vom Gazastreifen aus. Bei Nir Am wird eine Wasserleitung gesprengt.

13 Nasser erklärt, Israel müsse den Negev den Arabern abtreten.

15 Eine Leistung von internationalem Format: Die Israelis erzielen bei der Schach-Olympiade in Amsterdam ein 2 : 2 gegen die Sowjetunion.

29 Die Ägypter stoppen das israelische Schiff »Bat-Gallim« am Südende des Suez-Kanals. Die Seeleute werden ins Gefängnis nach Kairo gebracht, die Ladung wird beschlagnahmt.

Beginn der Plädoyers im Prozeß Grünwald gegen Kestner in Jerusalem. Malchi'el Grünwald ist der Verleumdung von Dr. Israel Kestner angeklagt. Kestner war im Zweiten Weltkrieg Mitglied im jüdischen Rettungsausschuß in Budapest. Das Gericht befaßt sich in seinen Beratungen eingehend mit dem Holocaust in Ungarn, und Grünwalds Rechtsanwalt greift die Führung der Jewish Agency (die heutige Führung im Staat Israel) scharf an, weil sie Nachrichten über den Holocaust geheimgehalten habe.

Oktober

Im Verlauf des Monats mehren sich die Infiltrationen aus dem Gazastreifen. Die Einwanderung befindet sich an einem Tiefpunkt. Die wenigen Neuankömmlinge werden zum Teil direkt in die Entwicklungszonen gebracht.

Zwei Todesfälle erschüttern den Staat: In Jerusalem begeht der Konditor Israel Sinai Selbstmord, nachdem er der Steuerhinterziehung beschuldigt wurde. Und in Rehovot wird ein 16jähriger Junge, Rami Rosenberg, am Eingang zum Klub »Ha-Tnua ha-me'ucheddet« erstochen. Seine Mörder sind Jugendliche aus einem benachbarten Viertel.

26 Die tschechoslowakischen Behörden lassen Shim'on Orenstein frei. Dagegen bleiben die Bemühungen um eine Begnadigung Mordechai Orens ohne Erfolg.

November

3 Der Weltsicherheitsrat tritt zu Beratungen über die Affäre um das Schiff »Bat-Gallim« zusammen. Er beauftragt den ägyptisch-israelischen Waffenstillstandsausschuß, sich um die Angelegenheit zu kümmern.

14 Nagib wird endgültig aus der ägyptischen Staatsführung entfernt. Nasser wird Präsident.

19 Der ägyptisch-israelische Waffenstillstandsausschuß befindet, daß Ägypten das Schiff »Bat-Gallim« samt seiner Mannschaft freilassen muß.

22 Tödlicher Unfall in der Bucht von Haifa: Bei einem Zusammenstoß zwischen einem Omnibus und einem Zug kommen elf Buspassagiere um, und elf werden verletzt.

Unruhe im orthodoxen Jerusalemer Viertel Mea Shearim: Es finden Demonstrationen gegen das Fahren am Sabbat und den »Verband berufstätiger Mütter" statt, der sich unweit des Viertels angesiedelt hat.

Dezember

1 Eröffnung der israelischen Zentralbank, Bank Israel. Erster Präsident ist David Horowitz, der dieses Amt bis 1971 bekleidet.

7 Fünf israelische Soldaten werden gefangengenommen, nachdem sie die syrische Grenze bei Dan überquert haben. Die Syrer beschuldigen sie der Spionage.

11 In Kairo Beginn des Prozesses gegen elf in die »unglückselige Affäre« verwickelte Personen.

12 Ein syrisches Flugzeug wird über Israel abgefangen. Seine Passagiere und die Crew werden verhaftet, aber nach zwei Tagen wieder freigelassen.

21 Max Bent, einer der in Kairo Angeklagten, verübt in seiner Zelle Selbstmord.

28–29 Landesweit Überschwemmungen nach einem Unwetter. In Tel Aviv werden für mehrere Stunden Straßen gesperrt, der Ajalon tritt über die Ufer und überschwemmt Teile der Viertel Ha-Tikva und Montefiore. Auch Durchgangslager sind überflutet. In Kfar Saba ertrinkt eine Frau mit ihrem kleinen Kind.

Im Jahre 1954 sind nur 18000 Juden eingewandert.

1954

SHARETT WIRD REGIERUNGSCHEF

Ende Januar 1954 ist zum ersten Mal eine Regierung im Amt, an deren Spitze nicht David Ben-Gurion steht. Moshe Sharett, der zudem weiterhin das Amt des Außenministers bekleidet, ist neuer Regierungschef. Bei der Bildung seines Kabinetts nimmt er zwei Änderungen vor: Der Minister ohne Geschäftsbereich, Pinchas Lavon, wird zum Verteidigungsminister ernannt, und Salman Eran kommt neu ins Kabinett, als Nachfolger in der Position Lavons.

Sharett bekleidet das Amt des Ministerpräsidenten knapp zwei Jahre bis Anfang November 1955. Es sind zwei stürmische Jahre, vor allem im Sicherheitsbereich.

Als Gemäßigter hat Sharett Probleme mit den Spitzen von Militär und Verteidigung, Verteidigungsminister Pinchas Lavon, Generalstabschef Moshe Dayan und Shim'on Peres, dem Generaldirektor im Verteidigungsministerium. In der Öffentlichkeit und in politischen Kreisen glaubt man, Sharett sei nicht fähig, in die Fußstapfen des großen Ben-Gurion zu treten. Führende Persönlichkeiten aus dem In- und Ausland pilgern nach Sde-Bokker, wo Ben-Gurion nun lebt, und es sieht ganz so aus, als lenke er weiter den Staat.

Anfang 1955 muß Lavon wegen der »unglückseligen Affäre« in Ägypten zurücktreten. Ben-Gurion kehrt ins Amt des Verteidigungsministers zurück. Die prekäre Lage an den Grenzen sowie die auf Anweisung Ben-Gurions unternommenen Vergeltungsschläge gegen die Araber verschärfen den Gegensatz zwischen Sharett und Ben-Gurion.

Nach den Wahlen zur dritten Knesset im Juli 1955 wird eine neue Regierung gebildet, in der Ben-Gurion wieder Premier wird. Sharett bleibt noch Außenminister.

△ Einer aus dem Volk: David Ben-Gurion (in der ersten Reihe in der Mitte) wohnt der Armeeparade zum ersten Mal als einfacher Bürger bei. 1954 lebt Ben-Gurion in Sde-Bokker. Er teilt mit, er werde sich die Parade nur anschauen, wenn sie entweder im Negev oder in einer Einwandererstadt stattfinde. Ihm zu Ehren wird sie schließlich in Ramla veranstaltet.

△ Die fast vollständig vertretene Sharett-Regierung mit Staatspräsident Ben-Zvi. Sitzend, v. l. n. r.: Golda Meir, Staatspräsident Ben-Zvi, Ministerpräsident Sharett und Peretz Bernstein. Stehend: die Minister Eshkol, Lavon, Dinor, Sapir, Serlin, Joseph, Naftali, Shitritt, Shapira, und Burg. Es fehlt der Minister ohne Geschäftsbereich, Salman Eran.

◁ Das Tor des Gefängnisses »Liman Tura« in Kairo, in dem die in die »unglückselige Affäre« Verwickelten einsitzen. Eine Zeichnung von Robert Dassa, einem der Insassen.

▽ Terroranschlag: Ben-Zion Halfon, ein späteres Knesset-Mitglied und stellvertretender Minister, mit seiner Frau Malka vor ihrem zerstörten Haus im Moschaw Hazav unweit von Gedera.

◁ Der »Blutbus«: Elf Fahrgäste werden im März 1954 in Ma'ale Akrabim ermordet. Es ist der schwerste Terroranschlag des Jahres. Die Situation an der jordanischen Grenze eskaliert.

»DIE UNGLÜCKSELIGE AFFÄRE«

1954 machen die Gespräche zwischen Ägypten und Großbritannien über die britische Räumung der Gegend um den Suez-Kanal Fortschritte. Kreise des israelischen Verteidigungswesens sind darüber besorgt. Deshalb arbeitet der Nachrichtendienst der Armee einen Plan aus, der den britischen Abzug durch Anschläge auf westliche Gebäude und Installationen in Ägypten hinauszögern soll. Es soll »bewiesen« werden, daß auf die Ägypter kein Verlaß ist.

Mit der Aufgabe wird eine Gruppe des israelischen Nachrichtendienstes in Ägypten beauftragt. Im Juli 1954 verüben sie Anschläge auf die Post von Kairo, auf die amerikanische Bibliothek in Kairo und Alexandria und auf Kinos in beiden Städten. Die Ägypter enttarnen die Gruppe, deren Angehörige im Dezember 1954 vor Gericht kommen und Anfang 1955 schwere Strafen auferlegt bekommen – zwei werden sogar zum Tode verurteilt.

Die Affäre wird Israel noch auf Jahre beschäftigen. Die Konflikte innerhalb der Führung des Verteidigungswesens, die Frage, wer den Befehl gegeben habe, gefälschte Unterlagen und der Rücktritt von Verteidigungsminister Lavon – all das ist nur ein kleiner Ausschnitt dessen, was man später »die unglückselige Affäre« oder einfach »die Affäre« nennt, die 1960 noch einmal aufgerollt wird.

△ Lavon ist neuer Verteidigungsminister. Ben-Gurion stößt mit ihm an.

1954 trübt die »unglückselige Affäre« ihre Beziehungen.

1954

SKANDAL AM SUEZ-KANAL

Obwohl Ägypten das Waffenstillstandsabkommen mit Israel unterzeichnet hat, läßt es weder israelische Schiffe noch ausländische Schiffe mit Fracht für Israel durch den Suez-Kanal fahren. Das Problem kommt sowohl im ägyptisch-israelischen Waffenstillstandsausschuß als auch im UN-Sicherheitsrat unzählige Male zur Sprache – doch ohne Ergebnis. Die Ägypter beharren auf ihrer Weigerung. Im September 1954 beschließt Israel, die Welt auf das Problem aufmerksam zu machen. Ein kleines Schiff mit dem Namen »Bat-Gallim« läuft mit einer Nutzlast von 500 Tonnen aus dem Hafen Massaua in Eritrea aus und schickt sich an, den Suez-Kanal zu passieren.

Am 29. September 1954 stoppen die Ägypter die »Bat-Gallim« mit der Behauptung, die Besatzung habe zwei ägyptische Fischer getötet. Außerdem seien Waffen an Bord. Die Ägypter verhaften die zehnköpfige Crew und beschlagnahmen die Fracht. Israel legt Beschwerde bei der UNO ein, der Weltsicherheitsrat berät darüber und beschließt, die Frage dem ägyptisch-israelischen Waffenstillstandsausschuß anzuvertrauen. Am 20. November entscheidet der Ausschuß, Israel habe entgegen ägyptischer Behauptungen nicht gegen das Waffenstillstandsabkommen verstoßen.

Schließlich lassen die Ägypter die Besatzung am 1. Januar 1955 frei. In den folgenden Tagen berät der UN-Sicherheitsrat über das Schicksal des Schiffes selbst und seiner Fracht. Auch nach Abschluß der Affäre bleibt der Suez-Kanal für israelische Schiffe noch auf Jahre gesperrt.

▷ Im April 1954 begleiten Tausende Baron Edmond de Rothschild und seine Frau (beide sind schon seit vielen Jahren tot) zu ihrer letzten Ruhestätte. Ein israelisches Kriegsschiff wird nach Frankreich geschickt, um dort ihre Särge abzuholen. Im Hafen von Haifa findet eine offizielle Zeremonie statt, dann bricht der Leichenzug zu einer Grabstätte im Süden von Sichron Ya'akov auf. An der Zeremonie nehmen Vertreter aller Ortschaften Israels teil, an deren Gründung der Baron beteiligt war. Jeder legt einen Beutel mit Erde auf das Grab. Die führenden Staatsmänner würdigen in ihren Reden das Werk des Barons, der »Vater der Ansiedlung« genannt wird.

△ Die israelische Fußballmannschaft Makkabi reist im Oktober 1954 zu Spielen nach England ab. Dort muß sie schwere Niederlagen einstecken, etwa ein 0:10 gegen »Wolves«.

▷ Ende 1954 wird das Land erneut von heftigen Regenfällen heimgesucht, mit schweren Überschwemmungen. Betroffen ist auch der Kibbuz Sde-Nechemia (Chulijot) im Hule-Tal.

1955

Januar
1 Die Ägypter lassen die zehn Seeleute der »Bat-Gallim« nach über dreimonatiger Haft frei.
4 Die Westmächte fordern Ägypten auf, die Schiffsblockade im Suez-Kanal aufzuheben. Die Ägypter setzen die Blockade dennoch fort.
13 Uri Ayalon, einer der fünf in Damaskus inhaftierten israelischen Soldaten, begeht Selbstmord.
27 Harte Urteile für die in die »unglückselige Affäre« Verwickelten in Ägypten: Zwei werden zum Tode verurteilt, zwei zu lebenslänglicher Haft. Die übrigen sechs erhalten lange Freiheitsstrafen.
31 Tod in Kairo: Hinrichtung Shmu'el Esers und Dr. Moshe Marzuks, jüdische Saboteure.

Februar
13 In Israel wird bekannt, daß die vier antiken Schriftrollen, die man 1947 in der Judäischen Wüste entdeckt und danach in die USA gebracht hat, dort aufgekauft und zurück nach Israel gebracht wurden. Jetzt sind alle sieben gefundenen Schriftrollen wieder im Land.
16 Einweihung des neuen Saales des »Kameri«-Theaters in Tel Aviv.
17 Verteidigungsminister Pinchas Lavon reicht seinen Rücktritt ein. David Ben-Gurion wird ins Verteidigungsministerium zurückgerufen.
21 Wahl von Rabbi Yitzhak Nissim zum sephardischen Oberrabbiner. Er wird Nachfolger des verstorbenen Rabbi Usi'el.
28 Große israelische Vergeltungsaktion in und um Gaza: das Unternehmen »Schwarzer Pfeil«: Dutzende toter Ägypter. Tausende aufgebrachter Bewohner Gazas stecken die UN-Nahrungsmittel- und Bekleidungslager in Brand. Die Ägypter verhängen eine Ausgangssperre über die Stadt.

März
8 Nach einer 19jährigen Unterbrechung feiert Tel Aviv wieder Purim in großem Stil. Die Zuschauerzahl wird auf eine halbe Million geschätzt.
19 Uraufführung des ersten Spielfilms über den Unabhängigkeitskrieg: »Hügel 24 antwortet nicht«.

Bei Ausgrabungen in Massada wird ein Palast des Herodes freigelegt.

April
3 Die Spannung an der Grenze zum Gazastreifen nimmt zu: Mörserbeschuß des Kibbuz Nachal Os durch die Ägypter. Angriffe auf israelische Grenzpatrouillen.
19 Auf ihrer Konferenz im indonesischen Bandung übernehmen die blockfreien Staaten die arabische Position, das heißt Rückkehr zum Teilungsplan von 1947.
25 Abschlußfeier des ersten Jahrgangs der Militärakademie.
27 Hunderttausende Israelis verfolgen begeistert die Parade am Unabhängigkeitstag. Diesmal findet sie in Tel Aviv statt und stellt Neuerungen wie das Uzzi-Maschinengewehr und den wendigen AMX-13-Panzer aus Frankreich vor.

Mai
17 Eskalation an der Grenze zum Gazastreifen: Fünf israelische Soldaten fallen ägyptischen Minen zum Opfer.
18 Israelischer Angriff auf einen ägyptischen Posten bei Kissufim. In den Tagen danach versucht die UNO, die Situation zu befrieden.
28 Versuch, die Wochenschrift »Ha-Olam ha-se« durch einen Sprengsatz zum Schweigen zu bringen. Bevölkerung, Presse und Knesset verurteilen den Anschlag.
30 Erneuter Zwischenfall an der Grenze zum Gazastreifen: Die Ägypter beschießen Ortschaften und Armee-Einheiten. Die israelische Artillerie antwortet ihnen. Verschlechterung der Lage entlang der jordanischen und syrischen Grenze.

Juni
1 Einführung des automatischen Selbstwähltelefondienstes: keine Telefonistinnen mehr bei Gesprächen zwischen den großen Städten.
9–12 Das Unternehmen »Jarkon«: Sechs Zahal-Soldaten werden von einem Schiff an der Küste des Sinai abgesetzt. Sie erkunden drei Tage lang das Wüstengelände und werden anschließend von sechs Piper-Maschinen zurückgeholt. Vorbereitung des Unternehmens »Kadesch«.
22 Das Bezirksgericht Jerusalem befindet Dr. Israel Kestner der Kollaboration mit den Nazis für schuldig.
28 Wegen des Kestner-Verfahrens beantragt Cherut ein Mißtrauensvotum gegen die Regierung. Die Allgemeinen Zionisten enthalten sich der Stimme und verursachen so eine Koalitionskrise.
29 Ministerpräsident Moshe Sharett reicht seinen Rücktritt ein. Der Staatspräsident beauftragt ihn mit der Bildung einer neuen Regierung. Dem neuen Kabinett spricht die Knesset mit 66 zu 32 Stimmen ihr Vertrauen aus.

Im Laufe des Monats versuchen die UN-Beobachter, die Lage an der ägyptisch-israelischen Grenze zu beruhigen.

Juli
4 Die Ägypter nehmen ein britisches Schiff bei der Durchfahrt durch die Meerenge von Tiran unter Beschuß.
15 Israel erhält zwei in Großbritannien gekaufte Zerstörer.
19 Einweihung des in Israel bis dahin ehrgeizigsten Unternehmens für Wasserversorgung: eine Leitung von der Jarkon-Quelle bis in die Negev-Wüste.
26 Die Wahlen zur dritten Knesset bringen eine »kleine Wende«: bei Mapai Rückgang von 45 auf 40 Sitze und bei den Allgemeinen Zionisten von 20 auf 13, dagegen bei Cherut Zuwachs von 8 auf 15 Sitze. Zuwachs auch für Mapam (9) und die zum ersten Mal allein angetretene Tnua le-Achdut ha-Awoda (19). Die Religiösen erhöhen ihre Sitze von 15 auf 17.
27 Bulgarische Kampfflugzeuge schießen ein El-Al-Passagierflugzeug ab. Die 51 Passagiere und sieben Besatzungsmitglieder kommen ums Leben.

August
5 Wichtige Funde bei den Ausgrabungen in Ha zor Galiläa. Ausgrabungsleiter ist der ehemalige Generalstabschef Yig'al Yadin.
7 Eine neue Universität: Bar-Ilan. Sie versteht sich als religiöse Hochschule.
15 Staatspräsident Yitzhak Ben-Zvi eröffnet die Beratungen der dritten Knesset, und Joseph Sprintzak wird zum dritten Mal zu ihrem Vorsitzenden gewählt.
30 Ein militärisch-sportlicher Erfolg für Israel: 23 Soldaten nehmen an einer Parade in Holland teil und werden als Beste prämiert.

Gegen Ende des Monats häufen sich die Anschläge von Ägyptern und der mit ihrer Erlaubnis agierenden Terroristen (der »Fedajin«, d. h. Selbstmordattentäter). Unter den neun Toten sind drei Soldaten.
30/31 Israelischer Vergeltungsschlag gegen die ägyptische Polizeiwache und ein Lager in Chan Junus. Dutzende Ägypter werden getötet.

Verstärkte Einwanderung aus Marokko: Die Juden leiden unter dem Freiheitskampf der Marokkaner.

Ausgabe einer neuen Serie von Geldscheinen durch Bank Israel. Zum ersten Mal tragen sie den Namen der neuen Nationalbank. Außerdem abgebildet: auf der einen Seite Landschaftsansichten aus Israel, auf der zweiten Seite abstrakte Zeichnungen.

September
1 Der Luftkampf zwischen einem israelischen »Ouragan«-Flugzeug und zwei ägyptischen »Vampire«-Maschinen nördlich vom Gazastreifen endet mit dem Abschuß der Ägypter.
4 Israel und Ägypten befolgen den Aufruf von General

Nach einer Unterbrechung von 19 Jahren erster Purim-Umzug in Tel Aviv.

1955

Barnes, den Kampf an der Grenze einzustellen.

7 Neuer Bürgermeister in Jerusalem: Gershon Agron, Redakteur der »Jerusalem Post«.

8 Wahl von Chaim Livnon zum Bürgermeister von Tel Aviv-Jaffa und Wiederwahl von Abba Chushi in Haifa.

19 Eine neue Entwicklungsstadt im Negev: Dimona.

21 Neuer Schauplatz der Streitigkeiten zwischen Israel und Ägypten ist die entmilitarisierte Zone von Nizana.

22 Schwerer Zwischenfall in Galiläa: Angriff auf einen Omnibus bei Meron. Zwei Tote und zehn Verletzte. Alarmzustand auf der libanesischen Seite der Grenze.

23 Erdölquellen in Israel, bei Bohrungen in Chelletz (Chulikat) entdeckt. Große Aufregung im ganzen Land und weltweites Interesse.

27 Der ägyptische Präsident Gamal Abd al-Nasser gibt die Unterzeichnung der Vereinbarung über das »tschechische Geschäft« bekannt. Aus dem Ostblock stehen große Waffenlieferungen nach Ägypten an.

Gründung einer Stadt inmitten des Bezirkes Lachisch: Kirjat-Gat.

Oktober

Die Bürger Israels reagieren spontan auf das »tschechische Geschäft«, das eine schlimme Bedrohung für Israel darstellt: Sie beginnen mit dem Sammeln von Spenden für einen »Schutzfonds«.

23 Ministerpräsident und Außenminister Moshe Sharett fährt zu Gesprächen mit den Außenministern der vier Großmächte, die in Europa zusammentreten. Er fordert von ihnen Waffen für Israel.

28 Israelische Vergeltungsaktion in Kuntilla an der Grenze zum Sinai: Antwort auf den ägyptischen Anschlag auf die israelische Polizei bei Nizana.

November

2 Nach dreimonatigen Koalitionsverhandlungen hat Israel eine neue Regierung. An ihrer Spitze: David Ben-Gurion, der auch Verteidigungsminister wird. Zum ersten Mal gehören der Koalition auch zwei linke Parteien an: Tnua le-Achdut ha-Awoda und Mapam. Ebenso sind die Religiösen und die Progressiven vertreten. Die Knesset spricht dem Kabinett ihr Vertrauen aus: 73 Ja-Stimmen, 32 Nein-Stimmen und 3 Enthaltungen.

Nach ägyptischen Übergriffen große Vergeltungsaktion bei Nizana: viele Tote bei den ägyptischen Truppen, Dutzende geraten in Kriegsgefangenschaft. Bei Zahal: fünf Tote. Im Verlauf des Monats vermehrte Aktivität der Fedajin an der jordanischen Grenze.

9 Die »Guildhall«-Rede des britischen Ministerpräsidenten Anthony Eden: Er schlägt britische Garantien vor, wenn Israel Grenzverschiebungen zustimmt.

15 Ben-Gurion weist den Eden-Plan zurück.

16 US-Präsident Eisenhower: Amerika bürgt für die vereinbarten Grenzen im Nahen Osten.

22 Ägypten setzt seine Aktionen gegen Israel fort. Israel warnt die Ägypter.

28 Nasser weist Edens Vorschlag zurück und fordert die Verwirklichung des Teilungsplanes von 1947.

Dezember

11 Nach wiederholten syrischen Angriffen auf die israelische Schiffahrt auf dem See Genezareth holt die Armee zu einem breit angelegten Vergeltungsschlag gegen syrische Posten am Nordoststrand des Sees aus. Die Syrer beklagen zahlreiche Opfer. Viele Syrer werden von den Israelis gefangengenommen. Auf israelischer Seite: vier tote Soldaten. Die Presse berichtet von Meinungsverschiedenheiten zwischen Ben-Gurion und Sharett über diese Aktion. Die Welt verurteilt Israel.

17 Bei den Beratungen des UN-Sicherheitsrates verurteilen die USA und die Sowjetunion die Aktion am See Genezareth.

29 Sowjetführer Nikita Chruschtschow greift Israel an: Er bezeichnet es als Werkzeug der Imperialisten.

Im Laufe des Jahres sind mehr als 37 000 Neueinwanderer eingetroffen, die meisten aus Nordafrika.

▷ Der Chanukka-Leuchter aus Wasser ist seit Juli 1955 in der Nähe der Jarkon-Quelle in Rosch ha-Ajin in Betrieb. Einweihung des bis dahin größten Wasserversorgungsprojekts Israels: die Wasserleitung vom Jarkon in den Negev. Fast das gesamte Wasser des Jarkon wird in Betonröhren in den Süden geleitet, so daß sein Flußbett austrocknet. Von da an werden Abwässer in das Flußbett geleitet und kurz vor der Mündung, Meerwasser.

▽ Der Schutzfonds: Die Bevölkerung spendet für die Verteidigung. Witz aus der Zeitung: »Hier ist meine Spende. Nehmen Sie sie samt ihren Klunkern.«

▽ Die schwere Lage an den Grenzen macht sich in verschiedenen Bereichen bemerkbar. Die Grenzbewohner werden aufgefordert, ihre militärischen Fähigkeiten aufzufrischen.

△ Die Befehlshaber der Fallschirmspringer und zwei hochrangige Offiziere nach dem Überfall auf Kuntilla im Oktober 1955. Stehend, v. l. n. r.: Me'ir Har-Zion, Ari'el Sharon, Generalstabschef Moshe Dayan, Danny Mat, Moshe Efron und Assaf Simchoni. Vorne, v. l. n. r.: Aaron Davidi, Ya'akov Ya'akov und Refa'el Eitan. Bis Ende 1955 sind die Fallschirmspringer für alle Vergeltungsaktionen zuständig.

◁ Hochrangige Befehlshaber nehmen jetzt an Lehrgängen fürs Fallschirmspringen teil. Auf dem Foto zwei zukünftige Generalstabschefs: Yitzhak Rabin (links) und Chaim Barlev, bevor sie ins Flugzeug steigen.

▽ Großer Vergeltungsschlag bei Nizana, Oktober 1955. Ägyptische Soldaten werden gefangengenommen.

▷ Luftkämpfe an der ägyptischen Grenze 1955. Hier ein bei Eres abgeschossenes ägyptisches Flugzeug.

1955

DER KESTNER-PROZESS

Am 22. Juni 1955 geht der aufsehenerregende Kestner-Prozeß zu Ende. Malchi'el Grünwald, ein religiöser Aktivist aus Jerusalem, beschuldigt 1953 Dr. Israel Kestner, einen hohen Beamten im Ministerium für Industrie und Handel, der Kollaboration mit den Nazis während des Zweiten Weltkriegs, als er einer der führenden Persönlichkeiten unter den Juden Ungarns war.

Während des Prozesses beschuldigt Grünwalds Rechtsanwalt Shmu'el Tamir die Mapai-Führung, die bereits zu jener Zeit den Jischuw führte, nicht genug für die Rettung der Juden in Europa unternommen zu haben. Richter Benjamin Halevy sagt in seinem Urteil, Kestner »hat seine Seele dem Teufel verkauft«. Er habe mit den Nazis kollaboriert, um seine Verwandten und Freunde zu retten, ohne jedoch Hunderttausende Juden davor zu warnen, was sie von den Nazis zu erwarten hätten. Dennoch wird Grünwald in drei Anklagepunkten freigesprochen, für einen vierten erhält er eine symbolische Geldstrafe von einem Pfund.

Das Echo des Kestner-Prozesses hallt noch jahrelang nach. Unmittelbar nach dem Urteilsspruch schlittert die Regierung in eine Krise, das Kabinett wird umgebildet. Das Grünwald-Urteil und der Einspruch gegen das Urteil spielen bei den Wahlen zur dritten Knesset eine zentrale Rolle.

Anfang 1957 wird, wohl infolge des Aufruhrs um das Verfahren, Kestner erschossen. Ein Jahr später stellt der Oberste Gerichtshof fest, daß er kein Kollaborateur gewesen sei, obwohl er bei den Nürnberger Prozessen zugunsten des Nazi-Verbrechers Kurt Becher ausgesagt habe.

◁ Hoher Besuch im Jahre 1955: U-Nu, Ministerpräsident von Birma. Hier besichtigt er die Wasserleitung vom Jarkon in den Negev.

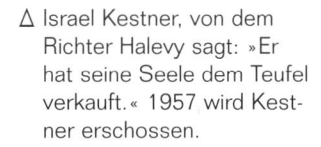

△ Israel Kestner, von dem Richter Halevy sagt: »Er hat seine Seele dem Teufel verkauft.« 1957 wird Kestner erschossen.

△ Cherut stellt sogar einen Traktor in seine Dienste, um Mapai zu besiegen. In den Wahlen selbst verliert Mapai dann 5 Sitze, Cherut verdoppelt seine Sitze von 8 auf 15. Dieser Zugewinn geht vor allem auf Kosten der Allgemeinen Zionisten, so daß Mapai auch die künftige Regierung anführt.

△ Aus mehreren Gründen wird die Wahlkampagne für die dritte Knesset im Sommer 1955 heftig geführt, u. a. wegen der schwierigen Wirtschaftslage und des Kestner-Prozesses. Dieser kratzt am Image der Mapai-Partei, die daher die Wähler bittet: »Laßt uns die Aufgabe vollenden.«

DIE ANFÄNGE IM BEZIRK LACHISCH

Nachdem bereits große Einwanderungswellen das Land überspült haben und die Neubürger bislang in zahlreichen, über das Land verstreuten Einwanderersiedlungen, besonders in landwirtschaftlichen Gebieten, untergebracht wurden, ändern die Behörden Anfang der fünfziger Jahre ihren Kurs. Sie erschließen den Bezirk Lachisch.

1954 steigt die Zahl der Einwanderer wieder. Sie kommen vor allem aus Nordafrika. Die Verschlechterung der Sicherheitslage macht es notwendig, jetzt auch jene Landstriche zu füllen, in denen es noch keine jüdischen Orte gibt: den Süden des Landes bis hin zur nördlichen Grenze des Negev, insbesondere den Bezirk Lachisch. Dieser umfaßt eine Million Dunam Land. Die auffallendste Neuerung bei seiner Besiedlung ist die Planung und vorherige Fertigstellung von Ortschaften verschiedener Typen. Es entstehen Moschawim, regionale Zentren und eine Großstadt. Außerdem werden drei Nachal-Wehrdörfer nahe der jordanischen Grenze angelegt. Die Orte des Bezirkes werden in den Anfangsjahren von der Jewish Agency gebaut und verwaltet. Diese sorgt auch für die Beschäftigung der Einwanderer, bis sie sich in den verschiedenen Branchen der Landwirtschaft spezialisiert haben. Zusätzlich bieten mehrere Ministerien der Region ihre Dienstleistungen an.

Die erste Neugründung ist Ozem, das im Mai 1955 entsteht. Innerhalb weniger Jahre werden Dutzende weiterer Ortschaften gegründet, allen voran die Stadt Kirjat-Gat.

△ 1955 gewinnt die Ansiedlung von Neueinwanderern neuen Schwung: Der Bezirk Lachisch wird erschlossen, innerhalb weniger Jahre entstehen dort viele Ortschaften. 1955 wird auch der Bau von Entwicklungsstätten forciert. Eine ist Dimona im Negev. Im Bild: die ersten Kinder des Ortes mit ihren Kindergärtnerinnen. Die Gründung Dimonas weckt Widerstand. Viele Einwanderer weigern sich, »mitten in der Wüste« von den Lastwagen zu steigen. Sie wollen an einem »normalen« Ort leben. Pessimisten räumen dem Ort keine Überlebenschance ein und verballhornen seinen Namen. Sie nennen ihn »Hirngespinst« (hebr. dimjon) und »Ort der Tränen« (demaot).

1955

▽ Im September 1955 wird in Chelletz Erdöl entdeckt. Entwicklungsminister Dov Joseph erhält eine mit Erdöl gefüllte Flasche. Rechts von ihm: der Generaldirektor des Finanzministeriums, Pinchas Sapier.

▷ Die Regierung löst ihre Geldprobleme zum Teil dadurch, daß sie Anleihen aufnimmt. Im Bild die Volksanleihe. Um den Verkauf anzuregen, finden Lotterien statt.

△ Schreckliches Unglück im Juli 1955: Bulgarische Kampfflugzeuge schießen über Bulgarien ein Passagierflugzeug der El Al ab. Alle Passagiere und die gesamte Crew, 58 Menschen, kommen dabei ums Leben.

△ Der alte und neue Ministerpräsident: David Ben-Gurion. Zur Vereidigung kommt er in Khaki-Kleidung in die Knesset.

▷ Zum ersten Mal druckt die Bank Israel Geldscheine. Sie zeigen Landschaften im Negev, in Galiläa und der Jesre'el-Ebene.

327

1956

Januar

19 Israel wird wegen des Unternehmens »Kinneret« vom UN-Sicherheitsrat verurteilt.

23 Zu Gast im Land: UN-Generalsekretär Dag Hammarskjöld. Auf arabischen Druck hin vermeidet er die Teilnahme an offiziellen Veranstaltungen in Jerusalem.

Frankreich liefert Israel moderne Waffen.

26 Israel setzt neue Triebwagen ein, die mit Entschädigungszahlungen aus Deutschland finanziert wurden.

Im Januar verhindern Hunderte orthodoxe Juden Grabungs- und Bauarbeiten auf dem Gelände rund um das Grab des Maimonides in Tiberias.

Februar

7 Generalstreik aller Akademiker im Land, einschließlich der Ärzte und Ingenieure. Er wird elf Tage dauern.

Justizminister Pinchas Rosen tritt zurück.

11 Tod von Asri'el Carlebach, »Ma-ariv«-Redakteur und einer der prominentesten Journalisten Israels.

Die USA sind nicht zu Waffenlieferungen an Israel bereit, stimmen aber zu, daß Frankreich Israel zwölf moderne Düsenflugzeuge vom Typ »Mystère 4« liefert.

März

1 Dramatische Entwicklung in Jordanien: König Hussein entfernt General Glubb, britischer Befehlshaber der jordanischen Legion, nach langen Dienstjahren aus dem Amt.

4 Am See Genezareth fallen den Syrern vier israelische Polizisten in die Hände.

7 Organisierte Gruppen schicken sich an, den Grenzansiedlungen, vor allem im Süden, zu helfen und sie zu stärken.

29 Fertigstellung einer neuen Eisenbahnstrecke, von Na'an nach Be'ersheva.

Die Syrer lassen vier israelische Soldaten und einen Zivilisten frei, die eineinviertel Jahre in syrischer Gefangenschaft waren. Wieder steigt die Spannung wegen zahlreicher von Ägypten initiierter Grenzzwischenfälle.

Schwere Zwischenfälle auch an der jordanischen Grenze. Die Westmächte bemühen sich, einen größeren Konflikt im Nahen Osten zu vermeiden.

April

4–11 Zahlreiche Konfrontationen und Opfer an der ägyptischen Grenze sowie durch eingedrungene Fedajin im Landesinneren. Vier Israelis sterben bei einem Zwischenfall an der Grenze zum Gazastreifen (4. 4.); schwerer israelischer Artilleriebeschuß auf den Gazastreifen (5. 4.); Fedajin töten eine Frau in Aschkelon und drei Kibbuz-Mitglieder auf den Straßen im Negev (7. 4.); ein Arbeiter wird bei Kezi'ot getötet (8. 4.); und Fedajin töten vier Jungen und einen Lehrer beim Gebet im Moschaw Schafrir, zwölf Kilometer von Tel Aviv entfernt (11. 4.).

4 Der Sicherheitsrat schickt UN-Generalsekretär Hammarskjöld in den Nahen Osten, um die Spannungen an den israelischen Grenzen zu mindern.

9 US-Präsident Eisenhower sichert jedem im Nahen Osten angegriffenen Staat Hilfe zu.

12 Bei einem Luftkampf im Süden des Landes schießen israelische Flugzeuge einen ägyptischen Kampfflieger ab.

Erste Lieferung französischer »Mystère«-Flugzeuge.

15 In einer Radioansprache zum achten Unabhängigkeitstag erklärt Ben-Gurion, Israel stehe eine »große Prüfung« bevor.

17 Einführung neuer Steuern durch die Regierung, um die hohen Verteidigungskosten zu decken.

23 Eindringlinge aus Jordanien ermorden vier Arbeiter der Firma Tahal in der Arava.

24 24. Zionistischer Kongreß in Jerusalem.

29 Bei Zwischenfällen an der Grenze am Gazastreifen werden zwei Israelis getötet: der Befehlshaber des Kibbuz Nachal Os, Ro'i Rotberg, und ein Soldat.

Mai

1 Die israelischen Arbeiter begehen den 1. Mai, indem sie Arbeiten in den Grenzsiedlungen ausführen.

10 Gründung der Kleinstadt Netivot im Negev.

12 Nach viereinhalbjähriger Haft lassen die Tschechen Mordechai Oren frei.

Ein ungewöhnlicher Gast: Der ägyptische Journalist Ibrahim Isat bereist Israel.

22 Verabschiedung des Gesetzes über eine Verteidigungssteuer in Höhe von vier bis 13% des Einkommens.

Juni

4–7 Neu für die israelischen Soldaten: ein viertägiger Marsch von 160 km Länge.

10 Zusammenschluß von Misrachi und Ha-Po'el ha-Misrachi: Gründung einer nationalreligiösen Partei (Mafdal).

18 Außenminister Moshe Sharett gibt seinen Rücktritt bekannt. Golda Meir tritt an seine Stelle.

28 Ernennung von Pinchas Lavon zum neuen Histadrut-Generalsekretär.

Im Verlauf des Monats mehren sich die Zwischenfälle an der jordanischen Grenze.

Juli

11 Fußball: In der Vorrunde der Olympiade schlägt die Sowjetunion Israel mit 5:0 Toren. Das Spiel findet in Moskau vor Tausenden von gerührten jüdischen Zuschauern statt.

20 Israel hat für seine Marine in Großbritannien zwei neue Zerstörer gekauft. Sie treffen heute ein.

17 In Moskau Unterzeichnung eines Abkommens über sowjetische Erdöllieferungen an Israel.

26 Wegen der Weigerung der Westmächte, den Assuan-Staudamm zu finanzieren, verstaatlicht Ägypten den Suez-Kanal.

31 Rückspiel der israelischen Fußballmannschaft gegen die sowjetische Mannschaft in Ramat-Gan. Die Israelis spielen gut, trotzdem siegen die Sowjets mit 2 : 1 Toren.

August

16 Eine Bande aus Jordanien greift einen israelischen Bus in der Arava-Senke an.

17 Israelischer Vergeltungsschlag: mehrere Angriffe auf die ägyptischen Streitkräfte im Gazastreifen.

22 Generalstreik im öffentlichen Verkehr.

September

1 Sabbat: ein Toter und viele Verletzte bei Zusammenstößen mit orthodoxen Juden in Jerusalem.

10 Jordanien nimmt den an der Grenze gelegenen Hebron-Berg unter Beschuß: sieben getötete israelische Soldaten.

Sabotage an der Eisenbahnlinie in den Negev.

11/12 Vergeltungsschlag auf die Polizeiwache Ar-Rahaba südlich vom Hebron-Berg: Dutzende Verletzte Jordanier.

12 Ermordung dreier drusischer Wächter in der Arava-Senke durch arabische Eindringlinge.

13/14 Angriff auf die jordanische Polizeiwache in Dscharandal am Fuße des Ostjordanischen Berglands.

23 Ein jordanischer Soldat eröffnet das Feuer auf einen Archäologenkongreß in Ramat-Rachel, südlich von Jerusalem: vier Tote. Nach Angaben der Jordanier ist der Täter »geistesgestört«.

24 Eindringlinge ermorden eine Frau bei der Feigenernte im Jerusalemer Korridor und einen Traktorfahrer im Beth-She'an-Tal.

25/26 Israelischer Vergeltungsschlag gegen die Polizeiwache von Hussan bei Bethlehem: Dutzende Jordanier und sechs Israelis kommen um.

Oktober

4 Jordanische Eindringlinge ermorden fünf Israelis auf der Straße von Sdom nach Be'ersheva.

9 Jordanische Eindringlinge ermorden zwei Arbeiter bei Even Jehuda.

10 Großer Vergeltungsschlag gegen die Polizeiwache von Kalkilja: Auf israelischer Seite gibt es 18 Tote und 60 Verletzte, zahlreiche verletzte Jordanier.

12 Die irakische Armee schickt sich zum Einmarsch in Jordanien an. Scharfe Reaktion Israels. Die Spannung an den Grenzen, vor allem zu Jordanien, steigt. Israel zieht Reservisten ein.

24 Angesichts der steigenden Spannung im Nahen Osten bilden Ägypten, Syrien

1956

∇ In dem »Loch« neben dem alten Knesset-Gebäude in Jerusalem wird im Frühjahr 1956 eine Riesen-Menora, das Werk des jüdisch-englischen Bildhauers Elkan, aufgestellt.

△ Aufruf an die Bürger des Staates und seine Führung, den Grenzorten bei ihren Befestigungs- und Einzäunungsarbeiten zu helfen. Moshe Dayan ist in den Negev gegangen.

und Jordanien einen gemeinsamen Militärstab.

28 Israel unternimmt alle zu seiner Verteidigung nötigen Schritte. US-Präsident Eisenhower bittet Israel und alle arabischen Staaten um Mäßigung.

29 Israel holt zu einem Präventivkrieg aus, der bis zum 6. November dauert: das Unternehmen »Kadesch«, auch »Sinai-Krieg« genannt.

Blutbad in Kafr Qassem: Grenzpolizisten haben über das arabische Dorf in Israel (bei Petach Tikva) eine Ausgangssperre verhängt und eröffnen das Feuer auf die Dorfbewohner. Dabei werden Dutzende von Männern, Frauen und Kindern getötet. Bekanntgabe in Israel erst nach Ende des Unternehmens »Kadesch«.

November

2 Die UN-Vollversammlung nimmt mit 64 zu 5 Stimmen und 6 Enthaltungen den amerikanischen Antrag auf sofortige Feuereinstellung durch Großbritannien, Frankreich und Israel an. Die fünf Gegenstimmen stammen von Großbritannien, Frankreich, Australien, Neuseeland und Israel.

5 Die Sowjetunion droht mit einer Intervention im Nahostkonflikt und Raketenbeschuß der Hauptstädte Großbritanniens und Frankreichs. Rückruf des sowjetischen Botschafters aus Israel.

Beginn der englisch-französischen Invasion in Ägypten.

Beschluß der UN-Vollversammlung, eine internationale Truppe aufzustellen. Sie soll »für die Einstellung der feindlichen Handlungen in Ägypten sorgen und über den Waffenstillstand wachen«.

6 Ende des Sinai-Krieges: Israels Flagge flattert über Scharm asch-Scheich.

Der Sicherheitsrat fordert Israel auf, innerhalb von 24 Stunden die eingenommenen Gebiete wieder zu räumen.

7 Ben-Gurion erklärt in der Knesset, Israel werde sich nicht auf die ehemaligen Waffenstillstandslinien an der Grenze zu Ägypten zurückziehen. Außerdem werde es keine Stationierung fremder Truppen auf seinem Gebiet oder den von ihm besetzten Gebieten dulden. Der Sinai-Krieg sei »eines der heroischsten Unternehmen in der Geschichte der Völker«.

8 Die Sowjetunion droht Israel mit dem Beschuß durch Langstreckenraketen und der Entsendung »muslimischer Freiwilliger« in den Nahen Osten.

Um Mitternacht gibt Ben-Gurion in einer Radioansprache den Rückzug aus dem Sinai bekannt, nachdem eine internationale UN-Truppe auf der Halbinsel eingetroffen ist.

15 Fortgesetzte Drohungen der Sowjetunion gegen Israel. Die Sowjets fordern Entschädigung für Ägypten und annullieren das Abkommen über den Verkauf von Erdöl an Israel.

18 Israel weist die sowjetischen Entschädigungsforderungen zurück.

In der letzten Woche des Monats Beginn des israelischen Rückzugs aus dem Sinai. Israel möchte weiterhin den Gazastreifen behalten.

Wegen der Verteidigungskosten führt die Regierung eine Reihe von Steuern und Abgaben ein. Aufgrund des Brennstoffmangels kommt es zu Beschränkungen des Autoverkehrs und des Stromverbrauchs.

Dezember

In der ersten Woche des Monats räumen die israelischen Truppen die nähere Umgebung des Suez-Kanals. Im Sinai wird ein jugoslawisches Regiment der UN-Truppen stationiert. Die Israelis zerstören die Straßen in den von ihnen geräumten Gebieten.

15 Verlegung einer Öl-Pipeline von Eilat nach Be'ersheva.

16 Britische und französische Truppen beginnen mit der Räumung der Gegend um Port Said.

26 Die Fregatte »Mesanek« ist um Afrika gefahren und trifft in Eilat ein, in dem ein Marinehafen eröffnet wurde.

30 Die Amerikaner üben Druck auf Israel aus, damit es seinen Rückzug aus dem Sinai beschleunigt. Israel fordert Garantien.

Zunahme der Einwanderung nach Israel: Unter anderem kommen Tausende ägyptischer Juden ins Land, die infolge des Sinai-Krieges ausgewiesen wurden.

GOLDA MEIR WIRD AUSSENMINISTERIN

Jahrzehntelang stehen zwei Männer an der Spitze erst des Jischuw und dann des Staates Israel: David Ben-Gurion und Moshe Sharett. Ben-Gurion als Vorsitzender der Jewish Agency und später als Ministerpräsident, Sharett zunächst als Leiter der politischen Abteilung der Jewish Agency und nach der Staatsgründung als Außenminister. 1956 endet die Zusammenarbeit der beiden Politiker, die sehr eng, doch nicht ohne Konflikte verlief. Ben-Gurion gilt als »Aktivist« und Vertreter der »Falken«, Sharett dagegen als gemäßigt und als zum Lager der »Tauben« gehörig. Bei der Regierungsbildung im November 1955 bittet Sharett darum, aus dem Amt des Außenministers entlassen zu werden, Ben-Gurion ist nicht damit einverstanden. Ein halbes Jahr später jedoch fordert Ben-Gurion selbst Sharett auf, das Außenministerium aufzugeben. Die Beziehungen zwischen beiden Männern befinden sich in einer Krise. Am 19. Juni 1956 erklärt Ben-Gurion vor der Knesset, da sich die Sicherheitsprobleme außerordentlich verschärft hätten, sei er zu der Erkenntnis gelangt, es müsse »zum Wohl des Staates« zwischen Außen- und Verteidigungsministerium größtmögliche Übereinstimmung herrschen. Deshalb sei »eine neue Führung im Außenministerium notwendig«.

An Sharetts Stelle tritt Golda Meir, die bis dahin Arbeitsministerin war.

▷ Moshe Sharett geht, Golda Meir kommt: als neue Außenministerin.

△ 1956 führt die Wochenzeitung »Ha-Olam ha-se« die Wahl der »Miss Israel« ein. Erste Schönheitskönigin wird Ofira Eres (später Navon).

◁ In Ramat-Gan überlistet Stalmach den sowjetischen Torhüter. Die Sowjetunion siegt trotzdem mit 2 : 1 Toren.

△ Die israelische Fußballmannschaft spielt in Moskau: Sie wird von der sowjetischen Mannschaft mit 0 : 5 geschlagen.

1956

▷ Trotz der angespannten Sicherheitslage beschäftigen auch alltägliche Dinge Regierung und Bürger, etwa der Busstreik. Die Regierung bleibt hart und stellt Tausende Lastwagen bereit. Zehn Tage lang fährt ganz Israel in Lastwagen. Der Fahrer kassiert das Fahrgeld, bevor der Gast über eine Leiter in den Anhänger steigen darf.

▽ Das ganze Jahr zeigt sich Ben-Gurion nur in Khaki-Uniform: So will er sein Hauptanliegen, die Sicherheit des Staates, unterstreichen. Wie viele Bürger, zieht auch er in die Grenzorte, um nach der Verschlechterung der Sicherheitslage vor allem an der Grenze zum Gazastreifen bei Befestigungsarbeiten zu helfen. Hier befindet er sich im Moschaw Mivtachim im West-Negev.

▽ Ein französischer Panzer wird mitten in der Nacht im Hafen von Haifa abgeladen. Frankreich liefert Israel Waffen und Ausrüstung, später auch ein Atomkraftwerk.

DIE FRANZOSEN HELFEN ISRAEL

In der ersten Hälfte der fünfziger Jahre kämpft Israel fast verzweifelt um den Erwerb moderner Waffen, um der Bedrohung durch die arabischen Staaten trotzen zu können. Doch ist ihm der Zugang zu solchen Waffen verwehrt: Die USA haben Lieferungen in den Nahen Osten mit dem Embargo belegt, Großbritannien stellt nur sehr wenig Waffen zur Verfügung und achtet dabei auf ein ausgewogenes Verhältnis zwischen allen Staaten der Region, und Frankreich erklärt sich – wenigstens anfangs – nur zum Verkauf von Restbeständen und gebrauchtem Material bereit.

In der Mitte des Jahrzehnts kommt der Wandel. Er hängt hauptsächlich mit dem Krieg zusammen, den die Franzosen gegen die Aufständischen in Algerien führen. Unterstützung erhalten die Aufständischen vom ägyptischen Präsidenten Nasser, dem Erzfeind Israels. Dadurch haben mit einem Male Israel und Frankreich gemeinsame Interessen, die sich in einer politischen Annäherung und in Waffenlieferungen ausdrücken. Verantwortlich für die Annäherung sind Ben-Gurion, Generalstabschef Dayan und zunehmend auch der junge Generalsekretär des Verteidigungsministeriums, Shim'on Peres.

1956 unterzeichnen die Tschechoslowakei und Ägypten einen Vertrag, demzufolge gewaltige Mengen von Waffen, Panzern und Flugzeugen aus dem Ostblock in das Land am Nil geliefert werden sollen. Daraufhin verstärkt Frankreich seine Unterstützung Israels. Dank der neuen Regierung unter dem Sozialisten Guy Mollet öffnen sich für den jüdischen Staat die französischen Arsenale.

▷ Generalstabschef Dayan hält die Trauerrede am Grab von Ro'i Rotberg. Seine Worte hinterlassen gerade 1956 einen nachhaltigen Eindruck im Land, denn wenige Monate vor dem Ausbruch des Sinai-Krieges sind Spannung, Terroranschläge und Vergeltungsaktionen an der Tagesordnung.

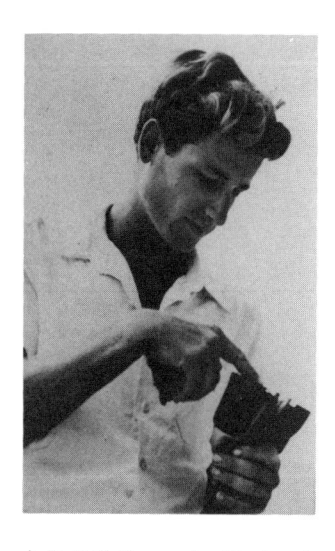

△ Ro'i Rotberg, der Regionalbefehlshaber von Nachal Os, prüft den Zünder einer auf den Kibbuz abgeschossenen Mörserrakete. Die Ägypter nehmen die Grenzsiedlungen häufig unter Beschuß.

> Nicht von den Arabern in Gaza, sondern von uns selbst fordern wir Ro'is Blut zurück. Wie konnten wir die Augen so fest verschließen, daß wir nicht unser Schicksal sahen, nicht die Bestimmung unserer Generation in ihrer ganzen Grausamkeit? Haben wir wirklich vergessen, daß diese Gruppe junger Menschen in Nachal Os die schweren Tore von Gaza auf ihren Schultern trägt? Tore, auf die Abertausende Augen gerichtet sind, während Hände um unsere Schwäche beten, damit sie zu uns kommen und uns in Stücke reißen. Haben wir das vergessen?… Ro'i Rotberg, der blonde, schmächtige junge Mann, verließ Tel Aviv, um sein Haus vor den Toren Gazas zu bauen, um uns ein Wall zu sein. Ro'i – dem das Licht in seinem Herzen den Blick trübte, so daß er nicht das Aufblitzen des Schlachtmessers sah. Den die Sehnsucht nach Frieden taub machte, so daß er nicht die Stimme des Mörders im Hinterhalt hörte. Nehmt die Tore Gazas von seinen Schultern und laßt ihn ruhen.«
>
> Rede von Generalstabschef Moshe Dayan am Grab von Ro'i Rotberg in Nachal Os, der im April 1956 in einen ägyptischen Hinterhalt geriet.

◁ Die letzte große Vergeltungsaktion vor dem Sinai-Krieg folgt auf die Ermordung zweier Arbeiter bei Tel Aviv. Sie richtet sich gegen die Polizeiwache im jordanischen Kalkilja.

△ Im April 1956 werden vier Schüler und ein Lehrer beim Gebet im Moschaw Schafrir, bei Tel Aviv, ermordet. Ein stummer Zeuge: das mit Blut getränkte Gebetbuch.

1956

DAS UNTERNEHMEN »KADESCH«

1956 ist eins der stürmischsten Jahre seit der Gründung Israels. Fast täglich kommt es zu Zwischenfällen an den Grenzen und zu Anschlägen durch die Fedajin.

Generalstabschef Moshe Dayan drängt schon seit 1955 auf eine militärische Lösung. Doch Ben-Gurion, der gerade erst wieder das Amt des Ministerpräsidenten eingenommen hat, übt Zurückhaltung. Zunächst will er die Armee stärken, außerdem besteht er darauf, daß Israel von mehreren Großmächten unterstützt werden müsse. Im Juli 1956 bahnt sich eine Entscheidung an. Ägypten hat die Suez-Kanal-Gesellschaft verstaatlicht und Großbritannien und Frankreich – beide sind mit Aktien am Kanal beteiligt – gegen sich aufgebracht. Beide Großmächte beginnen mit der Planung eines militärischen Schlags gegen Ägypten. Israel findet in beiden Verbündete. In der Folgezeit werden in Paris zahlreiche Unterredungen geführt. Es wird vereinbart, daß die Israelis im Sinai losschlagen und sofort danach eine zweite Offensive eröffnet wird, in der sich Großbritannien und Frankreich des Suez-Kanals bemächtigen.

Indessen heizt sich auch die Situation an der jordanischen Grenze auf, dadurch wird die internationale Öffentlichkeit von den Kriegsvorbereitungen an der Südgrenze Israels abgelenkt. Die Anschläge der Fedajin mehren sich, doch die israelischen Vergeltungsaktionen im September und Oktober 1956 führen nicht zu den erhofften Ergebnissen. Die Verluste Israels während der Aktionen werden immer schmerzlicher. Und während noch alle Augen auf die jordanische Front gerichtet sind, ergreifen die Israelis die Initiative an der ägyptischen Front.

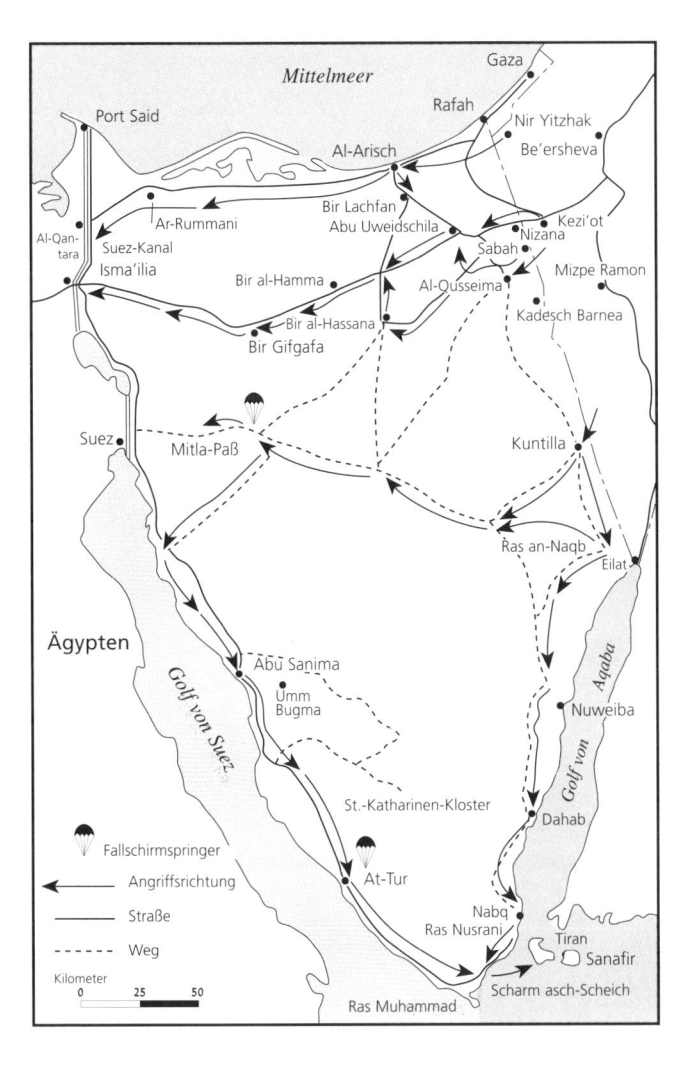

◁ Die Karte des Unternehmens »Kadesch«: Oktober/November 1956. Die Israelis greifen die Ägypter aus mehreren Richtungen an. Nach wenigen Tagen gewinnt Israel die Oberhand und nimmt die gesamte Sinai-Halbinsel in Besitz.

◁ Am 29. Oktober 1956 springt ein Regiment israelischer Fallschirmspringer über dem Sinai ab. Damit beginnt das Unternehmen »Kadesch«. Im Bild Fallschirmspringer, die sich gerade verschanzen.

△ Oktober 1956: ein ägyptischer Panzer, im Sinai steckengeblieben.

▽ Schlagzeile in »Jedi'ot Acharonot«, 30. 10. 1956.

△ Eine israelische Fahrzeugkolonne findet einen Piloten der israelischen Luftwaffe. Er ist auf einer Straße im Sinai notgelandet.

▽ Während des kurzen Feldzugs nehmen die Israelis im Sinai und im Gazastreifen Tausende von Ägyptern gefangen.

1956

△ In der Vergangenheit beschoß der ägyptische Zerstörer »Ibrahim al-Awail« Haifa. Jetzt kapituliert er.

◁ Eins der berühmtesten Fotos vom Sinai-Krieg: die zurückgelassenen Stiefel eines geflüchteten ägyptischen Soldaten.

▷ Die israelische Luftwaffe zerstört Hunderte von Fahrzeugen ägyptischer Konvois.

△ Zeremonie am Ende der Kämpfe in Scharm asch-Scheich: Generalstabschef Moshe Dayan und der Befehlshaber des Kommandos Süd, Assaf Simchoni. Simchoni stirbt noch am selben Tag bei einem Flugzeugunglück.

◁ Sieg: freie Fahrt durch die Meerenge von Tiran.

335

1957

Januar

1 Beginn der Räumungsarbeiten im Suez-Kanal durch die UN-Marine.
5 Präsident Eisenhower veröffentlicht die Grundsätze seiner neuen Politik, die »Eisenhower-Doktrin«: US-Militärhilfe für alle im Nahen Osten durch die sowjetische Expansion gefährdeten Länder.
15 Die Israelis verlassen Al-Arisch.
20 Übereinkunft zwischen Israel und Ägypten über einen Gefangenenaustausch. So kommen der einzige Israeli, der bei den Kämpfen in ägyptische Gefangenschaft geriet, der israelische Pilot Jochanan Atkes, sowie drei israelische Soldaten, die bereits vor dem Krieg in Gefangenschaft gerieten, frei.
23 Die Knesset bestätigt den Entschluß des Ministerpräsidenten, auch nach dem Rückzug der israelischen Truppen am Gazastreifen festzuhalten und die Meerenge von Tiran erst nach einer Garantie für die Schiffahrt zu räumen.

Israel drohen Wirtschaftssanktionen, falls es den Sinai nicht ganz räumt.

Februar

Spannungen zwischen Israel und den USA, weil Israel sich nicht völlig aus dem Sinai zurückzieht. Die Sowjetunion spricht Israel das Recht auf die freie Zufahrt zum Golf von Aqaba ab.

In der ersten Woche des Monats Kältewelle in Israel: schwere Schneefälle in den Bergen.
2 Die UNO fordert Israel auf, den Rückzug innerhalb von fünf Tagen zu vollenden.

Der hochrangigste ägyptische Kriegsgefangene, General Muhammad ad-Digauwi, Gouverneur von Gaza, wird in einem UN-Flugzeug nach Ägypten ausgeflogen.
6–19 Erneut Spannungen an den Grenzen: Jordanien, Syrien und Ägypten provozieren Zwischenfälle. Zusätzlich kommt es zu Übergriffen arabischer Terroristen auf israelischem Gebiet.
9 In Tel Aviv Großdemonstration gegen die Räumung des Sinai.
19 Die Kommission, die den Niedergang der israelischen Kaliwerke untersucht, deckt einen Finanzskandal auf. In die Sanierung der Kaliwerke wurden mehrere Millionen Pfund investiert.
21 Die USA fordern Israel auch zum Rückzug aus dem Gazastreifen auf.
25 Besorgnis Israels wegen möglicher US-Sanktionen.

März

2 Außenministerin Golda Meir teilt vor der UNO mit, Israel sei zum vollständigen Rückzug bereit, falls die Organisation die Verwaltung im Gazastreifen übernehme und freie Fahrt durch die Meerenge von Tiran garantiere.
3 In einem persönlichen Brief an Ben-Gurion schreibt US-Präsident Eisenhower: »Ich glaube, daß Israel es nicht bereuen muß, im Einklang mit dem vorherrschenden Gefühl der Völkergemeinschaft gehandelt zu haben.«
5 Israel gibt seine Bereitschaft bekannt, sich aus Scharm asch-Scheich und dem Gazastreifen zurückzuziehen.
6 Israel räumt den Gazastreifen.
8 Einholen der israelischen Flagge in Scharm asch-Scheich. Der Ort wird einer UN-Einheit übergeben.
11 Ägypten gibt die Übernahme der Verwaltung im Gazastreifen bekannt. Israel protestiert, weder die UNO noch die USA reagieren darauf.
20 Vier israelische Soldaten werden von den Jordaniern bei einem illegalen Ausflug nach Petra erschossen. Die historische Stadt Petra liegt auf jordanischem Gebiet.
23 Nasser teilt mit, er werde Israel die Durchfahrt durch den Suez-Kanal auch künftig nicht gestatten.
24 Das dänische Schiff »Brigitta Toft«, das von der israelischen Gesellschaft Zim angemietet wurde, passiert ungestört die Meerenge von Tiran auf dem Weg nach Eilat.

April

Die Verlegung der Öl-Pipeline von Eilat nach Be'ersheva ist vollendet.
6 Ein amerikanisches Tankschiff bringt Erdöl nach Eilat.
7 Der sowjetische Botschafter Abrahamov, der Israel bei Ausbruch der Sinai-Krise verlassen hat, kehrt nach Tel Aviv zurück.
28 Generalstabschef Dayan verleiht 33 Auszeichnungen an Soldaten, die sich im Sinai-Krieg durch besondere Leistungen verdient gemacht haben.

Beginn des Verfahrens gegen die Kestner-Mörder in Tel Aviv.

Mai

6 Große Armeeparade in Tel Aviv zum neunten Unabhängigkeitstag und Sieg im Sinai-Krieg. Die Menge bestaunt die vielen erbeuteten ägyptischen Waffen.
10 Streik bei »Ata«, dem größten Textil- und Bekleidungsunternehmen Israels.
21 Eine jordanische Einheit greift israelische Fahrzeuge auf dem Weg nach Eilat an: drei Tote und mehrere Verletzte.

Ägyptische Minen nahe dem Kibbuz Kissufim: ein Toter und zwei Verletzte.

Die Fußballmannschaft Ha-Po'el bereist die USA und feiert Erfolge. Sie ist Gegenstand einer großangelegten Berichterstattung. Am 12. 5. besiegt sie die »Allstars«, die Auswahlmannschaft der amerikanischen Liga, mit 6 : 4 Toren. Das »Maskottchen« der Mannschaft auf der Reise: Schauspielerin Marilyn Monroe.

Juni

Deutliche Verschlechterung der Lage an den Grenzen: Explosionen an der Grenze zum Gazastreifen, syrische Angriffe im Norden, Beschuß von grenznahen Ortschaften durch Heckenschützen.

Juli

22 Baron James de Rothschild hinterläßt 6 Millionen IL für den Bau eines neuen Knesset-Gebäudes.
28 Aufregung unter den Juden in der Sowjetunion, den »gefangenen Juden«, über den Besuch einer Delegation junger Israelis. Sie nehmen am »Festival der demokratischen Jugend« teil.

August

Weltweite Spannungen angesichts der innenpolitischen Lage in Syrien: Versuch der Kommunisten, die Regierung des Landes an sich zu reißen. Ausweisung amerikanischer Diplomaten aus Syrien. Die Sowjetunion schlägt sich auf Syriens Seite. Sowjetische Schiffe kreuzen im Mittelmeer.
19 Ende des Streiks bei »Ata«. Er hat mehr als drei Monate gedauert.

September

Sorge im Westen über die Lage in Syrien und um den Thron König Husseins von Jordanien.
7 Verhaftung eines israelischen Diplomaten, Elijahu Chasan, durch sowjetische

Leonard Bernstein (rechts) und Isaac Stern bei der Eröffnung des Frederik-Mann-Auditoriums (»Kulturpalast«) in Tel Aviv, Oktober 1957.

1957

▽ Am 29. 10. 1957 wird bei den Beratungen eine Granate in die Knesset geworfen. Unter den Verwundeten ist Ben-Gurion – hier im Gespräch mit dem amerikanischen Landwirtschaftsminister Ezra Benson.

△ Überraschung im Land, als Fotos veröffentlicht werden, die Ben-Gurion bei seinen Gymnastikübungen zeigen. Seine Frau Paula zürnt: er solle doch einen Zirkus eröffnen, da würde er mehr verdienen.

Behörden. Während des langen Verhörs wird Chasan auch physischem Druck ausgesetzt. Israel protestiert.

12 Sensationelle Neuerung im Flugverkehr nach Israel: El Al fliegt jetzt mit Flugzeugen vom Typ »Britannien«, die die Strecke London–Tel Aviv im Direktflug in weniger als sechs Stunden zurücklegen. Fluggeschwindigkeit: 650 km/h.

15 Eröffnung der fünften Makkabia im Stadion von Ramat-Gan.

24 Die Ägypter bemächtigen sich auf offener See des israelischen Fischerkutters »Doron«. Die fünf Fischer werden ins Gefängnis nach Kairo gebracht. Dort sitzen sie über vier Monate ein.

30 Fortdauer der Zwischenfälle im Norden: Die Syrer nehmen zwei UN-Beobachter und ihren israelischen Verbindungsoffizier gefangen, bringen sie nach Damaskus und lassen sie erst nach mehreren Wochen wieder frei.

Oktober

1 Einweihung des Frederik-Mann-Auditoriums (»Kulturpalast«) in Tel Aviv.

28 Yitzhak Ben-Zvi wird zum zweiten Mal zum Staatspräsidenten gewählt. Es gibt keinen Gegenkandidaten. Der Kandidat der Rechten, Professor Joseph Yo'el Rivlin, hat in letzter Minute auf seine Kandidatur verzichtet.

29 Ein Israeli namens Moshe Davik wirft eine Handgranate in die Knesset: Religionsminister Moshe Shapira wird schwer verwundet. Ministerpräsident Ben-Gurion, Außenministerin Golda Meir und Verkehrsminister Moshe Karmel erleiden leichte Verletzungen.

November

20 Versöhnungsakt in Kafr Qassem ein Jahr nach dem Blutbad, bei dem die Grenzpolizei die Dorfbewohner niedermetzelte.

Alle zwei Wochen darf Israel einen Konvoi zum Skopus-Berg, einer israelischen Exklave in Ostjerusalem, schicken. Jetzt halten die Jordanier die Fahrzeuge auf: Sie untersagen ihnen die Mitnahme von Brennstoff.

Die Urbarmachung des Hule-Tales ist beendet. Den

Briefmarken für die Verteidigung: Ein Teil des Erlöses ist für den Armeehaushalt bestimmt.

Bauern in Galiläa werden 60 Dunam trockengelegten Sumpfbodens zugeteilt.

Dezember

1 Sturm der Entrüstung nach der Verfügung des Rabbiners von Pardess Hanna, einen Jungen, Sohn aus einer Mischehe, außerhalb der Friedhofsmauern zu begraben.

Empörung über die Nachricht, ein Journalist von »Ha-Olam ha-se«, Eli Tabor, sei aus politischen Gründen entführt worden. Die Zeitung behauptet, der Sicherheitsdienst (»Shin Bet«) sei für sein Verschwinden verantwortlich.

Und auch darüber empört man sich in diesem Monat: Die Finanzbehörden verfügen angeblich über einen »Nachrichtendienst« zur Überführung von Steuerhinterziehern.

3 UN-Generalsekretär Dag Hammarskjöld besucht Israel.

5 Hammarskjöld greift in den Konflikt um den Konvoi zum Skopus-Berg ein. Schließlich dürfen die Fahrzeuge hinauffahren.

17 Regierungskrise, weil Ben-Gurion Minister der Partei Tnua le-Achdut ha-Awoda beschuldigte, der Zeitung »La-Merchav« ein Regierungsgeheimnis verraten zu haben. Der Ministerpräsident fordert den Rücktritt der Minister. Inhalt der geheimen Nachricht: die Entsendung von Generalstabschef Moshe Dayan nach Deutschland.

31 David Ben-Gurion reicht seinen Rücktritt ein.

In den letzten zehn Tagen des Monats kommt es nahe der Nordgrenze immer wieder zu Zwischenfällen.

1957 erlebte das Land die größte Einwanderung seit 1951: Mehr als 71 000 Juden kamen, vor allem aus Polen, Ungarn und Ägypten.

RÜCKZUG AUS DEM SINAI

Wie gewonnen, so zerronnen: Israel erobert die Sinai-Halbinsel und den Gazastreifen in einer Blitzaktion, muß beide aber schon bald wieder räumen. USA und UNO üben starken Druck auf Israel aus, zudem droht anfangs auch noch die Sowjetunion, sie werde den Judenstaat angreifen. Trotz anfänglicher Erklärungen Israels, es werde die eingenommenen Gebiete nicht zurückgeben, muß es schon bald darum ringen, im Gegenzug zum verordneten Rückzug verläßliche Garantien zu erhalten.

Die USA sind über den zögerlichen Abzug aus dem Sinai verärgert. In Israel werden antiamerikanische Gefühle wach. Die Regierung unter Ben-Gurion stellt den Rückzug der Truppen ganz ein. Erst als Washington den Israelis die freie Durchfahrt durch die Meerenge von Tiran zusichert, setzen diese ihren Rückzug fort. Danach versucht Israel noch, am Gazastreifen festzuhalten, doch auch dieses Bemühen scheitert – die israelische Armee muß auch dieses Gebiet verlassen. In einem Brief an Ben-Gurion lobt US-Präsident Eisenhower das israelische Einlenken und verspricht ihm: »Israel wird keinen Grund zur Reue haben.«

Gaza wird zuletzt geräumt. Generalstabschef Moshe Dayan ist gegen den Rückzug, aber er fügt sich dem Regierungsbeschluß. Als er im Januar 1957 Al-Arisch verläßt, äußert er vor Journalisten: »Auch ein Befehlshaber muß Soldatenkost essen, gute ebenso wie schlechte.«

Es scheint, als habe Israel zwar auf dem Schlachtfeld gewonnen, dafür aber politisch verloren. Doch der Eindruck täuscht: In den Jahren 1957–1967 wird an der Südgrenze Ruhe herrschen, so daß sich der Staat auf weitere wichtige Aufgaben, wie Einwanderungspolitik, Eingliederung der Neubürger, wirtschaftliche Entwicklung und Konsolidierung seiner internationalen Position, konzentrieren kann.

△ Mehrere Monate nach dem Ende des Sinai-Krieges tauschen Israel und Ägypten ihre Gefangenen aus. Israel läßt mehr als 5000 Ägypter frei – unter ihnen sind viele hochrangige Offiziere – und empfängt dafür den einzigen gefangenen Israeli, den Piloten Jochanan Atkes. Im Bild ist er in Gesellschaft eines Offiziers der Luftwaffe zu sehen: Ezer Weizmann.

△ In den ersten Monaten des Jahres 1957 drängen USA und UNO Israel, den Rückzug aus dem Sinai zu beschleunigen. Daraufhin demonstrieren viele Israelis. Yig'al Allon von der Partei Tnua le-Achdut ha-Awoda ruft die Regierung auf, nein zu Rückzug und amerikanischem Druck zu sagen.

▷ Aber Israel muß sich dem Druck beugen. Im März 1957 ist sein Rückzug beendet. »In letzter Minute« unternimmt es noch den Versuch, den Gazastreifen zu behalten, doch ohne Erfolg. Als die letzten Israelis Gaza verlassen, demonstrieren dort Tausende gegen den Judenstaat.

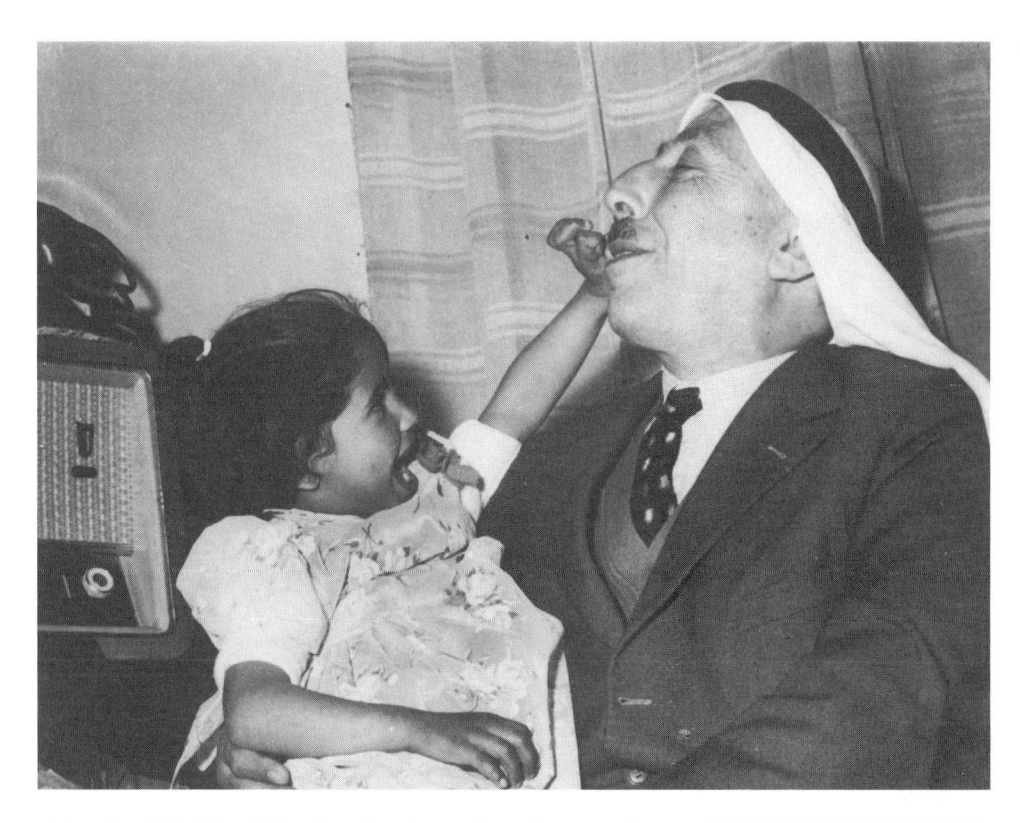

1957

◁ Eine dramatische und zugleich rührende Geschichte aus dem Sinai-Krieg: Israelische Soldaten entdecken den Leichnam einer Beduinin. Bei der Toten ist ein kleines Mädchen, das noch lebt. Sie nehmen es mit, kümmern sich um es und nennen es Sinja. Schließlich adoptiert der Knesset-Abgeordnete Faras Hamdan aus dem arabischen Nazareth die Kleine.

▽ Anfang 1957 macht Kestner wieder Schlagzeilen: Am 4. März wird vor seinem Haus in Nord-Tel Aviv auf ihn geschossen, elf Tage später stirbt er. Hunderte von Verdächtigen werden vernommen, dann werden drei zu lebenslänglicher Haft verurteilt.

△ Die Fußballmannschaft Ha-Po'el spielt in den USA. »Maskottchen« der Kicker ist Marilyn Monroe, im Bild neben dem Spieler Chodorov Hagadi.

300 איש נחקרו ע"י המשטרה בעקבות רצח ד"ר קסטנר

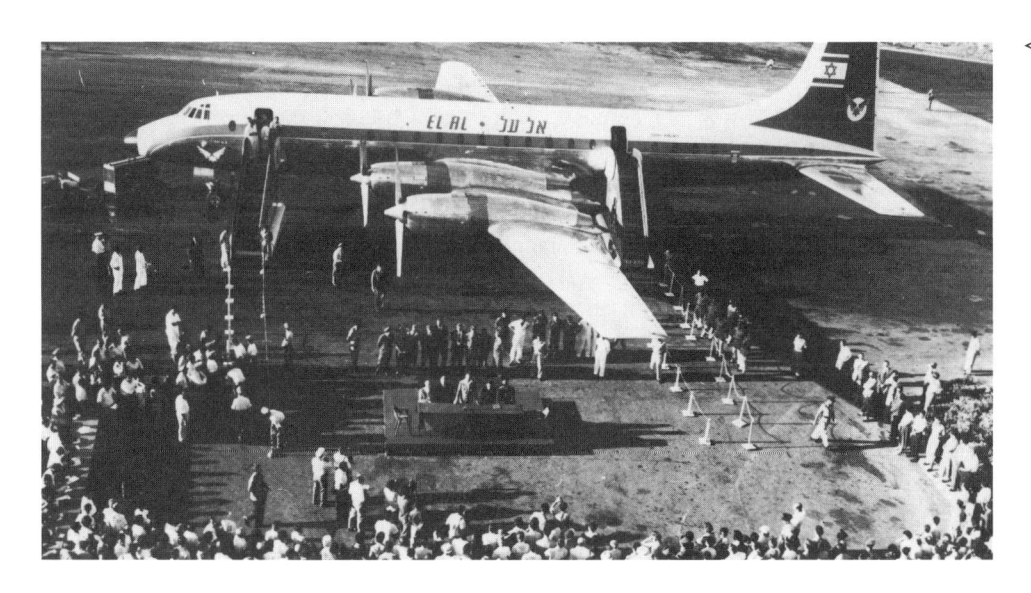

◁ Im September 1957 landet der erste »flüsternde Riese« in Israel: eine Passagiermaschine vom Typ »Britannien«, die einen großen technischen Fortschritt bedeutet. Sie gehört der Übergangsgeneration von Verkehrsmaschinen mit Kolben- zu solchen mit Düsenantrieb an. Flugdauer London-Tel Aviv: weniger als sechs Stunden. In der Presse heißt es, die meisten Gesellschaften zögerten noch, diese Maschinen einzusetzen – wegen mehrerer Unfälle. El Al zählt zu den ersten Käufern.

▽ Aufgehender Stern der israelischen Kultur: der 11jährige Yitzhak Perlman. 1957 erhält er von Moshe Sharett, dem Vorsitzenden der Israel-American Foundation, ein Stipendium. Der ehemalige Ministerpräsident und Außenminister Moshe Sharett nimmt verschiedene Aufgaben im kulturellen Bereich wahr.

△ Kultur 1957: die Radiosendung »Drei Männer im Boot«. Die Teilnehmer, von links: Gabriel Zafroni, Shalom Rosenfeld, Shmu'el Almog, Amnon Achi-No'emi und Dan Almagor. Im Bild fehlt der Schriftsteller Dan Ben-Amotz.

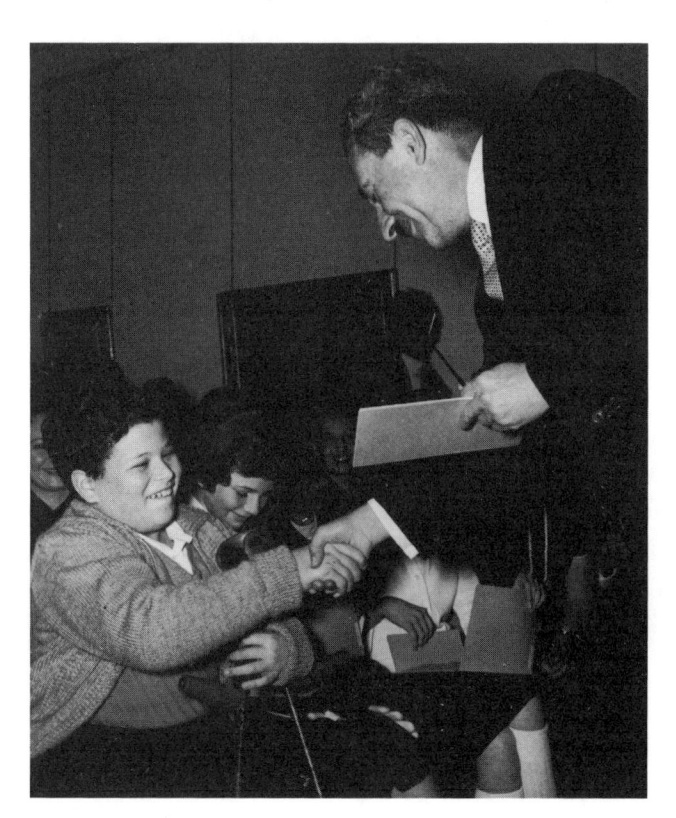

WIEDER VIELE EINWANDERER

1951 erreichte die Einwanderung einen Höhepunkt. Danach ging sie zurück, um erst Mitte der fünfziger Jahre erneut anzusteigen. 1957 wird sie wieder zu einem der wichtigsten Themen im Land. Politische und militärische Umwälzungen in Osteuropa bescheren Israel Zehntausende Neubürger. Als in Polen Gomulka an die Macht kommt, öffnen sich die Tore zur Auswanderung aus diesem Land, und 35000 Juden, darunter auch viele aus der Sowjetunion stammende, kommen nach Israel. Eine zweite Welle macht sich von Ungarn auf, nachdem Ende 1956 der Aufstand gegen die Sowjets gescheitert ist. Sie umfaßt rund 10000 Personen. Außerdem treffen circa 14000 Menschen aus Ägypten ein, als sich infolge des Sinai-Krieges die Behandlung der dort verbliebenen Juden verschlechtert.

Insgesamt immigrieren 1957 mehr als 71000 Personen, die höchste Einwandererzahl zwischen 1951 und 1990.

Die Eingliederung der Neueinwanderer bringt altbekannte Probleme mit sich, auch verlangsamt sich der geplante Abbau der Durchgangslager. Zwar werden keine neuen Lager errichtet, aber die nun entstehenden Siedlungen und Stadtviertel aus Asbestbaracken unterscheiden sich kaum von den Lagern.

1958

Januar
2 Natan Altermann wird für sein Werk »Gewalttätige Stadt« mit dem Bialik-Preis ausgezeichnet.
7 Die Koalitionskrise ist beendet: Die Knesset spricht der neuen Regierung – die genauso zusammengesetzt ist wie die vorige – ihr Vertrauen aus.
Verurteilung der Kestner-Mörder Se'ev Ekstein, Dan Shemmer und Joseph Menkes zu lebenslänglicher Haft.
15 Urteil des Obersten Gerichtshofes: Der Verdacht, Kestner habe mit den Nazis kollaboriert, entbehrt jeder Grundlage. Wegen übler Nachrede erhält Malchi'el Grünwald eine Freiheitsstrafe von einem Jahr auf Bewährung.
27 Ägypten läßt die Fischer vom Kutter frei.
29 Ein neuer Generalstabschef: Chaim Laskov löst Moshe Dayan ab.

Februar
1 Ägypten und Syrien schließen sich zur Vereinigten Arabischen Republik, VAR, zusammen. Das bedeutet eine zusätzliche Bedrohung für Israel.
12 Einstimmige Verabschiedung des Grundgesetzes über die Knesset.
14 Ein weiterer Zusammenschluß in der arabischen Welt: die Arabische Föderation, ein Bund zwischen Jordanien und dem Irak.
27 General von Horn aus Schweden tritt sein Amt als Chef der UN-Beobachter im Nahen Osten an.
Aufruhr orthodoxer Juden in Jerusalem wegen der Eröffnung eines gemeinsamen Freibades für Frauen und Männer.
28 Peinlicher Zwischenfall in Algerien: Ein israelisches Flugzeug mit Waffen für einen südamerikanischen Staat muß wegen einer technischen Störung in dem Maghreb-Land notlanden. Die französischen Behörden verdächtigen die Israelis, die aufständischen Algerier mit Waffen zu beliefern, und beschlagnahmen die Fracht.

März
30–31 Die Syrer nehmen immer wieder Ortschaften an der Waffenstillstandslinie im Norden unter Beschuß. Israelische Soldaten erwidern das Feuer.

April
2 Chevrat-Owdim beschließt, den Konzern »Solel Boneh« umzustrukturieren und das Unternehmen nach Branchen neu zu gliedern.
17–30 Die Kinobesitzer schließen die Lichtspielhäuser wegen eines Streites mit den Behörden über die Höhe der Steuern, die auf die Eintrittskarten erhoben werden.
24 Zehnjähriges Bestehen des Staates Israel: Armeeparade in Jerusalem.
27 Im Rahmen der Feierlichkeiten zum Staatsjubiläum: Einweihung des neuen Universitätsgeländes in Giv'at-Ram in Jerusalem.

Mai
8 Der Versuch eines Zusammenschlusses von Cherut und Allgemeinen Zionisten scheitert.
Einweihung des »Heichal Shlomo«, des Sitzes des Oberrabbinats.
26 Schwerer Zwischenfall auf dem Skopus-Berg: Die Jordanier erschießen den Vorsitzenden der jordanisch-israelischen Waffenstillstandskommission, Oberst Flint aus Kanada, und vier israelische Polizisten.

Juni
5 Verschlechterung der innenpolitischen Lage im Libanon: Dem Land droht ein Bürgerkrieg. Besorgnis in Israel. Die USA erwägen die Entsendung von Soldaten. Warnung der Sowjetunion und der Vereinigten Arabischen Republik, davon abzusehen.

Juli
1 Koalitionskrise: Die Mafdal-Minister Shapira und Burg treten zurück. Streit mit dem Innenminister über die Frage, wer als Jude gilt, die vor allem bei der Einwanderung eine Rolle spielt.
14–17 Innenpolitische Erschütterungen in der arabischen Welt: Revolution mit anti-westlicher Hetze im Irak und Hinrichtung des irakischen Königs Feisal, vieler Angehöriger des Königshauses und hochgestellter Politiker. Britische Fallschirmspringer werden nach Jordanien geflogen, um König Hussein an der Macht zu halten. Landung amerikanischer Truppen im Libanon. Alarmstufe eins in Israel.
24 Ezer Weizmann löst Dan Tolkovsky als Befehlshaber der Luftwaffe ab.
31 Meuterei im Gefängnis von Schatta in der Jesre'el-Ebene: 13 Tote, darunter zwei Wärter. 66 Häftlinge fliehen, die meisten nach Jordanien.

August
19 Israel hat einen neuen Volkshelden: Amos Chacham, Gewinner im ersten internationalen Bibelquiz in Jerusalem.

September
Starke Einwanderung aus Osteuropa, vor allem Rumänien.

Oktober
7 Das »Habima«-Theater besteht seit 40 Jahren. Nun wird es offiziell zum Staatstheater ernannt.
Großbritannien kündigt den Verkauf von zwei Unterseebooten an Israel an.
14 Grundsteinlegung für das neue Knesset-Gebäude in Jerusalem.
16 Hohe Strafe für die des Blutbades in Kafr Qassem angeklagten Grenzpolizisten.

Sieger des Jahres: Amos Chacham gewinnt im internationalen Bibelquiz.

November
6 Beschuß der Ortschaften im Hule-Tal durch die Syrer. Die israelische Armee erwidert das Feuer.
23 Rabbi Ya'akov Moshe Toledano, Oberrabbiner von Tel Aviv, wird anstelle des im Sommer zurückgetretenen Religionsministers Shapira in die Regierung aufgenommen.
25 Angesichts der vermehrten Einwanderung aus Osteuropa gibt die Regierung die Einführung einer Einwanderungsanleihe von insgesamt 20 Millionen IL bekannt.

Dezember
3 Schwerer Beschuß israelischer Ortschaften durch die Syrer. Israel beantragt eine Sondersitzung des Weltsicherheitsrates der UNO.
8 Der Sicherheitsrat verschiebt die Beratungen über die israelische Beschwerde.
15 Der Sicherheitsrat beauftragt UN-Generalsekretär Dag Hammarskjöld, sich mit dem Problem zu befassen.
20 Israelische Flugzeuge schießen eine ägyptische Mig 27 ab, die in den Negev eingedrungen ist.
31 UN-Generalsekretär Hammarskjöld besucht Ben-Gurion in Sde-Bokker.

Dayan mit dem neuen Generalstabschef Laskov und Ben-Gurion.

ISRAEL WIRD ZEHN JAHRE ALT

Im Mai 1958 feiert Israel sein zehnjähriges Bestehen. Die Einwohnerzahl nähert sich zwei Millionen: 1,8 Millionen Juden und 200 000 Araber. Verglichen mit den 650 000 Bewohnern am Tag der Staatsgründung, wirkt diese Zahl überaus beeindruckend. Die Hälfte aller Bewohner sind Neueinwanderer.

Das Jubiläum des jungen Staates wird mit einer großen Militärparade in Jerusalem, drei nächtlichen Heeresaufmärschen im Stadion von Ramat-Gan und einer Ausstellung in Jerusalem gefeiert. Die Situation an den Grenzen hat sich entspannt, die Wirtschaft entwickelt sich schneller, und auch international steht der Staat besser da. Obwohl die arabischen Staaten ihre Drohungen gegenüber Israel nicht einstellen, scheint seine Zukunft gesicherter als im zurückliegenden Jahrzehnt.

▷ 1958 steht im Zeichen des zehnjährigen Geburtstages Israels. Es finden zahlreiche Versammlungen, Ausstellungen und Umzüge statt. In Jerusalem zeigt die »Ausstellung eines Jahrzehntes« die Errungenschaften des jungen Staates; im Mittelpunkt steht die Einwanderung.

◁ Ein Plakat zum Jubiläum. Die Zeichnung stammt von Shmu'el Katz.

△ Seit der Staatsgründung veranstaltet die Armee an jedem Unabhängigkeitstag eine Parade. Hunderttausende strömen herbei, oft sogar schon in der Nacht davor, um noch einen Platz zu bekommen.

▷ 1958 genießt die Armee höchste Wertschätzung. Erst anderthalb Jahre sind seit dem Sieg im Sinai-Krieg vergangen, und die Soldaten werden bei der Parade zu den Zehnjahresfeiern mit großem Beifall begrüßt.

1958

◁ 1958 betrachtet sich Israel noch immer als Land der Pioniere. Von Ministerpräsident David Ben-Gurion beeinflußt, gelten Erschließung und Besiedelung des Negev als vorrangiges Ziel. Der Kibbuz Sde-Bokker (»Feld des Hirten«) wird seinem Namen gerecht, denn er betreibt Viehzucht.

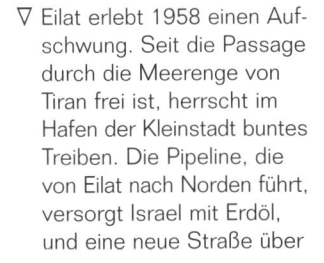

▽ Eilat erlebt 1958 einen Aufschwung. Seit die Passage durch die Meerenge von Tiran frei ist, herrscht im Hafen der Kleinstadt buntes Treiben. Die Pipeline, die von Eilat nach Norden führt, versorgt Israel mit Erdöl, und eine neue Straße über Mizpe Ramon und die Berge des Negev bindet Eilat ins israelische Verkehrsnetz ein. In seiner Rede anläßlich der Einweihung der Straße im Januar 1958 sagt Ministerpräsident Ben-Gurion, sie sei wie ein »Suez-Kanal auf festem Boden«.

▷ Der 72jährige Ministerpräsident und Verteidigungsminister reist viel im Land umher. Hier besichtigt er Ausgrabungen in Hazor in Galiläa und hört Nachrichten mit einem Transistorradio, einer Erfindung jener Zeit.

343

◁ Im Rahmen der Zehnjahresfeier wird das neue Gelände der Hebräischen Universität in Giv'at-Ram eingeweiht. Damals ist der Zugang zum alten Campus, der in der israelischen Exklave auf dem Skopus-Berg liegt, gesperrt. Jahrelang mußte sich die Universität mit der provisorischen Unterbringung in Gebäuden in ganz Westjerusalem begnügen, das bekannteste war »Terra Sancta«. Doch als die Universitätsleitung begriff, daß mit einer baldigen Rückkehr auf den Skopus-Berg nicht zu rechnen sei, setzte sie sich für die Schaffung eines neuen Campus im Westen der Stadt ein.

△ Mordechai Nurok, der älteste Knesset-Abgeordnete, verliest die Gründungsurkunde.

▷ Der Grundstein der neuen Knesset. Der Bau des Gebäudes dauert acht Jahre.

DAS ENDE DER ÄRA DAYAN IN DER ARMEE

Ende Januar 1958 beendet Moshe Dayan nach etwas mehr als vier Jahren seine Amtszeit als vierter Generalstabschef. Er war ein außergewöhnlich charismatischer Armeeführer, der innerhalb kurzer Zeit über die Grenzen Israels hinaus Anerkennung genoß.

Als Dayan mit 38 Jahren zum Generalstabschef ernannt wird, ist er schon vergleichsweise alt – seine beiden Vorgänger waren bei ihrer Ernennung 34 und 32 Jahre alt. Auch gehört er nicht den Kreisen an, aus denen damals die meisten Kandidaten für diesen Posten kommen: Er war weder Angehöriger der Haganna noch des britischen Heeres. Zwischen 1948 und 1953 gelingt ihm dennoch ein rascher Aufstieg, und am letzten Tag der Amtszeit von Ministerpräsident Ben-Gurion befördert dieser ihn zum Generalstabschef.

Dayan will das Heer reformieren. Er fördert die Fallschirmspringereinheiten unter dem Befehl von Ari'el Sharon. Schon bald werden die Fallschirmspringer dank ihrer hervorragenden Ausbildung, ihrer Ausdauer und Kampfmoral zum Vorbild für die gesamte Armee. Dayan drängt unablässig, aggressiver auf die Angriffe und die Infiltration aus arabischen Ländern zu reagieren. Von 1955 an setzt er sich für einen Präventivkrieg gegen Ägypten ein. Der beeindruckende Sieg im Sinai-Krieg macht den »einäugigen General« zu einem international gefeierten Helden. 1957 geht Dayan in die Politik.

1959

Januar
5 Ende der Arbeiten für die Verlegung der Öl-Pipeline von Eilat nach Haifa.
25 Ernennung von P. Naftali zum Wohlfahrtsminister.
28 Tod von Joseph Sprintzak, Knesset-Vorsitzender seit ihrer Bildung.
31 Weitere Beratungen im UN-Sicherheitsrat über die Übergriffe der Vereinigten Arabischen Republik an Israels Nordgrenze – ohne Beschluß.

Februar
1 Ende der Rationierung der Grundnahrungsmittel.
Eklat um die Wahl des neuen Knesset-Vorsitzenden. Die Parteien der Linken wie der Rechten stellen sich gegen Mapai und verhindern so zum ersten Mal die Wahl eines Mapai-Kandidaten.

März
2 Nachum Nir von Tnua le-Achdut ha-Awoda wird gegen die Stimmen von Mapai zum Knesset-Vorsitzenden gewählt.
4 Nach Protesten arabischer Staaten gegen die Einwanderung osteuropäischer Juden nach Israel kündigt die Sowjetunion an, sie werde keine jüdische Emigration aus ihrem Gebiet mehr gestatten.

April
1 Die »Nacht der Enten«: Über den Hörfunk beruft die Armee überraschend Tausende Reservisten zu einem Manöver ein. Nervosität in Israel und Panik in den arabischen Staaten.
6 Die Knesset weist einen Mißtrauensantrag gegen die Regierung zurück, der im Zusammenhang mit der Mobilmachung per Radio steht.
14 Die Generale Sorea und Harkabi werden wegen ihrer Beteiligung an der überraschenden Mobilmachung versetzt.
18 Zu Gast im Land: der ehemalige französische Verteidigungsminister, General Pierre König, einer der Väter der israelisch-französischen Freundschaft.
19 Führungswechsel in der Armee: General Yitzhak Rabin wird anstelle von Me'ir Sorea Leiter der Nachrichtenabteilung, dieser wird zum Befehlshaber des Bezirks Nord ernannt. Chaim Herzog löst J. Harkabi als Chef des Nachrichtendienstes ab. Dieser läßt sich beurlauben.

Mai
11 Ein weiterer hochgestellter Gast aus Frankreich: Der ehemalige Regierungschef Guy Mollet nimmt an den Feiern zum elften Unabhängigkeitstag teil.
21 Die Beziehungen zwischen Israel und Ägypten spitzen sich zu: Die ägyptischen Behörden halten das dänische Schiff »Inga Toft« fest und beschlagnahmen die israelische Fracht.

Juli
4 UN-Generalsekretär Hammarskjöld gelingt es bei seinem Besuch in Kairo nicht, die Ägypter dazu zu bewegen, Schiffen mit israelischer Fracht die Durchfahrt durch den Suez-Kanal zu gestatten.
5 Regierungskrise wegen Waffenverkäufen an die Bundesrepublik Deutschland, nachdem Mapam und Tnua le-Achdut ha-Awoda gegen die Haltung der Regierung gestimmt haben. Ben-Gurion reicht seinen Rücktritt ein. Der Staatspräsident nimmt Gespräche mit den Vertretern der Fraktionen auf.
9 Ethnische Unruhen im Viertel Wadi Salib in Haifa. In ihrem Gefolge brechen auch in anderen Orten Unruhen aus.
15 Der Staatspräsident beauftragt wiederum Ben-Gurion mit der Bildung einer neuen Regierung. Dieser teilt ihm mit, dazu sei er nicht in der Lage. Beschluß des Präsidenten: Die zurückgetretene Regierung bleibt bis zu den Wahlen zur vierten Knesset als Übergangsregierung im Amt.
17 Eine Gruppe ausländischer Investoren, an ihrer Spitze Baron Rothschild aus Frankreich, gibt ihren Plan bekannt, eine neue Öl-Pipeline von Eilat nach Haifa zu verlegen, mit größerem Durchmesser.
24 Tod des aschkenasischen Oberrabbiners Yitzhak Halevy Herzog.
31 Weitere Unruhen in Wadi Salib.

August
5 Der Antrag, die Militärverwaltung der arabischen Orte Israels aufzuheben und durch eine zivile Verwaltung zu ersetzen, wird von der Knesset verworfen.
26 Die Affäre um die »Inga Toft« ist noch immer nicht beendet. Hammarskjöld mißlingt auch ein zweiter Vermittlungsversuch.

September
13 Tod Israel Rokeachs, des ehemaligen Bürgermeisters von Tel Aviv und früheren Innenministers, im Alter von 63 Jahren.

Oktober
6 In Haifa wird eine U-Bahn in Betrieb genommen. Name der Zahnradbahn: Karmelit. Sie fährt vom Zentrum auf den Karmel hinauf.
14 Deutschland beantragt die Auslieferung von Adolf Eichmann, der sich in dem von England beherrschten Kuwait aufhalten soll.
21 Erfolgreiche Fußballer: 2 : 2 im Spiel Israel gegen Jugoslawien.
22 Die Firma Renault, deren Fahrzeuge in dem Werk Eilin in Haifa montiert werden, beabsichtigt, sich aus Israel zurückzuziehen. Damit fügt sie sich dem arabischen Boykott.

November
3 Wahlen zur vierten Knesset. Großer Zuwachs für Mapai: 47 Sitze anstelle von 40. Verlust bei den Allgemeinen Zionisten (von 13 auf 8), mäßiger Anstieg für Cherut (von 15 auf 17), Mißerfolg für alle ethnischen Listen.
19 Pierre Mendès-France, ehemaliger Regierungschef Frankreichs, besucht Israel.
30 Die vierte Knesset nimmt ihre Beratungen auf.

Dezember
5 Die UN-Einsatzgruppen haben einen neuen Befehlshaber: General Ghijani aus Indien löst den schwedischen General von Horn ab.
13 Machtwechsel in Tel Aviv-Jaffa: Mordechai Namir von Mapai tritt an die Stelle von Bürgermeister Chaim Livnon von den Allgemeinen Zionisten, die seit Jahrzehnten die Stadt regierten.
15 Mordechai Ish-Shalom von Mapai wird zum Bürgermeister von Jerusalem gewählt. In Haifa bleibt Abba Chushi im Amt; auch er ist Mapai-Mitglied.
16 Das erste israelische Unterseeboot, »Tanin« (Krokodil), trifft am Hafen von Haifa ein.
17 Neue Regierung unter David Ben-Gurion: Moshe Dayan wird Landwirtschaftsminister.

Pkw aus israelischer Produktion, Baujahr 1959.

MAPAI AUF DEM GIPFEL DER MACHT

Bei den Wahlen zur vierten Knesset am 3. November 1959 erzielen Ben-Gurion und seine Partei, Mapai, ihren bislang größten Erfolg. Für den Aufschwung der Partei gibt es mehrere Gründe: Noch immer wirkt der israelische Sieg im Sinai positiv nach; die Wirtschaftslage des Landes verbessert sich kontinuierlich, und die Rationierung wurde völlig aufgehoben. Zudem drängte Ben-Gurion seine Partei, bekannte junge Politiker ins Rennen zu schicken und auf sichere vordere Listenplätze zu setzen. Dazu gehören Moshe Dayan, Shim'on Peres und Abba Eban.

Die Gesamtheit der Arbeiterparteien verfügt nach dem Wahlerfolg über eine solide Mehrheit. Mapai hat 47, Mapam 9 und Tnua le-Achdut ha-Awoda 7 Mandate errungen. Rechnet man die Progressive Partei aus der gemäßigten Mitte mit, so umfaßt die seit 1955 bestehende Koalition aus Arbeitern und Progressiven 70 Knesset-Sitze, zu denen noch Mafdal hinzukommt. Zwar hat diese Partei die Regierung kurz vor den Wahlen verlassen (wegen der Frage »Wer ist Jude?«), doch kehrt sie nun ins Regierungslager zurück. Somit stützt sich die neue Regierung auf 86 Knesset-Mitglieder. Zu den alten Mapai-Ministern gesellen sich jetzt drei Minister der jungen Generation: Moshe Dayan als Landwirtschaftsminister, Giora Josephtal als Arbeitsminister und Abba Eban als Minister ohne Geschäftsbereich. Shim'on Peres wird stellvertretender Verteidigungsminister.

▽ Für die Wahlen zur vierten Knesset Ende 1959 rekrutiert Mapai auf Drängen Ben-Gurions zahlreiche junge Kräfte, u. a. den umtriebigen Generaldirektor des Verteidigungsministeriums Shim'on Peres.

△ Zum ersten Mal seit der Staatsgründung wird nicht der Mapai-Kandidat zum Knesset-Vorsitzenden gewählt. Nach dem Tod von Amtsinhaber Joseph Sprintzak im Januar 1959 setzen anhaltende Diskussionen ein. Dann stimmen fast alle Parteien außer Mapai für Nachum Nir von Tnua le-Achdut ha-Awoda. Nach der Wahl überbringt ihm ein Gadna-Gespann die gute Nachricht von seinem Sieg.

▽ Aus der jungen Mapai-Riege ragt zweifellos Moshe Dayan heraus. Er hat seine militärische Laufbahn knapp zwei Jahre vor den Wahlen aufgegeben und dann an der Universität studiert. Dayan wird in Israel, aber auch im Ausland hoch geschätzt. Durch den Schachzug, ihn in ihre Wahlliste aufzunehmen, gewinnt Mapai als Partei an Ansehen, obwohl Dayan sich mit den meisten »alten« Mapai-Angehörigen zerstreitet. Nach den Wahlen holt Ben-Gurion ihn in sein neues Kabinett und überantwortet ihm das Landwirtschaftsministerium.

△ Menachem Begin, Spitzenmann der Cherut-Bewegung, spielt im Wahlkampf seine gesamte politische Erfahrung und sein Charisma aus. Doch wie schon bei den drei vorhergehenden Wahlen gelingt es ihm nicht, Mapai zu überrunden. Er wird noch vier weitere Wahlen überstehen müssen, ehe er endlich siegt.

▷ Neue Geldscheine: auf dem Halben-Pfund-Schein ein weibliches Nachal-Mitglied. Anfangs sollte die Banknote einen Bauern zeigen, dann aber stellt sich heraus, daß Frauen und Armee auf den neuen Geldscheinen nicht vorkommen. So wird aus dem Bauern eine Soldatin.

▽ 1959 treffen viele Einwanderer aus Rumänien ein, als dieses Land für kurze Zeit seine Tore öffnet. Die Familie im Bild kommt aus der eisigen Kälte Rumäniens direkt in die Gluthitze.

AUFSTAND IN WADI SALIB

In Wadi Salib in Haifa leben hauptsächlich »Problemfamilien« aus Nordafrika. Ein geringfügiger Anlaß löst Unruhen aus, die sich schnell zu einem gewalttätigen Konflikt entwickeln: Am 8. Juni 1959 will die Polizei einen Bewohner des Viertels wegen gewalttätiger Übergriffe festnehmen. Bei der Verhaftung kommt es zu Handgreiflichkeiten, Schüsse werden abgefeuert. Tags darauf demonstrieren etwa 200 Bewohner Wadi Salibs mit schwarzen Fahnen und einer blutbefleckten Staatsflagge. Der Protest richtet sich gegen ihre Diskriminierung. Die Demonstration mündet in einen Aufstand: Die Massen plündern Geschäfte des Viertels und der angrenzenden Straßen der Unterstadt, stecken Fahrzeuge in Brand und verwüsten Einrichtungen des Establishments, etwa das Kommunikationszentrum von Arbeiterrat und Mapai. Noch am selben Tag ziehen mehrere Dutzend Jugendliche aus Wadi Salib durch die Straßen des benachbarten Viertels Hadar ha-Karmel, schlagen Schaufenster ein und demolieren Fahrzeuge. Einem weiteren Demonstrationszug in Richtung Hadar ha-Karmel versperrt die Polizei den Weg.

In den folgenden Tagen beruhigen sich die Gemüter, aber die aufgestauten Ressentiments, ausgelöst durch Armut und Benachteiligung, bleiben bestehen. Zu den Wahlen zur vierten Knesset am 3. November, rund vier Monate nach dem Ereignis, tritt eine neue Partei an: »Likud Nordafrika« mit David Ben-Horesh aus Wadi Salib als Spitzenkandidat. Die Partei bekommt 8 199 Stimmen (0,85 Prozent), die für ein Mandat ausreichten, gäbe es keine Sperrklauseln für Kleinstparteien.

Heute wird nicht mehr bezweifelt, daß die Unruhen sich nachdrücklich auf das politische System und die Wahlergebnisse bis in die sechziger und siebziger Jahre hinein ausgewirkt haben.

▽ Pinchas Sapir, Minister für Industrie und Handel, gibt im Februar das Ende der Sparpolitik und Rationierungen bekannt.

△ Die Unruhen in Wadi Salib in Haifa im Juli 1959, Titelseite der Wochenschrift »Ha-Olam ha-se«.

1959

▽ Beim Bibelquiz für die Jugend 1959 gewinnt Shim'on Shitritt, später Professor und Minister, den ersten Preis.

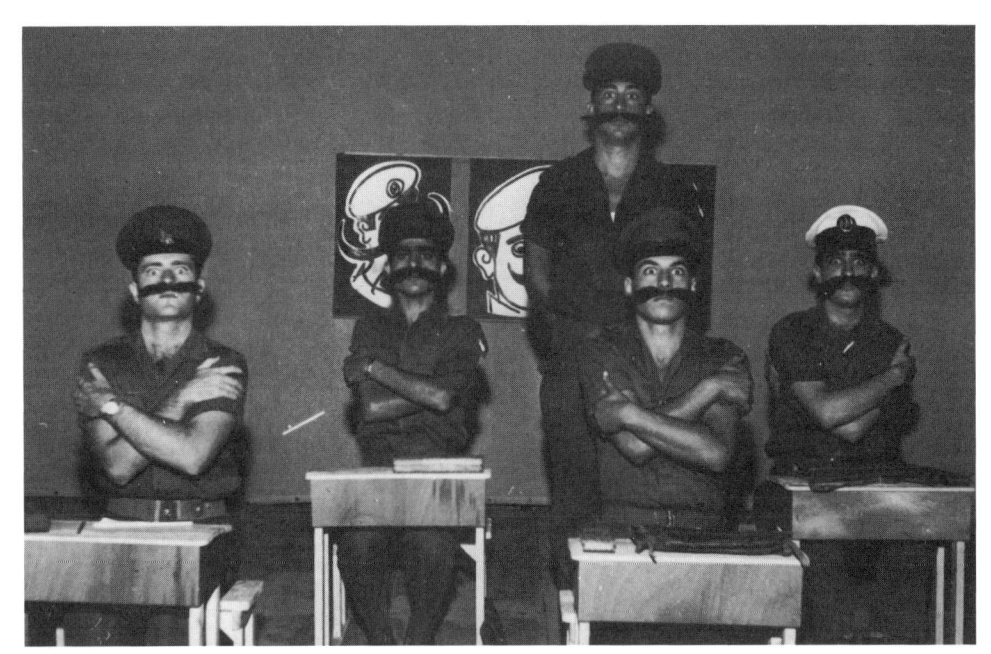

△ Der Unterhaltungstruppe der Armee gehören viele spätere Popstars an. Von links nach rechts zu sehen: Amiram Spektor, Gaby Banai, Chanan Goldblatt und Jehoram Gaon. Stehend: Israel (»Poly«) Poljakov.

◁ Eine Neuheit in Haifa: die U-Bahn »Karmelit«.

▽ Beim Purim-Umzug in Tel Aviv sind Ben-Gurion, Golda Meir, Dayan und ein Gast aus Afrika die Helden.

△ In den fünfziger Jahren steht der kalte Krieg auf seinem Höhepunkt. Trotzdem sind die Beziehungen mitunter herzlich: Bei den Feiern zum elften Unabhängigkeitstag unterhält sich Staatspräsident Yitzhak Ben-Zvi mit den Botschaftern der Großmächte: Ogdan Reid aus den USA (Mitte) und Michail Bodrov aus der Sowjetunion (links). Die beiden sind miteinander befreundet.

Die sechziger Jahre: 1960–1969

Die Fallschirmspringer an der Klagemauer, 7. Juni 1967.

Inzwischen sind mehr als 15 Jahre seit dem Ende des Zweiten Weltkriegs vergangen, aber seine Schrecken, vor allem die Greuel des Holocaust, werfen weiterhin ihre Schatten auf das Leben vieler Israelis. Diese Gefühle verstärken sich, als der Kriegsverbrecher Adolf Eichmann gefaßt, vor Gericht gestellt und hingerichtet wird. Zwei Jahre lang, von 1960 bis 1962, beschäftigt Eichmann die Öffentlichkeit in Israel und im Ausland: wie ihn Emissäre des israelischen Geheimdienstes Mossad in Argentinien aufspürten, wie er nach Israel gebracht wurde und insbesondere sein Prozeß.

Zu Beginn der sechziger Jahre steigt die Einwanderung wieder an, auch wenn sie längst nicht mehr den Umfang der ersten Jahre nach der Staatsgründung erreicht. Diesmal kommen die Immigranten aus Marokko und Rumänien. Schon seit langem wollten viele marokkanische Juden ausreisen, aber die neue, selbständige Regierung des Landes behinderte in der zweiten Hälfte der fünfziger Jahre ihre Emigration. So handelt es sich bei den meisten Juden, die Marokko in dieser Zeit verlassen, um illegale Auswanderer. Zu Beginn der sechziger Jahre ändert sich die Situation. Mit dem kürzlich inthronisierten Hassan II. wird eine Vereinbarung über die geordnete Ausreise der Juden getroffen. Innerhalb weniger Jahre kehren 80000 Juden Marokko den Rücken. Auch aus Rumänien wandern unzählige Juden nach Israel ein. Das kommunistische Regime wechselt mehrmals den Kurs: Zeitweise gestattet es den Juden die Ausreise, dann verbietet es sie wieder.

In der ersten Hälfte der sechziger Jahre werden in Israel große Erschließungsprojekte durchgeführt. Eins der wichtigsten dürfte die 1964 eingeweihte Landeswasserleitung sein. Die forcierte Entwicklung des Landes, die steigende Einwandererzahl, die durch den Zuzug bedingte Bautätigkeit und der Anstieg des Lebensstandards bewirken jedoch nicht nur einen Wirtschaftsaufschwung, sondern auch ein ständig wachsendes Defizit in der Zahlungsbilanz. In der Mitte des Jahrzehnts beschließt die Regierung, dieses mit einer neuen Wirtschaftspolitik gezielt zu bremsen. Doch wird sich herausstellen, daß die neue Politik der »Verlangsamung« über das Ziel hinausschießt: Schon nach einem Jahr befindet sich das Land wegen der steigenden Arbeitslosigkeit und der davon herrührenden Auswanderung in einer schwierigen Lage. Unvorstellbar, wie es weitergegangen wäre, wäre Mitte 1967 nicht der Sechs-Tage-Krieg ausgebrochen.

In der Rückschau scheint es, als habe in dem Jahrzehnt zwischen Sinai- und Sechs-Tage-Krieg an den Grenzen Israels Ruhe geherrscht. Tatsächlich trifft dies nur auf die Grenze zu Ägypten zu und zeitweise auch auf die Grenze zu Jordanien. An der syrischen Grenze hingegen flackern die Feindseligkeiten immer wieder auf. Besonderen Anlaß zu Reibereien bieten die entmilitarisierten Zonen am See Genezareth und lange Zeit auch alle Maßnahmen, die mit der Umleitung der Jordan-Quellen durch die Syrer zusammenhängen. Dieser Punkt stellt eine Bedrohung des wichtigsten Wasserreservoirs Israels und des Betriebes der Landeswasserleitung im Norden dar. Die israelische Armee reagiert offensiv, so daß Syrien 1966 die Umleitung einstellt.

Dagegen dauern die syrischen Übergriffe auf israelisches Gebiet auch Anfang 1967 noch an. Sie finden parallel zu den Anschlägen statt, die die Terrororganisation Al-Fat'h seit 1965 unternimmt. Die Al-Fat'h-Terroristen stammen vorwiegend aus Jordanien und dem Libanon. Israel übt zunächst Zurückhaltung. Als sich die Zahl der Attentate vermehrt, reagiert es mit Vergeltungsschlägen gegen die Stützpunkte der Fedajin in Jordanien und im Libanon.

Im Mai 1967 verschlechtert sich die Sicherheitslage im Nahen Osten rapide. Ägypten verlegt große Truppenkontingente in den Sinai und weist die UN-Truppen aus. Die arabische Propaganda ruft dazu auf, Israel von der Landkarte zu löschen, und der Nahe Osten verwandelt sich binnen weniger Tage in ein Pulverfaß. Die Ägypter sperren abermals die Meerenge von Tiran, so daß Israel in eine heikle Lage gerät. Die Regierung bemüht sich vergeblich, die Großmächte dazu zu bewegen, die ägyptische Blockade aufzuheben. In der israelischen Öffentlichkeit regen sich Stimmen, die die Erweiterung der Regierungskoalition durch die Aufnahme von Oppositionsparteien verlangen. Ende Mai gibt Ministerpräsident Eshkol dem Druck nach und ernennt Moshe Dayan zum Verteidigungsminister. Wenige Tage später bricht der Sechs-Tage-Krieg aus.

Der überwältigende israelische Sieg im Juni 1967 verblüfft die ganze Welt. Noch in den Wochen vor dem Krieg schien Israel nur ein kleiner Staat mit einer zerstrittenen Führung und ohne jede internationale Unterstützung. Dennoch ist es ihm in wenigen Tagen gelungen, die Armeen Ägyptens, Jordaniens und Syriens vernichtend zu schlagen. Israel nimmt die gesamte Sinai-Halbinsel, den Gazastreifen, die jordanischen Gebiete am Westufer des Jordans (die »Westbank«) und die Golan-Höhen ein.

Nach dem Krieg sieht es so aus, als stünde Israel eine lange Phase der Sicherheit und Ruhe bevor. Denn die geschlagenen arabischen Staaten würden viele Jahre benötigen, um ihre Streitkräfte wieder aufzubauen und sich von ihrer Niederlage zu erholen. Diese Annahme erweist sich als trügerisch. Die Sowjetunion eilt Ägypten und Syrien zu Hilfe, und die arabischen Staaten verkünden: »Was uns mit Gewalt genommen wurde, wird mit Gewalt zurückgeholt.« Sie lehnen Verhandlungen über einen Frieden mit Israel ab, ebenso seine Anerkennung.

Trotzdem hält das vom Sieg ausgelöste Hochgefühl in Israel monate-, ja jahrelang an. Der jüdische Staat wird sowohl von den Israelis als auch im Ausland als »Großmacht« betrachtet. Hinzu kommt die veränderte Wirtschaftslage, die sich nach dem Sechs-Tage-Krieg und dank der Erneuerung der Einwanderung zusehends verbessert. Am Ende des Jahrzehnts fühlen die meisten Israelis sich ihrer selbst und ihres Staates sicherer als je zuvor. Die Araber in den besetzten Gebieten leisten keinen wesentlichen Widerstand gegen ihre Herrschaft, und die Anschläge der Terroristen – in den besetzten Gebieten wie in Israel – werden als ein notwendiges Übel aufgefaßt. Auch hoffen die Israelis, daß der Zermürbungskrieg, mit dem die Ägypter im Winter 1969 am Suez-Kanal beginnen, genauso endet wie der Sechs-Tage-Krieg: mit einer völligen Niederlage.

Israel reicht vom Hermon-Gebirge bis Scharm asch-Scheich, vom Jordan bis zum Suez-Kanal. Nie zuvor war es so groß. Die Stimmen verstummen, die unmittelbar nach dem Sieg von 1967 davon sprachen, die besetzten Gebiete gegen Frieden »zu tauschen«.

1960

Januar
1 Die Agora löst die Pruta ab. Ein israelisches Pfund (1 IL) hat von jetzt an 100 Agorot statt 1 000 Prutot.

Joseph Almogi wird Mapai-Generalsekretär.

16 Die Niederlande schlagen der Europäischen Wirtschaftsgemeinschaft (EWG) die Aufnahme Israels vor.

Februar
1–31 Wegen der ständigen syrischen Übergriffe greift Israel Chirba-Taufik südöstlich von Quneitra an. Es ist der erste große Vergeltungsschlag seit 1956.

17 Ankunft des Schiffes »Inga Toft« im Hafen von Haifa, das neun Monate im Suez-Kanal festgehalten wurde. Die Ägypter haben seine Ladung beschlagnahmt.

In Höhlen in der Judäischen Wüste entdecken Archäologen wichtige Funde aus der Zeit des Bar-Kochba-Krieges.

Gespannte Lage an der Südgrenze: Gegen Ende des Monats ziehen die Ägypter Truppen im Sinai zusammen. Nasser warnt den Westen vor einem Eingreifen.

März
6 Fußball: Israel besiegt Griechenland mit 2 : 1 Toren.

Ministerpräsident Ben-Gurion reist zu Gesprächen in die USA und nach Europa ab. Er trifft mit Präsident Eisenhower, den Präsidentschaftskandidaten für die Wahlen 1960, dem Bundeskanzler Adenauer (in New York) und dem britischen Premier MacMillan zusammen.

8 Der Industrielle Ephraim Eilin gibt bekannt, seine Fabrik in Haifa werde künftig amerikanische Fahrzeuge der Firma »Studebaker« montieren.

27 Wegen eines anhaltenden Konfliktes mit den Gymnasiallehrern reicht Erziehungsminister Salman Eran seinen Rücktritt ein. Der Rücktritt wird aufgeschoben und erst am 24. 4. gültig.

April
3 Die VAR droht Israel mit Krieg, falls es eine Umleitung des Jordans wagt.

10 Ein internationales Sportereignis mit sensationellem Ausgang: Israels Fußballmannschaft schlägt Jugoslawien mit 2 : 1 Toren. Der zweifache Torschütze ist Rafi Levy.

13 Protest gegen die ägyptischen Übergriffe auf israelische Schiffe im Suez-Kanal: Amerikanische Schauerleute in New York verweigern die Löschung des ägyptischen Schiffs »Kleopatra«.

Mai
8 Ernennung von Rechtsanwalt Gid'on Hausner zum Rechtsberater der Regierung.

7 Ende der Blockade der »Kleopatra«, nachdem die US-Regierung versprochen hat, sich um ein Ende der Diskriminierung Israels am Suez-Kanal zu kümmern.

11 Weitere Funde bei den Ausgrabungen in der Judäischen Wüste: Briefe aus der Zeit des Bar-Kochba-Aufstands.

12 Die Affäre Jossele Schumacher: Der Junge soll von Nachman Starkes, seinem orthodoxen Großvater, entführt worden sein. Starkes wird verhaftet.

Ben-Gurion löst einen Sturm der Empörung aus, als er erklärt, am Auszug der Kinder Israel aus Ägypten seien nur 600 statt 600 000 beteiligt gewesen.

22 Erfolgswelle für den israelischen Fußball: Israel besiegt England mit 4 : 0 Toren.

23 Mossad-Agenten haben den Organisator des Judenmordes im »Dritten Reich«, Adolf Eichmann, in Argentinien gefaßt – das gibt Ministerpräsident Ben-Gurion in einer dramatischen Mitteilung an die Knesset bekannt.

Juni
2 Krise in den Beziehungen zwischen Israel und Argentinien nach Eichmanns Entführung aus Argentinien.

Ben-Gurion reist nach Europa. Dort trifft er mit dem französischen Präsidenten de Gaulle, König Baudouin von Belgien, Königin Juliana der Niederlande und hochrangigen Politikern zusammen.

15 Ein Professor des Technion, Kurt Siete, wird der Spionage verdächtigt und verhaftet.

16 Inbetriebnahme des ersten israelischen Atommeilers in Nachal Sorek.

Juli
6 Die Israel Aircrafts Industries übergeben der Armee das Trainingsflugzeug »Fuga Magister«, das erste Modell aus eigener Produktion.

17 Die beiden Knesset-Mitglieder von Poalei-Agudat-Israel treten der Regierungskoalition bei. Benjamin Minz wird Postminister.

23 Wegen der Entführung Eichmanns wird der israelische Botschafter in Argentinien zur »persona non grata« erklärt.

28 Die Weltbank gewährt Israel eine Anleihe in Höhe von 27,5 Millionen Dollar für den Bau eines neuen Tiefseehafens in Aschdod.

31 Ernennung von Abba Eban, bisher Minister ohne Geschäftsbereich, zum Minister für Erziehung und Kultur.

August
1 Einrichtung der Israelischen Landverwaltungsbehörde.

Israel und Argentinien bereinigen ihren Konflikt.

25 Olympische Spiele in Rom. Israel schickt 23 Sportler aus sieben Disziplinen.

September
»Die unglückselige Affäre« aus dem Jahr 1954 wird wieder aufgerührt und wächst sich in kurzer Zeit zur berühmten »Lavon-Affäre« aus. Der Generalstabschef ernennt eine Untersuchungskommission, die »Cohen-Kommission«, um der Sache nachzugehen. Ben-Gurion spricht mit Lavon.

27 Große Geburtstagsfeier für Abraham Shapira, den »ältesten Wächter« von Petach Tikva. Er wird 90 Jahre alt.

Vor der UN-Vollversammlung verlangt Nasser »die Wiederherstellung des status quo ante in Palästina«.

Oktober
2 Zuspitzung der Auseinandersetzung um »die Affäre«. Ben-Gurion bezieht Stellung gegen Lavon. Die Angelegenheit wird zum ständigen Thema in Presse und Öffentlichkeit.

15 Tod von Religionsminister Rabbi Ya'akov Moshe Toledano im Alter von 80 Jahren.

16 Feiern zum 50jährigen Bestehen Deganias, des ältesten Kibbuz.

19 Eine ägyptische Mig 17 dringt in den Negev ein. Flugzeuge der israelischen Luftwaffe schießen sie ab.

Versöhnungsversuche innerhalb Mapai im Streit um »die Affäre«.

30 Eine Ministerkommission, die »Kommission der Sieben«, soll sich mit der »Affäre« befassen.

November
27 Offizielle Bekanntgabe der Ernennung von General Zvi Zur zum Generalstabschef.

Dezember
17 In den USA wird die Nachricht verbreitet, Israel besitze einen zweiten Atommeiler: im Negev. Israel entgegnet: »Ja, aber nur für friedliche Forschungszwecke.«

21 Die »Kommission der Sieben« stellt einstimmig fest, daß Pinchas Lavon für die »Affäre« nicht verantwortlich war.

25 Die Regierung bestätigt mit Stimmenmehrheit die Position der »Kommission der Sieben«.

27 25. Zionistischer Kongreß in Jerusalem.

Die Agora ersetzt die Pruta.

EICHMANN SITZT IN DER FALLE

Am 23. Mai 1960 erklärt Ministerpräsident David Ben-Gurion vor der Knesset: »Ich möchte der Knesset mitteilen, daß der israelische Sicherheitsdienst vor kurzem einen der größten Naziverbrecher aufgespürt hat. Adolf Eichmann befindet sich in Israel in Haft und wird in Kürze vor Gericht gestellt…«

Mit seiner dramatischen Bekanntmachung zieht Ben-Gurion einen Schlußstrich unter die langjährige Jagd des israelischen Geheimdienstes auf den Kriegsverbrecher, dem es immer wieder gelungen war unterzutauchen. Eichmann lebte in Argentinien unter dem Namen »Ricardo Clement«. Nachdem er aufgespürt worden war, fiel in Israel die Entscheidung, ihn gefangenzunehmen und von Argentinien nach Israel zu entführen. Im Frühjahr 1960 ist es soweit. Die Israelis übermannen Eichmann auf einer Straße nahe seinem Haus, drängen ihn in ein Fahrzeug und fahren ihn zu einem Versteck, wo er zehn Tage lang festgehalten wird. In einer israelischen Verkehrsmaschine, die eine Delegation zu den Feiern zum 150. Jahrestag der argentinischen Unabhängigkeit nach Südamerika brachte, wird er ausgeflogen. Als die Delegation abreist, befindet sich, ohne daß die Passagiere es ahnen, auch Adolf Eichmann an Bord. Die Festnahme Eichmanns erregt großes Aufsehen. Die meisten Kommentatoren rechtfertigen, daß die Holocaust-Opfer und ihre Nachkommen den Mörder gefangen haben. Der Eichmann-Prozeß beginnt im Mai 1961 in Jerusalem – die ganze Welt blickt auf Israel.

△ Der Massenmörder Adolf Eichmann, 1960 in Israel fotografiert.

▷ Im August 1960 nimmt im Jerusalemer Vorort Ein Kerem das größte medizinische Zentrum des Nahen Ostens seinen Betrieb auf. Es entsteht anstelle des seit Mai 1948 geschlossenen »Hadassa«-Krankenhauses auf dem Skopus-Berg.

▽ Eichmanns Festnahme wird in allen Zeitungen in Israel und im Ausland mit großen Schlagzeilen verkündet. Unten ein Bericht aus »Jedi'ot Acharonot«.

1960

▽ Bei Mapai, der wichtigsten Partei zunächst im Jischuw und später im Staat Israel, ist von Spaltung die Rede. Der Konflikt zwischen der alten und der jungen Generation spitzt sich zu. An der Spitze der Jüngeren stehen zwei Männer: Landwirtschaftsminister Moshe Dayan und der stellvertretende Verteidigungsminister Shim'on Peres. Zwischen beiden: Dayans junger Assistent, der spätere Minister und UN-Botschafter Israels, Gad Ya'akobi.

◁ »Was will er eigentlich?« fragt der Karikaturist Dosh in Ma'ariv. Gemeint ist Ben-Gurions starre Haltung in der »Lavon-Affäre«.

▽ Pinchas Lavon, Histadrut-Sekretär und ehemaliger Verteidigungsminister (1954/55). Im Herbst 1960 steht er im Mittelpunkt eines beispiellosen politischen Aufruhrs.

DIE AFFÄRE LAVON WIRD WIEDER AUFGEROLLT

Mindestens fünf Jahre lang gibt es kaum einen Tag, an dem Israel nicht mit der Affäre Lavon beschäftigt ist.

Die Angelegenheit, die als die »unglückselige Affäre« in die Geschichte eingeht, beginnt 1954. 1955 tritt Verteidigungsminister Pinchas Lavon ihretwegen zurück. Dennoch wird er später zum Histadrut-Sekretär gewählt und einer der einflußreichsten Mapai-Politiker. In der zweiten Hälfte der fünfziger Jahre kommen allerdings Gerüchte in Umlauf, die Lavon erneut belasten. Im Sommer 1960 wird die Angelegenheit wieder aufgerollt. Dabei geraten zwei Offiziere in Verdacht, Zeugen für unglaubwürdig erklärt zu haben, um Lavon die Verantwortung für die »unglückselige Affäre« anzuhängen. Verteidigungsminister Ben-Gurion beauftragt den Generalstabschef mit der Bildung einer Untersuchungskommission. Lavon fordert die völlige Reinwaschung seines Namens. Ben-Gurion behauptet, er selbst sei dazu nicht in der Lage, weil nicht er Lavon beschuldigt habe. Daraufhin wendet Lavon sich an den Knesset-Ausschuß für Äußeres und Sicherheit, vor dem er in einer Reihe von Anhörungen den Ablauf der Ereignisse aus seiner Sicht rekonstruiert und darlegt, wie sich Offiziere und hochgestellte Personen des Verteidigungswesens gegen ihn verschworen hätten. Sie hätten Zeugen zu Lügnern erklärt und Aussagen gefälscht, um ihn zu belasten. Indem Lavon Armee und Verteidigungsministerium angreift, macht er Ben-Gurion zu seinem Widersacher.

Als sich die Dinge weiter komplizieren, ist Lavon bereit, sich mit einer versöhnlichen Äußerung des früheren Premiers Moshe Sharett zufriedenzugeben – nicht jedoch Ben-Gurion. Dieser verlangt die Bildung einer juristischen Untersuchungskommission. Die Regierung weist seine Forderung zurück und bildet eine Kommission, bestehend aus sieben Ministern. Ende Dezember 1960 legt die »Kommission der Sieben« ihren Bericht vor, der Lavon freispricht. Die »unglückselige Affäre«, stellt die Kommission fest, sei ohne sein Wissen geschehen. Ben-Gurion akzeptiert die Schlußfolgerungen der Kommission nicht und läßt sich für längere Zeit beurlauben. Mapai und die Presse spalten sich in Ben-Gurion- und Lavon-Anhänger, die Öffentlichkeit ist verwirrt. Die Zensur erlaubt nur einen winzigen Einblick in die Ereignisse.

In der Folgezeit wird die Affäre immer verworrener. Sie führt 1961 sogar zu vorgezogenen Neuwahlen.

△ 1960 stellen die Israel Aircrafts Industries das erste Trainingsflugzeug her: die Fuga-Magister.

▽ Ben-Gurion (rechts) bei den Feiern zum 50. Jahrestag des Kibbuz Degania.

△ 1960 stehen die israelisch-französischen Beziehungen im Zenith: David Ben-Gurion wird vom französischen Präsidenten Charles de Gaulle herzlich empfangen. Damals gilt Frankreich als Israels bester Freund. Führende französische Persönlichkeiten sind häufig zu Gast in Israel, und die israelische Armee erhält den Großteil ihrer Waffen von diesem Verbündeten.
1960 reist Ben-Gurion auch in die USA, nach Großbritannien, Belgien und in die Niederlande.

▷ Mitte 1960 wird in Israel bekannt, daß im Mündungsgebiet des Nachal Sorek am Mittelmeer ein kleiner Atommeiler in Betrieb genommen wurde. Eine Neuigkeit, die international diskutiert wird. Israel beeilt sich zu betonen, es handle sich nur um eine Versuchsanlage für rein friedliche Zwecke.

1960

◁ 1960 nimmt das Unternehmen Eilin die Produktion von amerikanischen Pkws vom Typ Lark der Firma Studebaker auf. Innerhalb weniger Jahre tummeln sich auf den Straßen von Israel Zehntausende von Larks.

▽ Am »Viertagemarsch«, den es seit Mitte der fünziger Jahre gibt, nehmen von Jahr zu Jahr mehr Menschen teil. 1960 sind es schon Tausende Soldaten und Zivilisten. Der Marsch wird zu einer Art Volksfest, zu dem auch »die Pilgerfahrt« nach Jerusalem gehört.

▽ Archäologen bei Ausgrabungen in einer Höhle in der Judäischen Wüste. Sie entdecken wichtige Funde aus der Zeit des Bar-Kochba-Krieges, 132–135 u. Z.

△ Zwei, die dem israelischen Fußball Anfang der sechziger Jahre Glück bringen: der jüdisch-ungarische Trainer der Nationalelf, Jule Mendi (rechts), und der beliebte Torwart Ya'akov Chodorov. Er bewachte das Tor der israelischen Nationalmannschaft mehr als zehn Jahre lang.

1961

Januar
Mapai und Presse werden weiterhin von »der Affäre« in Anspruch genommen.

1 Ablösung von Generalstabschef Chaim Laskov durch Zvi Zur.

11 Das Schiff »Egos« mit illegalen jüdischen Auswanderern aus Marokko geht unter: 42 Opfer.

12 Beginn des Prozesses gegen Aaron Cohen vom Kibbuz Scha'ar ha-Amakim. Die Anklage lautet auf antiisraelische Spionage.

31 Ministerpräsident Ben-Gurion reicht wegen des Berichtes der »Kommission der Sieben« seinen Rücktritt ein. Er wirft der Regierung vor, sich selbst »zur Richterin zu erheben«.

Februar
4 Beschluß der Mapai-Zentrale, Pinchas Lavon könne nicht länger Histadrut-Sekretär sein.

7 Professor Siete vom Technion wird der Spionage für schuldig befunden und zu fünf Jahren Haft verurteilt.

9 Die Histadrut-Exekutive akzeptiert den Rücktritt von Pinchas Lavon.

16 Staatspräsident Ben-Zvi beauftragt Ben-Gurion mit der Bildung einer neuen Regierung.

27 Der neue Histadrut-Sekretär heißt Aaron Becker.

28 Ben-Gurion teilt dem Staatspräsidenten mit, er sehe keine Möglichkeit, eine neue Regierung zu bilden.

März
5 Streik der Gymnasiallehrer. Er wird fast zwei Monate, bis Ende April, dauern.

6 Staatspräsident Ben-Zvi bittet Ben-Gurion abermals, eine Regierung zu bilden. Ben-Gurion teilt ihm mit, unter den gegebenen Umständen sei dies nicht möglich, seine Absage sei endgültig.

15 Die sterblichen Überreste von David Rasi'el, des 1941 im Irak getöteten Etzel-Befehlshabers, werden nach Israel überführt und während eines Staatsaktes auf dem Herzl-Berg beigesetzt.

28 Die vierte Knesset beschließt ihre Auflösung. Neuwahlen sollen am 15. 8. – wegen »der Affäre« – stattfinden.

April
11 Beginn des Prozesses gegen Adolf Eichmann in Jerusalem.

16 Erst jetzt wird die Nachricht veröffentlicht, daß der Offizier und international bekannte Militärberichterstatter Dr. Israel Bar Ende März verhaftet wurde. Er wird der Spionage für eine fremde Großmacht verdächtigt. Entsetzen in Israel.

25 Zusammenschluß der Allgemeinen Zionisten und der Progressiven zur Liberalen Partei. Die neue Partei verfügt über 14 Sitze in der Knesset.

28 Flugzeuge der Luftwaffe schießen eine ägyptische Mig 17 ab, die in den Luftraum über dem Negev eingedrungen ist.

Mai
15 Ende der Arbeiten am Menasche-Tunnel, dem mit sieben Kilometer längsten in Israel. Er ist Teil der im Bau befindlichen Landeswasserleitung.

23 Ministerpräsident Ben-Gurion reist zu Gesprächen in die USA, nach Kanada und Westeuropa. Dort trifft er u. a. mit den Präsidenten Kennedy und de Gaulle und dem ehemaligen englischen Premier Churchill zusammen.

Juni
6 Eröffnung des neuen Hadassa-Universitätskrankenhauses in Jerusalem.

7 Tod Israel Shochats, des Gründers und Leiters des »Schomer«, im Alter von 75 Jahren. Seine Frau Mania ist vor dreieinhalb Monaten gestorben.

15 Der Ministerpräsident von Nigeria besucht Israel. Seinem Beispiel werden in den kommenden Monaten die Präsidenten und Premierminister weiterer, erst vor kurzem gegründeter afrikanischer Staaten folgen.

29 Die Sowjetbehörden beschuldigen den ersten Sekretär der israelischen Botschaft in Moskau, Ya'akov Sharett, der Spionage und befehlen ihm, das Land zu verlassen.

Juli
1 Gründung der israelischen Hafenbehörde.

5 Abschuß der Versuchsrakete »Shavit 2« durch Israel.

26 Eröffnung des Theaters »Haifa«. Seine erste Aufführung: »Der Widerspenstigen Zähmung«.

30 Beginn der Bauarbeiten für den neuen Hafen in Aschdod.

August
15 Knesset-Wahlen: Verluste für Mapai, Zugewinne für die Liberalen, einen Zusammenschluß aus Allgemeinen Zionisten und Progressiven. Der Stimmenanteil aller übrigen Parteien bleibt stabil.

29 Eröffnung der sechsten Makkabia in Ramat-Gan.

September
4 Die fünfte Knesset tritt erstmals zusammen: Kaddisch Luz von Mapai wird zum Vorsitzenden gewählt.

6 Nach Beratungen mit den Vertretern der Fraktionen beauftragt der Staatspräsident David Ben-Gurion mit der Regierungsbildung.

7 Ben-Gurion teilt mit, unter »den gegebenen Umständen« könne er keine Regierung bilden.

14 Der Staatspräsident beauftragt Levi Eshkol mit der Regierungsbildung. Eshkol teilt mit, er wolle eine Regierung mit Ben-Gurion an der Spitze bilden.

23 Beginn des internationalen Pablo-Casals-Harfenwettbewerbs in Jerusalem.

27 Ben-Gurion feiert seinen 75. Geburtstag.

30 Auflösung der VAR: Syrien wird wieder ein unabhängiger Staat und beantragt seine Wiederaufnahme in die UNO.

Oktober
4 Der Preisträger im Weltbibelquiz ist ein Rabbiner: Jechi Alsheich.

2

November
Ben-Gurion stellt seine neue Regierung vor. Neu im Kabinett: Yig'al Allon, Serach Wahrhaftig, Elijahu Sasson und Joseph Almogi. Mapam ist der Koalition nicht beigetreten.

Dezember
4 Ministerpräsident Ben-Gurion reist zu einem Besuch nach Birma.

11 Yitzhak Ernst Nebenzahl tritt sein Amt als Staatskontrolleur an. Er löst den seit 1949 amtierenden Siegfried Moses ab.

15 Das Bezirksgericht von Jerusalem verurteilt Adolf Eichmann zum Tod durch den Strang.

27 Das »Kameri«-Theater weiht sein neues Haus an der Dizengoff-Straße in Tel Aviv mit einer Aufführung von »Kinneret, Kinneret« von Natan Altermann ein.

28 Beginn des Unternehmens »Jachin«: die legale Ausreise der marokkanischen Juden. Bis 1964 werden 80 000 nach Israel gebracht.

Nach mehreren Jahren der Stagnation hat sich die Einwanderung 1961 wieder verstärkt. Mehr als 47 000 Juden sind nach Israel gekommen, fast doppelt soviel wie im Vorjahr.

»Sussita«: ein in Israel hergestelltes Fahrzeug aus Fiberglas, das 61er Modell.

358

1961

DER EICHMANN-PROZESS

Der Eichmann-Prozeß, der am 11. April 1961 in Jerusalem beginnt, kann als »Prozeß des Jahrzehnts« bezeichnet werden. Seine Bedeutung reicht weit über Israel hinaus. Der Nazi-Verbrecher Adolf Eichmann sitzt in einer kugelsicheren Kabine vor den Richtern Moshe Landau, Benjamin Halevy und Yitzhak Raveh. Die Aufgabe des Anklägers übernimmt der Rechtsberater der Regierung, Gid'on Hausner, den Angeklagten vertritt der deutsche Rechtsanwalt Robert Servatius.

Der Prozeß ist mehr als ein gewöhnliches Gerichtsverfahren. Die Öffentlichkeit hat das Gefühl, an einem historischen Ereignis teilzunehmen. In den knapp zwei Jahren seit Eichmanns Ergreifung wird der ganze Schrecken des nationalsozialistischen Mordapparates noch einmal lebendig. Eichmann behauptet, er habe lediglich Befehle ausgeführt. Dagegen erzählen viele Zeugen, darunter der Dichter Abba Kovner und der Schriftsteller Jechi'el Dinor (K. Zatnik), tagelang von den Greueltaten der Nazis und ihrer unmenschlichen Grausamkeit.

Am 15. Dezember 1961 verurteilt das Gericht Eichmann zum Tode. Er legt Berufung ein, doch weist der Oberste Gerichtshof seinen Antrag am 29. Mai 1962 zurück.

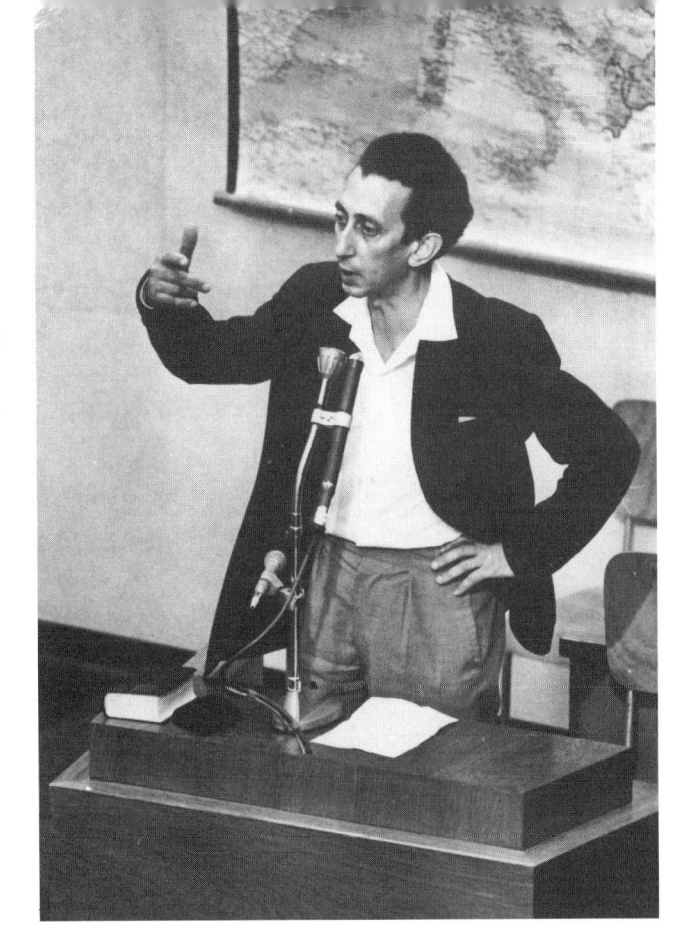

»So, wie ich hier vor Ihnen, Richter von Israel, stehe, als Ankläger von Adolf Eichmann, stehe ich nicht allein. An meiner Seite stehen hier, in diesem Augenblick, sechs Millionen Ankläger. Sie können nicht mehr aufstehen und mit dem Finger auf die Glaskabine weisen, um dem dort Sitzenden zuzurufen: Ich klage an! Denn ihre Asche liegt zwischen den Hügeln von Auschwitz und auf den Feldern von Treblinka, sie wurde fortgespült von den Flüssen Polens, und ihre Gräber sind über ganz Europa verstreut. Ihr Blut schreit, aber ihre Stimme ist nicht zu hören. Deshalb werde ich ihr Mund sein und in ihrem Namen die furchtbare Anklage vorbringen.«

Gid'on Hausner, Rechtsberater der israelischen Regierung, zu Beginn des Eichmann-Prozesses im April 1961.

△ Der Dichter Abba Kovner, einer der Kämpfer im Wilnaer Getto, ist einer der vielen Zeugen der Anklage. Seine Aussage erschüttert alle im Saal Anwesenden und Hunderttausende Zuhörer an den Radiogeräten zutiefst. Offiziell wird das Verfahren als Strafakte Nr. 40/61 bezeichnet. Es wird von »Kol Israel« übertragen und erreicht so praktisch jedes Haus in Israel.

△ Der Eichmann-Prozeß findet in Jerusalem statt und dauert acht Monate, von April bis Dezember 1961. Während der gesamten Gerichtsverhandlung sitzt Eichmann in einer Glaskabine (links im Bild).

▷ In den fünfziger Jahren beschrieb der Dichter K. Zatnik (Jechi'el Dinor) in mehreren Büchern den Holocaust. Im Bild: Während seiner Aussage gegen Eichmann ist er zusammengebrochen.

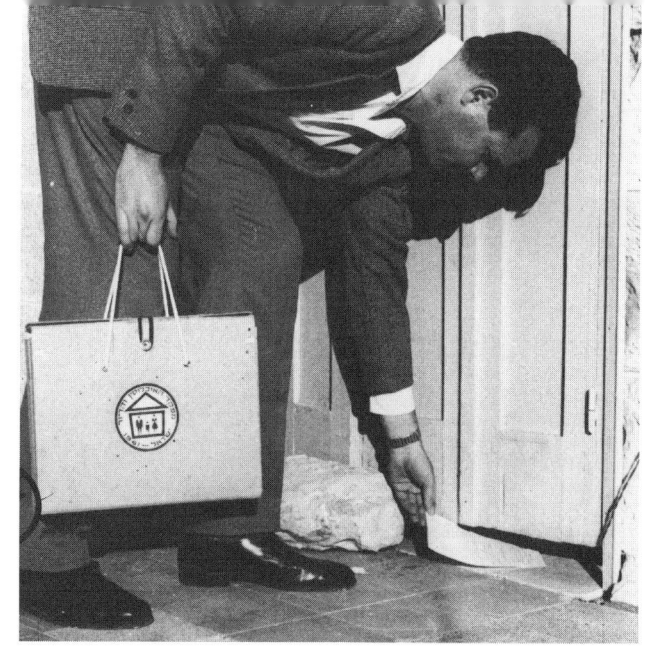

DIE WAHLEN ZUR FÜNFTEN KNESSET

Die »Lavon-Affäre« wirft einen langen Schatten auf die israelische Politik, vor allem auf Mapai. Schon Anfang 1961 zeigt sich, daß die Krise weitreichende Konsequenzen hat. Ben-Gurion will keiner Regierung vorstehen, deren Mitglieder ihn in dieser Angelegenheit nicht unterstützen. Mapai muß also zwischen Ben-Gurion und Lavon wählen. Die Partei entscheidet sich für Ben-Gurion.

Am 15. August werden die Bürger zu den Urnen gerufen, eine neue Knesset wird gewählt. Hauptverlierer ist dabei Mapai, die fünf von 47 Sitzen verliert.

Staatspräsident Ben-Zvi beauftragt Ben-Gurion mit der Regierungsbildung. Ben-Gurion teilt mit, »unter den gegebenen Umständen« könne er dem Auftrag nicht nachkommen. So wird Finanzminister Levi Eshkol die Aufgabe zuteil.

Dieser bemüht sich mehrere Wochen lang, ein neues Kabinett zusammenzubringen. Als ihm das schließlich gelungen ist, überreicht er das Zepter Ben-Gurion, der daraufhin abermals Ministerpräsident und Verteidigungsminister wird.

△ 1961 führt das Zentralamt für Statistik die erste Volkszählung seit 1948 durch. Angestellte verteilen die Fragebögen an jeden Haushalt. Später holen sie die ausgefüllten Formulare ab.

▽ Als Minister erntet Dayan weniger Bewunderung als im Amt des Generalstabschefs: »Ein Meister der Waffen, doch ein Versager in der Wirtschaft«, so heißt es auf einem Wahlplakat der Liberalen.

▽ Die Lavon-Affäre beschäftigt Israel noch ein ganzes Jahr lang.

△ Am 1. Januar 1961 tritt der neue Generalstabschef Zvi Zur sein Amt an.

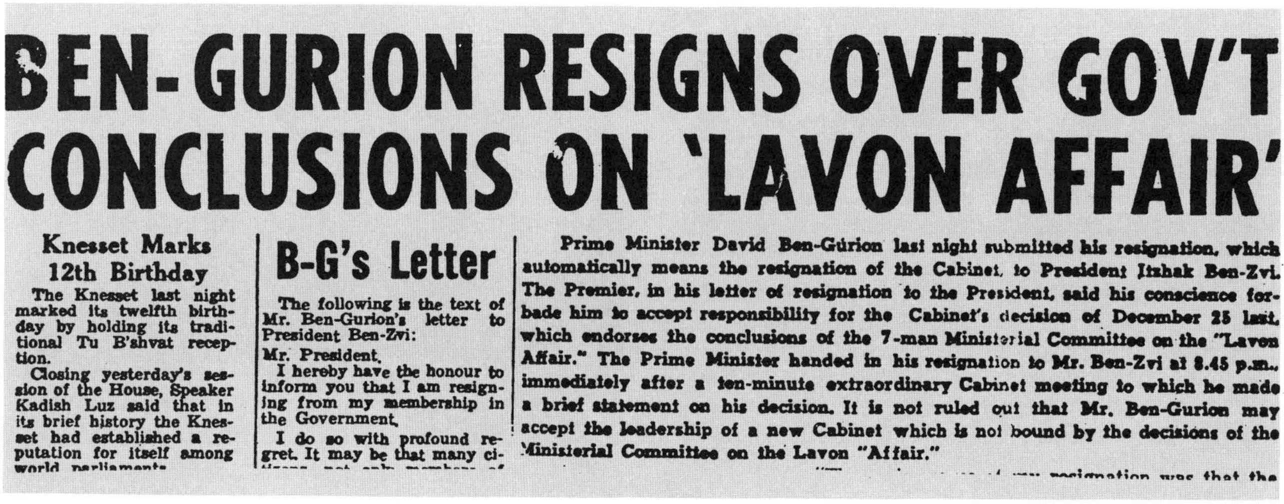

BEN-GURION RESIGNS OVER GOV'T CONCLUSIONS ON 'LAVON AFFAIR'

Knesset Marks 12th Birthday

The Knesset last night marked its twelfth birthday by holding its traditional Tu B'shvat reception.

Closing yesterday's session of the House, Speaker Kadish Luz said that in its brief history the Knesset had established a reputation for itself among world parliaments

B-G's Letter

The following is the text of Mr. Ben-Gurion's letter to President Ben-Zvi:

Mr. President,

I hereby have the honour to inform you that I am resigning from my membership in the Government.

I do so with profound regret. It may be that many ci-

Prime Minister David Ben-Gurion last night submitted his resignation, which automatically means the resignation of the Cabinet, to President Itzhak Ben-Zvi. The Premier, in his letter of resignation to the President, said his conscience forbade him to accept responsibility for the Cabinet's decision of December 25 last, which endorses the conclusions of the 7-man Ministerial Committee on the "Lavon Affair." The Prime Minister handed in his resignation to Mr. Ben-Zvi at 8.45 p.m., immediately after a ten-minute extraordinary Cabinet meeting to which he made a brief statement on his decision. It is not ruled out that Mr. Ben-Gurion may accept the leadership of a new Cabinet which is not bound by the decisions of the Ministerial Committee on the Lavon "Affair."

1961

EIN UNRUHIGES JAHR

An den Grenzen ist es 1961 relativ ruhig, aber nicht im Land selbst. Im Lauf des Jahres gibt es immer wieder Grund zur Aufregung, ein dramatisches Ereignis jagt das andere. Die »Lavon-Affäre« beschäftigt die Öffentlichkeit immer noch und führt zum Sturz der Regierung, zu vorgezogenen Neuwahlen im Sommer und zu großen Problemen bei der Regierungsbildung. Auch die Absetzung von Lavon als Histadrut-Sekretär Anfang des Jahres und sein Ausschluß von allen Mapai-Ämtern hinterlassen Spuren.

Die Verhaftung Dr. Israel Bars, eines Oberstleutnants der Reserve im Nachrichtenkorps, sorgt ebenfalls für Aufsehen. Bar ist ein international anerkannter Militärberichterstatter und steht Ben-Gurion nahe. Ihm wird Spionage für eine Großmacht vorgeworfen – gemeint ist die UdSSR. In derselben Woche, in der dies bekannt wird, beginnt in Jerusalem der Prozeß gegen Adolf Eichmann: ein Verfahren, das die Öffentlichkeit lange beschäftigen wird.

Kurz vor den Wahlen im Sommer schießt Israel eine Forschungsrakete ins All, »Shavit 2«. Neben begeistertem Zuspruch werden auch Stimmen laut, die behaupten, der Abschuß sei Wahlpropaganda Ben-Gurions und seiner Partei.

Gegen Jahresende scheint es, als beruhigten sich die Gemüter. Die neue Regierung ist gebildet, und die »Lavon-Affäre« gerät allmählich in Vergessenheit. Endlich können sich die Bevölkerung und die Politiker wieder dem Alltag zuwenden.

▽ Sensation in Israel: die Verhaftung von Dr. Israel Bar. Er ist der Spionage für die Sowjetunion beschuldigt. Hier besteigt Bar gerade einen Polizei-Lastwagen, der ihn ins Gefängnis bringt.

△ 1961 kommen vermehrt Einwanderer aus Marokko, nachdem mit dem neuen König, Hassan II., eine entsprechende Vereinbarung getroffen wurde. Hier eine Einwandererfamilie in Haifa.

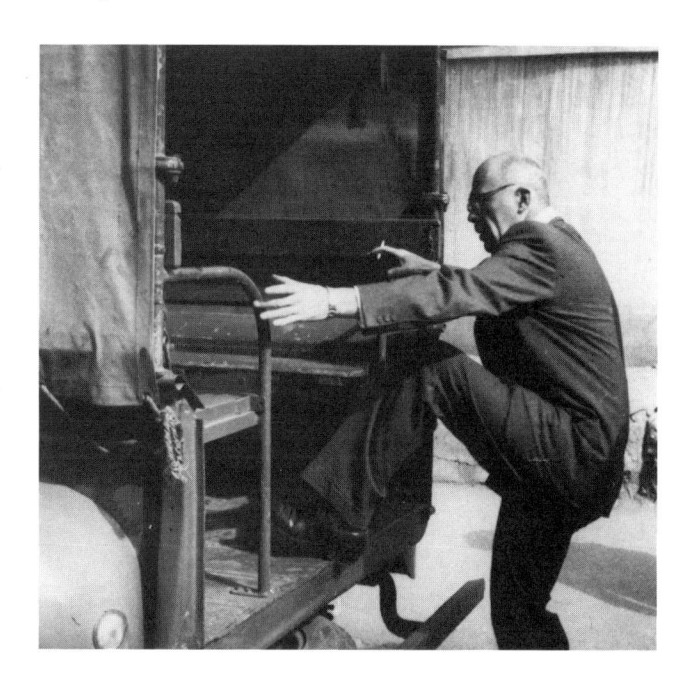

1962

Januar

9 Verurteilung Aaron Cohens zu einer fünfjährigen Freiheitsstrafe. Er wird der Übergabe geheimer Informationen an einen fremden Agenten für schuldig befunden.
19 Verurteilung Dr. Israel Bars zu zehn Jahren Gefängnis wegen Spionage.

Februar

6 Im Hadassa-Klinikum in Jerusalem werden zwölf farbige Glasfenster von Marc Chagall enthüllt.
9 Neuer Wirtschaftskurs der Regierung: starke Abwertung des Pfundes. 1 IL ist jetzt nur noch 3 US-Dollar wert. Es kommt zu Demonstrationen gegen den Preisanstieg und die Koppelung der Hypotheken an den Dollar.
20 Die Regierung lehnt den Vorschlag ab, die Militärverwaltung in den arabischen Ortschaften aufzuheben.

März

16/17 Wegen syrischer Übergriffe: israelischer Angriff auf Nukeib nördlich von Ein Gev. Sieben tote Israelis, Dutzende von Toten bei den Syrern.
22 Adolf Eichmann legt beim Obersten Gerichtshof Berufung gegen seine Verurteilung ein.

April

9 Einstimmige Verurteilung des israelischen Überfalls auf Nukeib im UN-Sicherheitsrat. Die USA und Großbritannien stimmen für die Verurteilung, Frankreich enthält sich der Stimme.
10 Die Knesset weist die Entschließung des Sicherheitsrates zurück.

Mai

6 Der Präsident von Gabun, Léo M'Ba, trifft zu einem Staatsbesuch ein. In den folgenden Wochen kommen auch die Präsidenten der Zentralafrikanischen Republik, Liberias und der Elfenbeinküste nach Israel.
9 Die Parade zum Unabhängigkeitstag fällt diesmal aus dem Rahmen: Sie findet in strömendem Regen statt.
10 Der Rabbiner des Moschaw Kommemijut wird verhaftet. Rabbi Mendelson wird der Mithilfe bei der Entführung des Jungen Jossele Schumacher verdächtigt.
26 Verkehrsminister Yitzhak Ben-Aaron tritt zurück. Israel Bar-Jehuda ist sein Nachfolger.
29 Der Oberste Gerichtshof bestätigt das Todesurteil gegen Eichmann.
31 Hinrichtung Adolf Eichmanns durch den Strang.

Juni

28 Beginn der »Soblene-Affäre«. Dr. Robert Soblene, ein amerikanischer Jude, wurde wegen Spionage für die Sowjetunion zu lebenslänglicher Haft verurteilt. Unter falschem Namen gelingt ihm die Flucht nach Israel, wo er bei seiner Ankunft verhaftet wird. Die USA fordern seine Auslieferung.

Juli

1 Soblene wird per Erlaß des Innenministers des Landes verwiesen. Während des Fluges bringt er sich eine Verletzung bei und kommt in London ins Krankenhaus. Die israelische Öffentlichkeit ist empört.
3 Eine Affäre geht zu Ende: die um Jossele Schumacher. Mossad-Agenten spüren ihn in New York auf und bringen ihn nach Israel zurück.
Schußwechsel zwischen Soldaten der jordanischen Legion und der israelischen Armee: zwei tote Israelis.
10 Im Alter von 86 Jahren stirbt Rabbi Jehuda Leib Hacohen Maimon (Fishman), der eine angesehene Persönlichkeit unter den religiösen Juden und Minister in verschiedenen israelischen Regierungen war.
21 Abschuß von vier einstufigen Raketen durch Ägypten. Nasser: »Sie treffen jedes Ziel südlich von Beirut.«

August

20 Bei einem Luftgefecht nordöstlich vom See Genezareth schießen israelische Flugzeuge zwei syrische Mig ab.
22 Tod von Wohnungsbau- und Entwicklungsminister Giora Josephtal. Er war 50 Jahre alt.

September

11 Dr. Soblene stirbt in London (siehe oben, 1. 7.).
Entrüstung in Israel, als bekannt wird, daß die ägyptische Raketenproduktion im wesentlichen auf der Arbeit deutscher Wissenschaftler beruht. Israel erwägt, eine Protestnote an die deutsche Regierung zu schicken.
26 Die Revolution im Jemen spaltet die arabische Welt: Ägypten unterstützt die republikanischen Aufständischen und schickt ihnen Militärhilfe. Dagegen helfen Jordanien und Saudi-Arabien dem jeminitischen Monarchen.
27 Die USA geben ihren Beschluß bekannt, Israel Antiflugzeugraketen vom Typ »Hawk« zu verkaufen.

Oktober

28 Nachtrag zur »Affäre Jossele Schumacher«: Großbritannien liefert seinen Onkel Shalom Starkes an Israel aus.
30 Zum dritten Mal Wahl Yitzhak Ben-Zvis zum Staatspräsidenten.

November

21 Beginn der Ansiedlung in Arad.
27 Dr. Israel Bar legt beim Obersten Gerichtshof Berufung ein. Es verlängert seine Haftzeit auf 15 Jahre.
30 Der Rechtsberater der Regierung, Gid'on Hausner, tritt wegen Meinungsverschiedenheiten mit dem Justizminister von seinem Amt zurück.

Dezember

Die syrischen Übergriffe auf Ortschaften und Bauern im Norden halten an.

Planung eines neuen Ansiedlungsstreifens in Galiläa. In der Mitte: Ben-Gurion. Rechts: Joseph Weitz von der Leitung des Jüdischen Nationalfonds.

Eichmanns Berufung vor dem Obersten Gerichtshof.

SPANNUNGEN AN DER SYRISCHEN GRENZE

Während es an den anderen Grenzen relativ ruhig ist, verursachen die Syrer im Norden zunehmend Spannungen. Anfang 1962 werden ihre Angriffe auf israelische Fischer auf dem See Genezareth immer zahlreicher, und der Beschuß von Schiffen der israelischen Grenzwache durch syrische Posten östlich des Sees nimmt ebenfalls zu. Im März ist der Siedepunkt erreicht: Die Israelis unternehmen einen Großangriff auf den syrischen Posten Nukeib.

Soldaten der Golani-Brigade sind für den Angriff zuständig. Wegen des heftigen Beschusses durch die Syrer werden auch Flugzeuge der Luftwaffe eingesetzt. Nach der Aktion beruhigt sich die Lage endlich, auch wenn es noch zu einzelnen Zwischenfällen in der entmilitarisierten Zone kommt, wo israelische Bauern wiederholt von syrischen Posten angegriffen werden. Die Syrer behaupten, die Felder hätten früher zu Syrien gehört. Ende 1962 erreichen die UN-Beobachter einen Kompromiß, wonach die Bauern einen Teil der Parzellen aufgeben.

▷ In der Nacht vom 16. auf den 17. März 1962 greift Israel die syrischen Posten in Nukeib an. Im Bild: Oberhauptmann Zvi Offer betreut während der Kämpfe einen verwundeten israelischen Soldaten.

◁ Der entführte Jossele kehrt endlich heim. »Imma, Imma, schrie Jossele«, heißt es in der Zeitung Jedi'ot Acharonot. Laut Ma'ariv schluchzte er hingegen: »Mammele, Mammele.« Was sagte er wirklich?

▷ Eine Entwicklungsstadt entsteht: Arad. Nachdem schon mehrere Jahre keine Entwicklungsstadt mehr errichtet wurde, beschließen Regierung und Ansiedlungsbehörden, eine neue Stadt in der Judäischen Wüste zu bauen. Ein Spezialteam sucht den Platz aus und bereitet die Infrastruktur vor. U. a. wird eine Landstraße angelegt, die die Verbindung zur Verkehrsachse Be'ersheva–Hebron herstellt. Viele Planierraupen und andere schwere Fahrzeuge werden eingesetzt, um die Arbeiten innerhalb kürzester Zeit fertigzustellen.

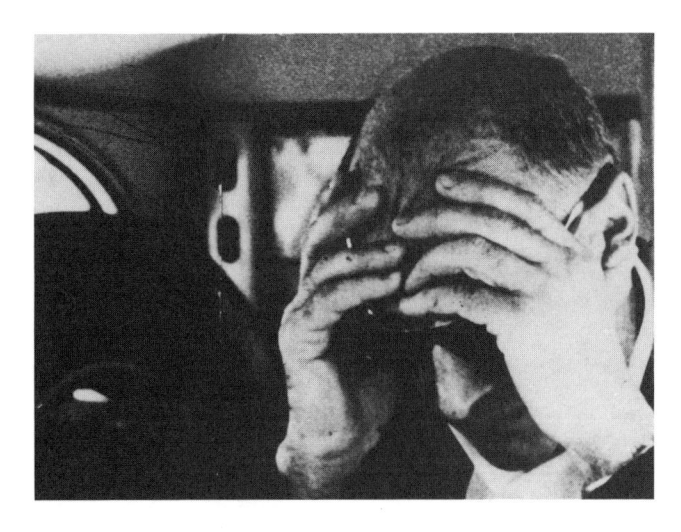

△ Die »Soblene-Affäre« 1962: Robert Soblene, ein amerikanischer Jude, wird in den USA zu lebenslänglicher Haft verurteilt. Er flüchtet nach Israel, wird ausgewiesen, begeht einen Selbstmordversuch und stirbt in London.

▷ In den sechziger Jahren wird Israel »erwachsen«: Für Besucher abendlicher Veranstaltungen werden Nachtzüge von Tel Aviv nach Haifa eingesetzt. Allerdings werden sie bald wieder abgeschafft.

◁ Februar 1962: Die Abwertung des Pfundes (66,6%) erschüttert zumindest vorübergehend das israelische Wirtschaftsleben. Die Subventionen werden aufgehoben und viele Gewerbezweige stagnieren. Wegen des plötzlichen Zinsanstiegs für aufgenommene Kredite gehen Tausende auf die Straße, um gegen die Regierung zu demonstrieren. Die Parolen einiger Spruchbänder: »Die Steuerlast ist selbst für Herkules zu schwer.« Und: »Wertverlust für die Armen, Geschenke für die Reichen.«

DIE NEUE WIRTSCHAFTSPOLITIK

Freitag, 9. 11. 1962. Finanzminister Levi Eshkol gibt in einer Sondersendung des Hörfunks die Einführung einer neuen Wirtschaftspolitik bekannt. Im Mittelpunkt steht die Abwertung des Pfundes: Künftig kostet ein US-Dollar nicht mehr 1,80 IL, sondern 3 IL.

Die erste Abwertung seit zehn Jahren wurde aus mehreren Gründen nötig: Druck des Internationalen Währungsfonds; die Einfuhren überwiegen die Ausfuhren bei weitem; Mißerfolg des Versuchs, die Wirtschaft durch einen Abbau von Subventionen und Steuern zu sanieren.

Die Abwertung geht mit der Aufhebung bestehender Wechselkurse und zahlreicher Subventionen für den Export einher. Viele Waren verteuern sich, und die Zinsen für Kredite schnellen in die Höhe. Die Bevölkerung ist aufgebracht, Tausende demonstrieren auf den Straßen.

Die Abwertung führt letztlich auch zu einem Anstieg der Inflation und einem Defizit in der Zahlungsbilanz – beides sollte mit den Maßnahmen ausgeglichen werden. Nach wenigen Jahren wird sich herausstellen, daß der im Februar 1962 eingeschlagene Wirtschaftskurs nicht die erhofften Früchte gezeitigt hat.

1962

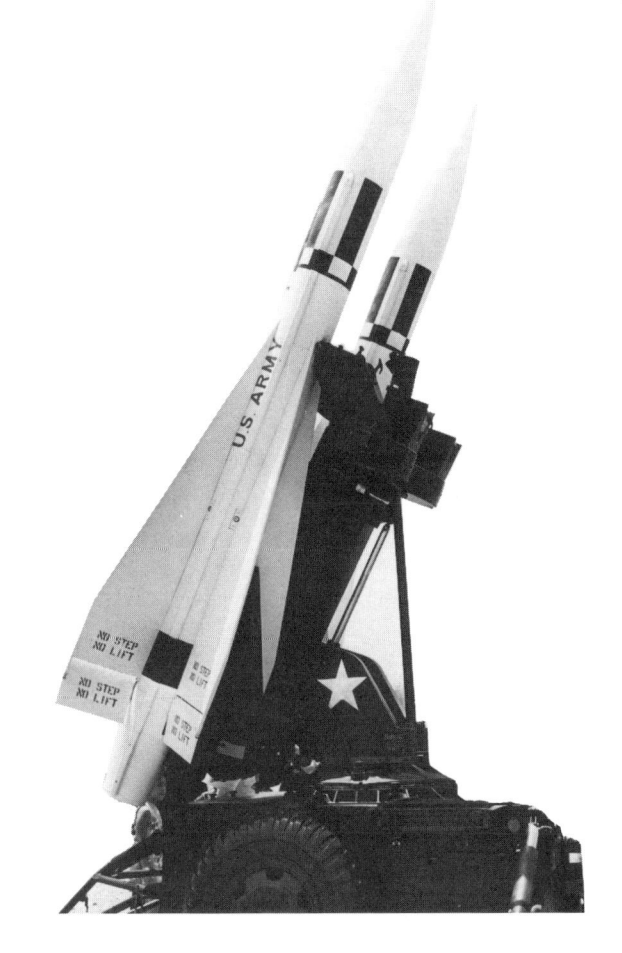

▷ Armeeparade 1962: Tausende von Soldaten und Hunderttausende von Zuschauern im strömenden Regen.

△ Die USA hielten ihre Waffenverkäufe an Israel immer in engen Grenzen. 1962 beschließen sie jedoch, Antiflugzeugraketen vom Typ »Hawk« zu liefern.

◁ Der französische Experte, Charles Marc, hilft bei der Montage der farbigen Glasfenster des Künstlers Marc Chagall im neuen Klinikum in Ein Kerem.

△ Ein Ausschnitt aus dem großartigen Werk des jüdisch-französischen Künstlers Marc Chagall im medizinischen Zentrum »Hadassa« im Jerusalemer Vorort Ein Kerem.

1963

Januar

7 Shalom Starkes steht wegen seines Mitwirkens am Verschwinden seines Neffen Jossele Schumacher vor Gericht. Er wird zu einer dreijährigen Freiheitsstrafe verurteilt.
11 Veröffentlichung des Beitrages »Kraft zum Wandel, bevor die Katastrophe eintritt« von Yitzhak Ben-Aaron in »La-Merchav«. Darin ruft er zum Zusammenschluß aller Arbeiterparteien auf.
23 Beschluß der Cherut-Bewegung, in der Histadrut eine eigene Fraktion zu bilden.

Bestechungsaffäre im Zusammenhang mit dem Bau des neuen Krankenhauses in Tel Giborim. Ein Verdächtiger: Generaldirektor des Gesundheitsministeriums Jehuda Spiegel.

Februar

3 Ernennung von Bezirksrichter Moshe Ben-Se'ev zum Rechtsberater der Regierung.

1962/63 begeht Israel das »Jahr der Pioniere«: anläßlich des 80. Jahrestages des Beginns der Einwanderung. Im Bild eine Sonderbriefmarke zu diesem Anlaß.

14 Einweihung der Straße von Be'ersheva nach Arad. Sie ist 32 km lang.
22 Wichtiger Präzedenzfall: Der Oberste Gerichtshof trägt dem Innenministerium auf, die auf Zypern geschlossene Ehe eines Juden mit einer Christin anzuerkennen.

März

2 Der Israeli Joseph Ben-Gal und der Österreicher Otto Jucklick werden in der Schweiz unter dem Verdacht feindlicher Aktivitäten gegen in Ägypten tätige deutsche Wissenschaftler verhaftet. Die Bundesrepublik beantragt ihre Auslieferung.
6 Die Knesset beschließt, in Israel das Fernsehen einzuführen – aber nur Schul-TV.

In Israel wird die Nachricht verbreitet, daß westdeutsche Ingenieure und Techniker die ägyptische Raketenindustrie unterstützen. Am 20. 3. fordert die Knesset die Bundesrepublik auf, dafür zu sorgen, daß die deutschen Wissenschaftler ihre Tätigkeit in Ägypten einstellen.
25 Rücktritt des Leiters des Sicherheitsdienstes, Isser Har'el. Der Hintergrund: Meinungsverschiedenheiten mit dem Ministerpräsidenten über die Tätigkeit deutscher Wissenschaftler in Ägypten.

April

Aufnahme der Arbeiten für die Gründung von Karmi'el im westlichen Untergaliäa.
21 Eröffnung der ersten internationalen Buchmesse in Jerusalem.
23 Tod Yitzhak Ben-Zvis, des zweiten Staatspräsidenten Israels, im Alter von 79 Jahren. Tiefe Trauer im ganzen Land.
29 Die Feiern zum 15. Unabhängigkeitstag finden wegen der Trauer um den Tod des Staatspräsidenten in kleinerem Rahmen statt, als in früheren Jahren.

Mai

2 Tnua le-Achdut ha-Awoda schlägt Mapai und Mapam vor, zusammen eine neue »parlamentarische Vereinigung« zu bilden.
13 Scharfe Auseinandersetzung in der Knesset zwischen Ben-Gurion und Cherut-Mitgliedern über die Beziehungen zu Deutschland.
21 Salman Shazar, einer der Köpfe der Arbeitsbewegung, Redakteur von »Davar«, Minister und Vorsitzender der Jewish Agency, wird von der Knesset zum dritten Staatspräsidenten gewählt. Für ihn stimmen 67 Abgeordnete, für den Kandidaten der Rechten, Peretz Bernstein, sprechen sich 33 aus.
27 Besuch des ehemaligen westdeutschen Verteidigungsministers, Franz-Josef Strauß, in Israel. Demonstrationen.

Gründung der Universität Haifa. Anfangs steht sie noch unter den Fittichen der Hebräischen Universität Jerusalem.

Juni

2 Ablösung des schwedischen Generals Karl von Horn als Stabschef der UN-Beobachter in Israel durch den norwegischen General Ode Boll.
16 Ministerpräsident und Verteidigungsminister David Ben-Gurion gibt seinen Rücktritt bekannt, für den er persönliche Gründe anführt. Sein Nachfolger wird Levi Eshkol.
26 Die neue Regierung unter Eshkol gewinnt das Vertrauen der Knesset. Eshkol stellt sie als »Fortsetzung der bisherigen Regierung« vor. Personelle Veränderungen: Abba Eban wird stellvertretender Ministerpräsident. Pinchas Sapir wird Finanzminister, bleibt daneben aber auch Minister für Handel und Industrie. Salman Oren kehrt in sein Amt als Minister für Erziehung und Kultur zurück. Wie Ben-Gurion ist Eshkol Ministerpräsident und zugleich Verteidigungsminister.

Juli

4 Nasser schlägt versöhnliche Töne an: Der Nahostkonflikt werde nicht durch Krieg gelöst.

August

7 Die Knesset verabschiedet ein Gesetz, das die Bildung einer Naturschutz- und Nationalparkbehörde vorsieht.

Es krieselt an der Nordgrenze: Syrien und Israel beschuldigen einander, dazu den Anlaß gegeben zu haben.
19 Bei einem Zwischenfall beim Wehrdorf Almagor nordwestlich vom See Genezareth töten syrische Soldaten zwei Nachal-Soldaten. Israel fordert die Einberufung des Weltsicherheitsrates.
27 Aufregung im religiösen Lager: Auf dem neuen Passagierschiff »Shalom« richtet die staatliche Gesellschaft Zim zwei verschiedene Küchen ein – neben der koscheren soll es auch eine nicht-koschere geben.

September

3 Ein sowjetisches Veto verhindert die Annahme des westlichen Antrages, Syrien wegen der Tötung der Nachal-Soldaten in Almagor zu verurteilen.
10 Demonstrationen religiöser Kreise gegen die Tätigkeit christlicher Missionare in Israel.

Beschluß der Arabischen Liga, wegen der Umleitung der Jordan-Quellen durch Israel aktiv zu werden.
19 Großer Erfolg für die israelische Basketballmannschaft: Sieg über Jugoslawien, dessen Team international auf Platz 2 steht, mit 66 : 45 Punkten.

Oktober

12 Die »Liga gegen religiösen Zwang« demonstriert gegen die orthodoxen Demonstranten.
14 Die Nationale Akademie für Sicherheit wird eingeweiht.
21 Ministerpräsident und Verteidigungsminister Levi Eshkol gibt Erleichterungen in der Militärverwaltung bekannt.

Unter Leitung von Professor Yig'al Yadin beginnen umfassende Ausgrabungen auf Massada.

November

24 Staatspräsident Salman Shazar reist in die USA, um Israel beim Begräbnis von US-Präsident John F. Kennedy zu vertreten.

Dezember

2 Eintägiger Streik der Angestellten im öffentlichen Dienst: Sie fordern eine Gehaltserhöhung.
12 Auf einer Zusammenkunft beschließen die arabischen Generalstabschefs, die Jordan-Quellen umzuleiten, damit Israel kein Wasser nutzen kann.
18 Levi Eshkol gibt die Verkürzung des Militärdienstes um vier Monate bekannt.
21 Zuspitzung des Konflikts um die unkoschere Küche auf der »Shalom«. Das Rabbinat droht damit, die Küchen aller Zim-Schiffe für unkoscher zu erklären.

BEN-GURION TRITT ENDGÜLTIG AB

Von allen führenden Politikern in Israel ist David Ben-Gurion am häufigsten zurückgetreten. Für seine Rücktrittsgesuche gab es stets zwei Gründe: 1. Er wollte seinen Standpunkt durchsetzen; und 2. er wußte, daß er unersetzbar war. Im Juni 1963 aber kehrt er der Politik endgültig den Rücken. Er ist 77 Jahre alt und führt für seinen Schritt »persönliche Gründe« an. Lange Zeit bewahrt er Stillschweigen über seinen Plan, nur seine engsten Mitarbeiter wissen davon.

Den Mapai-Mitgliedern in der Regierung offenbart er sich erst kurz vor ihrer wöchentlichen Sitzung. Die übrigen Minister erfahren von seiner Absicht erst nach Ausführungen über die Lage in der Region, einer Tagung der Internationalen Arbeitsorganisation und einer Vereinbarung über technische Zusammenarbeit zwischen Israel und Peru. Vergeblich versuchen die Minister den Regierungschef umzustimmen. Ben-Gurion bittet sie, die gegenwärtige Koalition fortzusetzen.

Innerhalb weniger Tage bildet Ben-Gurions Nachfolger Levi Eshkol eine »Regierung der Kontinuität«, in der es jedoch einige Veränderungen gibt. Eshkol selbst beansprucht beide Ämter seines Vorgängers: Er wird Ministerpräsident und Verteidigungsminister. Mit Ben-Gurions Ausscheiden geht eine Epoche zu Ende.

△ Freundschaftlicher Händedruck: Levi Eshkol besucht seinen erst vor wenigen Monaten zurückgetretenen Vorgänger, Ben-Gurion, zu dessen 77. Geburtstag. Die Beziehungen zwischen beiden Männern sind anfangs gut, später verschlechtern sie sich rapide.

▽ Levi Eshkol, seit elf Jahren Finanzminister, wird von seiner Partei, Mapai, zum Nachfolger Ben-Gurions gewählt. Er wird Ministerpräsident und Verteidigungsminister. Das Foto zeigt ihn in einem der Einwanderer-Moschawim, deren Gründung er unterstützte.

△ David Ben-Gurion begrüßt am Unabhängigkeitstag Soldaten, die sich durch besondere Leistungen ausgezeichnet haben. Einige Wochen später tritt er zurück und verabschiedet sich von der Armee. Politiker und die Öffentlichkeit drängen ihn zu bleiben, aber er lehnt ab.

△ Das Schiff »Shalom« der Schiffahrtsgesellschaft Zim macht 1963 Schlagzeilen: Die Firma will zwei Küchen, eine koschere und eine nichtkoschere, einrichten.

△ Ben-Zvis Nachfolger im Präsidentenhaus in Jerusalem ist Salman Shazar (Rovschov), hier bei Ben-Zvis Beerdigung. Shazar ist Journalist und Dichter und ein begnadeter Redner. Er war der erste Minister für Erziehung und Bildung. Links von ihm: der Knesset-Vorsitzende Kaddisch Luz.

▽ Kampf ums Wasser: Als Israel kurz vor der Vollendung der Landeswasserleitung steht, drohen die arabischen Staaten mit Krieg. Der Israeli, der im dunkeln grabe, werde ein böses Ende nehmen, warnt die Karikatur mit antisemitischem Einschlag in der libanesischen Zeitung »Al-Anwar«.

▷ Im April 1963 stirbt der zweite Staatspräsident, Yitzhak Ben-Zvi.

▷ Im Mai landet Franz Joseph Strauß in Israel. Die Massen demonstrieren gegen seinen Besuch. Die Aircrafts Industries hingegen bringen ihre Wertschätzung zum Ausdruck: Usi'el Gal stellt ihm seine Erfindung vor, die »Uzzi«-Maschinenpistole.

1963

▽ Golda Meir ist schon seit sieben Jahren israelische Außenministerin. Sie erfreut sich in Israel und im Ausland großer Wertschätzung. 1963 hat sie ein Treffen mit US-Präsident John F. Kennedy. Golda Meir setzt sich besonders für stabile Beziehungen zu den neuen Staaten in Afrika und Asien ein.

△ 1963 feiert Israel sein 15jähriges Bestehen. Im Rahmen der Feierlichkeiten wird auch die Stadt Arad eingeweiht. Die ersten Bewohner beziehen ihre Häuser, die allerdings nicht mehr als Baracken aus Holz oder Asbest sind. Erst später werden sie durch Steinhäuser ersetzt.

לבחירתך בשנת 1963

מודלים חדישים במחיר: 13.000-6.700 ל"י / מרדכי פאר

גוגומוביל 400

חזקה ומהירה למרות ממדיה הקטנים. בהרים עולה יפה ביחס לגודלה, ואינה מזללנית הדלק. היושבים קדימה ינהגו מהנוחיות ואילו השניים היושבים מאחור חייבים להצטופף.

פיאט 500

מודל עממי נפוץ בארץ הרדות לתצרוכת הדלק הנמוכה, יכולת תמרון טובה, וארבעה מושבים נוחים בהשוואה לגפה המכונית. למרות ממדיה הקטנים עוברת בקלות את ה-90 קמ"ש. מופיעה גם בצורת סטיישן.

△ Die Zeitschrift »Ba-Rechev« informiert über die Autos des Jahres. Die Fahrzeuge sind noch klein, die Motoren haben vier bis acht PS.

369

1964

Januar
1 Der neue Generalstabschef heißt Yitzhak Rabin. Er löst Zvi Zur ab.
5 Historischer Besuch: Papst Paul VI. in Israel.
13 Auf dem ersten arabischen Gipfeltreffen in Kairo und bittet den Staat um politisches Asyl.

Februar
19 Urteil im Tel-Gibor-Prozeß: Der Generaldirektor des Gesundheitsministeriums Jehuda Spiegel und der Bauunternehmer Yar'oni werden zu einem Jahr Haft verurteilt.

März
3 Der verwitwete Ministerpräsident Levi Eshkol (69), heiratet die Knesset-Bibliothekarin Miriam Slikowitz (34).
17 Wiederwahl Rabbi Nissims als sephardischer Oberrabbiner. Oberhaupt der Aschkenasi wird der Rabbiner Jehuda Isser Untermann.

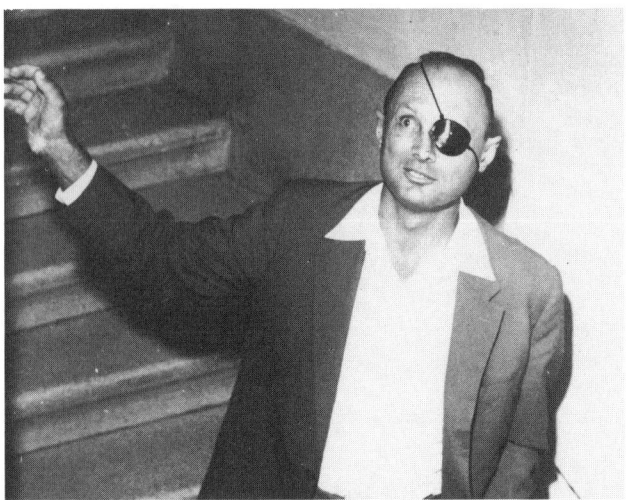

fällt der Beschluß, die Jordan-Quellen umzuleiten, um Israel ihr Wasser vorzuenthalten.
19 Der ägyptische Pilot Muhammad Abbas Hilmi landet mit seinem Flugzeug in Israel

Mai
6 Unterzeichnung einer ersten Vereinbarung zwischen der Europäischen Wirtschaftsgemeinschaft und Israel in Brüssel.

Juni
1 Erster Staatsbesuch des israelischen Ministerpräsidenten in den USA: Levi Eshkol wird von Präsident Johnson empfangen.
2 Gründung der Palästinensischen Befreiungsfront (PLO) auf einer Palästinenser-Konferenz in Ostjerusalem. Sie beabsichtigt u. a., »die Teilung Palästinas aufzuheben und den Staat Israel von der Landkarte zu löschen«.
3 Israel besiegt Südkorea 2 : 1 und gewinnt den asiatischen Fußball-Pokal.
10 Nach mehreren Versuchen wird die Landeswasserleitung voll in Betrieb genommen.
16 Verabschiedung des Grundgesetzes über den Staatspräsidenten durch die Knesset.

Juli
9 24 Jahre nach seinem Tod: Staatsbegräbnis für Se'ev Jabotinsky auf dem Herzl-Berg in Jerusalem.

September
11 Auf dem arabischen Gipfeltreffen wird der Beschluß über die Umleitung des Jordans bekräftigt, damit Israel das Wasser des Flusses nicht nutzen könne.

Oktober
28 Die israelische Fußballmannschaft schlägt das jugoslawische National-Team in Jaffa mit 2 : 0.
29 Einweihung der Stadt Karmi'el.

November
Spannungen bei Mapai wegen der Gegnerschaft zwischen Ben-Gurion und Eshkol, der Nachwirkungen der »unglückseligen Affäre« und der Annäherung der Parteimehrheit an Tnua le-Achdut ha-Awoda.
Die Syrer nehmen auf ihrem Gebiet die Arbeiten zur Umleitung der Jordan-Quellflüsse auf.
2 Beginn der 16. Schach-Olympiade in Jerusalem.
3 Schußwechsel mit den Syrern in der Gegend um Tel Dan.
4 Zuspitzung der Krise bei Mapai: Landwirtschaftsminister Dayan verläßt die Regierung.
7 Eine Gruppe von Aktivisten verläßt Mapai. Sie nennt sich »die Basis« und identifiziert sich mit Pinchas Lavon.
9 Ernennung von Chaim Gewatti zum Landwirtschaftsminister.
13 Schwerer Artilleriebeschuß an der syrischen Grenze. Israel setzt Flugzeuge ein, um die syrischen Waffen zum Schweigen zu bringen.
15 Die Mapai-Zentrale genehmigt das Zusammengehen der Partei in der Knesset mit Tnua le-Achdut ha-Awoda. Ben-Gurion ist dagegen.
16 Angestellte der ägyptischen Botschaft in Rom versuchen erfolglos, den Israeli Mordechai Lock in einem Diplomatenkoffer außer Landes zu schmuggeln. Er wird am 24. 11. ausgeliefert und der Spionage für Ägypten angeklagt.

Dezember
14 Regierungskrise: Wegen des Konfliktes mit Ben-Gurion über die »unglückselige Affäre« tritt Eshkol zurück.
22 Neue Regierung unter Eshkol. Der einzige Unterschied zum vorherigen Kabinett: Der Minister ohne Geschäftsbereich Akiva Guvrin wird zum Minister für Tourismus ernannt.
23 Schüsse in Jerusalem: Jordanische Soldaten schießen auf israelische Polizisten auf dem israelischen Teil des Skopus-Berges, die arabische Frauen während der Olivenernte bewachten.
30 26. Zionistischer Kongreß in Jerusalem.
Ha-Po'el Ramat-Gan wird israelischer Fußballmeister und beendet damit die fünfjährige Herrschaft von Ha-Po'el Petach Tikva.

Landwirtschaftsminister Moshe Dayan verläßt die Regierung.

Der neue Generalstabschef Yitzhak Rabin.

Just married: Miriam und Levi Eshkol.

1964

DER PAPST IN ISRAEL

Anfang 1964 besteht der Staat Israel seit fast 16 Jahren. Besuche von Königen, Präsidenten und Regierungschefs bedeuten für die Bevölkerung längst keine Sensation mehr. Der Besuch des Papstes jedoch ist außergewöhnlich: Paul VI. kommt zu einem knapp elfstündigen Besuch von Jordanien nach Israel.

Um 9.45 Uhr betritt der Papst an einem eigens für ihn geöffneten Grenzübergang in Megiddo israelischen Boden. Dort erwarten ihn Staatspräsident Salman Shazar und die gesamte Regierung. Nachdem er eine Ehrenwache der Armee abgeschritten hat, fährt er davon, um die heiligen Stätten der Christenheit in Nazareth, Tabgha und Kapernaum sowie den Berg der Seligpreisungen zu besichtigen.

Von dort geht es weiter nach Jerusalem, wo er um 19.55 Uhr eintrifft. Schon zehn Minuten später steht der Papst im Coenaculum der Dormitionskirche auf dem Zions-Berg. Um 20.50 Uhr erreichen er und seine Begleiter das Mandelbaum-Tor, durch das sie nach einer kurzen Zeremonie, an der auch Staatspräsident Shazar teilnimmt, nach Jordanien zurückkehren.

Der Besuch Paul VI. enthält auch peinliche Szenen. So verteidigt der Papst seinen Vorgänger Pius XII. gegen den Angriff, er habe sich zur Zeit des Holocaust nicht genügend für die Rettung der europäischen Juden eingesetzt. Staatspräsident Shazar zitiert in seiner Rede aus dem Buch Micha: »Denn alle Völker gehen ihren Weg, jedes ruft den Namen seines Gottes an; wir aber gehen unseren Weg im Namen des Herrn, unseres Gottes, für immer und ewig.«

△ Paulus VI. bei seinem Besuch auf dem Zions-Berg in Jerusalem. Der Papst hält sich nur elf Stunden in Israel auf, besucht Nazareth, die Gegend um den See Genezareth und Jerusalem. Danach geht es weiter nach Jordanien.

△ Eine neue Stadt in Galiläa: Karmi'el ist die letzte Stadt, die vor dem Sechs-Tage-Krieg gegründet wird. Sie wird 1964 eingeweiht. Bei ihrer Planung hat man die Beschaffenheit des bergigen Geländes berücksichtigt und freie Plätze, Parks und Alleen vorgesehen.

DIE LANDESWASSERLEITUNG

Bereits Ende der dreißiger Jahre wurde der Bau einer großen Wasserleitung vom Jordan in den Negev erwogen, doch lange Zeit schien ihre Verwirklichung in weiter Ferne zu liegen.

Im Juni 1964 wird die Landeswasserleitung fertiggestellt, die Wasser aus dem Norden des Landes in den Süden, insbesondere in den Negev, leiten und so den Ausbau von Landwirtschaft und Industrie in den trockenen und heißen Gegenden ermöglichen soll. Des weiteren soll sie die Landesmitte versorgen, wo die Wasservorkommen nicht ausreichen und vielerorts wegen des übermäßigen Abpumpens salzig geworden sind. Ursprünglich sollte das aus dem Jordan stammende Wasser von der Bnot-Ya'akov-Brücke an allein aufgrund des Gefälles in den Süden fließen. Doch aus militärischen und politischen Gründen (Widerstand Syriens, der USA und der UNO) beschließen die Planer, den Verlauf der Leitung zu ändern und sie mit Wasser aus dem See Genezareth zu speisen.

Die Leitung besteht aus mehreren Teilen: Das Wasser wird aus dem See Genezareth in einen offenen Kanal geleitet, durch den es in den Eshkol-See in der Beit-Netofa-Ebene gelangt. Von dort fließt es in großen Rohren (Durchmesser 2,75 Meter) und durch zwei lange Tunnel (Shimron und Menashe) weiter. Endpunkt ist Rosch ha-Ajin. Hier mündet die Leitung in die schon Mitte der fünfziger Jahre fertiggestellte Pipeline, die Jarkon-Wasser in den Negev transportiert.

Durch die Landeswasserleitung fließen jährlich ungefähr 300 Millionen Kubikmeter Wasser. Als sie trotz der Drohungen der arabischen Staaten, sie durch Anschläge außer Betrieb zu setzen und Israel von den Jordan-Quellen abzuschneiden, 1964 fertiggestellt wird, gilt sie als eines der größten Entwicklungsprojekte des Judenstaates.

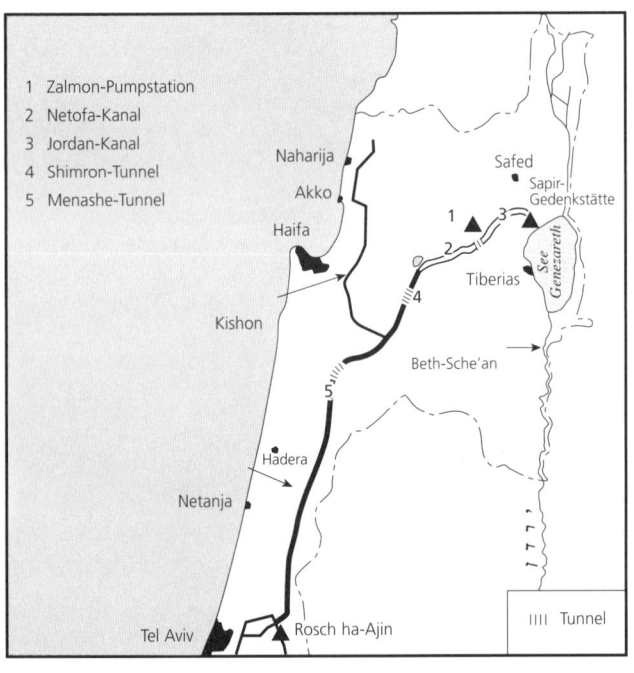

△ Der Verlauf der Landeswasserleitung vom See Genezareth nach Rosch ha-Ajin. Seit 1964 werden so rund 1 Million Kubikmeter Wasser täglich aus dem Norden in die Landesmitte und den Süden befördert: für die Landwirtschaft und Industrie und als Trinkwasser.

△ Die Landeswasserleitung kurz vor Inbetriebnahme. Ex-Ministerpräsident David Ben-Gurion kommt eigens, um sich die Riesenrohre anzusehen, durch die Wasser in den Süden fließen soll. Wasserspezialist Aaron Wiener erklärt ihm technische Einzelheiten.

◁ Wiedersehen: Im April trifft Ben-Zion Schkolnik (57), der Bruder von Ministerpräsident Levi Eshkol, in Israel ein.

▽ Wieder strömen Einwanderer nach Israel, allein in der 1. Hälfte der sechziger Jahre rund 250 000.

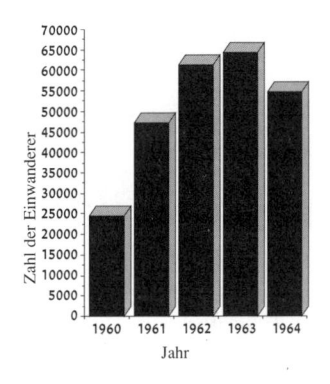

1964

▷ »Der Mann im Koffer«, Mordechai Lock (zweiter von links), bei seiner Ankunft in Ägypten Anfang 1963. Im November 1964 mißlingt es den Leuten von der ägyptischen Botschaft, ihn in einem Diplomatenkoffer von Rom nach Kairo zu schaffen.

◁ Juni 1964: Miriam und Levi Eshkol auf Staatsbesuch in den USA.

◁ Im Januar 1964 landet der ägyptische Pilot Muhammad Abbas Hilmi in Israel und bittet um politisches Asyl. Er kommt in einem tschechischen Trainingsflugzeug vom Typ »Yak«. Im Bild begutachten Männer der Luftwaffe und Journalisten die Maschine.

▽ Im März 1964 werden zwei neue Oberrabbiner gewählt: der Sepharde Yitzhak Nissim und der Aschkenasi Yitzhak Isser Untermann. Rabbi Nissim wird zum zweitenmal gewählt. Zuvor war Untermann Oberrabbiner von Tel Aviv-Jaffa.

373

1965

Januar

3 Der Attentatsversuch von Al-Fat'h auf die Landeswasserleitung schlägt fehl.
5 David Ben-Gurion verlangt noch einmal eine gerichtliche Untersuchung der »unglückseligen Affäre«. Er teilt mit, er werde nicht ruhen, »bis die Wahrheit ans Licht kommt«.

Februar

4 Die Parteizentrale von Tnua le-Achdut ha-Awoda genehmigt den Vorschlag für die Bildung eines Zusammengehens mit Mapai im Parlament.
16 Eröffnung des 10. Mapai-Parteitags, der ganz unter dem Eindruck der »Lavon-Affäre« steht. Das Zusammengehen mit Tnua le-Achdut ha-Awoda wird trotzdem genehmigt (am 19. 2.).
28 Al-Fat'h-Anschlag auf Kfar Hess im Scharon.

März

3 Zwischenfälle im Norden und Süden: Die israelische Artillerie bringt die Waffen der syrischen Bodentruppen zum Schweigen, die immer wieder israelische Einheiten an der Nordgrenze beschossen haben. Die Luftwaffe vertreibt ägpytische Flugzeuge aus dem Luftraum über dem Negev.
6 Der tunesische Präsident Habib Bourguiba ruft dazu auf, das Palästina-Problem politisch, in Koexistenz mit Israel zu lösen. Bestürzung in der arabischen Welt.
7 Spaltung in der Liberalen Partei: Die Gegner eines Zusammenschlusses mit der Cherut-Bewegung gründen die Unabhängige Liberale Partei.
Die deutsche Regierung gibt die Entscheidung bekannt, diplomatische Beziehungen zu Israel aufzunehmen. Zorn in den arabischen Staaten.
14 Israel äußert seine Bereitschaft, diplomatische Beziehungen zur Bundesrepublik aufzunehmen.
13 Bestätigung des Regierungsbeschlusses durch die Knesset und Ablehnung des Cherut-Antrages, über die geplanten offiziellen Kontakte zu Deutschland einen Volksentscheid durchzuführen.
17 Schwerer Zwischenfall an der syrischen Grenze: israelische Panzer zerstören Ausrüstungsgegenstände, die bei der Umleitung des Jordan eingesetzt werden sollten.
18 Shim'on Agranat löst Yitzhak Olshin als Präsident des Obersten Gerichtshofes ab. Olshin geht in den Ruhestand.
21 Der stellvertretende Gesundheitsminister Yitzhak Rafael tritt wegen der Tel-Gibor-Affäre von seinem Amt zurück.

April

5 Das Weizmann-Institut nimmt einen Atomteilchenbeschleuniger in Betrieb.
11 Fertigstellung des Schiffes »Esther« auf der Werft in Haifa, dem ersten aus israelischer Produktion.
18 Eintreffen der ersten Hawk-Raketen aus den USA.
20 Einweihung des »Schrein des Buches« in Jerusalem. Dort werden die Schriftrollen vom Toten Meer gezeigt.
26 Ein neuer politischer Block entsteht, gebildet von Cherut und den Liberalen: Gachal. Er verfügt über 27 Knesset-Sitze.

Mai

5 Israel gewinnt den Pokal der asiatischen Jugend-Fußballmeisterschaft.
11 Eröffnung des Israel-Museums in Jerusalem.
12 Proteststurm: David Ben-Gurion erklärt, Levi Eshkol sei für das Amt des »Ministerpräsidenten nicht geeignet«. Konflikt zwischen der Mehrheit um Eshkol und der hinter Ben-Gurion stehenden Minderheit innerhalb von Mapai.
13 Bei einem Schußwechsel mit den Syrern treffen israelische Panzer Ausrüstungsgegenstände für die Umleitung des Jordan.
18 Eli Cohen wird in Damaskus durch den Strang hingerichtet, nachdem er der Spionage für Israel für schuldig befunden wurde.
19 Mapai und Tnua le-Achdut ha-Awoda unterzeichnen eine Vereinbarung über die Bildung einer gemeinsamen Knesset-Fraktion.
20 Joseph Almogi, Minister für Wohnungsbau und Entwicklung, und der stellvertretende Verteidigungsminister Shim'on Peres stellen sich an die Spitze der Mapai-Minderheit und drohen mit ihrem Austritt aus der Partei.
23 Ernennung Chaim Zaddoks zum Minister für Handel und Industrie. Seit 1963 füllte Finanzminister Pinchas Sapir dieses Amt aus. Ein paar Tage später wird Zaddok auch zum Entwicklungsminister ernannt.
25 Die arabische Gipfelkonferenz in Kairo berät über die Umleitung der Jordan-Quellen.
27 Nach einigen Zwischenfällen auf israelischem Gebiet: israelischer Angriff auf Al-Fat'h-Stützpunkte in Jordanien.
31 Schußwechsel in Jerusalem: zwei Tote und vier Verletzte auf israelischer Seite.

Juni

3 Zuspitzung der Krise bei Mapai: die Parteizentrale wählt Eshkol zum Mapai-Kandidaten für das Amt des Ministerpräsidenten und lehnt die Forderung der Minderheit, einen Parteitag einzuberufen, ab.
8 Bildung der Obersten Rundfunkbehörde.
13 Tod von Professor Martin Buber im Alter von 87 Jahren.
29 Spaltung bei Mapai. Ben-Gurion gibt die Gründung einer neuen Partei bekannt.

Juli

12 Beschluß der Mapai-Zentrale: Wer Ben-Gurions Haltung teilt, wird aus der Partei ausgeschlossen.
22 Gründungsversammlung der »Israelischen Arbeiterpartei« in Tel Aviv durch ehemalige Mapai-Mitglieder.

August

2 Spaltung der kommunistischen Partei Maki. Die Abtrünnigen gründen Rakach, die Neue Kommunistische Partei.
12 Ernster Zwischenfall an der Nordgrenze und Vernichtung schwerer syrischer Geräte, mit denen der Jordan umgeleitet werden sollte. Die Syrer ziehen die verbliebene Ausrüstung ins Landesinnere ab.
19 Der deutsche Botschafter überreicht Staatspräsident Shazar sein Beglaubigungsschreiben. Demonstrationen.
24 Der erste israelische Botschafter in Bonn, Asher Ben-Natan, überreicht sein Beglaubigungsschreiben.

September

5 Angriff Israels auf Wasserinstallationen in der Gegend von Kalkilja auf der Westbank, als Antwort auf die Anschläge von Terroristen aus Jordanien.
Nach anfänglichem Zögern tritt Moshe Dayan Rafi bei.
10 Mordechai Lock, der »Spion im Koffer«, wird zu 13 Jahren Haft verurteilt.
19 Bei den Wahlen zum Histadrut-Tag behält Mapai mit 51% eine knappe Mehrheit. Gachal, die zweitstärkste Fraktion erhält 15% der Stimmen. Danach kommen Mapam mit 14% und Rafi mit 12%.

Oktober

28/29 Angriff auf zwei libanesische Dörfer: Antwort auf Al-Fat'h-Anschläge, die von libanesischem Territorium ausgingen.
Wegen häufiger Arbeitskonflikte gestaltet sich der Betrieb des neuen Hafens in Aschdod problematisch.
30–31 Zwischenfälle mit den Jordaniern wegen der Bestellung von Feldern in der entmilitarisierten Zone im Ajalon-Tal.

November

2 Wahlen zur sechsten Knesset: Sieg Levy Eshkols und der Vereinigung aus Mapai und Tnua le-Achdut ha-Awoda. Sie erhalten 45 Sitze. Enttäuschung für Rafi unter Ben-Gurion, die nur 10 Sitze erringt. Gachal schickt 26 Abgeordnete und Mafdal elf ins Parlament.
16 Proteststreik der israelischen Presse gegen das neue Gesetz über üble Nachrede.
21 Einweihung des Hafens von Aschdod.
30 Jerusalems neuer Bürgermeister: Teddy Kollek.

Dezember

10 Demonstrationen orthodoxer Juden in Aschdod gegen den Betrieb des Hafens am Sabbat.
28 Tod des Wächters Abraham Shapira im Alter von 95 Jahren.
Ende 1965 hat Israel 2,6 Millionen Einwohner, darunter 300 000 Nichtjuden. Nur 31 000 Einwanderer kamen ins Land.

1965

◁ 1965 nimmt Al-Fat'h die Terrortätigkeit gegen Israel auf. Sie schlägt meist an den Grenzen zu. Zu Jahresbeginn wird ein Anschlag auf die Landeswasserleitung versucht. Von da an kommt es zu Überfällen auf israelischem Gebiet. Am 17. Oktober 1965: Attentat auf das Haus von Miriam und David Salmanowitz im Moschaw Giv'at-Jeschajahu, unweit der jordanischen Grenze.

▽ Als Antwort auf die Al-Fat'h-Anschläge greift Israel im Mai 1965 zwei Ziele auf der jordanischen Westbank an, die Orte Dschenin und Kalkilja, sowie ein Ziel östlich des Jordans bei Schona, wo sich ein Al-Fat'h-Stützpunkt befindet. Am 27. und 28. 10. attackieren israelische Truppen wegen wiederholter Übergriffe in Galiläa das Haus des Dorfvorstehers von Chule im Südlibanon und Wasserinstallationen in der Umgebung. Hier Soldaten bei ihrer Rückkehr von dem Angriff.

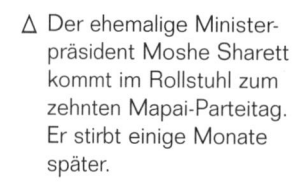

MAPAI SPALTET SICH

1965 spaltet sich Mapai, die seit 35 Jahren größte Partei Israels. Schon einmal, 1944, verließ eine kleine Gruppe von Mitgliedern die Partei. Diesmal jedoch kommt der Abspaltung größere Bedeutung zu, denn an der Spitze der Abtrünnigen steht David Ben-Gurion, der Mann, der jahrzehntelang die Partei und den Staat führte.

Mitte 1963 tritt Ben-Gurion vom Amt des Ministerpräsidenten zurück und übergibt das Zepter Levi Eshkol. Er bekundet seine Absicht, sich künftig der politischen Tätigkeit zu enthalten, doch sieht die Wirklichkeit anders aus. So fordert Ben-Gurion ununterbrochen, die Untersuchung der Lavon-Affäre wiederaufzunehmen. Außerdem kritisiert er wiederholt Schritte der Regierung und spricht Kabinettschef Eshkol die Befähigung für das Ministerpräsidentenamt ab.

Auf dem zehnten Mapai-Parteitag Anfang 1965 kommt es zu einer Konfrontation zwischen der hinter Eshkol stehenden Mehrheit der Parteimitglieder und der Ben-Gurion unterstützenden Minderheit. Bei einer Abstimmung erhalten die Eshkol-Anhänger 60 Prozent und die Ben-Gurion-Getreuen 40 Prozent. Die Krise spitzt sich weiter zu, als die Ben-Gurion-Anhänger Dayan, Peres und Almogi die Regierung Eshkols verlassen. Eshkols Annäherung an Tnua le-Achdut ha-Awoda ist ein weiterer Grund für die Spannungen mit den Vertretern der Ben-Gurionschen Linie.

Im Juni 1965 gründet Ben-Gurion eine neue Partei, Rafi, in die die meisten jüngeren Spitzenleute Mapais, etwa Peres und Dayan, eintreten. Mapai schließt die Abtrünnigen aus ihren Reihen aus. Mit den Wahlen zur sechsten Knesset am 2. November 1965 kulminiert die Auseinandersetzung zwischen Ben-Gurion und Eshkol. Eshkol trägt den Sieg davon. Sein »Ma'arach« erringt 45 Knesset-Sitze.

△ Der ehemalige Ministerpräsident Moshe Sharett kommt im Rollstuhl zum zehnten Mapai-Parteitag. Er stirbt einige Monate später.

△ Die erste Sitzung der sechsten Knesset eröffnet das älteste Mitglied des Hohen Hauses, David Ben-Gurion. In der neuen Legislaturperiode sitzt er in der Opposition.

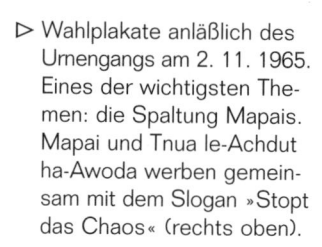

▷ Wahlplakate anläßlich des Urnengangs am 2. 11. 1965. Eines der wichtigsten Themen: die Spaltung Mapais. Mapai und Tnua le-Achdut ha-Awoda werben gemeinsam mit dem Slogan »Stopt das Chaos« (rechts oben).

1965

▷ Im Mai 1965 wird Eli Cohen in Damaskus gehängt. Die Syrer beschuldigten ihn der Spionage für Israel. Der 40jährige Cohen gab sich als wohlhabender Einheimischer namens Kamil Amin Thabat aus. Er freundete sich mit führenden Militärs und Angehörigen des Regimes an, denen er wichtige Informationen entlockte.

◁ Eli Cohen ist drei Jahre lang in Syrien tätig, bis er gefaßt wird. Ausländischen Quellen zufolge haben die von ihm übermittelten Informationen zum Sieg Israels im Sechs-Tage-Krieg beigetragen.

DER KAMPF UMS WASSER

In der ersten Hälfte der sechziger Jahre versuchen die arabischen Staaten, Israel daran zu hindern, das Wasser der Jordan-Quellen über die Landeswasserleitung in den Süden des jüdischen Staates zu leiten. Noch vor Inbetriebnahme der Leitung, im Sommer 1964, ruft Syrien zum militärischen Kampf um den lebenswichtigen Rohstoff auf. Die anderen arabischen Staaten, allen voran Ägypten, ziehen einen gemäßigteren Weg vor: Israel solle das Jordan-Wasser genommen werden, indem die Quellflüsse über die Golanhöhen in den jordanischen Teil des Jordan-Tals geleitet würden.

Der Kampf ums Wasser beginnt Ende 1964, erreicht seine bewegteste Phase 1965 und endet Mitte 1966. Anfangs versucht Syrien, Zugriff auf die Gegend um Tel Dan zu bekommen, um sich des Jordan-Quellflusses Dan zu bemächtigen. Danach beginnt Syrien einen Kanal auf den Golanhöhen auszuheben. Israel greift ein, und seine Panzerschützen treffen wiederholt die bei den Umleitungsarbeiten verwendete Ausrüstung. In anderthalb Jahren können die Syrer nur ein anderthalb Kilometer kurzes Teilstück fertigstellen und den Verlauf der restlichen 40 Kilometer lediglich abstecken. Am 14. Juli 1966 wird ein Schlußstrich unter die syrischen Umleitungspläne gezogen. Nach einer Reihe von Grenzzwischenfällen setzen die Israelis ihre Luftwaffe ein: Sie schießt eine syrische »Mig« ab und zerstört syrische Flugzeugabwehrgeschütze. Auch für die Umleitungsarbeiten vorgesehene Ausrüstungsgüter im Landesinneren bekommen schwere Treffer ab. Schließlich stellen die Syrer die Arbeiten ein. Ihren Umfang können die Israelis schon bald darauf, nach dem Sechs-Tage-Krieg 1967, beim Besuch der Golanhöhen begutachten.

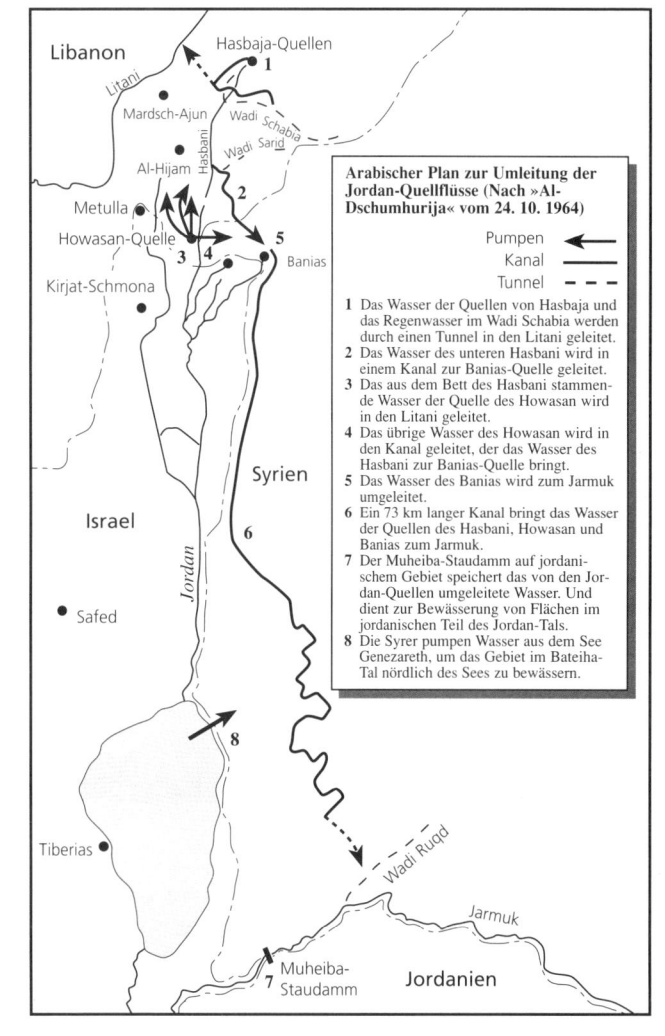

Arabischer Plan zur Umleitung der Jordan-Quellflüsse (Nach »Al-Dschumhurija« vom 24. 10. 1964)

1 Das Wasser der Quellen von Hasbaja und das Regenwasser im Wadi Schabia werden durch einen Tunnel in den Litani geleitet.
2 Das Wasser des unteren Hasbani wird in einem Kanal zur Banias-Quelle geleitet.
3 Das aus dem Bett des Hasbani stammende Wasser der Quelle des Howasan wird in den Litani geleitet.
4 Das übrige Wasser des Howasan wird in den Kanal geleitet, der das Wasser des Hasbani zur Banias-Quelle bringt.
5 Das Wasser des Banias wird zum Jarmuk umgeleitet.
6 Ein 73 km langer Kanal bringt das Wasser der Quellen des Hasbani, Howasan und Banias zum Jarmuk.
7 Der Muheiba-Staudamm auf jordanischem Gebiet speichert das von den Jordan-Quellen umgeleitete Wasser. Und dient zur Bewässerung von Flächen im jordanischen Teil des Jordan-Tals.
8 Die Syrer pumpen Wasser aus dem See Genezareth, um das Gebiet im Bateiha-Tal nördlich des Sees zu bewässern.

△ Jahrelang ist die arabische Welt mit Plänen beschäftigt, die Jordan-Quellflüsse umzuleiten und Israel vom Wasser abzuschneiden. Der Libanon, Syrien und Jordanien nehmen die Arbeiten dafür in Angriff. Doch müssen sie wegen der Störaktionen des israelischen Militärs, bei denen die benötigte Ausrüstung zerstört wird, eingestellt werden. Mitte der sechziger Jahre droht sich der Kampf ums Wasser zu einem Krieg auszuweiten.

377

▽ 1965 wird in Israel ein Film über das Leben von David Marcus gedreht. Unter den Schauspielern: Kirk Douglas (links) und Yul Brynner.

▷ Der erste deutsche Botschafter in Israel, Dr. Rolf Pauls, überreicht dem Staatspräsidenten im August sein Beglaubigungsschreiben – begleitet von stürmischen Protesten.

◁ Das Geheimnis von Massada wird enthüllt: Eine Gruppe von Archäologen nimmt im Winter 1963/64 und erneut im Winter 1964/65 unter der Leitung von Yig'al Yadin Ausgrabungen vor und macht zahlreiche Funde. Das Foto zeigt die rekonstruierten Vorratskammern, eine neue Attraktion für viele israelische und ausländische Touristen.

▽ Der Versuch, eine satirische Beilage zu »Jedi'ot Acharonot« herauszugeben, scheitert. Daraufhin publizieren die Redakteure Dan Ben-Amotz und Amos Kenan eine eigene Wochenschrift, die sich allerdings nur einige Monate halten kann. Die erste Ausgabe prophezeit die deutsche Wiedervereinigung: »Israel vereint beide Teile Deutschlands.«

1966

Januar
12 Bildung einer neuen Regierung durch Levi Eshkol. Sie unterscheidet sich deutlich von ihren Vorgängern: Mapam kehrt in die Koalition zurück. Abba Eban wird Außenminister, anstelle von Golda Meir. Neu im Kabinett: Israel Galili und Ya'akov Shimshon Shapira. Die Regierung gewinnt mit 71 zu 41 Stimmen das Vertrauen der Knesset.
18 Arie Pinkus wird anstelle des verstorbenen Moshe Sharett zum Vorsitzenden der Zionistischen Weltorganisation gewählt.
30 Zu Gast im Land: der amerikanische Schriftsteller und Nobelpreisträger John Steinbeck. Unter anderem stattet er der amerikanischen Kolonie bei Jaffa einen Besuch ab. Dort lebten im 19. Jahrhundert Verwandte von ihm.

Februar
2 Wahl Golda Meirs zur Mapai-Parteisekretärin.
4 Großbrand im Zim-Verwaltungsgebäude in Tel Aviv.
4–13 Der Hafen von Aschdod ist wegen eines Streikes außer Betrieb.
28 Der Restaurant-Besitzer Aby Nathan aus Tel Aviv bricht mit einem Flugzeug zu einer privaten Friedensmission nach Ägypten auf. Nachricht von seinem Absturz.

März
1 Aby Nathan wird aus Ägypten ausgewiesen.
24 Das Schul-TV nimmt seine Sendungen auf. Andere Programme gibt es nicht.

Brenzlige Lage an der syrischen Grenze: Zwischenfälle.

Israelische Soldaten brechen zu einer Vergeltungsaktion in Samua in Jordanien auf, November 1966.

April
16 Jetzt können auch die Israelis Coca-Cola trinken. Der amerikanische Konzern, der das Getränk in Israel herstellen läßt, fürchtet sich nicht vor einem arabischen Boykott.
19 Schußwechsel mit den Jordaniern beim Wehrdorf Mei-Ammi im Iron-Tal: Ein Zahal-Offizier stirbt.
21 Ungewöhnlicher Besuch: Der sowjetische Schriftsteller Simonov trifft in Israel ein.
25 Israel feiert seinen 18. Unabhängigkeitstag. Das wichtigste Ereignis: eine Militärparade in Haifa, die bei drückend-heißem Wüstenwind stattfindet. Zum erstenmal werden US-Panzer vom Typ Patton vorgestellt.
26 Nach acht Jahren an der Spitze der Luftwaffe: Ernennung Ezer Weizmanns zum Leiter des Nachrichtendienstes des Generalstabs. Der neue Befehlshaber der Luftwaffe heißt Mordechai Hod.
29 Nach mehreren Al-Fat'h-Anschlägen in Israel: Angriff auf zwei Dörfer und zwei kleine Polizeiwachen in Jordanien.

Mai
1 Erste Anzeichen eines wirtschaftlichen Abschwungs: Arbeitslose stoßen in Aschdod mit der Polizei zusammen.
2 Ein hoher, aber umstrittener Gast besucht Israel: Konrad Adenauer, der ehemalige Bundeskanzler.
10 Zwischenfälle mit den Jordaniern im nordöstlichen Negev: zwei tote israelische Soldaten.
16 Zwei Angestellte des Jüdischen Nationalfonds werden getötet, als ihr Fahrzeug bei Almog auf eine Mine fährt.
18 Ministerpräsident Eshkol behauptet, in Israel gebe es keine Kernwaffen und Israel werde solche auch nicht als erstes Land im Nahen Osten einführen.
19 Israel plant, von den USA Flugzeuge vom Typ Skyhawk zu erwerben.

Juni
Ministerpräsident Levi Eshkol besucht sieben afrikanische Staaten. Staatspräsident Shazar besucht drei Länder in Südamerika.
28 Knesset-Mitglied Menachem Begin gibt auf der Tagung der Cherut-Bewegung bekannt, er stehe nicht mehr als Kandidat für das Amt des Vorsitzenden zur Verfügung.
30 Entrüstung auf der Cherut-Tagung, als bekannt wird, daß hinter den Kulissen der Versuch unternommen wurde, eine neue Führung ohne Begin zu bilden.

Juli
4 Einweihung des Kennedy-Denkmals in den Jerusalemer Bergen.
13 Syrer und Al-Fat'h heizen die Situation an der Grenze im Norden auf: mehrere Zwischenfälle.
14 Erbitterter Schußwechsel an Israels Nordgrenze: Die Israelis beschädigen die syrische Ausrüstung für die Umleitung der Jordan-Quellen. Ihre Luftwaffe schießt eine syrische Mig 21 ab. Dann stellen die Syrer ihren Plan, den Israelis das Jordan-Wasser vorzuenthalten, ein.

August
2 Auf Einladung Präsident Johnsons besucht Staatspräsident Shazar das Weiße Haus.
4 Vereinbarung zwischen Israel und der amerikanischen Firma CBS über die Planung eines Programms in Israel.
8 Gefangenenaustausch mit den Syrern. Diese lassen vier schon seit Jahren gefangengehaltene Israelis frei.
15 Konfrontation auf dem See Genezareth: Die Syrer behindern die Rettung eines Schiffes der Grenzwache, das auf der syrischen Seite des Sees auf Grund gelaufen ist. Bei einem Luftkampf wird ein syrisches Flugzeug abgeschossen, ein zweites stürzt in den See Genezareth, nachdem es die Israelis von dem Schiff aus beschossen haben.
16 Ein irakischer Kampfpilot landet mit einer »Mig 21« in Israel. Weltweites Aufsehen.
30 Einweihung des neuen Knesset-Gebäudes in Jerusalem. Unter den Gästen: zahlreiche Parlamentspräsidenten und führende jüdische Persönlichkeiten aus der Welt.

Man setzt sich zunehmend für die Juden in der Sowjetunion ein.

September
11 Die Regierung bestätigt ihre Wirtschaftspolitik: Ziel ist eine Verlangsamung der Wirtschaftstätigkeit.
22 Die Sowjetunion lädt die Israelische Philharmonie wegen »der antisowjetischen Kampagne in Israel« wieder aus.

Die Syrer provozieren vermehrt Zwischenfälle an der Nordgrenze. Terroristen aus Jordanien verüben Anschläge auf Ziele in der Umgebung des Toten Meeres. Verschärfung der Krise in der Cherut-Führung.

Oktober
2 Tausende finden sich in Sde-Bokker ein, um Ben-

Einweihung des neuen Knesset-Gebäudes im August 1966.

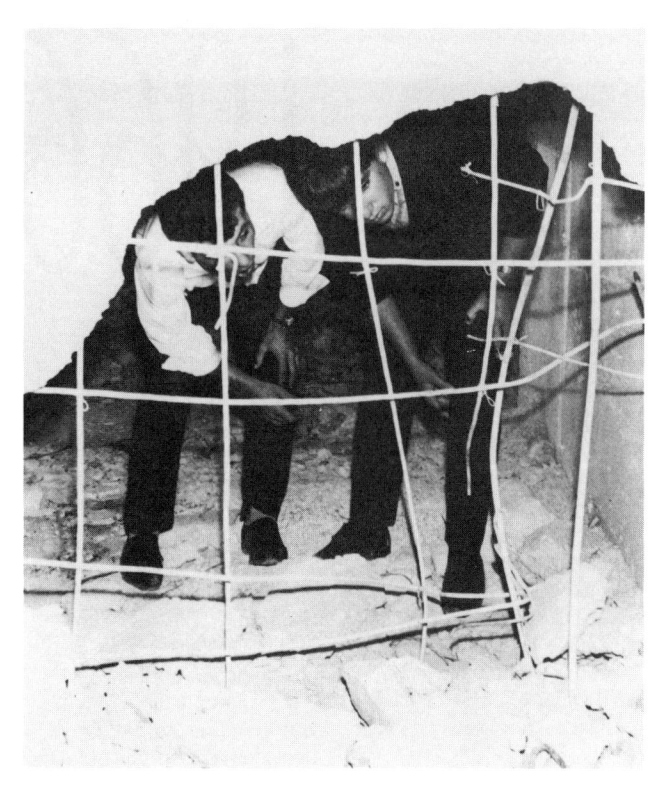

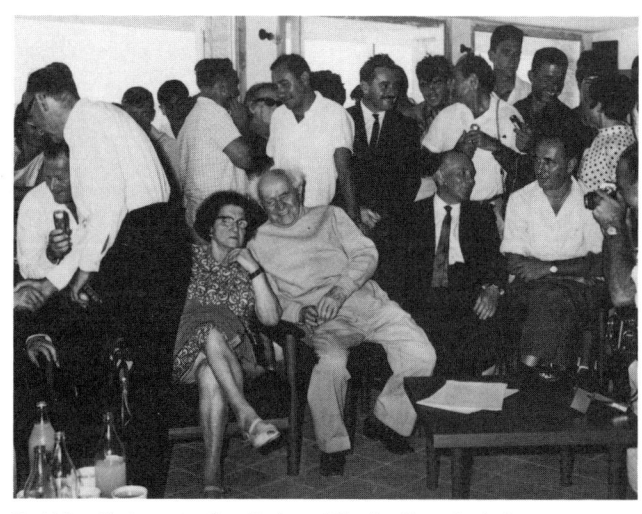

David Ben-Gurion, seine Frau Paula und Shim'on Peres (rechts) an Ben-Gurions 80. Geburtstag in Sde-Bokker.

▽ Der Flügel eines syrischen Kampffliegers, der aus dem See Genezareth gefischt wurde. Zuvor hatten die Syrer versucht, die Rettung eines am syrischen Seeufer gestrandeten israelischen Schiffes zu verhindern. Beim Luftkampf wurde ein syrisches Flugzeug abgeschossen, ein zweites getroffen.

△ In der zweiten Hälfte des Jahres 1966 mehren sich die Terroranschläge der Al-Fat'h. Im Oktober Attentat auf ein Wohnhaus im Viertel Romema in Nord-Jerusalem, nahe der jordanischen Grenze. Jugendliche aus der Nachbarschaft begutachten den Schaden.

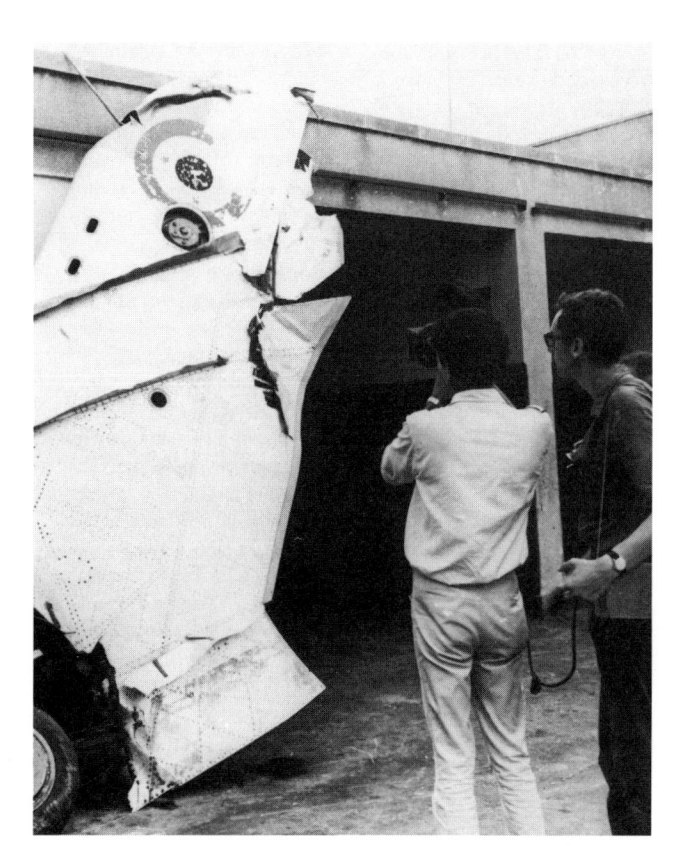

Gurion zu seinem 80. Geburtstag zu gratulieren.
8 Anschlag auf zwei Häuser in Jerusalem-Romema: Fünf Bewohner werden verletzt. Die Terroristen kamen aus Jordanien.
9 Schwerer Zwischenfall im Norden: Vier Grenzpolizisten werden getötet, als ihr Jeep beim Kibbuz Scha'ar ha-Golan auf eine Mine fährt. Israel legt Beschwerde beim UN-Sicherheitsrat ein, sie wird aber durch ein sowjetisches Veto abgeschmettert.
18 Große Aufregung in Israel: Aus Stockholm verlautet, daß der Schriftsteller Sh. A. Agnon der diesjährige Preisträger des Nobelpreises für Literatur ist. Die offizielle Bekanntgabe erfolgt am 20. 10.
19 Ein toter Grenzpolizist und drei tote Terroristen; das ist die Bilanz eines Gefechtes nahe dem Moschaw Dischon in Galiläa.
27 Ein Frachtzug fährt auf der Strecke nach Jerusalem bei dem Dorf Battir auf eine Mine auf. Ein Eisenbahnarbeiter wird verletzt.
Stagnation der Wirtschaft: Der Einzelhandel befindet sich in einer Talsohle.

November
1 Polizeiminister Bechor Shitritt tritt zurück. Er war seit 1948 im Amt.
8 Ministerpräsident und Verteidigungsminister Levi Eshkol macht in der Knesset zwei wichtige Mitteilungen: Die Verkürzung des Militärdienstes wird aufgehoben; er dauert wieder 30 Monate. Abschaffung der Militärverwaltung in den arabischen Dörfern.
12 Ein Militärjeep fährt südlich des Hermon auf eine Mine: drei Tote und sechs Verletzte.
13 Großer israelischer Vergeltungsschlag gegen das Dorf Samua südlich des Hermon: schwere Verluste für die Jordanier, ein toter und zehn verletzte israelische Soldaten. Unruhen und Demonstrationen gegen König Hussein in mehreren jordanischen Städten.
22 Handels- und Industrieminister Chaim Zaddok tritt zurück. An seine Stelle tritt Se'ev Saraf.
26 Verurteilung der israelischen Aktion in Samua durch den UN-Sicherheitsrat.
28 Landesweiter Studentenstreik wegen der Erhöhung der Studiengebühren. Er dauert bis zum 7. Dezember.
Israelische Mirage-Flugzeuge schießen zwei ägyptische Mig 19 im Luftraum über dem Negev ab.

Dezember
10 Der israelische Schriftsteller Sh. A. Agnon nimmt in Stockholm den Nobelpreis für Literatur entgegen. Er teilt sich die Auszeichnung mit der in Schweden lebenden jüdischen Dichterin Nelly Sachs.
20 Israel verfolgt die Entwicklung in Jordanien. Die Arabische Liga schlägt die Entsendung von Truppen in dieses Land vor. König Hussein lehnt das Angebot ab.
Die Einwanderung nach Israel geht weiter zurück.

1966

DIE GRENZEN WERDEN UNSICHER

Die Regierung Levi Eshkols zeichnet sich generell durch eine gemäßigte Linie aus. Doch muß sie 1966 nach steigenden Spannungen im Sicherheitsbereich an der syrischen und jordanischen Grenze von ihrem Kurs abweichen.

Syrien betreibt eine aggressive Politik gegenüber Israel. Parallel dazu dringt Al-Fat'h zu immer neuen Angriffen von Jordanien und vom Libanon aus in Israel ein. Israel reagiert mit Vergeltungsschlägen auf jordanisches und libanesisches Gebiet. Dennoch hört der Terror nicht auf. Als gegen Jahresende die Anschläge Überhand zu nehmen drohen, haben die Israelis das Gefühl, daß die Regierung nicht genug unternimmt, um den Terror zu verhindern. Am 13. November 1966 unternimmt Israel endlich eine große Vergeltungsaktion gegen Jordanien im Dorf Samua, südlich des Hermon, aber auch danach gehen die Anschläge weiter. Im Rückblick läßt sich die Entwicklung in der zweiten Jahreshälfte 1966 als Vorspiel zu den Ereignissen deuten, die im Juni 1967 im Sechs-Tage-Krieg gipfeln.

▽ Im Herbst 1966 spitzt sich die Lage an den Grenzen zu. Fast täglich werden Soldaten, Polizisten und Zivilisten überfallen. Im Oktober findet ein tödlicher Terroranschlag bei dem Kibbuz Scha'ar ha-Golan nahe dem Punkt statt, an dem die Grenzen von Israel, Jordanien und Syrien zusammentreffen. Vier Grenzpolizisten werden getötet, als ihr Fahrzeug auf eine Mine fährt.

◁ Nach Terroranschlägen und Übergriffen auf Israelis ordnet Verteidigungsminister Levi Eshkol einen großen Vergeltungsschlag gegen Jordanien an. Dieses habe die Al-Fat'h unterstützt oder nicht daran gehindert, nach Israel einzudringen. Ziel des Schlags ist das Dorf Samua südlich des Hermon. Die Jordanier erleiden hohe Verluste. Die Israelis haben einen Toten, den Befehlshaber des Regiments. Nach dem Angriff kommt es in Jordanien zu Demonstrationen gegen den Monarchen.

▽ Beute aus Samua: ein jordanischer Geländewagen.

△ Die Landung eines irakischen Piloten mit einer Mig 21 in Israel erregt weltweites Aufsehen.

381

◁ Ein hoher, aber umstrittener Gast: Konrad Adenauer, deutscher Bundeskanzler von 1949 bis 1963 und einer der Väter des Entschädigungsabkommens, kommt im Mai nach Israel. Er besichtigt mehrere Orte – überall wird er ehrenvoll begrüßt – und trifft auch mit dem ehemaligen Ministerpräsidenten David Ben-Gurion zusammen. Gleichzeitig finden – wie beim Aufenthalt jedes Besuchers aus Deutschland – zornige Protestbekundungen statt. Im Weizmann-Institut wird Adenauer die Ehrendoktorwürde verliehen.

△ Im Februar 1966 geht das Gebäude der Schiffahrtsgesellschaft Zim auf dem Rothschild-Boulevard in Tel Aviv in Flammen auf. Die Rettungsarbeiten sind kompliziert und erfordern sogar den Einsatz von Hubschraubern.

◁ Der Gastronom Aby Nathan bricht mit einem leichten Flugzeug zu einer privaten Friedensmission nach Ägypten auf. Die Titelstories in »Ma'ariv« vom 28. Februar und 1. März 1966 erzählen seine Geschichte: Wie er zunächst als tot gilt und tags darauf lebend zurückkehrt.

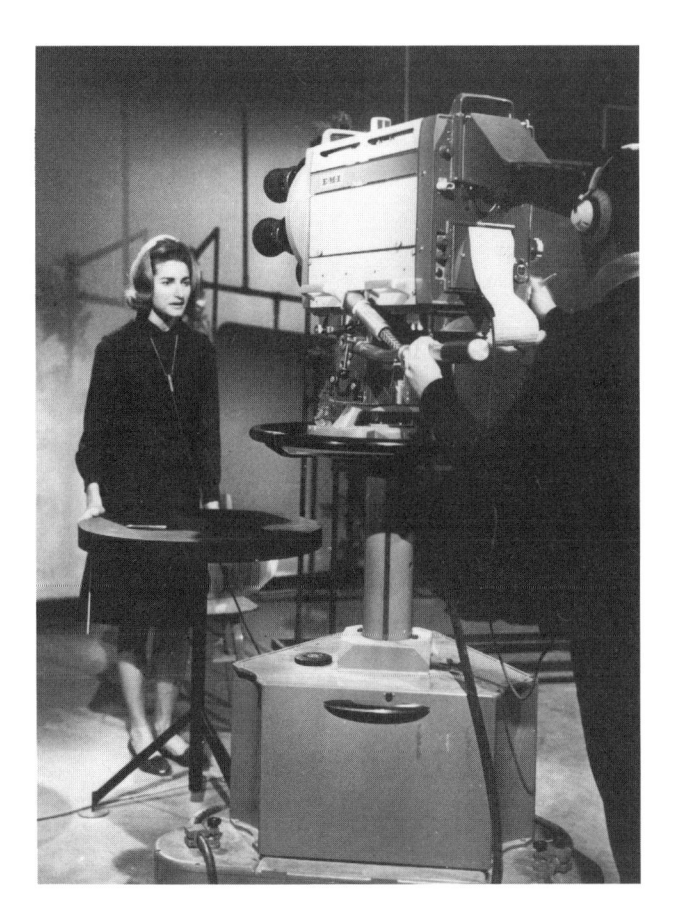

1966

GEBREMSTES WACHSTUM

Gebremstes Wachstum – damit ist eine Politik der Zügelung der wirtschaftlichen Entwicklung gemeint. Doch statt daß die Wirtschaft, wie beabsichtigt, durch diese Politik gestärkt wird, gerät sie schließlich völlig außer Kontrolle.

Nach Jahren verstärkter Wirtschaftstätigkeit, wachsendem Handelsdefizit und kräftiger Lohn- und Gehaltserhöhungen kommen die Spitzen des israelischen Wirtschaftslebens zu dem Schluß, das rapide Tempo der Entwicklung müsse gebremst werden. Merkmale des neuen Kurses, der Anfang 1966 eingeschlagen wird, sind die Begrenzung der staatlichen Ausgaben, die Stärkung der Konkurrenz im industriellen Bereich, damit die Unternehmen ihre Ausfuhren erhöhen, die Aufhebung der Subventionen und die Drosselung des inländischen Konsums. Mit diesen Maßnahmen würden, so hoffen die Planer der neuen Politik, alle Krankheiten der israelischen Wirtschaft behoben und das Defizit an ausländischen Devisen zurückgeschraubt.

Anfangs erfreut sich diese Politik einer breiten öffentlichen Unterstützung, die Angestellten verschiedener Branchen erklären sich sogar zu einem Lohnverzicht bereit. Die Stimmung schlägt jedoch bald um. Die Einschränkung der Regierungsausgaben führt zu einem drastischen Rückgang der öffentlichen Bautätigkeit, Tausende Beschäftigte des Baugewerbes sowie der von diesem abhängigen Industriebetriebe verlieren ihren Broterwerb. Doch trifft die Arbeitslosigkeit auch andere Branchen, weil das Einkommen und damit der Konsum vieler Israelis sinkt, die Unternehmen infolgedessen weniger produzieren und die verstärkte Einfuhr ausländischer Waren zusätzlich Druck auf die einheimischen Unternehmen ausübt.

Im letzten Quartal 1966 wird deutlich, daß die Regierung mit ihrer neuen Politik über das Ziel hinausgeschossen hat: Statt das Wachstum in geordnete Bahnen zu lenken, wurde es ausgebremst. Die Stimmung im Land ist gedrückt, und die Auswanderung steigt.

△ Am 24. März 1966 nimmt das Schulfernsehen seine Sendungen auf. Die Lehrerin Johanna Prenner gibt vor laufender Kamera Unterricht für die mit einem Fernsehgerät ausgestatteten Schulen.

▽ Das ausländische Fernsehen ist in Israel bereits populär. Die Neuerung 1966: Israel strahlt erstmals ein eigenes Programm aus.

▷ Mitte Oktober haben die Israelis Grund zu großer Freude: Aus Stockholm kommt die Nachricht, daß der 78jährige israelische Schriftsteller Sh. A. Agnon der diesjährige Nobelpreisträger ist. Im Bild nimmt Agnon bei sich zu Hause einen der unzähligen Glückwünsche entgegen. Zwei Monate später empfängt Agnon dann den Preis – zusammen mit der in Schweden lebenden jüdischen Dichterin Nelly Sachs.

383

1967

Januar

Im Verlauf des Monats kommt es immer wieder zu Panzergefechten an der Nordgrenze.

2 Zwei neue Minister: Israel Yeshayahu ist künftig für das Post- und Elijahu Sasson für das Polizeiressort zuständig.

14 Eine von Terroristen gelegte Tretmine explodiert bei einem Fußballspiel im Moschaw Dischon: ein Toter und zwei Verletzte.

15 Syrischer Beschuß eines Schiffs der israelischen Grenzwache auf dem See Genezareth.

Ein saudisches Schiff eröffnet das Feuer auf ein israelisches Schiff im Golf von Aqaba.

24 Bankenskandal in Israel: wegen Unregelmäßigkeiten übernimmt die Staatsbank die Leitung zweier Geldinstitute.

25 Das israelische Schiff »Ha-Shlosha« sinkt westlich von Italien: 20 Menschen ertrinken.

Februar

3 Die Wirtschaftskrise verschärft sich, und die Arbeitslosigkeit steigt. Die Regierung beschließt, Arbeitslosengeld zu zahlen.

15 Die Cherut-Fraktion schließt drei ihrer Knesset-Abgeordneten, darunter Shmu'el Tamir, für ein Jahr aus ihren Reihen aus. Sie haben sich gegen die Parteiführung Menachem Begins aufgelehnt.

20 Neue Generäle in der Armee: Arie'el Sharon und Rehabeam Ze'evi.

März

14 Protestkundgebungen in Jerusalem und Tel Aviv: In Jerusalem demonstrieren orthodoxe Juden gegen die medizinische Autopsie. Bei Zusammenstößen mit der Polizei werden 30 Personen, Zivilisten und Polizisten sowie der Befehlshaber der Polizei von Jerusalem, verletzt. In Tel Aviv demonstrieren Arbeitslose. Auch hier kommt es zu Auseinandersetzungen mit der Polizei. Die Zahl der Arbeitslosen in Israel beläuft sich bereits auf rund 100 000.

21 Tamir und die beiden anderen ausgeschlossenen Cherut-Mitglieder bilden eine neue Partei, »Ha-Merkas Ha-Chofschi«. Sie verfügt über drei Knesset-Sitze.

Vermehrt Anschläge arabischer Terroristen an den Grenzen und im Landesinneren.

Im Lauf des Monats besuchen berühmte Literaten Israel: der französische Schriftsteller und Philosoph Jean-Paul Sartre, Simone de Beauvoir und Günter Grass.

April

7 Bei einem Luftgefecht schießen israelische Flugzeuge sechs syrische Mig 21 ab. Als Antwort beschießen die Syrer Ortschaften an der Nordgrenze.

26 Die Sowjetunion warnt Israel, daß seine Politik gegenüber seinen arabischen Nachbarn ein großes Risiko berge. Wenn es gegen sie vorgehe, sei es für die Folgen allein verantwortlich.

Mai

Angesichts der Provokationen an der Nordgrenze und der Aktivitäten von Terrorbanden, die von dort auf israelisches Gebiet vordringen, bereitet sich Israel auf eine Konfrontation mit Syrien vor.

12 Oded Kotler wird auf dem Festival in Cannes für die Rolle in dem israelischen Film »Drei Tage und ein Kind« (Buch von A. B. Jehoschua) zum besten Schauspieler gewählt.

15 Militärparade zum 19. Unabhängigkeitstag in Jerusalem.

Die Ägypter ziehen große Truppenverbände auf der Sinai-Halbinsel zusammen.

16 Zuspitzung der Lage an Israels Grenzen. Der Sechs-Tage-Krieg kündigt sich an. Die Ägypter drohen Israel anzugreifen, und erzwingen die Evakuierung der UN-Truppen vom Sinai und aus dem Gazastreifen.

22 Ägypten sperrt die Meerenge von Tiran für israelische Schiffe. Rege diplomatische Tätigkeit Israels, das die Großmächte zum Eingreifen veranlassen will, damit die Blockade des Zuganges zum Hafen von Eilat aufgehoben wird.

Schwerer Druck auf Regierungschef Eshkol in der letzten Woche des Monats: Er soll angesichts der Notlage die Regierung erweitern und das Verteidigungsministerium abtreten.

28 In einer Rundfunkansprache erklärt Eshkol, die ägyptische Blockade komme einem Angriff auf Israel gleich. Die teils stotternd vorgetragene Rede steigert die Sorge in der Bevölkerung.

Juni

1 Bildung eines »Kabinetts der nationalen Einheit«: Gachal und Rafi werden in die Regierung aufgenommen. Moshe Dayan wird Verteidigungsminister, Menachem Begin und Joseph Sapir werden zu Ministern ohne Geschäftsbereich ernannt.

5–10 Der Sechs-Tage-Krieg (siehe Seite 356): Die Israelis siegen an allen Fronten. Wegen des Krieges brechen die osteuropäischen Staaten ihre diplomatischen Beziehungen zu Israel ab.

11 Die »Delphin« passiert nach dem Krieg als erstes israelisches Schiff die Meerenge von Tiran.

12 Die israelische Armee gibt die Zahl der Gefallenen bekannt: 678 Israelis. Die Zahl der ägyptischen Gefallenen wird auf mehrere Tausend geschätzt. Über 5000 Ägypter sind in israelischer Gefangenschaft.

17 Sondersitzung der UN-Vollversammlung über die Nahostkrise: Die Sowjetunion verlangt den sofortigen israelischen Rückzug aus allen eingenommenen Gebieten und die Zahlung von Entschädigung an die arabischen Staaten.

14 Wochenfest: Hunderttausende strömen zur Klagemauer in Jerusalem. Seit 1948 war den Juden der Zugang verwehrt.

19 US-Präsident Johnson unterbreitet einen Fünf-Punkte-Plan für den Frieden im Nahen Osten. Von einem israelischen Rückzug ist darin nicht die Rede.

21 Der französische Präsident de Gaulle kritisiert Israel, weil es den Sechs-Tage-Krieg angefangen habe.

27 Die Knesset verabschiedet die »Bevollmächtigungsgesetze«, die die Annexion von zu Eretz Israel gehörenden Gebieten durch den Staat Israel erlauben. Als erstes wird Ostjerusalem annektiert.

Gefangenenaustausch mit Jordanien: 428 Araber gegen 2 israelische Soldaten.

29 Verteidigungsminister Dayan erklärt: »Israel wird die besetzten Gebiete bis zur Unterzeichnung von Friedensverträgen behalten.«

Juli

1–2 Erster Zwischenfall am Suez-Kanal: Die Ägypter versuchen, östlich des Kanals wieder Fuß zu fassen. Israelische Truppen vereiteln dies.

8 Zweiter Zwischenfall am Kanal: fünf tote und drei verletzte Israelis. Weitere Zwischenfälle folgen.

11 Seeschlacht in der Gegend von Rafah nordöstlich von Port Said: Die israelische Marine versenkt zwei ägyptische Torpedoboote.

Unterhaltung muß sein. Die Nachal-Unterhaltungstruppe in Rafah, 6. Juni 1967.

WARTEN AUF DEN KRIEG

15. 5. Israel begeht seinen 19. Unabhängigkeitstag mit einer Militärparade in Jerusalem. Ägypten zieht Truppenverbände im Sinai zusammen.
16. 5. Ägypten fordert die UN-Truppen im Sinai auf, sich von der Grenze zu entfernen. Alarmbereitschaft in Israel.
17. 5. UN-Generalsekretär U Thant weigert sich, der ägyptischen Aufforderung nachzukommen. Entweder blieben die UN-Truppen, wo sie sind, oder sie würden ganz abgezogen. Alarmbereitschaft bei den Armeen Jordaniens, Syriens und des Iraks. Israel ruft Reservesoldaten ein. (Der Armeesprecher teilt mit: »Wir haben angesichts der Verstärkung ägyptischer Truppen im Sinai entsprechende Maßnahmen getroffen.«)
19. 5. Auf Befehl U Thants räumen die UN-Truppen den Sinai und den Gazastreifen. Die Ägypter bemächtigen sich ihrer Stellungen.
19.–20. 5. Mobilmachung weiterer Reservisten in Israel.
20. 5. Ein ägyptisches Fallschirmspringer-Regiment bezieht Stellung in Scharm asch-Scheich und kontrolliert so die Meerenge von Tiran. U Thant erklärt in New York: »Die Lage im Nahen Osten ist so gefährlich wie seit 1956 nicht mehr.«
21. 5. Ägypten gibt die Einberufung von Reservisten bekannt. Der jordanische Generalstabschef begibt sich nach Kairo, um das Vorgehen der arabischen Heere zu koordinieren.
22. 5. Bei einem Besuch im Sinai erklärt Nasser: »Die Meerenge von Tiran ist ab sofort für israelische Schiffe geschlossen. Wenn die Israelis Krieg wollen, so werden wir sie gebührend empfangen.« In Israel erste Kontakte für die Bildung einer Regierung der nationalen Einheit. Israel verstärkt seine Truppen im Negev.
23. 5. Nach der Schließung der Meerenge: höchste Alarmstufe in Israel. Die Armee ist in Kriegsbereitschaft. Der Ministerausschuß für Sicherheit, zu dem auch Vertreter der Opposition hinzugezogen werden, beschließt, noch weitere 48 Stunden zu warten. U Thant fährt nach Kairo.
24. 5. Außenminister Abba Eban reist in die westlichen Hauptstädte. Ägypten verstärkt seine Truppen im Sinai. Hektische diplomatische Aktivität in den Hauptstädten der Welt und bei der UNO. Eban trifft Präsident de Gaulle. Das jordanische Heer im Jordan-Tal wird verstärkt.
Bemühungen in Israel, die Regierung auf eine breitere Basis zu stellen. Ein Vorschlag: Ben-Gurion soll Ministerpräsident werden, Eshkol als sein Stellvertreter fungieren. Eshkol ist damit nicht einverstanden. Auch will er Ben-Gurion in seinem Kabinett nicht als Verteidigungsminister.
25. 5. U Thants Vermittlungsmission in Ägypten scheitert. Eban trifft US-Außenminister Rusk in Washington. Der ägyptische Verteidigungsminister reist nach Moskau. Die Mapai-Führung ist zu diesem Zeitpunkt zu einer Erweiterung der Regierung nicht bereit. Die Gegner werden von Golda Meir angeführt.
26. 5. Nasser droht, wenn es zum Krieg komme, werde Ägypten Israel vernichten. »Es wird ein totaler Krieg«, erklärt er. In Israel wird die Forderung nach einer Regierung der nationalen Einheit immer lauter. Unterredung Abba Ebans mit US-Präsident Johnson.
27. 5. Die USA fordern Israel zur Geduld auf, damit eine politische Lösung für die Öffnung der Meerenge von Tiran gefunden werden könne. Eban kehrt nach Israel zurück. Neun Minister, einschließlich Eban, sprechen sich für weitere Schritte auf diplomatischer Ebene aus. Acht Minister und Ministerpräsident Eshkol befürworten eine sofortige militärische Reaktion auf die ägyptische Provokation.
28. 5. Aufgrund des amerikanischen Drucks entschließt sich die Regierung Israels, abzuwarten. Bei einer Rundfunkansprache beginnt Premier Eshkol zu stottern, Unsicherheit und Verwirrung in Israel. Schwieriges Treffen zwischen Eshkol und dem Generalstab: Die Generale fordern die Regierung auf, den Befehl zum Handeln zu erteilen.
29. 5. Nasser setzt seine Drohungen gegen Israel fort. Eshkol in der Knesset: »Israel stellt die internationalen Verpflichtungen auf die Probe; die Armee ist auf alles vorbereitet. « Die Regierung sei in der Lage, alle nötigen Entscheidungen zu treffen. Die Sowjetunion warnt Israel vor einem »militärischen Abenteuer«.
30. 5. König Hussein von Jordanien trifft in Kairo ein und unterzeichnet einen Verteidigungspakt mit Ägypten. Vergebliche diplomatische Aktivität, um die Krise zu lösen. In Israel fordern immer mehr Stimmen – selbst bei Mapai – die Bildung einer Regierung der nationalen Einheit.
31. 5. Levy Eshkol bietet Yig'al Allon das Verteidigungsministerium an. Dayan wird als Befehlshaber der Front im Süden vorgeschlagen. Israelfreundliche Kundgebungen in den westlichen Hauptstädten.
1. 6. Ein ägyptischer General trifft in Amman ein und übernimmt das Kommando über das jordanische Heer. In Israel spitzt sich der innenpolitische Streit um die Bildung einer Regierung der nationalen Einheit zu. Frauen demonstrieren vor dem Mapai-Gebäude gegen Golda Meir, weil sie Dayans Ernennung zum Verteidigungsminister weiterhin ablehnt. Eshkol fordert Dayan auf, sich seiner Regierung als Verteidigungsminister anzuschließen. Daraufhin Bildung der Regierung der nationalen Einheit und Aufatmen der Bevölkerung. Die USA teilen mit, sie beabsichtigten nicht, internationale Marineverbände aufzustellen, um die Blockade der Meerenge von Tiran zu durchbrechen.
2. 6. Präsident de Gaulle lehnt die gewaltsame Lösung der Krise im Nahen Osten ab. Das ägyptische Heer vollendet seinen Aufmarsch für eine Offensive im Sinai. Der Ministerrat für Verteidigung beschließt einen israelischen Erstschlag, der jedoch nicht vor dem 5. des Monats erfolgen soll.
3. 6. Ägyptische Truppen werden nach Jordanien geflogen.
4. 6. Der Irak tritt dem Verteidigungspakt zwischen Ägypten und Jordanien bei. Einzug irakischer Truppen in Jordanien. Die Regierung genehmigt einen militärischen Schlag gegen das ägyptische Heer am 5. Juni.
5. 6. Ausbruch des Sechs-Tage-Krieges.

---

17 Gefangenenaustausch mit Syrien: 591 Syrer gegen zwei Israelis.

August
7 Erster Streik des Handels und der Dienstleistungsgewerbe im arabischen Ostjerusalem.

September
1 Veröffentlichung der drei »Nein« am Ende des arabischen Gipfeltreffens in der sudanesischen Hauptstadt Khartum: Nein zur Anerkennung Israels, nein zu Verhandlungen mit dem jüdischen Staat und nein zu einem Frieden.
27 Beginn der Rückkehr nach Kfar Etzion. Der Ort wurde 1943 gegründet und 1948 von den Jordaniern eingenommen und zerstört.
In diesem Monat ereignen sich zahlreiche Zusammenstöße zwischen israelischen Truppen und ägyptischen Einheiten am Suez-Kanal. Beide Kontrahenten setzen schwere Waffen ein. Außerdem kommt es zu Terroranschlägen auf israelischem Gebiet.

Oktober
3 Gründung eines ersten Nachal-Wehrdorfes auf dem Sinai: Nachal Jam bei Sabhat al-Bardawil.
Eine Volkszählung ergibt, daß in den besetzten Gebieten eine Million Araber leben.
21 Vor der Küste von Port Said beschießen die Ägypter den israelischen Zerstörer »Eilat« mit Raketen, er sinkt. 47 Tote und Vermißte sowie 100 Verletzte.
24 Angriff Israels auf die ägyptischen Ölraffinerien in der Stadt Suez.
Frankreich setzt eine weitere Lieferung von Mirage-Flugzeugen an Israel aus.
29 Die Mapai-Zentrale genehmigt den Vorschlag, sich mit den Parteien Tnua le-Achdut ha-Awoda und Rafi zusammenzuschließen.
31 Gründung der »Bewegung für ein vollständiges Israel«. Gemeint sind alle Gebiete, die jemals in der Geschichte zu Eretz Israel gehörten.

November
15 Eine neue Auszeichnung der israelischen Armee für Verdienste im Sechs-Tage-Krieg wird als erstes Generalstabschef Rabin und mehreren Generalen verliehen.
19 Abwertung des israelischen Pfundes.
22 Entschließung Nr. 242 des UN-Sicherheitsrates: Aufruf zur friedlichen Koexistenz in sicheren und anerkannten Grenzen und zum Rückzug »aus im Sechs-Tage-Krieg besetzten Gebieten«.
Ernennung des schwedischen Diplomaten Gunnar Jarring zum UN-Vermittler im Nahen Osten.
26 Ein Autobus macht Geschichte: Nach 19 Jahren fährt in Jerusalem die Buslinie 9 wieder zum Skopus-Berg.
27 De Gaulle greift Israel scharf an: Es handele sich um ein herrsch- und expansionssüchtiges, überhebliches Volk.

Dezember
3 Chaim Barlev wird zum neuen Generalstabschef bestimmt. Ernennung Yitzhak Rabins zum israelischen Botschafter in den USA.
13 Rafi beschließt, sich der Vereinigung der Arbeiterparteien anzuschließen.
14 Jarring trifft zu Gesprächen in Israel ein.
Terroranschläge der Al-Fat'h.

◁ Der Dichter Abraham Schlonsky, die Professoren Akiva Arie Simon und Benjamin Akzin sowie der Maler Marcel Janko erhalten den Israel-Preis. Die Frau auf dem Foto ist die Tochter von Professor Arie Ulicki. Sie nimmt den Preis für ihren Vater entgegen.

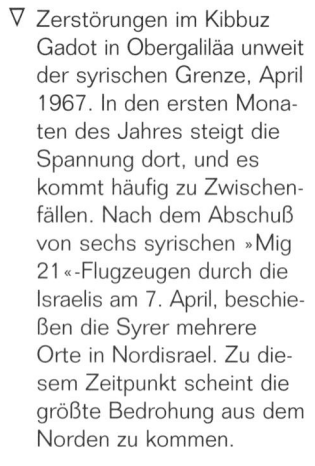

▽ Zerstörungen im Kibbuz Gadot in Obergaliläa unweit der syrischen Grenze, April 1967. In den ersten Monaten des Jahres steigt die Spannung dort, und es kommt häufig zu Zwischenfällen. Nach dem Abschuß von sechs syrischen »Mig 21«-Flugzeugen durch die Israelis am 7. April, beschießen die Syrer mehrere Orte in Nordisrael. Zu diesem Zeitpunkt scheint die größte Bedrohung aus dem Norden zu kommen.

△ Günter Grass zu Gast in Israel.

◁ Gäste aus Frankreich: Jean-Paul Sartre und Simone de Beauvoir. Zwischen beiden der Dichter Abraham Schlonsky.

1967

◁ Ein letztes Foto als Souvenir: Die UN-Soldaten halten seit 1957 Stellungen an der Grenze zwischen Israel und Ägypten besetzt. Im Mai 1967 befehlen die Ägypter ihnen, sich von der Grenze zu entfernen. UN-Generalstabschef U Thant beschließt, sie völlig abzuziehen. Das Foto zeigt eine Gruppe von Soldaten, die den Posten bei Eres im Norden des Gazastreifens räumt. Innerhalb weniger Tage verschlechtert sich die Lage im Nahen Osten drastisch: Ein Krieg droht auszubrechen.

△ Acht arabische Staaten räumen Israel keine Chancen ein. Eine Karikatur der libanesischen Zeitung »Al-Dscharida« am 31. Mai 1967.

▽ Tausende israelischer Soldaten haben ihre Stellungen an der Südgrenze bezogen. Auf der Stoßstange steht »Express nach Kairo«.

△ Nach langem Zögern und heftigen Disputen wird eine Regierung der nationalen Einheit gebildet: Der Regierung Eshkol treten zwei Gachal-Angehörige, Menachem Begin und Joseph Sapir, sowie ein führender Vertreter von Rafi, Moshe Dayan, bei. Begin wird nach 18 Jahren in der Opposition erstmals Mitglied einer Regierung. Große Bedeutung kommt der Ernennung Dayans zum Verteidigungsminister zu. Auf dieses Ressort hat Ministerpräsident Levi Eshkol nur ungern verzichtet. Dayan gilt als »der erste Soldat Israels«, und die Öffentlichkeit traut ihm zu, daß er eine Wende in der geschwächten militärischen Position des Staates herbeiführt.

387

△ Kampfbereit: noch drei Wochen bis zum Ausbruch des Krieges.

▽ Typische Szenerie auf dem Sinai: eine von den Israelis zerstörte Kolonne ägyptischer Panzer und Panzerwagen.

1967

◁ Israelische Jeeps mit rückstoßfreien Kanonen an der Front im Sinai. Der israelische Schlag gegen das ägyptische Heer ist so heftig, daß seine Reihen innerhalb weniger Tage zusammenbrechen und sich ungeordnet über den Suez-Kanal ins Innere Ägyptens zurückziehen. Flugzeuge der israelischen Luftwaffe eröffnen die Schlacht, ihnen folgen Panzer, Feldtruppen und weitere Abteilungen. Nach vier Tagen stimmt Ägypten einer Feuerpause zu.

▷ Das siegreiche Team der Kämpfe: Befehlshaber Süd, General Yeshayahu Gavish (rechts), mit seinem Stab, zu dem der Divisionsbefehlshaber General Israel Tal (sitzend, zweiter von links) und der Befehlshaber der 7. Brigade, Shmu'el Gorodish (rechts von Gavish), gehören.

◁ Ein Nachal-Soldat kurz nach der Einnahme von Rafah.

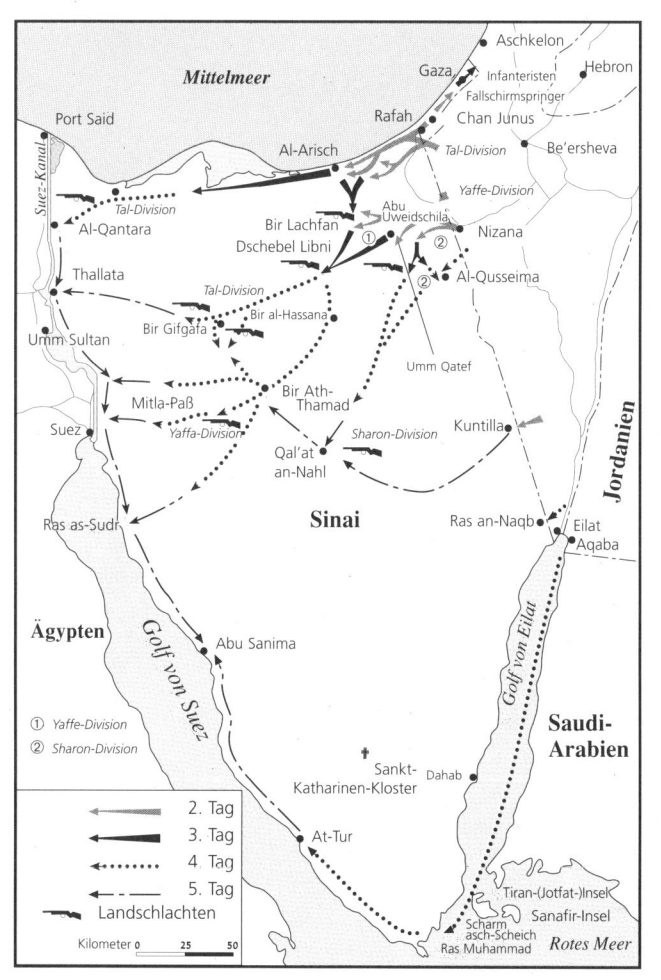

◁ Die wichtigsten Etappen der viertägigen Kämpfe im Sinai und im Gazastreifen: 5. bis 8. Juni 1967.

▽ Die israelische Luftwaffe zerstört 400 feindliche Flugzeuge, die meisten noch am Boden. Im Bild, ein zerstörter ägyptischer Flughafen.

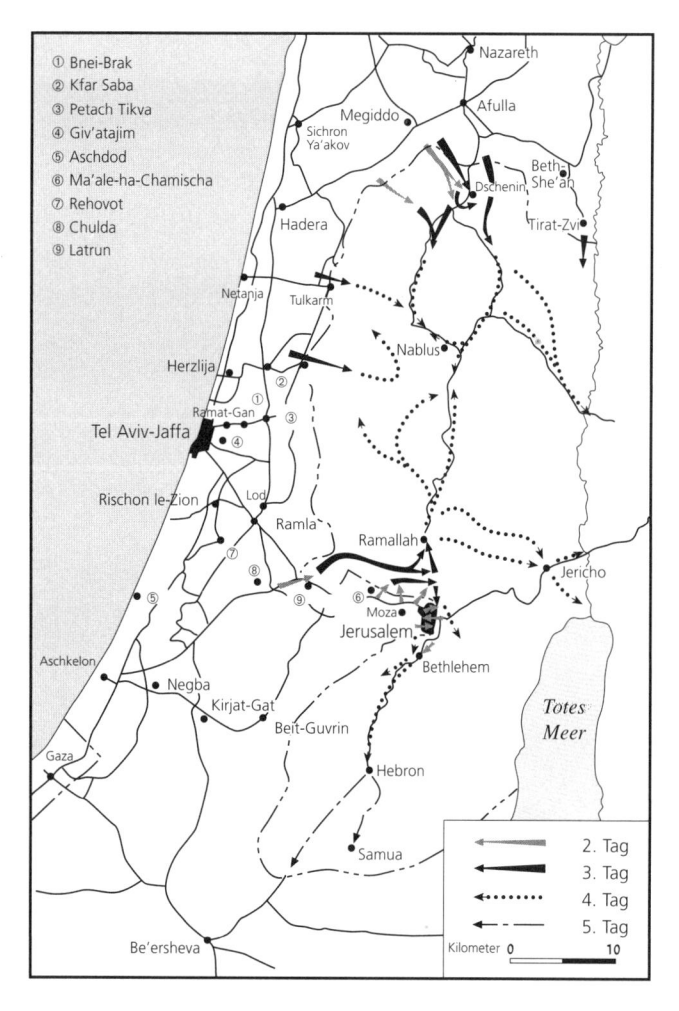

◁ Stoßrichtung und wichtigste Schlachten gegen die Jordanier, 5. bis 8. Juni 1967.

△ Die Klagemauer wenige Minuten vor dem Eintreffen der Fallschirmspringer. Der Platz ist noch leer, doch schon bald versammeln sich Tausende hier.

▽ Die Dörfer Samarias ergeben sich den israelischen Truppen, 7. Juni 1967.

1967

▽ Der siebente Tag: Bei Kriegsende kommen unerfreuliche Tatsachen ans Licht. So haben die Jordanier jüdische Grabsteine vom Ölberg für die Pflasterung in ihren Militärlagern verwendet. In syrischen Militäreinrichtungen werden Unterlagen über die Bombenangriffe auf israelische Ortschaften entdeckt. Die Ägypter hatten vor, Eilat zu besetzen und sich den Südnegev einzuverleiben.

DER SIEG

Die Ereignisse vor dem Sechs-Tage-Krieg lassen den großen Sieg der Israelis noch überwältigender erscheinen: Wegen der Wirtschaftskrise war die Stimmung in Israel gedrückt; die Erwartung des Krieges und das damit verbundene politische Gerangel steigerten die Verwirrung und Besorgnis; und die führenden arabischen Politiker, allen voran der ägyptische Präsident Abd al-Nasser, erklärten immer wieder, sie wollten »Israel auslöschen«. Nicht wenige Israelis fürchteten einen »neuen Holocaust«. Erschwerend kam noch die israelische Informationspolitik am ersten Kriegstag hinzu: Die Öffentlichkeit wurde über den Verlauf der Kämpfe nicht unterrichtet, gleichzeitig verkündeten die arabischen Medien das »Ende des zionistischen Gebildes«.

Während der sechs Kriegstage erweist sich Israels Armee als gut geölte Kriegsmaschinerie, die nicht umsonst in In- und Ausland als »das beste Heer der Welt« bezeichnet wird. Die Stimmung in Israel – und in der jüdischen Diaspora – erfährt innerhalb einer Woche einen gewaltigen Umschwung: vom Tiefpunkt hinauf in fast unbeschreibliche Höhen. Die Einnahme des Sinai, die Niederlage Ägyptens, des größten arabischen Staates, die Rückkehr zu Stätten, die sich zwanzig Jahre lang jenseits der Grenzen befanden, insbesondere in die Altstadt von Jerusalem – all dies ruft eine beispiellose Euphorie hervor.

Das von Israel eingenommene Gebiet, die Golanhöhen, die Westbank, der Gazastreifen und die Sinai-Halbinsel, ist mehr als dreimal so groß wie sein eigentliches Staatsgebiet. Jetzt verfügt das einst »schmalbrüstige« Land über strategische Tiefe. Im Verhältnis zum Territorium verkürzen sich seine Grenzen erheblich, und schützende Wasserläufe, der Suez-Kanal und der Jordan, liegen zwischen Israel und zwei seiner feindlichen Nachbarn.

Zig Bücher und Bildbände erscheinen, die den Sieg dokumentieren. Heute sieht sie manch einer als Zeichen israelischer Überheblichkeit. Dennoch drücken sie ziemlich genau die damalige Stimmung aus: Befreiung von einer quälenden Last und Aufbruch zu neuen Ufern.

△ Israelische Soldaten und die syrische Flagge in Quneitra, 11 Juni 1967.

▽ Vorstöße und wichtigste Schlachten an der Front auf den Golanhöhen, 9. bis 10. Juni 1967.

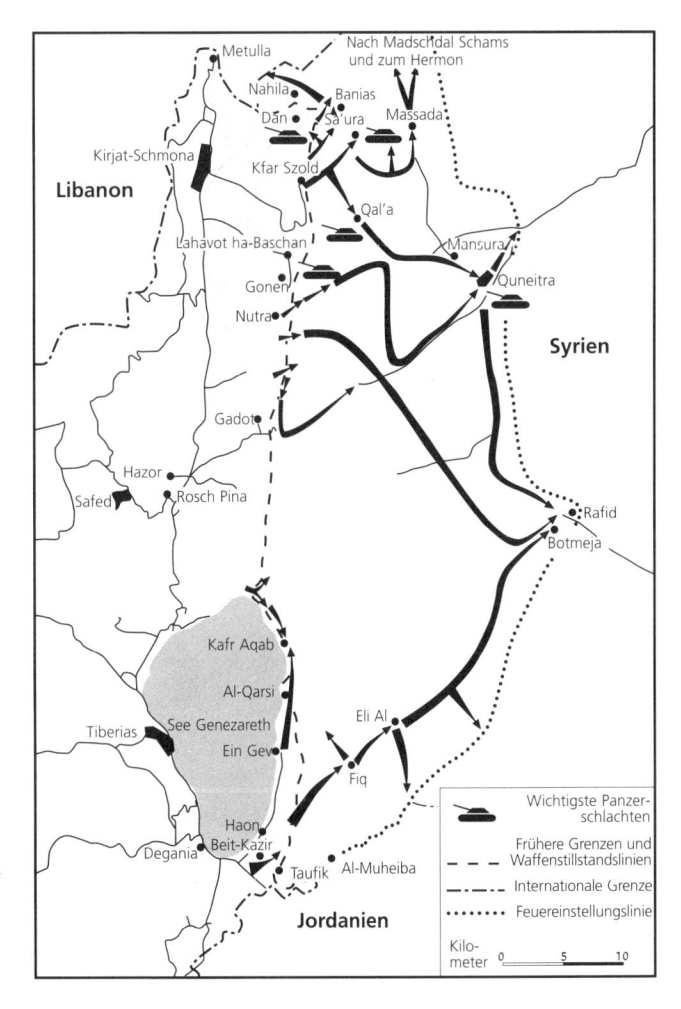

▽ Die siegreichen Generale heften sich Auszeichnungen an ihre Hemden. V. l. n. r.: Chaim Barlev (stellvertretender Generalstabschef), Ezer Weizmann (Leiter der Nachrichtenabteilung) und Yeshayahu Gavish (Befehlshaber Süd).

▷ Generalstabschef Yitzhak Rabin hält seine berühmte »Rede auf dem Skopus-Berg«: Kurz nach dem Sechs-Tage-Krieg wird ihm der Ehrendoktor der Hebräischen Universität Jerusalem verliehen.

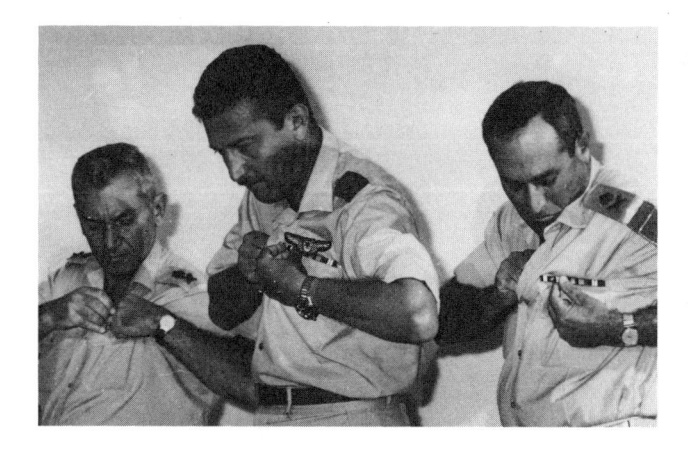

> Dieses Heer, an dessen Spitze ich in diesem Krieg stehen durfte, ist aus dem Volk hervorgegangen und kehrt ins Volk zurück – ein Volk, das in Notzeiten sich selbst übertrifft und sich dank seines moralischen, geistigen und seelischen Niveaus, wenn es darauf ankommt, mit jedem Feind messen kann…«
>
> Generalstabschef Yitzhak Rabin, als er den Ehrendoktortitel der Hebräischen Universität Jerusalem auf dem Skopus-Berg entgegennimmt.

▽ Tausende von Soldaten applaudieren im Sinai am Ende »des Siegesappells« der Panzerbrigade Mordechai Ziporis. Die Israelis feiern den Sieg auf jede erdenkliche Weise: mit Büchern, Fotoalben, Versammlungen und Zeremonien.

EIN SCHOCK FÜR DIE ARABER

Die Ergebnisse des Sechs-Tage-Krieges bedeuten für die arabische Welt einen schweren Schlag. Vom Hochgefühl, das die schrille Propaganda erzeugte, und der Erwartung des schnellen Untergangs Israels ist nichts geblieben. Die Araber sind angesichts der israelischen Eroberungen und der eigenen Niederlage zutiefst verstört. Die Heere von drei arabischen Staaten wurden zerschlagen – ohne jede fremde Hilfe, auch wenn die Ägypter zeitweise behaupten, amerikanische Piloten hätten Israel beigestanden.

Eine Million Araber im Westjordanland und im Gazastreifen befinden sich mit einem Schlag unter israelischer Herrschaft. Für sie ist das Ergebnis des Krieges ein doppelter Schock: Sie wurden nicht nur besiegt, sondern müssen nun obendrein mit den Israelis leben, die ihnen jahrelang als Ausbund des Bösen beschrieben wurden.

Die Israelis erhoffen sich von ihrem Sieg zweierlei: daß die militärische Bedrohung auf lange Zeit beseitigt und ein endgültiger Frieden in greifbare Nähe gerückt sei. Doch keine der Hoffnungen erfüllt sich. Die arabischen Staaten machen den Frieden von der Räumung der besetzten Gebiete abhängig, und dank sowjetischer Hilfe reorganisieren sich die arabischen Heere schneller als erwartet.

Nutzen aus der arabischen Niederlage ziehen die palästinensischen Terrororganisationen. Während die arabischen Nachbarstaaten Israels noch ihre Niederlage verdauen müssen, sind die Terroristen vorläufig die einzigen, die, wenn auch in geringem Umfang, dem zionistischen Feind die Stirn bieten können. Selbst kleinere Anschläge, etwa Schüsse auf israelische Patrouillen, werden in der arabischen Welt zufrieden aufgenommen. Für die Araber scheint es lebensnotwendig, sich zu beweisen, daß die Konfrontation mit Israel noch längst nicht entschieden sei.

△ Unmittelbar nach dem Sechs-Tage-Krieg herrscht in Israel euphorische Stimmung. Tausende fahren nach Jerusalem und in die Städte und Dörfer der Westbank, besichtigen historische Stätten und entdecken die orientalischen Basare wie hier in Hebron. Die Besucher begutachten eine Glasvase. Die einheimischen Händler beeilen sich, hebräische Schilder auszuhängen. Die Bewohner der Westbank besichtigen ihrerseits Tel Aviv, und es scheint, als sei in der Region ein neues, ruhigeres Zeitalter angebrochen.

◁ UN-Gesandter Gunnar Jarring (rechts) ist seit Ende 1967 häufiger Gast im Nahen Osten. Er versucht, die Konfliktparteien zu einer Vereinbarung zu bewegen. Hier in Gesellschaft von Joseph Tekoa, des späteren UN-Botschafters Israels. Im November verabschiedet der UN-Sicherheitsrat seine berühmte Entschließung Nr. 242.

△ Viele nutzen die Gunst der Stunde: Unternehmen passen ihre Geschäfte der neuen Lage an, so auch diese Firma in Tel Aviv. Sie verkauft die in Israel in der zweiten Hälfte der sechziger Jahre so beliebten NSU-Wagen. Die Wirtschaftskrise von 1966/67 ist schnell vergessen, an ihre Stelle tritt ein anhaltender Wirtschaftsaufschwung.

1968

Januar
1 Chaim Barlev tritt sein Amt als achter Generalstabschef an.
10 Der Militärdienst wird auf drei Jahre verlängert.
21 Nach dem Zusammenschluß von Mapai, Tnua le-Achdut ha-Awoda und Rafi: Gründung der Israelischen Arbeitspartei. Ben-Gurion tritt ihr nicht bei.
23 Israel und Ägypten beenden den Gefangenenaustausch: 4500 Ägypter gegen zehn Israelis. Unter diesen sind auch die in die Lavon-Affäre verwickelten Personen.
26 Das U-Boot »Dakar«, das sich auf dem Weg von England nach Israel befand, ist spurlos verschwunden. Am 25. 1. ist die Verbindung mit ihm abgerissen. Die Suche nach der »Dakar« verläuft ergebnislos.

Februar
20 Yitzhak Rabin tritt sein Amt als israelischer Botschafter in den USA an.
Vermehrte Zusammenstöße mit Terroristen an den Waffenstillstandslinien mit Jordanien und in den besetzten Gebieten.
21 Vollendung des automatischen Fernsprechnetzes in ganz Israel.

März
18 Schwerer Anschlag in der Arava-Senke: Ein mit Schülern besetzter Bus fährt bei Be'er Ora auf eine Mine. Zwei Tote und 28 Verletzte.
20 Verteidigungsminister Moshe Dayan wird bei archäologischen Ausgrabungen verletzt, als ein Felsbrocken auf ihn stürzt. Er kommt für mehrere Wochen ins Krankenhaus.
21 Vergeltungsaktion gegen einen Terroristenstützpunkt in Karama in Jordanien. Schwere Verluste für die Terroristen, aber auch die Israelis zahlen einen hohen Preis: 27 Tote, Dutzende von Verletzten und ein beschädigter Panzer.
26 Salman Shazar wird – ohne Gegenkandidaten – für eine zweite Amtszeit zum Staatspräsidenten gewählt.
28 Beschluß Frankreichs, keine Mirage-Flugzeuge mehr an Israel zu liefern.

April
Fortdauer der Zusammenstöße mit den Terroristen in den besetzten Gebieten und entlang der jordanischen Grenze.
12 In Hebron leben wieder Juden: Eine Gruppe von mehreren Personen feiert Pessach in der Stadt und teilt mit, sie werde dort auf Dauer bleiben.

Mai
2 Das israelische Fernsehen nimmt nun auch nach dem Schulfernsehen sein reguläres Programm auf: Übertragung der Parade zum Unabhängigkeitstag aus Jerusalem.
6 Sondersitzung der Knesset anläßlich des 20jährigen Bestehens des Staates Israel. Der einzige Redner an diesem Tag ist David Ben-Gurion.

Juni
9 Beschluß der Regierung, ein eigenes Ministerium für Einwanderung zu bilden und ihm anstelle der Jewish Agency die Zuständigkeit für dieses Ressort zu übertragen.
14 Mörserbeschuß von libanesischem Gebiet auf den Kibbuz Menara: Beginn der Verschlechterung der Sicherheitslage an der Grenze zum Libanon. Auch an den anderen Grenzen kommt es immer wieder zu Zwischenfällen.
22 Ministerpräsident Eshkol verkündet: »Der Jordan ist die Sicherheitsgrenze Israels.«

Juli
1 Die Regierung wird umgebildet: Yig'al Allon wird stellvertretender Ministerpräsident und Minister für die Eingliederung von Neueinwanderern.
8 Rücktritt Golda Meirs vom Amt der Parteisekretärin der Arbeitspartei.
17 Der Palästinensische Nationalrat verabschiedet seine »Palästina-Charta«. Sie lehnt die Existenz Israels ab und tritt für die »Befreiung Palästinas durch bewaffneten Kampf« ein.
23 Auf dem Flug von Rom nach Lod entführen palästinensische Terroristen eine El-Al-Verkehrsmaschine. Sie landet in Algier.
24 Die Entführer der El-Al-Maschine lassen die nichtisraelischen Passagiere frei.
26 Rücktritt Pinchas Sapirs vom Amt des Finanzministers und Ernennung zum Parteisekretär der Arbeitspartei. Der Minister für Handel und Industrie, Se'ev Saraf, übernimmt zusätzlich das Finanzressort.
Die Entführer der El-Al-Maschine lassen die israelischen Frauen und Kinder frei.

August
13 Der internationale Pilotenverband boykottiert alle Flüge nach Algerien, weil der Maghreb-Staat die Entführer des israelischen Flugzeuges unterstützt. Der Boykott dauert drei Tage.
31 Die Algerier lassen die restlichen Entführten aus dem El-Al-Flugzeug frei.

September
4 Terroristen legen einen Sprengsatz im Busbahnhof von Tel Aviv: ein Toter und sieben Verletzte.
8 Die Ägypter eröffnen das Feuer auf israelische Truppen am Suez-Kanal: zehn Tote, 18 Verletzte.
16 Jordanische Granaten treffen Beth-She'an: acht Verletzte.
17 Israel läßt gefangene Terroristen frei – als Gegenleistung für die Aufgabe des entführten Flugzeuges und die Freilassung seiner Passagiere.
Die Suche nach Terroristen, die von Jordanien ins Westjordanland eingedrungen sind, wird intensiviert. Im Beth-She'an-Tal Zwischenfälle an der jordanischen Grenze.
25 Der junge indische Dirigent Zubin Mehta wird musikalischer Leiter der Israelischen Philharmonie.

Oktober
Im ganzen Land werden Initiativen gestartet für die Ernennung Moshe Dayans zum Ministerpräsidenten. Unterschriften werden gesammelt und Versammlungen abgehalten.
In der letzten Woche des Monats ereignen sich mehrere Konfrontationen israelischer und ägyptischer Soldaten an der Südgrenze sowie mit Terroristen in den besetzten Gebieten. Neun Israelis fallen einem ägyptischen Bombenangriff am 26. 10. zum Opfer. Die israelische Armee dringt tief auf ägyptisches Gebiet ein und zerstört ein Kraftwerk und einige Nil-Brücken (31. 10.). Auch die Verwicklungen an der jordanischen Grenze gehen weiter. Massenproteste auf der Westbank.
Erfolg für die israelische Fußballmannschaft bei der Olympiade in Mexiko: Sie erreicht das Viertelfinale, verliert dann aber gegen Brasilien.

November
2 Katjuscha-Angriff von jordanischem Gebiet auf Eilat.
11 Eine Tote und zwei Verletzte durch jordanische Bombenangriffe auf den Kibbuz Kfar Ruppin.
22 Mörderischer Anschlag auf den Markt in Westjerusalem: zwölf Tote und 70 Verletzte.
30 Katjuscha-Raketen aus Jordanien landen bei den Kaliwerken in Sdom. Es entsteht kein Schaden.

Dezember
1 Israelischer Vergeltungsschlag gegen jordanische Ziele.
2/3 Angriff der israelischen Luftwaffe auf den jordanischen Ort Irbid, als Antwort auf den Beschuß israelischen Gebiets südlich des Sees Genezareth.
4 Ein weiterer israelischer Luftangriff auf Jordanien: Abschuß eines israelischen Flugzeugs.
5 Erste Herztransplantation in Israel. Die Operation wird von Prof. Morris ausgeführt.
11 Ben-Gurion beansprucht den Status einer Einmannfraktion in der Knesset.
19 Der Patient mit dem neuen Herzen stirbt.
26 Angriff palästinensischer Terroristen auf eine El-Al-Verkehrsmaschine in Athen: Ein Passagier wird getötet.
27 Angriff israelischer Truppen auf den Flughafen von Beirut: 13 Flugzeuge werden beschädigt.
Offizielle Mitteilung der USA über die Lieferung von 50 Phantom-Flugzeugen an Israel.
31 Einstimmige Verurteilung des Angriffes auf Beirut durch den UN-Sicherheitsrat.

▽ Moshe Dayan blickt eher skeptisch. Der wichtigste Rafi-Mann fühlt sich beim Beitritt zur Israelischen Arbeitspartei scheinbar nicht wohl. Weil sein Lehrer und Vorbild, David Ben-Gurion, der Vereinigung nicht zustimmt?

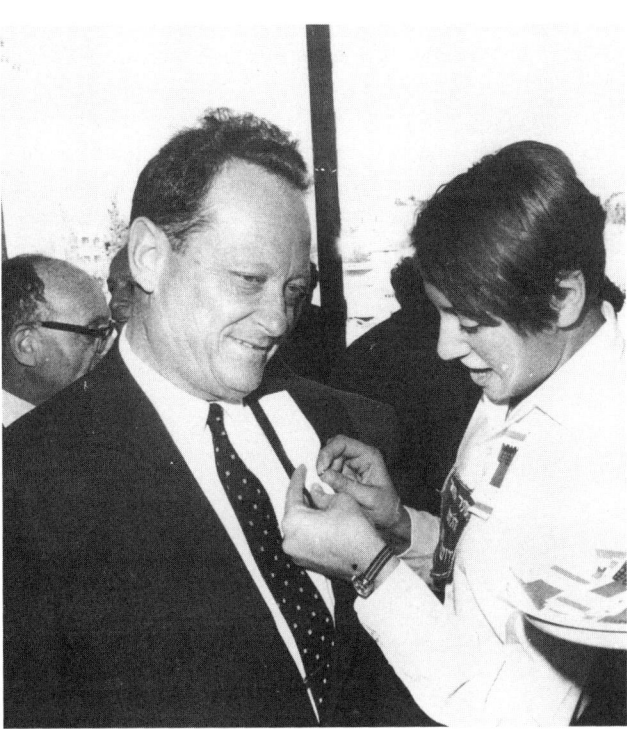

◁ Yig'al Allon, führender Mann von Tnua le- Achdut ha-Awoda, wirkt zufrieden.

▽ Shim'on Peres (Rafi) schaut Yitzhak Tabenkin zu, als dieser seine Unterschrift unter den Vertrag setzt.

△ Anfang 1968 schließen sich die drei Arbeiterparteien zur Israelischen Arbeitspartei zusammen. Golda Meir und Levi Eshkol (beide Mapai) und Israel Galili (Tnua le- Achdut ha-Awoda) unterzeichnen den Vertrag.

DIE GRÜNDUNG DER ARBEITSPARTEI

1968 wird eine Entwicklung vollendet, die beinahe eine ganze Generation dauerte: die Wiedervereinigung der Arbeiterparteien zur größten Linkspartei Israels. 1944 hat der linke Flügel, Tnua-le Achdut ha-Awoda, Mapai verlassen. Erst in der ersten Hälfte der sechziger Jahre begann eine erneute Annäherung zwischen beiden Fraktionen. Das Ergebnis ist ein erstes parlamentarisches Zusammengehen bei den Knesset-Wahlen 1965. Vor diesem Hintergrund scheidet allerdings jener Teil von Mapai, der als eher rechts und den »Falken« zugehörig gilt, unter der Führung Ben-Gurions, Dayans und Peres' aus der Partei aus und gründet eine neue Bewegung, Rafi.

Nach dem Sechs-Tage-Krieg konkretisiert sich die Wiedervereinigung von Mapai und Tnua le-Achdut ha-Awoda. Die Parteien nähern sich weiter aneinander an, und auch bei Rafi mehren sich jetzt die Stimmen, die eine Rückkehr zur Mutterpartei befürworten. Obwohl Ben-Gurion dagegen ist, beschließt Rafi Ende 1967, sich der Vereinigung der Arbeiterparteien anzuschließen. Es wird festgelegt, daß Mapai 57 Prozent der Abgeordneten, die beiden anderen Parteien je 21,5 Prozent stellen.

Auf der Gründungsversammlung in Jerusalem sitzen die ehemaligen Kontrahenten zusammen auf einer Bühne: Eshkol und Tabenkin, Allon und Dayan, Golda Meir und Peres.

OFFENE BRÜCKEN ÜBER DEN JORDAN

Moshe Dayan gilt in der arabischen Welt als Araberhasser. Dieses Image verdankt er seiner Amtszeit als Generalstabschef, in der er für zahlreiche Vergeltungsaktionen und den Sinai-Krieg in den fünfziger Jahren verantwortlich zeichnete, und seiner Funktion als Verteidigungsminister während des Sechs-Tage-Kriegs 1967. Um so erstaunter sind die Araber in den besetzten Gebieten, als Dayan sich gleich nach diesem Krieg in allen Fragen des täglichen Lebens gemäßigt und liberal zeigt.

Die Bevölkerung der Westbank, die nun von Jordanien abgeschnitten ist, will ihre landwirtschaftlichen Erzeugnisse weiterhin nach Jordanien und in die übrigen arabischen Staaten verkaufen. Am Jordan stationierte israelische Grenzsoldaten beobachten immer wieder, wie Lastwagen aus den besetzten Gebieten den Fluß an seichten Stellen passieren und anschließend ostwärts ins Innere Jordaniens fahren. Der befehlshabende General, Usi Narkist, wird verständigt, und nachdem er die Angelegenheit geprüft hat, erlaubt er rückwirkend den illegalen Grenzverkehr. Anschließend bittet er Dayan um einen Besuch – auch dieser genehmigt die Fahrten. Aber nicht nur das: Dayan erteilt obendrein den Befehl, die Jordan-Brücke zu reparieren. So beginnt ein lebhafter Warenaustausch und Reiseverkehr zwischen den besetzten Gebieten und Jordanien. Später genehmigt Dayan ehemaligen Bewohnern der Westbank, die inzwischen in anderen arabischen Staaten leben, in den Ferien zu Besuch zu kommen. Auch ermöglicht er lokalen Institutionen, eigenständig zu handeln, und den Bewohnern der Westbank, in Israel zu arbeiten. Auf diese Weise beschleunigt er die Normalisierung der Beziehungen zu den Menschen in den eroberten Territorien.

△ Die Euphorie aus der Zeit nach dem Sechs-Tage-Krieg wirkt 1968 noch nach. Sie kommt in vielen Formen zum Ausdruck, u. a. durch den außergewöhnlichen Erfolg der Unterhaltungstrupps der Armee. Sie besingen den Sieg und Israel in seinen erweiterten Grenzen. Hier ein Auftritt im Sinai. Mit dabei ist der spätere Popstar Matti Caspi.

◁ Im Lauf des Jahres werden zahlreiche Terroraktionen registriert. 12 Tote, 70 Verletzte und großer Sachschaden sind das Ergebnis des Anschlages im Marktviertel von Westjerusalem am 22. 11. 1968.

△ Die Ortschaften entlang der jordanischen Grenze leiden unter Terroranschlägen und bisweilen auch unter Bombenangriffen des jordanischen Heeres. Im März beschießen die Jordanier den Kibbuz Massada.

1968

△ »Krieg am Wasser«, nennt man die Auseinandersetzung mit Ägypten am Suez-Kanal. Auch im Beth-She'an-Tal erklingt Kanonendonner. Am Jordan und an den Teichen rattern Maschinengewehre. Hier eine Patrouille, Anfang 1968.

▷ Karama, 21. März 1968: Als Antwort auf die Terroranschläge auf israelischem Gebiet überschreitet die israelische Armee den Jordan, und greift einen Tag lang einen wichtigen Al-Fat'h-Stützpunkt an.

◁ Die Geiseln sind frei: Über einen Monat hielt die Entführung eines El-Al-Flugzeugs Israel und die Welt in Atem. Die Passagiermaschine wurde auf dem Flug von Rom nach Lod gekapert und zur Landung in Algier gezwungen. Damit haben die palästinensischen Terroristen eine neue Front gegen Israel eröffnet, auf die sich der Staat erst einstellen muß. Die Terroristen ließen erst nur die ausländischen Passagiere frei, dann israelische Frauen und Kinder. Erst nach dem Eingreifen des internationalen Pilotenverbandes, der die Flüge nach Algerien drei Tage lang bestreikt, und der Zustimmung Israels, zwölf Terroristen freizulassen, kehren die letzten Entführten und das Flugzeug nach Israel zurück.

DER PALÄSTINENSISCHE TERROR NIMMT ZU

1968 mehren sich die Anschläge der palästinensischen Terrororganisationen – in den besetzten Gebieten, auf israelischem Staatsgebiet und im Ausland. Immer wieder versuchen Terrorbanden, in Israel einzudringen. Meist kommen sie aus Jordanien. Die Mehrheit der Terroristen wird getötet, doch gelingt es einigen, Israelis zu ermorden und Sachschaden anzurichten. Auch ihre Verfolgung fordert auf israelischer Seite einen hohen Preis.

1968 nehmen außerdem die gegen israelische Ortschaften gerichteten Bombenangriffe aus Jordanien und aus dem Libanon zu. Die Armee geht gegen diese Angriffe unter Einsatz von Landstreitkräften, Artillerieeinheiten und der Luftwaffe vor. Eine außergewöhnlich umfangreiche Aktion findet im März statt: Ziel ist der Al-Fat'h-Stützpunkt in Karama in Jordanien.

Zum erstenmal greifen die Terroristen auch in den Luftverkehr ein: Palästinenser entführen im Juli ein El-Al-Flugzeug und zwingen es zur Landung in Algerien. Gegen Ende des Jahres überfallen sie eine El-Al-Maschine in Athen. Als Antwort bombardiert Israel den Flughafen von Beirut.

397

◁ Am Suez-Kanal, der Trennlinie zwischen israelischem und ägyptischem Heer, ist es Anfang 1968 verhältnismäßig ruhig. Im Januar ist der Gefangenenaustausch mit Ägypten beendet: Israel hat 4500 Ägypter freigelassen und dafür zehn israelische Gefangene erhalten, u. a. die Häftlinge der »unglückseligen Affäre« von 1954. Später im Jahr heizt sich die Situation am Kanal auf, und es finden immer wieder Gefechte statt. Israel dringt wiederholt tief auf ägyptisches Gebiet vor und fügt den Ägyptern hohe Verluste und schweren Schaden zu.

◁ Yitzhak Rabin, der scheidende Generalstabschef, mit seiner Frau Lea vor der Abreise in die USA Anfang 1968. Rabin ist bis 1972 Botschafter in Washington.

▷ Der neue Generalstabschef Chaim Barlev tritt sein Amt am 1. Januar 1968 an und hat es bis Ende 1971 inne. An ihn erinnert man sich als den Mann, zu dessen Zeit die »Barlev-Linie« entsteht.

◁ Das U-Boot »Dakar« verschwindet im Januar 1968 und bleibt trotz intensiver Suche unauffindbar. Anfang 1969 wird am Strand im Gazastreifen der Schwimmer des U-Bootes gefunden, dessen Schicksal bis heute ungeklärt bleibt.

△ Die Öffentlichkeit in Israel ist über die Invasion der Roten Armee in Prag erzürnt. Überall gibt es Versammlungen und Demonstrationen gegen die sowjetische Willkür. Die Tel Aviver protestieren vor dem Frederik-Mann-Auditorium.

1968

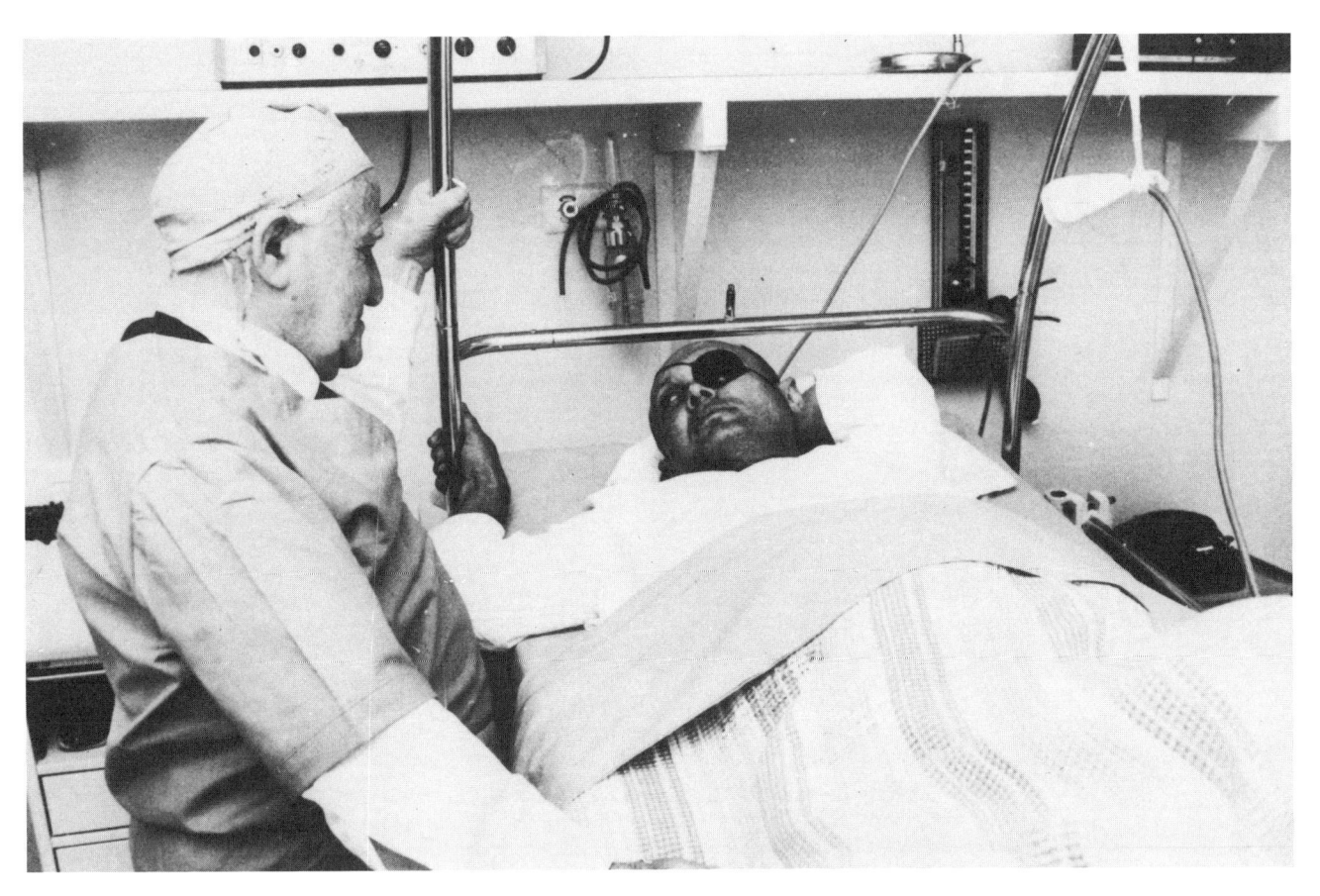

△ Der berühmteste Patient 1968 ist Verteidigungsminister Moshe Dayan. Er wird in Asur bei archäologischen Ausgrabungen verletzt. Der ehemalige Ministerpräsident, David Ben-Gurion, besucht ihn.

▽ Die große Zahal-Parade im wiedervereinigten Jerusalem anläßlich des zwanzigsten Unabhängigkeitstages (2. Mai 1968). Am selben Tag beginnt auch das israelische Fernsehen zu senden: Es zeigt die Parade.

1969

Januar
Wegen der israelischen Vergeltungsaktion in Beirut verhängt Präsident de Gaulle ein Waffenembargo gegen Israel.
16 Massendemonstration in Tel Aviv gegen das französische Embargo.
19 Die Arbeitspartei und Mapam schließen sich in der Knesset zusammen. Die Vereinigung hält bis 1984. Beide Parteien treten bei allen Wahlen (Knesset-, Kommunal-, Histadrut-Wahlen) mit einer gemeinsamen Liste an.
27 Die irakischen Behörden richten neun Juden durch den Strang hin. Sie werfen ihnen Spionage für Israel vor. Zorn in Israel und in der jüdischen Welt.
30 Makkabi Tel Aviv wird nach einem 1 : 0 über Korea asiatischer Fußballmeister.

Februar
9 Die Kaliwerke in Sdom werden von in Jordanien abgeschossenen Katjuscha-Raketen getroffen.
14 Katjuscha-Angriffe auf Ortschaften im Jordan-Tal und auf Mizpe Ramon durch Terroristen.
16 Mordechai Namir tritt von seinem Amt als Bürgermeister von Tel Aviv-Jaffa zurück. Jehoshua Rabinowitz nimmt seinen Platz ein.
18 Angriff auf ein El-Al-Flugzeug in Zürich durch Terroristen. Kopilot Joram Peres wird getroffen und stirbt an seinen Verletzungen. Sicherheitsbeamter Mordechai Rachamim erschießt einen der Terroristen.
24 Steigende Spannung an der Nordgrenze: Die israelische Luftwaffe greift zwei Al-Fat'h-Stützpunkte im Raum Damaskus an. Bei Luftkämpfen werden zwei syrische Mig 17 abgeschossen.
26 Tod Levi Eshkols, Ministerpräsident seit 1963.

März
Zahlreiche Übergriffe an den Grenzen, in den besetzten Gebieten und Jerusalem.
6 Dutzende Verletzte bei der Explosion eines von Terroristen in der Mensa der Hebräischen Universität in Jerusalem gelegten Sprengsatzes.
8 Beginn des ägyptischen »Zermürbungskrieges« am Suez-Kanal. Die Gefechte dauern beinahe ununterbrochen bis August 1970 an.
17 Die Knesset spricht der Regierung unter Golda Meir ihr Vertrauen aus. Sie nimmt den Platz des verstorbenen Levi Eshkol ein.

April
Verstärkte Bekämpfung der Terroristen. Immer öfter versuchen sie, von Jordanien aus ins Westjordanland einzudringen. Israelische Einheiten töten die meisten in Jordan-Nähe.
6 Sensation im Fußball: Die israelische Jugendmannschaft besiegt in einem Turnier in Cannes die sowjetische Auswahlmannschaft mit 1 : 0.
8 Eine Katjuscha-Salve trifft Eilat, Flugzeuge der israelischen Luftwaffe greifen den Hafen von Aqaba an.
29 Eskalation am Suez-Kanal: Israelische Truppen führen Angriffe auf ägyptischem Gebiet aus, sprengen Nilbrücken und ein Kraftwerk in Nadsch Hamadi.

Mai
Fortdauer der Zwischenfälle am Suez-Kanal sowie im Jordan- und Beth-She'an-Tal.
19 Terroristen aus Jordanien nehmen die Mussa Alami-Schule bei Jericho unter Beschuß.
21 Die israelische Luftwaffe schießt drei ägyptische Mig 21 über dem Suez-Kanal ab.
28 Jericho wird zweimal von Katjuscha-Raketen aus Jordanien getroffen.
30 Terroristen sprengen die Öl-Pipeline Tapline auf den Golanhöhen. Tausende Tonnen Rohöl verschmutzen die Flüsse, die abgeleitet werden, ehe sie den See Genezareth erreichen.

Juni
1 Nach 43jähriger Tätigkeit schließt das »Ohel«-Theater.
26 Israelische Flugzeuge schießen bei einem Luftgefecht zwei Mig 21 über dem Suez-Kanal ab.
29/30 Eine israelische Einheit beschädigt eine Hochspannungsleitung im Innern Ägyptens. Im Verlauf des Monats häufen sich die Konfrontationen an der ägyptischen und jordanischen Grenze.

Juli
An allen Grenzen Kämpfe zu Lande, zu Wasser und in der Luft. Israelische Angriffe jenseits der Waffenstillstandslinien. Terroranschläge in Landesteilen Israels.
7 Bei einem Luftgefecht südlich von Scharm asch-Scheich schießen israelische Flugzeuge zwei Mig 21 ab.

Im Juli 1969 greifen die Israelis die befestigte ägyptische Insel Ganim an.

3 Abschuß von sieben syrischen Mig 21 über dem Golan durch die israelische Luftwaffe.
20 Angriff der Israelis auf die befestigte Insel Ganim südlich vom Suez-Kanal.
23 Nasser erklärt die Waffenruhe für beendet. Jetzt beginne der Kampf um die Befreiung.
24 Abschuß von sieben ägyptischen Flugzeugen über dem Suez-Kanal. Zwei weitere werden beschädigt.
28 Eröffnung der achten Makkabia in Ramat-Gan.

August
Anhaltende Gefechte und Zwischenfälle an allen Fronten. Israels Truppen setzen ihre Angriffe jenseits der feindlichen Linien fort.
21 Ein junger Australier, Michel Rohan, steckt die Al-Aksa-Moschee in Jerusalem in Brand. Zorn in der arabischen Welt: Israel trägt die Verantwortung für seine Tat.
26 18 jüdische Familien aus Georgien wenden sich in einem bewegenden Brief an die UNO, die israelische Regierung und weitere internationale Organisationen und bitten sie, ihnen bei der Auswanderung nach Israel zu helfen.
29 Palästinensische Terroristen entführen ein Flugzeug der amerikanischen Gesellschaft TWA nach Damaskus. Sie lassen Passagiere frei – außer sechs Israelis.

September
1 Die Terroristen lassen vier Israelinnen aus dem entführten Flugzeug frei. Jetzt sind noch zwei Israelis in ihrer Gewalt.
2 Wahlen zum 11. Histadrut-Tag: deutlicher Rückgang für

Im April 1969 wird auch Eilat von Katjuscha-Raketen getroffen.

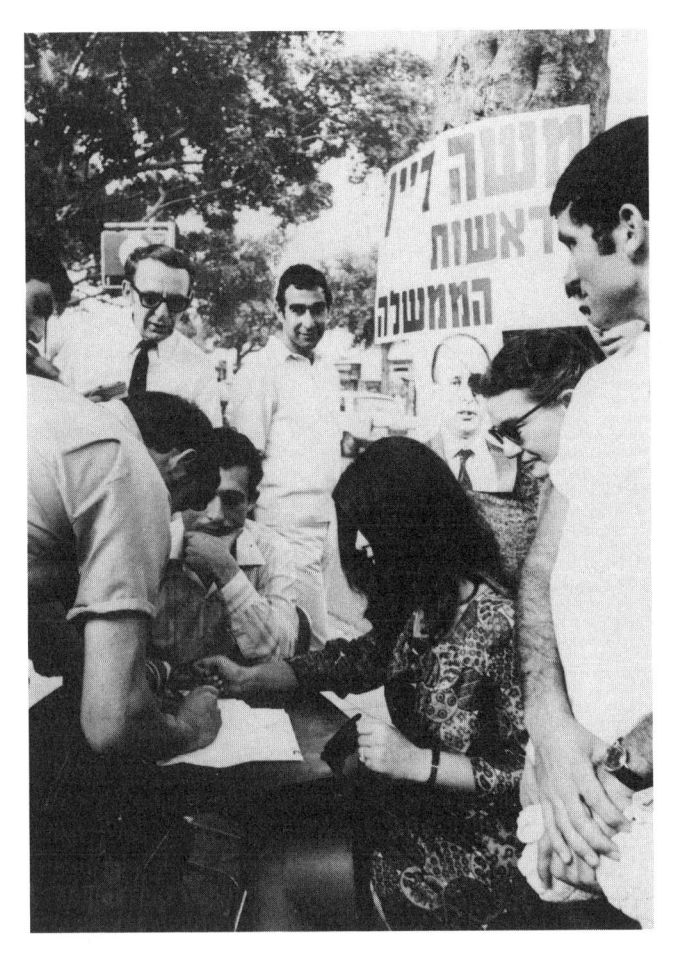

1969

Ma'arach (einschließlich Mapam), der 62 % der Stimmen erhält; Gachal bekommt 17 %.

Katjuscha-Raketen auf Kirjat-Schmona: zwei Tote und fünf Verletzte.

5 Die ersten Flugzeuge, Typ Phantom, treffen in Israel ein.

9 Große Panzeroffensive der Israelis auf dem Westufer des Suez-Kanals.

21 Bei Luftgefechten schießen israelische Flugzeuge elf ägyptische Maschinen ab. Ein israelisches Flugzeug wird getroffen, dessen Pilot in Gefangenschaft gerät.

23 Die Schweizer Polizei verhaftet den Ingenieur Alfred Frauenknecht unter dem Verdacht, Pläne für den Bau des französischen Flugzeugs Mirage an Israel geliefert zu haben.

Oktober

Weitere Angriffe entlang der Waffenstillstandslinien und auf feindlichem Gebiet. Die verstärkte Terrortätigkeit auf israelischem Gebiet konzentriert sich auf das Legen von Sprengsätzen; es gibt viele Tote.

▽ Vor den Knesset-Wahlen 1969 steigt die Spannung innerhalb der Arbeitspartei wieder an. Der Streit um die Führung erneuert sich. Moshe Dayans Anhänger sammeln Tausende von Unterschriften zu seiner Unterstützung.

△ Demonstration in Jerusalem: für die Freilassung der Israelis, die mit einem TWA-Flugzeug nach Damaskus entführt wurden. Die Terroristen haben alle übrigen Passagiere freigelassen, die beiden Israelis kommen erst nach über drei Monaten frei.

Im Februar 1969 stirbt Ministerpräsident Levi Eshkol. Golda Meir wird zu seiner Nachfolgerin gewählt.

28 Wahlen zur siebten Knesset: Ma'arach stellt künftig 55 Knesset-Abgeordnete, Gachal 26. Ben-Gurion und seine Nationale Liste erhalten 4 Sitze.

November

2 Entgegen einem Regierungsbeschluß darf das israelische Fernsehen laut des Obersten Gerichtshofs auch am Sabbat-Abend senden.

11 Die Universität Be'ersheva wird eine unabhängige Hochschule. Später Umbenennung in Ben-Gurion-Universität.

16 Ägyptische Froschmänner verüben einen Anschlag auf zwei israelische Schiffe im Hafen von Eilat.

Dezember

Fortdauer der Gefechte und Zwischenfälle. Israels Truppen setzen ihre Angriffe jenseits der Grenzen sowie jene im Landesinnern gegen Terroristen fort.

2 Große Demonstration auf dem Malchei-Israel-Platz in Tel Aviv: für Millionen in der Sowjetunion »gefangener« Juden, die keine Ausreisegenehmigung erhalten.

6 Gefangenenaustausch mit Ägypten und Syrien. Die beiden nach Damaskus entführten El-Al-Passagiere (siehe 29. 8.) und zwei israelische Piloten kommen frei.

9 Die USA unterbreiten einen Plan zur Beilegung des Nahostkonfliktes. Die Hauptpunkte dieses nach dem US-Außenminister benannten Rogers-Plans: Rückzug zu den Grenzen vom 4. 6. 1967, mit leichten Grenzkorrekturen; Anerkennung von vorläufigen Sicherheitsgrenzen für Israel: Wiedervereinigung Jerusalems, wobei den Jordaniern in der Stadt eine Sonderstellung im wirtschaftlichen, zivilen und religiösen Bereich eingeräumt wird. Israel, Ägypten und Jordanien lehnen die Vorschläge sofort ab.

15 Golda Meir stellt ihr neues Kabinett vor, eine Regierung der nationalen Einheit. Unter den neuen Gachal-Ministern ist Ezer Weizmann, der das Verkehrsressort übernimmt.

16 Wahl Yitzhak Ben-Aarons zum Histadrut-Sekretär.

22 Freispruch des Sicherheitsbeamten Mordechai Rachamim. Ein Schweizer Gericht hat ihn angeklagt, einen Terroristen bei dessen Angriff auf die El-Al-Maschine getötet zu haben.

25 Einsatz einer ins Innere Ägyptens eingeflogenen israelischen Einheit. Sie bringt ein modernes sowjetisches Radargerät mit.

26 Fünf in Frankreich gebaute Raketenschiffe, die wegen des Waffenembargos nicht nach Israel geliefert wurden, werden heimlich von Cherbourg nach Israel gebracht.

Zum erstenmal erreicht Israel in der Fußball-WM die Endrunde: am 4. 12. schlägt es Australien in Ramat-Gan mit 1 : 0 und spielt am 14. 12. in Sydney unentschieden 1 : 1.

401

ZERMÜRBUNGSKRIEG

Trotz ihrer schweren Niederlage im Sechs-Tage-Krieg verzichten die Ägypter fortan nicht auf Waffengewalt gegen Israel. Immer wieder greifen sie die israelischen Truppen am Suez-Kanal an. Am 8. März 1969 erklärt Präsident Nasser die seit Juni 1967 bestehende Waffenruhe für beendet und schürt von da an die Grenzkonflikte, die sich zu einem täglich stattfindenden Zermürbungskrieg entwickeln. In der konsequenten Durchführung unterscheidet sich die ägyptische Aggression deutlich von den häufigen, doch eher punktuellen Feindseligkeiten an den übrigen Grenzen Israels. Der Krieg der Ägypter dauert ein Jahr und fünf Monate bis zum 7. August 1970.

Nach schwerem Artilleriebeschuß der am Suez-Kanal stationierten israelischen Soldaten setzt Israel im Sommer 1969 Flugzeuge gegen die ägyptischen Truppen ein. Erst danach gehen die ägyptischen Angriffe zurück. Außerdem dringt die israelische Armee mehrmals tief auf ägyptisches Gebiet vor. Zu den kühnsten Unternehmen der Israelis gehören ein Angriff auf die befestigte Insel Ganim im Golf von Suez und die Erbeutung einer sowjetischen Radaranlage, die samt ihren ägyptischen Bedienern aus Ägypten ausgeflogen wird. Bei den ständigen Gefechten erleiden beide Kriegsparteien hohe Verluste. Auf die Besorgnis der Bevölkerung antwortet Moshe Dayan im August 1969 mit folgenden Worten: »Als der Schöpfer zum jüdischen Volk sagte: ‚Fürchtet euch nicht, Knechte Jakobs', hat er ihm keine Versicherungspolice gegeben. Vielmehr ist uns ein ständiger Kampf vorbestimmt, und wir dürfen der Furcht nicht nachgeben.«

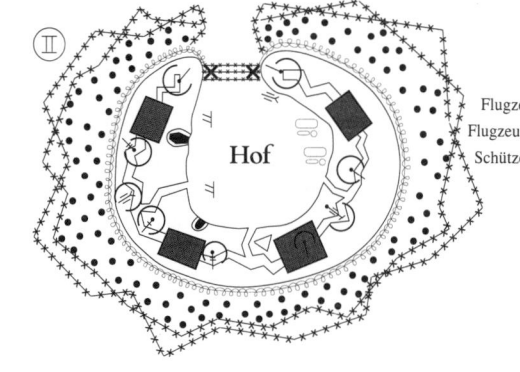

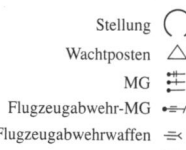

◁ Eine israelische Befestigungsanlage am Suez-Kanal: Der Zugang liegt im Osten, dem Kanal abgewandt. In jeder dieser Anlagen halten sich Dutzende Soldaten auf, die über große Mengen Waffen und Munition verfügen. Die »Barlev-Linie« gilt als uneinnehmbar.

△ Die Soldaten in der »Festung«, wie die »Barlev-Linie« genannt wird. Auch Künstler kommen regelmäßig hierher, um die Soldaten, die sich die meiste Zeit in unterirdischen Räumen aufhalten, zu zerstreuen.

1969

▷ Zwischen Israel und den USA herrschen 1969 gute Beziehungen. Das ist nicht zuletzt ein Verdienst von Botschafter Yitzhak Rabin, der sich in Washington großer Sympathie erfreut. Ministerpräsidentin Golda Meir zeigt sich gutgelaunt bei ihrem Besuch im Kapitol im September. V. l. n. r.: Senator Fulbright, Golda Meir, Senator Symington und Botschafter Yitzhak Rabin. Das hindert die US-Regierung jedoch nicht daran, kurz darauf den Rogers-Plan zu veröffentlichen. Er wird von Israel und den Arabern gleichermaßen abgelehnt.

▽ Verteidigungsminister Moshe Dayan und Yig'al Allon, Minister für Erziehung und Kultur, begutachten die Schäden an der Al-Aksa-Moschee. Die arabische Propaganda behauptet, Israel trage die Verantwortung für die Brandstiftung. Der Karikaturist Se'ev zeigt, wer seiner Meinung nach den Brand gelegt und wer ihn gelöscht hat. Der Löwe ist das Wappentier des vereinigten Jerusalems.

FÜHRUNGSWECHSEL IN ISRAEL

Im Februar 1969 stirbt Levi Eshkol. Der Kampf um seine Nachfolge dauert nicht lange. Obwohl es mehrere andere Kandidaten gibt, wird Golda Meir gewählt, die kurz zuvor noch als chancenlos galt. Weitere mögliche Kandidaten aus der Führung der Arbeitspartei waren: Pinchas Sapir, der eine Kandidatur jedoch ablehnte; Yig'al Allon von Tnua le-Achdut ha-Awoda, den ein Teil der alten Mapai-Garde nicht akzeptiert; Moshe Dayan von Rafi, der in der Mapai-Führung fast keine Freunde hat, und Abba Eban, dessen Ruf als gemäßigte »Taube« sein größtes Hindernis ist. Wenige Wochen vor Eshkols Tod erhält Golda Meir in einer Meinungsumfrage zwar nur wenig Zustimmung, doch gilt sie über ihre Partei hinaus als für das Amt geeignet. Innerhalb kurzer Zeit wird es ihr gelingen, breite Unterstützung in der Öffentlichkeit zu gewinnen. Golda Meirs Regierung ähnelt der des verstorbenen Eshkol zum Verwechseln. Die wichtigste Änderung betrifft den Rücktritt von Pinchas Sapir vom Amt des Finanzministers, das nun Se'ev Saraf zusätzlich zum Ministerium für Handel und Industrie übernimmt. Pinchas Sapir wird zum Parteisekretär der Arbeitspartei bestellt.

Nur wenige Monate nach der Regierungsübernahme endet die Legislaturperiode. Golda Meir muß sich den Wahlen zur siebten Knesset stellen.

▽ 1969 steigt die Zahl der Terroranschläge an den Grenzen und im Landesinneren steil an. Israel Gefen wird bei einem Anschlag auf einen Supermarkt in Jerusalem verletzt. Sein Schwager Moshe Dayan besucht ihn im Krankenhaus.

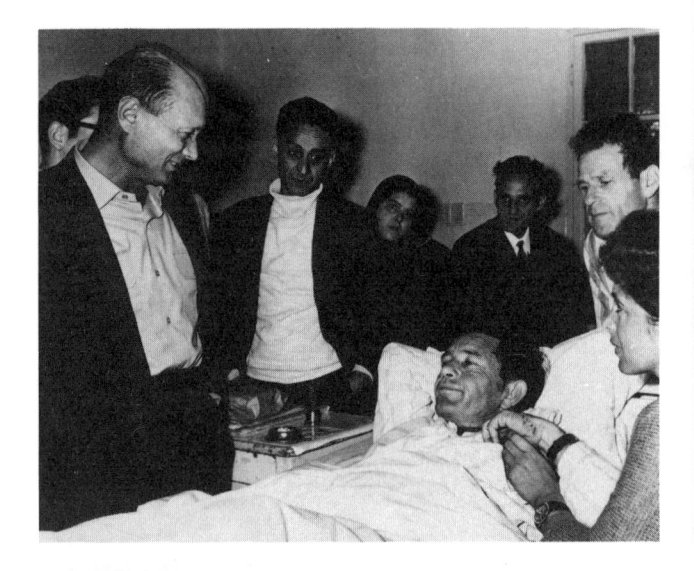

△ Ein Krater, entstanden durch eine Katjuscha-Rakete, die im September 1969 auf Kirjat-Schmona fiel.

◁ Ein »Wunder«: Auch die Farm von Mussa al-Alami nördlich von Jericho wird von einer Katjuscha-Rakete getroffen. Arabische Jugendliche befestigen das Gebäude.

▽ Zeitungsschlagzeilen zum Streit um TV-Sendungen am Sabbat: »Ma'arach übt Druck auf die Orthodoxen aus: wenn es keine Koalition in Tel Aviv gibt, wird das Fernsehen am Sabbat senden.«

המערך לוחץ על המפד"ל: אם אין קואליציה בת"א – יש טלוויזיה בשבת

צמרת משרד המשפטים דנה הבוקר בפרשת היתר שידורי הטלויזיה בשבת

שרי המערך ומפד"ל עושים מאמצים אחרונים למנוע שידורי טלויזיה הערב

1969

◁ »Business as usual« - trotz der Spannungen im militärischen Bereich. Hunderte von arabischen Landwirten besuchen eine Landwirtschaftsmesse, die die israelischen Behörden in Bethlehem abhalten lassen.

▽ Ministerpräsidentin Golda Meir und Marc Chagall bei der Enthüllung der Wandteppiche, die der Künstler entworfen und der Knesset in Jerusalem geschenkt hat.

▽ Drei der fünf »Schiffe von Cherbourg«, die heimlich nach Israel gebracht werden und dadurch weltweit Aufsehen erregen. Israel hat die fünf Schiffe entführt, weil Frankreich den Export von Waffen und Ausrüstung nach Israel mit einem Embargo belegt hat. Die Schiffe treffen am 31. 12. 1969 in Israel ein.

405

Die siebziger Jahre: 1970–1979

1979 unterschreiben Israel und Ägypten einen Friedensvertrag. Menachem Begin und Anwar as-Sadat sehen nach der Unterzeichnung glücklich aus. Zwischen beiden steht der Vermittler Jimmy Carter.

Auch die siebziger Jahre zeichnen sich durch Feindseligkeiten aus. Am Anfang der siebziger Jahre steht der Zermürbungskrieg mit Ägypten, der allerdings bereits im Sommer 1970 zu Ende geht. Doch da ist schon der Samen für den nächsten Waffengang ausgesät: 1973 bricht der Jom-Kippur-Krieg über Israel herein. In den Jahren vor dem neuen Konflikt ruht Israel sich auf seinen Lorbeeren aus und lebt im Vertrauen auf seine militärische Macht. Ägypten und Syrien hingegen rüsten sich heimlich für einen weiteren militärischen Schlag.

Obwohl der israelische Nachrichtendienst auf ungewöhnliche Aktivitäten des ägyptischen und syrischen Heeres hingewiesen hat, ist Israel im Oktober 1973 sowohl vom Kriegsausbruch selbst als auch vom Umfang des arabischen Angriffes überrascht. Syrien und Ägypten werfen zahlreiche Divisionen von Infanterie- und Panzereinheiten in die Schlacht, und ihre Flugzeug- und Panzerabwehrraketen fügen den Israelis zu Beginn der Kämpfe schweren Schaden zu. Obwohl sich das Kriegsglück schon nach wenigen Tagen zugunsten Israels wendet, erinnert man sich heute vor allem an den Schock des arabischen Überraschungscoups, die hohen Anfangsverluste und die für Israel schweren ersten Tage.

Nach dem Jom-Kippur-Krieg ist Israel nicht mehr der gleiche Staat wie zuvor. Die ernüchternde Wirkung des Konfliktes ist noch Jahre später spürbar. Die Ergebnisse des Krieges, das arabische Ölembargo und die Wirtschafts- und Gesellschaftskrise, in die Israel gerät – all dies führt zu innen- und außenpolitisch schwerwiegenden Konsequenzen. So geht die Einwanderung wieder zurück, die bis 1973 einen Aufschwung erlebte. Zwar wandern noch immer Juden ein, doch wesentlich langsamer als in der Vergangenheit. Und die Hauptquelle des Immigrantenstroms, die Sowjetunion, droht zu versiegen. Einerseits behindern die sowjetischen Behörden die Auswanderung aus der UdSSR; andererseits entscheiden sich viele Juden, die die UdSSR verlassen dürfen, in andere westliche Staaten zu gehen.

In den siebziger Jahren finden in Israel zweimal Knesset-Wahlen statt, 1973 und 1977. 1973 sollen sie eigentlich schon im Oktober stattfinden, doch werden sie wegen des Krieges auf den letzten Tag des Jahres verschoben. Die Wahlergebnisse geben das »Erdbeben«, das die politische Landschaft des Staates erschüttern wird, noch nicht im vollem Umfang wieder. Zwar verliert der regierende Ma'arach, die Vereinigung aus Arbeitspartei und Mapam, einige Sitze, doch kann er erneut eine Regierung bilden. Trotzdem wird 1974 eine Kabinettsumbildung nötig, die der Hoffnung auf einen inneren Wandel Ausdruck verleihen soll. Yitzhak Rabin löst Ministerpräsidentin Golda Meir ab, Shim'on Peres wird statt Moshe Dayan Verteidigungsminister, und Josua Rabinowitz folgt Pinchas Sapir im Amt des Finanzministers.

Doch hat die Regierung Rabin während ihres dreijährigen Bestehens mit erheblichen Schwierigkeiten zu kämpfen. Neben objektive Probleme, die der Jom-Kippur-Krieg verursacht hat, treten Machtkämpfe und Fälle von Korruption. Diese tragen dazu bei, daß die Öffentlichkeit der Regierung und der politischen Macht, die hinter ihr steht, überdrüssig wird. Bei den Wahlen am 17. Mai 1977 vollzieht sich dann zum erstenmal in der israelischen Geschichte ein Machtwechsel. Zwar gewinnt die wichtigste Oppositionspartei, der Likud, nur 10 Prozent hinzu, doch wird sie zur wichtigsten politischen Kraft. Dagegen erleidet der Ma'arach zweistellige Verluste, weil viele Wähler einer anderen Bewegung den Vorzug geben: Dash, die neue Partei der Mitte, zieht Unzufriedene aus dem rechten wie aus dem linken Lager an. Die religiösen Parteien, seit Jahrzehnten Koalitionspartner der Arbeiterpartei, schließen sich den Gewinnern an. Und so bricht am Morgen des 18. Mai 1977 für Israel ein neues Zeitalter an: Die 30jährige Herrschaft der Linken ist beendet. Menachem Begin ist nun der strahlende Sieger.

Zusammen mit den religiösen Parteien und Dash bildet Begin eine Mitte-Rechts-Regierung. Diese bewirkt innerhalb kürzester Zeit einen wirtschaftspolitischen Umschwung, der in den folgenden Jahren eine galoppierende Inflation auslöst. Anders als ihre Vorgängerin unterstützt die neue Regierung begeistert den Ausbau der jüdischen Siedlungen in den besetzten Gebieten. Was vor diesem Hintergrund überrascht: Obwohl er ein extremer »Falke« ist, akzeptiert Begin einen Friedensvertrag mit Ägypten und die Rückgabe der Sinai-Halbinsel. Allerdings besteht für ihn ein deutlicher Unterschied zwischen dem Sinai und den übrigen besetzten Gebieten. Die Westbank, die er konsequent Judäa und Samaria nennt, und die Golanhöhen gehören in seinen Augen zum israelischen Kernland.

Das Jahrzehnt hat mit einem Krieg gegen Ägypten begonnen, nun endet es mit einem Friedensschluß mit eben diesem Staat. Anwar as-Sadat, Präsident von Ägypten seit Nassers Tod im September 1970, überrascht die ganze Welt, als er im November 1977 seinen Wunsch verkündet, nach Jerusalem zu reisen. Nach Sadats Rückkehr nach Ägypten beginnen langwierige Verhandlungen, die im März 1979 mit der Unterzeichnung des Friedensvertrages enden. Doch der Weg dorthin ist voller Hindernisse. Die amerikanischen Vermittlungsbemühungen, aber auch der Druck Präsident Carters führen dennoch zum Friedensschluß zwischen Israel und seinem größten Nachbarn, der jahrzehntelang sein mächtigster Feind war.

Innenpolitisch reifen in den siebziger Jahren Früchte heran, die schon in den vorhergehenden Jahrzehnten keimten. Die Kluft zwischen dem Establishment und den wirtschaftlich schwachen Bevölkerungsschichten boten dank der Aktivitäten der »Schwarzen Panther« zu Beginn des Jahrzehntes politischen Zündstoff. Und die politische Wende von 1977 spiegelt in nicht geringem Maße auch einen gesellschaftlichen Wandel: Die Mehrzahl der orientalischen Juden und der Bewohner der Entwicklungsstädte stimmte für den Likud. Dadurch verjagte sie die Partei aus der Regierung, die sie ins Land brachte und dort ansiedelte, sie aber ihrer Ansicht nach auch wie Bürger zweiter Klasse behandelte. Begin reißt jetzt die trennenden Schranken ein.

In diesem Jahrzehnt fällt eine weitere Entwicklung ins Auge: Die orthodoxen Juden gewinnen an Einfluß. Jahrzehntelang hielten sie sich aus allen Machtkämpfen heraus. Sie nahmen an den Wahlen teil, verzeichneten bescheidene Erfolge und schienen nicht mehr zu verlangen. 1977 ändert sich das. Agudat-Israel schlägt sich auf die Seite Begins. Selbst wenn sich die Partei gemäß den Anweisungen ihrer geistigen Führer mit den Ämtern stellvertretender Minister zufrieden gibt, ist sie künftig mehr als einmal das Zünglein an der Waage: Ohne sie gäbe es keine Regierung Begin.

Am Ende des Jahrzehntes bestehen in Israel noch viele Probleme. Auch die andauernde Auseinandersetzung mit dem palästinensischen Terrorismus beschäftigt das Land. Andererseits zeichnen sich auch positive Perspektiven für eine friedliche Koexistenz ab.

1970

Januar

1 Entführung eines Wächters in Metulla, Shmu'el Rosenwasser, durch Terroristen.

General Mordechai Limon, der die Delegation des Verteidigungsministeriums bei ihrem Besuch in Frankreich anführt, wird wegen der Cherbourg-Affäre aufgefordert, das Land zu verlassen.

Angriff der israelischen Luftwaffe auf den Ghor-Kanal in Jordanien.

2 Beginn der Angriffe der Luftwaffe Israels auf Ziele im Inneren Ägyptens.

15 Tod der Dichterin Lea Goldberg im Alter von 59 Jahren.

20–21 Eine israelische Panzereinheit greift Stützpunkte der Terroristen südöstlich des Toten Meeres in Jordanien an.

22 Einnahme der Insel Saduan im Golf von Suez: schwere Verluste für Ägypten, Israel macht mehr als 60 Gefangene. Drei getötete Israelis.

24 Schweres Unglück in Eilat: Im Hafen werden 18 Soldaten bei der Explosion eines mit Munition beladenen Lasters getötet und 42 verletzt.

Der Zermürbungskrieg am Suez-Kanal ist in vollem Gange: häufige Luftgefechte und israelische Bombenangriffe auf ägyptisches Gebiet bis in die Gegend um Kairo. Zusammenstöße mit Terroristen im Jordan-Tal und an der libanesischen Grenze.

Februar

5 Ägyptische Taucher versenken zwei Schiffe der israelischen Marine im Hafen von Eilat.

8 Erhöhung einer Reihe indirekter Steuern.

10 Terroranschlag auf die Passagiere einer El-Al-Maschine in München: ein Toter und elf Verletzte, darunter die Schauspielerin Hanna Maron.

12 Die israelischen Bombenangriffe auf ägyptisches Gebiet halten an. Israel teilt mit, der Angriff auf die Metallfabrik in Abu Sawal, bei dem Dutzende von Arbeitern getötet wurden, sei ein Irrtum gewesen.

17 Tod des Nobelpreisträgers Shmu'el Joseph Agnon, einer der berühmtesten israelischen Schriftsteller, im Alter von 82 Jahren.

21 Eine Maschine der Gesellschaft Swissair explodiert auf dem Flug von Zürich nach Tel Aviv. 47 Tote. Die Palästinensische Befreiungsfront übernimmt die Verantwortung.

März

Verschärfung der antiisraelischen Kampagne in der Sowjetunion: Rabbiner werden zur Verurteilung Israels gezwungen. Im Gegenzug rufen jüdische Gruppen in der Sowjetunion zur Unterstützung Israels auf.

28 Der Dichter, Übersetzer und Dramatiker Natan Altermann stirbt 60jährig.

Fortdauer der Gefechte an den Waffenstillstandslinien mit Ägypten, Jordanien und Syrien.

April

Die Kämpfe gehen weiter. Schwere Verluste für Ägypten, Syrien und die palästinensischen Terroristen, aber auch viele Verletzte in den Reihen der israelischen Armee.

2 Nach längeren Renovierungsarbeiten: Wiedereinweihung des »Habima«-Theaters.

5 Einladung an Dr. Nachum Goldmann zu einem Treffen mit Präsident Nasser in Kairo. Die israelische Regierung ist dagegen.

11 Bomben- und Katjuscha-Angriffe auf Ortschaften in Galiläa und im Beth-She'an-Tal.

29 Es wird bekannt, daß sowjetische Piloten an ägyptischen Angriffen teilnehmen.

Mai

Öffentliche Empörung über die Aufführung des Stückes »Königin der Badewanne« am »Kameri«-Theater. »Ein antipatriotisches Stück«, lautet die Kritik der Gegner.

3 Eine israelische Einheit tötet 21 Terroristen im Jordan-Tal.

6 Vermehrt Terroranschläge an der nördlichen Grenze.

12 Massiver Angriff auf Stützpunkte der Terroristen im Südlibanon.

14 Ein ägyptisches Raketenschiff versenkt den israelischen Fischkutter »Urit« nördlich von Sabhat al-Bardawil.

16 Als Antwort versenkt die israelische Luftwaffe ein ägyptisches Raketenschiff und einen Zerstörer im Roten Meer.

18 David Ben-Gurion verläßt die Knesset. Er war seit der ersten Legislaturperiode Mitglied des Parlaments.

22 Terroristenangriff auf einen Omnibus voller Schüler aus Avivim: neun Jungen, der Fahrer und zwei Erwachsene werden getötet und 19 Personen verletzt.

Weitere Eskalation am Suez-Kanal gegen Monatsende. Am 30. fallen 13 Israelis bei einem ägyptischen Angriff, vier werden verletzt und zwei gefangengenommen.

Juni

1–3 Zwei Raketen treffen Beth-She'an. Am 3. des Monats gehen mehrere Raketen auf Kirjat-Schmona nieder. Am gleichen Tag nehmen die Jordanier auch Tiberias unter Beschuß. Israelische Flugzeuge bombardieren daraufhin die jordanische Stadt Irbid und Terroristenstützpunkte.

Bei Kämpfen am Suez-Kanal werden mehrere israelische Flugzeuge abgeschossen.

Fußball-Weltmeisterschaft in Mexiko: Die israelische Nationalmannschaft schlägt sich wacker – Unentschieden gegen Schweden (1 : 1) und Italien (0 : 0). Wegen der Niederlage gegen Uruguay (2 : 0) verpaßt Israel jedoch das Viertelfinale. Israel nimmt zum ersten Mal an einer Fußball-Weltmeisterschaft teil.

11 Terroristen schießen abermals Katjuscha-Raketen auf Kirjat-Shmona ab. An der ägyptischen und syrischen Grenze gibt es heftige Kämpfe zu Lande und in der Luft. Die Terroristen feuern weitere Raketen auf Orte im Norden ab.

Juli

Während des ganzen Monats kommt es entlang den Grenzen zu Gefechten und Katjuscha-Angriffen.

6 In Israel wird bekannt, daß die Sowjets Raketen vom Typ S.A. 1 und 2 gegen israelische Flugzeuge einsetzen.

14 80 sowjetische Juden wenden sich mit der Bitte an den Obersten Sowjet, ihnen die Auswanderung in ihre »historische Heimat« zu gestatten.

17 Tod von Moshe Chaim Shapira. Er war seit der Staatsgründung mehrmals Minister verschiedener Regierungen und führendes Mitglied von Mafdal. Er wurde 68 Jahre alt.

31 Die Regierung Israels nimmt den amerikanischen Vorschlag einer dreimonatigen Feuerpause (»zweiter Rogers-Plan«) auf der Grundlage der UN-Entschließung Nr. 242 an.

August

4 Auch die Knesset stimmt der amerikanischen Initiative zu. Die der Gachal angehörenden Minister verlassen die Regierung der nationalen Einheit.

7 Ende des Kriegs zwischen Ägypten und Israel.

Sowjetische Raketen bedrohen Israels Süden; eine Karikatur von Darian, 1970.

12 Israel findet heraus, daß Ägypten und Sowjets Raketen näher an den Suez-Kanal herangebracht haben, als es das Waffenstillstandsabkommen erlaubt.

31 Kabinettsumbildung nach dem Tod Moshe Shapiras und dem Ausscheiden von Gachal aus der Regierung: Shim'on Peres wird Minister für Verkehr und Kommunikation. Finanzminister Pinchas Sapir übernimmt zusätzlich das Ressort Handel und Industrie und Landwirtschaftsminister Chaim Gevatti das Ressort Entwicklung. Joseph Burg wird Innen- und Michael Chasani Wohlfahrtsminister.

Weitere terroristische Zwischenfälle an der nördlichen Grenze und im Beth-She'an-Tal.

September

6 Tod von Salman Eran. Im Alter von 71 Jahren. Er gehörte der Führungsriege der Arbeitsbewegung an und war jahrelang Minister für Erziehung und Kultur.

Palästinenser entführen drei Passagiermaschinen, von Pan American, TWA und Swissair. Der Versuch, eine El-Al-Maschine zu kapern scheitert.

9 Palästinensische Terroristen entführen eine Maschine der BOAC und zwingen sie zur Landung neben zwei weiteren Flugzeugen im jordanischen Sarqa. Kurz zuvor haben sie eine Maschine der Pan American in Kairo gesprengt.

12 Die Terroristen jagen die drei Flugzeuge in Sarqa in die Luft und behalten die Passagiere als Geiseln.

»Der Schwarze September«: schwere Konfrontationen zwischen der PLO und den jordanischen Sicherheitskräften. Den Terroristen wird ein schwerer Schlag versetzt, außerdem wird ihnen verboten, von Jordanien aus gegen Israel vorzugehen. Während der Zwischenfälle dringt ein syrisches Panzerbataillon nach Jordanien ein, es wird aber zurückgeschlagen. Israel verfolgt die Ereignisse abwartend.

24 Wegen des Streiks und der wiederholten Aussperrung von Arbeitern im Hafen von Ashdod legt Chaim Laskow, Generaldirektor der Hafenbehörde, sein Amt nieder.

28 Tod des Präsidenten von Ägypten Gamal Abd el-Nasser.

Oktober

5 Die in Ägypten herrschende Partei wählt Anwar as-Sadat zum Staatspräsidenten.

26 Der Chef des israelischen Nachrichtendienstes, General A. Yariv, teilt mit, die Ägypter hätten nach Inkrafttreten des Waffenstillstandsabkommens zahlreiche Raketenbatterien am Suez-Kanal postiert.

November

4 Beginn eines Generalstreiks der Gymnasiallehrer; er dauert bis zum 15. 12.

30 Ein Frachtflugzeug der TWA kollidiert auf dem Boden mit einem Transportflugzeug der israelischen Luftwaffe: zwei Tote und zwei Verletzte. Die Flugzeuge brennen aus.

Dezember

29 Wieder gehen Katjuscha-Raketen auf Beth-She'an nieder.

30 Schweres Unglück in Neot Kikar südlich vom Toten Meer: Wegen heftiger Regenfälle löst sich ein großer Felsbrocken und zermalmt den Speisesaal einer Kaserne. 20 Tote.

Demonstrationen in Israel und im Ausland gegen die harte Haltung der sowjetischen Behörden gegenüber Juden. Im »Leningrad-Prozeß« wurden mehrere Juden der Flugzeugentführung für schuldig befunden. Sie wollten auf diese Weise aus der Sowjetunion flüchten. Zwei werden zum Tode verurteilt und neun zu langen Freiheitsstrafen.

1970 beläuft sich die Inflationsrate auf 6,1 %. Zum ersten Mal seit langer Zeit ist sie nur einstellig.

△ Ein typisches Bild aus der Zeit des Zermürbungskrieges an der jordanischen Grenze. Die Kinder des Kibbuz Gesher im Beth-She'an-Tal verbringen eine weitere Nacht im Luftschutzkeller. Die Angriffe auf Ortschaften, ihre Bewohner und die Arbeiter auf dem Feld dauern fast ohne Unterbrechung bis Ende 1970.

▷ Im Januar 1970 nimmt die israelische Luftwaffe ihre Angriffe gegen Ziele in Ägypten auf, um die Ägypter von der Suez-Front abzulenken. Die Karte der Bombenangriffe zeigt die umfangreiche Aktion.

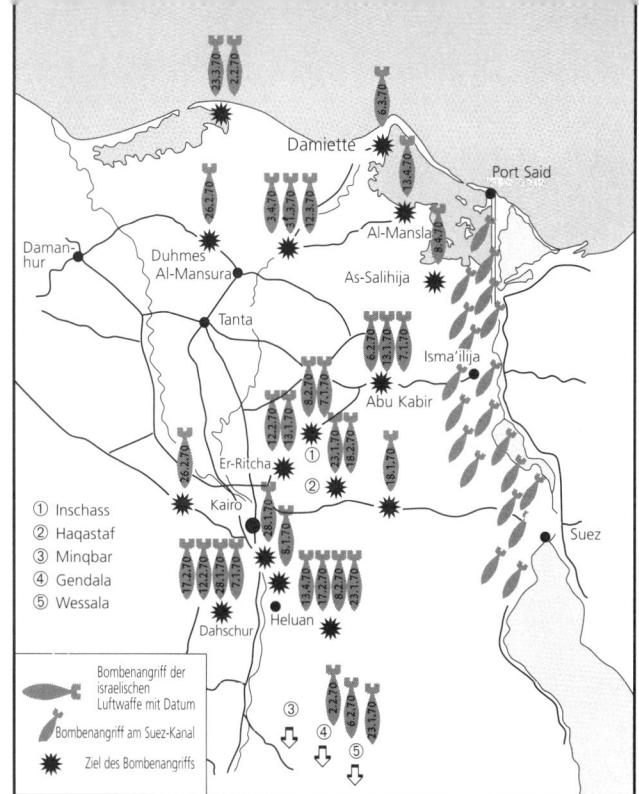

△ Im Januar 1970 greift Zahal die ägyptische Insel Saduan an.

▷ Gachal ist gegen den Rogers-Plan. Eine Karikatur von Se'ev.

VOM ZERMÜRBUNGSKRIEG ZUM WAFFENSTILLSTAND

In der ersten Hälfte von 1970 wütet der Zermürbungskrieg an allen Grenzen Israels, hauptsächlich aber an der ägyptischen Front. Von Monat zu Monat werden die Gefechte heftiger. Im Januar 1970 wird beschlossen, auf den ständigen Beschuß am Kanal zu reagieren, indem israelische Flugzeuge Angriffe im Innern Ägyptens fliegen. Daraufhin ersucht Präsident Nasser die Sowjetunion, die Luftabwehr im ägyptischen Hinterland zu übernehmen. Im Frühjahr und Sommer verstärkt sich die sowjetische Präsenz kontinuierlich. Russische Piloten beteiligen sich an Luftgefechten mit israelischen Flugzeugen, und nahezu jede ägyptische Einheit verfügt über sowjetische Offiziere und Berater.

Israels Armee erringt in den ersten Monaten des Jahres eindrucksvolle Erfolge. So besetzt sie die Insel Saduan im Roten Meer. Die Ägypter attackieren israelische Soldaten am Suez-Kanal, die diesen teils schwere Verluste bescheren. Die hohe Zahl der Gefallenen wird in Israel öffentliches Thema, Ägypten hingegen verschleiert seine Verluste.

Im Juli verstärken die USA ihre Anstrengungen, den Krieg zu beenden. Beide Gegner gehen schließlich auf die Initiative von Außenminister Rogers ein, so daß am 7. August eine dreimonatige Waffenruhe in Kraft tritt. Sie wird wiederholt verlängert. Allerdings brechen die Ägypter das Abkommen schon in der ersten Nacht nach der Feuereinstellung: Sie rücken ihre Flugzeugabwehrraketen näher an den Suez-Kanal heran. Israel ist unschlüssig, ob es den Kampf wieder aufnehmen soll. Es beschließt, lediglich die Vermittlungsgespräche zu unterbrechen. Nach Ansicht einiger Beobachter ist dies ein gravierender Fehler, für den Israel letztlich im Jom-Kippur-Krieg teuer bezahlt.

Jahrelang herrscht in Israel Streit darüber, wer des Zermürbungskrieges Sieger ist. Nur eins scheint eindeutig: Es war der erste Krieg, der nicht auf die Niederlage des Feindes abzielte. Vielmehr ging es darum, am Bestehenden festzuhalten. Das allerdings verlangte einen hohen Einsatz: Hunderte starben und Tausende wurden verletzt.

△ Mai 1970: Die Schauspielerin Hanna Maron kehrt nach Israel zurück. Sie wurde in München von Terroristen verletzt.

▽ Nach dem Angriff: General Motta Gur inspiziert den Omnibus, der mit Schülern besetzt war.

▷ Kinder in Kirjat-Schmona vor einer von Katjuscha-Splittern getroffenen Hauswand. Im Verlauf von 1970 wird die Kleinstadt wiederholt beschossen, genau wie andere Ortschaften an der jordanischen und libanesischen Grenze.

KONFRONTATION IM OSTEN

Neben dem Krieg am Suez-Kanal muß Israel sich auch mit den von den palästinensischen Terroristen an der jordanischen und libanesischen Grenze, aber auch im Ausland aufgeworfenen Problemen auseinandersetzen. Im Verlauf des Jahres unternehmen die Terroristen unzählige Versuche, auf israelisches Gebiet einzudringen oder aber israelische Ortschaften und Städte von weitem zu beschießen. So gehen Katjuscha-Raketen auf Ansiedlungen in ganz Galiläa und einmal sogar auf Jerusalem nieder – in diesem Fall werden die Geschosse in Judäa (Westbank) abgefeuert.

Manche Anschläge haben dramatische Folgen. Im Mai etwa, greifen Terroristen einen mit Schülern besetzten Bus an. Anfangs sind auch die Jordanier in einzelne Zwischenfälle verwickelt: Sie beschießen Ziele in Israel mit Kanonen, zum Beispiel Tiberias. Die israelische Armee antwortet mit Artilleriefeuer und Luftangriffen.

Auch der Terror in der internationalen Luftfahrt geht weiter. Terroristen greifen einen Omnibus an, der Israelis zum Flughafen von München bringt. Und eine voll besetzte Maschine der Swissair explodiert auf dem Flug von der Schweiz nach Israel.

Im September richtet sich der palästinensische Terror gegen vier Fluggesellschaften. Ihre Maschinen werden entführt, zur Landung in Kairo und im jordanischen Sarqa gezwungen und dort gesprengt. Gleichzeitig wird der Versuch, eine El-Al-Maschine zu entführen, vereitelt. Die Terroristen lassen ihre Geiseln frei, als im Gegenzug ihre in Europa inhaftierten Gesinnungsgenossen aus der Haft entlassen werden. König Hussein, in dessen Land sich dieses Drama abspielt, beginnt einen Vernichtungskrieg gegen die Terroristen. Im »Schwarzen September« tötet sein Heer viele von ihnen und nimmt Tausende gefangen. Nach Husseins entschiedenem Einschreiten lassen sich zahlreiche Terroristen im Südlibanon nieder. Infolgedessen wächst nun die Spannung an der libanesischen Grenze.

1970

◁ Frühjahr 1970, Aufruhr im kulturellen Bereich: Das »Kameri«-Theater zeigt das Stück »Königin der Badewanne« von Channoch Levin, das nationale Werte wie die Selbstaufgabe zum Wohl der Heimat in Frage stellt. Das Stück wird nach kurzer Spieldauer abgesetzt.

▽ Wegen des Zermürbungskriegs und aus vielen anderen Gründen herrscht in Israel ungemütliche Stimmung. Karikaturist Dosh meint, der ägyptische Präsident müsse sich freuen.

Die Goldmann Affäre, Königin der Badewanne, Reibung und Protest in Israel! Spitze! Sie werden nervös!

△ Im Herbst 1970 wütet in Jordanien ein Bürgerkrieg, im besetzten Westjordanland geht das Leben dagegen ruhig weiter.

▷ Die Dichterin, Dramatikerin und Übersetzerin Leah Goldberg stirbt im Winter 1970 im Alter von 59 Jahren.

TRAUER UM EINE GROSSE SCHRIFTSTELLERIN

Im Januar 1970 stirbt die Dichterin, Dramatikerin und Übersetzerin Leah Goldberg im Alter von 59 Jahren. Im Februar folgt ihr Shmu'el Joseph Agnon, einer der herausragenden hebräischen Schriftsteller und Nobelpreisträger für Literatur im Jahr 1966. Er wurde 82 Jahre alt. Im März stirbt 60jährig Natan Altermann, einer der großen Vertreter der neuen hebräischen Dichtung und obendrein Übersetzer, Publizist und Dramatiker. Die Zeitung »Davar« veröffentlichte jahrelang in einer wöchentlichen Rubrik seine das aktuelle Geschehen kommentierenden Gedichte. Wiederum einen Monat später stirbt im Alter von 83 Jahren auch noch der Dichter und Schriftsteller Avigdor Hameiri, der in den zwanziger Jahren das »Kumkum«-Theater gründete.

Alle fünf Autoren wurden noch zu Lebzeiten mit dem Israel-Preis geehrt. Agnon erhielt ihn gleich zweimal.

△ Zum ersten Mal spielt Israel in der Endrunde der Fußballweltmeisterschaft mit in Mexiko-Stadt. Bei den Spielen für die Vorauswahl im Stadion von Ramat-Gan feuert die Menschenmenge die israelische Mannschaft an.

▽ Massendemonstration auf dem Malchei-Israel-Platz in Tel Aviv gegen den »Leningrad-Prozeß«, in dem sowjetische Juden der Flugzeugentführung angeklagt sind. Zwei der Angeklagten werden zum Tode verurteilt.

1971

Januar
2 Bei einem Terroranschlag in Gaza sterben zwei israelische Kinder, ihre Mutter wird schwer verletzt.
4 Gründung einer ersten Ansiedlung von Zivilisten in Pitchat-Rafiach (Rafah) im Gazastreifen.
11 Ankunft des dreimillionsten Bürgers von Israel: Nathan Zirolnikow wandert aus der Sowjetunion ein.
14/15 Angriff einer israelischen Einheit auf zwei Terroristenstützpunkte im libanesischen Hinterland.
UN-Gesandter Gunnar Jarring bereist den Nahen Osten und hört die Ansichten der kriegsführenden Parteien über eine mögliche Beilegung des Konfliktes.
31 Die bei einem Anschlag beschädigte Öl-Pipeline der Gesellschaft Tapline auf dem Golan ist wieder in Betrieb.

Februar
4 Sadat fordert Israel zum Rückzug vom Ostufer des Suez-Kanals auf – als erste Etappe eines allgemeinen Rückzuges zu den Grenzen vom 4. Juni. Er erklärt seine Bereitschaft, den Kanal für die Schiffahrt zu öffnen, wenn Israel einem Teilabzug zustimmt.
5 Die erste vereinbarte Feuerpause am Suez-Kanal neigt sich dem Ende zu. Ägypten ist zu einer Verlängerung bereit.
11 Jarring unterbreitet seinen Plan: israelischer Rückzug zur internationalen Grenze, Friedensvertrag, freie Durchfahrt durch den Suez-Kanal, ägyptische Verwaltung des Sinai und UN-Truppen in Scharm asch-Scheich.
14 Israel lehnt Jarrings Vorschlag ab.
28 Der im Januar 1970 entführte Wächter Shmu'el Rosenwasser aus Metulla wird gegen den zum Tode verurteilten, dann aber zu 30 Jahren Haft begnadigten Terroristen Muhammad Hidschasi ausgetauscht.

März
12 In einem Interview mit der Londoner »Times« zeichnet Golda Meir eine Karte mit den Grenzen Israels: Der Sinai ist entmilitarisiert. Israel behält Jerusalem, Scharm asch-Scheich und die Golanhöhen. Auch den Gazastreifen bekommt Ägypten nicht zurück. Grenzkorrekturen bei Eilat. Die israelische Armee bleibt auf der Westbank.
16 Der amerikanische Außenminister Rogers verkündet: Die USA befürworten einen israelischen Rückzug zu den Grenzen vom 4. Juni 1967. Dafür wollen die USA Israel Sicherheitsgarantien geben.
Streiks und Demonstrationen von Juden in Moskau. Sie fordern die Erlaubnis, nach Israel auszuwandern.

April
5 Verteidigungsminister Dayan auf der Tagung der Arbeitspartei: »Wir kehren nicht zu den Grenzen vom 4. Juni 1967 zurück, selbst wenn das Krieg bedeutet.«

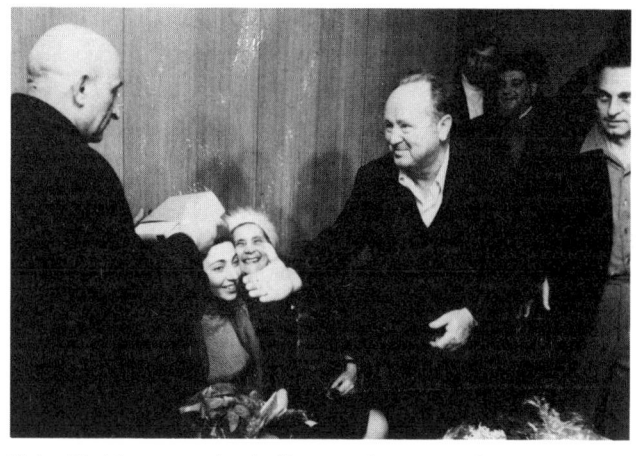

Nathan Zirolnikow ist gerührt: der Neueinwanderer aus der Sowjetunion beim feierlichen Empfang 1971 – er wird der dreimillionste Bürger Israels.

18 Verhaftung von fünf französischen Touristen. Sie stehen unter dem Verdacht, Verbindungen zu palästinensischen Terrororganisationen zu unterhalten. In ihrem Gepäck wurde Sprengstoff gefunden.
19 Einweihung des Tel Aviv-Museums.
Die Einwanderung von Juden aus der Sowjetunion nimmt zu.

Mai
6 Der amerikanische Außenminister Rogers besucht Israel.
17 Der israelische Konsul in Istanbul, Efraim Elrom, wird von einer türkischen Untergrundorganisation entführt. Sein Leichnam wird fünf Tage später gefunden.
18 Demonstrationen der »Schwarzen Panther« in Jerusalem: Molotowcocktails werden geworfen. Die Polizei verhaftet viele Demonstranten.

Juni
1 Die Zeitung »Davar« begeht ihr 45jähriges Bestehen, indem sie sich mit »La-Merchav« vereinigt.
2 Die erste Jumbo-Maschine der El Al landet in Israel.
11 Auf dem Weg nach Eilat wird der Öltanker »Coral Sea« bei der Einfahrt ins Rote Meer an der Meerenge von Bab al-Mandab mit Bazukas beschossen.
13 Die ersten Siedler beziehen ihre Wohnungen in Kirjat-Arba.
21 Eröffnung der ersten Sitzung der erweiterten Zionistischen Weltorganisation.
Streikwelle: Ärzte, Verwaltungs- und Wirtschaftspersonal in den Krankenhäusern, Beschäftigte der Stromgesellschaft.

Juli
6 Tod von Yitzhak Tabenkin, einem der führenden Männer der Arbeiterbewegung und des Kibbuz me'uchad.
7 Auf Petach Tikva abgefeuerte Katjuscha-Raketen töten drei Frauen und ein Mädchen.
8 Flugunglück im Sinai: Ein Hubschrauber der Luftwaffe mit zehn Personen stürzt bei Al-Arisch ins Meer.

Versprechen an die Tel Aviver: »Die Eröffnung eines neuen Busbahnhofes steht unmittelbar bevor.« Tatsächlich wird er erst 1994 fertiggestellt.

△ Angesichts der verbesserten Wirtschaftslage und eines Aufschwungs bei der Einwanderung mehren sich die Proteste derer, die sich benachteiligt fühlen, etwa die »Schwarzen Panther«, die aus orientalischen Familien kommen und in Armut leben.

▽ Die »Schwarzen Panther« demonstrieren in Tel Aviv. Damit protestieren sie gegen Privilegien für Neueinwanderer aus der Sowjetunion, während die orientalischen Juden in Israel diskriminiert würden.

15 Festnahme einer Terroristenbande, die die Katjuscha-Raketen auf Petach Tikva abgefeuert hat.

Um die palästinensischen Flüchtlingslager im Gazastreifen auszudünnen, werden die Bewohner zum Teil in Häuser nach Al-Arisch umgesiedelt.

In der zweiten Monatshälfte kommen vermehrt palästinensische Terroristen aus Jordanien nach Israel.

August

4 Lange Haftstrafen (17, 12 und 10 Jahre) für die drei jungen Französinnen, die versuchten, Sprengstoff nach Israel einzuschmuggeln, um Anschläge auf Hotels zu verüben. Das ältere mit ihnen verhaftete Ehepaar wird am 21. des Monats zu acht bzw. vier Jahren Freiheitsstrafe verurteilt.

Sadat greift Nassers Parolen auf: »Was mit Gewalt genommen wurde, wird mit Gewalt zurückgeholt.«

20 Nach Korrekturen in der amerikanischen Wirtschaftspolitik wertet die israelische Regierung das Pfund ab: Statt 3,50 IL kostet ein US-Dollar jetzt 4,20 IL.

22 In der Sowjetunion beantragen 70 Juden die israelische Staatsangehörigkeit, noch bevor sie eine Auswanderungsgenehmigung erhalten haben.

Am Ende eines Treffens der Präsidenten von Ägypten, Syrien und Libyen in Damaskus wird eine scharfformulierte Mitteilung veröffentlicht: nein zu Verhandlungen, nein zu einem Abkommen und nein zu einem Frieden mit Israel.

23 Gewalttätige Demonstration der »Schwarzen Panther« in Jerusalem.

September

8 Elf Tote und 45 Verletzte beim Zusammenstoß zweier Omnibusse im Negev. Es handelt sich um einen israelischen Egged-Bus und einen arabischen Bus aus Gaza.

10 Eine große militärische Leistung: Ein auf den Sinai eingedrungenes ägyptisches Düsenflugzeug vom Typ »Suchoi 7« wird abgeschossen.

17 Ein israelisches Flugzeug vom Typ »Stratocruiser« wird von ägyptischen Raketen über dem Sinai abgeschossen: sieben Tote, ein Überlebender.

19 Israel hat 3 062 000 Einwohner, davon 2 610 000 Juden und 452 000 Nichtjuden.

29 Der ägyptische Präsident Sadat erklärt 1971 zu einem Jahr der Entscheidung »für den Frieden oder für den Krieg« und droht Israel dramatische Konfrontationen an.

30 In seiner Rede vor der UN-Vollversammlung schlägt Außenminister Abba Eban Wege zur Lösung der Krise im Nahen Osten vor, u. a. direkte Verhandlungen mit Ägypten.

Immer häufiger fordern sowjetische Juden das Recht auf Auswanderung nach Israel.

Oktober

1 Ägypten weist Abba Ebans Vorschlag direkter Verhandlungen zurück.

4 Außenminister Abba Eban lehnt den amerikanischen Vorschlag eines Interimabkommens zwischen Israel und Ägypten, mit dem der Suez-Kanal wieder eröffnet werden könnte, ab.

6 David Ben-Gurion wird 85 Jahre alt.

9 An der Klagemauer in Jerusalem explodiert eine Granate: 13 Juden und drei Araber werden verletzt.

November

2 Die Präsidenten von Nigeria, Senegal, Kamerun und Zaire besuchen Israel.

Im Laufe des Monats öffentliche Empörung über eine Korruptionsaffäre bei der Ölgesellschaft Netivei-Neft. Die Regierung setzt eine Untersuchungskommission ein.

13 Es wird bekannt, daß die wegen der »unglückseligen Affäre« im Jahr 1954 in Ägypten Verurteilten inzwischen in Israel leben.

Dezember

Die Öffentlichkeit hat Grund zur Empörung: die »Autocars-Affäre«. In dem israelischen Unternehmen kam es zu Unregelmäßigkeiten bei der Produktion von Fahrzeugen aus Fiberglas, und hohen Beamten wurden große Preisnachlässe gewährt.

Im Laufe des Jahres wiederholt der ägyptische Präsident Sadat, er sei bereit, eine Million Soldaten zu opfern, um den Sinai zurückzuerobern.

1971 beträgt die Inflation 12%.

1971

POLITISCHE AKTIVITÄT

1971 nehmen die Bemühungen um eine israelisch-ägyptische Regelung zu. Die Zeit scheint reif für eine Übereinkunft: Der Zermürbungskrieg ist im Sommer 1970 zu Ende gegangen, und obgleich das Waffenstillstandsabkommen abgelaufen ist, werden die Kämpfe nicht erneuert. Die Ägypter haben einen neuen Präsidenten, Anwar as-Sadat, der den verstorbenen Gamal Abd el-Nasser ablöst. UNO und Amerikaner suchen unablässig nach einer Regelung. Der UN-Gesandte Gunnar Jarring, der US-Außenminister Rogers und sein Stellvertreter Sisco reisen von einer Hauptstadt in der Region in die nächste, um eine Lösung zu finden.

Ägypten verlangt den völligen israelischen Abzug. Zwar ist Sadat mit einem teilweisen Rückzug einverstanden, aber nur als Vorspiel zu einer vollständigen Räumung der besetzten Gebiete. Israel erklärt sich lediglich zu einem begrenzten Rückzug bereit. Ministerpräsidentin Meir und Moshe Dayan lassen verlauten, Israel wolle die meisten Gebiete behalten. Dennoch ziehe Israel für den Sinai eine Entmilitarisierung in Betracht. Aber Dayan gibt wiederholt Erklärungen ab, aus denen zu schließen ist, daß die Rückkehr zu den Grenzen vor 1967 einem Krieg vorzuziehen sei.

Ende des Jahres wächst das israelische Selbstvertrauen. Der Zermürbungskrieg am Suez-Kanal scheint bereits in weiter Ferne; die Wirtschaftslage verbessert sich schnell; den USA steht ein Wahljahr bevor, und in Wahljahren übt Washington meist keinen Druck auf Israel aus; und Sadat begreift man als schwachen Politiker, der zwar droht, aber keine Gefahr bedeutet. In den beiden kommenden Jahren bis zum Jom-Kippur-Krieg lebt man in Israel nach der Devise: »Noch nie ging es uns so gut wie heute.«

△ Nach dem Terroranschlag im Gazastreifen im Januar 1971, bei dem eine Mutter und ihre beiden Kinder umkommen, greift die Armee hart durch. Im Bild: Moshe Dayan besucht ein palästinensisches Flüchtlingslager.

▷ 1971 unternimmt Finanzminister Pinchas Sapir große Anstrengungen, um die Inflation zu bremsen, die 12 % beträgt.

△ Der amerikanische Außenminister Rogers und Generalstabschef Chaim Barlev bei einem Flug über den Süd-Sinai. Barlev legt seinem Gast dar, wie wichtig die Halbinsel Sinai für Israel ist.

◁ Im Juli 1971 ereignet sich ein ungewöhnlicher Zwischenfall: Auf Petach Tikva wird eine Salve Katjuscha-Raketen abgefeuert. Die Raketen wurden aus Jordanien nach Samaria (Westbank) geschmuggelt, auf offenem Gelände montiert und auf die israelische Küstenebene abgefeuert. Drei Frauen und ein Mädchen in Petach Tikva werden getroffen; andere tragen Verletzungen davon. Großer Sachschaden entsteht. Nach kurzer Suche gelingt es der Armee, die Terrorbande zu fassen.

▽ Anfang 1971 tritt der Histadrut ein neues Mitglied bei: der Vorsitzende der Cherut-Bewegung, Ezer Weizmann, ehemaliger Befehlshaber der Luftwaffe und Verkehrsminister. Histadrut-Sekretär Yitzhak Aaron übergibt ihm persönlich sein rotes Mitgliedsbuch.

△ Am 31. Mai 1971 stellt die Tageszeitung »La-Merchav«, das Organ der Partei Tnua le- Achdut ha-Awoda (jetzt Bestandteil der Arbeitspartei), ihr Erscheinen ein. In der letzten Ausgabe berichtet die Zeitung von ihrem bevorstehenden Zusammenschluß mit »Davar«. Tags darauf begrüßt »Davar« seine neuen Leser.

1972

Januar
1 David Eleazer löst Chaim Barlev als Generalstabschef ab.
2 Ankunft von Neueinwanderer Ilja Ripes aus Riga. Aus Protest gegen die restriktive Auswanderungspolitik der UdSSR steckte er sich 1969 selbst in Brand.

Eine weitere Welle von Briefbomben trifft in Israel ein.
18 Beginn des 28. Zionistischen Kongresses in Jerusalem. Inbetriebnahme der Seilbahn auf dem Hermon.

Zusammenstöße mit Terroristen im Jordan-Tal und an der libanesischen Grenze, Katjuscha-Raketen auf Kirjat-Schmona und Ortschaften im Norden, Angriffe der Luftwaffe auf Ziele in Syrien.

Februar
2 Israel stimmt »Annäherungsgesprächen« mit Ägypten zu, die über amerikanische Vermittler geführt werden sollen.
3 Baubeginn für die israelische Stadt Ophira bei Scharm asch-Scheich im Süd-Sinai.
6 Verleihung des »Golden Globe« für die Filmkomödie »Gendarm Azulai« von Ephraim Kishon in den USA.

Zusammenstöße mit Terroristen an der Nordgrenze halten an. Am 26. des Monats greift Israel Stützpunkte der Terroristen auf libanesischem Gebiet an.

März
1 Tod des Maki-Vorsitzenden Dr. Moshe Sneh. Früher war Sneh einer der Führer der Juden in Polen und Landesbefehlshaber der »Haganna« in den vierziger Jahren.

Angriff von Flugzeugen der Luftwaffe auf Terroristenstützpunkte auf syrischem Gebiet. Beschuß der Orte auf den Golanhöhen durch die Syrer.
6 Der ehemalige Generalstabschef Chaim Barlev wird zum Minister für Handel und Industrie ernannt.
30 Der Präsident von Uganda, Idi Amin, bricht die diplomatischen Beziehungen zu Israel ab und verweist alle israelischen Experten und Berater des Landes.

April
4 Tod von Re'uven Barekket, Vorsitzender der Knesset, im Alter von 67 Jahren.

Im Laufe des Monats wird bekannt, daß Israel in Kürze Flugzeuge vom Typ Hercules und Patton-Panzer aus den USA bekommt.

Mai
1 Sadat sagt auf einer Kundgebung zum 1. Mai in Alexandria: Ägypten sei bereit, eine Million Soldaten zu opfern, um sich die eroberten Gebiete zurückzuholen und den israelischen Hochmut, der seit 1948 anhält, zu brechen.
2 Wahlen für die arabischen Kommunalbehörden in Judäa (Westbank).
8 Eine Maschine der Fluggesellschaft Sabena wird auf dem Flug von Belgien nach Israel entführt. Die palästinensischen Entführer verlangen die Freilassung von Hunderten von Terroristen aus den Gefängnissen und halten die Passagiere als Geiseln fest. Am Morgen des 9. 5. bemächtigt sich eine Einheit der israelischen Armee des Flugzeugs.
9 Wahl von Israel Yeshayahu von der Arbeitspartei zum Knesset-Vorsitzenden.
14 Histadrut-Sekretär Yitzhak Ben-Aaron tritt zurück, zwei Tage später widerruft er seine Entscheidung jedoch.
15 25 Tote und 70 Verletzte auf dem Flughafen Lod, als drei japanische Terroristen bei ihrer Ankunft mit Air France um sich schießen. Unter den Toten: Professor Aaron Katzir, ein Wissenschaftler von internationalem Rang.

Mai 1972 ist ein Rekordmonat für die Einwanderung aus der Sowjetunion: Über 2500 Juden kommen.

Juni
Anhaltender Terror an der libanesischen Grenze. Katjuscha-Raketen auf Kirjat-Schmona, doch entsteht diesmal kein Schaden.

Juli
11 Elf Verletzte bei der Explosion eines Sprengsatzes im Busbahnhof in Tel Aviv.
17 Verurteilung von Kozo Okamoto, eines bei dem Anschlag in Lod festgenommenen japanischen Terroristen, zu lebenslänglicher Freiheitsstrafe.
18 Anwar as-Sadat ordnet die Ausweisung aller sowjetischer Berater aus Ägypten an.
23 Beschluß der Regierung, den aus Ikrit und Bir'am evakuierten Bewohnern die Rückkehr nicht zu gestatten.
24 Streik der Arbeiter des Süßwarenproduzenten »Elite«. Der Ausstand dauert fast zwei Monate.
26 Israel schließt sich dem internationalen Kommunikationsnetz per Satellit an: Einweihung der Bodenstation im Ha-Ela-Tal.

August
9 Angriff der Luftwaffe auf elf Terroristenstützpunkte im Libanon.
14 Zwei Terroristinnen werden wegen Beteiligung an der Entführung der Sabena-Maschine zu lebenslänglich verurteilt.
16 Ein mit einem Sprengsatz versehenes Tonband explodiert auf einem El-Al-Flug von Rom nach Israel. Dem Piloten gelingt es, das Flugzeug unbeschadet in Rom zu landen. Arabische Terroristen haben das Tonband zwei Passagierinnen mitgegeben.
23 Proteste gegen eine neue Maßnahme der Sowjetregierung: Wer als Jude nach Israel auswandern will, muß eine hohe Gebühr für seine Ausbildung in der UdSSR zahlen.

September
5 Palästinensische Terroristen von »Schwarzer September« töten elf israelische Sportler bei der Olympiade in München.

Kozo Okamoto vor Gericht

8 Schwere Luftangriffe auf Terroristenstützpunkte im Libanon.
9 Luftgefecht zwischen israelischen und syrischen Flugzeugen. Drei syrische Flugzeuge werden abgeschossen, ein viertes wird beschädigt.
16 Großer israelischer Angriff im Südlibanon; das Ziel sind Terroristenstützpunkte.
19 Dr. Ami Shechori, landwirtschaftlicher Attaché in der israelischen Botschaft in London, wird durch eine Briefbombe getötet. Auch in anderen israelischen Vertretungen treffen Briefbomben ein.

Oktober
15 Wahl von Rabbi Shlomo Goren und Rabbi Ovadja Joseph zu Oberrabbinern.
30 Großangriff der Luftwaffe auf Terroristen in Syrien.

November
5 Me'ir Lansky, einer der Köpfe des organisierten Verbrechens in den USA, wird aus Israel ausgewiesen.
19 Miriam und Chanoch Langer werden durch ein Rabbinatsgericht unter dem Vorsitz von Oberrabbiner Goren zu Juden erklärt.

Angespannte Lage auf dem Golan: Terroristen dringen ein, Zusammenstöße mit den Syrern. Israelische Flugzeuge schießen syrische Migs ab. Die Syrer nehmen israelische Orte unter Beschuß.

Dezember
4 Tod von Kaddish Luz, dem ehemaligen Knesset-Vorsitzenden und Landwirtschaftsminister, im Alter von 77 Jahren.
7 Bekanntgabe erster Einzelheiten über einen von Syrien aus betriebenen Spionagering in Israel. Unter den zwanzig Verhafteten befinden sich auch vier linksextreme Juden.
16 Die UN-Vollversammlung erklärt alle von Israel in den seit 1967 besetzten Gebieten getroffenen Maßnahmen für »null und nichtig«.
21 Ezer Weizmann legt sein Amt als Vorsitzender der Exekutive der Cherut-Bewegung nieder. Nach syrischem Beschuß greifen israelische Flugzeuge einen Stützpunkt im Inneren Syriens an.

▷ Ministerpräsidentin Golda Meir bei ihrem Besuch in einem befestigten Posten am Suez-Kanal. Im Bild schaut sie auf die ägyptische Seite hinüber. Der ägyptische Präsident Anwar as-Sadat droht Israel militärische Schritte an, wenn es sich nicht vom Suez-Kanal zurückzieht, und ist bereit, »eine Million Soldaten zu opfern«. In Israel nimmt man seine Drohungen nicht besonders ernst.

▽ Große Demonstration in Jerusalem für die Rückkehr der aus den Dörfern Ikrit und Bir'am Evakuierten. Im Juli gestattet die Regierung die Rückkehr der Menschen in ihre nach dem Unabhängigkeitskrieg geräumten Dörfer.

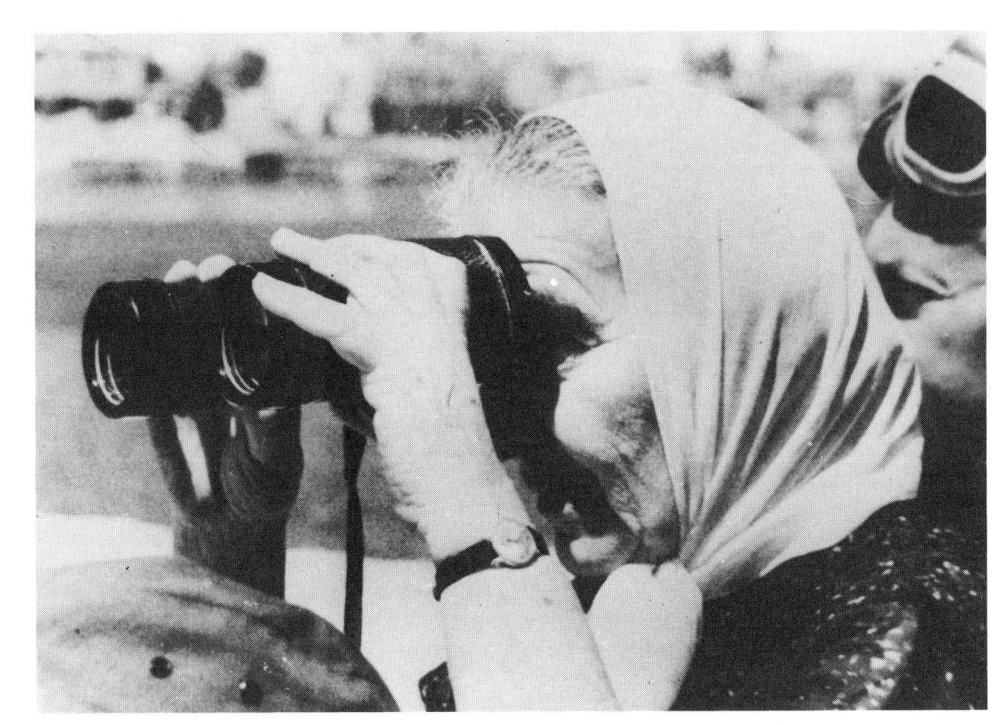

◁ Eine Zeltstadt bei Scharm asch-Scheich. Die Gegend wird zu einem von Israelis begehrten Ferienziel. 1972 beginnt der Bau der Stadt Ophira.

▷ Die Wahl der Oberrabbiner 1972. Die neuen Amtsinhaber: Shlomo Goren (links) und Ovadja Joseph (rechts).

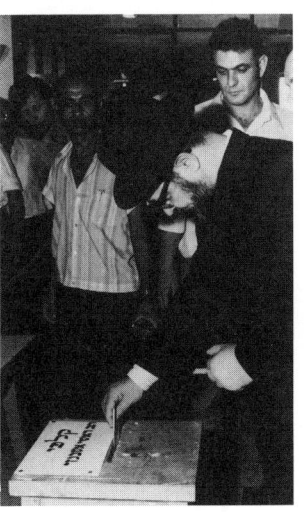

◁ Freude bei den Neuankömmlingen, 1972.

1972

REKORD-EINWANDERUNG

Seit dem Sechs-Tage-Krieg wächst die Einwanderung nach Israel wieder. Die Neubürger kommen vor allem aus der Sowjetunion. Anfangs sind es nur einige Tausend, 1972 treffen dann 56 000 Neueinwanderer ein, die höchste Zahl zwischen 1963 und 1990.

Die sowjetischen Behörden versuchten anfangs, die Emigrationswelle zu unterbinden, später, sie zu verzögern. Doch nichts half, die Juden kehrten der UdSSR dennoch den Rücken. Zwar schien es zunächst, als hätten die Juden nach den Jahren der Unterdrückung kein Interesse am Zionismus. Doch der Sechs-Tage-Krieg hat die Begeisterung für das Judentum neu entfacht. Israel freut sich über diesen Wandel und den wachsenden Zustrom, aber erschrickt auch davor. Viele Israelis beschweren sich über die Privilegien der Russen wie Wohnungen und zoll- und steuerfreie Fahrzeuge. Hinzu kommen integrations- und beschäftigungspolitische Probleme. So immigrieren zu Beginn der siebziger Jahre mehr als 3 000 Ärzte und noch mehr Ingenieure nach Israel. Über die zwiespältigen Gefühle der Israelis schreibt die Journalistin Ruth Bondy: »Seit fünfzig Jahren beten die Juden in Eretz Israel, daß sich die Tore der Sowjetunion öffnen mögen. Doch als sie endlich die gute Nachricht von der Masseneinwanderung hören, reagieren sie wie ein kinderloser Mann, der im mittleren Alter plötzlich Drillinge bekommt: Es ist nicht so, daß ich mich nicht freue, aber etwas mehr Planung dort oben wäre vielleicht angebracht gewesen...«

▽ Im Mai 1972 wird Israel Yeshayahu von der Arbeitspartei zum Knesset-Vorsitzenden gewählt. Einer seiner ersten Gäste ist der führende französische Sozialist und spätere Staatspräsident François Mitterrand. Israel Yeshayahu ist der fünfte Knesset-Vorsitzende. Der Mapai-Aktivist ist jemenitischer Abstammung und einer der Organisatoren des Unternehmens »Zauberteppich«. Er tritt an die Stelle des verstorbenen Re'uven Barekket.

◁ Die Einwanderung aus der Sowjetunion nimmt zu. Während des ganzen Jahres 1972 diskutieren die Bevölkerung, die Medien und die Staatsführung über die Hindernisse, die die sowjetischen Behörden auswanderungswilligen Juden noch in den Weg stellen. Kürzlich eingewanderte wie alteingesessene Israelis demonstrieren immer wieder gegen das Verhalten der Sowjetunion. Hier ein Hungerstreik an der Klagemauer im Frühjahr 1972.

△ Mai 1972: Koffer von Einwanderern im Flughafen Lod.

▷ Mai 1972: Minuten nach dem Blutbad im Flughafen.

DIE BLUT-OLYMPIADE

Dutzende von israelischen Sportlern, Trainern und Begleitern fahren im September 1972 zur Olympiade nach München. Doch nicht alle kehren wieder heim: Elf werden von der Terrororganisation »Schwarzer September« ermordet.

Am 5. September 1972 dringen frühmorgens acht Freischärler in das Quartier der israelischen Delegation ein. Mehrere Athleten bezahlen den Versuch, sie aufzuhalten, mit dem Leben. Die meisten Delegationsmitglieder können sich jedoch in Sicherheit bringen. Allerdings werden neun von den Terroristen als Geiseln genommen. Einen ganzen Tag lang verhandeln die deutschen Behörden mit den Palästinensern. Sie bieten ihnen Lösegeld an und wollen die Israelis gegen deutsche Geiseln austauschen. Doch fordern die Terroristen die Freilassung ihrer in Israel gefangenen Kameraden. Gegen Abend werden die Terroristen und ihre Geiseln in drei Hubschraubern zum 30 Kilometer entfernten Militärflughafen Fürstenfeldbruck geflogen. Die deutschen Behörden beschließen einzuschreiten, bevor die Terroristen das von ihnen angeforderte Flugzeug besteigen, das sie und die Geiseln in ein arabisches Land bringen soll. Die Rettungsaktion der deutschen Sicherheitskräfte mißlingt: Bei ihrem Angriff werden nicht alle Terroristen getötet, die Überlebenden sprengen die Hubschrauber in die Luft, in denen sich die entführten Israelis befinden.

Die elf israelischen Opfer sind: der Gewichtheber David Berger; der Schiedsrichter im Ringen Joseph Gottfreund; Trainer der Ringer Moshe Weinberg; die Ringer Eleazar Chalfin und Mark Slavin; die Gewichtheber Se'ev Friedmann und Joseph Romano; der Trainer der Schützen Kahat Shor; der Trainer der Fechter André Spitzer; der Trainer der Leichtathleten Amizur Shapira und der Schiedsrichter im Gewichtheben Ya'akov Springer.

▽ Im Kampf gegen den Terror gibt es keine Ruhe. Hier ein Einsatz in einem Flüchtlingslager im Gazastreifen.

△ 1972 ist wegen des palästinensischen Terrors ein schweres Jahr für Israel. Bei zahlreichen Anschlägen im In- und Ausland werden viele Israelis getötet. Israel reagiert auf unterschiedliche Weise und hat damit sogar Erfolg – so bei der Befreiungsaktion der Passagiere eines Sabena-Flugzeugs aus der Gewalt palästinensischer Freischärler auf dem Flughafen Lod im Mai 1972. Im Bild ist der Befehlshaber des Generalstabs Patrouillen, Ehud Barak (im weißen Overall). Auf dem Flügel liegt der Leichnam eines Terroristen.

◁ Ende gut, alles gut: Die sechsjährige Patricia reiste ohne Begleitung. In Lod holt sie ihr Großvater ab.

1973

Januar
2 Die Knesset berät über das »Ofer-Bader-Gesetz« über Überhangmandate in der Volksvertretung. Es begünstigt die großen Parteien.
8 Den ganzen Tag Kämpfe auf den Golanhöhen: Die Syrer beschießen israelische Posten und Ortschaften. Die israelische Artillerie beantwortet die Schüsse: Sie schießt sechs syrische Flugzeuge ab und sprengt syrische Millitärlager in die Luft.
15 Zum ersten Mal spricht ein israelisches Regierungsoberhaupt, Golda Meir, mit dem Papst.
22 Tod Ya'acov Doris, des ersten Generalstabschefs und Technion-Dekans.

Eine Welle von Briefbomben in Israel.

Februar
20/21 Die Armee greift sieben Terroristenstützpunkte in der Gegend von Tripoli im Nordlibanon an.
21 Abschuß einer libyschen Boeing, die in den Luftraum über dem Sinai eingedrungen ist und nicht auf Warnsignale reagiert. Tote und Verletzte.

März
20 Das Büro für Umweltschutz nimmt im Büro des Ministerpräsidenten seine Arbeit auf. Daraus wird später das Umweltministerium.

April
3 Simcha Dinitz löst Yitzhak Rabin als israelischer Botschafter in Washington ab.
9 Israelische Sicherheitsbeamte vereiteln einen Anschlag auf eine El-Al-Maschine und einen Angriff auf das israelische Botschaftsgebäude in Nikosia.
9/10 Das Unternehmen »Frühling und Jugend«: waghalsiger Angriff der israelischen Armee auf Terrorzentralen in Beirut (7) und Tyros (1).
11 Die Armee stellt ein neues Kampfgewehr vor: »Galil«.
19 US-Präsident Nixon verkündet, daß die Sowjetunion die Ausbildungsgebühr für auswanderungswillige Juden abgeschafft hat.

Mai
7 Israel feiert den 25. Jahrestag seiner Unabhängigkeit. Im Land selbst und in der Diaspora herrscht festliche Stimmung. In Jerusalem findet eine große Militärparade statt.
18 Tod des Dichters, Übersetzers und Redakteurs Abraham Schlonsky.

Aby Nathans Piratensender Kol ha-Shalom (»Stimme des Friedens«) nimmt seine Sendungen von einem Schiff im Mittelmeer auf.
24 Neuer Staatspräsident ist Ephraim Katzir (Kachalsky). Er löst Salman Shazar ab.

In der zweiten Hälfte des Monats wird ein äyptisch-syrischer Angriff befürchtet. Die Armee ist in Alarmbereitschaft. Doch nichts geschieht. Moshe Dayan erklärt vor dem obersten Führungsgremium am 21. Mai, die Armee müsse sich auf einen Angriffskrieg Ägyptens und Syriens am Ende des Sommers einstellen.

Juni
3 Gefangenenaustausch mit den Syrern: drei israelische Piloten gegen 46 syrische Soldaten und Offiziere. Wochenlanger Ärztestreik.

Juli
1 Joseph Allon, der israelische Militärattaché in den USA, wird in Washington erschossen. Täter sind Al-Fat'h-Angehörige.
5 Ende des Ärztestreikes.
15 Die Armee beabsichtigt vom April 1974 an eine Verkürzung des Militärdienstes von 36 auf 33 Monate. Diese gilt nur für Soldaten. Soldatinnen dienen 20 Monate.
27 In Norwegen werden Israelis unter dem Verdacht verhaftet, einen marokkanischen Kellner getötet zu haben. Krise in den Beziehungen zwischen Israel und Norwegen.

August
10 Israel fängt eine libanesische Passagiermaschine auf dem Weg in den Irak ab. Es besteht der Verdacht, an Bord befänden sich mehrere Anführer der Palästinensischen Befreiungsfront. Nachdem sich herausgestellt hat, daß sie nicht im Flugzeug sind, darf es zwei Stunden später weiterfliegen.
15 Der UN-Sicherheitsrat verurteilt Israel einstimmig wegen des Abfangens des libanesischen Flugzeuges.

Der Armeesprecher bestätigt, daß nordkoreanische Piloten ägyptische Mig 21 fliegen.
30 Tod von Abraham Herzfeld, einem der Begründer des jüdischen Jischuw in Palästina. Er wurde 85 Jahre.

September
11 Bildung der Likud-Bewegung, als Zusammenschluß des Blocks Cherut-Liberale (Gachal), der Reshima mamlachtit, des merkas chofshi und von Aktivisten der »Bewegung für ein vollständiges Israel«.
13 In Luftkämpfen schießen israelische Flugzeuge 13 syrische Flugzeuge ab. Eine israelische Mirage wird abgeschossen, der Pilot kann sich retten.
25 Gründung der Bewegung für Bürgerrechte, Ratz.

Für die Wahlen zur achten Knesset werden 22 Listen eingereicht, 12 davon nehmen erstmals teil.
28 Drama in Österreich: Palästinensische Terroristen nehmen russische Juden auf dem Weg nach Israel als Geiseln und fordern von Österreich die Schließung des Durchgangslagers für Israel-Einwanderer in Schönau. Österreich kommt ihrer Aufforderung nach.

Oktober
6–24 Der Jom-Kippur-Krieg: Ägypten und Syrien greifen Israel an.
16 Die ausländischen Fluggesellschaften stellen ihre Flüge von und nach Israel ein. Nur Air France und die dänische Sterling landen weiterhin in Lod.
17 Die arabischen Staaten drohen mit Erdölboykotts, um Israel während des Jom-Kippur-Krieges zu isolieren.
22 Der Sicherheitsrat verabschiedet die Entschließung Nr. 338 über eine Feuerpause im Nahen Osten.
29 Ein erster ägyptischer Konvoi mit Medikamenten, Lebensmitteln und Wasser wird zur eingeschlossenen ägyptischen dritten Armee durchgelassen.
30 An diesem Tag sollten Knesset-Wahlen stattfinden. Sie werden auf den 31. 12. verschoben.

Nach dem Jom-Kippur-Krieg brechen die meisten afrikanischen Staaten ihre diplomatischen Beziehungen zu Israel ab.

November
6 8000 ägyptische und viele syrische Gefangene in Israel. Davon sind 643 Offiziere.
15 Beginn des Gefangenenaustauschs zwischen Israel und Ägypten. Israel läßt 8000 Ägypter frei und erhält dafür von Ägypten 233 Israelis zurück, darunter neun Soldaten, die bereits seit dem Zermürbungskrieg in Haft sind.
17 Histadrut-Sekretär Yitzhak Ben-Aaron legt sein Amt nieder.
18 Die Regierung Israels setzt eine Untersuchungskommission ein. Sie soll die Ereignisse im Jom-Kippur-Krieg untersuchen. Nach ihrem Vorsitzenden, einem Richter des Obersten Gerichtshofes, heißt sie Agranat-Kommission.

Weltweit kommt es wegen des arabischen Öl-Embargos zu einer schweren Energiekrise. Auch in Israel gibt es Schwierigkeiten bei der Versorgung mit Brennstoff.

Dezember
1 David Ben-Gurion stirbt 87jährig.
21 Beginn der Genfer Friedenskonferenz für den Nahen Osten. Teilnehmer sind Israel, Ägypten, Jordanien, die USA und die Sowjetunion. Hier wird das Abkommen über eine Truppenentflechtung zwischen Israel und Ägypten bzw. Syrien ausgehandelt.
31 Wahlen zur achten Knesset: Der Ma'arach verliert Stimmen, bleibt aber mit 51 Knesset-Mitgliedern die stärkste Fraktion; der Likud bekommt 39 Sitze, Mafdal 10, Agudat-Israel und Poalei-Agudat-Israel 5, die Selbständigen Liberalen 4, die Kommunisten 4, die Bewegung für Bürgerrechte 3, die Minderheitenliste 3 und Moked 1 Sitz.

1973 betrug die Inflation 20 %.

ISRAEL SCHLÄGT IM AUSLAND ZURÜCK

Seit dem Sechs-Tage-Krieg führt Israel unablässig Krieg gegen den palästinensischen Terror – ein Kampf, der außerhalb seiner Landesgrenzen stattfindet, weil die Terroristen ihre Anschläge auf israelische und jüdische Einrichtungen weit entfernt von Israel verüben. Nach dem Mord an den israelischen Olympioniken im September 1972 wird im Westen bekannt, daß Israel beschlossen hat, gegen die Freischärler und ihre Anführer systematisch vorzugehen, insbesondere gegen den »Schwarzen September«, denn dieser war unter anderem für das Attentat auf die Sportler verantwortlich.

So werden von 1973 an mehrere Köpfe des palästinensischen Terrors in Europa und in arabischen Ländern mit Hilfe raffinierter Methoden ausgeschaltet. Die Aktionen finden in verschiedenen europäischen Städten sowie im Libanon und auf Zypern statt. Beispielsweise greifen israelische Truppen Stützpunkte der Terroristen im libanesischen Hinterland an, am 21. 2. in Tripoli und am 10. 4. in Beirut. Hier gilt die Attacke der Kommandozentrale des »Schwarzen September«. In beiden Fällen erleiden die Terroristen schwere Verluste.

Es gibt aber auch Mißerfolge wie die »Lillehammer-Affäre« in Norwegen im Juli 1973. Bei diesem Anschlag wird der marokkanische Kellner Ahmad Bouchiki erschossen, weil er versehentlich für Hassan Ali Salaman, eine Schlüsselfigur des »Schwarzen September«, gehalten wurde. Die norwegischen Sicherheitskräfte decken die Tat der Israelis auf, und in einem Gerichtsverfahren werden die Ausführenden zu Freiheitsstrafen verurteilt. Unterdessen setzen die Terroristen ihre Anschläge innerhalb und außerhalb Israels fort.

▽ Moshe Dayan, seit mehr als sechs Jahren Verteidigungsminister, gibt sich meist zuversichtlich. Doch im Mai 1973 warnt er vor einem möglichen syrisch-ägyptischen Angriff.

△ Im Mai 1973 begeht Israel sein 25jähriges Bestehen in einer optimistischen Stimmung. Im selben Monat wird ein neuer Staatspräsident gewählt, Professor Ephraim Katzir.

△ Der Zustrom hochrangiger Israel-Besucher hält an. Gäste aus Deutschland werden beinahe immer mit Protestdemonstrationen begrüßt, so auch Bundeskanzler Willy Brandt im Juni 1973.

1973

»DIE KRIEGSGEFAHR IST MINIMAL«

1973 fühlt sich Israel nahezu als Großmacht. Die Israelis herrschen vom Hermon im Norden bis Scharm asch-Scheich im Süden. Israels Armee ist derart respekteinflößend, daß es an der ägyptischen Grenze seit mehr als drei Jahren ruhig ist. Selbst Syrien stellt kaum noch eine Bedrohung dar – das beweist etwa der Abschuß von dreizehn syrischen Mig-Flugzeugen bei einem Luftgefecht Anfang September. Obendrein ist die Wirtschaftslage in Israel relativ günstig.

Mitten in diese optimistische Stimmung platzen immer häufiger Nachrichten über einen bevorstehenden syrisch-ägyptischen Angriff, der die militärisch-politische Stagnation aufbrechen solle. Doch nimmt die israelische Führung die Meldungen nicht ernst genug. Es herrscht die Ansicht vor, die Chancen für die Verwirklichung einer konzertierten Offensive der beiden arabischen Staaten seien gering und weder Ägypten noch Syrien würde allein einen Krieg beginnen.

Obwohl sich die Anzeichen für den Ausbruch von Feindseligkeiten in der Woche zwischen dem jüdischen Neujahrsfest und Jom Kippur mehren, korrigiert die Regierung ihren abwartenden Kurs nicht. Der Leiter des Nachrichtendienstes behauptet weiterhin, die Kriegsgefahr sei minimal und die Truppenkonzentration am Suez-Kanal und auf dem Golan seien als Teil eines Manövers zu betrachten. Erst am Morgen des Jom Kippur, des 6. 10. 1973, wird klar, daß Ägypten und Syrien noch am selben Tag losschlagen wollen – um 18 Uhr. Generalstabschef David Ele-azar verlangt, daß ihm ein präventiver Luftangriff genehmigt werde, aber der Verteidigungsminister und die Ministerpräsidentin verweigern ihre Zustimmung. Als die Ägypter und Syrer dann bereits um 14 Uhr einen Großangriff starten, ist Israel fast völlig unvorbereitet.

◁ in einer Karikatur von Ze'ev (Ya'akov Farcas) zu Beginn des Yom Kippur Krieges geht Israel in der Gestalt Golda Meirs gleichzeitig mit Ägypten (verkörpert durch Sadat, l.) und Syrien (vertreten von Asad) in Konfrontation.

»Bürger von Israel, heute gegen 14 Uhr haben die Armeen Syriens und Ägyptens einen Krieg gegen Israel eröffnet. Flugzeuge der Luftwaffe sowie Panzer- und Artillerie-Einheiten unserer Feinde sind auf dem Sinai und den Golanhöhen im Einsatz. Unsere Armee erwidert das Feuer und drängt die Angreifer zurück. Der Feind hat bereits schwere Verluste erlitten... Unsere Feinde hofften, Israel am Jom Kippur zu überraschen... Sie glaubten, daß wir am Jom Kippur nicht zurückschlagen würden. Doch wir waren nicht unvorbereitet.«

Ministerpräsidentin Golda Meir bei Ausbruch des Jom-Kippur-Krieges.

△ Entschlossene Miene, das Gesicht der Nation zugewandt: Ministerpräsidentin Golda Meir informiert die Menschen in Israel und im Ausland über die syrisch-ägyptische Invasion am 6. Oktober 1973. Die ersten Kriegstage sind für Israel schmerzlich.

◁ Eine israelische Kanone (203 Millimeter) an der Golan-Front, aufgenommen am fünften Kriegstag. In den Tagen zuvor sind syrische Panzereinheiten sehr schnell vorgedrungen, und es schien, als könne sie nichts aufhalten. Ebenso kritisch war die Lage am Suez-Kanal, wo große Kontingente ägyptischer Soldaten fast die gesamte »Barlev-Linie« eingenommen haben.

DER JOM-KIPPUR-KRIEG

Der Jom-Kippur-Krieg dauert vom 6. bis 24. 10. 1973. Die Syrer und Ägypter greifen überraschend an und erringen große Anfangserfolge, doch im Laufe der Zeit wendet sich das Blatt. Israels Armee wirft die Syrer auf den Golanhöhen zurück und dringt in Syrien ein. Anschließend überqueren Israels Truppen auch den Suez-Kanal und besetzen weite Gebiete auf seinem Westufer. Mehr als 2500 israelische Soldaten fallen, 7500 werden verletzt und 300 geraten in Gefangenschaft. Der moralische Schaden, den der Krieg verursacht, ist groß, sowohl wegen der hohen Verluste als auch wegen des schwindenden Vertrauens in die Macht der bis dahin allmächtig scheinenden israelischen Streitkräfte. Die militärischen Errungenschaften Israels im weiteren Verlauf des Krieges können die Tatsache nicht vergessen machen, daß Israel auf einen Waffengang nicht vorbereitet war und für seine Rettung ein hoher Preis gezahlt werden mußte.

Am 6. Oktober überquert ein großes ägyptisches Truppenaufgebot den Suez-Kanal, in den israelischen Posten entlang des Gewässers befinden sich zu dieser Zeit nur wenige Hundert Soldaten. Die Ägypter bauen in Windeseile Brücken über den Kanal und bringen Panzer, Soldaten und Ausrüstung auf die andere Seite. Israel beeilt sich Panzerbataillone mit Reserve-Einheiten in den Süden zu schicken, doch gelingt es ihnen nicht, den ägyptischen Vormarsch zu stoppen. Auch auf den Golanhöhen erzielt der Feind in den ersten Tagen herausragende Erfolge, bis sich die israelische Armee organisiert hat und das Steuer herumwirft. Israel überrascht die Ägypter durch das Vordringen auf das Westufer des Suez-Kanals, und bei Kriegsende steht es zwischen beiden Kontrahenten nahezu unentschieden: Jede der Parteien hält feindliches Gebiet besetzt. Dagegen wird der Krieg an der syrischen Front zugunsten Israels entschieden, seine Truppen stehen nur 40 Kilometer vor Damaskus.

1973

▽ »Auge Israels« – so heißt der befestigte israelische Posten auf dem Hermon, der in den ersten Kriegstagen von den Syrern eingenommen wird. Am 8. Oktober versucht eine Golani-Brigade vergeblich, ihn zurückzuerobern. Am 21., kurz vor Kriegsende, nimmt eine Brigade ihn den Syrern unter hohen Verlusten doch noch weg. Zugleich erobert eine Fallschirmspringertruppe den syrischen Teil des Hermon, so daß Israel fortan völlige Kontrolle über den hohen Berg hat.

△ Israelische Panzerbataillone, nicht immer in ihren ursprünglichen Einheiten, unterwegs zur Kriegsfront. Im Bild veraltete Panzer vom Typ Sherman. Sie fahren in den Norden, um dort die Syrer aufzuhalten.

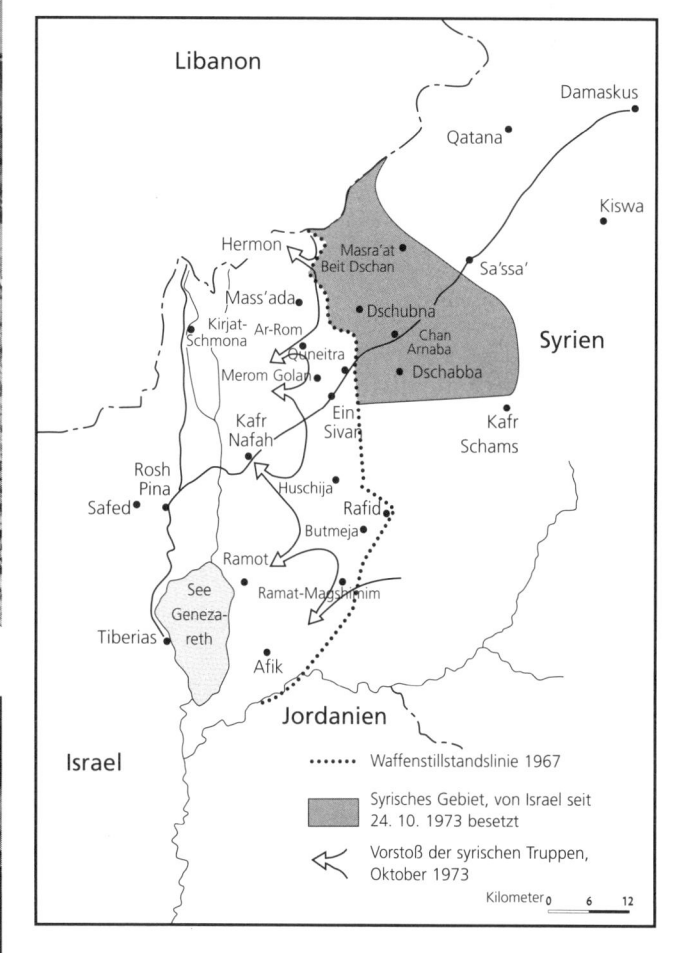

◁ »Dado« Eleazar, Generalstabschef 1973, hier bei einer Pressekonferenz am 8. Oktober. Er erklärt: »Wir werden ihnen die Knochen brechen.«

△ Karte der Kämpfe auf den Golanhöhen. Nach syrischen Anfangserfolgen geht die Initiative wieder an Israel über. Die Syrer werden zurückgeschlagen, syrisches Gebiet wird besetzt.

DER JOM-KIPPUR-KRIEG: DIE WICHTIGSTEN ETAPPEN

△ Sinai, Oktober 1973: eine improvisierte israelische Stellung unweit vom Suez-Kanal. Der Lastwagen links war ursprünglich ein Milchwagen. Viele Zivilfahrzeuge wurden von der Armee umfunktioniert.

▽ Golan, Oktober 1973: Ministerpräsidentin Golda Meir, Verteidigungsminister Moshe Dayan und General Yitzhak Hofi, Befehlshaber an der Nordfront, besuchen die Soldaten im Norden.

1973

△ Eine sowjetische Sam-3-Rakete, die die Israelis von den Ägyptern erbeutet haben, wird nach Israel gebracht.

▽ Beratung auf höchster Ebene. Die Generale Avraham Adan, Chaim Bar-Lev und Ari'el Sharon (mit Verband) besprechen sich mit Verteidigungsminister Moshe Dayan mitten in der Wüste.

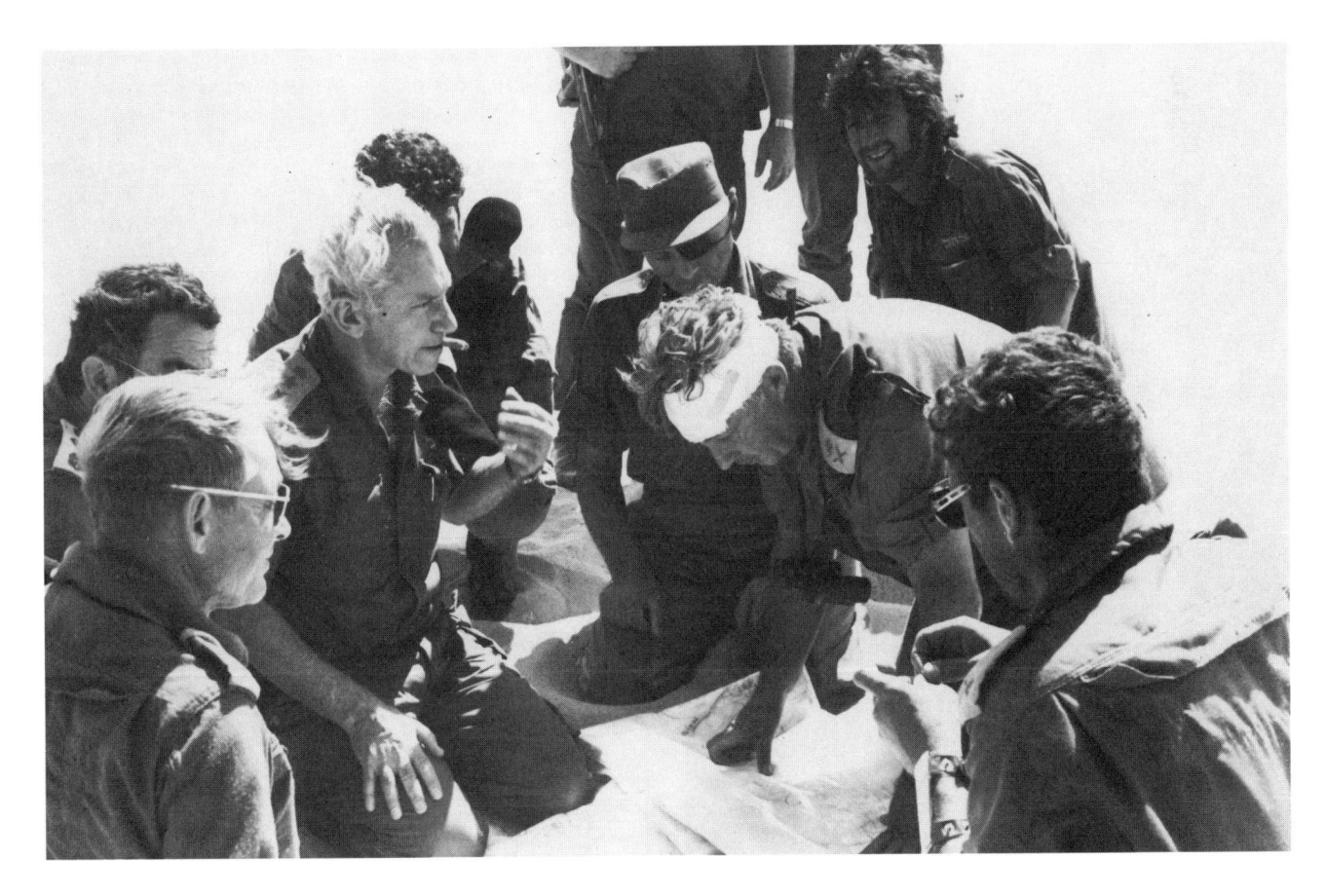

▽ Die israelische Brücke über den Suez-Kanal: Sie wird unter heftigem Beschuß errichtet und ermöglicht es der israelischen Armee, auf das Westufer überzusetzen. Das Unternehmen beginnt am 16. Oktober und trägt den Kodenamen »Abbirei-Lev«. Als erste passieren Truppen der Division Ari'el Sharons die Brücke.

▷ Die Südfront, Oktober 1973. Die Ägypter haben alle Befestigungen der »Barlev-Linie« eingenommen – außer einer einzigen im Norden bei Port Said. Sie besetzen einen schmalen Streifen parallel zum Suez-Kanal. Dennoch gelingt es Israel, den Kampf auf das Westufer des Kanals zu tragen und dort große Gebiete zu besetzen.

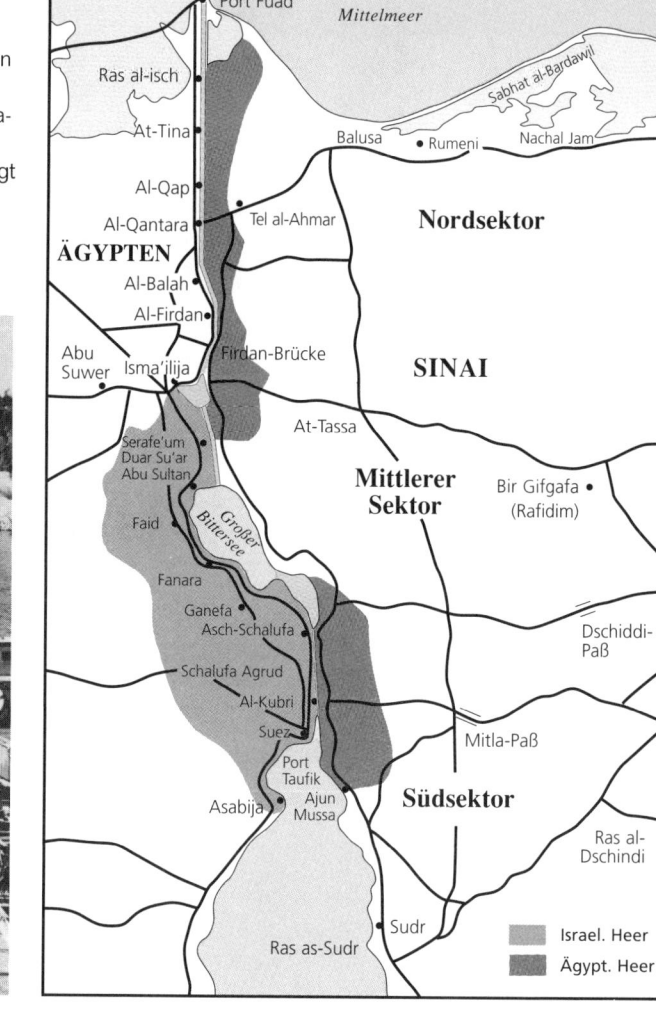

◁ Südlich des Bittersees sind ägyptische Truppen nach der Überquerung des Suez-Kanals von israelischen Truppen umzingelt – ein wichtiger Trumpf für Israel. Im Bild: Israel gestattet die Lieferung von Wasser an die eingeschlossenen Soldaten.

▽ »Der Sieg, der die Niederlage vergessen macht«: die Kanalüberquerung der Israelis in einer Karikatur der Kairoer Zeitung »Ahbar al-Jom« am 11. Oktober 1973. Links: die ägyptische Niederlage am 5. Juni 1967, rechts: der Erfolg am 6. Oktober 1973.

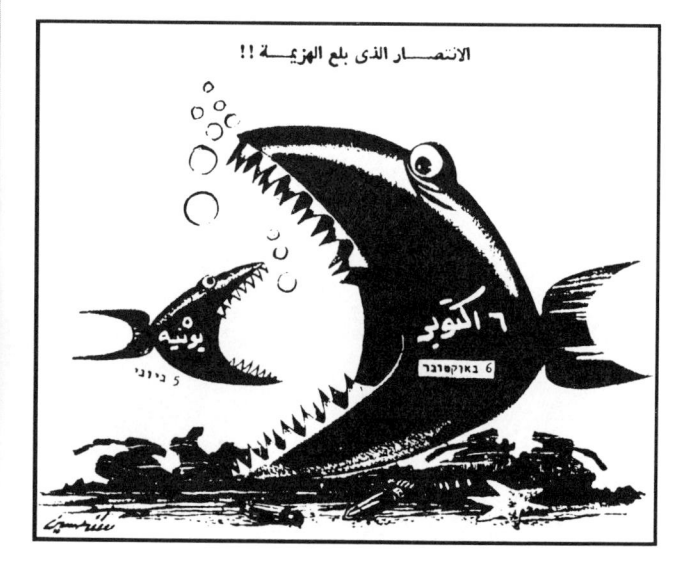

1973

△ Ein ägyptisches Idyll bietet sich den Israelis auf dem Westufer des Suez-Kanals dar: eine Ziehbrücke über einen Süßwasserkanal.

▽ Wie in jedem Krieg melden sich Tausende Israelis freiwillig für alle möglichen Aufgaben. Im Bild streicht ein Zivilist die Scheinwerfer eines Autos dunkelblau: Während der Kämpfe wird in Israel eine allgemeine Verdunkelung angeordnet.

◁ Verhandlungen zwischen den kriegführenden Parteien finden inmitten der Wüste am Kilometer 101 (vor Kairo) statt – so weit sind die Israelis vorgedrungen. Der ägyptische General Gamassi überreicht dem israelischen General Shmu'el Eyal ein Papier.

▽ Jüdische Künstler in Israel: Schauspieler Danny Kaye unterhält verwundete Soldaten im Frederik-Mann-Auditorium (»Kulturpalast«) in Tel Aviv.

▷ Die weltweite Energiekrise, die das Embargo der Erdöl-produzierenden arabischen Staaten im Jom-Kippur-Krieg auslöst, verschont auch Israel nicht. Brennstoff wird rationiert, alle zivilen Fahrzeuge müssen einen Tag in der Woche in der Garage bleiben. Jeder Besitzer erhält eine Vignette; darauf steht der Tag, an dem er nicht fahren darf.

431

▽ Israel Ende 1973: Die Wahlen zur achten Knesset werden verschoben. In der kurzen Wahlkampagne wird Dayan nahegelegt, die Arbeitspartei freiwillig zu verlassen.

▷ Golda Meir bei den Wahlen zur achten Knesset. Sie wird wiedergewählt, muß aber wenige Monate später zurücktreten.

▽ Ein vielsagendes Bild: Ein verwundeter Soldat im Krankenhaus von Tel ha-Schomer gibt am 31. 12. 1973, knapp zwei Monate nach Ende des Jom-Kippur-Krieges, seine Stimme ab. Die Knesset-Wahlen bringen keine Veränderung. Der politische Wandel tritt erst 1977 ein.

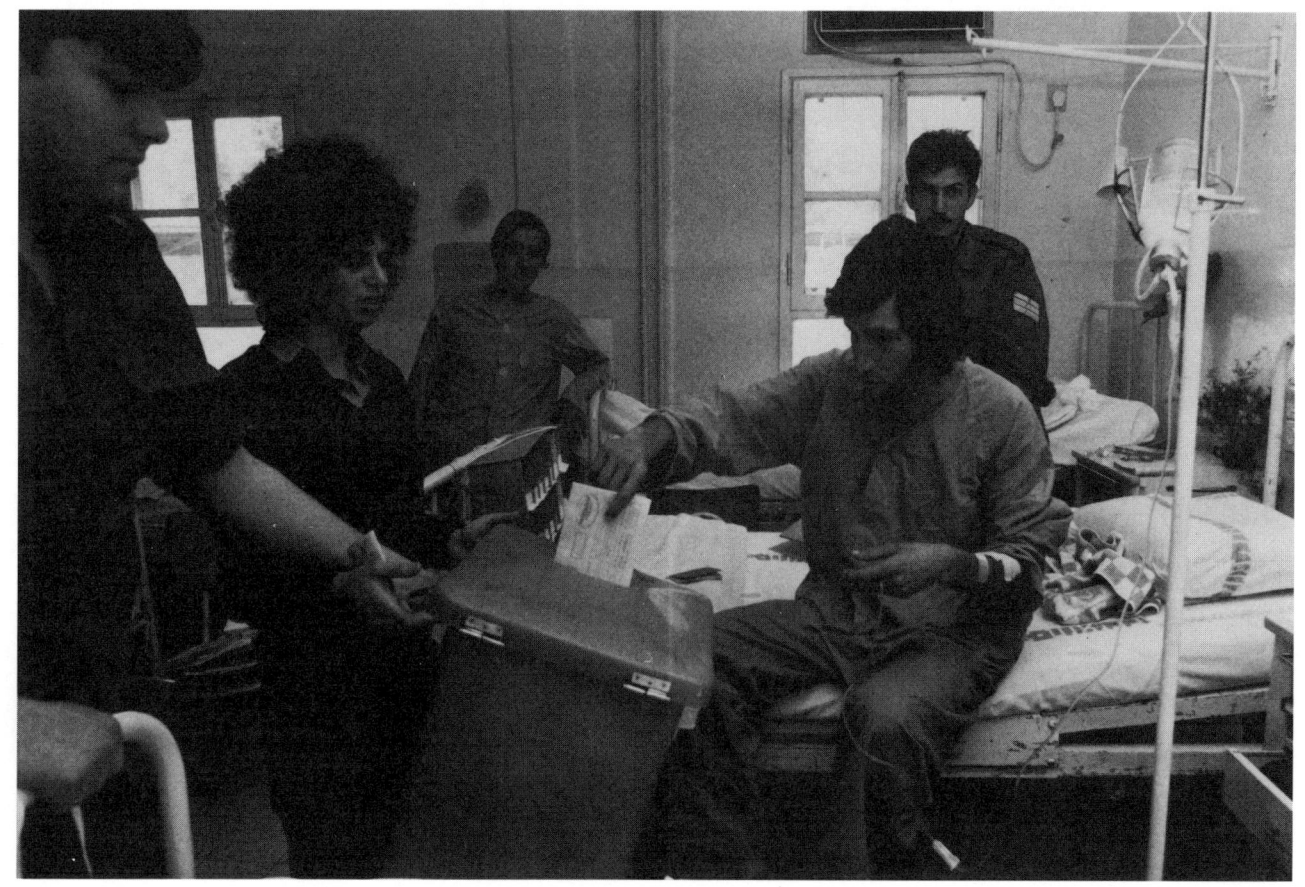

DIE SECHZIGER JAHRE

Jehoram Gaon in »Casablanca«: Das israelische Musical feiert in den sechziger Jahren Triumphe in Israel.

▷ Der erste Wolkenkratzer in Tel Aviv: Der Shalom-Turm entstand auf den Ruinen des Herzlija-Gymnasiums an der Achad-Ha'am-Straße.

△ Auch in den sechziger Jahren setzt die Armee die Tradition der großen Paraden fort. Zeichnung von Perry Rosenfeld.

▷ Im zweiten Jahrzehnt der Existenz Israels erfährt die Landwirtschaft eine beschleunigte Entwicklung. Die Mechanisierung dringt bis zu den Beduinenstämmen im Negev vor.

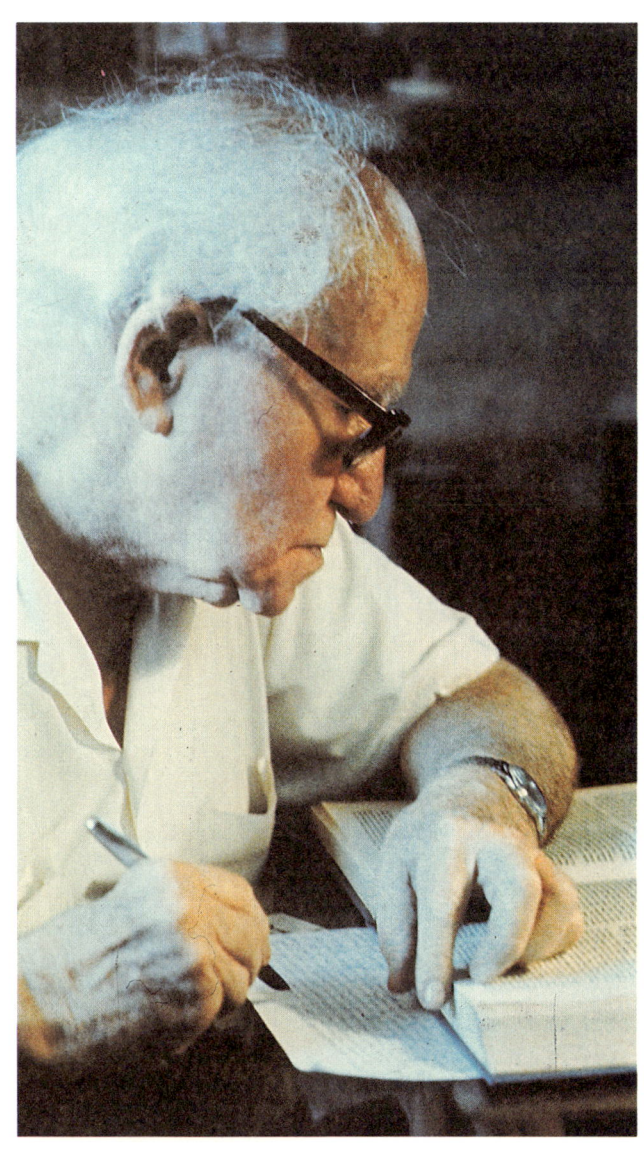

△ In den sechziger Jahren verstorbene Politiker werden auf Geldscheinen verewigt. Oben: Yitzhak Ben-Zvi, Moshe Sharett, Levi Eshkol. Oben rechts: David Ben-Gurion, der 1963 als Ministerpräsident zurücktrat.

◁ Premier Eshkol mit US-Präsident Lyndon B. Johnson. Dieser (links) und seine Frau Lady Bird (im roten Mantel) begrüßen Eshkol und seine Frau Miriam.

DER SECHS-TAGE-KRIEG

△ Diese Auszeichnung wird den Soldaten nach dem Sechs-Tage-Krieg verliehen.

▷ Israelische Truppen dringen in die Altstadt von Jerusalem ein, 7. Juni 1967. Hier das Löwentor an der Ostseite der Altstadt.

△ Der Preis des Sieges. Gedenken an gefallene Kameraden: ein provisorisches Mahnmal, errichtet von Soldaten einer Fallschirmspringereinheit.

▽ Der Held des Sechs-Tage-Kriegs: Moshe Dayan. Er hatte erst wenige Tage vor dem Krieg das Amt des Verteidigungsministers übernommen, dann aber alle übrigen Armeebefehlshaber und die übrigen führenden Politiker in den Schatten gestellt.

◁ Eines der bekanntesten Bilder aus dem Sechs-Tage-Krieg: Der Panzerbataillons-Offizier und spätere General Yossi Ben-Chanan watet durch den Suez-Kanal, in der Hand ein ägyptisches Kalaschnikow-Gewehr.

DER SIEBTE TAG

▷ Im Sechs-Tage-Krieg ist Israel erheblich gewachsen. Das Unterhaltungsensemble des Kommandos Mitte läßt sich auf einer Anhöhe nahe dem Jordan fotografieren.

▽ Der Platz vor der Klagemauer wurde erweitert, um vielen Betenden Platz zu geben. Zeichnung von Shmu'el Katz.

◁ Nach dem Sechs-Tage-Krieg geben sich die Amerikaner Mühe, zwischen Israel und den arabischen Staaten zu vermitteln. Hier US-Außenminister William Rogers mit seinem israelischen Kollegen Abba Eban.

△ Freude bei den Dayans: Die Buchautorin Ya'el Dayan (zweite von rechts) heiratet 1967.

◁ Im Frühling 1968 feiert Israel sein zwanzigjähriges Bestehen. Der Tag wird mit vielen Veranstaltungen begangen. Unter anderem wird an den vor knapp einem Jahr errungenen Sieg im Sechs-Tage-Krieg erinnert.

Bewunderung im In- und Ausland: Moshe Dayans »Politik der offenen Brücken«. Die Jordan-Brücken werden nur wenige Wochen nach dem Sechs-Tage-Krieg für den freien Verkehr von Menschen und Waren geöffnet, so daß Bewohner der besetzten Gebiete nach Jordanien und in andere arabische Länder reisen können. Nach rund zwanzig Jahren des Abbruchs aller Beziehungen ist das – trotz der noch immer vorhandenen Feindschaft der arabischen Staaten – eine große Neuerung.

◁ Der Zermürbungskrieg am Suez-Kanal geht im August 1970 zu Ende. Danach herrscht mehr als drei Jahre Ruhe. Die israelischen Soldaten fühlen sich am Ufer des Gewässers sicher.

▽ In den Sechzigern steht die israelische Armee im Mittelpunkt. Sogar auf Neujahrskarten ist sie abgebildet.

DIE SIEBZIGER JAHRE

△ Ein »Held« im kulturellen Bereich ist der jüdisch-amerikanische Pianist Artur Rubinstein. Er tritt oft in Israel auf.

◁ Anfang der siebziger Jahre sitzt die vom Ma'arach geführte Regierungskoalition fest im Sattel: Golda Meir mit Dayan, Allon, Sapir, Eban und Ya'ari. Vor dem Jom-Kippur-Krieg besitzt der Ma'arach beinahe die absolute Mehrheit in der Knesset.

◁ Die letzte große Armeeparade findet 1973 anläßlich des 25jährigen Bestehens Israels in Jerusalem statt.

Zu Beginn der siebziger Jahre erlebt Israel eine kulturelle Blüte. Manchmal gibt es auch kritische Töne (siehe »Die Königin der Badewanne«). Das kulturelle Establishment organisiert Veranstaltungen an verschiedenen Orten, hier die Philharmonie in Scharm asch-Scheich, 1973. Auch berühmte Filmstars besuchen Israel: Elizabeth Taylor kommt als Gast von »Variety«, einer Organisation, die behinderten Kindern hilft.

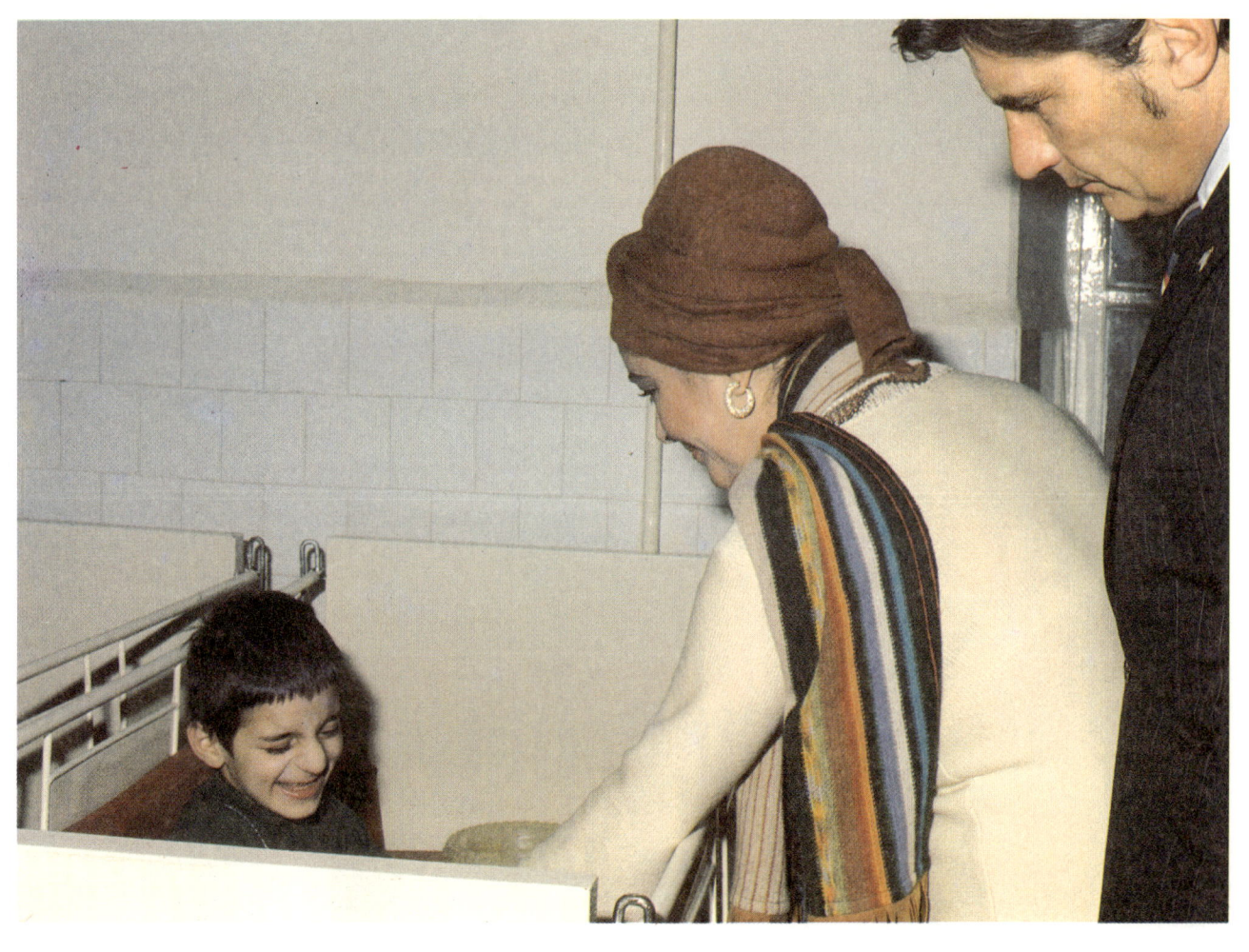

DER JOM-KIPPUR-KRIEG

△ Auszeichnung nach dem
Jom-Kippur-Krieg.

◁ Ein verbrannter Baum auf den Golanhöhen: Nach den schweren Kämpfen flattert hier wieder die israelische Flagge.

▽ Blut, Feuer und Rauchsäulen im Sinai: Oktober 1973.

△ Diese Brücke über den Suez-Kanal errichten die Israelis unter schwerem ägyptischem Beschuß. Nun können die Soldaten auf das Westufer des Kanals gelangen.

▽ Rund achttausend ägyptische Soldaten geraten im Jom-Kippur-Krieg in Gefangenschaft. Einige davon sind auf diesem Bild zu sehen, das kurz nach Kriegsende im Sinai aufgenommen wurde.

△ Im Verhandlungszelt an Kilometer 101 westlich des Suez-Kanals: links die Israelis, rechts die Ägypter, in der Mitte die UNO-Vertreter. Zur allgemeinen Überraschung finden die Gespräche in einer guten Atmosphäre statt.

▽ Der Krieg fordert einen hohen Preis: mehr als 2500 Tote und Tausende Verletzte. Nach Kriegsende wird offen von einem »Debakel« gesprochen; die »Agranat-Kommission« untersucht die Versäumnisse vor Kriegsbeginn.

▷ Nach dem Jom-Kippur-Krieg wird zum ersten Mal ein Sabre zum Ministerpräsidenten Israels gewählt: Yitzhak Rabin. Außenminister in seiner Regierung ist Yig'al Allon (rechts).

△ Auch während des Jom-Kippur-Krieges kommen bekannte Künstler nach Israel. Ein häufiger Gast ist Enrico Macias.

▷ »Wir sitzen alle im selben Boot.« Die Parole von »Am Israel chai«, ausgegeben von Paul Kor, 1974.

PRÄSIDENTENBESUCH

△ Begin und Sadat: Beide Politiker sorgen in der zweiten Hälfte der siebziger Jahre für Überraschung im Nahen Osten. 1978 wird ihnen der Friedensnobelpreis verliehen.

▽ Juni 1974: Richard Nixon stattet Israel als erster amtierender amerikanischer Präsident einen Besuch ab. Hier ist er bei einem Empfang in der Knesset zu sehen.

▷ Das Plakat zum dreißigjährigen Bestehen des Staates Israel zeigt das hebräische Wort »Schalom«, »Frieden«. Der Buchstabe »Lamed«, der auch 30 bedeutet, ist besonders hervorgehoben. Im selben Jahr kommt Sadat nach Jerusalem, der auf dem Plakat beschworene Frieden rückt in greifbare Nähe.

▽ 1979 erscheint anläßlich der Unterzeichnung des Friedensvertrages eine Sonderbriefmarke. Künstler bemalen Umschläge mit dem neuen Postwertzeichen. Die Arbeiten sind heute im Israel-Museum zu sehen.

1974

Januar

2 Eine israelische »Hawk«-Rakete trifft versehentlich israelische Erdöleinrichtungen in Abu-Rhodeis auf dem Sinai und löst einen Großbrand aus.

11 US-Außenminister Kissinger nimmt seine Gespräche in Israel und Ägypten auf, um eine Truppenentflechtung herbeizuführen.

14 Anstieg der Brennstoffpreise um 40 bis 100 % in Israel.

18 Unterzeichnung des Truppenentflechtungsabkommens durch die Generalstabschefs des israelischen und ägyptischen Heeres. Doch kommt es trotz der offiziellen Feuerpause noch oft zu Zwischenfällen. Die Israelis beginnen ihre Truppen aus den Gebieten westlich des Suez-Kanals zurückzuziehen, gleichzeitig reduzieren die Ägypter ihre Präsenz.

21 Eröffnung der ersten Sitzung der achten Knesset durch Staatspräsident Katzir. Nach Konsultationen mit den Vertretern der Fraktionen wird er Golda Meir am 30. des Monats mit der Bildung der neuen Regierung beauftragen.

Februar

10 Angesichts der Ereignisse im Jom-Kippur-Krieg bildet sich eine Protestbewegung gegen das politische und militärische Establishment. Dabei engagiert sich besonders Motti Ashkenazi, der Befehlshaber des einzigen israelischen Postens, der den Ägyptern nicht in die Hände fiel.

25 Israel vollendet die Räumung des Westufers des Suez-Kanals.

Seit den Wahlen bemüht sich Golda Meir vergeblich um die Bildung einer neuen Regierung. Bildung von Gush Emmunim. Ziel der Bewegung ist eine religiös-zionistisch motivierte, breit angelegte Besiedelung aller Gebiete von Eretz Israel.

März

4 Der Befehlshaber der UN-Truppe stellt offiziell fest, daß das Abkommen über die Truppenentflechtung zwischen Israel und Ägypten verwirklicht sei. Beide Heere hätten ihre neuen Stellungen bezogen.

10 Die neue Regierung, eine Koalition von Ma'arach, Mafdal und Unabhängigen Liberalen, gewinnt das Vertrauen der Knesset.

Im Jom-Kippur-Krieg sind 2522 Soldaten ums Leben gekommen.

Im Verlauf des Monats ist die Spannung auf den Golanhöhen und um die israelische Enklave auf syrischem Gebiet gestiegen. In Israel mehren sich die Gerüchte, wonach die Syrer einen neuen Krieg vom Zaun brechen wollen.

In Israel finden Demonstrationen statt, auf denen Golda Meir und Moshe Dayan zum Rücktritt aufgefordert werden.

April

1 Veröffentlichung eines Teilberichtes der Agranat-Kommission. Er empfiehlt, Generalstabschef David Eleazar aus seinem Amt zu entfernen und den Chef des Nachrichtendienstes Eli Se'ira sowie weitere Offiziere zu versetzen. Daraufhin gibt der Generalstabschef seinen Rücktritt bekannt.

6 Israel vereitelt den Versuch der Syrer, sich des Hermongipfels zu bemächtigen, der sich seit dem Jom-Kippur-Krieg unter israelischer Kontrolle befindet.

11 Golda Meir reicht bei Staatspräsident Ephraim Katzir ihren Rücktritt und den ihrer Regierung ein.

Schwerer Terroranschlag auf Kirjat-Schmona: 18 Menschen kommen um. Als Antwort greift Israel am 12. 4. Dörfer im Südlibanon an.

14 Neuer Generalstabschef wird Mordechai Gur.

22 Yitzhak Rabin gewinnt den Wettkampf mit Shim'on Peres: Er wird Kandidat der Arbeitspartei für das Amt des Ministerpräsidenten.

26 Staatspräsident Katzir beauftragt Yitzhak Rabin, der unter Golda Meir Arbeitsminister war, mit der Bildung einer neuen Regierung.

Den ganzen Monat über finden auf den Golanhöhen, dem Hermon und in der israelischen Enklave im Hinterland Syriens Gefechte zu Lande und in der Luft statt.

Mai

15 Terroristen bemächtigen sich einer Schule in Ma'alot und töten 21 Schüler und drei Erwachsene. Es gibt viele Verletzte. Auch andernorts ereignen sich Anschläge.

16 Scharfe Antwort Israels auf die Geiselnahme in Ma'alot: Angriffe aus der Luft und vom Meer auf Terroristenstellungen im Libanon.

31 Unterzeichnung eines Truppenentflechtungsabkommens zwischen Israel und Syrien in Genf. Israel zieht seine Truppen aus der Enklave und Quneitra ab.

Juni

1 Gefangenenaustausch zwischen Israel und Syrien: 65 israelische Soldaten gegen 393 Syrer, 10 Iraker und 5 Marokkaner.

3 Die Regierung Yitzhak Rabins gewinnt mit 61 zu 51 Stimmen bei 5 Enthaltungen das Vertrauen der Knesset. Zwei der wichtigsten Veränderungen. Shim'on Peres wird Verteidigungsminister, Jehoshua Rabinowitz Finanzminister.

12–18 US-Präsident Richard Nixon besucht den Nahen Osten, auch Israel.

Weitere Terroranschläge auf israelischem Gebiet. U. a. dringen Terroristen in den Kibbuz Shamir ein und töten drei Frauen (am 13. 6.); in einer Wohnung in Naharija ermorden sie eine Mutter und zwei ihrer Kinder (am 24. 6.).

25 Truppenentflechtung an der syrischen Front.

Juli

8/9 Umfassende Aktion der israelischen Marine gegen Marinestützpunkte der Terroristen im Libanon.

10 Veröffentlichung des zweiten Berichtes der Agranat-Kommission.

25 Hunderte Siedler lassen sich trotz eines gegenteiligen Beschlusses der Regierung in Sebaste in Samaria (Westbank) nieder. Konfrontation mit der Armee. Der Skandal endet am 29. 7. mit der Evakuierung der illegalen Siedlung.

August

Anhaltende Gefechte zwischen Israelis und Terroristen an der libanesischen Grenze und im Al-Fat'h-Land, genannt Südlibanon.

18 Verhaftung von Erzbischof Hilarion Capucci unter dem Verdacht, in seinem Fahrzeug Waffen für die Al-Fat'h geschmuggelt zu haben.

September

Terror in Israel. Daraufhin greift Israel den Südlibanon an.

Oktober

14 Die UN-Vollversammlung beschließt mit überwältigender Mehrheit, der PLO in der UNO einen Beobachterstatus zu gewähren.

30 Yitzhak Rabin erweitert seine Regierung: Mafdal wird Koalitionspartner.

November

8 Abwertung des israelischen Pfundes: von 4,20 IL für einen US-Dollar auf 6 IL. Vorübergehender Einfuhrstopp für Pkws. Demonstrationen in ganz Israel.

13 Antiisraelische Rede Arafats vor der UN-Vollversammlung: »Die Juden sind kein Volk und haben kein Recht auf einen eigenen Staat.« Die Vollversammlung unterstützt die arabischen Forderungen.

19 Terroristen dringen in Beth-She'an ein, töten vier Personen und verletzen 20.

22 Die UN-Vollversammlung erkennt das Recht der Palästinenser auf Selbstbestimmung an. Die PLO darf als ständiger Beobachter in allen UN-Einrichtungen präsent sein.

Dezember

9 Verurteilung von Erzbischof Capucci zu zwölf Jahren Freiheitsstrafe.

10 Das PLO-Hauptquartier in Beirut wird von Fahrzeugen aus mit Raketen beschossen. Die Terroristen beschuldigen Israel.

11 Mitten in einer Filmvorführung im Tel Aviver Kino »Chen« wirft ein Terrorist eine Handgranate in die Menge: zwei Tote und 60 Verletzte.

1974 verdoppelt sich die Inflation: von 20 auf 39,7 %.

DIE AGRANAT-KOMMISSION

Auf öffentlichen Druck hin setzt die Regierung nach dem Jom-Kippur-Krieg eine staatliche Untersuchungskommission ein. Sie soll den Gründen des israelischen Debakels zu Beginn der Feindseligkeiten nachgehen. Der Kommission, der der Präsident des Obersten Gerichtshofes Shim'on Agranat vorsitzt, gehören Moshe Landau, ebenfalls vom Obersten Gerichtshof, Staatskontrolleur Yitzhak Nebenzahl und die ehemaligen Generalstabschefs Yig'al Yadin und Chaim Laskov an. Das Gremium soll zwei Fragen klären: was kurz vor Kriegsausbruch über die Absichten des Feindes und die von ihm ergriffenen Schritte bekannt war und welche Vorbereitungen die Militärs daraufhin getroffen haben bzw. wie sie in den ersten Kriegstagen gehandelt haben.

Die Kommission hält 156 Sitzungen ab und hört 90 Zeugen an. Am 1. April 1974 beschließt sie, einen Zwischenbericht zu veröffentlichen, den die israelische Öffentlichkeit mit äußerster Spannung erwartet hat. Darin stellt die Kommission fest, der Armee hätten genügend Informationen über die Kriegsvorbereitungen Ägyptens und Syriens zur Verfügung gestanden, die Verantwortlichen hätten sie jedoch falsch interpretiert. Sie seien der irrigen Annahme erlegen, Ägypten werde keinen Krieg wagen, weil seine Luftwaffe zu schwach sei. Letzteres sei Ende 1973 jedoch nicht mehr der Fall gewesen. Ebenso hätten die israelischen Befehlshaber geglaubt, es bleibe noch genug Zeit, um einem eventuellen Überraschungsschlag vorzubeugen. Die Kommission kritisiert ferner die unzureichende Alarmbereitschaft der Armee und das mangelhafte Training der Soldaten in der Zeit vor dem Krieg. Sie empfiehlt die Absetzung von Generalstabschef David Eleazar und die Versetzung des Chefs des Nachrichtendienstes Eli Se'ira, des Generals des Kommandos Süd Shmu'el Gonen (Gorodish) und mehrerer hochrangiger Offiziere des Nachrichtendienstes.

Allerdings befaßt sich die Kommission nicht mit der Verantwortung auf ministerieller Ebene, vor allem nicht mit dem Handeln von Verteidigungsminister Moshe Dayan. Doch tritt schon kurze Zeit später Golda Meir auf Druck der Öffentlichkeit zurück, wodurch auch Dayan sein Amt verliert. Als Yitzhak Rabin im Juli 1974 seine neue Regierung bildet, gehört Dayan nicht mehr dazu.

▷ Die Mitglieder der Agranat-Kommission v. l. n. r.: Ex-Generalstabschef Yig'al Yadin, der Richter am Obersten Gerichtshof Moshe Landau, der Präsident des Obersten Gerichtshofes Shim'on Agranat, Staatskontrolleur Y. E. Nebenzahl, und Ex-Generalstabschef Chaim Laskov. Die Kommission tritt fast täglich zusammen und hört über 100 Zeugen und Experten an. Am 1. April 1974 veröffentlicht sie ihren ersten Teilbericht und verursacht damit ein politisches Erdbeben.

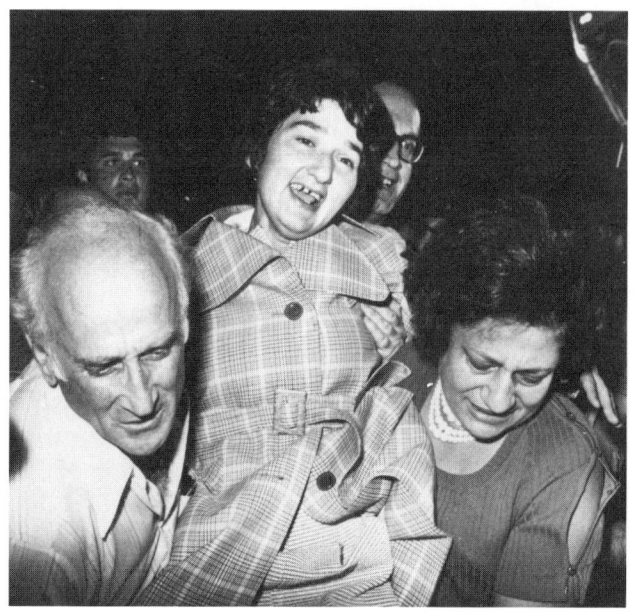

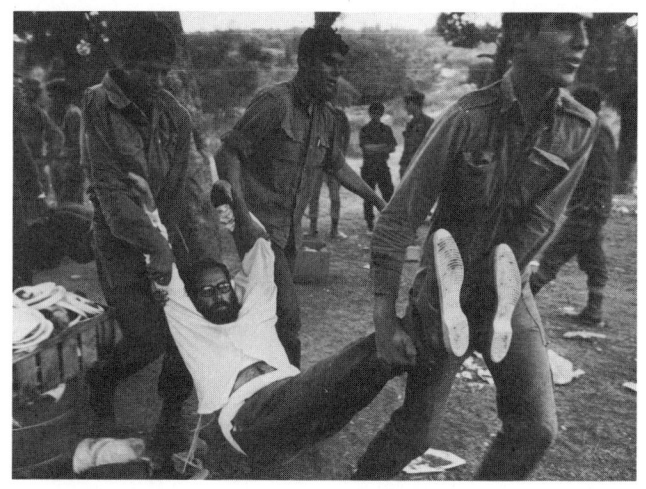

◁ Sylvia Zalmanson wurde lange die Einwanderung verwehrt; nun ist sie in Israel eingetroffen.

△ Konfrontation zwischen Siedlern und Soldaten in Sebaste im Westjordanland.

1974

△ Das erschütterndste Bild des Jahres 1974: Soldaten versuchen, die Terroristen zu überwältigen, die Schüler in einer Schule in der nordisraelischen Kleinstadt Ma'alot als Geiseln festhalten. Im Bild: Ein Soldat trägt seine verletzte Schwester fort. Bei der Befreiung werden 21 Schüler und drei Erwachsene getötet.

△ Nach dem Bericht der Agranat-Kommission: Verteidigungsminister Moshe Dayan tritt im Juni 1974 zurück. Er wird der Regierung von Rabin nicht mehr angehören.

▷ Entsetzen in Israel und der christlichen Welt: Erzbischof Capucci wird verhaftet, als er Waffen und Munition für Al-Fat'h-Terroristen schmuggelt.

DIE REGIERUNG STÜRZT NACH 80 TAGEN

Am 10. März 1974 spricht die Knesset der neuen Regierung von Golda Meir ihr Vertrauen aus. Aber schon einen Monat später tritt Golda Meir zurück, nachdem die Agranat-Kommission ihren ersten Zwischenbericht veröffentlicht hat. Sofort werden Kontakte für die Bildung einer neuen Regierung aufgenommen. Dabei geht es vor allem um die Frage: Wer soll an ihrer Spitze stehen? Golda Meir tritt von der Bühne ab, Moshe Dayan kommt wegen der Vorfälle im Jom-Kippur-Krieg nicht in Frage, Finanzminister Pinchas Sapir lehnt eine Kandidatur nachdrücklich ab, und auch Yig'al Allon betrachtet sich nicht als geeignet. So wird die Zentrale der Arbeitspartei aufgerufen, über zwei Politiker zu entscheiden, die bis dahin noch nie gegeneinander angetreten sind: Yitzhak Rabin und Shim'on Peres.

Rabin erfreut sich der Unterstützung der alten Führungsriege und trägt mit knapper Mehrheit den Sieg über Peres davon. Er beginnt sofort Koalitionsgespräche, doch der religiöse Mafdal, ohne den Rabin im Parlament keine Mehrheit hat, weigert sich, seinem Kabinett beizutreten. Andererseits ist die Arbeitspartei uneins darüber, ob die neue, von Shulamit Alloni gegründete Bürgerrechtspartei Ratz in die Regierung aufgenommen werden soll. Noch übt Golda Meir beträchtlichen Einfluß aus, und sie ist dagegen. Dennoch entscheidet das Parteibüro letztlich, Ratz den Beitritt zur Koalition anzubieten. Anfang Juni 1974 kann Yitzhak Rabin sich zur erfolgreichen Kabinettsbildung beglückwünschen, selbst wenn seine Regierung sich nur auf eine hauchdünne Mehrheit von 61 Knesset-Abgeordneten stützt.

Die meisten Mitglieder des neuen Kabinetts hatten während des Jom-Kippur-Krieges noch kein Regierungsamt inne. Zum ersten Mal ist ein Sabre, ein im Land geborener Israeli, Ministerpräsident. Shim'on Peres übernimmt das Verteidigungsministerium, und fortan spielt auch er eine führende Rolle in seiner Partei. Finanzminister wird Jehoshua Rabinowitz. Die Israelis setzen große Hoffnungen in die neue Führungsriege.

▽ Protest gegen die Regierung Meir: »Sie tun so, als ginge es Sie nichts an.«

△ Am heftigsten trifft der Volkszorn Verteidigungsminister Moshe Dayan. Wegen der Entscheidung der Agranat-Kommission, nicht die politische Ebene, sondern nur hochrangige Militärs für das Geschehen im Jom-Kippur-Krieg zur Rechenschaft zu ziehen, gehen viele auf die Straße.

▷ Hauptstadt-«Hopping«: US-Außenminister Henry Kissinger ist 1974 auf Vermittlungsmission im Nahen Osten. Im Bild ist er gerade in Israel zu Besuch, im Januar. Rechts von ihm: Außenminister Abba Eban.

1974

△ Die neue Regierung hat auch einen neuen Finanzminister: Jehoshua Rabinowitz. Er löst Pinchas Sapir ab.

◁ Heimkehr aus Ägypten, Winter 1974.

▽ Heimkehr aus Syrien, Sommer 1974.

ZERMÜRBUNGSKRIEG IM SÜDEN UND NORDEN

Nach Ende des Jom-Kippur-Krieges stellen Ägypter und Syrer das Feuer nicht völlig ein. Auch das arabische Erdölembargo gegen die westliche Welt wird aufrecht erhalten. Immer wieder flackern Kämpfe auf, und Israel schießt zurück. Der Zermürbungskrieg an der ägyptischen Front hält etwa drei Monate an. Zur gleichen Zeit finden Gespräche zwischen beiden Kontrahenten beim Kilometer 101 an der Straße von Suez nach Kairo statt, dem westlichsten von Israel eingenommenen Punkt. Am 18. Januar 1974 unterzeichnen der israelische und der ägyptische Generalstabschef das Truppenentflechtungsabkommen, in dem Israel sich verpflichtet, das Westufer des Suez-Kanals zu räumen. In diesem Augenblick hören die Gefechte auf.

An der Nordgrenze dauert der Zermürbungskrieg länger. Anfangs handelt es sich nur um kleinere Zwischenfälle. Von Mitte März 1974 an führen die Syrer jedoch einen richtigen Krieg: Es erfolgen massiver Beschuß und Angriffe von Panzer-, Infanterie- und Kommando-Einheiten. Israel antwortet auch mit Luftangriffen, durch die die Syrer schwere Verluste erleiden. Wochenlang kämpfen Israelis und Syrer um die Kontrolle über den Gipfel des Hermon, bis sich die Israelis in der Gegend festsetzen, den 2814 Meter hohen Gipfel einnehmen und so Damaskus aus nächster Nähe bedrohen. Der Zermürbungskrieg mit Syrien hält bis Ende Mai an. Er wird erst eingestellt, als Israel und Syrien ein Truppenentflechtungsabkommen unterschreiben und die UNO auf dem Golan eine Beobachtereinheit zwischen den Truppen beider Staaten stationiert. Israel räumt die »Enklave«, die Stadt Quneitra (sie gehört fortan zum Puffergebiet) und weitere Gebiete an der Kreuzung bei Rafid. Das von der UNO besetzte Gebiet umfaßt auch den Hermongipfel.

▽ Im November wird das israelische Pfund um 43 Prozent abgewertet. Lebensmittel verteuern sich, und neue Steuern werden eingeführt. Es kommt zu Demonstrationen gegen die Regierung.

1975

Januar

7 Ankunft des 100 000. Neueinwanderers aus der Sowjetunion. Immer mehr Juden setzen sich auf dem Weg von der Sowjetunion nach Israel ab. In diesem Monat reisen mehr als ein Drittel beim Zwischenhalt in Wien in andere Staaten weiter.

23 Vereinbarung zwischen Israel und der Europäischen Wirtschaftsgemeinschaft: In den Ländern des Gemeinsamen Marktes werden die Einfuhrzölle auf Produkte aus Israel aufgehoben (ab 1977). Im Gegenzug fallen ab 1989 auch die Zollschranken für EWG-Waren in Israel.

In diesem Monat versuchten Terroristen zweimal vergeblich Anschläge auf Maschinen der Fluggesellschaft »El Al« in Paris (am 13. und 19.).

30 Die Agranat-Kommission unterbreitet der Regierung ihren Schlußbericht. Er soll 30 Jahre unter Verschluß gehalten werden.

Kfir, ein Kampfflieger aus eigener Produktion.

Februar

In der ersten Monatshälfte pendelt US-Außenminister Henry Kissinger zwischen den Staaten des Nahen Ostens, um Verhandlungen in Gang zu bringen.

17 Ministerpräsident Rabin verkündet auf dem Golan: »Die Siedlungen auf dem Golan wurden nicht gebaut, damit sie wieder geräumt werden.«

März

5 In Tel Aviv besetzen acht Terroristen, die über das Meer kamen, das »Savoy«-Hotel. Sieben von ihnen werden getötet, der achte wird festgenommen. Die israelische Armee verzeichnet drei Tote.

5–6 Die israelische Armee vereitelt einen Siedlungsversuch von Gush Emmunim in Allon More.

9 Kissinger trifft zu einer weiteren Runde seiner Pendel-Diplomatie im Nahen Osten ein.

23 Kissinger stellt seine Gespräche in Israel und Ägypten ein, nachdem sie in eine Sackgasse geraten sind.

24 Die USA teilen mit, sie würden ihre Politik im Nahen Osten nach dem Scheitern von Kissingers Bemühungen einer »Neubewertung« unterziehen. Gleichzeitig verschieben sie die Beratungen über die Lieferung weiterer Waffen an Israel.

April

4 Ägypten übergibt die sterblichen Überreste von 39 israelischen Soldaten, die seit dem Jom-Kippur-Krieg vermißt waren. Im Gegenzug läßt Israel Araber frei, die in »Sicherheitshaft« saßen.

14 Zum 27. Unabhängigkeitstag stellt Israel die »Kfir«, einen Kampfflieger aus einheimischer Produktion, vor.

Mai

24 Michael Zur, ehemaliger Generaldirektor der Israel Company, wird wegen Annahme von Bestechungsgeldern, Dokumentenfälschung und Vertrauensmißbrauch zu 15 Jahren Freiheitsstrafe verurteilt.

26 Nach längerer Pause beschießen Terroristen Safed, Avivim und Naharija wieder mit Katjuscha-Raketen.

Juni

2 Ministerpräsident Rabin verkündet, Israel werde vor der Wiedereröffnung des Suez-Kanals seine Truppen westlich des Kanals um die Hälfte reduzieren.

3 Öffnung des Suez-Kanals nach achtjähriger Sperre. Sadat erklärt, Ägypten werde die Ergebnisse der »zionistischen Aggression« im Sinai, auf den Golanhöhen und in Palästina zunichte machen. Sein Land sei weiterhin fest entschlossen, sich die »geraubten arabischen Rechte« zurückzuholen.

15 Terroranschlag auf das Dorf Juval an der libanesischen Grenze. Als Antwort setzt Israel Flugzeuge der Luftwaffe und Artillerie gegen Terroristenstellungen im Libanon ein.

17 Der Finanzminister kündigt eine stufenweise Abwertung des israelischen Pfundes um 2 % an. Nach der ersten Abwertung kostet ein US-Dollar 6,12 Pfund.

26 Die sterblichen Überreste von Elijahu Hakum und Elijahu Beit-Zuri werden nach Israel überführt. Sie wurden 1945 wegen des Mordes an Lord Moyne in Ägypten hingerichtet.

Juli

4 13 Tote und 60 Verletzte – das ist die blutige Bilanz der Explosion eines mit Sprengstoff gefüllten Kühlschranks, den Terroristen auf dem Zion-Platz in Jerusalem abstellten.

16 Die Außenminister der muslimischen Staaten fordern den Ausschluß Israels aus der UNO. Eine ähnliche Entscheidung treffen auch die Außenminister der afrikanischen Staaten (am 18. 7.), aber die afrikanischen Staatsoberhäupter verwerfen den Beschluß ihrer Minister.

August

12 Im Alter von 68 Jahren stirbt der Vorsitzende der Zionistischen Exekutive Pinchas Sapir, der zunächst einer der Führer von Mapai und danach der Arbeitspartei war und zeitweise das Amt des Finanzministers bekleidete.

September

1 Dank Kissingers Vermittlung paraphieren Israel und Ägypten ein Interimabkommen. Demnach zieht Israel sich bis zum Giddi- und Mitla-Paß zurück und räumt die Gegend von Abu-Rhodeis.

3 Ratifizierung des Abkommens durch die Knesset: 70 Parlamentarier stimmen dafür, 43 dagegen, 7 Enthaltungen.

11 Verleihung 12 weiterer Auszeichnungen für Tapferkeit und 18 weiterer für vorbildliches Verhalten an Teilnehmer des Jom-Kippur-Krieges.

24 Die ersten Siedler lassen sich in der Siedlung Ma'ale-Adummim im besetzten Westjordanland nieder.

27 Kräftige Abwertung des israelischen Pfundes. Der neue Wechselkurs: 7 IL = 1 US-$. Parallel dazu wird ein Notprogramm für die Wirtschaft initiiert, und die Preise werden eingefroren.

Oktober

21 Nach 27jähriger Unterbrechung Wiedereröffnung des »Hadessa«-Krankenhauses auf dem Skopus-Berg.

November

2 Auswirkung des Interimabkommens: Ein erstes Schiff mit einer Ladung Zement passiert den Suez-Kanal.

10 Die UN-Vollversammlung verabschiedet mit großer Mehrheit eine Entschließung, die Zionismus als eine Form von Rassismus verurteilt.

13 Terroranschlag auf der Jaffa-Straße in Jerusalem: 6 Tote und 46 Verletzte. Die PLO bekennt sich dazu.

25 Flugzeugunglück im Sinai: Ein Flugzeug der israelischen Luftwaffe zerschellt an einem Berg. 20 Tote.

30 Israel gibt die Ölfelder in Abu-Rhodeis auf. Die Empfänger: eine UN-Einheit und eine italienische Ölgesellschaft, die die Interessen Ägyptens vertritt.

Bewohner der Siedlung Allon More lassen sich in den besetzten Gebieten (Samaria) nieder – ohne Genehmigung der Regierung.

Dezember

1 Die Affäre um Allon More dauert an. Beschluß der Regierung, die Siedler zu evakuieren. Sie weigern sich, freiwillig zu gehen. Am 5. werden sie gewaltsam in ein Militärlager am Ort gebracht.

6 Die UN-Vollversammlung fordert Israel mit einer Mehrheit von 84 zu 17 Stimmen bei 27 Enthaltungen zur Rückgabe aller im Krieg von 1967 eroberten Gebiete auf. Wenn dies nicht geschehe, würden gegen Israel Sanktionen verhängt.

1975 hat sich die Inflation gegenüber 1974 nicht verändert: 39,3%.

1975

▷ Israelische Soldaten dringen ins »Savoy«-Hotel ein, März 1975.

▽ Kochava Levy. Als Geisel hat sie mit den Terroristen im »Savoy« verhandelt.

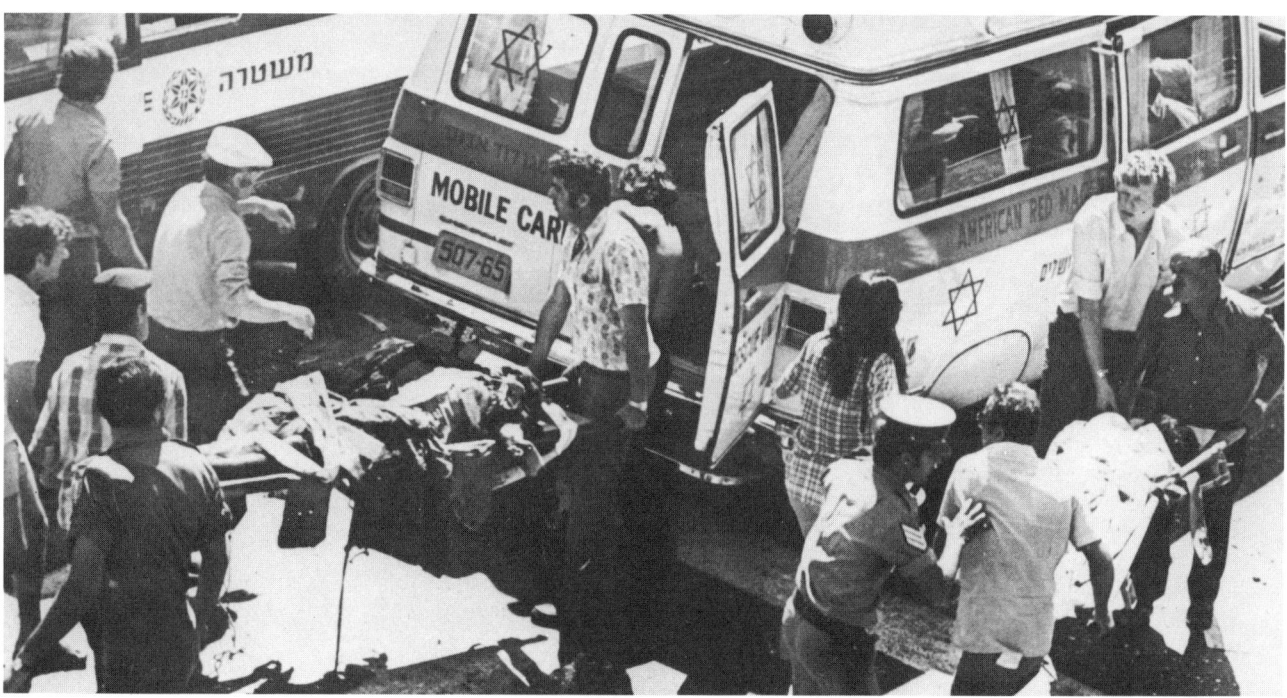

△ Terroranschlag im Zentrum von Jerusalem: 13 Tote und 60 Verletzte, das ist die blutige Bilanz eines Sprengstoffanschlags am Zion-Platz.

▷ Ministerpräsident Rabin und Verteidigungsminister Peres verfolgen den ersten Flug des Kfir-Kampffliegers. Das Verhältnis zwischen beiden Politikern ist gespannt.

455

BEZIEHUNGSKRISE MIT DEN USA – INTERIMABKOMMEN MIT ÄGYPTEN

Ab März 1974 verstärkt der amerikanische Außenminister Henry Kissinger seine Anstrengungen, ein Interimabkommen mit einem israelischen Teilabzug aus dem Sinai durchzusetzen. Immer wieder pendelt er zwischen Israel und Ägypten, kann aber die Kluft zwischen beiden Kriegsparteien nicht überbrücken. Ägypten verlangt einen umfassenden Rückzug, während sich Israel zwar zu einem Teilabzug bereit zeigt, zusätzlich jedoch auf einer Nichtangriffserklärung Ägyptens besteht. Als Kissingers Pendeldiplomatie scheitert, wirft die US-Regierung Israel Starrköpfigkeit vor und kündigt eine Neubewertung ihrer Beziehungen zu Israel an. Das bedeutet die Nichtunterzeichnung jüngster Vereinbarungen über US-Waffenlieferungen und eine Annäherung Washingtons an die PLO.

Im August nimmt Kissinger seine diplomatischen Bemühungen im Nahen Osten wieder auf. Schließlich bringt er beide Parteien dazu, ein Abkommen zu schließen, dem zufolge sich Israel auf die Ostseite des Mitla- und Giddi-Passes zurückzieht. Ein Gebietsstreifen entlang dem Roten Meer einschließlich der Ölfelder von Abu-Rhodeis wird ägyptischer Zivilverwaltung unterstellt, in den übrigen Gebieten, die die Israelis räumen, beziehen UN-Truppen Position. Ebenso wird die Einrichtung zweier amerikanischer Frühwarnstationen beschlossen: eine wird mit Israelis besetzt, die zweite mit Ägyptern.

Israel macht seine Zustimmung zu der Übereinkunft von einigen amerikanischen Zugeständnissen abhängig: Erdöllieferungen, wenn Israel andere Quellen verschlossen bleiben; Nichtanerkennung der PLO und keine Verhandlungen mit ihr; Aufrechterhaltung der UN-Resolutionen Nr. 242 und 338; Lieferung moderner US-Waffen und Flugzeuge.

Kissingers Aufenthalt in Israel begleiten stürmische Gegen-Demonstrationen von Gush Emmunim. Dennoch gewinnt die Regierung für die Ratifizierung des Interimabkommens eine große Mehrheit in der Knesset: 70 Abgeordnete stimmen dafür.

▷ Pro: Das erste zwischen Israel und Ägypten am 1.9.1975 unterzeichnete Interimabkommen löst im politischen Establishment und in der Öffentlichkeit Konflikte aus. Zu den Befürwortern des Schritts der Regierung zählen Mapam-Mitglieder, allen voran die Knesset-Abgeordneten der Partei. Sie veranstalten eine Demonstration in Tel Aviv.

▽ Kontra: Gush Emmunim veranstaltet in Jerusalem eine Gegen-Demonstration.

1975

▷ Generalstabschef Mordechai Gur unterzeichnet das Interimabkommen für den Sinai, 1. September 1975. Israel verpflichtet sich zum Rückzug bis zum Giddi- und Mitla-Paß und zur Räumung der Gegend um Abu-Rhodeis (Ölfelder).

◁ Nach dem Abzug von Zahal-Soldaten und der Stationierung von UN-Truppen tauchen im Sinai im Herbst 1975 neue Schilder auf. Die Schilder weisen in drei Sprachen darauf hin, daß hier UN-Gebiet beginnt.

◁ Die Zeit der Israelis ist vorbei: Am 30. 11. 1975 verlassen die letzten von ihnen die Ölfelder von Abu-Rhodeis. Die Beschäftigten der Ölgesellschaft »Netivei-Neft« setzen ihre Namen auf die eingeholte israelische Flagge.

▽ Ende 1975: Konflikt zwischen Gush-Emmunim-Mitgliedern in Allon More und der Regierung, weil diese gegen die jüdische Besiedlung des besetzten Samaria ist. Nach einer Woche stimmen die Siedler ihrer Evakuierung in ein Militärlager zu. Für Chanan Porat (rechts), Rabbi Levinger und ihre Anhänger endet das Ganze mit einem Sieg.

457

1976

Januar
4 Der Ministerausschuß für Wirtschaft beschließt, das Kupferbergwerk in Timna wegen Unrentabilität zu schließen.
6 Neuer Vorsitzender der Zionistischen Exekutive wird Joseph Almogi.
12 Katjuscha-Raketen treffen Ortschaften in Nord-Israel. Zahal erwidert das Feuer mit seiner Artillerie.
28 Ministerpräsident Rabin redet vor dem Kongreß und dem Senat in Washington.
Im Verlauf des Monats hat sich der Bürgerkrieg im Libanon verstärkt. Israel öffnet seine Nordgrenze für christliche Flüchtlinge.

Februar
16 Die Regierung belegt die Einfuhr von Dienstleistungen sowie Auslandsreisen mit einer Steuer in Höhe von 15 % des Preises.
20 Israel vollendet die Übergabe des Giddi- und Mitla-Passes.

März
Demonstrationen und Ausschreitungen überall auf der Westbank. Die meisten Bürgermeister treten zurück.
14 Verteuerung der Grundnahrungsmittel um 25 % und Streichung der Subventionen. Schleichender Wertverlust des Pfundes: 1 US-$ = 7,52 IL.
21 Der Sicherheitsberater der Regierung, Ari'el Sharon, legt sein Amt nieder.
30 Zum ersten Mal begehen die arabischen Ortschaften Israels den »Tag der Erde«. Bei Zusammenstößen mit der Polizei werden sechs Araber getötet und zwölf Angehörige der Sicherheitskräfte verletzt.

April
15 Tod von David Eleazar, dem Generalstabschef im Jom-Kippur-Krieg, im Alter von 51 Jahren.
28 Anschlag in Jerusalem: vier Verletzte und zwei tote Polizeioffiziere.

Mai
3 Ein weiterer Anschlag im Zentrum von Jerusalem: 33 Verletzte. Eine Frau erliegt ihren Verletzungen.
9 Die Regierung genehmigt den Bau jüdischer Siedlungen auf beiden Seiten der »Grünen Liste« – der Staatsgrenze zu Jordanien vor 1967 –, aber nur im Rahmen vorher genehmigter Pläne.
25 Bei der Explosion eines Koffers mit Sprengladung werden eine Sicherheitsbeamtin und der Kofferbesitzer, ein

»Miss Universum«: die Israelin Rina Moore.

junger Deutscher aus der linksextremen Szene, getötet.

Juni
18 Zwei Raketenschiffe der israelischen Marine laufen nach New York aus, um dort an der Zweihundertjahrfeier der USA teilzunehmen.
23 Die Knesset lehnt die Einführung der Zivilehe mit einer Mehrheit von 31 zu 18 Stimmen ab.
27 Beginn des Entebbe-Dramas: Palästinensische Terroristen entführen eine Air-France-Passagiermaschine auf dem Weg von Lod nach Paris über Athen und zwingen sie erst in Bengasi in Libyen und danach in Entebbe in Uganda zur Landung.

Juli
1 Einführung der Mehrwertsteuer in Israel: in Höhe von 8 %.
3/4 Das »Unternehmen Jonathan«: Israelische Truppen greifen den Flughafen von Entebbe an und befreien mehr als 100 israelische Geiseln.
18 Koppelung des israelischen Pfundes an den »Währungskorb«. Er umfaßt die Währungen der USA, Deutschlands, Hollands, Frankreichs und Großbritanniens.
25 Bei den Olympischen Spielen in Montréal besiegt Brasilien Israel im Fußball mit 4 : 1. Damit scheiden die Israelis aus.

August
5 Asher Yadlin ist der Kandidat der Regierung für das Präsidium der Bank Israel. Er soll Moshe Sanbar ablösen.
11 Anschlag auf eine El-Al-Maschine in Istanbul: vier Tote und 21 Verletzte.
16 Wegen der Einführung der Mehrwertsteuer bestreiken Lebensmittelhändler drei Tage lang ihre eigenen Geschäfte.
31 Beginn der Bewerbungsfrist für Wohnungen in der neuen jüdischen Stadt Katzrin, auf den Golanhöhen.

September
1 Ein neues Mittagsblatt erscheint: »Ha-Jom ha-se«. Chefredakteur ist Moshe Dayan. Es geht schon nach wenigen Monaten ein.
25 Am jüdischen Neujahrstag wird ein Terroranschlag vereitelt: Fünf Terroristen werden nach ihrer Landung am Strand von Tel Aviv gefaßt.

Oktober
3 Eine wütende arabische Menschenmenge dringt am Vorabend von Jom Kippur in die Machpela-Höhle in Hebron ein und zerstört die dortige Synagoge.
18 Die Polizei verhaftet Asher Yadlin, den Kandidaten für das Präsidium der Bank Israel. Der Verdacht: Entgegennahme von illegalen Maklergebühren und Bestechung in Immobiliengeschäften.
24 Neuer Kandidat für den Vorsitz der Bank Israel ist Arnon Gafni, Generaldirektor im Finanzministerium.
30 Der Archäologe Yig'al Yadin wechselt in die Politik.

November
Professor Yig'al Yadin gibt am 22. 11. die Gründung seiner »Demokratischen Bewegung« (Dash) bekannt. Ari'el Sharon verläßt den Likud und will bei den nächsten Wahlen mit einer unabhängigen Liste antreten.

Dezember
Auf der Westbank Proteste gegen die Mehrwertsteuer.
11 Die ersten US-Flugzeuge vom Typ F-15 treffen in Israel ein. Ihre Landung am Sabbat bringt die Orthodoxen auf.
14 Daraufhin Mißtrauensantrag der »Thora-Front« gegen die Regierung. Mehrere Parteien, allen voran der Likud, schließen sich an – Mafdal enthält sich der Stimme.
19 Ministerpräsident Rabin fordert die Mafdal-Minister auf, wegen ihrer Stimmenthaltung zurückzutreten. Sie weigern sich, daraufhin reicht Rabin seinen Rücktritt ein. Arbeitspartei und Mapam beschließen Neuwahlen.
1976 wurde die Aktion »Guter Zaun« ins Leben gerufen: Israelische Hilfe für die Christen im Südlibanon. Inflation: Sie ist 1976 auf 31,3 % gesunken.

1976

DAS UNTERNEHMEN JONATHAN

Mitte 1976 zieht Israel erneut weltweit Aufmerksamkeit auf sich. Am 27. Juni entführen palästinensische Terroristen von der Organisation Dr. Wadia Hadads ein Flugzeug der Gesellschaft Air France und zwingen den Piloten, in Entebbe in Uganda zu landen. An Bord befinden sich 268 Passagiere, darunter 104 Israelis.

Die Entführer, die die Sympathie des ugandischen Herrschers Idi Amin genießen, fordern die Freilassung 53 ihrer Kameraden, von denen 40 in Israel inhaftiert sind. Anfangs ist die Regierung Israels unschlüssig, wie sie reagieren soll. Wegen der großen Entfernung Entebbes – rund 4000 Kilometer – scheint der Einsatz der israelischen Armee unmöglich, so daß mit den Entführern verhandelt werden müßte. Trotzdem beginnen die Militärs mit der Planung eines Einsatzes zur Befreiung der Geiseln. Am 29. Juni spitzt sich die Lage zu: Die Freischärler trennen die israelischen von den übrigen Passagieren. Anfang Juli nimmt dann der Plan für einen Befreiungsschlag Gestalt an, und am 3. Juli genehmigt die Regierung das riskante Unternehmen.

Sechs Flugzeuge brechen nach Entebbe auf. An Bord sind Angehörige einer Sondereinheit, Fallschirmspringer, Golani- und andere Soldaten. Ebenso wird eine große Anzahl von Fahrzeugen mitgenommen, darunter – so wird erzählt – auch ein schwarzer Mercedes, ein Geschenk für Idi Amin. Eins der Flugzeuge dient als fliegende Kommandozentrale und auf dem Rückflug als Feldlazarett. Diese Maschine fliegt nach Nairobi und steuert die Aktion von dort.

Alle übrigen Flugzeuge landen in Entebbe. Innerhalb von wenigen Minuten bemächtigen sich die israelischen Soldaten des gesamten Flughafengeländes und des Gebäudes, in dem die Geiseln festgehalten werden. Sie schalten die Terroristen aus und verletzen Dutzende von ugandischen Soldaten, die sich ihnen in den Weg stellen wollen. Auf israelischer Seite gibt es einen Toten, den Befehlshaber der Einsatztruppe Oberstleutnant Netanyahu, und einen Verwundeten. Drei Geiseln werden getötet und sechs verletzt. Die Geretteten werden in die israelischen Flugzeuge gebracht und nach Israel ausgeflogen.

Kurz nach Mitternacht ist die Aktion, die die ganze Welt in Staunen versetzt, beendet. Planung, Ausführung und die Entschlossenheit der Israelis, überall gegen Terroristen vorzugehen, wecken eine Welle der Sympathie, wie Israel sie seit Jahren nicht mehr erlebte.

▷ Das Flughafengebäude in Entebbe hat die israelische Firma »Solel Bone« gebaut. Es wird Schauplatz der spektakulären Geiselbefreiung in der Nacht vom 3. auf den 4. Juli 1976.

▽ Die Entführten treffen am 4. Juli 1976 morgens in Israel ein. Tausende eilen zu ihrer Begrüßung.

> Ich glaube daran, daß das Leben nicht nur aus einer Anhäufung von Stunden und Tagen besteht, die zwischen der Geburt eines Menschen und seinem Tod liegen. Es besteht vielmehr aus dem Inhalt, den man dem Leben gibt. Der höchste Ausdruck des Seins ist es nicht, mit dem Strom der Zeit mitzuschwimmen, sondern besteht in dem Eindruck, den ein Mensch dank seiner Persönlichkeit und seinen Taten bei seiner Umwelt hinterläßt... Es gibt Menschen mit einem langen Leben, trotzdem haben sie in diesem Sinn nicht gelebt. Und es gibt Menschen mit einem kurzen, aber reichen Leben. Sie lernen und lieben und kämpfen und erziehen Soldaten und setzen sich mit den tieferen Problemen unseres Seins auseinander – und doch bleiben sie empfindsam und offen für Freuden wie ein Lächeln, ein Ausflug, eine Blume, ein Gedicht... Wenn es überhaupt Trost gibt, über ein so früh ausgelöschtes Leben, dann ist es dieser.«

Ehud Barak am Grab Jonathan Netanyahus, 1976.

DER GUTE ZAUN

An der libanesischen Grenze herrscht jahrelang völlige Ruhe. Arabische Terrororganisationen sind schuld daran, daß sich dies nach dem Sechs-Tage-Krieg ändert. Von Jahr zu Jahr sickern nun von hier immer öfter Eindringlinge nach Nord-Israel ein. Um sich zu schützen, baut Israel eine Schutzanlage entlang der Grenze, vom Mittelmeer bis zum Hermon. 1976 jedoch wird dieser Sicherheitszaun geöffnet, und zwar von Israel selbst. Die Aktion »Guter Zaun« beginnt: Hilfe für die verfolgten Christen im Südlibanon.

Im Juni 1976 errichtet die israelische Armee nahe Metulla eine mobile Poliklinik, die die Christen aus den nahe gelegenen libanesischen Dörfern versorgt. Danach werden noch weitere Kliniken entlang der Grenze installiert, und auch darüber hinaus wächst die Zusammenarbeit zwischen Israel und den Christen. Diese kommen als Arbeiter nach Israel, und Israel unterstützt in ihrer Heimat die Landwirtschaft, den Straßenbau, das Verlegen von Wasserleitungen und ähnliche Projekte. In einem späteren Stadium folgt militärische Hilfe für die christlichen Milizen.

Der »gute Zaun« erregt Aufsehen, auch international, und schmiedet eine Koalition zwischen Israel und den Christen während des libanesischen Bürgerkriegs. Ferner setzt eine regelrechte Wanderung zu den Toren am »Zaun« ein, um diese ungewöhnliche Zusammenarbeit mitzuerleben.

△ Wiedersehen zweier Verwandter, aus Israel und dem Südlibanon. Dank des »guten Zaunes« können sie sich jetzt umarmen.

▷ Das 1976 geöffnete Tor bei Metulla wird schon bald zur Sehenswürdigkeit. Jeden Tag kommen Hunderte von Israelis und Touristen hierher.

▽ Unzählige in- und ausländische Touristen besuchen auch Ophira (Scharm asch-Scheich) auf dem Sinai. Es ist eine richtige Stadt geworden. Rechts das Kennedy-Denkmal ganz in der Nähe.

1976

◁ Um der Verkehrspolitik in Tel Aviv Herr zu werden, wird die Gesellschaft »Netivei-Ajallon« gegründet, die eine Stadtautobahn im Ajallon-Tal baut. 1976 wird die »Friedensbrücke« eingeweiht. Festredner ist Tel Avivs Bürgermeister Shlomo Lahat.

▽ Dieses Flugzeug löst eine politische Krise aus. Die für die Luftwaffe bestimmte Maschine »F-15« landet am Freitag abend, kurz vor Sabbat-Beginn. Ministerpräsident Rabin begrüßt den Piloten (links). Daraufhin initiieren die Orthodoxen ein Mißtrauensvotum gegen die Regierung. Koalitionspartner Mafdal enthält sich der Stimme. Rücktritt Rabins.

▽ 1976 beginnt die »schleichende Abwertung« des israelischen Pfundes. Die Anfang 1976 veröffentlichte Tabelle (unten) zeigt, wieviel das Pfund seit der Staatsgründung 1948 gegenüber dem US-Dollar an Wert verloren hat.

▷ Als der japanische Subaru Ende der sechziger Jahre in Israel auf den Markt kommt, findet er sofort großen Anklang. In den siebziger Jahren wird er regelmäßig zum »Auto des Jahres«.

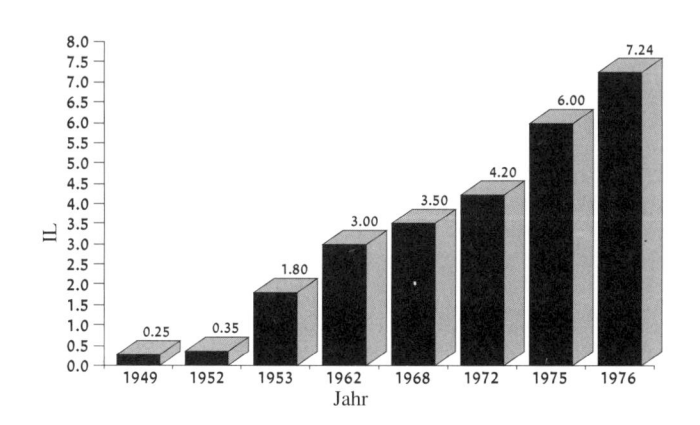

1977

Januar

3 Wohnungsbauminister Abraham Ofer begeht Selbstmord.

5 Beschluß der Knesset, am 17. 5. 1977 Neuwahlen durchzuführen. Dash, die »Demokratische Bewegung für Änderung« unter Yig'al Yadin, gewinnt an Schwung. Im Laufe des Monats treten ihr zwei Knesset-Abgeordnete der Partei Freies Zentrum und Persönlichkeiten aus Wirtschaft und Verwaltung bei, die zuvor der Arbeitspartei nahestanden.

Februar

17 Eindrucksvolle Leistung der Basketball-Mannschaft Makkabi Tel Aviv: Sieg über CSK-Moskau mit 91 : 79.

22 Verurteilung von Asher Yadlin, ehemals Anwärter auf das Amt des Gouverneurs der Bank Israel, zu einer Freiheitsstrafe von fünf Jahren. Grund: die Annahme von Bestechungsgeldern.

23 Kandidatenkür in der Arbeitspartei: Um das Amt des Ministerpräsidenten bewirbt sich Yitzhak Rabin, der sich mit einem knappen Vorsprung von 1445 gegen 1404 Stimmen gegen Shim'on Peres durchgesetzt hat.

März

15 Die Dash-Bewegung stellt ihre Liste für die Knesset-Wahl auf: Yig'al Yadin, Amnon Rubinstein, Me'ir Amit, Shmu'el Tamir und Me'ir Sorea führen sie an.

18 Gründung einer neuen linken Bewegung, Schelli.

April

3 Moshe Dayan erklärt, er habe von verschiedenen Parteien Angebote erhalten, aber er werde die Arbeitspartei nicht verlassen.

7 In einer nächtlichen Rede im Radio und TV teilt Yitzhak Rabin mit, er ziehe seine erneute Kandidatur für das Amt des Ministerpräsidenten zurück und lege auch den Parteivorsitz nieder, weil seine Frau ohne Sondergenehmigung ein Auslandskonto besessen habe.

Makkabi Tel Aviv wird Europameister im Basketball.

10 Vereinbarung zwischen Peres und Allon: Peres will Ministerpräsident werden, Allon soll ein wichtiges Ministeramt seiner Wahl bekleiden. Die Arbeitspartei wählt Peres zu ihrem Spitzenkandidaten für die Knesset-Wahl.

17 Geldstrafe von einer viertel Million IL für Lea Rabin.

Mai

15 Die erste Fernsehdiskussion der Spitzenkandidaten nach amerikanischem Vorbild: Peres gegen Begin.

17 Politische Wende bei den Wahlen zur neunten Knesset: der Likud und die Gruppierung Shlomzion von Ari'el Sharon bekommen zusammen 45 Sitze, der Ma'arach sinkt auf 32, und Dash erhält 15 Sitze.

25 Der zukünftige Ministerpräsident Menachem Begin bietet Moshe Dayan das Außenministerium an. Dayan akzeptiert.

Juni

7 Der Staatspräsident beauftragt Menachem Begin mit der Bildung der neuen Regierung.

13 Yitzhak Shamir vom Likud wird zum Vorsitzenden der neunten Knesset gewählt.

21 Menachem Begin stellt der Knesset seine Koalition vor: Likud, Mafdal und Agudat-Israel. Die Regierung stützt sich auf 63 Knesset-Mitglieder. Fünf Geschäftsbereiche werden vorerst nicht verteilt – in der Hoffnung, daß Dash der Koalition beitritt.

22 Bei den Histadrut-Wahlen bleibt alles beim alten: Ma'arach 56 %, Likud 28 %.

28 Ministerpräsident Begin verkündet, Israel sei zur Teilnahme an Friedensgesprächen bereit.

Juli

1 Abkommen zwischen Israel und der EWG über die Bildung einer Freihandelszone und den weiteren Abbau der Zölle auf israelische Ausfuhren.

Wahl von Shim'on Peres zum Parteivorsitzenden der Arbeitspartei.

Die neue Regierung erkennt die illegal gegründeten jüdischen Siedlungen in den besetzten Gebieten an.

August

16 Weiterer Wertverlust des Pfundes: 1 US-$ = 10,14 IL.

17 Der Ministerausschuß für Besiedlung beschließt die Gründung dreier weiterer Siedlungen auf der Westbank.

25 Ministerpräsident Begin reist zu einem Staatsbesuch nach Großbritannien.

31 Landwirtschaftsminister Ari'el Sharon unterbreitet seinen Plan einer umfassenden Besiedlung der besetzten Gebiete. »Zwischen dem Golan und Ophira« sollen binnen 20 Jahren zwei Millionen Juden leben.

September

21 Nach einer langen Pause gehen wieder Katjuscha-Raketen auf Safed und Kirjat-Schmona nieder.

Auseinandersetzungen zwischen Gush Emmunim und der Regierung über die Gründung neuer Siedlungen auf der Westbank. Gush Emmunim will zwölf Orte bauen, die Regierung schlägt vor, daß die Siedler sich in sechs Militärlagern sammeln. Die amerikanische Regierung verurteilt die jüdische Besiedlung der besetzten Gebiete.

29 Das Wohnungsbauministerium plant Jammit als Stadt mit 100 000 Einwohnern.

Oktober

1 In einer gemeinsamen Erklärung fordern die USA und die UdSSR, daß ein israelisch-arabisches Friedensabkommen »die legitimen Rechte des palästinensischen Volkes« garantiere.

10 Sadat erklärt, wenn die Friedensbemühungen scheiterten, werde Ägypten mit Saudi-Arabien einen Krieg gegen Israel führen.

20 Dash beschließt, der Regierungskoalition beizutreten. Vier Tage später werden vier Dash-Mitglieder gewählt: Yig'al Yadin (stellvertretender Ministerpräsident), Shmu'el Tamir, Me'ir Amit und Israel Katz.

31 Neuer Wirtschaftskurs: Die Regierung hebt die Kontrolle über den Besitz ausländischer Devisen auf. Erhöhung der Mehrwertsteuer auf 12 %.

November

3 Demonstrationen in Tel Aviv gegen die neue Wirtschaftspolitik.

6 Auf Bitten des Papstes läßt Israel den inhaftierten Erzbischof Capucci frei.

Terroristen beschießen Naharija mit Katjuscha-Raketen: zwei Tote. Israel erwidert das Feuer, die Artillerie beschießt die Orte, aus denen die Raketen kommen.

8 Weitere Katjuscha-Raketen treffen Naharija: eine Tote und fünf Verletzte. Als Antwort setzt Israel die Artillerie und Flugzeuge ein.

10 Sadat verkündet im ägyptischen Parlament, er sei bereit, nach Israel zu fahren, wenn dies dem Frieden diene.

12 Ministerpräsident Begin lädt Sadat nach Jerusalem ein. Offizielle Einladung am 15. 11.

19 Ein historisches Ereignis: Der Präsident von Ägypten, Anwar as-Sadat, trifft zu einem dreitägigen Israel-Besuch ein.

21 Bei seiner Heimkehr aus Jerusalem wird Sadat in Kairo überschwenglich begrüßt.

Dezember

13 Landung der ersten El-Al-Maschine in Kairo. Sie bringt die israelische Delegation zur »Kairo-Konferenz«, an der Israel, Ägypten, die USA und die UNO teilnehmen.

20 Verteidigungsminister Ezer Weizmann trifft überraschend zu Gesprächen mit seinem ägyptischen Amtskollegen in Kairo ein.

22 Ministerpräsident Begin unterbreitet seinen Autonomieplan für Judäa und Samaria (Westbank).

Gush Emmunim und die »Bewegung für ein vollständiges Israel« machen gegen die Friedenspläne der Regierung mobil. Die Siedler in den besetzten Gebieten fürchten, aufgeben zu müssen.

25 Begin fährt zum Gipfeltreffen mit Sadat nach Isma'ilija.

28 Die Knesset nimmt den Friedensplan der Regierung mit einer Mehrheit von 64 zu acht Stimmen an – bei 40 Enthaltungen.

1977 betrug die Inflationsrate 34,6 %.

▷ »Hurra!« Makkabi Tel Aviv ist Europameister im Basketball.

▽ Am 7. April 1977 gibt Yitzhak Rabin seinen Rücktritt bekannt. Im Bild ist Rabin ungefähr zwei Monate davor auf einer Versammlung der Bewegung »Bürger für Rabin« zu sehen.

▽ Ein neues Gesicht in der politischen Arena: Yig'al Yadin.

△ Begeht Selbstmord: Minister Ofer.

DIE WENDE: BEGIN TRIUMPHIERT

In den ersten Monaten des Jahres 1977 befindet sich die Arbeitspartei in einem miserablen Zustand: An der Parteispitze bekriegen sich Ministerpräsident Rabin und Verteidigungsminister Peres; dem Kandidaten für den Vorsitz der Bank Israel, Aaron Yadlin, wird wegen Bestechlichkeit der Prozeß gemacht; Wohnungsbauminister Abraham Ofer begeht Selbstmord – er wurde der Unehrlichkeit bezichtigt; und endlose Streiks lähmen die Wirtschaft. Dies alles trägt zu einer weiteren Verschlechterung des Images der Arbeitspartei und ihrer Führung bei.

Ein weiterer Skandal wird Anfang April aufgedeckt. Dan Margalit, »Ha'Aretz«-Korrespondent in Washington, findet heraus, daß die Frau des Ministerpräsidenten, Lea Rabin, in den USA ein Dollarkonto besitzt – und das widerspricht dem Gesetz. Ministerpräsident Rabin übernimmt dafür die Verantwortung und tritt zurück. An seiner Stelle leitet Verteidigungsminister Shim'on Peres die Sitzungen der Regierung bis zu den Wahlen.

Zu den neunten Knesset-Wahlen tritt der Ma'arach, die Vereinigung von Arbeitspartei und Mapam, also niedergeschlagen und zerstritten an. Sein Hauptgegner, der Likud, führt dagegen einen dynamischen Wahlkampf unter der Leitung von Ezer Weizmann – Spitzenkandidat Menachem Begin erholt sich noch von seinem Herzinfarkt. Auch eine dritte Gruppierung zieht beträchtliche Aufmerksamkeit auf sich: die Demokratische Bewegung für Veränderung (Dash) unter Yig'al Yadin, die 1976 von einigen Politikern gegründet wurde, die sich vom Ma'arach enttäuscht abgewandt hatten. Vor den nun anstehenden Wahlen schließen sich ihnen weitere wichtige Persönlichkeiten an. Unterdessen wählt der Ma'arach Shim'on Peres zu seinem Spitzenmann, während Begin gesund wird und wieder die Führung des Likud übernimmt. Am Wahltag, dem 17. Mai 1977, erweist sich, daß die israelische Öffentlichkeit einen Wechsel wünscht: Der Ma'arach wird geschlagen, die Zahl seiner Sitze sinkt von 51 auf 32. Der Likud hingegen verzeichnet einen Zuwachs von 39 auf 43 Mandate. Dash bekommt 15 Sitze, praktisch alle auf Kosten des Ma'arach. Ari'el Sharon hat sich mit einer eigenen Partei namens »Shlomzion« an den Wahlen beteiligt, aber nur zwei Sitze erhalten. Doch schließt er sich sofort dem Likud an. Mit diesen 45 Sitzen und denen der religiösen Parteien bildet Begin seine erste Regierung. Und obwohl die meisten führenden Politiker von Dash eigentlich dem Ma'arach näher stehen, tritt nach mehreren Monaten schließlich auch diese Bewegung der Regierung Begin bei.

▷ Der große Sieger im Jahre 1977 heißt Menachem Begin. Hier bei der Stimmabgabe am 17. Mai 1977, zusammen mit seiner Frau Aliza. Auch die Wahlen im Jahre 1981 wird er gewinnen.

▽ Für wen stimmt der Ma'arach-Abgeordnete und ehemalige Verteidigungsminister Moshe Dayan? Vor den Wahlen erklärt er, er sei Mitglied der Arbeitspartei und werde seine Partei nicht verlassen. Nach den Wahlen wird er Außenminister in der Regierung Begin.

▽ Wie einer aus dem Volk steht der noch amtierende Ministerpräsident Yitzhak Rabin Schlange vor dem Wahllokal. De facto konnte Rabin nicht zurücktreten, denn seine Regierung war bereits eine Übergangsregierung. Die Kabinettssitzungen leitete an seiner Stelle Verteidigungsminister Shim'on Peres, der auch neuer Kandidat für das Amt des Ministerpräsidenten ist. Im Frühjahr 1977 genießt Rabin kaum Popularität. Durch das Auftreten von Dash sinken die Erfolgsaussichten des Ma'arach dramatisch, und zu all dem kommt auch noch die Sache mit dem Dollarkonto Lea Rabins.

△ Nachruf auf sich selbst: »Schluß. Der Vorhang fällt«, lautet eine Eigenanzeige des Ma'arach am 17. Mai 1977.

1977

▷ Menachem Begin gibt seine erste Erklärung ab, im Parteihauptquartier in Tel Aviv, am Morgen des 18. Mai 1977. Begin wartet ab, bis der Sieg des Likud sicher ist; erst dann erscheint er in der Likud-Zentrale. Im Verlauf seiner Rede, die auch vom Fernsehen übertragen wird, dankt Begin seiner Frau Aliza: »Sie ist mit mir durch die Ödnis, über ein mit Minen übersätes Feld gegangen.«

△ Die Sorge vor Problemen bei der Machtübergabe erweist sich als unbegründet. Der scheidende Knesset-Vorsitzende überreicht seinem Nachfolger vom Likud, Yitzhak Shamir, den Hammer.

▽ 17. 5. 1977: Freude im Likud-Hauptquartier wegen der politischen »Wende«. Einige haben darauf Jahrzehnte gewartet. Aus dem Ma'arach-Hauptquartier gibt es aus dieser Nacht keine Bilder.

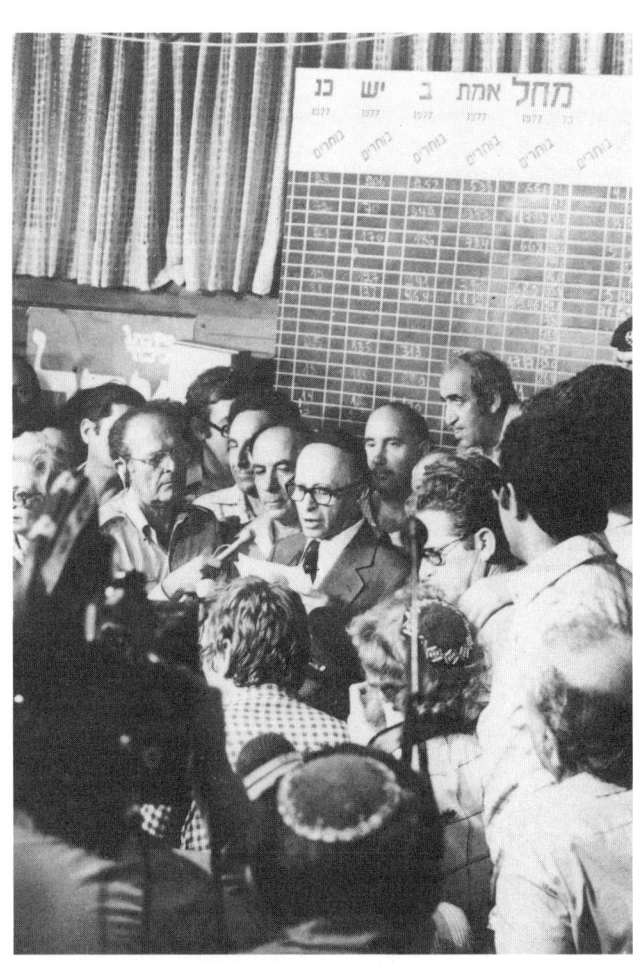

SADAT BESUCHT JERUSALEM

An 1977 erinnern vor allem zwei aufregende Ereignisse: der politische Umschwung bei den Wahlen am 17. Mai und der Besuch des ägyptischen Präsidenten Anwar as-Sadat in Jerusalem ein halbes Jahr später.

Begin gilt bis dahin als Falke, aber schon am Ende des Wahltages gibt er eine Erklärung ab, die seine flexible Haltung in der Außenpolitik beweist. Er ruft zum Frieden mit den arabischen Staaten auf und deutet, indem er – den aus der Arbeitspartei ausgetretenen – Moshe Dayan zum Außenminister ernennt, seine gemäßigte Haltung an.

Im Sommer und Herbst 1977 entwerfen Israel und Ägypten gemeinsam einen Friedensplan. Die Verhandlungen beginnen mit einem geheimen Treffen zwischen einem Vertreter Sadats, dem stellvertretenden Regierungsoberhaupt Hassan at-Tohami, und Außenminister Dayan in Rabat, Marokko.

Anfang November 1977 überrascht Sadat die Welt mit seiner Mitteilung, er sei bereit, nach Jerusalem zu fahren und dort vor der Knesset zu sprechen. Begin geht auf die Herausforderung ein und lädt ihn offiziell ein. In Israel wird befürchtet, Ägypten plane eine große Militäraktion im Schatten eines politischen Ablenkungsmanövers. Am Abend des 19. November 1977 steigt Sadat aus der Sondermaschine, mit der er auf dem Flughafen Ben-Gurion gelandet ist – der erste Besuch eines arabischen Staatsoberhauptes in Israel.

Die Begeisterung in Israel in diesen drei Tagen ist kaum in Worte zu fassen. Von da an überschlagen sich die Ereignisse, und schon innerhalb eines Monats fährt erstmals eine israelische Delegation nach Kairo, um dort die Verhandlungen mit Ägypten fortzusetzen.

▷ Das wichtigste Ereignis nach dem Sieg des Likud 1977 ist der Besuch des ägyptischen Präsidenten Anwar as-Sadat in Jerusalem. Er landet am 19. November 1977 mit einer Sondermaschine und wird auf dem Flughafen Ben-Gurion von Staatspräsident Ephraim Katzir (rechts) und Ministerpräsident Menachem Begin (links) begrüßt. Für die Vorbereitungen blieben nur zwei Tage Zeit, trotzdem laufen die Zeremonien und Ereignisse ohne jede Störung ab.

◁ Allgegenwärtig: Sofort nach seinem Besuch tragen sogar Läden seinen Namen: »Sadat-Moden«.

△ Eine fröhliche Runde: Sadat mit den führenden Oppositionspolitikern Golda Meir und Shim'on Peres.

1978

Januar
8 Warnung Menachem Begins an die Ägypter: Falls sie dem Verbleib der jüdischen Siedlungen im Sinai nicht zustimmen, werde Israel möglicherweise sein Angebot, die Halbinsel an Ägypten zurückzugeben, widerrufen. Beschluß der Regierung, die Siedlungen auszubauen.
17 Zusammentritt der von Israel, Ägypten und den USA gebildeten politischen Kommission in Jerusalem.
18 Meinungsverschiedenheiten bei den Beratungen der Kommission. Sadat ruft seine Delegation aus Jerusalem zurück. Am Tag darauf kehrt sie zu den Beratungen zurück.
23 Einweihung der Stadt Katzerin auf den Golanhöhen.

Februar
Im Verlauf des Monats werden in Westeuropa immer wieder vergiftete Zitrusfrüchte aus Israel entdeckt: das Werk einer arabischen Terrororganisation.
11 Treffen Sadats mit Oppositionsführer Shim'on Peres in Salzburg.
19 Bericht der Shimron-Kommission: In Israel gibt es ein »organisiertes Verbrechen«.
20 Eröffnung des 29. Zionistischen Kongresses in Jerusalem.
22 Wahl von Arie Dulzin zum Vorsitzenden der Zionistischen Exekutive.
Tod Mordechai Makleffs, des dritten Generalstabschefs der israelischen Armee, im Alter von 58 Jahren.

März
11 Schwerer Terroranschlag auf der Küstenstraße: Freischärler bemächtigen sich eines Busses. 35 Tote und viele verletzte Israelis.
15 Beginn des »Unternehmens Litani«, mit dem die Armee die Terroristen aus dem Südlibanon vertreiben will.
17 Die Terroristen antworten mit dem Beschuß des westlichen Galiläa: zwei Tote und zwei Verletzte.
22 Stationierung von UNIFIL-Truppen im Südlibanon.

April
Die Anfänge der Bewegung »Frieden jetzt«.
16 Rafael Eitan löst Mordechai Gur als Generalstabschef ab.
19 Israel hat einen neuen Staatspräsidenten, Yitzhak Navon. Er gewinnt die Wahl gegen den Likud-Kandidaten Professor Yitzhak Shaveh. Navon löst Professor Ephraim Katzir ab.
22 In Paris gewinnt der israelische Sänger Yitzhak Cohen den »Grand Prix Eurovision de la Chanson«.

Mai
3 Tod von Pinchas Rosen, Präsident der Partei der Unabhängigen Liberalen und lange Jahre Justizminister, im Alter von 91 Jahren.
11 Israel feiert sein dreißigjähriges Bestehen.
15 Eröffnung des Diaspora-Museums in Tel Aviv.

Juni
2 Explosion eines Sprengsatzes in einem Bus in Jerusalem: sechs Tote und 19 Verletzte.
13 Die israelische Armee zieht sich aus dem Südlibanon zurück, Ende des »Unternehmens Litani«. Das geräumte Gebiet wird den Christen übergeben; die Israelis betrachten es künftig als »Sicherheitszone«.
26 Die USA bemühen sich um die Wiederaufnahme der Gespräche zwischen Israel und Ägypten.
28 Nach anderthalb Monaten bricht Aby Nathan seinen Hungerstreik ab, den er begann, weil die Regierung seiner Meinung nach den Friedensprozeß behindert.

Juli
13 Verteidigungsminister Ezer Weizmann trifft in Österreich mit Sadat zusammen. Er will den Friedensprozeß wieder in Gang bringen.
18 Die Außenminister von Israel, Ägypten und den USA treffen sich in England.
23 Ernennung von Professor Yitzhak Zamir zum Rechtsberater der Regierung. Sein Vorgänger, Professor Aaron Barak, wurde zum Richter am Obersten Gerichtshof ernannt.

August
3 Explosion eines Sprengsatzes auf dem Karmel-Markt in Tel Aviv: ein Toter und 50 Verletzte.
20 Terroristen attackieren El-Al-Personal in London: eine Tote und acht Verletzte.
23 Dash spaltet sich.
29 Im Alter von 79 Jahren stirbt Sha'ul Avigur, der einst zur »Haganna«-Führung gehörte und Leiter des Zweiten Alija-Büros war.

September
18 Ein historisches Abkommen: Nach 13tägigen Beratungen geht die Konferenz in Camp David zu Ende. Der Ministerpräsident Israels und der Präsident Ägyptens unterzeichnen das »Rahmenabkommen für einen Friedensvertrag zwischen Ägypten und Israel«. Danach soll Israel den Sinai räumen, beide Staaten werden einen Friedensvertrag unterzeichnen und diplomatische Beziehungen aufnehmen.

Immer mehr jüdische Auswanderer aus der Sowjetunion entscheiden sich beim Zwischenstopp in Wien, nicht nach Israel weiterzureisen – mehr als 60 %.
27 Die Knesset ratifiziert die Camp-David-Abkommen mit einer Mehrheit von 85 zu 19 Stimmen bei 17 Enthaltungen. 27 Abgeordnete der Koalitionsparteien stimmen nicht für das Abkommen.

Oktober
21 Im Blaire-House in Washington beraten die Vertreter Israels und Ägyptens über den Wortlaut des Friedensvertrages. Die Regierung wird den Vertragsentwurf am 25. 10. genehmigen und gleichzeitig beschließen, die Siedlungen auf der Westbank weiter auszubauen. Die Amerikaner schäumen vor Wut.
27 Begin und Sadat erhalten den Friedensnobelpreis.

November
5 Revolution gegen den Schah von Persien. Eine tobende Menge schlägt die Fenster des El-Al-Büros in Teheran ein.
7 Kommunalwahlen: Die Bürgermeister Jerusalems (Teddy Kollek), Tel Avivs (Shlomo Lahat) und Haifas (Arie Gur'el) werden mit großer Mehrheit in ihrem Amt bestätigt.
12 Lehrerstreik in der Mittel- und Oberstufe (bis zum 25. 12.).
15 Beispiellos: Drei Knesset-Mitglieder, allesamt Gegner der Friedenspolitik, Moshe Shamir, Rabbi Chaim Druckman und Ge'ula Cohen, demonstrieren im Plenarsaal: »Die Regierung Israels steht kurz vor einem Abgrund. Stopp!«, steht auf dem Schild, das sie hochhalten.

Bei den Friedensgesprächen Spannungen zwischen Israel und Ägypten: Die Ägypter fordern, die Zukunft der Westbank und des Gazastreifens in den Friedensvertrag einzubeziehen.

Dezember
8 Tod Golda Meirs, Ministerpräsidentin von 1969 bis 1974, im Alter von 80 Jahren.
21 Katjuscha-Raketen auf Kirjat-Schmona: ein Toter und zehn Verletzte.

Die Friedensgespräche zwischen Israel und Ägypten stecken fest. Erst gegen Monatsende zeichnet sich ein Durchbruch ab.

1978 reist Ministerpräsident Begin wiederholt in die USA und trifft mit Präsident Carter zusammen.

1978 betrug die Inflation 48,1 %.

▽ Der ausgebrannte Omnibus, nachdem Armee und Polizei die Terroristen ausgeschaltet haben. Der Anschlag gehört zu den schwersten in den siebziger Jahren, und die Regierung Begin reagiert mit aller Härte. Mit einem großen Truppenaufgebot dringt Israel in den Südlibanon ein, um in einer als »Unternehmen Litani« bezeichneten Aktion gegen die dort verschanzten Freischärler vorzugehen.

DAS UNTERNEHMEN LITANI

Am 11. März 1978 gelingt es einer Gruppe von Freischärlern, mit einem Boot die israelische Küste zu erreichen. Bei Ma'agan Michael bringen die Terroristen einen Bus in ihre Gewalt, der voll besetzt ist mit Ausflüglern auf dem Weg in den Norden. Sie zwingen den Fahrer, kehrt zu machen und südwärts zu fahren. Trotz aller Anstrengungen, den entführten Bus zu stoppen, legt er 50 Kilometer zurück, wobei die Terroristen wahllos in alle Richtungen schießen. Dabei verletzen sie Verfolger wie Entführte. Der Bus kommt erst an einer Straßensperre an der Kreuzung Glilot zum Stehen. Bei der anschließenden Schießerei mit einer Sondereinheit der Polizei explodiert der Bus. Auf israelischer Seite gibt es 35 Tote und mehr als 70 Verletzte.

Israel reagiert auf den Anschlag mit eiserner Faust. Im »Unternehmen Litani« greifen Tausende Soldaten, Flugzeuge und Schiffe Terroristenstellungen im Südlibanon an. Innerhalb weniger Tage wird die Infrastruktur der Terroristen zerstört, Hunderte werden getötet, und die meisten anderen fliehen in Richtung Norden. Der UN-Sicherheitsrat fordert Israel auf, seine Truppen aus dem Nachbarland abzuziehen, und beschließt die Entsendung von UN-Truppen (UNIFIL). Die Israelis verlassen das libanesische Grenzgebiet.

Zwar mußten die Terroristen einen herben Rückschlag einstecken, doch finden sie sich nach dem Abzug der Israelis wieder im Südlibanon ein und greifen Israel erneut an.

▷ Die christliche Bevölkerung heißt die israelischen Soldaten im Südlibanon willkommen. Sie steht auf ihrer Seite. Dem Soldat wird Kaffee gereicht. Mitte: ein Angehöriger der »libanesisch-christlichen Kompanie«.

△ Der Befehlshaber der christlichen Truppen im Südlibanon, Major Sa'ad Hadad.

▷ Das »Unternehmen Litani«: israelische Halbkettenfahrzeuge im Südlibanon. Die Israelis bleiben drei Monate in der Gegend.

1978

▷ Zum 30. Geburtstag Israels werden in Jerusalem der neue Merkava-Panzer und ein Hotchniss-Panzer aus dem Unabhängigkeitskrieg nebeneinander vorgestellt.

▽ Sonderbriefmarken zu den 30-Jahr-Feiern. Staatsgründer: Golomb, Sneh, Sadeh, Stern und Rasi'el (im Bild).

▷ Im Frühjahr 1978 tritt ein neuer Generalstabschef sein Amt an: Rafael Eitan. Ministerpräsident Begin und Verteidigungsminister Weizmann heften das neue Abzeichen an.

▽ Auch der fünfte Staatspräsident nimmt seine Tätigkeit auf: Yitzhak Navon. Hier mit seiner Frau Ophira und seinen Kindern.

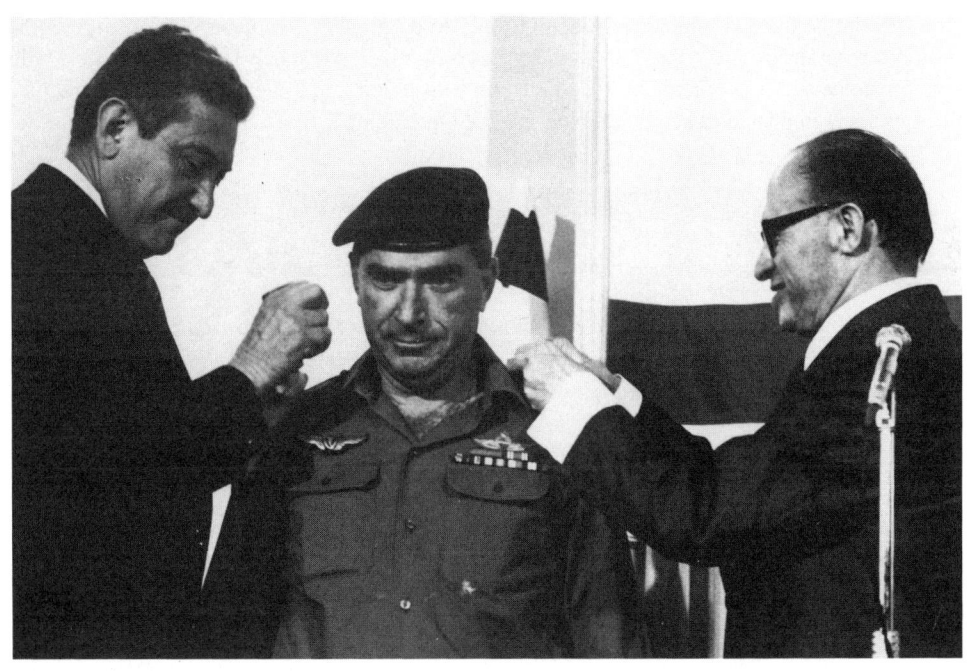

△ Galoppierende Inflation: Münzen mit immer höherem Neuwert werden geprägt.

DIE CAMP-DAVID-KONFERENZ

Nach Sadats Besuch in Jerusalem beginnen die Friedensverhandlungen zwischen Israel und Ägypten. Im Laufe der Monate zeigt sich immer deutlicher, daß die Kluft zwischen beiden Parteien noch sehr groß ist, und im Sommer 1978 geraten die in verschiedenen Ländern geführten Gespräche in eine Sackgasse. US-Präsident Jimmy Carter ergreift die Initiative und lädt Menachem Begin und Anwar as-Sadat mit ihren Ministern und Beratern zu sich ein. Zwölf Tage lang gehen sie gemeinsam in Camp David bei Washington in Klausur und verhandeln unter dem Vorsitz des amerikanischen Präsidenten. Der ist, auch aus innenpolitischen Gründen, fest entschlossen, der Öffentlichkeit am Ende einen Friedensvertrag zu präsentieren.

Am 18. September 1978 unterzeichnen Begin und Sadat zwei Vereinbarungen: ein »Abkommen über den Abschluß eines Friedensvertrages zwischen Ägypten und Israel« und ein »Abkommen über Frieden im Nahen Osten«. In dem ersten Vertrag drücken die Parteien ihre Bereitschaft zu einem Friedensvertrag untereinander aus: Israel werde den Sinai räumen, und israelischen Schiffen werde die Durchfahrt durch den Suez-Kanal gestattet. Außerdem werden Regelungen für den israelischen Abzug und für die Stationierung ägyptischer Truppen im Sinai getroffen. Die zweite Vereinbarung befaßt sich mit dem besetzten Westjordanland und dem Gazastreifen. Begin stimmt der »vollen Autonomie für die Bewohner« und einer selbständigen zivilen Verwaltungsbehörde anstelle der israelischen Militärverwaltung zu – nach einer Übergangszeit von fünf Jahren. Themen, über die zu diesem Zeitpunkt keine Einigung erzielt werden kann, werden im Anhang zu den Abkommen zusammengefaßt. So steht in der Vereinbarung mit Ägypten kein Wort über die Räumung israelischer Siedlungen im Sinai. Sadat besteht darauf, aber Begin erklärt ihm, dazu benötige er die Genehmigung der Knesset. Rückblickend weiß man, daß sich beide Parteien schon in Camp David auf die Aufgabe der Siedlungen verständigt hatten.

In Camp David mußten beide Parteien auf amerikanischen Druck hin Zugeständnisse machen. Jedoch waren die Zugeständnisse der Israelis zweifellos größer als die ägyptischen.

△ Ministerpräsident Menachem Begin, US-Präsident Jimmy Carter und der ägyptische Präsident Anwar as-Sadat unterzeichnen die Rahmenabkommen für einen zukünftigen Friedensvertrag.

▷ Ezer Weizmann und Präsident Sadat bei einer Zufallsbegegnung auf einem Weg in Camp David.

◁ Das Tor zu Camp David, unweit von Washington.

1979

Januar
7 Die Regierung Israels läßt noch weitere 100 vietnamesische Flüchtlinge (»boatpeople«) ins Land. Eine erste Gruppe ist 1977 eingetroffen.

Februar
21 Beginn einer weiteren Runde von Friedensgesprächen zwischen Israel und Ägypten in Washington unter Teilnahme des israelischen Außenministers Dayan und des ägyptischen Regierungschefs Chalil.

März
7 Präsident Carter bricht in den Nahen Osten auf, um den Friedensprozeß voranzubringen.
10–12 Präsident Carter besucht Israel und hält eine Rede in der Knesset.
14 Israel entläßt 76 Terroristen aus der Haft – als Gegenleistung für die Freilassung des Abraham Amram.
19 Die israelische Regierung genehmigt das Friedensabkommen mit einer Mehrheit von 15 zu 2 Stimmen.
22 Die Knesset ratifiziert das Abkommen: 95 Ja- gegen 18 Nein-Stimmen.
26 Unterzeichnung des Friedensabkommens zwischen Israel und Ägypten in Washington.
31 18 Mitglieder der Arabischen Liga und die PLO beschließen Sanktionen gegen Ägypten wegen des Separatfriedens mit Israel.

Das Lied »Halleluja«, gesungen von Galli Atari, gewinnt den ersten Platz im »Grand Prix Eurovision de la Chanson« in Jerusalem.

April
2 Ministerpräsident Begin reist nach Kairo, um mit Sadat über die Autonomie in der Westbank zu beraten.
10 Rückkehr der Hebräischen Universität auf den Skopus-Berg in Jerusalem.
22 Terroranschlag in Naharija: vier Tote – ein Vater und seine beiden Töchter sowie ein Polizist.
25 Inkrafttreten des israelisch-ägyptischen Friedensvertrages.
30 Eine der Früchte des Friedensabkommens: die »Ashdod« passiert als erstes israelisches Schiff den Suez-Kanal.

Mai
23 Schwere Zusammenstöße zwischen Soldaten und Bewohnern des Moschaw Ne'ot Sinai. Sie protestieren gegen die Räumung des Sinai.

Drei Tote bei der Explosion eines Sprengsatzes im Busbahnhof von Petach Tikva.
25 In Be'ersheva beginnen die Gespräche zwischen Israel und Ägypten über den Autonomieplan.
27 Öffnung der Grenze zwischen Israel und Ägypten. Präsident Sadat trifft zu einem Besuch in Be'ersheva ein.

Juni
6 Knesset-Mitglied Ge'ula Cohen verläßt den Likud wegen der Unterzeichnung des Friedensabkommens.
20 Großer Erfolg für Israel im Basketball: zweiter Platz bei der Europameisterschaft. In der Endrunde unterliegt es der Sowjetunion mit 76 : 98.
23 Gründung der »Vereinigten Kibbuzbewegung«.
27 Bei Bombenangriffen auf Terroristenstellungen schießen israelische Flugzeuge fünf syrische Flugzeuge über dem Südlibanon ab.

Juli
10–12 Treffen von Begin und Sadat in Alexandria.
25 Ende einer weiteren Etappe des Rückzuges aus dem Sinai.

August
25 Wiederaufnahme der Autonomiegespräche in Haifa.
21 Die ersten israelischen Touristen fahren nach Ägypten.

September
4 Präsident Sadat trifft zu einem weiteren Besuch in Israel ein, diesmal in Haifa.
16 Die Regierung von Israel beschließt die Aufhebung des Verbotes von Grunderwerb durch Juden auf der Westbank.
24 Abschuß von vier syrischen Flugzeugen durch Israel.

Oktober
21 Moshe Dayan legt sein Amt als Außenminister nieder. Der Grund: Meinungsverschiedenheiten mit Begin über die Autonomiegespräche. Premier Begin wird zusätzlich Außenminister.

Gründung der rechtsgerichteten Bewegung Techija des »Bundes der Getreuen von Eretz Israel« (s. auch 6.6.).

November
7 Neubesetzung des Finanzministeriums: Yig'al Hurwitz löst Simcha Ehrlich ab.

Israel setzt den Abzug aus dem Sinai fort. Im Verlauf des Monats werden Ägypten die Gegend um das Sankt-Katharinen-Kloster (am 15. 11.) und das Ölfeld Alma (am 25. 11.) zurückgegeben.

Die Inflation steigt weiterhin und erreicht 78,3 %.

Die Vereinigte Kibbuzbewegung entsteht.

März 1979: Scheinbar sind Generalstabschef Rafael Eitan und der Bürgermeister von Jerusalem, Teddy Kollek, von der Rede Präsident Carters in der Knesset nicht besonders begeistert.

Der scheidende Finanzminister Simcha Ehrlich.

Der neue Finanzminister Yig'al Hurwitz.

DAS FRIEDENSABKOMMEN WIRD UNTERZEICHNET

Wer gehofft hat, daß durch Sadats Besuch in Jerusalem schnell ein Friedensvertrag zwischen Israel und Ägypten zustande käme, wird enttäuscht. Es vergehen viele Monate, in denen massiver amerikanischer Druck nötig ist, damit die Parteien im September 1978 zuerst ein »Rahmenabkommen« (in Camp David) und ein halbes Jahr später schließlich das Friedensabkommen selbst unterzeichnen.

Nach Abschluß des Camp-David-Abkommens finden mehrere Gesprächsrunden statt, die nicht zum erhofften Durchbruch führen. Der erfolgt erst bei weiteren Verhandlungen zwischen Sadat und Begin in Washington. Im März 1979 ergreift US-Präsident Jimmy Carter die Initiative und reist in den Nahen Osten, um die noch verbleibenden Differenzen zu beheben. In Jerusalem hält er eine Rede vor der Knesset und reist anschließend nach Ägypten. Er übt auf beide Seiten starken Druck aus, vor allem auf Begin. Letztlich überwindet er alle Probleme: Die israelische Regierung und die Knesset ratifizieren das Abkommen mit großer Mehrheit. Später fliegen Begin und Sadat in die Vereinigten Staaten, um in einer feierlichen Zeremonie das Abkommen zu unterzeichnen. Das Datum des Friedensvertrages: Dienstag, der 26. März 1979.

Anwar as-Sadat, Menachem Begin und Jimmy Carter unterzeichnen. Danach reichen sie einander die Hand – alle drei gleichzeitig: Um 14.08 Uhr ist der Frieden zwischen Israel und einem ersten arabischen Staat Realität.

◁ 16 Monate nach dem historischen Besuch des Präsidenten von Ägypten, Anwar as-Sadat, in Jerusalem, wird ein erstes Friedensabkommen zwischen Israel und einem arabischen Staat unterzeichnet. – am 26. März 1979. Ort der Handlung: der Rasen des Weißen Hauses in Washington. Die Protagonisten sind Ministerpräsident Menachem Begin, der ägyptische Präsident Anwar as-Sadat und der Präsident der USA, Jimmy Carter. Die Gespräche zwischen Israel und Ägypten waren immer wieder steckengeblieben, und Präsident Jimmy Carter sorgte mehr als jeder andere dafür, sie wieder in Schwung zu bringen.

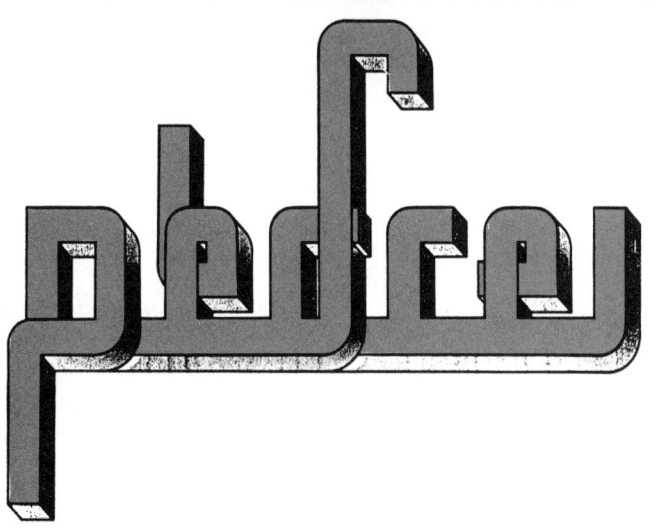

△ »Frieden«: in Hebräisch, Englisch und Arabisch. Am Tag der Unterzeichnung des Abkommens liest man diese Schlagzeile auf der Titelseite von »Ma'ariv«.

▷ Ankunft des US-Präsidenten in Israel, am 10. März 1979. Weil die Verhandlungen zu scheitern drohten, ist Carter in den Nahen Osten geeilt.

1979

▽ Drama in der Knesset: Die Likud-Abgeordnete Ge'ula Cohen zerreißt eine Kopie des Friedensvertrags. Einige Monate später verläßt sie den Likud.

▷ Die Einwanderung aus der Sowjetunion geht die ganze Zeit über weiter, wenn auch in kleinerem Umfang. Die Neueinwanderer werden gerührt begrüßt.

▽ Seitdem der Likud die Regierung stellt, nimmt die jüdische Bautätigkeit auf der Westbank erheblich zu. 1977 verspricht Begin, künftig würden noch viele Siedlungen gebaut. Das wird bald deutlich sichtbar.

▽ Der Frieden mit Ägypten trägt bald Früchte: Wenige Wochen nach der Unterzeichnung des Abkommens passiert ein erstes israelisches Schiff den Suez-Kanal. Kapitän Mandelowitz (rechts) wird von einem ägyptischen Lotsen freundlich begrüßt. Wenige Monate später reisen israelische Touristengruppen nach Ägypten.

▽ »Face-lifting« für Tel Aviv: Der Dizengoff-Platz, bis dahin ebenerdig, wird durch eine zweistöckige Konstruktion ersetzt.

▷ Moshe Dayan im Hof seines Hauses in Zahala kurze Zeit nach seinem Rücktritt, Oktober 1979. Jetzt ist Ministerpräsident Begin auch Außenminister.

1979

▽ Die Sängerin Galli Atari und die Gruppe »Milch und Honig« beim »Grand Prix Eurovision de la Chanson«. Der Schlagerwettbewerb findet im März 1979 in Jerusalem statt. Israel gewinnt ihn zum zweiten Mal hintereinander.

△ Den ägyptischen Präsidenten Sadat und Verteidigungsminister Ezer Weizmann verbindet eine tiefe Freundschaft.

▷ 1979 erlaubt die israelische Regierung einer zweiten Gruppe vietnamesischer Flüchtlinge die Einreise ins Land.

Die achtziger Jahre: 1980–1989

Neueinwanderer aus Äthiopien. Sie werden Mitte der achtziger Jahre im Rahmen des »Unternehmens Moses« nach Israel eingeflogen.

Ein unruhiges Jahrzehnt – so lassen sich die achtziger Jahre beschreiben, und das bezieht sich auf alle Bereiche.

In der Innenpolitik entsteht in den achtziger Jahren ein Phänomen, das zuvor in Israel unbekannt war: eine Pattsituation zwischen den beiden großen Blöcken Likud und Ma'arach. Anfangs hält der rechte Block einen kleinen, doch ausreichenden Vorsprung, aber das Unentschieden bei den Wahlen 1984 zwingt die beiden großen Parteien zusammenzuarbeiten und eine »große Koalition« zu bilden. Die Gleichstellung der Rechten und der Linken reicht dabei bis ins höchste Amt: Denn die Vorsitzenden von Arbeitspartei und Likud lösen sich im Amt des Ministerpräsidenten turnusmäßig ab.

Menachem Begin, Ministerpräsident seit der politischen Wende 1977 ist allerdings bereits 1983 von der politischen Bühne abgetreten. Er schied freiwillig aus, ohne Gründe anzugeben. Manche erklären seinen Schritt mit schweren Schuldgefühlen, die die hohen Verluste im Libanon-Krieg in ihm ausgelöst hätten. Diesen hatte er Mitte 1982 begonnen, ohne die damit beabsichtigten Ziele zu erreichen.

Die erste gemeinsame Regierung von Rechten und Linken hält sich bis zu den Wahlen 1988. Danach wird eine neue große Koalition gebildet, diesmal jedoch keine »Rotation« im Amt des Ministerpräsidenten vereinbart. In beiden Legislaturperioden kommt es zu Spannungen und Krisen. Die Gegner des Rechts-Links-Bündnisses beklagen, daß das Patt einen politischen Stillstand hervorrufe.

Im Mittelpunkt der Regierungspolitik steht weiterhin die Suche nach einer Lösung des Nahostkonflikts. Die Arbeitspartei unter Shim'on Peres neigt zu einer internationalen Konferenz und einem Kompromiß mit Jordanien, aber der Likud lehnt dies entschieden ab. In Yitzhak Shamirs Partei herrscht die Ansicht vor, eine internationale Konferenz werde Israel Abkommen aufzwingen, die »für die kommenden Generationen sehr schmerzlich« wären.

Die Beziehungen zu den USA sind in den achtziger Jahren trotz einiger Krisen recht gut. Die Amerikaner üben Druck auf Israel aus, seine starre Haltung insbesondere gegenüber den Palästinensern zu lockern. Zwischen Israel und der Sowjetunion herrscht unterdessen »Tauwetter«, das ursächlich mit dem Auflösungsprozeß der kommunistischen Großmacht zusammenhängt. Dagegen kritisieren die Mitglieder der Europäischen Gemeinschaft Israel weiterhin, weil es an den besetzten Gebieten festhält, und die UNO verabschiedet weitere antiisraelische Resolutionen.

Die erste Hälfte des Jahrzehnts steht im Zeichen des Libanon-Kriegs. Weil die Angriffe palästinensischer Terrororganisationen im Libanon zunehmen, beschließt die Regierung Begin auf Betreiben von Verteidigungsminister Ari'el Sharon einen militärischen Schlag gegen die Infrastruktur der Terroristen im gesamten Südteil des Nachbarlandes. Die Invasion im Juni 1982 (das Unternehmen »Frieden für Galiläa«), genießt in der israelischen Öffentlichkeit zunächst breiten Zuspruch. In kürzester Zeit erreichen Israels Truppen die Vororte von Beirut, wo sie sich jedoch sehr schnell im Dickicht des libanesischen Bürgerkrieges verfangen. Immer mehr Soldaten fallen, und das weckt in Israel eine tiefe Abneigung gegen den Feldzug. Allerdings wird die Armee erst viel später, nach zahlreichen innenpolitischen Konflikten, aus dem Libanon abgezogen. Inzwischen fordert die Linke immer wieder den Rückzug, während die Rechte zu rechtfertigen sucht, weshalb die israelischen Truppen im Nachbarland ausharren müssen. Mitte 1985 wird deshalb sogar die Regierung umgebildet – erst danach verlassen Israels Truppen den Libanon.

Ende 1987 beginnt für Israel eine neue Etappe in seinen Beziehungen zu den Palästinensern auf der Westbank und im Gazastreifen: Die Intifada bricht aus. In den zwanzig zurückliegenden Jahren waren die Israelis daran gewöhnt, daß die Araber in den besetzten Gebieten die israelische Herrschaft zwar ablehnten, sich aber trotzdem mit der Koexistenz arrangierten: Zehntausende Bewohner der besetzten Gebiete arbeiten in Israel. Zwar ereigneten sich öfters dramatische Zwischenfälle und fielen Schüsse auf Israelis, doch war dies die Ausnahme. Im Dezember 1987 ändert sich die Situation: Aus einzelnen Übergriffen entwickelt sich ein anhaltender Kampf gegen die Besatzer, der die Armee zum vermehrten Truppeneinsatz zwingt.

Im wirtschaftlichen Bereich teilt sich das Jahrzehnt in zwei etwa gleich lange Phasen. Die Inflation, die die erste Hälfte der achtziger Jahre kennzeichnet, erreicht eine jährliche Rate von 400 Prozent, und in den Jahren bis 1984 entsteht mitunter der Eindruck, daß die Likud-Finanzminister die Kontrolle über die Wirtschaft verloren haben. Mehr als je zuvor wird die Wirtschaft in den Dienst der Politik gestellt, besonders unter Finanzminister Aridor im Wahlkampf 1981. Die Börsenkurse steigen in schwindelerregende Höhen, um dann Ende 1983 plötzlich zu fallen. Die im Sommer 1984 gebildete große Koalition setzt sich als oberstes Ziel, die Inflation zu bremsen – was ihr auch gelingt. In kurzer Zeit drosselt sie den Wertverlust der Währung um 20 Prozent. Aber die Wirtschaft kränkelt bis zum Ende des Jahrzehnts.

Im Hinblick auf die Einwanderung sind die achtziger Jahre eine Zeit der Dürre. Probleme bei der Eingliederung in Israel, die immer noch restriktive Auswanderungspolitik der Sowjetunion und die Entscheidung vieler sowjetischer Juden, sich nicht in Israel, sondern andernorts niederzulassen, sind die Ursachen.

Im gesellschaftlichen Bereich gibt es zu Beginn des Jahrzehnts eine Reihe politischer wie religiöser Konflikte. Der politische Faktor, den die Religion in Israel darstellt, tritt insbesondere im Wahlkampf 1981 hervor – zum Nachteil von Ma'arach-Kandidat Shim'on Peres. Von 1982 an verstärken sich die gesellschaftlichen Spannungen zwischen Rechten und Linken wegen der Räumung des Sinai, der anhaltenden Präsenz im Libanon und neuer Siedlungen in den besetzten Gebieten. Später schwächt sich der Streit ab, die Rechts-Links-Koalition nähert die Wählerschaft der beiden großen Blöcke aneinander an. Dagegen tritt keine Beruhigung in den Beziehungen zwischen religiös und weltlich orientierten Israelis ein, und es brodelt ein weiterer Konfliktherd in den besetzten Gebieten.

Dort sind die jüdischen Siedler der Meinung, die israelische Regierung unternehme zu wenig für eine Ausweitung der Besiedlung Judäas, Samarias und des Gazastreifens und stehe angesichts des palästinensischen Terrors hilflos da. Eine jüdische Untergrundorganisation bildet sich, die Racheakte gegen Araber verübt, dann jedoch enttarnt wird. Ihre Mitglieder werden inhaftiert, die meisten kommen jedoch später in den Genuß einer Strafmilderung.

1980

Januar
2 Neuer Befehlshaber der israelischen Polizei: Herzl Shapir.
7–10 Treffen Begins und Sadats in Assuan.
23 Räumung des Sinai: Ende der fünften Etappe.

Die Arbeitskonflikte mehren sich: Streik der Lehrer und der Beschäftigten der See- und Flughäfen.

Februar
18 Eröffnung der israelischen Botschaft in Kairo.
24 Neue Währung: 1 Schekel = 10 IL.
26 Inkrafttreten voller diplomatischer Beziehungen zwischen Israel und Ägypten.
27 Beginn der Gespräche über die Autonomie der besetzten Gebiete zwischen Israel, Ägypten und den USA.
29 Tod Yig'al Allons im Alter von 62 Jahren. Er war einer der ersten Befehlshaber der israelischen Armee, Minister und stellvertretender Ministerpräsident.

März
1 Die USA schließen sich einer Resolution des Weltsicherheitsrates an, der die Auflösung sämtlicher jüdischer Siedlungen auf der Westbank und im Gazastreifen fordert. Widerwillen in Israel.
3 El Al weiht eine reguläre Fluglinie nach Kairo ein.
4 US-Präsident Carter erklärt, die UN-Resolution sei ein Mißverständnis.
10 Ernennung von Yitzhak Shamir zum Außenminister.
27 Makkabi Tel Aviv verliert in der Endrunde der Basketball-Europameisterschaft gegen Real Madrid mit 85:89.

April
7 Terroranschlag im Kibbuz Misgav Am: drei Tote und 16 Verletzte. Als Antwort dringen israelische Truppen am 9.4. auf libanesisches Gebiet ein und bleiben dort bis zum 13.4.

Mai
1 Mai-Kundgebung in Tel Aviv: 150 000 demonstrieren gegen die Regierung.
2 In Hebron greifen Terroristen jüdische Gläubige auf ihrem Heimweg vom Freitagabendgebet an: sechs Tote.
3 Daraufhin beschließt die Militärverwaltung die Ausweisung von drei bekannten arabischen Persönlichkeiten nach Jordanien, der Bürgermeister von Hebron und Halhul und des Kadis von Hebron.
8 Vertagung der Autonomiegespräche auf Antrag Ägyptens.
16 Israels Armee dringt in den Libanon ein und geht dort gegen Terroristen vor. Als Antwort nehmen die Terroristen Orte in Nordgaliläa unter Beschuß.
22 Das israelische Olympia-Komitee beschließt, nicht an der bevorstehenden Olympiade in Moskau teilzunehmen.
25 Rücktritt von Verteidigungsminister Ezer Weizmann, der die Haltung der Regierung in der Autonomiefrage kritisiert. Ministerpräsident Begin wird auch Verteidigungsminister.

Juni
2 Die Bürgermeister von Nablus und Ramallah, Kassem Shaq'a und Karim Halaf, werden schwer verletzt.
13 In Venedig verabschieden die EG-Staaten eine antiisraelische Entschließung. Sie fordern, die PLO in die Gespräche über die besetzten Gebiete einzubeziehen. Allerdings müsse diese zunächst dem Terror abschwören. Außerdem verlangen sie von »Israel, die Besetzung der Westbank und Gazas zu beenden«.

Erschütterung über einen in Israel beispiellosen Entführungsfall: Am 8. des Monats wird ein zehnjähriger Junge entführt. Der Täter erhält Lösegeld, doch wird am 30. des Monats der Leichnam des Jungen gefunden. Der Entführer wird verhaftet.

Juli
Ankunft der ersten Maschinen vom Typ »F-16« in Israel.
13 Wiederaufnahme der Autonomiegespräche zwischen Israel und Ägypten in Kairo.
20 Explosion in einer israelischen Munitionsfabrik: sechs Tote.
29 Verabschiedung einer weiteren antiisraelischen Resolution durch die UNO.
30 Die Knesset ändert den Status Jerusalems mit einer Mehrheit von 65 zu 15 Stimmen. Heftige Proteste aus dem Ausland. Mehrere Staaten verlegen daraufhin ihre Botschaften von Jerusalem nach Tel Aviv.

August
2 Sadat unterbricht die Autonomiegespräche aus Protest gegen das Jerusalem-Gesetz.
3 Justizminister Shmu'el Tamir wird von Moshe Nissim abgelöst.
19 Israel greift mit großem Truppenaufgebot Terroristenstützpunkte im Südlibanon an. In den Tagen darauf gehen Katjuscha-Raketen auf Orte in Nord-Israel nieder.
21 Aufruf des UN-Sicherheitsrates an alle Staaten, das »Jerusalem-Gesetz« nicht anzuerkennen.

Die Zeitungen verbreiten die Nachricht, daß Aaron Abu-Chatzera von der Polizei verhört werden soll.

Es gehe um Diebstahl und Betrug sowie den Verdacht der Veruntreuung von Zahlungen an religiöse Bildungseinrichtungen.

September
Entrüstung in der Öffentlichkeit über die Affäre um Abu-Chatzera.
14 Eine Skyhawk-Maschine stürzt über dem Moschaw Jokneam ab: Eine Frau wird verletzt und stirbt, zwei Personen erleiden einen Herzinfarkt. Der Pilot kann sich retten.

Oktober
5 Erstes Verhör Abu-Chatzeras.

Drei Tote und sieben Verletzte, als ein Päckchen mit Sprengstoff auf einem Postamt in Giv'atajim explodiert.
17 Angriff von Fallschirmspringer- und Golani-Truppen auf Terroristenstützpunkte im Südlibanon.
21 Preiserhöhungen in Israel.
26–30 Erster Besuch eines israelischen Staatspräsidenten in Ägypten.

November
5 Brennstoff wird um 25% teurer.
6 Katjuscha-Raketen auf Kirjat-Schmona: mehrere Verletzte.
7 Einsatz von Flugzeugen der Luftwaffe im Libanon.
23 Ezer Weizmann wird aus Cherut ausgeschlossen, weil er in der Knesset bei einem Mißtrauensvotum gegen die Regierung stimmte.
25 Bei den Wahlen für den Kongreß der Arbeitspartei gewinnt das Peres-Lager die Oberhand über die Anhänger Rabins.
28 Tod Nachum Gutmans, Maler und Kinderbuchautor, im Alter von 82 Jahren.
30 Der Kinderentführer Zvi Gur wird zu lebenslanger Haft und weiteren 34 Jahren Freiheitsstrafe verurteilt.

Dezember
3 Junge Menschen aus dem Tel Aviver Viertel Ha-Tikwa halten den Bürgermeister ihrer Stadt, Shlomo Lahat, in seinem Büro gefangen. Nach rund einer Stunde wird er von Polizei, Feuerwehr und Grenztruppen befreit.
5 Ausweisung der Bürgermeister von Hebron und Halhul: Die Richter des Obersten Gerichtshofs empfehlen der Regierung, die Entscheidung noch einmal zu überdenken, trotzdem beharrt diese auf der Ausweisung.
18 Auf dem dritten Kongreß der Arbeitspartei wird Peres zum Kandidaten für das Amt des Ministerpräsidenten nominiert. Er schlägt Rabin.

Im Verlauf des Monats gibt es immer wieder Demonstrationen orthodoxer Juden.

1980 schnellte die Inflation in die Höhe und beträgt nun 131%.

▽ Im März 1979 wird der Friedensvertrag mit Ägypten unterschrieben. Innerhalb kurzer Zeit trägt er Früchte. Im Februar 1980 nehmen beide Staaten volle diplomatische Beziehungen auf – nach Jahrzehnten der Feindschaft. Kurz darauf fliegt El Al auch nach Kairo.

▷ Die First Ladies Israels und Ägyptens, Ophira Navon und Jehan As-Sadat, lernen sich im Herbst 1980 beim ersten Besuch des israelischen Staatspräsidenten in Ägypten kennen.

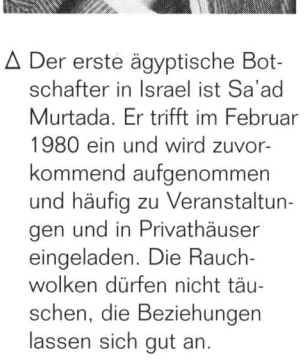

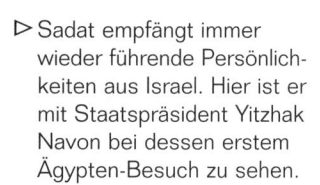

△ Der erste ägyptische Botschafter in Israel ist Sa'ad Murtada. Er trifft im Februar 1980 ein und wird zuvorkommend aufgenommen und häufig zu Veranstaltungen und in Privathäuser eingeladen. Die Rauchwolken dürfen nicht täuschen, die Beziehungen lassen sich gut an.

▷ Sadat empfängt immer wieder führende Persönlichkeiten aus Israel. Hier ist er mit Staatspräsident Yitzhak Navon bei dessen erstem Ägypten-Besuch zu sehen.

1980

▽ Diesen Anblick hat es in Kairo noch nie gegeben: Im Februar 1980 wird die israelische Flagge gehißt. Viele Ägypter kommen, um sich das Gebäude mit dem David-Stern anzuschauen. Der erste Botschafter Israels in Ägypten ist Elijahu Ben-Elissar, seit 1977 Generaldirektor des Büros des Ministerpräsidenten.

▷ Im Januar 1980 geht die fünfte Etappe des Rückzugs der israelischen Truppen aus dem Sinai zu Ende. U. a. erhält Ägypten den großen Militärstützpunkt und Flughafen in Rafidim zurück. Die Soldaten betonen auf ihrem Spruchband, daß dies kein Rückzug, sondern ihr Beitrag zum Frieden sei.

EIN SCHWIERIGES JAHR

1980 ist für Israel ein schwieriges Jahr. In der Regierungsarbeit kommt es immer wieder zu »Störungen«, selbst Menachem Begin beklagt dies mehr als einmal. Seine Minister überwerfen sich miteinander, und ständig sickern Details aus den Kabinettssitzungen an die Öffentlichkeit.

In der ersten Jahreshälfte verschlechtern sich die Beziehungen zwischen Ministerpräsident Begin und Verteidigungsminister Weizmann. Dieser tritt zu Beginn des Sommers zurück, weil er mit Begin uneins über dessen schleppende Umsetzung des Camp-David-Abkommens in den besetzten Gebieten ist. Daraufhin wird Begin auch Verteidigungsminister, obwohl Landwirtschaftsminister Sharon auf dieses Amt spekuliert.

Auch die Wirtschaftslage ist besorgniserregend. Finanzminister Hurwitz ruft zwar zur Zügelung des Konsums auf, doch kann er die Inflation nicht bremsen. Das israelische Pfund wird aus dem Verkehr gezogen und durch den Schekel ersetzt. Dennoch steigen die Preise weiter, so daß die Inflationsrate zum ersten Mal dreistellig ist: 131 Prozent.

Als die Knesset Ende Juli das Jerusalem-Gesetz verabschiedet, muß Israel herbe Kritik aus dem Ausland einstecken. Sein Ansehen in Europa, Amerika und in der UNO, das auch vorher schon angeschlagen war, schwindet nun völlig. Alle Staaten, die Botschaften in Jerusalem unterhalten, verlegen sie nach Tel Aviv. Unterdessen mehren sich in Judäa und Samaria die Reibereien zwischen Arabern und Juden. Die gemäßigten Bürgermeister von Nablus und Ramallah werden durch Sprengsätze schwer verletzt. Auch die Kluft in der israelischen Gesellschaft zwischen Linken und Rechten vertieft sich im Hinblick auf die Okkupationspolitik der Regierung und die Besiedlung der besetzten Gebiete durch Juden.

Gegen Jahresende scheint es, als habe die Regierung Begin vorzeitig das Ende ihres Weges erreicht, obwohl die nächsten regulären Wahlen noch fast ein Jahr entfernt sind. Es überrascht deshalb nicht, daß viele – nicht nur Linke – überzeugt sind, daß der Spitzenkandidat der Arbeitspartei Begin ablösen werde.

▷ Im April 1980 dringen Terroristen in den Kibbuz Misgav Am ein und besetzen das Kinderhaus. Bei der Befreiung der Kinder werden drei Israelis getötet, ein erwachsener Kibbuznik, ein Kind und ein Soldat, und 16 verletzt. Im Laufe des Jahres kommt es zu Zwischenfällen an der Nordgrenze, und israelische Truppen dringen in den Libanon ein, um gegen den Terror vorzugehen.

△ Von April bis Jahresende beschäftigt die Ausweisung von drei führenden arabischen Persönlichkeiten aus der Region Hebron die israelische Justiz, Presse und Armee.

▽ Kundgebung am 1. Mai 1980: Vor einer großen Menschenmenge greift Histadrut-Sekretär Jerucham Meshel die Gesellschaftspolitik der Likud-Regierung an.

1980

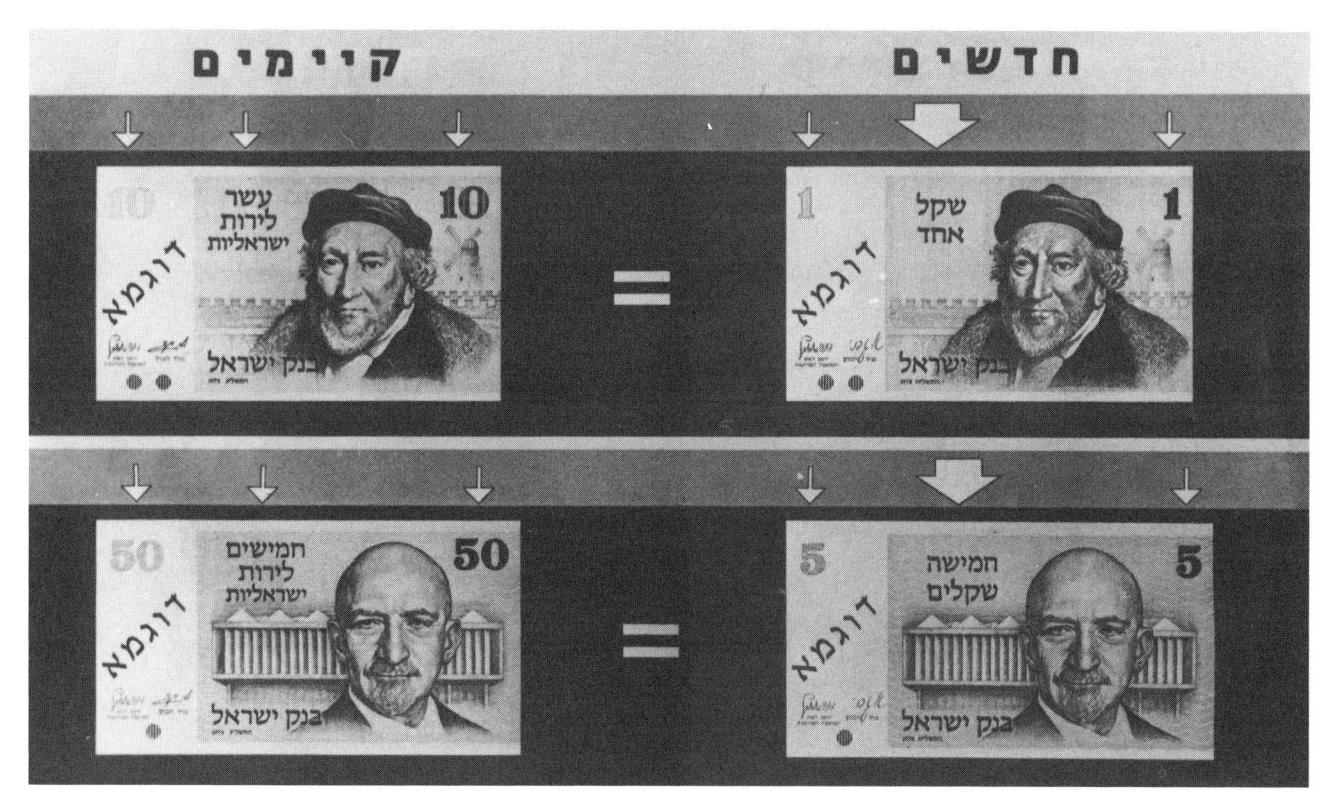

△ Das seit der Staatsgründung gebräuchliche israelische Pfund weicht Anfang 1980 dem Schekel. Ein Schekel entspricht zehn Pfund. Das alte Geld wird ausgetauscht, weil es der galoppierenden Inflation angepaßt werden muß, die 1980 131% beträgt.

▷ Im Januar 1980 tritt der neue Befehlshaber der Polizei, General Herzl Shapir, ehemaliger Chef der Nachrichtenabteilung im Generalstab, sein Amt an.

◁ Im Herbst 1980 empört sich die Bevölkerung über Religionsminister Aaron Abu-Chatzera. Er steht unter dem Verdacht des Diebstahls und Betrugs und wird beschuldigt, für religiöse Einrichtungen bestimmte Gelder für seine Fraktion, die Mafdal-Partei, abgezweigt zu haben. Anfang Oktober wird Abu-Chatzera von der Polizei vernommen. Der Rechtsberater der Regierung bittet ihn, sein Amt niederzulegen, aber er lehnt ab.

△ Gut vorbereitet: Noch vor dem Austausch des israelischen Pfundes gegen den Schekel bringt der Jüdische Nationalfonds im Februar 1980 eine Marke in der neuen Währung heraus.

△ Im Herbst ist die israelische Post das Ziel von Terroranschlägen: Ein Postamt in Giv'atajim wird von einer Paketbombe zerstört, drei Tote und sieben Verletzte.

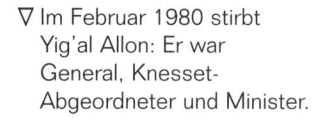

▽ Im Februar 1980 stirbt Yig'al Allon: Er war General, Knesset-Abgeordneter und Minister.

△ Eine weitere Runde im Kampf Peres gegen Rabin. 1980 gewinnt Peres vorläufig die Oberhand.

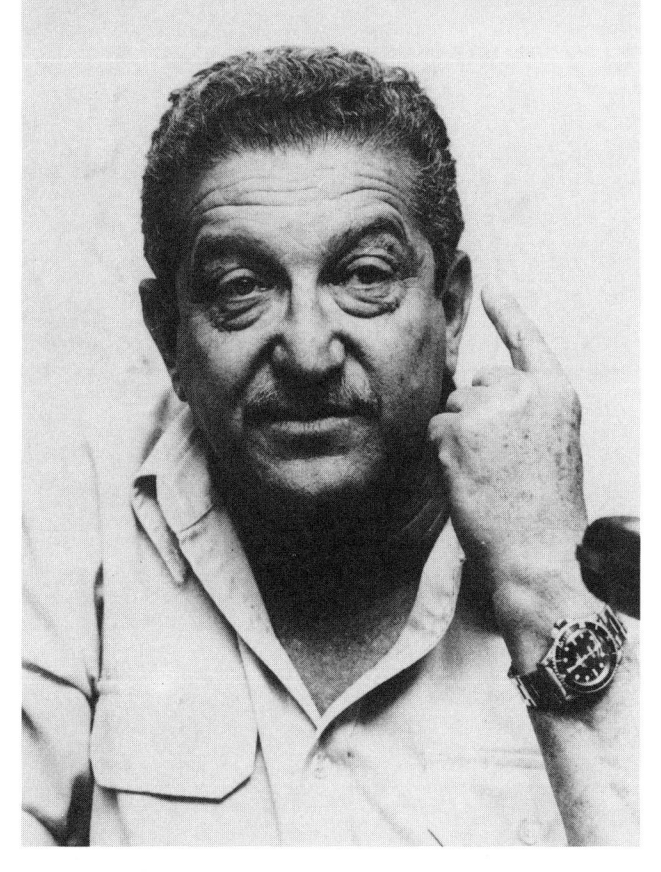

△ Im Verlauf des Jahres gibt es in der Regierung Begin mehrere Veränderungen. Im Mai legt Verteidigungsminister Ezer Weizmann (im Bild) sein Amt nieder, im August folgt ihm Justizminister Shmu'el Tamir. Weizmann ist mit der Position der Regierung bei den Autonomiegesprächen unzufrieden. Bis zu den Wahlen 1981 hat Regierungschef Menachem Begin auch das Amt des Verteidigungsministers inne.

484

1981

Januar

4 Ein neuer Befehlshaber für die Polizei: Arie Ivtzan. Innenminister Joseph Burg hat den amtierenden Befehlshaber Herzl Shapir seines Amtes enthoben. Empörung in der Öffentlichkeit.
11 Finanzminister Yig'al Hurwitz legt sein Amt nieder, nachdem die Regierung den Bericht der Etzioni-Kommission über höhere Lehrergehälter akzeptiert hat.
Ministerpräsident Begin schlägt vor, die Wahlen auf Juni vorzuziehen.
12 Ermordung des Knesset-Mitglieds Scheich Abu-Rabija, eines Beduinen. Die Attentäter: die Söhne von Drusenanführer Scheich Muadi. Grund für die Tat ist ein politischer Konflikt.
13 Aufhebung der Immunität von Knesset-Mitglied Aaron Abu-Chatzera.
Kommunikationsminister Joram Aridor gibt bekannt, daß künftig alle Fernsehsendungen in Farbe ausgestrahlt werden.
21 Ernennung Joram Aridors zum Finanzminister.
28 Raub im Ha'aretz-Museum in Tel Aviv: Der Schaden beläuft sich auf mehrere Millionen Schekel.

Februar

1 Der Finanzminister gibt die Verbilligung von Fahrzeugen und Elektrogeräten bekannt. Kritiker werfen ihm vor, es handele sich um Wahltaktik.

»Wirtschaftspolitik« vor den Wahlen: Import von Fernsehgeräten.

2–3 An der Tel Aviver Börse fallen die Aktien um 15 %.
18 Der in der Sowjetunion verfolgte Zionist Joseph Mendelewitz darf nach Israel.
13 Streik der Dozenten an den Universitäten.
26 Ende des Lehrerstreiks, der Streik an den Universitäten geht dagegen weiter.

März

Streiks von Ärzten, Lehrern, Dozenten, Ingenieuren und anderen Berufsgruppen.
Die Proteste orthodoxer Juden in Jerusalem halten an. Am 14.3., einem Sabbat, demonstrieren Tausende und bewerfen vorbeifahrende Fahrzeuge mit Steinen.
6/7 Ein Terrorist aus dem Libanon landet mit einem Drachen in der Umgebung Akkos. Er nimmt eine Geisel, wird aber am nächsten Morgen gefaßt.
8 Wiederaufnahme des Lehrbetriebs an den Universitäten.
26 Makkabi Tel Aviv wird nach seinem Sieg über Sinodina Bologna mit 80:79 Punkten zum zweiten Mal Basketball-Europameister.

April

7 Bei den Wahlen zum Histadrut-Tag verzeichnet der Ma'arach einen Zuwachs (63%). Der Likud bekommt 26%.
10 Eine israelische Einheit dringt auf einen Panzerparkplatz der Terroristen bei Nabatija im Libanon ein.
15 Verurteilung von Knesset-Mitglied Shmu'el Flatto-Sharon wegen Wählerbestechung bei den Wahlen 1977.
16 Abschuß eines Heißluftballons der Terroristen bei Manara. Die Araber werden dabei getötet.
20–21 Heftiger Schußwechsel zwischen Freischärlern und Israelis im Südlibanon. Flugzeuge der Luftwaffe greifen Terroristenstützpunkte an. Katjuscha-Beschuß Nordgaliläas.
28 Abschuß zweier syrischer Flugzeuge über dem Libanon durch israelische Kampfflieger.
29 Aufstellung von Flugzeugabwehrraketen vom Typ S.A.-6 auf libanesischem Gebiet durch Syrien. Weiterer Beschuß Galiläas mit Katjuscha-Raketen.

Mai

9 Tod des Dichters Uri Zvi Grünberg im Alter von 84 Jahren.
11 Verurteilung von Knesset-Mitglied Flatto-Sharon zu drei Jahren Freiheitsstrafe.
19 Der amerikanische Gesandte Philipp Habib unterbreitet einen Plan für die Beilegung des Libanon-Konflikts und den Abzug der syrischen Raketen.
21 Zwei Familien erneuern die jüdische Präsenz in Hebron. Sie lassen sich in der Altstadt nieder.
24 Abu-Chatzera wird aus Mangel an Beweisen freigesprochen und beschließt, mit einer eigenen Liste, Tami, an den Knesset-Wahlen teilzunehmen.
26 An den Knesset-Wahlen beteiligen sich 36 Listen, davon sind 24 neu.
28 Israelische Flugzeuge zerstören libysche Flugzeugabwehrraketen nahe Beirut.
31 Verhaftung von fünf drusischen Notabeln von den Golanhöhen. Der Verdacht lautet auf Hetze gegen Israel.

Juni

3 Generalstreik der Drusen auf den Golanhöhen.
4 Treffen Begins und Sadats in Ophira.
7 Flugzeuge der israelischen Luftwaffe zerstören das einzige Kernkraftwerk im Irak.
10 US-Präsident Reagan bringt seinen Unmut über den israelischen Angriff im Irak zum Ausdruck: Er verschiebt die Übergabe von Kampfflieger vom Typ F-15 an Israel.
19 Der UN-Sicherheitsrat verurteilt die Zerstörung des irakischen Kernkraftwerks.
25 Mitteilung von Shim'on Peres, Yitzhak Rabin werde Verteidigungsminister, wenn der Ma'arach die Wahlen gewinne. Der zunächst vorgesehene Chaim Barlev soll stellvertretender Ministerpräsident werden.
TV-Duell zwischen Begin und Peres.
30 Bei den Knesset-Wahlen erhält der Likud 48, der Ma'arach 47 Sitze.

Juli

10 Infolge des Angriffs auf Terroristenstützpunkte im Libanon nehmen die Terroristen Kirjat-Schmona mit Katjuscha-Raketen unter Beschuß: 14 Verletzte.
Auch in den Tagen danach schießen Terroristen auf Kirjat-Schmona und Naharija. Im Verlauf der Woche werden in Israel fünf Zivilisten getötet und rund 50 verletzt. Flugzeuge der Luftwaffe bombardieren Ziele im Libanon.
24 Die Amerikaner vermitteln zwischen Israel und der PLO im Libanon und bewirken eine Feuerpause.

August

3 Zwischenfall zwischen Orthodoxen und Archäologen südlich der Klagemauer. Den Orthodoxen zufolge

Wahlkampf nach amerikanischem Vorbild: Begin umarmt ein Mädchen in Migdal ha-Emek.

befindet sich hier ein alter jüdischer Friedhof, der nicht angetastet werden dürfe. Im Laufe des Monats kommt es

485

△ Die archäologischen Ausgrabungen, vor allem in der Davids-Stadt in Jerusalem, machen fast das ganze Jahr über Schlagzeilen. Die Orthodoxen lehnen sie kategorisch ab.

▽ Die Fußballspieler von Ha-Po'el Tel Aviv, Moshe Sinai (rechts) und Shabtai Levy, zeigen sich in der Öffentlichkeit mit Gebetsriemen. Das scheint zu helfen: 1981 gewinnt ihre Mannschaft die israelische Meisterschaft.

zu weiteren Zwischenfällen und Demonstrationen in Mea Schearim und an weiteren Orten in Jerusalem.

5 Bildung der neuen Regierung durch Begin, bestehend aus Likud, Mafdal und Tami. Auch Agudat-Israel unterstützt sie. Sie hat das Vertrauen von 61 Knesset-Mitgliedern. David Levy wird stellvertretender Ministerpräsident, Ari'el Sharon Verteidigungsminister.

24 Das neue Kraftwerk in Hadera geht ans Netz.

25 Treffen Begins und Sadats in Alexandria. Sie beschließen die Wiederaufnahme der Autonomiegespräche.

26 Die im Juni von US-Präsident Reagan zurückgehaltenen Kampfflugzeuge treffen in Israel ein.

September

Die Spannungen um die Ausgrabungen in der Davids-Stadt in Jerusalem halten an. Die Angelegenheit kommt vor den Obersten Gerichtshof, nachdem der Minister für Erziehung und Kultur, Zevulun Hammer, auf Druck des Oberarchivars, einen Erlaß zur Einstellung der Ausgrabungen für zwei Wochen unterschrieben hat. Der Oberste Gerichtshof ordnet die Fortführung der Ausgrabungen an.

20 Nach Ansicht des Rechtsberaters der Regierung, Zamir, ist ein rabbinisches Gericht nicht befugt festzustellen, ob es auf dem Gelände der Davids-Stadt tatsächlich einen Friedhof gegeben hat. Nur Experten könnten darüber entscheiden.

22 Wiederaufnahme der Autonomiegespräche zwischen Israel und Ägypten.

24–26 Ein israelisches Raketenschiff strandet vor der saudischen Küste. Es wird wieder flottgemacht. Die diplomatischen Kontakte mit den Saudis laufen über die Amerikaner.

Oktober

6 Mord an Sadat während einer Parade anläßlich des achten Jahrestages des Jom-Kippur-Krieges.

Eine hochrangige Delegation aus Israel unter der Leitung von Ministerpräsident Begin nimmt an seinem Begräbnis teil. Hossni Mubarak tritt seine Nachfolge an.

16 Tod Moshe Dayans im Alter von 66 Jahren.

27 Unterzeichnung eines israelisch-ägyptischen Abkommens über die Vollendung des Rückzugs aus dem Sinai.

November

Warnstreiks im öffentlichen Dienst.

1 Nach Jahrzehnten nimmt die Hebräische Universität zum neuen Studienjahr wieder ihr Gebäude auf dem Skopus-Berg in Betrieb.

8 Einweihung eines neuen Militärflughafens im Negev.

20 Erste künstliche Befruchtung einer Israelin.

22 Wegen eines weiteren Verfahrens läßt sich Abu-Chatzera von seinem Ministeramt beurlauben.

Dezember

1 Die Regierungen der USA und Israels unterzeichnen das »Memorandum über strategische Kooperation«.

Die Siedler in Jammit errichten Barrikaden, um sich gegen die bevorstehende Räumung zu schützen.

7 Minister Sharon verspricht den Siedlern in Jammit Entschädigung.

14 Im Eilverfahren verabschiedet die Knesset das »Golan-Gesetz«. Die Beratungen dauern nur einen Tag. Fortan erstreckt sich die israelische Souveränität auch auf die Golanhöhen. Weltweite Proteste.

18 Die USA setzen die Gültigkeit des Memorandums vom 1.12. wegen des »Golan-Gesetzes« außer Kraft.

23 Abbau von Subventionen: Verteuerung der Grundnahrungsmittel um 20 bis 25%.

24–25 Die Verhandlungen zwischen dem Finanzminister und den Siedlern von Jammit über Entschädigung platzen.

1981 betrug die Inflation 116,8%.

1981

BOMBEN AUF ATOMMEILER

Ende der siebziger und zu Beginn der achtziger Jahre verstärkt der Irak unter Präsident Sadam Hussein seine militärischen Kapazitäten und baut mit französischer Hilfe ein Kernkraftwerk. Israel befürchtet, die Irakis würden schon bald eine Atombombe herstellen, und beschließt deshalb, das Kraftwerk auszuschalten.

Der israelische Plan für seine Zerstörung ist streng geheim, nur die Mitglieder des Ministerausschusses für Sicherheit und hochrangige Militärs sind eingeweiht. Begin drängt, so bald wie möglich anzugreifen. Einige Minister zögern jedoch zuzustimmen und auch die Oppositionsführer haben Vorbehalte. Erst als der Nachrichtendienst davor warnt, daß das Kernkraftwerk innerhalb eines Monats in Betrieb genommen werde und bei einer späteren Zerstörung radioaktive Verseuchung drohe, fällt die Entscheidung. Acht Flugzeuge der Luftwaffe starten in Richtung Irak. Dabei umgehen sie Jordanien und überfliegen Saudi-Arabien, ohne auf den jordanischen, saudischen oder irakischen Radarschirmen entdeckt zu werden. Bei der Ankunft an ihrem Ziel werfen die Flugzeuge innerhalb von zwei Minuten 16 Tonnen Bomben ab.

In Israel nimmt man die Nachricht begeistert auf, die Araber hingegen sind erzürnt, und auch weltweit wird die Aktion der Israelis verurteilt. Die »New York Times« schreibt: »ein unverzeihlicher, kurzsichtiger Akt der Aggression«, und die »Washington Post« spricht von einer »bösen Tat«. Nach dem Golfkrieg werden sich die meisten Experten und Kommentatoren allerdings einig darüber sein, daß Israel vernünftig handelte, als es die Gefahr einer atomaren Bedrohung durch den Irak auf viele Jahre hinausschob.

△ Das irakische Kernkraftwerk wird am 7. Juni 1981 innerhalb von zwei Minuten zerstört. Das Unternehmen erregt in Israel und im Ausland Bewunderung.

▽ Begin besucht die Flugstaffel nach ihrer Rückkehr aus dem Irak. Manche Beobachter halten die Zerstörung des Kernkraftwerks für ein taktisches Manöver: Ende Juni wird eine neue Knesset gewählt. Begin weist das zurück, und auch Experten behaupten, es wäre unmöglich gewesen, die Bombardierung aufzuschieben.

△ Plakate im orthodoxen Viertel in Mea Schearim in Jerusalem rufen zum Boykott der Knesset-Wahl auf. Trotzdem gehen die meisten Bewohner zu den Urnen. Bald darauf werden die Orthodoxen zu einer wichtigen politischen Kraft.

▷ Letzter Auftritt Moshe Dayans im Wahlkampf, April 1981. Moshe Dayan hat die Regierung Begin 1979 verlassen, jetzt tritt er an der Spitze einer neuen Liste an: »Bewegung für politische Erneuerung«. Sie erhält zwei Sitze. Wenige Monate später stirbt Dayan.

DIE WAHLEN ZUR ZEHNTEN KNESSET

Am 30. Juni 1981 finden die Wahlen zur zehnten Knesset statt. Menachem Begin und seine Regierung, die noch wenige Monate zuvor äußerst unbeliebt waren, haben inzwischen aufgeholt, und Umfragen beweisen, daß Begin ein weiteres Mal gewinnen kann. Gleich mehrere Umstände wirken sich zu seinen Gunsten aus: Die Wirtschaftspolitik des neuen Finanzministers Joram Aridor kommt beim Volk an. Obwohl die Wirtschaftslage objektiv betrachtet sehr schlecht ist und die Inflation immer schneller steigt, herrscht in der Öffentlichkeit das Gefühl, im Überfluß zu leben. In einem hitzigen Wahlkampf voller Verleumdungen gegen den Ma'arach-Kandidaten Shim'on Peres gelingt es dem Likud, wieder breite Kreise der Bevölkerung an sich zu binden und Vertrauen in die eigene Kraft zu wecken. Der Zerstörung des irakischen Kernkraftwerks drei Wochen vor den Wahlen stimmt die Öffentlichkeit beinahe einstimmig zu, auch wenn ein Teil der Kommentatoren im In- und Ausland sie als innenpolitisches Manöver interpretiert. Ferner schwächt der anhaltende Konflikt zwischen Shim'on Peres und Yitzhak Rabin die wichtigste Oppositionspartei Ma'arach. Daran ändert auch Peres' Mitteilung am Abend vor den Wahlen nichts mehr, Rabin werde in einer von ihm gebildeten Regierung Verteidigungsminister.

In der Wahlnacht sagt eine Fernsehumfrage ein Kopf-an-Kopf-Rennen zwischen Rechten und Linken voraus. Peres könne die Wahlen doch noch gewinnen. Zwar gewinnt der Ma'arach 14 Mandate hinzu (insgesamt 47), doch ist der Erfolg des Likud bedeutsamer: Die Zahl seiner Abgeordneten steigt von 45 auf 48. Der Ma'arach verfügt zudem über praktisch keine Verbündeten, weil die Parteien der Linken und des Zentrums ganz aus der Knesset verschwinden oder aber viele Stimmen eingebüßt haben. Begin kann sich dagegen auf drei religiöse Parteien stützen. Somit versammelt er 61 Knesset-Abgeordnete hinter sich. Dem Ma'arach bleibt nichts anderes übrig, als die nächsten Wahlen abzuwarten oder auf ein vorzeitiges Scheitern Begins zu hoffen.

1981

▷ Der Wahlkampf wird aggressiv geführt. Es hagelt Attacken und Verleumdungen. Die Angriffe gelten vor allem Shim'on Peres, dem Ma'arach-Kandidaten für das Amt des Ministerpräsidenten. Seine Auftritte werden häufig von Likud-Anhängern gestört. Im Bild: eine große Ma'arach-Veranstaltung in Petach Tikva. Leider kommt es zu Handgreiflichkeiten und mehrere Personen werden verletzt.

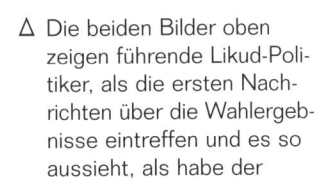

△ Die beiden Bilder oben zeigen führende Likud-Politiker, als die ersten Nachrichten über die Wahlergebnisse eintreffen und es so aussieht, als habe der Ma'arach gewonnen. Später ändert sich das Bild: Die Gesichter von David Levy, Joram Aridor und anderen wirken optimistischer (von links nach rechts).

▽ Zwei ähnliche Bilder, in umgekehrter Reihenfolge: erst Freude, dann Trauer. Im Wahlzentrum des Ma'arach herrscht zunächst große Freude (links), und Israel Pelleg (auf dem rechten Bild zwischen Peres und Rabin) erklärt Peres zum »nächsten Ministerpräsidenten«. Später breitet sich in den Gesichtern der Anwesenden Enttäuschung aus (rechts).

◁ Dieses Bild darf erst Jahre später veröffentlicht werden: ein äthiopischer Junge unterwegs nach Israel. Im März 1981 wird die israelische Marine zum ersten Mal bei der Einwanderung äthiopischer Juden eingesetzt. Soldaten der Marine sammeln die Neueinwanderer vor der sudanesischen Küste und bringen sie dann nach Israel.

△ Ein »heißer« Sommer an der Nordgrenze: Im Juli 1981 nehmen Terroristen immer wieder israelische Ortschaften unter Beschuß.

▷ 1981 gründet der umstrittene Aaron Abu-Chatzera eine neue Partei, Tami.

▷ Drei Generale an der Nordgrenze, Juli 1981. V. l. n. r.: Amir Drori, Moshe Levy und Avigor Ben-Gal (Janosh).

1982

Januar
1 Die letzten Etappen bei der Räumung des Sinai: Die Bewohner von Jammit erhalten die Mitteilung, daß sie die Ortschaft bis zum 1. April verlassen müssen.
19 Unterzeichnung eines Abkommens zwischen Israel und Ägypten über die Normalisierung ihrer Beziehungen.

Februar
Im Verlauf des Monats kommt es zu Spannungen zwischen den Drusen auf den Golanhöhen und den israelischen Behörden. Drusische Streiks und Demonstrationen.
6 Die UN-Vollversammlung ruft zu einem internationalen Boykott Israels auf. 86 Staaten stimmen dafür, 21 dagegen, und 34 enthalten sich der Stimme.
9 Verteuerung all jener Produkte und Dienstleistungen, deren Preise unter staatlicher Aufsicht stehen.
16 Israel schickt einen neuen Botschafter in die USA: Moshe Arens.
21 Professor Gerschom Scholem, einer der größten Erforscher von Kabbala und Judentum, stirbt im Alter von 84 Jahren.

März
3 Besuch des französischen Präsidenten François Mitterand in Israel.
Demolierung von Ortschaften im Sinai. Gegner der Räumung versuchen, sie aufzuhalten.
12 Wirtschaftsminister Meridor erklärt im Fernsehen, wie die Bevölkerung Strom sparen kann. Scharfe Kritik aus allen Lagern.
14 Beschluß der Regierung, eine Untersuchungskommission zu bilden, die der Ermordung Arlozorovs im Jahre 1933 nachgehen soll.
23 Pattsituation bei einem Mißtrauensvotum in der Knesset: 58 : 58. Die Regierung bleibt im Amt.
Schwere Zwischenfälle auf der Westbank. Einer der Gründe ist die Schließung der arabischen Hochschule in Bir Zeit seit Absetzung der Bürgermeister von Ramallah, Al-Bira und Nablus durch die Militärverwaltung.

April
1 Die Gegend um Jammit wird zum militärischen Sperrgebiet erklärt.
Fortdauer der drusischen Proteste auf den Golanhöhen: Viele Drusen, die im Besitz eines israelischen Personalausweises sind, geben ihn zurück.
11 Schwerer Zwischenfall auf dem Tempel-Berg: Eliot Goodman, ein aus den USA eingewanderter Jude, Soldat im regulären Militärdienst, schießt wild um sich. Er tötet zwei Personen und verletzt zwölf. Danach kommt es in der arabischen Welt zu Demonstrationen.
19 Schwere Konfrontationen zwischen der Armee und den letzten Bewohnern Jammits und ihren Anhängern. Sie

Bulldozer zerstören Jammit, April 1982.

haben sich verschanzt und drohen mit Selbstmord.
23 Als Angestellter der öffentlichen Hand und Verwalter eines Fonds wird Aaron Abu-Chatzera des Diebstahls von Geldern, des Betrugs und der Veruntreuung für schuldig befunden. Seine Freiheitsstrafe wird zur Bewährung ausgesetzt.
25 Die Rückgabe der Sinai-Halbinsel an Ägypten ist beendet, die Bestimmungen des Friedensvertrags sind erfüllt. Die Bewohner Jammits und ihre Anhänger wurden gewaltsam entfernt.
Anstieg der Spannungen an der Nordgrenze und vermehrter Schußwechsel zwischen Israelis und Terroristen.

Mai
2 Aaron Abu-Chatzera legt sein Amt als Minister für Arbeit und Wohlfahrt nieder. Nachfolger wird Aaron Uzan.
Entsprechend dem Koalitionsabkommen mit den Orthodoxen, beschließt die Regierung, daß El Al am Sabbat nicht mehr fliegen darf.
9 Nach einem Angriff der israelischen Luftwaffe auf den Libanon gehen Katjuscha-Raketen auf Galiläa nieder.
18 Zwei Likud-Abgeordnete wechseln zum Ma'arach: Amnon Linn und Yitzhak Peretz.
Die Regierungskoalition verfügt nur noch über eine hauchdünne Mehrheit. Bei einem Mißtrauensvotum erhält sie 58 Stimmen – bei 57 Gegenstimmen.
25 Abschuß von zwei syrischen Flugzeugen über dem Libanon durch die israelische Luftwaffe.

Juni
3 Ein palästinensischer Terrorist schießt auf den israelischen Botschafter Shlomo Argov in Großbritannien und verletzt ihn schwer.
4–5 Israel reagiert auf den Anschlag in London mit einem Luftangriff auf Terroristenstützpunkte im Libanon. Die Terroristen beschießen Galiläa.
6 Beginn des Unternehmens »Frieden für Galiläa«.
8 Im Sicherheitsrat legen die USA ein Veto gegen den Antrag ein, Israel wegen seiner Weigerung, sich aus dem Libanon zurückzuziehen, zu verurteilen und Sanktionen gegen das Land zu verhängen. Der amerikanische Sonderbotschafter für den Libanon, Philipp Habib, trifft in der Region ein.
15 Ministerpräsident Begin reist in die USA.
Erhöhung der Mehrwertsteuer von 12 auf 15 %.
18 Der Preis für Grundnahrungsmittel wird um 19 % angehoben.
27 Die Regierung Israels fordert die Terroristen zur Räumung Beiruts auf.
Anschließend Beginn der Verhandlungen zwischen den Parteien über die Zukunft des Libanon.
Verurteilung Israels in Europa und den USA wegen des Krieges im Libanon.

Juli
3 Große Kundgebung mit 100 000 Teilnehmern der Bewegung »Frieden jetzt« in Tel Aviv gegen den Krieg im Libanon.

Ministerpräsident Begin und Präsident Reagan in Washington kurz nach Ausbruch des Libanon-Kriegs.

LIBANON-KRIEG (»FRIEDEN FÜR GALILÄA«): DIE WICHTIGSTEN ETAPPEN IM JAHR 1982

Juni
6 Israelische Truppen dringen in drei Richtungen in den Osten, die Mitte und den Westen des Libanon ein und stoßen auf keinen großen Widerstand. Sie nehmen auch das »Al-Fat'h-Land« im Herzen des Nachbarstaats ein. Die Festung von Beaufort wird am 7.6. besetzt.
7–9 Die israelischen Truppen dringen weiter vor. Jetzt mischen sich die Syrer ein. Ad-Damur fällt. Israelische Einheiten stehen in Chalda südlich von Beirut. Gefechte mit den Syrern bei Ajin Salta.
9 Angriff der israelischen Luftwaffe auf syrische Raketenstellungen, die meisten werden zerstört. In Luftkämpfen Dutzende syrischer Maschinen abgeschossen, die Israelis erleiden keine Verluste.
11 Panzerschlacht mit den Syrern im Ostlibanon. Israel verkündet eine Feuerpause. Seine Truppen halten sich im Süden und Osten von Beirut auf und erbeuten viele Waffen und Ausrüstung der Terroristen.
15 In zehn Tagen Krieg hat die israelische Armee 5000 Terroristen, darunter syrische, jordanische, kuwaitische, irakische und pakistanische Staatsangehörige, sowie 149 Syrer gefangengenommen. Die Verluste auf israelischer Seite: 214 Tote, 23 Vermißte, 1 Gefangener und 1114 Verletzte.
23–25 Gefechte zwischen Israelis und Syrern im Sektor Bahmadun-Allay-Saufar. Danach erneute Feuerpause.
27 Die israelische Regierung fordert die Terroristen auf, Beirut zu räumen und den Libanon zu verlassen.

Juli
4 Die Israelis ziehen den Belagerungsring um Süd-Beirut enger.
21–24 Terroristen greifen israelische Truppen an der Ostfront und bei Tyros an. Israel antwortet u. a. mit Luftangriffen auf Palästinenser und Syrer.

August
1–4 Die israelische Armee erhöht den Druck auf Stellungen der Terroristen in Beirut und besetzt den Flughafen der Stadt.
4 US-Präsident Reagan fordert die Einstellung der Bombenangriffe auf Beirut.
8 Stationierung israelischer Truppen im Hafen der christlichen Enklave Dschunija. Sie soll die Landung einer multinationalen Einheit verhindern. Doch ziehen sich die Israelis noch am selben Tag von dort wieder zurück.
21 Unter der Aufsicht multinationaler Truppen beginnt der Auszug der Terroristen aus Beirut.
23 Wahl von Baschir Gemayel zum Präsidenten des Libanon.
31 Der letzte syrische Soldat verläßt Beirut.

September
1 Der Auszug von rund 15 000 palästinensischen Terroristen aus Beirut ist beendet.
4 Terroristen entführen acht israelische Soldaten in der Gegend von Bahmadun.
13 Wegen häufiger Verstöße gegen die Feuerpause greift die israelische Luftwaffe Stellungen von Terroristen und im Libanon stationierten syrischen und libyschen Einheiten an.
14 Ermordung des libanesischen Präsidenten Baschir Gemayel.
15 Einmarsch israelischer Panzer- und Infanterieeinheiten in West-Beirut.
17–18 Christliche Falange-Einheiten richten ein Blutbad in den Palästinenser-Lagern Sabra und Schatilla an.
21 Wahl Amin Gemayels zum neuen Präsidenten des Libanon.
27 Stationierung französischer und italienischer Fallschirmspringertruppen in Beirut.
29 Die Israelis räumen den Flughafen von Beirut.

Oktober bis Dezember
Die Terroristen versuchen immer wieder, israelische Truppen aus dem Hinterhalt anzugreifen. Am 3.10. überfallen sie einen Omnibus mit israelischen Soldaten, die vom Heimaturlaub zurückkehren: sechs tote und 22 verletzte Israelis. Bei anderen Gelegenheiten legen die Freischärler Minen, die ebenfalls Menschenleben fordern. Außerdem ereignen sich schwere Zwischenfälle zwischen Drusen und Christen auf dem von Israel kontrollierten Gebiet; auch israelische Soldaten werden darin verwickelt. Von Juni bis Dezember 1982 fallen im Libanon 454 israelische Soldaten; 2435 werden verletzt und elf von Syrern oder Palästinensern gefangengenommen; fünf gelten als vermißt.

Erneute Schließung der Universität Bir Zeit – für drei Monate.
17 Große Kundgebung der Rechten in Tel Aviv: für die Regierung und für den Krieg im Libanon.
25 Begin vergrößert seine Koalition und nimmt die Techija-Partei hinein. Juval Ne'eman steht nun an der Spitze eines neuen Ministeriums: Wissenschaft und Entwicklung.

Philipp Habib setzt seine Vermittlung im Libanon-Konflikt fort.

August
5 Erneute Verteuerung der Grundnahrungsmittel: um 15 bis 40%.
12 Demonstration der Beschäftigten im Ben-Gurion-Flughafen in Lod wegen des Plans, El Al am Sabbat nicht mehr fliegen zu lassen.
22 Beschluß der Regierung, vom 1.9. an alle El-Al-Flüge am Sabbat und an Feiertagen einzustellen.
29 Tod Nachum Goldmanns, des Präsidenten der Zionistischen Weltorganisation, im Alter von 87 Jahren.

September
1 Treffen Begins mit Baschir Gemayel, dem christlichen Präsidenten des Libanon, in Naharija.
17–18 Christliche Truppen veranstalten ein Blutbad in den palästinensischen Flüchtlingslagern Sabra und Schatilla in Beirut. Da israelische Truppen die Gegend beherrschen, steht Israel in der Welt als der Schuldige da.
25 Auf dem Malchei-Israel-Platz findet die größte Demonstration statt, die es je in Israel gegeben hat: 400 000 Personen fordern eine Kommission, die die Massaker von Sabra und Schatilla untersuchen soll, den Rückzug der israelischen Truppen aus dem Libanon und den Rücktritt der Regierung Begin.

Oktober
1 Einsetzung der »Cahan-Kommission«, die die Ereignisse in Sabra und Schatilla untersuchen soll. Ihr Vorsitzender ist der Präsident des Obersten Gerichtshofs, Yitzhak Cahan; ihm zur Seite stehen Aaron Barak, Richter am Obersten Gerichtshof, und der General der Reserve Jona Ephrat.
19 Die »Cahan-Kommission« tritt zu ihrer ersten Sitzung zusammen, nachdem sie Beirut und seine Vororte besichtigt hat.

Weiterhin Aufregung um El Al: Streiks und Aussperrungen. Der Vorstand der Staatslinie beschließt, alle Flüge einzustellen; die Regierung genehmigt diese Maßnahme. Daraufhin blockieren Beschäftigte den Ben-Gurion-Flughafen einen Tag (am 27.10.). Am 31. beginnen Verhandlungen zwischen Unternehmensleitung und Beschäftigten.
11

November
Katastrophe in Tyros im Südlibanon: Bei einer Gasexplosion im Gebäude der israelischen Militärverwaltung sterben 75 Israelis, Soldaten und Angehörige der Sicherheitskräfte, sowie 15 einheimische Beschäftigte. Dutzende von Verletzten.
14 Tod von Aliza Begin, der Frau des Ministerpräsidenten. Menachem Begin bricht seinen Besuch in den USA ab.
24 Die Versuche, eine vorläufige Schließung von El Al zu verhindern, scheitern. Beschluß des Vorstands, die Fluggesellschaft aufzulösen.

Dezember
1 Galoppierende Inflation: 500-Schekel-Scheine werden ausgegeben.
5 Einsetzung eines Konkursverwalters für die Fluggesellschaft El Al.
7–17 In Jerusalem findet der 30. Zionistische Kongreß statt.
23 Aufruhr in Kfar Schalem wegen der Zerstörung eines illegal errichteten Gebäudes. Ein Mann wird von einem Polizei-Offizier erschossen.
27 Unterzeichnung eines Abkommens zwischen dem El-Al-Konkursverwalter und der Histadrut über den weiteren Betrieb der Gesellschaft. Die Piloten unterschreiben das Abkommen aber am 30.12.
28 Beginn der Gespräche zwischen Israel und dem Libanon.

Dezember 1982: Arbeitskämpfe in vielen öffentlichen Einrichtungen.

1982 betrug die Inflation 120,3%.

1982

DIE RÄUMUNG DES SINAI- DAS ENDE VON JAMMIT

Seit seiner Gründung steht Israel mehrere Male am Rande eines Bürgerkriegs – auch im April 1982, kurz vor der Vollendung der Räumung der Sinai-Halbinsel und ihrer endgültigen Rückgabe an die Ägypter. Die israelische Armee bezieht ihre neuen Stellungen, doch Tausende Siedler im Bezirk Jammit und ihre Sympathisanten widersetzen sich dem Räumungsbefehl. In Jammit entlädt sich die Spannung in bürgerkriegsähnliche Unruhen. Die Gegner des Abzugs verschanzen sich in Häusern, auf Dächern und in Kellern. Einige ketten sich an und drohen, sich und die anrückenden Soldaten in die Luft zu sprengen. Bei der Auflösung Jammits sind Tausende Soldaten und Soldatinnen im Einsatz – letztere sind für die Evakuierung von Frauen und Kindern zuständig.

Es kommt zu heftigen Zusammenstößen, bei denen die Armee mit Wasser- und Schaumwerfern gegen die Siedler und ihre Anhänger vorgeht. Soldaten werden mit schweren Gegenständen beworfen und ihre Leitern von den Dächern gestoßen. Doch die Armee geht letztlich auch aus dieser traurigen Schlacht als Sieger hervor. Verteidigungsminister Sharon ordnet an, Jammit dem Erdboden gleichzumachen. Bulldozer erledigen diese Aufgabe innerhalb weniger Tage.

Sharon behauptet, Ägypten habe die Zerstörung gefordert, die Ägypter jedoch dementieren dies. Am 25. April 1982 um 12 Uhr mittags gehen beinahe fünfzehn Jahre israelischer Herrschaft im Sinai zu Ende. Menachem Begin und der ägyptische Präsident Hossni Mubarak erklären: »Zwischen Israel und Ägypten wird für immer Frieden herrschen.«

▽ Ausgerüstet mit Leitern, Wasser- und Schaumwerfern, sind die Soldaten mehrere Tage gegen die Siedler im Einsatz. Diese haben sich auf die Hausdächer zurückgezogen und werfen alles, was für sie erreichbar ist, auf die Soldaten.

△ Schockierende Bilder: die Räumung Jammits im April 1982. Weinend trägt eine Soldatin ein Kind aus einem Wohnhaus. Das Gebäude soll zerstört werden, während sich die Eltern des Kindes und ihre Freunde im Inneren verschanzt halten.

VOR DEM LIBANON-KRIEG

Seit den schweren Zwischenfällen an der Nordgrenze im Juli 1981 herrscht dort gespannte Ruhe. Zwar gibt es keine weiteren Übergriffe auf israelisches Gebiet, doch ist die Lage heikel und kann jeden Augenblick eskalieren. Seit Ari'el Sharon im Sommer 1981 das Amt des Verteidigungsministers angetreten hat, drängt er auf eine umfassende Aktion gegen die Terroristen im Libanon. Ministerpräsident Begin stimmt ihm prinzipiell zu, nicht jedoch im Hinblick auf den Umfang des geplanten Unternehmens.

Für den Einsatz im Libanon wird der »Oranim-Plan« entwickelt – in zwei Versionen: einer kleinen und einer großen. Die kleine sieht die Einnahme des Südlibanon vor, die große einen Vorstoß bis zur Straße Beirut-Damaskus. Sharon steht mit den christlichen Falange-Führern im Libanon in Verbindung und hofft, daß der Kampf vor allem durch sie entschieden wird. Begin und Sharon beschließen, nach dem kleinen Plan vorzugehen und abzuwarten, wie die Dinge sich entwickeln. Doch Anfang Juni 1982 wird der israelische Botschafter in Großbritannien, Shlomo Argov, bei einem Attentat schwer verletzt. Daraufhin befiehlt die Regierung, Terroristenstützpunkte in der Region Beirut zu bombardieren. Die Terroristen reagieren mit schwerem Raketenbeschuß der Ortschaften in Galiläa. Die israelische Antwort darauf ist das Unternehmen »Frieden für Galiläa«, zu dem die Armee am 6. Juni 1982 aufbricht. Anfangs ist von einem begrenzten Einsatz die Rede, die Armee soll höchstens 40 Kilometer weit in den Libanon vordringen. Aber schon nach wenigen Tagen stößt sie bis zu den Vororten Beiruts vor. Nun greifen die Syrer in die Kämpfe ein. Ungeklärt ist, ob Sharon von Anfang an auf die Eskalation hinarbeitete und damit Menachem Begin und den Rest der Regierung hinterging. Der Streit darüber hält bis heute an.

> Soldaten! Eure Einheiten stehen heute von der Beka'a-Ebene bis zu den Vororten Beiruts. Nichts könnte besser beweisen, daß die Armee die Aufgabe, die ihr die Regierung Israels übertrug, erfolgreich ausgeführt hat. In den Kämpfen der letzten Woche habt ihr das Terrorsystem der PLO, bestehend aus Tausenden von Kämpfen, Hunderten von Artilleriegeschossen und Bergen von Waffen, in seinen Grundfesten erschüttert. Diese sollten Tod und Zerstörung über Israel bringen, aber Euer Heldentum hat sie weggefegt.«
>
> Einleitung eines Tagesbefehls von Verteidigungsminister Ari'el Sharon, Juni 1982.

△ Ein Konvoi der israelischen Armee und eine christliche Einheit zu Beginn des Kriegs. Im ersten Fahrzeug der christliche Befehlshaber Sa'ad Hadad.

▷ Eins der bekanntesten Bilder vom Libanon-Krieg: Ministerpräsident Begin und Verteidigungsminister Sharon auf der Festung Beaufort im Südlibanon. Die Festung wurde in der ersten Kriegsnacht eingenommen. Die Presse berichtet, Begin habe auf die Nachricht von der Erstürmung Beauforts zum Militäradjudanten Asri'el Nevo gesagt: »Hervorragend. Geh zu Arik, umarme ihn in meinem Namen und sage ihm, daß ich endlich wieder schlafen kann.«

1982

◁ Anfangs begrüßt man die Israelis im Libanon freundlich. Kinder freunden sich mit ihnen an, und auf die Panzer werden Reiskörner geworfen.

△ Israelische Panzer im Schatten der Zedern des Libanon: Anfangs wirkt die Landschaft auf die Soldaten faszinierend, doch schon wenige Monate später ist der Zauber verflogen. Jetzt ist sie Teil des gefährlichen Krieges.

▷ Beirut brennt. Die Israelis bombardieren die Stadt im Sommer 1982. Getroffen wird vor allem West-Beirut, wo sich die Truppen der palästinensischen Terroristen und verschiedene muslimische Gruppierungen befinden. Die andauernden Bombardements werden sowohl im Ausland als auch in Israel kritisiert.

▷ Wichtigstes Ziel Israels im Libanon-Krieg ist die Vertreibung der Terroristen. Aus diesem Grund umzingeln die Israelis Beirut. Rund zweieinhalb Monate nach Ausbruch der Kämpfe beginnt Ende August unter dem Schutz multinationaler Truppen der Auszug der Terroristen aus der libanesischen Kapitale. Sie werden in mehrere arabische Staaten gebracht. Trotzdem wollen sie zeigen, daß der Sieg ihnen gehört: Ihre Fahrzeuge zieren Parolen und Bilder von Arafat, Assad und Che Guevara.

◁ Das Blutbad, das Männer der christlichen Falange in den Flüchtlingslagern Sabra und Schatilla in Süd-Beirut am 17. und 18. September 1982 anrichten, erschüttert die ganze Welt. Hier wird ein Leichnam aus Sabra geborgen.

▽ Eine Woche nach dem Massaker findet auf dem Malchei-Israel-Platz in Tel Aviv die wohl größte Demonstration statt, die es je in Israel gab: Hunderttausende fordern den Rückzug aus dem Libanon, den Rücktritt der Regierung und die Einsetzung einer Untersuchungskommission. Sie soll prüfen, ob Israel mitschuldig ist.

1982

△ Eigentlich war nur ein kurzer Feldzug geplant, doch dann zieht sich der Krieg im Libanon über Jahre hin. Je länger er dauert, desto höher sind die Verluste. Hinzu kommen Unfälle, im Bild die Folgen einer Gasexplosion im Haus der israelischen Verwaltung in Tyros im November 1982. 75 Israelis und 15 einheimische Beschäftigte liegen unter den Trümmern begraben.

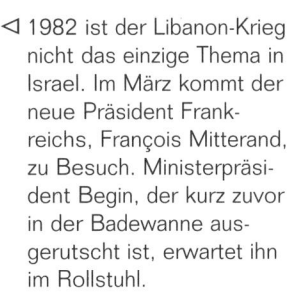

◁ 1982 ist der Libanon-Krieg nicht das einzige Thema in Israel. Im März kommt der neue Präsident Frankreichs, François Mitterand, zu Besuch. Ministerpräsident Begin, der kurz zuvor in der Badewanne ausgerutscht ist, erwartet ihn im Rollstuhl.

△ In den letzten Monaten des Jahres herrscht Aufregung über die Entscheidung der Regierung, die El-Al-Flüge am Sabbat und an jüdischen Feiertagen zu streichen. Die Beschäftigten der Gesellschaft protestieren dagegen (im Bild). Der Vorstand schließt die Fluggesellschaft für einige Monate.

1983

Januar

8 Elf Verletzte bei einem Terroranschlag auf einen Autobus auf dem Weg von Tel Aviv nach Rehovot. Die Terroristen werfen Handgranaten, als der Bus durch Süd-Tel Aviv fährt.
12 El Al nimmt nach vier Monaten Pause ihre Flüge wieder auf.
24 Aktiensturz an der Tel Aviver Börse. Panik bei den Investoren, die Verluste in Höhe von 100 Milliarden Schekel erleiden. Die Kurse von 300 sinken um bis zu 60 %.

Februar

8 Die Cahan-Kommission veröffentlicht ihren Bericht über das Massaker von Beirut. Er belastet eine Reihe von Entscheidungsträgern schwer, allen voran Verteidigungsminister Ari'el Sharon.
10 Auf einer »Frieden jetzt«-Kundgebung in Jerusalem wird ein Demonstrant, Emil Grünzweig, von einer auf die Demonstranten geworfenen Handgranate getötet. Zehn Verletzte.
14 Verteidigungsminister Ari'el Sharon legt sein Amt nieder. Moshe Arens wird sein Nachfolger. Allerdings bleibt Sharon Minister ohne Geschäftsbereich.

Fortdauer der Anschläge auf israelische Soldaten im Libanon.

März

1 Streit über die Arzthonorare. Sie verlangen von jedem Patienten 600 Schekel pro Untersuchung.
2 Generalstreik der Ärzte.
15 Wahl von zwei neuen Oberrabbinern: Abraham Shapira und Mordechai Elijahu.
22 Wahl Chaim Herzogs, des Kandidaten der Arbeitspartei, zum sechsten Präsidenten des Staates Israel. 61 Knesset-Mitglieder stimmen für ihn. Sein Rivale Menachem Allon, Richter am Obersten Gerichtshof, erhält 57 Stimmen. Zwei Stimmzettel bleiben leer.

April

Weitere Anschläge auf israelische Soldaten im Libanon.
6–7 Der Generalstabschef verleiht Teilnehmern des Libanon-Krieges Auszeichnungen für Mut und Tapferkeit.
19 Moshe Levy löst Rafael Eitan im Amt des Generalstabschefs ab.
27 US-Außenminister Schultz trifft in Israel ein. Er will die Verhandlungen mit dem Libanon voranbringen.
30 Der Ärztestreik dauert schon mehr als 50 Tage.

Der berühmte Satmarer Rebbe bei seiner Ankunft in Israel, Juni 1983.

Mai

In den ersten Maitagen: Empörung in der Öffentlichkeit über die Absicht eines Beerdigungsinstituts, den Leichnam von Theresa Angelowitz umzubetten, weil sie christlicher Herkunft ist. Die Affäre zieht sich ein ganzes Jahr hin.
5 Vereidigung Chaim Herzogs.
16 Die Knesset ratifiziert das Abkommen mit dem Libanon. 45 Abgeordnete enthalten sich der Stimme.
17 Unterzeichnung des Abkommens mit dem Libanon, das den Kriegszustand zwischen beiden Staaten beendet. Es tritt nach dem Rückzug der Syrer und der Rückgabe der Gefangenen in Kraft.
26 Fortdauer der Zwischenfälle im Libanon. Eine Sprengladung trifft einen mit Soldaten besetzten Omnibus: ein Toter und 14 Verletzte.

Juni

4 Auf einer großen Kundgebung von »Frieden jetzt« ergeht der Aufruf an die Regierung, die Truppen aus dem Libanon zurückzuziehen.
8 Zwei Zahal-Soldaten werden getötet und zwei verletzt, als ein Fahrzeug mit einer Sprengladung in Beirut explodiert.
10 In Tyros werden drei Soldaten aus dem Hinterhalt erschossen. Insgesamt sind seit dem Beginn des Krieges vor einem Jahr 500 Soldaten gefallen.
14 Das libanesische Parlament ratifiziert das Abkommen mit Israel mit einer Mehrheit von 75 zu 2 Stimmen.
27 Schlichtungsabkommen mit der Regierung: Ende des Ärztestreiks nach fast vier Monaten.

Eine Gruppe von Offizieren der Reserve demonstriert mehrere Wochen lang vor Begins Haus. Sie verlangt den Rückzug aus dem Libanon.

Juli

7 Nach einer Reihe von Zwischenfällen zwischen Arabern und Juden in Hebron, die in der Ermordung eines Jeschiwa-Schülers gipfeln, Absetzung von Bürgermeister Mustafa Natscha durch die Militärregierung.
11 Orthodoxe Juden demonstrieren in Jerusalem gegen archäologische Ausgrabungen.
20 Israel beschließt, sich aus Beirut zurückzuziehen.
26 Angriff auf die islamische Hochschule in Hebron: drei Tote und viele Verletzte. Verantwortlich für das Attentat sind jüdische Extremisten, die den Mord an dem Jeschiwa-Schüler rächen wollen.

August

16 Verteidigungsminister Arens führt Gespräche in Beirut.
28 Aufregung in den politischen Kreisen Israels: Ministerpräsident Menachem Begin beabsichtigt, von seinem Amt zurückzutreten.

September

Im Verlauf des Monats Gespräche zur Regierungsbildung. Außenminister Yitzhak Shamir wird von der Zentrale der Cherut-Bewegung mit 59% der Stimmen zum Kandidaten für das Amt des Premierministers gewählt.
4 Rückzug aller Israelis aus Allay und dem Schuf-Gebirge bis zum Howalli-Fluß.
15 Begins Rücktrittsgesuch: Weil er aus gesundheitlichen Gründen das Haus nicht verlassen kann, überbringt ein Regierungssekretär Begins Brief dem Staatspräsidenten.
21 Staatspräsident Herzog beauftragt Yitzhak Shamir mit der Bildung einer neuen Regierung.
24 Auftritt der US-Sänger Simon und Garfunkel vor 50 000 Zuschauern im Stadion von Ramat-Gan.

Oktober

3 Nach Meldungen über eine bevorstehende Abwertung des Schekels: »Run« auf den Dollar. Kurssturz an der Wertpapierbörse: Die Aktien von 295 Unternehmen fallen um mehr als 5 %; für die Aktien von 111 Unternehmen gibt es nur Anbieter, es finden sich jedoch keine Käufer.
4 Finanzminister Aridor dementiert die Abwertungsgerüchte. Die Panik hält an.

Schwere Verluste für alle Besitzer von Bankaktien. Vorläufige Schließung der Börse.
10 Weiterhin unvermindert Nachfrage nach ausländischen Devisen. Unbestätigte Nachrichten sprechen von einer Abwertung des Schekels um 30 bis 40 %.

Die Regierung Yitzhak Shamir gewinnt mit einer Mehrheit von 60 zu 53 Stimmen das Vertrauen der Knesset.
11 Beispiellose Panikkäufe, bevor die Preise steigen. Die Regierung wertet den Schekel um 23 % ab. Der Dollar steht jetzt bei 80 Schekel.
12 Versprechen der Regierung an alle Besitzer von Bankaktien, daß sie ihren Wert nach fünf Jahren des Einfrierens behalten.
13 Finanzminister Joram Aridor legt sein Amt nieder, weil sein Plan einer Koppelung der israelischen Wirtschaft an den Dollar ruchbar wurde. Sein Nachfolger wird Yig'al Cohen-Orhad.
20 Unterzeichnung einer Regelung über das Aktiengeschäft. Nach einer elftägigen

1983

Schließung wird die Börse wieder aktiv.

25 Gemeindewahlen: In den großen Städten siegen wieder Kollek (Jerusalem), Lahat (Tel Aviv) und Gur'el (Haifa).

November

4 Wieder eine Katastrophe in Tyros: Ein Lastwagen mit einer Sprengladung explodiert im Hof der israelischen Kommandantur und tötet 28 Israelis sowie 32 einheimische Inhaftierte.

14 Verteuerung der Grundnahrungsmittel: In einer Woche steigt ihr Preis um 75 %.

17 Die Inflation steigt weiter, Ausgabe eines Geldscheins im Wert von 1000 Schekel.

23 Alle Araber, die im Lager von Anzar im Libanon gefangen sind, sowie 99 in Israel inhaftierte – insgesamt 4000 Personen – werden gegen sechs israelische Gefangene ausgetauscht. Unbehagen in Israel wegen des hohen Preises, den die Befreiung der Israelis kostete, und weil damit längst nicht alle gefangenen Israelis heimkehren.

27 Me'ir Shamgar wird Präsident des Obersten Gerichtshofs. Er löst Yitzhak Cohen ab.

Dezember

Die Anschläge auf Israelis im Libanon mehren sich: Sprengstoffattentate und Schüsse aus dem Hinterhalt. Daraufhin greifen die israelische Luftwaffe und Marine Terroristenstellungen an.

6 Explosion einer Sprengladung in einem Omnibus in Jerusalem: sechs Tote und 50 Verletzte. Die PLO übernimmt dafür die Verantwortung.

9 Erneute Verteuerung der Grundnahrungsmittel.

1983 ist der Index der Lebenshaltungskosten um 145,5 % gestiegen.

Mörderischer Anschlag in Jerusalem, Dezember 1983: In einem Bus explodiert ein von palästinensischen Terroristen gelegter Sprengsatz und tötet sechs Fahrgäste und verletzt fünfzig.

DAS ENDE DER ÄRA BEGIN

1983 veranlassen persönliche und politische Probleme Menachem Begin, sich aus der Politik zurückzuziehen. Der Tod seiner Frau, seine angeschlagene Gesundheit und die Verwicklungen im Libanon, insbesondere die hohe Zahl der israelischen Opfer dort, lassen ihn zu der Überzeugung gelangen, daß er das Amt des Ministerpräsidenten nicht weiter anführen könne. Doch hat er es keineswegs eilig zurückzutreten.

Vielmehr zieht er sich zunächst für mehrere Wochen in sein Haus zurück und verursacht dadurch Unruhe und Spannungen in der eigenen Partei wie in der breiten Öffentlichkeit. Die Cherut-Zentrale wählt Yitzhak Shamir zum Likud-Kandidaten für das Amt des Regierungschefs.

Eine weitere Schwierigkeit ist, daß Begin nicht in der Lage ist, wie es der Brauch vorschreibt, persönlich sein Rücktrittsgesuch beim Staatspräsidenten einzureichen. Ein Regierungssekretär überbringt schließlich das Schreiben.

Die nächsten neun Jahre bis zu seinem Tod 1992 verbringt Begin in völliger Abgeschiedenheit. Er bleibt die Antwort auf die Frage schuldig, warum er zurückgetreten ist. Auch veröffentlicht er keine Autobiographie, wie er es stets versprochen hat. Ihm fehlt wohl die Kraft dazu.

▷ Menachem Begin in der Knesset, Juni 1983. Schon seit langem stellen seine Berater und Vertrauten fest, daß er sich sehr verändert hat. Ein Grund dafür ist vermutlich das Desaster im Libanon. Ende August äußert Begin erstmals öffentlich den Wunsch, sein Amt niederzulegen. Nun beginnen Beratungen über seine Nachfolger. Dafür gibt es im Likud drei Kandidaten: Außenminister Yitzhak Shamir, den stellvertretenden Ministerpräsidenten David Levy und den Minister ohne Geschäftsbereich Ari'el Sharon.

△ Im Kampf um die Likud-Kandidatur für das Amt des Premiers kommen zwei Politiker in Frage: Die Zentrale der Cherut-Bewegung wählt Yitzhak Shamir; der unterlegene David Levy beglückwünscht ihn.

▷ Im Herbst 1983 wird Außenminister Yitzhak Shamir, 68 Jahre alt, zum siebten Ministerpräsidenten Israels gewählt.

1983

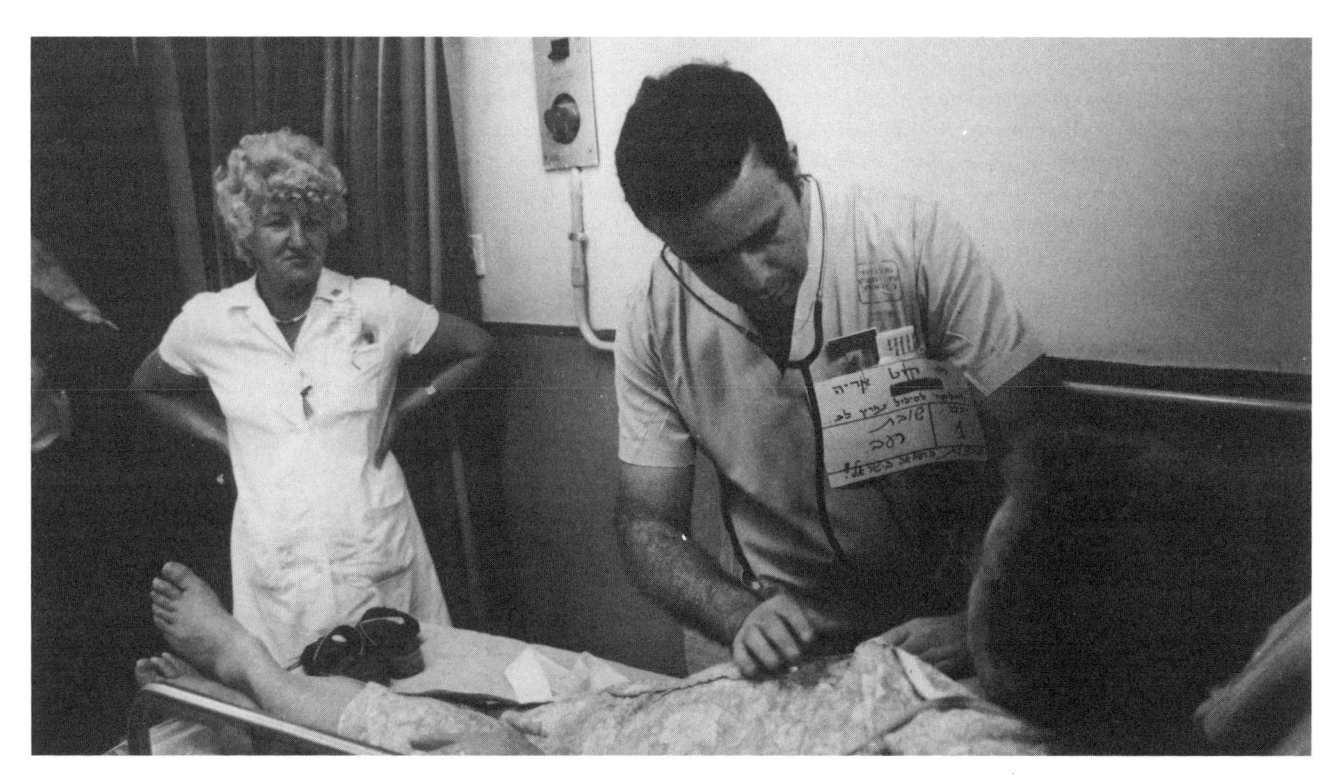

△ Viermonatiger Ärztestreik: Alle vom Staat angestellten Mediziner bleiben ihrem Arbeitsplatz fern. Viele nehmen Urlaub, manche treten in den Hungerstreik. Im Bild behandelt ein hungerstreikender Arzt eine Patientin.

▷ Verteidigungsminister Ari'el Sharon vor der Cahan-Kommission. Sie empfiehlt ihm, wegen der Fehler in seiner Amtsführung zur Zeit der Ereignisse in Sabra und Schatilla Konsequenzen zu ziehen. Sharon legt sein Amt nieder, lehnt es aber ab, die Regierung zu verlassen. Er wird Minister ohne Geschäftsbereich.

WAS GESCHAH IN SABRA UND SCHATILLA

Die Cahan-Kommission, eingesetzt, um die Ereignisse in den Flüchtlingslagern Sabra und Schatilla im September 1982 zu untersuchen, veröffentlicht am 8. Februar 1983 ihren Bericht. Darin stellt sie fest, daß keine Israelis an der grausamen Tat der christlichen libanesischen Einheiten beteiligt gewesen seien. Trotzdem macht sie politisch und militärisch jene verantwortlich, die die Absichten der Täter hätten erkennen und Schritte gegen diese ergreifen können.

Die Vorwürfe der Kommission richten sich vor allem gegen Verteidigungsminister Ari'el Sharon. Das Gremium empfiehlt seinen freiwilligen Rücktritt. Gegebenenfalls »sollte der Ministerpräsident sich seiner Befugnisse bedienen, die es ihm erlauben, einen Minister aus seinem Amt zu entfernen«. Schwere Anschuldigungen richten sich auch gegen den Leiter der Nachrichtenabteilung, General Josua Sagui. Die Kommission rät, auch ihn abzusetzen. Ebenso übt sie Kritik an Generalstabschef Rafael Eitan, spricht sich in seinem Fall aber weder für einen Rücktritt noch für eine Amtsenthebung aus, weil seine Amtszeit ohnehin in Kürze ablaufe. Auch mehrere Offiziere und wichtige Entscheidungsträger werden getadelt, darunter Außenminister Yitzhak Shamir.

Ari'el Sharon weigert sich zurückzutreten. Begin zögert, ihn zu entlassen, denn er weiß, daß seine Koalition auf unsicherem Boden steht. Schließlich wird ein Kompromiß gefunden: Sharon bleibt als Minister ohne Geschäftsbereich in der Regierung, neuer Verteidigungsminister wird der bisherige Botschafter in den USA, Moshe Arens.

DER BANKAKTIEN-SKANDAL

Gute Nachrichten für die Investoren an der Tel Aviver Börse 1983: Der Wert ihrer Aktien steigt von Monat zu Monat. Vor allem die Kurse der Wertpapiere der großen Banken schnellen in die Höhe. Doch Ende September breitet sich Angst aus, die Regierung werde die Währung stark abwerten. Daher kaufen viele in kürzester Zeit so viele US-Dollars, daß diese aus dem Ausland eingeflogen werden müssen. Zugleich werden große Mengen Aktien abgestoßen, um den Erwerb der ausländischen Devisen finanzieren zu können. In den Geldinstituten drängen sich die besorgten Kunden.

Anfang Oktober zeichnet sich eine Krise ab. Die Aktienkurse fallen in den Keller, während der Kauf von Dollar und hochwertigen Importwaren weitergeht. Schließlich stellen die Banken die Regelung ihrer Aktien ein, und es wird befürchtet, daß Hunderttausende durch den Kursverlust Schaden nehmen. Daraufhin schließt die Regierung die Börse, und alle warten auf die Abwertung der Landeswährung. Diese kommt dann auch – in Höhe von 23 Prozent. Zugleich sorgt die Regierung für die »Regelung der Bankaktien«: Wer sie fünf Jahre lang behält, bekommt anschließend ihren vollen, an den Dollar gekoppelten Wert zurück. Heute weiß man, daß dadurch Milliardenbeträge in die Staatskasse geflossen sind.

Ihren Gipfel erreicht die Aufregung am 13. Oktober 1983, als die Zeitung »Jedi'ot Acharonot« bekanntgibt, Finanzminister Joram Aridor beabsichtige, den Dollar zur israelischen Währung zu machen. Danach muß Aridor zurücktreten, an seine Stelle tritt Yig'al Cohen-Orgad.

Die Krise hält an, auch als die Börse wieder geöffnet wird. Die Aktienkurse fallen weiter, die Inflationsrate steigt täglich.

▽ 5. Mai 1983: Ablösung des Staatspräsidenten. Yitzhak Navon, der fünfte Staatspräsident (im Bild mit seiner Familie), übergibt Chaim Herzog das Amt. Der Kandidat des Ma'arach schlägt den Kandidaten des Likud, Professor Menachem Allon.

▷ Im Herbst 1983 beschleunigt sich die Inflation, die Börsenkurse fallen, und die Israelis vertrauen nur noch dem Dollar. Am 13.10. titelt »Jedi'ot Acharonot«: »Der Dollar wird israelische Währung.« Finanzminister Aridor muß zurücktreten.

△ »Generaldirektor des Staates«: Knesset-Mitglied Abraham Shapira. Der Vorsitzende des Finanzausschusses der Knesset hat wesentlich teil an der »Regelung der Bankaktien« 1983.

1983

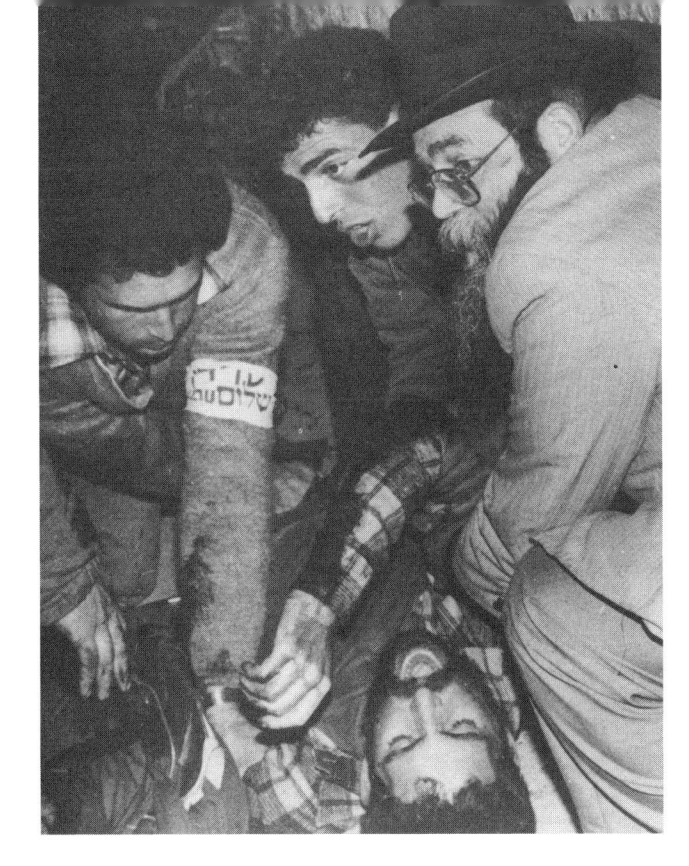

◁ Im Februar 1983 sind die Israelis tief erschüttert: Eine Granate wurde auf Demonstranten der Bewegung »Frieden jetzt« in Jerusalem geworfen. Dabei wurde ein Demonstrant, Emil Grünzweig, getötet und zahlreiche weitere verletzt. Im Bild: Abtransport eines Opfers.

▽ Aber es gibt auch fröhliche Momente: 50000 Israelis kommen im September ins Stadion von Ramat-Gan, um Simon und Garfunkel zu hören. Die Massen begrüßen die Gäste begeistert.

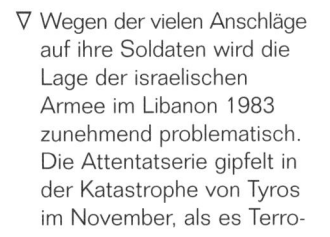

▽ Wegen der vielen Anschläge auf ihre Soldaten wird die Lage der israelischen Armee im Libanon 1983 zunehmend problematisch. Die Attentatserie gipfelt in der Katastrophe von Tyros im November, als es Terroristen gelingt, einen Lastwagen mit einer Sprengladung im Hof der israelischen Kommandantur in Tyros abzustellen. Durch die heftige Explosion stürzt das Gebäude ein, 28 Israelis werden getötet und rund 30 verletzt.

1984

Januar
Affäre um die Bank ha-Poalim: Ihr ehemaliger Präsident hat 400 000 Dollar illegal ins Ausland überwiesen.

Preisanstieg und Beschränkungen für den Erwerb ausländischer Devisen.

14 Sa'ad Hadad, der Befehlshaber der mit Zahal zusammenarbeitenden christlichen Truppen im Südlibanon, stirbt.
20 Der Innenminister gibt bekannt, daß die Polizei einen zweig Verdächtigen festgenommen hat.
27 Ein von Juden geplanter Anschlag auf die Moschee auf dem Tempel-Berg wird vereitelt.

Februar
23 Ya'akov Levinson, der ehemalige Vorstandsvorsitzende von Bank ha-Poalim, begeht wegen des gegen ihn eingeleiteten Verfahrens Selbstmord.

Der Kampf im Libanon geht weiter: Luftangriff auf Terroristenstellungen, israelische Truppen durchkämmen das Gebiet nördlich des Howalli. Trotzdem halten die Anschläge auf israelische Soldaten an.

März
4 Neu im israelischen Blätterwald: »Chadaschot«, eine dritte Mittagszeitung, erscheint erstmals.

In zwei von Terroristen verursachten Zwischenfällen im Libanon werden 15 Israelis verletzt.
5 Auf syrischen Druck annulliert der Libanon das Abkommen, das er im Mai 1983 mit Israel schloß.
22 Mit einer Mehrheit von 61 zu 58 Stimmen beschließt die Knesset, die Wahlen vorzuziehen. Ein Knesset-Mitglied ist nicht zur Abstimmung gekommen: Menachem Begin.

Fortdauer der Anschläge auf Zahal-Soldaten im Libanon.

April
2 Terroristen greifen Passanten im Zentrum von Jerusalem an: ein Toter und 60 Verletzte.
4 Die christlichen Truppen im Südlibanon haben einen neuen Befehlshaber: Antoine Lahad.
12/13 Schwerer Terroranschlag im Süden Israels:

Inflation: Der Geldschein im Wert von 10000 Schekel zeigt Golda Meir.

Terroristen bemächtigen sich eines Autobusses. Bei der Befreiungsaktion wird eine Soldatin getötet, die zu den Fahrgästen gehörte. Nach dem Drama bricht Empörung aus, als bekannt wird, daß zwei gefaßte Terroristen kurze Zeit später tot sind.

Wahlen im Likud: Shamir wird Kandidat für das Amt des Premiers. Er führt mit 56%, Sharon erhält 42%. David Levy kandidiert diesmal nicht.
27 Auf der Westbank wird im letzten Augenblick ein schweres Unglück vereitelt: Die Sicherheitskräfte verhindern die Sprengung von vier arabischen Omnibussen. Verhaftet werden Juden, die in den besetzten Gebieten siedeln, darunter Offiziere der Reserve.
29 Militärzensur: Die Zeitung »Chadaschot« wird vorübergehend verboten, weil sie eine Nachricht über die Einsetzung einer Kommission veröffentlicht hat, die den Tod von zwei Terroristen aufklären soll. (siehe 12./13. 4.)

Aufruhr in Petach Tikva, weil das »Hechal«-Kino auch am Sabbat Filme vorführt: Befürworter und Gegner demonstrieren.

Mai
Einzelheiten über die Existenz einer jüdischen Terrororganisation werden bekannt, die in den besetzten Gebieten gegen Araber tätig sein soll. Dutzende ihrer Mitglieder werden verhaftet.
1 Drei Mitglieder der libanesisch-israelischen Verbindungskommission in Beirut werden südlich von Tripoli von Syrern entführt.
16 Der Ma'arach stellt seine Spitzenkandidaten für die Wahlen vor: Shim'on Peres, Yitzhak Navon und Yitzhak Rabin.
23 Gegen die Mitglieder des jüdischen Untergrunds werden Anklageschriften eingereicht. U. a. werden ihnen Mord und versuchter Mord, Mitgliedschaft in einer Terrororganisation, Anschläge auf arabische Bürgermeister und das Legen von Sprengsätzen in arabischen Omnibussen zur Last gelegt.
28 Die Untersuchungskommission stellt fest, daß die beiden lebend gefaßten Terroristen nach ihrer Festnahme zu Tode geprügelt wurden.

Fortdauer der Zwischenfälle im Libanon.

Juni
Vorspiel zur Knesset-Wahl: Streiks.
17 Der Wahlkampf läuft auf vollen Touren. Die zentrale Wahlkommission erklärt die rechtsextreme Liste von Rabbi Kahana (Kach) und die linke Fortschrittliche Liste für Frieden für untauglich (am 19.6.).

Beginn des Verfahrens gegen 27 Mitglieder des jüdischen Untergrunds.
28 Das Oberste Gericht erlaubt Kahanas Liste und der Fortschrittlichen Liste für Frieden Teilnahme an den Wahlen.

Gefangenenaustausch mit Syrien: drei Soldaten und drei israelische Zivilisten sowie die Leichname zweier im Libanon-Krieg gefallener Soldaten gegen mehr als 300 Syrer.

Juli
Fortdauer der Streiks und Bummelstreiks in der Wirtschaft.
23 Wahltag: Der Ma'arach steht mit 44 Sitzen an erster Stelle, gefolgt vom Likud mit 41. Techija bekommt 5 Sitze, Mafdal, Chadasch und Shass je 4, Shiniu und Ratz zusammen 3 Sitze, die Fortschrittliche Liste, Agudat-Israel und Morasha je 2 und Tami, Ometz und Kach je 1 Sitz.
25 Evakuierung der Angehörigen der israelischen Vertretung in Beirut mit Hubschraubern, nachdem die zur Bewachung des Gebäudes abgestellten libanesischen Soldaten abgezogen wurden.

August
4 Anklage gegen die vier großen Banken – Bank ha-Poalim, Diskont, Misrachi und Me'uchad – und ihre Geschäftsführer: wegen des Verdachts auf Verstoß gegen das Gesetz über die Einschränkung von Transaktionen.
9 Ein neuer Geldschein im Wert von 5000 Schekel mit dem Bild von Levi Eshkol wird in Umlauf gebracht.
13 Vereidigung der Abgeordneten der elften Knesset.
31 Die Bemühungen um die Bildung einer neuen Regierung dauern den ganzen Monat über an. Am letzten Tag kommen Ma'arach und Likud einer Einigung über die Bildung einer Regierung der nationalen Einheit immer näher.

September
3 Erste Sitzung der elften Knesset: Noch immer gibt es keine neue Regierung.
4–6 Likud und Ma'arach einigen sich.
9 Spaltung im Ma'arach: Nach 15 Jahren kündigt Mapam wegen der Bildung der Regierung der nationalen Einheit die Partnerschaft auf. Dagegen schließen sich Ezer Weizmann und die Jachad-Bewegung dem Ma'arach an.
13 Bildung einer Regierung der nationalen Einheit. In den ersten beiden Jahren ist Shim'on Peres Ministerpräsident. Sein Stellvertreter und Außenminister ist Yitzhak Shamir. Danach sollen beide ihre Plätze tauschen. Die Knesset spricht der Regierung ihr Vertrauen aus (89 dafür, 19 dagegen).

1984

16 Ernennung von Binyamin Netanyahu zum israelischen UN-Botschafter.
17 Die neue Knesset wendet sich den Problemen der Wirtschaft zu. Als ersten Schritt beschließt sie eine Abwertung des Schekels um 9 %.

Oktober

2 Für ein halbes Jahr strenge Beschränkungen der Einfuhr teurer Gebrauchsgüter. Betroffen sind Luxuswagen, große Kühlschränke, Fernseher und ähnliches.
21 Fortdauer der Anschläge auf Soldaten im Libanon. Allon Zur, das 600. Opfer im Libanon-Krieg, wird zur letzten Ruhe gebettet.
22 Zwei Studenten, ein junger Mann und eine junge Frau, werden von einem Bewohner Dahaischas beim Kloster Kermesan bei Bethlehem ermordet.
28 Die Regierung genehmigt den Abzug aus dem Libanon unter der Bedingung, daß Israels Armee weiter in einem schmalen Streifen nördlich der libanesischen Grenze agieren darf.

Ein israelischer Soldat schießt eine Rakete auf einen arabischen Bus in Jerusalem ab: ein Toter, zehn Verletzte.

Die Einwanderung aus der Sowjetunion kommt wegen schwerer Auflagen durch die dortigen Behörden fast völlig zum Erliegen.

November

2 Pauschalabkommen zwischen Regierung, Histadrut und Industriellen für drei Monate: Versuch, die Inflation zu bremsen und die Wirtschaft zu stabilisieren. Einfrieren der Preise.
8 Gespräche auf militärischer Ebene zwischen Israel und dem Libanon in An-Naqura. Thema ist der israelische Abzug aus dem Libanon.
13 Minister Sharon gegen die Wochenzeitung »Time«: Beginn eines Prozesses wegen übler Nachrede, »Time« machte ihn für das Blutbad in Sabra und Schatilla verantwortlich. Er habe die Familie Gemayel nach der Ermordung Baschir Gemayels zu einem Racheakt gegen die Palästinenser ermuntert.
15 Der Anstieg des Lebenshaltungsindex beträgt 24,3 %.

Dezember

19 Wegen eines Konflikts zwischen Mafdal und Schass über die Aufteilung der Gelder für die religiösen Gemeinderäte kommt es fast zum Sturz der Regierung.
25 Die Knesset beschließt, die Bewegungsfreiheit von Knesset-Mitglied Kahana einzuschränken.

1984 klettert der Lebenshaltungsindex auf bis dahin unbekannte Höhen: 373,8 %.

△ Finanzminister Yitzhak Moda'i begibt sich sofort nach der Regierungsbildung daran, eine Lösung für die Wirtschaftsprobleme zu finden. Sie wiegen schwerer als je zuvor.

△ 1984 steigen die Preise jede Woche. Preisschilder müssen ständig erneuert werden.

◁ Im Mai löst Israel Kessar (rechts) Jerucham Meshel an der Spitze der Histadrut ab.

▷ Die tragische Gestalt des Jahres: Ya'akov Levinson, der ehemalige Vorstandsvorsitzende von Bank ha-Poalim.

△ Die Wahlen 1984 finden statt, als noch viele Israelis im Libanon stationiert sind. Die Soldaten fahren mit Panzern vor den dort errichteten Wahllokalen vor.

◁ Koalitionspartner: Shim'on Peres und sein Stellvertreter Yitzhak Shamir bei ihrem Amtsantritt, September 1984.

▷ Glückwunsch! Karikatur in einer jüdisch-amerikanischen Zeitung nach der Bildung der »Regierung der nationalen Einheit«.

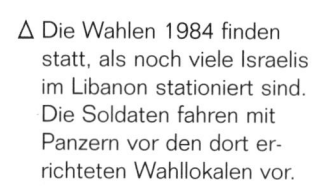

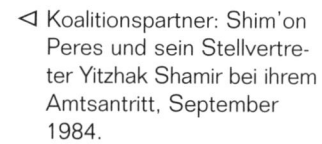

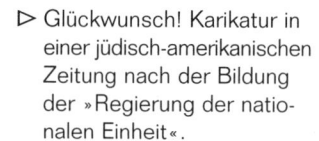

△ Der Likud will an der Macht bleiben. Er wirbt mit einem riesigen Poster an der Fassade des Parteihochhauses in Tel Aviv.

GROSSE KOALITION UND »ROTATION«

Die Wahlen zur elften Knesset werden vorgezogen, nachdem die Partei Tami unter Aaron Abu-Chatzera dem Ma'arach beigetreten ist und die Knesset Neuwahlen ansetzt – rund anderthalb Jahre vor dem regulären Termin. Der Urnengang am 23. Juli 1984 bringt eine große Überraschung, vor allem für den Likud. Trotz einer Inflation von rund 400 Prozent und 600 Toten im Libanon-Krieg erleidet er keine empfindliche Niederlage. Zudem zeigen die Wahlergebnisse, daß die großen politischen Blöcke, Likud und Ma'arach, beinahe gleich stark sind: Jede Partei kann mit der Unterstützung ungefähr der Hälfte der Parlamentarier rechnen. Sowohl der Likud (die Zahl seiner Sitze sinkt von 48 auf 41) als auch der Ma'arach (Rückgang von 47 auf 44 Sitze) nehmen sofort Koalitionsgespräche mit den kleineren Parteien auf. Doch nach wochenlangen unergiebigen Beratungen kommt die Führung beider Parteien zu dem Schluß, daß ihnen nur eine Möglichkeit offensteht: die Bildung einer großen Koalition aus Likud und Ma'arach.

Diese Entwicklung bewirkt eine Spaltung im Ma'arach. Mapam, seit 1969 Teil des Ma'arach, lehnt die Übereinkunft mit dem Likud ab und geht in die Opposition. Dadurch wird der Ma'arach weiter geschwächt. Allerdings wird die Arbeitspartei teilweise dadurch entschädigt, daß Ezer Weizmanns Fraktion Jachad mit ihren drei Sitzen dem Ma'arach beitritt.

Für das Amt des Ministerpräsidenten denken sich die beiden großen Koalitionspartner eine originelle Lösung aus: die Rotation. In den ersten beiden Jahren hat Shim'on Peres von der Arbeitspartei das hohe Amt inne, während Yitzhak Shamir vom Likud sein Stellvertreter und Außenminister ist. Für die zwei Jahre danach ist ein Ämtertausch vorgesehen. Alle übrigen Minister, einschließlich des Verteidigungsministers Yitzhak Rabin, bleiben dagegen vier Jahre im Amt. Insgesamt besteht das Kabinett aus zehn Mitgliedern, fünf von jeder Partei. Obwohl das Patt der nahezu gleich starken Parteien Probleme aufwirft, bleibt die Regierung volle vier Jahre im Amt. Trotz der Befürchtung des Likud, Peres könnte den Rücktritt vom Posten des Premiers hinausschieben oder ihn ganz aufheben, übernimmt Shamir, wie vereinbart, nach zwei Jahren das Ruder.

DER JÜDISCHE UNTERGRUND

Im Frühjahr 1984 erhebt sich in der Öffentlichkeit ein Sturm der Entrüstung, als eine jüdische Untergrundorganisation entfernt wird, die in den besetzten Gebieten gegen Araber vorgeht. Erst jetzt stellt sich heraus, daß die Mitglieder schon seit Anfang der achtziger Jahre Terroranschläge auf Araber verüben.

Im Besitz der Organisation werden große Mengen Waffen und Sprengstoff gefunden. Die drei Rädelsführer Menachem Livni, Jehuda Etzion und Sha'ul Nir, werden unter anderem der Planung eines Anschlags auf die moslemischen Heiligtümer auf dem Tempel-Berg, der Attentate auf die Bürgermeister von Städten der Westbank 1980 und die Islamische Hochschule in Hebron 1983 sowie mehrerer Sprengstoffanschläge auf arabische Omnibusse beschuldigt. Insgesamt 27 Personen werden verhaftet.

Ihr Prozeß findet im Sommer 1984 statt, einige werden zu langen Freiheitsstrafen verurteilt. Allerdings werden die meisten Verurteilten später begnadigt und vor Ablauf ihrer Haftstrafe auf freien Fuß gesetzt. Die Medien und die Bevölkerungsmehrheit bringen ihren Abscheu über den jüdischen Untergrund zum Ausdruck. Nur in Siedlerkreisen und einem Teil der Rechten erheben sich Stimmen, die seine Taten zu rechtfertigen versuchen.

▽ Noam Yinnon, ein Mitglied des jüdischen Untergrunds, auf dem Weg ins Gefängnis, 1984. Unter den Verhafteten sind viele Siedler aus den besetzten Gebieten. Einige werden zu langer Haft verurteilt, doch verkürzt die Begnadigung durch den Staatspräsidenten die Haftdauer der meisten.

△ Verteidigungsminister Moshe Arens begrüßt einen Gefangenen, den die Syrer mit mehreren seiner Kameraden Ende Juni 1984 freilassen. Israel tauscht 300 syrische Gefangene gegen drei Soldaten, drei Zivilisten und Leichname zweier im Libanon-Krieg gefallener Offiziere aus. Die Aktion kommt erst nach langwierigen Verhandlungen zustande, in denen Israel auch die Übergabe der sterblichen Überreste Eli Cohens verlangt – ohne Erfolg.

△ Ein Skandal aus dem Jahre 1984: Im April bringt eine Gruppe von Terroristen einen Omnibus der Linie Tel Aviv–Aschkelon in ihre Gewalt. Bei der Befreiungsaktion wird ein Fahrgast getötet. Zwei der Busentführer, von denen einer im Bild zu sehen ist, leben anschließend noch, doch werden sie später buchstäblich zu Tode geprügelt. Das führt zur Einsetzung der »Sorea«-Untersuchungskommission. Die Entscheidungsträger bei den Sicherheitskräften beschuldigen sich gegenseitig. Folge des Skandals ist ein Führungswechsel.

▷ Hunderttausende Israelis strömen in den Jarkon-Park in Tel Aviv, um »Ha-Kawerret« zu hören. Die Popgruppe geht nach wenigen Auftritten wieder auseinander.

1985

Januar
In Israel wird erst jetzt bekannt, daß in den zurückliegenden Wochen Tausende äthiopischer Juden ins Land eingeflogen wurden.

2 Die Israel Aircrafts Industries stellen den Prototyp des Flugzeugs »Lavi« vor.
13 Verurteilung von Jona Abroshmi zu lebenslänglicher Freiheitsstrafe wegen des Mordes an Emil Grünzweig.
14 Nach einem Regierungsbeschluß stellt die Armee einen Plan für den Rückzug aus dem Libanon auf.
20 Beginn des Rückzugs aus dem Libanon.
24 Finanzminister Moda'i kündigt hohe Steuern auf Importartikel und Auslandsreisen an.

Im Verfahren Ari'el Sharons gegen »Time« sprechen die Geschworenen die Wochenschrift vom Vorwurf bösartiger Absicht frei.

27 Beginn der Taba-Gespräche zwischen Israel und Ägypten in Be'ersheva.

Februar
3 Dreister Raub in Jerusalem: Bei einem Einbruch in den Tresorraum von Bank ha-Poalim werden ausländische Devisen, Schmuck und Bargeld im Wert von mehreren Millionen Dollar gestohlen.
5 Preisanstieg sowie Anhebung der Reisesteuer und Einführung einer dreiprozentigen Gebühr beim Fahrzeugkauf.
18 Zwei israelische Offiziere geraten im Libanon in einen Hinterhalt und werden getötet. Im Libanon ereignen sich jetzt täglich Anschläge auf israelische Soldaten.
22 Die Preise subventionierter Waren steigen um durchschnittlich 25%.

Michael Albin wird von der Polizei verhört und springt in den Tod.

25 Das Verteidigungsministerium überprüft die Rentabilität einer Serienproduktion des »Lavi«-Kampfflugzeugs.
28 Entlassung von 400 Beschäftigten beim Textilunternehmen »Ata«.

März
10 Im Südlibanon sprengt ein Terrorist ein Fahrzeug in die Luft, das sich neben einem Laster mit israelischen Soldaten befand: zwölf Tote und 14 Verletzte.

Eilat wird in eine Freihandelszone umgewandelt.

April
2 Schließung des Lagers Ansar im Libanon. Die meisten Inhaftierten, im Libanon gefaßte Terroristen, werden nach Israel gebracht.
4 Aufhebung aller Beschränkungen bei der Einfuhr von Fahrzeugen durch Privatpersonen.
11 Ende der zweiten Etappe des Rückzugs aus dem Libanon: Zahal räumt die Gegend um Nabatija.
17 Lebenslängliche Freiheitsstrafe für David Ben-Shimol, der einen arabischen Bus in Jerusalem mit einer Rakete beschoß (siehe oben, am 28.10.1984).
22 Unterzeichnung des Freihandelsabkommens zwischen Israel und den USA. Es tritt im Juli in Kraft.
24 Vollendung des Rückzugs aus der Beka'a-Ebene.

Mai
13 Bei den Wahlen zum Histadrut-Kongreß verzeichnet der Ma'arach Stimmengewinne (66,7%), während der Likud verliert (21,4%).
15 Der Lebenshaltungsindex im April betrug 19,4%. Die Regierung bereitet umfassende Maßnahmen vor: Erhöhung der Mehrwertsteuer auf 17%, Festlegung der Reisesteuer für Auslandsaufenthalte auf 300 $ und Beschränkung beim Kauf ausländischer Devisen auf 800 $ pro Reise.
20 1150 palästinensische Häftlinge kommen im Austausch gegen drei Israelis frei, die die Terrororganisation Ahmad Jibrils gefangenhält. Kritik an dem Tauschgeschäft in Israel: Hunderte demonstrieren vor dem Haus von Ministerpräsident Peres.

Shamir fordert die Begnadigung der verurteilten Mitglieder des jüdischen Untergrunds.

27 Beschäftigte des Textilunternehmens »Ata« verschanzen sich in den Fabrikhallen, weil es geschlossen werden soll.
28 Erneuter Preisanstieg bei den subventionierten Waren.

Viele Anschläge in Israel und in den besetzten Gebieten.

Juni
2 Ein letzter Versuch, das Textilunternehmen »Ata« zu retten, mißlingt. Die Beschäftigten schreien Histadrut-Sekretär Israel Kessar nieder: »Schämt euch, ihr habt uns betrogen!«
4 Eine Kommission, die den Mord an Arlozorov 1933 erneut untersuchte, stellt fest: Stavsky, Achime'ir und Rosenblatt waren an dem Verbrechen nicht beteiligt. Doch wer der Mörder ist, findet auch sie nicht heraus.
10 Vollendung des Rückzugs aus dem Libanon. Nur im Sicherheitsstreifen entlang der Grenze bleibt eine kleinere israelische Einheit.

Ministerpräsident Peres verkündet vor der Knesset, Israel sei zu Verhandlungen mit einer jordanisch-palästinensischen Delegation bereit, vorausgesetzt, die Palästinenser gehörten nicht der PLO an.

20 Finanzminister Moda'i unterbreitet Peres seinen Plan zur Gesundung der Wirtschaft. In den kommenden Tagen: Verteuerung von Nahrungsmitteln und Elektroartikeln.
13 Die Knesset ruft die Regierung auf, die endgültige Schließung des Textilunternehmens »Ata« zu verhindern.
29 Konzert der israelischen und der New Yorker Philharmoniker unter dem Dirigenten Zubin Mehta im Jarkon-Park.

Juli
1 Ein neuer Wirtschaftsplan: 20prozentige Abwertung des Schekels. Verteuerung aller Waren und Dienstleistungen. Entlassung Tausender von Angestellten des öffentlichen Dienstes. Diese Maßnahmen lösen eine Streikwelle aus.
3 Freilassung von 300 in Israel inhaftierten Libanesen.
14 Infolge der wirtschaftlichen Maßnahmen wird die Entlassung von 11 500 Angestellten im öffentlichen Dienst erwartet.
14–16 Wegen verschmutzten Wassers bricht eine Ruhrepidemie in den Vororten von Haifa aus. Hunderttausende sind betroffen.
16–18 Empörung über die Forderung des Rabbinats, die Einwanderer aus Äthiopien müßten erst offiziell zum Judentum übertreten.
22 Drei Angehörige der jüdischen Untergrundorganisation werden wegen Mordens in der Islamischen Hochschule in Hebron zu lebenslänglicher Haft verurteilt, zwölf weitere zu Gefängnisstrafen.

In der zweiten Monatshälfte Zuspitzung des Konflikts um die Entlassung Tausender von Angestellten des öffentlichen Dienstes.

Weitere Terroranschläge auf israelische Bürger: u. a. Ermordung von zwei Lehrern in Afulla und Verletzung von fünf Kindern mit Messerstichen im Zentrum von Jerusalem.

August
9 Tod von Rabbi Ya'akov Israel Kaniewski, einem geistigen Führer der orthodoxen Juden. Er gilt als der größte Halacha-Interpret seiner Generation.
15 Erschrecken über den Lebenshaltungsindex des Monats Juli: Mit 27,5% schlägt er alle Rekorde.
16 Schweres Verbrechen im Negev: Ein Fahrer vergewaltigt eine trampende Soldatin. Danach schießt er auf sie und läßt sie nackt und gelähmt liegen. Beduinen retten sie.
20 Bei einem Terroranschlag in Kairo wird ein Verwaltungsbeamter der israelischen Botschaft getötet.
24 Inkrafttreten des Freihandelsabkommens zwischen Israel und den USA.

Im Laufe des Monats

509

△ Schlagzeilen 1985: »Seit heute früh alles 20 Prozent teurer« – »Reisesteuer: 200 Dollar« – »Der Staatshaushalt wird um 500 bis 600 Millionen Dollar gekürzt«.

▽ Dieses Denkmal erinnert an die 19 Kinder und drei Erwachsenen aus Petach Tikva, die bei einem schlimmen Eisenbahnunglück im Juni in der Nähe vom Moschaw Ha-Bonim sterben.

verfolgt die Öffentlichkeit gespannt die Affäre um Brigadegeneral Yitzhak Mordechai. Eine Untersuchungskommission spricht ihn von der Beschuldigung frei, einen Terroristen totgeprügelt zu haben. Trotzdem beschließt der oberste Militäranwalt, Mordechai vor Gericht zu stellen, aber auch das Militärgericht spricht ihn frei.

September

4 Einführung des neuen Schekel (NIS): 1000 alte Schekel = 1 NIS.
18 Zunehmende Spannung in der Koalition wegen der Taba-Frage. Die Arbeitspartei befürwortet einen Kompromiß mit Ägypten, der Likud ist dagegen. Taba ist ein umstrittenes Gebiet an der israelisch-ägyptischen Grenze.
25 Terroristen töten drei Israelis, als ihr Schiff im Hafen von Larnaka auf Zypern ankert.
26 Mehrere Terroranschläge in der Gegend von Jerusalem: neun Verletzte.
29 Tod der Dichterin Jona Wolf im Alter von 41 Jahren.
Die Regierung genehmigt ein zweites israelisches Fernsehprogramm.

Oktober

1 Israelischer Bombenangriff auf die PLO-Kommandozentrale in Tunesien als Antwort auf die Ermordung von Israelis in Larnaka. Ägypten setzt die Taba-Gespräche aus.
5 Ein ägyptischer Soldat schießt auf eine Gruppe israelischer Ausflügler in Ras Burka im Sinai: sieben Tote, darunter vier Kinder.
Terroristen ermorden ein Paar im Jerusalemer Bergland. Tags darauf schaltet die Armee die Bande aus.
13 Beginn des Studienjahres: Vorlesungsboykott der Technion-Studenten. Sie fordern eine Verringerung der Studiengebühr. Am 20. des Monats schließen sich ihnen die übrigen Studenten an. Der Boykott dauert bis zum 1. 11.
21 Auf der UN-Vollversammlung ruft Ministerpräsident Peres Jordanien zu einem Frieden auf und fordert ein Ende der Feindseligkeiten mit den Palästinensern.

November

Besorgniserregender Anstieg der Arbeitslosenzahl.

Die Terroranschläge auf Israelis gehen weiter, u.a. in Gaza und Afulla.
1 Eilat ist Freihandelszone. Viele Waren werden dank des Wegfalls der Mehrwertsteuer billiger.
13 Die Frage der Aufnahme der äthiopischstämmigen Juden ins offizielle Judentum ist immer noch ungelöst. Sie rufen einen Trauertag aus.
15 Verbale Attacke Ari'el Sharons auf Shim'on Peres: Eine Koalitionskrise droht.
Rabbi Peretz von der Shass-Partei vermittelt.
19 Israelische Flugzeuge schießen über dem Libanon zwei syrische Flugzeuge ab.
21 Verhaftung von Jonathan Pollard in den USA. Er steht unter dem Verdacht der Spionage für Israel. Erbitterung in Israel.
Ein paar Tage später werden drei israelische Diplomaten zurückgerufen.
23 Entführung und Zwangslandung eines ägyptischen Flugzeugs auf Malta. Bei der Rettungsaktion (am 24. 11.) durch ein ägyptisches Sonderkommando werden die meisten Passagiere getötet – darunter eine Israelin, eine weitere wird verletzt.

Dezember

Immer öfter zünden orthodoxe Juden Bushaltestellen-Häuschen an, weil ihnen die dort aushängende Reklame anstößig erscheint.

Schon wieder ein Skandal: Grunderwerb auf der Westbank. An den illegalen Geschäften ist auch der Knesset-Abgeordnete und ehemalige stellvertretende Landwirtschaftsminister Michael Dekel beteiligt.
20 Flucht des Kindermörders Zvi Gur. Am 25. 12. wird er gefaßt.
22 Bei einem Brand auf dem Parkplatz nahe dem Kontrollpunkt Erez gehen 100 Omnibusse in Flammen auf.

Der Lebenshaltungsindex ist erheblich gesunken. Im Oktober betrug er weniger als 0,5% Prozent, im November 1,3%. Dennoch bleibt die Jahresbilanz negativ: Insgesamt gesehen beläuft er sich auf 304,6%.

1985 kamen nur 12 410 Neubürger ins Land.

1985

DER AUSZUG AUS DEM LIBANON

Die große Koalition unter Ministerpräsident Shim'on Peres setzt sich über die Einwände der meisten Likud-Minister hinweg: Das Kabinett beschließt, die israelische Präsenz im Libanon zu beenden. Dafür ist eine enge Koordination zwischen Peres und dem größten Rivalen in seiner Partei, Verteidigungsminister Yitzhak Rabin, nötig, die in diesem Fall tatsächlich zustande kommt. Trotz ihrer Differenzen in der Vergangenheit arbeiten beide hervorragend zusammen, so daß der Rückzug der Armee bereits in der ersten Hälfte von 1985 abgeschlossen wird. Jetzt stehen nur noch einige Einheiten in einem schmalen Sicherheitsstreifen nördlich der Grenze, der die von Terroristen gehaltenen Gebiete von Israel trennt.

Die Öffentlichkeit nimmt den Rückzug mit großer Erleichterung auf. Seit Jahren schon wurde das Libanon-Abenteuer als »verzichtbarer Krieg« bezeichnet. Infolge der israelischen Einmischung hält nun Syrien den Libanon besetzt, und auch die Terroranschläge auf Galiläa gehen weiter.

△ Vor dem Rückzug aus dem Libanon im Sommer wird das Gefangenenlager Ansar, das größte auf libanesischem Gebiet, geräumt. Die meisten Inhaftierten sind Terroristen, die die Armee bei Aktionen im Libanon faßte. Sie werden nach Israel verlegt, nur ein kleiner Teil wird freigelassen.

◁ In den letzten Monaten, in denen sich die Israelis im Libanon aufhalten, ereignen sich Zwischenfälle und Anschläge. Im Bild: Ein israelischer Jeep ist auf eine Mine gefahren. Am 10. Juni 1985 ist der Rückzug vollendet.

▷ Heimkehr: Joseph Groff ist einer der drei israelischen Soldaten, die am 20. Mai in einem Tauschgeschäft zwischen Israel und Ahmad Jibrils Terrororganisation freigelassen werden. Seine Familie ist überglücklich. Die beiden anderen Heimkehrer sind Chesi Shai und Nissim Salam. Die drei treffen auf einem Umweg über Genf in Israel ein, gleichzeitig werden, wie vereinbart, 1150 Terroristen in drei Flugzeugen des Roten Kreuzes nach Libyen ausgeflogen. Viele Israelis protestieren vor dem Haus von Ministerpräsident Peres in Jerusalem gegen den Handel mit Jibril.

511

EINE BREMSE FÜR DIE INFLATION

Die große Koalition, allen voran Ministerpräsident Shim'on Peres und Finanzminister Yitzhak Moda'i, versucht einem von der Likud-Regierung geerbten Übel den Garaus zu machen: dem galoppierenden Wertverlust der Währung. Ende 1984 und in der ersten Hälfte von 1985 verzeichnet Israel Monat für Monat eine zweistellige Inflationsrate. Anfangs scheint der Kampf gegen dieses schmerzliche Problem wenig erfolgversprechend. Die Regierung wertet die Währung ab, verteuert die Grundnahrungsmittel und führt verschiedene Abgaben und Einschränkungen ein, aber der Lebenshaltungsindex schnellt weiter in die Höhe. Im Juli 1985 leitet die Regierung, noch bevor ein monatlicher Rekordanstieg von 27,5 Prozent bekannt wird, eine neue Wirtschaftspolitik ein. Diese enthält erneute, einschneidende Restriktionen: eine große Abwertung, das Einfrieren von Löhnen, Preisen und des Wechselkurses des US-Dollars. Gleichzeitig wird die staatliche Wirtschaft stark beschnitten: Die Entlassung Tausender Angestellter steht bevor. Das führt zu großer Unruhe im sozialen Bereich, zu Streiks und Demonstrationen. Im September 1985 wird der Neue Schekel in Umlauf gebracht: 1000 alte Schekel entsprechen einem Neuen Schekel.

Vor der Einführung des Neuen Schekels kostete ein fabrikneuer Wagen zwischen einer Million und zwei Millionen, fortan ist er für 1000 bis 2000 Schekel erhältlich. Die Währungsumstellung vermittelt der Bevölkerung das Gefühl, daß die Regierung die Inflation endlich in den Griff bekommt.

Gegen Jahresende zeigt sich, daß die Maßnahmen tatsächlich Früchte tragen. Im November steigt der Lebenshaltungsindex nur um 1,3 Prozent. Was zuvor einer Naturkatastrophe glich, ist nun endlich unter Kontrolle. Das Jahr 1986 wird diesen Positiv-Trend bestätigen: Während der Lebenshaltungsindex 1985 noch um insgesamt 300 Prozent stieg, fällt er 1985 auf unter 50 Prozent und im Jahr darauf sogar auf 19,9 Prozent.

△ 50 000 alte Schekel, in Israel bis dahin beispiellos. Die Banknote wird allerdings nicht mehr in Umlauf gebracht, weil kurz nach dem Druck der neue Schekel eingeführt wird. Aus 1000 alten Schekel wird ein neuer. Drei Nullen fallen weg.

▷ 1985 spitzt sich die Wirtschaftslage zu, die Inflation schnellt auf 27% monatlich empor. Jeden Tag brechen neue Streiks aus, etwa bei der Müllabfuhr. So sieht es nun auf Tel Avivs Flaniermeile Dizengoff aus. Scheinbar haben sich die Bürger an den Anblick und die Gerüche gewöhnt: Sie besuchen weiter die Cafés.

1985

◁ Obwohl die Äthiopier schon 1981 und in größerer Zahl in den letzten Wochen von 1984 in Israel eintreffen, wird die Nachricht von ihrer Ankunft erst Anfang 1985 veröffentlicht. Hier ein Gemeindevorsteher im traditionellen Gewand.

▽ Die Einwanderer aus Äthiopien haben viele Probleme. Am meisten sind sie über die Forderung des Oberrabbinats erbost, wonach sie zum Judentum erst noch offiziell übertreten müssen, weil ihre Herkunft zweifelhaft sei.

△ Ankunft äthiopischer Einwanderer im Eingliederungszentrum in Mevasseret Zion bei Jerusalem im Januar 1985. Sie sind auf Umwegen hierher gelangt: aus Äthiopien in den Sudan, von dort im Flugzeug nach Europa und schließlich nach Israel.

DAS UNTERNEHMEN MOSES

Erst zum Jahresbeginn dürfen Nachrichten über die Ankunft Tausender äthiopischer Juden, Angehöriger der Falascha-Gemeinschaft, veröffentlicht werden. Bereits seit Anfang der achtziger Jahre hilft Israel Juden in Äthiopien, ihr Land zu verlassen. Mit Unterstützung der sudanesischen Regierung kamen schon 1981 2000 Äthiopier nach Israel. Später ergießt sich eine regelrechte Flut von Auswanderern von Äthiopien in den Sudan, darunter sind viele Juden. Im Herbst 1984 leben dort Abertausende in Auffanglagern. Dann startet das Unternehmen »Moses«: Rund 7000 äthiopische Juden werden aus der sudanesischen Hauptstadt Khartum nach Europa ausgeflogen und von dort nach Israel gebracht. Nach Bekanntwerden der Aktion untersagt der Präsident des Sudan, Numeiri, die Fortführung des Unternehmens. Dank amerikanischen Eingreifens, wird es dann aber trotzdem zu Ende geführt: US-Flugzeuge fliegen alle übrigen äthiopischen Juden aus dem Sudan aus.

Ihre Eingliederung in Israel verläuft nicht problemlos. Zur schwierigen Wohnungs- und Arbeitssuche kommt, daß die Neuankömmlinge nicht als Juden im Sinne der halachischen Tradition anerkannt werden. Das kränkt die Äthiopier zutiefst. Sie demonstrieren gegen die Forderung des Oberrabbinats, wonach sie sich einem offiziellen Aufnahmeakt unterziehen müssen.

▽ Mitte der achtziger Jahre stärkt Verteidigungsminister Yitzhak Rabin seine Position. Während Shim'on Peres gemäß dem Rotationsabkommen von 1984 nur für zwei Jahre in das Amt des Ministerpräsidenten gewählt wird und dann sein Amt an Yitzhak Shamir abtreten muß, bleibt der Verteidigungsminister vier Jahre im Amt. Das Bild zeigt Rabin mit seiner Frau Lea.

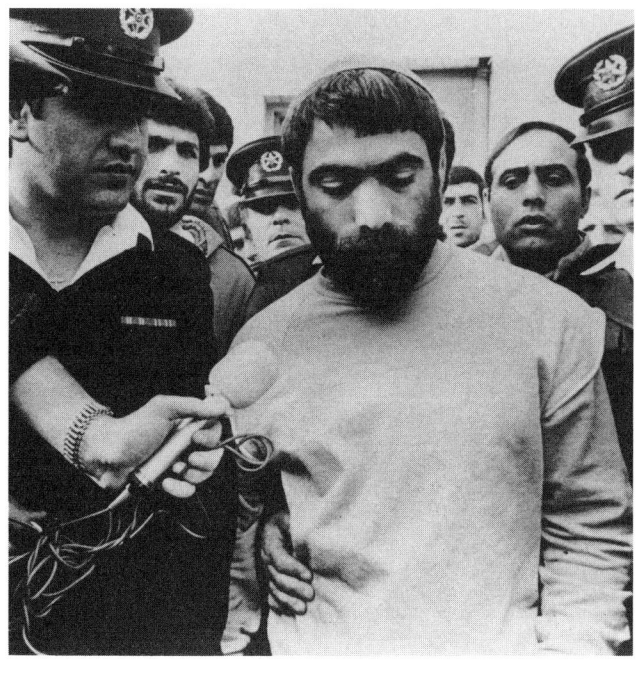

△ Jona Abroshmi, ein Schlosser aus Jerusalem, ist angeklagt, Anfang 1983 Emil Grünzweig ermordet zu haben. Im Januar 1985 wird er zu lebenslänglicher Haft verurteilt.

▽ Der See Genezareth: So tief ist sein Spiegel seit Jahrzehnten nicht mehr gesunken. Der Winter 1985/1986 war heiß und trocken.

1986

Januar

1 Aus für den alten Schekel, fortan gibt es nur noch den Neuen Schekel (NIS).

1–2 Katjuscha-Raketen schlagen in Kirjat-Schmona ein: Niemand wird verletzt.

8 Die Mitglieder des Innenausschusses der Knesset sind bei ihrem Besuch auf dem Tempel-Berg in akuter Gefahr und werden von der Polizei gerettet. Die arabische Menge ruft: »Tod den Juden!«

21 Hunderte von Beschäftigten besetzen die israelische Werft: Zuvor wurde ihnen mitgeteilt, sie würden auf unbegrenzte Zeit in den Urlaub geschickt.

29 Angst vor Aids: Sorgfältige Untersuchungen aller nach Israel geschickten Blutkonserven.

Ein jordanischer Soldat, anscheinend ein Deserteur, schießt auf eine israelische Patrouille nahe der jordanischen Grenze. Er tötet zwei Soldaten und verletzt zwei weitere.

Februar

4 Ein libyscher Managerjet wird auf seinem Flug nach Damaskus von der israelischen Luftwaffe abgefangen. In der Maschine sollen sich wichtige Terroristenführer befinden. Als sich das als Irrtum erweist, darf der Jet weiterfliegen.

8 Der ehemalige »Haganna«-Befehlshaber, Knesset-Abgeordnete und Minister, Israel Galili, stirbt im Alter von 76 Jahren.

11 Nathan (Anatoly) Sharansky, in der UdSSR lange Zeit wegen seiner zionistischen Gesinnung verfolgt, wird bei seiner Ankunft in Israel ein königlicher Empfang zuteil.

Der Prototyp des Kampfflugzeugs Lavi.

15 Überraschung über den »negativen« Lebenshaltungsindex: –1,3%. Daraufhin gibt es Preissenkungen.

17 Entführung zweier israelischer Soldaten im Südlibanon. Auf der Suche nach ihnen dringen israelische Truppen aus dem »Sicherheitsstreifen« in den Libanon vor.

27 John Demjanjuk, in den USA der Ermordung von Juden im Zweiten Weltkrieg beschuldigt, wird an Israel ausgeliefert.

Terroristen bringen Sprengsätze an verschiedenen Orten in Israel an: Ramat-Gan, Haifa, Afulla, Bnei-Brak, Beth-Sche'an.

März

11 Gewalttätige Zusammenstöße beim »Cherut«-Kongreß.

19 Die Frau eines Beschäftigten der israelischen Botschaft in Kairo wird bei einer Autofahrt erschossen.

27 Beschuß von Kirjat-Schmona mit Katjuscha-Raketen: vier Verletzte. Die israelische Armee greift zu Lande und aus der Luft Terroristen im Südlibanon an.

Fortdauer der Anschläge auf Soldaten im Südlibanon ebenso wie von Angriffen auf Soldaten und Zivilisten in den besetzten Gebieten.

April

13 Die Regierung der nationalen Einheit übersteht eine neuerliche Krise: Finanzminister Moda'i nennt Ministerpräsident Peres wegen dessen häufiger Auslandsreisen »fliegenden Regierungschef«, woraufhin dieser ihn entlassen will. Die Lösung: Moda'i wird ins Justizministerium versetzt: dessen Ressortleiter, Moshe Nissim, wird Finanzminister.

17 Ein El-Al-Sicherheitsbeamter verhindert eine Katastrophe in einer Jumbomaschine. Bei einer irischen Passagierin entdeckt er eine Sprengladung.

20 Scharfe Kritik der Beisky-Kommission, die den Tel Aviver Börsencrash untersucht, an den Bankdirektoren und dem Präsidenten der Bank Israel. Sie empfiehlt ihren Rücktritt.

Auf den Druck religiöser Kreise hin dauert die Sommerzeit nur vom 17.5. bis zum 6.9. Kritik in der Öffentlichkeit.

Mai

11 Ernst Japhet legt sein Amt als Vorsitzender der Bank Le'umi nach 16jähriger Tätigkeit nieder. Er teilt aber mit, daß er die Schlußfolgerungen der Beisky-Kommission nicht akzeptiere. An seine Stelle tritt Elie Hurwitz.

18 Rücktritt von Aaron Meir, Generaldirektor der Bank Misrachi.

24 Magaret Thatcher trifft zu einem dreitägigen Besuch ein.

25 Rechtsberater Zamir bittet, den Leiter des Inlandsgeheimdienstes, Shabak, im Zusammenhang mit der Tötung zweier gefaßter Terroristen wegen Vertuschung vor Gericht zu stellen. Danach verschlechtern sich die Beziehungen zwischen Zamir und einem Teil der Minister.

28 Die Shabak-Affäre wird immer komplizierter. Justizminister Moda'i ernennt Rechtsanwalt Amnon Goldenberg zum Sonderberater. So will er den Rechtsberater der Regierung, Zamir, kaltstellen.

Anhaltender Terror im Sicherheitsstreifen im Libanon, auf der Westbank und im Gazastreifen.

Juni

1 Yitzhak Zamir legt sein Amt als Rechtsberater der Regierung nieder. Joseph Harish tritt an seine Stelle.

Amiram Sivan wird anstelle Giora Gazits Vorsitzender von Bank ha-Poalim.

2 Rücktritt von Moshe Mandelbaum vom Vorsitz der Bank Israel. Seinen Platz nimmt Professor Michael Bruno ein.

19 Der Vorstandsvorsitzende der Bank Diskont, Rafael Recanati, weigert sich zurückzutreten. Der Gouverneur der Bank Israel besteht darauf, daß er seine Tätigkeit einstellt.

23 Die Krankenschwestern treten in den Streik und verlassen die Krankenhäuser.

26 Ein El-Al-Sicherheitsbeamter in Madrid verhindert, daß ein Koffer mit einer Sprengladung an Bord eines Flugzeuges gebracht wird. Der Koffer explodiert auf dem Flugfeld: 13 leicht Verletzte, darunter der Sicherheitsbeamte.

Die Shabak-Affäre steht weiterhin auf der Tagesordnung. Am 25. des Monats begnadigt der Staatspräsident den Shabak-Chef. Dieser bittet um seine Entlassung.

Im Laufe des Monats wieder Terroranschläge in Israel.

Wegen des heißen und trockenen Winters verschlimmert sich der Wassermangel.

Juli

2 Der amerikanische Vermittler in der Taba-Frage, Abraham Sofer, trifft zu Gesprächen in Israel ein.

10 Die »Dabur«, ein Schiff der Marine, trifft vor Rosch ha-Nikra auf ein Terroristenboot. Beim Schußwechsel werden alle vier Terroristen getötet; zwei getötete und neun verletzte Marinesoldaten.

14 Rafael Recanati legt sein Amt als Vorstandsvorsitzender der Bank Diskont nieder.

15 Einweihung der Skulptur »Feuer und Wasser« von Ya'akov Agam auf dem Dizengoff-Platz in Tel Aviv.

Justizminister Moda'i verläßt die Regierung. Abraham Sharir tritt an seine Stelle.

22 Beratungen von Ministerpräsident Peres mit König Hassan II. in Marokko. Nach seinem Besuch gibt Peres bekannt, er stimme Verhandlungen mit arabischen Staaten und »friedensuchenden Palästinensern« zu.

27 Besuch des stellvertretenden US-Präsidenten, George Bush, in Israel. Er ruft die

515

△ Jona Sa'id ist eine hervorragende Arbeiterin der Israel Aircraft Industries. 1986 erhält sie den Israel-Preis »für ihr Lebenswerk«. Im Bild gratuliert ihr Dr. Moshe Gilboa vom Kuratorium des Israel-Preises.

▽ Eines der wichtigsten Gerichtsverfahren richtet sich gegen John Ivan Demjanjuk, der in den USA der Ermordung von Juden im Zweiten Weltkrieg beschuldigt wird. Sein Prozeß in Israel wird Jahre dauern.

Bürger des Landes zu einem Besuch Israels auf.
29 Gesetz über Kabelfernsehen durch die Knesset.
31 Schweres Unglück im Kibbuz Hefziba: Zehn Teenager und der Fahrer werden beim Zusammenstoß ihres Fahrzeugs mit einem Lkw getötet.

August

5 Nach mehrfachem Aufschub Verabschiedung des Gesetzes gegen Rassenhetze durch die Knesset.
10 Der Spiegel des Sees Genezareth fällt auf ein seit 50 Jahren nicht mehr dagewesenes Niveau: 212,89 Meter unter dem Meeresspiegel.
Erneuter Beschuß Galiläas mit Katjuscha-Raketen am 14. 8. Niemand wird getroffen.
24 Staatspräsident Herzog begnadigt die sieben in die Tötung zweier Terroristen verwickelten Shabak-Beamten.
Ministerpräsident Peres besucht Kamerun: Sein Ziel ist die Erneuerung der Beziehungen mit diesem Staat.

September

Regierungskrise infolge des Terroranschlags auf eine Synagoge in Istanbul: Minister Sharon hat die Regierung angegriffen.
28 Erste Veröffentlichungen in der britischen Presse über Mordechai Vanunu, der erzählt, er habe im Atommeiler von Dimona gearbeitet, und geheime Informationen preisgibt.
Zum ersten Mal wird die Landeswasserleitung stillgelegt: weil der Wasserspiegel des Sees Genezareth zu sehr gesunken ist.
29 Einreichung der Anklageschrift gegen Ivan Demjanjuk.
Im Laufe des Monats gab es viele Zwischenfälle im Sicherheitsstreifen im Südlibanon.
Arbeitskampf der Krankenschwestern.

Oktober

10 Arbeitspartei und »Jachad« schließen sich zusammen.
15 Während der Vereidigung junger Rekruten an der Klagemauer in Jerusalem werfen Terroristen Granaten: ein Toter und 69 Verletzte.
16 Abschuß eines israelischen Flugzeugs über dem Südlibanon. Der Pilot wird gerettet, der Navigator fällt den Terroristen in die Hände.

13 Rotation im Amt des Ministerpräsidenten: Yitzhak Shamir löst Shim'on Peres ab.
21 Im Rambam-Krankenhaus in Haifa wird erstmals eine Leber verpflanzt.
31 Ende des Arbeitskampfes der Krankenschwestern.

November

9 Israel gibt bekannt, Vanunu befinde sich in Israel, gegen ihn sei eine Anklageschrift in Vorbereitung. In der Auslandspresse heißt es, er sei im Ausland entführt und zur Rückkehr nach Israel gezwungen worden.
11 Krise im Unternehmen »Beit-Schemesch-Motoren«. Es hat Schulden in Höhe von 90 Millionen US-Dollar.
15 Ein Jeschiwa-Student, Elijahu Amadi, wird in der Altstadt von Jerusalem erstochen. Es kommt zu gewalttätigen Auseinandersetzungen.
Am Monatsende werden Nachrichten über eine israelische Beteiligung an Waffenlieferungen in den Iran veröffentlicht. Israel dementiert: Der Erlös sei den Contras in Nicaragua zugeflossen.

Dezember

2 Das Oberste Gericht stellt wegen der Eingabe Shoshanna Millers fest, daß das Innenministerium nicht befugt sei, im Personalausweis der Proselytin als Nationalität »jüdisch, übergetreten« anzugeben.
4 Justizminister Sharir gibt seinen Beschluß bekannt, den in Frankreich des Mordes angeklagten William Nakash nicht auszuliefern, weil er dort um sein Leben bangen müsse.
4–9 Unruhen in der Westbank und in Gaza. Tote und Verletzte bei den Palästinensern.
8 Beginn der Schlichtungsgespräche zwischen Israel und Ägypten über das zwischen beiden Staaten umstrittene Taba auf der Sinai-Halbinsel.
11 Katjuscha-Raketen im Norden. Als Antwort israelische Angriffe im Libanon.
31 Innenminister Rabbi Yitzhak Peretz verläßt die Regierung wegen des Falls Shoshanna Miller.
Ergiebige Regenfälle im Dezember.
Inflation 1986: nur 468,1 %.
Geringste Einwanderung von Juden seit 40 Jahren: Nur 11 000 kamen 1986, aus der Sowjetunion nur 209.

1986

DER EINWANDERERSTROM IST FAST VERSIEGT

Von 1980 bis 1985 treffen in Israel jährlich zwischen 12 000 und 22 000 Einwanderer ein, die Mehrheit aus der UdSSR. Doch wird der Zustrom wegen der Schikanen der sowjetischen Behörden und Problemen bei der Eingliederung in Israel immer schwächer. Zudem reisen zwei Drittel bis 90 Prozent der jüdischen Emigranten aus der UdSSR von ihrer Zwischenstation Wien in die USA und nach Kanada weiter.

1986 erreicht die Einwanderung einen seit 43 Jahren beispiellosen Tiefstand: weniger als 11 000 Personen – 1943 waren es 10 000. Von rund 1000 Juden aus der Sowjetunion treffen nur 209 in Israel ein, die übrigen sind unterwegs »abgesprungen«. Doch tritt 1987 eine Wende ein: Die Perestroika wirkt sich auf die jüdische Emigration positiv aus.

▽ Wegen seiner zionistischen Weltanschauung saß Anatoly Sharansky in der Sowjetunion jahrelang im Gefängnis, während seine Frau Avital weltweit um seine Freilassung kämpfte. Im Februar 1986 wird er aus der Haft entlassen. Die Israelis bereiten ihm einen begeisterten Empfang, zu dem auch Ministerpräsident Peres erscheint. Auch der Präsident der USA gratuliert ihm.

▷ Der Konflikt um Taba hält auch 1986 an. Immer wieder werden Delegationen gebildet, die lange beraten, und auch auf die Hilfe der USA muß zurückgegriffen werden. Die große Koalition in Israel ist gespalten: Die Likud-Minister lehnen eine Rückgabe Tabas ab, jene des Ma'arach vertreten eine gemäßigte Position. Im Bild: eine israelisch-ägyptische Delegation in dem umstrittenen Gebiet.

DIE ROTATION

Seit der Bildung der großen Koalition im September 1984 steht Shim'on Peres an der Spitze der Regierung, während Yitzhak Shamir sein Stellvertreter und Außenminister ist. Das Rotationsabkommen, die die Koalition erst ermöglichte, sieht vor, daß die beiden Politiker nach 25 Monaten ihre Rollen tauschen – nach Ablauf der ersten Hälfte der Legislaturperiode. In der Amtszeit von Shim'on Peres scheint es allerdings öfters, als werde die Regierung nicht bis zur vereinbarten Rotation überleben. Zwischen Arbeitspartei und Likud kommt es wieder zu Konfrontationen, insbesondere im Hinblick auf eine internationale Friedenskonferenz für den Nahen Osten. Der Likud lehnt diese entschieden ab. Die Presse berichtet von Verhandlungen der Arbeitspartei mit den religiösen Fraktionen über die Bildung einer Koalition ohne den Likud.

Zwar gilt Ministerpräsident Peres als absolut zuverlässig, doch spekuliert man in der Bevölkerung und in politischen Kreisen darüber, ob es dem »alten Fuchs«, der über so viel politische Erfahrung verfügt, nicht gelingen werde, das Rotationsabkommen zu umgehen. Peres hingegen ist fest entschlossen, Yitzhak Shamir, wie vereinbart, das Büro des Ministerpräsidenten zu überlassen. Dies geschieht am 19. Oktober 1986 zur Überraschung seiner Feinde, die ihm mißtrauen, und zur Enttäuschung eines Teils der Arbeitspartei, der davon überzeugt war, daß das Amt des Ministerpräsidenten nicht dem Likud übertragen werden dürfe.

▷ Zwei Jahre und einen Monat nach der Bildung der großen Koalition muß Ministerpräsident Shim'on Peres mit seinem Stellvertreter und Außenminister Yitzhak Shamir die Ämter tauschen. Einige sind davon überzeugt, Peres werde schon einen Weg finden, die Vereinbarung zu umgehen. Aber am 19. Oktober überträgt er Shamir sein Amt.

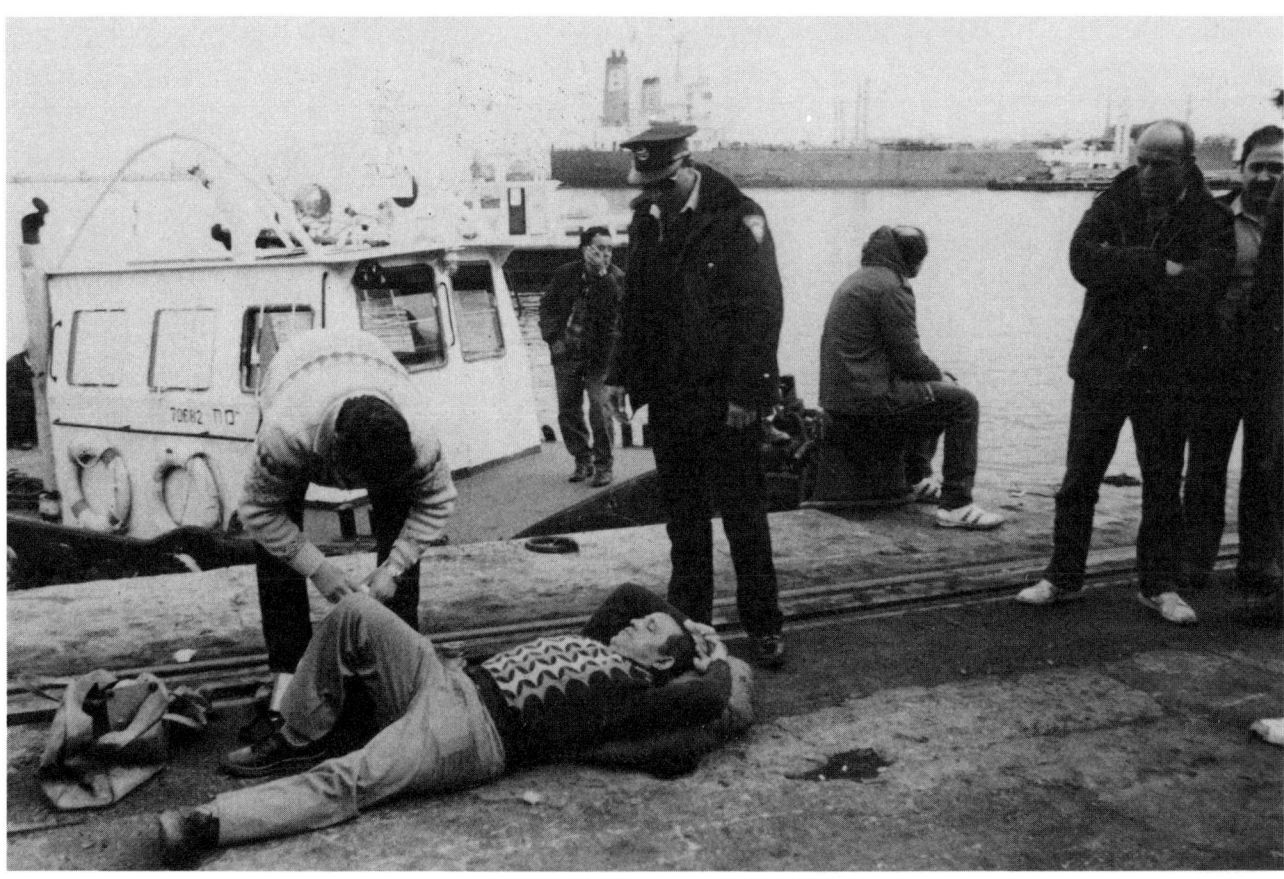

▽ 1986 gärt es in der israelischen Gesellschaft. Werftarbeiter demonstrieren im Hafen von Haifa.

1987

Januar

In den ersten Tagen des Monats erhebt sich ein Sturm der Empörung über die großzügige Abfindung Ernst Japhets, der aus dem Vorstand von Bank Le'umi ausscheidet.

9 Die Beschäftigten der Bank Le'umi bestreiken ihre Filialen.

10 Ernst Japhet setzt sich nach New York ab.

13 Abwertung des Schekels um 10 %. Darauf folgt eine Teuerungswelle.

Der Vorstand von Bank Le'umi muß wegen der Japhet-Affäre sein Amt niederlegen.

15 Lebenslange Freiheitsstrafen für Chava Ya'ari und Aviva Granot wegen des Mordes an der amerikanischen Touristin Mila Malevsky. Das Verfahren verursacht beträchtliches Aufsehen.

19–28 Die Verwaltungs- und Haushaltsbeschäftigten in den staatlichen Krankenhäusern legen mehrmals die Arbeit nieder.

23 Wahl von Dr. Me'ir Chet zum Vorstandsvorsitzenden der Bank Le'umi.

Februar

3 Bezirksrichter Ya'akov Melletz wird zum Staatskontrolleur gewählt.

6 Die Marine bringt ein Schiff mit Terroristen auf, es hat 50 Personen an Bord.

8 Mordechai Einhorn tritt von der Geschäftsführung der Bank Le'umi zurück. Er wird von Zaddik Bino abgelöst.

14 Zum fünften Jahrestag der Verabschiedung des Gesetzes über die Golanhöhen demonstrieren die Drusen auf dem Golan.

16 Beginn des Demjanjuk-Prozesses in Jerusalem.

21 Tod von Me'ir Ya'ari, einem der Führer von Mapam und Kibbuz artzi. Er wurde 90 Jahre alt.

22 Zwölf israelische Grenzpolizisten und fünf Araber werden bei der Explosion einer Granate in Jerusalem verletzt.

23 Erneuter Streik der Verwaltungs- und Haushaltsbeschäftigten in den Krankenhäusern. Er dauert zehn Tage.

März

4 Verurteilung von Jonathan Pollard zu einer lebenslänglichen Freiheitsstrafe in den USA wegen Spionage für Israel. Die Amerikaner bereiten Anklagen gegen Israelis vor, die ihm geholfen haben, darunter Rafi Eitan und Avi'am Sela. Daraufhin kriselt es in den Beziehungen zwischen USA und Israel.

9 Drusen auf den Golanhöhen demonstrieren gegen Israel.

10 Der Oberste Gerichtshof stößt die Entscheidung von Justizminister Sharir um, William Nakash nicht an Frankreich auszuliefern.

11 Stürmischer Studentenprotest in Jerusalem gegen die Anhebung der Studiengebühren.

26 Besuch des ehemaligen US-Präsidenten Jimmy Carter in Israel.

29 Mit einer knappen Mehrheit Wahl David Levys zum stellvertretenden Cherut-Vorsitzenden.

30 Der Jungfernflug des zweiten Prototyps des Lavi-Kampffliegers dauert 51 Minuten.

31 Nachrichten über eine bevorstehende Einwanderungswelle aus der Sowjetunion. Die Einwanderer würden direkt nach Israel geflogen.

April

2 Makkabi Tel Aviv verliert die Endrunde in der Basketball-Meisterschaft gegen Tristar Mailand mit 71 : 69.

5 Wieder Studentenprotest gegen die Erhöhung der Studiengebühren. Die Polizei setzt berittene Beamte ein, die auch Schlagstöcke gebrauchen: Drei Studenten werden verletzt, 17 verhaftet.

6 Der erste Besuch eines israelischen Staatspräsidenten in Deutschland.

9 Die Bank Le'umi verlangt die an Ernst Japhet gezahlten Gelder zurück. Ein Gericht soll eine angemessene Abfindung festlegen.

10 Unterzeichnung eines Abkommens zwischen Israel und den USA über den Bau einer Sendestation für »Stimme Amerikas« in der Arava-Senke. Kritik an Israel.

11 Bei einem Terroranschlag auf ein Fahrzeug bei Kalkilja kommt eine Frau ums Leben. Zwei Familienangehörige erleiden dabei schwere Verbrennungen, ihr Sohn Tal stirbt am 6. 7. an seinen Verletzungen.

16 Erneut Empörung über den Geheimdienst Shabak und seine Aktivitäten. Diesmal geht es um einen tscherkessischen Offizier, Is'at Nafsu. Er wird wegen Spionage zu 18 Jahren Freiheitsstrafe verurteilt. Sein Verteidiger behauptet, die »Beweise« gegen Nafsu seien die Erfindung eines hochrangigen Untersuchungsbeamten.

19 Neuer Generalstabschef wird Dan Shomron. Er löst Moshe Levy ab.

Zum ersten Mal seit dem Libanon-Krieg dringt ein Terroristenkommando über die Nordgrenze in Israel ein. Die Armee schaltet es aus: zwei Tote bei Zahal. Die Zusammenstöße und Zwischenfälle im Sicherheitsstreifen und in den besetzten Gebieten halten an. Am Monatsende wird bekanntgegeben, im April hätten 717 Juden die Sowjetunion verlassen, davon kämen aber nur 168 nach Israel.

Mai

7–10 Zwischenfälle zwischen Siedlern und arabischen Bewohnern in Kalkilja und Nablus.

11 Innenpolitische Spannungen infolge der Anstrengungen von Außenminister Peres, eine internationale Nahostkonferenz einzuberufen. Der Likud ist dagegen, während sich der Ma'arach um eine Mehrheit bemüht, um vorgezogene Neuwahlen durchzusetzen.

17 Empörung über die Festlegung zweier verschieden hoher Studiengebühren an den Universitäten: Wer nicht beim Militär war, bezahlt mehr.

Kommunikationsminister Amnon Rubinstein legt sein Amt nieder. Am 24. 5. verläßt »Shinui« die Regierung.

20 Rabbi Peretz kehrt in die Regierung zurück, nachdem der Likud sich verpflichtet hat, die Bestimmungen über den Religionswechsel zu ändern.

21 Ein achtjähriges Kind aus Allon More wird am Rand der Siedlung von Terroristen ermordet.

23 In der Nacht: Unruhen in Ostjerusalem.

24 Der Oberste Gerichtshof ordnet die Freilassung Nafsus an und kritisiert die Shabak-Untersuchungsbeamten.

In den besetzten Gebieten werden immer häufiger Molotow-Cocktails auf israelische Fahrzeuge geworfen.

Fortdauer der Zwischenfälle im Südlibanon.

Juni

1 Als Nachspiel zur Nafsu-Affäre bittet die Regierung den Präsidenten des Obersten Gerichtshofes um die Einsetzung einer Kommission. Sie soll die Verhörmethoden des Shabak näher untersuchen. Den Vorsitz der Kommission führt der pensionierte Präsident des Obersten Gerichtshofes, Moshe Landau.

6 Zwanzigster Jahrestag des Sechs-Tage-Kriegs: Ausschreitungen in den besetzten Gebieten.

8 Nachdem Kahana die Verteidigung verweigert, werden ihm seine Rechte als Knesset-Mitglied abgesprochen.

Anschläge und Anschlagversuche von Terroristen in Israel, den besetzten Gebieten und im Südlibanon.

Streit zwischen Befürwortern und Gegnern einer Produktion des Lavi-Kampfflugzeugs. Zahlreiche Streiks.

Juli

6 Schwere Zwischenfälle mit den drusischen Bewohnern von Beit-Dschann in Galiläa, die in einem direkt neben ihrem Dorf gelegenen Naturschutzgebiet bauen wollen: 31 Verletzte, darunter Polizisten und Inspektoren der Naturschutzbehörde. Mehrere Polizeifahrzeuge werden beschädigt, andere in einen Abgrund gestürzt.

11 Hunderttausende erleben das Konzert der israelischen Philharmonie mit dem Violinisten Yitzhak Perlman und dem Sänger Placido Domingo im Jarkon-Park in Tel Aviv.

12 Eintägiger Streik der Staatsangestellten.

29 Gründung einer neuen Partei: Bund der Mitte. Unter

519

seinen wichtigsten Mitgliedern sind: Arie Dulzin, Yitzhak Berman und Shlomo Lahat.

August

7 Die Polizei löst eine Demonstration von orthodoxen Juden in Jerusalem auf. Sie protestieren gegen die Vorführung von Filmen am Sabbat.
10 Wieder werden Katjuscha-Raketen auf Galiläa abgefeuert. Niemand wird getroffen.
23 Konfrontation zwischen streikenden Arbeitern und der »Koor«-Geschäftsleitung in der Soltam-Fabrik in Jokneam.
30 Mit einer Mehrheit von 12 zu 11 Stimmen beschließt die Regierung die Einstellung des Lavi-Projekts. Die Beschäftigten in Israel Aircraft Industries demonstrieren.

September

5 Großangriff der Luftwaffe auf Terroristenstützpunkte auf libanesischem Gebiet.
16 Eine Armeeeinheit fängt zwölf Terroristen ab, die in Israel Anschläge verüben wollten. Bei dem Zusammenstoß fallen drei Soldaten.
24 Terroristen töten einen Soldaten der Reserve an einer Kreuzung bei Megiddo. Intensives Vorgehen gegen Terroristen im Südlibanon. Gleichzeitig gehen die Anschläge in den besetzten Gebieten und Israel selbst weiter.

Oktober

7 Radio und Fernsehen werden fast zwei Monate bestreikt.
7–12 Ausschreitungen und Generalstreik der Händler zunächst im Gazastreifen und danach in Ostjerusalem und Ramallah: Tote und Verletzte.
15 Ida Nudel in Israel. Sie ist eine der bekanntesten sowjetischen Juden, die wegen ihrer zionistischen Absichten in ihrer Heimat verfolgt wurde.
18 Protestwelle im Gesundheitswesen: Ärzte, Krankenschwestern, Apotheker und Laboranten im Ausstand.
24 Erneute Demonstrationen orthodoxer Juden in Jerusalem.
28 Die Unruhen in den besetzten Gebieten halten an: Ausschreitungen in Bethlehem.
30 Die Landau-Kommission reicht ihren Bericht über die Verhörmethoden des Shabaks ein.

November

6 Der Sänger Zohar Argov hängt sich in einer Zelle in Rischon le-Zion auf.
16 Rafael Eitan verläßt die Techija-Bewegung und bittet um seine Anerkennung als Einmannfraktion in der Knesset.
25 »Nacht des Drachens«: Ein Terrorist dringt mit einem Drachen aus dem Libanon in ein Lager von Nachal-Soldaten östlich von Kirjat-Schmona ein, ermordet sechs Soldaten und verletzt sieben. Schließlich tötet ihn ein Soldat.

Dezember

2 Infolge der »Nacht des Drachens« wird der Befehlshaber der Nachal-Brigade seines Amtes enthoben.
William Nakash wird an Frankreich ausgeliefert.
7 Wahl von Simcha Dinitz zum Vorstandsvorsitzenden der Jewish Agency.
9 Ausschreitungen im Gazastreifen infolge eines Verkehrsunfalls mit einem israelischen Fahrzeug, bei dem Menschen getötet wurden: Intifada.
15 Ari'el Sharon weiht sein neues Haus im muslimischen Viertel in der Altstadt von Jerusalem ein.
21 Israel und das Ausland reagieren auf die Eskalation in den besetzten Gebieten: Israelische Araber veranstalten Demonstrationen zum Zeichen dafür, daß sie sich mit den Bewohnern der besetzten Gebiete identifizieren. Verurteilung der israelischen Besatzungspolitik durch den UN-Sicherheitsrat am 23. 12. Die USA legen kein Veto ein, damit drücken sie ihre Unzufriedenheit aus.
28–29 In Postämtern in Israel werden acht Briefbomben entdeckt. In Or Jehuda verletzt eine Briefbombe zwei Personen. Fortdauer der Anschläge auf israelische Truppen im Südlibanon. 1987 läßt die Sowjetunion viele inhaftierte Zionisten frei, ein Teil von ihnen kommt nach Israel. Dennoch befindet sich die Einwanderung, auch jene aus der Sowjetunion, noch immer in einer Talsohle, auch wenn sie im Vergleich zum Vorjahr leicht zugenommen hat. Insgesamt kommen knapp 14 000 Neueinwanderer nach Israel. Inflationsrate unter 20% (19,9%).

Wie jedes Jahr besuchen die Israelis am Unabhängigkeitstag in Scharen die Armeestützpunkte, um Neuerungen zu bewundern und über die Macht ihres 39 Jahre alten Staates zu staunen.

1987

DIE INTIFADA BEGINNT

Mitte der achtziger Jahre verstärkt sich der Terror der Palästinenser gegen israelische Soldaten und Zivilisten sowohl in den besetzten Gebieten als auch in Israel selbst. Trotzdem ist in Israel nach zwanzig Jahren Besatzungspolitik die Annahme verbreitet, die palästinensische Bevölkerung sei zwar über ihre Lage nicht glücklich, habe sich aber damit arrangiert. Im Dezember 1987 erweist sich, daß dies ein fataler Irrtum war: Im Gazastreifen brechen Unruhen aus, die sich rasch ausweiten. Steine und Molotowcocktails werden geworfen, Autoreifen verbrannt, und die arabischen Massen sammeln sich zu großen Demonstrationen. Jetzt opponieren die Palästinenser offen gegen die israelischen Sicherheitskräfte, und selbst ihre hohen Verluste an Menschenleben brechen ihren Widerstand nicht.

»Intifada«, das heißt Erwachen, Abschütteln – so nennen die Araber den Aufstand. Alle internationalen Medien berichten darüber, und Israel hat große Mühe, der palästinensischen Gewalt und der weltweiten Sympathie für die Palästinenser Grenzen zu setzen.

Regierung und Sicherheitsapparat glauben anfangs, die Gemüter würden sich innerhalb weniger Wochen beruhigen. Doch letztlich dauert die Intifada mehrere Jahre.

▽ Bilder aus den ersten Tagen der Intifada, Dezember 1987. Von Anfang an findet die Intifada ein starkes Echo in Israel, den besetzten Gebieten und in den Medien der ganzen Welt.

▽ »Auseinandergehen!« ruft der israelische Soldat in Nablus in den ersten Tagen der Intifada. Noch glauben die Sicherheitskräfte, die Unruhen auf der Westbank und im Gazastreifen würden nach kurzer Zeit abflauen.

▽ Seit Beginn des Jahrzehnts kommen äthiopische Neueinwanderer nach Israel. Bei der Abschlußzeremonie eines Offizierkurses zieht Hanna Elias die Aufmerksamkeit aller Anwesenden auf sich. Sie ist die erste äthiopischstämmige Absolventin eines Offizierkurses.

△ 1987 ist die Einwanderung aus der Sowjetunion äußerst gering, und doch gibt es einige Höhepunkte, wie die Ankunft des hundertjährigen Salman Afterman. Er wird besonders herzlich begrüßt.

▽ Sehr viel bekannter ist die wegen ihrer zionistischen Einstellung verfolgte Ida Nudel. Sie kommt zusammen mit ihrem Collie nach Israel. Am Flugzeug erwarten sie Ministerpräsident Yitzhak Shamir, Shim'on Peres, Nathan Sharansky und die Schauspielerin Jane Fonda.

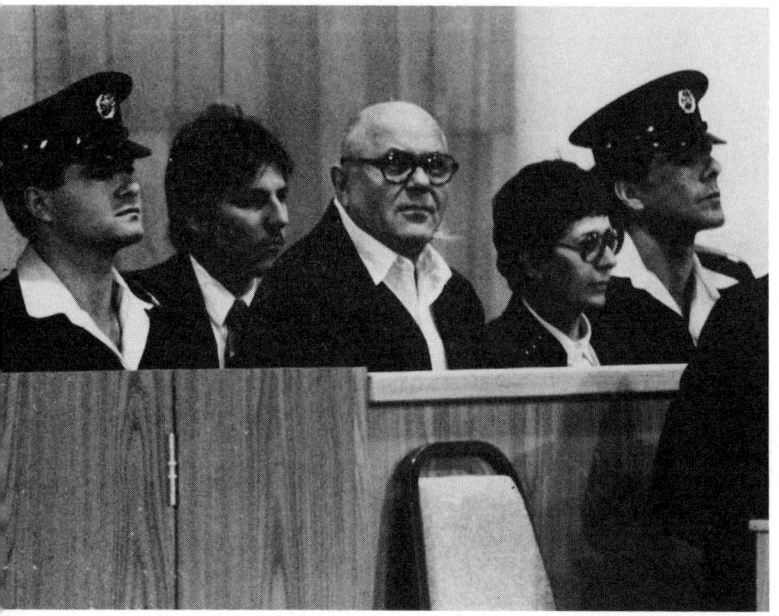

△ Im Februar 1987 beginnt in Jerusalem der Demjanjuk-Prozeß. Er wird in Israel und im Ausland aufmerksam verfolgt und mit dem Eichmann-Prozeß 25 Jahre zuvor verglichen. Die Gerichtssitzungen werden jeden Tag in Radio und Fernsehen direkt übertragen.

1987

◁ Die Jerusalemer Polizei bricht unter der Last der vielen Einsätze beinahe zusammen. Hinzu kommt das Problem der ständigen Demonstrationen großer Gruppen orthodoxer Juden. Manchmal nehmen Tausende daran teil, so daß die Sicherheitskräfte zahlreich anrücken müssen. Und Ende 1987 bricht im Osten der Stadt die Intifada aus.

▽ Die Öffentlichkeit beschäftigt sich mehrere Monate lang mit dem Lavi-Projekt, dem ultramodernen israelischen Kampfflugzeug. Im Bild: Beschäftigte der Israel Aircraft Industries, August 1987. Sie verbrennen Reifen aus Protest gegen die – mit knapper Mehrheit gefaßte – Entscheidung der Regierung, das Projekt einzustellen.

◁ Im März findet eine turbulente Sitzung der Cherut-Gremien statt. David Levy wird mit knapper Mehrheit zum stellvertretenden Vorsitzenden gewählt.

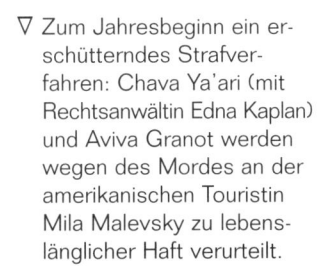

▽ Zum Jahresbeginn ein erschütterndes Strafverfahren: Chava Ya'ari (mit Rechtsanwältin Edna Kaplan) und Aviva Granot werden wegen des Mordes an der amerikanischen Touristin Mila Malevsky zu lebenslänglicher Haft verurteilt.

△ Im September erhebt Generalstabschef Dan Shomrom jene, die in den fünfziger Jahren wegen der »unglückseligen Affäre« verurteilt wurden, rückwirkend in den Rang eines Oberstleutnants bzw. Sergeanten. Im Bild: Marcelle Ninio wird Oberstleutnant.

523

1988

Januar

Anhaltende Randale auf der Westbank und in Gaza und Attentatsversuche in Israel, zugleich Zwischenfälle im Sicherheitsstreifen im Südlibanon.

2 Israelische Bombenangriffe auf Kommandozentralen der Terroristen im Libanon.

10 An diesem Tag wird bekannt, daß Geschäftsmann Shabtai Kalmanowitz unter dem Verdacht der Spionage für die Sowjetunion am 23. 12. 87 verhaftet wurde.

14 Der Redakteur der Ostjerusalemer Zeitung »Al-Fadscher«, Hana Seniora, wird kurz vor einer Pressekonferenz verhaftet, auf der er den offiziellen Beginn eines Bürgerkriegs in den besetzten Gebieten verkünden wollte.

16 Katjuscha-Raketen auf Galiläa. Als Antwort greift Israel Terroristenstellungen im Libanon an.

18 Die USA legen ihr Veto gegen eine Entschließung des UN-Sicherheitsrates ein, in der israelische Aktionen im Libanon verurteilt werden.

20 Ankunft des wegen seiner zionistischen Gesinnung verfolgten Joseph Begun in Israel.

30 Nach der Explosion in einer Gasbehälterfabrik bei Kirjat-Ata werden Tausende von Bewohnern evakuiert.

Februar

Die Unruhen in den besetzten Gebieten gehen weiter.

1 Amerikanisches UN-Veto, diesmal gegen einen Entschließungsantrag, in dem Israel aufgefordert wird, die Genfer Konvention in den besetzten Gebieten einzuhalten.

25 US-Außenminister Schultz trifft in Israel ein.

Katjuscha-Raketen auf Galiläa.

26–27 Gewalttätiges Wochenende in den besetzten Gebieten: sieben Tote. Veröffentlichung von Aufnahmen des für den amerikanischen Fernsehsender CBS tätigen israelischen Kameramanns Moshe Albert, in dem zu sehen ist, wie israelische Soldaten einen Araber mißhandeln. Entsetzen im In- und Ausland.

März

3 In Galiläa werden fünf Personen von einer Katjuscha-Rakete verletzt.

4 Shamir, Peres und König Hussein erhalten das »Schultz-Papier« des US-Außenministers. Spannung zwischen Likud und Arbeitspartei.

7 Aus Ägypten eingedrungene Terroristen greifen im Negev einen Omnibus, besetzt mit Beschäftigten des Kernforschungszentrums Dimona, an und töten drei von ihnen. Eine Sondereinheit schaltet die drei Attentäter aus.

9 Nach drei Monaten Intifada Ausrufung eines »Tages des Zorns« in den besetzten Gebieten.

Die Teilnehmer einer Massenkundgebung der Organisation »Frieden jetzt« fordern in Tel Aviv, Shamir solle Ja zum Frieden sagen.

19 Jugendbewegung der Al-Fat'h, Schabiba, wird illegal erklärt.

Zum ersten Mal gestattet die Sowjetunion einem El-Al-Flugzeug das Überfliegen ihres Gebietes.

24 Einstimmige Wahl von Shim'on Peres zum Vorsitzenden der Arbeitspartei.

27 Verurteilung von Mordechai Vanunu wegen Spionage und schweren Verrats zu 18 Jahren Haft.

Täglich kommt es an vielen Orten zu Unruhen in den besetzten Gebieten und zu Zwischenfällen in Israel selbst.

30 Am »Tag der Erde« bekunden die israelischen Araber ihre Solidarität mit den Arbeitern in den besetzten Gebieten.

April

6 Schwerer Zwischenfall in Samaria (Westbank): Jugendliche Ausflügler aus Allon More werden bei dem Dorf Baita angegriffen. Durch Schüsse der Sicherheitsleute wird ein Mädchen getötet.

11 Israel weist acht Araber, unter ihnen sechs, die an dem Zwischenfall in Baita beteiligt waren, in den Libanon aus.

16 Waghalsiger Angriff in Tunis: Eine Kommando-Einheit tötet Abu-Dschihad, Arafats Stellvertreter, nachts in seinem Haus. Die PLO beschuldigt Israel der Tat.

14 Todesopfer bei Protestkundgebungen gegen die Tötung Abu-Dschihads in den besetzten Gebieten.

18 Aufnahme von Moshe Arens und Mordechai Gur in die Regierung als Minister ohne Geschäftsbereich.

Das Gericht in Jerusalem spricht Demjanjuk der Verbrechen gegen das jüdische Volk schuldig.

21 Israel feiert seinen 40. Unabhängigkeitstag.

25 Demjanjuk wird zum Tode durch den Strang verurteilt. Er legt Berufung beim Obersten Gerichtshof ein.

Weiter schwere Zwischenfälle in den besetzten Gebieten.

Verstärkte Versuche der Infiltration aus dem Libanon.

Mai

3 Zwischenfall im libanesischen Dorf Meidun. Die Israelis registrieren in ihren Reihen drei Tote und 17 Verletzte.

Redakteure der Zeitung »Derech ha-Nizuz« werden des Kontakts zu der Organisation Na'if Hawatmas verdächtigt. Am Monatsende wird gegen vier von ihnen Anklage erhoben.

9 Erstmals seit Januar 1987 wieder Verteuerung der subventionierten Waren.

20 Staatspräsident Herzog verkürzt die Haftstrafe von Livni, Nir und Sharbaf. Damit kommen schon 13 der 27 verurteilten Mitglieder der jüdischen Terrororganisation in den Genuß von Strafmilderung.

23 Tauwetter in den Beziehungen zwischen Israel und der Sowjetunion: Die Sowjets gestatten einer israelischen Konsulardelegation die Einreise.

25 Bei einer Aktion der israelischen Armee im Libanon gibt es Dutzende Tote.

Im Laufe des Monats brachen viele Waldbrände aus. Mehrmals handelte es sich um politisch motivierte.

Juni

7 Versuchter Anschlag auf den Bürgermeister von Al-Bira. Die israelische Zivilverwaltung versucht, palästinensische Persönlichkeiten dazu zu überreden, ihre Ämter nicht niederzulegen.

9 Generalstreik in den besetzten Gebieten sechs Monate nach Ausbruch der Intifada. Peres teilt mit, Rabin stehe auf dem zweiten, Navon auf dem dritten Platz der Wahlliste der Arbeitspartei.

11 Großbrände im Judäischen Bergland und auf dem Karmel: wahrscheinlich Brandstiftungen im Rahmen der Intifada.

14 Wahl von Miriam Ben-Porat zur Staatskontrolleurin.

15 In geheimen Wahlen in der Zentrale der Arbeitspartei werden die Kandidaten für die Knesset-Wahlen bestimmt. Manch bisheriger Abgeordneter wird nicht wiedergewählt, so auch Abba Eban.

Staatliche Kommission zur Untersuchung des Gesundheitswesens. Den Vorsitz führt die Richterin Shoshanna Netanyahu.

29 Die »Cherut«-Zentrale wählt ihre Kandidaten für die Knesset: Netanyahu, Katzav und Benny Begin kommen vor Sharon, Levy und Arens. Die 35 gewählten Politiker treten dann in einer zweiten Runde noch einmal gegeneinander an.

Ende der Affäre um Bruna-Carolina, ein in Israel adoptiertes Baby aus Brasilien. Rückgabe an seine biologischen Eltern.

30 Das Amtsgericht in Ramla verurteilt vier linke Aktivisten zu einem halben Jahr Freiheitsstrafe. Sie sind in Rumänien mit PLO-Vertretern zusammengetroffen.

Immer öfter greifen Palästinenser Juden mit Messern an. Auch werfen sie Steine, selbst im israelischen Kernland, und schießen auf israelische Fahrzeuge in den besetzten Gebieten.

Juli

6 Eine bewegte zweite Runde bei den internen »Cherut«-Wahlen mit zahlreichen Überraschungen: David Levy nicht auf Platz eins, Sharon wird zweiter, Arens, der das Lager Shamir-Arens anführt, landet dagegen auf Position drei.

10 Nach großen Verlusten meldet die Reifenfabrik Alliance Konkurs an.

26 Beschluß der Knesset, die Kommunalwahlen von den Knesset-Wahlen getrennt durchzuführen.

1988

Unterzeichnung eines Abkommens der USA und Israels über die gemeinsame Entwicklung eines Raketenabwehrgeschützes, »Chetz«.

Abreise einer israelischen Delegation nach Moskau, wo sie ein Konsulat eröffnen soll.

Der britisch-jüdische Zeitungszar George Maxwell erwirbt die Zeitung »Ma'ariv«.

31 König Hussein teilt mit, Jordanien habe beschlossen, die Westbank aufzugeben, um Palästinensern und PLO die Gründung eines selbständigen Staates zu ermöglichen.

Gespannte Lage in Südlibanon.

Die Brandstiftungen, vor allem in Wäldern, dauern an.

August

9 Flugzeuge der Luftwaffe bringen einen PLO-Sender im Libanon zum Schweigen.
15 Zwei F-15 der israelischen Luftwaffe stoßen in der Luft zusammen, die Piloten kommen dabei ums Leben.
20 In der Fußgängerzone von Haifa werden 25 Personen bei der Explosion eines Sprengsatzes verletzt.
25 Cherut und die Liberalen schließen sich zusammen. Die neue Partei nennt sich »Likud, Nationale Liberale Bewegung«.
27 Herzl Avitan, der bekannteste Strafgefangene Israels, flieht aus dem Gefängnis von Be'ersheva. Am 29. wird er in Hod ha-Sharon gefaßt.

Weitere Zwischenfälle in den besetzten Gebieten, im Südlibanon und in Israel.

September

Polio-Epidemie in der Gegend von Hadera, Ramla und Lod. Impfung aller Soldaten.
11 Am Vorabend des jüdischen Neujahrsfestes hat Israel ohne die besetzten Gebiete 4.455.000 Einwohner, davon 3.650.000 Juden (82 %).
14 Ministerpräsident Shamir bricht zu einem Staatsbesuch nach Ungarn auf.
19 Israel schickt den Satelliten Ofek ins All.
29 Das Schlichtungsverfahren zwischen Israel und Ägypten über den Grenzverlauf bei Taba geht zu Ende. Die ägyptische Auffassung wird verbindlich.

Oktober

Polio-Impfung aller Israelis unter 40 Jahren.
3 Der zentrale Wahlausschuß schließt die rechtsextreme Kach-Liste von den Knesset-Wahlen aus.
19 Terroristen sprengen Fahrzeug am »Guter Zaun«: acht tote israelische Soldaten.
30 Terroranschlag: Molotowcocktails werden auf einen israelischen Bus bei Jericho geworfen. Eine Mutter und ihre drei Kinder kommen um.

November

1 Wahlen zur 12. Knesset: Mit 40 Sitzen gewinnt der Likud den ersten Platz; die Arbeitspartei erhält 39 Mandate, gefolgt von Shass (6), Ratz und Mafdal (je 5), Chadasch (4), Mapam und Techija (je 3). Shinui, Zommet, Moleddet und Deggel ha-Thora erobern je 2 Sitze, die Fortschrittliche Liste und die Liste von Darauscha je 1.
14 Der Staatspräsident beauftragt Yitzhak Shamir mit der Regierungsbildung.
21 Die 12. Knesset tritt zu ihrer ersten Sitzung zusammen. Dov Shilansky (Likud) wird Vorsitzender.
23 Erstmals kommt ein Vertreter des chinesischen Tourismusministeriums nach Israel.

Zwischenfälle in den besetzten Gebieten und im Südlibanon.

Dezember

8/9 Zum ersten Mal seit dem Libanon-Krieg 1982/83 dringen israelische Einheiten tief in libanesisches Gebiet vor.
15 Entführung zweier führender Schi'iten aus dem Libanon durch die israelische Armee. Sie sollen bei den Verhandlungen über Gefangene und Vermißte als Pfand dienen.
22 Yitzhak Shamir stellt der Knesset sein neues Kabinett vor: eine große Koalition, ohne Rotation im Amt des Ministerpräsidenten. 84 Abgeordnete stimmen für die Regierung, 19 dagegen und 3 enthalten sich.
24 Kenia nimmt seine diplomatischen Beziehungen zu Israel wieder auf, die seit 1973 offiziell ruhten.
27 5 %ige Abwertung des Schekels: Wegen des massiven Kaufs ausländischer Devisen bestand die Gefahr, daß die Reserven auf unter 3 Milliarden US-Dollar sinken.

Der niedrigste Lebenshaltungsindex seit Jahren: 16,3 %.

△ Die Intifada wird immer heftiger. Wer meinte, daß die Gewalttätigkeit bald wieder abklinge, irrte. Im Bild: Demonstration an der Universität Bir Zeit.

▽ Zu den Opfern von Terroranschlägen 1988 gehört auch Ya'el Me'ir. Sie wird im August zusammen mit ihrem Mann, ihren Eltern und drei Kindern auf der Nordau-Straße in Haifa verletzt.

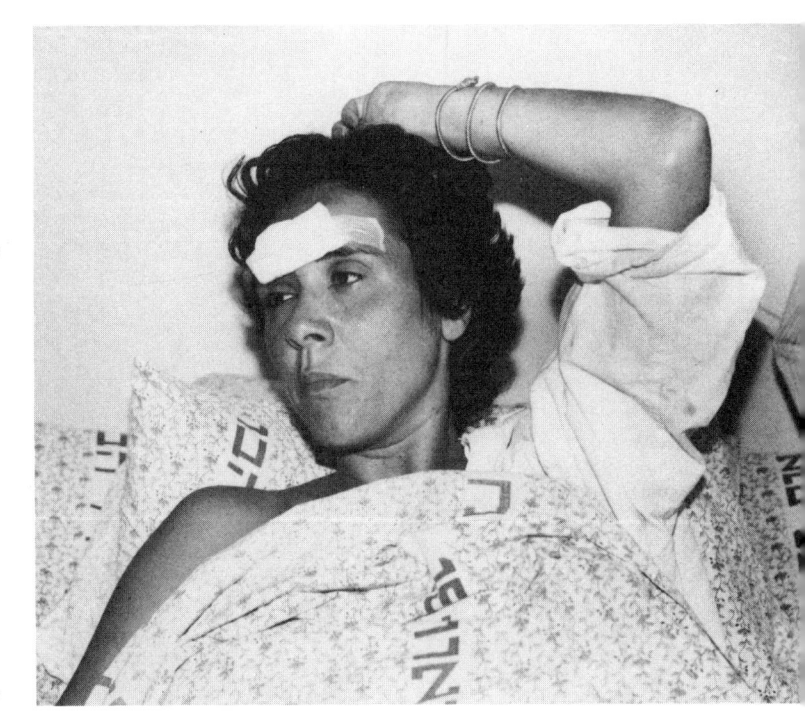

RECHTSRUCK BEI DER KNESSET-WAHL

Die im September 1984 gebildete große Koalition hält bis zum Ablauf der Legislaturperiode. Anschließend finden zum vorbestimmten Zeitpunkt im November 1988 die regulären Wahlen zur 12. Knesset statt. Der Wahlkampf verläuft diesmal friedlicher als zuvor – eine natürliche Folge der meist guten Zusammenarbeit zwischen den beiden großen politischen Blöcken, Likud und Ma'arach.

Die Wahlen bewirken auf den ersten Blick keine großen Veränderungen. Der Likud sinkt auf 40 Knesset-Mitglieder, die Arbeitspartei auf 39. Und doch zeichnet sich ein Wandel ab: Vor allem die Rechte ist insgesamt stärker geworden, der orthodoxe Teil des religiösen Parteienspektrums hat sich konsolidiert. Ein Versuch der Arbeitspartei, mit den religiösen Parteien allein eine Koalition zu bilden, mißlingt, denn von 18 religiösen Knesset-Mitgliedern gehören nur fünf dem der Arbeitspartei gewogenen Mafdal an. Die übrigen 13 vertreten drei eher rechts orientierte religiöse Parteien: Agudat-Israel, Shass und die neue, von Agudat-Israel abgespaltete Liste, Deggel ha-Thora. Zudem sichern sich rechts vom konservativen Likud drei kleinere Parteien zusammen acht Sitze.

Auf dem Papier könnte der Likud durchaus eine stabile Regierung mit einer Mehrheit von 65 Abgeordneten (Likud, die Rechtsparteien, Mafdal und die orthodoxen Listen) bilden, verglichen mit nur 55 Mandaten, die das Arbeitslager und die Linken auf sich vereinigen. Wegen der zahllosen Forderungen der religiösen Listen verzichtet der Likud jedoch auf diese Lösung. So kommt nach einigem Hin und Her erneut eine große Koalition aus Likud, Arbeitspartei und einigen kleinen Parteien zustande, die sich jedoch in einem von der vorherigen Regierung unterscheidet: Diesmal wird Yitzhak Shamir Ministerpräsident für die gesamte Legislaturperiode, eine Rotation ist nicht vorgesehen.

△ Intifada: Durch Brandstiftung gehen Tausende Dunam Waldland zugrunde. Oben: eine Spendenmarke des Jüdischen Nationalfonds.

△ Nach den Wahlen 1988 wird wieder eine große Koalition gebildet. Staatspräsident Herzog empfängt den Ministerpräsidenten und die Minister. Das Bild zeigt den Präsidenten, Ministerpräsident Shamir, Finanzminister Peres und die stellvertretenden Ministerpräsidenten David Levy (links) und Yitzhak Navon (rechts).

◁ Aufregung vor den Wahlen, vor allem beim Likud. Während einer schillernden Veranstaltung in Herzlija wählt der Likud seine Kandidaten für die Knesset-Sitze. Die Kandidaten werben mit einprägsamen Spruchbändern (im Bild).

1988

▽ Modell des »Chetz«, eines Raketenabwehrgeschützes. Für seine Entwicklung unterschreiben Israel und die USA 1988 ein Abkommen.

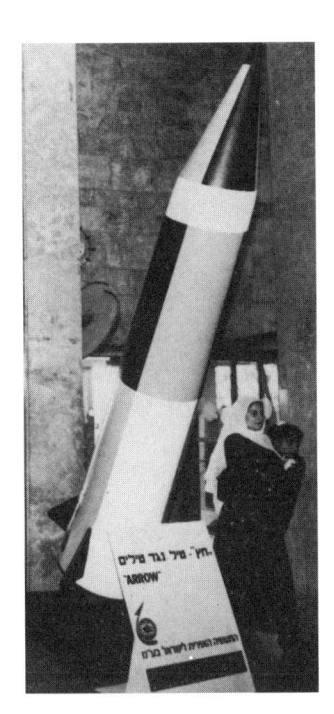

▽ Soldaten mit kugelsicheren Westen, Helmen und Schilden gehen gegen steinewerfende palästinensische Jugendliche vor. Die Unruhen in den besetzten Gebieten, besonders in Gaza, flauen nicht ab. Ein Zwischenfall an einem Ort bringt sofort die Bevölkerung des ganzen Gazastreifens auf.

△ Israels Truppen im Einsatz im Libanon. Die Anschläge von Terroristen und schi'itischen Organisationen halten das ganze Jahr über an.

527

ISRAEL WIRD VIERZIG

Die Feiern zum vierzigjährigen Bestehen des Staates Israel im Frühling 1988 stehen unter dem Einfluß mehrerer Ereignisse im In- und Ausland. Die Intifada hält die Israelis seit einem halben Jahr in Atem, und wenn es anfangs möglicherweise danach aussah, daß sich die Lage bald beruhigen werde, so ist das nicht der Fall. Im Gegenteil, es kommt sogar vermehrt zu palästinensischen Übergriffen auch im israelischen Kernland: Busse werden mit Steinen beworfen, auf den Straßen drohen Messerstechereien, und Wälder gehen in Flammen auf. Zudem ist Galiläa immer wieder Ziel von Raketen, die Terroristen im Libanon abfeuern.

Außenpolitisch verliert Israel das umstrittene Gebiet von Taba an Ägypten. Hingegen verbessern sich die Beziehungen zur Sowjetunion überraschend schnell, so daß Israel nach über 20 Jahren wieder ein Konsulat in Moskau eröffnet. Sogar die frostigen Beziehungen zu China tauen allmählich auf.

Die Einwanderung nach Israel befindet sich allerdings nach wie vor in einer Talsohle, von den jüdischen Emigranten aus der UdSSR lassen sich viele in den USA nieder.

◁ Im Dezember 1988 wird Armenien von einem schweren Erdbeben erschüttert, bei dem viele Menschen sterben. Israel schickt fünfzig Offiziere und Soldaten mit einem Sonderflug in den Kaukasus. Sie sollen bei der Rettung der Opfer helfen. Hier ein Spürhund.

△ Wenige Minuten nach der Befreiung: Aus Ägypten eingedrungene Terroristen entführen im März einen Omnibus, besetzt mit Angestellten des Kernforschungszentrums, darunter auch Frauen. Eine Sondereinheit schaltet die Terroristen aus.

▷ Im Juni 1988 wählt die Knesset die pensionierte Richterin Miriam Ben-Porat zur neuen Staatskontrolleurin. Für sie stimmen 67 Knesset-Mitglieder, gegen sie 16, bei 13 Enthaltungen. Miriam Ben-Porat war 18 Jahre lang Richterin am Bezirksgericht und elf am Obersten Gerichtshof.

1989

Januar

4 Ende der Markierungsarbeiten für den Grenzverlauf bei Taba.
5 Ein neuer Wirtschaftsplan von Finanzminister Shim'on Peres sieht Auflagen für die Wirtschaft und Haushaltskürzungen vor, ebenso die Einführung neuer Steuern. Am 10.1. sollen die Preise aller Waren mit staatlich verordneten Preisbindungen bis zu 10 % steigen.
16 Wegen eines Kälteeinbruchs fällt in ganz Israel der Strom aus.
25 Uri Gordon, Leiter der Einwanderungsabteilung der Jewish Agency, erwartet die Immigration von mehreren Hunderttausenden Menschen aus der Sowjetunion.
Fortdauer der Anschläge und Zwischenfälle in den besetzten Gebieten, Israel und im Südlibanon.
30 In Taba wird die ägyptische Flagge neben der israelischen gehißt.
31 Ministerpräsident Shamir stellt einen Friedensplan in zwei Etappen vor.

Februar

4 Die Polizei verhaftet mehrere Aktivisten der rechtsextremen Organisation Keschet.
15 Wegen der Verteuerung subventionierter Waren und Dienstleistungen beträgt der Lebenshaltungsindex für Januar 4,7 %.
16 Der Soldat Avi, der als Anhalter unterwegs ist, wird an der Kreuzung Hodija in Süd-Israel entführt.
Hochrangige Mitglieder von Arbeitspartei und Shinui treffen zum ersten Mal mit Feisal von der Palästinenserführung zusammen.
Im Lauf des Monats viele Zwischenfälle in den besetzten Gebieten. Ein Soldat wird auf dem Weg zur Klagemauer (am 18. 2.) und ein Fallschirmspringer bei einem Zwischenfall in der Altstadt von Nablus ermordet (am 24. 2.).
26 Taba geht an Ägypten zurück, über eine Entschädigung für das israelische Feriendorf wird Einigung erzielt.
28 Gemeindewahlen.

März

Anhaltender Terror entlang der Grenzen und auf israelischem Gebiet. Bei einem Zusammenstoß mit Terroristen in der Arava-Senke wird am 17. 3. ein Soldat getötet; ein Terrorist ersticht am 21. 3. einen Zivilisten in Tel Aviv.
5 Die Israelische Oper öffnet ihre Tore im Noga-Saal in Jaffa.
27 Sichtbares Zeichen für die entspannten Beziehungen zu Osteuropa: El Al fliegt jetzt auch nach Polen und Ungarn.
28 Auch Ministerpräsident Shamir verkündet: aus der Sowjetunion sei eine große Einwanderungswelle zu erwarten.

April

8 Der an Krebs erkrankte Schriftsteller Dan Ben-Amotz veranstaltet eine »Abschiedsparty« mit 300 Teilnehmern.

Mai

3 Ein Terrorist ersticht zwei Zivilisten und verwundet drei weitere auf dem Zion-Platz in Jerusalem.
Hamas-Terroristen entführen und töten den Soldaten Ilan Sa'adon.
6 Blutiges Wochenende in den besetzten Gebieten: vier Tote und rund 150 Verletzte.
7 Der Leichnam von Avi Sasportes wird entdeckt; der Soldat wurde von Hamas-Terroristen entführt und ermordet.
25 Ende des Prozesses gegen die Soldaten der Giv'ati-Brigade:
Die vier werden zwar vom Vorwurf der Tötung freigesprochen, aber der Mißhandlung und Erfüllung eines illegalen Befehls für schuldig befunden.
28 Terroristen im Libanon feuern Katjuscha-Raketen auf Metulla ab.
31 Flugzeuge der Luftwaffe greifen Kommandozentralen der Terroristen im Libanon an.

Juni

Die Zwischenfälle und Angriffe auf Soldaten und Zivilisten in den besetzten Gebieten und Israel dauern fort.
5 Strafmilderung für drei verurteilte Mitglieder des jüdischen Untergrunds durch Staatspräsident Herzog. Sie sollen bereits in 14 Monaten frei kommen. Zuvor wurde ihre lebenslängliche Haftstrafe bereits auf zehn Jahre gesenkt.
6 Staatskontrolleurin Miriam Ben-Porat veröffentlicht die Namen der Sender, die die großen Parteien unterstützten und löst einen Sturm der Entrüstung aus.
18 Ein Bewohner Ari'els wird von einem Araber erstochen.
21 An der Kreuzung bei Geha Angriffe jüdischer Siedler auf Araber.
22 Der berühmte Historiker und Träger des Israel-Preises, Menachem Stern, wird bei einem Spaziergang im Tal des Kreuzes in Jerusalem von einem Terroristen erstochen.
Abwertung des Schekels um 4,4 %.
27 63 Personen, die bei einem Erdbeben in Armenien verletzt wurden, treffen mit einem der ersten El-Al-Flüge aus der Sowjetunion in Israel ein. Sie werden in israelischen Krankenhäusern behandelt.
29 Ausweisung von acht Intifada-Anführern aus der Westbank und Gaza in den Libanon.

Juli

6 Auf der Straße von Tel Aviv nach Jerusalem lenkt ein Terrorist einen vollbesetzten

Wer ist Patriot? 1989 führt die Zeitung »Chadaschot« unter 1200 Israelis eine Umfrage durch, um zu erfahren, wer seit der Staatsgründung der größte Patriot im Land gewesen sei. Auf den 1. Platz kommt David Ben-Gurion (42,8%), gefolgt von Menachem Begin (25,4%), Ari'el Sharon (4,9%), Rafael Eitan (3,2%), Yitzhak Rabin (2,0%) und Moshe Dayan (1,5%).

Unbebautes Gelände unweit von Aschkelon wird durchkämmt: Suche nach Spuren des entführten Soldaten Ilan Sa'adon, Juni 1989.

529

Das umstrittene Gebiet von Taba wird Anfang 1989 an Ägypten zurückgegeben. Vorher wurde Einigung über eine Entschädigung für das Sonesta-Hotel und das Feriendorf nebenan erzielt.

Omnibus in einen Abgrund: 16 Tote und viele Verletzte.

7–8 Ausschreitungen von Siedlern in den besetzten Gebieten: Antwort auf den Anschlag auf den Bus.

23 Die Regierung genehmigt eine Initiative Ministerpräsident Shamirs für Wahlen in den besetzten Gebieten.

28 Eine israelische Einheit entführt Scheich Ubajad im Libanon.

Zwischenfälle in den besetzten Gebieten, u. a. töten Araber Kollaborateure in ihren Reihen.

August

150 000 sind arbeitslos.

Weitere Zwischenfälle mit Feuerwaffen und Messern. Galiläa wird wieder mit Katjuscha-Raketen beschossen.

Bewohner der besetzten Gebiete rufen zum Steuerstreik auf.

20 Schwere antiisraelische Ausschreitungen im Dorf Beit-Safafa bei Jerusalem.

September

Im Laufe des Monats viele Zwischenfälle: An der jordanischen Grenze werden zwei Soldaten aus dem Hinterhalt ermordet (2. 9.); in Jordanien abgeschossene Katjuscha-Raketen gehen im Jordan-Tal nieder (7. 9.); Attentatsversuch auf einen Omnibus in Jerusalem (9. 9.); Zusammenstoß mit Terroristen auf dem Dov-Berg, ein Soldat wird getötet (9. 9.). Außerdem gehen viele Waldgebiete in Flammen auf, offenbar Brandstiftung durch Terroristen.

18 Wiederaufnahme der Beziehungen zwischen Israel und Ungarn, 22 Jahre, nachdem Ungarn sie abgebrochen hat.

19 Bei einem Großbrand werden weite Waldgebiete im Karmel-Naturpark vernichtet.

27 Aby Nathan, Chef des Privatsenders »Stimme des Friedens«, wird der Kontakte zur PLO schuldiggesprochen und zu einem halben Jahr Freiheitsstrafe verurteilt.

28 Die Hamas-Organisation wird für illegal erklärt.

29 Begnadigung der drei Verurteilten von der Giv'ati-Brigade.

Oktober

3 Beginn des zweiten Giv'ati-Prozesses.

11 Ein syrischer Pilot desertiert mit einer Mig 23 nach Israel. Kritik an der Luftwaffe.

16 Schwere arabische Ausschreitungen in Ostjerusalem.

20 Tod des Schriftstellers Dan Ben-Amotz.

30 Explosion eines libanesischen Fischereikutters neben einem Schiff der Marine vor Rosch ha-Nikra. Anscheinend befand sich an Bord des Schiffs eine Sprengladung.

November

3 Wiederaufnahme der diplomatischen Beziehungen zwischen Israel und Äthiopien.

9 Katjuscha-Raketen aus dem Libanon fallen auf Ortschaften in Nord-Israel, ohne Schaden anzurichten.

13 Wahlen zum Histadrut-Tag: Die Arbeitspartei bekommt mehr als 50 % der Stimmen.

13–15 Ministerpräsident Shamir trifft bei einem USA-Besuch Präsident Bush.

19 Im Jahre 1988 beträgt die Zahl der Jeschiwa-Studenten, die generell keinen Militärdienst leisten müssen, 18 000.

Frankreich liefert wieder militärische Güter an Israel – nach einer Unterbrechung von 21 Jahren.

21 Betroffenheit über den Selbstmord mehrerer Soldaten. Der Kompanie-Befehlshaber bei der Giv'ati-Brigade wird wegen des Selbstmords eines Soldaten entlassen.

23 Flugzeuge der Luftwaffe greifen Terroristenziele im Libanon an (auch am 25.).

Dezember

1 Sicherheitskräfte schalten eine Bande des »Schwarzen Panthers« in Nablus aus.

30 »Falafel-Vergiftung« in Jerusalem, die Tat eines arabischen Arbeiters: Zwei Israelis müssen ins Krankenhaus eingeliefert werden.

Große »Frieden jetzt«-Kundgebung in Jerusalem. Bei ihrer Auflösung durch die Polizei werden Dutzende verletzt. Verhaftung von 50 Demonstranten.

31 Shamir entläßt Minister Ezer Weizmann wegen seiner Kontakte zu PLO-Leuten.

Im Dezember kommt eine Rekordzahl von Neueinwanderern nach Israel: 4000. Die Immigration aus der Sowjetunion hat zugenommen. Im Verlauf des Jahres sind rund 25 000 Personen eingetroffen, über 50% mehr als in den gesamten achtziger Jahren.

1989

PALÄSTINENSISCHER TERROR

1989 nimmt der palästinensische Terror gegen Israel neue Gestalt an. Zusätzlich zu den üblichen Übergriffen sorgen mehrere schwerwiegende Vorkommnisse wie die Entführung israelischer Soldaten und ihre Ermordung durch die Terrororganisation Hamas für Aufregung. Ferner wird ein vollbesetzter Omnibus auf dem Weg von Tel Aviv nach Jerusalem eine Böschung hinuntergestürzt, dabei werden 16 Fahrgäste getötet und viele weitere verletzt. Und Zivilisten sind immer wieder Angriffen mit Stichwaffen ausgesetzt.

Die Ermordung von Menachem Stern, einem großen Historiker Israels, im Juni 1989 wirft ein erschreckendes Licht auf das grausame Vorgehen der Attentäter und ihre wahllosen Angriffe. Professor Stern geht jeden Morgen zu Fuß in die Staatsbibliothek von Jerusalem. Dabei durchquert er den Park, in dem das Kreuzkloster steht. Eines Tages fällt hier ein mit einem Messer bewaffneter Araber über ihn her und ersticht ihn. Erst als er abends nicht nach Hause kommt, fällt sein Verschwinden auf. Schließlich wird er tot aufgefunden.

Im Laufe des Jahres greifen Terroristen im Libanon immer wieder Orte in Nord-Israel an, meist mit Katjuscha-Raketen. Die Täter kommen überwiegend aus den Reihen der schiitischen Hisbollah, einer Organisation, die sich den Palästinensern angeschlossen hat.

▽ 1989 nimmt der palästinensische Terror sowohl in Judäa, Samaria und Gaza als auch in Israel selbst zu. Die Siedler in den besetzten Gebieten stellen vor dem Amtssitz von Ministerpräsident Yitzhak Shamir in Jerusalem aus Protest ein Zelt auf. Es enthält eine Ausstellung der von den Terroristen gegen Israelis verwendeten Waffen, darunter Äxte, lange Messer, Schwerter, Handdolche und sogenannte Ninja-Nägel.

▽ Soldaten und Zivilisten in Süd-Israel auf der Suche nach Avi Sasportes, dem im Februar 1989 von Hamas aus Gaza entführten Soldaten. Sein Leichnam wird nach fast drei Monaten gefunden.

△ Die »Bremser«: Die Minister (v. l. n. r.) David Levy, Ari'el Sharon und Yitzhak Moda'i, alle Mitglieder des Likud, stellen sich in allem, was mit einer Lösung der Probleme in den besetzten Gebieten zusammenhängt, stur. Sie widersetzen sich sogar Plänen von Ministerpräsident Yitzhak Shamir. Seine Handlungsfähigkeit ist dadurch erheblich eingeschränkt.

▽ Seltener Auftritt von Ex-Premier Menachem Begin, der seit 1983 zurückgezogen in Jerusalem lebt. Er verläßt nur einmal im Jahr sein Haus: am Todestag seiner 1982 gestorbenen Frau. Hier ist er auf dem Friedhof auf dem Ölberg mit Familienangehörigen zu sehen. Rechts von ihm sein Sohn, Knesset-Mitglied Benny Begin. Journalisten verfolgen Menachem Begin auf Schritt und Tritt, bis er wieder in seinem Haus Zuflucht findet.

1989

▽ Purim 1989: Der Besuch der italienischen Pornodarstellerin und Parlamentarierin »La Cicciolina« hat die Israelis offenbar beeindruckt.

▷ Feisal Husseini, einer der führenden palästinensischen Araber, knüpft 1989 Kontakte zu den Israelis. Hier ist er bei einem Auftritt in Tel Aviv zu sehen.

▷ Die Maimuna, das Fest der Einwanderer aus Marokko, hat in den achtziger Jahren einen festen Platz in der israelischen Kultur, aber auch in der Politik. Jeder Politiker und Parteifunktionär, der etwas auf sich hält, läßt sich gern auf den Veranstaltungen fotografieren – besonders, wenn Knesset- oder Gemeinde-Wahlen bevorstehen. Hier kostet Finanzminister Shim'on Peres gerade ein typisches Maimuna-Gericht. Andere ethnische Gruppen veranstalten ebenfalls jährliche Feste, die Besucher anlocken.

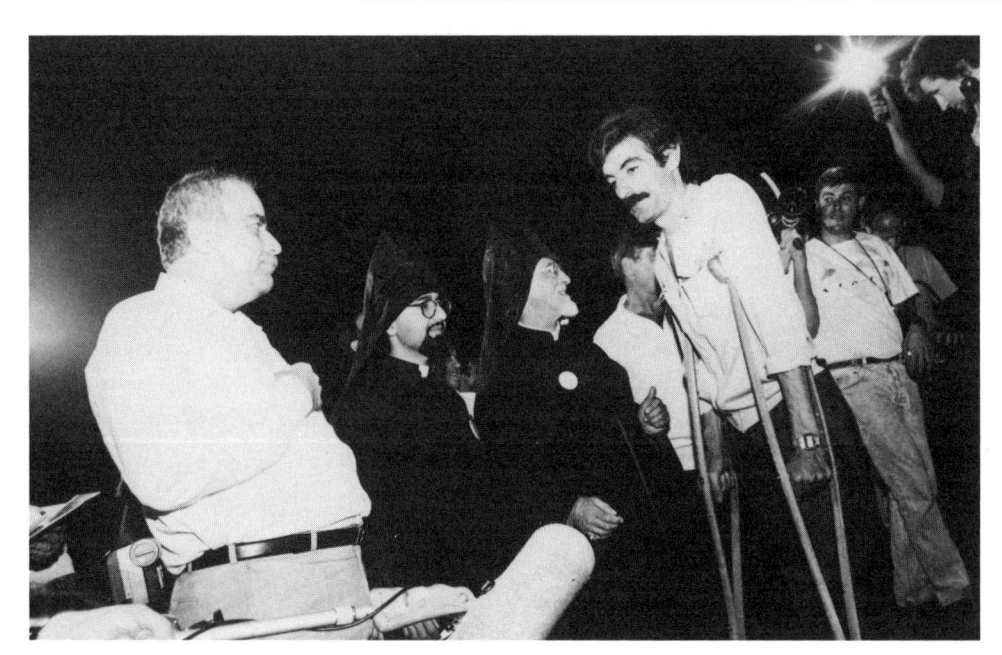

◁ Israel hilft Armenien nach dem Erdbeben Ende 1988. Im Juni 1989 treffen mehr als 60 beim Erdbeben Verletzte in Israel ein. Gesundheitsminister Ya'akov Zur und armenische Priester begrüßen die Patienten auf dem Ben-Gurion-Flughafen. Dann kommen sie zur Behandlung ins Krankenhaus. 1989 festigt Israel seine Beziehungen zu weiteren osteuropäischen Ländern, u. a. weiht El Al eine neue Fluglinie nach Polen und Ungarn ein. Außerdem sind Gerüchte im Umlauf, wonach eine Masseneinwanderung aus der Sowjetunion bevorsteht.

533

Die neunziger Jahre: 1990–1997

Die Zeremonie anläßlich der Unterzeichnung des »Rahmenabkommens« zwischen Israel und der PLO in Washington am 13. September 1993. Jassir Arafat (rechts) und Yitzhak Rabin (links) mit US-Präsident Bill Clinton.

Die erste Hälfte des Jahrzehnts ist von fünf Vorkommnissen geprägt: die erneute Einwanderung im großen Stil; der Golfkrieg; der politische Umschwung 1992; die Abkommen mit den Palästinensern und Jordaniern; und die Ermordung von Ministerpräsident Yitzhak Rabin.

Das Auseinanderbrechen der Sowjetunion löst eine seit Anfang der fünfziger Jahre beispiellose Einwanderungswelle aus. Mit der Ankunft von 200 000 Juden in Israel allein 1990 beginnt nach einem Jahrzehnt der Stagnation ein neues Kapitel in der Geschichte der Einwanderung. Durch den Zuzug von über einer halben Million Menschen in wenigen Jahren stellen sich für Einzugliedernde und Eingliedernde neue wie altbekannte Probleme im Wohnungsbau, bei der Beschaffung von Arbeitsplätzen und der gesellschaftlichen Integration. Demographisch gesehen, waren die achtziger Jahre für den Staat Israel eine Periode des Stillstands: Die Bevölkerung wuchs über 4,5 Millionen Menschen nicht hinaus. Infolge der verstärkten Einwanderung in den neunziger Jahren überschreitet die Zahl der Einwohner endlich die Fünf-Millionen-Marke.

Im Golfkrieg 1991 befindet sich Israel in einer prekären Lage. Mehrere Wochen lang wird es immer wieder von Salven irakischer Scud-Raketen getroffen. Es erleidet schwere Schäden, und die Moral der Einwohner sinkt. Trotzdem schlägt es auf US-Druck hin nicht zurück.

15 Jahre nach der innenpolitischen Wende, als die Arbeitspartei die Regierungsämter verlor, wird sie 1992 wieder die Nummer eins. Der entscheidende Grund für den Triumph der Arbeitspartei ist die im Gegensatz zur Vergangenheit erfolgreiche Zusammenarbeit ihrer beiden Spitzenpolitiker Yitzhak Rabin und Shim'on Peres. Als Kandidat seiner Partei für das Amt des Premiers gewinnt Rabin auch die Stimmen jener, die keine Anhänger seines Lagers sind.

Im Sommer 1992 wird die neue Regierung gebildet. Sie setzt sich aus den Vertretern der Arbeitspartei, von Meretz und Schass zusammen, während Chadasch und die Arabische Demokratische Partei die Koalition unterstützen, ohne ihr anzugehören. Als Schass später die Koalition verläßt, verfügt sie nur noch über 56 Sitze. Das stärkt ihre Abhängigkeit von der arabischen Minderheit, die zum Zünglein an der Waage wird. In der Likud-Partei verursachen der Verlust der Regierung und der Rückgang der Sitze von 41 auf 32 schwere Erschütterungen. Ein neuer Parteichef, Binyamin Netanyahu, wird gewählt. Zwar gelingt es ihm, die schwachen Parteifinanzen zu sanieren, gleichzeitig vertieft sich aber die Kluft zwischen ihm und David Levy, so daß dieser sich schließlich zurückzieht. Die neue Regierung begibt sich mit großem Elan an die Lösung dringlicher innen- und außenpolitischer Aufgaben. In kürzester Zeit investiert sie Milliardenbeträge in die Infrastruktur, vor allem in den Ausbau des jahrelang vernachlässigten Straßennetzes. Viel Geld wird auch in die Wirtschaft gepumpt. Ihr Hauptaugenmerk richtet die Regierung aber auf einen Durchbruch bei der Beilegung des israelisch-arabischen Konfliktes. Geheimverhandlungen, die 1993 unter norwegischer Schirmherrschaft stattfinden, münden im Herbst desselben Jahres in die Unterzeichnung eines Rahmenvertrags mit der PLO. Er sieht die Übertragung der Regierungsvollmacht im Gazastreifen und der Region Jericho an die Palästinenser vor.

Die meisten Israelis nehmen die überraschende Übereinkunft zunächst positiv auf, nur in rechten Kreisen und bei den Siedlern in den besetzten Gebieten erhebt sich scharfer Protest. Da aber die palästinensischen Terroranschläge nicht aufhören, läßt die Zustimmung Umfragen zufolge allmählich nach. Dennoch nimmt man in Israel zumindest die Übergabe des Gazastreifens an die Palästinenser und Arafats triumphalen Einzug in Gaza gelassen auf.

Ein weiteres Abkommen, mit einer sehr viel breiteren Zustimmung in der israelischen Öffentlichkeit, wird im Oktober 1994 unterzeichnet: der israelisch-jordanische Friedensvertrag. Die Grenze wird geöffnet, Israelis brechen in Scharen zu Reisen ins Nachbarland auf, und beide Staaten richten Botschaften in Amman beziehungsweise Tel Aviv ein. Außerdem nimmt Israel diplomatische Beziehungen zu mehreren Staaten am Persischen Golf sowie zu Marokko und Tunesien auf.

Dagegen wecken Nachrichten über mögliche Verhandlungen mit Syrien politische Spannungen und Besorgnis bei der israelischen Bevölkerung. Die Medien melden, daß Rabin und Peres mit US-Hilfe auch einen Frieden mit Syrien anstreben, selbst wenn dies die Räumung der Golanhöhen bedeute. Die Siedler auf dem Golan und mit ihnen weite, nicht allein rechte Kreise der israelischen Politik und Öffentlichkeit, bemühen sich, alle diesbezüglichen Pläne zum Scheitern zu bringen.

Yitzhak Rabins zweite Regierung – er war bereits in den siebziger Jahren Premier – behauptet sich trotz ihrer hauchdünnen Mehrheit. Selbst die zahlreichen Mißtrauensanträge in der Knesset führen nicht zu ihrem Sturz. Das ist in nicht geringem Maß Schass zu verdanken: Diese Partei gehört zwar die meiste Zeit über nicht der Koalition an, unterstützt sie jedoch von Fall zu Fall.

Wirtschaftlich geht es mit Israel aufwärts: Allmählich wird der arabische Boykott gegen das Land gelockert. Der Lebensstandard steigt stetig, und die Exporte wachsen. Allerdings nehmen die Einfuhren noch schneller zu, so daß die Zahlungsbilanz aus dem Gleichgewicht gerät.

Zwar sehen die meisten Israelis in dem Abkommen mit den Palästinensern und Jordaniern eine Chance, aber der palästinensische Terror lastet 1995 immer noch schwer auf der Region. Jetzt werden die Anschläge von Hamas und dem Islamischen Dschihad verübt, während die PLO unter Arafat bemüht ist, dem Terror Einhalt zu gebieten.

1995 verstärken die rechten Parteien ihren Widerstand gegen die Regierung Rabin und die Abkommen mit den Palästinensern. Die extreme Rechte errichtet Straßensperren, gründet illegale Siedlungen und sucht vermehrt die Konfrontation mit Armee und Polizei. Gegen die Regierung, insbesondere gegen Rabin und Peres, werden Schmähungen und Drohungen ausgesprochen, die Spannung steigt wöchentlich. Allerdings schreitet weder die Regierung noch die Polizei gegen die rechten Aufrührer ein. Man glaubt, dem Regierungschef und seinen Ministern drohe keine Gefahr, denn »Juden würden gegen Juden nie die Hand erheben«. Am 4. November 1995 wird dieser Glaube Lügen gestraft: Ein junger Jude erschießt Ministerpräsident Rabin.

Danach steht das ganze Land unter Schock. Shim'on Peres bildet eine neue Regierung, in der er die beiden Ämter des Ermordeten übernimmt.

1990

Januar
1–6 Eine Welle von Briefbomben erreicht Israel aus Zypern und Griechenland. Es gibt jedoch keine Verletzten.
2 Die Regierungskrise, die Ezer Weizmans PLO-Kontakte auslösten, wird beigelegt.
4 Großer Applaus für das »Habima«-Theater in Moskau.

Die Armee tötet einen jordanischen Soldaten, der bei Chamat-Gader auf israelische Soldaten geschossen hat.
8 Ankunft einer Delegation aus der Tschechoslowakei: Die diplomatischen Beziehungen sollen erneuert werden.
30 Gesetz über den zweiten Fernsehkanal.

Februar
4 Anschlag auf einen Bus mit israelischen Touristen in Ägypten: zehn Tote, unter ihnen auch der ägyptische Sicherheitsbeamte, und 16 Verletzte.
26 Erste legale Sendung des Kabelfernsehens in Israel: in Rischon le-Zion.
27 Wieder diplomatische Beziehungen zwischen Israel und Polen.

In den besetzten Gebieten: Araber liquidieren Kollaborateure in ihren Reihen.

März
Der Zustrom von Neueinwanderern aus der Sowjetunion schwillt an.
1 US-Außenminister Baker macht Hilfe für Israel von einem Siedlungsstopp in den besetzten Gebieten abhängig und fordert den jüdischen Staat auf, den Friedensprozeß zu beschleunigen.
11 Erneute Regierungskrise, diesmal wegen der amerikanischen Forderung, eine palästinensische Delegation für die Friedensgespräche zusammenzustellen.
15 Sturz der Koalitionsregierung wegen der amerikanischen Forderung, Friedensgespräche mit Palästinensern aus Judäa, Samaria und Gaza zu führen.

April
3 Der israelische Satellit Ofek 2 wird ins All geschossen.
7 Tausende nehmen an der Tel Aviver Kundgebung für eine Änderung des Regierungssystems teil.
11 Siedler richten sich in einem Hotel im christlichen Viertel der Altstadt in Jerusalem ein: heftige Kontroverse in Israel. Sie werden das Hotel erst nach einer Verfügung des Obersten Gerichtshofs räumen.
22 Kollision zweier Armeehubschrauber am 1.5. über dem Jordan-Tal: sieben Tote.
25 Staatsbesuch des Präsidenten der Tschechoslowakei Vaclav Havel.

Zunehmende Einwanderung aus der Sowjetunion: Im Laufe des Monats trafen über 10000 Neueinwanderer ein.

Mai
3 Israel und Bulgarien nehmen diplomatische Beziehungen auf.
20 Ein junger Mann aus Rischon le-Zion, Ami Popper, erschießt sieben arabische Arbeiter. Demonstrationen im Gazastreifen und in Nazareth.
28 Im Machane-Jehuda-Markt in Jerusalem explodiert ein Sprengsatz: ein Toter und neun Verletzte.
30 Die Marine vereitelt einen großangelegten Anschlag von 16 Terroristen, die in zwei Booten nach Israel kamen. Beim Gefecht am Strand von Nizanim werden vier Araber getötet.

Juni
11 Die ohne die Arbeitspartei neugebildete Regierung hat eine rechts-religiöse Ausrichtung.
12 Ankunft des 50000. Neueinwanderers des Jahres 1990.
13 Eine weitere israel-kritische Rede von US-Außenminister Baker: »Sobald ihr wirklich Frieden wollt, ruft uns an«, sagt er und fügt seine Telefonnummer hinzu.
20 Das »Habima«-Theater zum ersten Mal in Ost-Deutschland mit dem Stück »Elsa« von Motti Lerner.

Juli
1 Israel erklärt sich zur Freilassung von 416 Sicherheitshäftlingen bereit, als »Geste des guten Willens« zum muslimischen Opferfest.
1–21 Streik im Gesundheitswesen.
6–9 Angriff der Luftwaffe auf Hisbollah-Stellungen im Libanon. Kritik durch die USA.
8–18 Parallel zur verstärkten Einwanderung steigt die Verbitterung bei wohnungslosen Israelis. In den Stadtzentren werden immer häufiger Zeltlager aufgeschlagen. Außerdem finden Demonstrationen und Hungerstreiks statt.
17 Unglück bei einem Manöver in Ze'elim: Eine Granate fällt auf eine Gruppe Soldaten. Fünf Tote und zehn Verletzte.
20 Steigende Spannung am Persischen Golf. Der Irak bedroht Kuwait. Israels Verteidigungsminister Arens reist überraschend nach Washington.
22 Peres schlägt Rabin in der Zentrale der Arbeitspartei und wird für die kommenden Wahlen zum Spitzenkandidaten der Partei aufgestellt.
28 Explosion eines Sprengsatzes am Strand von Tel Aviv: Eine Touristin aus Kanada wird getötet.

Im Juli kamen mehr als 17000 Einwanderer nach Israel.

August
2 Der Irak marschiert in Kuwait ein. In Israel herrscht höchste Alarmbereitschaft.
3 In einer Sonderaktion werden 200 jüdische Kinder aus dem ukrainischen Tschernobyl nach Israel gebracht.
4 Terroristen entführen zwei jüdische Jungen, deren Leichname am 6.8. gefunden werden. Daraufhin greifen Juden in Jerusalem Araber an.
8 Der Irak annektiert Kuwait.
9 Erster Versuch mit der israelischen »Chetz«-Rakete. Die Rakete wird fünf Sekunden nach dem Abschuß vernichtet.
12 Schweres Busunglück nördlich von Eilat: vier Tote und mehr als hundert Verletzte.

Der irakische Staatschef Saddam Hussein macht die Beendigung der Krise am Persischen Golf vom israelischen Rückzug aus allen besetzten Gebieten abhängig.
20 Die Untersuchungskommission unter dem Vorsitz von Richterin Shoshanna Netanyahu veröffentlicht ihren Bericht über das Gesundheitswesen. Darin wird ein Gesetz über eine staatliche Krankenversicherung und die Auflösung aller bestehender Krankenkassen empfohlen.
30 Irakische Drohung gegen Israel. Shamir: »Wer uns angreift, wird es bereuen.«

September
5 Empörung in Israel über die Veröffentlichung des Buches »Geheimakte Mossad – die schmutzigen Geschäfte des israelischen Geheimdienstes« in den USA. Autor ist ein ehemaliger Mossad-Mitarbeiter.
11 Ankunft des 100000. Neueinwanderers des Jahres 1990.
18 Angesichts der steigenden Spannung im Persischen Golf sichern die USA Israel die Stärkung seiner Militärmacht zu. U. a. sagen sie die schnelle Lieferung von Raketenabwehrgeschützen vom Typ Patriot zu.

Das Raketenabwehrgeschütz »Chetz«

537

△ Das ganze Jahr über treffen Immigranten ein, ihr Zustrom wächst jeden Monat. Familien, Kinder und sogar Greise kommen ins Land, wie hier im Bild, aufgenommen im Ben-Gurion-Flughafen am 9. September 1990. Zu Jahresbeginn ahnte man, daß viele einwandern würden, doch im Sommer wird klar, daß es sich um Hunderttausende handelt.

▽ Ein schweres Unglück wird vereitelt, als 16 Terroristen, ausgerüstet mit Waffen und Sprengstoff, versuchen, in zwei Booten an der israelischen Küste anzulanden: Ein Boot wird abgefangen, ein zweites erreicht den Strand von Nizanim, wo es zu einem Gefecht kommt. Vier Terroristen werden getötet, die übrigen festgenommen.

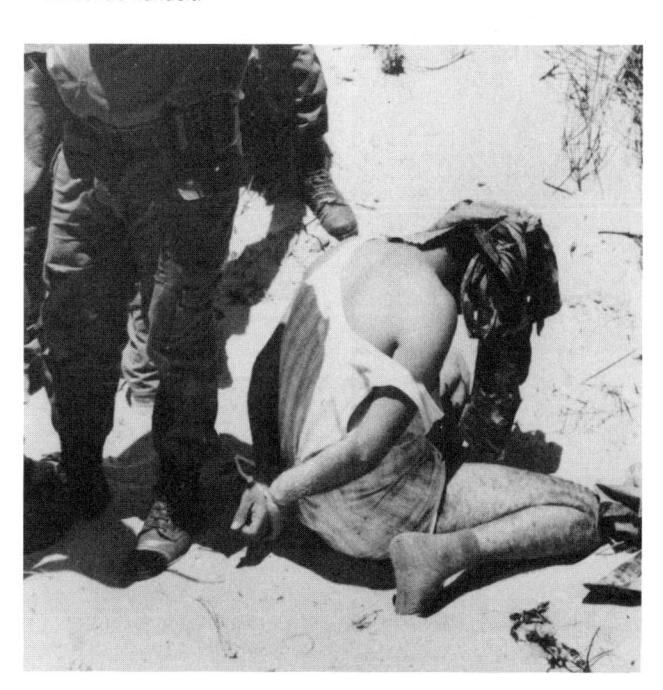

20 Amnon Pomeranz, ein Soldat der Reserve, gerät mit seinem Fahrzeug versehentlich ins Flüchtlingslager Al-Buridsch im Gazastreifen und wird von der Menschenmenge gelyncht.
22 Saddam Hussein droht, wenn ein Krieg ausbreche, werde es »der Krieg aller Kriege« sein.

Im September treffen fast 20 000 Neueinwanderer ein.

Oktober

1 Beschluß der Regierung, an alle Bewohner Israels Schutzvorrichtungen gegen einen Angriff mit Chemiewaffen zu verteilen.

Schuldspruch für die vier Angeklagten im zweiten Giv'ati-Prozeß. Urteil am 30. 10.: zwei Monate Freiheitsstrafe für einen der Angeklagten und eine auf Bewährung ausgesetzte für die drei übrigen.
7 In Jokneam, Ofakim und Kfar Jona werden versuchsweise Gasmasken ausgeteilt. Die Verteilung im restlichen Israel beginnt am 15. 10.
8 Schwere Ausschreitungen auf dem Tempel-Berg: Als die Betenden an der Klagemauer mit Steinen beworfen werden und der Polizeiposten auf dem Tempel-Berg in Brand gesteckt wird, eröffnen die Sicherheitskräfte das Feuer. Dutzende Araber werden getötet und mehr als 200 verletzt; 26 verletzte Juden.
13 Der UN-Sicherheitsrat verurteilt Israel wegen der Ereignisse auf dem Tempel-Berg, die USA schließen sich an.
18 Mehr als 22 Raubüberfälle seit März. Endlich wird der Täter gefaßt.
21 Ein Palästinenser ersticht eine Soldatin, einen Polizisten und einen Zivilisten in Jerusalem.
28 Brigadegeneral Rami Donat von der Luftwaffe wird unter dem Verdacht der Bestechlichkeit verhaftet.

November

1 UN-Generalsekretär Pérez de Cuellar verurteilt Israel in einem von ihm veröffentlichten Bericht wegen der Ereignisse auf dem Tempel-Berg.
2–4 Schwere Zusammenstöße zwischen israelischen Truppen und arabischen Bewohnern im Gazastreifen. Nach palästinensischen Quellen werden über 150 Personen verletzt.

5 Rabbi Kahana wird in New York erschossen. Der Attentäter ist ein Ägypter.
6 Die USA fordern den Irak auf, Kuwait innerhalb von zwei Wochen zu räumen. Hunderttausende amerikanischer und anderer Soldaten werden in Saudi-Arabien zusammengezogen.
8 Bei einem Menschenauflauf im Jordan-Tal wird ein israelischer Offizier getötet. Am 12. 11. dringt ein Terrorist aus Jordanien in einen israelischen Posten im Jordan-Tal ein und tötet den Befehlshaber.
25 Ernster Zwischenfall auf der Straße entlang der Westgrenze nördlich von Eilat: Ein ägyptischer Soldat schießt auf militärische und zivile Fahrzeuge: vier Tote und 26 Verletzte.
26 UN-Warnung an den Irak: Wenn sich die Iraker bis Januar nicht aus Kuwait zurückgezogen haben, gibt es Krieg.
27 Fünf Soldaten der Giv'ati-Brigade fallen bei einem Gefecht mit Terroristen auf dem Dov-Berg.
29 Ultimatum des UN-Sicherheitsrats an den Irak: Räumung Kuwaits bis zum 15. 1. 1991 oder Krieg.

Im November 26 000 Neueinwanderer.

Dezember

2 Anschlag in einem Bus der Linie Petach Tikva–Tel Aviv: Drei Hamas-Angehörige erstechen einen Israeli und verwunden drei weitere.
13 Fünf Tote bei einem Flugzeugunglück im Negev.
14 Anschlag in Jaffa: zwei Hamas-Terroristen aus Gaza ermorden zwei Männer und eine Frau in einer Fabrik.
22 Unglück im Hafen von Haifa: Die Fähre, mit der amerikanische Soldaten auf ihr Schiff gebracht werden sollen, sinkt. 21 Soldaten ertrinken.
24 Der Irak setzt seine Drohungen gegen Israel fort. Verteidigungsminister Arens erwidert: Wenn Israel angegriffen wird, wird es zurückschlagen.
26 Wieder konsularische Beziehungen zwischen der Sowjetunion und Israel.
29 Gewalt im Gazastreifen: fünf tote Palästinenser, 250 Verletzte. Elf jüdische Familien aus Albanien wandern ein.
31 1990 sind 200 000 Neueinwanderer eingetroffen. Die Inflationsrate betrug 17,6%.

1990

200000 IN EINEM JAHR

Jahrelang gleicht er einem Rinnsal, der einst überbordende Einwandererstrom. In der zweiten Hälfte der achtziger Jahre sinkt die Einwanderung auf einen seit der Mandatszeit beispiellosen Tiefpunkt: Nur 11000 bis 14000 Juden kommen jährlich nach Israel, um hier zu leben. Die Situation ändert sich erst am Ende des Jahrzehnts, und mit 200000 Neubürgern ist 1990 das zweiterfolgreichste Jahr seit den Anfängen des Zionismus. Zu dem dramatischen Wandel tragen mehrere Umstände bei: Gorbatschows Glasnost bringt auch eine Wende zum Besseren, was die Einstellung der sowjetischen Behörden zur jüdischen Auswanderung betrifft – sie öffnen die bis dahin nahezu undurchlässigen Grenzen. Die sich verschlechternde Wirtschaftslage der Sowjetmacht sowie die politischen und ethnischen Konflikte dort veranlassen viele Juden zur Emigration. Die Errichtung einer israelischen Vertretung in Moskau erleichtert die Ausreiseformalitäten. Nun kümmert sich Israel direkt um die Einreisevisa – zuvor wurden die Auswanderungswilligen von der holländischen Botschaft betreut.

Was vielleicht aber noch wichtiger ist: Ende 1989 unterzeichnen Washington und Moskau ein Abkommen, demzufolge alle Sowjetbürger, die in die USA gelangen wollen, noch in der UdSSR das US-Visum beantragen müssen. Fortan kann niemand mehr bei der Zwischenstation in Wien »abspringen« und statt, wie offiziell beantragt, nach Israel zu reisen, sich in die USA absetzen. Washington begrenzt die Zuzugsquote für Juden aus der Sowjetunion auf 40000 Personen jährlich.

In die Freude über das Wiederaufleben der Alija mischt sich jedoch auch Sorge um die problematische Integration der vielen Neu-Israelis. Außerdem melden sich zahlreiche Kritiker zu Wort, die behaupten, die Immigration aus der UdSSR müsse eingedämmt werden, weil die Einwanderer keine Zionisten, ja, oft nicht einmal Juden seien. Was die Vermittlung von Wohnungen und Arbeitsplätzen angehe, seien daher junge Israelis, die gerade ihren Militärdienst beendeten, ebenso zu bevorzugen wie jene früheren Einwanderer, die bislang nicht vermittelt werden konnten, sowie die Bewohner ärmerer Stadtviertel und der Entwicklungsstädte.

◁ Integration – eine Briefmarke mit Hebräisch-Lektion: »Ich bin eingewandert, du bist eingewandert, er, sie, es ist eingewandert...« Die Ulpanim füllen sich wieder.

▽ Anfang 1990 entsteht eine neue Protestbewegung, die »Zelt-Bewegung«. Sie besteht vor allem aus jungen Ehepaaren und Bewohnern der ärmeren Stadtviertel, die sich wegen der Bevorzugung der Neueinwanderer benachteiligt fühlen. Sie errichten Zeltstädte.

▽ Aus der Kälte Rußlands direkt in die israelische Hitze: Diese Familie ist gerade auf dem Ben-Gurion-Flughafen gelandet. Noch trägt sie ihre osteuropäische Kleidung. Die Einwanderer kommen aus allen Teilen der Sowjetunion.

> Die jetzige große Einwanderung nach Israel ist etwas Wunderbares. Wenn ich auf die Straße gehe und den Einwanderern begegne, habe ich das Gefühl, daß nationaler Hunger und Durst nach so langer Zeit endlich wieder mit Milch und Honig gestillt werden. Israel erlebt derzeitig etwas, dessen gewaltige Ausmaße es scheinbar noch nicht ganz begriffen hat. Noch gehen wir alle, Neueinwanderer wie Alteingesessene, wie in einem Traum befangen umher.«
>
> A. B. Jehoschua, Schriftsteller, 1990.

NOCH EIN KRIEG?

Seit seiner Gründung führte Israel alle acht bis zehn Jahre mit einem oder mehreren Nachbarstaaten Krieg (1948, 1956, 1967, 1973 und 1982). Im Sommer 1990 scheint es, als werde dieser Rhythmus beibehalten.

Der irakische Präsident Saddam Hussein versetzt die ganze Welt in Aufruhr, als sein Heer Anfang August 1990 ins benachbarte Kuwait einmarschiert. Eine Koalition mehrerer Staaten, die von der USA und Großbritannien angeführt wird und zu denen auch arabische Staaten wie Saudi-Arabien, Ägypten und Syrien stoßen, fordert Saddam Hussein auf, Kuwait zu verlassen – andernfalls drohe dem Irak ein militärischer Schlag. In Saudi-Arabien wird ein multinationales Riesenheer zusammengezogen, in dem die Amerikaner die Mehrheit bilden. Unterdessen droht der irakische Präsident Israel und macht seinen Rückzug aus Kuwait von einer Räumung der Gebiete abhängig, die Israel 1967 eroberte. Saddam wiederholt seine Drohungen unablässig und kündigt Israels Vernichtung an. Ministerpräsident Yitzhak Shamir antwortet darauf: »Wer uns angreift, wird es bereuen.« Zugleich beginnen in Israel die Vorbereitungen auf einen Angriff durch irakische Scud-Raketen. Gasmasken werden an die Bürger verteilt, und die Regierung bekräftigt, Israel werde auf jede irakische Aggression reagieren.

Nachdem alle Versuche, Saddam zur Räumung Kuwaits zu bewegen, gescheitert sind, genehmigt der UN-Sicherheitsrat am 29. November 1991 den USA, die Iraker militärisch zum Rückzug zu zwingen. Auch die israelische Armee ist einsatzbereit, doch stellt sich die Frage, ob sich Israel in den Konflikt einmischen solle. Darauf antworten die Amerikaner mit einem klaren Nein.

△ Infolge der irakischen Drohungen werden in Israel im Herbst 1990 Gasmasken an die Zivilisten ausgegeben. Manche lassen sich damit fotografieren.

▽ Die Armee wird mit der Verteilung der Gasmasken beauftragt. Eigens dafür ausgebildete Soldaten und Soldatinnen passen sie den Empfängern an.

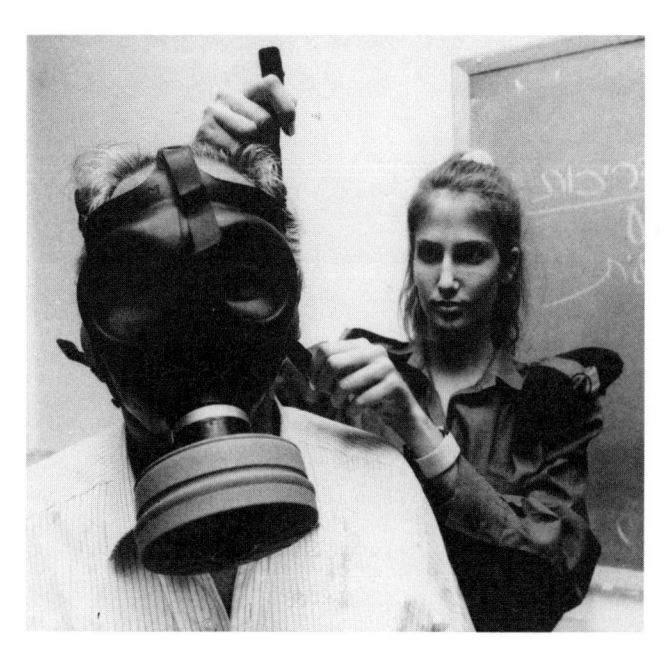

△ Die irakische Invasion in Kuwait spaltet die arabische Welt. Alte Feindschaften brechen wieder auf, so daß den arabischen Politikern die Hände gebunden sind. Dagegen kann Israel frei handeln. Eine syrische Karikatur von 1990.

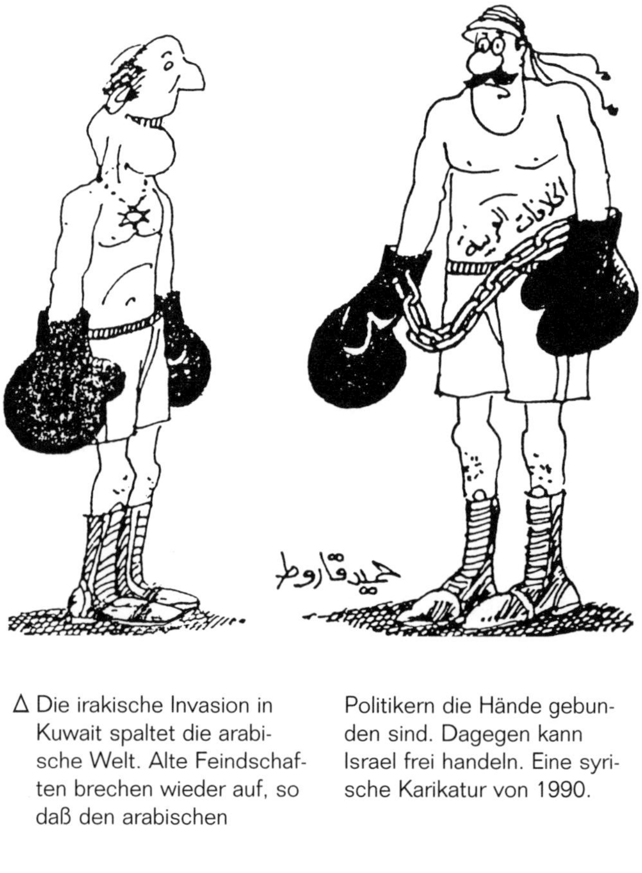

1990

◁ In der ersten Hälfte von 1990 entsteht eine neue Bewegung, die eine Umstrukturierung des Verwaltungswesens und die ordnungsgemäße Verwaltung der öffentlichen Einrichtungen fordert. Überall in Israel finden Kundgebungen statt, auch am 7. Juni (im Bild). Das Pferd stellt eine »Schindmähre« dar, die ausgenutzt wird, doch nur einen Hungerlohn kassiert.

▽ 1990 sind die Beziehungen zwischen Shim'on Peres (links) und Yitzhak Rabin (rechts) frostig. Rabin bezeichnet Peres' gescheiterten Versuch, eine kleine Koalition zu bilden, als »stümperhafte Aktion«.

△ Ein willkommener Gast ist der jüdisch-britische Geschäftsmann Robert Maxwell, Inhaber der israelischen Zeitung »Ma'ariv«. Er trifft auch Ministerpräsident Shamir im Februar 1990.

▷ Die große Koalition stürzt Mitte März 1990 bei einem Mißtrauensvotum: Shim'on Peres' Arbeitspartei stimmt gegen die Regierung, an der sie selbst beteiligt ist. Fast gelingt Peres die Bildung einer kleinen Koalition mit den orthodoxen Parteien – erst im letzten Moment stellt sich heraus, daß diese die absolute Mehrheit knapp verfehlt. So bildet Yitzhak Shamir eine rechtsreligiöse Regierung, ohne die Arbeitspartei. Die neuen Koalitionspartner: David Levy, Arie Deri, Yitzhak Shamir und Moshe Nissim.

1991

Januar
Unerträgliche Spannung, während das UN-Ultimatum abläuft. Die Kommentatoren prognostizieren, daß der Irak es nicht wagen werde, Israel anzugreifen. Dennoch drängen sich auf dem Ben-Gurion-Flughafen die Ausreisenden.

3 Zwei Batterien Raketenabwehrgeschütze vom Typ »Patriot« treffen in Israel ein.
10 Der Zivilschutzdienst unterweist die Bevölkerung im Gebrauch der Gasmasken.
12 Der amerikanische Kongreß genehmigt einen Schlag gegen den Irak.
14 Der Zivilschutzdienst ordnet die Abdichtung von Wohnungen an, wegen eines möglichen Angriffs mit chemischen Waffen.
17 Die USA eröffnen den Krieg gegen den Irak: schwere Bombenangriffe auf Bagdad. In Israel und in der Welt herrscht das Gefühl, als sei der Sieg in greifbarer Nähe. Im ganzen Land sind die Schulen geschlossen.
18 Eine Salve von acht irakischen Scud-Raketen geht im Raum Tel Aviv und in Haifa nieder.
19 Weitere »Patriot«-Raketenabwehrgeschütze aus den USA treffen in Israel ein und werden sofort aufgestellt.
21 Aus Furcht vor weiteren Scud-Angriffen ist nahezu die ganze israelische Wirtschaft stillgelegt.
22 Befehl der Sicherheitsdienste, die Wirtschaftstätigkeit wiederaufzunehmen. In den letzten zehn Tagen des Monats werden immer öfter Scud-Raketen auf Israel abgefeuert. Auf amerikanischen Druck hin hält Israel dennoch still. Weitere Bombenangriffe auf den Irak.

Februar
Fortdauer des Raketenbeschusses. Am 2. des Monats wird die 30. irakische Rakete gezählt. Am 9. des Monats wird bekannt, daß die »Patriot«-Raketenabwehrgeschütze versagt haben. Die Israelis sind wütend, weil die Araber in den besetzten Gebieten vor Freude auf den Dächern tanzen, während Israel beschossen wird.
2 Deutsche Flugzeuge bringen Schutzausrüstungen gegen chemische Waffen nach Israel.
11 Die Sicherheitskräfte verhaften Hunderte von Hamas-Aktivisten in den besetzten Gebieten.
14 Die Polizei empfiehlt, die Minister Deri und Pinchassi vor Gericht zu stellen – wegen Vertrauensmißbrauchs, Dokumentenfälschung und Unterschlagung öffentlicher Gelder zugunsten ihrer Partei (Schass).
16 Die Raketenangriffe lassen nach. Sie treffen nur selten ihr Ziel, die dicht besiedelten Teile Israels.

Selbst in der Westbank schlagen einige ein. Die letzte Scud-Rakete geht am 25.2. über Israel nieder. Insgesamt wurden 39 Scud-Raketen abgefeuert.
24 Beginn der Landoffensive gegen den Irak. In den kommenden Tagen nehmen die Truppen der Alliierten Kuwait ein und dringen auf irakisches Gebiet vor.
28 US-Präsident Bush gibt das Ende des Krieges bekannt.

März
10 Im Jerusalemer Vorort Kirjat-Jovel ermordet ein Palästinenser vier Jüdinnen.
11 Im Gazastreifen werden israelische Soldaten vorsätzlich angefahren. Zwei kommen dabei um, und zwei werden verletzt.
25 Auch der zweite Versuch, eine »Chetz-Rakete« abzuschießen, mißlingt.
27 Das Gericht verurteilt Rami Dotan zu 13 Jahren Freiheitsstrafe, davon fünf auf Bewährung, Degradierung zum gemeinen Soldaten und Ausschluß aus der Armee.

Im Laufe des Monats vermehrt Zwischenfälle im Jordan-Tal: Die Terroristen dringen aus Jordanien ein.

April
1 Ehud Barak wird Generalstabschef.
16–18 Zusammenstöße mit Terroristen im Jordan-Tal.
24 Verhaftung von vier Israelis auf Zypern. Ihnen wird vorgeworfen, sie hätten versucht, Abhörgeräte am Telefon des iranischen Botschafters anzubringen. Am 9. 5. werden sie nach Zahlung einer Geldstrafe freigelassen.

Mai
16 Makkabi Tel Aviv wird zum 22. Mal hintereinander Landesmeister im Basketball.
20 Der polnische Präsident Lech Walesa besucht Israel.
25 Ende des »Unternehmens Salomon«: 36 Flugzeuge von »El Al« und der Luftwaffe haben 14 500 äthiopische Juden nach Israel gebracht.

Juni
4 Flugzeuge der Luftwaffe greifen Terroristenstützpunkte bei Sidon im Libanon an.
9 Die Polizei verhört Knesset-Mitglied Ya'ir Levy (Schass) wegen des Verdachts auf Betrug, Fälschung und Diebstahl. Er macht von seinem Recht Gebrauch, die Aussage zu verweigern.
22 Makkabi Haifa gelingt im Fußball ein Doppelsieg: Die Mannschaft wird Landesmeister, nachdem sie am 4. 6. schon Pokalsieger geworden ist.
23 Besuch des Zulu-Königs.

Juli
14 Bei seiner Rückkehr von einem Treffen mit Jassir Arafat nach Israel wird Aby Nathan von der Polizei verhört.
25 Entführung eines dreijährigen Mädchens mit gleichzeitiger Lösegeldforderung. Der Entführer ist der in Geldnöte geratene Rechtsanwalt der Familie. Seine Brüder bringen das Mädchen zu den Eltern zurück.

August
Besuch der Außenminister zweier afrikanischer Staaten: von Nigeria und dem Kongo.
6 Streik bei der Telefon- und der Elektrizitätsgesellschaft: gegen die geplante Privatisierung.
14 Demjanjuks Berufung wird auf den Dezember verschoben. Der Staatsanwalt reist in die Sowjetunion, um von dort neues Beweismaterial zu holen.

Der im August 1991 zum Militärdienst eingezogene Jahrgang ist der bisher zahlreichste.

Seit Jahresbeginn sind 120 000 Neueinwanderer nach Israel gekommen.

September
12 US-Präsident George Bush greift Ministerpräsident Shamir an. Er erklärt, er werde keine Garantien für Israel abgeben, und bezweifelt angesichts der Gründung neuer Siedlungen in den besetzten Gebieten den Wunsch Israels, Frieden zu schließen.
16 Ankunft von US-Außenminister Baker zu einem eintägigen Blitzbesuch. Er will die Realisierung der Friedenskonferenz vorantreiben.
18 Aby Nathan wird des Treffens mit Vertretern einer Terrororganisation (PLO) schuldiggesprochen und zu einer Freiheitsstrafe von 18 Monaten verurteilt.

Im Laufe des Monats wächst die Arbeitslosigkeit. Die problematische Eingliederung von Neueinwanderern schafft allgemeine

Israelische Antwort auf die irakischen Raketen: Saddam Husseins »Todesanzeige« als Plakat.

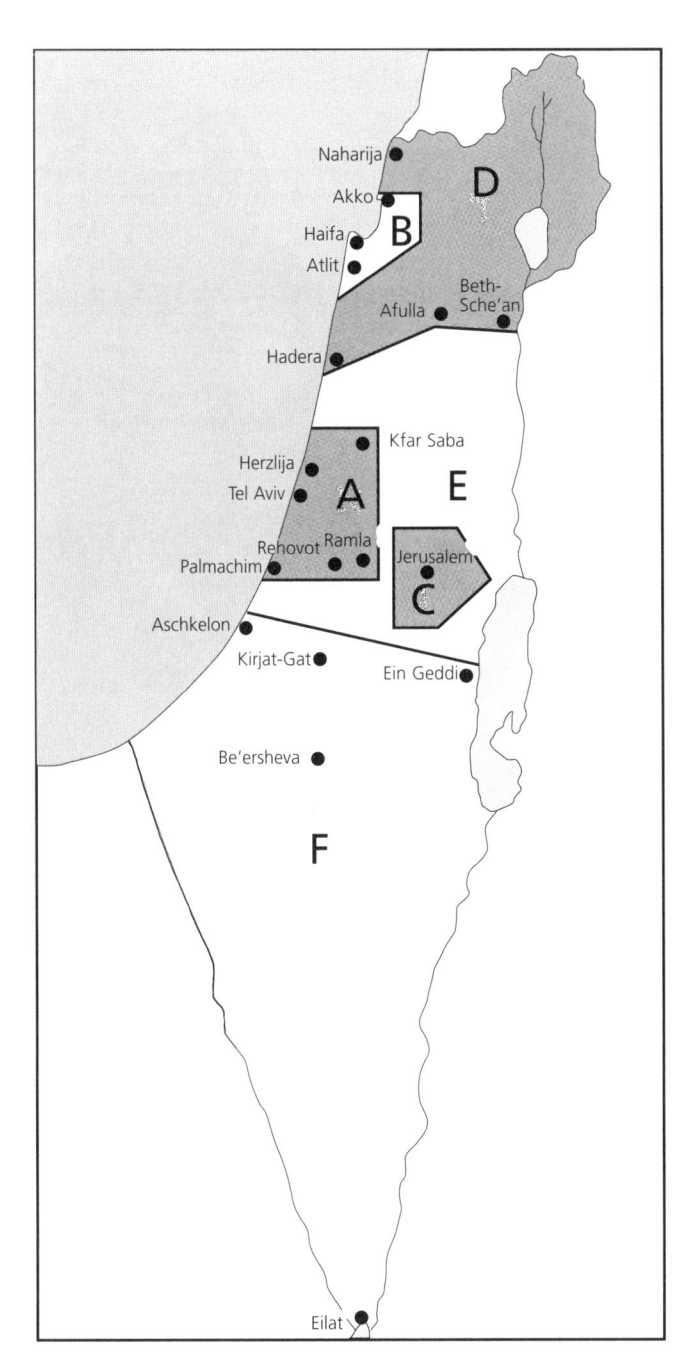

1991

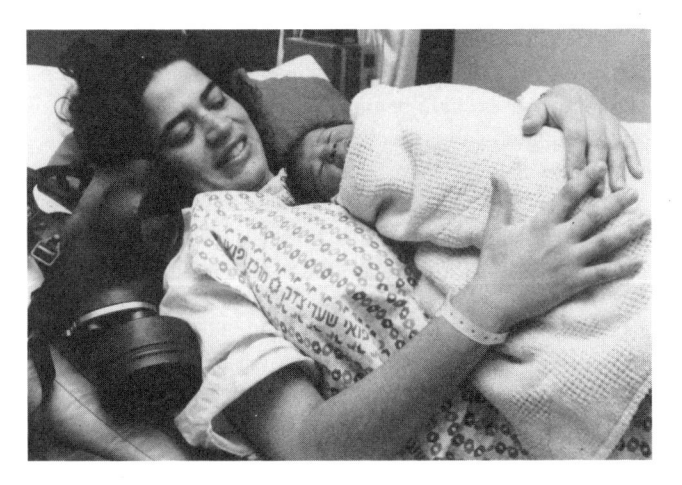

Unzufriedenheit: Die Neubürger demonstrieren.

Oktober

7 Ein Direktflug aus der Sowjetunion bringt 150 Neueinwanderer ins Land.
9 Der Rechtsberater der Regierung bittet den Knesset-Vorsitzenden, die Immunität des Abgeordneten Ya'ir Levy von Schass aufzuheben, wegen mehr als hundert Fällen von Betrug und Fälschung.
11 Ein Terrorist fährt bei Telha-Schomer in eine Gruppe wartender Soldaten: zwei Tote und elf Verletzte.
30 Beginn der Friedenskonferenz in Madrid. Die Teilnehmer: Israel, Syrien, Jordanien, Libanon und die Palästinenser. Die Schirmherrschaft übernehmen die UNO und die USA.

Auch der dritte Versuch, eine »Chetz«-Rakete abzuschießen, scheitert.

Während der Konferenz von Madrid mehren sich die Terroranschläge in Israel.

November

4 Die Konferenz von Madrid geht zu Ende, ohne daß Zeit und Ort für eine Fortsetzung der Gespräche festgelegt werden.
10 Der britische Zeitungszar Robert Maxwell ertrinkt auf mysteriöse Weise. Er wird auf dem Ölberg beigesetzt.

Der südafrikanische Präsident Willem de Clerck besucht Israel.

Dezember

16 Mit einer Mehrheit von 111 zu 25 Stimmen beschließt die UN-Vollversammlung: Der Zionismus ist kein Rassismus.

1991 wurden elf Israelis von palästinensischen Terroristen erstochen. 168 000 Neueinwanderer kamen nach Israel.

Die Inflation betrug 18%.

△ Israel wird in drei Gebiete eingeteilt. Die Mitteilungen über den Einschlag der Raketen beziehen sich auf diese Einteilung.

▽ Herzliche Glückwünsche! Eine Mutter mit ihrem neugeborenen Baby – daneben die Gasmaske, 23. Februar 1991.

39 RAKETEN FÜR ISRAEL

Januar
18 Beim ersten Angriff werden acht Scud-Raketen auf Israel abgefeuert: sechs auf den Großraum Tel Aviv und zwei auf Haifa. 70 Verletzte und 750 beschädigte Wohnungen.
19 Fünf weitere Raketen auf den Großraum Tel Aviv: ungefähr 50 Verletzte und 1500 beschädigte Wohnungen.
22 Wieder eine Rakete im Großraum Tel Aviv: ca. 100 Verletzte, drei Personen sterben während des Angriffs an einem Herzinfarkt.
23 Haifa wird von einer Rakete getroffen: 900 beschädigte Wohnungen.
25 Sieben Raketen treffen Tel Aviv, Ramat-Gan und Haifa. Besonders schwere Folgen in Ramat-Gan: ein Toter, 19 Verletzte und ungefähr 3000 beschädigte Wohnungen. In Tel Aviv: 25 Verletzte und 1200 beschädigte Wohnungen. In Haifa gibt es keine Verletzten, aber Hunderte von Wohnungen und Geschäften werden beschädigt.

Februar
3-26 fünf Raketenangriffe, bei denen in Zentral-Israel neun Raketen niedergehen (sowie eine in Haifa): keine Schäden.
9 Eine Rakete geht im Großraum Tel Aviv nieder: 27 Verletzte und 1100 beschädigte Wohnungen.
11 Eine Rakete im Großraum Tel Aviv: kein Schaden.
12 Eine Rakete schlägt im Großraum Tel Aviv ein: sieben Verletzte und rund 800 beschädigte Wohnungen.
16 Zwei Raketen: keine Schäden.
19-25 Drei Raketen: Die ersten beiden sind auf das Zentrum von Israel gerichtet, die dritte auf den Süden. Kein Schaden.
Insgesamt wurden bei den Angriffen mit Scud-Raketen eine Person getötet, drei weitere sterben an Herzinfarkt. Etwa 300 erleiden Verletzungen, mehr als 9000 Wohnungen und Hunderte von Geschäften werden beschädigt. Entgegen der Befürchtungen hat keine der Raketen chemische Sprengköpfe.

△ Kinder in einem abgedichteten Zimmer, Januar 1991. Die Israelis leben sechs Wochen in Räumen, deren Fenster und Türen mit Klebestreifen isoliert sind. Es herrscht eine gedrückte Stimmung. Israel darf nicht zurückschlagen, und seine Bewohner müssen sich auf den Schutz von Gasmasken und Isolierband verlassen. Die offiziellen Mitteilungen an die Bevölkerung erfolgen über Radio und Fernsehen. Nachman Shai, Journalist und ehemaliger Leiter des Militärsenders, ist während des Golfkriegs Armeesprecher. Seine bedächtig vorgetragenen Ausführungen bescheren ihm den Spitznamen »Beruhigungsspritze der Nation«.

DER GOLFKRIEG

Der Golfkrieg ist zweifellos der merkwürdigste Krieg in der Geschichte Israels. Obgleich Israel nicht direkt beteiligt ist, bleibt es von dem Konflikt nicht verschont: Im Laufe von sechs Wochen gehen 39 Boden-Boden-Raketen vom Typ »Scud« auf seinem Territorium nieder. Ein Teil schlägt in dicht bevölkerten Gegenden ein und tötet mehrere Personen, verletzt Hunderte und richtet schweren Sachschaden an.

Die meisten Experten waren zunächst der Ansicht, Saddam Hussein werde es nicht wagen, Israel anzugreifen. Trotzdem sind dann aber vor allem Tel Aviv, Ramat-Gan und Haifa Ziel seiner Raketen. Weil befürchtet wird, daß chemische Sprengköpfe zum Einsatz kommen, erhalten alle Israelis den Befehl, sich während des Alarms in abgedichteten Räumen aufzuhalten. Das von Hörfunk und TV verbreitete Codewort »Bergotter« wird für viele zum Alptraum, der sie auch nach dem Krieg noch lange verfolgt: Bei Alarm setzen die Israelis Gasmasken auf. Viele Bürger verlassen ihre Häuser im Großraum Tel Aviv und begeben sich an sicherere Orte. In der Öffentlichkeit streitet man darüber, ob sie als »Deserteure« zu bezeichnen seien oder man ihren Beweggründen Verständnis entgegenbringen solle.

Die Regierung untersagt der Armee jede Einmischung in den Krieg, nicht einmal Angriffe auf irakische Raketenabschußrampen dürfen erfolgen. Damit beugt Israel sich amerikanischem Druck. Das verursacht in Israel Unbehagen, ja ein Gefühl von Schwäche; doch rückblickend betrachtet, war dies die richtige Politik. Der Land- und Luftkrieg bleibt den Amerikanern und ihren Verbündeten überlassen. Ministerpräsident Shamir weiß, daß Washington sich nach den Kämpfen am Persischen Golf wieder dem arabisch-israelischen Konflikt zuwenden und seinen Druck auf Israel verstärken wird. Deshalb bemüht es sich, die Beziehungen zu Washington so harmonisch wie möglich zu gestalten.

Wegen der Raketenangriffe ist die gesamte israelische Wirtschaft tagelang stillgelegt, der Unterricht in den Schulen sogar noch länger. Der direkte und indirekte Schaden, den die irakischen Angriffe anrichten, ist ungemein hoch. Als der Golfkrieg schließlich Ende Februar 1991 zu Ende geht, ist das irakische Heer geschlagen, und vieles deutet darauf hin, daß Saddam Hussein abgesetzt wird. Die Israelis atmen erleichtert auf, doch niemand verspürt ein Gefühl des Triumphs.

1991

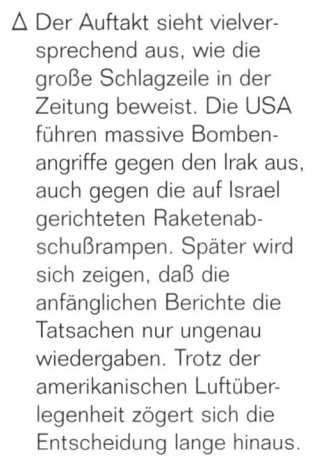

△ Der Auftakt sieht vielversprechend aus, wie die große Schlagzeile in der Zeitung beweist. Die USA führen massive Bombenangriffe gegen den Irak aus, auch gegen die auf Israel gerichteten Raketenabschußrampen. Später wird sich zeigen, daß die anfänglichen Berichte die Tatsachen nur ungenau wiedergeben. Trotz der amerikanischen Luftüberlegenheit zögert sich die Entscheidung lange hinaus.

◁ Satirischer Aufmacher der Zeitung »Ha-Ir«: Den Lesern im Großraum Tel Aviv wird vorgeschlagen, sich ein sicheres Versteck, am besten »bei Mami«, zu suchen. In der Öffentlichkeit entwickelt sich eine lebhafte Debatte darüber, ob es ratsam sei, die Städte wegen der Scud-Raketen zu verlassen. Der Bürgermeister von Tel Aviv, Shlomo Lahat, bezeichnet die Abreisenden als »Deserteure«.

◁ Amerikanische »Patriot«-Raketen in Tel Aviv, Januar 1991. Die Aufstellung der Raketenabwehrgeschütze zu Beginn des Golfkrieges ist eine Antwort auf den irakischen Beschuß. Doch erweisen sich die Patriot-Raketen als wenig effizient. Meist verfehlen sie Raketen aus dem Irak.

△ Eine verwüstete Straße in Ramat-Gan. Die Region »A« – so nennt der Armeesprecher den Großraum Tel Aviv – wird am schwersten getroffen. Einige Raketen zerstören ganze Straßenzüge, vor allem in Ramat-Gan und im südwestlichen Teil Tel Avivs. Auch Haifa und mehrere andere Orte bekommen Treffer ab. Ende Februar werden die Einschläge seltener.

DAS UNTERNEHMEN SALOMON

Seit dem Unternehmen Moses Mitte der achtziger Jahre wandern kontinuierlich Angehörige der »Beta Israel«, wie sich die äthiopischen Juden selbst nennen, nach Israel ein. Als sich der Bürgerkrieg in Äthiopien zu Beginn der neunziger Jahre ausweitet, wird es immer dringender, die gesamte jüdische Gemeinde außer Landes zu bringen.

Anfang 1991 haben sich Tausende Juden aus entlegenen Dörfern in Addis Abeba eingefunden, weil sie hoffen, von dort schnell nach Israel zu gelangen. Die Angestellten der Jewish Agency und anderer israelischer Institutionen sind Tag und Nacht damit beschäftigt, sie zu registrieren, ihre Identität zu überprüfen und sie auf die Einwanderung nach Israel vorzubereiten. Als im Mai deutlich wird, daß die oppositionellen Truppen Addis Abeba in Kürze einkreisen werden, beschließt die israelische Regierung, eine Luftbrücke einzurichten: Das Unternehmen Salomon beginnt. El-Al-Maschinen und Flugzeuge der israelischen Luftwaffe sind 36 Stunden ununterbrochen im Einsatz und fliegen mehr als 14 000 Juden aus Addis Abeba aus.

Insgesamt werden 35 Flüge israelischer Zivil- und Militärmaschinen sowie einer der äthiopischen Fluggesellschaft abgewickelt. Das Unternehmen kostet 50 Millionen US-Dollar. Bei der Ankunft in Israel sind sogar sieben Einwanderer mehr an Bord, als in Addis Abeba ins Flugzeug stiegen: Unterwegs wurden sieben Babys geboren, darunter zwei Zwillingspaare.

PROBLEMATISCHE INTEGRATION

Trotz des Golfkriegs hält die Zuwanderung nach Israel fast unvermindert an. 1991 treffen 170 000 Einwanderer ein, die meisten aus den Nachfolgestaaten der Sowjetunion.

Jetzt fallen die schon 1990 festgestellten Probleme bei der Eingliederung der Neubürger noch stärker ins Auge. Sie haben Mühe, Arbeit zu finden, und immer wieder machen sie ihrem Ärger in öffentlichem Protest Luft. Da es nicht genug freie Wohnungen für sie gibt, entstehen überall Wohnwagenstädte. Und wer diese Provisorien als eine Rückkehr zu den Fehlern der Vergangenheit, also zu den Durchgangslagern der fünfziger Jahre, kritisiert, hat nicht einmal Unrecht.

Wegen der schwierigen Integration 1991 geht die Immigration in den kommenden Jahren zurück. Sie nimmt danach nie wieder die Ausmaße der achtziger Jahre an. Fortan treffen jährlich 60 000-70 000 Einwanderer in Israel ein.

▽ Wohnwagenstädte überall in Israel lindern die Wohnungsnot. Als Beschäftigung werden den Neubürgern vor allem einfache Arbeiten angeboten. Diese Einwanderinnen fegen Straßen in Tel Aviv.

Auch Anfang 1991 strömen trotz der Gefahren des Golfkriegs die Einwanderer nach Israel. Im Lauf des Jahres machen sich dann wieder Probleme bemerkbar, vor allem die schwierige Wohnungs- und Arbeitsplatzsuche.

△ Das Grundstück der israelischen Botschaft in Addis Abeba verwandelt sich in den ersten Monaten des Jahres 1991 in eine Anlaufstelle für Tausende Angehörige von »Beta Israel«. Sie errichten Zelte, belegen jedes Fleckchen des Geländes und werden schließlich im Mai in einem langen Buskonvoi zum Flughafen der äthiopischen Hauptstadt gebracht.

▷ Am 1. April, nach Ende des Golfkriegs, läuft die Amtszeit von Generalstabschef Dan Shomron ab. Nachfolger wird Ehud Barak. Ministerpräsident Yitzhak Shamir und Verteidigungsminister Moshe Arens heften neue Rangabzeichen an seine Uniform.

▽ Im Herbst beginnt die Konferenz von Madrid, an der Israel, Ägypten, Syrien, der Libanon und eine jordanisch-palästinensische Delegation teilnehmen. Hier die israelische Delegation mit Ministerpräsident Shamir, Elijahu Ben-Elissar und Binyamin Netanyahu. Redner ist George Bush.

DIE KONFERENZ VON MADRID

Bis zum Winter 1990 gehört die Arbeitspartei der Regierungskoalition an. Sie unterstützt die Idee einer internationalen Konferenz für die Lösung des Nahostkonflikts. Der Likud hingegen widersetzt sich diesem Ansinnen. Dennoch findet Ende 1991 die Konferenz von Madrid statt. Daran nimmt auf US-Druck auch eine israelische Delegation unter Ministerpräsident Yitzhak Shamir, einem erklärten Gegner einer internationalen Friedenskonferenz, teil. Ihr Engagement ist entsprechend mäßig: Sie setzt alles daran, die Gespräche zu behindern. So werden Palästinenser nur im Rahmen einer jordanischen Delegation akzeptiert.

Außer Israel sind Ägypten, Syrien, der Libanon und eine jordanisch-palästinensische Delegation an der Konferenz beteiligt. Gastgeber sind der Regierungschef von Spanien und ein Vertreter der Europäischen Gemeinschaft. Der sowjetische und der amerikanische Außenminister übernehmen die Schirmherrschaft, die Präsidenten der beiden Großmächte, Bush und Gorbatschow, schließen sich ihnen an. Als Beobachter fungieren Vertreter der UNO, der Staaten am Persischen Golf und des Maghreb.

Der israelische Premier Shamir hält auf der Konferenz eine relativ gemäßigte Rede. Die arabischen Staaten nehmen dagegen eine unnachgiebige Haltung ein. Sie verlangen einen israelischen Rückzug aus den besetzten Gebieten, die Verwirklichung aller gegen Israel verabschiedeten UN-Resolutionen und die Aufnahme von Millionen arabischer Flüchtlinge. Am Ende der Konferenz wird die Fortführung von Zweiergesprächen beschlossen.

Die bilateralen Gespräche zwischen Israel und den Palästinensern, Jordaniern, Syrern und Libanesen finden in den kommenden Jahren in Washington statt. Dabei werden allerdings kaum Fortschritte verzeichnet.

1992

Januar

Der Winterbeginn ist diesmal heftig: Überschwemmungen und Schneefall in vielen Landesteilen.

5 Abreise der israelischen Delegation zu Friedensgesprächen nach Washington. Die extreme Rechte (Techija und Moleddet) drohen damit, die Regierung zu verlassen.

6 Aufregung nach der Veröffentlichung des Berichts über die Armut in Israel: Mehr als 500 000 Menschen leben unterhalb der Armutsgrenze.

15 Techija und Moleddet verlassen die Regierung.

24 Außenminister Levy besucht China. Dort unterzeichnet er eine Vereinbarung über die Aufnahme voller diplomatischer Beziehungen.

29 Die beiden großen Parteien beschließen, das Volk am 23.6.1992 wählen zu lassen.

Februar

2–15 Wieder schlägt der Winter zu: Schneefälle, Stürme und Überschwemmungen.

3 Ezer Weizman gibt bekannt, daß er sich aus dem politischen Leben zurückziehen will.

14 Schwerer Terroranschlag beim Kibbuz Gil'ad: Israelische Araber aus dem Dorf nahebei greifen ein Militärzeltlager an, töten drei Soldaten und verletzen einen mit Äxten.

16 Israelisches Attentat auf den Hisbollah-Sekretär im Libanon, Scheich Abbas Musawi. Er wird getötet.

18–22 Nach längerer Pause wieder Katjuscha-Raketen auf Galiläa.

19 Die Arbeitspartei wählt Yitzhak Rabin zu ihrem Kandidaten für das Amt des Ministerpräsidenten.

März

8 Wegen des schweren Winters erklärt die Regierung den Großteil von Israel zum Katastrophengebiet.

9 Tod Menachem Begins im Alter von 79 Jahren.

17 Die israelische Botschaft in Buenos Aires wird durch die Explosion einer Sprengladung verwüstet: 20 Tote und mehr als 200 Verletzte, Dutzende von Vermißten. Der Islamische Dschihad übernimmt die Verantwortung für diesen Anschlag.

In Jaffa tötet ein palästinensischer Terrorist zwei Personen und verletzt 18.

18 Mit einer Mehrheit von 55 zu 32 Stimmen verabschiedet die Knesset ein Gesetz über die Direktwahl des Ministerpräsidenten.

30 Aby Nathan wird aus dem Gefängnis entlassen. Der Staatspräsident hat seine Strafe auf ein halbes Jahr herabgesetzt.

April

6 Überfall auf einen israelischen Armeekonvoi im Südlibanon: zwei Tote und fünf Verletzte.

21 Lettland eröffnet ein Konsulat in Tel Aviv.

22 Israel und Armenien nehmen diplomatische Beziehungen auf.

29 Schwere Strafen für die Mörder der Soldaten im Zeltlager bei Gil'ad.

Mai

Die Arbeitslosigkeit schlägt die Rekorde: 144 000.

24 Ein Terrorist aus Gaza ersticht die 15jährige Helena Rapp aus Bat-Jam.

In den Tagen darauf kommt es in Bat-Jam zu heftigen Ausschreitungen gegen Araber.

30 Anschlag in Eilat: Zwei Terroristen ermorden einen Bewohner der Stadt.

Juni

Streikwelle kurz vor den Wahlen zur zwölften Knesset.

14 Michail Gorbatschow, der ehemalige Präsident der Sowjetunion, stattet Israel einen Besuch ab.

21 Bei einer heftigen Explosion in einer Munitionsfabrik mitten in Israel kommen zwei Beschäftigte ums Leben, sieben werden verletzt.

23 Die Knesset-Wahlen bringen einen politischen Umschwung: Die Arbeitspartei liegt vor dem Likud.

Yitzhak Rabin bereitet die Regierungsbildung vor.

25 Im Gazastreifen ermorden Terroristen zwei Israelis.

Juli

12 Helena Rapps Mörder wird zu lebenslänglicher Haft verurteilt.

Neue Regierung mit Yitzhak Rabin an der Spitze. Partner der Arbeitspartei sind Meretz und Schass.

21 Ein Soldat und eine Soldatin werden in einem Stützpunkt der Luftwaffe beim »russischen Roulette« verwundet. Der Soldat stirbt am 27.7. an seinen Verletzungen.

26 Beginn des 32. Zionistischen Kongresses in Jerusalem.

30 Zwei Tote und 46 Verletzte bei einer Explosion in einer Munitionsfabrik in Nof Jam.

Barcelona: Die Judokämpferin Ya'el Arad macht Geschichte. Als erste Israelin gewinnt sie bei einer Olympiade eine Medaille (Silber). Judoka Oren Samandaja erhält eine Bronzemedaille.

August

Zum ersten Mal seit Ende 1990: Rückgang der Arbeitslosigkeit.

30 Neue Spannungen im Nordirak: Die Kommandantur Hinterland gibt für den Fall eines Raketenangriffs aktualisierte Anweisungen aus.

31 Israel läßt 182 palästinensische Häftlinge frei.

September

8 Ein geistesgestörter junger Mann erschießt vier Angestellte der offenen Klinik für Geisteskranke in Jerusalem und verletzt zwei weitere. Anschließend flieht er auf das Dach des Gebäudes, wo er von der Polizei erschossen wird.

16 Ankunft des chinesischen Außenministers.

23 Der vierte Abschußversuch einer »Chetz«-Rakete verläuft erfolgreich.

Oktober

4 Eine El-Al-Frachtmaschine vom Typ Boeing 747 stürzt in ein Amsterdamer Wohngebiet und verursacht eine schwere Katastrophe.

22 40 aus den Kämpfen in Sarajevo gerettete Juden treffen in Israel ein.

25 Durch die Explosion einer Sprengladung im Südlibanon werden sechs israelische Soldaten getötet und vier verletzt.

27 Katjuscha-Raketen treffen Kirjat-Schmona: Ein 14jähriger Junge wird getötet, sein Vater und seine Schwester werden verletzt.

November

3 Empörung: Aus Mangel an Beweisen wird der Mann, der der Vergewaltigung im Kibbuz Schamrat angeklagt wurde, freigesprochen.

5 Zweiter Unfall in Ze'elim: Bei einem Manöver werden fünf Soldaten von einer Rakete getötet, sechs erleiden Verletzungen.

8–11 Katjuscha-Salven auf Orte in Nord-Israel. Die israelische Armee erwidert und nimmt den Südlibanon unter Beschuß.

Dezember

Die Zahl der Anschläge auf israelische Sicherheitskräfte steigt. Am 7.des Monats ermorden Terroristen drei Soldaten im Gazastreifen. Am 13.12. entführt Hamas einen Grenzpolizisten. Sein Leichnam wird zwei Tage später gefunden.

14 Die sterblichen Überreste der 1960 mit der »Egoz« untergegangenen illegalen Einwanderer werden mit Genehmigung von König Hassan von Marokko nach Israel gebracht und auf dem Herzl-Berg in Jerusalem beigesetzt.

17 Infolge der vermehrten palästinensischen Terroranschläge beschließt die Regierung die Ausweisung von mehr als 450 Mitgliedern von Hamas und des Islamischen Dschihad. Die Ausweisung löst einen juristischen Streit in Israel aus und ein negatives Echo in der ganzen Welt.

1992 sind mehr als 71 000 Einwanderer nach Israel gekommen.

Der Lebenshaltungsindex liegt zum ersten Mal seit vielen Jahren unter 10 % (9,4%).

1992

△ 1992 verstärkt Chabad seine Aktivität in ganz Israel. So bringt die ultraorthodoxe Bewegung an Wänden, Brücken und Fahrzeugen Spruchbänder an, die die Ankunft des Messias ankündigen. Viele im In- und Ausland betrachten den Lubavitscher Rebbe, Menachem Mendel Schneerson, als den Messias.

△ Ein Werbekrieg der großen
▽ Zeitungen findet statt. Jedi'ot Acharonot behauptet: »Ma'ariv hat Angst, die Wahrheit zu sagen: Nur noch 16,9 % lesen das Blatt.« Ma'ariv dagegen: »Ma'ariv im Aufwind – Jedi'ot zittert.«

▷ Yitzhak Rabin: Die Ergebnisse der Wahlen zur dreizehnten Knesset sind offiziell. Rabin hält eine emotionale Rede. Schlüsselworte: »Ich werde die Koalitionsverhandlungen führen, ich werde die Minister bestimmen, es wird kein Schachern und Feilschen geben...«

▽ Wahlnacht: Chaim Ramon, einer der wichtigsten Helfer Yitzhak Rabins im Kampf um die Führung der Arbeitspartei, freut sich. Rabin ernennt ihn in seiner neuen Regierung zum Gesundheitsminister.

◁ Die Bürgerrechtspartei mietet Busse an, damit man auch am Sabbat fahren kann.

▽ Parolen aus dem Wahlkampf 1992: Der Likud ist sich seines Weges sicher. Mafdal orientiert sich nach rechts, Zommet verspricht Sicherheit, die Arbeitspartei verläßt sich auf Rabin.

ERNEUTE WENDE

Am 23. Juni 1992 finden die Wahlen zur dreizehnten Knesset statt. Von den 3,4 Millionen Wahlberechtigten beteiligen sich 2,64 Millionen (circa 78 Prozent). Seit 1990 regierte eine rechte Regierung unter Ministerpräsident Yitzhak Shamir, doch kurz vor den Wahlen geriet die Stellung der Rechten wegen der Konflikte in der Likud-Führung ins Wanken. Während die Linke sich um Arbeitspartei und Meretz-Partei konzentriert, ist die Rechte zerstritten und zersplittert. Eine Wende liegt in der Luft.

Die beiden Hauptkandidaten sind Ministerpräsident Yitzhak Shamir vom Likud und Yitzhak Rabin von der Arbeitspartei. Diese hat Rabin den Vorzug vor Shim'on Peres gegeben, weil nur er Stimmen der Mitte und der Likud-Anhängerschaft anziehen könne. Ein vom israelischen Rundfunk ausgestrahltes Jingle spielt mit dem Vornamen beider Kandidaten: »Wer lacht (hebräisch »yitzhak«) zuletzt?«

Bereits nach dem Schließen der Wahllokale um 22 Uhr gibt der Sprecher der israelischen Tagesschau bekannt, die vom Fernsehen durchgeführte Musterumfrage deute auf eine erneute Wende hin: Yitzhak Rabin und die Arbeitspartei würden siegen. Im Laufe der Nacht bestätigt sich die Prognose: Die Arbeitspartei erhält 44 Sitze, der Likud ist dagegen auf 32 Sitze gefallen. Mit Meretz (12) verfügt die Linke über 56 Sitze, und mit den Stimmen von Chadasch und der Arabischen Demokratischen Partei, die sie unterstützen, ohne der Koalition beizutreten, hat sie sogar eine Mehrheit von 61 Stimmen. Für eine Überraschung sorgt Rafael Eitan mit seiner Zommet-Partei, die mit acht Abgeordneten in die dreizehnte Knesset einzieht.

Am 13. Juli 1992 spricht die Knesset der neuen Regierung unter Yitzhak Rabin das Vertrauen aus. Diese besteht aus 17 Ministern, 13 von der Arbeitspartei, drei von Meretz und einem von Schass.

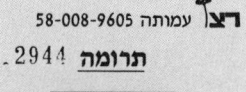

1992

▷ Vor den Wahlen 1992, vor allem aber danach, nimmt die Zahl der Demonstrationen rechter Parteien und Organisationen zu. Im Bild: eine Kundgebung an der Tel Aviver Uni. Ein Teilnehmer ist Avishai Raviv, der später aus der Universität ausgeschlossen wird.

▷△ Ein Jahr der Überschwemmungen: 1992 ist überdurchschnittlich viel Regen gefallen. Die Tel Aviver Stadtautobahn steht mehrmals unter Wasser (oben). Hunderte werden aus den Wohnwagenvierteln evakuiert (rechts). Der Grundwasserspiegel steigt für mehrere Jahre an.

▽ Rabbi Eli'eser Shach steht an der Spitze der litauischen Fraktion der orthodoxen Juden. Trotz seines hohen Alters (über 90) wird er nicht müde, auf Versammlungen aufzutreten und die säkularen Israelis anzugreifen. Zu seinen Auftritten kommen Tausende.

△ Zum ersten Mal seit Jahren sinkt die Inflation 1992 unter 10 %.

△ Die Stellung des Obersten Gerichtshofs festigt sich in der ersten Hälfte der neunziger Jahre. Im November 1992 wird das neue Gebäude des Obersten Gerichtshofs in Jerusalem eingeweiht. Aus diesem Anlaß kommt eine Sonderbriefmarke heraus.

◁ 1992 mehren sich die palästinensischen Anschläge in den besetzten Gebieten, auf israelischem Gebiet und weltweit. Nach der Ermordung der jungen Helena Rapp im Mai durch einen Terroristen aus Gaza kommt es in der Stadt zu Ausschreitungen. Dabei werden viele Araber verletzt.

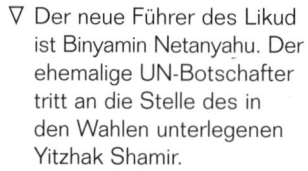

▽ Der neue Führer des Likud ist Binyamin Netanyahu. Der ehemalige UN-Botschafter tritt an die Stelle des in den Wahlen unterlegenen Yitzhak Shamir.

△ Wie im Film: Dieses Wohnhaus in Herzlija wird durch eine Explosion in der Munitionsfabrik schwer beschädigt. Zwei Personen werden getötet und Dutzende verletzt. Wegen derartiger Zwischenfälle wird immer wieder gefordert, die Munitionsfabriken in dünnbesiedelte Gegenden zu verlagern.

1993

Januar

3 Geheimdienstagent Chaim Nachmani wird in Jerusalem von einem von ihm angeheuerten Mitarbeiter ermordet.
11 Scharfe Kritik an der Arbeitspartei. Bericht der Staatskontrolleurin über Parteienfinanzierung: »Sie hat sich das Regierungsamt mit Geld erkauft.« Empörung in der Bevölkerung und in politischen Kreisen.
14 Wahl von Ezer Weizman zum Kandidaten der Arbeitspartei für das Amt des Staatspräsidenten.

»Die Tonbandaffäre«: Der Abgeordnete Netanyahu gesteht im Fernsehen, daß er wegen eines Seitensprungs erpreßt werde. Andeutungsweise macht er das Lager seines Konkurrenten David Levy verantwortlich. Empörung und Spannungen im Likud.
18 Professor Jeshajahu Leibowitz soll den Israel-Preis erhalten. Kritik, daß der Preis einem Mann verliehen wird, der Rekruten ermuntert hat, den Militärdienst in den besetzten Gebieten zu verweigern. Am Ende teilt Leibowitz mit, er verzichte auf den Preis.
19 Die Knesset hebt das Gesetz, das Kontakte zur PLO verbietet, auf.
21 Richter Arie Segalson schickt Ya'ir Levy für fünf Jahre ins Gefängnis.
23 Bei der Explosion einer Bombe im Libanon werden zwei israelische Soldaten getötet.
28 Entscheidung des Obersten Gerichtshofs: Die Ausweisung von Arabern sei nicht legal gewesen. Trotzdem dürften die Ausgewiesenen nicht nach Israel zurückkehren.
30 Hamas-Hinterhalt im Gazastreifen: zwei tote Israelis.
31 Der Lubavitscher Rebbe wird in Brooklyn zum Messias ausgerufen.

Februar

1 Aufgrund eines Abkommens mit den USA wird 100 Ausgewiesenen die sofortige Rückkehr gestattet, 300 weitere sollen in einem Jahr heimkommen.
9 Drastische Kurseinbrüche, nachdem der Vorsitzende der Bank Israel die Börse mit einer Seifenblase verglich, die sich aufbläht und schließlich platzt.
16 Unmut in der Öffentlichkeit: Polizeibefehlshaber Ya'akov Terner hat sich bei einem Treffen mit dem Parteisekretär der Arbeitspartei, Nissim Sivil, eine politische Karriere zusichern lassen. Justizminister Shachal hält das für so schwerwiegend, daß er dessen Entlassung verlangt.
20 Die neu gewählten Oberrabbiner: Elijahu Bakshi-Doron (sephardisch) und Me'ir Lau (aschkenasisch).

März

Eine Terrorwelle sucht Israel heim: Messerstecher greifen Käufer auf dem Alija-Markt in Tel Aviv an; im Gazastreifen werden Juden mit Messern angegriffen und mit Steinen beworfen; in Samaria (Westbank) wird versucht, Israelis zu überfahren; ein Terrorist dringt in eine Schule in Jerusalem ein und sticht dort auf Schüler ein; bei Hadera werden zwei Polizisten ermordet. Deprimierte Stimmung in der Bevölkerung. Verteidigungsminister Rabin wird zum Rücktritt aufgefordert.
2 Eine Einwanderin aus Rußland wird israelische Schönheitskönigin.
10 Shabtai Kalmanowitz, wegen Spionage für die Sowjetunion zu neun Jahren Freiheitsstrafe verurteilt, wird nach fünf Jahren freigelassen. Er geht nach Rußland.
16 Wegen der vielen Terroranschläge bricht Rabin seinen Besuch in den USA ab.
24 Die Knesset wählt Ezer Weizman zum Staatspräsidenten: 66 Abgeordnete stimmen für ihn, 53 für Dov Shilansky vom Likud. 1 Enthaltung.
31 Wegen der wachsenden Zahl von Anschlägen werden die besetzten Gebiete hermetisch abgeriegelt. Die israelische Polizei hat einen neuen Befehlshaber: Rafi Pelled.

April

13 Bei der Explosion einer Sprengladung im Südlibanon sterben drei Soldaten.
19 50. Jahrestag des Aufstands im Warschauer Getto: Rede von Rabin.
21 Katjuscha-Raketen auf Galiläa.
27 Lehrerstreiks (bis 10.5.).
30 Drei wegen Fahrlässigkeit angeklagte Offiziere kommen im Verfahren über das erste Ze'elim-Unglück mit leichten Strafen davon.

Fortdauer der Terroranschläge in Israel, den besetzten Gebieten und im Südlibanon.

Mai

4 In ihrem Bericht über den Verlauf der Bankaktien übt die Staatskontrolleurin Kritik am Finanzministerium.
11 Die Krankenschwestern treten in einen einwöchigen Streik.
13 Ezer Weizman wird siebter Staatspräsident Israels.
16 Al-Fat'h- und Hamas-Terroristen ermorden im Gazastreifen zwei israelische Gemüsehändler.
18 Makkabi Haifa wird nach einem 1:0-Sieg über Makkabi Tel Aviv israelischer Fußballmeister.
19 Krise zwischen Meretz und Schass: Rabin übernimmt vorläufig die Geschäftsbereiche Inneres (Schass) und Erziehung und Kultur (Meretz).

Basketball: Ha-Po'el Obergaliläa besiegt Ha-Po'el Tel Aviv und wird israelischer Meister. Zuvor hat Makkabi Tel Aviv 23 Mal hintereinander den Meisterschaftstitel erworben.
22 50 000 Zuschauer kommen zum Auftritt der Rockgruppe »Guns and Roses« in den Jarkon-Park in Tel Aviv.
24 Panne im Libanon: Zwei israelische Fallschirmspringereinheiten beschießen sich gegenseitig. Vier Tote und drei Verletzte.
28 Ermordung eines Jeschiwa-Studenten auf dem Weg zum Gebet in der Machpela-Höhle in Hebron.
30 Umbesetzungen in der Regierung, Beilegung der Krise: Kulturministerin Shulamit Alloni übernimmt das Ressort Kommunikation, Wissenschaft und Technologie; Shim'on Shitrit wird Minister für Wirtschaft und Planung; Amnon Rubinstein Minister für Erziehung und Kultur; und Moshe Shachal erhält zusätzlich den Geschäftsbereich Energie.

Juni

2 Trotz früherer Meldungen über seinen Rückzug aus der Politik kandidiert Teddy Kollek wieder für das Amt des Bürgermeisters von Jerusalem.
15–16 Unstimmigkeiten bei der Ankunft Elton Johns in Israel. Er reist sofort wieder ab. Zwölf Stunden später kommt er zurück und tritt vor einer Riesenmenge im Jarkon-Park in Tel Aviv auf.
20 Gegen Minister Deri wird eine Anklageschrift eingereicht. Er teilt mit, er werde sein Amt nicht freiwillig niederlegen.
28 In Kirjat-Schmona werden sechs Personen von Katjuscha-Raketen verletzt.

Mitteilung von Finanzminister Shochat, Börsengewinne würden nicht besteuert. Diese Ankündigung soll die anhaltenden Kursverluste aufhalten, die Aktien schnellen daraufhin tatsächlich in die Höhe.

Juli

1 Bei einem Hamas-Anschlag in Jerusalem werden zwei Frauen getötet und ein Mann verletzt.
7–21 Streik der Angestellten des öffentlichen Dienstes. Sie verlangen eine Gehaltserhöhung.
8–10 Eskalation im Norden: Bei zwei Angriffen fallen fünf Soldaten und acht werden verletzt.
20–25 Fortdauer der Spannungen im Norden: Durch Raketenbeschuß gibt es Tote und Verletzte, und im Südlibanon werden die Israelis in schwere Konfrontationen verwickelt.
20–30 Die Armee nimmt Hisbollah-Stellungen im Südlibanon unter Beschuß. Rabin erklärt: »Wir werden kompromißlos kämpfen, bis der Norden sicher ist.« Viele Einwohner von Kirjat-Schmona flüchten in den Süden. Ein Teil der Öffentlichkeit kritisiert das Unternehmen. Zu den Kritikern zählt auch US-Präsident Clinton. Am 30.7. kommt es dank amerikanischer Vermittlung zu einer Feuerpause.
29 Der Oberste Gerichtshof spricht John Ivan Demjanjuk aus Mangel an Beweisen frei und ordnet seine Ausweisung aus Israel an.

August

Die Terroranschläge auf Zivilisten und Soldaten halten an.
19 Schwere Verluste im Südlibanon: neun Tote.
30 Die Regierung verabschiedet ein mit der PLO in Oslo geschlossenes Geheimabkommen über Gaza und Jericho: Überraschung in Israel, wütende Proteste der Rechten.

September

2 Shim'on Levinson wird der Spionage für die Sowjetunion schuldig gesprochen und zu zwölf Jahren Freiheitsstrafe verurteilt.
8 Herbe Kritik in der Öffentlichkeit und Eingreifen des Obersten Gerichtshofes: Innenminister Arie Deri legt sein Amt nieder.
9 181 in den Libanon ausgewiesene Hamas-Mitglieder dürfen nach Israel zurückkehren.
12 Terrorwelle in Israel wegen der geplanten Unterzeichnung des Abkommens mit der PLO.
13 Israel und die PLO unterzeichnen in Washington das »Rahmenabkommen«. Außenminister Shim'on Peres unterschreibt für Israel, Abu-Ma'asan für die PLO. Rabin und Arafat reichen sich die Hand.
19 Zum Auftritt des US-Sängers Michael Jackson kommen 70 000 Fans.
21 Ausweisung Demjanjuks aus Israel.

Oktober

Zunahme der Terroranschläge: Zwei Wanderer werden im Wadi Qilt ermordet (am 9.10.); Terroristen ermorden zwei Soldaten der Reserve im Gazastreifen (am 24.10.); ein Bewohner von Beit-El Beth wird ermordet (am 29.10.).
1 Aby Nathan stellt die Sendungen seines Piratensenders »Voice of Peace« ein. Er erklärt: »Das Ziel ist erreicht.«
4 Auftritt der Sängerin Madonna vor 50 000 Zuschauern.
5 Ein mit einem Sprengsatz versehenes Terroristenfahrzeug stößt bei Beit-El mit einem Omnibus voller Soldaten zusammen: 29 Verletzte, der Terrorist wird bei der Explosion getötet.
13 Beginn der Gespräche über das Abkommen über Gaza und Jericho in Taba.

November

2 Gemeinderatswahlen: Ehud Olmert schlägt Teddy Kollek in Jerusalem, und Ronni Milo besiegt Avigdor Kahalani in Tel Aviv. General Amram Maznea von der Arbeitspartei wird zum neuen Bürgermeister von Haifa gewählt.
4 Das zweite, kommerzielle Fernsehprogramm geht auf Sendung.
7 Bei Hebron wird Rabbi Druckman durch Schüsse von Terroristen verletzt, sein Fahrer wird getötet. Daraufhin kommt es zu gewalttätigen Demonstrationen von Siedlern.
8 Besuch des spanischen Königs Juan Carlos.
16 Wieder Katjuscha-Raketen auf Galiläa.
28 Aby Nathan versenkt das Sendeschiff der »Voice of Peace«, weil ihm die Mittel für den Unterhalt fehlen.
29 Die Tageszeitung »Chadaschot« stellt ihr Erscheinen ein.

Dezember

Die Anschläge in Israel und in den besetzten Gebieten häufen sich. In der Bevölkerung herrschen Sorge und Furcht.
5 Angesichts der kritischen Lage ruft Staatspräsident Ezer Weizman zur Bildung einer Regierung der nationalen Einheit auf.
9 Beginn des Verfahrens gegen Deri. Er ist der Annahme von Bestechungsgeldern und des Mißtrauensbruchs als Angestellter des öffentlichen Dienstes angeklagt.
Der Oberste Gerichtshof hebt den Freispruch der vier Männer, die der Vergewaltigung in Shamrat angeklagt waren, auf und spricht sie schuldig.
15 Israel erlaubt 200 ausgewiesenen Hamas-Mitgliedern die Rückkehr aus dem Südlibanon.
30 Unterzeichnung eines Abkommens über die Aufnahme diplomatischer Beziehungen zwischen Israel und dem Vatikan.

1993 kamen 77 000 Neueinwanderer nach Israel, 86% stammten aus der GUS.
Im Laufe des Jahres fanden 330 Anschläge auf israelische Soldaten statt. 1992 waren es 172. Inflation 1993: 11,2%.

Nach der Unterzeichnung des »Rahmenabkommens« zwischen Israel und der PLO: auf dem Rasen des Weißen Hauses in Washington.

1993

△ Der historische Händedruck auf dem Rasen vor dem Weißen Haus am 13. September 1993: Rabin links, Arafat rechts, Präsident Clinton in der Mitte. Den Millionen, die die Zeremonie vor den Bildschirmen verfolgen, entgeht dabei nicht, daß Rabin Arafat gegenüber äußerst reserviert wirkt. Die Übereinkunft gilt weltweit als Überraschung.

▽ Gespräche über die Durchführung des »Rahmenabkommens«, Oktober 1993. Rechts: der israelische Unterhändler, der stellvertretende Generalstabschef Amnon Lipkin-Shachak; links: PLO-Vertreter Scha'at.

> Seit Jahrzehnten führen Juden und Palästinenser in diesem Land Krieg gegeneinander. Palästinenser träumten davon, daß der Staat Israel wieder verschwinde, so daß sie ihren Traum von der Rückkehr nach Jaffa und Akko verwirklichen können.
> Juden träumten von einer Aussiedlung der Palästinenser oder wenigstens davon, daß ihre Herrschaft über die Palästinenser immer weitergeht... Seit Jahrzehnten tun Juden wie Palästinenser nichts anderes, als die Existenz des anderen Volkes zu verleugnen ebenso wie die Wirklichkeit, in der sie leben... Der Frieden ist kein Traum, der wahr geworden ist – im Gegenteil. Der Frieden beginnt damit, daß alle dummen Träume, die vor allem in der Verleugnung der Existenz des anderen Volkes bestehen, abgelegt werden.«
>
> Der engagierte Bühnenautor Jehoshua Sobol am 14. 9. 1993.

DAS HISTORISCHE ABKOMMEN: ISRAEL – PLO

1993 wird einer der schicksalhaftesten Verträge in der Geschichte des Nahen Ostens unterschrieben. Israel und die PLO, seit Jahrzehnten verfeindet, schließen das »Rahmenabkommen«: Damit ist die Zeit der Kämpfe zu Ende, der Großteil des Gazastreifens und die Gegend um Jericho werden den Palästinensern übergeben. Die Übereinkunft wird in Geheimgesprächen, in die nur wenige eingeweiht sind, ausgehandelt; sie finden vor allem in Oslo statt. Während in Washington seit mehr als einem Jahr eher unfruchtbare bilaterale Gespräche mit den Palästinensern und einigen arabischen Staaten geführt werden, schreiten die Geheimgespräche unter norwegischer Schirmherrschaft rasch voran. Sie wurden vom stellvertretenden israelischen Außenminister Jossi Beilin eingefädelt, selbst Außenminister Rabin wurde erst zu einem späteren Zeitpunkt über die Gespräche in Kenntnis gesetzt – er gab erst nachträglich seine Zustimmung dazu.

Am 20. August unterzeichnen die Verhandlungspartner das »Oslo-Abkommen«, das weltweit mit größtem Staunen aufgenommen wird. Die meisten Israelis sind erleichtert, nur rechte Kreise, darunter die Siedler in Judäa, Samaria und Gaza, greifen es scharf an. Auch bei den Palästinensern findet der Vertrag mehr Befürworter als Gegner.

Am 13. September 1993 wird das »Rahmenabkommen« in Washington unterzeichnet. Israel erkennt die PLO an; die PLO verpflichtet sich zum Frieden und zum Streichen jener Paragraphen ihrer Charta in denen zur Auslöschung Israels aufgerufen wird. Yitzhak Rabin kommentiert: »Genug der Tränen und des Bluts, jetzt beginnt ein neues Zeitalter.« Und Jassir Arafat erklärt: »Endlich herrscht Frieden im 'Land des Friedens'.« Höhepunkt der Zeremonie ist der Händedruck zwischen Rabin und Arafat, bei dem Präsident Clinton zwischen beiden steht, um darüber zu wachen, daß im letzten Augenblick nichts schiefgeht.

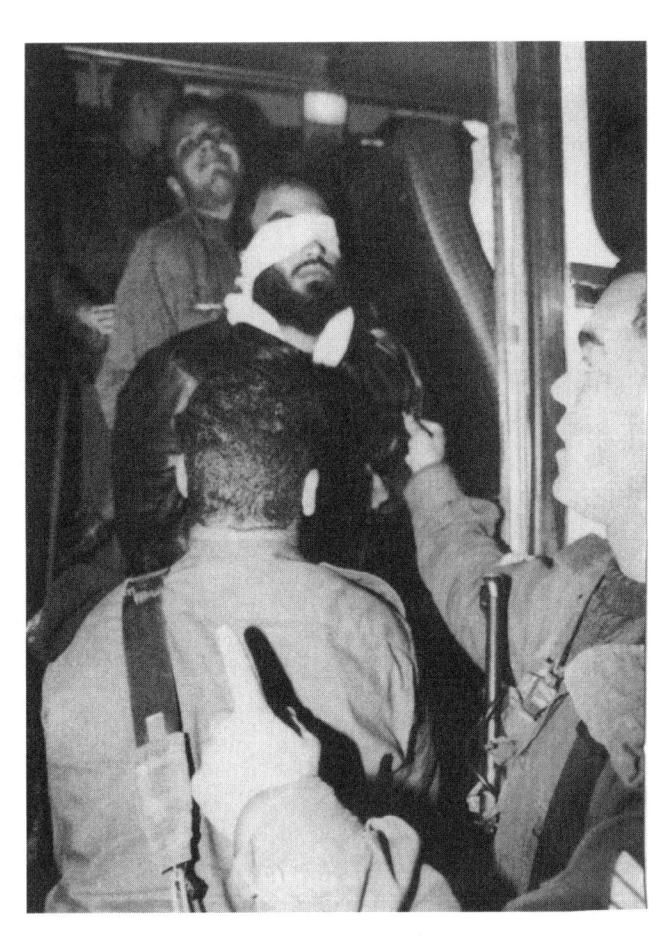

DER PALÄSTINENSISCHE TERROR NIMMT DENNOCH ZU

Obwohl es schon seit Jahren, vor allem aber seit dem Ausbruch der Intifada Ende 1987, palästinensischen Terror gegen Israel gibt, entsteht 1993 bei vielen Israelis das Gefühl, daß er unablässig zunimmt. Im März scheint es sogar, als hätten Regierung und Armee die Kontrolle verloren. Innerhalb weniger Wochen mehren sich die Terroranschläge und Messerstechereien überall in Israel, auch in den Straßen der großen Städte, auf beängstigende Weise. Im Gazastreifen werden Juden mit Steinen beworfen; ein Terrorist dringt in eine Schule in Jerusalem ein und sticht auf Schüler ein; und die Anschläge auf Soldaten im Libanon gehen weiter.

Gegen Monatsende beschließt die Regierung, die besetzten Gebiete abzuriegeln, um ihre Bewohner völlig von den Israelis zu trennen. Das beruhigt die Gemüter, bringt aber gleichzeitig beträchtliche Probleme mit sich, weil nun in Israel Zehntausende von Arbeitern fehlen. Deshalb wird die Abriegelung einige Wochen später aufgehoben. Als sich der palästinensische Terror wieder verschärft, wird sie jedoch erneuert.

◁ Das ganze Jahr über beschäftigen die in den Südlibanon ausgewiesenen Hamas-Mitglieder Justiz und öffentliche Meinung in Israel.

▽ 1993 verwandelt sich die Knesset in eine Kampfarena zwischen der Koalition aus Arbeitspartei und Meretz und der rechten Opposition. Außenminister Shim'on Peres bei einer der vielen Konfrontationen.

▷ Empörung bricht aus, als bekannt wird, daß der Israel-Preis an Professor Jeshajahu Leibowitz gehen soll. Zu den Gegnern zählt auch Rabin. Karikaturist Ze'ev stellt die Beziehungen beider dar. Leibowitz verzichtet auf den Preis.

△ Abrechnung: Im Sommer belegen die Israelis fünf Tage lang Hisbollah-Stellungen, von denen aus immer wieder Katjuscha-Raketen auf Galiläa abgefeuert wurden, mit massivem Artilleriebeschuß. Schließlich kommt es dank amerikanischer Vermittlung zu einer Feuerpause. Erst einige Monate später nehmen die Terroristen ihre antiisraelischen Aktionen wieder auf.

1993

▽ 1993 findet eine öffentliche Ausschreibung für den zweiten kommerziellen Fernsehkanal statt. Auch für das Schulfernsehen ist Sendezeit vorgesehen. Auf dem Foto: Abgebildet sind der Vorsitzende des neuen Senders, Jossi Pelled (links), Generaldirektor Nachman Shai (zweiter von rechts), Ya'akov Loverboim, Leiter des Schulfernsehens (zweiter von links), und die Schauspieler Muni Moshonov und Avi Kushnir. Offizieller Besuch einer Kanal-2-Delegation im Studio des Schulfernsehens in Ramat-Aviv: Im November nimmt Kanal 2 seine Sendungen auf.

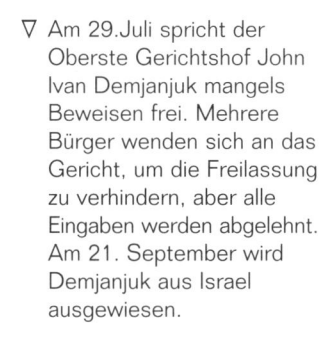

▽ Am 29.Juli spricht der Oberste Gerichtshof John Ivan Demjanjuk mangels Beweisen frei. Mehrere Bürger wenden sich an das Gericht, um die Freilassung zu verhindern, aber alle Eingaben werden abgelehnt. Am 21. September wird Demjanjuk aus Israel ausgewiesen.

◁ Der Oberrabbiner von Israel, Me'ir Lau, unmittelbar nach seiner Wahl im Februar 1993.

▷ Liebesgeflüster: Binyamin Netanyahu berichtet bei einem Fernsehauftritt, daß versucht werde, ihn wegen eines Seitensprungs mit Tonbandaufnahmen zu erpressen. Die Schuldigen seien in seiner Partei zu finden. Likud-Politiker David Levy legt diese Äußerungen als Angriff auf ihn aus. Es kommt zu innerparteilichen Spannungen und zum Abbruch aller Beziehungen zwischen Netanyahu und Levy. Im Bild: Netanyahu mit seiner Frau Sara, 1993. Bis heute ist ungeklärt, ob die kompromittierenden Tonbandaufnahmen tatsächlich existierten.

557

▷ Ein neues Idol: der Sänger Aviv Gefen, Sohn des Liedermachers und Journalisten Jonathan Gefen. Gefen zieht bei seinen Auftritten Tausende von Fans an. Aviv Gefens Texte sind mitunter ziemlich bissig und werden von Teilen der Öffentlichkeit heftig kritisiert. Als besonders skandalös werden die Worte seines Liedes »Wir, die Generation der Abgefuckten« empfunden. Auch Shlomo Artzi füllt 1993 wieder die Säle, noch mehr Erfolg haben aber ausländische Künstler wie Elton John und die Gruppe Guns and Roses.

▽ Chadaschot – das Ende. Das dritte israelische Mittagsblatt erscheint seit 1984, im November 1993 wird es eingestellt. Der Verleger Amos Schocken erklärt den Beschäftigten der Zeitung in einem Brief den Grund. Bei der Abschiedsparty zeigt sich Redakteur Jo'el Estron traurig.

1994

Januar

9 Streik der Hochschuldozenten. Sie fordern doppeltes Gehalt (bis 3. 4.).
13 Bei einem Hubschrauberunglück kommen der Befehlshaber des Kommandos Mitte, General Nechemia Tamari, sein Adjudant und zwei Piloten ums Leben.
28 Nach siebenjähriger Abwesenheit kehrt Ernst Japhet, ehemaliger Generaldirektor von Bank Le'umi, nach Israel zurück.

Februar

Starke Einbrüche an der Wertpapierbörse in Tel Aviv, nachdem Nachrichten über die Ausgabe neuer Aktien veröffentlicht wurden. Schwere Verluste für die Aktienbesitzer.
2 Spaltung bei Zommet: Drei ihrer Abgeordneten bilden eine neue Partei namens Ji'ud.
6 Gesundheitsminister Chaim Ramon legt sein Amt nieder. Damit protestiert er gegen die Ablehnung des von ihm vorgeschlagenen Gesetzes über eine staatliche Krankenversicherung durch die Regierung.
7 Israelische Soldaten im Südlibanon geraten in einen Hinterhalt der Hisbollah: vier Tote und fünf Verletzte.
10–13 Tödliche Anschläge: Ein Zitrushainbesitzer in Rehovot wird von seinem arabischen Arbeiter ermordet; beim Moschaw Chelletz wird der Leichnam eines vom Islamischen Dschihad ermordeten Taxifahrers gefunden; Hamas-Terroristen ermorden den Geheimagenten Noam Cohen in Ramallah.
14 Gegen den Direktor der Jewish Agency Simcha Dinitz wird Anklage erhoben wegen Betrugs und Vertrauensbruchs.
16 Urteilsverkündung des Bezirksgerichtes Jerusalem im Prozeß um die Regulierung der Bankaktien: 14 Banker werden schuldig - zwei freigesprochen.
25 Baruch Goldstein aus Kirjat-Arba schießt in der Machpela-Höhle in die Menge betender Araber: mehr als 50 Tote und viele Verletzte. Erschütterung in Israel und Wut bei den Arabern, Ausschreitungen von Arabern in Jaffa, Galiläa und im Negev. Krise in den Gesprächen mit der PLO und Syrien.
27 Die Regierung gibt die Einsetzung einer staatlichen Kommission zur Untersuchung des Blutbades von Hebron bekannt.

März

Der Streik der Hochschuldozenten hält an.
4–5 Unruhiges Wochenende in den besetzten Gebieten wegen des Blutbads von Hebron.
8 Die Untersuchungskommission tritt zusammen. Vorsitzender ist der Präsident des Obersten Gerichtshofes Me'ir Shamgar; die übrigen Mitglieder: Eli'eser Goldberg, Richter am Obersten Gerichtshof, der ehemalige Generalstabschef Moshe Levy, der Richter am Bezirksgericht, Abd ar-Rahman Suabi, und Professor Menachem Ya'ari, Rektor der Offenen Universität.
Zehn Jahre Freiheitsstrafe für Shuki Basso, einen Soldaten der Fallschirmspringer, der seinen Vater tötete, weil dieser jahrelang seine Frau quälte.
17 Ministerpräsident Rabin hat eine Audienz beim Papst im Vatikan.
18 Der UN-Sicherheitsrat verurteilt das Blutbad von Hebron und bekräftigt, daß Jerusalem Teil der besetzten Gebiete sei und nicht zu Israel gehöre.
21–22 Im Südlibanon häufen sich Zwischenfälle: Es kommt zu Gefechten und Attacken aus dem Hinterhalt. Tote und verletzte Israelis. Auf Galiläa werden Katjuscha-Raketen abgefeuert.
23–25 Der Fall Uzi Meshullam: Eine Gruppe von Zeloten verschanzt sich in einem Haus in Jehud und schießt auf jeden, der sich nähert. Sie fordern die Bildung einer Untersuchungskommission, die das Verschwinden jüdisch-jeminitischer Kinder kurz nach der Staatsgründung klären soll.
29 Drei als höchste Autoritäten des national-religiösen Zionismus angesehene Rabbiner legen fest, daß jüdische Soldaten keine Juden aus Hebron ausweisen dürfen.

April

Im Laufe des Monats kommt es zu einer Serie von Zwischenfällen: Terroristen entführen und ermorden einen israelischen Offizier, Zivilisten werden mit Stichwaffen verletzt.
6 Acht Tote und viele Verletzte: In Afulla ist ein Fahrzeug mit einer Sprengladung neben einem Omnibus explodiert. Beschluß der Regierung, die besetzten Gebiete langfristig abzuriegeln.
Die Armee übergibt den Palästinensern in Gaza einen Stützpunkt.
9 Der Befehlshaber der Polizei, Rafi Pelled, gibt seinen Rücktritt bekannt, nachdem eine Untersuchung wegen der illegalen Wahrnehmung materieller Vorteile gegen ihn eingeleitet wurde.
10 Urteil im »Banker-Prozeß«, es gibt Haftstrafen.
11 Knesset-Mitglied Chaim Ramon von der Arbeitspartei gibt die Gründung einer unabhängigen Liste für die Histadrut-Wahlen bekannt. Weitere Abgeordnete schließen sich an.

Araber setzen eine Straße in Jaffa in Brand, nachdem die Nachricht über das Blutbad von Hebron bekanntgeworden war.

13 Gedenktag für die gefallenen Soldaten: Ein Selbstmordattentäter sprengt sich in einem vollbesetzten Bus in Hadera in die Luft: fünf Tote und 30 Verletzte.
24 Bei seiner Ankunft in Moskau wird Yitzhak Rabin mit militärischen Ehren begrüßt.

Mai

4 Kairo: Israel und die PLO unterzeichnen das Abkommen über die Durchführung der palästinensischen Selbstverwaltung im Gazastreifen und in Jericho. Anfangs weigert sich Arafat, die Landkarten zu unterzeichnen, und löst damit einen diplomatischen Zwischenfall aus.
10 Bei den Histadrut-Wahlen erringt Chaim Ramon mit seiner Liste »Neues Leben« einen großen Sieg: Er erhält 50% der Stimmen. Die Arbeitspartei mit Chaim Haberfeld an der Spitze muß eine Niederlage einstecken.
Die Polizei faßt Rabbi Uzi Meshullam. Seine Getreuen ergeben sich tags darauf. In dem Haus, in dem sie sich verschanzt haben, werden Waffen gefunden.
13 Übergabe von Jericho an die Palästinenser.
16 Beendigung des Rückzugs israelischer Truppen aus dem Gazastreifen.
21 Israelische Truppen im Libanon entführen Mustafa Dirani, einen der Führer von Amal. Die Organisation hat den israelischen Navigator Ron Arad den Iranern ausgeliefert.
Die Börsenkurse fallen.

Juni

1 Die Knesset bestätigt die Ernennung Dr. Efraim Sanas zum Gesundheitsminister. Als erstes wendet er sich der sanierungsbedürftigen Krankenkasse zu.
2 Flugzeuge der Luftwaffe greifen Hisbollah-Stützpunkte

559

im Libanon an. Daraufhin Katjuscha-Raketen in Galiläa.
4 Makkabi Haifa ist israelischer Fußballmeister.
12 Tod von Rabbi Menachem Mendel Schneerson, dem Lubavitscher Rebbe, im Alter von 92 Jahren.

Erfolgreicher Abschuß einer »Chetz«-Rakete.
26 Die Shamgar-Kommission veröffentlicht ihre Schlußfolgerungen: Baruch Goldstein sei als alleiniger Täter anzusehen. Außerdem sei nicht absehbar gewesen, daß ein Jude in der Machpela-Höhle in Hebron ein Blutbad anrichten würde. Die Kommission empfiehlt, in der Machpela-Höhle jüdische Gläubige von arabischen zu trennen.

Juli
1 Arafat trifft zu einem ersten Besuch in Gaza ein.
5 Wahl Chaim Ramons zum elften Histadrut-Sekretär.

Ankunft Arafats in Jericho.
Knesset-Mitglied Tufik Zijad von der Chadasch-Partei stirbt bei seiner Rückkehr vom Empfang für Arafat in Jericho bei einem Verkehrsunfall.

Im Südlibanon kommt es mehrmals zu Anschlägen auf israelische Soldaten und Angehörige der mit Israel verbündeten südlibanesischen Armee.
7 Terror: Der Leichnam des entführten und ermordeten Soldaten Arie Frankental wird gefunden; bei Kirjat-Arba wird ein Mädchen erschossen.
12 Offizieller Einzug Arafats und der PLO-Führung in Gaza. Bis dahin war ihr Hauptquartier in Tunis.
17 Schwere Ausschreitungen am Kontrollposten Erez wegen der langen Wartezeiten für arabische Arbeiter, die nach Israel wollen: zwei tote und ungefähr 100 verletzte Palästinenser, auf israelischer Seite ein Toter und rund 20 Verletzte. 150 Omnibusse werden in Brand gesteckt. Schußwechsel zwischen israelischen und palästinensischen Sicherheitskräften.
25 Gipfeltreffen zwischen Clinton, Rabin und König Hussein in Washington. Ende des Kriegszustands zwischen Israel und Jordanien.
26 Explosion eines Fahrzeugs mit Sprengladung vor der israelischen Botschaft in London: 13 Verletzte. Fortan herrscht Alarmbereitschaft in allen israelischen Botschaften.

August
Fortdauer der Hisbollah-Angriffe auf israelische und südlibanesische Streitkräfte.
3 König Hussein überfliegt Israel. Drei Kampfflieger geben ihm das Ehrengeleit.
5 Mitten in der Reisesaison wird eine Salve von 20 Katjuscha-Raketen auf Westgaliläa abgefeuert: großer Sachschaden und drei Verletzte.
8 Eröffnung eines ersten Grenzübergangs zwischen Israel und Jordanien nördlich von Eilat.
14 Bei einem Anschlag an der Kissufim-Kreuzung wird ein 18jähriger getötet, sieben weitere werden verletzt.
16 Börsengewinne sollen künftig besteuert werden.
18 Professor Jeshajahu Leibowitz, einer der großen Denker Israels, stirbt 91jährig.

Ende der Shamrat-Affäre: Die Angeklagten werden zu Freiheitsstrafen verurteilt.
24 Unterzeichnung eines Abkommens in Kairo, das die Übertragung der Zuständigkeit u. a. für Kultur, Erziehung, Gesundheit in Judäa, Samaria und Gaza an die Palästinenser vorsieht.
26 Als illegale Bauarbeiter in Ramla beschäftigte Hamas-Terroristen ermorden zwei junge Israelis.

September
Fortdauer der Zwischenfälle im Südlibanon.
4 Ein israelischer Soldat wird getötet, zwei weitere werden verletzt, als Terroristen im Gazastreifen auf sie schießen.
10–20 Die Führung der jüdischen Siedler auf dem Golan tritt in den Hungerstreik. Damit protestieren sie gegen die Absicht der Regierung, den Golan im Fall eines Friedensabkommens mit Syrien zurückzugeben.
28 Beginn des Gerichtsverfahrens gegen Simcha Dinitz, den ehemaligen Vorsitzenden der Jewish Agency (siehe 14.2.1994).
29 Treffen zwischen Yitzhak Rabin und König Hussein im jordanischen Aqaba. Sie wollen Einigung über Sicherheitsfragen, Grenzen und die Wassernutzung erzielen. Am Treffen nehmen Generalstabschef Ehud Barak, der jordanische Regierungschef al-Madschali und Beamte beider Staaten teil.

Oktober
9 Im Stadtviertel Nachlat-Schiv'a in Jerusalem schießen zwei Terroristen auf Passanten: zwei Tote, eine Soldatin und ein Bewohner Ostjerusalems sowie zwölf Verletzte. Sicherheitskräfte töten zwei Terroristen und fassen einen dritten.

Hamas-Terroristen entführen den Soldaten Nachshon Waksman. Am 11. des Monats trifft eine Tonbandaufnahme ein, in der die Freilassung führender Terroristen gefordert wird. Am Tag darauf trifft ein weiteres Tonband ein, mit Ultimatum: 14.10., 21 Uhr.
14 Der Versuch, den bei Ramallah gefangengehaltenen

Rabin telefoniert mit König Hussein, während dieser erstmals Israel überfliegt.

Soldaten zu befreien, scheitert. Die Entführer töten ihn in einem Gefecht, bei dem auch ein israelischer Offizier fällt.

Yitzhak Rabin, Jassir Arafat und Shim'on Peres sollen den Friedensprozeß 1994 erlassen.
19 Schweres Unglück in Tel Aviv: Ein Selbstmordattentäter sprengt sich in einem Autobus der Linie 5 im Stadtzentrum in die Luft: 24 Tote und viele Verletzte.
24 Die beiden jugendlichen Mörder des Taxifahrers Derek Roth (siehe 9.1.1994) werden zu einer Freiheitsstrafe von 16 Jahren verurteilt.
26 Friedensabkommen zwischen Israel und Jordanien am Grenzübergang nördlich von Eilat. US-Präsident Clinton ist bei dem Ereignis zugegen.
27–28 Clinton und seine Frau bereisen Israel.
29 Eine Hisbollahtruppe greift einen israelischen Posten im Südlibanon an: ein Toter und zwei Verletzte.

November
3 Die türkische Regierungschefin Ciller in Israel.
7 Nach dem Blutbad: Wiedereröffnung der Machpela-Höhle in Hebron.
10 Erster offizieller Staatsbesuch König Husseins in Israel.
11 Bei einem Selbstmordanschlag des Islamischen Dschihad werden an der Kreuzung bei Nezarim drei Offiziere der Reserve getötet.
19 Noch ein Anschlag bei Nezarim: Hamas-Terroristen feuern auf einen Posten und töten einen Israeli.
27 Rabbi Amiram Olmi aus der Siedlung Itani'el wird von Terroristen in seinem Wagen erschossen.

Den ganzen Monat über herrschte besonders regnerisches, stürmisches Wetter.

Dezember
10 Verleihung des Friedensnobelpreises in Oslo.
11 Jordanien und Israel eröffnen provisorische Botschaften in Tel Aviv und Amman.

Im Libanon wird ein israelischer Offizier getötet, sieben Soldaten verletzt.
14 Ein Soldat gerät in Ramallah in einen palästinensischen Aufmarsch. Nur ein Wunder bewahrt ihn davor, gelyncht zu werden. In Israel reagiert man mit gemischten Gefühlen auf die Nachricht, daß er sein Leben rettete, indem er bewußt auf den Gebrauch seiner Waffe verzichtete.
19–23 Bei Zwischenfällen im Südlibanon fallen vier Soldaten, elf werden verletzt.
25 Anschlag nahe dem Kongreßzentrum von Jerusalem: Ein Selbstmordattentäter sprengt sich neben einem Omnibus voller Soldaten in die Luft. 13 Verletzte.
27 Verabschiedung des Gesetzes über die staatliche Krankenversicherung durch die Knesset. Es wird schon am 1. Januar in Kraft treten.

1994 kamen mehr als 80 000 Neueinwanderer nach Israel, der Großteil aus der GUS.

Die Inflation lag höher als in den beiden vergangenen Jahren: 14,5%.

DIE ACHTZIGER JAHRE

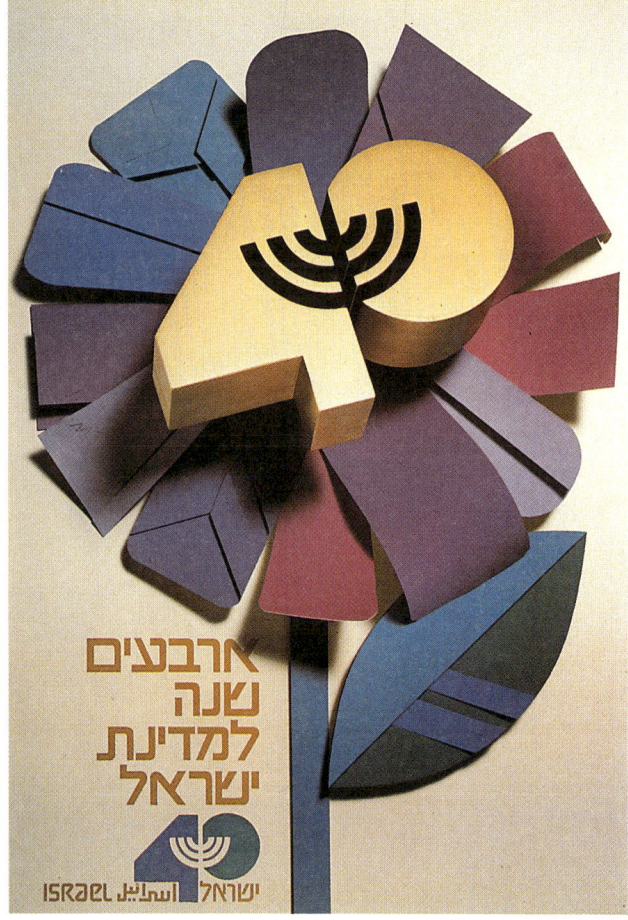

△ 1980 stirbt die Schauspielerin Hanna Rovina im Alter von 91 Jahren. David Trettkover verewigt sie auf seine besondere Art.

△ 1988: Israel feiert seinen 40. Geburtstag im Zeichen der bevorstehenden Knesset-Wahlen und der Intifada.

▽ Dank des Fernsehens erreicht die Knesset jeden Haushalt in Israel.

△ Auszeichnung für die Teilnahme am Unternehmen »Frieden in Galiläa« (Libanon-Krieg).

◁ Generalstabschef Rafael Eitan begutachtet die Reste des israelischen Verwaltungsgebäudes in Tyros, November 1982.

▽ Israelische Soldaten im Libanon. Die Armee bleibt drei Jahre im Zedernstaat (Juni 1982 – Juni 1985).

▷ Streitobjekte zwischen orthodoxen und
säkularen Israelis: die Werbeplakate.
Orthodoxe Juden überpinseln sie.

▽ Konfliktpunkt zwischen Juden und Arabern:
die Machpela-Höhle in Hebron.

PROTESTE UND DEMONSTRATIONEN

Immer öfter zeigen die Israelis ihren Unmut auf den Straßen und Plätzen der Städte. Mitunter scheint jeder gegen alles zu demonstrieren, vor allem aber die Linke gegen die Rechte und umgekehrt. Mit der Zeit verhärten sich die Positionen, die Parolen werden aggressiver.

▷ In den achtziger und neunziger Jahren hat es die Polizei immer wieder mit Demonstranten zu tun. Manchmal geht es dabei nicht zimperlich zu. Der junge Religiöse scheint zu fragen: »Was habe ich denn verbrochen? Was wollt ihr von mir?«

▽ Die Protestzüge orthodoxer Juden, vor allem in Jerusalem, werden immer größer. Aus Hunderten werden Tausende. Demonstriert wird gegen die »Entweihung« des Sabbat, die Öffnung säkularer Einrichtungen in der Nähe orthodoxer Stadtviertel, archäologische Ausgrabungen und vieles mehr.

EINWANDERUNGSBOOM

Wie in den Fünfzigern: Seit Anfang 1990 strömen Abertausende von Einwanderern nach Israel, von denen die meisten aus der ehemaligen Sowjetunion stammen. Wie früher hilft die Armee bei der Eingliederung der Ankömmlinge. Zum Neujahrsfest im September 1990 Empfang für Tausende von Neubürgern im Stützpunkt Zriffin. Eine Soldatin mit einem mit Medaillen behängten Immigranten. Wohnwagen in Schderot, ein modernes Durchgangslager (Bild unten).

DER GOLFKRIEG 1991

◁ Eine Scud-Rakete trifft das Nobelviertel Savjon. Das Foto entstand Minuten nach dem Einschlag, bevor Hilfe eintrifft.

▽ Amerikanische Raketenabwehrgeschütze sollen irakische Geschosse über Tel Aviv abfangen, Februar 1991. Doch der Erfolg der »Patriot«-Raketen ist äußerst begrenzt.

◁ Satellitenschüsseln, in kürzester Zeit installiert, tragen den Krieg in jeden Winkel der Erde. Zum ersten Mal erleben die Israelis, wie wirksam die Berichte des US-Nachrichtensenders CNN sind.

AUF DEM WEG ZU EINEM ABKOMMEN

Im Frühjahr 1993 mehren sich die Fälle palästinensischer Messerstechereien in Israel.
Am 29.3. titelt Jedi'ot Acharonot: »Messer im Rücken.«

Im Herbst 1993 kommen Israelis und Palästinenser überraschend zu einer Einigung. Als die Armee Gaza im Sommer 1994 verläßt, herrscht in der Stadt große Freude.

ÜBERSCHWEMMUNGEN 1992

△ 1992 verwandelt sich die modernste Stadtautobahn Israels im Ajallon-Tal in Tel Aviv mehr als einmal in eine »Wasserstraße«.

▷ Der Winter 1992 bringt besonders viel Niederschläge. Die Flüsse treten über ihre Ufer, und überall werden Störungen gemeldet. Der Jarkon, ein sonst eher unscheinbarer Wasserlauf, tritt wiederholt über die Ufer.

ALTE UND NEUE POLITIKER

▷ Yitzhak Rabin, seit 1992 Ministerpräsident, drängt 1993/94 auf Abkommen mit Palästinensern, Jordaniern und Syrern. Immer wieder finden deswegen Protestkundgebungen statt.

▽ Generalstabschef Ehud Barak beendet Ende 1994 seine Amtszeit, mehrere Monate später betritt er die Arena. Das Bild zeigt ihn bei einem seiner letzten Auftritte als Generalstabschef im Gazastreifen.

FRIEDEN, FRIEDEN!

△ So sieht Ajalli Ran aus Kirjat-Tiv'on den Frieden. Aus der Ausstellung von Kinderzeichnungen im Arabisch-Jüdischen Institut im Berl-Haus.

▽ Händedruck von König Hussein von Jordanien und Shim'on Peres kurz vor Unterzeichnung des Friedensvertrages im Oktober 1994. Rabin und Königin Nur schauen ihnen zu.

Seiten 574/575: der Yitzhak-Rabin-Platz (zuvor hieß er Malchei-Israel-Platz), November 1995. Jugendliche trauern um den ermordeten Ministerpräsidenten Yitzhak Rabin.

◁ Ein besonderes Kapitel in der Einwanderung in den neunziger Jahren stellt das »Unternehmen Salomon« im Jahre 1991 dar. 14000 Juden werden innerhalb von 36 Stunden aus Äthiopien ausgeflogen. Einmal drängen sich mehr als 1000 Einwanderer in einen Jumbo-Jet.

▽ Alltag in Israels Mitte in den neunziger Jahren: morgendlicher Stau im Raum Tel-Aviv.

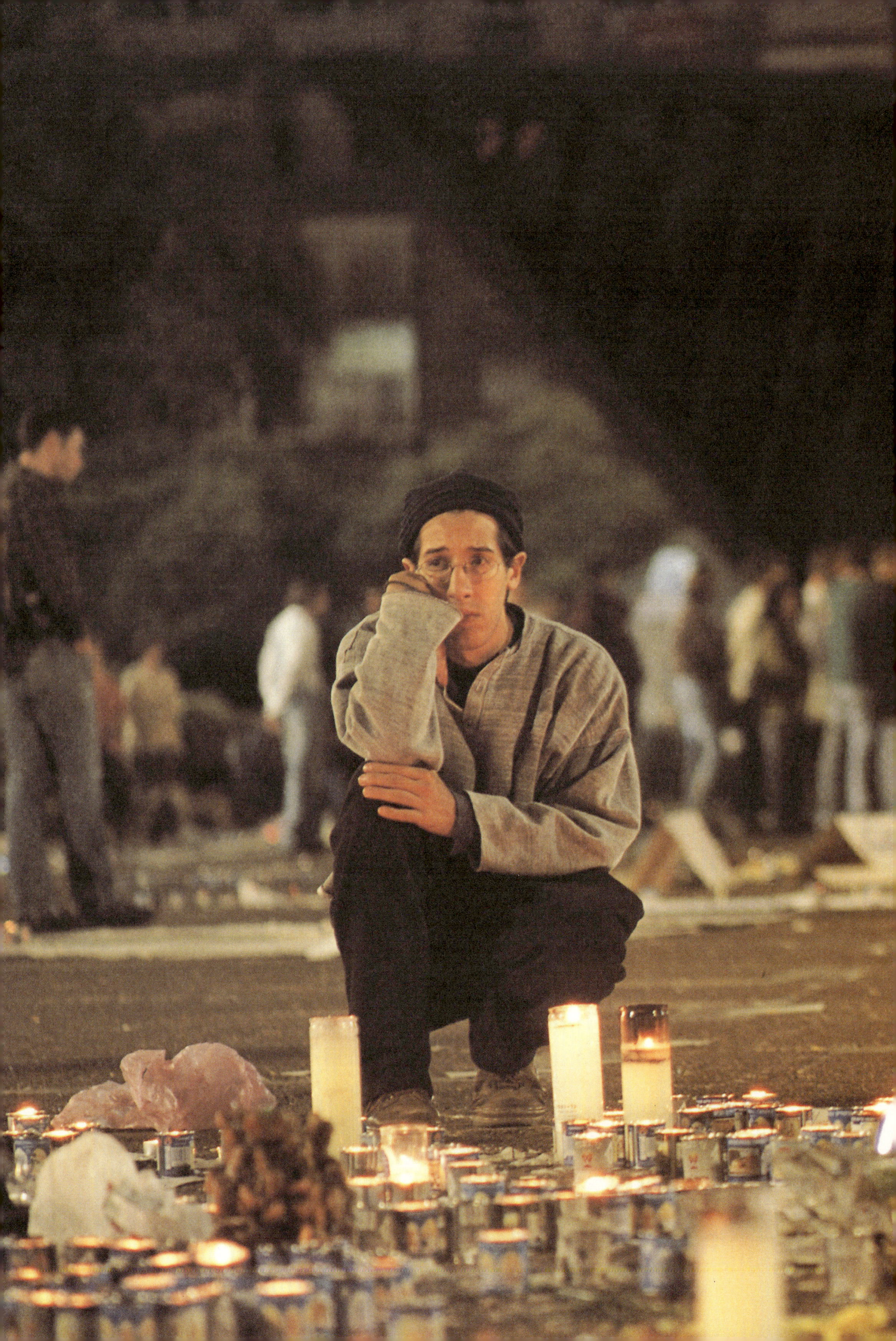

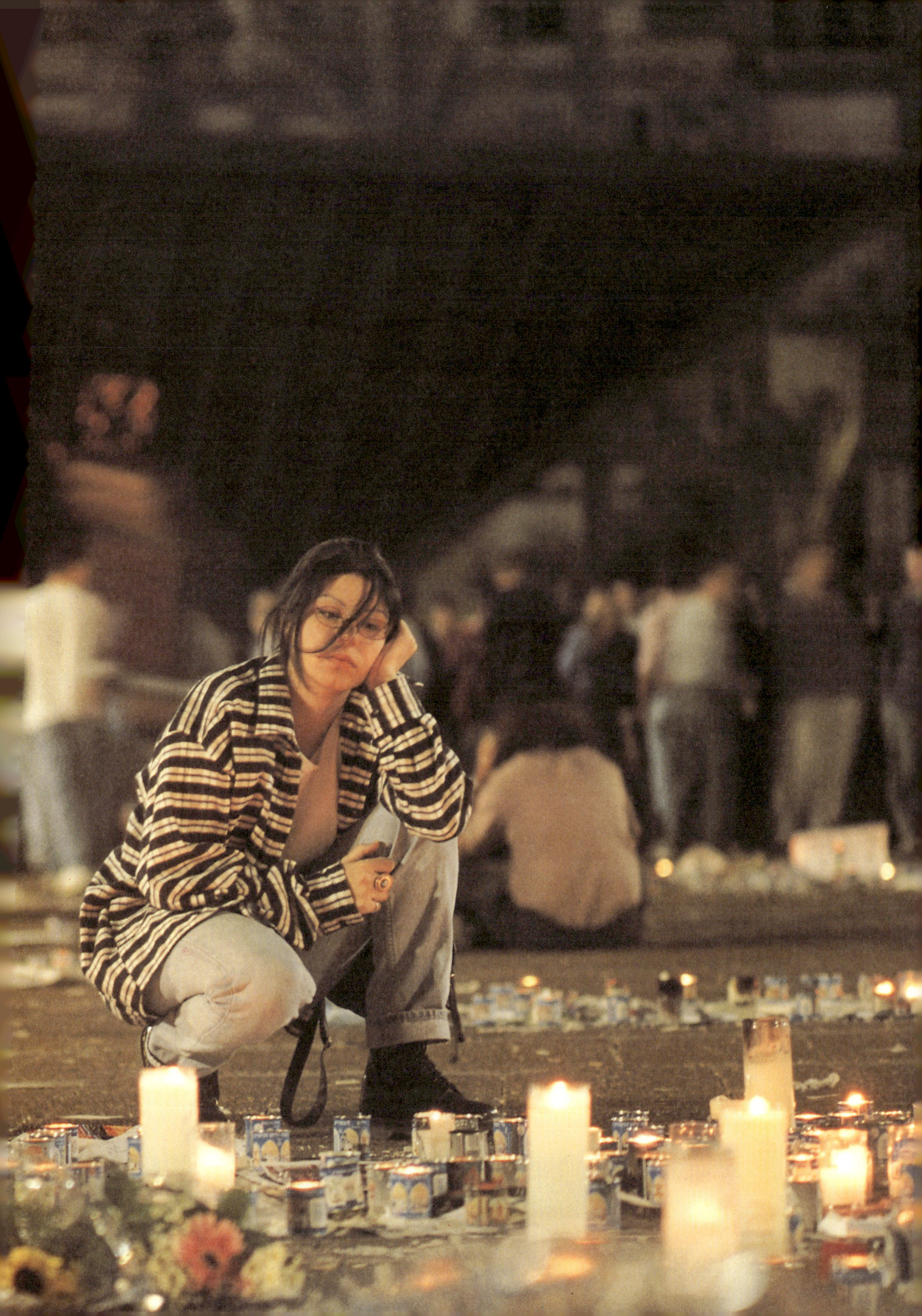

Demonstration auf dem Rückfenster: Hier zeigt der Israeli seine Meinung. Bis zu Rabins Ermordung kritisieren oder beschimpfen nicht wenige Aufkleber die Regierung und den Premier. Danach werden die meisten beleidigenden Aufschriften abgekratzt. Plötzlich tauchen Sticker mit »Shalom, Freund« auf. Wieder mehrere Wochen später bejahen viele den Frieden und sogar einen Rückzug aus den besetzten Gebieten, doch auch die Friedensgegner melden sich wieder.

1994

△ Drama in Kairo: In einer
▷ feierlichen Zeremonie am
4. Mai 1994 unterzeichnen
Israel und die PLO das
Gaza-Abkommen. Anwesend sind dabei US-Außenminister Christopher Warren, Ägyptens Präsident Mubarak, Rabin, Peres und Arafat. Anfangs verweigert Arafat seine Unterschrift, und die Aufnahmen oben und links halten die peinlichen Augenblicke fest.

△ Entgegen allen Prognosen wagen es die Knesset-Abgeordneten Chaim Ramon, Amir Peretz (hier im Bild) und Shmu'el Avital, die Arbeiterpartei bei den Histadrut-Wahlen herauszufordern, obwohl diese (vormals Tnua le-Achdut ha-Awoda und Mapai) dort seit 74 Jahren das Ruder führt. Am 10. Mai 1994 erringen sie einen großen Sieg, Ramon wird Histadrut-Sekretär.

▷ Am 12. Juni 1994 stirbt Rabbi Menachem Mendel Schneerson, der Lubavitscher Rebbe und Führer der Habad-Chassidim, in seinem Haus in New York. Tausende seiner sind fest davon überzeugt, daß ihr Idol noch lebt. Im Bild: das Haus des Lubavitscher Rebbe in Kfar Habad in Israel, das eine genaue Kopie seines Hauses in New York ist.

△ Ein schreckliches Unglück im Herzen von Tel Aviv: Ein palästinensischer Attentäter, Gegner des Abkommens zwischen Israel und den Palästinensern, sprengt sich in einem vollbesetzten Autobus in die Luft. 24 Fahrgäste werden getötet und Dutzende verletzt. Es ist einer der schwersten Anschläge, die Israel in den neunziger Jahren erlebt. Er bringt die Regierung in eine schwierige Lage: Sie unterschreibt ein Abkommen mit der PLO, doch werden die Anschläge fortgesetzt. Arafat verurteilt den Anschlag und kündigt Schritte an, um den extremen palästinensischen Terror zu bremsen.

△ Ein brennender Autoreifen in Ostjerusalem, 1994: Nach dem Abkommen zwischen Israel und der PLO verliert die Intifada zwar allmählich an Schwung. Aber gelegentlich flackern noch Unruhen in den Städten der besetzten Gebiete auf, und es finden gewalttätige Demonstrationen statt.

▷ Obwohl sich die Wirtschaftslage bessert, herrscht in Israel auch Armut. Im Winter 1994 wird die Wohnungsnot akut, besonders in Tel Aviv. Viele verbringen die Nächte auf Bänken in den Straßen und Parks.

1994

GAZA – DAS ENDE

Im Juni 1967 zog die israelische Armee im Gazastreifen ein. 27 Jahre später, im Juni 1994, übergibt sie ihn im Rahmen des israelisch-palästinensischen Abkommens vom September 1993 den palästinensischen Behörden. Nur wenige in Israel sind über den Rückzug traurig. Seit dem Ausbruch der Intifada Ende 1987, aber auch schon zuvor stellte die Besetzung Gazas wegen der zahlreichen Anschläge auf israelische Soldaten eine schwere Last dar. Noch am letzten Tag werden sie mit Steinen beworfen. Die Truppen räumen den Großteil des Gazastreifens, einschließlich Gaza-Stadt, die jüdischen Siedlungen jedoch bleiben unter israelischer Oberhoheit. Zwischen Israel und den palästinensischen Behörden werden Regelungen für die Aufrechterhaltung von Ordnung und Sicherheit getroffen.

Jassir Arafat wird in Gaza begeistert begrüßt, wenn auch extremistische Organisationen wie Hamas und der Islamische Dschihad seine versöhnliche Linie Israel gegenüber ablehnen. Sie setzen ihre Angriffe auf Israelis denn auch fort.

Mit der Übergabe der Regierung in Gaza und Jericho an die Palästinenser im Sommer 1994 beginnt ein neues Kapitel in der israelischen Geschichte. Allerdings ist bis zum Ende des Jahres niemandem klar, ob es Israel einem endgültigen Frieden tatsächlich näherbringt.

△ Das Haus bei Ramallah, in dem der entführte Soldat Nachshon Waksman im Oktober 1994 ermordet wird. Im Laufe des Jahres nimmt der Terror palästinensischer Extremisten zu: Es werden immer mehr israelische Zivilisten getötet.

▽ Der letzte Tag in Gaza: Ein israelischer Soldat und ein Palästinenser verabschieden sich gerührt. Doch nicht immer verläuft der Abschied harmonisch, selbst am letzten Tag gibt es Anschläge und werden Steine auf die Soldaten geworfen.

STÜRMISCHES JAHR AN DER BÖRSE

Zu Beginn der neunziger Jahre lacht den Investoren an der Tel Aviver Börse das Glück. Die jährlichen Kurssteigerungen liegen im zweistelligen Prozentbereich. 1994 tritt eine Wende ein, die auf mehrere Faktoren zurückgeht: 1993 hat der Friedensprozeß die Wertsteigerung der Aktien beschleunigt, Anfang 1994 bleibt er dagegen »stecken«, was sich auch auf die Börse negativ auswirkt. Zudem findet die Öffentlichkeit allmählich heraus, daß interessierte Kreise, etwa die Verantwortlichen in den Banken, die Kurse künstlich in die Höhe getrieben und dadurch selbst Millionen verdient haben – die Polizei nimmt mehrere Schuldige fest. Der Aktienindex erreicht im Februar 1994 einen Spitzenwert von 259 Punkten – das kommt Wirtschafts- und Kapitalmarktexperten verdächtig vor. Der Gouverneur der Bank Israel, Professor Ya'akov Frenkel, vergleicht die Börse mit einer »Seifenblase«, die bekanntlich immer platze.

Der erwartete Crash bleibt nicht aus. Innerhalb kurzer Zeit stürzen die Aktienkurse in den Keller, der Aktienindex erreicht im Juli einen Tiefpunkt: 148 Punkte. Das bedeutet einen Rückgang um fast 75 Prozent, verglichen mit den Spitzenwerten vom Jahresbeginn. Von nun an steigt und fällt er wiederholt und beträgt am Jahresende 175 Punkte. Unzählige Kleinanleger erhalten während des Aufschwungs großzügige Anleihen von den Banken, damit sie Aktien kaufen können; jetzt sind sie hoch verschuldet. Selbst die Treuhandfonds, bis 1994 als sichere Anlagemöglichkeit gehandelt, enttäuschen: Wer sein Geld hier investiert hat, verliert durchschnittlich 50 Prozent pro Jahr. Neben den Wechselfällen an der Börse gibt es aber auch gute Nachrichten: Die Wirtschaft verzeichnet ein Wachstum von 7 Prozent, die Arbeitslosigkeit geht unaufhörlich zurück, und der Anstieg des Lebensstandards wird auf 10 Prozent geschätzt.

▽ Das Haus in Jehud, in dem sich Rabbi Uzi Meshullam und seine Anhänger verschanzt haben. Sie drohen, sich in die Luft zu sprengen und auf jeden zu schießen, der sich nähert. Uzi Meshullam verlangt, daß das Verschwinden von Kindern aus dem Jemen untersucht werde. Schließlich wird er von der Polizei gefaßt, aber sein Ziel hat er erreicht: Die Regierung setzt eine Kommission ein.

△ 1994 hält für Geldanleger herbe Enttäuschungen bereit: An der Tel Aviver Börse fallen die Kurse fast unablässig. Je weiter das Jahr voranschreitet, desto dramatischer werden die Wertverluste, und die meisten kleinen Anleger ziehen sich aus dem Geschäft zurück. Die Frustration ist um so größer, als die Jahre zuvor für die Investoren außergewöhnlich ertragreich waren.

1994

FRIEDEN MIT JORDANIEN

Viele Jahre lang trifft sich die politische Führung Israels zu geheimen Gesprächen mit König Hussein von Jordanien, der offizielle Verhandlungen mit ihnen ablehnt. Mitte 1994 wird das Eis schließlich gebrochen: Ministerpräsident Yitzhak Rabin und Außenminister Shim'on Peres treffen mehrmals mit Hussein zusammen und legen ihm dar, daß Jordanien damit rechnen müsse, »außen vor« zu bleiben, wenn erst einmal ein Abkommen mit der PLO unter Dach und Fach sei. Hussein berät sich mit dem ägyptischen Präsidenten Mubarak und Hafis Assad, dem Präsidenten von Syrien. Überraschenderweise rät ihm letzterer, mit den Israelis Friedensgespräche aufzunehmen. Er solle jedoch keinen Friedensvertrag mit ihnen schließen.

Die Regierung von US-Präsident Clinton braucht dringend einen politischen Erfolg im Nahen Osten, deshalb drängt sie Hussein, auf den Friedenszug aufzuspringen. Als Gegenleistung verspricht Washington den Jordaniern, ihnen ihre Schulden zu erlassen. In den Sommermonaten finden Gespräche zwischen Israel und Jordanien statt. Für Schlagzeilen sorgt ein ungefähr 400 Quadratkilometer großes Gebiet in der Arava-Senke, das sich Israel jordanischen Behauptungen zufolge im Laufe der Jahre einverleibt hat.

Die Jordanier erklären sich bereit, Israel dieses Gebiet zu verpachten. Israel wiederum verpflichtet sich, Jordanien mehrere Millionen Kubikmeter Wasser zur Verfügung zu stellen.

Bereits nach wenigen Wochen sind die meisten Hindernisse aus dem Weg geräumt. Israelische Journalisten werden nach Jordanien eingeladen. Die historische Wüstenstadt Petra, das unerreichbare Traumziel aller Israelis seit fünfzig Jahren, steht ihnen jetzt offen. Im Juli erklärt Abd as-Salam al-Mudschali, der jordanische Regierungschef: »Die Zeit der Kriege ist vorbei.« Rabin und Hussein kommen im Weißen Haus in Washington zu einem »Gipfeltreffen« vor laufenden Kameras zusammen.

Das Friedensabkommen zwischen Israel und Jordanien wird während eines Festaktes am 26. Oktober 1994 am neuen Grenzübergang nördlich von Eilat unterzeichnet. Ehrengast ist Präsident Clinton. Rabin und al-Mudschali unterzeichnen das Abkommen. König Hussein, der israelische Staatspräsident Ezer Weizman, Shim'on Peres und Clinton reichen einander die Hand. Am Ende der Zeremonie steigen Tausende bunter Luftballons in den Himmel auf.

Die israelische Bevölkerung steht geschlossen hinter dem Abkommen. Ägypten gratuliert und Syrien ignoriert es.

◁ Unterzeichnung des Friedensabkommens an der israelisch-jordanischen Grenze, Oktober 1994. Am Tisch sitzen Rabin (links) und al-Mudschali, der jordanische Regierungschef, (rechts). In ihrer Mitte der »Pate« des Friedensabkommens, US-Präsident Clinton. Hinter ihnen u. a. König Hussein, Staatspräsident Weizman und Außenminister Warren.

▽ Warten auf die Zeremonie: Rabin und Hussein. Clintons Stuhl ist noch leer.

△ Präsident Clinton spricht mit Ministerpräsident Rabin. Nach der feierlichen Unterzeichnung des Friedensabkommens mit Jordanien stattet Clinton Israel einen zweitägigen Besuch ab.

1995

Januar

1 Amnon Lipkin-Shachak löst Ehud Barak als Generalstabschef ab. Einführung einer Börsensteuer: öffentliche Kritik.
6 Bei einem Anschlag in Samaria (Westbank) wird eine junge Frau getötet.
8 Die Regierung beschließt, eine Kommission einzusetzen, die den Verbleib der jemenitischen Kinder klären soll.
19 Treffen zwischen Rabin und Arafat: Israel verpflichtet sich, die Bautätigkeit in den besetzten Gebieten zu stoppen.
22 Selbstmordattentäter reißen an einer Kreuzung bei Beit-Lid 21 Israelis in den Tod. Die meisten sind Soldaten.
30 Gegen den Widerstand des Finanzministers schafft Ministerpräsident Rabin die Börsensteuer ab. Vorübergehender Anstieg der Aktienkurse.

Februar

Anschläge von Hamas und Islamischem Dschihad dauern an, auch Übergriffe im Libanon.

Erneuter Kurseinbruch an der Tel Aviver Börse.
2 Vierer-Gipfel in Kairo: Rabin, Hussein, Mubarak und Arafat beraten über die Durchführung des mit den Palästinensern geschlossenen Abkommens.
7 Die Tochter eines Diamantenhändlers wird entführt. Der Entführer fordert ein Lösegeld. Bei der Befreiung der Geisel wird er getötet.
13 In Washington versprechen die Palästinenser, den Terror zu bekämpfen.
27 Baisse an der Börse: Der Aktienindex beträgt nur noch 146,8 Punkte.

März

5 Die Polizei deckt Unregelmäßigkeiten in der Histadrut in der Zeit vor Ramons Wahl auf.

US-Außenminister Christopher Warrens Pendel-Diplomatie zwischen Jerusalem und Damaskus.

19 Schüsse auf einen israelischen Omnibus bei Hebron: zwei Tote.
20 Die Polizei sprengt einen Lastwagen, in dem Terroristen Sprengstoff verborgen haben.
21 Der Dollar-Kurs sinkt. Er kostet nur noch 2,95 Schekel.
31 Nach 52 Jahren stellt die Zeitung »Al ha-Mischmar« ihr Erscheinen ein.

April

1 Nach der Liquidierung eines hochrangigen Hisbollah-Mitglieds werden Raketen auf Nord-Israel abgefeuert.
5 Erfolgreicher Abschuß eines dritten israelischen Satelliten, Ofek 3.
9 Doppelter Anschlag bei Kfar Darom: Bei der Explosion zweier Fahrzeuge werden sechs Soldaten getötet.
15 Im März gehen die Lebenshaltungskosten zurück: um 0,1 %.
16 Sicherheitskräfte schalten drei Hamas-Terroristen in Hebron aus, die acht Israelis umgebracht haben.
18 Empörung über Außenminister Peres, der den Rückzug auf die internationale Grenze auf dem Golan fordert.
26 Empörung über Rabins Mitteilung, in Kürze würden drei Armee-Stützpunkte in Judäa und Samaria geräumt.

Mai

Zu Monatsbeginn ist die Lage im Südlibanon erneut brenzlig. Es kommt zu Zwischenfällen.
8 Krise in den Beziehungen zwischen Israel und arabischen Staaten sowie den Palästinensern wegen der Enteignung arabischen Bodens in Jerusalem.
11 Tod des Dichters David Avidan im Alter von 60 Jahren.
14 Mitteilung der Regierung, es werde keine weiteren Bodenenteignungen in Jerusalem mehr geben.
20 Der ehemalige Generalstabschef Ehud Barak will in die Politik gehen.
22 Mißtrauensvotum der Arabischen Partei wegen Bodenenteignungen in Jerusalem, dem sich der Likud anschließt.

Ein israelischer Soldat schießt auf eine Kirche der christlichen Araber in Jaffa und löst damit arabische Unruhen in der Stadt aus.

Auf den Golanhöhen Demonstrationen: gegen die Rückzugspläne der Regierung.

Am 27.des Monats erklärte Rabin: »Die Räumung einer Siedlung in der ersten Phase ist möglich.« Syrien verlangt den vollständigen Rückzug.

Juni

Verstärkung der Truppenpräsenz in der Westbank: Unruhe in rechten Kreisen und bei den Siedlern in Judäa und Samaria.
15 Auf Galiläa werden Katjuscha-Raketen abgefeuert: acht Verletzte.
18 David Levy verläßt den Likud. Er will eine neue Partei gründen.

Rabin erklärt, es bestünden keinerlei Absichten, Siedlungen in den besetzten Gebieten zu räumen.
22 Das israelische Schiff »Mineral Damfire« versinkt im Chinesischen Meer: 27 Personen werden vermißt, darunter neun Israelis.
23 Katjuscha-Raketen im Norden: ein Toter, neun Verletzte.

In der letzten Woche des Monats: Unruhen und Demonstrationen in den besetzten Gebieten; Katjuscha-Raketen erhöhen die Spannung in Nord-Israel und im Südlibanon. Es finden aber auch eingehende Gespräche zwischen Israel und den palästinensischen Behörden über eine Ausweitung des Abkommens auf weitere Westbank-Städte statt. Rechte Kreise protestieren gegen die geplanten Verzichte dort und auf dem Golan. Banküberfälle.

Juli

Waldbrände im Jerusalemer Korridor, schwere Schäden auch in einzelnen Ortschaften.
3 Getöte israelische Soldaten im Südlibanon.
6 Jene Soldaten, die gleichzeitig Jeschiwa-Schüler sind, wenden sich an ihre Rabbiner. Diese sollen entscheiden, wie sie sich verhalten sollen, wenn sie einen ihrem Gewissen widersprechenden Befehl erhalten. Für den Fall einer Räumung von Stützpunkten in Judäa und Samaria befürchtet die Armeeführung Befehlsverweigerung.
10 Der Rat der Siedlungen in den besetzten Gebieten droht mit einem Bürgerkrieg.
12 15 Rabbiner entscheiden: Niemand braucht den Befehl zur Räumung von Stützpunkten in Judäa und Samaria zu befolgen. Empörung darüber.

15 Die israelisch-syrischen Gespräche in Washington stecken fest.

Schweres Unglück beim Festival von Arad: Als bei einem Rockkonzert Unruhen ausbrechen, werden drei Zuschauer getötet und mehr als hundert verletzt.

Zwei junge Männer werden im Wadi Qilt ermordet. Die Täter fliehen nach Jericho. Arafat befiehlt, sie zu verhaften und vor Gericht zu stellen.
24 Fünf Tote und viele Verletzte beim Selbstmordattentat eines Arabers in einem Omnibus in Ramat-Gan.

Daraufhin Abriegelung von Judäa, Samaria und dem Gazastreifen. Tausende von Juden demonstrieren am Ort des Anschlags. Siedler besetzen Giv'at-ha-Dagan bei Efrat. Sie werden von der Armee zum Abzug gezwungen.

August

1–3 Siedler wollen erneut Giv'at-ha-Dagan besetzen: Konfrontation mit den Sicherheitskräften.
6 Schlagzeile in der Tageszeitung Ma'ariv: »Der Personenschutz für Rabin wird verstärkt. Der Geheimdienst befürchtet einen Anschlag jüdischer Extremisten.«
11 Das zweite Oslo-Abkommen zwischen Israel und den Palästinensern: Arafat verpflichtet sich zur Änderung der Palästinensischen Charta.
13 Richter Aharon Barak löst den scheidenden Richter Meir Shamgar als neuer Präsident des Obersten Gerichtshofes ab.
21 Selbstmordattentat in Jerusalem: Ein Terrorist sprengt sich in einem Omnibus in die Luft. Auch ein zweiter Bus wird von der Explosion getroffen. Fünf Tote und mehr als hundert Verletzte. Stürmische Proteste gegen die Regierung.
24 Aktivisten der Bewegung »Su Artzenu« errichten Straßensperren. Lange Staus.
29 Enthüllung der Tageszeitung Ma'ariv: Die Molkereigesellschaft Tnuva setzt H-Milch Silikon zu. Rücktritt von Tnuva-Geschäftsführer Yitzhak Landsman.

Rechtsextremisten sprechen Drohungen gegen Minister und Personen des öffentlichen Lebens aus. Netanyahu verurteilt sie.

1995

September
Der private Lokalfunk nimmt seine Arbeit auf.

4 Eröffnung der 3000-Jahr-Feiern in Jerusalem. Der amerikanische Botschafter fehlt.

5 Ein Terrorist ermordet einen Siedler in Ma'ale-Michmas und verletzt dessen schwangere Frau schwer.

19 Bei einem inneriranischen Flug entführt ein Steward eine Passagiermaschine und zwingt den Piloten zur Landung auf dem Flughafen von Uvda nördlich von Eilat. Israel läßt die Maschine mit den Fluggästen zurückfliegen.

27 Der Komponist Alexander Argov stirbt mit 81 Jahren.

28 Nach mehreren Aufschüben Unterzeichnung des zweiten Oslo-Abkommens zwischen Israel und den Palästinensern in Washington. Die israelische Armee räumt die wichtigen Städte in den besetzten Gebieten; Freilassung von 1200 palästinensischen Inhaftierten. Wilder Protest der Rechten gegen diesen »Verrat«. Rabin wird heftig angegriffen.

Oktober

5 Mit knapper Mehrheit: Ratifizierung des zweiten Osloer Abkommens durch die Knesset.

Rechte Demonstranten greifen die Fahrzeuge von Ministerpräsident Rabin und Minister Ben-Eli'eser an.

10 Rückzug aus Judäa und Samaria: Als erste wird die Kleinstadt Salfit geräumt.

11 Infolge der gewalttätigen Übergriffe auf Minister und Personen des öffentlichen Lebens wird bekanntgegeben, der Geheimdienst werde die Bewachung von Ministern und hochrangigen Beamten verstärken.

12 Ein Golani-Konvoi gerät im Südlibanon in einen Hinterhalt der Hisbollah: Drei Tote und sechs Verletzte.

Am 15. geraten Soldaten des gleichen Regiments noch einmal in einen Hinterhalt: Sechs Soldaten sterben.

22 Israelische und jordanische Luftwaffe veranstalten einen Friedensflug.

24 Schwerer Verkehrsunfall bei Ben-Schemen: Ein Lastwagen, dessen Fahrer am Steuer eingeschlafen ist, stößt mit mehreren Fahrzeugen zusammen: zehn Tote.

Der amerikanische Kongreß beschließt, die US-Botschaft nach Jerusalem zu verlegen. Die Regierung ist dagegen. Ein Kompromiß sieht vor, den Umzug auf 1999 zu verschieben.

25 Staatspräsident Weizman kritisiert das Oslo-Abkommen und wird kritisiert.

Fathi Shakaki, Anführer des Islamischen Dschihad, wird in Malta erschossen. Ausländischen Quellen zufolge hat ihn der Mossad liquidiert.

28 Ein Bus kippt auf der Straße von Jerusalem nach Jericho um: acht Tote und 18 Verletzte.

November

4 Ministerpräsident Rabin wird beim Verlassen einer Kundgebung auf dem Malchei-Israel-Platz von dem Rechtsextremisten Yig'al Amir ermordet. Erschütterung in Israel.

6 Beisetzung Yitzhak Rabins auf dem Herzl-Berg in Jerusalem. Trauergäste aus der ganzen Welt: US-Präsident Clinton, König Hussein von Jordanien, der ägyptische Präsident Mubarak, der britische Premierminister Major und Bundeskanzler Kohl. Tiefe Trauer in Israel und Sympathiebekundungen aus allen Teilen der Welt.

6 Beschluß der Regierung, eine staatliche Kommission zur Untersuchung der Ermordung Rabins einzusetzen. Zum Vorsitzenden wird der ehemalige Präsident des Obersten Gerichtshofes Me'ir Shamgar ernannt. Öffentliches Entsetzen über die mangelhaften Sicherheitsvorkehrungen, die den Mord erst ermöglichten.

9 Zu den vielen Besuchern, die der Familie Rabin in Tel Aviv ihr Beileid aussprechen, gehört Jassir Arafat.

12 Kundgebung zum Gedenken an Yitzhak Rabin in Tel Aviv.

Der Malchei-Israel-Platz wird in »Yitzhak-Rabin-Platz« umbenannt. Die Polizei verhaftet mehrere Personen, die der Mithilfe verdächtigt sind, darunter der Bruder des Attentäters. In der Presse heißt es, auch Rabbiner würden vernommen, weil sie die Ermordung Rabins erlaubt hätten.

15 Staatspräsident Weizman beauftragt Shim'on Peres mit der Bildung einer neuen Regierung.

19 Die Shamgar-Kommission nimmt ihre Tätigkeit auf. Entsetzen in der Öffentlichkeit, als bekannt wird, daß der Anführer der rechtsextremen Ejal-Organisation, Avishai Raviv, in Wirklichkeit ein »Maulwurf« des Geheimdienstes ist.

22 Die Knesset spricht der Regierung Peres ihr Vertrauen aus. Peres wird Ministerpräsident und Verteidigungsminister, Ehud Barak Außenminister, Chaim Ramon Innenminister, Moshe Shachal Minister für innere Sicherheit. Rabbi Jehuda Avital wird Minister ohne Geschäftsbereich.

Heftiges Erdbeben in Israel und den Nachbarländern: 6,2 auf der Richter-Skala. Schwere Schäden in Eilat.

26 Verhör zweier Rabbiner, die verdächtigt werden, die halachische Dispens für Rabins Ermordung gegeben zu haben.

28 Schwerer Bombenangriff auf Nord-Israel: Dutzende von Katjuscha-Raketen schlagen in Kirjat-Schmona und weiteren Orten ein. Viele Verletzte.

Gegen Monatsende Räumung von Städten im Westjordanland, zuerst Dschenin.

Dezember

Strenge Sicherheitsmaßnahmen zum Schutz von Ministerpräsident Shim'on Peres.

Druck der Amerikaner auf Israel und Syrien: Sie sollen über Frieden verhandeln. Zur gleichen Zeit halten die von der Hisbollah verursachten Zwischenfälle im Südlibanon an.

1 Peres: »Israel muß Syrien den vollen Preis für einen vollen Frieden zahlen.«

Margalit Har-Shefi, der Mittäterschaft bei Rabins Ermordung verdächtigt, wird freigelassen. Befremden in der israelischen Öffentlichkeit.

10 Die Armee verläßt Tulkarem.

11 Räumung von Nablus, einen Tag vor dem geplanten Termin: Die Menschenmenge beschimpft und bespuckt die hastig abziehenden Soldaten.

19 Prozeß gegen Rabins Mörder Yig'al Amir vor dem Tel Aviver Bezirksgericht. Als der Richter die Anklageschrift verliest, lächelt der Angeklagte. Die Fortsetzung des Verfahrens am 23.1.1996.

Im Fernsehen wird ein zufällig entstandenes Video von Rabins Ermordung gezeigt.

21 Abzug aus Bethlehem. Der Schekelkurs sinkt: 1 US-Dollar = 3,17 Schekel.

24 Schließung der Textilfabrik Oman in Ofakim, Entlassung der 230 Arbeiter. Entsetzen im Ort.

27 Auf einer Farm im US-Bundesstaat Maryland beginnen hochrangige Vertreter Israels und Syriens mit den Friedensverhandlungen.

29/30 Katjuscha-Raketen auf Kirjat-Schmona. Schwerer Sachschaden.

1995 trafen 77 000 Neueinwanderer ein, 85% davon aus der GUS.

Seit dem Beginn der neunziger Jahre sind 700 000 Juden in Israel eingewandert.

Inflation seit 26 Jahren auf dem niedrigsten Stand: 8,1%.

Shim'on Peres und Lea Rabin bei Yitzhak Rabins Beisetzung auf dem Herzl-Berg.

▽ Yitzhak Rabins letztes Jahr: Der Ministerpräsident ist an vielen innen- und außenpolitischen Entwicklungen aktiv beteiligt. Auch ist er häufiger Gast bei feierlichen Anlässen, etwa der Einweihung des Autobahnkreuzes von Kfar Schmarjahu. Später wird bekannt, daß Yig'al Amir schon bei dieser Gelegenheit versucht hatte, Rabin zu ermorden.

▷ Schwere Stunden: Das Foto zeigt Rabin im Februar 1995 beim Besuch der Kreuzung bei Beit-Lid, wo kurz zuvor ein mörderisches Attentat stattfand. Trotz aller Versuche von Hamas und Islamischem Dschihad, den Friedensprozeß durch Tod und Terror zu stoppen, hält Rabin an seinem Kurs fest.

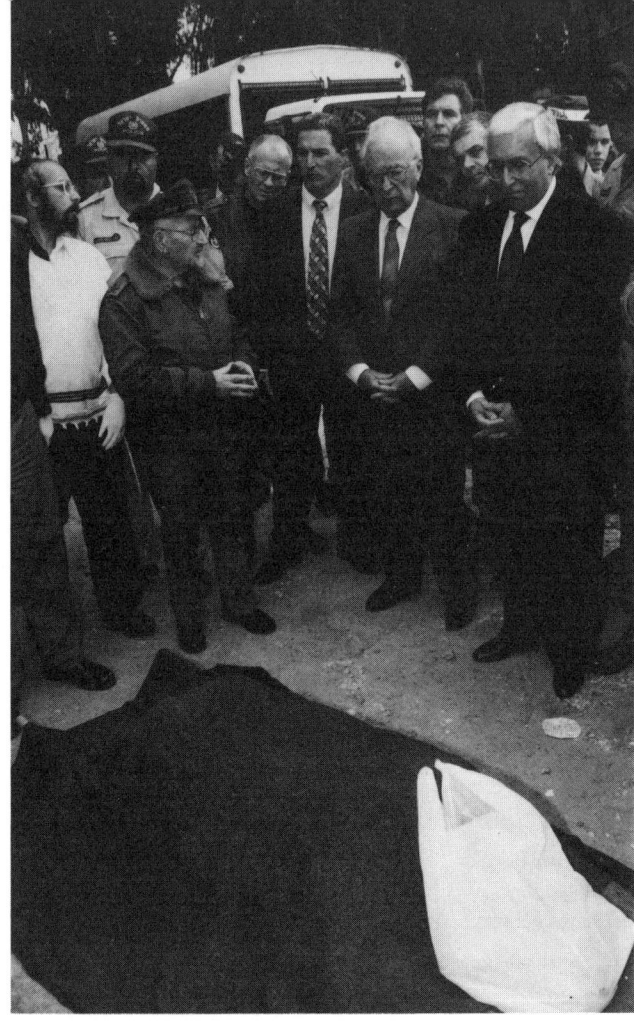

▽ Als das zweite Osloer Abkommen unterzeichnet wird, proptestieren Hunderte in Hebron. Rabin und Arafat werden als »Blutsbrüder« beschimpft und schwerer Verbrechen am jüdischen Volk beschuldigt.

1995

OSLO ZWEI

Zwei Jahre nach der Unterzeichnung des Rahmenabkommens zwischen Israel und der PLO (Oslo-Abkommen) wird eine weitere Übereinkunft getroffen, die die Ausweitung der palästinensischen Herrschaft vorsieht – das zweite Osloer Abkommen. Danach werden den Palästinensern ungefähr 2000 Quadratkilometer der Westbank (ohne Jerusalem) übertragen, während Israel 3900 Quadratkilometer behält. Die Verhandlungen, die dem Vertragsschluß vorausgehen, sind langwierig.

Die Unterzeichnung des Vertrages verzögert sich immer wieder. Am 28. September 1995 ist es endlich soweit: Vor dem Weißen Haus in Washington verkünden Rabin und Arafat: »Keiner von uns verliert etwas, sondern wir üben Verzicht um des Friedens willen.« Die israelische Öffentlichkeit ist gespalten: Unmittelbar nach dem Vertragsschluß sind 51% der Bevölkerung dafür und 47% dagegen. Die Rechte und die Siedler üben lautstark Kritik. Auf ihren Demonstrationen sind scharfe Angriffe auf die Regierung, besonders auf Yitzhak Rabin zu hören.

Bis zum Jahresende räumt Israels Armee alle großen palästinensischen Städte (Gebiet A) außer Hebron; Tausende palästinensischer Inhaftierter werden freigelassen. Der Rückzug aus Gebiet B, aus Dörfern, Kleinstädten und Flüchtlingslagern, soll im Frühjahr 1996 beendet sein. Gebiet C, Regionen mit jüdischen Siedlungen und Armeelagern, und das Jordantal bleiben israelisch.

◁ Rabins letzter Auftritt vor der UNO: anläßlich des fünfzigjährigen Bestehens der internationalen Organisation.

▽ Unterwegs zum zweiten Oslo-Abkommen. Von rechts nach links: Mubarak, Arafat, Clinton, Rabin und König Hussein.

△ Am 1. Januar 1995 tritt ein neuer Generalstabschef sein Amt an: Amnon Lipkin-Shachak.

▽ Die Frage einer Zulassung von Glücksspielen ist in der israelischen Öffentlichkeit umstritten. 1995 führt die Polizei immer wieder Razzien in illegalen Spielklubs durch.

△ 1995 erreicht die Konfrontation zwischen Levy und Netanyahu ihren Höhepunkt. Mitte des Jahres gibt Levy bekannt, er werde den Likud verlassen.

△ Die beiden großen Zeitungen, »Jedi'ot Acharonot« und »Ma'ariv«, berichten ausführlich über die Probleme des jeweiligen Konkurrenzblattes. Besonders ausführlich sind die Artikel über alles, was mit der polizeilichen Untersuchung des Abhörskandals zusammenhängt. Im Bild: der Ma'ariv-Vorstandsvorsitzende bei der Polizei. Er wird illegaler Abhörtätigkeit und der Behinderung der Untersuchungen beschuldigt.

◁ Moshe Vardi, Chefredakteur von »Jedi'ot Acharonot«, unterwegs zur Vernehmung. Er soll wegen illegaler Abhörpraktiken vernommen werden.

1995

△ Der neue Vorsitzende der Jewish Agency und der Zionistischen Exekutive heißt Abraham Burg. Er führt eine Reihe von Neuerungen ein. Zum Beispiel verzichtet er auf seinen Sitz in der Knesset.

▷ Am 22. November 1995 wird Israel von einem Erdbeben der Stärke 6,2 erschüttert. Das Epizentrum liegt südlich von Eilat. In der Hafenstadt entsteht erheblicher Sachschaden. Die Erde ist an vielen Stellen aufgebrochen, viele Straßen sind unbefahrbar.

◁ »Schalom, mein Freund« an unerwarteter Stelle: an der Tür eines Restaurants in der jordanischen Stadt Madaba, Dezember 1995.

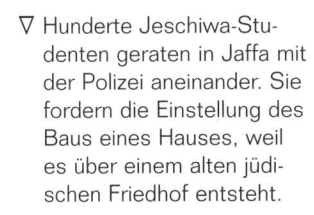

▽ Hunderte Jeschiwa-Studenten geraten in Jaffa mit der Polizei aneinander. Sie fordern die Einstellung des Baus eines Hauses, weil es über einem alten jüdischen Friedhof entsteht.

◁ Das letzte Lied: Yitzhak Rabin hält das Textblatt des »Friedensliedes« in Händen. Nur wenige Minuten später wird er von Yig'al Amir erschossen.

▽ Die bittere Nachricht, verfaßt und verlesen von Eitan Haber im Ichilov-Krankenhaus in Tel Aviv am Abend des 4. November 1995.

»SCHALOM, MEIN FREUND«: YITZHAK RABIN, 1922 – 1995

Die Tage nach dem 4. November gehören wohl zu den schlimmsten, die der Staat Israel seit seiner Gründung erlebt hat. Zum ersten Mal wird ein führender Politiker ermordet: Yitzhak Rabin. Rabin ist zum zweiten Mal Ministerpräsident, er bekleidet das Amt seit mehr als drei Jahren. Außerdem ist er Verteidigungsminister, ihm zur Seite steht Shim'on Peres als Außenminister. Zur Überraschung aller, kommen sich die beiden langjährigen Konkurrenten näher und arbeiten eng zusammen. Sie führen Israel zu dem historischen Abkommen mit der PLO, danach zum Friedensvertrag mit Jordanien. Sogar eine Übereinkunft mit Syrien zeichnet sich ab.

Rabin greift aktiv in viele Bereiche ein, in die Wirtschaftspolitik ebenso wie in gesellschaftliche Fragen. Er trifft häufig mit führenden Intellektuellen zusammen und reist viel in Israel umher. Er wirkt auch sehr viel versöhnlicher als früher, trotz der zahlreichen Angriffe auf seine Politik und seine Person. Wegen seiner »Kapitulation« vor der PLO und des Verzichts auf Teile von Eretz Israel werden immer wieder Drohungen gegen ihn laut. Auch Rabbiner kritisieren ihn öffentlich. Auf rechtsextremen Demonstrationen zeigt man ihn in Nazi-Uniform – in Israel eine unerhörte Provokation. Im Sommer und Herbst 1995 mehren sich die Attacken, doch Rabin nimmt sie nicht ernst. Er weiß die Mehrheit der Bevölkerung hinter sich. Meinungsumfragen zufolge nimmt seine Beliebtheit stetig zu.

Als Beweiß dafür, daß das Volk den Frieden befürwortet, findet am Abend des 4. November 1995 auf dem Malchei-Israel-Platz (»Platz der Könige Israels«) in Tel Aviv eine Massenkundgebung statt. Rabin ist Ehrengast. Er ist tief bewegt, daß Hunderttausende gekommen sind, um seine Politik zu unterstützen. »Das Volk Israel will Frieden und sagt ja zum Frieden«, verkündet Rabin. Am Ende der Kundgebung stimmt er mit ein, als die Sängerin Miri Aloni das »Friedenslied« anstimmt. Danach begibt Rabin sich zu seinem Wagen, wechselt unterwegs ein paar Worte mit Bekannten und wird von mehreren hundert Jugendlichen, die vor dem Parkplatz auf ihn warten, begeistert mit »Frieden! Frieden!« und »Wir unterstützen dich!« begrüßt. Als er neben seinem Wagen steht, nähert sich ihm ein unauffälliger junger Mann, der plötzlich einen Revolver zieht und aus allernächster Nähe dreimal auf ihn schießt. Zwei Schüsse treffen Rabin, der dritte einen Leibwächter. Der Ministerpräsident wird sofort ins Krankenhaus gefahren, wo er jedoch kurze Zeit später stirbt.

Trauer und Entsetzen senken sich über das Land, und auch in vielen anderen Staaten stehen die Flaggen auf halbmast. US-Präsident Clinton hält eine bewegende Trauerrede: »Die Welt hat einen großen Menschen verloren, einen Kämpfer für die Freiheit seines Volkes und für den Frieden. Schalom, Chaver, lebewohl, mein Freund.« Tag und Nacht ziehen Menschen an Rabins Sarg vorüber. An seiner Beisetzung nehmen führende Persönlichkeiten aus der ganzen Welt teil. Täglich versammeln sich Tausende auf dem Malchei-Israel-Platz, der in Yitzhak-Rabin-Platz umbenannt wird. Die Menschen zünden Kerzen an und singen Trauerlieder. Die meisten Trauernden sind Jugendliche. Allgemein herrscht die Überzeugung vor, der abscheuliche Mord müsse gesühnt werden und dennoch werde Israel nie mehr so sein wie zuvor.

1995

△ Die Menschenmenge auf dem Malchei-Israel-Platz während der Kundgebung. Als sie zu Ende ist, atmen viele erleichtert auf, die einen Zwischenfall oder sogar einen Anschlag befürchtet hatten. Zu früh, denn ein paar Minuten später wird Yitzhak Rabin erschossen.

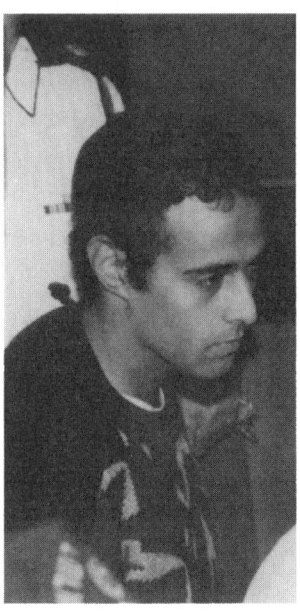

△ Rabins Mörder, Yig'al Amir, ein Jurastudent der Bar-Ilan-Universität. Im Bild ist er bei der Nachstellung des Attentats zu sehen.

◁ Shim'on Peres würdigt Yitzhak Rabin auf der Gedenkfeier, die die Arbeitspartei für den verstorbenen Ministerpräsidenten am siebten Tag nach seiner Ermordung veranstaltet.

1996

Januar

5 Jahja Ajasch („der Ingenieur") ist tot. Der palästinensische Terrorist war verantwortlich für die Ermordung von 67 Israelis und die Verwundung weiterer 390 Personen. Er wurde von einem Sprengsatz zerfetzt, der auf das Funksignal seines Handys reagierte. Die Palästinenser beschuldigen Israel der Tat.

7 Carmi Gilon, der Leiter des Geheimdiensts Shabak, tritt von seinem Posten zurück.

9 Infolge des zweiten Osloer Abkommens werden rund 800 Palästinenser, darunter 400 Hamas-Anhänger, aus israelischen Gefängnissen entlassen.

10 König Hussein von Jordanien besucht Israel. Er besichtigt Tel Aviv und fährt an den See Genezareth.

14-16 Staatspräsident Ezer Weizman stattet Deutschland einen offiziellen Besuch ab und hält im Bundestag eine denkwürdige Ansprache. Er sagt: „Ich vergebe nicht, und ich vergesse nicht."

16 Bei einer Schießerei auf der Straße von Jerusalem nach Hebron töten Terroristen einen Arzt der israelischen Armee und einen Sanitäter.

22 Israel Eldad, ehemaliger Lechi-Befehlshaber, stirbt mit 85 Jahren.

28 Als bekannt wird, daß alle Blutspenden äthiopisch-jüdischer Einwanderer aus Furcht vor AIDS vernichtet werden, demonstrieren 10.000 Äthiopischstämmige in Jerusalem: 61 Personen, darunter 41 Polizisten, werden verletzt.

30 Ein Hamas-Aktivist dringt unbemerkt in ein israelisches Armee-Camp ein und ersticht einen Soldaten.

Februar

9 Die Familie eines bei einem Unfall getöteten Palästinensers gibt seine Organe für Transplantationen in Israel frei.

11 Shim'on Peres gibt bekannt: Das Parlament wird aufgelöst, vorgezogene Neuwahlen sollen stattfinden.

16 Die Hisbollah beschießt 20 Stellungen der israelischen Armee und der Südlibanesischen Befreiungsarmee.

18 Israel und die Türkei unterzeichnen ein Abkommen über eine Zusammenarbeit in Verteidigungsfragen.

23 George Habashs Volksfront für die Befreiung Palästinas verkündet einen Stopp aller gewalttätigen Aktionen in den palästinensischen Autonomiegebieten.

25 Zwei Hamas-Leute sprengen sich in einem Bus der Linie 18 in Jerusalem beziehungsweise auf einer Straßenkreuzung bei Aschkelon in die Luft: 27 Tote, 80 Verletzte.

26 Jerusalem: Ein Palästinenser mit US-Staatsangehörigkeit rast mit seinem Auto in eine Menschenmenge. Eine Israelin stirbt, 23 Personen werden verletzt. Die israelische Armee riegelt die palästinensischen Gebiete ab.

27 Das Bezirksgericht von Tel Aviv verurteilt Yig'al Amir wegen des Mordes an Yitzhak Rabin.

29 Der Shamgar-Untersuchungsausschuß stellt fest, daß der Mord an Rabin erst durch das Versagen der Sicherheitskräfte möglich wurde.

März

3 Wieder sprengt sich ein Hamas-Attentäter in einem Bus der Linie 18 in Jerusalem in die Luft und reißt 18 Fahrgäste mit in den Tod. 70 Personen werden verletzt. Überall im Land werden Purimfeiern abgesagt. Palästinenserchef Arafat droht, alle paramilitärischen palästinensischen Organisationen zu verbieten.

4 Grausiges Selbstmordattentat nahe dem Dizengoff-Einkaufscenter im Herzen Tel Avivs: 13 Tote, rund 100 Verletzte. Der Täter, ein Hamas-Anhänger aus Chan Junus, wurde von einem israelischen Araber ins israelische Kernland eingeschleust.

13 Eröffnung des Gipfeltreffens in Scharm asch-Scheich, an dem Regierungschefs aus 22 Ländern teilnehmen. Sie verurteilen den Terror und rufen zur internationalen Zusammenarbeit im Kampf gegen den Terrorismus auf. Unter den Konferenzteilnehmern sind der israelische Premier Peres, Ägyptens Präsident Mubarak und US-Präsident Clinton.

14 Nach dem Gipfeltreffen besucht Clinton Israel. Teil des Besuchsprogramms: Er diskutiert in Tel Aviv und Jerusalem mit Jugendlichen.

31 Aus ungeklärten Gründen explodiert ein Hubschrauber der israelischen Armee über der Judäischen Wüste. Alle sieben Besatzungsmitglieder finden den Tod.

April

2 Israel und Katar unterzeichnen ein Abkommen über den Austausch von Handelsdelegationen.

7 Einweihung der Fluglinie zwischen Israel und Jordanien.

9-27 Als Vergeltung für die wiederholte Bombardierung nordisraelischer Orte vom Südlibanon aus startet die israelische Armee das Unternehmen „Früchte des Zorns". Artillerie und Luftwaffe nehmen die Terroristenstützpunkte unter Beschuß. Die feindlichen Kräfte im Libanon zählen 126 Tote. Unter den Opfern sind mehr als 50 Terroristen, syrische Soldaten sowie eine große Zahl Zivilisten aus dem Dorf Kana. Die Israelis beklagen keine Toten. Weil jedoch viele Bewohner des Nordens Israels südwärts geflohen sind, entstehen finanzielle Einbußen in Industrie und Landwirtschaft. Schließlich handeln Israel und Hisbollah eine Übereinkunft aus: Waffenstillstand.

18 Ha-Po'el Jerusalem schlägt Makkabi Tel Aviv und wird so israelischer Basketballmeister.

29 In Be'erscheva wird der erste Friedhof Israels eröffnet, der keiner religiösen Autorität untersteht.

Doch in Jerusalem wird auch gefeiert: Der 3.000. Geburtstag der Stadt endet mit einer spektakulären Lichtershow mit Feuerwerk über den Mauern der Altstadt.

Mai

Die Hisbollah setzt ihre Attacken auf die israelischen Truppen im Südlibanon fort, die ihrerseits mit Artillerie und Luftangriffen antworten.

2 Tod Emil Habibis. Der Schriftsteller und Träger des Israel-Preises, der auch in die Knesset gewählt wurde, war eine führende Persönlichkeit unter den Arabern Israels.

8 Heftige Konfrontation zwischen Polizisten der palästinensischen Autonomiegebiete und isrealischen Soldaten im Gaza-Streifen

18 Israel schießt den Telekommunikations-Satelliten Amos ins All.

Wahlkampf in Israel, die Emotionen schäumen über: Ein Likud-Aktivist schießt auf einen Anhänger der Arbeiterpartei, der Wahlplakate aufhängt.

19 Nach nur dreijährigem Bestehen stellt das Wirtschaftsblatt Telegraph das Erscheinen ein.

25 In Galiläa und auf den Golanhöhen wüten Brände, die Wald und Weiden schwer schädigen.

29 Wahlen zur 14. Knesset: Binyamin Netanyahu (Likud) schlägt Shim'on Peres (Arbeiterpartei) mit knapper Mehrheit. Die beiden großen Parteien verlieren viele Stimmen, daher ziehen 40 neue Abgeordnete ins Parlament ein.

1996

30 In Mardsch Ajun im Südlibanon gehen zwei Tretminen hoch. Zwei israelische Soldaten werden getötet und sieben verwundet.

Juni

2 General a.D. Danni Yotam löst Shabtai Shavit als Mossad-Geheimdienst-Chef ab.
6 Verstoß gegen das gemeinsame Abkommen: Die Hisbollah feuert wieder Raketen in Richtung Israel ab.
8 Besorgniserregende Neuigkeit: Nach Auskunft der israelischen Armee ist die Bereitschaft der jungen Rekruten, in Kampfeinheiten zu dienen, erstmals zurückgegangen.
9 Bei Beit-Schemmesch wird ein junges Ehepaar durch Schüsse aus einem vorbeijagenden Wagen ermordet.
10 In der von Israel beanspruchten Sicherheitszone im Südlibanon werden fünf israelische Soldaten von Freischärlern erschossen.
17 Die 14. Knesset tritt unter dem provisorischen Vorsitz ihres ältesten Abgeordneten, Shim'on Peres, zusammen.
18 Die Regierung Netanyahu wird in der Knesset vereidigt. Der neuen Regierungskoalition gehören Likud, Zommet und Gescher (David Levys Partei), Schass, die National-Religiösen, die ultraorthodoxe Jahadut ha-Thora, die Partei der russischen Einwanderer Israel be-Alija und die Groß-Israel-Verfechter vom Dritten Weg an.
26 Hinterhalt im Jordantal: Terroristen ermorden drei israelische Soldaten.

Juli

1 Protest gegen Privatisierungsmaßnahmen in der Wirtschaft: Weil Rechte der Arbeitnehmer verletzt würden, ruft die Histadrut einen einstündigen Warnstreik aus. Rund 400.000 Angestellte des öffentlichen Dienstes legen die Arbeit nieder.
6 Tausende von ultraorthodoxen Juden demonstrieren anläßlich des Sabbats auf der umstrittenen Bar-Ilan-Straße in Jerusalem. Sie fordern, die Straße, die durch ein orthodoxes Wohnviertel führt, am Sabbat zu sperren.
9 Ministerpräsident Netanyahu auf USA-Besuch: Bei seinem Treffen mit Präsident Clinton treten Meinungsverschiedenheiten über den Friedensprozeß zutage.
17 Im öffentlichen Dienst wird mehrheitlich gegen den Wirtschaftsplan der Regierung gestreikt, der Privatisierungen und Einsparungen vorsieht.
18 Bei einem Besuch Netanyahus in Ägypten äußert sich Präsident Mubarak optimistisch über die Friedensaussichten.
21 Die sterblichen Überreste der beiden israelischen Soldaten, die 1986 von Freischärlern gekidnappt wurden, kehren heim. Im Gegenzug läßt Israel mehrere libanesische Gefangene frei und übergibt die sterblichen Überreste getöteter Terroristen an die Hisbollah.
26 Terror bei Beit-Schemmesch: Drei Angehörige einer Familie werden durch Schüsse aus einem vorbeifahrenden Auto getötet.
29 Der israelische Windsurfer Gal Friedman gewinnt bei den Olympischen Spielen in Atlanta/USA eine Bronzemedaille.
30 Die Leiche des seit Mai 1989 vermißten Soldaten Ilan Sa'adon wird gefunden. Die Hamas hat ihn entführt und ermordet.

August

6 Bei einem Angriff auf die israelischen Truppen im Südlibanon kommt ein Soldat ums Leben. Daraufhin fliegt die israelische Luftwaffe Angriffe auf Hisbollah-Stellungen.
8 Justizminister Ya'akov Ne'eman tritt zurück. Er wird des unrechtmäßigen Eingriffs in das Verfahren gegen den Abgeordneten Deri bezichtigt.
14 Der Oberste Israelisch-Palästinensische Zivilrat tritt nach einer längeren, durch die Terroranschläge bedingten Pause wieder zusammen.
15 Der Oberste Gerichtshof entscheidet: Die Bar-Ilan-Straße in Jerusalem muß am Samstag geöffnet bleiben. Er empfiehlt, ein Gremium zu bilden, das über eventuelle Straßensperren am Sabbat befindet.
18 Bränden im Jerusalemer Bergland fallen 31 Hektar Wald zum Opfer.
20 Durch Schüsse befreundeter arabischer Kräfte im Libanon kommt ein israelischer Soldat ums Leben, ein weiterer wird schwer verwundet.
21 Gegen den Knessetabgeordneten Dedi Zucker (Meretz-Partei) läuft eine strafrechtliche Untersuchung an. Er gehört einem gemeinnützigen Verein an, der die Schule für Fotografie „Camera Obscura" fördert. Hier soll es zu finanziellen Unregelmäßigkeiten gekommen sein.
25 Infolge des Urteils im Streit um die Bar-Ilan-Straße in Jerusalem starten ultraorthodoxe Kräfte eine Pressekampagne gegen den Präsidenten des Obersten Gerichtshofes. Wegen Attentatsdrohungen werden ihm Leibwächter zugeteilt.

Die Hisbollah greift immer wieder die israelischen Truppen im Südlibanon und die Südlibanesische Befreiungsarmee an.

Wachsende Probleme mit nicht-jüdischen Gastarbeitern, deren Zahl bereits 250.000 beträgt.

Allein im August fanden 61 Personen bei Verkehrsunfällen den Tod.

September

3 Einweihung eines Straßentunnels, der die Fahrt von Jerusalem nach Gusch Etzion und Hebron beschleunigt.
5 Erstes Treffen zwischen Binyamin Netanyahu und Jassir Arafat.
6 Bei einem Brand bei Jerusalem kommen 13 Menschen um. 40 Häuser werden beschädigt.
9 Knessetmitglied Ehud Barak will sich um den Vorsitz der Arbeiterpartei bewerben.

Wieder eine Entführung? Der israelische Soldat Sharon Edri wird vermißt. Die intensive Suche in Zentralisrael, wo er zuletzt gesehen wurde, verläuft ergebnislos.
18 Beim Zusammenstoß zweier Armeehubschrauber vor der Küste bei Naharija kommen die beiden Piloten und ein Offizier ums Leben.
19 Shim'on Peres teilt mit, er werde nicht mehr für den Vorsitz der Arbeiterpartei zur Verfügung stehen.
20 Bei einem heftigen Gefecht zwischen israelischen Soldaten und Hisbollah-Anhängern werden zwei Israelis getötet und acht verwundet.
24-30 Mit Zustimmung des Ministerpräsidenten läßt der Religionsminister einen antiken Tunnel öffnen, der aus dem jüdischen ins muslimische Viertel der Jerusalemer Altstadt führt – in unmittelbarer Nähe der Klagemauer und der Al-Aksa-Moschee. Arabische Ausschreitungen in Jerusalem und den besetzten Gebieten sind die Folge. 69 Araber und elf Israelis kommen um. Große Erregung in der arabischen Welt. Geheimdienstchef Ayalon gesteht: „Wir haben die möglichen Konsequenzen der Tunnelöffnung unterschätzt." Die Beziehungen zwischen Israel und der

Israel versucht, das Trauma der Ermordung von Ministerpräsident Rabin zu vergessen: herzlicher Empfang für König Hussein von Jordanien bei seinem Friedensbesuch in Tel Aviv im Januar.

591

Das Pulverfaß explodiert: Blutige Zusammenstöße an der Grenze zwischen Israel und den Gebieten unter palästinensischer Kontrolle, als die israelische Regierung einen antiken Tunnel unter der Jerusalemer Altstadt öffnen läßt. Er führt von der Klagemauer direkt ins Moslemviertel. Zahlreiche Tote auf beiden Seiten der Grenze. Die israelischen Truppen in den besetzten Gebieten sind in höchster Alarmbereitschaft.
Im Bild: israelische Panzer vor Nablus.

palästinensischen Führung sind auf einem Tiefstand.

Oktober

9 Israels Präsident Weizman und Jassir Arafat treffen in Caesarea zusammen, um die Wogen zu glätten.

10 In Israel und seinen Nachbarländern: Erdbeben der Stärke 6.

13 Israelische und palästinensische Sicherheitskräfte nehmen ihre gemeinsamen Patrouillen in Hebron wieder auf.

16 Erster Besuch von Mitgliedern des Palästinenserrats in der Knesset. Drei Abgeordnete, die laut protestieren, werden des hohen Hauses verwiesen.

21 Mißtrauensvotum in der Knesset: Zwar gelingt es der Opposition, mehr Stimmen auf sich zu vereinen als die Regierung. Doch sie verfehlt die absolute Mehrheit, die für den Sturz der Regierung notwendig wäre.

22 Israelische Parlamentarier besuchen die Westbank-Stadt Hebron: Ein jüdischer Rechtsextremist schüttet kochenden Tee auf die Abgeordnete Ya'el Dayan (Arbeiterpartei). Der Mann wurde schon einmal wegen Mordes an einem Araber verurteilt.

Während eines Israelbesuchs kritisiert der französische Präsident Jacques Chirac öffentlich Israels Politik.

23 Übergriff auf israelische Soldaten im Südlibanon: Zwei werden getötet und fünf verletzt.

November

Aktuelle Meldung zu Monatsbeginn: Die Zahl der Ultraorthodoxen, die den Militärdienst verweigern, wächst.

2 Ein Jahr danach: Massenkundgebung in Tel Aviv zum Gedenken an den ermordeten Yitzhak Rabin. Schweigeminute um 21.45 Uhr, der Uhrzeit, zu der der Attentäter auf Israels Premier schoß.

9 Bei einem Raketenangriff auf einen israelischen Panzer im Südlibanon werden ein Soldat getötet und drei verletzt.

11 Spionage für Israel? Azzam Azzam, ein arabischer Druse aus Galiläa, wird in Ägypten verhaftet.

18 Empörung weltweit: Ein Videofilm dokumentiert, wie zwei israelische Grenzpolizisten offensichtlich wehrlose palästinensische Arbeiter schlagen.

Dezember

3 Rücktritt von Generalstaatsanwalt Michael Ben-Ya'ir.

7 Ein israelischer Soldat der Golani-Brigade wird im Südlibanon Opfer einer Tretmine.

11 Drei Terroristen erschießen eine Israelin und ihren Sohn bei Beit-El in Samaria. Die palästinensischen Behörden verhaften zwei Verdächtige.

14 Katjuscharaketen gehen in Westgaliläa nieder.

Angriff auf einen Konvoi der israelischen Armee im Südlibanon.

30 Ein Palästinenser wird bei dem Versuch erschossen, zwei jüdische Siedler in Kfar Darom im Gazastreifen anzugreifen.

1996 sind rund 70.000 Neueinwanderer in Israel eingetroffen. Die meisten kamen aus den GUS-Staaten.

Die Inflation betrug im zurückliegenden jahr 10,6 %.

1996

Wieder fließt Blut. Anschläge von Hamas und Islamischem Dschihad im Februar und März: Bei zwei Attentaten in Jerusalem und einem Zwischenfall in Tel Aviv sterben 60 Israelis, Hunderte werden verletzt. Diese Aufnahme entstand kurz nach dem Anschlag auf einen Autobus in Jerusalem am 25. Februar. Die Attentate tragen zur Wahlniederlage der regierenden Arbeiterpartei entscheidend bei.

Fast alltäglich: Wieder finden Gefechte an der libanesischen Grenze statt. Im April 1996 provozieren sie das Unternehmen „Früchte des Zorns", Israels Antwort auf den ständigen Beschuß seiner nördlichen Ortschaften. Im Bild: israelische Soldaten während eines Kampfeinsatzes gegen die Hisbollah im Südlibanon.

Bild des Jahres: erstes Treffen zwischen Binyamin Netanyahu, Israels neuem Premier, und dem Vorsitzenden der palästinensischen Autonomiebehörde Jassir Arafat. Noch vor den Wahlen wäre diese Szene unvorstellbar gewesen.

Ministerpräsident Peres führt bei allen Meinungsumfragen und gibt sich im Winter 1996 siegesgewiß. So auch bei einem Englandbesuch im Februar, bei dem er Oppositionsführer Tony Blair trifft. Doch während dieser noch im selben Jahr britischer Premier wird, wird Peres seinen Posten verlieren.

ISRAEL ERNEUT AM WENDEPUNKT

Nach ihrer Wahlniederlage 1992 gruppiert sich die konservative Likud-Partei um einen neuen Führer, den 44jährigen Binyamin Netanyahu. Als er Anfang des Jahres 1996 in den Wahlkampf zieht, befindet er sich klar im Nachteil: Sein Widersacher, Ministerpräsident und Verteidigungsminister Shim'on Peres, liegt bei allen Meinungsumfragen weit vor ihm. Es scheint sicher, daß Peres aus der Wahl – erstmals wählt das Volk den Ministerpräsidenten direkt – als Sieger hervorgehen wird.

Bis zum Tag des Urnengangs, dem 29. Mai, wird es Netanyahu jedoch gelingen, mit Peres gleichzuziehen. Bei dem traditionellen Fernsehduell der Spitzenkandidaten drei Tage vor der Stimmabgabe tritt ein besorgter, unkonzentriert wirkender Peres einem jugendlichen, kämpferischen Netanyahu gegenüber, der den Schlagabtausch in vollen Zügen genießt. Meinungsumfragen zufolge überzeugte Netanyahu die Zuschauer mehr als Peres. Die Chance des Herausforderers sind gestiegen.

Außerdem legen sich in den letzten Tagen vor dem Urnengang Tausende Chabad-Chassidim für ihn ins Zeug: Sie pflastern Häuserwände in ganz Israel mit Plakaten, die für Netanyahu werben: „Nur Netanyahu ist gut für die Juden." D. h. Peres sei schlecht für sie, ein Feind Israels.

Kritiker rügen Netanyahu und seine Partei wegen des verleumderischen Slogans. Das Wahlergebnis allerdings wird zeigen, daß Netanyahu dem Power-Einsatz in letzter Minute seinen Sieg verdankt.

Der fällt äußerst knapp aus: In der Wahlnacht sieht es zunächst ganz danach aus, als habe Peres gewonnen. Umfragen, die die beiden Fernsehkanäle am Wahltag durchführten, und die ersten Hochrechnungen nach Schließung der Wahllokale geben ihm einen leichten Vorsprung vor seinem Herausforderer. Die Wende kommt erst am frühen Morgen des darauffolgenden Tages. Dann erst steht das Endergebnis fest: Netanyahu hat einen Vorsprung von 30.000 Stimmen (weniger als 1 Prozent).

Rückblickend läßt sich feststellen: Peres und die Arbeiterpartei haben ihre Siegeschance durch ihr übersteigertes Selbstvertrauen und die Unfähigkeit, aus der Welle der Sympathie, die ihnen nach dem Rabin-Mord entgegenschlug, Kapital zu schlagen, fahrlässig aufs Spiel gesetzt und nun die Rechnung dafür bekommen.

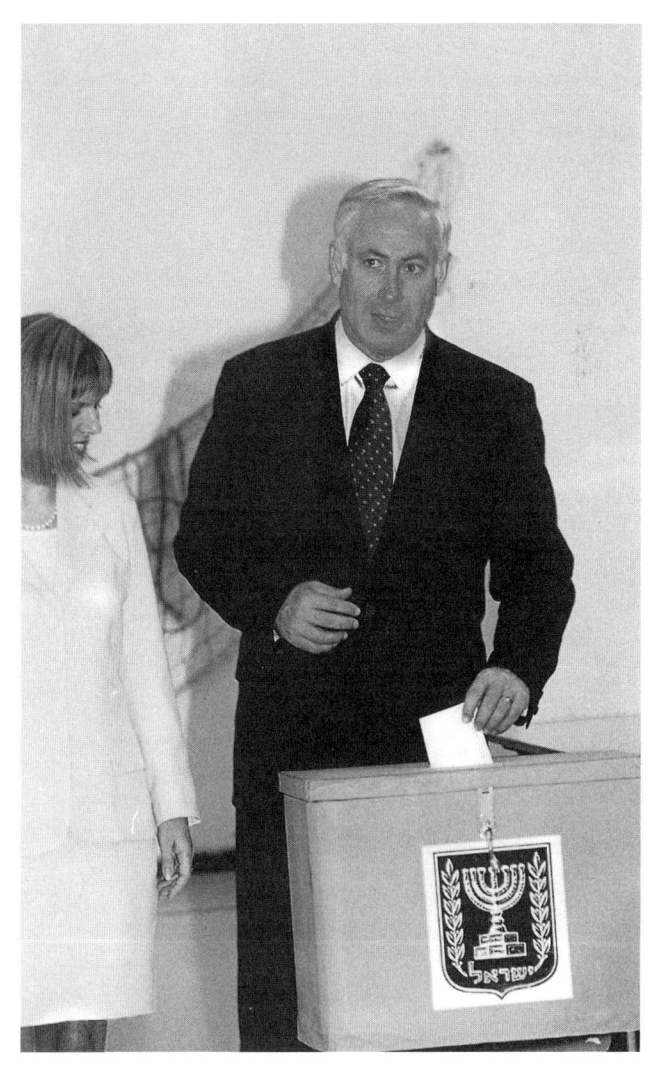

△ An der Wahlurne: Ministerpräsident Peres (l) und Herausforderer Netanyahu mit seiner Frau Sarah.

1997

Januar

1 Amoklauf: Der israelische Soldat Noam Friedman schießt auf palästinensische Passanten in Hebron – sieben Verwundete. Ein israelischer Offizier übermannt ihn und verhindert weiteres Blutvergießen.

12 Roni Bar'on, erst am 10.1. zum Generalstaatsanwalt ernannt, tritt wegen heftiger öffentlicher Kritik seiner Person zurück. Ihm wird vorgeworfen, er sei für das wichtige Amt nicht ausreichend qualifiziert.

15 Die Regierung genehmigt das zwischen Ministerpräsident Netanyahu und dem Vorsitzenden der paläsinensischen Autonomieverwaltung Jassir Arafat vereinbarte Abkommen: Die israelischen Truppen sollen aus Teilen der Stadt abziehen. Elf Minister stimmen dafür, sieben dagegen. Wissenschaftsminister Benny Begin, ein Gegner des Abkommens, tritt aus Protest von seinem Amt zurück.

Skandal um Bar'on: Laut einem TV-Bericht wurde der Anhänger der Rechten vor allem deshalb zum Generalstaatsanwalt ernannt, damit die konservative Schass-Partei im Gegenzug das Hebron-Abkommen unterstützt.

25 Die Regierung überantwortet der Polizei die Untersuchung der Ernennung Bar'ons. In den folgenden Wochen werden zahlreiche Personen des öffentlichen Lebens vernommen, darunter Knessetabgeordnete, Minister und sogar der Ministerpräsident.

29 Die Regierung genehmigt einstimmig die Ernennung von Richter Elyakim Rubinstein vom Jerusalemer Bezirksgericht zum neuen Generalstaatsanwalt.

Februar

4 73 israelische Soldaten kommen ums Leben: Zwei Hubschrauber stoßen auf dem Flug zur Entsetzung israelischer Kräfte im Südlibanon über Obergaliläa zusammen.

Reform der Devisenbestimmungen: Israelis dürfen an ausländischen Wertpapierbörsen investieren und Geld im Wert von bis zu 7.000 US-Dollar in Fremdwährung umtauschen, ohne daß sie dafür wie bisher ein Flugticket ins Ausland nachweisen müssen.

16 Aufnahme von israelisch-palästinensischen Gesprächen über die Durchführung des Hebron-Abkommens.

März

Die polizeiliche Untersuchung der Bar'on-Affäre geht weiter. Immer mehr Politiker werden vernommen, die Spannung steigt. Die Befragung einzelner Personen dauert mehr als zehn Stunden. Ministerpräsident Netanyahu attackiert die Medien, insbesondere das erste Fernsehprogramm, das den Skandal öffentlich machte.

7 Mit hauchdünner Mehrheit legt die Regierung den Umfang des Gebiets fest, das bis zum Abschluß der ersten Phase des Rückzugs aus der Westbank den Palästinensern übergeben werden soll.

13 Israel ist geschockt: Nahe der Grenze nimmt ein jordanischer Soldat eine Gruppe israelischer Schülerinnen unter Beschuß. Er tötet sieben Mädchen. Ein jordanischer Polizeioffizier wird dem israelischen Untersuchungsteam zugeteilt, das die Umstände des Zwischenfalls durchleuchten soll.

14 Beschluß der Regierung: In Har Choma im Süden Jerusalems wird auf Land, das bis 1967 zum jordanischen Teil der Stadt gehörte, ein großes jüdisches Stadtviertel errichtet. Leidenschaftlicher Protest der Westbank-Bevölkerung und in den arabischen Staaten. Begleitet von starken Sicherheitsmaßnahmen, werden am Monatsende erste Arbeiten ausgeführt.

16 König Hussein von Jordanien stattet den Familien der ermordeten Schülerinnen einen Beileidsbesuch ab.

21 Ein palästinensischer Selbstmordattentäter aus der Gegend von Hebron jagt sich im Café Apropos in Tel Aviv in die Luft. Dabei sterben drei junge Frauen, Dutzende Personen werden verletzt. Israel riegelt die palästinensischen Gebiete ab.

27 Der international tätige israelische Industriemagnat Sha'ul Eisenberg stirbt im Alter von 76 Jahren.

April

Die anhaltende Abriegelung der palästinensischen Gebiete und das aufgeheizte Klima zwischen Israel und den Palästinensern führen zu Unruhen in Bethlehem, Hebron, Dschenin und im Gazastreifen.

10 Israelische Sicherheitskräfte nehmen Mitglieder einer Hamas-Terrorzelle fest, die in den zurückliegenden Monaten elf Israelis getötet haben soll. Die palästinensischen Behörden haben die Fahndung nach den Verdächtigen tatkräftig unterstützt. Unter den Verhafteten sind auch die Planer der Bluttat im Café Apropos in Tel Aviv.

16 Das hochkarätige Polizeiteam, das die Bar'on-Affäre untersucht, legt seinen Befund vor. Es empfiehlt, Ministerpräsident Netanyahu, Justizminister Tzachi Hanegbi, den Direktor des Büros des Ministerpräsidenten Avigdor Lieberman und Knessetmitglied Aryeh Deri wegen Betrugs und Vertrauensbruchs anzuklagen. Große Aufregung im politischen Establishment und in der Öffentlichkeit.

17 Chaim Herzog, General im Ruhestand, ehemaliger Knessetabgeordneter und sechster Präsident Israels, stirbt 79jährig.

20 Generalstaatsanwalt Elyakim Rubinstein und Staatsanwältin Edna Arbel lehnen die Empfehlung der Polizei, Anklage gegen den Ministerpräsidenten und den Justizminister zu erheben, ab. Sie erklären jedoch, es sein ein gefährlicher Versuch unternommen worden, Kontrolle über die Justiz zu erlangen, zudem hätten sich „Personen, gegen die Strafanzeige bestand, zusammengetan, um die Person mit zu bestimmen, die zum Generalstaatsanwalt gewählt werden sollte". Nur für eine Anklage gegen Knessetmitglied Deri lägen genug Beweise vor. Rubinstein und Arbel loben die Medien ausdrücklich für ihre wichtige Rolle bei der Aufdeckung des Skandals.

24 Ägyptens Staatsanklägler fordert für den in Ägypten als Spion verhafteten israelischen Staatsbürger Azzam Azzam lebenslängliche Haft.

Mai

3 Die Bar'on-Affäre geht weiter: Massenkundgebung vor dem Amt des Ministerpräsidenten in Jerusalem. Die Demonstranten fordern die Einsetzung eines staatlichen Untersuchungsuasschusses.

8 Ein palästinensischer Makler wird von Landsleuten ermordet. Er soll arabische Grundstücke an Israelis verkauft haben. Weitere Morde aus ähnlichen Motiven folgen.

12 Der Geschäftsmann Zvi Ben-Ari (Gregory Lerner), der der russischen Mafia in Israel angehören soll, wird wegen großangelegten Betrugs und versuchten Mordes in Rußland verhaftet.

Ein arabischer Jugendlicher hißt eine palästinensische Flagge auf dem Hauptquartier in Hebron, Januar 1997.

1997

18 Verkehrsminister Yitzhak Levy beschließt, die Bar-Ilan-Straße in Jerusalem am Samstag und an Feiertagen zur Gebetszeit für den Verkehr zu sperren.

Juni

3 Knessetmitglied Ehud Barak, ehemaliger Generalstabschef und Außenminister, wird zum neuen Vorsitzenden der Arbeiterpartei gewählt. Er schlägt die ebenfalls kandidierenden Knessetabgeordneten Yossi Beilin, Shlomo Ben-Ami und Ephraim Sneh.

17 Die Regierung muß mit einer neuen Krise fertig werden: Wegen Differenzen mit Ministerpräsident Netanyahu tritt Finanzminister Dan Meridor zurück. Auch andere Minister erwägen einen Rücktritt.

24 Nach Meridors Ausscheiden will die Opposition die Regierung durch ein Mißtrauensvotum stürzen. Der Versuch scheitert, 55 Abgeordnete stimmen für die Regierung und nur 50 Abgeordnete gegen sie.

28 Tausende Israelis versammeln sich auf dem Rabin-Platz in Tel Aviv. Sie verlangen vorgezogene Neuwahlen. Gegen Monatsende verschärft sich die Rezession, die Arbeitslosenquote wächst.

Juli

14 Die 15. jüdische Olympiade Makkabia beginnt mit einer Tragödie: Eine Brücke über den Jarkon stürzt ein, vier Mitglieder der australischen Delegation kommen um, und Dutzende andere werden verletzt. An den Planern und Erbauern der Brücke sowie an den Makkabia-Funktionären wird scharfe Kritik laut.

30 Selbstmordattentate der Hamas auf dem jüdischen Markt in Westjerusalem: 16 Tote und mehr als 150 Verletzte.

August

9 Meuterei im Militärgefängnis Nr. 6: 16 Häftlinge nehmen mehrere Wächter als Geiseln. Für deren Freilassung verspricht die Armee, die Haftbedingungen zu verbessern und die Geiselnehmer nicht strafrechtlich zu verfolgen. Diese Zusage wird später gebrochen.

31 Der israelische Araber Azzam Azzam wird in Ägypten der Spionage für Israel für schuldig befunden und zu 15 Jahren Zwangsarbeit verurteilt.

Während des ganzen Monats halten die Zwischenfälle im Südlibanon an. Am 28. August kommen vier israelische Soldaten in einem Steppenbrand um, der infolge israelischen Beschusses ausgebrochen ist. Auf Ortschaften in Galiläa gehen wieder Katjuscha-Raketen nieder.

September

4 Kein Ende des Terrors in Westjerusalem: Drei Selbstmordattentäter sprengen sich in der Fußgängerzone in die Luft. Die blutige Bilanz: vier Tote, rund 200 Verwundete.

5 Die Vergeltungsmaßnahme eines israelischen Kommandotrupps mißlingt: elf israelische Soldaten kommen ums Leben, einer wird vermißt.

Bei der bis dahin größten Privatisierungsaktion in Israel erwirbt Industriemagnat Ted Arison 43 % der Anteile an der Bank Hapoalim.

10-11 Beim ersten Nahostbesuch seit ihrem Amtsantritt zeigt sich US-Außenministerin Madeleine Albright enttäuscht von den Gesprächen mit der israelischen und der palästinensischen Führung.

14-18 Die Ras-al-Amud-Affäre: Drei jüdische Familien beziehen einen von dem US-Bürger Irving Moskowitz erworbenen Häuserkomplex im arabischen Ostjerusalem. Innenpolitische Spannungen in Israel und Verstimmung zwischen Israel und den palästinensischen Autonomiebehörden. Weil die israelische Regierung weitere Unruhe vermeiden will, müssen die drei Familien das arabische Viertel verlassen. Zehn Jeschiwa-Schüler bewachen fortan die Häuser.

22 Schießerei in Jordanien: Zwei Wächter der israelischen Botschaft in Amman werden verwundet.

25 Der Vorsitzende der Arbeiterpartei, Ehud Barak, bittet die Juden, die in den 50er und 60er Jahren aus arabischen Ländern nach Israel eingewandert sind, um Vergebung. Sie seien diskriminiert worden. Mapai, die Vorgängerin der heutigen Arbeiterpartei, regierte damals und war somit für das Unrecht verantwortlich.

Die Masch'al-Affäre beginnt. Der israelische Geheimdienst Mossad versucht in Jordanien Halid Masch'al, einen Führer der Hamas, zu ermorden. Das Vorhaben scheitert. Zwei Teilnehmer der Aktion werden gefangen genommen, vier flüchten sich in die israelische Botschaft in Amman. König Hussein ist empört. Ein israelischer Arzt rettet Masch'al, dem man Gift verabreicht hat, das Leben. Israels Premier Netanyahu eilt nach Jordanien, um die guten Beziehungen zu dem Nachbarstaat zu retten. Israelis und Jordanier vereinbaren, daß die verhafteten Attentäter nach Israel ausreisen dürfen und daß Israel im Gegenzug den Gründer der radikalen Hamas-Bewegung, Scheich Jassin, freiläßt.

28 Die Histadrut ruft zu einem landesweiten Streiktag auf. Protest gegen die Weigerung der Regierung, sich an die von der vorherigen Regierung verabschiedeten Rentenbestimmungen zu halten, sowie gegen die Privatisierungen, die ohne Beratung mit den Arbeitnehmervertretern durchgeführt werden.

Oktober

6 Die beiden israelischen Geheimagenten, die in Zusammenhang mit dem Masch'al-Attentat in Jordanien in Haft sind, kehren nach Israel zurück. Als Gegenleistung setzt Israel Scheich Jassin sowie palästinensische Gefangene auf freien Fuß.

8 Die Detonation einer Mine, die die Hisbollah im Südlibanon gelegt hat, reißt zwei israelische Soldaten in den Tod. Sechs Israelis erleiden Verletzungen.

11 Jordanien legt die jordanisch-israelische Zusammenarbeit in Sicherheitsfragen auf Eis.

26 Marokko friert seine Beziehungen zu Israel ein.

November

4 Gedächtnisveranstaltungen und Protestkundgebungen überall in Israel. Anlaß ist die zweite Wiederkehr des Todestages von Ministerpräsident Rabin.

19 Schießerei in der Altstadt Jerusalems: ein Todesopfer und ein Verletzter. Beide sind Studenten einer jüdischen Religionsschule.

Der Vorsitzende des Festkomitees für die Feierlichkeiten zum 50. Jahrestag der israelischen Unabhängigkeit, Yitzhak Moda'i, regt eine weitreichende Amnestie, auch für Palästinenser, an. Der Vorschlag wird in der Öffentlichkeit und in politischen Kreisen kontrovers diskutiert.

23 Avigdor Lieberman verkündet seinen Rücktritt von dem einflußreichen Amt des Leiters des Büros des Ministerpräsidenten.

30 Streik der Regierungsbeamten. Er weitet sich allmählich auf alle Bereiche der Wirtschaft aus. Eine Woche lang ruht die Arbeit.

Dezember

1-7 Der Streik dauert an. Finanzminister Ne'eman sagt, israelische Arbeiter seien Blindgänger, die sich selber schadeten. Die Beleidigung führt zum Generalstreik.

15 Große Überraschung: Der Anstieg der Lebenshaltungskosten sinkt im November auf 0,3 %, die niedrigste Quote seit Mai 1992. Die Arbeitslosenzahl ist dennoch hoch: 151.600 Personen haben keine Stelle.

16 Demonstrationen in Ofakim, die Kommune mit der höchsten Arbeitslosenquote in Israel (rund 15 %). Daraufhin wird versucht, der Stadt zu helfen. Premier Netanyahu besucht Ofakim und präsentiert eine Liste von Arbeitsplätzen, die dort geschaffen werden sollen.

23 Jerusalem: Im aufgeheizten Klima der Debatte um die ideologische Ausrichtung des Judentums beginnt der 33. Zionistische Kongreß. Streit in der Regierungskoalition über den Haushalt 1998. Die Regierung erleidet mehrere Abstimmungsniederlagen in der Knesset, weil Minister und Abgeordnete der Regierungsparteien gegen den Haushaltsplan stimmen. Die Einwanderung nach Israel 1997: 66.000 Personen. Niedrigste Jahresinflationsrate seit 29 Jahren: 7 %.

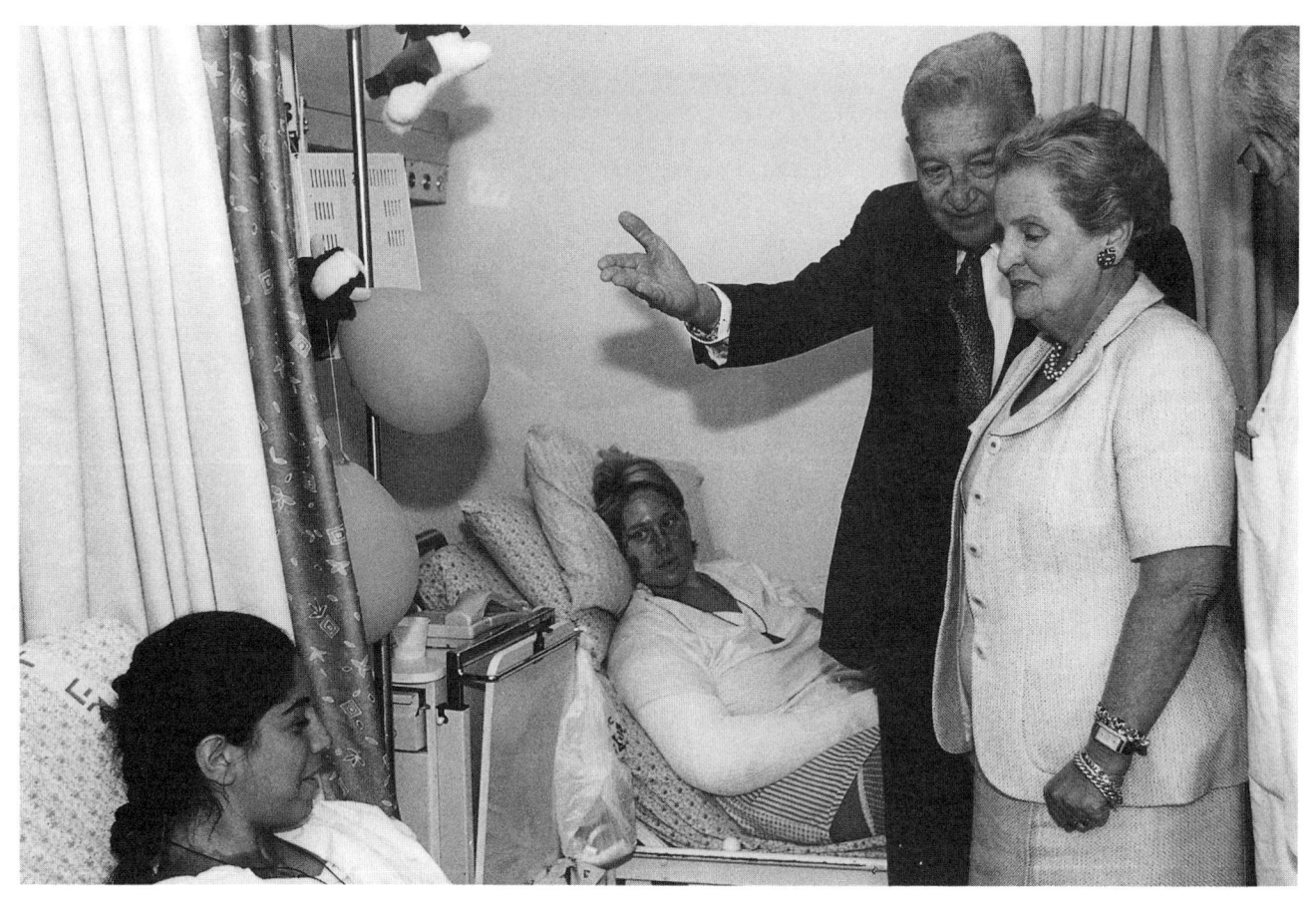

Präsident Ezer Weizman und US-Außenministerin Albright besuchen zwei Jerusalemer, die bei dem Hamas-Attentat im September verletzt wurden.

Zwei israelische Soldaten in Har Choma/Jerusalem, März 1997.

1997

Beileid: König Hussein von Jordanien im März 1997 in Beit Schemmesch – bei den Familien der Opfer von Naharajim.

April 1997: Generalstaatsanwalt Rubinstein (r) und Staatsanwältin Arbel sind mit der Bar'on-Affäre befaßt.

Glossar

A

Affäre um die verschwundenen jeminitischen Kinder = Skandal nach der Staatsgründung: Kinder jeminitisch-jüdischer Familien, die sich gerade in Krankenhäusern befanden, wurden von den Behörden für tot erklärt. Für ihre Familien inszenierte man Scheinbegräbnisse. In Wirklichkeit wurden die Kinder zur Adoption freigegeben, meist für Holocaust-Überlebende, die ihre Familien in den Todeslagern verloren hatten

Agrarkolonien = Ansiedlung zur agrarischen Erschließung von vorher wenig oder gar nicht genutzten Flächen in Palästina

Alija, Pl. Alijot, hebr. „Aufstieg" = jüdische Einwanderung nach Palästina/Israel; Erste, Zweite, Dritte Alija u.s.w. bezeichnen die verschiedenen Einwanderungswellen.

Arava = Senke zwischen dem Toten und dem Roten Meer

Aschkenasim, aschkenasisch, von hebr. „Aschkenas" (Deutschland) = heute meist Bezeichnung für Juden mitteleuropäischen Ursprungs (im Gegensatz zu den Sepharadim)

9. Aw = im Juli/August begangener Feiertag zum Gedenken an die zweimalige Zerstörung des Tempels in Jerusalem, im Jahre 587/586 v. Z. durch Nebukadnezar II. und 70 u. Z. durch die Römer

B

Bar-Kochba-Krieg = gescheiterter jüdischer Aufstand gegen die Römer, 132 bis 135 u. Z.

C

Chanukka = Fest im Dezember zur Erinnerung an den erfolgreichen Freiheitskampf der Juden unter Führung der Makkabäer (2. Jh. v. Z.)

Chibbat-Zion, hebr. „Zionsliebe" = Ende des 19. Jhs. in Osteuropa entstandene Bewegung, die die jüdische Ansiedlung in Palästina und die Emanzipation der Juden als Nation verfocht. Palästina sollte wieder ein wichtiges geistiges Zentrum des Judentums werden („Kulturzionismus"); die politischen Ziele waren allerdings vage – im Gegensatz zum „politischen Zionismus" Theodor Herzls

Chovevei-Zion, hebr. „Zionsliebende" = Anhänger von Chibbat-Zion

D

Dunam = orientalisches Flächenmaß; 10 Dunam entsprechen 1 Hektar

E

Entwicklungsstädte = für Einwanderer gebaute Städte, häufig in wenig erschlossenen Gebieten gelegen; wegen der niedrigen Wohnungspreise überwiegt der sozial schwache Bevölkerungsteil

Efendi = türkischer Titel

Eretz Israel, hebr. „Land Israel" = Palästina

F

Fedajin = palästinensische Freischärler

Fellache = arabischer Bauer

G

Gadna, hebr. Abkürzung für „Jugendregiment" = vormilitärische Jugendorganisation in Israel

H

Hadsch = Titel, den jeder Muslim tragen darf, der nach Mekka gepilgert ist (eine der fünf wichtigsten Pflichten im Islam). Als äußeres Zeichen trägt der Hadsch eine weiße Kopfbedeckung.

Halacha, hebr. „Rechtssatz" = Gesetzesteil des Talmud

Hebräische oder Jüdische Arbeit = das Bestreben, alle Arbeitsplätze in der jüdischen Wirtschaft Palästinas mit Juden zu besetzen

Hedschas = Landschaft am Westrand der arabischen Halbinsel mit den Städten Mekka und Medina

I

Israelische Araber = die palästinensischen Araber, die nach der Gründung des Staates Israel in dessen Grenzen verblieben und die israelische Staatsangehörigkeit annahmen, sowie ihre Nachkommen

J

Jeckes = Bezeichnung für die Juden aus Deutschland

Jeschiwa, Pl. Jeschiwot = orthodoxe Religionsschule für Kinder und Erwachsene

Jischuw = Gesamtheit der jüdischen Bevölkerung bzw. ihrer Siedlungen in Palästina vor der Staatsgründung. „Der alte Jischuw" bezeichnet speziell die jüdische Bevölkerung Palästinas vor Beginn der zionistischen Einwanderung Ende des 19. Jhs.; der alte Jischuw betrachtete sich vor allem als religiöse, nicht als politische Gemeinschaft

Jom Kippur, hebr. „Versöhnungstag" = Tag der Buße und Einkehr; wird mit ganztägigem Fasten und mehrstündigen Gottesdiensten begangen; einer der höchsten jüdischen Feiertage

K

Kaimakam = türkischer Titel für den Verwaltungsbeamten der Kazas (Kreise)

Kaffija = Kopftuch der arabischen Männer

Kibbuz, Pl. Kibbuzim = kollektive Siedlungsform, in der es so gut wie kein Privateigentum gibt, alle Mitglieder den selben Lebensstandard haben und jedes Mitglied nach seinen Fähigkeiten arbeitet

Koscheres Essen = rituell reine Nahrung; darf nicht mit unkoscheren Speisen zusammentreffen, sonst wird sie ebenfalls unrein. Als unrein gelten etwa Schweine- und Hasenfleisch sowie Schalentiere, doch auch das Mischen von Fleisch mit Milch oder Sahne ist untersagt

L

Laubhüttenfest = siebentägiges Erntedankfest, an dem die Mahlzeiten in einer Laubhütte im Garten oder auf dem Balkon eingenommen werden

M

Menora = siebenarmiger Leuchter

Moschaw, Pl. Moschawim = Kollektivsiedlung, in jedes Mitglied den eigenen Boden bearbeitet, den Vertrieb seiner Produkte und den Einkauf jedoch über die Genossenschaft vornimmt

Mufti = Rechtsgelehrter im Islam; „Mufti von Jerusalem" war Ehrentitel des Palästinenserführers Amin al-Husseini zur Zeit des britischen Mandats

N

Nachal, hebr. Abkürzung für „Kämpfende Pionierjugend" = paramilitärische Einheit im israelischen Grenzgebiet

Neujahr der Bäume = Fest, an dem man Bäume pflanzen soll

Neujahr, hebr. „Rosch ha-Schanna" = wird im September/Oktober gefeiert

P

Palästinensisch = zunächst alles, was mit dem Land Palästina in Zusammenhang stand; seit der Gründung des Staates Israels bezieht sich das Wort meist auf die palästinensischen Araber

Pessach = Passahfest; erinnert an den Auszug der Kinder Israels aus Ägypten und die Befreiung vom ägyptischen Joch

Pioniere, hebr. „Chalutzim" = Verfechter einer Rückkehr in die jüdische Heimat Eretz-Israel mit dem Ziel, das Land urbar zu machen und zu bebauen; verzichteten auf eigenen materiellen Vorteil und leisteten harte körperliche Arbeit im Dienste der Gemeinschaft; ihr nationaler und sozialer Idealismus machte sie zu Vorbildern für die meisten Zionisten

Purim = jüdischer Karneval zum Gedenken an die Rettung der Juden durch die Königin Esther zur Zeit des persischen Königs Xerxes; vgl. das biblische Buch Esther

S

Sabre, arab. „Kaktus" = Bezeichnung für die in Israel geborenen Juden, die wie die Frucht des Kaktus sein sollen – außen stachelig, innen süß

Scharon = Gegend nördlich von Tel Aviv

Schofar = das Widderhorn, das am Ende des Neujahrsfestes und des Jom Kippur geblasen wird; vgl. 3. Mose 23, 24; 3. Mose 25,9; 4. Mose 19,1

Sephar(a)dim, sephardisch, von hebr. „Sfarad" (Spanien) = Bezeichnung der Nachkommen der 1492 aus Spanien ausgewiesenen Juden, von denen sich die meisten im Osmanischen Reich (Türkei, Balkan, Nordafrika) niederließen; heute verallgemeinernd für alle Juden aus orientalischen Ländern

601

U

Ulpan = Hebräischschule für erwachsene Einwanderer

T

Talmud = nachbiblisches Hauptwerk des Judentums; seit dem 2. Jh. u. Z. über mehrere Jahrhunderte hinweg entstanden

Thora = Pentateuch, die fünf Bücher Mose

W

Wächter (siehe Organisationen, „Schomer")

Wakf = muslimische religiöse Behörde

Wilajet = übergeordnete territoriale und Verwaltungseinheit im Osmanischen Reich (Türkei)

Organisationen

A

Abgeordnetenausschuß = repräsentatives Organ des Jischuw, 1918 gegründet, 1921 von der Zionistischen Exekutive abgelöst

Abgeordnetenversammlung = demokratisch gewählte Repräsentanz der Jischuw-Bevölkerung, ab 1920

Agudat-Israel = politische Partei orthodoxer Juden

Allgemeine Krankenkasse = Krankenversicherung der Histadrut

Allgemeine Zionisten, Allgemeiner Zionistenbund = Partei der politischen Mitte

Arabische Föderation = politisches Bündnis des Iraks und Jordaniens, 1958

Arabische Liga = lockerer Zusammenschluß arabischer Staaten

Arabisches Oberkomitee = Interessenvertretung der palästinensischen Araber zur britischen Mandatszeit, ab 1936

Arbeiterbewegung = sozialistisch orientierte Strömungen im Zionismus, die die jüdische Besiedlung Palästinas maßgeblich vorantrieben

Arbeitsbrigade, eigentlich: Joseph-Trumpeldor-Brigade für Arbeit und Verteidigung = Avantgarde der Arbeiterbewegung

B

Ba'ath-Partei = regierende Einheitspartei im Irak und in Syrien

Bar-Giora = jüdische Wachgesellschaft, gegründet 1907

Befreiungsarmee = Heer aus Truppen mehrerer arabischer Staaten im Krieg gegen Israel 1948

Beratender Ausschuß = wird 1923 anstelle des nie verwirklichten Gesetzgebenden Rates gebildet

Betar = revisionistischer Verband, 1927 gegründet

Bewegung junger Pioniere = Jugendbewegung insbesondere der Agrarkolonien

Bilu = 1882 in Osteuropa entstandene zionistische Pionierbewegung, deren Anhänger zu den ersten Einwanderern der ersten Alija gehörten

Bnei-Akiva = religiöse Jugendbewegung, 1929

Bnei-Benjamin = Vereinigung junger Bauernsöhne aus alteingesessenen Dörfern, 1921

Bund der starken Männer = militanter Flügel der revisionistischen Bewegung

C

Chevrat-Owdim, Gemeinschaft der Arbeitenden = Dachverband der Histadrut seit 1923

E

Erste Knessia = erste Versammlung des Jischuw

Etzel = militante jüdische Untergrundorganisation im britischen Palästina, existierte neben und in Opposition zur Haganna, den Revisionisten nahestehend; gegründet 1937

F

Fat'h = arabische Abkürzung für „Bewegung für die Befreiung Palästinas" (PLO), gegründet 1964

G

Gesetzgebender Rat = von der Mandatsregierung seit 1923 geplantes, aber nie verwirklichtes Organ der Selbstverwaltung für Juden und Araber in Palästina

Gusch Emmunim, hebr. „Block der Gläubigen" = religiös-zionistische Bewegung, die die jüdische Besiedlung ganz Palästinas, also auch der von Israel besetzten arabischen Gebiete anstrebt; gegründet 1974

H

Haganna = illegale jüdische Verteidigungsorganisation im britischen Palästina, aus der später die israelische Armee hervorging

Hamas = islamisch orientierte Partei und Widerstandsbewegung

Hamaschbir = Konsumgenossenschaft der Histadrut

Hisbollah, arab. „Partei Gottes" = vom Iran finanzierte Partei und Kampftruppe im Libanon

Histadrut = seit 1920 allgemeiner jüdischer Arbeiterverband im britischen Palästina, später israelische Gewerkschaft

Histadrut in Eretz Israel = Vereinigung aller im türkischen Palästina ansässigen Juden, ab 1903

I

Islamischer Dschihad, „Islamischer Heiliger Krieg" = extremistische Terrororganisation

J

J.C.A., Jewish Colonization Association = Vereinigung zur jüdischen Besiedlung und Erschließung Palästinas, von Baron Edmond de Rothschild Ende des 19. Jahrhunderts ins Leben gerufen

Jewish Agency = 1923 gebildete Organsiation, zuständig für jüdische Einwanderung und Ansiedlung in Palästina, die Sicherheit der Siedlungen und die politischen Beziehungen zu den nicht-jüdischen politischen Organen

Jordanische Legion = jordanisches Heer

Jüdischer Nationalfonds, Keren Kajjemet le-Israel = zuständig für Grunderwerb, landwirtschaftliche Erschließung und Aufforstung in Palästina, besteht seit 1901

Jüdischer Weltkongreß = internationaler Dachverband jüdischer Organisationen

K

Keren ha-Yessod = „Grundfonds" von Zionistischer Weltorganisation und Jewish Agency zur Finanzierung des Bodenerwerbs in Palästina

Kibbuz artzi, hebr. „Landeskibbuz" = seit 1921 bestehende landesweite Organisation von Kibbuzim des Schomer ha-tza'ir, später eng verbunden mit Mapam

Kibbuz dati, „Religiöser Kibbuz" = Vereingung der religiösen Kibbuzim, seit 1935

Kibbuz ha-me'uchad, „Vereinigter Kibbuz" = landesweite Organisation von Kibbuzim der Arbeiterbewegung

Knesset Israel = ab 1928 Vertretung der jüdischen Bevölkerung Palästinas

L

Lechi = militante jüdische Untergrundorganisation vor der Staatsgründung, entstanden 1940; in Opposition zur Haganna

M

Mafdal = religiös-national orientierte Partei, 1956, hervorgegangen aus dem Zusammenschluß von Misrachi und Po'el ha-misrachi 1956

Mapai = Zusammenschluß der jüdischen Arbeiterparteien Achdut ha-Awoda und Po'el ha-tza'ir, seit 1927

Mapam = linke politische Partei, 1948 entstanden (siehe auch: Schomer ha-tza'ir)

Meretz = linke politische Partei, Zusammenschluß von Mapam und der Bürgerrechtspartei Ratz

Minderheitenliste = arabische Partei in Israel

Misrachi = religiöse politische Bewegung, 1902 gegründet

Moked, „Brennpunkt" = Linkspartei

Moleddet, „Heimat" = rechte Partei

N

Nationale Haganna oder Zweite Organisation = Vorläufer von Etzel

Nationaler Arbeiterbund = Bund revisionistischer Arbeiter

Nationalrat = Exekutivorgan der Abgeordnetenversammlung, seit 1920

Neue Zionistische Organsiation = revisionistischer Versuch, eine Alternative zur Zionistischen Weltorganisation zu bilden

O

Oberrabbinat = höchste religiöse Instanz in Eretz Israel und später Israel, 1921 gegründet

P

Palmach, hebr. „Sturmtruppen" = 1941 gebildete paramilitärische Sondereinheiten der Juden in Palästina vor der Gründung des Staates Israel

PICA, Palestine Jewish Colonization Association = Nachfolgeorganisation der J.C.A., 1924 gegründet

PNC, Palestine National Council = Exekutive der Fat'h (PLO); verabschiedete die „Palästinensische Charter", die die Existenz Israels ablehnt und zum Kampf für die Befreiung ganz Palästinas aufruft

Poalei-Zion = Arbeiterpartei, „Die Arbeiter Zions"

Po'el ha-misrachi, „Der östliche Arbeiter" = politische Partei religiöser Juden, 1925 gegründet

Po'el ha-tza'ir, „Der junge Arbeiter" = eine von mehreren zionistischen Arbeiterparteien

R

Revisionisten = antisozialistische, radikal-nationalistische Bewegung Se'ev Jabotinskys, die die Politik der Zionistischen Weltorganisation „revidieren" wollte; strebte die Schaffung eines jüdischen Staates zu beiden Seiten des Jordans an; viele ihrer Mitglieder schlossen sich später der Cherut-Partei an; 1925 gegründet

S

Schass = sephardisch-religiöse Partei

Schomer, „Wächter" = Vereinigung zur Bewachung der jüdischen Siedlungen in Palästina, 1909 gegründet

Schomer ha-tza'ir, „Der junge Wächter" = linkssozialistische zionistische Jugendbewegung, die viele Kibbuzim gründete und sich allmählich zur politischen Partei entwickelte; Vorläufer von Mapam; 1913 gegründet

Städterat = Zweckverband der jüdischen Städte Palästinas

V

VAR, Vereinigte Arabische Republik = Zusammenschluß von Syrien und Ägypten, 1958 bis 1961

Vereinigte Kibbuzbewegung = Zusammenschluß von Kibbuz ha-me'uchad und weiteren Kibbuzim, seit 1979

Volksrat = provisorisches jüdisches Parlament unmittelbar vor der Gründung des Staates Israel

Volksverwaltung = provisorische jüdische Regierung unmittelbar vor der Staatsgründung

Z

Zionistische Exekutive = zur Zionistischen Weltorganisation in Jerusalem gehörend; löste den bis 1921 tätigen Abgeordnetenausschuß ab

Zionistische Weltorganisation = internationale politische Vereinigung, die sich für die Rückkehr der Juden nach Palästina einsetzt; ihre Gründung 1897 ging auf Theodor Herzls Initiative zurück; hält regelmäßig (meist jährlich) den „Zionistischen Kongreß" ab

Zionistisches Palästina-Büro = eine Einrichtung der Zionistischen Weltorgansiation in Jerusalem zur Förderung der Einwanderung, 1907 gegründet

Register

A

Aaroni, Zoologe 39
Aaronowitz, Joseph 38 117
Aaronson, Aaron 26 69 70 71 74 77 81 86
Aaronson, Alexander 69 114
Aaronson, Fischl 69
Aaronson, Rabbi 123
Aaronson, Rivka 69
Aaronson, Sara 69 74 81
Aaronson, Shmu'el 69
Abraham Gertz, Schiff 307
Abraham, Chaim 69
Abu Dschilda, siehe al-Muhamed, Achmed Chemed
Achi'eser 312
Achime'ir, Abba 168 172 177 179 182 183
Achram Bey, Ali 32 39
Achusat-Bajit 9 10 30 32 34 36 43 45 46 47 50 51
Adenauer, Dr. Konrad 300 306 310 352 379 382
Af al pi, Schiff 252
Afikim 173 209
Afulla, auch Fule 31 91 128 130 133 137 163 173 230 390 509 510 515 543 559
Agnon (Czaczkes), Shmu'el Joseph 39 45
Agron, Gershon 323
Ägypten 7 22 32 38 66 68 70 71 72 73 74 76 80 81 82 138 156 193 217 218 222 223 226 229 230 232 236 256 258 262 266 267 268 269 292 293 299 300 306 317 318 319 320 321 322 323 328 329 331 332 333 336 337 338 340 344 345 352 353 362 366 370 373 377 378 382 384 385 387 388 389 394 397 398 401 402 407 408 409 410 411 415 416 417 419 423 425 430 449 450 453 454 456 462 466 467 470 471 472 474 479 480 481 486 491 493 509 510 547 581 591 592 596
Ajallon 204 461 570
Ajalon, Fluß 306 311 318 374
Ajannot, siehe Ramat-David
Ajellet ha-Schachar 52 82 93
Akko 13 43 54 67 76 96 127 138 144 187 197 206 221 222 230 251 254 256 259 262 269 372 543 555
Al-Alamein 224 226 230
Al-Arisch 22 74 76 89 259 269 333 336 338 389 415 416
Al-Chaldi, Hussein 183
Al-Hamma 248 299 304
Al-Husseini, Mussa Kasam 163
Al-Karak 13
Al-Kassem, Scheich Es ad-Din 173 187
Al-Muhammad, Ahmad Hamad, auch Abu Dschilda 182 183
as-Sa'adi, Scheich 199
Alchadif, Sachi 204
Aleichem, Schalom 43
Alexandria 70 224 317 320 419 471 486
Alija 10 11 15 22 24 25 26 27 29 31 32 33 37 39 51 50 52 56 57 58 59 60 61 62 64 68 86 88 89 93 92 122 123 126 127 128 130 133 135 136 137 138 140 142 144 148 152 154 159 166 171 173 174 175 177 178 182 199 252 467 539 553 591
Allenby, General 77 78 82 83 104
Allenby-Straße 62 11 117
Alliierte, Oberster Rat 92 93
Allon, Yig'al 204 222 225 338 358 385 394 395 403 446 452 484
Altalena, Schiff 259
Altermann, Natan 112 189 248 339 358 409 413
Am Oved 7
Amdorsky 26
Ami'el, Rabbi Moshe 187
Amikam, Israel 183
Amin al-Husseini, Hadsch 114 116 151 165 172 193 195 199 223
Amir, Yig'al 583 584 588 589 590
Amiram Shochat, Schiff 83 128 187 247
Amman 383 536 560 596 597
Anatolien 74
Andrews, Louis 199 201
Anglo-Palestine Bank 19 22 25 26 27 32 34 36 217 259 264 309
Ansky 138
Aqaba 32 86 87 191 250 256 267 269 293 333 336 384 389 400 560
Arab as-Simali 128
Arabische Legion 258 265
Arava 221 241 259 328 394 519 529 581
Argov, Me'ir 310
Argov, Shlomo 491
Arlozorov, Dr. Chaim 166 169 170 173 177
Arlozorov, Sima 183
As-Salt 13 82 83
Asad, Hafis as- 425
Asch, Schalom 144
Aschdod 259 269 353 358 374 379 390
Aschkelon 259 299 328 389 390 508 529 543 590
Asman, Aaron 222
Asri'el, Moshe 74
Atari, Galli 471 475
Atassi, Hashem al- 317
Äthiopien 187 190 195 222 477 509 513 530 546 573 590
Atlantic, Schiff 217 220
Atlit 16 22 77 217 220 222 242 246 249 543
Attarato, Schiff 204 209
Attlee, Clement 246

Audscha 78
Avichail 173
Avigur, Sha'ul, auch Meirov, Sha'ul 467
Aviva 51 317 518 523
Avner, Elimelech, auch Slikowitz, Elimelech
Ayalon, Uri 322

B

Bagdad 222 302 545
Baha ad-Din 66 70
Bajit ve-Gan, siehe Bat-Jam
Balad asch-Scheich 252
Balfour, Lord Arthur 133 134
Balfour-Erklärung 212 242
Balfourija, Moschaw 173
Bandung 322
Bank Diskont 515
Bank ha-Poalim 114 117 124 504 505 509 515 596 597
Bar, Chaim 7 429
Barasani, Moshe 251
Barker, General 246 251
Barlev, Chaim 324 385 392 394 398 417 419 485
Barnes, General 317 318 323
Bar'on, Roni 596
Barski, Moshe 62
Barsky, Joseph 46
Basel 10 15 18 22 29 54 144 168 170 247
Basra 302
Bat-Gallim, Schiff 318 320 321 322
Bat-Jam, auch Bajit ve-Gan 128 548
Batito, Rabbi Nachman 43
Bauernfeind, Gustav 97
Be'er Tuvia 156 183
Be'er Ya'akov, auch Bir-Selim 36 37
Becher, Kurt 325
Becker, Zvi 37 39
Be'ersheva 11 17 73 77 78 93 232 259 295 308 311 328 329 336 363 366 390 471 509 590
Begin, Menachem 179 232 235 236 239 306 310 346 379 384 387 407 408 462 463 464 465 466 470 472 478 481 484 488 492 493 494 498 500 504 529 532
Beiliss, Mendel 68
Beirut 13 20 32 55 66 74 82 199 362 394 397 400 422 424 449 478 485 492 494 495 496 498 504
Beit-Alpha 154 198
Beit-Arif 22 25
Beit-Eschel 232
Beit-Gan 16 26
Beit-Guvrin 311 312 390
Beit-ha-Arava 221 240
Beit-ha-Schita 187
Beit-Lid 294 582 584
Beit-Liqja 316
Beit-Schearim 232
Belgien 353 356 419
Belkin, Simson 66

Belkind, Eitan 81
Belkind, Israel 22 25 66
Belkind, Ne'eman 70 77 81
Belsazar, Theaterstück 133
Ben-Ami, Oved 251
Ben-Avi, Itamar 45 86 153 181
Ben-Dov, Ya'akov 82
Ben-Gurion, David, auch David Grün 32 35 36 50 53 66 67 70 77 84 93 114 123 124 131 159 162 164 166 169 170 177 180 183 186 187 188 193 197 209 211 215 221 226 227 237 242 254 259 264 265 267 270 278 284 289 297 298 300 307 309 314 319 322 323 327 330 337 343 345 354 356 358 366 367 372 374 376 380 382 394 395 399 409 416 423 435 529
Ben-Hur, Elijahu, auch Cohen, Elijahu 196 208
Ben-Jehuda, Eli'eser 10 15 22 26 28 39 41 65 119
Ben-Jehuda, Hemda 100
Ben-Jehuda, Straße 258 294 596
Ben-Joseph, Shlomo 204 207
Ben-Sakkai, Synagoge 32
Ben-Schemen 32 39 40 59 144 217 222 252 583
Ben-Zion, S., auch Gottman, Simcha 36 38 39 82
Ben-Zvi, Yitzhak 36 37 41 43 50 53 65 66 70 77 84 168 177 180 202 236 304 307 308 322 337 349 368 435
Binjamina 119
Benjamini, Menachem 128
Bennicke, General 311
Bent, Max 318
Bentwich, Dr. Norman 155
Beretz, Joseph 113
Bergmann, S. H. 272
Bergner, Jossl 280
Berl Katznelson, Schiff 43 93 94 113 128 133 135 142 166 186 242
Berman 52 520
Bernadotte, Graf Folke 259
Bernstein, Leonard 256
Bernstein, Moshe
Bernstein, Peretz 264 307 308 309 319 366
Bernstein-Cohen, Dr. Ja'akov 43
Bernstein-Cohen, Miriam 119 128
Beth-Sche'an 83 197 372 515
Bethlehem 12 54 67 206 258 299 317 328 390 405 505 520 583 596
Bevin, Ernest 216 246
Beyrod, Henry 315
Bezalel-Kunsthochschule 29 32 33 36 38 39 41 46 108
Bezem, Naftali 282
Bezet 230
Be'eri, Isser 268
Bialik, Chaim Nachman 22 43 44 74 128 134 172 181 182 186
Bialik-Institut 187

Biltmore-Programm 226 236
Bir-Selim, siehe Be'er Ya'akov
Birija 246 248
Birma 325 358
Blankenhorn 39
Bloch-Blumenfeld, David 133
Bnei-Brak 128 130 242 388
Bograshov, Chaim 73
Borochov, Viertel in Tel Aviv 119
Borstein, Joseph 173
Bossl, Joseph 52 88
Braditschew, Abba 238
Bramberg, Manischke 19
Brandeis, Louis D. 86
Brandstätter, Josua 105
Braverman, Sorika 238
Brenner, Joseph Chaim 44 51 54 57 113 116
Bross 247
Brumena 66
Buber, Professor Martin 272 374
Bunche, Dr. Ralf 259 267
Burg al-Arab 236
Bustros-Straße 42

C

Canliff-Leicester, Sir 177
Carter, Jimmy 407 470 472 519
Cäsarea 81 232 241 247 592
Chagall, Marc 168 172 362 365
Chaim Arlozorov, Schiff 166 169 170 173 177 179 180 182 251
Chamberlain, Neville 217
Chan Junus 77 590
Chancellor 92 149 154 156 162 168
Chancellor, Sir John Robert 149
Chanita 202 204
Charlap, Rabbi Ya'akov Moses 64
Chasan, Israel 193
Chatzerim 250
Chaviv, Avschalom 251
Chawatzellet ha-Scharon 187
Chelletz, auch Chulikat 323 324 559
Cheruti, Ya'akov 307
Chinkis, Simcha 163 165 187
Chirikow, A. 32 35
Chissin, Chaim 66
Chissin, Fania 66
Chulijot, siehe Sde-Nechemia
Chulikat, siehe Chelletz
Churchill, Winston 114 116 118 216
Chushi, Abba 323 345
Cohen, Chaim 306 311
Cohen, Elijahu, siehe Ben-Hur, Elijahu
Cohen, Ge'ula 246 467 471 473
Critch-Johns, Außenminister 252
Cunningham, General Sir Alan 242

D

Dafni, Re'uven 238
Dalí, Salvador 277
Damaskus 11 13 20 70 77 81 82 83 93 322 337 374 376 400 401 416 427 426 453 494 515 582
Dan 242 318 391
Daniel-Siv-Institut 177
Dar'a 11 19 20 29 31
Dardanellen 229
Daryan 2, Schiff 222
Das ist das Land, Film 187
Davidi, Aaron 324
Davidsstern 163
Dayan, Dvora 62
Dayan, Moshe 62 204 221 222 225 289 292 312 314 319 324 329 332 333 335 337 338 340 344 345 346 352 355 370 374 384 387 394 396 399 402 403 404 408 417 423 424 428 429 437 449 450 451 452 458 462 464 466 471 474 488 529
Dayan, Shmu'el 62
De-Bonson-Kommission 70
De-Moyne, Schiff 70
Degania 51 50 52 60 62 82 88 93 113 123 217 356 391
Degania Alef 123
Degania Beth 93
Deir Yassin 258
Delphin, Schiff 384
Dema'eira, Beduinenstamm 158
Der brave Soldat Schwejk, Theaterstück 187
Der Dybbuk, Theaterstück 138
Der Golem, Theaterstück 149
Die Gespenster, Theaterstück 119
Dimona 323 326 516 524
Dinor, Ben-Zion 309
Dinitz, Simcha 423 520 559
Dizengoff, Me'ir 29 34 51 66 73 77 86 118 123 125 128 133 138 144 145 149 153 154
Dizengoff, Sina 173
Dori, Ya'akov, auch Dostrovsky, Ya'akov 259 268 289
Dorogur, Zadok, siehe Doron, Zadok 238
Doron, Zadok, auch Dorogur, Zadok 238
Dorot 222 247
Dostrovsky, Ya'akov, siehe Dori, Ya'akov
Dov Hoz, Schiff 63 87 217 221
Dowbegin, Herbert 163
Dramatische Theater, das, Tel Aviv 119
Drei Tage und ein Kind, Film 384
Drobin, Yo'el 66
Dschamal Pascha 68 70 71 74 77 80
Dschenin 230 269 375 390 583
Dschibli, Yitzhak 317
Dschuad Bey, Muhammad 15 19
Dschuera 202
Duff, Douglas 154
Dulles, John Foster 311
Dullin, Schiff 241

E

Eban, Abba 271 307 346 353 366 378 385 403 416 439 452 524
Eden, Anthony 323
Eden, Kino 66 68
Efron, Moshe 324
Egged, Buskooperative 177 193 194 300 316
Eichmann, Adolf 345 352 353 354 358 359 361 362
Ein Ganim 39 44 54
Ein Geddi 226 269 311 315 543
Ein Gev 199 200 201 256 269 362 391
Ein ha-Schofet 199 200
Ein Harod 114 115 121 123 127 128 144 182 222 224 230 300 311
Ein Tivon 114 115
Ein Zurim 258
Einstein, Albert 123 125 154 159 307 308
Einwanderung, illegale, siehe Schiffe für illegale Einwanderung
Eitan, Refa'el 324
Elijahu Golomb, Schiff 277
Elischer, Rabbi Ya'akov Scha'ul 32
Elkind, Menachem 148
Elwail, Arie 278
Empire Hoyad, Schiff 247
Empire Lifeguard, Schiff 251
Empire Rival, Schiff 247 251
England, siehe auch Großbritannien 22 31 39 50 60 76 85 84 156 164 172 177 249 299 321 345 353 394 467 594
Entebi, Albert 74
Enzo Sereni, Schiff 246
Ephraim-Gebirge 83
Eran 212
Eran, Salman 319 352 410
Eres 324 387
Eritrea 222 236 242 321
Esbal, Michael 246
Eshkol, Levy, auch Schkolnik, Levy 294 306 309 312 314 358 360 364 366 367 370 372 373 374 376 379 380 381 385 387 395
Eson 317
Ettinger, Ya'akov Akiva 19
Etzel 168 199 204 207 208 209 216 217 222 224 232 235 236 238 239 241 242 246 247 248 249 250 251 252 253 254 258 259 266 358
Even Jehuda 173 328

F

Fanichel, Abba 299
Faradsch, Jacob 144 187
Faruk, König von Ägypten 306
Fedajin 292 322 323 328 333 352
Feinberg, Avschalom 63 70 74 77 81
Feinberg-Belkind, Fania 66
Feinstein, Me'ir 251
Feisal, Emir 82 86 87
Felsendom 191 199
Finali-Kinder 311
First Judeans 86
Fishman-Maimon, Rabbi Jehuda Leib Hacohen 299 362
Ford, Alexander, Filmregisseur 176
Frank, Rabbi Zvi Pessach 193
Franko, Rabbi Moses Jehuda 54
Frankreich 31 50 69 74 76 86 128 216 222 251 255 292 293 299 307 321 322 328 329 331 333 345 356 362 385 386 401 405 409 516 519 520 530
Freier, Recha 173
Frenkel, Yitzhak 167
Freynte 15
Frischman, David 54
„Füchte des Zorns", Unternehmen 590 593
Frumkin, Gad 193
Frumkin, Israel Dov 66
Fuchs, Binjamin 66
Fule, siehe Afulla 31 55

G

Gailani, Raschid Ali al- 222 223
Gal, Usi'el 368
Galiläa 11 16 20 37 54 67 74 76 80 82 86 89 92 93 94 154 155 199 217 246 252 259 297 307 322 323 327 337 343 362 371 375 380 409 412 467 478 491 492 494 511 519 520 524 528 530 548 553 554 556 558 559 560 562 582 590 592 596
Galili, Israel 227 264 379 395 515
Galili, Moshe, auch Krivoschein, Moshe 199
Gallipoli 70 73 74
Gan Chaim 187
Gan Havai, Café 251
Gari, Ya'akov 294
Garsovsky, Hadassa 95
Gaulle, Charles de 384
Gazastreifen 7 256 269 292 304 311 318 322 328 329 331 334 336 338 352 384 385 389 391 398 415 416 417 422 470 478 479 515 520 521 536 537 538 542 548 553 554 556 559 560 571 579 582 592 596
Ge'ulim 242
Gedera 45 58 66 311 320
Genezareth, See 88 89 173 182 200 205 230 299 317 323 328 352 363 364 366 371 372 377 379 380 384 391 394 400 427 514 516 590
Genf 173 209 211 449 511
Genssin, Menachem 29 32 35 128
Gersovsky, Shlomo, siehe Gur, Shlomo
Gertz, Edan 307
Gesher, Kibbuz 410
Geva 114 115 121
Gevat 183
Gevat tachtit 183

Gil'ad, Serubbavel 225
Gil'adi, Dr. Dan 7
Gil'adi, Israel 37 74
Ginnegar 119
Ginsberg, Ascher, siehe Ha'am, Achad
Giv'at-Ada 16 22
Giv'at, Brenner 149 183
Giv'at, Olga 246
Giv'atajim 119 390
Glazebrook, Allen Austin 70 72
Glicksson, Dr. Moshe 124 138 182
Glusskin, Se'ev 99
Glydon, Charles 39 42
Golan 76 199 352 377 400 408 415 419 425 427 428 453 454 462 519 536 560 582
Goldberg 22 272
Goldberg, Yitzhak Leib 22
Goldmann, Nachum 306 310 409 492
Goldsmith, Oberst Oliver 22
Golinkin, Moshe 123
Golomb, Elijahu 87 169 227 241 277
Goodman, Eliot 491
Gordon, Aaron David 26 27 121
Gordon, J. D., Bildhauer 125
Gottman, Simcha, siehe Ben-Zion S.
Grawski, W., polnischer Finanzminister 128 130
Gray-Hill, Lord 62
Greibsky 26
Gromyko, Andrej 251
Großbritannien, auch England 69 74 76 80 86 93 92 128 164 202 216 223 227 243 244 250 258 267 268 293 292 299 307 318 320 322 328 329 331 333 341 356 362 462 491 494 540
Grün, David, siehe Ben-Gurion, David
Grünberg, Uri Zvi 168 485
Gruner, Dov 251
Grünwald, Malchi'el 318 325 341
Gur, Michael 128
Gur, Shlomo, auch Garsovsky, Shlomo
Guri, Chaim 272 278 279
Gurret, Lord 236 237 242
Gush, Etzion 252 258
Gutman, Nachum 80 107 113 114 147 181 285
Gutterman, Shmu'el 173
Gvulot 269

H

Ha'am, Achad, auch Ginsberg, Ascher 11 54 57 61 119 120 134 144 146
Ha-Kirja 12
Ha-Ma'apil 242
Ha-Sadeh, siehe Sde-Nachum
Ha-Tikva 252 318
Haan, Ya'akov Israel de 128 130 131
Habima-Theater 187

Ha-Cohen, Mordechai Ben-Hillel 39
Hacohen, David 271
Hadar ha-Karmel 54 348
Hadassa, Krankenhaus (später Universitätsklinik) 79 183 209 306 354 358 362 365 454
Hadera 11 22 50 51 58 62 80 92 116 154 155 163 199 230 231 242 246 299 372 390 486 525 543 553 559
Hadid, siehe Ben-Schemen
Haganna 45 87 93 114 117 123 128 131 155 156 158 163 168 169 172 183 185 187 193 194 199 204 206 207 208 209 210 216 217 220 221 222 224 225 226 227 230 232 234 235 236 239 241 242 244 246 247 248 249 251 252 255 258 262 263 264 278 344 419 467 515
Haifa 11 12 13 19 20 24 26 29 31 30 32 39 50 54 58 62 65 67 74 76 77 82 89 92 93 114 128 132 144 148 156 163 167 177 182 183 186 187 193 197 199 200 204 206 207 208 217 218 220 222 230 232 234 236 241 242 244 246 247 250 251 252 255 256 258 262 265 269 300 302 305 318 321 323 331 335 345 348 349 353 358 361 364 366 372 374 379 471 499 509 515 516 518 524 525 538 542 543 544 545 553 554 560
Haifa Nord, siehe Plan Nord, auch Karmel-Festung
Haleb 82
Halevy, Rabbi Naftali Herz 19
Halevy, Richter Benjamin 325
Halfon, Ben-Zion 320
Halfon, Malka 320
Halperin, Michael 88
Hamara 74 86 89 92 94
Hameiri, Avigdor 413
Hankin, Jecheskel 37
Hankin, Josua 36 55 70 115
Hanna Sennesch, Schiff 242
Har'el, Nira 7
Har-Zion, Me'ir 324
Harari, Dr. Chaim 35
Har Choma 596 598
Harkabi, Jehoschafat 269
Harrison, Earl 250
Hartuv 156
Hassan Bek 70 74
Haycraft, Sir Thomas 114
Hazav 320
Hazor 307 343 391
Hašek, Jaroslav 187
Hebräische Universität 62 82 83 92 154 486
Hebron 13 19 36 67 156 197 200 269 311 328 362 389 390 393 394 458 479 482 485 498 507 509 553 554 559 560 563 582 584 585 590 591 592 596

Hebronberg 328
Hedschas 70 93 125 128
Hedschas-Bahn 20 29 31
Hefert-Tal, auch Wadi Hanarit 177
Heifetz, Jascha 311
Herodes 322
Herzl, Theodor 7 10 18 26 28 251
Herzl-Wald 29 36 39
Herzlija 128 130 141 159 168 183 204 217 230 242 390 526 543 552
Herzlija-Gymnasium 29 30 47 46 56 70 74 77
Herzog, Chaim 345 502 596
Herzog, Rabbi Yitzhak Halevy 241 316 345
Hilda, Schiff 216
Hill, Lord Gray 62
Hindenburg, deutscher Reichspräsident 177
Hirschbein, Peretz 144
Hissin, Dr. Chaim 29 36
Holon 246 295
Hope-Simpson, John 163 164
Hope-Simpson-Bericht 169
Horan 13 16
Horowitz, David 318
Horwitz, Rabbi Jonathan Benjamin 64
Horwitz, Zvi 66
Hoz, Dov 63 217 221
Hossni Bey 70
Huberman, Bronislav 194
Hulda 39 40 156 202 232 234
Hule 183
Hule-Tal 183 292 298 299 304 318 321 341
Hurva-Synagoge 133
Husail, Scheich al- 310
Hussein 70 93 104 128 183 306 311 581 582 585
Hussein II., König von Jordanien 328 341 380 385 412 524 525 560 572 581 583 590 591 596 597 599
Husseini, Abd al-Kader al- 258
Hutchinson 316

I

Ibsen 119
Ilanija 16 19
Ir Schalom, auch Ramat-Schalom 123
Irak 207 216 218 222 223 255 258 262 264 269 300 302 311 340 341 358 385 423 485 487 537 538 540 542 545
Istanbul 32 36 39 41 50 51 54 58 64 66 67 70 72 74 77 132 226 229 415 458 516
Italien 54 182 187 190 195 216 218 238 241 243 244 255 384

J

Jabotinsky, Se'ev 62 73 81 84 87 93 94 96 123 133 138 153 168 169 170 177 180 183 186 187 199 217

Jad-Mordechai 269
Jaffa 9 10 11 12 13 18 19 22 25 26 29 30 32 34 35 36 37 38 39 40 42 43 44 45 51 53 54 62 64 65 66 67 68 70 72 74 76 77 78 80 82 84 85 86 88 89 92 93 96 100 114 116 119 123 128 133 136 138 149 174 177 180 182 187 193 196 197 199 206 230 236 242 250 251 256 257 258 262 269 293 295 317 323 345 370 373 379 389 390 529 538 548 555 559 582 587
Jaffe, Dr. Hillel 22 23 26
Jaffefija 51
Jagur, Kibbuz 119 247
Jahud 312
Janke, Marcel 282
Janna'it, Rachel 53
Japan 241
Jarkon, Fluß 78 83 251 321 322 323 325 372 570 596
Jarmuk, Fluß 20 168 377 596
Jassin, Scheich 597
Javin, J. H. 168 177
Javne 241
Javne'el, auch Jemma 15 16 26 51 67 214
Javne'eli, Shmu'el, auch Warszawski Shmu'el 54 56 59
Jechi'am 250 258
Jefford, General 217
Jehuda-Halevy-Straße 43
Jellin, Avinoam 199
Jellin, David 86 93 113 118 128
Jemen 22 50 54 56 59 185 266 293 362 580
Jemma, siehe Javne'el
Jenn, Ira 41
Jericho 7 35 78 230 269 390 400 404 525 536 554 555 559 560 579 582 583
Jérôme, Jean-Louis 66
Jerucham, auch Kfar Jerucham 282 299 302 505
Jerusalemer Bergland 193 194 208 510 591
Jerusalemer Korridor 317 328 582 591
Jeschurun-Klub 32 34
Jesre'el-Ebene 204 265 327 341
Jewish Colonial Trust 18
Jiftach 258 311
Jirschow, Pawel 259 298
Johnson, US-Präsident 370 379 384 385
Johnston, Arik 312 317
Jordanien 7 138 174 267 269 293 292 299 300 311 312 313 317 327 328 336 341 352 350 352 362 371 374 377 379 380 381 384 385 389 391 394 396 397 400 401 409 410 413 416 418 423 427 440 458 478 479 487 510 524 530 538 542 543 560 572 581 588 590 591 596
Jordan-Tal 18 19 20 22 56 62

83 93 377 385 400 409 419
530 537 538 542 585 591
Joseph, Dov 267 307 309 327
Judäa 7 11 54 66 266 293 408
412 419 462 481 531 537
555 560 582 583 585 596
Jüdischer Nationalfonds 18 19
21 22 34 36 39 43 52 55 70
102 105 138 149 154 199
222 301 362 379 483 526

K

Kaduri, Landwirtschaftsschule 182
Kafr as-Sib 246
Kairo 36 38 84 134 229 234 236 238 240 317 318 320 322 337 345 370 373 374 384 385 387 409 410 411 412 431 453 462 466 471 479 480 481 509 515 559 560 577 582 585
Kaliwerke, Totes Meer 149 148
Kalkilja 51 193 230 328 332 374 375 519
Kaplan, Eli'eser 166 188 259 298 306
Karak 13
Karmel, Gebirgszug 41 54 119 199 226 230 248 524
Karmel-Markt 257 467
Karmel-Wald 204 530
Karmel-Festung, siehe Plan Nord und Haifa Nord
Kasim Bey, Osman 19 26
Kastel-Berg 258 262
Kastina 244
Katamon 258 311
Katar 590
Katroni, Rabbi 142
Kattowitz 58
Katz, Shmu'el 286 342
Katzir, Ephraim 423 424 449 466 467
Katznelson, Berl 43 93 94 113 128 133 135 142 166 186 242
Kaufkadschi, Fausi 194
Kenia 28 236 525
Kesalon 317
Kessler, Leopold 23
Kestner, Dr. Israel 318 322 325
Keysari, Uri 63
Keyser-Frazer, Firma 299
Kfar Bar-Giora, siehe Kfar Gil'adi 74
Kfar Baruch 155
Kfar Brandeis 149
Kfar Chassidim 130 172
Kfar Etzion 232 258 384
Kfar Gid'on 123
Kfar Gil'adi, auch Kfar Bar-Giora 52 74 86 93 94 114 117 132 138 142 143 144 242
Kfar ha-Choresch 183
Kfar Hess 311 374
Kfar Jecheskel 115 121
Kfar Jerucham, siehe Jerucham
Kfar Ruppin 204 394
Kfar Saba 16 26 51 54 77 80 116 163 182 318 388 543

Kfar Schmarjahu 199
Kfar Sirkin 244 246
Kfar Szold 258 391
Kfar Tabor 15 16 39 43 45
Kfar Urije 156
Kiew 123
Kinneret 16 39 40 52 54 56 62 93 328 358
Kirjat-Anavim 199
Kirjat-Gat 323 326 390 543
Kirjat-Jam 295
Kirjat-Jearim 311
Kirjat-Schmona 282 302 377 391 401 404 409 412 419 427 449 462 467 479 485 515 520 548 553 583
Kirjat-Sefer 22 128
Kish, Frederick 123 124 128 144
Kissufim 322 336 560
Kleinboim, Moshe, siehe Sneh, Moshe
Klovrisky-Margalit, Chaim 11 15 16 17 19 138
Kommission X 248
Konigshoffer, Jona 235
Kook, Hillel
Kook, Rabbi Abraham Yitzhak Hacohen 26 62 64 86 114 134 154 183 187 192
Korasim 304
Koslowski, Pinchas, siehe Sapir, Pinchas
Kotler, Oded 384
Kottai, Ari 128
Krauss, Aviva 317
Krinitzi-Goralski, Tischlerei 123
Krinitzi, Abraham 251
Krivoschein, Moshe, siehe Galili, Moshe
Kurdistan 302
Kuskus-Tivon, auch Tivon-Allonim 173
Kyros 306

L

La Spezia 246
La Traviata, Oper 123
Labour Party 236 241 244 594
Lachisch, Bezirk 323 326
Lagerlöf, Selma 11
Lahavot ha-Baschan 242 391
Lamdan, Hanna 306
Lancers, Fußballmannschaft des britischen Heeres 133
Landoberg, Yitzhak, siehe Sadeh, Yitzhak 117 193
Lanzett, Batia 137
Lanzett, Irene 137
Latrun 232 246 247 259 317 390
Laurence, Oberst 114
Lavon, Pinchas 297 299 309 317 319 322 328 353 355 358 370
Lechi 216 217 224 226 229 309 236 239 241 242 246 247 248 249 251 252 253 258 259 590
Lehmann, Dr. Siegfried 217
Lehr, Dr. Joseph 199

Leibowitz, Dov 66
Leibowitz, Prof. Jeshajahu 237 553 556 560
Lemmel-Schule 22
Levin, Rabbi Y. M. 306
Levison, Rachel 296
Levitov, Sahara 263
Levontin, Salman David 22 25 66
Levy, David 486 489 500 504 524 526 532 536 541 553 557 582
Levy, Dr. Joseph 23
Levy, Rabbi Moses 36
Levy, Sha'ul 128
Libanon 70 76 82 89 190 200 204 26 216 217 218 222 223 225 256 262 265 267 269 311 341 352 375 377 381 391 394 397 419 424 427 449 454 458 478 479 482 485 491 492 494 495 496 497 498 499 500 503 504 505 506 507 509 510 511 515 516 519 520 524 525 527 528 529 530 531 537 542 543 547 548 553 554 556 559 560 562 582 590 591 592
Libyen 54 217 218 222 226 232 416 458 511
Lie, Trygve 299
Lilein, Maler 18 32
Lischansky, Batia 230
Lischansky, Joseph 74 77 81
Livik, H. 149
Livnon, Chaim 323 345
Livschitz, David 306
Lock, H. 149
Lod 19 144 145 194 197 200 209 230 242 246 250 259 263 312 390 394 397 419 420 422 423 458 492 525
Lodz 34
Lubavitscher Rebbe, siehe Schneerson, Rabbi Menachem Mendel 549 553 560 577
Lubin, Arie 106
Luzern 187

M

Ma'agan 316 317 468
Ma'ajan Harod 114 115 241
Ma'ale ha-Chamischa 199
Ma'ale-Akrabim 317 320
Ma'alot 449 451
Machanajim 267
MacDonald, James 268 298
MacDonald, Malcolm 209
MacDonald-Brief 168 169
MacMahon, Sir Henry 70
MacMichael, Harold 162 204 229 236
Madschdal, auch Migdal Gad 259 299
Mafkora, Schiff 236
Magdi'el 130 144 391
Magnes, Dr. Jehuda Leib 138 155 183
Makleff, Familie 163
Makleff, Mordechai 307 314

Malta 158 193 232 510 583
Mandatsgebiet, britisches 223
Mani, Rabbi Suleiman 32
Maos Chaim 111 199
Mapai 144 163 166 168 170 173 177 179 180 187 188 199 209 222 224 226 236 237 242 247 266 267 270 277 280 284 293 294 299 300 303 306 308 310 311 312 314 322 325 345 346 348 352 353 355 358 360 361 366 367 370 374 376 378 385 394 395 403 421 454 577 596 597
Maray, General 77 78
Margolin, Eli'eser 86
Marshal, Louis 144
Martschik, Hanna, siehe Meron, Hanna
Masch'al, Halid 597
Massada 199 200 322 366 391 396
Mat, Danny 324
Matmann-Cohen, Fania 30 34
Matmann-Cohen, Dr. Jehuda Leib 30 34
Mattate, Theater 149
Mauritius 217 220 241 245
Max Nordau, Schiff 246
Mayertschik, Hanna, siehe Meron, Hanna
Mayflower, Schiff 88
Mea Schearim 486 488
Megged, Matti 266
Megiddo 371
Meir, Golda, auch Myerson, Golda 212 259 264 270 309 319 328 330 336 337 349 369 379 385 394 395 400 401 403 405 408 415 417 420 423 425 426 432 441 449 451 452 466 467 504 505
Me'ir, Rabbi Ya'akov 32 51 114
Me'irov, Sha'ul, siehe Avigur, Sha'ul
Meirowitz, Menasche 66 133
Meisel, Hanna 54
Meissner, Heinrich August 19 20
Melchett, Lord Alfred, auch Mond, Alfred 149 152
Melnikov, Abraham 110 185
Menachemije, auch Milchemije 16 19 20
Mendele-Straße 130
Merhavia 51 54 55 58 61 65 83
Meridor, Ya'akov 232
Meron 178 323
Meron, Hanna, auch Mayertschik, Hanna 178
Mescha, siehe Kfar Tabor
Meskin, Aaron 289
Mesra 123
Messuat-Yitzhak 258
Metulla 15 16 24 86 89 93 94 127 128 132 183 223 377 391 409 415 460 529
Mevo Betar 317
Midrasch Abravanel 15 21
Migdal Gad, siehe Madschdal

607

Migdal ha-Emek 307 485
Mikve Israel 14 21 101
Milchemije, siehe Menachemije
Milos, Schiff 217 220
Mischmar Ajalon 311
Mischmar ha-Emek 140 226 230 232 240 258
Mischmar ha-Jarden 209 268 269
Misgav Am 242 479 482
Mittelmächte 80
Mizpe 16
Moda'i, Yitzhak 597 504 512 532
Mograbi, Kino 163 167
Moleddet 199 525 548
Moleddet, Schiff 251
Mond, Alfred, siehe Melchett, Lord Alfred
Montefiore 242 306 318
Montgomery, General 230
Morgenthau, Henry 67 72
Morrison-Grady-Kommission 246
Moser, Jacob 36
Moses, Dr. Siegfried 268 358
Mossinson, Dr. Ben-Zion 30 70
Mossinson, Dr. David 204
Moyne, Lord 236 239 241 454
Moza 156 163 193 390
Mutro, Chaim 144
Myerson, Golda, siehe Meir, Golda

N

Na'if 524
Nablus 13 67 119 145 168 193 194 196 197 200 206 230 256 269 390 529 530 583 592
Nachal Os, auch Nachla'im 322 328 332
Nachlat Binjamin 43 54
Nachlat-Jehuda 62 64
Nachlin 317
Nachum, Rabbi Chaim 39 51
Naftali, Peretz 306 309
Nagib, ali Muhammad 306
Nahalal, Moschaw 105 173
Naharajim 111 144 148 149 168 173 175 596
Nakdimon, Shlomo 7
Naor, Dr. Mordechai 7
Naschaschibin, Radschib 144
Nasi Bey 43
Nasser, Gamal Abd al- 269 306 317 323 400 402 409 410 411 417
Nathan, Paul 39
Navi Rubin 77
Navon, Arie, Karikaturist 176 210 240 241 293
Navon, Yitzhak 467 469 480 502 504 526
Nazareth 55 67 82 83 199 200 206 230 256 259 263 269 339 371 390 537
Negba 213 390
Negev 17 22 58 66 73 76 78 81 200 232 233 239 247 250 251 252 256 259 267 269 282 289 297 302 306 310 314 318 319 322 323 325 326 327 328 329 331 341 343 353 358 372 374 379 380 385 416 434 486 509 524 538 559
Negev-Wüste 11 222
Nekker, Me'ir 251
Nesher, Zementfabrik 241
Ness Ziona 58 163 168
Netanja 149 192 230 251 269 306 372 390
Netanyahu, Binyamin 505 536 547 552 557 591 595 596 597
Neu-Jaffa 51
Neve Jaffa 51
Neve Schalom 123
Neve Zeddek 26 123
Niassa, Schiff 236
Nir Am 318
Nirim 269
Nissenov, Jecheskel 37
Nissenov, Zvi 68
Nissim, Rabby Yitzhak 322
Nizana, auch Udschad-Chafir 268 312 323 324 333 389
Nizanim 251 259 269 537 538
Nobelpreis 11 380
Nora, Schiff 258
North Carolina, Schiff 72
Northcliff, Lord 119
Novomeisky, Moshe 193
Nudel, Ida 520 522
Nurok, Mordechai 307 308 344

O

Obergaliläa 82 147 242 386 553 596
Oberster Rat der Alliierten, siehe Alliierte
Ocean Vigor, Schiff 251
Ochsenberg, Joseph 128
Oded ha-noded, Film 173 176
Odessa-Komitee 11 51
Ofakim 538 583
Ohel-Theater 187 323 400
Olshin, Yitzhak 317 374
Olmi, Rabbi Amiran 560
Onion, Schiff 183 185
Oppenheimer, Prof. Franz 61 65
Or Akiva 299
Orani, Arie, auch Pichman, Arie 238
Orenstein, Shimon 312 318
Osmanisches Reich 13 17 31 39 41 50 66 70 76
Oster, Daniel 187
Ovadjahu, Mordechai 285
Ozem 326

P

Pacific, Schiff 217 220
Palestine Shipping Company Ltd. 187
Palmach 222 225 226 227 230 232 236 239 240 241 242 245 246 247 248 251 252 258 259 262 268 279 289 306
Palmer, Feldmarschall 92
Pansk, Ehepaar 122
Pardess, Verband 11
Pardess Hanna 272 337
Parsol, Familie 137
Passfield, Lord 162 163
Passfield, Lady Beatrice 164
Passfield-Weißbuch 168
Patria, Schiff 209 210 217 220 222
Patterson, Oberstleutnant 73
Peel, Lord 194
Pelled, Jossi 557
Pelleg, Israel 489
Peres, Shim'on 245 319 331 346 355 374 380 395 408 410 449 452 462 463 464 466 467 478 485 488 489 504 506 510 511 512 514 516 518 522 524 529 533 536 541 550 554 556 560 572 581 583 585 590 591 592 594 595
Peri, Karikaturist 323
Petach Tikva 11 15 26 29 32 39 43 44 51 50 52 54 58 77 80 82 92 95 114 116 119 123 128 130 142 144 147 150 163 193 199 217 230 242 252 329 353 370 390 415 416 418 471 489 504 510 538
Pfeffer, Rivka 32
Pichman, Arie, siehe Orani, Arie
Picot, George 76
Piness, Jechi'el Michel 62
Pinkas, David Zvi 306
Plan Nord, auch Karmel-Festung und Haifa Nord 226 230
Plumer, Lord 133 136 146 149
Porat, Chanan 457
Porat, Nava 7
Porija 58 60
Port Said 251 329 333 384 385 389 411 430
Port-de-Bouc 251 255
Poseidon, Schiff 204

Q

Qibija 312 313
Quneitra 269 352 391 427 449 453

R

Ra'anan, Yoav 317
Ra'anana 119 137 252 317
Ra'uf Bey 54
Rabban, Se'ev 108
Rabbi Binjamin, siehe Radler, Josua
Rabin, Yitzhak 22 269 324 345 370 392 394 398 403 408 423 449 450 452 462 463 464 485 488 504 506 511 514 529 535 536 541 548 550 555 559 560 571 573 581 583 585 588 589 590 591 597
Rabinowitz, Alexander Süsskin 186
Rachel, Dichterin 68 168 171
Rachels Grab 12
Radler, Josua, auch Rabbi Binjamin 40
Rafael, Yitzhak 374
Rafiach 415
Ramallah 207 209 230 236 390 479 481 491 520 558 560 579
Ramat-David 230
Ramat-ha-Kowesch 173 193 204 232 234 235
Ramat-ha-Scharon 123
Ramat-ha-Schawim 202
Ramat-Jochanan 173 258
Ramat-Rachel 156 158 259 328
Ramat-Schalom, siehe Ir Schalom
Ramatajim 130
Ramla 32 36 145 230 250 252 259 263 269 317 319 390
Raschid Pascha 32
Rasi'el, David 209 222 358
Rattner, Jochanan 204 209 230
Rawnitzky, J. H. 44
Reagan, Ronald, US-Präsident 485 486 491 492
Reb, Baruch 15
Reb, Eli'eser 15
Reb, Jehuda 15
Reb, Lea 15
Recanati, Leon 187
Rehovot 14 24 39 43 50 54 58 59 60 62 65 68 77 79 92 116 119 177 182 206 209 230 246 268 318 390 498 543 559
Reichlin, Abraham 234
Reik, Chaviva 238
Reilly, General 259 299 300 311
Reines, Rabbi Ja'kov 19
Reiser, Ya'akov 209 222
Remez, David 236 294 299
Revadim 258
Revivim 232 269
Rhodos 54 218 267 268 269
Rischon le-Zion 11 15 17 19 22 30 32 36 37 54 58 62 70 71 81 85 99 100 119 174 183 197 230 390 520 537
Rockefeller-Museum für Archäologie 154 204
Rommel, General 222 223 226
Roosevelt 304 310
Rosch ha-Ajin 80 191 323 372
Rosch ha-Nikra 127 205 267 269 515 530
Rosch Pina 15 138 204 207 269 391
Rosen, Pinchas 293 309 328 467
Rosenberg, Peretz 232
Rosenberg, Rami 318
Rosenblatt, Zvi 179 182 183
Rosenfeld, Moshe 187
Roth, Derek 560
Rothschild, Adélaïde de 317 321
Rothschild, Baron Edmond de 11 14 16 32 50 51 66 67 136 183 317 321 345
Rothschild, Major James de 82 85 128 336

608

Rovina, Hanna 155 176 289 561
Ruchama 58 60 247
Rumani 74
Ruppin, Dr. Arthur 10 34 36 39 40 50 52 72 75 135 138
Russlan, Schiff 86 88
Rußland 10 22 29 31 32 35 39 50 52 72 75 135 138
Ruthenberg, Pinchas 122 123 127 146 154 159 173 193 209 217

S

Saccaria, Schiff 217
Sacher, Harry 144
Sachne 194
Sadat, Anwar As- 7 407 408 410 417 419 420 462 466 470 472
Sadeh, Yitzhak, auch Landoberg, Yitzhak 196 204 208 225 230 266 306 309
Safed 127 138 155 156 158 194 206 230 246 258 262 269 372 377 391 427 454 462
Salent, Rabbi Shmu'el 43
Salomon, Chaim 144
Salomon, Yo'el Moses 58
Salvador, Schiff 217
Salzman, Joseph 62
Samaria 7 67 81 83 93 194 199 266 311 313 317 408 418 449 454 457 462 481 524 531 537 553 555 560 582 585 592 596
Samuel, Edwin 95
Sapir, Even 311
Sapir, Joseph 217 307 384 387
Sapir, Pinchas, auch Koslowski, Pinchas 348 366 374 403 408 410 417 452 453 545
Sar, Aaron 93
Sarafand, siehe Zriffin 219
Sarnuga 62
Sassen, Elijahu 384
Scha'ar ha-Golan 200 380 381
Scha'arei-Zeddek, Krankenhaus 19
Schabtai Machlev, Rabbi Heskia 39 43
Schafija 22 25 77
Schalosch, Joseph Elijahu 47
Schapira, Abraham 95 116 176 180
Schapira, Professor Zvi Hermann 18
Scharafat 299
Scharm asch-Scheich 292 329 333 335 336 352 385 400 415 419 420 425 442 460
Scharon 83 123 163 173 187 212 374
Scharona 12 68
Schatz, Professor Boris 29 32 33 46
Schatz, Zvi 116
Scheich Avrik 140 173 204
Schein, Abraham 204
Scheinberg, Moritz 26
Schenkin, Menachem 32 128

Schfar'am 230 246
Schick, Arthur 68
Schiffe für illegale Einwanderung 72 86 88 183 185 199 204 209 217 220 222 226 229 236 241 242 247 251 252 255 258 358
Schilansky, Dov 307
Schiller, Salomon 43
Schimschelewitz, Zvi 308
Schischakli, Adib 306
Schkolnik, Levy, siehe Echkol, Levy
Schlonsky, Abraham 386 423
Schneerson, Rabbi Menachem Mendel, auch Lubavitscher Rebbe 549 553 560 577
Schoschanni, Sa'adia 169
Schukri, Ahmad 74
Schukri, Hassan 199
Schwarze Hand, die, arabische Bande 173 187
Schweiz 159 168 300 366 412
Sde-Bokker 314 319 341 343 379 380
Sde-Nachum, auch Ha-Sadeh 199
Sde-Nechemia, auch Chulijot 321
Sdom 182 328 394 400
Sdot-Jam 247 248
Sebaste 193 449 450
Sechs-Tage-Krieg 7 352 371 377 381 384 385 391 393 392 395 396 402 421 424 436 438 439 440 460
Sedschera 11 13 16 19 20 24 36 37 39 43 58
Segal, Moshe 163
Segal, Re'uven 47
Seid, Alexander 140 204
Sennesch, Hanna 236
Serlin, Joseph 307 309
Serubbavel, Ya'akov 53
Sète 255
Sevulon-Ebene 141 149
Seychellen-Inseln 199
Shalosh, Moshe 194
Shamir, Moshe 259 467
Sharett, Moshe, auch Shertok, Moshe 68 76 172 177 180 188 207 211 264 271 306 309 310 311 312 314 317 319 322 323 328 330 340 355 376 379 435
Sharfstein, Dorit 7
Sharon, Ari'el 312 313 324 344 429 458 462 463 478 486 494 498 500 501 520 529 532
Shaw, Sir Walter 154
Shaw-Kommission 155 161 163 164
Shay, General 79
Shazar, Salman 294 366 368 371 394 423
Sheftshnik (Schfoshnik), Schneor 86
Shertok, Moshe siehe Sharett, Moshe
Shirisly, Shlomo Israel 22 39
Shitritt 319 349 380 553
Shochat, Israel 66 68 86 358

Shochat, Mania (Wilboschwitz) 66 68 86 358
Sichem, siehe Nablus
Sichron Ya'akov 11 14 22 24 32 58 67 77 81 82 122 183 206 230 241 317 321
Sigerd, Elijahu 112
Simon, Arie 269
Simchon, Joseph 246
Simchoni, Assaf 324 335
Sinai, Israel 318
Sinai-Halbinsel 7 10 22 50 73 74 76 78 89 102 292 338 352 384 391 408 491 493 516
Sindbad 2, Schiff der britischen Küstenwache 209
Sirkin, Arie 234
Skopus-Berg 62 82 133 134 144 163 167 183 209 269 306 337 341 344 354 385 392
Slikowitz, Elimelech, siehe Avner, Elimelech
Smilansky, Moshe 24 84 193
Sneh, Moshe, auch Kleinboim, Moshe 236 419
Sohar, Salia 168 173
Sokolov, Nachum 19 66 82 168 180
Sokolowky, Moses 34
Solomiak, Abraham 66
Sonnenfeld, Rabbi Joseph Chaim 64 189
Sprintzak, Joseph 113 166
St.-James-Konferenz 209
Stall, Jochanan 168 173
Stampfer, Josua 39
Stavsky, Abraham 179 182 183
Stein, Leo 36 39 42
Stein, Mark 66
Steinman, Eli'eser 138
Stephens, Henry 23
Stern, Abraham 143 217 226 229 469
Stiftel, Dana 7
Stock, Dov, siehe Sadan, Dov
Stores, Symes Ronald 82 114 142
Stores, Ronald 82
Storman, Chaim 204
Strauß, Franz Joseph 368
Strauss, Nathan 149
Strauss, Richard 311
Struma, Schiff 226 229
Stuart, Nathan 145
Subchi Bey 39 43
Suchrir, Fluß 79
Sudan 236 513
Suez-Kanal 50 70 73 74 300 317 319 320 321 322 328 333 336 343 345 352 353 384 385 388 389 390 394 396 397 415 471
Sultan Abd ül-Hamid II. 15 32
Sumail 213
Surkuss 55
Susskin, Selig 23
Sverdlov, Elijahu 66
Sykes, Mark 76
Sykes-Picot-Abkommen 76
Syrien 76 80 82 86 94 190 193 204 218 222 223 225 256 258 262 267 269 292 299 306 312 328 336 341 352 358 363 366 377 381 384 385 391 401 408 409 416 419 423 425 426 427 449 453 485 504 511 536 540 543 547 559 560 581 582 583 588
Syrna 247
Szold, Henrietta 58 144 241

T

Tabenkin, Yitzhak 93 395 415
Tabgha 46 371
Tachun, Ya'akov 40
Tadscher, Ziona 106 111 137 159
Talal, König von Jordanien 300 306
Talbahn 19 20 22 26 30
Tamarkin, Ofra 7
Tamir, Shmu'el 325 384
Teheran-Kinder 232
Tel Adasch 62
Tel Amal 198
Tel Aviv 9 10 12 19 21 32 47 51 50 53 54 56 57 62 64 66 67 68 70 73 77 78 80 82 83 85 86 92 106 111 114 116 117 118 119 120 122 123 124 125 126 127 128 129 130 132 133 134 135 136 138 139 142 143 144 145 148 149 150 153 154 155 156 158 163 165 166 168 171 172 173 174 175 176 177 178 181 182 183 184 187 188 189 190 193 194 196 197 199 200 206 209 210 212 217 218 219 220 221 222 226 228 230 232 236 240 241 242 246 250 251 252 253 257 258 259 262 265 264 266 267 269 271 284 293 294 295 300 305 306 307 311 312 314 316 317 318 322 323 328 332 336 337 339 341 345 349 358 364 371 373 374 379 382 384 393 394 400 401 404 409 414 416 419 431 434 454 456 458 461 462 463 465 467 474 479 481 485 486 491 492 496 498 499 506 508 515 519 524 529 531 533 536 537 538 542 543 544 545 546 548 553 554 559 560 567 570 578 583 588 590 591 592 593 596 597
Tel Aviv, Schiff 187
Tel Aviv-Jaffa 256 295 317 323 345 373 390 400
Tel Hai 82 86 91 92 93 94 110 127 132 136 138 140 143 146 182 185
Tel Joseph 114 115 121 123 127 155
Tel Mutilla 299
Tel Nof 246
Tel Nordau 130

Tel-Aviv-Museum 264
Templer, deutsche 12 23 224
Tennessee, amerikanischer
   Kreuzer 66 72
Teomi, Me'ir 251
Theodor Herzl, Schiff 251
Tiberias 11 19 20 67 70 82 89
   96 127 138 173 174 182 204
   208 230 256 258 262 269
   294 328 372 377 391 409
   412 427
Ticho, Dr. Abraham 155
Tiger Hill, Schiff 209
Timna 306
Tiran, Meerenge 322 335 336
   338 342 352 385 384
Tiran-Insel 293 333 389
Tirat-Jehuda 311
Tirat-Zvi 187 199 200 204 390
Tirosh, Abraham 7
Tivon-Allonim, siehe Kuskus-
   Tivon
Toscanini, Arturo 193
Totes Meer 230 256 269
Transjordanien 26 76 82 84 93
   114 119 120 123 125 138
   173 175 177 180 183 20 222
   256 258 262 264 265 267
   269
Triest 187
Trumpeldor, Joseph 58 70 73 86
   93 94 96 125 127
Trumpeldor-Straße 19
Tschernichowsky, Dr. Scha'ul 43
   222 232
Tubiansky, Me'ir 268
Tufik Bey 123
Tufik Pascha 15
Tulkarm 13 182 192 193
Turget, Sir Charles 199
Tyros 13 67 89 127 269 423
   492 497 498 499 503 562
Tzabar, Film 176

U

U-Nu 325
Udschad-Chafir, siehe Nizana
Uganda-Plan 10 22 23 28 29
Umm Dschuni 22 51 52 54
Umm Surt 82
Unafraid, Schiff 255
Unger, Alter 194
Untergaliläa 10 11 13 15 16 19
   26 45 51 60 77 236 259
Unternehmen „Früchte des
   Zorns", siehe „Früchte des
   Zorns"
Usi'el, Rabbi Ben-Zion Chai 123
   312
Usi'eli, Daniel 251
Ussischkin, Menachem 10 22 24
   41 86 88 222

V

Velos, Schiff 183
Vichy-Regime 217 223
Vitkin, Joseph 29 31 58
Vulcan, Schiff 70 72

W

Wadi Ammud 9
Wadi Ara 83 269
Wadi Hanarit, siehe Hefer-Tal
Wadi Quilt 582
Wallach, Dr. Moses 19
Warburg, Otto 29
Warszawski; Shmu'el, siehe
   Javne'eli, Shmu'el
Wauchope, Sir Arthur 168 169
Wegner 74
Weiss, Akiva Arie 34 45
Weiss, Ya'akov 251
Weizman(n), Ezer 338 341 379
   392 401 418 419 462 463
   467 469 470 475 479 481
   484 504 506 530 537 548
   553 581 583 590 592 598
Weizman(n)-Institut 177 246
   268 374 382
Weizmann, Dr. Chaim 6 7 36 62
   66 82 85 84 86 87 93 120
   132 134 135 144 159 163
   164 168 169 177 180 182
   188 193 194 199 211 222
   226 232 247 248 254 266
   267 268 270 293 295 297
   298 299 300 307 308
Westmauer 592
Wilboschwitz, siehe Shochat,
   Mania
Wilhela, Templerdorf 23
Willbusch, Nachum 32
Wilna 19 22
Wilson, Woodrow 72 86
Wingate, Orde Charles 204 207
Wolffson, David 36
Woodhead-Kommission 200
   202 204 206

Y

Ya'akobi, Joseph 173
Ya'akov, Ya'akov 324
Ya'ari 212 441
Ya'ari, Me'ir 310 311 519
Ya'aved 187
Yadin, Yig'al 264 268 269 289
   298 307 322 336 378 450
   458 462 463
Yadler, Rabbi Ben-Zion 64
Yeshayahn, Israel 384
Yessod ha-Ma'le 86
Yig'al, Mordechai 54

Z

Zalfon 294
Zermürbungskrieg 352 402 408
   409 411 417 423 453
Zionisten Zions 10 26 28
Zipper, Moshe 210 307
Zlalichin, Jehuda 66
Zlalichin-Benson, Chassia 66
Zmora, Dr. Moshe 317
Zmora, Israel 176
Zürich 154 199 400 409
Zuckerman, Shlomo Salman 66
Zypern 10 246 247 249 251
   252 255 258 267 366 424
   510 537 542

Bildnachweis

Fotos und Dokumente:
Zionistisches Zentralarchiv, Jerusalem ● Büro des Pressesprechers der Regierung, Jerusalem ● Archiv des Jüdischen Nationalfonds, Jerusalem ● Keren-Hayessod-Archiv, Jerusalem ● Information Center, Jerusalem ● Archiv des Ben-Zwi-Instituts, Jerusalem ● Bank Israel, Jerusalem ● Lavon-Institut, Tel Aviv ● Institut zur Erforschung des jüdischen Zeitungswesens an der Universität Tel Aviv (Dani-Rosenblum-Sammlung und Sraia-Shapira-Sammlung) ● Archiv zur Geschichte der jüdischen Erziehung an der Universität Tel Aviv ● Historisches Archiv Tel-Aviv-Jaffa ● Achad-Ha'am-Bibliothek, Beit Ari'ela, Tel Aviv ● Archiv der Zeitung „Davar", Tel Aviv ● Hagana-Archiv, Tel Aviv ● Archiv der israelischen Armee, Giv'atayim ● Archiv der Wochenzeitschrift der israelischen Armee, „Ba-Machaneh" ● der Sprecher der israelischen Armee ● Verlag des israelischen Verteidigungsministeriums, Tel Aviv ● American Colony, Jerusalem ● Eli Schiller, „Ariel"-Verlag, Jerusalem ● British War Museum, London ● Archiv der israelischen Philharmoniker ● Meeresmuseum Haifa ● „Life"-Archiv ● Israelischer Philatelistendienst ● David Tartakover, Tel Aviv ● Israeli Aircraft Industries ● Yesha'ayahu Rafa'elovitch ● Garabad Krikorian ● Avraham Suskin ● Frank Harley ● Shim'on Korbman ● Ya'akov Ben-Dov ● Ben-Eser-Raab-Familienarchiv ● Sammlung Dr. Menucha Gilboa, Tel Aviv ● Israel Sun, Tel Aviv ● Avraham Vered ● Moshe Eitan ● Boris Karmi ● Alex Libek ● Vardi Kahana ● Reli Avrahami ● Dr. Mordechai Naor ● Josef Schweig ● Zoltan Kluger ● Hans Finn ● Leser Diner ● Kurt Schlesinger ● Alex Gal ● Moshe Friedman ● Naftali Oppenheim ● Dennis Cameron ● Joe Kot ● Kfir Siv ● News-Phot, Tel Aviv ● Itzhak Freidin ● Yig'al Ashuah ● Yosef Ya'akov Chodorov, Rischon le-Zion ● Albatros ● Eretz-Israel-Museum, Tel Aviv

Illustrationen, Zeichnungen, Gemälde und Karikaturen:
Jean-Louis Jérôme ● Gustav Bauernfeind ● Moshe Lilein ● Nachum Gutman ● Re'uven Rubin ● Arieh Lubin ● Yossel Bergner ● Arthur Schick ● Ziona Tadscher ● Pinchas Litvinovski ● Se'ev Rabban ● Itzhak Frenkel ● Abba Alchanani ● Eliyahu Sigard ● Yecheskel Streichman ● Yehoshua Brandstetter ● Ludwig Blum ● Arieh Alouil ● Moshe Zipper ● Shmu'el Katz ● Mordechai Ovadyahu ● Naftali Besem ● Marcel Janco ● Salvador Dalí ● Arieh Navon ● Yehoshua Edri ● Dosh ● Se'ev ● Peretz ● Pri Rosenfeld ● die Gebrüder Shamir ● Franz Kraus ● David Tartakover ● Paul Kor ● Abba Fenichel ● A. Lehmann

Zeitungen und Zeitschriften:
Die Welt ● Haschkafa ● Ha-Omer ● Ha-Zvi ● Ha-Po'el haza'ir ● Der Anfang ● Ha-Cherut ● La-Jehudim ● Ha-Achdut ● Chamor-Gamal ● Chadschot ha-Aretz ● Ha-Aretz ● Kunteres ● Davar ● Ha-Dorban ● Ktuvim ● Palestine Post ● Dror ● Radie Warscha ● Ha-Boker ● Ha-Maschkif ● Jedi'ot Acharonot ● Eschnav ● Mischmar ● La-Chajal ● Ma'ariv ● Smanim ● Kol ha-Am ● Ha-Olam ha-se ● Ba-Rechev ● Zipor ha-Nefesch ● Jerusalem Post ● Ha-Jom ● Chadaschot ● Ha-Ir